MANUEL
DE PROCÉDURE PÉNALE

Dépôt légal. — 1re édition : 2e trimestre 1976
13e édition : 2006

Jean PRADEL
Agrégé des Facultés de Droit
Professeur émérite de l'Université de Poitiers
Ancien juge d'instruction

MANUEL DE PROCÉDURE PÉNALE

14e Édition revue et augmentée
À jour au 1er juillet 2008

ÉDITIONS CUJAS
4/8, rue de la Maison-Blanche
PARIS

SOMMAIRE

ABRÉVIATIONS

1. Ouvrages cités du seul nom de leur ou leurs auteurs

Ph. BONFILS et E. VERGES	*Travaux dirigés de droit pénal et de procédure pénale*, 2004, Litec.
B. BOULOC	*Procédure pénale*, 21e éd., 2007, Dalloz.
P. CONTE et P. MAISTRE DU CHAMBON	*Procédure pénale*, 4e éd., 2002, A. Colin.
FAUSTIN-HÉLIE	*Traité de l'instruction criminelle*, 2e éd., 1866, H. Plon.
R. GARRAUD	*Traité théorique et pratique d'instruction criminelle et de procédure pénale*, 1907, Sirey.
S. GUINCHARD et J. BUISSON	*Procédure pénale*, 4e éd., 2008, Litec.
W. JEANDIDIER et J. BELOT	Les grandes décisions de la jurisprudence. Procédure pénale, 1986, P.U.F.
R. MERLE et A. VITU, II	*Traité de droit criminel, Procédure pénale*, 5e éd., 2001, Cujas.
J. PRADEL et M. DANTI-JUAN	*Droit pénal spécial*, 4e éd., 2007, Cujas.
J. PRADEL et A. VARINARD	*Les grands arrêts de la procédure pénale*, 5e éd., 2006, Dalloz.
M. L. RASSAT	*Procédure pénale*, 1re éd., 2001, P.U.F.
E. VERGÈS	*Procédure pénale*, 2e éd., 2007, Litec.
R. VOUIN et J. LÉAUTÉ	*Droit pénal général et criminologie*, 1956, P.U.F.

2. Abréviations autres

A.C.P. = Ancien Code pénal (de 1810)

A.J.D.A. = Actualité juridique de droit administratif

A.J. Pénal = Actualité juridique Pénal

A.L.D. = Actualité législative Dalloz

Arch. pol. crim. = *Archives de politique criminelle*

art. = article

Ass. plén. = Assemblée plénière (de la Cour de cassation)

B.C. = *Bulletin criminel*

B. civ. = *Bulletin civil*

B.O.M.J. = *Bulletin officiel du Ministère de la Justice*

C. ass. = Cour d'assises

C. assur. = Code des assurances

C. civ. = Code civil

C. cons. = Code de la consommation
C. const. = Conseil constitutionnel
C.D. = Code des douanes
C.D.B. = Code des débits de boissons
C.E. = Conseil d'État
C.E.D.H. = Cour européenne des droits de l'homme
C. envir. = Code de l'environnement
C. forest. = Code forestier
C.G.C.T. = Code général des collectivités territoriales
C.G.I. = Code général des impôts
C. mon. et fin. = Code monétaire et financier
Ch. acc. = Chambre d'accusation
Ch. inst. = Chambre de l'instruction
Ch. mixte = Chambre mixte
Ch. réun. = Chambres réunies
C.I.C. = Code d'instruction criminelle
C.J.M. = Code de justice militaire
Concl. = Conclusions
Conv. E.D.H. = Convention européenne de sauvegarde des droits de l'homme (de Strasbourg)
C. org. jud. = Code de l'organisation judiciaire
C.P. = Code pénal
C.P.P. = Code de procédure pénale
C.R. = Code de la route
C. rur. = Code rural
C.S.P. = Code de la santé publique
C.T. = Code du travail
C. urb. = Code de l'urbanisme
Crim. = Chambre criminelle
D. = *Recueil Dalloz*
D.A. = *Recueil Dalloz analytique*
D.C. = *Recueil Dalloz critique*
D.D.H. = Déclaration des droits de l'homme et du citoyen
Déc. = décret
D.H. = *Recueil Dalloz hebdomadaire*
D.P. = *Recueil Dalloz périodique*
Dr. pén. = Droit pénal (Éditions techniques)
D. soc. = Droit social
Encycl. Dalloz = *Encyclopédie Dalloz*
G.P. = *Gazette du Palais*
I.R. = *Informations rapides (Dalloz)*
J.C.P. = *Jurisclasseur périodique (Semaine juridique)*
J. Cl. Pén. = *Jurisclasseur de droit pénal*
J. Cl. Proc. pén. = *Jurisclasseur de procédure pénale*
J.O. = *Journal officiel*
l. = loi
L. org. = Loi organique
L.P.A. = Les Petites Affiches
L.P.F. = Livre des procédures fiscales
N.C.P.C. = Nouveau Code de procédure civile
N.C. rur. = Nouveau Code rural
O.P.J. = Officier de police judiciaire
Pan = Panorama (Dalloz)
ord. = ordonnance
R.D.P.C. = *Revue de droit pénal et de criminologie* (Bruxelles)
R.F.D.A. = *Revue française de droit administratif*
R.I.C.P.T. = *Revue internationale de criminologie et de police technique* (Genève)
R.I.D.P. = *Revue internationale de droit pénal*
R.P.D.P. = *Revue pénitentiaire et de droit pénal*
R.P.S. = *Revue pénale suisse* (Berne)
R.S.C. = *Revue de science criminelle*
R.T.D.C. = *Revue trimestrielle de droit civil*
R.T.D.H. = *Revue trimestrielle des droits de l'homme*
R.U.D.H. = *Revue universelle des droits de l'homme*
S. = *Recueil Sirey*
Somm. = *Sommaires commentés* (Dalloz)
Trib. conf. = Tribunal des conflits
Trib. corr. = Tribunal correctionnel
Trib. enf. = Tribunal pour enfants
Trib. pol. = Tribunal de police

PRÉLIMINAIRES

« Il y a plus d'inconvénient à faire périr un innocent qu'à sauver un coupable ».

D. JOUSSE (1771).

1. — *La définition de la procédure pénale.* Un vol a été commis au domicile d'un citoyen. Si des poursuites ont lieu, il importe d'en connaître les circonstances, puis d'en déterminer l'auteur, enfin de juger celui-ci afin de lui appliquer les sanctions abstraitement formulées par le Code pénal. Cette triple démarche est l'objet même de la procédure pénale. Celle-ci s'attache donc à la recherche et au jugement des délinquants. Elle est l'*étude du procès pénal*[1]. Cette définition suscite trois remarques.

• La première, d'ordre terminologique, est inspirée par l'exemple du droit judiciaire privé, appelé voici moins de trente ans encore procédure civile. L'étude du procès pénal comportant deux aspects, celui des éléments nécessaires à sa réalisation, par exemple l'existence d'organes, et celui de son déroulement, l'expression « procédure pénale » convient mal pour désigner cet ensemble. Le mot procédure évoquant un processus, une marche, l'expression « procédure pénale » devrait être seulement la science du déroulement du procès. Et ce que nous mettons sous cette expression devrait s'appeler droit judiciaire répressif ou pénal. Nous nous conformerons néanmoins à l'usage et conserverons l'expression procédure pénale pour désigner l'ensemble des institutions liées au procès.

• La deuxième remarque est d'ordre fondamental, la procédure pénale devant tout à la fois être distinguée et rapprochée du droit pénal général et du droit pénal spécial[2]. D'un côté, s'opposant au droit pénal général qui, à l'instar

1. Parmi les ouvrages récents et détaillés, on consultera spécialement B. BOULOC, *Procédure pénale*, Précis Dalloz, 21e éd., 2007 ; S. GUINCHARD et J. BUISSON, *Procédure pénale*, Litec, 4e éd., 2008, et P. CONTE et MAISTRE DU CHAMBON, 4e éd., 2002. Add. J.-P. JEAN, *Le système pénal*, éd. La Découverte, 2008.

2. Et bien évidemment des règles sur la prévention de la délinquance et la lutte contre l'insécurité, relatives notamment aux contrats locaux de sécurité et aux pouvoirs des maires.

du droit pénal spécial, est un ensemble de règles de fond, la procédure pénale contient des règles de forme, c'est-à-dire des règles ayant pour objet la mise en œuvre des règles de fond par la police judiciaire, le Ministère public et les juridictions pénales. Mais de l'autre, nombreuses sont les interférences entre le droit pénal général et la procédure pénale. Ainsi les techniques d'indulgence, qui appartiennent au droit pénal général, sont mises en œuvre par le juge. Inversement, la correctionnalisation, institution procédurale par excellence, n'est rendue possible que par le jeu de règles de fond. On n'ignore pas non plus que, toute politique criminelle supposant une action simultanée sur des règles de fond et de forme, il arrive souvent au législateur d'agir à la fois sur les unes et sur les autres : ainsi, la loi du 31 décembre 1970, relative à la lutte contre la toxicomanie, élève les pénalités encourues par les trafiquants en même temps qu'elle allonge le délai habituel de la garde à vue et qu'elle autorise exceptionnellement les perquisitions nocturnes. Cet exemple fait déjà pressentir toute l'importance de la matière.

La procédure pénale doit être distinguée de deux branches du droit de forme qui cependant ne sont pas sans parenté avec elle.

C'est d'abord la procédure disciplinaire qui se déroule, non devant des juridictions étatiques, mais devant des instances professionnelles. Ce sont en effet soit les autorités hiérarchiques soit des juridictions disciplinaires comme les Ordres (des médecins, des avocats...) qui ont la charge de sanctionner les fautes commises dans l'exercice de la profession. Ces autorités ou juridictions sont certes, dans leur principe, distinctes des juridictions pénales : notamment l'organe disciplinaire n'est pas tenu d'attendre la décision du juge pénal pour statuer [1]. Cependant, cette règle n'est pas absolue et il advient que, par nécessité, le juge disciplinaire décide de surseoir à statuer jusqu'à décision pénale [2]. Et puis surtout, il y a déjà longtemps que la Cour européenne de Strasbourg a jugé que les règles sur le procès équitable, inscrites à l'article 6, Conv. E.D.H., à propos de « la matière pénale » s'appliquent aussi en procédure disciplinaire [3].

C'est ensuite la procédure administrative. Dans le principe, elle s'oppose nettement à la procédure pénale : point de Ministère public, pas de comparution des parties, possibilité pour le demandeur de transiger ou d'acquiescer... La séparation apparaît notamment avec le fait que le juge pénal n'a pas à surseoir à statuer dans l'attente de la décision rendue par le juge administratif, par exemple en matière fiscale car les poursuites pénales pour fraude fiscale (art. 1741, C.G.I.) sont différentes des poursuites administratives qui touchent à la question toute autre de l'assiette et de l'établissement de l'impôt [4]. Toutefois, là encore, on doit noter des rapprochements entre les deux procédures et notamment ces deux-ci ; 1° la violation de l'article 47, L.P.F. (qui permet, à peine de nullité de la procédure fiscale, au contribuable de se faire assister d'un conseil lors de la vérification de sa comptabilité, effectuée par le fisc) emporte nullité également de la procédure

1. Montpellier, 4 décembre 1912, S., 1914.II.39.

2. Paris, 1re ch., sect. A, 4 juillet 1983, G.P., 1983.II, Somm. 342.

3. L'arrêt de principe est C.E.D.H., 8 juin 1976, *Engel c/ Pays-Bas*, pour une sanction privative de liberté infligée à un militaire à titre disciplinaire ; *add.* J. PRADEL et G. CORSTENS, *Droit pénal européen*, 2e éd., 2002, Dalloz, n° 338.

4. Crim., 20 juin 1983, B.C., n° 189 ; 26 octobre 1995, B.C., n° 327 ; 11 janvier 2006, B.C., n° 16.

pénale [1] ; 2° le juge pénal peut « puiser les éléments de sa conviction dans les constatations de fait relevées par les vérificateurs fiscaux, dès lors que, par une appréciation souveraine, exempte d'insuffisance et de contradictions, il en a reconnu l'exactitude » [2].

On doit évoquer aussi et là encore la fameuse « matière pénale » de l'article 6, § 1, Conv. E.D.H. En l'étendant à certaines sanctions administratives, la C.E.D.H. confère aux garanties procédurales pénales un champ d'application qui déborde le strict droit pénal [3]. Ainsi en est-il de certaines sanctions comme le retrait de points affectant le permis de conduire, au caractère répressif certain [4].

• Enfin, la troisième remarque tend à souligner l'extraordinaire et récente évolution de la procédure pénale. Cette évolution s'explique par le changement des idées, la montée de la criminalité et l'influence de la jurisprudence de la C.E.D.H. Elle fait qu'un ouvrage de procédure pénale vieillit très vite, bien plus vite qu'un ouvrage de droit pénal général [5]. Actuellement, un élément très important est, avec la loi du 15 juin 2000, la consécration des principes issus de la Conv. E.D.H. : cette loi crée au sein du C.P.P. un article préliminaire énumérant tous les principes européens (procédure équitable et contradictoire, information et garantie des droits des victimes, présomption d'innocence, droit à un défenseur...). À vrai dire, la loi du 15 juin 2000 qui touche à un nombre considérable d'articles du Code de procédure pénale [6] est extraordinairement compliquée [7]. Idéologiquement favorable à la défense, elle peut gêner la recherche de la vérité par les policiers et les magistrats ; et il était à présumer qu'elle serait modifiée elle-même dans quelques

1. Crim., 4 décembre 1978, J.C.P., 1979.II.19124, note Tixier et Robert ; 25 mai 1988, B.C., n° 221 ; 9 octobre 1997, B.C., n° 331 ; 4 juin 1998, B.C., n° 186 : à rapprocher de Crim., 23 novembre 1992, B.C., n° 384, annulation par le juge pénal de la vérification réalisée par un inspecteur du fisc qui avait emporté des documents comptables pour les examiner hors de l'entreprise.

2. Crim., 25 septembre 1987, B.C., n° 316 ; *add.* pour une formulation très proche, Crim., 9 octobre 1997, B.C., n° 331.

3. J. PRADEL et G. CORSTENS, *précité ;* J.F. RENUCCI, *Droit européen des droits de l'homme*, L.G.D.J., 3e éd., 2002, nos 99 et s.

4. C.E.D.H., 23 septembre 1998, *Malige c/ France*, R.S.C., 1999, pp. 144 et s., obs. F. Massias ; *contra*, Crim., 11 janv. 1995, B.C., n° 14 (confirmant une longue jurisprudence), le retrait de points ne présente pas le caractère d'une sanction pénale.

5. G. DI MARINO, *Du Code de procédure pénale version 1958 au Code de procédure pénale version 2000*, R.P.D.P., 2000, pp. 87 et s. ; J. PRADEL, *La procédure pénale française à l'aube du troisième millénaire*, D., 2000, chron. pp. 1 et s. ; S. GUINCHARD, *Vers une démocratie procédurale, Justices, Ce qui a changé dans la justice depuis 20 ans*, Dalloz, 1999, pp. 91 et s. ; J. LEBLOIS-HAPPE, *Continuités et discontinuités dans les nouvelles réformes de la procédure pénale*, J.C.P., 2007.I.181.

6. La loi de juin 2000 comporte 142 articles réformant un nombre sensiblement équivalent d'articles du C.P.P.

7. D'où l'article 140 de la L. 15 juin 2000 qui prévoit une application échelonnée, certaines dispositions s'appliquant immédiatement, d'autres s'appliquant au 1er janvier 2001 (la quasi-totalité du texte), d'autres encore un an après publication de décrets d'application. V. l'excellente circulaire d'application du 31 mai 2000.

années [1]. Une première retouche a déjà été effectuée par une loi du 4 mars 2002, mais il est vrai sur des points assez secondaires.

Enfin — pour l'instant... — on citera quatre dernières lois. D'abord celle du 9 septembre 2002 dite « d'orientation et de programmation de la justice » qui apporte au Code de procédure pénale une multitude de petites retouches avec l'objectif de simplifier ou de renforcer l'efficacité de la justice pénale. Ensuite celle, bien plus importante du 9 mars 2004 qui développe l'idée de justice pénale simplifiée et, pour les affaires de criminalité organisée, des méthodes de preuve particulièrement intrusives [2]. Enfin celles du 12 décembre 2005 sur la récidive, d'esprit assez répressif et du 25 février 2008 sur les personnes dangereuses.

2. — *L'importance de la procédure pénale.* Sans doute, le profane a-t-il volontiers tendance à considérer la procédure pénale et la procédure en général comme un genre mineur, un tissu de formalités inutiles, un nid de chicanes, une matière favorisant la mauvaise foi et les tours. Rabelais a raillé les lenteurs de la justice : « c'est pourquoi je sursoye, délaye et diffère le jugement... » [3], et l'aléa des procès avec son juge Bridoye se décidant par le sort des dés [4]. Furetière, Racine, La Bruyère, Beaumarchais, Marcel Aymé et beaucoup d'autres n'ont guère ménagé la procédure.

Cependant, ces critiques ont le plus souvent concerné les abus de la procédure [5] plus que son existence même. Au vrai, l'importance de celle-ci et spécialement de la procédure pénale est évidente pour de très nombreuses raisons dont l'importance s'accroît aujourd'hui.

1) On observera d'abord que la procédure pénale est indispensable à l'application du droit pénal. Le procès est en effet le lien nécessaire, l'inévitable trait d'union entre l'infraction et la sanction. Au contraire, en matière civile, commerciale ou administrative, le procès reste un accident exceptionnel, quelques institutions seulement donnant toujours lieu à un procès (par ex., divorce). C'est la raison pour laquelle les statistiques judiciaires officielles reflètent beaucoup plus fidèlement le volume de la criminalité que, par exemple, celui des contrats ou des sociétés anonymes.

En outre, les inconvénients d'un système défectueux d'incriminations et de sanctions peuvent être partiellement neutralisés par le jeu de certaines institutions de procédure comme la règle de l'opportunité des poursuites ou la

1. Voir deux commentaires rapides, l'un de F. LE GUNÉHEC au *J.C.P.*, juin-juillet 2000, n°s 26 à 28 (au ton descriptif) et l'autre, de J. PRADEL, *Encore une tornade sur notre procédure pénale avec la loi du 15 juin 2000* au D., 2000, chronique *Point de vue*, 6 juillet 2000, n° 26 (au ton plus engagé).

2. J. PRADEL, commentaire au J.C.P., 2004.I.132 et 134 ; B. DE LAMY, commentaire au D., 2004, chron., 1910 et s.

3. *Pantagruel*, liv. III, chap. 40.

4. *Idem*, chap. 39.

5. Et donc de ceux qui la pratiquent, v. J. PRADEL, *La vertu du magistrat pénaliste*, colloque de l'Académie des sciences morales et politiques sur la vertu, 12 décembre 2007, PUF à paraître.

correctionnalisation. « Avec d'excellents magistrats, les mauvaises lois peuvent encore être supportables », disait Platon. Inversement, une mauvaise procédure ne saurait être améliorée par un droit pénal de qualité.

La procédure pénale a encore une valeur préventive. Des acquittements systématiques, des formalités trop nombreuses, un régime de nullités trop large… risquent de paralyser la répression. Car « la cause de tous les relâchements vient de l'impunité des crimes, non de la modération des peines » (Montesquieu). On a trop tendance, en matière répressive, à n'attacher de valeur préventive qu'aux règles de fond, et spécialement qu'aux pénalités.

Ajoutons que la procédure pénale touche aux grands principes de l'ordre social. La Commission de réforme du droit du Canada avait énuméré ces « principes généraux régissant la procédure pénale » : les principes de l'équité, de l'efficacité, de clarté, de modération, de responsabilité (de la part des agents de l'autorité), de participation (de la part des citoyens), de protection (de la société) [1]. Ces principes seront quelque peu repris par la commission française « Justice pénale et droits de l'homme » [2].

Enfin, tandis que la procédure civile et le droit civil ne mettent en jeu que des intérêts privés, le plus souvent d'ordre patrimonial seulement, la procédure pénale et le droit pénal mettent en cause à la fois l'ordre social troublé par l'infraction et des intérêts privés très souvent de la plus haute importance : la liberté, l'honneur, voire la vie, et pas uniquement des intérêts pécuniaires.

2) Si la procédure pénale est importante, ce n'est pas seulement pour ces raisons de principe, c'est aussi à cause de l'accroissement prodigieux du nombre des infractions depuis quelques décennies : « de 1981 à 2001, l'ensemble des faits constatés par la police nationale et la gendarmerie nationale ont augmenté de 40 % et, pour la première fois, la barre des quatre millions de crimes et délits a été franchie en 2001 » [3]. On parle aujourd'hui de « contentieux de masse » pour désigner toutes ces infractions qui, en nombre croissant, doivent être traitées par la justice (notamment infractions routières et en matière de chèques, vols, escroqueries, violences…).

Cet accroissement de la masse à traiter renforce d'ailleurs l'intérêt de la procédure pénale non seulement quant à ses cas d'application (d'un point de vue quantitatif), mais aussi quant à ses formes d'application (d'un point de vue qualitatif). Il suggère en effet des orientations nouvelles [4]. Ainsi une loi du 30 décembre 1985 sur la procédure pénale a-t-elle contraventionnalisé certains

1. *Notre procédure pénale*, Commission de réforme du droit du Canada, n° 32, pp. 25 et s., 1987.

2. *La mise en état des affaires pénales*, rapport, La Documentation Française, pp. 69 et s., 111 et s., 1991.

3. Annexe 1 de la loi du 29 août 2002 d'orientation et de programmation pour la sécurité intérieure.

4. Avec des lois en cascade, qui se suivent de près en se complétant ou en se corrigeant. Ce qui fait songer au mot de BALZAC : « Le peuple qui a quarante mille lois n'a pas de loi » (*Le médecin de campagne*, 1833).

délits routiers (comme le défaut de permis de conduire s'il s'agit d'une première infraction) et simplifié à plusieurs égards l'instruction préparatoire (commissions rogatoires, expertises...). On peut citer aussi une loi du 23 juin 1999 qui a institué la composition pénale : le délinquant se voit offrir, pour certaines infractions énumérées, d'exécuter certaines mesures comme le versement d'une somme d'argent au Trésor public, l'accomplissement desdites mesures entraînant l'extinction de l'action publique et allégeant donc d'autant la charge des juridictions de jugement. On songe aussi à la dépénalisation de certaines infractions, notre législateur ayant tendance à trop faire appel à la sanction pénale dès qu'il prévoit de nouvelles normes. On n'oublie pas enfin les lois des 15 novembre 2001 et 9 mars 2004, d'inspiration moins libérale que celle du 15 juin 2000 qui les précède immédiatement.

3. — *Les traits de la procédure pénale.* Assez schématiquement et peut-être arbitrairement, on peut dégager trois traits généraux de la procédure pénale.

1) En premier lieu, la procédure pénale assure *la conciliation entre l'intérêt général et les intérêts individuels (ou particuliers)*. L'observation est classique [1] et elle serait banale si son application ne soulevait pas de graves difficultés.

Qu'est-ce d'abord que l'intérêt général [2] ? C'est, dira-t-on l'intérêt de tous, celui de la société et de tous ses membres. Pour le spécialiste de procédure pénale, la définition est trop imprécise et l'on peut la compléter en voyant dans l'intérêt général la paix sociale : en clair, la procédure pénale doit tendre à réduire le nombre des infractions et à assurer la juste et rapide répression de celles qui ont été commises. Cela dit, l'intérêt général évoque aussitôt deux notions voisines. D'abord celle de bonne administration de la justice qui apparaît plusieurs fois dans le Code de procédure pénale, mais qui est très technique et presque bureaucratique (par ex. art. 508 et 570). Ensuite celle d'ordre public qui n'est pas plus défini que la bonne administration de la justice et dans lequel on a vu « l'ensemble des institutions et des règles destinées à maintenir dans un pays le bon fonctionnement des services publics, la sécurité et la moralité des rapports entre particuliers... » [3]. À vrai dire ordre public et intérêt général sont des notions d'autant plus proches — et donc difficiles à séparer qu'elles ont un domaine commun à la manière de deux cercles non concentriques et qui se coupent. On peut tout de même penser que l'ordre public est plus précis que l'intérêt général car on peut recenser ses manifestations comme la prescription, la compétence, l'autorité de la chose jugée au criminel sur le criminel... En outre, l'ordre public tend à protéger les libertés alors que dans l'intérêt général, ces libertés sont grignotées [4]. D'un autre côté, l'ordre public est d'intérêt général

1. L'idée de conciliation ou d'équilibre apparaît souvent dans les décisions de la Cour de cassation, du Conseil constitutionnel et de la C.E.D.H.

2. J. PRADEL, *Notre procédure pénale défend-elle l'intérêt général ?*, R.P.D.P., 2005, p. 503 et s. ; J. BOSSAN, *L'intérêt général dans le procès pénal*, R.P.D.P., 2008, p. 37 et s.

3. Vocabulaire juridique, G. CORNU, v° *Ordre public.*

4. M.C. VINCENT-LEGOUX, *L'ordre public, Étude de droit comparé interne*, P.U.F., 2001, pp. 488 et s.

et par exemple si l'on proclame d'ordre public les normes sur la compétence, c'est que l'abandon de ce caractère entraînerait un désordre épouvantable dans l'administration de la justice qui est d'intérêt général.

Quant à l'intérêt particulier, on serait tenté de l'identifier à celui d'une personne (avant tout l'auteur des faits) ou à celui d'un groupe. On voit l'intérêt de l'individu, les libertés individuelles face au groupe. L'individu mérite assurément la plus grande attention, qu'il soit auteur ou victime, mais plus auteur que victime. Car le procès pénal, à l'inverse du procès civil est avant tout un procès entre l'État et l'auteur.

Telles sont les deux valeurs qu'il faut concilier, l'intérêt général ou ordre et les libertés. Le philosophe ALAIN a écrit : « Les deux termes, ordre et liberté sont bien loin d'être opposés ; j'aime mieux dire qu'ils sont corrélatifs. La liberté ne va pas sans l'ordre, l'ordre ne vaut rien sans la liberté » [1]. Certes, mais comment concilier ces deux idéaux difficilement conciliables ? Où placer « le curseur sur la règle des droits et libertés ? » [2]. Quelle place donner à la tranquillité sociale face aux droits de la défense, ces vaches sacrées de notre époque ? Or tout se brouille aujourd'hui car l'idée d'un procureur de la République, défenseur de l'intérêt général exerçant l'action publique ou ne l'exerçant pas en fonction de l'intérêt général est concurrencée par la victime qui prend une place toujours plus importante dans le procès et, disons-le, sans doute trop importante si l'on en juge par la masse des constitutions de partie civile pas toujours fondées et par la montée des associations. La justice pénale est instrumentalisée au profit d'intérêts particuliers. Elle est privatisée [3].

2) Le second caractère de la procédure pénale est aujourd'hui son *éclatement relatif*. Sans doute, déjà en 1808, les crimes, les délits et les contraventions n'étaient-ils pas traités de la même façon. Mais tous donnaient lieu à jugement en public de leur auteur. Aujourd'hui deux distinctions sont apparues.

La première est celle des faits graves et des faits moins graves. Ces derniers étant passibles de techniques procédurales plus légères et étant constituées d'infractions passibles de cinq ans d'emprisonnement au maximum. Cette sorte de « règle des cinq ans » est souvent retenue par le législateur contemporain, par exemple pour l'application de la composition pénale, du plaider coupable, du juge unique, de la détention provisoire de durée relativement brève, des perquisitions de nuit dans le cadre de l'enquête préliminaire... sans oublier le cas du sursis.

Plus importante peut-être est la seconde distinction qui fragmente les infractions en trois régimes procéduraux, sans que soit reprise exactement la trinité

1. ALAIN, *Propos d'un Normand.*

2. A.M. BOISVERT, *La lutte au terrorisme et les réflexes du législateur canadien à un déplacement des frontières du droit répressif*, Colloque Poitiers-Montréal, décembre 2002, L.G.D.J., 2004, p. 74.

3. X. PIN, *La privatisation du procès pénal*, R.S.C., 2002.245 ; F. CASORLA, *La victime et le juge pénal*, in *La procédure pénale française aujourd'hui. Éclatement ou nouvel équilibre ?* Colloque de l'Institut catholique d'études supérieures, novembre 2002, R.P.D.P., 2003, pp. 639 et s.

napoléonienne des crimes, délits et contraventions. Aujourd'hui, notamment avec la loi du 9 mars 2004, on peut distinguer : 1° la criminalité organisée avec des règles de preuve très spéciales et un jugement en audience publique ; 2° la criminalité « ordinaire » avec des règles de preuve classiques et un jugement en audience publique ; 3° la délinquance, par hypothèse moins grave avec des règles de preuve classiques et, en principe, sans audience publique. Il n'y a pas, comme on a pu l'écrire, une procédure ordinaire et une procédure *bis*. Il y a trois procédures, même si les droits de la défense, par leur maintien nécessaire, évitent un éclatement absolu [1] et même si certaines autres notions sont relativement transversales comme le recours au consentement du délinquant dans la justice pénale ou consensualisme, qui apparaît à la fois dans le traitement de la criminalité « ordinaire » et dans celui de la délinquance [2].

3) Enfin, on ne peut passer sous silence une sorte de « *défrancisation* » *rampante* de notre procédure pénale. Sous l'effet de la montée de la criminalité transnationale organisée, de nombreuses conventions internationales et de la jurisprudence de Strasbourg, les droits nationaux se rapprochent et, du coup, plusieurs perdent leur spécificité. Il est devenu banal de dépeindre l'influence de la C.E.D.H. sur notre jurisprudence et notre législation [3]. Que restera-t-il dans quelques décennies de notre procédure pénale ? L'action civile subsistera, le juge d'instruction peut-être aussi. On se gardera d'aller plus avant dans la prospective [4]. Mais le phénomène d'un rapprochement entre les droits — qui n'est pas seulement français — est indéniable, qu'il prenne la forme d'une convergence ou d'une hybridation [5].

Ces grands traits de notre procédure pénale et les règles techniques qui les accompagnent vont être examinés dans les deux parties de la procédure pénale (communes d'ailleurs à toute procédure) que sont le droit en prévision du procès *(jus ad litem)* et le droit du procès lui-même *(jus litis)*. On s'attachera donc successivement aux *éléments du procès pénal* (Ire Partie) et au *déroulement du procès pénal* (IIe Partie).

1. V. l'ensemble du colloque cité à l'instant. *Add.* pour une vision plus pessimiste de notre procédure qui s'écarterait du modèle du procès équitable à plusieurs égards, J.-P. MARGUE-NAUD, *Les dérives de la procédure pénale française du regard des exigences européennes*, D., 2000, chron. p. 249 et s. V. aussi R. GASSIN, *Considération sur le but de la procédure pénale. Mélanges J. Pradel*, éd. Cujas, 2006, 109.

2. W. EXPOSITO, *La justice pénale et les interférences consensuelles*, thèse dactyl., Lyon III, décembre 2005.

3. Pour un début d'énumération, v. R. DE GOUTTES, in *Bull. inf. C. de cass.*, 15 avril 2001, p. 89, et J. PRADEL et A. VARINARD, n° 40, spéc. pp. 359 et 360.

4. J. PRADEL, *Y aura-t-il encore dans l'avenir une spécificité de la procédure pénale française ?*, in *Mélanges X. Blanc-Jouvan*, 2005, Soc. Leg. comp., p. 789 et s.

5. G. CANIVET, *Influence croisée de la Common Law et du Droit civil / The interrelationship beetween Common Law and Civil Law*, Louisiana Law Review, Louisiana Bicentenary : a fusion of legal cultures, vol. 63, 2003, n° 4, pp. 937 et s.

PREMIÈRE PARTIE

LES ÉLÉMENTS DU PROCÈS PÉNAL

4. — On peut définir le procès pénal comme une suite plus ou moins longue d'actes divers accomplis par des autorités publiques et visant à tirer d'une infraction toutes les conséquences qu'elle comporte. Il en résulte que ce procès suppose, à côté de ce personnage central qu'est le délinquant, deux éléments essentiels.

Le premier est l'existence d'organes qui le déclencheront, le prépareront et lui apporteront sa solution.

Le second consiste dans le droit pour certaines personnes d'agir en justice, à l'effet d'obtenir du juge une décision sur l'infraction. Ce droit, c'est l'action en justice. Et comme il peut être exercé par deux demandeurs différents, l'État et la victime, qui chacun dispose d'une action particulière — l'action publique pour le premier, l'action civile pour le second — on doit parler des actions en justice.

De là, l'étude successive des *organes connaissant de l'infraction* (Titre premier) et des *actions nées de l'infraction* (Titre II).

TITRE PREMIER

LES ORGANES CONNAISSANT DE L'INFRACTION

5. — On aurait naguère parlé des organes chargés de la répression. Mais aujourd'hui, notre droit, notamment sous l'influence des idées nouvelles, ne se veut plus seulement répressif, mais aussi réadaptateur. Cette tendance apparaît avec netteté, par ex., dans l'ordonnance du 2 février 1945 sur les mineurs délinquants ainsi que dans le nouveau Code pénal de 1994. Aussi paraît-il plus exact désormais d'utiliser l'expression plus neutre d'organe connaissant de l'infraction.

Or, cette orientation nouvelle de notre droit a pour effet d'accroître la palette des organes du procès pénal. Ceux-ci, de toute façon, sont nombreux car complexe est le procès avec ses différentes phases où collaborent magistrats, avocats et policiers. Mais ils le sont davantage encore à partir du moment où le juge ne se limite plus aux aspects matériels de l'infraction et s'intéresse aussi aux motivations psychologiques de son auteur : aux magistrats et policiers s'ajoutent alors des psychiatres et des enquêteurs sociaux ou de personnalité.

Comme on le voit, en tout état de cause, le procès pénal est l'œuvre à la fois de magistrats et de personnes qui leur apportent une aide. À côté d'*organes judiciaires* (Sous-Titre premier), figurent donc des *organes auxiliaires* (Sous-Titre II). Le Code de 1959 traite des uns et des autres, insistant toutefois bien davantage sur les premiers que sur les seconds.

SOUS-TITRE I

LES ORGANES JUDICIAIRES

6. — *Vue générale.* Si l'on excepte sa mission d'exécution des sentences pénales, la justice répressive remplit trois fonctions : la poursuite consistant dans la mise en mouvement et l'exercice de l'action publique, l'instruction comportant d'une part la recherche des preuves et de la personnalité (aspect instruction) et, d'autre part, au terme de celle-ci, une appréciation sur les charges résultant de la procédure se traduisant le cas échéant par une décision de renvoi devant la juridiction de jugement (aspect juridiction), enfin le jugement se matérialisant par la décision au fond.

À ces trois fonctions correspondent trois sortes d'organes judiciaires : la poursuite est confiée au Ministère public ou parquet (sous réserve des droits de la victime et de certaines administrations publiques), l'instruction à des juridictions d'instruction et le jugement à des juridictions de jugement. Si le Ministère public a une place bien à part dans notre organisation judiciaire, les juridictions d'instruction et de jugement sont gouvernées par certaines règles communes. On étudiera donc ensemble les juridictions pénales. Puis on considérera le Ministère public.

Cependant, auparavant, deux questions générales doivent retenir l'attention.

1° Tous les magistrats, du siège ou du parquet, étant nommés par décret du chef de l'État, il faut se demander ce que deviennent leurs actes en cas d'annulation de ce décret. Si le Conseil d'État considère que le décret est entaché d'un vice d'une gravité telle que la nomination est inexistante, le juge répressif annule tous les actes accomplis par ce magistrat [1]. Si, au contraire, le décret est annulé pour vice de forme, la jurisprudence laisse subsister les actes faits avant annulation par le magistrat. En effet, le Conseil

1. Crim., 4 juin 1981, B.C., n° 191.

d'État considère le fonctionnaire irrégulièrement nommé comme un fonctionnaire de fait « devant être légalement investi de ses fonctions tant que sa nomination n'a pas été annulée »[1]. Et la Cour de cassation a appliqué cette théorie à un juge d'instruction dont le décret de nomination avait été annulé par le Conseil d'État. Exactement, la chambre criminelle décide que « le magistrat irrégulièrement nommé aux fonctions qu'il occupe doit être regardé comme légalement investi desdites fonctions tant que sa nomination n'a pas été annulée »[2].

2° Bien plus complexe est la question de savoir si un magistrat peut participer à tous les aspects d'une affaire donnée. Le problème se pose dans deux hypothèses d'intérêt très différent.

Première hypothèse : le juge pénal a d'abord statué au civil avant d'intervenir dans le cadre d'une poursuite relative à une implication pénale du problème civil. La jurisprudence distingue alors comme suit.

Ou bien le juge faisant partie de la juridiction pénale de jugement avait déjà fait partie du tribunal ayant prononcé le divorce de l'accusé en se fondant uniquement sur l'arrêt de la chambre d'accusation renvoyant celui-ci en cour d'assises pour viols. Les faits étant les mêmes, tout cumul est impossible : le juge du divorce ne peut pas faire partie de la cour d'assises[3]. Il en va de même si un juge à l'occasion d'un procès civil s'est déjà prononcé sur les faits qui ont justifié le renvoi du prévenu devant le tribunal correctionnel[4]. La C.E.D.H. adopte la même position[5].

Ou bien le juge pénal de jugement n'avait porté aucune appréciation sur la culpabilité lors d'une instance civile précédente. Le cumul est alors possible[6].

Le fil d'or de cette jurisprudence est l'article 6, § 1, Conv. E.D.H., qui veut que le jugement soit impartial, ce texte que l'on va retrouver dans la seconde hypothèse.

Seconde hypothèse : le débat se situe uniquement dans le cadre du procès pénal. On se demande alors si, dans une affaire pénale, le même magistrat peut occuper successivement des fonctions différentes. La réponse étant très

1. C.E., 2 novembre 1923, *Association des fonctionnaires des postes et télégraphes*, Rec. Lebon, p. 699.

2. Crim., 31 mars 1993, B.C., n° 140 ; D. CARON, *Réflexions à propos de l'arrêt de la chambre criminelle en date du 31 mars 1993*, Rapport de la Cour de cassation 1993-1994, pp. 209 et s.

3. Crim., 16 octobre 1991, B.C., n° 351 ; 21 février 1996, B.C., n° 82 ; comp., Crim., 1er février 2000, B.C., n° 48, possibilité pour un magistrat ayant fait partie d'un conseil régional de l'Ordre des vétérinaires agissant à titre disciplinaire de participer ensuite à une juridiction pénale, les faits étant distincts par leur date.

4. Crim., 5 novembre 2003, B.C., n° 210, escroquerie.

5. C.E.D.H., 7 août 1996, *Ferrantelli et Santangelo c. Italie* ; 6 juin 2000, *Morel c. France.*

6. Crim., 16 juin 1988, B.C., n° 274, D., 1988, Somm. 361, obs. J. Pradel, pour un référé ; 6 février 1989, B.C., n° 46, R.S.C., 1990.695, et obs. pour une demande de transfert de l'autorité parentale ; 24 novembre 1993, B.C., n° 354 pour un divorce ; 5 juillet 1994, B.C., n° 265, D., 1995, Somm. 143, obs. J. Pradel ; 19 mars 1997, B.C., n° 114 ; 10 mars 2004, B.C., n° 65.

souvent négative, on parle en généralisant, du principe de la séparation des fonctions judiciaires.

Une section préliminaire devra être consacrée au *principe de la séparation des fonctions judiciaires* avant que soient abordés en deux chapitres successifs les *juridictions pénales* et le *Ministère public.*

SECTION PRÉLIMINAIRE

LE PRINCIPE DE LA SÉPARATION DES FONCTIONS JUDICIAIRES

Bibliographie. *Études d'ensemble.* — C. BERGOIGNAN-ESPER, *La séparation des fonctions de justice répressive,* préface R. VOUIN, Travaux et recherches de l'Université de Droit et d'Économie et de Sciences sociales de Paris, 1973 ; P. CROCQ, *Le droit à un tribunal impartial,* in *Droits et libertés fondamentaux,* 7e éd., Dalloz, 2001, pp. 451 et s. ; M.A. FRISON-ROCHE, *L'impartialité du juge,* D., 1999, chron., 53 ; S. JOSSERAND, *L'impartialité du magistrat en procédure pénale,* préface de J. FRANCILLON, L.G.D.J., 1998 ; R. KOERING-JOULIN, *Le juge impartial, Justices,* n° 10, 1998, pp. 1 et s. ; J. PRADEL, *La fonction de jugement est-elle compatible avec les autres fonctions de la justice répressive ?* Réflexions autour d'une jurisprudence récente, D., 1987, note sous Crim., 7 janvier et 6 novembre 1986, p. 237 ; J. PRADEL, *La notion européenne de tribunal impartial et indépendant selon le droit français,* R.S.C., 1990, p. 692 (ce numéro de la R.S.C. contient aussi des études, sur cette notion, de F. TULKENS pour la Belgique, de G. CASAROLI pour l'Italie, de J. DE FIGUEIREDO DIAS et M. J. ANTUNÉS pour le Portugal, de T. WEIGEND pour l'Allemagne et de R. KOERINGJOULIN pour la C.E.D.H.) ; D. REBUT, *Le droit à un tribunal impartial,* R.S.C., 1998, pp. 449 et s. ; D. ROETS, *Impartialité et justice pénale,* préface J. PRADEL, Travaux de l'Institut de sciences criminelles de Poitiers, vol. 17, éd. Cujas, 1997.

Études particulières. — P. CHAMBON, *La règle « le juge d'instruction ne peut prendre part au jugement des affaires qu'il a instruites » peut-elle être retournée ?* J.C.P., 1956.I.1279 ; M. HUYETTE, *Commentaire de l'arrêt de la chambre criminelle du 7 avril 1993,* R.S.C., 1994, p. 67 ; C. LAZERGES, *La séparation des fonctions de justice, à propos de l'arrêt de la chambre criminelle du 7 avril 1993,* R.S.C., 1994, p. 75 ; J. MASSON, *La séparation de la poursuite et de l'instruction,* thèse, Dijon, 1898 ; J. PRADEL, *L'instruction préparatoire,* Cujas, 1990, not. n°s 64 et s.

7. — *Notions générales.* Ce principe signifie que chaque fonction judiciaire est assurée par des magistrats spécialisés. Par exemple, la fonction de poursuite est remplie par les magistrats du Ministère public qui n'assument aucune autre fonction.

Que vaut ce principe *de lege ferenda ?*

En sa faveur, on peut invoquer deux solides arguments. Le premier est technique : en spécialisant les fonctions, on permet aux magistrats de se forger une expérience et l'on accroît la qualité des actes de procédure. Le second, plus important, est politique : en séparant les fonctions, on protège mieux les libertés individuelles car des magistrats différents vont pouvoir se contrôler, les excès de l'un étant compensés par la prudence de l'autre, le risque de partialité constituant une crainte qu'il ne faut pas sous-estimer. Dans cette optique politique, chère à Montesquieu, la séparation des fonctions judiciaires est à la procédure pénale ce que la séparation des pouvoirs législatif, exécutif et judiciaire est au droit public. On s'explique alors que le législateur révolutionnaire, soucieux de préserver les libertés de l'individu, ait réservé un accueil très favorable au dogme de la séparation des fonctions [1].

Ces raisons, il est vrai, ne sont pas pleinement convaincantes. On a pu se demander si la justice ne gagnerait pas en célérité dans le cas où serait abandonné le principe séparatiste et où par exemple le juge d'instruction à l'issue de ses recherches pourrait juger au fond. Dans l'ensemble cependant, on approuvera sans hésitations majeures le principe séparatiste.

Qu'en est-il *de lege lata ?* Notre législation interne ne contient sur le principe séparatiste que des dispositions rares et particulières à certaines hypothèses (not. art. 49, al. 2, 137-1, al. 3, et 253, C.P.P.). En revanche, la Conv. E.D.H. dispose de façon très générale que « toute personne a droit à ce que sa cause soit entendue... par un tribunal indépendant et impartial (art. 6, § 1). C'est ici l'exigence d'impartialité qui nous intéresse car si l'indépendance d'un tribunal évoque sa liberté à l'égard de l'exécutif, son impartialité évoque sa liberté vis-à-vis des parties : bref, les auteurs du texte conventionnel n'ont pas voulu qu'un magistrat, en cumulant deux fonctions, rende une mauvaise justice, une justice favorisant (ou défavorisant) une partie au procès, une justice partiale, partisane [2]. Il est important que le principe séparatiste soit consacré par l'article 6 Conv. E.D.H. car il en résulte qu'il présente un caractère supra-législatif.

Ces textes et surtout le texte conventionnel ont suscité depuis quelques années une jurisprudence considérable. Il faut reconnaître que le caractère très général de l'article 6, § 1, n'y est pas pour rien. À la lumière de cette jurisprudence et des textes, il convient de distinguer entre trois hypothèses d'intérêt très inégal :

— d'une part, *au sein de la phase de jugement*, les diverses fonctions peuvent être assurées par les mêmes magistrats, c'est-à-dire par les juges chargés de statuer au fond. Ainsi, en cas de supplément d'information ordonné par la juridiction de jugement, le juge en faisant partie et chargé d'y procéder peut ensuite participer au jugement [3]. De même, le juge faisant partie d'une

1. A. ESMEIN, *Histoire de la procédure criminelle en France*, 1882, not. n°s 410 et s.

2. Sur la différence entre indépendance et impartialité, v. J. PRADEL et G. CORSTENS, *Droit pénal européen*, Dalloz, 2e éd., 2002, n°s 343 et s.

3. Crim., 27 janvier 1899, D., 1899.I.240 ; 26 avril 1900, B.C., n° 158 ; 27 juillet 1907, D., 1911.I.153 ; 19 janvier 2000, B.C., n° 35.

cour d'assises peut à la fois participer à une décision relative à une demande de mise en liberté formée par l'accusé (en application de l'article 148-1, C.P.P.) et juger au fond [1]. De même encore, de façon assez voisine, rien ne s'oppose à ce que le même juge apparaisse dans deux affaires différentes concernant le même accusé [2]. Le juge ayant participé à une décision rendue par défaut peut encore participer au jugement ultérieur, rendu sur opposition [3]. Enfin, le juge ayant participé à la condamnation peut ensuite composer la juridiction appelée à statuer sur une demande de relèvement d'interdiction [4] ;

— d'autre part, *au sein de la phase d'instruction* au contraire, la séparation l'emporte dans le cas du membre de la chambre de l'instruction qui, après avoir confirmé une ordonnance de refus d'informer ne peut statuer ensuite sur l'appel contre une ordonnance de non-lieu [5].

— enfin, *à considérer les trois phases de la procédure* — la poursuite, l'instruction et le jugement — le principe général est encore celui de la séparation des fonctions. Et ici notre droit est considérable. On va le montrer en examinant tour à tour la séparation de la poursuite et de l'instruction, la séparation de l'instruction et du jugement, et enfin la séparation de la poursuite et du jugement.

§ 1. — La séparation de la poursuite et de l'instruction

8. — *Principe.* En application de ce premier aspect de la règle séparatiste, ce sont des organes différents qui assurent ces deux fonctions.

En premier lieu, la poursuite appartient au Ministère public, essentiellement au procureur de la République (art. 31, C.P.P. : *add.* dans le même sens, art. 16, 46 et 57, C.J.M. de 1965) et elle n'appartient qu'à lui seul. Les magistrats instructeurs ne peuvent donc en aucun cas se saisir eux-mêmes. Sous l'empire du Code d'instruction criminelle, le juge d'instruction pouvait le faire en cas de flagrance (art. 59, C.I.C.). Mais en vertu du principe

1. Crim, 4 février 1987, B.C., n° 59 ; 17 juin 1987, B.C., n° 255 ; 18 février 1998, B.C., n° 67.

2. Crim., 13 juin 1991, B.C., n° 252 ; 20 janvier 1999, B.C., n° 11 ; 23 juin 1999, D., 1999, Somm. 328, obs. J. Pradel, où les deux affaires étaient connexes ; 11 octobre 2000, B.C., n° 294, un juge de l'application des peines ayant révoqué une libération conditionnelle peut ultérieurement faire partie d'une cour d'assises pour d'autres faits.

3. Crim., 25 juillet 1989, B.C., n° 296, D., 1990, Somm. 226, obs. J. Pradel. La C.E.D.H. raisonne pareillement, v. arrêt du 10 juin 1996, *Thomann c/ Suisse*, R.S.C., 1997, p. 472, obs. Koering-Joulin.

4. Crim., 9 janvier 2002, B.C., n° 1 ; il s'agit d'un simple incident d'exécution et non d'une accusation pénale.

5. Crim., 6 janvier 2000, B.C., n° 5. En revanche, un membre de la chambre de l'instruction peut statuer successivement sur une demande de mise en liberté et sur une requête en nullité de pièces, ces deux instances étant étrangères à la culpabilité, Crim., 27 octobre 2004, BC n° 260, D. 2005, Pan. 684, obs. J. Pradel, R.P.D.P. 2005, 232, obs. E. Vergès.

séparatiste, le Code de 1959 lui a retiré ce droit [1]. Une exception, cependant, doit être signalée : la chambre de l'instruction, juridiction d'instruction du second degré, peut ordonner, lorsqu'elle est saisie d'une procédure, l'extension des poursuites à des faits connexes ou à des personnes non encore mises en examen (art. 202, al. 1er, et 204, al. 1er, C.P.P.).

En second lieu, l'instruction appartient aux juridictions d'instruction (notamment, art. 49, C.P.P. ; *add.* dans le même sens, art. 17, 45 et 57, C.J.M.) et elle n'appartient qu'à elles seules. Toutefois, ce deuxième aspect du principe de séparation des fonctions de poursuite et d'instruction donne lieu à des difficultés considérables. Il est à redouter en effet que la juridiction d'instruction ne soit pas entièrement indépendante à l'égard du Ministère public et que celui-ci soit tenté d'intervenir dans le déroulement de l'instruction. On conviendra d'ailleurs que ce problème concerne le juge d'instruction bien davantage que la chambre de l'instruction, car le premier agit seul alors que la seconde est collégiale. C'est donc uniquement du juge d'instruction que nous parlerons ici en considérant l'évolution historique et la situation actuelle.

A — L'évolution historique

1. *Le système primitif du Code d'instruction criminelle*

9. — Lors des travaux préparatoires du Code d'instruction criminelle de 1808, deux partis s'opposèrent. Merlin et Treilhard plaidèrent pour la confusion de la poursuite et de l'instruction en voulant que le procureur menât lui-même la seconde. Mais le parti adverse l'emporta, reprenant du reste la tradition de la grande ordonnance de 1670. Suivant Cambacérès, « par son institution, le Ministère public est partie ; à ce titre, il lui appartient de poursuivre, mais par cela même il serait contre la justice de le laisser faire des actes d'instruction... Le procureur impérial serait un petit tyran qui ferait trembler la cité... tous les citoyens trembleraient s'ils voyaient dans les mêmes hommes le pouvoir de les accuser et celui de recueillir ce qui peut justifier leur accusation » [2]. D'où la nécessité de « placer auprès du procureur impérial un magistrat qui, n'étant pas la partie adverse du prévenu, conserve toute son impartialité » [3].

Deux précisions doivent d'ailleurs être apportées à ce principe de la séparation entre la poursuite et l'instruction dans le Code primitif.

1. Tout au plus, les rédacteurs de 1959 avaient laissé au juge d'instruction « présent sur les lieux » le pouvoir d'accomplir « tous actes de police judiciaire » (art. 72, al. 1, C.P.P.), c'est-à-dire tous actes de recherche des preuves. Et encore une loi du 23 juin 1999 a supprimé ce pouvoir. Désormais, au cours de l'enquête de flagrance, le juge d'instruction n'intervient donc plus, les recherches étant opérées par le parquet et la police judiciaire.

2. Locré, t. XXV, pp. 123 et s.

3. Rapporté par R. VOUIN, *Le projet de réforme du Code d'instruction criminelle*, D., 1950, chron., pp. 37 et s. ; A. ESMEIN, *précité*, pp. 530 et s.

D'un côté, la portée de la règle se trouvait réduite par la relative puissance du parquet face au juge d'instruction, « homme jeune et homme seul » d'un grade inférieur à celui du procureur. Étant officier de police judiciaire, le juge d'instruction était noté et surveillé par le procureur général (art. 57 et 279, C.I.C). Dans les tribunaux où existaient plusieurs juges d'instruction, c'était le procureur qui répartissait les dossiers entre eux, choisissant ainsi celui qu'il estimait le plus conforme à ses vues. Enfin, le procureur pouvait même retirer à un juge d'instruction un dossier pour le confier à un autre [1].

Mais d'un autre côté, les rédacteurs de 1808 avaient voulu renforcer la séparation et donc l'indépendance de l'instruction par un « dépeçage » de celle-ci, la fonction d'enquête ou recherche des preuves étant attribuée au juge d'instruction et la fonction juridictionnelle (liberté provisoire et règlement des dossiers) étant remplie par la chambre du conseil du tribunal, formation constituée de trois magistrats du siège (dont le juge d'instruction) présumée libre à l'égard du Ministère public.

2. *La loi du 17 juillet 1856*

10. — Il s'avéra rapidement que cet éclatement de l'instruction entre deux autorités, tel qu'il était conçu, était contestable. D'abord, la procédure était ralentie par la nécessité de faire intervenir la chambre du conseil.

Ensuite, celle-ci jouait un rôle dérisoire et ne remplissait pas le rôle escompté de contrepoids au parquet. Comme on l'a dit en effet, « dès que le juge d'instruction entre en séance au sein de la chambre du conseil, c'est lui qui connaît le dossier, il dicte sa loi, impose sa volonté et la chambre du conseil ne fait qu'approuver » [2]. On estima enfin qu'il était dangereux de faire assurer le règlement de l'instruction par des magistrats dont certains allaient être appelés à statuer au fond et n'auraient plus alors toute la liberté d'esprit désirable. Aussi la loi du 17 juillet 1856 retira-t-elle la fonction juridictionnelle à la chambre du conseil pour la confier au juge d'instruction.

Peut-être aurait-on pu conserver la chambre du conseil en la constituant d'un juge unique, différent du juge d'instruction. La Belgique applique cette idée et paraît s'en féliciter. Ce système protège l'indépendance du juge d'instruction vis-à-vis de lui-même car « il est à craindre que le juge d'instruction (français) ne soit influencé par son instruction même et qu'il ne l'apprécie pas en toute indépendance » [3]. Mais la préserve-t-il vis-à-vis du parquet ? En ce qui concerne les pouvoirs d'instruction du juge d'instruction, certains ont pensé que non, d'où le projet de 1949.

1. MORIZOT-THIBAUT, *De l'instruction préparatoire, Étude critique du C.I.C.*, 1905, pp. 96 et s. ; note J.A. Roux au S., 1901.II.305.

2. Propos du rapporteur de la loi de 1856, *in* F. GOLLÉTY, *Rapport au Colloque du XXe anniversaire de la Revue de science criminelle sur les juridictions d'instruction*, R.S.C., 1957, pp. 85 et s.

3. Chevalier BRAAS, *Précis de procédure pénale*, I, n° 439. Le point de vue du célèbre pénaliste belge peut ne pas rallier tous les suffrages.

3. *Le projet de réforme du Code d'instruction criminelle de 1949 et ses suites*

11. — Constatant que le juge d'instruction n'est pas libre vis-à-vis du parquet (c'est d'autant plus grave qu'il n'est plus seulement enquêteur, mais juge) et que celui-ci use largement de l'enquête de police dont le magistrat instructeur ne fait souvent qu'enregistrer les résultats, le projet de réforme du Code d'instruction criminelle de 1949 proposa une réforme radicale qui, selon son promoteur, « mettait en accord le droit avec les faits »[1]. Cette réforme consistait à répartir d'une façon nouvelle les fonctions de l'instruction : la recherche des preuves serait confiée au procureur de la République, aidé de la police judiciaire, et la mission juridictionnelle serait dévolue à un « juge de l'instruction » d'un rang égal à celui du procureur. C'était l'abandon du dogme de la séparation de la poursuite et de l'instruction cher au législateur de 1808.

Ce projet fit contre lui presque l'unanimité des cours et facultés[2]. Il présentait, disait-on, l'inconvénient de restreindre à l'extrême l'indépendance de l'instruction en confiant la recherche des preuves à un Ministère public encore plus lié au pouvoir (v. *infra*, n° 147) que le juge d'instruction ne l'est au parquet. Car « le procureur de la République est l'œil du procureur général, comme le procureur général est l'œil du gouvernement » (Treilhard). En outre, la distinction entre l'activité juridictionnelle et celle d'enquêteur est malaisée[3].

On s'explique donc aisément que le projet Donnedieu de Vabres ait été abandonné et que son auteur lui-même ait finalement renoncé. Si l'on y songea à nouveau en 1969, ce fut uniquement dans le but d'accélérer le cours de la justice pénale.

Et pourtant, à l'heure actuelle, le débat rebondit, certains esprits se montrant favorables à la disparition du juge d'instruction : les investigations seraient conduites par le parquet aidé de la police judiciaire tandis que les questions juridictionnelles comme la détention provisoire seraient confiées à un juge[4]. Ce système se développe à l'étranger : le juge d'instruction a été aboli en 1975 en Allemagne et en 1989 en Italie. À vrai dire, la question est délicate. En faveur de la suppression du juge d'instruction, on peut invoquer

1. H. Donnedieu de Vabres, *La réforme de l'instruction préparatoire*, R.S.C., 1949, pp. 499 et s.

2. R.S.C., 1950, pp. 98 et s. ; Colombini, J.C.P., 1950.I.854 ; R. Vouin, *Le projet de réforme du Code d'instruction criminelle*, D., 1950, chron. p. 37 ; Caleb, obs. R.S.C., 1952, p. 19.

3. J. Michaud, *Le Janus de la magistrature*, R.S.C., 1974, p. 666.

4. *La mise en état des affaires pénales*, rapport de la Commission Justice pénale et droits de l'homme, La Documentation Française, 1991. Pour une vue relativement proche, J. Pradel, *La réforme de l'instruction préparatoire*, D., 1989, chron. p. 1 ; v. aussi *Rapport de la Commission de réflexion sur la justice*, présidée par P. Truche, La Documentation Française, 1997, où il est écrit « à terme, les missions d'enquête et juridictionnelles seront séparées », p. 87.

la parfaite aptitude du parquet à mener des investigations comme le montre l'article 68, C.P.P., sur l'enquête de flagrance [1]. À l'encontre de la suppression, on avancera l'idée que le parquet n'est pas forcément indépendant et que le juge d'instruction connaît par hypothèse fort bien le dossier et qu'il est donc l'organe le mieux placé pour statuer sur la détention. Le dernier état de notre droit positif n'est pas étranger à ces idées, même si subsiste le juge d'instruction.

B — La situation actuelle

12. — Dans le Code de 1959, le principe de l'indépendance de l'instruction vis-à-vis de la poursuite est fermement maintenu et même renforcé par certains côtés.

D'une part, dans la conduite de son information, le juge d'instruction est libre. Selon l'article 81, alinéa 1er, du Code de procédure pénale, « le juge d'instruction procède... à tous actes d'information qu'il *juge* utiles à la manifestation de la vérité ». Il ne doit solliciter l'avis du procureur de la République que dans de rares hypothèses (par exemple pour lancer un mandat d'arrêt, art. 131, C.P.P.) et il n'est pas tenu de déférer à ses réquisitions. Cette liberté du juge d'instruction avait toujours été admise, mais elle n'était pas formulée aussi nettement dans le Code d'instruction criminelle.

D'autre part, l'indépendance du juge d'instruction est renforcée sur deux points. Tout d'abord, ce magistrat n'est plus officier de police judiciaire, ce qui a pour effet de le soustraire au contrôle du procureur général. En contrepartie, il est placé sous l'autorité de la chambre de l'instruction et sous la tutelle du président de celle-ci (art. 220 et s., C.P.P.). Ensuite, ce n'est plus le procureur de la République, mais le président du tribunal de grande instance qui le désigne (art. 83, C.P.P.) et qui le dessaisit (art. 84, C.P.P.).

Pour être juste cependant, il faut reconnaître que la séparation de la poursuite et de l'instruction n'est pas totale. D'abord, le parquet peut faire procéder, avant ouverture de l'information (quand il procède à cette ouverture), à des investigations par voie d'enquête préliminaire ou de flagrance ; il est vrai que ces actes de recherches, dont l'importance pratique est considérable, ne sont pas *stricto sensu* des actes d'instruction, même s'ils ont une nature voisine de ceux-ci (v. art. 68, al. 2, C.P.P., qui, en cas de flagrance, y voit des « actes de police judiciaire »). Ensuite, le parquet peut s'immiscer constamment dans la marche de l'instruction soit en s'en faisant communiquer le dossier (art. 82, al. 2, C.P.P.), soit en assistant aux interrogatoires et confrontations de la personne mise en examen ainsi qu'aux auditions de la

1. On a invoqué aussi que le juge d'instruction en instruisant et en plaçant en détention est juge et partie. Ceci est mal démontré et, en outre, la C.E.D.H. n'exclut pas forcément le cumul entre placer en détention provisoire et juger au fond, v. arrêt du 24 mai 1989, *Hauschildt c/ Autriche*.

partie civile (art. 119, al. 1er, C.P.P.), soit enfin en interjetant appel de toutes les ordonnances du juge (art. 185, C.P.P.).

Dans le sillage des propositions de la Commission de réflexion sur la justice (dite Commission Truche, 1997), le Ministère de la Justice a déposé en 1998 un projet de loi ôtant au juge d'instruction le contentieux de la détention provisoire (sauf pour la remise en liberté) et l'attribuant à un juge distinct, le juge de la détention [1]. L'idée est que le juge d'instruction ne saurait être à la fois enquêteur et juge. Mais comme le juge de la détention serait saisi par le juge d'instruction, on peut considérer que la procédure sera alourdie, que la présomption d'innocence sortira affaiblie (puisqu'il y aura sur la détention « un double regard ») et que le nombre des détenus provisoires ne baissera pas beaucoup. Et pourtant, la loi du 15 juin 2000 a consacré l'idée en créant le juge des libertés et de la détention (art. 137-1 et s., C.P.P., v. *infra*, n° 692).

§ 2. — LA SÉPARATION DE L'INSTRUCTION ET DU JUGEMENT

13. — *Le problème.* Faut-il prévoir des organes différents pour l'instruction et pour le jugement ? À l'encontre de la séparation, on peut avancer deux arguments : d'abord, le juge qui connaît le mieux la personne poursuivie et les faits qui lui sont reprochés est évidemment le juge d'instruction de sorte qu'il est peut-être déraisonnable de se priver de lui au stade du jugement ; ensuite, on a remarqué que les magistrats de la juridiction de jugement qui procèdent à un supplément d'information conservent au moment du délibéré toute leur liberté d'esprit. Sur la foi de tels arguments, des auteurs se montrent favorables à la confusion des fonctions [2].

On n'oubliera pas, cependant, que l'idée séparatiste est ancienne, ayant été introduite par une loi du 8 décembre 1897 — elle-même devancée par la pratique — qui décida que le juge d'instruction ne peut à peine de nullité participer au jugement des affaires qu'il a instruites. C'est qu'en effet il y a dans la confusion des fonctions d'instruction et de jugement un risque de partialité [3]. Ce risque entraîne une véritable consécration du principe de séparation qui n'est que rarement mis en échec.

A — La consécration du principe de séparation

14. — *Une précision.* Il ne faut pas confondre séparation organique et séparation procédurale. Cette dernière signifie que le législateur cherche

1. Rapport de la Commission de réflexion sur la justice, La Documentation Française, 1997, p. 65. La Commission avait même prévu l'instauration « d'une collégialité dont le juge d'instruction serait exclu ». Le projet de 1998 s'en est tenu à un seul juge.

2. G. LEVASSEUR, *in* Journées de science criminelle de Strasbourg, 1953, *Annales de la Faculté de droit de Strasbourg*, t. II, not. p. 83 ; J. VÉRIN, *Pour une réforme d'ensemble de la justice pénale*, R.S.C., 1971, pp. 173 et s. ; F. CLERC, R.P.S., 1983, p. 431.

3. B. BOULOC, *L'acte d'instruction*, 1965, nos 538 et 557.

— notamment pour faire pièce au poids de la détention provisoire, véritable « préjugement » — à « neutraliser » le dossier d'instruction : les juridictions de jugement sont par exemple libres de changer la qualification des faits retenus à l'instruction et, afin de préserver le principe de l'oralité des débats, le dossier d'instruction est normalement retiré lors de la délibération de la cour d'assises (art. 347, C.P.P.). Cette séparation ne nous intéresse pas ici, contrairement à la séparation organique selon laquelle, répétons-le, ce sont des magistrats différents qui instruisent et qui jugent. Or cette séparation organique est admise de façon générale, mais avec des nuances, et encore doit-on distinguer entre droit interne et droit européen [1].

1. *Le principe séparatiste en droit interne*

15. — Deux textes sont à considérer, lourds de jurisprudence. Le premier est l'article 49, al. 2, C.P.P., issu de la loi du 8 décembre 1897, qui dispose que le juge d'instruction « ne peut, à peine de nullité, participer au jugement des affaires pénales dont il a connu en sa qualité de juge d'instruction ». Et l'article 253 du même code, reprenant l'article 257 du Code de 1808, ajoute que ne peuvent faire partie de la cour d'assises les « magistrats qui, dans l'affaire soumise à la cour d'assises, ont soit fait un acte de poursuite ou d'instruction, soit participé à l'arrêt de mise en accusation ou à une décision sur le fond relative à la culpabilité de l'accusé ».

Or il faut bien comprendre le sens de ces deux textes. Ce qu'ils interdisent, c'est que le même magistrat ait à la fois fait un acte véritable lors de l'instruction et participé au jugement. L'incompatibilité n'existe qu'à ces conditions. Celles-ci sont d'ailleurs interprétées strictement par la jurisprudence en vertu du principe connu que les incapacités sont de droit étroit.

En application de la *première condition*, un magistrat ayant participé à l'instruction ne peut ensuite participer au jugement. Encore faut-il pour qu'il y ait incompatibilité que le magistrat chargé de l'instruction ait procédé à un véritable acte d'instruction : c'est le cas de celui qui convoque et entend un témoin, un tel acte « impliquant l'intention... de poursuivre la réunion des preuves » [2] ; c'est le cas de celui qui notifie une inculpation [3], ou qui délivre des commissions rogatoires [4]. C'est à plus forte raison le cas de celui qui, en qualité de membre de la chambre d'accusation, a participé à l'arrêt de

1. Distinction affaiblie par le fait que la chambre criminelle vise souvent l'art. 6, § 1, Conv. E.D.H.
2. Crim., 13 novembre 1952, G.P., 1953.I.156.
3. Crim., 18 mai 1976, B.C., n° 168.
4. Crim., 3 juin 1992, B.C., n° 220.

clôture de l'instruction [1] ou qui rejette sa demande d'acte [2]. En revanche, le magistrat instructeur peut faire partie de la juridiction de jugement s'il n'a accompli au cours de l'instruction qu'un acte d'administration judiciaire, en recevant par exemple le serment d'un expert, en demandant un casier judiciaire [3], en désignant le juge d'instruction chargé de l'affaire [4] ; la solution est la même pour le conseiller de la chambre d'accusation qui a concouru à l'arrêt de cette chambre, n'ayant fait que rejeter une requête en annulation et qui peut donc ultérieurement faire partie de la chambre des appels correctionnels [5] ; elle est encore la même pour le conseiller qui a participé à un arrêt de chambre d'accusation ayant rejeté une demande d'actes, décision n'ayant pas porté sur la valeur des charges [6].

En application de la *seconde condition*, le magistrat ayant fait un véritable acte d'instruction au sens de l'instruction peut cependant participer, au stade du jugement, à des formalités qui ne sont pas le jugement lui-même. Ainsi un magistrat qui a voté la mise en accusation — acte assimilé à un acte d'instruction par l'article 253, C.P.P. — peut assister ou remplacer le président de la cour d'assises pour effectuer des actes préalables à l'arrêt comme l'interrogatoire de l'article 272, C.P.P. [7], ou comme les formalités relatives à l'établissement de la liste des jurés de session [8].

De même encore, rien ne s'oppose à ce que le juge d'instruction soit entendu comme témoin devant la juridiction de jugement car, en apportant ses lumières de la sorte, il ne peut être considéré comme ayant concouru au jugement de l'affaire [9].

Reste le *cas particulier* où le magistrat a participé au cours de l'instruction à une décision sur la liberté du mis en examen. Peut-il participer au jugement ? Face à la cohérence des solutions précédentes, on ne peut qu'être frappé ici par l'étrangeté de la jurisprudence. D'un côté, en effet, le membre d'une chambre d'accusation, après avoir participé à un arrêt sur la liberté, ne peut ensuite faire partie de la cour d'assises [10] et il en est de même du juge des libertés et de la détention en vertu de l'article 137-1, C.P.P. : selon ce texte, « il ne peut à peine de nullité, participer au jugement des affaires dont

1. Crim., 29 janvier 1986, B.C., n° 38 ; 11 mars 1986, D., 1986, I.R., 302, obs. J. Pradel ; 28 avril 1986, B.C., n° 143 ; 6 novembre 1986, D., 1987.238, note J. Pradel ; 1er décembre 1987, B.C., n° 439 ; 3 décembre 1997, B.C., n° 410 ; 15 septembre 2004, B.C., n° 210, D., 2005, 1138, note S. Lavric et G. Royer.

2. Crim., 15 décembre 2004, B.C., n° 324, D. 2005, Pan. 685, obs. J. Pradel.

3. Crim., 10 février 1881, D., 1882.46.

4. Crim., 3 février 1971, B.C., n° 38, R.S.C., 1972.126, obs. J.M. Robert.

5. Crim., 9 novembre 1995, B.C., n° 346, D., 1996, Somm. 259, obs. J. Pradel.

6. Crim., 19 février 1998, B.C., n° 74.

7. Crim., 17 mars 1899, D., 1899.I.613 ; 20 mars 1952, D., 1952.419.

8. Crim., 17 octobre 1833, B.C., n° 445.

9. Crim., 17 juillet 1873, B.C., n° 197 ; 5 novembre 1903, D., 1904.I.25, note Le Poittevin ; 6 février 1957, B.C., n° 121 ; 2 décembre 1987, B.C., n° 443, D., 1988, Somm. 355, obs. J. Pradel.

10. Crim., 12 octobre 1983, D., 1984.610, note J. Pradel ; 8 avril 1992, B.C., n° 152, D., 1993, Somm. 204, obs. J. Pradel ; 3 décembre 1997, B.C., n° 410.

il a connu »[1]. Mais, d'un autre côté, le membre de la chambre d'accusation peut siéger ensuite... à la chambre des appels correctionnels[2]. Comprenne qui pourra ! Dans ce dernier cas de figure, la chambre criminelle invoque le fait que l'incompatibilité n'est prévue par aucun texte, l'article 253, C.P.P., ne visant que la cour d'assises. Pourtant, la position adoptée est insoutenable quand on sait comment s'opèrent les correctionnalisations — plus ou moins restrictivement selon les ressorts judiciaires — et surtout quand on sait que l'article 6, § 1, Conv. E.D.H., est rédigé en termes généraux.

2. *Le principe séparatiste en droit européen*

16. — On sait que, selon l'article 6, § 1, Conv. E.D.H., le jugement (et pas seulement en matière pénale d'ailleurs) doit être prononcé « par un tribunal indépendant et impartial ». Et selon la C.E.D.H., « si l'impartialité se définit d'ordinaire par l'absence de préjugé..., elle peut s'apprécier de diverses manières. On peut distinguer... entre une démarche subjective, essayant de déterminer ce que tel juge pensait en son for intérieur en telle circonstance, et une démarche objective, amenant à rechercher s'il offrait des garanties suffisantes pour exclure à cet égard tout doute légitime »[3]. Cela dit, la C.E.D.H. a évolué[4].

Dans ses premiers arrêts, elle s'était montrée très objectiviste : dès qu'apparaissait le moindre risque de partialité, fondé sur des considérations de nature fonctionnelle, l'article 6 était censé avoir été violé. Deux arrêts peuvent être cités à ce sujet : l'arrêt *Piersack c/ Belgique* où un magistrat du parquet ayant connu de l'affaire avait ensuite fait partie de la cour d'assises amenée à la juger[5] et l'arrêt *de Cubber c/ Belgique* où le même magistrat avait été dans une affaire déterminée juge d'instruction, puis juge au fond[6]. Dans cette dernière affaire, la C.E.D.H. indique « qu'une interprétation restrictive de l'article 6, § 1, notamment quant au respect du principe fondamental de l'impartialité du juge, ne cadrerait pas avec l'objet et le but de cette disposition, vu la place évidente que le droit à un procès équitable occupe dans une société démocratique au sens de la Conv. E.D.H. » (§ 30, *in fine*).

Mais, aujourd'hui, la C.E.D.H. se fait beaucoup moins stricte, considérant désormais qu'en privilégiant trop les apparences d'une bonne

1. *Contra* avant la L. du 15 juin 2000, Crim., 2 février 2000, B.C., n° 55, arrêt relatif au juge délégué ayant agi à la demande du juge d'instruction selon le système de la loi du 4 janvier 1993, abandonné par celle du 24 août 1993 et remis en vigueur par celle du 15 juin 2000 ; aujourd'hui, Crim., 16 mai 2007, B.C., n° 128, nullité de la décision.

2. Crim., 20 décembre 1984, D., 1985.541, note J. Pradel ; 6 novembre 1986, D., 1987.237, note J. Pradel ; 23 janvier 1996, B.C., n° 35 ; 19 février 1998, B.C., n° 74.

3. C.E.D.H., 1er octobre 1982, *Piersack c/ Belgique*. Formule souvent reprise par la suite.

4. R. Koering-Joulin, *La notion européenne de « tribunal indépendant et impartial » au sens de l'article 6, § 1, Conv. E.D.H.*, R.S.C., 1990, pp. 765 et s. ; J. Pradel et G. Corstens, *Droit pénal européen*, Dalloz, 2e éd., 2002, n° 348.

5. C.E.D.H., précité.

6. C.E.D.H., 26 octobre 1984.

administration de la justice, on rend plus difficile le fonctionnement de celle-ci [1]. Le changement se fait avec l'arrêt *Hauschildt* de 1989 : la juridiction de jugement avait eu auparavant à se prononcer sur la détention provisoire de l'accusé. Or, décide la C.E.D.H. pour se prononcer sur le défaut d'impartialité d'un juge, « l'élément déterminant consiste à savoir si les appréhensions de l'intéressé peuvent passer pour objectivement justifiées » [2]. Tous les arrêts postérieurs, s'engouffrant dans la brèche, vont faire preuve de plus de souplesse. Ainsi, la C.E.D.H. va admettre qu'un membre de la chambre d'accusation ayant statué sur la détention provisoire peut cependant faire partie ultérieurement de la chambre des appels correctionnels [3], ce qui, au passage, correspond au droit interne français. Allant encore dans le même sens, la C.E.D.H. ne verra nulle violation de l'article 6 dans le fait pour un juge de faire des investigations au cours de la phase préparatoire, puis de faire partie ensuite du tribunal [4], ce qui, au passage, est moins strict que le droit français. Plus récemment, la C.E.D.H. n'a même vu aucun mal dans le fait que deux juges de la chambre criminelle, avaient dans la même affaire traité un premier pourvoi, formé contre un arrêt de mise en accusation, et un second, formé contre l'arrêt de condamnation : la différence des questions soumises à la chambre criminelle dans les deux instances excluait toute raison objective de craindre un préjugé de la part des deux juges [5].

Ainsi, désormais, le simple risque de partialité, les simples apparences ne suffisent plus à condamner le cumul des fonctions [6]. On s'en réjouira. Mais on entre dans une casuistique où la sécurité juridique s'estompe.

B — La mise en échec du principe de séparation

17. — Il est un domaine particulier où la loi elle-même consacre le cumul des fonctions d'instruction et de jugement. C'est celui des mineurs. Selon l'article 8, al. 10, de l'Ordonnance du 2 février 1945 relative à l'enfance délinquante, le juge des enfants, son instruction terminée, peut juger lui-même au fond, en chambre du conseil. Sans doute n'a-t-il alors que des pouvoirs réduits (relaxe, dispense de toute mesure, admonestation, remise à la famille, placement) ; si, en effet, il considère qu'un emprisonnement est opportun, il est tenu de saisir le tribunal pour enfants. Mais la possibilité de

1. J. VAN COMPERNOLLE, *Évolution et assouplissement de la notion d'impartialité objective*, R.T.D.H., 1994, pp. 437 et s.

2. C.E.D.H., 24 mai 1989, *Hauschildt c/ Danemark*.

3. C.E.D.H., 16 décembre 1992, *Sainte-Marie c/ France*, D., 1993, Somm. 204 et obs. J. Pradel ; 26 février 1993, Padovani.

4. C.E.D.H., 24 février 1993, *Fey c/ Autriche ;* 22 février 1996, *Bulut c/ Autriche*, R.T.D.H., 1996, p. 640, obs. Martens, R.S.C., 1997, p. 473, obs. R. Koering-Joulin.

5. C.E.D.H., 10 février 2004, *Depietz c/ France*, § 42.

6. Cependant, l'impartialité du tribunal est douteuse lorsque le président était intervenu dans de nombreux actes d'instruction, notamment en rejetant l'appel contre une ordonnance d'inculpation, C.E.D.H., 25 juillet 2002, *Perote Pellon c. Espagne* (violation de l'art. 6 § 1).

se renvoyer l'affaire à lui-même après l'avoir instruite est révélatrice. Elle s'explique par le particularisme du droit des mineurs au caractère répressif moins marqué que dans le cas des majeurs. Le législateur n'a pas voulu se priver du juge des enfants dans certains cas, ce magistrat connaissant bien le mineur (d'autant plus que l'enquête sociale est obligatoire, art. 8, al. 4) et se trouvant particulièrement bien placé pour le prononcé de certaines mesures.

Tout cela est si vrai que la jurisprudence n'a pas hésité à approuver la confusion des fonctions. On peut citer en ce sens deux arrêts. D'abord celui de la chambre criminelle du 7 avril 1993 qui insiste sur la spécificité du droit des mineurs et note qu'il n'est pas contesté que le magistrat concerné a conservé une parfaite impartialité personnelle [1]. Ensuite, peu après, celui de la C.E.D.H. du 24 août 1993 rendu à l'unanimité, ce qui est rare [2]. Il faut approuver cette jurisprudence.

En outre, le juge chargé par la juridiction correctionnelle d'un supplément d'information peut participer ensuite au jugement [3].

On a parfois pensé que l'on pourrait aller plus loin, par ex. soit en autorisant le juge d'instruction à siéger au sein de la juridiction de jugement, soit même en laissant au juge d'instruction le pouvoir de juger lui-même au fond certaines affaires, à la condition que l'intéressé y consente ? La justice serait sans doute plus rapide. Mais serait-elle plus juste ? Ce n'est pas sûr. Et l'on irait directement à l'encontre de l'article 6-1, Conv. E.D.H., qui veut un juge indépendant et impartial.

§ 3. — La séparation de la poursuite et du jugement

18. — Ce troisième aspect du principe est rappelé à l'article préliminaire du C.P.P. (L. du 15 juin 2000) dans les termes suivants : la procédure pénale « doit garantir la séparation des autorités chargées de l'action publique et des autorités de jugement ». Ce principe est traditionnel [4]. Il soulève moins de difficultés que les précédents. Sa signification est double.

• D'une part, les organes de poursuite ne peuvent pas juger au fond [5]. Déjà au début du XXe siècle, la Cour de cassation l'affirmait en déclarant qu'il y a là une incompatibilité résultant « de la nature des fonctions et du

1. Crim., 7 avril 1993, B.C., n° 152, J.C.P., 1993.II.22151, note Allaix, D., 1993.553, note J. Pradel, et 1994, Somm. 37, obs. Becquerelle, *Dr. pénal*, 1993, chron. 27, rapport Nivôse, R.S.C., 1994, pp. 67 et s., obs. M. Huyette, et 75 et s., obs. C. Lazerges. Cet arrêt avait cassé Reims, 30 juillet 1992, G.P., 1993.I, Somm. 142, R.S.C., 1993, p. 238 et obs. D. Salas.

2. C.E.D.H., 24 août 1993, *Nortier c. Pays-Bas*, D., 1994, Somm. 37, obs. précitées Becquerelle, et 1995, Somm. 105, obs. J.F. Renucci.

3. Crim., 19 janvier 2000, B.C., n° 35.

4. Crim., 28 février 1828, B.C., n° 51.

5. En revanche, le même magistrat du Ministère public peut requérir successivement et dans la même affaire devant les cours d'assises statuant en première instance et en appel, Crim., 21 mai 2003, B.C., n° 103, R.P.D.P., 2004.189, obs. G. Di Marino. *Add.* F. Bussy, *Nul ne peut être juge et partie*, D., 2004, chron. 1745 et s., not. nos 12 à 16.

principe de justice qui ne permet pas qu'un magistrat puisse être dans la même affaire juge et partie »[1]. L'article 253 du Code de procédure pénale le rappelle aujourd'hui, à propos de la cour d'assises. La jurisprudence décide d'ailleurs que cette disposition contient « une règle générale »[2] et pose même de façon lapidaire « qu'un magistrat ne peut connaître comme juge des affaires dans lesquelles il a fait un acte de poursuite comme membre du Ministère public »[3]. La même solution est admise par la Cour européenne des droits de l'homme[4]. Elle se fonde sur le risque de partialité. Et c'est en raison de ce fondement que le principe séparatible cesse de s'appliquer si ce risque n'existe plus. Voici un procureur de la République dont le substitut ouvre une information. Rien ne s'oppose à ce que ce chef de parquet, devenu par la suite magistrat du siège, participe au jugement de cette affaire puisqu'il n'avait pas personnellement diligenté la poursuite[5].

• D'autre part, les organes de jugement ne peuvent pas exercer la poursuite. La règle de l'ancien droit selon laquelle « tout juge est procureur général », et qui avait pour effet de permettre au juge de se saisir lui-même[6] a aujourd'hui disparu. L'article 1 du Code de procédure pénale réserve en effet la poursuite « aux magistrats ou fonctionnaires auxquels elle est confiée par la loi », c'est-à-dire principalement aux membres du Ministère public. À ce principe très solide, il est cependant apporté de rares exceptions : par ex. la juridiction de jugement peut se saisir d'office en cas d'infraction commise à l'audience (art. 675 à 678, C.P.P.).

1. Crim., 17 février 1912, D., 1913.I.375.
2. Crim., 15 mars 1960, B.C., n° 148.
3. Crim., 7 janvier 1986, D., 1987.237, note J. Pradel ; *add.* dans le même sens, la formule en moins, Crim., 5 décembre 1903, D., 1907.I.51 ; 11 juillet 1928, B.C., n° 209 ; 26 avril 1990, D., 1990, Somm., 379, obs. J. Pradel ; 24 mai 2005, B.C., n° 152, D. 2006, Pan. 619, obs. J. Pradel.
4. C.E.D.H., 1er octobre 1982, *Piersack c/ Belgique*.
5. Crim., 17 décembre 1964, B.C., n° 342, J.C.P., 1965.II.14042, note R. Combaldieu.
6. A. ESMEIN, *Histoire de la procédure criminelle en France*, 1882, p. 140.

CHAPITRE PREMIER

LES JURIDICTIONS PÉNALES

19. — Organes de décision, les juridictions pénales sont composées de juges ou magistrats du siège car ils rendent leur décision assis.

Il faut les étudier d'abord dans leur organisation et dans leur rôle, puis dans leur compétence.

SECTION I

L'ORGANISATION ET LE RÔLE DES JURIDICTIONS PÉNALES

20. — La distinction fondamentale de notre organisation judiciaire pénale est celle des juridictions d'instruction et de jugement. Les premières mettent l'affaire en état d'être jugée et les secondes décident au fond. Mais avant de les étudier distinctement, il convient de rappeler quelques principes, qui, par leur généralité, les concernent également. En outre, un organe essentiel couronne l'édifice en apportant l'unité nécessaire à la jurisprudence des juridictions d'instruction et de jugement, c'est la Chambre criminelle de la Cour de cassation. De là, les quatre développements qui suivent.

SOUS-SECTION I

LES PRINCIPES GÉNÉRAUX

Ils sont relatifs à l'indépendance, à la composition et aux classifications des juridictions.

§ 1. — L'INDÉPENDANCE DES JURIDICTIONS

21. — Le premier principe gouvernant l'organisation des juridictions pénales est assurément celui de leur indépendance. Celle-ci doit exister « à la fois à l'égard de l'exécutif et à l'égard des parties en cause »[1]. De là, l'étude de l'indépendance des juridictions à l'égard du gouvernement et à l'égard des justiciables, celle-ci se confondant avec l'impartialité.

A — L'indépendance des juridictions à l'égard du gouvernement

22. — L'indépendance des juridictions à l'égard du gouvernement est consacrée par trois règles.

Tout d'abord, elles ne peuvent recevoir aucune injonction de ses agents : les articles 130 et 131 du Code pénal de 1810 réprimaient les préfets, maires et autres administrateurs qui se seraient immiscés dans l'exercice du pouvoir judiciaire. Ces deux articles n'ont pas été repris dans le nouveau Code pénal de 1994, mais on doit considérer que leur substance est toujours de droit positif à travers le principe de séparation de l'exécutif et du judiciaire.

Ensuite, les magistrats du siège sont nommés selon une procédure assez complexe. Dans un premier temps, intervient le Conseil supérieur de la Magistrature (en sa fonction concernant les magistrats du siège) : pour les magistrats de la Cour de cassation, les premiers présidents de cour d'appel et les présidents du tribunal de grande instance, le Conseil fait une proposition au président de la République ; pour les autres magistrats, le Conseil donne un avis sur les propositions du ministre de la Justice (art. 15, L. org. n° 94.100 du 5 février 1994 sur le Conseil supérieur de la Magistrature)[2]. Ensuite, intervient la nomination par le Président de la République (par voie de décret) selon la distinction suivante : pour les présidents de tribunal de grande instance et de conseiller référendaire à la Cour de cassation, le décret du chef de l'État est pris sur proposition du Conseil supérieur ; pour les autres magistrats du siège, le décret est pris sur proposition du garde des

1. C.E.D.H., 23 juin 1981, *Le Compte, Van Leuven et de Meyere c/ Belgique.*

2. C.E.D.H., 22 octobre 1984, *Stramek c/ Autriche*, arrêt non pénal, mais transposable « au pénal » et selon lequel on ne peut induire un manque d'indépendance de la désignation d'un juge sur recommandation du pouvoir exécutif.

Sceaux, après avis conforme du Conseil supérieur (art. 28, ord. n° 58.1270 du 22 décembre 1958, modifié par l'art. 11 de la L. org. n° 94-101 du 5 février 1994 sur le statut de la magistrature). Le chef de l'État ne décide donc pas seul.

Enfin, les magistrats du siège sont inamovibles, c'est-à-dire qu'ils ne peuvent être sanctionnés (destitués, déplacés, rétrogradés) que pour des causes déterminées et qu'à la suite d'une procédure régulière menée devant le Conseil supérieur de la Magistrature. L'inamovibilité est rendue nécessaire en France puisque les juges sont nommés par le gouvernement. Elle est cependant insuffisante à assurer totalement l'indépendance des juges puisque l'avancement de ceux-ci appartient au gouvernement.

B — L'indépendance des juridictions à l'égard des justiciables : l'impartialité du juge

23. — Si l'indépendance est pour les juges un droit, leur impartialité est un devoir. Cela dit, notre droit fait de l'impartialité du juge un véritable principe premier, fondamental. Le principe d'impartialité conduit à éviter que le juge succombe aux pressions ou invitations des tiers, d'une part, qu'il ne fasse pas intervenir ses préjugés, convictions ou passions, d'autre part. Bref, le juge doit être seulement une « machine à juger ».

Le principe d'impartialité a déjà été examiné à propos de la séparation des fonctions pénales [1]. Mais il comporte deux autres aspects.

1. *Le juge n'a pas à suivre les demandes des parties*

24. — Tout au long du procès, la partie poursuivie et la partie civile ne cessent de faire des demandes au juge. Celui-ci n'est cependant jamais tenu d'y déférer. Les parties proposent et le juge dispose en toute indépendance.

2. *Le juge est protégé contre les pressions des tiers*

25. — Pour exclure les *pressions brutales*, la loi a créé le délit d'atteinte à l'autorité de la justice ou « fait de jeter le discrédit publiquement par actes, paroles, écrits ou images de toute nature, sur un acte ou une décision juridictionnelle, dans des conditions de nature à porter atteinte à l'autorité de la justice ou à son indépendance » (art. 434-25, C.P.) [2].

1. V. *supra*, n°s 7 et s., sur l'impartialité organique.
2. Article non contraire à l'art. 10, Conv. E.D.H., qui, s'il reconnaît le droit à la liberté d'expression, prévoit des formalités, conditions et restriction, Crim., 11 mars 1997, B.C., n° 96, Dr. pénal, 1997, Somm. 106, obs. M. Véron.

Pour exclure les *risques de pression*, et notamment la partialité du juge, deux techniques procédurales ont été instituées [1].

1° C'est d'abord la récusation qui a pour effet d'écarter un juge dans l'instruction ou le jugement d'une affaire déterminée (art. 668 à 674, C.P.P.).

La récusation n'est possible que pour un nombre limité de causes qui sont énumérées à l'article 668 comme la parenté et l'alliance entre le juge (ou son conjoint, ou son partenaire lié par un pacte civil de solidarité, ou son concubin) et l'une des parties, la communauté ou la contradiction d'intérêts entre le juge et l'une des parties, ou encore — sorte de clause générale — l'existence entre juge et parties de « toutes manifestations assez graves pour faire suspecter son impartialité ». La procédure est administrative et se déroule devant le premier président de la Cour de cassation si la demande de récusation vise le premier président de la cour d'appel (art. 672) ou devant le premier président de la cour d'appel dans les autres cas (art. 669). Le haut magistrat est saisi par voie de requête et il statue par une ordonnance insusceptible de recours (art. 674) [2].

La jurisprudence sur la récusation n'est pas très abondante et, de façon générale, se montre peu favorable à admettre les requêtes en récusation.

Ainsi la requête ne doit pas être déposée après la clôture des débats dans un cas où l'accusé mettait en cause l'impartialité du président de cour d'assises [3]. De même, un justiciable ne peut se plaindre de ce que le même conseiller à la chambre criminelle ait été désigné à deux reprises comme rapporteur à l'occasion de sa requête en révision [4] La solution est la même dans le cas où à l'occasion de pourvois successifs dans le cadre d'une même procédure, les mêmes conseillers avaient siégé [5]. La position de la jurisprudence se fonde sur le fait que le contrôle de la Cour de cassation porte sur le droit — il est question de contrôle exercé sur la légalité des décisions — et qu'en conséquence les appréciations subjectives n'ont qu'une importance assez réduite.

2° C'est ensuite l'incapacité édictée par l'article R. 721-1, C. org. jud., ainsi rédigé : « Les conjoints, les parents et alliés jusqu'au degré d'oncle ou de neveu inclusivement, ne peuvent être simultanément membres d'une même juridiction sauf dispense accordée par décret ». En clair, par exemple, deux magistrats mariés ne peuvent se retrouver... dans la même chambre ! La règle est d'ailleurs stricte car il importe peu que les membres d'une

1. Sans compter avec le renvoi pour suspicion légitime (v. *infra*, n° 97) et une requête en nullité faite au cours de l'instruction pour cause de partialité, Crim., 23 mars 2004, B.C., n° 76.

2. On ne confondra pas récusation et renvoi d'une affaire à un autre tribunal qui, ne visant pas seulement à assurer l'indépendance des juridictions, sera examiné plus bas, v. *infra*, n° 95.

3. Ass. plén. 11 juin 2004, B. Ass. plén. n° 1, I.R. 2010 ; Crim. 29 septembre 2004, B.C., n° 226 ; 22 février 2005, B.C., n° 68.

4. Crim., 15 février 2005, B.C., n° 59 ; D., 2006, Pan. 618, obs. J. Pradel.

5. Crim., 22 novembre 2005, B.C., n° 305 ; D., 2006, Pan. 619, obs. J. Pradel. À rapprocher de C.E.D.H., 10 mai 2004, *Depiets c/ France*, et 22 novembre 2005, *Golinelli et Fraymuth c/ France*.

même famille soient dans une juridiction l'un au siège et l'autre au parquet [1], qu'ils opèrent dans une cour d'appel au même degré ou pas. Certes peu riche, la jurisprudence est très nette [2].

§ 2. — LA COMPOSITION DES JURIDICTIONS

De manière générale, les juridictions pénales sont composées de juges *professionnels, non spécialisés* et *siégeant à plusieurs.*

A — Le principe que les juges sont professionnels

26. — En règle générale, toutes nos juridictions répressives sont composées de magistrats de carrière. Ceux-ci sont recrutés parmi des maîtres en droit qui ont réussi au concours d'entrée à l'École nationale de la Magistrature où leur est donnée une formation théorique et pratique d'une durée de vingt-quatre mois pendant laquelle ils sont auditeurs de justice. Cette règle selon laquelle le juge est un professionnel a pour objet d'assurer une meilleure justice.

Cependant, le caractère professionnel du juge n'est pas absolu, notre droit admettant que des non-professionnels participent à l'élaboration de certaines décisions pénales. Sans doute, cet élément non professionnel n'est jamais seul puisque chacune de nos juridictions comprend au moins un juge professionnel. Mais son importance doit être d'autant moins sous-estimée qu'il est consacré à plusieurs reprises dans notre droit.

Tantôt, cet élément non professionnel est purement *populaire.* C'est le cas du jury qui, imité de l'Angleterre, a été introduit en France en 1791, tant au stade de l'instruction (jury d'accusation) qu'à celui du jugement (jury de jugement). Le Code d'instruction criminelle de 1808 et le Code de procédure pénale de 1959 n'ont conservé de l'institution que le jury de jugement en matière criminelle, au sein de la cour d'assises [3].

Tantôt, cet élément peut être qualifié de *mixte.* À côté de magistrats professionnels, siègent des magistrats qui, non professionnels, sont cependant appelés en raison de leur qualification ou de leur compétence particulière. Tel est le cas des assesseurs du tribunal pour enfants qui sont spécialistes des problèmes de l'enfance délinquante ou malheureuse.

1. Car il n'y a pas de juridictions sans ministère public, tout jugement étant nul si ce dernier n'a pas été entendu, art. 592, al. 2, C.P.P.

2. Crim., 29 juin 1983, B.C., n° 204, 30 avril 1997, B.C., n° 151 ; 29 février 1996, B.C., n° 99, D., 1997, Somm. 141, obs. J. Pradel.

3. Il faut ajouter les juges de proximité créés par la loi du 9 septembre 2002, articles 7 à 10. Ces juges seront des non-professionnels, siégeant à juge unique pour traiter de certaines contraventions, v. *infra*, n° 42.

On retrouvera plus loin les problèmes de légitimité et de réglementation technique concernant les jurés d'assises et les assesseurs des tribunaux pour enfants. Mais on peut dès maintenant noter que le problème des magistrats non professionnels est lié à celui de la spécialisation des magistrats répressifs.

B — Le principe que les juges ne sont pas spécialisés

27. — Ce deuxième principe, souvent appelé de *l'unité des deux justices, civile et pénale*, signifie que ce sont les mêmes juges qui tranchent les litiges civils et les litiges pénaux. Ce principe vaut d'abord pour les juridictions d'instruction, les magistrats chargés de l'instruction appartenant soit au tribunal de grande instance (juges d'instruction), soit à la cour d'appel (chambre de l'instruction) et pouvant, le cas échéant, être appelés à des tâches civiles. Mais il vaut aussi pour les juridictions de jugement. Dans les petits tribunaux, les mêmes juges siègent alternativement aux audiences civiles et aux audiences correctionnelles. Dans les tribunaux plus importants et dans les cours d'appel, le système du *roulement* a pour effet de faire siéger le même magistrat une année dans une chambre civile et l'année suivante dans une chambre correctionnelle. Même la cour d'assises respecte le système d'unité, sauf à remarquer que le jury ne connaît pas de l'action civile. Seules la Cour de cassation et, dans une très large mesure, les juridictions de jugement dites d'exception le méconnaissent.

Le domaine considérable du principe d'unité invite à s'interroger sur sa valeur. Or on a beaucoup discuté sur le point de savoir si le juge pénal devait ou non être spécialisé, une réponse affirmative à cette question détruisant le principe d'unité. Pendant la plus grande partie du XIXe siècle, la faveur allait nettement à la non-spécialisation. Depuis 1880 environ, les avis sont beaucoup plus partagés.

En faveur de la non-spécialisation, on peut invoquer deux arguments. Elle permet d'abord une organisation judiciaire économique, notamment dans les ressorts où l'activité est relativement réduite. Elle incite ensuite le juge pénal à rester en liaison avec le droit civil qu'il est souvent amené à appliquer (par ex., action civile, autorité du criminel sur le civil).

À cela, certains répondent que l'évolution des sciences criminelles, notamment les progrès de la criminologie, la diversification des sanctions et la complexité croissante de certains secteurs comme le droit des affaires, rend indispensable une spécialisation du juge répressif. Déjà, G. Tarde regrettait que les juges conçoivent le droit criminel « civilement » et ne lui accordent qu'un « débris de leur attention », trop occupés par les affaires civiles [1]. Ces idées devaient être amplifiées par J.-A. Roux [2] et par M. G. Levasseur [3].

À la vérité, le Ministère de la Justice est conscient de la nécessité d'une certaine spécialisation puisqu'il organise, depuis de nombreuses années, notamment à l'École

1. G. Tarde, *La philosophie pénale*, 1890, réimpression, Cujas, 1972, pp. 449 et s.
2. J.A. Roux, *La spécialisation des magistrats*, R.P.D.P., 1911, pp. 793 et s.
3. G. Levasseur, *Les organismes prononçant les mesures de défense sociale*, in *Individualisation des mesures prises à l'égard des délinquants*, Cujas, 1954, pp. 227 et s.

nationale de la magistrature (à Paris), des sessions périodiques de juges des enfants, de juges d'instruction ou autres magistrats. Mais convient-il d'aller plus loin ? Aussi longtemps que des points de contact importants existeront entre le droit pénal et le droit civil, comme celui de l'action civile, nous pensons que non.

On notera enfin que la loi du 6 août 1975 ne porte pas atteinte au principe de l'unité de deux justices. Elle se borne en effet à créer parmi les juridictions pénales des juridictions spécialisées dans diverses matières comme en matière économique et financière avec dérogation aux règles normales de la compétence territoriale [1]. Mais elle n'interdit pas que les juges qui connaissent des infractions d'affaires siègent également dans les juridictions civiles.

C — Le principe que les juges siègent à plusieurs

28. — Ce principe dit aussi de *collégialité* est également bien connu. Il signifie que toute juridiction doit comprendre un certain nombre de magistrats, et chacun d'eux doit avoir à la fois assisté aux débats et participé à l'élaboration de la sentence. La règle de la collégialité a pour corollaire celle du secret du délibéré (pour sauvegarder l'indépendance des juges) et celle de l'imparité, nécessaire pour qu'une majorité puisse se dégager : ainsi, sept ou trois magistrats siègent à la Cour de cassation et trois auprès de certaines autres juridictions. Cependant, la cour d'assises est composée de douze membres (trois magistrats et neuf jurés), l'imparité étant néanmoins assurée indirectement en ce que la condamnation suppose la majorité de huit voix contre quatre, par égard à la défense (art. 359, C.P.P.) ; en appel, la cour d'assises comprend douze jurés et trois juges, ce qui assure directement le principe de l'imparité.

La règle de la collégialité comporte de nombreuses applications tournant toutes autour des idées de gravité et de complexité de l'affaire (cour d'assises, tribunal correctionnel pour les délits graves [2], collège des juges d'instruction [3]...). Inversement, les exceptions sont assez nombreuses. Aux trois exceptions traditionnelles que sont le juge d'instruction [4], le juge de police et le juge des enfants, notre droit a ajouté, en 1959, le juge de l'application des peines et, par la loi du 29 décembre 1972, le président de la chambre de l'instruction pour diverses questions et surtout le juge unique en matière correctionnelle pour certains délits [5]. Enfin l'appel contre la décision du juge de police est traité par le seul président de la chambre des appels correctionnels (art. 547, al. 3 C.P.P.). Cette montée du juge unique dans

1. V. *infra*, n°s 128 et s.
2. V. *infra*, n° 46.
3. Du moins à partir du 1er janvier 2010, art. 83 C.P.P. (L. 5 mars 2007).
4. Du moins jusqu'au 31 décembre 2009.
5. V. *infra* n°46.

notre droit contemporain pose avec acuité le problème de la légitimité de la collégialité (ou *a contrario* du juge unique) [1].

La collégialité, souvent admise à l'étranger, présente d'un côté de réels avantages. Les auteurs qui lui sont favorables en voient trois. D'une part, combinée avec le secret du délibéré, la collégialité permet de sauvegarder l'indépendance du magistrat contre les éventuelles pressions extérieures, la décision étant anonyme. D'autre part, elle réduit le risque d'erreur judiciaire parce que de la discussion jaillit la lumière. Enfin, elle permet la formation des jeunes magistrats au contact de leurs aînés. « Juge unique, juge inique », a-t-on dit.

On peut cependant répondre à ces arguments. Le premier ne peut avoir quelque poids que si les juges ont un avancement et que si celui-ci dépend du pouvoir exécutif (système français). Il est bien connu que le juge anglais qui n'a point d'avancement et qui statue seul se sent tout à fait libre. Le second n'a en pratique qu'une portée, la discussion étant variable parfois faite sur le siège, en tout cas menée rapidement et dominée par le magistrat qui a lu le dossier. On peut enfin se demander si un système de stages comme, par exemple, celui des auditeurs de justice, ne forme pas les futurs ou jeunes magistrats de manière aussi satisfaisante que celui de la collégialité.

En outre, il est indéniable que le système du juge unique accroît le sens de la responsabilité du magistrat qui ne peut plus se retrancher derrière l'anonymat de la sentence. Ce système permet aussi de répondre en partie à la crise actuelle des effectifs et de mieux rémunérer le magistrat mis ainsi à l'abri de certaines tentations toujours à craindre. On peut encore ainsi ajouter à titre subsidiaire que l'orientation du droit pénal en faveur de la réinsertion sociale du délinquant suppose entre ce dernier et le juge une relation directe que la collégialité ne favorise guère [2].

§ 3. — Les classifications des juridictions

29. — La grande distinction des juridictions d'instruction et de jugement doit être complétée par deux autres que l'on retrouvera ultérieurement.

1° On peut d'abord opposer les juridictions de *droit commun* et les juridictions *d'exception*. Les premières sont normalement compétentes pour juger tous les crimes, délits et contraventions, sauf texte contraire (juges d'instruction, tribunaux correctionnels et de police, cours d'assises). Les secondes ne connaissent que des infractions ou des personnes que la loi leur défère spécialement (tribunal territorial des forces armées, tribunal militaire aux armées, tribunal pour enfants, Haute Cour, Cour de justice de la République). Au vrai, la notion de juridiction d'exception recouvre plusieurs catégories : 1° Juridictions spéciales composées de magistrats spécialisés ayant

1. J. Danet, *Le juge unique*, in *Réforme de la justice, réforme de l'État*, sous la direction de L. Cadiet et L. Richer, P.U.F., 2003, pp. 150 et s. ; J. Pradel, rapport sur la collégialité en procédure pénale *in* Colloque Principe de collégialité et culture judiciaires, Université Bordeaux IV, septembre 2007, sous presse.

2. J. Vérin, *Pour une réforme d'ensemble de la justice pénale*, R.S.C., 1971, pp. 167 et s., not. 172-173.

une certaine formation technique (juridictions pour enfants, par ex.) ; 2° Juridictions politiques compétentes pour juger certaines personnes politiques ou certains crimes politiques (Haute Cour, Cour de justice de la République) ; 3° Juridictions extraordinaires créées en périodes exceptionnelles (juridictions créées, par exemple, en 1944 par le gouvernement de Vichy, ou militaires créées en 1961 et 1962) et n'ayant qu'une existence temporaire, disparaissant dès le retour à une vie normale. Cette classification qui remonte au siècle dernier [1] est encore professée aujourd'hui.

On notera cependant une tentative doctrinale récente et intéressante selon laquelle le critère des juridictions d'exception devrait être fondé non sur la compétence, mais sur le degré de participation du pouvoir judiciaire à l'instance pénale (au triple point de vue de la poursuite, de l'instruction et du jugement). Pour cette doctrine, le critère classique est en effet insuffisant dans la mesure où il conduit à placer sous la même rubrique des juridictions aussi différentes que les juridictions de mineurs (qui sont spécialisées) et des juridictions extraordinaires (qui sont politiques) [2].

Le principe de l'unité des deux justices est propre aux juridictions de droit commun. Et seules les juridictions de droit commun sont réparties suivant une classification tripartite calquée sur la distinction tripartite des crimes, délits et contraventions.

2° Il faut ensuite distinguer les juridictions de *première instance* et les juridictions *d'appel*. Cette distinction, qui consacre le principe du double degré de juridiction, s'explique évidemment par le risque de l'erreur judiciaire. On comprend dès lors que le principe soit d'application presque absolue [3]. Il joue à la fois à l'égard des juridictions d'instruction et à l'égard des juridictions de jugement. Pour ces dernières cependant, il est souvent ignoré devant les juridictions d'exception.

SOUS-SECTION II

LES JURIDICTIONS D'INSTRUCTION

30. — *Principe.* Beaucoup d'affaires ne peuvent être portées directement devant la juridiction de jugement à raison de leur *complexité* (par ex., crime), alors que, cependant, des *charges* pèsent déjà contre un individu déterminé ou non. Un travail de préparation, un « avant-procès », une mise en état s'avèrent donc indispensables. Tel est l'objet de la procédure d'instruction (à

1. FAUSTIN-HÉLIE, V, n° 2397.
2. C. GARCIN, *La notion de juridiction d'exception en droit pénal*, thèse, Lyon, 1987, dactyl.
3. Protocole 7 additionnel à la Conv. E.D.H. dont l'art. 2 dispose que « toute personne déclarée coupable d'une infraction pénale par un tribunal a le droit de faire examiner par une juridiction supérieure la déclaration de culpabilité ou la condamnation... ».

dessein souvent appelée préparatoire) ou d'information, les deux expressions étant synonymes (v., par ex., l'intitulé du Titre III du Livre Premier du C.P.P. parlant des « juridictions d'instruction » et les art. 44, 49, al. 1er, et 81, al. 1er, C.P.P., utilisant le mot « information »). Cette procédure est confiée à ces organes spécialisés que sont les juridictions d'instruction. Celles-ci sont de droit commun ou d'exception.

§ 1. — LES JURIDICTIONS D'INSTRUCTION DE DROIT COMMUN

Bibliographie. — J. BROUCHOT, *La chambre d'accusation*, J.C.P., 1959.I.1485 et R.S.C., 1959, p. 328 ; P. CHAMBON, *La chambre d'accusation*, Dalloz, 1978 ; du même, *Le juge d'instruction*, Dalloz, 3e éd., 1985 ; M. GAGNE, *La chambre d'accusation*, Mélanges Patin, 1966, p. 525 ; W. JEANDIDIER, *La juridiction d'instruction du second degré*, préface A. Vitu, Cujas, 1982 ; P. MIMIN, *Pitié pour la chambre d'accusation*, J.C.P., 1956.I.1324 ; J. PRADEL, *De la réforme de l'instruction préparatoire*, D., 1989, chron. p. 1 ; du même, *L'instruction préparatoire*, Cujas, 1990 ; du même, *Le juge d'instruction*, Dalloz, 1996 ; R. VOUIN, *Prière pour la chambre d'accusation*, J.C.P., 1955.I.1221 ; du même, *Justice pour la chambre d'accusation*, J.C.P., 1956.I.1327.

A — Le juge d'instruction

1. *Nomination du juge d'instruction*

À côté du mode normal de nomination, la loi connaît plusieurs modes exceptionnels.

a) Le mode normal de nomination

31. — Normalement, le juge d'instruction est nommé à ces fonctions pour une durée indéterminée, et dans les formes prévues pour la nomination des magistrats du siège (v. *supra*, n° 22 et art. 50, al. 1, C.P.P.).

Depuis une loi du 30 décembre 1987, qui a abrogé l'article 50, al. 2, C.P.P. (« il peut être mis fin aux fonctions du juge d'instruction par un décret en la même forme »), il ne peut plus être révoqué par un décret identique. En conséquence, désormais, le juge d'instruction ne peut plus se voir priver des fonctions de l'instruction. Le droit antérieur à 1987, qui le permettait, encourait la critique car le juge se trouvait fragilisé quant à son indépendance : il pouvait être révoqué de ses fonctions d'instruction tout en restant juge. Or il n'est pas raisonnable que « le juge d'instruction, choisi parmi les magistrats du siège, soit soumis aux caprices du pouvoir exécutif »[1].

Aujourd'hui donc, le juge d'instruction ne peut cesser ses fonctions que par voie disciplinaire ou pour cause d'avancement. On se gardera d'ailleurs de confondre la révocation à titre disciplinaire avec le dessaisissement qui n'intéresse qu'un seul dossier[2].

Souvent, un magistrat est nommé à l'instruction en début de carrière, juste au sortir de l'École nationale de la magistrature, alors qu'il est âgé de vingt-cinq à trente ans. Mais une nomination comme juge d'instruction peut intervenir en cours de carrière, par exemple au gré d'une mutation. Toutefois, les fonctions de juge d'instruction sont exercées par des magistrats jeunes[3].

b) Les modes exceptionnels de nomination

32. — Exceptionnellement, la nomination du juge d'instruction peut intervenir selon les trois modalités suivantes.

— D'une part, en cas de nécessité, un autre juge du tribunal peut être temporairement chargé par décret des fonctions de juge d'instruction, simultanément avec le premier nommé (art. 50, al. 3, C.P.P.).

— D'autre part, le premier président de la cour d'appel, en déléguant un juge dans l'un des tribunaux de son ressort, peut le charger temporairement des fonctions de l'instruction, par voie d'ordonnance (art. 50, al. 4, C.P.P). Cette disposition n'empêche pas que ce magistrat doit être désigné par le président du tribunal pour chaque information dont il est chargé[4] ; on rappellera en effet que, pour chaque information, le magistrat instructeur doit être désigné par le président du tribunal (art. 83 et 84, C.P.P.).

— Enfin, et ce mode de nomination paraît excellent, l'assemblée générale du tribunal peut désigner l'un des juges de ce tribunal pour remplacer le juge d'instruction « absent, malade ou autrement empêché » (art. 50, al. 5, C.P.P.). Là encore, la désignation par le collège des collègues n'exclut pas les articles 83 et 84, C.P.P.[5]. En cas d'urgence et d'impossibilité de réunir immédiatement l'assemblée générale, le président du tribunal peut procéder lui-même au remplacement du juge défaillant, voire accomplir personnellement les actes d'instruction utiles[6].

1. A. Henry, *La réforme du statut du juge d'instruction*, D.H., 1935, chron. p. 73 ; B. Bouloc, *L'acte d'instruction*, 1965, n° 491.
2. V. *infra*, n° 659.
3. J. Pradel, *Le juge d'instruction*, Dalloz, 1996, pp. 2 et s.
4. Crim., 10 mai 1983, B.C., n° 136.
5. Crim., 17 avril 1980, J.C.P., 1981.II.19632, note W. Jeandidier ; 20 novembre 1984, J.C.P., 1986.II.20645, note P. Chambon.
6. Crim., 18 avril 1991, B.C., n° 186, G.P., 1991.I.478.

2. *Regroupement des juges d'instruction*

33. — Dans la tradition napoléonienne, le juge d'instruction agissait seul. Une atténuation à ce principe séculaire avait certes été apportée en 1993. Le président du tribunal de grande instance, en désignant le juge d'instruction pouvait lui adjoindre un collègue « lorsque la gravité ou la complexité de l'affaire le justifie » (art. 83, al. 2, C.P.P.). Cette cosaisine étant possible soit à l'ouverture de l'instruction, soit en cours d'instruction et l'accord du juge étant nécessaire dans ce deuxième cas. En pratique la cosaisine a été fort peu utilisée.

Là dessus survint le désastre de l'affaire dite d'Outreau où après une quinzaine de mises en examen avec détention provisoire pendant environ deux ans s'est produit un acquittement presque général. Une commission d'enquête parlementaire fut constituée et l'une de ses conclusions fut, non pas la suppression du juge d'instruction, mais l'intervention des pôles d'instruction, en vue de réduire les risques d'erreur judiciaire [1]. Ce sont ces préconisations que la loi du 5 mars 2007 sur l'équilibre de la procédure pénale consacre. Mais le cheminement législatif est complexe et évolutif. Un premier groupe de règles s'applique depuis le 1er mars 2008 et cessera d'exister le 1er janvier 2010, date à laquelle devra s'appliquer un nouveau corps de règles en principe à titre définitif [2].

Dispositions transitoires (du 1er mars 2008 au 1er janvier 2010). Selon le nouvel article 52-1, C.P.P. « dans certains tribunaux de grande instance, les juges d'instruction sont regroupés au sein d'un pôle de l'instruction ». Suivant un décret du 16 janvier 2008, il y a 91 tribunaux de grande instance avec pôle de l'instruction, ces tribunaux « élus » englobant souvent deux ou trois autres tribunaux sans pôle.

Les juges d'instruction composante un pôle ont une double compétence selon l'article 52-1, C.P.P. :

— ils sont seuls compétents en matière criminelle et ils le restent en cas de requalification des faits en délit au cours de l'information ou lors de la clôture ;

— ils sont également seuls compétents pour connaître des informations donnant lieu à cosaisine conformément aux articles 83-1 et 83-2, C.P.P. Il s'agit d'affaires correctionnelles pour lesquelles l'article 83-1, al. 1 dispose que « lorsque la gravité ou la complexité de l'affaire le justifie, l'information peut faire l'objet d'une cosaisine » [3].

1. Au nom du peuple français. Juger après Outreau, commission d'enquête, Assemblée nationale, Document d'information, juin 2006, pp. 515 et s. *Add* L'affaire d'Outreau. Dossier spécial avec le point de vue du magistrat (D. Guérin), de l'avocat (D. Inchauspé) et de l'universitaire (J. Pradel), R.P.D.P., 2006, pp. 351 et s.

2. Outre la loi du 5 mars 2007, il faut lire le décret n° 2008-54 du 16 janvier 2008 relatif aux pôles de l'instruction et à la cosaisine, et la circulaire du 28 janvier 2008, Crim-08-06-E8-28-01-08.

3. V. *infra* n° 654 et s. pour les aspects strictement procéduraux.

De tout cela, il résulte que désormais les juges d'instruction attachés à un tribunal de grande instance sans pôle ne sont plus compétants, à partir du 1er mars 2008, que pour les affaires correctionnelles et encore à la condition que ces affaires ne fassent pas l'objet d'une cosaisine. Toutefois ces juges conservent le suivi des affaires criminelles déjà en cours (art. 30 de la loi du 5 mars 2007).

Dispositions applicables à compter du 1er janvier 2010. Le juge d'instruction unique disparait complètement. Selon le nouvel article 83, « le président du tribunal, ou en cas d'empêchement le magistrat qui le remplace, désigne pour chaque information une formation collégiale de trois juges d'instruction dont un magistrat du premier grade [1] exerçant les fonctions de juge coordinateur. Il peut à cette fin établir un tableau de roulement ». Ainsi toute affaire mise à l'instruction, même correctionnelle « simple » sera traitée par un collège de trois magistrats instructeurs [2].

3. *Rôle du juge d'instruction*

34. — Le magistrat instructeur a classiquement un double rôle.

Il est d'abord un *enquêteur*, un agent d'information, chargé de la recherche et du rassemblement des preuves, à la manière des membres de la police judiciaire. À cet effet, il peut procéder à toutes investigations (interrogatoires du mis en examen, auditions de la partie civile et des témoins, confrontations, perquisitions, saisies...). À l'occasion de ceux de ces actes qui portent sur les personnes, il peut délivrer des mandats de justice (de comparution, d'amener). Il peut encore désigner des experts et donner commission rogatoire à un collègue ou à la police judiciaire. On n'oubliera pas que l'enquête porte également sur la personnalité du mis en examen.

Il constitue ensuite une *juridiction.* À ce titre, il rend des ordonnances au début de l'information (par ex., refus d'informer), au cours de son déroulement (par ex., refus d'admission d'une constitution de partie civile) et lors de sa clôture en appréciant les charges relevées afin de se prononcer sur le renvoi en jugement.

Considérable est donc le rôle du juge d'instruction, alors que ce magistrat statue, face à un Ministère public nécessairement hiérarchisé et à un siège le plus souvent collégial.

Mais aujourd'hui ce schéma classique dualiste subit une triple altération. D'un côté, la fonction d'enquête est en recul : le nombre et la complexité des affaires contraignent de plus en plus le juge d'instruction à saisir des experts et des policiers, et à se cantonner à la fonction juridictionnelle. D'un autre côté, de nouvelles fonctions apparaissent. Le juge d'instruction *modern style* soigne, rééduque et même indemnise. Ces trois dernières fonctions sont rendues possibles par l'apparition et le développement du contrôle

1. Ayant au minimum 7 ans d'ancienneté.

2. Pour une première réflexion sur les pôles, D. KARSENTY, *Réflexions sur la mise en œuvre des pôles de l'instruction au regard de droits fondamentaux*, J.C.P., 2008.I.121.

judiciaire [1]. De tout cela, il résulte une montée du juge d'instruction par rapport à la juridiction de jugement et corrélativement un abaissement de la présomption d'innocence puisque la distinction entre mis en examen et condamné est supplantée quelque peu par la notion unique de délinquant, sinon de déviant. D'un troisième côté enfin, la loi du 15 juin 2000 a créé le juge des libertés et de la détention [2], seul compétent pour gérer l'essentiel de la détention provisoire et même certaines questions autres comme les perquisitions au cabinet ou au domicile d'un avocat.

B — La chambre de l'instruction

35. — *Histoire.* Cette chambre a une histoire tourmentée. Héritière de jury d'accusation de la Révolution, la « cour » du Code d'instruction criminelle (art. 217 et s.), que la pratique appela chambre des mises en accusation, était une section de la cour d'appel. Elle devint rapidement, pour des raisons d'économie, le parent pauvre des sections de cette cour : une ordonnance du 5 août 1844 décida que ses conseillers devraient siéger dans les autres chambres et une loi du 3 juillet 1873 lui retira même son président. La chambre des mises en accusation ne jouait plus alors qu'un rôle fort discret et l'instruction se trouvait abandonnée presque totalement entre les mains d'un juge d'instruction seul et jeune. Contre cette tendance, le législateur de 1959 réagit comme suit en réglementant cette section désormais appelée « chambre d'accusation ». Enfin une loi du 15 juin 2000 la débaptisa en chambre de l'instruction [3].

1. *Composition de la chambre de l'instruction*

36. — La chambre de l'instruction est composée de trois magistrats, un président et deux assesseurs.

Le *président* est, en principe, exclusivement attaché au service de la chambre [4]. Il est désigné par décret, après avis du Conseil supérieur de la magistrature, sauf à noter le pouvoir du président de la cour d'appel de désigner à titre temporaire un autre magistrat de la cour, s'il est absent ou empêché (art. 191, al. 3, C.P.P.). Cependant, l'intervention du président de la cour d'appel est de droit étroit : il faut que le président de la chambre ait été vraiment empêché [5].

1. V. *infra*, n°s 725 et s.

2. Cette expression est un compromis entre le « juge de la détention provisoire » (du projet de loi, qu'avait accepté l'Assemblée nationale), et le « juge des libertés » (que désirait le Sénat).

3. V. *infra*, n° 37.

4. Toutefois, l'article 191, al. 5, C.P.P., dispose qu'un décret peut prévoir que le président de la chambre de l'instruction d'une cour d'appel comptant moins de trois chambres assurera à titre exceptionnel le service d'une autre chambre de la même cour.

5. Crim., 9 juillet 1985, B.C., n° 261.

Les *conseillers*, quant à eux, sont désignés chaque année par l'assemblée générale de la cour d'appel (art. 191, al. 4, C.P.P.) [1]. La loi n'a pas prévu le cas où un conseiller serait absent ou empêché. Mais la jurisprudence a décidé que ce conseiller peut être remplacé par un conseiller suppléant désigné par l'assemblée générale [2] ou, s'il n'est pas possible de la réunir, par le premier président [3].

On rappellera qu'un magistrat qui a déjà participé à l'instruction ne peut par la suite faire partie de la chambre pour la même affaire [4].

2. *Rôle de la chambre de l'instruction*

37. — Ce rôle reste important malgré la réforme du 15 juin 2000.

Avant cette réforme essentielle, l'instruction en matière criminelle était à deux degrés, le juge d'instruction saisissant (par l'intermédiaire du procureur général) la chambre dite alors d'accusation. C'était cette dernière qui, après un second examen de l'affaire, pouvait décider le renvoi en cour d'assises, l'accusation en somme. Or la loi du 15 juin 2000, en même temps qu'elle crée un appel des arrêts d'assises, supprime la chambre d'accusation pour ce second examen de l'instruction. C'est désormais le juge d'instruction qui saisit directement la cour d'assises par une ordonnance de mise en accusation. La chambre n'intervient plus en matière criminelle que si le mis en examen fait appel devant elle de cette ordonnance. Aussi bien, la loi du 15 juin 2000 débaptise la chambre d'accusation en chambre de l'instruction.

C'est qu'en effet cette juridiction reste la juridiction de contrôle de l'instruction, sans oublier que la loi lui attribue aussi d'autres fonctions.

• En premier lieu, la chambre de l'instruction est juge des *appels* exercés contre les ordonnances du juge d'instruction ou du juge des libertés et de la détention (art. 185 à 187, et 207, C.P.P.). Elle connaît aussi des requêtes en *nullité* (art. 173, C.P.P.).

• En second lieu, la chambre de l'instruction est *juridiction disciplinaire* vis-à-vis des fonctionnaires civils et militaires, officiers de police judiciaire (art. 224 à 227, C.P.P.), ainsi que des chefs de district et agents techniques des Eaux et Forêts (art. 230, C.P.P.).

• En troisième lieu, cette juridiction possède diverses attributions particulières. Ainsi, elle examine les demandes *d'extradition* formulées par les États étrangers (art. 696-13 et s., C.P.P., Convention européenne d'extradition de 1957 et divers traités bilatéraux) [5] et les demandes résultant d'un *mandat*

1. Crim., 7 mai 1985, B.C., n° 172 (incompétence du président pour désigner un conseiller).

2. Crim., 1er mars 1977, B.C., n° 82 ; 20 novembre 1979, B.C., n° 329.

3. Crim., 19 décembre 1989, B.C., n° 488, D., 1990.198, note D. Mayer ; 17 avril 1991, B.C., n° 183. V. cependant, Crim., 15 mai 1990, Dr. pénal, 1990, comm. 240, obs. A. Maron.

4. Crim., 27 mars 1990, D., 1990, Somm. 376 et obs. J. Pradel.

5. A. HUET et R. KOERING-JOULIN, *Droit pénal international*, 3e éd., 2005, P.U.F., nos 267 et s.

d'arrêt européen (art. 695-29 et s., C.P.P.). Elle procède aux *règlements de juges* en cas de conflit sur la compétence entre deux juges d'instruction ou deux tribunaux correctionnels ou de police du ressort de la cour d'appel, à laquelle elle appartient (art. 658, C.P.P.). Elle statue sur les demandes en *réhabilitation judiciaire* (art. 794, C.P.P.) [1], sur les requêtes en rectification des mentions figurant au *casier judiciaire* (art. 778, al. 2, C.P.P.) et sur les *incidents d'exécution* auxquels peuvent donner lieu les arrêts de la cour d'assises (art. 710, al. 2, C.P.P.).

§ 2. — LES JURIDICTIONS D'INSTRUCTION D'EXCEPTION

A — Les juridictions d'instruction pour mineurs

Bibliographie. — Ch. LAZERGES-ROTHÉ et J.P. BALDUYCK, *Mission interministérielle sur la prévention et le traitement de la délinquance des mineurs, Réponses à la délinquance des mineurs*, La Documentation Française, mai 1998 ; R. OTTENHOF, *La spécialisation des fonctions et des juridictions en droit pénal des mineurs*, Mélanges A. Vitu, 1989, Cujas, pp. 405 et s. ; J. PRADEL, *L'instruction préparatoire*, 1990, Cujas, n° 866 ; J.-F. RENUCCI, *Enfance délinquante et enfance en danger*, préface J. Rubelin-Devichi, Éd. du C.N.R.S., 1990 ; A. VITU, *Réflexions sur les juridictions pour mineurs délinquants*, Mélanges Hugueney, 1964, Sirey, pp. 239 et s.

38. — À l'égard des mineurs pénaux, l'instruction est assurée par trois sortes de juridictions qui, en réalité, sont plus des juridictions spécialisées que des juridictions d'exception.

La première est constituée par *le juge des enfants*, magistrat du tribunal de grande instance nommé pour une durée de trois ans renouvelable, en la forme prévue pour les magistrats du siège (art. 532-1, C. org. jud.). Il est choisi en fonction de l'intérêt qu'il porte aux questions de l'enfance. En règle générale, il existe un juge des enfants par département ; toutefois, les départements importants en comportent plusieurs.

Auprès de tout tribunal pour enfants, le premier président de la cour d'appel désigne un *juge d'instruction* qui, restant le plus souvent juge de droit commun, est en outre spécialement chargé des affaires de mineurs. La répartition des affaires entre le juge d'instruction spécialement chargé des mineurs et le juge des enfants s'effectue selon les règles de compétence fixées par l'ordonnance du 2 février 1945 [2].

Enfin, la *chambre de l'instruction* pour les affaires de mineurs est la même que celle qui connaît des affaires de majeurs.

1. J. PRADEL, *Manuel de droit pénal général*, 17e éd., 2008, Cujas, n° 854.
2. V. *infra*, n° 73.

B — Les autres juridictions d'instruction d'exception

Bibliographie. — J. BROUCHOT, *La Haute Cour de Justice*, R.S.C., 1947, pp. 331 et s. ; W. JEANDIDIER, *Les juridictions pénales d'exception dans la France contemporaine*, J.C.P., 1985.I.3173 ; B. MATHIEU, *Commentaire de la loi organique n° 93-1252 du 23 novembre 1993 sur la Cour de justice de la République*, A.L.D., 1994, pp. 69 et s. ; J. PRADEL, *Les infractions de terrorisme* (loi du 9 septembre 1986), D., 1987, chron. pp. 39 et s. ; M.P. ROY, *La Cour de justice de la République, Droit prospectif*, Aix-Marseille, 1994, n° 2, pp. 355 et s. ; G. VEDEL, *La compétence de la Haute Cour de Justice*, Mélanges Magnol, 1948, pp. 393 et s. ; R. VOUIN, *La Cour de sûreté de l'État*, J.C.P., 1963.I.1764.

39. — Une loi du 15 janvier 1963 avait créé la Cour de sûreté de l'État (pour juger les atteintes à la sûreté de l'État en temps de paix), et auprès de celle-ci trois juges d'instruction et une chambre de contrôle de l'instruction. Mais tout ce dispositif a été aboli par une loi du 4 août 1981.

Il existe par contre des *juridictions d'instruction auprès des juridictions militaires* dont l'importance a, du reste, décru avec une loi du 21 juillet 1982 qui a modifié le C.J.M. celui-ci l'ayant été à nouveau par une autre du 10 novembre 1999 et par une ordonnance du 1er juin 2006. En temps de paix, il existe un tribunal aux armées dénommé tribunal aux armés de Paris (compétent seulement pour les armées stationnant hors du territoire de la République), auprès desquels il y a des juges d'instruction et une Chambre de l'instruction (avec un président et deux assesseurs), tous les magistrats chargés de l'instruction appartenant au corps judiciaire et ayant le statut de détaché (art. L 111-1 et s., C.J.M.), sans oublier le procureur de la République. En temps de guerre sont établies deux sortes de juridictions : sur le territoire national des tribunaux territoriaux des forces armées et, au dehors, des tribunaux militaires aux armées. Auprès des premiers existent des juges d'instruction, recrutés comme les précédents, et une Chambre de contrôle de l'instruction composée de deux magistrats civils (le président et un assesseur) et d'un juge militaire ayant rang d'officier supérieur (art. L 112-1 et s., C.J.M.). Auprès des seconds existent les mêmes organes d'instruction sauf à remarquer qu'ils sont parfois d'origine différente : ainsi, la Chambre comprend un président qui est un magistrat militaire ou un magistrat du corps judiciaire mobilisé, et deux juges militaires (art. L 112-27 et s., C.J.M.).

Enfin, en matière politique, il faut citer deux juridictions. Tout d'abord, la Haute Cour de justice comporte une *commission d'instruction* composée de cinq membres titulaires et de deux membres suppléants, choisis chaque année parmi les magistrats du siège de la Cour de cassation par son bureau (art. 12 de l'ord. du 2 janvier 1959). Le rôle de cette commission est de renvoyer les accusés, en fait seulement le chef de l'État, devant la Haute Cour, après avoir assuré l'instruction de l'affaire. En outre, auprès de la Cour de justice de la République, compétente pour juger les ministres, il existe une *commission des requêtes* et une *commission d'instruction*. La première, sorte de parquet filtrant les plaintes et pouvant saisir la seconde, est composée de trois magistrats du siège faisant partie de la Cour de cassation, de deux conseillers d'État et de deux conseillers à la Cour des comptes, tous désignés pour cinq ans. La seconde est composée de trois membres titulaires et de trois membres suppléants, désignés pour trois ans parmi les magistrats du siège à la Cour de cassation par l'ensemble de ces magistrats (L. 23 novembre 1993).

SOUS-SECTION III

LES JURIDICTIONS DE JUGEMENT

40. — *Vue générale*. Les juridictions de jugement ont un *rôle* bien connu. Elles statuent d'abord sur l'action publique en prononçant une sentence soit de condamnation, soit de relaxe (délits et contraventions) ou d'acquittement (crimes), soit même de dispense de peine ou d'exemption de peine ; au vrai, leur rôle varie car elles peuvent appliquer la loi ou bien dans sa sévérité initiale ou bien en tenant le plus grand compte du contexte social du moment, ce qui fait alors apparaître chez certains tribunaux une véritable politique judiciaire en certaines matières intéressant plus particulièrement l'opinion publique [1]. Accessoirement, les juridictions de jugement statuent sur l'action civile ou action en réparation née d'une infraction, mise en mouvement par la victime.

Quant à leur *organisation*, ces juridictions sont dominées, comme celles d'instruction, par la grande distinction des juridictions de droit commun et d'exception.

§ 1. — LES JURIDICTIONS DE JUGEMENT DE DROIT COMMUN

A — Les trois classes de juridiction

41. — Les juridictions de droit commun sont réparties suivant une classification tripartite, calquée sur la distinction des infractions en crimes, délits et contraventions : le *tribunal de police* connaît des contraventions (art. 521, C.P.P.), le *tribunal correctionnel* des délits (art. 381, C.P.P.), la *Cour d'assises* des crimes (art. 231, C.P.P.).

1. Mais gare au juge qui dépasserait sa mission d'appliquer la loi !, v. G. BOLARD et S. GUINCHARD, *Le juge dans la cité*, J.C.P., 2002.I.137, pp. 977 et s.

1. *Le tribunal de police et la juridiction de proximité*

42. — Le tribunal de police, appelé de simple police jusqu'en 1959, juge les contraventions de la cinquième classe. Il est constitué par un juge unique, le juge d'instance qui siège alternativement comme juge civil et comme juge pénal ; dans ce dernier cas, il prend le nom de juge de police. Dans certaines grandes villes (Paris, Lyon, Marseille, et dans d'autres désignées par décret), le tribunal de police est spécialisé (ord. n° 58.1273 du 22 décembre 1958, art. 5, modifié par la l. du 10 juillet 1970).

Il existe en principe un tribunal de police par arrondissement, sauf à remarquer qu'il peut y en avoir deux ou plusieurs dans les arrondissements très peuplés. On compte actuellement 476 tribunaux de police. Par ailleurs, sur autorisation du premier président de la Cour d'appel, le tribunal de police peut tenir des audiences « foraines » en des villes autres que celles où il siège ; en pratique, ces audiences ne sont tenues que pour les contraventions de la première à la quatrième classe (circulaire du 23 février 1959).

La loi du 9 septembre 2002 d'orientation et de programmation pour la justice modifiée par celle du 26 janvier 2005 a prévu la création de « juges de proximité » afin de faire revivre la vieille idée de la justice de paix. Ces juges, non professionnels, connaissent des contraventions des quatre premières classes [1]. En outre, le président des tribunaux de grande instance peut désigner un juge de proximité aux fins de validation de la composition pénale (art. 41-2, *in fine* C.D.D).

On peut douter de la nécessité de ces nouvelles juridictions car les juges de police rendent déjà la justice dans des délais très raisonnables (environ 5 mois). C'est en matière correctionnelle qu'il y a engorgement et donc retard.

2. *Le tribunal correctionnel*

Bibliographie. — G. Levasseur, *La juridiction correctionnelle*, R.S.C., 1959, pp. 577 et s. ; G. Roujou de Boubée, *Le juge unique en droit pénal*, rapport au IXe Colloque des Instituts d'études judiciaires, Nice, 1974, *Annales de l'Université des Sciences sociales de Toulouse*, t. XXII, fasc. 1 et 2, pp. 111 et s. ; A. Vitu, *Le tribunal correctionnel à juge unique*, in *Les juges uniques*, XXIe Colloque des Instituts d'études judiciaires, Dalloz, 1996, pp. 81 et s.

a) Vue générale

43. — Le tribunal correctionnel est une formation particulière du tribunal de grande instance. Celui-ci est compétent à la fois en matière civile et

1. V. *infra* n° 77.

répressive (on parle alors de tribunal correctionnel) pour les délits. Si le tribunal de grande instance est peu important, il ne comporte qu'une seule Chambre, qui connaît alternativement des affaires pénales et des affaires civiles. S'il est important, il comprend plusieurs Chambres dont l'une est spécialement compétente en matière pénale.

Il existe actuellement 175 tribunaux correctionnels [1]. Mais il est question de supprimer plusieurs tribunaux de grande instance qui n'ont qu'une Chambre [2], ce qui entraînerait en conséquence la disparition d'un nombre équivalent de tribunaux correctionnels. Mais ces propositions de suppression débordent évidemment le cadre de la procédure pénale et ont d'indéniables conséquences politiques.

b) Composition

44. — La composition du tribunal correctionnel est variable. À côté d'une formation normale, traditionnelle, le législateur a institué deux formations exceptionnelles.

— *La composition normale*

45. — *Normalement*, le tribunal siège à trois juges, dont un président (art. 398, al. 1, C.P.P.). Ce dernier est le président, un vice-président ou un juge ancien du tribunal de grande instance. S'il s'avère impossible de réunir trois magistrats, ce qui se produit parfois dans les tribunaux à effectif réduit, le président fait appel à l'avocat le plus ancien présent à la barre. L'avocat ainsi appelé à compléter le tribunal doit appartenir au barreau du siège et le jugement doit le constater [3].

— *Les compositions exceptionnelles*

46. — *Le tribunal siégeant à moins de trois juges. Le juge unique.* À partir de 1950 environ se développait l'idée que le jugement des « petits » délits pourrait être assuré par un juge unique. Il en résulterait un gain de temps et un développement du sens de la responsabilité du juge. Ces justifications sont si fortes que progressivement le législateur adopta dans certains cas, le principe du juge unique en matière de délit. Plusieurs stades législatifs doivent être rappelés. Le nouveau système avait été initié par une loi du 29 décembre 1972, puis développé par une loi de 1975. Ces deux lois avaient d'ailleurs instauré un système selon lequel le président du tribunal décidait au cas par cas si le tribunal serait composé d'un ou de trois juges. Si la première loi

1. Sans oublier les 11 tribunaux au titre des D.O.M. et T.O.M.

2. Ce qui évoque l'idée du tribunal départemental unique, à quelques exceptions près comme le département du Nord qui est très peuplé.

3. Crim., 5 février 1970, B.C., n° 54, R.S.C., 1970, p. 884, obs. J. Robert.

s'appliqua normalement, la seconde fut censurée par le Conseil constitutionnel selon une décision du 23 juillet 1975 au motif qu'il y avait atteinte à l'égalité entre citoyens [1]. Aussi une loi du 8 février 1995 répondit aux exigences constitutionnelles en supprimant le rôle du président ; en même temps, elle étendit la liste des délits traités par un juge unique. Enfin, deux ultimes lois des 23 juin 1999 et 9 juillet 2001 apportèrent quelques retouches au système (art. 398, 398-1 et 398-2, C.P.P.) qu'il faut maintenant décrire dans son état actuel.

1° L'article 398-1, C.P.P., donne *la liste des infractions de la compétence du juge unique*. Elle est impressionnante au point que ce sont désormais 50 % des affaires correctionnelles qui sont concernées. Plusieurs critères ont été retenus par la loi en vue de l'établissement de la liste [2] :

— le premier critère est celui du maximum de l'emprisonnement encouru, qui ne saurait dépasser 5 ans, ce qui, par exemple, donne compétence au juge unique pour certains vols aggravés, mais pas pour la contrefaçon de chèque (punissable de 7 ans selon l'article L. 163-3 du Code monétaire et financier) ;

— le second critère est celui de la gravité du dommage résultant de l'infraction, ce qui, par exemple, exclut du champ d'action du juge unique l'homicide involontaire ;

— le troisième critère enfin est celui de la complexité de l'affaire, ce qui exclut notamment les blessures involontaires occasionnées autrement qu'à l'occasion de la conduite d'un véhicule : ainsi pas de juge unique lorsque l'accident s'est produit dans un chantier ou dans le cadre de soins médicaux, ces situations requérant parfois de longues investigations.

Cela dit, à considérer ensemble ces trois critères, il apparaît que le juge unique est le juge naturel des délits simples, le plus souvent répétitifs, qui correspondent au contentieux de masse.

Voici d'ailleurs la liste de ces délits :

• délits prévus par les articles 66 et 69 du décret-loi du 30 octobre 1935 sur le chèque et les cartes de paiement ;

• délits prévus par le Code de la route ainsi que — lorsqu'ils sont commis à l'occasion de la conduite d'un véhicule — les blessures involontaires entraînant une incapacité de plus de trois mois, les blessures involontaires causées par un manquement délibéré d'une obligation de sécurité dès lors qu'il en résulte une incapacité ne dépassant pas trois mois, le risque causé à autrui, le délit de fuite (art. 222-19, 222-20, 223-1 et 434-10, C.P.) ;

• les délits en matière de coordination des transports ;

1. C. const., 23 juillet 1975, D., 1977.629, note L. Hamon et G. Levasseur, J.C.P., 1975.II.18200, note C. Franck ; J. PRADEL et A. VARINARD, *Grands arrêts du droit pénal général*, I, n° 1.

2. Circulaire du 14 février 1995 commentant les dispositions pénales de la loi n° 95-125 du 8 février 1995.

• le délit de port d'arme de la 6e catégorie, prévu par l'article 32, 2°, du décret-loi du 28 avril 1939 sur les matières de guerre, armes et munitions ;

• un grand nombre de délits prévus par le Code pénal : violences volontaires ayant entraîné une incapacité totale de plus de 8 jours (art. 222-11, C.P.) ou ayant entraîné la même incapacité et avec en plus une circonstance aggravante (art. 222-12, 1° à 13°, C.P.), violences volontaires n'ayant pas entraîné une incapacité totale de plus de 8 jours, mais avec une circonstance aggravante (art. 222-13, 1° à 13°, C.P.) ; appels téléphoniques malveillants (art. 222-16, C.P.) ; menaces d'atteinte aux personnes (art. 222-17 et 222-18, C.P.) ; exhibition sexuelle (art. 222-32, C.P.) et proxénétisme (art. 225-10-1, C.P.) ; abandon de famille et atteintes à l'exercice de l'autorité parentale (art. 227-3 à 227-11, C.P.) ; vol simple (art. 311-3, C.P.) ou commis avec une circonstance aggravante (art. 311-14-1° à 8°, C.P.), étant ici précisé que le vol avec violence n'ayant entraîné aucune incapacité de travail (art. 311-4, 4°, C.P.) relève du juge unique, les vols avec violence ayant entraîné une incapacité (art. 311-5 et 311-6, C.P.) relevant de la collégialité, tout comme les vols commis avec deux ou trois circonstances aggravantes (art. 311-4, *in fine*) ; la filouterie (art. 313-5, C.P.) ; le détournement de gage ou d'objet saisi (art. 314-5 et 314-6, C.P.) ; le recel simple (art. 321-1, C.P.) sauf à observer que le recel d'une infraction punie de plus de 5 ans d'emprisonnement, prévu par l'article 321-4, C.P., ne relève pas du juge unique ; les destructions, dégradations et détériorations ne présentant pas de danger pour les personnes (art. 321-1 à 322-4-1, C.P.) ; les menaces (art. 433-3, al. 1 et 2, C.P.) ; l'outrage (art. 433-5, C.P.) ; la rebellion (art. 433-6 à 433-8, C.P.) ; enfin, les sévices graves ou actes de cruauté envers les animaux (art. 521-1, C.P.) ;

• le délit d'usage de stupéfiant (art. L. 3421-1, C.S.P.) ;

• les délits prévus par le Code rural en matière de chasse et de pêche, en matière de protection de faune et de flore, et par le décret-loi du 9 janvier 1852 sur la pêche maritime, ainsi que les délits prévus par le Code forestier et par le Code de l'urbanisme pour la protection des bois et forêts ; le délit prévu par l'article L. 126-3, C. construction et habitation.

Il est évident que le juge unique est également compétent dans le cas de tentative des délits susindiqués, lorsque la tentative est prévue par la loi [1].

Enfin une loi du 9 septembre 2002 décide que les délits pour lesquels une peine d'emprisonnement n'est pas encourue, à l'exception des délits de presse, sont de la compétence du juge unique (art. 398-1, 8°, C.P.P.).

2° La loi a cependant prévu des *cas dans lesquels les délits énumérés à l'article 398-1, C.P.P., ne seront pas de la compétence du juge unique :*

— lorsque le prévenu (ou l'un de ses coprévenus) se trouve en détention provisoire lors de sa comparution devant le tribunal, seul le tribunal collégial est compétent (art. 398-1, al. 2, C.P.P.) : la détention provisoire fait

1. Il l'est aussi pour connaître, après procès, d'une requête en relèvement présentée par le condamné (art. 132-21, C.P.), Crim., 27 janvier 1988, B.C., n° 41.

présumer que l'affaire est grave. Cependant, si, avant sa comparution sur le fond, le prévenu est mis en liberté par le tribunal collégial, le juge unique retrouve sa compétence, sauf si des coprévenus demeurent en détention ;

— lorsque le prévenu comparaît devant le tribunal selon la procédure de comparution immédiate, seul le tribunal en formation collégiale, là encore, est compétent (art. 398-1, al. 2, C.P.P.). En effet, la comparution immédiate débouche le plus souvent sur un mandat de dépôt, quelque soit le montant de la peine ultérieurement prononcée. En revanche, en cas de comparution sur procès-verbal, même si le prévenu avait été placé sous contrôle judiciaire, le juge unique est compétent ;

— le juge unique est encore incompétent lorsque le délit figurant dans la liste de l'article 398-1, C.P.P., est connexe à un délit qui n'y figure pas (art. 398-1, al. 2, C.P.P.) ;

— il est également incompétent, depuis une loi du 23 juin 1999 (art. 398, al. 3, C.P.P.) lorsque la peine encourue, compte tenu de l'état de récidive, est supérieure à cinq ans d'emprisonnement. Il existe en effet beaucoup de délits punis de cinq ans au maximum qui, par le jeu de la récidive, se trouvent punis d'une peine supérieure. Or la compétence du juge unique doit, quoiqu'il arrive, être limitée à cinq ans, ce qui est très raisonnable. Le non-respect de cette règle sera sanctionné par la nullité. Toutefois, les risques de nullité sont réduits puisque la récidive ne peut être prise en compte que si elle est visée par la citation ; si la récidive est révélée à l'audience par la lecture du casier judiciaire du prévenu, et non indiquée dans la citation, la juridiction ne peut aggraver la peine puisqu'elle ne peut tenir compte de la récidive en sorte que le juge unique reste compétent ;

— enfin, la loi du 23 juin 1999 a rajouté à l'article 398-2 un alinéa 3 selon lequel le juge unique peut « si la complexité des faits le justifie » renvoyer l'affaire devant le tribunal en formation collégiale. Il agit ainsi soit d'office, soit à la demande de l'une des parties ou du Ministère public. Cette décision du juge unique est une mesure d'administration judiciaire et elle est insusceptible de recours [1].

3° Des difficultés peuvent survenir en cas de *changement de qualification*. Traitant de cette hypothèse, l'article 398-2, C.P.P., prévoit deux cas.

Il peut arriver d'abord que l'affaire ait été portée devant le juge unique et que celui-ci, au terme des débats, estime que l'infraction dont il est saisi n'est pas dans la liste de l'article 398-1, C.P.P. Il estime, par exemple, que les faits, qualifiés de vol avec violences mais sans incapacité (qui sont de sa compétence) constituent en réalité un vol avec violence ayant entraîné une incapacité de travail (ce qui est de la compétence de la formation collégiale). Le juge unique est alors tenu de renvoyer l'affaire à la formation collégiale

1. Lors des débats parlementaires, le Sénat avait exclu cette disposition au motif qu'elle ne respectait pas pleinement le principe d'égalité tel qu'affirmé par le Conseil constitutionnel en 1975 et qu'elle alourdissait la procédure.

car il est incompétent et l'on verra que les règles de compétence sont d'ordre public. S'il ne le faisait pas, sa décision serait nulle de nullité absolue.

Il se peut ensuite que l'affaire ait été portée devant le tribunal en formation collégiale alors qu'elle est de la compétence du juge unique. L'article 398-2, al. 2, prévoit alors que l'affaire est renvoyée au juge unique, à moins que le président ne préfère la juger seul.

47. — *Le tribunal siégeant à plus de trois juges.* Selon l'article 398, al. 2, C.P.P. (loi du 6 août 1975), « lorsqu'un procès paraît de nature à entraîner de longs débats », le président peut décider qu'un ou plusieurs juges supplémentaires assisteront aux débats. Et en cas de défaillance de l'un des juges titulaires ou de plusieurs de ceux-ci, ces juges supplémentaires prendront leur place. On doit bien comprendre que ces magistrats en supplément ne participent au délibéré qu'en cas de défaillance des juges titulaires. Par ce procédé, on évite de devoir recommencer les débats.

En pratique, le président ne désigne des juges supplémentaires que lorsque les débats risquent d'être longs et enchevêtrés, en fait lorsqu'il est à prévoir que les débats dureront une semaine ou plus.

3. *La cour d'assises*

Bibliographie. — ***Sur l'histoire (jusqu'à la veille du C.P.P. de 1959).*** J. Cruppi, *La cour d'assises*, 1898 ; J. Lévy, *Le jury en matière criminelle*, Revue pratique de droit français, 1875 ; L. Hugueney, *La loi de 1941 sur le jury*, R.S.C., 1942-1945, p. 15 ; D. Maxwell, *La crise du jury*, Archives d'anthropologie criminelle, 1914, p. 241 ; B. Perreau, *Faut-il admettre en matière criminelle le système du jury ou celui de l'échevinage ?* 3e Congrès international de droit pénal, Palerme, avril 1933, R.I.D.P., 1934, p. 349 ; B. Schnapper, *Le jury français aux XIXe et XXe siècles*, in *The trial jury in England, France and Germany, 1700-1900*, Druncker-Humblot, Berlin, 1987, p. 165 ; du même auteur, *Le jury criminel*, in *Une autre justice 1789-1795*, Fayard, 1989, p. 149 ; A. Toulemon, *La question du jury*, préface F. Larnaude, Sirey, 1930 ; R. Vouin, *La cour d'assises française de 1808 à 1958*, Mélanges Donnedieu de Vabres, 1958, p. 221.

Sur la sociologie : C. Barberger, P. Poncela et E. Serverin, *Le jury d'assises : à propos de sa représentativité*, in *Connaissance et fonctionnement de la justice pénale*, colloques internationaux du CN.R.S., Lyon-Villeurbanne, 1977 ; F. Lombard, *Notables, citoyens ou incompétents : les représentations des jurés*, thèse, Paris, 1989 ; du même auteur, *Les jurés : justice représentative et représentation de la justice*, L'Harmattan, 1993 ; J.-C. Wenberger et A.-M. Cousin, *Classe sociale, régime politique et jury d'assises*, Actes, n° 18, 1978, p. 33.

Sur le droit français actuel : M. Aminat, M.-F. Deschamps et F. Drevon, *Les jurés*, Que sais-je ?, 1980 ; J.-M. Aussel, *La loi du 28 juillet 1978 et le recrutement des jurés d'assises*, J.C.P., 1978.I.2919, J. Brouchot, *La cour d'assises sous le régime du C.P.P.*, J.C.P., 1959.I.1479 ; P. Le Quinquis, *Le président de la cour d'assises*, Justices, n° 10, Dalloz, 1998, p. 99 ; M. Patin, *Le problème de l'organisation des cours d'assises*, in *Les principaux aspects de la politique criminelle moderne*,

Cujas, 1960, p. 221 ; J. PRADEL, *Les méandres de la cour d'assises française de 1791 à nos jours*, Revue Thémis (Université de Montréal), vol. 32, 1998, p. 135 ;W. ROUMIER, *L'avenir du jury criminel*, préface A. Decocq, L.G.D.J., 2003 ; X. VERSINI, *Avez-vous une intime conviction ? Réflexions sur la cour d'assises*, Brin, 1990 ; A. VITU, *La cour d'assises dans le nouveau C.P.P.*, R.S.C., 1959, p. 539.

Sur les projets de réforme en France : G. BLANC, *La souveraineté populaire en question* (à propos de la réforme de la cour d'assises), J.C.P., 1996.I.3952 ; J. PRADEL, *La crise de la cour d'assises en France* (à propos du projet de loi de juin 1996 portant réforme de la procédure criminelle), Mélanges D. Poncet, Genève, 1997 ; *Quelle participation des citoyens au jugement des crimes ?* Journée d'études de l'Institut de sciences criminelles de Poitiers, tenue le 10 mai 1996, *Travaux de l'Institut de sciences criminelles de Poitiers*, vol. 18, éd. Cujas, 1997 ; *Réforme de la cour d'assises ?* Les Annonces de la Seine, mai 1999, n° 38 (avec notamment rapport S. CLÉMENT-MAZETIER et S. PORTELLI).

Sur le droit comparé : V. FAIREN GUILLEN, *El jurado, Cuestiones practicas, doctrinales y politicas de las leyes espanõlas de 1995* (Le jury, questions pratiques, doctrinales et politiques des lois espagnoles de 1995), Madrid, ediciones juridicas y sociales, 1997 ; J. PRADEL, *Le procès par jury. Étude comparée des systèmes français et canadien*, Travaux de l'Institut de sciences criminelles de Poitiers, vol. 10, Cujas, 1990, p. 127 ; du même, *Droit pénal comparé*, Dalloz, 2e éd., 2002, nos 270 et s. ; *Quelle participation des citoyens au jugement des crimes*, Travaux précités de l'Institut de sciences criminelles de Poitiers, avec un rapport sur le droit allemand par P. HUNERFELD, un rapport sur le droit anglais par R. MUNDAY et un rapport sur le droit italien par S. Mogini.

48. — Compétente pour juger les crimes en premier ressort ou en appel (art. 231, al. 1, C.P.P.), la cour d'assises est, à plusieurs égards, une juridiction originale par rapport aux autres [1].

Elle est d'abord *départementale* et il existe donc 102 cours d'assises puisque la France compte 102 départements. Elle prend le nom du département où elle siège et se tient en principe à son chef-lieu, exceptionnellement dans une autre ville (par ex., Saintes pour la Charente-Maritime, v. art. R. 41, C.P.P.). Si le besoin s'en fait sentir, la cour d'appel peut ordonner qu'il soit formé plusieurs sections d'assises (art. 233, C.P.P.) : ainsi la cour d'assises de la Seine comporte deux sections.

Elle est ensuite *non permanente*. La cour tient ses assises à raison d'une par trimestre, sauf à remarquer qu'en cas de nécessité des sessions plus fréquentes peuvent être décidées par le premier président de la cour d'appel après avis du procureur général (art. 236, C.P.P) [2]. Ce caractère non permanent de la cour d'assises s'explique parce qu'elle fait appel à de simples

1. En effet, une loi du 15 juin 2000 a institué l'appel contre les arrêts d'une cour d'assises, cet appel étant porté devant une autre cour d'assises (système de « l'appel tournant »). Ces dispositions sont entrées en vigueur le 1er janvier 2001 (art. 140 de la L. du 15 juin 2000).

2. Rien n'interdit au premier président de fixer par une même ordonnance les dates d'ouverture de la session ordinaire et des sessions supplémentaires pour un trimestre, Crim., 26 octobre 1977, B.C., n° 323.

particuliers, les jurés, qu'on ne peut distraire trop longtemps de leurs occupations professionnelles.

C'est qu'en effet la cour d'assises comporte deux éléments distincts : l'un professionnel ou *cour proprement dite* et l'autre populaire ou *jury*, dont il conviendra d'examiner les fonctions respectives.

a) La cour proprement dite

49. — La cour proprement dite comprend trois magistrats : le président et deux assesseurs. Le *président* est soit le premier président (art. 247, C.P.P.), soit plus fréquemment un président de Chambre ou même un conseiller à la Cour (art. 244, C.P.P.) désigné pour la session par le premier président de la cour d'appel [1]. Les *assesseurs*, également choisis par le premier président, sont des conseillers à la cour d'appel ou des magistrats du tribunal de grande instance du lieu où siègent les assises (art. 249, C.P.P.) à la condition qu'ils n'aient pas participé à la poursuite ou à l'instruction (art. 253, C.P.P.) [2].

La décision du premier président est une ordonnance ayant la nature d'un acte d'administration de sorte que l'assistance d'un greffier n'est pas nécessaire [3].

Le président de la cour d'assises, la session ouverte, peut désigner un ou plusieurs assesseurs supplémentaires (art. 252, C.P.P.). Il le fait « si la durée ou l'importance de la session rendent cette mesure nécessaire » (art. 248, al. 2, C.P.P. ; à rapprocher de l'art. 398, al. 2, C.P.P., et v. *supra*, n° 47).

b) Le jury

50. — Le jury a été introduit en France, par imitation déformée du droit anglais, sous la Révolution : la loi des 16-21 septembre 1791 avait institué à la fois un jury d'accusation chargé de l'instruction et un jury de jugement chargé de participer à la décision définitive. Le jury d'accusation a été supprimé par le C.I.C. Mais le jury de jugement a toujours survécu. Toutefois, son organisation a fait l'objet de nombreuses réformes et le problème de son opportunité se pose toujours.

— *L'organisation du jury*

51. — *Le nombre des jurés.* Longtemps la cour d'assises siégeait en premier ressort et en dernier ressort. Mais le nombre des jurés ne fut pas toujours le

1. En cas d'empêchement du président désigné (président de chambre ou conseiller), ce magistrat est remplacé de plein droit par l'assesseur de rang le plus élevé, même s'il s'agit d'un juge au tribunal de grande instance, Crim., 7 décembre 1977, B.C., n° 388, R.S.C., 1978.876, obs. J. Robert, Un simple juge peut donc présider une cour d'assises !

2. V. *supra*, n° 14.

3. Crim., 15 janvier 1980, B.C., n° 22.

même : 12 citoyens en 1808, 6 avec la loi du 25 novembre 1941, 7 par l'ordonnance du 20 avril 1945 et 9 avec le C.P.P. de 1959. La loi du 15 juin 2000 ayant créé des cours d'assises statuant en appel, ses auteurs hésitèrent sur le nombre de jurés en premier et au second degré. Finalement, il fut admis qu'il y aurait 9 jurés lorsque la cour d'assises statue en premier ressort et 12 lorsqu'elle statue en appel (art. 296, al. 1, C.P.P.) : c'était le moyen de marquer une différence entre les deux cas.

En outre, aux 9 ou 12 jurés (que l'on peut appeler titulaires), la cour doit, par arrêt ajouter un ou plusieurs jurés « supplémentaires » (art. 296, al. 3) [1]. Ces derniers suivent les débats afin de pouvoir remplacer le ou les jurés en cas de défaillance de celui-ci ou de ceux-ci pendant les débats [2]. Ce système rappelle celui admis en matière correctionnelle (v. *supra*, n° 47).

52. — *Les conditions d'aptitude aux fonctions de jurés.* Cette question est dominée par un choix préalable entre deux conceptions de la fonction de juré. Celle-ci doit-elle être considérée comme l'exercice d'un droit civique, ouvert en principe à tous les citoyens, ou comme l'accomplissement d'une fonction judiciaire, réservée à certains d'entre eux ? Notre législation opte en faveur du second système. De là, quatre conséquences.

1° En premier lieu, la fonction de juré suppose *l'aptitude intellectuelle à suivre des débats judiciaires*. Aussi, le juré doit-il avoir 23 ans au moins au jour de la formation du jury de jugement (ce qui est trop jeune) [3], savoir lire et écrire en français et n'être ni sous sauvegarde de justice, ni en tutelle, ni en curatelle (art. 255 et 256, C.P.P.). De plus, selon l'article 258, sont dispensés des fonctions de juré les septuagénaires qui en font la demande à la commission prévue à l'article 262 ; peuvent en outre être dispensés ceux qui invoquent un motif grave reconnu valable par cette commission, ce motif grave consistant pratiquement en une maladie ou infirmité (par ex., cécité) [4].

2° La fonction de juré suppose, en second lieu, une certaine *insertion dans la société* : le juré doit être titulaire de ses droits politiques, civils et de famille (art. 255, C.P.P.). À cette condition d'ordre social, on pouvait rattacher l'article 384 du Code d'instruction criminelle portant dispense pour « ceux qui ont besoin pour vivre de leur travail manuel et journalier ». À l'évidence, ce texte visait à éliminer les ouvriers du jury. Très critiqué à juste titre [5], cet article n'a pas été repris par le Code de 1959 et aujourd'hui le problème est

1. Crim., 5 juin 1985, B.C., n° 218, R.S.C., 1986.406, obs. Braunschweig, l'obligation de tirer au sort un ou plusieurs jurés supplémentaires n'est pas prescrite à peine de nullité.

2. Dès lors, un juré supplémentaire peut au cours des débats poser des questions à un témoin en demandant la parole au président, Crim., 27 juin 1984, B.C., n° 246.

3. Nullité de la déclaration de la cour et du jury à laquelle a participé un juré âgé de moins de 23 ans, Crim., 14 novembre 1985, B.C., n° 355, R.S.C., 1986.891, obs. A. Braunschweig.

4. La cour peut aussi d'elle-même, le Ministère public entendu, dispenser par arrêt motivé un juré dont elle constate souverainement que, âgé de plus de 70 ans, il ne peut remplir ses fonctions, Crim., 28 avril 1982, B.C., n° 105 ; 6 juillet 1982, B.C., n° 180.

5. V. circulaire Briand de 1908, recommandant l'inscription d'ouvriers sur les listes annuelles, et lois des 19 mars 1907 et 17 juillet 1908 accordant des indemnités aux jurés.

résolu par le principe de la désignation des jurés par tirage au sort (v. *infra*, n° 53).

3° C'est encore parce que la fonction de juré est une fonction judiciaire que la loi élimine toutes personnes dont on peut redouter un *défaut de moralité*. Dès lors, en application de l'article 256, C.P.P., ne peuvent être jurés les individus en état d'accusation ou de contumace, ceux qui sont en détention provisoire, et même les fonctionnaires révoqués, les officiers ministériels destitués, les faillis non réhabilités et ceux auxquels la fonction de juré est interdite au titre de l'incapacité des droits civiques, civils et de famille prévue à l'article 131-26 du Code pénal [1]. De même, ne peuvent être jurés les personnes condamnées pour crime ou pour délit à une peine au moins égale à six mois d'emprisonnement et les personnes qui, n'ayant pas déféré à la convocation en vue de faire partie d'un jury d'assises, ont été condamnées en application de l'article 288, C.P.P.

4° En quatrième lieu, dans le but de préserver la liberté de décision du juré, la loi a créé des *incompatibilités*.

Les unes sont absolues (art. 257, C.P.P.). La fonction de juré est inconciliable avec certaines fonctions politiques (par ex. : membre du gouvernement), publiques (par ex. : magistrat de l'ordre judiciaire ou administratif, fonctionnaire des services de police ou de l'administration pénitentiaire), ou militaires. On a redouté que les titulaires de ces fonctions aient trop d'influence sur les autres jurés ou qu'ils soient animés d'un esprit systématiquement répressif. Ces incompatibilités sont évidemment de droit étroit : peuvent donc, par ex., être jurés un commis-greffier [2], un adjudant de sapeurs-pompiers [3] ou un garde champêtre [4].

Les autres sont relatives. L'article 291 dispose que nul ne peut être juré dans une affaire où il a accompli un acte de police judiciaire ou d'instruction ou dans laquelle il est témoin, interprète, dénonciateur, expert, plaignant ou partie civile [5]. À l'inverse des précédentes, les incompatibilités relatives sont entendues largement, l'indépendance du juré pouvant être atteinte même en dehors des prévisions de l'article 291. Aussi, ne peuvent être jurés un témoin qui, quoique non cité à l'audience, a cependant déposé à l'instruction, ou le greffier qui a assisté le juge d'instruction [6].

5° Quelle est, enfin, la sanction de ces diverses conditions d'aptitude ? Contrairement au Code d'instruction criminelle (art. 381, al. 2), le Code actuel ne prévoit pas la nullité des déclarations de culpabilité prononcées par les jurés inaptes. Cependant, la jurisprudence continue à annuler les verdicts

1. Les incapacités édictées par l'art. 256, C.P.P., sont évidemment de droit étroit et ne peuvent être étendues, Crim., 29 février 1984, B.C., n° 84, D., 1984, I.R., 449.

2. Crim., 18 novembre 1970, B.C., n° 300 ; J. PRADEL et A. VARINARD, n° 2.

3. Crim., 19 décembre 1967, B.C., n° 333 ; J. PRADEL et A. VARINARD, *id.*

4. Crim., 26 mai 1965, B.C., n° 145.

5. V., dans le même sens, l'art. 253, C.P.P., relatif aux magistrats composant la cour d'assises, v. *supra*, n° 14.

6. Crim., 5 avril 1883, B.C., n° 86.

auxquels auraient participé de tels jurés, les conditions énumérées aux articles 255 et suivants étant à ses yeux substantielles et devant par conséquent être respectées à peine de nullité [1]. Cependant, dans un souci de célérité, une loi du 30 décembre 1985 (art. 305-1, C.P.P.) oblige celui qui veut invoquer une nullité (le texte parle de nullité « entachant la procédure qui précède l'ouverture des débats ») à agir dès que le jury de jugement est définitivement constitué à peine de forclusion (disposition à rapprocher de l'art. 385, C.P.P., sur le tribunal correctionnel).

53. — *La désignation des jurés.* Le principe est celui de tirages au sort successifs aboutissant à la constitution d'une liste annuelle départementale, puis d'une liste de session, enfin d'une liste de jugement.

• L'établissement de la *liste départementale* a donné lieu à une profonde réforme par la loi du 28 juillet 1978 (art. 259 et s., C.P.P.). Cet établissement s'effectue en trois stades, étant observé que les règles prévues aux articles 259 et suivants sont des actes d'administration échappant au contrôle de la Cour de cassation [2].

Tout d'abord, le préfet, par arrêté, répartit le nombre des jurés de la liste annuelle par circonscription territoriale, proportionnellement au tableau officiel de la population (en avril en province, en juin à Paris). Cette liste comporte 1 800 jurés pour la cour d'assises de Paris et, pour les autres cours d'assises, un juré pour 1 300 habitants avec un minimum de 200 [3]. La répartition des jurés est faite par commune. Enfin, le préfet adresse à chaque maire l'arrêté de répartition.

Intervient alors le maire qui tire au sort publiquement sur les listes électorales un nombre de noms triple de celui fixé par l'arrêté pour la commune. Ce nouveau mode de sélection se substitue de manière heureuse à l'ancien système qui se caractérisait par un arbitraire à peu près total. Puis le maire fait dresser la liste obtenue en deux originaux : l'un est déposé en mairie et l'autre est adressé avant le 15 juillet au secrétariat greffe de la juridiction du siège de la cour d'assises.

La liste annuelle va ensuite être dressée en septembre par une commission départementale siégeant au siège de la cour d'assises et comprenant outre son président, qui est un magistrat, dix personnes (trois magistrats du siège, un magistrat du parquet, un avocat, cinq conseillers généraux) (art. 262, C.P.P.). Cet organisme statue d'abord sur les différentes causes pouvant empêcher certaines personnes désignées de remplir les fonctions de juré. Ces éliminations faites, il est tiré au sort un nombre de jurés correspondant au chiffre indiqué dans chaque département pour la liste annuelle (v. *supra*,

1. Crim., 5 avril 1965, B.C., n° 111.
2. Crim., 23 mai 1984, B.C., n° 190.
3. Selon l'art. 260, al. 2, C.P., un décret en Conseil d'État peut, pour la liste annuelle de chaque cour d'assises, fixer un nombre de jurés plus élevé que celui indiqué au texte, si le nombre de sessions tenues chaque année par la cour d'assises le justifie.

même numéro). Alors est arrêtée la liste annuelle départementale. En même temps, la commission dresse la liste spéciale des jurés suppléants.

• De cette liste annuelle est extraite une *liste de session.* Cette liste est établie au moins trente jours avant l'ouverture des assises par voie de tirage au sort effectué en audience publique [1] par le président de la cour d'appel ou par le président du tribunal de grande instance, siège de la cour d'assises (art. 266, C.P.P.).

Cette liste comporte les noms des 40 jurés titulaires et de 12 jurés suppléants. Au moins quinze jours avant l'ouverture de la session, le greffier de la cour d'assises convoque par courrier chacun des jurés titulaires et suppléants. La convocation indique la date et l'heure de l'ouverture de la session, sa durée prévisible et le lieu où elle se tiendra (art. 267, C.P.P.). En outre, la liste des jurés de session est signifiée à l'accusé (art. 282, C.P.P.).

• C'est enfin de la liste de session qu'est extraite avant chaque affaire et en audience publique la *liste de jugement* (art. 288 et s.) [2].

— *Le problème du jury*

54. — Quoique le jury paraisse aujourd'hui bien ancré dans nos mœurs, l'hésitation reste permise sur le point de savoir s'il doit ou non être maintenu.

En *faveur* de l'institution, les arguments ne manquent pas. Le juré est, dit-on, le gardien des libertés publiques et véritable contre-pouvoir, car il est indépendant vis-à-vis des pouvoirs publics, alors que le magistrat professionnel nommé par le gouvernement peut n'avoir pas assez de caractère pour le rester toujours. Le jury, a-t-on dit surtout aux XVIIIe et XIXe siècles est le palladium des libertés, allant de pair avec le vote des députés : le peuple fait les lois par ses députés et rend la justice par ses jurés (B. Schnapper). Étant conscient d'exercer une magistrature occasionnelle, le juré est naturellement scrupuleux et attentif à l'audience ; en conséquence, il contribue indirectement à la précision de l'instruction préparatoire dont les artisans feront tout pour éviter que les lacunes n'apparaissent en pleine audience. En outre, par sa participation à l'œuvre de justice, le juré donne un surcroît d'autorité aux décisions rendues. Enfin et surtout, il permet un contact entre la justice pénale et l'opinion publique et prévient par là tout divorce entre elles deux : d'une part, en effet, le juré provoque un assouplissement des textes (par ex. : par la prise en considération des mobiles de l'agent, au titre des circonstances atténuantes) ; d'autre part, il peut suggérer par de spectaculaires acquittements soit des réformes législatives (par ex. : correctionnalisation de

1. La publicité de l'audience de tirage est une formalité substantielle, Crim., 22 février 1984, B.C., n° 70, D., 1984, I.R., 233 ; 7 mars 1984, D., 1984, I.R., 433, obs. J.M.R. Et le procès-verbal de tirage au sort du jury de session doit constater la publicité, Crim., 10 janvier 1984, B.C., n° 16.

2. V. *infra*, n° 901.

l'avortement par la l. du 17 mars 1923, de la bigamie par la l. du 17 février 1933, de la banqueroute frauduleuse et du faux en écritures privées par l'ord. du 23 décembre 1958), soit des pratiques prétoriennes (correctionnalisation judiciaire) [1].

En *contrepartie*, cependant, il est deux arguments essentiels qui vont à l'encontre du jury. En premier lieu, parce qu'il est ignorant, le juré est incompétent pour saisir un problème de droit ou pour apprécier une question de fait (sincérité d'un témoignage, valeur d'une expertise, par ex. : psychiatrique ou toxicologique). En second lieu, le juré rend une justice inégale pour plusieurs raisons. Il est influencé par sa situation socioprofessionnelle, un juré cultivateur se montrant bien plus impitoyable pour un incendie de récoltes qu'un juré citadin. Il a sa propre hiérarchie des valeurs, souvent indulgent pour un crime passionnel, mais très sévère pour une atteinte à la propriété : « Le jury est galant et propriétaire », écrivait Tarde [2]. On a encore remarqué que le juré au cours d'une même session peut être sévère un jour et indulgent le lendemain, ou *vice versa*, ce qui confère une importance étonnante à l'ordre dans lequel les affaires vont se succéder. Le juré, enfin, est sensible à la presse avant le procès et à l'éloquence de l'avocat au cours de celui-ci ; de là, un grand nombre d'acquittements en dépit d'éléments de culpabilité parfois sérieux, et une différence de « style » du défenseur selon qu'il plaide devant la cour d'assises ou devant le tribunal correctionnel, par exemple [3]. Beaucoup de magistrats professionnels sont aujourd'hui défavorables au jury, justice de loterie.

Certains ont pensé que le grief tiré de l'inégalité de la justice serait atténué si l'on introduisait la motivation dans les arrêts d'assises : on sait en effet que ceux-ci, à l'inverse des autres décisions de justice, ne sont pas motivés [4]. Cette solution paraît pourtant inenvisageable [5]. En outre, le reproche fondé sur l'incompétence des jurés à juger les questions de droit a une portée très différente selon la fonction qui leur est attribuée au sein de la cour d'assises.

La vie moderne a fait apparaître deux éléments supplémentaires qui nuisent au jury : le développement des menaces adressées aux gens de justice et l'accroissement des charges professionnelles pour les citoyens.

Signalons enfin que la tendance législative récente est de se passer des jurés. Il en est ainsi facultativement pour les crimes en matière militaire commis en temps de paix (il faut qu'il y ait un risque de divulgation d'un

1. Les Anglais sont dans l'ensemble de grands admirateurs du jury. V. le propos de Lord DEVLIN : « ... Trial by jury is more than an instrument of justice and more than one wheel of the Constitution ; it is the lamp that shows that freedom lives », in *Trial by Jury*. 3e éd., Londres, 1966, p. 164.

2. G. TARDE, *La criminalité comparée*, 8e éd., 1924, p. 106.

3. V. pour une critique systématique du jury, G. TARDE, *La philosophie pénale*, 1890, réimpression, Cujas, 1972, pp. 443 et s. La critique est reprise aujourd'hui par certains auteurs comme FAIREN GUILLEN, in *Revista de derecho procesal*, 1994, n° 2, pp. 434 et s., et 477 et s.

4. V. la proposition de S. CLÉMENT-MAZETIER et S. PORTELLI, in *Réforme de la cour d'assises*, Les Annonces de la Seine, 27 mai 1999, n° 38, pp. 8 et s.

5. V. *infra* n° 937.

secret de la défense nationale) et obligatoirement pour les crimes terroristes et de trafic de stupéfiants. La cour d'assises est alors composée d'un président et de six magistrats, tous professionnels (art. 698-6, 698-7, 706-25 et 706-27, C.P.P.) [1]. N'oublions pas non plus la grande importance de la correctionnalisation législative ou judiciaire [2].

c) Les fonctions respectives de la cour et du jury

55. — Cette question a donné lieu à de nombreuses hésitations du législateur. Celui-ci n'a en effet pas consacré moins de trois systèmes successivement.

1° Le Code de 1808 avait conçu une *séparation absolue* entre les deux éléments de la cour d'assises. Le jury statuait d'abord sur le fait (matérialité et culpabilité) [3]. En cas de verdict affirmatif de sa part, la cour jugeait ensuite le droit en prononçant la peine. Apparemment, ce système paraissait séduisant puisqu'il évitait au jury, assemblée de profanes, de juger les questions de droit. Il s'avéra cependant peu réaliste, la distinction du fait et du droit n'étant pas toujours simple (par ex. : poursuite pour parricide : l'accusé est-il le fils de la victime ?) et les jurés étant souvent conduits à voter la non-culpabilité dans la crainte de voir les magistrats prononcer une peine excessive à une époque où les possibilités d'individualisation étaient fort réduites. Aussi imagina-t-on des correctifs à ce système. Notamment, une loi du 28 avril 1832 donna au jury le droit d'accorder les circonstances atténuantes. Mais ce texte ne changea pas grand-chose car il n'obligeait alors à descendre que d'un seul degré dans l'échelle des peines [4].

2° Aussi, une loi du 5 mars 1932 décida que le jury, après avoir statué sur le fait, se joindrait à la cour pour délibérer avec elle sur la fixation de la peine : le système de la *collaboration limitée* se substituait à celui de la séparation absolue. La loi de 1932 donnait ainsi aux jurés un rôle considérable qui faisait d'eux les « maîtres de la peine ». Mais ils restaient seuls pour trancher les questions de fait en sorte que l'audience et ses incidents continuaient à exercer une influence très grande : l'inégalité de la justice persistait [5].

1. Crim., 24 novembre 2004, B.C., n° 296, l'absence d'un jury populaire n'est pas contraire aux articles 6 (sur le procès équitable) et 14 (sur l'interdiction des discrimination) de la Conv. E.D.H.

2. V. *infra* n° 118.

3. Le système de la séparation absolue existe encore en Angleterre, au Canada, aux États-Unis, en Autriche et en Espagne qi a adopté le jury traditionnel en 1995, v. J. Pradel, Droit pénal comparé, Dalloz, 2e éd., 2002, n° 270.

4. Un autre correctif à la séparation absolue, imaginé dès 1808 celui-là, était le résumé de l'affaire que devait faire le président à l'issue des débats d'audience et avant le délibéré, à l'intention des jurés. Les Anglo-Saxons l'ont encore, sous le nom de *Summing up*. Mais une loi du 19 juin 1881 le supprime chez nous, certains présidents l'ayant conçu comme un second réquisitoire.

5. Les Belges ont encore ce système.

3° C'est pourquoi une réforme plus profonde fut réalisée par la loi du 25 novembre 1941 (validée par l'ord. du 20 avril 1945) associant le jury et la cour pour décider d'abord de la culpabilité, puis de la peine. C'est le système de la *collaboration généralisée*, dit de l'*échevinage* ou encore de l'*assessorat* qui avait été suggéré par la doctrine [1], qu'a conservé le Code de 1959 (art. 356 et 362) et que connaissent plusieurs droits étrangers (par ex., Allemagne et Italie). Cet échevinage, que proposait déjà la commission P. Matter (en 1938), supprime un peu le grief tiré de l'incompétence juridique des jurés. En outre, il donne aux arrêts d'assises plus d'harmonie et de cohérence : le nombre d'acquittements est passé de 25 % avant 1941 à environ 8 % après. Enfin, il n'est pas à redouter qu'au sein de cette assemblée unique les magistrats n'influencent trop les jurés : en effet, ces derniers sont au nombre de 9 en premier ressort alors qu'une décision défavorable à l'accusé ne peut être acquise que par 8 voix au moins contre 4, donc nécessairement par 5 voix de jurés ; et en appel, les jurés sont au nombre de 12 alors qu'une décision défavorable à l'accusé ne peut être acquise que par 10 voix au moins contre 5, donc nécessairement par 7 voix de jurés (art. 359, C.P.P.). Le système est donc devenu bien moins mauvais.

B — Le second degré de juridiction

Bibliographie. — G. LEVASSEUR, *La juridiction correctionnelle depuis l'application du C.P.P.*, R.S.C., 1959, p. 577 ; A. VITU, *La réglementation de l'appel et de l'opposition dans le C.P.P.*, J.C.P., 1959.I.1486.

56. — En vertu du principe du double degré de juridiction, les affaires jugées au premier degré par les tribunaux de police ou correctionnels peuvent être déférées, par la voie d'un appel, devant la *chambre des appels correctionnels*.

Cette juridiction est composée d'un président de chambre et de deux conseillers (art. 510, al. 1, C.P.P.) [2]. Elle constitue soit l'une des chambres de la cour d'appel si celle-ci en comporte plusieurs, soit l'une de ses formations si celle-ci n'en a qu'une seule siégeant alternativement au pénal et au civil (par ex. : Bastia). Il existe 30 cours d'appel en France métropolitaine depuis la création de celle de Metz en 1973, et 5 outre-mer (Fort-de-France, Basse-Terre, Saint-Denis de la Réunion, Nouméa et Papeete), sans oublier deux tribunaux supérieurs d'appel (St-Pierre et Miquelon, Mamoutzou).

1. J. CRUPPI, *La cour d'assises*, 1898, pp. 290 et s. ; A. TOULEMON, *La question du jury*, préface Larnaude, 1930.

2. Mais seul le président intervient en cas d'appel contre un jugement de police, art. 547, al. 2, C.P.P.

Les affaires portées devant la cour d'assises ont longtemps échappé au double degré de juridiction et elles ne pouvaient en conséquence être déférées qu'à la Cour de cassation en vue d'un contrôle de leur légalité. Cette règle a été parfois critiquée et l'on admettra que cette critique est renforcée avec une loi du 31 décembre 1985 autorisant la ratification du Protocole n° 7 de la Convention européenne des droits de l'homme qui affirme le droit au double degré de juridiction. C'est pourquoi, après certaines tribulations politiques, il est vrai, l'appel criminel a été instauré par une loi du 15 juin 2000 (art. 380-1 et s., C.P.P.). Mais il ne s'agit pas de vraies cours d'assises d'appel, l'appel étant porté devant une autre cour d'assises (on parle « d'appel circulaire »). Seule différence organique, cette seconde cour d'assises comprend douze jurés au lieu de neuf [1]. La seconde cour d'assises est désignée par la chambre criminelle de la Cour de cassation [2].

§ 2. — LES JURIDICTIONS DE JUGEMENT D'EXCEPTION

57. — Phénomène permanent de la vie juridique dans presque toutes les législations, les juridictions d'exception n'ont pas toujours bonne presse et les régimes soucieux de défendre les libertés individuelles plus que l'efficacité ont tendance à en réduire l'importance. Au vrai, il existe deux sortes de juridictions d'exception.

Il y a, d'un côté, celles qui ont un caractère purement technique et dont la création ne répond qu'à un souci de bonne administration de la justice : ce sont essentiellement les juridictions pour mineurs, auxquelles on peut adjoindre à titre subsidiaire par ex. les tribunaux administratifs, composés de trois juges administratifs, et les tribunaux maritimes commerciaux, composés d'un juge judiciaire qui préside, de trois juges (un administrateur des affaires maritimes, un agent des affaires maritimes et un capitaine au long cours), enfin d'un quatrième juge qui est un marin dont le grade varie en fonction de la qualité du prévenu (art. 90, loi du 17 décembre 1926 modifiée par l'article 45, loi du 24 août 1993).

Il existe, de l'autre, les juridictions politiques et militaires. Ce sont celles-là qui posent un problème de politique législative. Depuis 1981, le législateur a adopté une conception très restrictive.

1. J. PRADEL, « *L'appel* » *contre les arrêts d'assises : un apport heureux de la loi du 15 juin 2000*, D., 2001, chron. pp. 1964 et s.

2. B. COTTE, *Désignation des cours d'assises d'appel*, Bulletin d'information, Cour de cassation, mai 2003, pp. 25 et s.

A — Les juridictions pour mineurs

Bibliographie. — M. KLEINE, *Les tribunaux pour enfants en France*, Rev. pol. et parl., 1912, pp. 240 et s. ; C. LAZERGES-ROTHÉ, *La cour d'assises des mineurs. Étude sociologique et juridique*, L.G.D.J., 1972 ; R. OTTENHOF, *La spécialisation des fonctions et des juridictions en droit pénal des mineurs*, Mélanges A. Vitu, 1989, Cujas, p. 405 ; J.-F. RENUCCI, *Enfance délinquante et enfance en danger*, préface Rubelin-Devichi, éd. du C.N.R.S., 1990 ; du même, *La justice pénale des mineurs*, Justices, revue spéciale de droit processuel, n° 10, avril-juin 1998, p. 111 ; A. VITU, *Réflexion sur les juridictions pour mineurs délinquants*, Mélanges L. Hugueney, Sirey, 1964, p. 239.

58. — *Vue générale.* Procéduralement, trois attitudes sont possibles à l'égard des mineurs délinquants : 1° Soustraire ceux-ci à la justice répressive pour les confier à de simples commissions administratives composées par exemple de psychologues, médecins, etc. ; 2° Les déférer aux juridictions de droit commun afin d'assurer la protection des libertés individuelles, notamment par la contradiction de la procédure ; 3° Instituer à leur profit des juridictions d'exception, ce qui permet de cumuler l'avantage de la contradiction avec celui de la spécialisation que les affaires de mineurs requièrent de ceux qui les jugent, et c'est pour cela qu'il vaut mieux parler de juridictions spécialisées que de juridictions d'exception.

Si le premier système est parfois retenu à l'étranger, par ex. en Norvège, Suède et Danemark, notre droit a d'abord appliqué le second et il retient aujourd'hui le troisième (l. du 22 juillet 1912 et surtout ord. du 2 février 1945 modifiée par la l. du 24 mai 1951 et subsidiairement par l'ord. n° 58-1274 du 22 décembre 1958). Le texte de 1912 institue à l'usage des mineurs de 13 à 18 ans le tribunal pour enfants et adolescents, mais sans lui donner une compétence générale et exclusive. Celui de 1945 crée des magistrats spécialisés, les juges des enfants, à la fois magistrats instructeurs et juridictions de jugement, ainsi que les tribunaux pour enfants dont le président est doté de pouvoirs propres et dont la compétence est sans partage avec d'autres juridictions (sauf pour les contraventions des quatre premières classes qui restent de la compétence du juge de police, art. 21 modifié par la loi du 25 août 1948 ; v. aussi art. 699, C.P.P., et 62, 67 et 73, C.J.M.). L'ordonnance de 1945 dispose en effet dans son article 1er que les « mineurs de dix-huit ans auxquels est imputée une infraction qualifiée crime ou délit ne seront pas déférés aux juridictions pénales de droit commun et ne seront justifiables que des tribunaux pour enfants... ». Enfin, la loi de 1951 institue une cour d'assises des mineurs. De la sorte, il existe aujourd'hui trois juridictions propres aux mineurs, sans oublier la chambre spéciale de la cour d'appel.

1. *Le juge des enfants*

59. — Le juge des enfants est un magistrat du tribunal de grande instance délégué dans ces fonctions pour une durée de trois ans (v. *supra*, n° 38). Après avoir procédé à l'instruction, le juge des enfants dispose d'un choix. Il peut d'abord juger lui-même le mineur en chambre du Conseil en le relaxant, en l'admonestant ou en prononçant à son égard une mesure de sûreté, mais pas une condamnation pénale (art. 8, al. 10, ord. du 2 février 1945). Il peut aussi ordonner son renvoi devant le tribunal pour enfant (art. 8, al. 9, ord. du 2 février 1945). Dans les deux cas, le principe de séparation des fonctions d'instruction et jugement est méconnu puisque le juge des enfants est président du tribunal pour enfants.

2. *Le tribunal pour enfants*

60. — Cette juridiction est composée du juge des enfants, président, et de deux assesseurs non magistrats, nommés pour quatre ans par arrêté du garde des Sceaux parmi des personnes âgées de plus de 30 ans et s'intéressant aux problèmes de l'enfance (art. L. 522-3, C. org. jud.) En faveur de ce système, on fait valoir que le tribunal pour enfants ne comprend que des spécialistes des problèmes de l'enfance. À son encontre, on peut noter que les assesseurs sont des profanes peu rompus aux questions de droit, notamment à celles que pose l'action civile.

Il existe un tribunal pour enfants par département, sauf à remarquer que certains départements très peuplés en comptent plusieurs : on compte 104 tribunaux pour enfants contre 175 tribunaux de grande instance.

3. *La cour d'assises pour mineurs*

61. — La cour d'assises des mineurs est composée d'un conseiller de cour d'appel, président, de deux assesseurs qui sont normalement pris parmi les juges des enfants du ressort de la cour d'appel, et de neuf jurés (ord. du 2 février 1945, art. 20). Elle est compétente à l'égard des mineurs de 16 à 18 ans accusés de crimes et peut même juger les coaccusés majeurs (ord. du 2 février 1945, art. 9, al. 3) puisque sa composition est presque identique à celle d'une cour d'assises normale.

La cour d'assises des mineurs a suscité de longue date des critiques liées à sa composition : en effet, elle n'est pas une juridiction vraiment spécialisée puisque seuls les assesseurs sont des juges des enfants, et encore il n'en va pas toujours ainsi car en cas « d'impossibilité » (art. 20, al. 2, ord. 2 février 1945), ce sont des juges « ordinaires » qui sont assesseurs. On en arrive alors à ce paradoxe que c'est la juridiction des mineurs la moins spécialisée qui est appelée à juger les infractions les plus graves [1]. Cette non-spécialisation est

1. J.-F. Renucci, *Droit pénal des mineurs*, Masson, 1994.141.

aggravée par la présence du jury alors qu'on ne peut « demander à l'élément populaire d'avoir les connaissances indispensables pour juger sainement l'accusé mineur qu'on lui défère, et pour apprécier les problèmes éducatifs »[1].

À ce défaut de non-spécialisation, un palliatif a été conçu par les magistrats poitevins : ils ont imaginé de faire présider la cour d'assises des mineurs par le conseiller délégué à la protection de l'enfance[2]. Ce magistrat ne siégeant alors pas à la chambre de l'instruction (idem) et l'arrêt de celle-ci précisant que ce conseiller y a été remplacé par ordonnance du premier président par un autre conseiller[3]. Excellent tour de passe-passe et qui est conforme à la loi.

Ne faudrait-il pas aller plus loin encore, par exemple en excluant le jury et en attribuant les affaires de la cour d'assises des mineurs à une formation spéciale du tribunal pour enfant[4] ?

4. *La chambre spéciale de la cour d'appel*

62. — Cette juridiction est composée de trois magistrats de la cour d'appel et ne comprend donc aucun assesseur non magistrat. Le président en est le conseiller dit « délégué à la protection de l'enfance »[5]. Il est nommé par le garde des Sceaux parmi les conseillers à la Cour pour une période de trois ans renouvelable. En cas d'empêchement momentané de ce magistrat, il est pourvu à son remplacement par le premier président[6].

La chambre spéciale connaît de l'appel formé contre les décisions du juge des enfants ou du tribunal pour enfants (art. L. 223-1, C. org. jud.).

On ajoutera que le délégué à la protection de l'enfance siège aussi comme membre de la chambre de l'instruction lorsque celle-ci connaît d'une affaire dans laquelle un mineur est impliqué soit seul, soit avec des coauteurs majeurs (art. 23, ord. 2 février 1945 et L. 223-3, C. org. jud.)[7].

1. A. Vitu, *Réflexions sur les juridictions pour mineurs délinquants*, précité, 245.
2. V. *infra*, n° 62.
3. M. Tallinaud, *Le conseiller délégué à la protection de l'enfance*, rapp. annuel éduc. surveillée, 1965, 259 et s.
4. J.-F. Renucci, *Droit pénal des mineurs*, précité ; 141, *in fine*.
5. Art. L. 233-2, C. org. jud., L'arrêt méconnaissant la règle que le magistrat délégué préside la chambre encourt la cassation, s'agissant d'une disposition d'ordre public, Crim., 18 mars 1980, B.C., n° 93 ; 12 juin 1981, B.C., n° 201 ; 27 novembre 1985, B.C., n° 383.
6. Art. L. 223-2, al. 2, C. org. jud. La désignation du premier président doit être mentionnée à peine de nullité dans la décision intervenue, Crim., 15 juin 1954, B.C., n° 217 ; 24 novembre 1959, B.C., n° 504.
7. Annulation de l'arrêt qui concerne une affaire dans laquelle est impliqué un mineur sans qu'il ait constaté la présence parmi les membres de la chambre du conseiller délégué à la protection de l'enfance, Crim., 24 mars 1953, B.C., n° 112.

B — Les juridictions politiques

Bibliographie. — J. Brouchot, *La Haute Cour de Justice*, R.S.C., 1947, p. 331 ; C. Garcin, *La notion de juridiction d'exception en droit pénal. Pour une nouvelle classification*, thèse, Lyon, 1987 ; L. Gondre, *Cour de justice de la République, Faut-il la réformer ou la supprimer ?*, G.P., 16-17 avril 1999 ; W. Jeandidier, *Les juridictions pénales d'exception dans la France contemporaine*, J.C.P., 1985.I.3173 ; B. Mathieu, *Commentaire de la loi organique n° 93-1252 du 23 novembre 1993 sur la Cour de justice de la République*, A.L.D., 1994, p. 69 ; J. Pradel, *Cour de justice de la République : oui, mais...*, D., 1999, n° 15, Dernière actualité ; M.P. Roy, *La Cour de justice de la République, Droit prospectif*, Aix-Marseille, 1994, n° 2, p. 355 ; G. Vedel, *La compétence de la Haute Cour de Justice*, Mélanges Magnol, 1948, p. 393 ; R. Vouin, *La Cour de sûreté de l'État*, J.C.P., 1963.I.1764.

63. — *De l'unité à la dualité*. Avec la Constitution de 1958, la France se trouvait dotée d'une juridiction unique, la Haute Cour de justice, pour juger à la fois le chef de l'État (en cas de haute trahison) et les ministres (en cas de crime ou délit commis dans l'exercice de leurs fonctions) (art. 68, al. 1 et 2). Les uns et les autres ne pouvaient être déférés devant la Haute Cour que par un vote des deux assemblées. Diverses « affaires » et spécialement l'affaire dite « du Sida » ayant mis en cause des ministres [1], il parut opportun de dissocier le sort du chef de l'État de celui des ministres. De là, un projet de loi constitutionnelle du 10 mars 1993 qui entendait « rapprocher autant que possible du droit commun le régime applicable aux ministres, tout en respectant le principe de la séparation des pouvoirs et en évitant que la nécessaire continuité de l'action des pouvoirs publics soit mise à mal par un harcèlement excessif » [2]. Cette phrase explique l'esprit de la loi constitutionnelle du 27 juillet 1993 qui allait en sortir. De cette réforme, voyons pour l'instant l'aspect organique.

1° Le président de la République, aujourd'hui comme hier, est justiciable de la *Haute Cour de justice* (art. 68, Const.). Cette juridiction est composée de tous les parlementaires, l'article 68, al. 1 Const. parlant du « Parlement constitué en Haute Cour ». Son président est le président de l'Assemblée nationale.

2° Quant aux ministres, ils sont, depuis la réforme constitutionnelle du 27 juillet 1993, justiciables d'une nouvelle juridiction, la *Cour de justice de la République*, dont la composition se trouve être relativement originale : 12 parlementaires élus par chacune des deux assemblées en nombre égal et 3 magistrats du siège de la Cour de cassation dont l'un présidera cette juridiction (art. 68-1 et 68-2, Const.). Le législateur a donc adopté un système « mixte » sur le modèle des cours d'assises, les magistrats professionnels

1. V. *Sang et droit pénal. À propos du sang contaminé...*, travaux de l'Institut des sciences criminelles de Poitiers, sous la direction de J. Pradel, éd. Cujas, vol. 14, 1995.
2. Exposé des motifs, 10 mars 1993, p. 7.

« encadrant » les jurés parlementaires [1]. Des dispositions complémentaires se trouvent dans la loi organique n° 93-1252 du 23 novembre 1993.

64. — On a déjà fait allusion à la *Cour de sûreté de l'État* créée par une loi du 15 janvier 1963, notamment pour connaître des atteintes à la sûreté de l'État commises en temps de paix. Juridiction permanente et unique pour toute la France, elle comportait une chambre permanente et, en cas de besoin, des chambres temporaires. Trois civils dont le président siégeaient à côté de deux militaires, les premiers étant des magistrats du corps judiciaire nommés par décret et après avis du Conseil supérieur de la Magistrature. Hostile aux juridictions d'exception, le législateur du 4 août 1981 la supprima. Cette juridiction était pourtant utile et il aurait sans doute suffi de l'aménager en supprimant notamment la présence des militaires. Il est en effet peu normal que des civils soient, en temps de paix, jugés par des juridictions composées en partie de militaires.

C — Les juridictions militaires

65. — Leur histoire est particulièrement troublée, ne fût-ce que dans les dernières décennies. Aux juridictions exceptionnelles instituées à l'occasion des événements d'Algérie en 1961 et 1962 (Haut Tribunal militaire, Tribunal militaire spécial, Cour militaire de justice) aujourd'hui disparues, devaient succéder les tribunaux permanents des forces armées et les tribunaux militaires aux armées (l. du 8 juillet 1965). Enfin est intervenue une réforme profonde avec la loi du 21 juillet 1982 qui s'applique désormais et dont l'économie est la suivante.

1. *En temps de paix*

66. — Le principe nouveau est la soumission des affaires jadis dévolues aux tribunaux permanents des forces armées (infractions militaires visées au Livre III du C.J.M.) aux juridictions de droit commun. Plus précisément, dans chaque cour d'appel, est désigné un tribunal de grande instance spécialisé et une cour d'assises (art. 697 et 697-1, C.P.P.) [2]. Et cette cour d'assises est très parliculière puisqu'elle ne comporte aucun juré, mais seulement un président et des assesseurs, tous magistrats professionnels ces assesseurs étant au nombre de six quand la cour statue en premier ressort et de huit quand la cour statue en appel (art. 698-6, C.P.P.). Cette particularité

1. Rapport au nom de la Commission sénatoriale des lois n° 316 du 19 mai 1993, par E. Dailly, H. Haenel et Ch. Jolibois, p. 132. Il aurait mieux valu ne faire appel qu'à des magistrats professionnels, v. J. Pradel, précité ; *add. : La responsabilité des gouvernants*, in *Pouvoirs*, n° 92, 2000, *passim*.

2. Non abrogé semble-t-il, v. en ce sens A. Giudicelli, chronique de procédure pénale, RSC 2008, 106.

s'explique par le risque d'une divulgation d'un secret de la défense nationale. Elle doit être rapprochée d'une autre : c'est pour le jugement de certaines infractions militaires que le législateur révolutionnaire avait en 1790 créé pour la première fois… le jury.

Le principe de l'absence de juridictions militaires supporte toutefois une exception. Il est établi un *tribunal aux armées* dont le siège est fixé par décret. Ce tribunal est composé d'un président en matière de contraventionnelle, d'un président et de deux assesseurs en matière correctionnelle, d'un président et de six assesseurs (en premier degré) ou huit assesseurs (en appel), en matière criminelle, tous étant des magistrats judiciaires en position de détachement (art. L. 113-3, C.J.M.).

2. *En temps de guerre*

67. — Ce sont ces mêmes *tribunaux territoriaux des forces armées* qui sont établis en temps de guerre, et dont le ressort s'étend sur une ou plusieurs régions militaires. Ces tribunaux comportent une ou plusieurs chambres. Chacune d'elles comprend cinq magistrats : le président et un assesseur, magistrats judiciaires, et trois juges militaires. Lorsque le prévenu est maréchal, amiral ou général, la juridiction s'appelle le *Haut Tribunal des forces armées*, dont le siège est à Paris (art. L. 112-1 et s., C.J.M.).

En outre, auprès des armées opérant en territoire étranger, peuvent être établis des *tribunaux militaires aux armées*. Ils sont composés d'un président (magistrat militaire ou magistrat du corps judiciaire mobilisé) et de quatre juges militaires (pris parmi les militaires blessés au feu ou appartenant aux troupes combattantes) (art. L. 112-27 et s., C.J.M.).

SOUS-SECTION IV

UNE JURIDICTION SUPRÊME : LA CHAMBRE CRIMINELLE DE LA COUR DE CASSATION

68. — Contre les décisions rendues en dernier ressort — qu'elles aient été rendues par des juridictions d'instruction ou de jugement, par des juridictions de droit commun ou d'exception —, il existe une voie de recours originale, le pourvoi en cassation, porté devant la Cour de cassation, parfois appelée Cour suprême. Instituée par la loi des 27 novembre-1er décembre 1790, cette haute juridiction siège à Paris. Elle ne constitue pas un troisième degré de juridiction, mais se borne à examiner en *droit* des décisions qui lui sont déférées. Si la décision est conforme à la loi, la Cour rejette le pourvoi. Si elle ne l'est pas, la haute juridiction l'annule ou la casse — d'où l'expression Cour de cassation — et renvoie l'affaire pour nouveau jugement devant une juridiction du même ordre et du même degré que celle dont la décision a été cassée. La Cour est donc chargée de rétablir la « vérité légale ». Elle intéresse le droit pénal par trois de ses formations.

En premier lieu, le pourvoi formé contre une décision pénale est normalement porté devant la *chambre criminelle* de la Cour de cassation. Cette dernière est en effet formée de cinq chambres civiles et d'une chambre criminelle spécialisée en matière répressive. Comme les autres chambres, la chambre criminelle est composée d'un président, de conseillers ayant voix délibérative (20) ainsi que de conseillers référendaires ayant voix consultative (9) et elle ne peut statuer valablement que si cinq conseillers au moins ayant voix délibérative sont présents (art. L. 131-6-1, C. org. jud.) ; cependant, le président de la chambre criminelle peut, en vue d'accélérer l'examen des pourvois, décider de faire juger une affaire par une formation restreinte de trois magistrats « lorsque la solution du pourvoi lui paraît s'imposer » (art. 131-6, al. 4, C. org. jud.) [1]. Grâce à cette possibilité pour la chambre criminelle de siéger à effectifs réduits, on a pu créer il y a quelques années des « sections » en son sein, ce qui permet une accélération de la procédure (v. *infra*, annexe III).

Afin de garantir la fixité de la jurisprudence, aucun roulement n'existe entre les chambres. Les arrêts rendus par la chambre criminelle sont publiés mensuellement dans le *Bulletin criminel*, qui paraît depuis l'an VII (1799).

En second lieu, lorsqu'un pourvoi soulève une question relevant de la compétence de deux chambres, il peut être déféré par le premier président à une *chambre mixte*, composée de membres des deux chambres concernées (art. L. 131-2, al. 1, C. org. jud.).

En troisième lieu, lorsque, après une première cassation, la décision rendue par la juridiction de renvoi fait l'objet d'un nouveau pourvoi fondé sur les mêmes moyens, le dossier doit être porté devant l'*assemblée plénière* de la Cour de cassation. Cette formation, qui a remplacé en 1967 celle plus lourde des chambres réunies siégeant à 35 membres au moins, est présidée par le premier président ou le président de la chambre le plus ancien et comporte les présidents et doyens des six chambres ainsi que deux conseillers de chaque chambre (l. du 3 juillet 1967, art. 7). Depuis la loi du 3 janvier 1979, cette assemblée peut, en outre, être saisie d'emblée lorsque l'affaire pose une question de principe (art. L. 131-2, al. 2, C. org. jud.). Ce procédé qui seul peut imposer à la juridiction de renvoi la position de la Cour de cassation fait l'économie d'un second pourvoi.

En marge de son contrôle de légalité, la haute juridiction statue sur les demandes en révision (la « vérité judiciaire »), renvois, règlements de juges et désignations de juridiction.

1. Cette formation restreinte peut cependant, au lieu de statuer, renvoyer l'examen de l'affaire à l'audience « ordinaire », le renvoi étant même de droit si l'un des 3 magistrats le demande. Cette formation restreinte rappelle la vieille chambre des requêtes.

SECTION II

LA COMPÉTENCE DES JURIDICTIONS PÉNALES

69. — *La notion de compétence.* Quand une infraction a été commise, il faut déterminer la juridiction qui, parmi toutes celles que l'on vient d'énumérer, est spécialement appelée pour en assurer l'instruction et le jugement. Cette détermination est rendue possible par les règles de compétence. Cette dernière peut être définie comme *le pouvoir ou l'aptitude d'une juridiction d'instruction ou de jugement déterminée à connaître de tel procès* [1]. Si une juridiction possède cette aptitude, on dit qu'elle est compétente ; sinon, on dit qu'elle est incompétente. La compétence fait l'objet d'un ensemble de règles dont il convient d'établir l'inventaire.

70. — *Le caractère des règles de compétence.* Étant liées à l'organisation judiciaire, les règles sur la compétence sont *d'ordre public* [2]. Il en résulte trois conséquences. D'abord, les parties ne peuvent pas passer de convention sur la compétence. Ensuite, elles peuvent soulever l'incompétence à toute hauteur de la procédure, c'est-à-dire même devant la Cour de cassation pour la première fois [3]. Enfin, même dans le silence des parties, tout juge doit examiner sa compétence [4] et il doit, le cas échéant, se déclarer incompétent [5]. Cette troisième conséquence est cependant méconnue en matière de terrorisme dans le cas particulier de l'article 706-22, C.P.P. (l. du 9 septembre 1986) [6].

1. Au sens du présent ouvrage, c'est de compétence nationale qu'il s'agit (quelle est parmi toutes les juridictions françaises celle qui est apte à connaître de l'affaire ?). Il faut distinguer la compétence nationale de la compétence internationale : cette dernière a supposé que l'affaire comporte un élément d'extranéité (infraction commise en partie à l'étranger ou par un étranger par exemple) et conduit à déterminer si la loi française est compétente, problème déjà envisagé dans le *Manuel de droit pénal général* de J. PRADEL, 15e éd., 2004, Cujas, n°s 233 et s. Quand l'affaire présente un aspect d'extranéité, les magistrats doivent d'abord savoir si la loi française s'applique et c'est seulement s'il en est ainsi qu'alors se pose le problème de compétence nationale.

2. Crim., 7 août 1851, D., 1851.I.278 ; 6 août 1977, B.C., n° 276 ; 1er décembre 1993, B.C., n° 366 ; 12 janvier 2000, B.C., n° 24 ; 15 février 2000, B.C., n° 70 ; 28 février 2006, B.C., n° 57.

3. Crim., 2 mai 1983, B.C., n° 121. Même solution devant les juridictions du fond, Reims, 9 novembre 1978 ; J.C.P., 1979.II.19046, note P. Bouzat, D., 1979.92, note J. Pradel ; 28 février 2006, précité.

4. Crim., 26 juin 1995, B.C., n° 235.

5. Crim., 28 octobre 1968, J.C.P., 1969.II.16014 ; 30 mars 1971, B.C, n° 112 ; 6 août 1977, B.C., n° 276 ; 22 mai 1996, B.C., n° 212.

6. V. *infra*, n° 134.

SOUS-SECTION I

LES RÈGLES NORMALES DE COMPÉTENCE

71. — *Principe.* Pour assurer la répartition des affaires entre les diverses juridictions répressives, la loi prend en considération trois éléments : 1° Certaines qualités individuelles du délinquant, par ex. celle de mineur (compétence *personnelle* ou *ratione personae*) ; 2° La nature du fait délictueux (compétence *matérielle*, ou *d'attribution*, ou *ratione materiae*) ; 3° Certaines considérations de lieu, par ex. la localisation géographique de l'infraction (compétence *territoriale* ou *ratione loci*). Considérons donc ces trois ordres de compétence.

§ 1. — LA COMPÉTENCE PERSONNELLE

72. — *Position du problème.* Faut-il tenir compte de la situation personnelle du délinquant dans la détermination des compétences ? En faveur de la négative, on invoquera le principe de l'égalité de tous devant la loi. L'article 6 de la Déclaration des droits de l'homme ne rappelle-t-il pas que « la loi doit être la même pour tous, soit qu'elle protège, soit qu'elle punisse » ? En faveur de l'affirmative, on avancera la tradition historique — ainsi, il a toujours existé des juridictions militaires — et surtout les nécessités d'une bonne justice : par ex., le particularisme du droit des mineurs ou celui du crime de haute trahison commis par le Président de la République justifient l'institution de juridictions pour mineurs et d'une Haute Cour de justice.

Il est donc très opportun de tenir compte de considérations personnelles en matière de compétence. Il est seulement souhaitable qu'une qualité individuelle ne soit retenue que lorsque la nécessité (technique, politique...) en apparaît évidente. Actuellement, notre droit connaît quatre sortes de juridictions spécialisées à raison de qualités personnelles : les juridictions pour mineurs, la Haute Cour de justice et la Cour de justice de la République, enfin les juridictions militaires. Cependant, ces dernières, tenant compte de la nature de l'infraction davantage que de la qualité de militaires, seront étudiées dans le cadre de la compétence matérielle [1].

A — Les juridictions pour mineurs

73. — En vertu des articles 1 et 20-1 de l'ordonnance du 2 février 1945, les délinquants âgés de moins de 18 ans au jour de l'infraction sont justiciables des juridictions pour mineurs.

1. V. *infra*, n°s 80 et s.

L'instruction des affaires de mineurs est menée au premier degré soit par le juge des enfants (art. 8, ord. du 2 février 1945), soit par le juge d'instruction désigné par le premier président de la cour d'appel pour s'occuper plus spécialement des affaires de mineurs (art. 9, même ord. ; art. 4, al. 1er, ord. n° 58.1274 du 22 décembre 1958). La délimitation de leur compétence personnelle s'établit comme suit [1]. Si l'affaire ne comporte que des mineurs, les deux magistrats sont concurremment compétents. Si elle comporte à la fois des mineurs et des majeurs, le procureur de la République a le choix entre deux solutions : 1° ouvrir pour eux tous une information, qui est nécessairement confiée au juge d'instruction ; 2° poursuivre séparément les majeurs par voie de citation directe ou de comparution immédiate et ouvrir une information pour les mineurs en saisissant le juge d'instruction ou le juge des enfants (art. 7, al. 3, ord. du 2 février 1945).

Au second degré, la chambre de l'instruction est saisie en matière criminelle, comme elle l'est pour les majeurs.

Quant au *jugement* des infractions imputables aux mineurs, il est assuré comme suit. Le tribunal de police juge les mineurs et les coauteurs ou complices majeurs. En revanche, le juge des enfants (statuant en qualité de juge du fond), le tribunal pour enfants et la chambre spéciale de la cour d'appel ne connaissent que des mineurs, une disjonction s'imposant à l'égard des coauteurs et complices majeurs qui sont justiciables des juridictions de droit commun (art. 9, al. 3, ord. du 2 février 1945). Enfin, la cour d'assises des mineurs juge à la fois les accusés âgés de 16 à 18 ans (ceux n'ayant pas 16 ans étant justiciables du tribunal pour enfants, même s'ils ont agi avec des majeurs) et leurs coauteurs ou complices majeurs (art. 20, al. 1er et 9, al. 3, ord. du 2 février 1945) : cette jonction s'explique par le fait que la cour d'assises des mineurs a une composition très voisine de la cour d'assises ordinaire.

B — La Haute Cour de justice et la Cour de justice de la République

74. — La compétence personnelle de la *Haute Cour* est simple : elle connaît des « manquements à ses devoirs manifestement incompatibles avec l'exercice de son mandat » commis par le Président de la République, les termes de l'article 68, de la Constitution du 4 octobre 1958 (modifiée par la loi du 23 février 2007), faisant apparaître à l'évidence qu'elle est seule compétente.

Quant à la *Cour de justice de la République*, elle connaît des infractions commises par les ministres en vertu de l'article 68-1, al. 1, de ladite Constitution ainsi rédigé : « Les membres du gouvernement sont pénalement responsables des actes accomplis dans l'exercice de leurs fonctions et qualifiés crimes ou délits au moment où ils ont été commis. »

1. V. *infra*, nos 76 et 78.

Ce texte, peu clair, pose deux questions : la compétence de la Cour de justice est-elle exclusive et comment entendre la notion d'infraction commise « dans l'exercice des fonctions » ? Sur le premier point, la jurisprudence avait fermement décidé avant 1993 que les ministres étaient exclusivement justiciables de la Haute Cour [1]. On peut penser qu'avec la création, en 1993, de la Cour de justice la solution restera la même, la rédaction du texte n'ayant pas été modifiée. Sur le second point, la jurisprudence entendait naguère très largement la notion d'exercice des fonctions au point qu'un ministre de l'Emploi avait été considéré comme agissant dans l'exercice de ses fonctions en commettant le délit d'atteinte à l'autorité de la justice [2]. L'immunité était vraiment poussée très loin [3]. Elle est aujourd'hui plus restrictive : les infractions commises par les ministres dans l'exercice de leurs fonctions sont celles qui ont un rapport direct avec la conduite des affaires de l'État relevant de leurs attributions, à l'exclusion des comportements concernant la vie privée ou les mandats électifs locaux [4] et à l'exclusion des actes commis à l'occasion de l'exercice des fonctions ministérielles [5]. Peut-être serait-il plus simple de décider que tout crime ou délit commis par un ministre hors fonctions ou dans les fonctions, est de la compétence de la Cour. On pourrait même étendre cette compétence à tous les hommes politiques, y compris les grands élus locaux, et même à leurs coauteurs ou complices non titulaires d'un mandat politique.

§ 2. — La compétence matérielle

75. — *La notion de compétence matérielle.* La compétence matérielle s'attache aux caractères de l'infraction pour en répartir les auteurs entre les diverses juridictions, pratiquement entre les juridictions de droit commun et d'exception, ou entre les juridictions de droit commun. Mais comment entendre ces caractères ?

1° Deux conceptions s'opposent : l'une légale et l'autre judiciaire.

On peut d'abord confier au législateur le soin de fixer la compétence matérielle, soit qu'il s'attache seulement à la nature de l'infraction (des juridictions différentes pour connaître des crimes, des délits ou des contraventions ; système simple), soit qu'il s'attache aussi à la gravité de celle-ci (ce qui implique des sous-distinctions entre crimes graves et moins graves, délits graves et moins graves, etc. ; système mixte). L'application de ce système, qu'il s'agisse de sa variante simple ou de sa variante mixte, suppose que le juge, après avoir qualifié le fait (par ex., vol), ait qualifié l'infraction (par ex.,

1. Crim., 14 mars et 7 mai 1963, B.C., n°s 122 et 166 ; 28 mai 1986, B.C., n° 180, J.C.P., 1987.II.20734, note P. Chambon.
2. Crim., 28 mai 1986, précité.
3. En ce sens, W. Jeandidier, *L'irresponsabilité d'un ministre*, J.C.P., 1987.I.3276.
4. Crim., 26 juin 1995, B.C., n° 235 ; 16 février 2000, B.C., n° 72.
5. Crim., 6 février 1997, B.C., n° 48.

vol qualifié, qui est un crime, ou vol ordinaire qui est un délit). Beaucoup de législations étrangères adoptent le système simple. Le droit d'Allemagne fédérale préfère cependant le système mixte [1].

La seconde conception conduit à laisser le juge maître, au moins en partie, de la fixation de la compétence matérielle. On se fonde non plus sur la gravité théorique de l'infraction, mais sur sa gravité réelle. Le juge (et subsidiairement le parquet) recherche dans chaque cas la peine maximale qui normalement paraît devoir être encourue ou la mesure la plus opportune. Et il « adresse » l'affaire vers la juridiction ayant le pouvoir de prononcer cette peine maximale (mais qui ne pourrait aller au-delà) ou cette mesure appropriée. L'infraction n'est donc plus qualifiée en fonction de la loi pénale, mais par référence à son impact social ou à la personnalité de son auteur. Le système judiciaire apparaît difficile à mettre en œuvre, notamment parce qu'il est source d'arbitraire.

2° Comment notre droit choisit-il entre ces deux systèmes ?

À titre exceptionnel, il opte en faveur du système judiciaire. Tantôt, il le fait sur la base d'une permission de la loi : ainsi, le juge des enfants, statuant comme juge d'instruction à l'égard d'un mineur délinquant, peut, au terme de sa procédure, choisir entre renvoi devant le tribunal pour enfants s'il estime qu'une peine est opportune (le tribunal pour enfants peut prononcer une peine aussi bien qu'une mesure de sûreté) ou jugement en audience de cabinet par lui-même s'il estime qu'une mesure de sûreté suffit (il ne peut infliger qu'une mesure de sûreté) (art. 8, al. 10, ord. du 2 février 1945) ; de même, le juge d'instruction saisi à l'égard d'un mineur peut, au terme de ses investigations, choisir entre tribunal pour enfants et juge des enfants selon la même idée (art. 9, al. 2-2° et 3°, ord. du 2 février 1945). Tantôt, notre droit adopte le système judiciaire sans le moindre appui légal, et même contre la loi : par la pratique de la correctionnalisation, Ministère public et juridictions d'instruction saisissent les juridictions correctionnelles d'un crime qui est en fait peu grave et dont l'auteur témoigne d'une perversité réduite.

Ces exceptions éliminées, notre droit retient à titre de principe général le système législatif dans sa variante simple. Et ceci vaut à la fois pour les juridictions d'instruction et pour les juridictions de jugement.

A — Les juridictions d'instruction

76. — On doit distinguer.

• S'agissant des juridictions *de droit commun*, le juge d'instruction et la chambre de l'instruction sont compétents pour instruire les affaires criminelles, correctionnelles et de police (mais, pour ces dernières, seulement en cas de poursuite par le Ministère public, art. 79, C.P.P.). Cette compétence

1. A. Rieg, *Introduction au droit allemand,* II, 1984, p. 355.

s'étend même aux infractions militaires (elles sont prévues au Livre III du C.J.M.) et aux infractions contre la sûreté de l'État commises en temps de paix (art. 702, C.P.P).

S'agissant des juridictions *d'exception*, il faut distinguer. Le juge des enfants et le juge d'instruction désigné par le premier président (pour les affaires de mineurs) sont ainsi compétents : les délits correctionnels et les contraventions de 5e classe peuvent être déférés à l'un ou l'autre, tandis que les crimes et les autres contraventions sont de la seule compétence du juge d'instruction (art. 5 et 20-1, ord. du 2 février 1945). La chambre de l'instruction intervient à l'égard des mineurs comme à l'égard des majeurs, sauf à remarquer que les mesures de garde provisoire prises pendant l'instruction sont portées devant la chambre spéciale de la cour d'appel (art. 24, al. 2, ord. du 2 février 1945).

La commission d'instruction fonctionnant auprès de la Haute Cour de justice connaît de cette infraction particulière qu'est le crime de haute trahison commis par le Président de la République. Quant à la commission d'instruction près la Cour de justice de la République, elle connaît des crimes ou délits commis dans l'exercice de leurs fonctions par les ministres.

Enfin, pour les juridictions attachées aux juridictions militaires, on doit distinguer. En temps de paix, ces juridictions d'instruction connaissent de toutes infractions commises par les militaires (art. 59 et s., C.J.M.). En temps de guerre, ces juridictions connaissent : 1° Des infractions de toute nature commises par les militaires (art. 68, C.J.M.) ; 2° Des crimes et délits contre les intérêts fondamentaux de la nation et des infractions qui leur sont connexes, sauf à noter la compétence du juge d'instruction de droit commun pour les actes urgents (art. 701, C.P.P.).

B — Les juridictions de jugement

1. *Les juridictions de droit commun*

77. — *Le tribunal de police* connaît des contraventions de la cinquième classe (art. 521, al. 1, C.P.P.), c'est-à-dire des infractions que la loi punit d'une peine d'amende n'excédant pas 1 500 euros et 3 000 euros en cas de récidive (art. 131-13, C.P.) et de l'action civile, quel que soit le taux des dommages-intérêts demandés. Cependant, échappent à sa compétence : 1° Les contraventions de la 5e classe commises par des mineurs de 18 ans, jugées par le tribunal pour enfants ou par le juge enfants (art. 1, al. 2, ord. du 2 février 1945) ; 2° Les contraventions connexes à des crimes ou délits, déférées aux juridictions qui statuent sur ces crimes ou délits en application de l'adage que « l'accessoire suit le principal » (art. 382, al. 4, C.P.P.) ; 3° Les contraventions commises à l'audience d'une autre juridiction, qui sont déférées à celles-ci (art. 676, C.P.P.) ; 4° Les contraventions soumises par suite d'une erreur de qualification à une juridiction correctionnelle et qui, requalifiées correctement, restent de la compétence de cette dernière en vertu de la règle « qui peut le plus peut le moins » (art. 466, C.P.P.) ; 5° Les contraventions justiciables de la procédure de l'amende forfaitaire excluant en principe tout juge (art. 529, C.C.P.), sauf recours exercé par l'intéressé (art. 530-1, al. 1, C.P.P.) [1].

La juridiction de proximité connaît des contraventions des quatre premières classes (art. 521, al. 2, C.P.P.), à quelques exceptions près indiquées par décret (art. R 41-3, C.P.P., énumérant les diffamations et injures non publiques). Cependant en cas de conexité entre une contravention de la compétence du juge de police et une contravention de la compétence du juge de proximité, c'est le juge de police qui est compétent (art. 521, al. 4, C.P.P.).

Le tribunal correctionnel connaît des délits correctionnels, c'est-à-dire des infractions que la loi punit d'une peine d'emprisonnement ou d'une amende supérieure ou égale à 3 750 € (art. 381, C.P.P.) [2]. Mais il y a deux exceptions. D'une part, il ne juge pas les délits relevant des juridictions d'exceptions (délits des mineurs de 18 ans, contentieux de grande voirie...) ou commis à l'audience d'autres juridictions, ou encore unis par un lien de connexité ou d'indivisibilité à un crime. D'autre part, il est compétent pour juger une contravention dont il a été saisi par erreur sous la qualification de délit (art. 466, C.P.P.) [3].

Les appels des jugements rendus par les tribunaux de police et correctionnels sont jugés par la *chambre des appels correctionnels* (art. 496 et 547, C.P.P.). Celle-ci connaît aussi les délits commis à son audience (art. 667, C.P.P.).

La cour d'assises est compétente à l'égard des crimes (art. 214 et 231, C.P.P.) ainsi qu'à l'égard des délits et contraventions ayant avec eux un lien de connexité ou d'indivisibilité. Elle juge aussi les contraventions et les délits commis à son audience (art. 676 et 677, C.P.P.). En revanche, elle est incompétente pour les crimes jugés par les juridictions d'exception.

2. *Les juridictions d'exception*

a) Les juridictions pour mineurs

78. — *Le juge des enfants* est juge au premier degré des contraventions de 5e classe (les autres étant déférées au tribunal de police) et des délits. La

1. V. arrêt de la C.E.D.H., 21 mai 2002, *Peltier c/ France*, violation par la France du droit d'accès à un tribunal (art. 6 § 1, Conv. E.D.H.) dans une espèce où, suite à réclamation, le Ministère public n'avait pas voulu saisir le juge de police.

2. Il connaît aussi de l'action civile liée au délit dont il est saisi. Il connaît encore des problèmes concernant le civilement responsable, Crim., 5 mai 1997, B.C., n° 157, pouvoir de statuer sur la responsabilité contractuelle de l'assureur.

3. R. MEURISSE, *De la compétence des tribunaux correctionnels et de la cour d'appel pour connaître des contraventions de police*, R.S.C., 1966, p. 521.

mesure qu'il prononce, et qui ne saurait être une peine, se matérialise par un jugement.

Le tribunal pour enfants connaît également des contraventions de 5e classe et des délits, mais en outre des crimes commis par les mineurs de 16 ans.

La chambre spéciale de la cour d'appel connaît de l'appel des jugements rendus par le tribunal pour enfants, le juge des enfants et le tribunal de police. Elle statue également sur les appels des ordonnances du juge des enfants et du juge d'instruction relatives à la garde ou au placement provisoire du mineur.

À la *cour d'assises des mineurs* sont déférés les crimes commis par des accusés de 16 à 18 ans.

b) Les tribunaux administratifs et maritimes commerciaux

79. — Leur compétence pénale est très exceptionnelle. Les tribunaux administratifs connaissent des infractions à la police des chemins de fer, de la navigation fluviale, des canaux et rivages de la mer, sauf à remarquer la compétence du juge pénal si le fait constitue aussi un délit pénal autre [1]. Enfin, les tribunaux maritimes commerciaux (art. L. 633-1, C. org. jud., renvoyant aux art. 36 *bis* et 88 à 92, l. du 17 décembre 1926 portant Code disciplinaire et pénal de la marine marchande) sont compétents pour certains délits intéressant la police des navires, tels le refus d'assistance en cas d'abordage ou l'abandon de navire ; toutefois, le tribunal correctionnel est seul compétent en cas de décès d'un marin dû non seulement à la violation d'un règlement maritime, mais aussi à une imprudence au sens de l'article 221-6, C.P.) [2].

c) Les juridictions militaires

80. — La matière a été modifiée par une ordonnance du 1er juin 2006 réformant le Code de justice militaire et entrée en vigueur le 12 mai 2007.

81. — *En temps de paix*, les infractions commises par les militaires sur le territoire de la République relèvent des juridictions de droit commun (art. L. 2, C.J.M.). On sait cependant qu'il existe encore une juridiction militaire en temps de paix c'est le tribunal aux armées qui est compétent pour les infractions de toute nature commises par nos militaires hors du territoire de la République (art. L. 121-1 et s., C.J.M.)

82. — *En temps de guerre*, les juridictions des forces armées sont régies par les règles de compétence indiquées aux articles L. 121-1 et s., C.J.M. Mais

1. Trib. confl., 10 mai 1971, B.C., n° 141.
2. Crim., 18 mai 1982, B.C., n° 130 ; *add.* note M. Morin, sous Trib. gr. inst. Sables-d'Olonne, 7 décembre 1995, D., 1996.473.

ces juridictions sont en principe incompétantes à l'égard des mineurs de dix-huit ans (art. L. 122-1 et s., C.J.M.).

d) La Cour de cassation

83. — La chambre criminelle de la Cour de cassation est compétente matériellement pour statuer sur tous les pourvois formés contre les sentences pénales en dernier ressort, qu'elles émanent d'une juridiction d'instruction ou de jugement, de droit commun ou d'exception. Seuls échappent à sa censure les arrêts de la Haute Cour de justice (art. 35, ord. du 2 janvier 1959) et les arrêts d'acquittement de la cour d'assises, sauf à remarquer la possibilité d'un pourvoi dans l'intérêt de la loi contre ces derniers (art. 572, C.P.P.).

§ 3. — La compétence territoriale

84. — *Position du problème.* Pour déterminer la compétence d'une juridiction, la loi prend en considération non seulement certaines qualités personnelles du délinquant et la nature ou la gravité de l'infraction, mais encore des éléments géographiques. Si, par ex., c'est bien à une cour d'assises des mineurs que doit être déféré le mineur de 16 à 18 ans (compétence personnelle) auteur d'un crime (compétence matérielle), encore faut-il déterminer, parmi toutes celles qui existent en France, *la Cour* qui pourra en connaître. Cette détermination ne peut se faire qu'à deux conditions.

Elle suppose, d'abord, que l'on connaisse le ressort territorial de chaque juridiction. On rappellera par exemple que le tribunal de police est compétent dans les limites de l'arrondissement, que le juge d'instruction et le tribunal correctionnel sont compétents en principe dans celles du département, que la cour d'assises est nécessairement compétente dans celles du département, que la Cour de justice de la République a une compétence nationale...

L'étendue de ce ressort étant connue, la détermination de la compétence *ratione loci* implique ensuite que l'on puisse rattacher à la circonscription un élément de l'affaire. À cet effet, notre droit a édicté un ensemble de règles qui sont les unes générales, les autres exceptionnelles.

A — Les règles générales

85. — Considérons d'abord les juridictions d'*instruction*. Pour le juge d'instruction, la loi adopte le principe de la quadruple compétence « du lieu de l'infraction, celui de la résidence de l'une des personnes soupçonnées d'avoir participé à l'infraction, celui du lieu d'arrestation d'une de ces personnes, même lorsque cette arrestation a été opérée par une autre cause et celui du lieu de détention d'une de ces personnes, même lorsque cette détention est effectuée pour une autre cause » (art. 52, C.P.P.).

La chambre de l'instruction a la même compétence que la cour d'appel dont elle est une formation : elle est donc compétente à l'égard des dossiers établis par tous les juges d'instruction du ressort de cette dernière.

Pour ce qui est des juridictions de *jugement*, on doit encore distinguer. S'agissant des délits et des crimes, on retrouve le principe de la quadruple compétence (art. 382, C.P.P., pour le tribunal correctionnel). Pour les contraventions, est compétent le juge de police « du lieu de commission ou de constatation de la contravention ou celui de la résidence du prévenu » (art. 522, al. 1, C.P.P.) : en effet, le lieu d'arrestation est ici sans intérêt faute d'arrestation possible ; en outre, « est également compétent le tribunal de police du siège de l'entreprise détentrice du véhicule en cas de contravention soit aux règles relatives au changement ou à l'équipement de ce véhicule, soit aux conditions de travail dans les transports routiers, soit à la coordination des transports » (art. 522, al. 2, C.P.P.) [1].

Toutes ces règles sont, faut-il le rappeler, conçues pour les personnes physiques. Le Code pénal de 1994 ayant prévu une responsabilité des personnes morales, il a bien fallu adapter les règles ci-dessus. C'est pourquoi le nouvel article 706-42, C.P.P., dispose qu'à l'égard des personnes morales, sont compétents le procureur et les juridictions du lieu de l'infraction et du siège de l'être moral.

Ces diverses règles appellent quelques observations.

• Il est sûr, en premier lieu, qu'elles se trouvent pleinement justifiées. La compétence du lieu de l'infraction, toujours retenue, est « naturelle » car « c'est là où l'ordre public a été troublé… c'est en même temps l'endroit où l'on peut le plus facilement examiner l'inculpé et découvrir ses complices parce que c'est là où se trouvent les traces de son crime » [2]. Si la loi ajoute le plus souvent les compétences du lieu de résidence et du lieu d'arrestation de l'auteur, c'est parce que la première permet de mieux connaître son passé et parce que la seconde peut s'avérer la seule applicable (par ex., vol commis dans un train par un vagabond).

• On notera cependant, en second lieu, que ces règles posent deux difficultés. La première, d'ordre théorique, porte sur la détermination du lieu de l'infraction. Celle-ci est malaisée dans le cas du délit continu, d'habitude ou complexe [3], voire dans celui du délit instantané lorsque le résultat, s'il est un élément constitutif, se produit en un lieu autre que celui de l'action (par ex. pour un coup de feu tiré en Vendée, atteignant en Loire-Atlantique la victime qui va décéder en Maine-et-Loire, on admettra, comme en droit pénal international, la compétence des juges des trois

1. La disposition de l'art. 522, al. 2, C.P.P., n'exclut évidemment pas la compétence du tribunal de police du lieu de commission ou de constatation de la contravention ou celui de la résidence du prévenu, Crim., 10 novembre 1992, B.C., n° 369, Dr. pén., avril 1993, comm. 97, obs. A. Maron.

2. J. A. Roux, II, § 36.

3. Sur ces notions, v. J. Pradel, *Manuel de droit pénal général*, 17e éd., 2008, Cujas, nos 366 et s.

circonscriptions) ; plus généralement, sont compétents les magistrats lorsqu'un des éléments constitutifs de l'infraction est commis dans leur ressort [1]. On ajoutera que, toujours à l'instar des solutions admises en droit pénal international, le lieu où se réalise la condition préalable de l'infraction (par ex., lieu de conclusion du contrat dans l'abus de confiance) n'est pas le lieu de l'infraction, celle-ci se localisant là où se manifestent ses éléments constitutifs (par ex., détournement dans l'abus de confiance) [2]. La seconde difficulté, d'ordre pratique, concerne la règle de la triple compétence. Deux (voire trois) organes pouvant être saisis en même temps de la même affaire, il faut bien que l'un deux se dessaisisse au profit de l'autre : la pratique admet que l'affaire est conservée tantôt par l'organe compétent à raison du lieu de l'infraction, pour des raisons de commodité de l'instruction, tantôt par celui qui était le premier saisi, sauf à procéder à un règlement de juges en cas de refus de dessaisissement.

• En troisième lieu, enfin, il arrive que ces règles générales soient inutilisables ou peu pratiques. D'où le recours à des règles exceptionnelles.

B — Les règles exceptionnelles

86. — Dans certaines hypothèses, le principe de la triple compétence cède la place à des règles légèrement différentes qui sont tantôt plus restrictives, tantôt plus extensives.

1. *Les règles plus restrictives*

87. — À l'égard de *l'infraction commise à l'étranger*, le lieu de commission ne peut évidemment être retenu. Cependant, notre droit s'efforce de donner compétence au juge français (art. 689 et s., C.P.P., tels que modifiés par la loi du 16 décembre 1992). Le texte de base est l'article 689 ainsi écrit : « Les auteurs ou complices d'infractions commises hors du territoire de la République peuvent être poursuivis et jugés par les juridictions françaises soit lorsque, conformément aux dispositions du Livre I du Code pénal ou d'un autre texte législatif, la loi française est applicable, soit lorsqu'une convention internationale donne compétence aux juridictions françaises pour connaître de l'infraction. » Ce texte édicte donc deux titres de compétence du juge français. Et il est complété par l'article 693, C.P.P., qui détermine quel juge est territorialement compétent.

1° Le premier titre de compétence est lié à la compétence législative : dès lors que la loi française est compétente pour des faits commis à l'étranger, le juge français l'est aussi de telle sorte que la compétence juridictionnelle française découle de la compétence législative française. Il suffit donc de lire les articles 113-6 et s., C.P., qui énumèrent les cas de compétence législative française pour savoir les cas dans lesquels le juge est compétent. On

1. Crim., 30 septembre 1998, B.C., n° 243.

2. *Contra*, Crim., 12 février 1979, B.C., n° 60, et 13 octobre 1981, B.C., n° 271, compétence du juge français pour un détournement commis à l'étranger.

rappellera rapidement que la loi française est compétente pour tout crime commis par un Français à l'étranger et, sous la condition qu'il soit aussi incriminé dans le pays de commission, pour tout délit commis dans les mêmes conditions.

De même, la loi française s'applique à tout crime ou délit commis à l'étranger, quelle que soit la nationalité de l'auteur, quand la victime est un citoyen français ou l'État français [1].

2° Le deuxième titre de compétence du juge français découle de conventions internationales (mais à la condition que la personne se trouve en France). Ces conventions visent un certain nombre d'infractions spécialement graves comme la torture (art. 689-2, C.P.P.), les actes de terrorisme pour l'application de la Convention européenne sur la répression du terrorisme, signée à Strasbourg le 27 janvier 1977 (art. 689-3, C.P.P.), les délits relatifs au régime des matières nucléaires (art. 689-4, C.P.P.), le détournement d'aéronef (art. 689-5, C.P.P.), les attentats terroristes pour l'application de la Convention internationale signée à New York le 12 janvier 1998 (art. 689-9, C.P.P.), etc. Il s'agit toujours d'infractions prévues par la loi française, mais pour lesquelles le juge français ne serait pas normalement compétent. Or ces conventions affirment sa compétence. Et de la compétence juridictionnelle française va découler la compétence législative française, ce qui est l'inverse du cas précédent.

3° Si le juge français est donc compétent dans ces deux séries de cas, encore faut-il savoir quel juge est territorialement compétent. La réponse est apportée par l'article 693, C.P.P. : la juridiction compétente est celle du lieu où réside le prévenu, celle de sa dernière résidence connue, celle du lieu où il a été trouvé, celle de la résidence de la victime ou, dans le cas particulier d'une infraction liée à l'usage d'un aéronef, le lieu d'atterrissage de celui-ci. Si ces divers critères ne peuvent s'appliquer, la juridiction compétente est celle de Paris, sauf renvoi décidé par la Cour de cassation à une juridiction plus voisine du lieu de l'infraction.

2. *Les règles plus extensives*

88. — D'une part, *à titre général*, la loi ajoute aux compétences classiques celle du lieu de détention. Cette extension permet d'éviter les retards, les frais et les risques d'évasion nés de transferts successifs. Lorsqu'une personne est détenue provisoirement dans un lieu déterminé, le Ministère public près une autre juridiction peut solliciter le renvoi d'une affaire pendante devant une juridiction d'instruction ou de jugement de son siège à celle du lieu de détention, la procédure de dessaisissement étant celle du règlement de juges (art. 664, C.P.P.).

D'autre part, *dans quelques cas spéciaux*, des compétences supplémentaires sont prévues. Ainsi, en matière d'infractions justiciables du tribunal aux

1. J. PRADEL, *Manuel précité*, 17e éd., 2008, nos 233 et s.

armées (compétent en temps de paix), s'appliquent les règles du C.P.P. (art. 2, C.J.M.). Quant aux tribunaux territoriaux des forces armées (compétents en temps de guerre), ils sont compétents à raison du lieu de l'infraction, du lieu de l'affectation ou du débarquement ou de l'arrestation, même opérée pour autre cause, de tout auteur ou complice (art. 72, C.J.M.). En matière d'abandon de famille, l'article 382, al. 3, C.P.P., prévoit également la compétence du tribunal du domicile ou de la résidence du créancier de la pension [1]. La solution est à rapprocher de celle que, en l'absence de texte, la jurisprudence admet en matière de non-représentation d'enfant : dans le silence de la décision de justice sur le lieu de remise de l'enfant, le délit de non-représentation d'enfant est commis au lieu du domicile de la personne ayant le droit de réclamer l'enfant [2].

SOUS-SECTION II

LES DÉROGATIONS AUX RÈGLES DE COMPÉTENCE

89. — Les règles fondées sur la qualité personnelle du délinquant, sur la nature et le lieu de l'infraction, font l'objet d'importantes dérogations. Celles-ci se fondent soit sur l'intérêt d'une partie civile, soit sur le souci de ménager l'indépendance des juges [3], soit le plus généralement sur l'intérêt public d'une simplification du cours de la justice.

Cet intérêt général est si important que les dérogations sont nombreuses. Les unes sont générales en ce sens qu'elles peuvent concerner toutes les infractions, tous les délinquants et toutes les juridictions. Les autres sont particulières à certaines infractions et juridictions et à certains délinquants.

§ 1. — LES DÉROGATIONS GÉNÉRALES

A — La prorogation de compétence

90. — En vertu de la prorogation de compétence, une juridiction voit sa compétence étendue par la loi — il n'existe pas de prorogation conventionnelle en procédure pénale — à des infractions dont elle ne devrait pas normalement connaître. Le souci d'une bonne administration de la justice impose en effet de réunir en un seul dossier soumis à une juridiction unique les éléments d'une affaire, qui, malgré leur diversité aux points de vue

1. Crim., 3 mars 1977, B.C., n° 86, J.C.P., 1978.II.18790, rapport Guerder.
2. Crim., 24 juin 1992, B.C., n° 260, R.S.C., 1993.104, obs. G. Levasseur ; 14 avril 1999, B.C., n° 85.
3. V. *infra*, n° 95.

matériel, territorial ou personnel, constituent un tout, c'est-à-dire les « parties séparées d'une même action »[1]. C'est pourquoi la prorogation est entendue largement dans ses *cas* et soigneusement réglementée dans ses *conséquences*.

1. *Les cas de prorogation*

91. — Il existe deux cas de prorogation : la connexité, prévue par la loi, et l'indivisibilité ajoutée par la jurisprudence.

La *connexité* est un lien entre deux ou plusieurs délinquants et deux ou plusieurs infractions[2]. Selon l'article 203, C.P.P., ce lien tient : 1° Soit à l'unité de temps et de lieu, les infractions ayant « été commises en même temps par plusieurs personnes réunies » ; 2° Soit à l'unité de pensée criminelle, les infractions ayant « été commises par différentes personnes, même en différents temps et divers lieux, mais par suite d'un concert formé à l'avance entre elles » (par ex., crimes perpétrés par divers individus agissant, après s'être concertés, dans des régions différentes) ; 3° Soit à une relation de cause à effet, « lorsque les coupables ont commis » certaines infractions « pour se procurer les moyens de commettre les autres, pour en faciliter, pour en consommer l'exécution ou pour en assurer l'impunité » (par ex., détenu assommant son gardien pour s'évader ou crime et recel du criminel) ; 4° Soit à l'existence d'une appropriation délictueuse suivie d'un recel, « lorsque les choses enlevées, détournées ou obtenues à l'aide d'un crime ou d'un délit ont été en tout ou en partie recelées ».

L'article 203 fait l'objet d'une interprétation doublement extensive. D'un côté, on admet unanimement que ce texte s'applique devant toutes les juridictions, bien qu'il figure dans un chapitre sur la chambre de l'instruction. De l'autre, son énumération n'est pas limitative, la connexité pouvant être admise chaque fois qu'il existe entre les divers faits un lien analogue à celui que vise le texte[3] : ainsi, on a retenu la connexité dans le cas d'infractions procédant d'une conception unique[4] ou tendant au même but[5] ; on peut citer aussi le cas du meutre commis par un individu et le délit de non-assistance à personne en danger reproché à des tiers que le meurtrier avait informés de son geste[6] ; de même, on l'a admis en cas d'homicide involontaire et de coups mortels dans l'hypothèse de décès d'une personne sur une table d'opération[7].

1. Crim., 6 décembre 1907, D., 1910.I.53.
2. M. Gobert, *La connexité dans la procédure pénale française*, J.C.P., 1961.I.1607.
3. Crim., 6 décembre 1907, D., 1910.I.53 ; 7 août 1971, D., 1971, Somm. 190 ; 13 février 1974, B.C., n° 64 ; 12 novembre 1981, B.C., n° 302 ; 18 août 1987, D., 1988, Somm. 194, ob. J. Pradel ; 28 mai 2003, B.C., n° 108.
4. Crim., 30 novembre 1987, B.C., n° 435.
5. Crim., 28 novembre 1996, B.C., n° 437.
6. Crim., 5 décembre 1957, B.C., n° 808.
7. Crim., 18 août 1987, précité.

Puisque la jurisprudence a retenu la prorogation de compétence pour des cas analogues à ceux de l'article 203 au titre de la connexité, il était logique qu'elle l'admît à plus forte raison lorsque la relation était plus étroite encore, même dans le silence de la loi. Elle admet précisément la prorogation « lorsque, entre les divers faits, il existe un lien tel que l'existence des uns ne peut se comprendre sans celle des autres »[1], ou « lorsque les faits ont été commis dans le même trait de temps, dans le même lieu, qu'ils ont été déterminés par le même mobile, qu'ils procèdent de la même cause »[2], ou encore « lorsque ces faits sont si intimement liés entre eux que l'une des infractions est la suite nécessaire de l'autre »[3] : c'est *l'indivisibilité*. Ce concept est évoqué — mais pas défini — à l'article 382, al. 3, C.P.P., selon lequel « la compétence du tribunal correctionnel s'étend aux délits et contraventions qui forment avec l'infraction différée un ensemble indivisible ».

On peut discerner deux hypothèses d'indivisibilité, si l'on entend celle-ci au sens large. La première tient à l'unité d'agent, le même individu ayant commis plusieurs infractions liées entre elles par un rapport de causalité ou par une unité de dessein : une infraction est le moyen d'en commettre une autre (faux réalisé pour commettre une escroquerie) ou constitue la circonstance aggravante d'une autre (usage de fausses clés en vue d'un vol, art. 311-4, 6° et 132-73, C.P.). La seconde hypothèse tient à l'unité d'infraction, soit que celle-ci ait été le fait de plusieurs individus agissant les uns comme auteurs et les autres comme complices, soit qu'elle forme un ensemble comme il apparaît dans le délit continué (par ex., vol commis en plusieurs fois).

2. *Les conséquences de la prorogation*

92. — *Vue générale.* Tout d'abord, la connexité emporte quelques *effets accessoires* qui lui sont propres. Ainsi le principe de solidarité qui frappe les individus auteurs ou complices d'un même crime ou délit condamnés à des restitutions et à des dommages-intérêts (art. 480-1, al. 1, C.P.P.) est étendu par la jurisprudence aux condamnations pécuniaires prononcées pour infractions connexes[4] ; mais, pour les amendes, cette jurisprudence n'a d'intérêt que si le tribunal décide, par décision spéciale et motivée, la solidarité puisque celle-ci n'existe plus en principe (art. 480-1, al. 2, C.P.P.). De même encore, la peine est aggravée en cas de meurtre connexe à un délit

1. Crim., 24 juillet 1875, B.C., n° 239.
2. Crim., 15 octobre 1959, B.C., n° 435.
3. Ch. réun., 22 avril 1869, D., 1869.I.377.
4. Crim., 21 janvier 1960, J.C.P., 1960.II.11772, rapport M. Rolland ; 7 janvier 1970, B.C., n° 16 ; 22 octobre 1997, B.C., n° 345, pour des violences volontaires commises en réunion sur plusieurs personnes, procédant d'une action concertée, déterminée par la même cause et tendant au même but. Toutefois, le principe solidariste ne peut jouer que si les juges du fond ont fait apparaître l'existence d'une connexité entre les infractions, Crim., 27 septembre 1995, B.C., n° 290.

(art. 221-2, C.P.) [1]. Enfin, l'acte interrompant la prescription de l'action publique à l'égard d'une infraction a le même effet à l'égard de l'infraction connexe [2].

Ensuite et surtout, la connexité et l'indivisibilité entraînent un *effet commun et essentiel* : la prorogation de compétence, qui se matérialise souvent par la jonction de procédures. On notera d'abord que cet effet ne constitue pas nécessairement une dérogation aux règles normales de compétence. Si, par exemple, deux délits connexes (vol et recel) sont commis dans le même ressort judiciaire, ils seront déférés naturellement au tribunal de ce ressort sans qu'apparaisse la moindre dérogation. Il en va différemment si les deux affaires relèvent de juridictions différentes par leur compétence matérielle (cour d'assises et tribunal correctionnel, par ex.), personnelle (tribunal de droit commun et tribunal militaire, par ex.), ou territoriale (deux cours d'assises, par ex.). Deux problèmes se posent alors.

a) Au profit de quelle juridiction s'effectue la prorogation ?

93. — Entre une juridiction de *droit commun* et une juridiction d'*exception*, la prorogation s'effectue en principe au profit de la première.

Cependant, en cas d'infraction commise par des mineurs et par des majeurs, les premiers sont nécessairement jugés par les juridictions pour mineurs, et le juge d'instruction peut même renvoyer les seconds devant la cour d'assises des mineurs, juridiction d'exception dont la compétence est ainsi prorogée (art. 9, al. 3, ord. du 2 février 1945) [3].

Entre deux juridictions de *droit commun*, on doit distinguer. Si elles sont de degré différent, la prorogation a lieu au profit de la juridiction la plus élevée, la cour d'assises jugeant par exemple l'escroquerie en même temps que le faux criminel pour la réaliser. Si elles sont de même degré, on proroge la compétence de celle qui est en fait la mieux placée, notamment celle devant laquelle le rassemblement des preuves est le plus aisé.

La pratique a dégagé la notion de regroupement des affaires, laquelle se fonde non seulement sur la prorogation, mais aussi sur celle de compétence fondée sur le lieu d'arrestation (art. 52, CP.P.). À cet égard, on peut évoquer une circulaire du garde des Sceaux en date du 23 avril 1992 applicable aux « regroupements des procédures relatives aux agissements des malfaiteurs organisés et itinérants ». Ce texte fournit des critères de regroupement dont peuvent s'inspirer les magistrats du parquet dans leurs réquisitions aux fins de regroupement de plusieurs dossiers. En premier lieu, ces magistrats doivent favoriser le regroupement des affaires au sein de la juridiction dans le ressort de laquelle le plus grand nombre d'infractions connexes ou non

1. On parle de corrélation entre un crime et un délit, l'art. 221-2, al. 2, C.P., visant un meurtre « qui a pour objet soit de préparer ou de faciliter un délit, soit... ». La peine encourue passe de 30 ans de réclusion criminelle à celle de la réclusion criminelle à perpétuité.

2. Crim., 17 septembre 1997, B.C., n° 300.

3. Pour une application, Crim., 4 juillet 1989, B.C., n° 285.

auraient été commises par une même équipe de malfaiteurs. Si les faits sont trop éparpillés sur le territoire national, les parquetiers doivent utiliser le critère de la juridiction dans le ressort de laquelle les suspects auront été arrêtés.

b) Quel est le caractère de la prorogation ?

94. — La prorogation est obligatoire en cas d'indivisibilité. Elle est facultative en cas de connexité, les juges au fond devant « apprécier la nécessité ou la convenance de la jonction des poursuites dans l'intérêt d'une bonne administration de la justice »[1]. Le lien entre les divers éléments délictueux est en effet moins fort dans la connexité que dans l'indivisibilité.

B — Le renvoi

Bibliographie. — F. DEFFERRARD, *La suspicion légitime*, L.G.D.J., 2000 ; J. GUYÉNOT, *Le dessaisissement des juridictions dans la procédure pénale française*, R.S.C., 1963, p. 481 ; A. MARON, chron., in *Dr. pénal*, 1995, comm. 34, 39 et 44 ; Ph. NÉRAC, *Les garanties d'impartialité du juge répressif*, J.C.P., 1978.I.2890 ; VERGNE, V° Renvoi, *Rép. pén.*

1. *Caractères généraux du renvoi*

95. — Le renvoi a pour effet d'ôter à une juridiction déjà saisie une affaire pour la confier à une autre du même ordre. Il est ordonné par la chambre criminelle saisie par requête et il tend, soit à préserver l'indépendance des juges[2], soit à garantir le bon fonctionnement du service public de la justice.

La matière, plusieurs fois modifiée, est traitée au Livre quatrième du C.P.P., dans un titre intitulé « Des renvois d'un tribunal à un autre » (art. 662 à 667).

Ces articles indiquent les diverses hypothèses de renvoi, lesquelles présentent toutes cependant, deux traits procéduraux communs :

— toute décision de renvoi est prise par la chambre criminelle de la Cour de cassation : elle rend un arrêt qui est signifié aux parties intéressées à la diligence du procureur général de la Cour de cassation (art. 666, C.P.P.). Règle complémentaire, le Ministère public près la juridiction dessaisie et celui près la juridiction désignée — qui devient compétente au jour de l'arrêt — sont avisés le jour même, par télécopie, de l'arrêt rendu (Circ. générale, C 666, 1er mars 1993) ;

1. Crim., 3 juin 1959, B.C., n° 296 ; 7 août 1971, B.C., n° 245, D., 1971, Somm. 190.
2. V. dans le même but, la récusation, *supra*, n° 25.

— même si la chambre criminelle rejette la demande de renvoi, une nouvelle demande peut être formée, « fondée sur des faits survenus depuis » (art. 667, C.P.P.).

2. *Hypothèses particulières de renvoi*

96. — *Énumération.* Les articles 662 et s., C.P.P., énumèrent la suspicion légitime, la sûreté publique et un ensemble de cas que l'on peut rattacher à l'idée de bonne administration de la justice au sens large. Ces trois séries d'hypothèses sont distinctes et l'on a parfois du mal à séparer les deux premières. Il faut pourtant soigneusement les distinguer et l'on se souvient que, dans la même affaire, la Cour de cassation a pu à la fois rejeter la demande en suspicion légitime formée par l'accusé et accueillir la requête en sûreté publique du procureur général [1].

a) La suspicion légitime

97. — *Notion.* L'article 662 ne la définit pas. Mais il est certain qu'il y a suspicion légitime quand des circonstances, telles que des passions locales, perturbent les relations entre juges et justiciables, faisant suspecter l'impartialité des premiers. Il faut aussitôt distinguer suspicion légitime et récusation : celle-ci est dirigée contre la personne d'un magistrat (art. 668, C.P.P., qui parle de « tout juge ou conseiller ») alors que celle-là met en cause la juridiction dans son ensemble (art. 662, C.P.P., qui vise « toute juridiction d'instruction ou de jugement »).

Les requêtes en suspicion légitime sont rarement accueillies. En voici pourtant quelques exemples, leur rappel témoignant d'ailleurs d'une évolution de la chambre criminelle. Longtemps, celle-ci avait adopté une position subjective : ainsi en fut-il dans le cas de ce juge d'instruction qui avait publiquement manifesté son hostilité à l'égard d'un inculpé [2]. Aujourd'hui, sous l'influence de la C.E.D.H., elle adopte une position objective, donc un peu plus favorable aux requêtes : ainsi, en cas d'adoption par l'assemblée générale des magistrats d'un tribunal d'une motion de soutien à l'un de ses membres, constitué partie civile dans une procédure suivie devant ce tribunal [3] ; de même, en cas de saisine d'une juridiction à la suite de la dénonciation d'un magistrat de son parquet, ce magistrat se présentant comme victime des faits [4] ; de même encore, en cas de plainte avec constitution de partie civile contre un juge d'instruction, lequel saisi a rendu une

1. Crim., 10 juin 1953, *aff. Marie Besnard*, B.C., n° 198.
2. Crim., 21 août 1990, B.C., n° 305, R.S.C., 1991.375, obs Braunschweig.
3. Crim., 3 novembre 1994, B.C., n° 351, Dr. pénal, 1995, com., 27, obs. A. Maron.
4. Crim., 30 novembre 1994, B.C., n° 392, Dr. pénal, 1995, comm. 56, obs. A. Maron, D., 1995, Somm. 323, obs. J. Pradel. V. aussi Crim., 24 janvier 1996, B.C., n° 47 ; 4 mars 1998, B.C., n° 86, *Dr. pénal*, 1998, comm. 150 et obs. A. Maron.

ordonnance de refus d'informer [1] ; de même encore lorsqu'un juge d'instruction doit instruire sur des faits dénoncés par la partie civile après avoir opposé à celle-ci un refus d'informer injustifié [2].

Inversement, il n'y a pas motif de suspicion légitime dans le fait que l'action pénale aurait été exercée de façon déloyale au cours d'une précédente poursuite devant le même tribunal [3]. Il en va de même dans le cas où le juge d'instruction, envisageant la mise en examen d'un parlementaire, rend, pour obtenir la levée de cette immunité, une ordonnance dans laquelle il relève des indices graves de culpabilité [4].

98. — *Procédure.* Une requête aux fins de renvoi est présentée par le procureur général près la Cour de cassation, ou par le Ministère public près la juridiction saisie, ou encore par les parties [5]. Cette requête est signifiée à toutes les parties intéressées qui peuvent, dans les dix jours, déposer un mémoire au greffe de la Cour de cassation. La présentation de la requête n'a pas d'effet suspensif. Sauf si la chambre criminelle en décide autrement (art. 662, al. 2 à 4, C.P.P.), en fait à la demande du requérant.

La Chambre criminelle, après débats en chambre du conseil [6], statue. Si elle décide le renvoi à une autre juridiction, sa décision ne saurait avoir pour effet de rendre inexistants les actes de procédure déjà faits [7] ; mais, dans le cas où elle désigne une nouvelle juridiction d'instruction, sa décision entraîne la désignation de la juridiction de jugement correspondant à la juridiction d'instruction [8].

b) La sûreté publique

99. — Selon l'article 665, al. 1, C.P.P., « le renvoi d'une affaire d'une juridiction à une autre peut être ordonné pour cause de sûreté publique par la chambre criminelle, mais seulement à la requête du procureur général près la Cour de cassation ». La loi n'a pas défini davantage la sûreté publique qu'elle n'a défini la suspicion légitime. Il est admis, cependant, que la sûreté publique évoque l'ordre public et plus précisément la sauvegarde de l'ordre public. Concrètement, « la circonstance de sûreté publique se rapporte à des situations d'une particulière gravité. Il n'y est fait recours que lorsque la poursuite de la procédure peut conduire localement à des troubles sérieux à l'ordre public ou susciter des mesures immédiates et précises à la sécurité des magistrats et des fonctionnaires de justice, ainsi qu'à celle du palais de

1. Crim., 16 mai 2000, B.C., n° 191.
2. Crim., 5 janvier 2005, B.C., n° 10.
3. Crim., 20 mars 1996, B.C., n° 124.
4. Crim., 10 juillet 1996, B.C., n° 294.
5. Mais pas par le conseil de l'inculpé, Crim., 5 septembre 1988, B.C., n° 314.
6. Crim., 20 septembre 1989, B.C., n° 323, R.S.C., 1990.113, obs. A. Braunschweig.
7. Crim., 26 mars 1985, B.C., n° 128.
8. Crim., 5 avril 1960, B.C., n° 208 ; 24 avril 1975, B.C., n° 107.

justice et des établissements pénitentiaires » (circulaire générale C 665, 1er mars 1993). Le renvoi pour cause de sûreté publique a été admis par exemple si le procès est de nature à entraîner des scènes de désordre [1] ou des tentatives d'évasion concertées [2].

Seul le procureur général près la Cour de cassation peut saisir la chambre criminelle. Le plus souvent, il le fait sur le rapport motivé du procureur général près la cour d'appel dans le ressort de laquelle se trouve la juridiction saisie. Et ce magistrat, en pratique, n'agit pas sans avoir recueilli les observations de la direction des affaires criminelles et des grâces.

c) La bonne administration de la justice au sens large

100. — *Généralités.* Sous cette appellation, on peut regrouper tous les autres cas de renvoi prévus par le Code de procédure pénale. À l'inverse du renvoi pour suspicion légitime et pour sûreté publique qui tendent à assurer l'indépendance des juges, les cas que l'on va examiner maintenant tendent à garantir le bon fonctionnement du service public de la justice. Les voici.

101. — *Renvoi dans l'intérêt d'une bonne administration de la justice* (art. 665, al. 2 à 4, C.P.P.). C'est le cas le plus vague de tous. En pratique, les requêtes en suspicion légitime aboutissent assez souvent à un dessaisissement dans l'intérêt de la justice, ce qui est plus neutre, moins gênant pour les juridictions dessaisies [3]. Et encore, ce motif de renvoi est peu souvent accepté par la chambre criminelle pour des raisons de fait [4] ou de droit [5]. Un bon exemple de renvoi dans l'intérêt de la justice est celui des personnes exerçant une fonction publique ou un mandat électif. Le législateur avait prévu un système complexe et automatique de renvoi (art. 679 et s., C.P.P., sur « les crimes et délits commis par des magistrats et certains fonctionnaires » [6]. Mais ce système ayant été abrogé par une loi du 4 janvier 1993, la seule façon aujourd'hui d'obtenir le renvoi est d'appliquer l'article 665, al. 2, C.P.P. : il peut, en effet, être contraire à l'intérêt de la justice de renvoyer un

1. Crim., 14 octobre 1851, B.C., n° 459.

2. Crim., 4 décembre 1851, B.C., n° 506.

3. Crim., 20 juillet 1972, B.C., n° 253, et 2 juillet 1975, B.C., n° 176, 2 arrêts sur l'affaire dite de Bruay-en-Artois ; 10 décembre 1987, J.C.P., 1988.II.20988, note W. Jeandidier.

4. Crim., 21 septembre 1983, B.C., n° 267, la mise en cause d'un magistrat dans une plainte avec constitution de partie civile ne justifie pas à elle seule le dessaisissement ; 6 octobre 1993, B.C., n° 279, Dr. pénal, 1993, Comm. 273, obs. A. Maron, le fait que l'inculpé réside en métropole alors que l'information est suivie outre-mer, là où les faits ont été commis et où demeure la partie civile ne justifie à lui seul le dessaisissement du tribunal situé outre-mer.

5. Pas de dessaisissement possible à la demande d'un procureur général si aucune juridiction de son ressort n'est saisie : Crim., 17 mars 1993, B.C., n° 122 ; 24 février 1993, B.C., n° 90, R.S.C., 1994.125, obs A. Braunschweig.

6. E. ROBERT, *De la procédure suivie par la chambre criminelle en cas de crime ou délit commis par des magistrats et certains fonctionnaires*, D., 1979, chron. 271.

maire ou un préfet, un magistrat ou un policier, devant la juridiction implantée dans sa propre circonscription.

Ce type de renvoi peut être ordonné par la chambre criminelle à la demande du procureur général près la Cour de cassation ou du procureur général près la cour d'appel concernée. Ces magistrats agissent d'initiative ou sur demande des parties. Quand c'est une partie qui demande au procureur général d'une cour d'appel de présenter une requête, ce dernier doit, s'il ne donne pas suite à la demande, informer dans les dix jours de la réception de celle-ci la partie des motifs de sa décision. La partie peut alors former un recours devant le procureur général de la Cour de cassation qui, s'il ne veut pas saisir la chambre criminelle, l'informe des motifs de sa décision. Enfin, la chambre criminelle, si elle est saisie, doit statuer dans les huit jours de la requête.

102. — *Autres cas de renvoi.* Il en existe trois.

— *La juridiction normalement compétente « ne peut être légalement composée » ou « le cours de la justice se trouve autrement interrompu »* (art. 665-1, C.P.P.). Alors que le cas précédent relève de l'opportunité en laissant à la chambre criminelle un pouvoir d'appréciation, celui-ci relève de la nécessité et impose donc pratiquement à la chambre criminelle une décision de renvoi.

La requête peut être présentée soit par le procureur général près la Cour de cassation, soit par le Ministère public établi près la juridiction saisie. La requête doit être signifiée à toutes les parties intéressées qui ont dix jours pour déposer un mémoire au greffe de la Cour de cassation. Enfin, la chambre criminelle statue dans les quinze jours de la requête.

— *Le renvoi au sens de l'article 664, C.P.P.*, implique une extension de compétences au profit de la juridiction d'instruction ou de jugement du lieu où une personne est détenue provisoirement [1].

— *Une personne dépositaire de l'autorité publique ou chargée d'une mission de service public, qui est en relations habituelles avec les magistrats de la juridiction auprès de laquelle elle se trouve peut être l'objet d'un renvoi.* L'article 43, al. 2, C.P.P., dispose que le procureur général — agissant d'office ou sur demande du procureur de la République ou à la demande de l'intéressé — peut ôter la procédure au parquet déjà saisi pour la confier au parquet le plus proche et au sein de la même cour d'appel. Et par contrecoup, la juridiction de ce second parquet est compétente territorialement pour connaître l'affaire par dérogation aux dispositions des articles 52, 382 et 522. Le système s'applique que la personne concernée soit auteur ou victime des faits en cause.

1. V. *supra*, n° 88.

C — La règle « le juge de l'action est juge de l'exception »

Bibliographie. — Y. GAUDEMET, *Les questions préjudicielles devant les deux ordres de juridictions*, R.F.D.A., 1990, p. 78 ; P. ORTSCHEIDT, *Le juge pénal et la procédure du sursis à statuer*, R.S.C., 1981, p. 303.

103. — *Position du problème.* Il est fréquent qu'au cours d'un procès pénal, le juge se heurte à un problème extra-pénal. Poursuivi du chef de chasse sur terrain d'autrui, le prévenu allègue qu'il est le propriétaire du terrain. Pousuivi pour violation d'un règlement administratif, il invoque l'illégalité de celui-ci... On pourrait multiplier les exemples. Le juge pénal, qui est normalement incompétent pour trancher ces questions non pénales soulevées par la défense va-t-il cependant pouvoir en connaître lorsqu'elles conditionnent la solution du procès ? Ou bien, au contraire, ce juge doit-il retarder sa décision jusqu'à ce que le juge civil ou administratif — qui est le juge naturel — ait statué ?

La réponse est nuancée. Le texte de base, l'article 384, C.P.P, dispose : « Le tribunal saisi de l'action publique est compétent pour statuer sur toutes exceptions proposées par le prévenu pour sa défense, à moins que la loi n'en dispose autrement, ou que le prévenu n'excipe d'un droit réel immobilier. » La loi pose donc en premier lieu le principe que « le juge de l'action est juge de l'exception », ce qui a pour effet de modifier le jeu normal des règles de compétence matérielle. Elle apporte cependant des dérogations à ce principe, ce qui entraîne un retour au droit commun de la compétence : on parle alors de questions ou exceptions préjudicielles, le juge pénal devant surseoir à statuer dans l'attente de la décision du juge « naturel ».

1. *Le principe*

a) Genèse du principe

104. — *Le principe est traditionnel.* Car le Code de 1959 n'a fait que reprendre une règle qui, si elle était ignorée du Code de 1808, était déjà admise de deux façons.

D'abord, la règle figurait dans la célèbre note du président Barris (premier président de la Cour de cassation sous Napoléon Ier), approuvée d'ailleurs par le procureur général Merlin (1813). Cette note avait pour objet de donner une solution à un petit nombre de questions oubliées par les rédacteurs de 1808, dont le principe qui nous occupe. La note Barris avait d'abord été tenue secrète à cause de l'article 5, C. civ., qui prohibe les arrêts de règlement. Puis elle fut évoquée partiellement en doctrine et, enfin, publiée en totalité en ... 1876 [1] !

1. MANGIN, *Traité de l'action publique et de l'action civile*, I, p. 385, 1876.

La règle fut ensuite consacrée par la jurisprudence. Par exemple, décida la chambre criminelle, « il est de principe qu'en l'absence d'une disposition formelle de la loi, le juge de l'action est en même temps juge de l'exception et se trouve ainsi investi du droit de statuer sur les questions soulevées au cours de l'instance qui, proposées au principal, eussent échappé à sa compétence » [1].

Ainsi, les rédacteurs du Code de procédure pénale n'eurent plus qu'à officialiser ce qui était déjà du droit positif.

b) Étendue du principe

105. — L'article 384, C.P.P., se trouve dans un chapitre sur le tribunal correctionnel et sa substance ne figure nulle part ailleurs. Il ne fait pas de doute cependant que la règle a une portée générale, en s'étendant à toutes les juridictions pénales de jugement [2]. Par exemple, une cour d'assises peut trancher une question de filiation lorsqu'elle est saisie du chef de parricide [3].

D'ailleurs, quand l'article 111-5, C.P., donne aux juridictions pénales compétence pour apprécier la légalité d'un acte administratif, il est évident que ce pouvoir d'appréciation appartient à toute juridiction pénale, et pas seulement au juge de police saisi de la violation prétendue d'un banal arrêté municipal dont il doit apprécier la légalité.

c) Application du principe

106. — *En législation.* Il arrive que le législateur consacre le principe que le juge de l'action est juge de l'exception.

Tout d'abord, l'article 385-1, C.P.P. (loi du 8 juillet 1983) donne compétence au juge pénal pour apprécier la nullité du contrat d'assurance soulevée par l'assureur à l'occasion d'une procédure pour homicide ou blessures involontaires. Cette possibilité est confirmée par l'article 385-2, C.P.P., qui décide que le juge pénal statue par un seul et même jugement sur l'exception fondée sur une cause de nullité du contrat et sur le fond [4].

On peut également citer l'article 111-5, C.P., qui donne compétence aux juridictions pénales pour apprécier la légalité d'un acte administratif « lorsque de cet examen dépend la solution du procès pénal » [5].

1. Crim., 24 mars 1949, D., 1949.221, rapport Pépy, S., 1950.I.21, note A. Légal ; 29 novembre 1951, S., 1952.II.338.

2. C'est comme le principe de l'intime conviction qui inscrit à l'article 427, C.P.P., dans un chapitre sur le tribunal correctionnel, vaut en réalité devant toutes les juridictions.

3. Crim., 6 mars 1879, D., 1879.I.316 ; 12 mars 1925, S., 1926.I.187.

4. Pour une application, Crim., 5 mai 1997, B.C., n° 157.

5. Rappelons que l'exception d'illégalité de l'acte administratif doit être présentée avant l'interrogatoire au fond du prévenu, Crim., 29 mars 1995, B.C., n° 137, Dr. pénal, 1995, comm. 226, obs. J.H. Robert ; 23 mai 1995, Dr. pén., id.

107. — *En jurisprudence.* La chambre criminelle a été amenée à diverses reprises, dans des cas particuliers, à consacrer le principe que « le juge de l'action est juge de l'exception ». En voici quelques illustrations :

— *En droit du travail :* en cas de poursuite pour licenciement irrégulier d'un salarié protégé, le fait pour l'employeur de contester la légalité de la mesure n'est pas une question préjudicielle relevant de la juridiction prudhomale [1].

— *En droit fiscal :* en cas de poursuite pour fraude fiscale, le juge pénal est compétent pour statuer sur les exceptions tirées de la nullité de la procédure suivie devant la Commission des infractions fiscales dont l'avis conforme est nécessaire à l'engagement de poursuites pénales [2]. De même, le juge pénal n'a pas à surseoir jusqu'à ce que le juge administratif ait statué sur l'assiette et l'étendue des impositions contestées [3].

— *En droit électoral :* en cas de poursuite pour fraude électorale, le juge ne saurait se dispenser de statuer au prétexte que le procès pose une question préjudicielle d'éligibilité échappant à l'autorité judiciaire sans indiquer le texte lui interdisant de connaître de cette question [4].

— *En droit administratif :* en cas de poursuite pour fourniture de prestations de pompes funèbres en violation des droits d'exclusivité d'une régie communale de pompes funèbres, le juge pénal n'a pas à suivre le prévenu qui sollicitait le renvoi devant le juge administratif pour apprécier la régularité de la constitution de la régie [5].

Tous ces exemples — on pourrait en donner d'autres — montrent l'avantage du principe de l'article 384, C.P.P. : la justice est meilleure car le juge pénal peut apprécier tous les éléments du procès ; la justice est plus rapide car on évite l'utilisation de moyens dilatoires. Cependant, dans certains cas, le problème posé par la partie poursuivie a paru trop important au législateur pour que l'on puisse permettre au juge pénal de statuer lui-même. Il y a alors dérogation à la règle de l'article 384.

2. *Les dérogations*

108. — Les dérogations au principe de l'article 384, communément appelées exceptions ou questions préjudicielles au jugement, ne doivent pas être confondues avec les exceptions ou questions préjudicielles à l'action [6]. Ces dernières font obstacle au déclenchement des poursuites, alors que les premières font seulement obstacle au jugement. Puisqu'elles dérogent à la règle de l'article 384, les exceptions préjudicielles au jugement doivent être

1. Crim., 26 juillet 1988, B.C., n° 308, D., 1988, I.R., 251.
2. Crim., 28 janvier 1991, B.C., n° 44 ; 5 décembre 1996, B.C., n° 452.
3. Crim., 16 mai 1968, J.C.P., 1969.II.15803, note Brière de l'Isle et Lalumière ; 31 janvier 1973, B.C., n° 56.
4. Crim., 24 mars 1949, précité ; 2 mars 1971, B.C., n° 72.
5. Crim., 22 janvier 1997, B.C., n° 28.
6. V. *infra*, n° 600.

interprétées restrictivement dans leurs cas et sont soigneusement réglementées dans leur régime.

a) Les diverses exceptions préjudicielles

Les diverses exceptions sont de nature civile, pénale et administrative.

— *Les exceptions préjudicielles de nature civile*

109. — Elles sont assez nombreuses et donnent naissance à un contentieux fourni : on ne citera ici que les principales.

La première concerne les *droits réels immobiliers* (v. art. 384, *in fine*). Si donc un individu poursuivi pour chasse sur terrain d'autrui allègue la propriété du terrain, il soulève une exception que la juridiction pénale ne peut trancher elle-même [1]. Sans doute, cette exception s'explique-t-elle par l'idée que l'immeuble a une valeur supérieure à tous autres biens. On décide en effet que la propriété mobilière et que les droits de créance, même s'ils ont pour objet un immeuble, ne constituent pas des exceptions préjudicielles [2] : *res mobilis, res vilis*.

Malgré l'absence de texte et contre l'avis de la doctrine, la jurisprudence a toujours vu une exception préjudicielle dans la *nullité de mariage* en cas de poursuite pour bigamie, du moins si le prévenu allègue la nullité absolue de son premier mariage. Car s'il invoque la nullité relative de son premier mariage ou bien la nullité absolue ou relative de son second mariage (pour une autre cause que la bigamie), le juge pénal peut statuer [3]. Il y a là un byzantinisme regrettable. En outre, avant la loi du 11 juillet 1975 qui a supprimé l'incrimination d'adultère, la jurisprudence décidait qu'en cas de poursuite de ce chef, il y avait toujours exception [4].

De plus, la *nationalité* est une question préjudicielle. L'article 29 C. civ. (L. 9 janvier 1973) décide : « La juridiction civile de droit commun est seule compétente pour connaître des contestations sur la nationalité française ou étrangère des personnes physiques. Les questions de nationalité sont préjudicielles devant tout autre juridiction de l'ordre administratif ou judiciaire, à l'exception des juridictions répressives comportant un jury criminel. » Si une juridiction répressive est saisie pour une infraction à un arrêté d'expulsion et si le prévenu soutient qu'il a la nationalité française, elle doit donc surseoir à

1. Crim., 21 décembre 1954, B.C., n° 419, sursis à statuer également en matière de passage sur le terrain d'autrui.
2. Crim., 29 juin 1917, S., 1917.I.36 ; 29 octobre 1963, B.C., n° 297.
3. Crim., 16 janvier 1826, S., 1825-1827.I.260 ; Rennes, 23 janvier 1879, S., 1881.II.129.
4. Crim., 13 juillet 1867, S., 1867.I.341.

statuer et renvoyer devant la juridiction civile compétente [1]. Toutefois, la question préjudicielle de nationalité est de droit étroit [2].

Enfin, avec la loi du 3 janvier 1972 sur la filiation, la question de filiation devient une question préjudicielle au jugement (art. 311-5 et 6, C. civ., et v. *infra*, n° 562).

— *Les exceptions préjudicielles de nature pénale*

110. — Les exceptions de nature pénale sont beaucoup moins nombreuses.

En matière de *dénonciation calomnieuse* (art. 226-10, C.P.), le dénonciateur ne peut être jugé tant que la fausseté du fait dénoncé n'a pas été établie soit par l'acquittement de la personne dénoncée, soit par une décision de non-lieu de la juridiction d'instruction, soit par un classement sans suite émanant du Ministère public [3].

En cas de *diffamation* (art. 35, l. du 29 juillet 1881) portant sur des faits pénalement répréhensibles, le tribunal correctionnel doit attendre que la juridiction répressive compétente ait statué sur les faits constitutifs de la diffamation. Car le diffamateur peut, à certaines conditions, établir la vérité des faits diffamatoires *(exceptio veritatis)*.

— *Les exceptions préjudicielles de nature administrative*

111. — Plus malaisé à résoudre est le problème du caractère préjudiciel ou non des questions administratives car deux principes se heurtent : celui de la plénitude de compétence du juge pénal qui milite en faveur du caractère non préjudiciel et celui de la séparation des pouvoirs administratifs et judiciaires qui conduit à la conséquence inverse.

Ce problème présente un double aspect. On a déjà vu le premier, celui de l'appréciation de la légalité des actes administratifs (*supra*, n° 105). Il reste à étudier le second, relatif aux questions de droit administratif, se posant en dehors de toute appréciation de légalité.

Le principe est alors que la règle de la séparation des pouvoirs l'emporte sur celle de l'article 384 : il y a donc exception préjudicielle. Ainsi, le comptable public poursuivi pour détournement de deniers publics (art. 432-15, C.P.) et qui invoque l'absence de reliquat entre ses mains, ne peut être jugé qu'après apurement de son compte par la Cour des comptes [4]. De même, en cas de poursuite d'un propriétaire pour violation des règles d'urbanisme à l'occasion d'une construction édifiée conformément à un permis de

1. Crim., 24 juillet 1974, B.C., n° 265 ; 4 juillet 1978, B.C., n° 220.
2. Crim., 4 janvier 1982, B.C., n° 2, en cas de poursuite pour usage d'une carte d'identité obtenue à l'aide d'un certificat de nationalité argué de faux, la nationalité du prévenu n'est pas en cause et il n'y a donc pas lieu à question préjudicielle.
3. V. note P. Garraud au J.C.P., 1945.II.2755.
4. Crim., 2 juillet 1932, D.H., 1932.510.

construire, la condamnation pénale ne peut intervenir qu'après annulation de ce permis par la juridiction administrative (art. L. 480-13, C. urb.) [1].

112. — *Le problème voisin posé par les conventions internationales.* Des questions préjudicielles administratives, on peut rapprocher l'interprétation des conventions internationales. Dans les deux cas, en effet, le prévenu soulève un moyen de défense qui peut conduire le juge pénal à interroger une autorité tierce avant de pouvoir statuer lui-même. Observons cependant que le problème soulevé par ces conventions est un problème d'interprétation ou recherche de leur vrai sens, et non techniquement un problème de question préjudicielle au sens des articles 384 et suivants, C.P.P. [2].

L'interprétation des conventions à effectuer selon les règles suivantes :

— *Ou bien le texte est clair :* le juge l'applique alors de lui-même, rejetant la demande d'interprétation du prévenu [3].

— *Ou bien le texte n'est pas clair :* le juge sollicitait naguère le conseil d'une autorité avant de statuer. De façon générale, cette autorité était le Ministère des Affaires étrangères [4]. Aujourd'hui cependant, le juge pénal interprète lui-même les traités [5], ce qui supprime la question préjudicielle. Mais dans le cas d'un texte communautaire, subsiste la question préjudicielle, en application de l'article 234 du Traité d'Amsterdam consolidant le Traité de Rome (ex. art. 177) : est compétente la Cour de justice des communautés européennes, qui siège à Luxembourg [6] ; étant noté que si la Cour a déjà donné une réponse en la matière, le juge pénal peut se référer à l'arrêt qu'elle a déjà rendu [7].

b) Le régime des exceptions préjudicielles

113. — *Principe.* Les exceptions préjudicielles obligent donc le juge pénal à surseoir au jugement tant que le juge « naturel » du problème soulevé — qu'il s'agisse du juge civil, répressif ou administratif — n'a pas statué. Mais ce sursis obéit à un régime strict que décrit l'article 386, C.P.P.

1. À rapprocher de Crim., 18 juin 1997, B.C., n° 247, en cas de poursuite pour construction sans permis de construire et de défaut de réponse à une lettre de demande de régularisation adressée à la mairie, d'où le prévenu déduisait la régularité de sa construction, le juge pénal ne peut ordonner la démolition de la construction incriminée tant que l'illégalité de cette construction n'a pas été reconnue par le juge administratif.

2. Crim., 16 mai 1991, B.C., n° 210, R.S.C., 1992.96, et obs. J. Pradel.

3. Crim., 1er décembre 1966, D., 1967.23, note Costa, pour un traité ordinaire ; 21 octobre 1985, B.C., n° 320, pour un texte communautaire.

4. Crim., 24 mars 1953, D., 1953.365, note R. Savatier, J.C.P., 1953.II.7659, note P. Weill et J. Léauté ; 29 juin 1972, J.C.P., 1973.II.17457, note J. Ruzié ; 30 juin 1976, D., 1977, 1, note P. Coste-Floret ; 26 janvier 1984, J.C.P., 1984.II.20197, rapp. C. Le Gunéhec.

5. Crim., 11 février 2004, B.C., n° 37.

6. Crim., 25 octobre 1982, B.C., n° 232.

7. Crim., 14 janvier 1980, B.C., n° 20.

114. — *Conditions de présentation d'une exception.* Ce moyen de défense ne peut être présenté par le prévenu qu'à trois conditions.

— Il faut qu'il soit soulevé « avant toute défense au fond ». Il en résulte pour la jurisprudence que l'exception doit être présentée avant l'interrogatoire du prévenu sur les faits, un tel acte procédural impliquant que le prévenu s'est engagé dans la défense au fond [1]. La jurisprudence complète la règle en interdisant au prévenu d'agir pour la première fois en cause d'appel [2] ou devant la Cour de cassation [3].

— Il faut qu'il soit de nature à faire disparaître l'infraction, « à retirer au fait qui sert de base à la poursuite le caractère d'une infraction », dit l'article 386 [4].

— Il faut enfin qu'il soit vraisemblable, l'article 386 décidant que l'exception « n'est admise que si elle s'appuie sur des faits ou sur des titres donnant un fondement à la prétention du prévenu » [5].

Si le législateur s'est montré aussi strict, c'est parce que le fait pour le prévenu de soulever une telle exception introduit dans le procès un élément de perturbation de nature à retarder, sinon à égarer le cours de la justice.

On doit enfin se demander si l'exception peut être invoquée devant le juge d'instruction ou seulement devant la juridiction de jugement. La deuxième thèse a été retenue par un arrêt assez ancien [6]. Cependant, la première, défendue par la doctrine et de très vieux arrêts [7], paraît plus solide, car le renvoi devant la juridiction de jugement ne se conçoit pas si l'accusation n'est pas fondée : il faut raisonner à l'égard des exceptions préjudicielles comme à l'égard des faits justificatifs ou des causes d'irresponsabilité qui peuvent être soulevées devant la juridiction d'instruction.

115. — *Suites procédurales.* Les conclusions aux fins d'exceptions déposées, le tribunal peut soit les rejeter, les débats étant alors continués, soit les accueillir. Dans ce dernier cas, le tribunal rend un jugement le disant et impartissant un délai dans lequel le prévenu doit saisir la juridiction compétente : il y a de sa part sursis à statuer.

Le prévenu dispose alors d'un choix : saisir la juridiction compétente aux fins d'obtention d'une décision sur l'exception préjudicielle, cette décision s'imposant ensuite au juge pénal ; ne rien faire, ce qui permet au juge pénal,

1. Crim., 29 mars 1995, B.C., n° 137, R.S.C., 1995.607, obs. Dintilhac, Dr. pénal, 1995, comm. 226, obs. J.H. Robert ; 23 mai 1995, Dr. pénal, id.
2. Douai, 8 juin 1994, G.P., 1994.II, Somm. 781. La solution est cependant différente pour la demande d'interprétation de l'article 177 Traité C.E.E., Crim. 16 mai 1991, B.C., n° 210, R.S.C., 1992.96, obs. J. Pradel, ce qui prouve qu'une telle demande n'est pas une exception préjudicielle.
3. Crim., 18 janvier 1993, B.C., n° 22, Dr. pénal, 1993, comm. 15, obs. A. Maron.
4. Crim., 23 novembre 1971, B.C., n° 319 ; 8 juillet 1986, B.C., n° 231.
5. Crim., 26 mars 1985, B.C., n° 127.
6. Paris, 3 mai 1969, D., 1969.503, note G.L.
7. Crim., 16 janvier 1826, S., 1825-1827.I.260.

à l'issue du délai qu'il a fixé, de statuer au fond comme si l'exception n'avait pas été soulevée.

§ 2. — Les dérogations particulières

Ces dérogations sont propres à certaines juridictions, à certains délinquants et à certaines infractions.

A — Dérogations concernant certaines juridictions

116. — Dans la pratique, la cour d'assises connaît à la fois plus et moins d'affaires qu'elle ne devrait en connaître selon les règles normales de compétence : plus grâce à sa plénitude de juridiction, moins du fait de la correctionnalisation judiciaire.

1. *La plénitude de juridiction de la cour d'assises*

117. — Expressément reconnue à l'article 231 du Code de procédure pénale, la plénitude de juridiction permet à la cour d'assises de statuer sur tous les faits dont elle est saisie, même s'ils échappent à sa compétence personnelle, matérielle ou territoriale [1]. Pour exprimer ce principe, on dit que l'ordonnance du juge d'instruction (ou en cas d'appel, l'arrêt de la chambre de l'instruction) qui saisit la cour d'assises est attributive de compétence, alors qu'elle est seulement indicative pour toutes les autres juridictions.

Dans la pratique, le principe a souvent l'occasion de jouer dans le cas où, à l'issue des débats, l'infraction que l'on croyait être un crime s'avère n'être qu'un délit. Par exemple, en répondant négativement à la question de meurtre et affirmativement à la question subsidiaire d'homicide par imprudence, la cour reste saisie et doit statuer sur ce délit. Qui peut le plus peut le moins. Il y a correctionnalisation [2].

Le principe de la plénitude de juridiction s'explique doublement. D'abord, la procédure d'assises est complexe et onéreuse, de sorte que mieux vaut éviter une seconde instance. Ensuite, elle présente pour l'accusé plus de garanties que les autres.

Il existe cependant deux exceptions au principe. *Ratione personae* d'abord. La cour doit se déclarer incompétente pour juger un crime imputé à un

1. On citera deux applications de ce principe, dégagées par la jurisprudence. Une fois que la décision saisissant la cour d'assises est devenue définitive, l'accusé n'est plus recevable à proposer à la Cour de cassaton, en frappant de pourvoi l'arrêt d'assises, un moyen tendant à faire juger l'incompétence de la cour d'assises ; Crim., 13 juillet 1949, B.C., n° 243 ; 28 janvier 1981, B.C., n° 41. Ensuite, si après arrêt de renvoi en cour d'assises, une loi correctionnalise l'infraction dont elle avait été saisie, la cour d'assises reste cependant compétente : Crim., 29 avril 1997, B.C., n° 155 ; 21 janvier 1998, B.C., n° 26.

2. V. *infra*, n° 118.

mineur de 18 ans [1], car notre principe s'efface alors devant cet autre selon lequel un mineur ne peut comparaître que devant une juridiction spéciale pour mineurs. *Ratione loci* ensuite. La cour n'est pas compétente à l'égard d'un crime relevant de la compétence d'une juridiction étrangère, car le principe de la plénitude de juridiction n'a de valeur que dans l'ordre interne, non dans l'ordre international [2].

2. *La correctionnalisation judiciaire*

Bibliographie. — C. LAPLANCHE, *La correctionnalisation judiciaire*, thèse dactyl., Montpellier, 1993 ; J.C. LAURENT, *La correctionnalisation*, J.C.P., 1950.I.852 et 877 ; J. SIGNOREL, *La pratique de la correctionnalisation*, 2e Congrès national de droit pénal, Toulouse, 1907, résumé à la R.P.D.P., 1907, p. 1214 ; H. VERDUN, *Des pratiques judiciaires de correctionnalisation*, thèse Aix, 1922, V. WESTER-OUISSE, *Convention et juridiction pénale*, thèse dactyl., Nantes, 1999.

118. — *Définition et modalités de la correctionnalisation judiciaire.* Dérogation à la compétence matérielle de la cour d'assises (et des juridictions correctionnelles), la correctionnalisation judiciaire consiste pour les magistrats à considérer comme délit un fait qui est en réalité un crime. Cette technique peut se concevoir à plusieurs moments de la procédure.

Tout d'abord, une pratique, très en vogue au XIXe siècle, consistait à déférer au tribunal correctionnel un individu précédemment acquitté par la cour d'assises : c'était la correctionnalisation *postérieure au jugement*. Le Code de procédure pénale de 1959 l'a formellement interdite (art. 368).

En revanche, la correctionnalisation *contemporaine du jugement* est toujours très courante et sa légalité n'est pas douteuse puisque la cour d'assises a plénitude de juridiction et que son président peut poser des questions subsidiaires (art. 351, C.P.P.) [3].

Enfin, la correctionnalisation peut être *antérieure au jugement*, le procureur de la République et le juge d'instruction transformant un crime en un délit pour donner compétence au tribunal correctionnel. Considérons cette troisième forme de la correctionnalisation quant à ses techniques et quant à sa valeur.

La correctionalisation antérieure au jugement est très ancienne. On en a la preuve dans des arrêts remontant à … 1798 [4]. De 1819 à 1875, cinq circulaires ministérielles tantôt la condamnent, tantôt l'encouragent. C'est surtout à partir de 1840 qu'elle prend son envol. Le nouveau Code pénal de 1994 lui assure encore un assez bel avenir.

1. Crim., 21 juillet 1963, B.C., n° 268 ; 18 décembre 1973, B.C., n° 470.
2. Crim., 27 mai 1936, G.P., 1936.II.397, R.S.C., 1937.306, obs. Carrive.
3. V. *supra*, n° 117.
4. Crim., 22 novembre 1798, B.C., n° 125.

a) *Les techniques de la correctionnalisation*

119. — La correctionnalisation suppose en premier lieu *l'adoption par les autorités de poursuite et d'instruction d'une qualification inexacte.* Sans doute, la qualification retenue doit-elle présenter une certaine parenté avec le fait. Mais, en pratique, les magistrats font preuve d'une grande hardiesse. On va le voir en rappelant les divers procédés dont ils usent.

• Tantôt les magistrats omettent de retenir une circonstance aggravante qui, admise, aurait conféré aux faits le caractère criminel. Ainsi, ils taisent les circonstances d'effraction, de pluralité d'agents et de nuit qui, réunies, font du vol, délit correctionnel, un vol qualifié, c'est-à-dire un crime (art. 311-7 et s., C.P.). Ce premier procédé est le plus simple. Les faits ne sont pas dénaturés. Qualifié ou pas, le vol reste un vol.

• Tantôt les magistrats se montrent plus audacieux en méconnaissant le principe de la plus haute expression pénale, qui est pourtant la grande règle applicable en cas de pluralité de qualifications. Voici une escroquerie (art. 313-1, C.P.) commise à l'aide d'un faux en écritures publiques ou authentiques (art. 441-4, C.P.), soit un délit commis grâce à un crime. Selon le principe précité, les magistrats devraient retenir le faux [1]. En pratique, ils retiennent souvent le délit d'escroquerie. De même, le crime de viol (art. 222-23, C.P.) sera souvent traité comme « autre agression sexuelle », ce qui est un délit (art. 222-27 et s., C.P.).

• Tantôt enfin, et c'est le procédé extrême, les magistrats procèdent à une disqualification des faits. Cette fois ceux-ci ne sont plus conservés dans leur nature propre et leur auteur se voit attribuer une intention qu'il n'a jamais eue. Les magistrats prennent une qualification différente de celle qui devait s'appliquer à la double condition qu'elle soit correctionnelle et qu'elle déforme le moins possible la réalité. Le viol sera par exemple poursuivi comme violences [2]. En fait, aujourd'hui, cette infraction est moins correctionnalisée que par le passé.

En second lieu, la correctionnalisation implique *l'acceptation par la juridiction correctionnelle et les parties privées de la qualification inexacte.* Elle est une belle illustration du consensualisme. Toutefois, avec la loi du 9 mars 2004, la possibilité de soulever l'incompétence du tribunal est singulièrement étranglée [3].

b) *La valeur de la correctionnalisation*

120. — Sur le plan des *principes,* le procédé est évidemment critiquable puisqu'il est illégal. Seul le législateur peut fixer les infractions et les sanctions. Lui seul peut donc déterminer la juridiction compétente. Sa volonté

1. Crim., 21 avril 1976, B.C., n° 122.
2. Sur ces procédés, v. J. PRADEL et A. VARINARD, n° 4.
3. V. *infra,* n° 121.

devant être respectée, la matière est d'ordre public. D'ailleurs l'octroi sous l'empire du Code pénal de 1810 des circonstances atténuantes ou l'admission aujourd'hui d'une cause de diminution de peine par le juge ne modifie pas la nature du crime.

Pour donner une base légale à la correctionnalisation, une doctrine ancienne avait invoqué la règle de l'opportunité des poursuites [1]. Toujours libre de ne pas poursuivre, le Ministère public pourrait adopter une attitude moyenne en poursuivant un crime sous une qualification correctionnelle : « qui peut le plus pourrait le moins ». Cette justification n'est pas pertinente car on ne peut admettre que le Ministère public puisse poursuivre sous n'importe quelle qualification.

Sur le plan de *l'opportunité*, en revanche, l'hésitation est permise.

Il est sûr d'un côté que la correctionnalisation entraîne l'arbitraire — le même fait étant, selon les parquets, renvoyé en cour d'assises ou devant le tribunal correctionnel [2] —, énerve la répression en minimisant à l'excès l'effet de prévention générale qui s'attache à une comparution en cour d'assises, décourage les agents de la répression, ôte enfin toute signification aux statistiques criminelles devenues incapables d'indiquer l'évolution de notre criminalité.

Mais, d'un autre côté, il est vrai que la correctionnalisation présente trois avantages de poids qui étaient signalés dès le XIXe siècle [3].

D'une part, d'un point de vue pratique, seule la correctionnalisation permet d'éviter l'encombrement des cours d'assises qui se trouveraient submergées si elles devaient juger tous les faits que la loi qualifie crimes. La correctionalisation permet donc de gagner du temps, un peu comme pour les contraventions, le procédé (légal celui-là) de l'ordonnance pénale (art. 524 et s., C.P.P.).

D'autre part, d'un point de vue sociologique, elle permet de réduire le fossé existant entre la loi et la conscience collective. Faut-il rappeler que, dès 1820 environ, la sévérité du Code avait paru excessive aux jurés d'assises qui préféraient, contre toute évidence, nier les faits afin de provoquer l'acquittement ? Peut-on sérieusement songer à renvoyer devant les assises l'agent qui dérobe un crayon, avec l'aide d'un tiers, de nuit et en brisant une vitre, comme le voulait pourtant l'article 382 de l'ancien C.P. ? Sensible à l'argument, le législateur, d'ailleurs, parfois entérine la pratique en correctionnalisant lui-même : on peut citer les lois du 17 mars 1923 pour l'avortement, du 17 février 1933 pour la bigamie, des 16 mai et 24 novembre 1943 pour la corruption et la concussion, l'ordonnance du 23 décembre 1958 pour la banqueroute frauduleuse et le faux en écritures privées, de commerce ou de banque, la loi du 2 février 1981 pour certains vols. Le Code de 1994 a

1. V. *infra*, nos 577 et s.

2. Crim., 26 mars 1864, B.C., n° 76, où il est indiqué « qu'à la règle, on a substitué l'arbitraire ».

3. G. ROUSSET, *De la correctionnalisation des crimes*, 1855.

accéléré le mouvement et par exemple l'abus de confiance commis par un notaire n'est plus un crime (art. 314-3, C.P.).

Enfin, du point de vue de l'intérêt du délinquant, la correctionnalisation permet une certaine individualisation de la répression. Procureurs de la République et juges d'instruction usent en effet de ce procédé lorsqu'ils estiment que la cour d'assises prononcerait une peine à peu près identique à celle qu'infligerait la juridiction correctionnelle. À quoi bon, dès lors, saisir la cour d'assises, qui jette l'opprobe sur des délinquants au passé peut-être irréprochable et dont la procédure est lourde et coûteuse.

Mais alors se pose *de lege ferenda* un problème. Faut-il donner au Ministère public et aux juridictions d'instruction le pouvoir d'accorder eux-mêmes le bénéfice de l'indulgence et, par voie de conséquence, de correctionnaliser certaines affaires ? Une loi belge du 4 octobre 1878 permet expressément aux juridictions d'instruction de disqualifier l'infraction et de saisir la juridiction correctionnelle qui est liée. Mais le biais n'est pas sans reproche. D'abord, on fait juger le fond par une juridiction d'instruction alors que telle n'est pas sa fonction. Ensuite, on lie la juridiction de jugement et l'on porte atteinte à son indépendance ; et même si l'on ne liait pas la juridiction de jugement, la procédure serait allongée au cas où elle se déclarerait incompétente puisqu'il faudrait procéder à un règlement de juges [1].

Finalement, le meilleur parti consiste à dépénaliser par voie législative certains comportements, ce que n'a pas manqué de faire le législateur du nouveau Code pénal. On met alors dans une large mesure le droit en accord avec les faits. Pas tout à fait cependant, car les nécessités de l'individualisation rendent encore utile, dans certains cas d'espèce, une correctionnalisation qui apparaîtrait alors comme une « illégalité d'intérêt général » (A. Chavanne).

c) La consolidation de la correctionnalisation

121. — La loi du 9 mars 2004 est venue la consacrer en disposant que si les parties ne contestent pas la qualification correctionnelle donnée aux faits lors du règlement de l'instruction, elles ne pourront plus le faire devant le tribunal correctionnel [2]. Il s'agit d'exclure le dépôt de conclusions d'incompétence par les prévenus et les parties civiles devant le tribunal correctionnel. Ce nouveau système a conduit le législateur de 2004 à créer deux articles au sein du Code de procédure pénale : l'article 186-3 qui autorise le mis en examen et la partie civile à interjeter appel de l'ordonnance de renvoi en police correctionnelle si elles estiment que les faits sont criminels ; l'article 469, al. 3, selon lequel si le tribunal correctionnel est saisi par décision d'une juridiction d'instruction, il ne peut — d'office ou sur demande des parties — se déclarer incompétent en invoquant le caractère criminel des

1. V. *infra*, n° 144.

2. A. Darsonville, *La légalisation de la correctionnalisation judiciaire*, Droit pénal 2007, n° 3, pp. 7 et s.

faits. La justice sera donc rendue plus rapidement et le spectacle d'un changement de juridiction, toujours gênant à l'égard de l'opinion publique, sera évité [1].

Toutefois, deux exceptions sont apportées dans l'article 469, al. 3 :

— Si la victime ne s'est constituée partie civile qu'après clôture de l'instruction, elle peut soulever l'incompétence. *À contrario*, si elle s'était constituée au cours de l'instruction et si elle avait un avocat, le législateur considère que, conseillée par cet avocat, elle aurait pu faire appel de l'ordonnance de renvoi en police correctionnelle, cette ordonnance lui étant notifiée (art. 183, C.P.P.).

— En cas de poursuites pour un délit non intentionnel, si les débats font apparaître que les faits sont criminels, le tribunal peut se déclarer incompétent (art. 469, al. 3, *in fine*, C.P.P.).

B — Dérogations concernant certains délinquants

122. — *Les privilèges de juridiction. Édiction et abandon.* Les magistrats, maires, préfets et officiers de police judiciaire peuvent commettre des infractions non seulement hors l'exercice de leurs fonctions, à la manière d'un citoyen quelconque, mais aussi dans l'exercice de celles-ci (arrestation ou séquestration arbitraires, coups volontaires, violation de domicile ou de correspondance...). Ces agents de l'État sont évidemment répréhensibles comme un simple particulier. Mais sur le plan procédural, le législateur avait dérogé en matière de crimes et délits (y compris pour atteinte à la sûreté de l'État) aux règles habituelles de la compétence matérielle et surtout territoriale (art. 679 à 688, C.P.P. ; art. L. 341-3, C. forest. ; art. L. 115, C. élect.).

Le principe directeur était que le parquet lorsqu'il entendait poursuivre, devait saisir la chambre criminelle de la Cour de cassation aux fins de désignation d'une juridiction d'instruction dès que la qualité de personne protégée apparaissait et dès qu'une inculpation de cette personne était susceptible d'intervenir [2]. Et le juge d'instruction s'il avait déjà été saisi devait communiquer son dossier au parquet, aux fins de désignation, dès qu'il apprenait la mise en cause d'une telle personne.

Le législateur avait agi ainsi pour trois raisons. D'abord, il avait entendu sauvegarder l'impartialité de ceux qui auront à juger le magistrat ou fonctionnaire. Il avait voulu en outre protéger l'agent de l'État contre le ressentissement de justiciables ou administrés mécontents de lui : les dérogations aux règles de compétence constituaient des obstacles à leur entreprise

1. Avant la loi du 9 mars 2004, il était rare que les prévenus soulèvent l'incompétence matérielle du tribunal (v. pour un exemple, Reims, 9 novembre 1978, D., 1979.92, obs. J. Pradel). Mais, si le « camouflage » de la réalité était mal fait, les juges devaient se déclarer incompétents. Ils ne le peuvent plus.

2. Crim., 23 août 1989, B.C., n° 310, D., 1990, Somm. 223, obs. J. Pradel.

vindicative. Enfin, par-delà l'homme, le législateur avait cherché à protéger la fonction qui pouvait se trouver éclaboussée par l'infraction. Ces raisons étaient si fortes que la matière était d'ordre public [1].

Cependant, dans l'application, ce système dit des privilèges de juridiction s'était révélé très mauvais. Les articles 679 et s., C.P.P., constituaient un ensemble complexe, avec des règles différentes selon la qualité des personnes en cause et les circonstances de l'infraction. En outre, ces dispositions entraînaient des retards dans la procédure que l'opinion publique interprétait comme une protection injustifiée accordée aux personnes concernées, notamment à certains élus.

C'est pourquoi une loi du 4 janvier 1993 a abrogé les articles précités (art. 102). Et cette réforme a suscité l'approbation générale. Toutefois, la suppression du dispositif des privilèges de juridiction n'interdit pas la prise en compte des considérations d'impartialité qui avait conduit à son instauration. C'est la raison pour laquelle la loi du 4 janvier 1993 a réécrit les articles du Code sur le renvoi et notamment les dispositions sur le renvoi dans l'intérêt d'une bonne administration de la justice (art. 665, nouveau C.P.P.) [2]. C'est précisément un renvoi fondé sur l'intérêt d'une bonne justice qui peut fonder le dessaisissement d'une juridiction lorsqu'une personne mise en cause est l'une des personnes jadis visées aux articles 679 et s., C.P.P. Ce type de renvoi est donc le succédané de l'ancien dispositif. Mais au lieu d'être automatique, il ne s'appliquera qu'au cas par cas.

C — Dérogations concernant certaines infractions

123. — *Principe.* Pour certaines infractions, le législateur institue des juridictions spécialisées, à compétence territoriale plus étendue que selon le droit commun. Plus précisément, il entend « concentrer les moyens nécessaires au traitement de certaines affaires sur un nombre limité de structures judiciaires pour éviter des déperditions » [3]. Cette tendance a pris naissance avec la loi du 6 août 1975 pour les affaires économiques et financières. Elle s'est beaucoup développée par la suite et notamment avec la loi du 9 mars 2004, la plus récente pour l'instant.

Ces juridictions spécialisées sont loin d'avoir toutes le même statut. À côté de celles qui ont une compétence étendue obligatoire, il y a — et surtout — celles dont la compétence étendue est facultative.

1. Cass. ass. plén., 31 mai 1990, B.C., n° 221, J.C.P., 1991.II.21599, note P. Angevin.
2. V. *supra*, n° 101.
3. F. Zocchetto, rapport au nom de la commission sénatoriale des lois, n° 441, 24 septembre 2003, p. 176 (ce rapport est à l'origine de la loi du 9 mars 2004).

1. *Juridictions spécialisées à compétence étendue obligatoire*

124. — *Vue générale.* C'est essentiellement la relative rareté de certains contentieux qui a conduit le législateur à créer des juridictions spécialisées pour le traitement de ces contentieux. Le principe consiste à créer au sein de chaque cour d'appel une ou des juridictions spécialisées qui sont compétentes pour les affaires rattachées au ressort de la cour d'appel. De cette idée, il est deux illustrations.

a) Crimes et délits militaires

125. — Selon l'article 697, C.P.P., dans le ressort de chaque cour d'appel, sont désignés :

— un tribunal de grande instance pour l'instruction et, s'il s'agit de délits, le jugement des infractions visées à l'article 697-1, C.P.P. ;

— une cour d'assises pour le jugement des crimes visés à l'article 697-1, C.P.P. [1].

L'article 697-1 renvoie au Livre III du Code de justice militaire (relatif aux infractions d'ordre militaire comme l'insoumission, la désertion, le complot, etc.), et aux articles L. 121-1 et s. du même Code (relatif aux militaires commettant des crimes et délits de droit commun dans l'exercice du service).

b) Crime de trafic de stupéfiants

126. — Les rédacteurs du Code pénal de 1994 ayant criminalisé certains cas de trafic de stupéfiants (art. 222-34 à 222-36, C.P.), la question s'est aussitôt posée de savoir s'il convenait d'aménager la cour d'assises pour le jugement de ces affaires. Le législateur a répondu par l'affirmative : l'article 706-27, C.P.P., prévoit en effet un regroupement des cours d'assises au sein d'une même cour d'appel puisque, décide-t-il, « dans le ressort de chaque cour d'appel, une ou plusieurs cours d'assises dont la liste est fixée par décret sont compétentes pour le jugement des crimes visés à l'article 706-26 » (il s'agit des crimes prévus par les articles 222-34 à 222-36, C.P.) « et des infractions qui leur sont connexes » [2].

On rappellera pour mémoire que cette cour d'assises spéciale l'est aussi à un autre titre puisqu'elle n'est composée que de magistrats professionnels (art. 706-27 et 698-6, C.P.P., combinés).

1. V. le décret du 23 décembre 1982 fixant la liste et le ressort des juridictions spécialisées.

2. Selon l'article D. 47-2, C.P.P., toutes les cours d'appel n'ont qu'une seule cour d'assises spécialisée à l'exception de celles de Douai, Montpellier, Nîmes, Rennes et Fort de France qui en ont deux, et de celle de Versailles qui en a trois.

2. *Juridictions spécialisées à compétence étendue facultative*

127. — *Vue générale.* Ce n'est plus la rareté, mais la technicité et la complexité de certaines affaires qui expliquent la nécessité de créer des juridictions à compétence accrue. Plus précisément, les infractions de la compétence de ces juridictions ne peuvent être traitées que par des magistrats hautement spécialisés et, de plus, leur caractère parfois interrégional, voire national, incite — dans un souci de simplification procédurale — à concevoir des juridictions à compétence étendue.

C'est ainsi que le législateur, par divers textes, a prévu plusieurs cas de figure qui comportent cependant certaines règles communes.

a) Divers cas de figure

— *Juridictions spécialisées couvrant le ressort d'une cour d'appel (juridictions régionales)*

128. — *Les juridictions compétentes en matière économique et financière.* Devant la montée de la délinquance d'affaires, dite « en col blanc », la justice pénale se trouvait impuissante alors que la répression était particulièrement nécessaire en raison de l'importance du préjudice occasionné aux actionnaires, salariés et créanciers notamment. C'est pourquoi une loi du 6 août 1975, modifiée plusieurs fois (1994, 1998, 2000 et 2004) a créé au sein du Livre IV du Code de procédure pénale un titre XIII aujourd'hui intitulé « De la procédure applicable aux infractions en matière économique et financière » (art. 704 à 706-1-1, C.P.P.).

Certaines juridictions, normalement incompétentes selon les articles 43, 52 et 382, C.P.P., se voient donc néanmoins attribuer la connaissance d'affaires économiques et financières à raison de la spécialisation technique des magistrats qui les composent. Déjà, avant 1975, il existait une certaine spécialisation de fait des magistrats du parquet et de l'instruction (comme la « section financière » du parquet de Paris. La loi de 1975 officialise ces pratiques et les étend à toute la France. On citera plus particulièrement les « pôles économiques et financiers » de Paris et de Marseille [1].

La liste et le ressort des juridictions spécialisées sont fixés *par décret* [2].

C'est le procureur de la République auprès du tribunal pourvu de la juridiction spécialisée qui est seul compétent pour désaisir à la juridiction de droit commun au profit de la juridiction spécialisée [3].

1. G. Accomando et A. Benech, *De la juridiction spécialisée au pôle régional économique et financier*, R.P.D.P., 2000, pp. 52 et s. ; F. Zocchetto, précité, pp. 166 et s.
2. Déc. du 25 mars 1994 modifié par Déc. du 30 juin 2000.
3. Art. 705-1, CPP et Crim., 28 mars 2007, B.C., n° 96.

129. — *La notion d'infractions économiques et financières.* C'est l'article 704 du C.P.P. qui énumère ces infractions dont peuvent connaître les juridictions spécialisées lorsque les faits sont « d'une grande complexité » :

— délits prévus par le Code pénal, à savoir blanchiment, abus de faiblesse, escroquerie, atteintes aux règles sur les adjudications publiques, abus de confiance, atteintes aux systèmes de traitement automatisé de données, concussion, corruption et trafic d'influence, prise illégale d'intérêts, atteintes à certaines règles sur les marchés publics, soustraction et détournement de biens par une personne dépositaire de l'autorité publique, corruption [1], demande ou acceptation de présents par un membre d'une formation juridictionnelle, fausse monnaie, fait pour une personne de ne pouvoir justifier de son train de vie tout en entretenant des relations habituelles avec des personnes participant à une association de malfaiteurs ;
— délits prévus par le Code de commerce ;
— délits prévus par le Code monétaire et financier ;
— délits prévus par le Code de la construction et de l'habitation ;
— délits prévus par le Code de la propriété intellectuelle ;
— délits de fraude fiscale et d'organisation de refus collectif de l'impôt ;
— délits prévus par le Code des douanes ;
— délits prévus par le Code de l'urbanisme ;
— délits prévus par le Code de la consommation ;
— délits prévus par la loi du 12 juillet 1983 sur les jeux de hasard ;
— délits prévus par la loi du 28 mars 1885 sur les marchés à terme ;
— délits prévus par la loi du 1er août 1986 sur le régime juridique de la presse.

On doit encore ajouter les délits connexes à ces délits.

— Juridictions spécialisées couvrant plusieurs ressorts de cour d'appel (juridictions interrégionales)

130. — *Les juridictions compétentes pour certaines affaires économiques et financières.* C'est à la loi du 9 mars 2004 que l'on doit de les retrouver ici. Cette loi a en effet ajouté à l'article 704, C.P.P., un alinéa ainsi conçu : « La compétence territoriale d'un tribunal de grande instance peut également être étendue au ressort de plusieurs cours d'appel... dans les affaires qui sont ou qui apparaîtraient d'une très grande complexité, en raison notamment du grand nombre d'auteurs, de complices ou de victimes ou du ressort géographique sur lequel elles s'étendent. »

L'expression importante est celle de « très grande complexité » qui concerne donc les pôles interrégionaux alors que celle, déjà examinée, de « grande complexité » intéresse les pôles régionaux (correspondant à une

1. Y compris la corruption active et passive de fonctionnaires communautaires ou de fonctionnaires d'un autre État membre de la Commission européenne, du Parlement européen, de la Cour de justice ou de la Cour des comptes des Communautés européennes.

cour d'appel). Plus précisément, notre procédure comporte désormais trois échelons, avec d'abord la juridiction à compétence naturelle qui, par une lecture *a contrario*, aurait compétence pour les affaires simplement complexes, avec ensuite la juridiction du pôle régional pour les affaires d'une grande complexité, et avec enfin la juridiction du pôle interrégional pour les affaires d'une très grande complexité [1].

Tout cela est d'un maniement délicat car assez subjectif et c'est pourquoi le législateur de 2004, dans un souci pédagogique, a mentionné quelques critères comme le grand nombre d'auteurs, de complices ou de victimes, ainsi que le ressort géographique des affaires. Il peut arriver qu'une affaire impliquant un grand nombre de personnes ne soit pas pour autant d'une grande complexité. Pratiquement, la notion de « très grande complexité » vise les fraudes aux intérêts financiers de l'Union européenne, les blanchiments à grande échelle, les actes commis par des organisations de type mafieux [2].

Ces juridictions font l'objet d'une circulaire fixant leur liste et leur ressort [3].

131. — *Les juridictions compétentes en matière d'infraction à la santé publique.* Elles ont été créées par la loi du 4 mars 2002 sur les droits des malades, modifiée par celle du 9 mars 2004 (art. 706-2 et 706-2-1, C.P.P.). La création de ces juridictions spécialisées s'explique par l'importance (y compris sur le plan médiatique) d'affaires comme celles du « sang contaminé » et du « nuage de Tchernobyl ». Les procédures ont été initiées le plus souvent par des parties civiles, les parquets n'ayant en ces occasions pris aucune initiative. Il était donc important de créer, là aussi, des pôles interrégionaux [4].

Ces juridictions interrégionales sont compétentes si l'affaire est d'une « grande complexité » et si apparaît l'une des infractions suivantes :

— atteintes à la personne humaine au sens du Titre II du Livre II du Code pénal (homicide volontaire, empoisonnement, administration de substances nuisibles à la santé, homicide involontaire, etc.) ;

— infractions prévues par le Code de la santé publique ;

— infractions prévues par le Code rural ou le Code de la consommation ;

— infractions prévues par le Code de l'environnement et le Code du travail.

Encore faut-il que soit à l'origine de l'infraction « un produit de santé au sens de l'article L. 5311-1, C.S.P., un produit destiné à l'alimentation de l'homme ou de l'animal ou un produit ou une substance auxquels l'homme est durablement exposé et qui sont réglementés en raison de leurs effets ou de leur dangerosité… » (art. 706-2, I, C.P.P.).

1. J.L. WARSMANN, rapport au nom de la commission des lois de l'Assemblée nationale, n° 851.I, mai 2003, p. 136 (ce rapport est à l'origine de la loi du 9 mars 2004).
2. Id., p. 136, *in fine*.
3. Circulaire du 2 septembre 2004, Crim., 04-11/G3.
4. F. GOSSELIN, *Action pénale et santé publique*, G.P., 8-9 mars 2002.

La compétence des juridictions spécialisées s'étend aux infractions connexes à ces infractions. La liste et le ressort de ces juridictions sont fixés par décret [1].

132. — *Les juridictions compétentes en matière de criminalité organisée (J.I.R.S ou juridictions interrégionales spécialisées).* Face à l'inquiétante augmentation de la criminalité organisée — expression très vague au demeurant —, la loi du 9 mars 2004 a notamment créé des juridictions interrégionales, spécialisées en cette matière. À cet effet, elle a institué au Livre IV du Code de procédure pénale un Titre XXV, intitulé « De la procédure applicable à la criminalité et à la délinquance organisées » et dans ce titre on trouve un chapitre (le premier) consacré à la compétence des juridictions spécialisées (art. 706-75 à 706-79-1, C.P.P.).

Comme ces juridictions connaissent des infractions de criminalité organisée, il a bien fallu que le législateur définisse le concept. Mais au lieu de créer une nouvelle incrimination — ce qui aurait notamment posé des difficultés de coexistence avec celle d'association de malfaiteurs [2] —, le législateur adopta la méthode de la liste, imitant en cela le droit européen et par exemple la décision-cadre du 13 juin 2002 sur le mandat d'arrêt européen [3]. Plus précisément, le législateur établit deux listes d'incrimination de criminalité organisée :

— *celle de l'article 706-73, C.P.P.*, où se trouvent quinze infractions qui sont le meurtre en bande organisée, les tortures et actes de barbarie en bande organisée, le trafic de drogues, l'enlèvement et la séquestration en bande organisée, le proxénétisme aggravé, le vol en bande organisée, les destructions et dégradations en bande organisée, la fausse monnaie, les actes de terrorisme [4], les délits en matière d'armes commis en bande organisée, les délits d'aide à l'entrée, à la circulation et au séjour irrégulier d'un étranger en France commis en bande organisée, le blanchiment et le recel, l'association de malfaiteurs de l'article 450-1, C.P. ;

— *celle de l'article 706-74, C.P.P.*, plus brève et qui vise : 1° les crimes et délits commis en bande organisée autres que ceux relevant de l'article

1. Déc. du 22 avril 2002 qui habilite les tribunaux de Paris (compétent pour 25 cours d'appel) et de Marseille (compétent pour 7 cours d'appel).

2. Comp. la définition donnée au congrès de Palerme (O.N.U., décembre 2000) : « L'expression groupe criminel organisé désigne un groupe structuré de trois personnes ou plus existant depuis un certain temps et agissant de concert dans le but de commettre une ou plusieurs infractions graves ou infractions établies conformément à la présente Convention pour en tirer, directement ou indirectement, un avantage financier ou un autre avantage matériel ». Cette définition du moins en ce qui concerne les actes, reste vague car, par ailleurs, la Convention rappelle que l'expression « infraction grave » désigne un acte constituant une infraction passible d'une peine privative de liberté dont le maximum ne doit pas être inférieur à quatre ans.

3. J. PRADEL, *Le mandat d'arrêt européen*, D., 2004, 1382 et 1462 ; V. MALABAT, éd., *Dr. pénal 2004*, chron. 17.

4. Qui font d'ailleurs l'objet d'un statut particulier puisqu'ils sont soustraits aux juridictions interrégionales au profit d'une juridiction nationale sise à Paris, v. *infra*, n° 134.

précédent ; 2° les délits d'association de malfaiteurs prévus par le deuxième alinéa de l'article 450-1, C.P.

On pourra critiquer le choix du législateur, notamment en ce qui concerne la liste des agissements retenus [1]. Cependant, de la liste, on peut tirer aisément les deux caractères de la criminalité organisée. Il s'agit d'abord systématiquement d'*infractions graves*, presque toujours de nature criminelle et la peine étant au minimum celle de dix ans d'emprisonnement. Ce sont ensuite des *infractions commises à plusieurs* car c'est la pluralité d'agents qui fait la dangerosité. Cette pluralité est d'ailleurs tantôt un élément constitutif de l'infraction (comme dans l'association de malfaiteurs), tantôt une circonstance aggravante, celle de bande organisée définie à l'article 132-71, C.P., comme étant « tout groupement formé ou toute entente établie en vue de la préparation, caractérisée par un ou plusieurs faits matériels, d'une ou de plusieurs infractions » ; de cette définition, on peut déduire les caractères du concept de bande organisée [2], la jurisprudence de la chambre criminelle étant encore pauvre.

On admettra toutefois que le législateur du 9 mars 2004 aurait dû indiquer que les actes de criminalité organisée doivent impliquer au moins trois personnes. La Convention de Palerme, précitée, avait l'avantage de le préciser et cette convention a été ratifiée par la France, le 24 juillet 2002.

On doit ajouter que ce ne sont pas toutes les affaires faisant l'objet de l'énumération légale qui seront déférées à une J.I.R.S. Le législateur n'a pas voulu « tarir les juridictions naturelles » et ce sont seulement les affaires « de grande complexité » qui seront traitées par les J.I.R.S. [3].

La liste et le ressort des compétentes juridictions sont indiqués à l'article D. 47-8, C.P.P. [4].

Les articles 706-75-1 et s., C.P.P. règlent certaines questions de procédure. Ainsi le procureur près un tribunal sans J.I.R.S. peut requerer le juge d'instruction de se désaisir au profit de la J.I.R.S. [5].

133. — *Les juridictions compétentes pour certaines affaires de pollution maritime.* À la suite de plusieurs vagues de pollution ces dernières années et largement médiatisées, la loi du 9 mars 2004 crée, au sein du Livre IV du Code de procédure pénale, un Titre XXVI intitulé « De la procédure applicable en cas de pollution des eaux maritimes par rejet des navires » (art. 706-107 à 706-111, C.P.P.). Il s'agit de « nous doter des moyens de punir les responsables des

1. B. de Lamy, *La loi n° 2004-204 du 9 mars 2004 portant adaptation de la justice aux évolutions de la criminalité*, I - *La lutte contre le crime organisé*, D., 2004, chron. pp. 1910 et s., not. p. 1913 ; E. Verges, *La notion de criminalité organisée après la loi du 9 mars 2004*, A.J. pénal, 2004, p. 184.

2. Existence d'un réseau relationel, actes préparatoires et organisation structurée selon E. Verges, précité, pp. 182 et 183 ; préméditation, durée dans l'action et professionnalisme des participants selon J. Pradel. Vers un « aggiornamento » des réponses de la procédure pénale à la criminalité. Apports de la loi n° 2004-204 du 9 mars 2004, J.C.P., 2004.I.134, n° 34, *in fine*.

3. Art. 706-75 C.P.P., la compétence territoriale d'un tribunal de grande instance et d'une cour d'assises « peut être étendue au ressort de plusieurs cours d'appel » et circulaire du 2 septembre 2004, Crim. 04-13G1.

4. V. aussi circulaire du 2 septembre 2004, précitée.

5. Il est le seul à le pouvoir. Crim., 11 mai 2006, B.C., n° 127, A.J. pénal 2006, 366, obs. Roussel.

grandes catastrophes maritimes »[1]. À cet effet, les infractions de pollution des eaux marines commises dans les eaux territoriales, dans la zone économique exclusive et dans la zone de protection écologique sont de la compétence de juridictions spécialisées (art. 706-107, al. 1 et 2, C.P.P.)[2].

— *Juridictions spécialisées couvrant tous les ressorts de cour d'appel (juridictions nationales)*

134. — *Compétence du tribunal de Paris en matière d'actes de terrorisme.* C'est la loi du 9 septembre 1986 qui a permis au tribunal de grande instance de Paris de connaître des infractions de terrorisme telles qu'énumérées aux articles 421-1 à 421-5, C.P. Il s'agit d'infractions graves « en relation avec une entreprise individuelle ou collective ayant pour but de troubler gravement l'ordre public par l'intimidation ou la terreur » et qui sont :

— les atteintes volontaires à la vie et à l'intégrité de la personne, l'enlèvement et la séquestration ainsi que le détournement d'aéronef ou de navire ;

— les vols, extorsions, destructions et dégradations ainsi que les infractions en matière informatique ;

— les infractions en matière de groupes de combat et de mouvements dissous ;

— la fabrication ou la détention de machines, engins meurtriers ou explosifs selon l'article 3 de la loi du 19 juin 1871 ;

— la production, la vente, l'importation ou l'exportation de substances explosives définies à l'article 6 de la loi du 3 juillet 1970 ;

— l'acquisition, la détention, le transport ou le port illégitime de substances explosives définies à l'article 38 du décret-loi du 18 avril 1939 ;

— la détention, le port et le transport d'armes et de munitions des première et quatrième catégories, définis aux articles 31 et 32 du décret-loi du 18 avril 1939 ;

— la fabrication, la détention, le stockage, l'acquisition et la cession d'armes biologiques définies aux articles 1 et 4 de la loi du 9 juin 1972 ;

— les infractions prévues par les articles 58 à 63 de la loi du 17 juin 1998 relative à l'application de la Convention du 13 janvier 1993 sur l'interdiction de la mise au point, de la fabrication, du stockage et de l'emploi des armes chimiques et sur leur destruction ;

— le recel du produit des infractions visées aux quatre premières rubriques ci-dessus ;

— l'introduction dans l'atmosphère, sur le sol, dans le sous-sol ou dans les eaux d'une substance de nature à mettre en péril la santé de l'homme ou des animaux ou le milieu naturel ;

1. J.L. WARSMANN, rapport précité, p. 159.

2. Selon un décret du 11 février 2002, découlant de la loi du 3 mars 2001, il y a six tribunaux spécialisés : Le Havre, Brest, Marseille, Fort-de-France, St-Denis de La Réunion et St-Pierre et Miquelon.

— le fait de participer à un groupement formé ou à une association établie en vue de la préparation d'un acte de terrorisme mentionnés ci-dessus.

On aura observé que toutes ces incriminations, à l'exception des deux dernières, sont la reprise d'incriminations de droit commun à ceci près que le législateur a ajouté le mobile d'intimidation ou de terreur. C'est donc la présence de ce mobile qui permet à la juridiction spécialisée parisienne d'être compétente [1].

135. — *Compétence du tribunal de Paris en matière de corruption active d'agents publics étrangers.* Une loi du 30 juin 2000 a intégré dans les articles 435-3 et 435-4, C.P., le contenu d'une convention internationale sur la corruption d'agents publics étrangers n'appartenant pas à l'Union européenne. En même temps, cette loi a décidé que le tribunal de Paris serait compétent pour connaître de ces infractions et que les magistrats de celui-ci exerceront leurs fonctions sur toute l'étendue du territoire national (art. 706-1, al. 1 et 2, C.P.P.).

136. — *Compétence du tribunal de Paris pour certaines affaires de pollution maritime.* On a déjà indiqué que sont de la compétence des juridictions spécialisées interrégionales les délits de pollution commis dans les eaux territoriales dans la zone économique exclusive ou dans la zone de protection écologique (art. 706-17, al. 1 et 2, C.P.P.). Il faut maintenant indiquer que c'est le tribunal de Paris qui est compétent pour les infractions de pollution d'une « grande complexité » (art. 706-107, al. 3, C.P.P.) ou commises hors des espaces maritimes sous juridiction française à bord d'un navire français (art. 706-108, C.P.P.).

b) Règles communes

137. — Procéduralement, toutes ces juridictions spécialisées obéissent à des règles qui sont les mêmes.

1° Ces juridictions sont compétentes pour l'enquête, la poursuite, l'instruction et, s'il s'agit de délits, le jugement des affaires. Tous les textes précités rappellent cette tétralogie procédurale.

2° Ces juridictions exercent, comme l'indiquent les textes, une « compétence concurrente à celle qui résulte de l'application des articles 43, 52, 382 et 706-42 » sur la compétence territoriale [2]. Cette expression signifie d'abord que les magistrats spécialisés ont une compétence supplémentaire en ce sens qu'ils peuvent agir même s'ils ne sont pas compétents au titre des articles 43, 52, 382 et 706-42 ; ces magistrats tiennent leur compétence des textes spéciaux du Code de procédure pénale qui les investissent et qu'on a rappelés plus haut.

1. La doctrine est abondante, v. not. R. Koering-Joulin, R.S.C., 1987.621 ; P. Marguénaud, id., 1990.1 ; R. Ottenhof, id., 1990.607 ; J. Pradel, D., 1987, chron. 39.

2. Art. 705, al. 1, pour les affaires économiques et financières, 706-2, al. 5, pour les affaires sanitaires, 706-76, al. 1, pour les affaires de criminalité organisée, 706-109, al. 1, pour les affaires de pollution maritime, 706-17, al. 1, pour les affaires de terrorisme et 706-1, al. 1, pour les affaires de corruption « internationale ».

L'expression veut dire ensuite que les magistrats de la juridiction spécialisée n'ont qu'une compétence facultative : il faut en effet que les affaires apparaissent « d'une grande complexité » ou « d'une très grande complexité » pour que la juridiction spécialisée soit saisie et cette appréciation est faite par le parquet.

3° S'il apparaît que la juridiction spécialisée a été saisie à tort, elle reste compétente quelles que soient les incriminations retenues à la fois lors de l'instruction ou lors du jugement [1]. Il faut éviter les va-et-vient, sources de lenteur, voire de nullité.

4° Si une affaire a été confiée à un juge d'instruction « ordinaire » et s'il apparaît en cours de procédure au procureur de la République d'un tribunal non spécialisé qu'elle devrait être confiée à un tribunal spécialisé, ce magistrat requiert le juge d'instruction de se dessaisir au profit du juge spécialisé. Le juge non spécialisé en avise les parties et les invite à faire connaître leurs observations. Ce juge rend ensuite une ordonnance (d'acceptation ou de refus de dessaisissement) dans un délai compris entre huit jours et un mois à compter de l'avis. Si le juge décide de se dessaisir, son ordonnance ne prend effet qu'à compter du délai de cinq jours qui est celui ouvert au parquet et aux parties pour faire appel. Dès que l'ordonnance est passée en force de chose jugée, le procureur adresse le dossier à son collègue du parquet spécialisé désormais compétent. Si le parquet ou une partie fait appel de l'ordonnance, c'est la chambre de l'instruction qui le traite : dans les huit jours suivant la date de réception du dossier, elle désigne le juge d'instruction qui poursuivra l'information. Un recours est possible, porté devant la chambre criminelle [2].

SOUS-SECTION III

LES SANCTIONS DES RÈGLES DE COMPÉTENCE

138. — *Principe.* Les règles de compétence étant toutes d'ordre public (sous réserve des dispositions des articles 186-3 et 469, al. 3, C.P.P., déjà examinés), diverses mesures ont été instituées pour en assurer le respect.

Exceptionnellement, la loi a prévu à l'encontre du magistrat qui accomplirait intentionnellement un acte échappant à sa compétence des sanctions

1. Art. 705, al. 3, pour les affaires économiques et financières, 706-76, al. 2, pour les affaires de criminalité organisée, 706-109, al. 3, pour les affaires de pollution des eaux maritimes. Pas de disposition analogue pour les affaires sanitaires et la corruption « internationale », mais on peut considérer que la règle du maintien de compétence doit s'appliquer. Enfin, pour les faits de terrorisme, le juge d'instruction saisi à tort doit se déclarer incompétent, art. 706-19, al. 1.

2. Art. 705-1 et 705-2 pour les affaires économiques et financières, 706-2, al. 5, pour les affaires sanitaires, 706-110 et 706-111, pour les affaires de pollution des eaux maritimes, 706-18 et 706-19 pour les faits de terrorisme. Cependant, en matière de crimininalité organisée, l'article 706-78, C.P.P. exclut le pourvoi contre un arrêt de la chambre de l'instruction statuant en matière de déssaisissement au profit de la juridiction interrégionale spécialisée, Crim, 16 février 2005, B.C., n° 62, 14 septembre 2005, B.C., n° 225.

personnelles. Celles-ci consistent en une responsabilité civile (prise à partie : art. 506, ancien C.P.C., et 11, l. du 5 juillet 1972), voire pénale (attentats à la liberté : art. 432-4, C.P.).

Normalement, cependant, la sanction se manifeste par la nullité de la décision émanant d'une juridiction incompétente, c'est-à-dire par la réformation en appel si la décision a été rendue en première instance et par la cassation par la chambre criminelle s'il s'agit d'une décision rendue en dernier ressort. Afin d'éviter cette nullité, notre droit a imaginé deux séries de mesures. D'une part, toute juridiction pénale s'estimant incompétente a le pouvoir et même le devoir de l'exprimer : elle rend alors une *décision d'incompétence.* D'autre part, lorsque deux juridictions prétendent connaître simultanément d'une affaire ou refusent au contraire de la juger, la difficulté est résolue par une tierce juridiction : il y a alors *conflit de compétence.*

§ 1. — La décision d'incompétence

139. — Toutes les juridictions, qu'elles soient d'instruction ou de jugement, doivent vérifier leur compétence, même si des conclusions d'incompétence n'ont pas été déposées par les parties. S'il y a lieu, ces juridictions rendront une décision d'incompétence.

A — La décision d'incompétence émanant des juridictions d'instruction

140. — Avant de procéder à son premier acte, le juge d'instruction doit apprécier s'il est compétent. L'article 90 du Code de procédure pénale rappelle la règle à propos de la compétence territoriale et pour le cas où il est saisi par une constitution de partie civile. Mais le principe a une portée générale. En conséquence, il joue aussi bien pour les compétences matérielle et personnelle que pour la compétence territoriale. Et il s'applique quel que soit le mode de saisine du juge d'instruction.

L'ordonnance par laquelle le juge d'instruction statue sur sa compétence est susceptible d'appel devant la chambre de l'instruction tant de la part du procureur de la République (art. 185, al. 1er, C.P.P.) que de la part du mis en examen et de la partie civile (art. 186, al. 3, C.P.P.), cette règle étant affirmée directement [1] et indirectement [2].

1. Crim., 24 mars 1926, D., 1927.I.165, Paris, 13 mai 1933 (sous Crim, 2 février 1934, 1re espèce), D., 1934.I.169, note G. Leloir, le prévenu peut faire appel de toute ordonnance du juge d'instruction sur la compétence sans qu'il y ait à distinguer suivant qu'il s'agit de la compétence *ratione materiae, personae* ou *loci.*

2. Crim., 30 janvier 1979, B.C., n° 43, R.S.C., 1980.152, obs. J. Robert, 9 mai 1990, B.C., n° 176, un inculpé peut faire appel d'une ordonnance refusant sa mise en liberté en invoquant l'illégalité de sa détention en raison de l'incompétence du juge d'instruction.

B — La décision d'incompétence émanant des juridictions de jugement

141. — Les juridictions de jugement ont pareillement l'obligation de se refuser à statuer si elles s'estiment incompétentes [1]. Par exemple, si la juridiction de proximité constate que la qualification retenue dans l'acte qui la saisit concerne des faits relevant de la compétence du tribunal de police, elle renvoie l'affaire devant celui-ci après s'être déclarée incompétente (art. 70672, C.P.P.). La règle joue même à l'égard de la Cour de cassation [2]. Deux limites, toutefois, doivent être indiquées. Le tribunal correctionnel, saisi d'une contravention, ne peut se déclarer incompétent (art. 466, C.P.P.). Et la cour d'assises ne peut en aucun cas se déclarer incompétente : elle a, en effet, plénitude de juridiction puisque l'arrêt par lequel la chambre de l'instruction la saisit est attributif de compétence (art. 231, C.P.P.) [3].

Quel est le sort de la décision sur la compétence, rendue par un tribunal ou une cour d'appel ? Il faut distinguer. S'il s'agit d'une décision d'incompétence, celle-ci, mettant fin à la procédure, peut immédiatement faire l'objet d'un appel ou d'un pourvoi en cassation (art. 507, al. 1, et 570, al. 1, C.P.P.). S'il s'agit, au contraire, d'une décision par laquelle la juridiction affirme sa compétence (pratiquement en rejetant une exception d'incompétence soulevée par une partie), la solution est différente. L'appel et le pourvoi ne peuvent être reçus qu'après une ordonnance rendue par le président de la chambre des appels correctionnels ou par le président de la chambre criminelle, suite à une requête émanant de la partie entendant faire appel ou former pourvoi. En cas de refus d'appel ou de pourvoi immédiat sur la compétence, ces voies de recours ne pourront être exercées qu'après la décision sur le fond (art. 507 et 570, C.P.P.).

§ 2. — LES CONFLITS DE COMPÉTENCE

Bibliographie. — G. BONNET, *Le règlement de juges dans la jurisprudence moderne de la chambre criminelle*, J.C.P., 1970.I.2319 ; P. CHAUVIN, *Règlement de juges*, Rép. pén. ; J. GUYÉNOT, *Le dessaisissement des juridictions dans la procédure pénale française*, R.S.C., 1963.481.

142. — *Position du problème*. Dans l'hypothèse que nous venons d'envisager, une seule juridiction, et nécessairement répressive, était concernée. Au contraire, au cas de conflit de compétence, deux juridictions sont en

1. Toute juridiction doit apprécier, même d'office, si elle est compétente, Crim., 3 janvier 1970, B.C., n° 4 ; 3 février 1988, B.C., n° 55 ; 4 janvier 1990, B.C., n° 1.
2. Crim., 8 mai 1947, D., 1947.314 ; 20 novembre 1969, B.C., n° 308 ; 26 février 1970, B.C., n° 80.
3. V. *supra*, n° 117.

présence, soit qu'elles revendiquent toutes deux la connaissance de la même affaire (conflit *positif*), soit qu'elles se déclarent également incompétentes (conflit *négatif*). Or, la solution diffère selon que les deux juridictions appartiennent l'une et l'autre à l'ordre judiciaire répressif ou bien qu'au contraire l'une ressortit à l'ordre judiciaire et l'autre à l'ordre administratif. Dans le premier cas, on parle volontiers de conflit de juridictions et, dans le second, de conflit d'attributions. Il est sans doute meilleur d'employer les expressions de *conflits de juridictions judiciaires* et de *conflits d'ordre juridictionnels* [1].

A — Les conflits de juridictions judiciaires

143. — Les hypothèses de conflit sont variées. Par exemple, un juge d'instruction saisit par l'ordonnance de renvoi (acte juridictionnel) un tribunal correctionnel qui se déclare incompétent. Ou bien deux tribunaux correctionnels territorialement compétents entendent rester saisis du même dossier. Normalement résolu par la procédure du *règlement de juges*, le conflit l'est en fait très souvent par la pratique du *dessaisissement amiable*.

1. *La procédure du règlement de juges*

144. — Cette procédure est décrite aux articles 657 à 661 du Code de procédure pénale.

Ses *conditions* sont au nombre de trois. D'abord, le conflit doit exister entre deux décisions juridictionnelles, par exemple entre une ordonnance de renvoi du juge d'instruction et un jugement du tribunal correctionnel ; il n'y a donc pas conflit si la juridiction correctionnelle a été saisie par citation directe du parquet [2]. Il faut ensuite que les deux décisions aient statué sur la compétence elle-même [3] et non sur des incidents extérieurs à celle-ci, comme l'irrégularité de la saisine [4]. Enfin, les deux décisions juridictionnelles doivent être définitives.

La *mise en œuvre* de la procédure du règlement de juges est dominée par le principe que le conflit est réglé par la juridiction supérieure commune aux deux juridictions concurrentes. De là une distinction. Le conflit est réglé par la chambre de l'instruction s'il concerne deux tribunaux de police, deux tribunaux correctionnels ou deux juges d'instruction du ressort de la même cour d'appel (art. 658, C.P.P.). Dans tous les autres cas, le conflit est réglé par la chambre criminelle de la Cour de cassation : c'est par exemple le cas

1. R. MERLE et A. VITU, t. II, n° 721.
2. Crim., 23 mai 1925, D.H., 1925.408 ; 11 janvier 1977, B.C., n° 15.
3. Crim., 6 avril 2004, B.C., n° 88, pas de règlement de juges possible si les deux tribunaux n'ont pas rendu de décision juridictionnelle.
4. Crim., 21 février 1952, B.C., n° 56.

du conflit entre un tribunal correctionnel et un juge d'instruction [1], même s'ils appartiennent à la même cour d'appel [2].

On ajoutera quelques règles communes aux deux juridictions réglant de juges. La juridiction est saisie par requête du Ministère public ou des parties et elle statue par arrêt [3]. La requête en règlement de juges est recevable même si l'une des deux décisions a été rendue par défaut, à condition qu'elle ait été régulièrement signifiée et que, faute de recours, elle soit devenue définitive [4].

Quelques règles propres à la chambre criminelle sont également prévues. Ainsi à l'occasion d'un pourvoi dont elle est saisie, elle peut régler de juges d'office et même par avance (art. 659, *in fine*, C.P.P.) ; c'est ainsi qu'il y a lieu à règlement de juges par avance lorsque, du fait de la cassation partielle d'un arrêt de la chambre de l'instruction, deux tribunaux correctionnels peuvent se trouver saisis de faits indivisibles ou connexes [5]. En outre, la chambre criminelle peut, avant de régler de juges, ordonner la communication de la requête aux parties ; dans ce cas, les pièces de la procédure lui sont transmises dans le délai fixé par elle, avec les observations des intéressés et le cours de la justice est suspendu (art. 660, C.P.P.).

2. *La pratique du dessaisissement amiable*

145. — Dans la pratique, les magistrats s'efforcent le plus souvent, en cas de conflit positif, de remplacer la procédure assez lourde du règlement de juges par un dessaisissement amiable de l'une des juridictions au profit de l'autre [6]. Le procédé est d'ailleurs prévu par la loi s'il y a conflit entre deux juges d'instruction appartenant à deux tribunaux différents ou au même tribunal et se trouvant saisis simultanément de la même affaire. L'un des deux juges rend alors une ordonnance de dessaisissement au profit de l'autre (art. 657, C.P.P.) [7]. Ce n'est qu'en cas de difficultés qu'il est réglé de juges.

1. Crim., 18 novembre 1948, B.C., n° 263, conflit négatif lorsque la juridiction correctionnelle devant laquelle une ordonnance du juge d'instruction a renvoyé le prévenu s'est déclarée incompétente au motif que ce dernier était domicilié et que les faits avaient été commis dans un autre arrondissement.

2. Crim., 13 décembre 1994, B.C., n° 404.

3. Susceptible d'un pourvoi en cassation lorsqu'il émane de la chambre d'accusation, art. 658, *in fine*, C.P.P.

4. Crim., 18 janvier 1930, B.C., n° 25 ; 16 novembre 1960, B.C., n° 525.

5. Crim., 31 mai 1994, B.C., n° 211.

6. Le dessaisissement amiable est si utilisé que les rédacteurs du C.P.P., dans le titre « des règlements des juges », l'ont traité en priorité (art. 657), avant le règlement de juges.

7. La procédure du dessaisissement amiable n'est évidemment applicable que si au moment de l'ordonnance de dessaisissement rendue par un juge d'instruction au profit d'un autre, ce dernier est déjà saisi, Crim., 16 janvier 1979, B.C., n° 25, D., 1979, I.R., 301, J.C.P., 1980.II.19380, note L. Remplon.

B — Les conflits d'ordre juridictionnel

146. — Ces conflits opposent une juridiction judiciaire répressive et une juridiction administrative. Touchant au principe de la séparation des pouvoirs, ils sont tranchés par une juridiction supérieure aux deux ordres en conflit, le *tribunal des conflits*, juridiction présidée par le garde des Sceaux et composée de trois conseillers d'État, de trois conseillers à la Cour de cassation et de deux membres élus par les sept premiers. La procédure de conflit est simple dans son mécanisme, mais elle n'est pas toujours applicable.

1. *Mécanisme de la procédure de conflit*

147. — Quand elle est possible, la procédure commence par un déclinatoire de compétence par lequel le préfet demande à la juridiction répressive de se dessaisir. Si celle-ci rejette le déclinatoire, le préfet prend dans les quinze jours un arrêté de conflit par lequel il saisit le tribunal des conflits. Cet arrêté oblige la juridiction répressive à surseoir à statuer. Le tribunal des conflits doit statuer dans un délai de deux mois.

2. *Cas d'application de la procédure de conflit*

148. — Cette procédure n'a pas un domaine général puisqu'elle supporte deux sortes d'exceptions.

Quant aux *juridictions* d'abord, le conflit ne peut être élevé ni devant la cour d'assises — la volonté populaire est souveraine — ni devant le tribunal de police, ni devant le tribunal militaire : ces juridictions ont simplement le pouvoir de se déclarer incompétentes, sous le contrôle de la Cour de cassation, si une question d'ordre administratif se présente à elles. Ce n'est que devant les juridictions correctionnelles que la procédure de conflit est applicable, et encore dans deux cas seulement : si la solution de la décision dépend d'une question préjudicielle de la compétence de l'autorité administrative, ou s'il s'agit d'un délit relevant des tribunaux administratifs (par ex., contraventions de grande voirie).

Quant aux *matières*, il est deux cas dans lesquels le préfet ne peut élever le conflit. D'une part, les tribunaux judiciaires, civils aussi bien que répressifs, sont seuls compétents pour statuer sur la réparation des dommages causés par un véhicule quelconque, même si ce véhicule appartient à une personne morale de droit public dont la responsabilité est substituée à celle de l'auteur du dommage (l. du 31 décembre 1957, art. 1). D'autre part, la procédure de conflit est également exclue en cas de contestation sur un problème de liberté individuelle et plus précisément en cas d'atteinte à la liberté individuelle ou à l'inviolabilité du domicile prévue par les articles 432-4 à 432-6 et 432-8 du Code pénal (art. 136, C.P.P.).

CHAPITRE II

LE MINISTÈRE PUBLIC

Bibliographie. — G. ACCOMANDO, *Vers un nouveau Ministère public ?* Justices, n° 7, 1997.87 ; B. ANGIBAUD, *Le Parquet*, P.U.F., Que sais-je ? 1999 ; Y. BOT, *Révolution des prérogatives du Ministère public*, Mélanges P. LÉGER, Pédone, 2006, pp. 25 et s. ; F. CASORLA, *L'indépendance du Ministère public*, Nouveau pouvoir judiciaire, avril 1976.26 ; du même, *La mise en état des affaires pénales*, thèse dactyl., Poitiers, 1981 ; du même, *Les magistrats du parquet et le conseil constitutionnel*, in *Droit constitutionnel et droit pénal. Travaux de l'institut des sciences criminelles de Poitiers*, Cujas, 2000, p. 31 ; F. CASORLA et H. MAYNIER, *Du procureur général près la Cour de cassation au procureur général de la République*, G.P., 2-4 mai 1993.2 ; L. CHARBONNIER, *Ministère public et Cour suprême*, J.C.P., 1992.I.3532 ; L. FAVOREU, *Brèves observations sur la situation du parquet au regard de la Constitution*, R.S.C., 1994.675 ; R. HAYOIT DE TERMICOURT, *Propos sur le Ministère public*, R.D.P.C., 1936.961 ; F. GOYET, M. ROUSSELET et M. PATIN, *Le Ministère public*, 3e éd., 1953 ; M. JÉOL, *Le parquet entre le glaive et la balance*, Justices, n° 3, 1996.69 ; J.P JEAN, *Le ministère public entre modèle jacobin et modèle européen*, R.S.C., 2005, p. 670 et s. ; H. JUNG, *Le Ministère public : portrait d'une institution*, A.P.C., 1993.15 ; *Le parquet de la République. Vers un nouveau Ministère public ?* Colloque organisé par l'École nationale de la magistrature, la Fondation nationale des sciences politiques et le journal *Le Monde*, à Paris, en mai 1995 ; J. PRADEL et J.P. LABORDE, *Du Ministère public en matière pénale, À l'heure d'une éventuelle autonomie ?* D., 1997, chron. 141 ; M.L. RASSAT, *Le Ministère public entre son passé et son avenir*, préface R. Vouin, L.G.D.J., 1967 ; M. ROLLAND, *Le Ministère public en droit français*, J.C.P., 1956.I.1271 et 1281 ; R. VOUIN, *Le procureur de la République et ses problèmes*, Mélanges Laborde-Lacoste, 1963.459 ; J. VOLFF, *Le Ministère public*, P.U.F., Que sais-je ? 1998 ; *Le ministère public*, étude collective avec la participation de J. BORRICAND, G. MARINO, J. PRADEL, E. ZAPPALA et F. FALLETTI, R.D.D.P., 2000, n° 3, p. 437 et s.

Histoire (avant 1959) : F. BLUCHE, *Les magistrats du Parlement de Paris au XVIIIe siècle* (1715-1771), thèse, Paris, 1960 ; A. ESMEIN, *Histoire de la procédure* *criminelle en France et spécialement de la procédure inquisitoire depuis le XIIIe siècle jusqu'à nos jours*, 1882, réimpression Francfort, Sauer, 1969 ; C. PLUYETTE, *Du Ministère public*, thèse, Rennes, 1877 ; P. REYNAUD, *De l'indépendance du Ministère public dans l'exercice de l'action publique en droit français*, thèse, Paris, 1879 ; R. ROBLOT, *La justice criminelle en France sous la Terreur*, thèse, Paris, 1937 ; J.A. ROUX, *Le Ministère public et la partie lésée*, thèse, Paris, 1893 ; H. SAUSSIER, *Le Ministère public et le pouvoir central*, thèse, Paris, 1910 ; E.A. TESSIER, *Des origines du Ministère public*, thèse, Caen, 1868.

Droits étranger et comparé : J. CÉDRAS, *La justice pénale aux États-Unis*, Economica, 1990, not. pp. 226 et s. ; C. LAZERGES (sous la direction de), *Figures du parquet*, P.U.F., 2006 ; E. MATHIAS, *Les procureurs du droit. De l'impartialité du Ministère public en France et en Allemagne*, préface M. Delmas-Marty, C.N.R.S., Droit, 1999 ; H. JUNG, *Le rôle du Ministère public en procédure pénale allemande*, R.S.C., 1983.223 ; J. PRADEL, *Droit pénal comparé*, Dalloz, 2e éd., 2002, not. n°s 256 et s. ; J. PRADEL et L. LEIGH, *Le Ministère public, Examen comparé des droits anglais et français*, R.D.P.C., 1989.234 ; *The role of the public prosecutor in criminal justice, according to the different constitutional systems*, Colloque tenu au Caire en mai 1995, Istituto di ricerca sui Sistemi Giudiziari Consiglio Nazionale delle Ricerche, v. not. rapports J. De Figueiredo Dias (en français), R. Ottenhof, J.F. Renucci et L.C. Henry (en français).

149. — *Vue générale.* On sait que le Ministère public est aussi appelé *parquet*, car dans l'ancienne France, ses membres se tenaient sur le parquet de la salle d'audience et non sur l'estrade réservée aux juges, ou encore *magistrature debout* car ses représentants se lèvent pour requérir, à l'inverse de la *magistrature assise* ou *siège* composé de juges.

Le Ministère public existe à la fois en matière civile et en matière pénale. Dans le premier cas, il agit, écrit, soit comme partie principale à la manière d'un plaideur, soit plus fréquemment comme partie jointe en donnant sous la forme de conclusion un avis à l'occasion d'un procès. Sa présence au procès civil s'explique car un tel procès, loin de se borner à trancher seulement un litige d'intérêt privé, peut parfois soulever des questions intéressant l'ordre public, par exemple une question de nationalité. Mais il reste incontestable que c'est dans le procès pénal, où il est toujours partie principale, comme demandeur à l'action publique, qu'il a le rôle le plus considérable.

Apparu en France vers le XIVe siècle, en pleine procédure accusatoire, le Ministère public prend avec la procédure inquisitoire une importance évidente qu'il conservera. Cette importance apparaît à l'examen de l'*institution* comme à celui des *fonctions* du Ministère public.

SECTION I

L'INSTITUTION DU MINISTÈRE PUBLIC

150. — *Les divers problèmes qui se posent.* Le premier problème est celui de la *place du Ministère public dans la justice* : faut-il n'avoir qu'un seul corps de magistrats (incluant juges et parquetiers avec possibilité de passer d'une fonction à l'autre en cours de carrière) ou faut-il séparer les juges et les parquetiers, pour en faire deux corps séparés ? Cette deuxième idée souvent avancée actuellement est dangereuse : les parquetiers risqueraient de devenir de simples organes de l'exécutif, de perdre leur statut de magistrat, sans aucun gain pour les libertés individuelles [1].

Le second problème est celui du *recrutement.* Théoriquement, deux conceptions sont possibles : l'élection par les citoyens ou la nomination par le gouvernement. Pour éviter les querelles de personnes, le deuxième système est préféré presque universellement. Il a été officiellement consacré chez nous par le décret des 16-24 août 1790. Actuellement, les membres du Ministère public sont nommés par décret du Président de la République, sur la proposition du garde des Sceaux et après avis simple (et non pas conforme comme il serait souhaitable) du Conseil supérieur de la Magistrature siégeant en sa formation concernant les magistrats du parquet (art. 16, L. org. n° 94-100 du 5 février 1994, art. 28, ord. n° 58-1270 du 22 décembre 1958, modifié par l'art. 11, L. org. n° 94-101 du 5 février 1994) [2]. Il ne faudrait pas cependant voir en eux uniquement des fonctionnaires du pouvoir exécutif. Étant défenseurs de la société, ils sont aussi des magistrats (d'où leur recrutement par le même concours professionnel que les juges). Cette dualité de nature des membres du parquet explique dans une large mesure son *organisation* et ses *caractères.*

§ 1. — L'ORGANISATION DU MINISTÈRE PUBLIC

151. — *Principe.* Étant partie principale au procès pénal, même si celui-ci n'a été déclenché que par la victime, le Ministère public est représenté auprès de toutes les juridictions répressives [3] même lorsqu'elles statuent

1. J.L. NADAL, *Un risque pour notre justice et nos libertés*, *Le Monde*, 2 juin 2006. *Add* la Commission de réflexion sur la justice (dite Commission Truche) avait discuté d'une éventuelle scission du corps de la magistrature entre parquetiers (qui deviendraient fonctionnaires particuliers de l'État) et juges. Elle avait cependant déjà rejetté cette scission en souhaitant que les parquetiers restent magistrats. Rapport de la Commission de réflexion sur la justice, La Documentation Française, 1997, p. 37.

2. Toutefois les procureurs généraux sont nommés en Conseil des ministres, ce qui est générateur de soupçon, interview de M. Lernout, D., 4 juillet 2002, p. 2062.

3. Crim., 9 mai 1985, B.C., n° 178, le Ministère public fait partie essentielle et intégrante des tribunaux de répression qui ne peuvent procéder au jugement des affaires qu'en la présence

uniquement sur l'action civile [1]. Il importe peu qu'elles soient d'instruction ou de jugement, de droit commun ou d'exception.

A — Le Ministère public auprès des juridictions de droit commun

152. — Devant le *tribunal de police*, où il n'existe pas de parquet à proprement parler, une distinction doit être faite. S'il s'agit des contraventions de la cinquième classe, les fonctions du Ministère public sont exercées obligatoirement par le procureur de la République du tribunal de grande instance, ou par l'un de ses substituts (art. 45, al. 1er, C.P.P.). Pour les autres contraventions, ces fonctions sont exercées normalement par le commissaire de police du lieu où siège le tribunal d'instance (art. 45, al. 1er, C.P.P.), sous réserve d'une triple dérogation : 1° D'abord, en cas d'empêchement, le procureur général peut désigner un commissaire ou un inspecteur divisionnaire ou principal de la police nationale (art. 46, al. 1er, C.P.P.) [2] ; 2° Ensuite, en cas d'absolue nécessité et pour la tenue d'une audience, le juge d'instance peut faire appel au maire du lieu où siège le tribunal ou à l'un de ses adjoints (art. 46, al. 2, C.P.P.) ; 3° Enfin, le procureur de la République ou l'un de ses substituts peut toujours occuper le siège du Ministère public « s'il le juge à propos » (art. 45, al. 1er, C.P.P.).

Auprès du *tribunal correctionnel* et du *juge d'instruction*, le Ministère public est celui du tribunal de grande instance. Il est constitué du procureur de la République auquel s'ajoute, dans les tribunaux importants, un nombre variable de substituts et de procureurs adjoints, hiérarchiquement situés entre le procureur et les substituts (déc. du 16 octobre 1953 et art. 55, l. du 4 août 1956).

Près les *cours d'appel* (chambre de l'instruction et chambre des appels correctionnels), le parquet, dit parquet général, comprend le procureur général près la cour d'appel et, selon l'importance de la cour, un nombre variable d'avocats généraux (art. 34, 192 et 510, al. 2, C.P.P.). Enfin, la cour d'assises emprunte son Ministère public à l'un des membres soit du parquet général, si elle siège au chef-lieu de la cour d'appel, soit du tribunal de grande instance, si elle siège dans une autre ville (art. 34 et 39, al. 2, C.P.P.) ; toutefois, le procureur général peut déléguer tout magistrat du parquet du ressort de la cour d'appel auprès d'une cour instituée dans ce ressort (art. 241, al. 2, C.P.P.).

et avec son concours ; Crim., 8 novembre 2000, B.C., n° 332, pas d'irrégularité de la procédure si, en cas d'absence momentanée du représentant du Ministère public, le président suspend l'audience.

1. Crim., 22 juillet 1987, B.C., n° 299.

2. Si le fonctionnaire de police n'a pas été désigné par le procureur général pour exercer les fonctions du Ministère public, la composition de la juridiction est irrégulière (Crim., 22 octobre 1987, B.C., n° 366).

Devant la *Cour de cassation*, enfin, le Ministère public constitue un parquet général composé du procureur général près la Cour de cassation, d'un premier avocat général et de 18 avocats généraux (art. 1, déc. du 22 décembre 1962, modifié par le déc. du 10 février 1972). On notera que, devant la Cour suprême, le Ministère public est, par exception à la règle générale, partie jointe : la haute juridiction se trouve en effet saisie par les parties (parquet près la juridiction ayant rendu la décision attaquée ou parties privées) et non par son parquet général.

B — Le Ministère public auprès des juridictions d'exception

153. — Devant la *Haute Cour de justice*, le parquet est constitué par le procureur général près la Cour de cassation, assisté du premier avocat général et deux avocats généraux de celle-ci (ord. du 2 janvier 1959, art. 13). Et devant la *Cour de justice de la République*, le Ministère public est exactement le même (art. 8, l. du 23 novembre 1993).

Auprès des *juridictions militaires*, le Ministère public est représenté par un commissaire du gouvernement (C.J.M., art. 10 et 12 pour les tribunaux aux armées, 28 pour les tribunaux territoriaux des forces armées, 52 pour les tribunaux militaires aux armées). Les commissaires du gouvernement sont des magistrats du corps judiciaire détachés, comme les magistrats du siège composant ces juridictions d'exception (art. 14, 45 et 57, C.J.M.).

Enfin, devant les juridictions pour *mineurs*, il faut distinguer. Auprès du juge des enfants et du tribunal pour enfants, le parquet est constitué par le parquet du tribunal de grande instance et plus précisément par un ou plusieurs membres de celui-ci, spécialement chargés des affaires de mineurs (art. 4, ord. n° 58.1274 du 22 décembre 1958). Auprès de la cour d'appel, un magistrat du parquet général est spécialement chargé des affaires de mineurs et siège à la chambre spéciale de la cour (art. 6, al. 3, de la même ord.). Enfin, auprès de la cour d'assises des mineurs, le rôle du parquet est rempli par le procureur général près la cour d'appel ou par un magistrat du Ministère public spécialement chargé des affaires de mineurs (art. 20, al. 3, ord. du 2 février 1945).

§ 2. — LES CARACTÈRES DU MINISTÈRE PUBLIC

154. — Le Ministère public est d'abord *irrécusable* puisqu'il est l'adversaire (art. 669, al. 2, C.P.P.) [1] ; au contraire, magistrats du siège et jurés peuvent être récusés. De même, le Ministère public ne peut être l'objet d'une demande en suspicion légitime [2].

1. M. VIALA, *Le Ministère public peut-il être récusé ?* G.P., 1980.I, Doct. 163.
2. Crim., 27 janvier 1993, B.C., n° 49.

Le Ministère public est également *irresponsable*. S'il exerce l'action publique à tort, il ne peut être condamné ni aux frais ni à des dommages-intérêts (v. cependant art. 505 à 516, ancien C. proc. civ., sur la prise à partie).

En outre, le Ministère public est *indépendant*. Ce caractère se manifeste à la fois vis-à-vis des juridictions [1], et vis-à-vis des justiciables : d'une part, en effet, il n'est pas tenu d'agir sur simple plainte de la victime et, d'autre part, le retrait de plainte de celle-ci ou la transaction qu'elle passe avec le délinquant ne le lient pas sauf exceptions [2].

Enfin, le Ministère public est *hiérarchisé* et *indivisible*. Ces deux caractères appellent de plus longs commentaires.

A — Le caractère hiérarchisé du Ministère public

155. — Alors que les magistrats du siège ne reçoivent d'ordre de personne et statuent uniquement selon leur conscience, ceux du parquet sont, au contraire, hiérarchisés. Cette subordination hiérarchique entraîne d'importantes conséquences, mais comporte quelques limites.

1. *Les conséquences de la subordination hiérarchique*

156. — Comme on le sait, « les magistrats du parquet sont placés sous la direction et le contrôle de leurs chefs hiérarchiques et sous l'autorité du garde des Sceaux » (art. 5, ord. n° 58-1270 du 22 décembre 1958). Ce texte fait apparaître l'existence du ministre de la Justice, comme chef du Ministère public, et de magistrats appartenant au Ministère public. Plus nettement encore, le Titre premier du Livre premier du C.P.P., depuis sa réforme du 9 mars 2004 distingue en deux chapitres distincts le garde des Sceaux, ministre de la Justice, et le Ministère public [3]. Toute la matière de la hiérarchie du Ministère public ne peut se comprendre que par un examen séparé du ministre de la Justice et des magistrats du Ministère public.

a) Le garde des Sceaux, chef du Ministère public

157. — *De lege lata*. La loi du 9 mars 2004 a fixé avec précision le rôle directeur du ministre de la Justice à travers le nouvel article 30, C.P.P. (reprenant en partie l'ancien article 36, C.P.P.). Comme on va le voir, la loi du 9 mars 2004 consacre un modèle « jacobin centralisé et hiérarchisé » [4].

1. V. *supra*, n° 18.
2. V. *infra*, n°s 255 et s.
3. Chapitre 1 *bis* sur le garde des Sceaux (art. 30) et chapitre II sur le Ministère public (art. 31 et s.).
4. J.P. JEAN, *Le ministère public entre modèle jacobin et modèle européen*, R.S.C. 2005, p. 670 et s., not. 674.

— Selon son alinéa 1, « Le ministre de la Justice conduit la politique d'action publique déterminée par le Gouvernement. Il veille à la cohérence de son application sur le territoire de la République. » Ainsi le garde des Sceaux assure la politique d'action publique comme le Gouvernement, selon l'article 30 de la Constitution, « détermine et conduit la politique de la Nation ». Car les nécessités pratiques et l'égalité entre les citoyens imposent une unité à la politique menée par les parquets.

Cette expression de « politique d'action publique » avait été suggérée par la Commission de réflexion sur la justice (dite parfois Commission Truche, du nom de son président, alors premier président de la Cour de cassation) qui souhaitait qu'elle remplaçât celle de « politique pénale ». Lisons le rapport de la Commission : « Ce terme est choisi à dessein : « politique » au sens de manière concertée de répondre à des situations données, « action » au sens d'agir et non seulement de réagir à une situation imposée, ce qui suppose prévention, recherche des faits et appréciation de la suite la plus opportune à leur donner, « publique » au sens d'une part de référence à un ensemble plus large et, d'autre part, de transparence ; ce terme doit être préféré à « politique pénale » qui est trop réducteur... La politique d'action publique peut se définir comme la recherche et la définition des conditions dans lesquelles l'application de la loi doit être engagée de manière coordonnée entre plusieurs autorités, compte tenu des circonstances et dans le respect de l'égalité « des citoyens » [1]. On souscrira volontiers à ce changement sémantique.

— L'alinéa 2 de l'article 30, C.P.P., décide : « À cette fin, il adresse aux magistrats du Ministère public des instructions générales d'action publique. » Le garde des Sceaux dispose ainsi légalement [2] du droit d'émettre des circulaires générales dont la pratique remonte, il est vrai, au XIXe siècle et qui aujourd'hui sont de plus nombreuses, allant des infractions commises par les mineurs aux infractions routières ou racistes en passant par le braconnage des anguilles !

— Enfin, l'alinéa 3 de cet article dispose que le ministre de la Justice « peut dénoncer au procureur général les infractions à la loi pénale dont il a connaissance et lui enjoindre, par instructions écrites et versées au dossier de la procédure, d'engager ou de faire engager des poursuites ou de saisir la juridiction compétente de telles réquisitions écrites que le ministre juge opportunes ». Ce sont les ordres individuels de poursuite qui sont ici visés. Dans le passé, certains gardes des Sceaux ne voulaient pas en donner. Ces instructions individuelles sont pourtant indispensables à la cohérence de la politique d'action publique car, sans elles, l'inégalité règnerait entre les justiciables, un même fait donnant lieu à poursuite ici et pas là [3]. On observera que selon le texte, le ministre peut donner l'ordre de poursuivre, pas celui de ne pas poursuivre,

1. Rapport de la Commission de réflexion sur la justice, précité, pp. 29-30.

2. Légalement depuis la loi du 9 mars 2004.

3. Sur la nécessité d'admettre les instructions individuelles, rapport du Conseil supérieur de la Magistrature, juin 2002, interview de M. Lernout au D. 4 juillet 2002, pp. 2061 et s.

c'est-à-dire de « bloquer » une poursuite [1]. On ne peut s'empêcher de penser que cette règle, certes légale, n'est pas toujours conforme aux exigences de la politique d'action publique : une telle politique conduit en effet à des choix et donc à des non-poursuites dans certains cas.

158. — *De lege ferenda.* La règle que le garde des Sceaux est le chef suprême du Ministère public est contestée par des esprits qui aimeraient voir ce rôle tenu par le procureur général près la Cour de cassation, dont le rôle actuel est relativement faible. Ils font remarquer que la subordination de ce haut magistrat au ministre de la Justice n'est pas logique puisque le parquet de la juridiction qui dit le droit doit être uniquement l'organe de la loi. Il faudrait donc couper le garde des Sceaux du parquet et faire du procureur général près la Cour de cassation un procureur général de la République qui serait le chef naturel du Ministère public et même le directeur des poursuites publiques [2]. Cette conception, malgré un léger risque de développement du corporatisme, dépolitiserait en partie la justice. D'ailleurs, plusieurs législations étrangères ont déjà consacré l'idée d'un parquet indépendant du pouvoir exécutif (Italie et Portugal, par exemple) [3].

Bref, il faudrait dans cette conception laisser au ministre de la Justice sa fonction de mise en œuvre de la politique d'action publique mais, pour les affaires individuelles (la gestion de l'action publique), séparer les parquets de ce ministre (d'où l'abrogation souhaitable de l'article 30, C.P.P.). Cependant, il faut bien que les procureurs de la République soient liés hiérarchiquement, si l'on veut éviter inégalités graves et dérapages, et c'est pourquoi il est indispensable de les rattacher à un organe central. Mais lequel ? Pas le Conseil supérieur de la magistrature assurément car il est trop politique. Peut-être le procureur général de la Cour de cassation devenu procureur général de la République. Mais il faudrait alors prévoir des règles satisfaisantes pour la désignation de ce haut magistrat (élection par le Parlement, à une majorité renforcée ?).

Une voie différente fut suggérée par la Commission Truche : certes, l'abrogation de l'article 30, C.P.P., est proposée, mais le garde des Sceaux, bénéficiaire d'informations même dans les dossiers individuels, pourrait, en cas de classement par le parquet, engager lui-même la poursuite en saisissant la juridiction d'instruction ou de jugement compétente ; il serait représenté à cette fin par un magistrat de la Chancellerie ou par un avocat [4]. Façon

1. V. dans le même sens, un très vieil arrêt de Crim., 22 décembre 1827, B.C., n° 118.

2. H. Maynier et F. Casorla, *Du procureur général près la Cour de cassation au procureur général de la République*, G.P., 1993.I, Doctr. 539.

3. J. Pradel et J.-P. Laborde, *Du Ministère public en matière pénale. À l'heure d'une éventuelle autonomie ?* D., 1997, chron. 141 ; v. aussi J.F. Burgelin et P. Lombard, *Le procès de la justice*, Plon, 2003, proposant l'instauration « d'un office judiciaire indépendant ayant à sa tête un procureur général de la Nation chargé d'assurer l'unité du Ministère public et de son action sur l'ensemble du territoire national », p. 97.

4. Rapport de la Commission de réflexion sur la justice, précité, pp. 34-35.

d'éliminer radicalement le soupçon d'ordres donnés par le garde des Sceaux dans telle affaire particulière. Certes, mais l'on peut répondre que subsistera toujours le soupçon d'ordres donnés téléphoniquement et que ce n'est sans doute pas dans la mission d'un tel ministre de poursuivre lui-même. Sans oublier les difficultés pour lui en cas de non-lieu ou de relaxe !

À l'encontre de ces propositions, on répondra que le ministre de la Justice a une évidente légitimité démocratique puisqu'il est le reflet de la majorité parlementaire. Mais l'idée d'un procureur général de la République a aussi la sienne.

L'examen des droits étrangers laisse apparaître une grande diversité de modèles étatiques [1]. Dans sa recommandation du 6 octobre 2000, le Conseil de l'Europe n'a pas choisi un modèle type à cause de ces différences et s'est contenté d'énumérer des garanties statutaires destinées à améliorer l'impartialité des parquetiers [2].

b) Les magistrats du Ministère public

159. — *Rôle.* Tous les membres du Ministère public sont, à l'exception du procureur général près la Cour de cassation, hiérarchisés. Ils doivent évidemment tout d'abord obéir au garde des Sceaux. Deux autres aspects doivent en outre être indiqués.

D'abord, le *procureur général*, qu'il ait reçu ou non un ordre du ministre de la Justice, peut en donner au procureur de la République. Selon l'article 36, C.P.P., « le procureur général peut enjoindre aux procureurs de la République, par instructions écrites et versées au dossier de la procédure, d'engager ou de faire engager des poursuites ou de saisir la juridiction compétente de telles réquisitions écrites que le procureur général juge opportunes ». Ce texte est l'écho fidèle de l'article 30, al. 3, C.P.P., précité, relatif au ministre de la Justice. Plus généralement, ce magistrat « veille à l'application de la loi dans toute l'étendue du ressort de la cour d'appel et au bon fonctionnement des parquets de son ressort » et « à cette fin, il anime et coordonne l'action des procureurs de la République ainsi que la conduite de la politique d'action publique par les parquets de son ressort » (art. 35, C.P.P.). Ces dispositions impliquent des réunions périodiques entre le procureur général et les procureurs de la République. Plus généralement encore, le procureur général est l'intermédiaire entre le ministre de la Justice et les procureurs de la République dont il coordonne l'action.

Ensuite, le *procureur de la République*, étant subordonné au procureur général, doit comme tout subordonné lui rendre compte. C'est ainsi que l'article 35, al. 3, C.P.P., indique : « Sans préjudice des rapports particuliers

1. J. PRADEL, Le ministère public autorité omniprésente ou colosse aux pieds d'argile. Observations sur quelques législations pénales européennes, *R.P.D.P.*, 2001, p. 464 et s.

2. F. FALLETTI, La Recommandation 2000-19 du comité des ministres du Conseil de l'Europe, *R.P.D.P.*, 2001, p. 490 et s.

qu'il établit soit d'initiative, soit sur demande du procureur général, le procureur de la République adresse à ce dernier un rapport annuel sur l'activité et la gestion de son parquet ainsi que sur l'application de la loi. Le procureur de la République établit donc au minimum un rapport annuel de synthèse et en plus, le cas échéant, des « rapports particuliers » pour des affaires importantes, appelées « affaires signalées » dans la pratique judiciaire.

160. — *Sanctions.* Un système hiérarchique, fondé sur l'obéissance, appelle des sanctions. C'est pour cela qu'a été prévue toute une gamme de *sanctions disciplinaires.* Un refus d'obéir à l'ordre de son supérieur expose en effet le magistrat du parquet à un rappel à l'ordre, à un déplacement, à la rétrogradation, voire à la révocation. Car les membres du Ministère public sont amovibles et révocables, à la différence des juges. Sans doute, le garde des Sceaux qui entend frapper disciplinairement un membre du Ministère public doit-il recueillir l'avis de la formation du Conseil supérieur de la magistrature compétente à l'égard des magistrats du parquet, présidée par le procureur général près la Cour de cassation et composée d'un conseiller et de deux avocats généraux à la Cour de cassation ainsi que de quinze magistrats du parquet des cours et tribunaux (ord. n° 58-1270 du 22 décembre 1958, art. 58-1 et s.). Mais cette formation ne fournit qu'un avis, qui ne lie pas le ministre. En outre, le Conseil d'État, saisi par le magistrat sanctionné d'un recours pour excès de pouvoir, ne se reconnaît pas compétent, au nom de la séparation des pouvoirs, pour apprécier la mesure prise par le garde des Sceaux « dès lors que l'examen de la question implique l'appréciation d'actes accomplis par le requérant dans les pouvoirs d'ordre judiciaire attachés à ses fonctions et entrant ainsi dans le fonctionnement du service judiciaire »[1]. L'arrêt *Dorly* crée ainsi, au détriment des magistrats du Ministère public, une situation exceptionnellement désavantageuse qui les met, en matière disciplinaire, à la discrétion du garde des Sceaux.

2. *Les limites de la subordination hiérarchique*

161. — Le devoir d'obéissance envers les supérieurs comporte deux limites.

1° La première résulte de ce que l'on appelle le *pouvoir propre* des chefs de parquet, c'est-à-dire des procureurs généraux et des procureurs de la République (art. 41, C.P.P.).

Dans le principe, la notion de pouvoir propre a une double signification. D'un côté, un chef de parquet (par ex., le procureur de la République) peut poursuivre malgré la défense du supérieur (par ex., le procureur général), et la poursuite ainsi engagée est valable de sorte que la juridiction saisie est

1. C.E., 26 juin 1953, *Dorly*, J.C.P., 1953.II.7810, note L. Cartou, S., 1954.III.3, note de Laubadère ; *add.* G. Vedel, « Le contrôle judiciaire des mesures disciplinaires frappant les magistrats du parquet », in *Le Pouvoir judiciaire*, n° 83, octobre 1953.

dans l'obligation de statuer. De l'autre, le chef de parquet peut se refuser à poursuivre en dépit de l'ordre, même formel, de son supérieur, et ce dernier ne peut pas se substituer à lui car un acte relatif à la poursuite ne peut être fait que par le chef de parquet auquel la loi donne compétence [1]. Il faut indiquer cependant qu'à l'intérieur d'un même parquet la subordination est plus marquée, les substituts devant se conformer aux interdictions de leur procureur.

En pratique, les conflits entre chefs de parquet sont rares et la notion de pouvoir propre signifie alors que, par exemple, le procureur de la République peut prendre seul des décisions dans les affaires courantes sans devoir en référer au procureur général. On peut dire que le magistrat du parquet manifeste son caractère et son sens des responsabilités en évitant de solliciter des instructions pour des affaires ordinaires.

2° La deuxième limite au devoir d'obéissance tient à la liberté dont dispose le membre du Ministère public lorsqu'il requiert à l'audience. *La plume est serve, mais la parole est libre*, disait un adage ancien, reproduit presque textuellement par les articles 33 du Code de procédure pénale, et 5, *in fine*, de l'ordonnance n° 58.1270 du 22 décembre 1958 [2]. L'opposition entre la liberté, permise à l'audience, et l'obéissance imposée pour les actes écrits peut étonner. Elle s'explique cependant si l'on se souvient que la nature des membres du parquet est hybride : fonctionnaire dans leur cabinet, mais magistrats à l'audience.

Cette liberté de parole du parquet à l'audience a été admirablement exprimée par la Cour de cassation dans un de ses arrêts selon lequel « la parole du Ministère public à l'audience est libre ; il a le droit de dire tout ce qu'il croit convenable au bien de la justice comme de produire tous les documents et de donner toutes les explications qui lui paraissent utiles » [3]. Plus récemment, elle a même souligné le droit du Ministère public de faire état de tout élément, quand bien même il s'agirait de pièces extérieures à la procédure, et non communiquées aux parties [4]. Cette règle doit cependant être combinée avec le principe du contradictoire, la défense devant normalement avoir le droit de consulter les pièces et de discuter les arguments du parquet [5].

La liberté de parole des parquetiers a donné lieu à une application originale. Un procureur de la République ayant, lors de l'audience solennelle de rentrée, prononcé un discours en sa qualité de procureur dans lequel il exprimait sur la toxicomanie des idées différentes de celles du gouvernement, fit l'objet de poursuites disciplinaires devant la Commission de discipline du parquet. Mais celle-ci décida que les propos

1. Crim., 12 mai 1992, D., 1992, 427, note D. Mayer,le parquet peut revenir sur un classement dès lors que, dans le cadre d'une poursuite sur constitution de partie civile, les conditions d'un refus d'informer (art. 86, C.P.P.) ne sont pas réalisées.

2. V. aussi Crim., 31 mai 1978, B.C., n° 178.

3. Crim., 13 mai 1976, B.C., n° 157. À rapprocher de Crim., 4 mai 1988, B.C., n° 193 ; 8 janvier 1997, B.C., n° 5.

4. Crim., 9 mars 1994, Dr. pén., juillet 1994, comm. 4.

5. Crim., 8 janvier 1997, précité.

du magistrat ne constituaient aucune faute disciplinaire à cause notamment de la liberté de parole dont bénéficiait ce magistrat à l'audience, en application du principe de la liberté d'expression affirmé par la Déclaration des droits de l'homme de 1789 et de l'article 33, C.P.P. [1].

B — Le caractère indivisible du Ministère public

162. — Les membres du parquet d'une juridiction sont interchangeables car l'acte accompli par l'un d'eux l'est au nom du parquet tout entier. Les magistrats du parquet peuvent donc se remplacer mutuellement tout au long d'une affaire, l'un déclenchant les poursuites, un autre prenant la parole au début de l'audience, un autre encore la prenant à la fin [2]. Au contraire, au cours du jugement d'une affaire, un magistrat du siège ne saurait se faire remplacer par un autre, à peine de nullité de la procédure. Autre application de l'indivisibilité : un acte portant mention du procureur de la République peut fort bien avoir été signé par l'un de ses substituts [3].

SECTION II

LES FONCTIONS DU MINISTÈRE PUBLIC

163. — *Territorialement*, le Ministère public exerce ses fonctions dans le ressort du tribunal ou de la cour auquel il est attaché, soit que l'infraction ait été commise dans ce ressort, soit que son auteur y ait son domicile ou sa résidence, soit qu'il y ait été arrêté même si cette arrestation a été opérée pour une autre cause ; a été ajouté par la loi du 9 mars 2004 le lieu de détention d'une des personnes soupçonnées, même si cette détention a été effectuée pour une autre cause (art. 43, al. 1, C.P.P.). Toutefois, deux exceptions existent, en sens inverse. D'une part, en cas de flagrance, le procureur de la République peut se transporter dans les ressorts des tribunaux limitrophes de celui où il exerce ses fonctions, à charge d'avertir le procureur du ressort dans lequel il se transporte (art. 69, C.P.P.) : le parquetier étend ainsi sa compétence. D'autre part, s'il est saisi de faits mettant en cause, comme auteur ou victime, un magistrat, un avocat, un officier public ou ministériel, un militaire de la gendarmerie nationale, un fonctionnaire de la police des douanes ou de l'administration pénitentiaire ou toute personne dépositaire de l'autorité publique ou chargée d'une mission de service public en relation avec des magistrats de la juridiction, le procureur général peut, d'office ou sur demande du procureur de la République ou de l'intéressé, transmettre la procédure au

1. Commission de discipline du parquet, 9 octobre 1987, *aff. Apap*, R.D.P., 1988.30.
2. Crim., 16 janvier 1894, S., 1895.I.97.
3. Crim., 5 mai 1997, B.C., n° 168.

procureur auprès du tribunal le plus proche du ressort de la cour d'appel (art. 43, al. 2, C.P.P.) : le parquetier est cette fois privé de sa compétence.

Matériellement, les fonctions du Ministère public sont considérables, même si toutes ne sont pas d'égale importance (art. 31 et s., C.P.P.).

§ 1. — La fonction première du Ministère public

A — Auprès des juridictions du fond

1. *Nature de la fonction première*

164. — La fonction essentielle du Ministère public est de lancer et d'exercer l'action publique par laquelle il réclame la condamnation du délinquant à une peine ou à une mesure de sûreté. Ainsi, le parquet poursuit (art. 31, C.P.P.) [1]. Mais il ne décide pas lui-même. Il est donc *partie* au procès pénal, non juge.

Toutefois, le parquet est une *partie originale* à ce procès, une partie différente des autres, car il défend les intérêts de la société. De là trois conséquences.

• En premier lieu, par certains côtés, le magistrat du Ministère public dispose de pouvoirs bien plus importants que les autres parties. Avant l'ouverture d'une instruction, il peut accomplir personnellement tous actes d'enquête en cas de crimes ou de délits flagrants (art. 41, al. 4, C.P.P.), constater lui-même toutes les infractions qui se commettent (art. 14, 17 et 39, al. 1er, combinés, C.P.P.), et recevoir les plaintes et les dénonciations les concernant (art. 40, al. 1er, C.P.P.). Au cours de l'instruction, il doit donner son avis pour la délivrance par le juge d'instruction d'un mandat d'arrêt (art. 131, C.P.P.) et pour la mainlevée par ce magistrat de la mise sous contrôle judiciaire (art. 140, C.P.P.), présenter ses réquisitions pour toute demande de mise en liberté émanant du mis en examen (art. 148, al. 2, C.P.P.) ; il peut inviter par réquisitoire supplétif le juge d'instruction à procéder à tous actes lui paraissant utiles à la manifestation de la vérité (art. 82, al. 1er, C.P.P), demander à tout instant communication de la procédure à charge de la restituer dans les vingt-quatre heures (art. 82, al. 2, C.P.P.), assister aux interrogatoires de la personne mise en examen et aux auditions de la partie civile (art. 119, C.P.P.), interjeter appel de toutes ordonnances du juge d'instruction (art. 185, C.P.P.) ; les autres parties au procès, personne mise en examen et partie civile, ont des droits moins étendus, pouvant seulement se faire assister d'un conseil (art. 114, C.P.P.) et interjeter appel de certaines ordonnances (art. 186, C.P.P.). Après clôture de l'instruction, c'est-à-dire pendant la phase de jugement, le Ministère public a, au contraire, sensiblement les mêmes droits que les autres parties.

1. Notons cependant que si le Ministère public joue le rôle d'un accusateur dans le procès, il est aussi défenseur des libertés individuelles, par exemple en contrôlant les gardes à vue.

• En second lieu, étant le représentant de la société et ne se trouvant donc pas propriétaire de l'action publique, le Ministère public a, sur certains points, moins de pouvoirs que la partie civile. Il ne peut pas transiger, sauf en certains cas exceptionnels (art. 6, al. 3, C.P.P.). Il ne peut pas se désister : s'il estime que la poursuite a été engagée à tort, le tribunal reste saisi et doit statuer [1]. Enfin, il ne peut pas acquiescer, c'est-à-dire renoncer à l'exercice des voies de recours. Et la jurisprudence décide qu'il ne peut invoquer le défaut d'avis à la partie civile de la date de l'audience à laquelle devait être examinée la demande de mise en liberté du prévenu [2].

• En troisième lieu, et toujours parce qu'il défend la société, le Ministère public ne poursuit pas une politique de répression systématique, mais seulement l'application équitable de la loi, même si celle-ci amoindrit la sévérité de la justice. Moins que le champion de l'accusation ou l'ennemi de la partie poursuivie comme on le croit trop communément, par exemple en évoquant l'avocat général en cour d'assises, le Ministère public est bien davantage l'adversaire au sens étymologique, c'est-à-dire celui qui est en face. Cette observation conduit tout à la fois à enlever et à donner des pouvoirs au Ministère public.

La réduction des pouvoirs, plus précisément la suppression du pouvoir de poursuivre immédiatement, apparaît dans certains textes récents. Ainsi, en cas d'usage de stupéfiant, les poursuites sont subordonnées au refus par le drogué de se faire désintoxiquer (art. L. 3423-1, C.S.P., dû à la l. du 31 décembre 1970).

Tout aussi remarquable apparaît l'extension des pouvoirs du parquet en vue d'obtenir une répression juste et non systématique. Le Ministère public peut classer l'affaire sans suite au lieu de poursuivre, organiser une médiation dans l'espoir de ne pas poursuivre, comme on le verra plus bas, requérir l'acquittement ou l'indulgence du juge s'il constate que les charges qu'il avait crues initialement réelles sont finalement inexistantes ou faibles, interjeter appel pour faire corriger par le juge supérieur une excessive sévérité du juge inférieur, demander la nullité de la citation qui a saisi la juridiction de jugement à la requête de la partie civile [3]. Et en prévoyant que le Ministère public peut requérir des examens de personnalité lorsque le sursis avec mise à l'épreuve ou la semi-liberté sont envisageables, l'article D. 17, C.P.P., implique qu'il ne réclamera pas l'emprisonnement ferme ou sans régime de confiance.

1. Cette solution longtemps admise (Crim., 11 avril 1991, B.C., n° 174) est cependant abandonnée aujourd'hui pour le pourvoi en cassation, Crim., 2 mai 2002, B.C., n° 96.

2. Crim., 3 mai 1994, B.C., n° 161.

3. Crim., 5 mars 1970, D., 1971.207, J.C.P., 1970.II.16556, note M.-L. Rassat ; J. Pradel et A. Varinard, n° 6 ; 26 mai 1977, B.C., n° 196.

2. *Organisation de la fonction première*

Bibliographie. — M. Delmas-Marty et M. Guilbot-Sauer, *L'organisation des parquets et ses incidences en matière de gestion et de politique criminelle*, rapport en exécution d'une convention de recherche entre le Ministère de la Justice et le Centre de recherche en politique criminelle, ronéo, 1988 ; J. Goulesque, *L'organisation du parquet de Paris*, R.S.C., 1969.935 ; du même, *La nouvelle organisation du parquet de Paris*, R.S.C., 1977.429 ; M. Herzog, *Un grand parquet : le parquet du tribunal de la Seine*, R.S.C., 1963.398.

165. — Pour matérialiser son pouvoir, le Ministère public traditionnellement déterminait la composition des audiences pénales, ce qui en pratique était très important. Cependant, depuis une loi du 15 juin 2000, cette composition est déterminée conjointement par le président et par le procureur (art. L. 34-15-1, C. org. jud.).

D'autre part, le lancement et l'exercice de l'action publique s'intègrent à la notion de chaîne pénale, structure de base commune à tous les parquets. Cette chaîne comporte trois unités : bureau d'ordre, audiencement et exécution des peines, les deux premières étant liées au lancement et à l'exercice de la poursuite.

Or il existe deux façons d'organiser les deux premiers termes de la chaîne pénale. Dans un *système « horizontal »*, on retient une polyvalence par matières et une spécialisation des tâches (un substitut traitant le courrier arrivant au Palais de Justice, un autre « réglant » les procédures avant l'audience, un autre enfin, tenant l'audience). Dans un *système « vertical »*, le même dossier est traité intégralement depuis son arrivée au parquet jusqu'à l'audience incluse par le même magistrat du parquet, ou par la même équipe de magistrats du parquet. La verticalisation implique une spécialisation par matières : un substitut connaît des affaires financières, économiques et sociales, un autre des affaires militaires, un autre encore des affaires de stupéfiants, etc.

Chacun des deux systèmes a ses avantages et ses inconvénients. Mais dans les grands parquets, le système vertical présente des avantages considérables : gain de temps, connaissances approfondies du substitut, début d'une politique des poursuites cohérente. Ce système a déjà été adopté dans des parquets importants comme celui de Versailles, où il donne satisfaction.

B — Auprès de la Cour de cassation

166. — Devant la chambre criminelle de la Cour de cassation, le Ministère public ne lance plus ni n'exerce plus l'action publique pour la bonne raison que cette activité a déjà été assurée par les parquetiers opérant devant les juridictions du fond. Comme le rappelle excellemment la chambre criminelle, « le rôle de l'avocat général… devant la Cour de cassation n'est pas de soutenir l'accusation contre le prévenu, mais de s'assurer qu'il a été jugé conformément à la loi »[1]. Comme il a été dit, « vigile de la loi, l'avocat général n'exerce pas l'action publique »[2] et « il n'est l'allié ou l'adversaire de personne, il ne prend parti ni pour ni contre les parties au procès. Il ne requiert pas de peine… »[3]. L'avocat général est donc un personnage détaché de l'action publique, un témoin privilégié chargé de rappeler aux juges les irrégularités qu'il aurait décelé dans l'affaire dans laquelle il conclut, un organe totalement libre à l'égard de l'accusation qu'il n'est pas chargé de soutenir.

Ces observations sont utiles en ce qu'elles vont à l'encontre de la position de la C.E.D.H. qui, voyant dans l'avocat général une partie, ne veut pas qu'il soit destinataire du projet d'arrêt du conseiller-rapporteur et ne veut pas non plus qu'il assiste au délibéré des conseillers alors que le demandeur en cassation ne l'est pas[4]. C'est qu'au sein de la C.E.D.H., il y a beaucoup de juges appartenant à des pays n'ayant pas de parquet auprès de leur Cour Suprême et croyant (à tort) que notre avocat général n'est qu'une partie comme les autres et jouant le rôle d'un organe de répression. Quelle méconnaissance de la réalité !

§ 2. — Les fonctions secondes du ministère public

A — Relativement à la police judiciaire

167. — Le Ministère public a la haute main sur la police judiciaire. Cette dernière est, en effet, dirigée par le procureur de la République. Selon l'article 41, al. 2, C.P.P., celui-ci « dirige l'activité des officiers et agents de la police judiciaire dans le ressort de son tribunal » ; il peut donc les requérir (art. 42, C.P.P.) et leur donner des instructions en vue de rechercher et poursuivre les infractions (art. 41, al. 1, C.P.P.). Par ailleurs, l'article 38 du même Code place les membres de la police judiciaire sous la surveillance du procureur général qui peut, en cas de faute de leur part, saisir à des fins disciplinaires la chambre de l'instruction (art. 225, C.P.P.).

1. Crim., 18 décembre 1996, B.C., n° 475 ; 5 novembre 1997, B.C., n° 377 ; 16 novembre 1999, B.C., n° 257 ; 6 mars 2001, B.C., n° 58.

2. Interview de P. Lyon-Caen, avocat général à la Cour de cassation, D., 2003.211.

3. D. Commaret, R.S.C., 2003.361.

4. C.E.D.H., 30 octobre 1991, *Borgers c. Belgique*, R.T.D.H., 1992.204 ; 31 mars 1998, *Reinhardt et Slimane Kaid c. France*. La doctrine et les magistrats très majoritairement critiquent à la C.E.D.H., v. cependant J.L Nadal. La jurisprudence de la cour de Strasbourg, une chance pour le parquet général de la Cour de cassation, D., 2005, chron. p. 800 et s.

B — Relativement à l'exécution des peines

168. — C'est le parquet qui est chargé de l'exécution des condamnations et, de manière plus générale, de toutes les décisions de la justice (art. 32, al. 3, C.P.P.).

On ne confondra pas l'exécution des peines et l'application des peines. Au sens strict, la première, qui est donc du ressort du parquet (plus précisément du substitut chargé de l'exécution des peines), consiste à ordonner l'incarcération [1] ou le paiement de l'amende ou encore la réalisation de toutes autres peines, une fois que la décision est devenue définitive (art. 708, C.P.P.) [2]. D'un autre côté, l'application des peines est du ressort du juge de l'application des peines et du tribunal de l'exécution des peines et elle est dominée par le principe d'individualisation : ce sont ces organes qui ont le pouvoir de déterminer pour chaque — voilà le mot important — condamné les principales modalités du traitement pénitentiaire, comme les placements à l'extérieur, la semi-liberté, les réductions et fractionnements de peine, la libération conditionnelle... Encore que le Ministère public dispose d'un droit d'appel et de pourvoi en cassation (art. 712-11 et s., C.P.P.).

C — Relativement à la prévention

Bibliographie. — G. APAP, *La conciliation pénale à Valence*, R.S.C., 1990.633 ; *Magistrat et dynamique de prévention*, Association d'études et de recherches de l'École nationale de la magistrature, 1989, compte rendu à la R.S.C., 1990.197 ; C. LAZERGES, *Médiation pénale, justice pénale et politique criminelle*, R.S.C., 1997.186 ; R. OTTENHOF, *Les techniques de conciliation en matière pénale*, Arch. pol. crim., n° 7, 1984.124 ; S. ROJARE, *Une politique criminelle participative : l'exemple de la participation des associations à la variante de médiation*, Arch. pol. crim., n° 11, 1989.107 ; M. ROLLAND, *Le Ministère public, agent non seulement de répression, mais de prévention*, J.C.P., 1957.I.1342 ; J.F. SEUVIC, *Politique de sécurité*, R.S.C., 1998.356.

169. — On ne saurait taire enfin, surtout aujourd'hui, la fonction de prévention du parquet (laquelle n'est d'ailleurs qu'un aspect de la prévention opérée par l'ensemble des magistrats). Les magistrats du Ministère public, du fait de leur proximité avec la police judiciaire, se trouvent placés en amont de la poursuite et ils peuvent exercer une action préventive. De façon générale, selon l'article 35, C.P.P., le procureur général « anime et coordonne l'action des procureurs de la République en ce qui concerne tant la prévention que la répression des infractions... ainsi que la conduite de la politique d'action pénale par les parquets de son ressort ». Et de façon voisine, l'article 39-1,

1. On dit que le parquet a la « maîtrise de l'écrou ».
2. Pour les détails, v. B. BOULOC, *Pénologie. Exécution des sanctions. Adultes et mineurs*, 3e éd., 2005, Dalloz, nos 181 et s.

C.P.P., indique que le procureur de la République « veille à la prévention des infractions », le texte visant les alternatives aux poursuites, la gestion de l'action publique, la direction de la police judiciaire, les contrôles d'identité et l'exécution des peines. Entrons un peu plus dans les détails :

1° Ainsi, le procureur de la République est *vice-président du Conseil départemental de prévention de la délinquance (C.D.P.D.)*. Cet organe, présidé par le préfet [1], a pour mission de coordonner les actions nationales de prévention et sert de structure relais entre le conseil national des villes et du développement social urbain (qui a remplacé le conseil national de la délinquance), d'une part, et le conseil municipal de prévention de la délinquance.

2° De façon plus précise et plus technique, le procureur de la République joue un rôle de prévention en n'exerçant pas (ou pas immédiatement) ou en exerçant de façon particulière l'action publique. Examinons ces deux situations.

La prévention apparaît d'abord avec le *non-exercice de l'action publique*. Les exemples sont nombreux et l'on peut citer l'injonction thérapeutique à l'égard des toxicomanes (art. L. 3423-1, C.S.P.) ou le classement sans suite sous condition de cessation de son activité délictueuse par le délinquant (par ex., en cas d'abandon de famille). Une variante de ce classement sans suite apparaît avec la médiation-conciliation pratiquée soit par le procureur lui-même (ou l'un de ses substituts) soit par un médiateur, lorsqu'il s'agit d'une petite infraction. La médiation pénale « consiste à rechercher, grâce à l'intervention d'un tiers, une solution librement négociée entre les parties à un conflit né d'une infraction [2]... Elle constitue une troisième voie entre le classement pur et simple et la poursuite pénale classique » [3] : en cas d'entente entre délinquant et victime, le procureur s'engage à ne pas poursuivre et cette attitude est de nature à inciter le délinquant à ne pas récidiver. À vrai dire, en dépit d'un réel succès dans certains cas, le procédé n'était pas la panacée à laquelle certains croyaient et, en outre, le fondement textuel était très mince (art. 12, 41, al. 5, et surtout 40, C.P.P.). Cette médiation était pratiquée dans quelques dizaines de tribunaux de grande instance et pour de petits délits. Pour l'officialiser et lui donner un fondement sûr, la loi du 4 janvier 1993 l'a consacré à l'article 41, C.P.P., ainsi enrichi d'un nouvel alinéa rédigé comme suit : « Le procureur de la République peut enfin, préalablement à sa décision sur l'action publique et avec l'accord des parties, décider de recourir à une médiation s'il lui apparaît qu'une telle mesure est susceptible d'assurer la réparation du dommage causé à la victime, de mettre

1. Celui-ci associe le maire à la définition des actions de lutte contre l'insécurité, art. L. 2215-2, C.G.C.T.

2. Selon J. CARBONNIER, « la médiation est tout mode informel de résolution par un tiers des conflits qui auraient dû, *a priori*, être résolus dans les formes par un juge de l'espèce traditionnelle », *Réflexions sur la médiation*, in *La médiation : un mode alternatif de résolution des conflits*, Lausanne, 14 et 15 novembre 1991, Publications de l'Institut suisse de droit comparé, Schulthess Polygraphischer Verlag Zurick, 1992.11.

3. Réponse ministérielle, *J.O.*, Ass. Nat., 11 avril 1994.

fin au trouble résultant de l'infraction et de contribuer au reclassement de l'auteur de l'infraction »[1]. Ce texte appelle trois remarques : il confirme les pratiques précédentes[2] ; il est fondé sur le concept de consensualisme puisque la mise en œuvre de la médiation suppose l'accord du parquet, du délinquant et de sa victime ; enfin, il fait écho à la technique de l'ajournement du prononcé de la peine prévu par l'article 132-60, C.P. Le procureur peut agir de même à l'égard des mineurs, en s'assurant de leur consentement ainsi que de celui des titulaires de l'autorité parentale ; il s'agit d'inviter le mineur à avoir « une activité d'aide ou de réparation à l'égard de la victime ou dans l'intérêt de la collectivité » (art. 12-1, ord. du 2 février 1945, rajouté par l. du 4 janvier 1993). Comme le précise la circulaire d'application du 31 décembre 1992, prise en application de la loi du 4 janvier 1993, cette mesure « vise à responsabiliser le mineur vis-à-vis de l'acte qu'il a commis »[3].

La prévention apparaît ensuite, *en cas de poursuite pénale*, dans l'individualisation du mode de saisine du juge (art. 388, C.P.P.). On obtient ainsi, en fonction de la nature de l'affaire, une répression mieux comprise de l'opinion et donc plus efficace. Ainsi telle affaire simple et qui a jeté le trouble dans l'opinion peut opportunément être traitée par la voie rapide de la comparution immédiate. On peut aussi évoquer le rôle du parquet dans les réquisitions qu'il prend (à l'instruction en demandant au juge un contrôle judiciaire socio-éducatif, ou à l'audience).

On peut encore rattacher — plus indirectement — à la prévention le pouvoir pour le procureur de la République de recourir à une association d'aide aux victimes (ayant fait l'objet d'un conventionnement de la part des chefs de la cour d'appel) afin qu'il soit porté aide à la victime de l'infraction (art. 41, *in fine*, C.P.P.). Ce conventionnement est de droit pour les associations d'aide aux victimes, reconnues d'utilité publique (art. 103, L. du 15 juin 2000).

3° En marge de ces deux situations où une infraction a été commise, on doit signaler le rôle du parquet dans des *cas où il n'y a apparemment pas d'infraction*, par exemple quand il ordonne des contrôles d'alcoolémie (art. L. 234-9, C.R.). On peut citer aussi les contrôles d'identité « aux fins de recherche et de poursuite d'infractions « précisées par le procureur de la République » (art. 78-2, al. 2, C.P.P.) et, avec une loi du 15 novembre 2001 relative à la sécurité quotidienne modifiée « la visite des véhicules circulant, arrêtés ou stationnant sur la voie publique ou dans des lieux accessibles au public » pour rechercher et poursuivre des infractions à caractère terroriste (art. 78-2-2). On évoquera enfin le pouvoir reconnu aux policiers d'entrer dans les lieux où s'exerce le transport public de voyageur terrestre, maritime ou aérien, afin de découvrir des personnes se livrant à l'usage de produits

1. Aujourd'hui, art. 41-1, C.P.P. (loi du 23 juin 1999).
2. Circ. du 31 décembre 1992, J.C.P., 1993.III.65892, p. 92, 2e colonne.
3. J.C.P., 1993.III.65892, p. 92.

stupéfiants ; à cet effet, ces fonctionnaires peuvent procéder à des épreuves de dépistage, puis si elles sont positives, à des vérifications au moyen d'analyses médicales et biologiques (art. L. 3421-5, C.P.P., L. du 5 mars 2007). Dans toutes ces hypothèses, les O.P.J. agissent sur réquisitions du procureur de la République. Ces réquisitions sont écrites et à durée déterminée. Les textes ajoutent que si ces opérations révèlent des infractions autres que celles visées dans les réquisitions, il n'y a pas de nullité des procédures incidentes.

SOUS-TITRE II

LES ORGANES AUXILIAIRES

170. — *Diversité.* Le fonctionnement de la justice pénale ne saurait être assuré que par des magistrats. Ceux-ci, pour conduire le procès, ont besoin de personnes qui vont leur apporter une aide, un concours : ce sont les auxiliaires (du latin *auxiliari, augere*) [1].

Certains de ces auxiliaires sont des *personnes privées*, individus ou groupements. Leur rôle, encore réduit en 1808, s'est progressivement accru depuis, grâce aux efforts conjugués du législateur et du juge [2]. Donnons-en quelques exemples. Un particulier peut appréhender l'auteur d'une infraction flagrante et le conduire devant l'officier de police judiciaire le plus proche (art. 73, C.P.P.). Dans certains cas et malgré son obligation au secret professionnel, une personne peut ou doit (art. 226-14, C.P.) dénoncer à la justice certains comportements répréhensibles. Le témoin d'une infraction est tenu de comparaître en justice, de prêter serment et de dire ce qu'il sait, sous sanctions (art. 109 et s., C.P.P., et 434-13 et s., C.P.). Et un texte du 25 juin 1945 au titre significatif « d'ordonnance concernant le concours des citoyens à la justice et à la sécurité publique » réprime tout particulièrement celui qui, sous certaines conditions, ne révélerait pas un crime dont il a connaissance (aujourd'hui art. 434-1, C.P.) ou qui s'abstiendrait de témoigner en justice en faveur d'un innocent (art. 434-11, C.P.) [3]. En revanche,

1. Les auxiliaires de la justice pénale, actes du XVIIe Congrès de l'Association française de droit pénal, Aix-en-Provence, 27-28 mai 2005, R.P.D.P., 2005, p. 760 et s., 2006, p. 5 et s.

2. A. Vitu, *La collaboration des personnes privées à l'administration de la justice criminelle française*, R.S.C., 1956, p. 675).

3. Le second délit est fort peu appliqué, v. pour un cas, c. d'appel du Cameroun, 6 avril 1955, J.C.P., 1957.II.9755, note J. Larguier. Quant au premier, la jurisprudence l'entend strictement : ce qui est réprimé, dit-elle, ce n'est pas le fait de ne pas dénoncer un malfaiteur que l'on sait coupable, c'est la non-dénonciation du crime lui-même, Crim., 17 avril 1956, B.C.,

on ne peut pas dire que les associations et syndicats aptes à se porter partie civile sont des auxiliaires de la justice pénale. Ce sont simplement des agents de la répression au même titre que le ministère public et à son égal [1]. Seules les associations d'aide aux victimes — qui ne sont pas partie à la procédure — sont des auxiliaires (art. 41 *in fine* C.P.P.).

Un autre auxiliaire qui doit être évoqué est le *maire*. Traditionnellement officier de police judiciaire (art. 16, C.P.P.), il est aujourd'hui nanti de pouvoir plus important avec la loi du 5 mars 2007 relative à la prévention de la délinquance. Selon le nouvel article L. 2211-3, C.G.C.T., le maire est informé sans délai par la police judiciaire « des infractions causant un trouble à l'ordre public comises sur le territoire de sa commune » et il est informé à sa demande, par le parquet de la suite réservée par celui-ci à ces affaires. Par l'effet notamment de cette information, « le maire anime sur le territoire de sa commune, la politique de prévention de la délinquance et en coordonne la mise en œuvre » (art. L. 2211-4 C.G.C.T.). En outre, dans les communes de plus de 10 000 habitants, il préside le conseil local de sécurité et de prévention de la délinquance (id.). La loi du 5 mars 2007 instaure enfin une espèce d'admonestation municipale, un rappel à l'ordre quand les faits sont susceptibles de porter atteinte à l'ordre, à la sûreté, à la sécurité et à la salubrité publiques (art. L. 2212-2-1, C.G.C.T.) ; cette disposition qui s'applique même aux mineurs peut se traduire par une convocation en mairie et elle n'est pas sans rappeler le rappel de la loi par le procureur de la République (art. 41-1, 1re C.P.P.). Il est vrai que le maire a surtout une fonction de prévention et n'intervient qu'indirectement dans la procédure pénale.

Plus importants encore parmi les auxiliaires sont les *organes* ou corps ayant pour mission officielle de contribuer à l'administration de la justice pénale, sans être pour autant parties à l'instance. Parmi ces organes, une place essentielle doit évidemment être faite à celui qui a pour mission de rassembler les preuves d'une infraction et d'en rechercher les auteurs : la *police judiciaire*. Mais à côté de celle-ci, on doit mentionner la présence d'*autres organes auxiliaires* qui ont toujours existé (par ex., le corps des greffiers) ou qui, au contraire, en raison de l'évolution du procès, aujourd'hui centré sur la personnalité du délinquant autant que sur la matérialité des faits, apparaissent (par ex., le corps des enquêteurs sociaux), se développent (par ex., le corps des experts), voire changent de nature (par ex., le barreau).

n° 311, R.S.C., 1956.840, obs. L. Hugueney ; 2 mars 1961, D., 1962.120, note P. Bouzat, J.C.P., 1961.II.12092, note J. Larguier.

1. V. *infra*, nos 327 et s.

CHAPITRE PREMIER

LA POLICE JUDICIAIRE

171. — *La notion de police judiciaire.* L'expression « police judiciaire » est utilisée surtout dans deux sens. Elle correspond d'abord à l'ensemble des opérations consistant à « constater les infractions à la loi pénale, à en rassembler les preuves et à en rechercher les auteurs tant qu'une information n'est pas ouverte » (art. 14, C.P.P.) [1] : la police judiciaire recouvre donc tous les actes de recherche antérieurs au déclenchement des poursuites. Elle désigne ensuite l'ensemble des fonctionnaires chargés d'accomplir les actes visés à l'article 14. C'est le sens qui sera retenu dans le présent chapitre. Elle doit être distinguée de deux notions voisines.

• La police judiciaire doit d'abord être distinguée de la *police administrative.* Alors que celle-ci est de la compétence du juge administratif, celle-là est de la compétence du juge judiciaire. Tandis que la police administrative est placée sous l'autorité administrative et a pour mission d'empêcher les infractions, la police judiciaire est placée sous l'autorité judiciaire et n'intervient que dans le cadre d'une infraction. Alors que la première a une fonction préventive, la seconde a une fonction répressive. Il y a activité de police judiciaire ou de police administrative selon que les opérations sont ou non en rapport *avec une infraction pénale déterminée.* Si cette activité est liée à une telle infraction, elle appartient à la police judiciaire [2] ; au contraire, si cette activité n'est pas liée à une telle infraction, elle relève de la police

1. En outre, selon l'art. 15-2 (L. du 15 juin 2000), la police judiciaire est tenue de recevoir les plaintes déposées par les victimes et de les transmettre le cas échéant au service compétent.

2. C.E., 11 mai 1951, *Baud*, S.,1952.II.13, 1re espèce, concl. P. Delvolvé, note R. Drago, une personne avait été mortellement blessée au cours d'une opération de police effectuée en vue de découvrir des malfaiteurs ; d'où la compétence du juge judiciaire pour accorder une indemnité à la famille.

administrative [1]. Le critère de distinction entre les deux polices est donc finaliste, non organique, ainsi qu'il résulte des deux arrêts qui viennent d'être cités. Plusieurs arrêts postérieurs devaient d'ailleurs confirmer l'adoption du critère finaliste [2]. Toutefois, il faut remarquer que le concept de police judiciaire est moins restrictif qu'on pourrait le croire : la police judiciaire est compétente pour une infraction supposée aussi bien que réelle, pour une infraction qui va être commise aussi bien que pour une infraction commise [3].

On peut préciser encore que la police judiciaire a pour fonction d'éclairer, par ses investigations, constats, perquisitions, saisies..., le Ministère public afin qu'il soit en mesure d'apprécier l'opportunité des poursuites, c'est-à-dire de se prononcer sur la suite à donner à l'affaire : classement sans suite ou déclenchement d'un procès. La police judiciaire est donc l'auxiliaire du Ministère public.

On peut rattacher en outre à la police administrative l'installation d'un système de vidéosurveillance sur la voie publique (pour assurer la sauvegarde des installations utiles à la défense nationale, à la régulation du trafic routier, à la prévention des infractions contre les personnes et les biens là où il y a des risques particuliers et même dans des établissements ouverts au public et particulièrement exposés à des risques d'agression ou de vol). La pose d'un tel système suppose l'autorisation de l'autorité préfectorale. Sauf en cas d'enquête judiciaire, ces enregistrements sont détruits dans un délai maximum d'un mois (l. du 21 janvier 1995, art. 10). De même, fait partie de la police administrative le pouvoir des O.P.J. de procéder à la visite des personnes, des bagages, du fret des colis postaux, des aéronefs et des véhicules »... dans les aérodromes « en vue d'assurer préventivement la sûreté des vols » (art. L. 282-8, C. aviation civile, L. du 15 novembre 2001) ; une disposition analogue est prévue pour les transports maritimes (art. L. 323-5, C. ports maritimes, L. du 15 novembre 2001).

Toutefois, à la distinction de principe entre police judiciaire et police administrative, des atténuations doivent être apportées. Si les deux polices s'opposent nettement par leur but, elles sont souvent assurées par les mêmes agents. Ainsi, le gendarme qui règle la circulation (police administrative) relève aussi les infractions routières (police judiciaire). De même, un passage peut s'opérer entre les deux activités : une opération de police judiciaire peut déboucher sur une opération de police administrative de même qu'une opération de police administrative peut se transformer en opération de police judiciaire. De même encore, un même acte peut être

1. Trib. confl., 7 juin 1951, S., 1952.III.13 ; 19 octobre 1998, B. civ., n° 11, *Petites Affiches*, 7 juillet 1998, concl. Arrighi de Casanova, en l'absence d'atteintes à la liberté, la protection d'une personne, même déjà mise en examen, relève de la police administrative, « chargée de préserver la sécurité des citoyens et l'ordre public ».

2. Ces arrêts émanent du Conseil d'État (CE, 18 mars 1981, D., 1981, I.R., 283, note P. Delvolvé), de la Cour de cassation (Crim., 5 janvier 1973, D., 1973.541, note G. Roujou de Boubée ; 10 juin 1986, J.C.P., 1986.II.20683) et du Tribunal des conflits (Trib. confl., 12 juin 1978, A.J.D.A., 1978.455.

3. R. CHAPUS, *Droit administratif général*, 14e éd., 2000, Montchrestien, n° 949.

de police administrative ou de police judiciaire selon le but recherché par l'agent qui mène l'opération : c'est le cas des contrôles d'identité qui appartiennent à la première s'il s'agit seulement de maintenir l'ordre et à la seconde s'il s'agit de déterminer les auteurs d'une infraction [1].

• On doit ensuite distinguer la police judiciaire de l'*instruction*. Agissant à la suite de la police administrative, la police judiciaire intervient avant l'instruction, phase proprement judiciaire. Mais là aussi, une observation doit être faite. Lorsqu'une information est ouverte, la police judiciaire se manifeste encore. Elle exécute en effet les délégations des juridictions d'instructions et se trouve donc être leur auxiliaire. D'ailleurs, les actes qu'elle accomplit alors sont des actes d'instruction et non des actes de police judiciaire.

172. — *Les divers titulaires des fonctions de police judiciaire.* On peut discerner deux grandes catégories de fonctionnaires habilités à remplir des missions de police judiciaire. La première comprend des agents qui assument à titre exclusif ou, le plus souvent, à titre principal des missions de police judiciaire. Ils appartiennent soit à la gendarmerie nationale, soit à la police nationale et l'on citera, par exemple, les officiers de gendarmerie ou les lieutenants de police. Ces véritables « spécialistes » de la recherche des délinquants sont donc investis d'une *fonction habituelle de police judiciaire.*

La seconde catégorie est composée d'autorités auxquelles la loi a confié, en plus de leur mission principale à caractère administratif ou judiciaire, des fonctions de police judiciaire dans certaines circonstances bien précises. Tel est le cas de certains magistrats. Ces autorités se trouvent donc investies de *missions occasionnelles de police judiciaire.*

SECTION I

LES FONCTIONNAIRES INVESTIS D'UNE MISSION HABITUELLE DE POLICE JUDICIAIRE

Bibliographie. — A. Besson, *La police judiciaire et le C.P.P.*, D., 1958, chron. p. 129 ; A. Decocq, J. Montreuil et J. Buisson, *Le droit de la police*, Litec, 2e éd., 1998 ; R. Gassin, *Rapport introductif et rapport de synthèse aux Journées régionales de police judiciaire*, Aix, mai 1969 ; du même, *La police judiciaire devant le C.P.P.*, R.S.C., 1972, p. 71 ; M. Lemonde, *Police et Justice : étude théorique et pratique des rapports entre la magistrature et la police judiciaire en France*, thèse dactyl., Lyon 1975 ; J.M. Robert, V° *Police judiciaire*, Rép. pén. ; J. Susini, *L'obligation d'agir du policier*, R.S.C., 1983, p. 725.

1. G. Dupuy, M.J.Guédon et P. Chrétien, *Droit administratif*, 9e éd., 2004, A. Colin, p. 563 et s., E. Picard, *Distinction de la police administrative et de la police judiciaire*, J.C.P., 1994.I.3761.

173. — Les fonctionnaires de la police judiciaire constituent un monde très hétérogène, sans unité organique et même sans grande unité fonctionnelle. D'un autre côté, ces fonctionnaires, du moins certains, disposent de pouvoirs très importants, pouvant perquisitionner au domicile d'un citoyen, voire procéder à l'arrestation et même à la mise en garde à vue de personnes suspectes. Aussi est-il possible de mettre en œuvre leur responsabilité. De là, l'étude de la diversité et de la responsabilité des membres de la police judiciaire.

§ 1. — La diversité des membres de la police judiciaire

174. — Tous les fonctionnaires de police judiciaire n'appartiennent pas au même corps. Il existe, d'un côté, des corps qui ont vocation à enquêter sur toutes affaires, au moins en principe, et il y a, d'un autre côté, des corps plus nombreux et ayant vocation à enquêter seulement sur certaines affaires. Un peu comme en médecine, où l'on distingue entre les praticiens généralistes et les praticiens spécialistes, en procédure pénale, on oppose les fonctionnaires « ordinaires » aux fonctionnaires spécialisés, les premiers étant officiers de police judiciaire ou agents de police judiciaire. C'est d'ailleurs ainsi que raisonne le législateur : les rédacteurs du Code de procédure pénale, dans le chapitre sur la police judiciaire (art. 12 à 29), ont distingué entre les officiers de police judiciaire (Section I), les agents de police judiciaire (Section II) et les fonctionnaires ou agents chargés de certaines fonctions de police judiciaire (Section III). C'est donc tout naturellement que l'on distingue les fonctionnaires de police judiciaire ayant une fonction de généraliste et ceux ayant une fonction de spécialiste.

A — Les fonctionnaires de police judiciaire ayant une fonction de généraliste

175. — Ces fonctionnaires appartiennent à des corps administratifs distincts et en outre, n'étant pas tous de même rang, ils sont répartis en catégories différentes.

1. *L'appartenance des membres de la police judiciaire à des entités organiques distinctes*

176. — Les fonctionnaires généralistes ont longtemps appartenu à trois corps : gendarmerie nationale, Sûreté nationale et, pour Paris et sa banlieue, Préfecture de police. Mais une loi du 9 juillet 1966 a regroupé ces deux dernières entités en un corps unique, la Police nationale. Ainsi, aujourd'hui, deux corps seulement subsistent : la Gendarmerie nationale et la Police nationale.

La loi n° 2002-1094 du 29 août 2002 d'orientation et de programmation pour la sécurité intérieure a cependant fait un pas vers l'unité des forces de police judiciaire ; 1° Bien que la gendarmerie nationale garde son statut militaire et reste rattachée au ministère de la Défense, elle est désormais placée comme la Police nationale, sous l'autorité opérationnelle du ministre de la Sécurité intérieure ; 2° La loi consacre les Groupements d'intervention régionaux (G.I.R.) qui mêlent policiers et gendarmes et même agents du fisc, des douanes et de la concurrence, afin d'améliorer la lutte contre la criminalité organisée comme les trafics [1].

a) La Gendarmerie nationale

Bibliographie. — M. CASERIS, *La gendarmerie dans l'exercice de ses fonctions de police judiciaire*, thèse dactyl., Paris, 1972 ; J. CATHELINEAU, *La gendarmerie*, D., 1964, chron. 109 ; FOUCHÉ, *Rapport sur la gendarmerie moderne*, R.P.D.P., 1951.5 ; LAFERRIÈRE, *Le gendarme dans l'exercice de ses fonctions de police judiciaire*, thèse, 1937 ; LARRIEU, *Histoire de la gendarmerie 1927-1933 ; Revue la Gendarmerie nationale ;* X., *La Gendarmerie nationale*, La Documentation Française, juin 1970.

177. — Créée au XIIe siècle, sous le nom de maréchaussée, la Gendarmerie nationale (environ 100 000 agents) a acquis son nom actuel en 1791. Son statut date de la loi du 28 germinal an VI et du décret du 20 mai 1903 (modifié notamment par les déc. des 22 août 1958 et 8 décembre 1970). Elle a toujours conservé sa structure militaire et se trouve placée sous l'autorité hiérarchique du Ministre de la défense. Cependant, depuis 2002, elle est placée sous l'autorité fonctionnelle du ministre de l'Intérieur.

À côté de formations spécialisées (Gendarmerie de l'Air, Gendarmerie maritime, Garde républicaine à Paris, chargée des services d'honneur et de la garde des principaux bâtiments publics de la capitale...), ce corps comprend deux cadres de base : la gendarmerie départementale et la gendarmerie mobile.

La gendarmerie départementale est divisée en régions, jadis appelées « légions » (une au moins par région militaire), groupements (départements), compagnies (arrondissements) et brigades (cantons). Outre ses attributions proprement militaires (par ex., recherche des insoumis et déserteurs), la gendarmerie départementale remplit une mission administrative, surtout en matière de circulation routière, et une mission de police judiciaire, grâce notamment à une brigade des recherches, et une brigade du fichier au niveau du groupement.

La gendarmerie mobile, créée en 1921 et remaniée par le décret du 20 septembre 1954, est une force destinée à assurer le maintien de l'ordre, par exemple en cas d'émeute [2]. Ses unités n'ont pas de circonscription territoriale, mais seulement des lieux de stationnement. Elle est divisée en groupements, groupes, escadrons et pelotons. L'unité de base est l'escadron, comprenant

1. F.F. LISSOUCK, *Le statut juridique des groupes d'intervention régionaux (G.I.R.)*, R.S.C., 2004, pp. 267 et s.
2. Mêmes fonctions que les compagnies républicaines de sécurité (C.R.S.) de la police nationale.

135 hommes répartis en 4 pelotons. La gendarmerie mobile est mise en action par une réquisition émanant de l'autorité civile. On l'a compris, la gendarmerie mobile n'intéresse pas la procédure pénale ; c'est la gendarmerie départementale qui assure au sein de la gendarmerie la mission de police judiciaire. On ajoutera qu'elle opère en tenue [1] à l'inverse de la police nationale.

b) La Police nationale

Bibliographie. — N. BAUDRY, *La police des renseignements généraux*, R.S.C., 1951.132 ; A. BERBIGET, *La police des renseignements généraux de la Sûreté nationale*, thèse, Paris, 1905 ; P. BOUZAT, *La police mobile et le contrôle général des services de police criminelle*, R.S.C., 1937.237 ; F. CATHALA, *Le service de la police judiciaire de la Sûreté nationale*, thèse, Toulouse, 1952 ; du même, *Cette police si décriée*, 1971 ; J.M. CHAUMEIL, *La police judiciaire*, Sirey, 1953, J.J. GLEIZAL, *La Police nationale, Droit et pratique policière en France*, Presses Universitaires de Grenoble, 1974 ; G. LAMBERT, *Traité de police judiciaire*, 3e éd., 1951, pp. 13 et s. ; M. LE CLÈRE, *Histoire de la police*, Que sais-je ? P.U.F., 3e éd., 1964 ; du même, *La police, id.*, 1972 ; G. LEQUEUX, *Les nouvelles dimensions des services de police chargés de la sécurité intérieure à l'échéance du 1er janvier 1993*, thèse dactyl., Nice, 1992 ; C. PARRA et J. MONTREUIL, *Traité de procédure pénale policière*, 1970, mise à jour 1974 ; Revues : *Liaisons* (revue mensuelle d'information de la préfecture de police) ; *Revue de la police nationale, Revue générale d'études de la police française, Revue internationale de police criminelle* ; J. SUSINI, *La nouvelle organisation de la police française*, La Police nationale, R.S.C., 1968.406 ; du même, nombreuses chroniques à la R.S.C., depuis 1952 ; P. VIDAL, *Réforme des services de police judiciaire*, Rev. pol. nat., février-mars 1969.5.

178. — *Vue générale.* La Police nationale (environ 120 000 fonctionnaires) résulte, comme on l'a dit, de la fusion des services de la Sûreté nationale et de la Préfecture de police. Tous les policiers sont ainsi, depuis la loi du 9 juillet 1966 complétée par les décrets des 14 mars 1967 et 29 septembre 1969, soumis à un même statut et dépendent d'un supérieur unique appartenant au Ministère de l'Intérieur, le directeur général de la Police nationale (D.G.P.N.), lui-même placé sous l'autorité du ministre de l'Intérieur. En outre, l'ensemble de la Police nationale est placée sous le contrôle de l'Inspection générale de la Police nationale (I.G.P.N.) ou « Police des Polices ».

En pratique cependant, la Préfecture de police a conservé son autonomie et son chef, le Préfet de police, se trouve de fait placé sous l'autorité directe du ministre de l'Intérieur, tandis que le Directeur général de la Police nationale n'a autorité véritable que sur la police implantée en dehors de Paris. De

1. Bien que l'art. 96 du déc. 20 mai 1903 sur la gendarmerie indique que l'action des gendarmes « s'excerce toujours en tenue militaire », ces personnes peuvent agir en tenue civile, un texte réglementaire ne pouvant l'emporter sur une loi qui ne dit rien de tel, Crim., 21 janv. 1998, B.C., n° 31, R.S.C., 1998.354, obs. J. P. Dintilhac.

la sorte, à côté de la Préfecture de police, existe encore la Police nationale implantée en réalité en dehors de Paris, et que l'on peut appeler, bien que cette appellation n'apparaisse pas dans les textes, Police nationale *stricto sensu.*

179. — *La Police nationale* stricto sensu. La Police nationale comprend des services centraux et des services extérieurs.

• Les *services centraux*, à la tête desquels se trouve le Directeur général de la Police nationale, comprennent :

— cinq directions dites « actives » (opérationnelles) qui sont la Direction centrale de la Sécurité publique (police générale), la Direction centrale de la police judiciaire (criminalité organisée), la Direction de la Surveillance du territoire (lutte contre l'espionnage étranger en France), la Direction centrale du contrôle de l'immigration et de la lutte contre l'emploi des clandestins (D.C.C.I.L.E.C.) et la Direction des renseignements généraux (recherche des renseignements politiques, sociaux et économiques nécessaires à l'information du gouvernement et sur la surveillance des suspects) ;

— trois services dits également « actifs » (opérationnels) qui sont le Service central des compagnies républicaines de sécurité (réserve mobile de maintien de l'ordre), le Service de coopération technique internationale de police et, enfin, le Service de la protection des hautes personnalités.

• Les *services extérieurs* sont de deux ordres :

— les uns relèvent directement des services centraux. Ce sont les services régionaux de police judiciaire (S.R.P.J.), au nombre de 20, les laboratoires de police scientifique (Lille, Lyon, Marseille, Toulouse), les commissariats de la surveillance du territoire, les compagnies républicaines de sécurité (ayant la même mission de maintien de l'ordre que la gendarmerie mobile, mais pouvant être utilisées sans la réquisition écrite nécessaire aux autorités civiles pour obtenir le concours des militaires) ;

— les autres sont rattachés directement aux préfets des départements. Ce sont les services régionaux et départementaux des renseignements généraux, les services départementaux et commissariats de sécurité publique, enfin les services régionaux et départementaux chargés des ports et aéroports (contrôle de l'immigration).

Il existe environ 450 circonscriptions de sécurité publique. Les commissariats de sécurité publique sont composés de policiers en uniforme (gardiens de la paix encadrés par des brigadiers et des brigadiers-chefs, sous l'autorité hiérarchique d'officiers et de commandants) et de policiers en civil (enquêteurs, inspecteurs, sous l'autorité hiérarchique d'inspecteurs principaux et divisionnaires), dirigés par un ou plusieurs commissaires de police ; on rappellera qu'un commissariat qui comprend au moins deux commissaires est appelé « commissariat central ». Dans les villes les plus importantes, ces commissariats comprennent un service de « sûreté urbaine », unité de police judiciaire spécialisée dans la moyenne délinquance dont l'activité est coordonnée avec celle des S.R.P.J. sous l'autorité du procureur de la République.

180. — *La Préfecture de police.* La Préfecture de police, créée en 1667 sous le nom de Lieutenance de police, assure aujourd'hui la police dans Paris *intra muros* et, en matière de police judiciaire (criminalité organisée) dans les trois départements des Hauts-de-Seine, Seine-Saint-Denis et Val-de-Marne, au sein desquels sont implantés des Services départementaux de Police judiciaire (S.D.P.J.). Mais, depuis la loi de 1966, la Préfecture de police n'agit plus avec des effectifs autonomes. Elle emprunte son personnel à la Police nationale et se trouve donc placée légalement sous l'autorité du directeur de celle-ci, sous la réserve déjà formulée [1].

• Les*services centraux*, dits « actifs » (opérationnels) sont placés sous l'autorité directe du préfet de police et sont au nombre de trois : Direction de la sécurité publique (chargée du maintien de l'ordre public), Direction de la police judiciaire (principalement chargée de l'activité de police judiciaire dans Paris et les trois départements précités, comprenant des « brigades centrales » dont la brigade criminelle, la brigade de répression du banditisme, la brigade du proxénétisme...), enfin, Direction des renseignements généraux.

• Les *services extérieurs* comprennent au sein de la Direction de la sécurité publique des « commissariats d'arrondissement » (composés uniquement de fonctionnaires en uniforme sous l'autorité d'un commissaire de police) et, au sein de la Direction de la police judiciaire (comprenant uniquement des fonctionnaires en civil sous l'autorité d'un commissaire de police), des « commissariats de quartier », des divisions de police judiciaire (dont le découpage territorial s'opère à partir du regroupement de plusieurs arrondissements parisiens) et des services départementaux de police judiciaire (S.D.P.J. 92-93-94).

2. *L'appartenance des membres de la police judiciaire à des catégories fonctionnelles différentes*

181. — Tout le monde connaît la grande distinction entre les officiers de police judiciaire (O.P.J.) et les agents de police judiciaire (A.P.J.) au sein de ces deux corps que sont la Gendarmerie nationale et la Police nationale. L'article 15, C.P.P., exprime nettement cette distinction, que développent ensuite les articles 16 et suivants de ce Code [2].

a) Les officiers de police judiciaire

182. — *La liste des officiers de police judiciaire.* Selon l'article 16, C.P.P., ont la qualité d'O.P.J. :

1. V. *supra*, n° 178.
2. J.M. ROBERT, V° *Police judiciaire*, Rép. pén.

1° Les maires et leurs adjoints [1] ;

2° Les officiers et les gradés de la Gendarmerie, les gendarmes comptant au moins trois ans de service dans la gendarmerie à condition qu'ils aient été nominativement désignés par arrêté des ministres de la Justice et de la Défense après avis conforme d'une commission ;

3° Les inspecteurs généraux, les sous-directeurs de police active, les contrôleurs généraux, les commissaires de police et les fonctionnaires titulaires du corps de commandement et d'encadrement de la police nationale nominativement désignés par arrêté des ministres de la Justice et de l'Intérieur après avis conforme d'une commission.

À cette liste, l'article 16 ajoute les directeurs et sous-directeurs de la police judiciaire auprès des ministères de l'Intérieur et des Armées.

Cette liste, longue et complexe, appelle une précision et une adjonction.

— La *précision*, c'est que certains fonctionnaires sont O.P.J. de plein droit (comme les maires) tandis que d'autres ne le sont qu'après avoir fait l'objet d'une désignation personnelle par arrêté ministériel après avis conforme d'une commission [2].

— L'*adjonction*, c'est que les O.P.J. énumérés aux 2° et 3° ci-dessus de l'article 16 ne peuvent « exercer effectivement les attributions attachées à leur qualité d'officier de police judiciaire... que s'ils sont affectés à un emploi comportant cet exercice et en vertu d'une décision du procureur général près la cour d'appel les y habilitant personnellement » (art. 16 avant-dernier alinéa). Compétent pour accorder l'habilitation, le haut magistrat l'est aussi pour la retirer ou la suspendre (art. 16, *in fine*) [3]. Le législateur a entendu organiser un contrôle des O.P.J. par la magistrature. En même temps, cependant, il a prévu une procédure équilibrée. En effet, des articles 16-1 à 16-3, il résulte qu'en cas de retrait ou de suspension de son habilitation, l'O.P.J. peut demander au procureur général de rapporter sa décision. Ce magistrat statue dans un délai d'un mois. À défaut de réponse, son silence vaut rejet de la demande. De plus, au cas de rejet implicite ou explicite de sa demande, l'O.P.J. peut, dans le délai d'un mois, former un recours devant une commission composée de trois magistrats du siège de la Cour de cassation, les fonctions du Ministère public étant assurées par le parquet général près la Cour de cassation. Les débats devant cette commission sont oraux

1. Crim., 24 mai 1987, B.C., n° 140, les adjoints spéciaux au maire, dont les attributions sont limitativement énumérées par l'art. L. 122-3, C. des communes, n'ont pas la qualité d'O.P.J.

2. La composition des commissions prévues au 2° et au 3° est déterminée par décret, à savoir l'art. R. 3, C.P.P., pour la gendarmerie nationale et l'art. R. 8, C.P.P., pour la police nationale. On y trouve des magistrats (notamment le procureur général près la Cour de cassation) et, selon le cas des gendarmes et des policiers.

3. La mesure de retrait ou de suspension, visant à assurer le bon fonctionnement de la police judiciaire est une mesure d'administration judiciaire, d'où il résulte qu'elle n'est pas amnistiable, Crim., 13 janvier 1998, B.C., n° 14.

— le requérant peut être entendu, son conseil présent — et secrets. Enfin, la commission rend une décision non motivée [1].

183. — *Les pouvoirs des officiers de police judiciaire.* En application des articles 14 et 17 combinés, les officiers de police judiciaire reçoivent les plaintes et dénonciations, procèdent aux enquêtes préliminaires et, avec des pouvoirs plus étendus, aux enquêtes relatives aux crimes et délits flagrants, peuvent requérir le concours de la force publique, exécutent certaines commissions rogatoires, peuvent décider de la garde à vue. Les techniques modernes ont, à certains égards, entraîné un accroissement des pouvoirs des officiers de police judiciaire : ils peuvent, notamment en cas d'accident, soumettre des conducteurs à des épreuves de dépistage et, si celles-ci sont positives, à des « vérifications destinées à établir la preuve de l'état alcoolique », ces vérifications étant faites, soit au moyen d'analyses et examens médicaux, cliniques et biologiques, soit au moyen d'un appareil permettant de déterminer la concentration d'alcool par l'analyse de l'air expiré » (art. L. 234-4, al. 3, C.R.) ; ils peuvent aussi d'initiative procéder à des contrôles préventifs d'alcoolémie (art. L. 234-9, C.R.). D'un autre côté, cependant, les officiers de police judiciaire ne peuvent d'eux-mêmes procéder à des écoutes téléphoniques [2].

En pratique, il arrive que l'officier de police judiciaire saisi d'une plainte, au lieu de l'enregistrer, se contente de l'inscrire sur le registre de main courante (sorte de journal de l'activité quotidienne du service) ou même la rejette purement et simplement [3].

184. — *La compétence des officiers de police judiciaire.* Les difficultés ne concernent évidemment pas leur compétence matérielle, les O.P.J. étant compétents pour toutes infractions, mais leur compétence territoriale du fait de la division du territoire national en circonscriptions précises alors qu'une affaire peut déborder une circonscription. De là, le régime complexe établi par l'article 18, C.P.P., souvent remanié.

Le *principe* est celui de territorialité. Selon l'article 16, al. 1, « les officiers de police judiciaire ont compétence dans les limites territoriales où ils exercent leurs fonctions habituelles ». Ainsi, un commandant de compagnie de gendarmerie est compétent pour les affaires se rattachant à son arrondissement, et pas au-delà. La violation de cette règle de compétence entacherait

1. La dispense de motivation exprimée par l'article 16-3, C.P.P., ne s'étend pas aux exceptions de nullité de la procédure ou d'illégalité de la décision du procureur général, les juges devant répondre aux conclusions régulièrement déposées en ce sens, Ass. plén., 1er juillet 1994, B.C., n° 263, D., 1994.445, concl. M. Jéol, Dr. pénal, 1994, comm. 244, obs. A. Maron.

2. Ass. plén., 24 novembre 1989, D., 1990, chron. p. 15 et jurisp. p. 34.

3. Sur cet usage, v. R. Lévy, *Du suspect au coupable : le travail de police judiciaire*, 1987, pp. 41 et s.

la procédure de nullité absolue [1]. Toutefois, la jurisprudence admet très logiquement que l'O.P.J. dont les limites territoriales excèdent celles du ressort de la cour d'appel est compétent pour agir dans toute l'étendue territoriale du service dont il relève [2].

Diverses *exceptions* ont été instituées dans un souci d'efficacité. Elles sont toutes indiquées à l'article 18, C.P.P., et reprises à l'article D. 12 du même Code [3].

• Première exception, les O.P.J., mis temporairement à la disposition d'un service autre que celui dans lequel ils sont affectés, ont la même compétence territoriale que celle des O.P.J. du service d'accueil (art. 18, al. 2).

• Seconde exception, en cas de crime ou délit flagrant, les O.P.J. peuvent se transporter dans le ressort des tribunaux limitrophes du tribunal auquel ils sont rattachés pour y poursuivre leurs investigations (art. 18, al. 3, qui précise aussi que les tribunaux de Paris, Nanterre, Bobigny et Créteil sont considérés comme un seul et même ressort). Ce texte consacre une sorte de « droit de suite » au profit des O.P.J.

• Troisième exception, plus nette encore, les O.P.J. peuvent soit sur réquisitions du parquet prises au cours d'une enquête préliminaire ou de flagrance, soit sur commission rogatoire expresse d'un juge d'instruction, opérer sur toute l'étendue du territoire national. Mais ils doivent alors être assistés d'un O.P.J. du lieu de leurs investigations si le magistrat auteur de la réquisition ou de la commission rogatoire le décide. En outre, le procureur de la République territorialement compétent est informé par le magistrat mandant (art. 18, al. 4) [4]. On se gardera de confondre ce cas avec le précédent (art. 18, al. 3) : à l'alinéa 3, l'O.P.J. exerce de lui-même le « droit de suite » alors qu'avec l'alinéa 4, ils agissent sur décision expresse d'un magistrat.

L'exception de l'article 18, al. 4, est entendue par la jurisprudence de manière assez favorable au déroulement des investigations. Par exemple, la commission rogatoire peut se borner à viser l'article 18, al. 4, sans consacrer l'extension de compétence en termes formels qui se déduit pourtant de ce texte et qui éclate à la lecture de l'article D. 12, 3° (« l'extension de compétence... ne peut résulter que d'une prescription formelle du magistrat saisi... ») : aucune nullité ne résulte de cette

1. Reims, 18 mai 1984, J.C.P., 1985.II.20422, note P. Chambon.

2. Crim., 6 décembre 1995, B.C., n° 370, Dr. pénal, 1996, chron. 29, par Lesclous et Marsat, R.S.C., 1996.9, obs. Dintilhac.

3. M. Le Clère, *La nouvelle compétence territoriale des O.P.J. et ses conséquences*, R.S.C., 1959.353 ; du même, *L'évolution de la compétence territoriale des O.P.J.*, D., 1961, chron. 151.

4. Une loi du 9 mars 2004 a étendu encore la compétence territoriale des O.P.J. en leur permettant de procéder à des auditions en territoire étranger (sur commission rogatoire d'un juge d'instruction ou sur réquisition du parquet) en cas d'accord de l'État concerné (art. 18, al. 5, C.P.P.).

simplification [1]. De plus, l'obligation d'informer le parquet territorialement compétent n'est pas prescrite à peine de nullité [2]. Et la jurisprudence va jusqu'à ne pas annuler la procédure alors que la commission rogatoire ne faisait aucune référence à l'extension de compétence lorsqu'il est possible de rattacher géographiquement l'infraction au ressort de l'O.P.J. : ainsi en est-il de l'O.P.J. qui procède à l'interception et à l'enregistrement de communications émises à partir d'une ligne téléphonique attribuée à un abonné domicilié hors de son ressort dès lors que les actes d'exécution de la commission rogatoire ont été dressés au siège de son service, où une dérivation permettant l'écoute avait été installée [3].

• Quatrième exception enfin, ajoutée par une loi du 8 février 1995, les O.P.J. qui exercent leur mission dans des véhicules affectés au transport collectif de voyageurs [4] sont compétents au-delà du ressort de leur circonscription d'affectation (art. 18, al. 6). Cette disposition permet de faciliter l'action de la police judiciaire en matière d'actes de délinquance commis par exemple dans le réseau métropolitain en région parisienne [5]. Selon les termes mêmes de l'article 18, al. 6, cette disposition concerne d'ailleurs non seulement les O.P.J., mais aussi les A.P.J.

b) Les agents de police judiciaire

Ces agents sont énumérés aux articles 20 et 21, C.C.P.

185. — *Les agents visés à l'article 20 (A.P.J. proprement dits).* Le long article 20 énumère cinq catégories d'A.P.J. proprement dits :

1° Les gendarmes n'ayant pas la qualité d'O.P.J. ;

2° Les fonctionnaires titulaires du corps de commandement et d'encadrement de la Police nationale n'ayant pas la qualité d'O.P.J. ainsi que les fonctionnaires stagiaires de ce même corps, et les élèves lieutenants de police ;

3° Les fonctionnaires du corps de maîtrise et d'application de la Police nationale n'ayant pas la qualité d'officier de police judiciaire ;

4° Les gardiens de la paix issus de l'ancien corps des gradés et gardiens de la Police nationale nommés stagiaires avant le 31 décembre 1985 s'ils comptent 2 ans de services en qualité de titulaires et ont satisfait aux épreuves d'un examen technique ;

1. Crim., 27 octobre 1986, B.C., n° 305, D., 1987, Somm. 81, obs. J. Pradel ; 18 juillet 1989, B.C., n° 290 ; 8 novembre 1994, G.P., 1995.I, Somm. 32.

2. Crim., 18 juillet 1989, précité.

3. Crim., 20 juin 1996, B.C., n° 270, R.S.C., 1998.154, obs. Dintilhac, Dr. pénal, 1996, comm. 279, obs. A. Maron. À rapprocher de Crim., 10 janvier 1995, B.C., n° 13, Dr. pénal, 1995, chron. 34, par Lesclous et Marsat, rien n'interdit à un O.P.J. de recueillir des renseignements par téléphone ou télécopie en dehors de leur circonscription.

4. Du moyen de transport, la définition est donnée par l'art. 311-4, C.P., à propos du vol, ce texte parlant « d'un véhicule affecté au transport collectif de voyageurs ou de lieu destiné à l'accès à un moyen de transport collectif de voyageurs ».

5. Circ. du 14 février 1995 commentant les dispositions de la loi du 8 février 1995.

5° Les gardiens de la paix issus de l'ancien corps des enquêteurs de police, nommés stagiaires avant le 1er mars 1979, lorsqu'ils comptent au moins 2 ans de services comme titulaires et ont satisfait aux épreuves d'un examen technique.

Toutefois, les fonctionnaires de ces cinq catégories ne peuvent effectivement exercer les attributions attachées à leur qualité d'A.P.J. que s'ils sont affectés à un emploi comportant cet exercice. Cette disposition rappelle celle qui existe pour les O.P.J., sauf qu'on ne retrouve pas ici la condition d'habilitation par le procureur général.

Leurs pouvoirs sont beaucoup plus réduits que ceux des officiers de police judiciaire : ils n'ont pas qualité pour décider de la garde à vue et ils « secondent » les officiers de police judiciaire (art. 20). Toutefois, ils peuvent constater les infractions, en rédiger procès-verbal et même recevoir des dépositions par procès-verbal (art. 20, C.P.P., et 122, *in fine*, déc. du 20 mai 1903). La jurisprudence autorise même ces agents à procéder à une « parade » d'identification [1].

La compétence territoriale des A.P.J. de l'article 20 est fixée par l'article 21-1. Le principe est qu'ils sont compétents, dans les limites territoriales où ils exercent leurs fonctions habituelles ainsi que dans le ressort de l'O.P.J. à la disposition duquel ils ont été placés. En outre, quand ils secondent un O.P.J., leur compétence territoriale est celle de l'O.P.J. telle que fixée par l'article 18, ce qui va très loin comme on vient de le voir.

186. — *Les agents visés à l'article 21 (A.P.J. adjoints)*. Selon l'article 21, sont A.P.J. :

1° les fonctionnaires des services actifs de police nationale ne remplissant pas les conditions indiquées à l'article 20 ;

2° les volontaires servant en qualité de militaire dans la gendarmerie ;

3° les adjoints de sécurité visés à l'article 36 de la loi du 21 janvier 1995 d'orientation et de programmation relative à la sécurité ;

4° les agents de surveillance de Paris :

5° les agents de police municipale [2].

Que peuvent faire ces A.P.J. ? À l'instar des A.P.J. de l'article 20, ils « secondent » les O.P.J. et, évidemment, ils ne peuvent mettre un citoyen en garde à vue. Mais, à l'inverse de leurs collègues de l'article 20, ils ne peuvent recevoir de déclaration par procès-verbal. Tout au plus, peuvent-ils « rendre compte à leurs chefs hiérarchiques » des infractions « dont ils ont connaissance » et « constater... les infractions à la loi pénale et recueillir tous renseignements en vue de découvrir les auteurs de ces infractions... ».

1. Crim., 10 mars 1993, B.C., n° 110, D., 1994, Somm. 187 et obs. J. Pradel.

2. Sur les polices municipales, v. DOBOGRE, V° *Police municipale*, Rép. pén., Marcus, R.S.C., 1987.283 ; NIANG PAPA KHALY, *L'expérience française des polices municipales, Réflexion sur la recherche d'un statut juridique particulier*, thèse dactyl., Poitiers, 1996.

Concrètement, ces attributions se traduisent par des rapports (ou procès-verbaux, en matière routière notamment) que ces fonctionnaires établissent à l'intention de leurs supérieurs.

Enfin, leur compétence territoriale est la même que celle des A.P.J. de l'article 20 (art. 21-1 qui parle à la fois des A.P.J. proprement dits et des A.P.J. adjoints).

B — Les fonctionnaires de police judiciaire ayant une fonction de spécialiste

187. — *Vue d'ensemble.* Selon l'article 15, C.P.P., la police judiciaire comprend les O.P.J., les A.P.J. et « les fonctionnaires et agents auxquels sont attribuées par la loi certaines fonctions de police judiciaire ». Il y a donc à côté des O.P.J. et A.P.J. certains fonctionnaires habilités à faire œuvre de police judiciaire pour certaines infractions particulières. Ces fonctionnaires sont donc des spécialistes. Ils sont évoqués les uns dans le Code de procédure pénale lui-même et les autres dans des lois particulières.

Deux idées tendent à minorer l'importance de ces fonctionnaires. D'abord, leur compétence n'est pas toujours exclusive puisque le plus souvent les membres de la police judiciaire restent concurremment compétents. Ensuite, lorsqu'ils sont compétents, les fonctionnaires spécialisés voient leur action soumise à de strictes conditions. Par exemple, les agents des eaux et forêts ne peuvent pénétrer dans des maisons ou ateliers qu'en présence d'un O.P.J. qui ne peut refuser de les accompagner et qui signe le procès-verbal de l'opération (art. 23, C.P.P.) [1]. De même, en matière économique et fiscale, une décision du Conseil constitutionnel a conduit le législateur à entourer de conditions très rigoureuses l'action des agents de l'administration [2].

1. *Les fonctionnaires visés par le Code de procédure pénale*

188. — La section IV du chapitre sur la police judiciaire leur est consacrée (art. 22 et s.). Elle énumère en autant de paragraphes, trois catégories d'agents.

— Ce sont d'abord les*ingénieurs, chefs de district* et *agents techniques des Eaux et Forêts*, ainsi que les *gardes champêtres*. Selon l'article 22, C.P.P., « ils recherchent et constatent par procès-verbaux les délits et les contraventions qui portent atteinte aux propriétés forestières et rurales ». Ces agents peuvent même requérir, dans l'exercice de leurs fonctions, l'appui de la force publique, conduire devant un O.P.J. tout individu qu'ils surprennent en flagrant délit et saisir les objets enlevés des propriétés dont ils ont la garde (mais non opérer seuls une perquisition puisqu'ils doivent agir avec un

1. V. aussi art. L. 450-4, C. com.
2. Cons. const., 29 décembre 1983, J.C.P., 1984.II.20160, note R. Drago et A. Decocq, arrêt à l'origine de l'art. L. 16 B du L.P.F.

O.P.J., art. 23, C.P.P.) [1]. Leurs investigations terminées, ces agents adressent leurs procès-verbaux à leur chef hiérarchique (pour les agents des Eaux et Forêts) ou au procureur de la République (pour les gardes champêtres des communes).

— Ce sont ensuite les *agents des douanes* de catégorie A et B, spécialement désignés par arrêté des ministres de la Justice et du Budget. Ils sont compétents, sur l'ensemble du territoire national, pour rechercher et constater les infractions prévues par le Code des douanes, les infractions en matière de contributions indirectes, d'escroquerie sur la taxe sur la valeur ajoutée et de vols de biens culturels, les infractions prévues par le décret du 18 avril 1939 sur les matériels de guerre, munitions et arme, le blanchiment et les infractions prévues aux articles L. 716-9 à L. 716-11 du Code de la propriété intellectuelle ainsi que les infractions qui leur sont connexes. En outre, le procureur de la République ou le juge d'instruction peuvent constituer des unités temporaires composées d'O.P.J. et d'agents des douanes, pour la recherche et la constatation de faits de trafic de stupéfiants. Pour mener des enquêtes et exécuter des commissions rogatoires, les agents des douanes doivent y être habilités personnellement en vertu d'une décision du procureur général (art. 28-1, C.P.P., créé par une loi du 23 juin 1999).

— Ce sont, enfin, les *gardes particuliers assermentés* qui « constatent par procès-verbaux tous délits et contraventions portant atteinte aux propriétés dont ils ont la garde » (art. 29, al. 1, C.P.P.). Ils adressent ces procès-verbaux par lettre recommandée au procureur de la République, et ce dans les trois jours à peine de nullité (art. 29, al. 2, C.P.P.).

2. *Les fonctionnaires visés par des lois particulières*

189. — L'article 28, C.P.P., renvoie à des *lois spéciales* qui sont extrêmement nombreuses. Voici les principaux agents qu'elles visent [2] :

— agents de la Direction générale des impôts, qu'il s'agisse des inspecteurs chargés des contrôles (art. L. 12, L.P.F., pour la vérification de la situation fiscale personnelle des personnes physiques ; art. L. 13, L.P.F., pour la vérification de la comptabilité) ou qu'il s'agisse des fonctionnaires de la Direction nationale d'enquêtes fiscales (D.N.E.D.), véritable « police fiscale » et de la Direction des vérifications nationales et internationales (D.V.N.I.) (art. L. 212 et s., L.P.F.) ;

— agents du Service des Douanes (art. 323-1, C.D.) ;

— agents du Service de la répression des fraudes (art. L. 215-1, C. cons., dû à une l. du 26 juillet 1993) ;

1. Crim., 18 juillet 1995, Dr. pénal, 1995, comm. 59, obs. Lesclous et Marsat, Dr. Pénal, 1996, comm. 40, obs. J.H. Robert, rien n'empêche cependant des gardes nationaux de rechercher la preuve d'une infraction à l'extérieur d'un lieu privé en observant d'un chemin un élevage d'animaux sauvages évoluant derrière une habitation, ces oiseaux étant visibles de la route.

2. V. l'énumération exhaustive sous l'art. 28, C.P.P. (édition Dalloz).

— agents de l'Inspection du travail (art. L. 611-1 et s., C.T.) ;

— agents du Ministère chargé de l'Économie et, plus précisément, fonctionnaires habilités et appartenant à la Direction générale de la concurrence, de la consommation et de la répression des fraudes, ou à la Direction générale des impôts (ord. du 1er décembre 1986, art. 45, arrêté ministériel du 31 décembre 1986) ;

On doit y ajouter, toujours au sein du Ministère de l'Économie, les fonctionnaires de la cellule de Traitement du renseignement et de l'action contre les circuits financiers clandestins (T.R.A.C.F.I.N.). Créée par décret du 9 mai 1990, cette cellule a une mission de coordination de la recherche de faits de blanchiment d'argent provenant du trafic de drogue. Plus précisément, elle a pour objet de recueillir et diffuser des renseignements relatifs aux circuits financiers clandestins d'une part et, d'autre part, de recevoir et traiter les déclarations de soupçon des organismes financiers dans les conditions prévues par la loi du 12 juillet 1990 relative à la lutte contre le blanchiment. La création de ce service anti-blanchiment est la transposition en France des quarante recommandations du groupe d'action financière créé au sommet de l'Arche, en juillet 1989 (G.A.F.I.). Plusieurs États européens connaissent des structures analogues à celles de notre T.R.A.C.F.I.N. ;

— agents de la Commission des opérations de bourse (ord. du 28 septembre 1967 modifiée par l. des 23 décembre 1970, 14 décembre 1985, 22 janvier 1988 et 2 août1989) ;

— agents de la Banque de France et Commission bancaire (D.L., 30 octobre 1935, art. 74 ; l. du 24 janvier 1984, art. 89) ;

— agents du Service des ponts et chaussées, administration des eaux et forêts et service de la santé publique (l. du 16 décembre 1964, art. 9, sur la pollution) ;

— agents des collectivités publiques commissionnés par le maire ou leministre chargé de la Construction (art. L. 480-1, C. urb.), etc.

§ 2. — La responsabilité des membres de la police judiciaire

190. — Les pouvoirs des fonctionnaires assurant une mission de police judiciaire étant importants, notre droit a cru devoir poser une sorte de charte des devoirs de ces fonctionnaires : c'est le décret du 18 mars 1986 portant Code de déontologie de la police nationale [1].

Faisant une allusion expresse à la Déclaration des droits de l'homme et du citoyen (art. 2), ce Code de déontologie énumère huit devoirs du fonctionnaire de police

1. S. Porra et C. Paoli, *Code annoté de déontologie policière*, L.G.D.J., 1991 ; B. Thomas-Tual, *Le Code de déontologie de la police nationale : un texte passé inaperçu*, Rev. dr. public, 1991, n° 5, p. 1385. Il n'y a pas de texte analogue pour la gendarmerie.

Parallèlement, il existe une commission nationale de la déontologie et de la sécurité, qui dépose un rapport annuel.

comme celui de n'imposer à un citoyen aucune violence ni aucun traitement inhumain ou dégradant (art. 10) ou comme celui d'obéir aux instructions de l'autorité « sauf dans le cas où l'ordre donné est manifestement illégal et de nature à compromettre gravement un intérêt public », le fonctionnaire pouvant alors faire part de ses objections à l'autorité supérieure (art. 17) [1]. D'ailleurs, dès avant le décret de 1986, la commission Belorgey avait établi à l'intention du ministre de l'Intérieur un rapport (en date du 22 janvier 1982) qui avait déjà consacré ce « droit de résistance », ce qui ne faisait que consacrer la jurisprudence du Conseil d'État à propos des fonctionnaires [2].

Pour assurer le respect des devoirs incombant aux membres de la police judiciaire, que ces devoirs figurent ou non dans le décret de 1986, notre droit a créé un système plural de mise en œuvre de leur responsabilité. Ce système est composé de trois pièces qui peuvent, le cas échéant, se cumuler.

A — Responsabilité disciplinaire

191. — Cette première forme de responsabilité est double : hiérarchique et judiciaire.

1. *Responsabilité hiérarchique*

192. — Tout membre de la police judiciaire peut être sanctionné par sa hiérarchie en cas de faute. L'article 117 du décret du 20 mai 1903 l'évoque pour la gendarmerie : « Sans préjudice des sanctions pouvant leur être infligées en vertu du Code pénal *ou des règlements militaires*, les O.P.J. de la gendarmerie peuvent se voir adresser des observations de la chambre d'accusation... »

Pour les fonctionnaires de la police nationale, le texte de base est le décret du 24 janvier 1968, modifié par décret du 8 février 1973. L'article 16 du décret énumère les sanctions applicables : avertissement, blâme, radiation du tableau d'avancement, réduction d'ancienneté d'échelon, abaissement d'un ou deux échelons, déplacement d'office, rétrogradation, mise à la retraite d'office, révocation sans suspension des droits à pension et, enfin, révocation des droits à pension. Ces sanctions sont prononcées par le ministre de l'Intérieur, sauf à observer que si la sanction prive l'agent public de sa fonction, elle est prononcée à la fois par ce ministre et par son collègue de la justice.

Ce système disciplinaire des membres de la police nationale est compliqué par la présence de l'Inspection générale de la police nationale (I.G.P.N.) ou

1. Crim., 26 février 1997, B.C., n° 78, J.C.P., 1997.II.22865, note H. Matsopoulou, D., 1997.297, note J. Pradel ; J. PRADEL et A. VARINARD, n° 5 ; il résulte des art. 4 et 17 du décret de 1986 qu'un policier ne peut, sauf à engager sa responsabilité personnelle, refuser d'exécuter l'ordre donné par un juge d'instruction qu'après avoir expressément indiqué à ce dernier les raisons pour lesquelles cet ordre lui paraît manifestement illégal.

2. C.E., 2 décembre 1959, *Sinay*, Rec. Lebon, 643 ; 3 mai 1961, *Sieur Poulzelgues*, A.J.D.A., 1961.II.356.

« Police des polices ». Ce service peut être saisi par le ministère de l'Intérieur ou par le directeur général de la police nationale pour mener des enquêtes sur des affaires importantes, souvent à la suite de la réclamation d'un plaignant. L'I.G.P.N. se borne cependant, après enquête, à faire une proposition de sanction, l'autorité compétente pour la décider étant le ministre de l'Intérieur (qui, le plus souvent, entérine la proposition) [1].

Avec la loi du 15 juin 2000 créant un article 15-2, C.P.P., les enquêtes administratives concernant les infractions commises par les O.P.J. dans l'exercice de leurs fonctions associent l'inspection générale des services judiciaires au service d'enquête compétent ; et si ces enquêtes sont ordonnées par le ministre de la Justice, elles sont alors dirigées par un magistrat. Il s'agit de renforcer le contrôle de l'autorité judiciaire sur la police judiciaire.

2. *Responsabilité judiciaire*

193. — Les rédacteurs du Code de 1959 ont créé à l'égard des O.P.J. et A.P.J. une responsabilité judiciaire en donnant compétence à la chambre de l'instruction, cette « bonne à tout faire » de la justice pénale (art. 224 à 230, C.P.P.).

La *saisine* de la chambre est traitée à l'article 225 : la chambre est saisie par le procureur général ou par son président et elle peut même se saisir elle-même à l'occasion de l'examen d'une procédure qui lui est soumise.

La chambre fait procéder ensuite à une *enquête* (art. 226) par l'un de ses membres qui entend nécessairement le procureur général ainsi que l'O.P.J. ou A.P.J. en cause. Ce dernier peut se faire assister par un avocat et il peut, avant son audition, consulter son dossier administratif tenu au parquet général, sauf à observer que cette consultation ne concerne que les O.P.J., eux seuls ayant un tel dossier.

Enfin, la chambre rend sa *décision* [2]. Selon l'article 227, la condamnation qu'elle peut éventuellement prononcer consiste en « observations » ou en interdiction temporaire ou définitive d'exercer soit dans le ressort de la cour d'appel soit sur tout le territoire national ses fonctions de police judiciaire. Une telle condamnation peut être infligée même si une sanction a été prononcée par les supérieurs hiérarchiques [3] ou par le procureur général qui, on

1. L'I.G.P.N. peut aussi — mais elle n'agit pas alors comme organe disciplinaire — être saisie par les parquets ou juges d'instruction dans les cas où la responsabilité pénale d'un policier est susceptible d'être engagée de manière grave.

2. La jurisprudence ne voit rien de mal à ce que ce soit le même magistrat qui saisisse la cour, procède à l'enquête et participe à la décision car, dit-elle, on se trouve en dehors des prescriptions de l'art. 6, § 1, Conv. E.D.H., sur le procès équitable (juge indépendant et impartial) puisqu'il ne s'agit ni d'une contestation sur un problème civil ni du bien-fondé d'une accusation pénale, Crim., 26 février 1997, B.C., n° 78, J.C.P., 1997.II.22865, note H. Matsopoulou, D., 1997.297, note J. Pradel ; en l'espèce, le président de la chambre d'accusation avait à la fois saisi sa chambre, mené l'enquête et participé au délibéré.

3. Art. 227, C.P.P.

le sait, peut retirer son habilitation à un O.P.J. [1]. La décision est rendue en chambre du conseil [2]. Elle est notifiée par le procureur général aux autorités dont dépend l'O.P.J. ou A.P.J. concerné (art. 229). L'intéressé peut former un recours en cassation, celui-ci prenant effet immédiatement tout comme le pourvoi formé contre la décision du procureur général retirant l'habilitation [3]. Enfin, si la chambre estime que l'O.P.J. ou A.P.J. a commis une infraction pénale, elle ordonne la transmission du dossier au procureur général à toutes fins utiles (art. 228).

B — Responsabilité pénale

194. — Tout membre de la police judiciaire qui se rendrait coupable d'une infraction pénale dans l'accomplissement de sa fonction pourrait évidemment être poursuivi et réprimé. Les délits commis par ces fonctionnaires sont surtout les atteintes à la liberté individuelle de l'article 432-4, C.P. [4], la violation de domicile de l'article 432-8, C.P. [5], et les violences avec la circonstance aggravante que l'auteur était « dépositaire de l'autorité publique ou chargé d'une mission de service public » (art. 222-8, 7° ; 222-10, 7° ; 222-12, 7° ; 222-13, 7°, C.P.) [6].

C — Responsabilité civile

195. — Enfin, et conformément au droit commun, la victime des agissements irréguliers du fonctionnaire de la police judiciaire — que ces agissements soient incriminés pénalement ou non — peut mettre en œuvre sa

1. Crim., 4 mai 1988, B.C., n° 191, D., 1988, Somm. 357, obs. J. Pradel.
2. La loi ne le dit pas. C'est la jurisprudence qui le dit, tout en notant qu'il n'y a pas d'incompatibilité avec l'art. 6, § 1, Conv. E.D.H., qui prescrit la publicité, dès lors que cette procédure ne touche ni à une contestation civile ni au bien-fondé d'une accusation pénale ; Crim., 26 novembre 1996, B.C., n° 425.
3. Cet effet immédiat a été consacré par la loi du 15 juin 2000 (art. 227, *in fine*, C.P.P.) pour briser la jurisprudence qui décidait l'inverse (Crim., 26 février 1997, *précité*) et qui créait une injuste différence avec la décision du procureur général.
4. Qui vise « une personne dépositaire de l'autorité publique ou chargée d'une mission de service public », expression qui a été appliquée par exemple à des commissaires de police, Crim., 25 novembre 1982, D., 1883.I.485.
5. Jusrisprudence presque inexistante.
6. Il y a quelques affaires célèbres et heureusement très rares, comme l'affaire « des policiers de Bordeaux », Trib. confl., 9 juillet 1953, J.C.P., 1953.II.7797, note J. Rivero, et Crim., 18 février 1954, J.C.P., 1954.II.8036, note M. Patin. Plus récemment, on peut relever la condamnation de la France par la C.E.D.H. au titre de l'art. 3, Conv. E.D.H. ; 1° dans l'affaire *Tomasini* (arrêt du 27 août 1992) pour traitements inhumains et dégradants où il est dit que « les indéniables difficultés de la lutte contre la criminalité, notamment en matière de terrorisme, ne sauraient conduire à limiter la protection dûe à l'intégrité physique de la personne » (F. SUDRE, R.S.C., 1993, pp. 33 et s.) ; 2° dans l'affaire *Selmouni* (arrêt du 28 juillet 1998) pour tortures. *Add.*, J. PRADEL et G. CORSTENS, *Droit pénal européen*, Dalloz, 2e éd., 2002, nos 278 et s.

responsabilité civile sur le fondement des articles 1382 et s., C. civ., les tribunaux judiciaires étant seuls compétents puisqu'il s'agit d'un préjudice lié à l'exercice de la police judiciaire [1].

Cependant, si le dommage occasionné au citoyen résulte de l'usage d'une arme à feu — qui comporte des risques exceptionnels — c'est l'État qui est responsable en cas de faute d'un membre de la police judiciaire, même si cette faute n'est pas une faute lourde [2].

Dans les autres cas, l'État est responsable en cas de faute lourde. Il en a été jugé ainsi par exemple dans l'hypothèse de la passivité de la police judiciaire face à un commerçant victime de 13 cambriolages en dix ans. Les juges ont appliqué l'article L. 781-1 C. org. jud. selon lequel « l'État est tenu de réparer les dommages causés par le fonctionnement défectueux du service de la justice. Cette responsabilité n'est engagée que par une faute lourde ou par un déni de justice » [3]. Et aujourd'hui cette faute lourde est, dans l'intérêt des victimes, entendue largement. Elle peut résulter de faits qui, pris isolément, ne seraient pas constitutifs d'une telle faute [4].

SECTION II

LES FONCTIONNAIRES INVESTIS D'UNE MISSION OCCASIONNELLE DE POLICE JUDICIAIRE

196. — À côté de personnes dont l'activité de police judiciaire est essentielle, sinon exclusive, et qui ont en conséquence la qualité d'O.P.J. ou d'A.P.J., la loi investit certains agents de l'État de fonctions de police judiciaire, mais qui sont très loin d'être exclusives. Ces agents de l'État sont certains magistrats et, très exceptionnellement, le préfet.

§ 1. — Les pouvoirs accordés à certains magistrats

197. — Le Code d'instruction criminelle avait chargé certains magistrats, notamment le procureur de la République et le juge d'instruction, de fonctions de police judiciaire et leur avait en outre attribué la qualité d'O.P.J. (art. 9, C.I.C.) ; la doctrine leur reconnaissait même le titre d'« officiers

1. C.E., 11 mai 1951, *Baud*, S. 1952-III.13, concl. Delvolvé, note R. Drago ; Trib. confl., 15 janvier 1968, D., 1968.417.

2. Crim., 14 juin 2005, B.C., n° 177, gendarme poursuivant en motocyclette un automobiliste ayant commis des infractions au Code de la route et, au cours d'une manœuvre dangereuse, le tuant.

3. Civ. 1, 25 janvier 2005, B. Civ. I, n° 92. D., 2006, Pan. 618, obs. J. Pradel.

4. G. Kerbaol, La responsabilité personnelle des magistrats de l'ordre judiciaire, thèse dactyl. Montpellier, 2003.

supérieurs » de la police judiciaire, montrant par là que ces magistrats pouvaient non seulement effectuer tous actes de police judiciaire, mais encore donner des ordres aux officiers de police judiciaire. En conséquence, le procureur de la République était soumis au pouvoir disciplinaire de la Chambre d'accusation (art. 280, C.I.C.) et le juge d'instruction était placé sous la surveillance du procureur général (art. 279, C.I.C.). Si cette situation s'avéra sans inconvénient pour les magistrats du parquet, la cour d'appel n'usant pas de son pouvoir de contrôle, elle réduisait, en revanche, la liberté des magistrats instructeurs amenés en pratique à suivre les volontés du procureur général dont dépendait en partie leur avancement ; de plus, elle était contraire au principe de la séparation des fonctions judiciaires.

Aussi, le Code de procédure pénale ôta-t-il la qualité d'officier de police judiciaire à tous les magistrats qui la possédaient. Toutefois, pour des raisons pratiques, il maintint leurs attributions de police judiciaire. En conséquence, aujourd'hui comme hier, un parallèle peut être fait entre les pouvoirs du procureur de la République et ceux du juge d'instruction.

Le *procureur de la République* (et ses substituts) conserve, en effet, « tous les pouvoirs et prérogatives attachés à la qualité d'officier de police judiciaire » (art. 41, al. 4, C.P.P.) : il reçoit les plaintes et dénonciations (art. 40, al. 1), fait procéder à tous actes nécessaires à la recherche et à la poursuite des infractions et, à cette fin, dirige l'activité de la police judiciaire de son ressort (art. 41, al. 1 et 2), peut procéder lui-même à l'enquête sur crime ou délit flagrant (art. 68), peut enfin requérir directement la force publique (art. 42).

Le *juge d'instruction* dispose des mêmes pouvoirs. Il peut recevoir les plaintes avec constitution de partie civile (art. 85) et transmet au parquet les autres plaintes et dénonciations qui lui seraient par erreur adressées (art. 40, al. 2). Il recherche les preuves de l'infraction et peut, à cette fin, déléguer ses pouvoirs à tous officiers de police judiciaire par voie de commission rogatoire (art. 14, al. 2 et 151). Enfin, il a le droit de requérir directement la force publique (art. 51, al. 3).

Toutes ces solutions, admises dès 1808 et purement et simplement reconduites en 1958, n'ont jamais été contestées. On ne saurait en dire autant des pouvoirs de police judiciaire accordés au préfet.

§ 2. — Les pouvoirs accordés au préfet

Bibliographie. — Lautecaze, *Les pouvoirs de police judiciaire du préfet*, thèse, Bordeaux, 1938 ; Ch. Parra et J. Montreuil, *Les pouvoirs de police judiciaire du préfet*, Rev. police nationale, juillet-août 1968, pp. 41 et s. ; Pontal, *Les pouvoirs de police judiciaire du préfet*, thèse, Montpellier, 1941 ; Rougier, *La liberté individuelle et les pouvoirs judiciaires de l'administration*, Rev. crit. lég. et jurisp., 1903, pp. 522 et 610, 1904, pp. 271 et 410 ; P. Turlur, *La saisie des journaux périodiques*, thèse, Paris, 1963.

198. — *Position du problème et évolution historique.* Faut-il accorder des pouvoirs de police judiciaire non seulement aux magistrats, policiers et gendarmes, mais aussi à des fonctionnaires de l'exécutif, tels les préfets dans les départements et le préfet de police à Paris ? La question est très délicate. En faveur de la négative, on invoquera le dogme de la séparation des pouvoirs et les garanties de la liberté individuelle, celle-ci ne pouvant être à la disposition d'un agent de l'exécutif recevant des ordres du gouvernement : s'il est normal que le préfet, haut fonctionnaire de l'administration, ait des pouvoirs de police administrative destinés à garantir le maintien de l'ordre, à prévenir les infractions (par ex., art. L. 3213-7, C.S.P., qui permet au préfet de prendre « toute mesure utile », en fait un arrêté d'internement, à l'égard des personnes dangereuses qui n'ont dû le bénéfice d'un non-lieu qu'à leur délabrement mental), il paraît en effet beaucoup plus difficilement admissible qu'il soit doté de pouvoirs de police judiciaire et puisse en conséquence faire arrêter, interroger, perquisitionner et saisir. Mais, en faveur de l'affirmative, on fera valoir les nécessités de la répression, surtout en période troublée ; il est parfois souhaitable qu'en certaines matières, comme le faux-monnayage, le trafic de stupéfiants ou les atteintes aux intérêts fondamentaux de la nation, des perquisitions, saisies ou arrestations puissent être immédiatement ordonnées, avant même que les organes judiciaires soient saisis.

Ces impératifs contradictoires expliquent les hésitations de notre droit depuis 1808. Sans doute, le législateur a-t-il toujours admis, sauf entre 1933 et 1935, que le préfet soit doté de pouvoirs de police judiciaire. Mais il s'est montré tantôt relativement libéral (en restreignant ses pouvoirs), tantôt manifestement autoritaire (en les élargissant) selon les époques.

De 1808 à 1933, la conception autoritaire triomphe. Dans son fameux article 10, le Code d'instruction criminelle, sous l'influence de Napoléon, avait accordé tous les pouvoirs d'un officier de police judiciaire aux préfets habilités à « faire personnellement ou requérir les officiers de police judiciaire, chacun en ce qui le concerne, de faire tous actes nécessaires à l'effet de constater les crimes, délits et contraventions et d'en livrer les auteurs aux tribunaux... ». L'absence de tout libéralisme est confirmée par le fait que le préfet, n'ayant pas la qualité d'officier de police judiciaire, échappait à la surveillance du procureur général et de la cour d'appel. Devant cette absence de contrôle judiciaire, des abus se produisirent, notamment à Paris, le préfet de police recevant par exemple certains procès-verbaux et décidant lui-même de leur communication au parquet ou de leur classement sans suite.

Après un court intermède au cours duquel l'article 10 cessa d'exister, emporté par une loi du 7 février 1933, le législateur du 25 mars 1935 le rétablit, en raison de la montée de périls venus à la fois de l'intérieur (événements de février 1934) et de l'extérieur. C'était pourtant une conception plus libérale que consacrait la loi de 1935. Le préfet n'était plus compétent qu'en matière de sûreté de l'État. Il devait avertir le procureur de la République et lui transmettre les pièces dans les vingt-quatre heures, ce qui introduisait un embryon de contrôle judiciaire.

Puis, les pouvoirs de police judiciaire du préfet ont fait l'objet de règles plus élaborées qui témoignent du désir de notre droit de tenir la balance égale entre le courant autoritaire et le courant libéral des textes. Ainsi l'article 30 du Code de procédure pénale qui reprenait en fait l'article 10 dans sa version de 1935, et la jurisprudence s'efforçaient en effet de poser des conditions à l'action du préfet et de prévoir des sanctions en cas d'usage irrégulier de ses pouvoirs. Il est vrai que ces conditions et sanctions étaient rendues nécessaires par le contenu assez considérable des pouvoirs reconnus au préfet (dénommé aujourd'hui commissaire de la République).

Cependant, depuis juin 1968, l'article 30 n'était plus utilisé. De plus, sa constitutionnalité était demeurée discutable depuis que le Conseil constitutionnel avait clairement affirmé, dans ses décisions du 29 décembre 1983 et du 29 décembre 1984, que l'autorité judiciaire devait, en application de l'article 66 de la Constitution, conserver toute la responsabilité et tout le pouvoir qui lui revient en matière de libertés individuelles. Aussi la loi du 4 janvier 1993 (art. 148) supprime-t-elle l'article 30 très logiquement [1].

Toutefois, aujourd'hui encore, le préfet (dans un département) ou le préfet de police (à Paris) dispose de prérogatives de police judiciaire.

— En premier lieu, il en est ainsi avec le décret-loi du 1er juillet 1939. Ce texte n'ayant pas été abrogé par la loi précitée du 4 janvier 1993 doit être considéré comme étant encore en vigueur. De la sorte, le préfet « peut faire tous actes nécessaires à l'effet de constater les crimes, délits et contraventions et d'en livrer les auteurs aux tribunaux chargés de les punir » (art. 1er du D.L. de 1939). Trois limites sont cependant assignées à ces pouvoirs préfectoraux. D'une part, ils ne s'appliquent qu'en cas d'état de guerre ou de tension extérieure déclaré par décret en conseil des ministres dans les conditions prévues par l'article 1er de la loi du 11 juillet 1938, auquel se réfère le texte de 1939. D'autre part, le préfet ne dispose que de pouvoirs temporaires : en effet, s'il agit, il doit dans les trois jours aviser le procureur de la République et lui transmettre les pièces. Enfin, tout officier de police judiciaire ayant reçu une réquisition préfectorale doit en aviser aussitôt le parquet.

— En second lieu, en cas d'état d'urgence (loi du 3 avril 1955) [2], le préfet peut ordonner des perquisitions domiciliaires de jour et de nuit si le décret déclarant l'état d'urgence ou la loi le prorogeant le prévoit (art. 11).

1. Circ. du ministre de la Justice en date du 31 décembre 1992, J.C.P., 1993.III.65892, p. 92.

2. L'état d'urgence peut être déclaré « soit en cas de péril imminent résultant d'atteintes graves à l'ordre public, soit en cas d'événements présentant, par leur nature et leur gravité, le caractère de calamité publique » (art. 1).

CHAPITRE II

LES AUTRES ORGANES AUXILIAIRES

199. — *Intérêt et variété des autres organes auxiliaires.* On a trop souvent tendance à ne retenir, au titre des organes auxiliaires de la justice pénale, que la police judiciaire et à oublier tous les autres : corps des avocats ou des greffiers, compagnies d'experts... Les pénalistes abandonnent en effet le plus souvent l'étude de ces derniers au droit judiciaire privé [1]. Cette attitude se justifie évidemment pour ceux de ces organes qui, tel le corps des administrateurs judiciaires, n'apparaissent pas au procès pénal. Mais elle se comprend moins bien pour tous ceux, nombreux, qui remplissent une fonction aussi importante dans le procès pénal que dans le procès civil ou commercial et qui, de plus, y jouent un rôle particulier. Cette importance et ce particularisme se trouvent d'ailleurs renforcés aujourd'hui à la fois par la complexité croissante de certaines affaires et par la tendance du procès pénal à s'intéresser autant à la personnalité de l'auteur, en vue de sa réinsertion sociale, qu'à la matérialité des faits.

Ces organes auxiliaires aux fonctions variées sont évidemment composés de personnages très divers. Certains n'ont pour nous qu'un intérêt relatif : secrétaires de parquet assurant le secrétariat des magistrats du Ministère public, huissiers de justice ayant la charge de délivrer les citations et d'effectuer les significations (art. 550 et s., C.P.P.), huissiers audienciers, véritables appariteurs introduisant le tribunal ou la cour (en ouvrant l'huis), faisant l'appel des causes et maintenant l'ordre sous l'autorité du président. D'autres, au contraire, doivent retenir davantage notre attention : il s'agit de certains *collaborateurs du juge*, ayant un rôle essentiel à côté de la police judiciaire, et du *défenseur des parties*. On limitera toutefois leur étude au seul point de vue de leur rôle en matière pénale et l'on négligera leur statut qui n'est pas propre à la procédure pénale [2].

1. V. cependant R. Vouin et J. Léauté, pp. 406 à 413.
2. J. Vincent, S. Guinchard, G. Montagnier et A. Varinard, *Institutions juridictionnelles*, 9e éd., 2007, Dalloz, p. 938 et s.

SECTION I

LES COLLABORATEURS DU JUGE

200. — *Diversité.* Le juge n'a pas besoin seulement de policiers et de gendarmes. Il lui faut aussi un secrétaire, le *greffier*, et des informateurs chargés d'exécuter certaines mesures d'instruction, l'*expert* et certains *travailleurs sociaux.*

Il convient aussi d'évoquer l'*interprète* dont l'importance grandit aujourd'hui avec le développement des flux migratoires et comme le montre l'existence d'une jurisprudence de plus en plus riche. Divers textes prévoient la possibilité pour le juge de recourir à un interprète (v. par ex., art. 102 et 121, C.P.P., concernant le juge d'instruction, art. 272, C.P.P., concernant le président de la cour d'assises, art. 407, C.P.P., concernant le président du tribunal correctionnel, etc.). L'interprète doit prêter serment avant de commencer ses fonctions.

§ 1. — Le greffier

201. — Le greffier, qui complète nécessairement toute juridiction d'instruction et de jugement, est donc le secrétaire du juge [1]. Mais c'est un secrétaire nanti d'un rôle plus important que celui d'un secrétaire ordinaire.

• En premier lieu, en tant que *secrétaire* du juge, le greffier en est le scribe. D'abord, à l'instruction, c'est lui qui rédige les convocations des témoins et des parties, avertit le procureur de la République si celui-ci a manifesté son intention d'assister aux interrogations et confrontations de la personne mise en examen et de la partie civile (art. 119, al. 2, C.P.P.), établit les mandats de justice, formalise le dossier (art. 81, al. 2). Ensuite à l'instruction et à l'audience, tous les actes du juge devant se matérialiser par un écrit (*verba volant, scripta manent*), c'est encore lui qui rédige celui-ci, sous la dictée du juge : il tient donc note de toutes les déclarations des témoins et des parties, transcrit les opérations du juge, écrit le jugement ou l'arrêt (par ex., art. 376, C.P.P., pour l'arrêt de la cour d'assises). Presque tous les actes du juge sont signés à la fois par le magistrat et par le greffier (art. 106, 121, 216, 377, 378 et 486, C.P.P.) [2].

• En second lieu, le greffier est un secrétaire dont les attributions *dépassent celles d'un secrétaire ordinaire.* Si l'on met de côté le rôle de fait que peut juger un greffier expérimenté en rappelant à son juge l'existence d'une formalité, son rôle en droit est doublement remarquable.

D'une part, grâce à sa présence, le greffier donne aux actes du juge leur authenticité quant au fond. Il constitue en effet un témoin privilégié de leur

1. Sur le greffier, J.C. Jutteau, *Le formalisme de la procédure d'assises et le contrôle de la Cour de cassation*, thèse dactyl., Poitiers, 1954 ; P. Mimin, *La plume du greffier*, J.C.P., 1947.I.623 ; J. Pradel, note au D., 1982.484, sous Angers, 26 novembre 1981.

2. Mais il n'est pas nécessaire que le nom du greffier figure, Crim., 15 décembre 1965, B.C., n° 276 ; 2 mai 1968, B.C., n° 136.

sincérité. On ne peut imaginer que le procès-verbal dicté par le juge méconnaisse les déclarations d'une partie ou d'un témoin puisque le greffier était là, a entendu les propos tenus, les a transcris et a cosigné le procès-verbal.

D'autre part, c'est le greffier qui, par une mention au procès-verbal, atteste la régularité formelle des actes. Or cette mention a un intérêt considérable : comme elle est le seul moyen de preuve de l'accomplissement de la formalité, son absence fait irrémédiablement présumer qu'elle n'a pas été remplie (même si l'on peut être certain qu'elle l'a été) et entraîne l'annulation de la procédure ou la cassation de la décision. On sait, par exemple, que le juge d'instruction doit convoquer l'avocat à tout interrogatoire et mettre le dossier à sa disposition quatre jours ouvrables au moins avant l'accomplissement de cet acte (art. 114, al. 3, C.P.P.) : le défaut de mention de ces formalités provoque l'annulation de la procédure d'instruction malgré l'existence de récépissés postaux [1] ou d'une attestation délivrée par le juge et le greffier après clôture de l'information [2], tous éléments établissant pourtant l'observation de la loi. De même, la Cour suprême ne connaissant les débats d'assises que par le procès-verbal que doit en établir le greffier (art. 378, C.P.P.), l'absence de celui-ci, rendant impossible toute vérification de l'accomplissement des formalités, entraîne la cassation de l'arrêt [3]. Bref, il ne suffit pas que la loi ait été respectée, il faut encore que le greffier le constate. On saisit alors l'importance de son rôle (comp. art. 165, N.C.P.C. : « Le juge peut, pour procéder à une mesure d'instruction ou assister son exécution, se déplacer sans être assisté par le secrétaire de la juridiction »).

Synthétisant ces deux aspects, la C.E.D.H. rappelle que le greffier est un « auxiliaire de justice garant de la procédure et participant à la bonne administration de la justice » [4].

§ 2. — Les techniciens

Bibliographie. — A. Besson, *Des règles de l'expertise élaborées par le C.P.P.*, D., 1960, chron., p. 53 ; P.J. Doll, *De la responsabilité des experts judiciaires*, D., 1966, chron. p. 47 ; Y. Marx, *Observations sur le problème de l'expertise*, Mélanges Hugueney, Sirey, 1964, p. 193 ; J. Pradel, *La responsabilité pénale de l'expert judiciaire*, R.S.C., 1986, p. 247 ; R. Vouin, *Le juge et son expert*, D., 1955, chron. p. 131 ; *L'expertise*, ouvrage collectif comportant plusieurs études sur le droit pénal et la procédure pénale, avec la coordination de M.A. Frison-Roche et D. Mazeaud, Dalloz, *Thèmes et Commentaires*, 1995.

1. Crim., 22 juillet 1954, J.C.P., 1954.II.8351, note R. Vouin, *affaire Dominici* ; 9 juillet 1962, B.C., n° 18.
2. Crim., 1er mai 1924, B.C., n° 182. V. aussi Crim., 22 avril 1977, B.C., n° 130, D., 1978.28, note Chapar, pour des attestations produites après audience de la cour d'assises.
3. Crim., 9 janvier 1963, D., 1963, Somm. 39.
4. C.E.D.H., 26 juillet 2007, *Walchli c/ France*, § 35, D., 2007, 2304, obs. M. Léna.

A — L'expert

202. — *Vue générale.* L'appel à l'expert est aujourd'hui de plus en plus fréquent. Les matières où peut intervenir l'expert sont, en effet, très nombreuses : médecine mentale ou légale (examen du corps de la victime ou de l'auteur présumé, y compris des empreintes génétiques ou A.D.N.), toxicologie ou science des poisons, police scientifique (analyse de tissus, boues, traces diverses, examen d'armes et projectiles, identification de la machine ayant servi à dactylographier un texte...), biologie, chimie, comptabilité, architecture, mécanique (notamment en cas d'accident de la circulation routière, ferroviaire ou aérienne), archéologie... C'est pourquoi face au laconisme du C.I.C. qui ne lui consacrait que deux dispositions (art. 43 et 44), le C.C.P. lui réserve une section entière (art. 156 à 169-1).

Mais qu'est au juste un expert et comment est-il choisi ?

1. *La nature de l'expert*

a) L'expert est un technicien

203. — L'expert est un homme de l'art, un spécialiste auquel le juge a recours « dans les cas où se pose une question d'ordre technique » (art. 156, al. 1, C.P.P.), bref un technicien dépassant ses propres lumières[1]. Il en résulte trois conséquences[2].

Technicien, l'expert *n'est pas un témoin.* Alors que le témoin relate ce qu'il a vu ou entendu de faits auxquels il a assisté, l'expert qui ne connaît l'affaire qu'après coup, a pour mission de procéder à un examen et de donner un avis d'ordre technique. En conséquence, la règle que les témoins n'apparaissent à l'audience que pour déposer (art. 325, C.P.P.) ne s'applique pas à l'expert qui peut assister aux débats avant son audition[3]. En outre, l'expert prête un serment (art. 168, al. 1, C.P.P.) qui diffère de celui du témoin (art. 331, al. 3, C.P.P., pour la cour d'assises ; art. 446, C.P.P., devant le tribunal correctionnel).

Technicien, l'expert *n'est pas le juge.* Il n'est pas chargé de résoudre le litige, il n'a pas à affirmer la culpabilité[4] et il ne fait qu'émettre un avis qui ne lie pas le juge, toujours maître de la décision finale. Il y a là une certaine contradiction puisque le recours à l'expert ne s'explique que par l'incompétence du juge.

Technicien, l'expert enfin *n'est pas officier de police judiciaire.* Il est donc tenu au respect du secret professionnel même vis-à-vis du juge mandant

1. Un juge d'instruction peut même faire appel à un professeur de droit maritime pour analyser des contrats, Crim., 9 juillet 2003, B.C., n° 137.
2. Clairement indiqués par R. VOUIN, *Le juge et son expert*, D., 1955, chron. pp. 131 et s.
3. Crim., 7 octobre 1970, D., 1970, Somm. 213 ; 27 novembre 1974, B.C., n° 353.
4. Crim., 13 avril 2005, B.C., n° 132 ; 26 septembre 2007, B.C., n° 226, deux arrêts.

pour tout ce qui ne se rattache pas directement à sa misssion technique. Par exemple, le juge ne pourrait pas retenir un aveu passé par la personne mise en examen devant l'expert psychiatre [1].

b) L'expert est un technicien particulier

204. — C'est qu'en effet en procédure pénale, il existe d'autres techniciens que l'expert.

Il faut d'abord distinguer l'expert du *simple investigateur*. Le résultat de l'investigation technique s'impose de lui-même (que l'auteur de l'investigation soit un expert ou non). Au contraire, le travail de l'expert implique une appréciation, un choix entre deux ou plusieurs voies. Constituent de simples investigations, et non des expertises, la recherche du taux d'alcoolémie d'une personne [2] ou la détermination de son groupe sanguin [3] ; au contraire, une traduction présentant certaines difficultés (original manuscrit illisible) est une expertise car le traducteur ne peut donner que le sens général du texte après avoir envisagé diverses possibilités [4]. L'intérêt de la distinction est certain : alors que l'expertise est régie par les articles 156 et suivants, C.P.P., la simple investigation est régie par l'article 81, al. 1, C.P.P.

On doit aussi distinguer l'expert de *l'auteur de constatations ou d'examens techniques ou scientifiques* ordonnés au cours de l'enquête flagrante (art. 60, C.P.P.) ou préliminaire (art. 77-1, C.P.P.). Alors que l'expertise est décidée par un juge et pas forcément limitée au cas d'urgence, les constatations et examens sont décidés au cours de l'enquête, donc avant mise en mouvement de l'action publique, par un O.P.J. ou par le procureur de la République. Là encore, les articles 156 et suivants, C.P.P., ne s'appliquent pas [5], sauf la prestation de serment (art. 60, al. 2, et 77-1, al. 2, C.P.P.). Il a été jugé que constitue une opération au sens de l'article 77-1, C.P.P., la vérification de la situation financière d'une entreprise et la détermination de son vrai gérant [6] à l'inverse de l'examen médico-psychologique de la victime d'un viol prétendu, qui est une expertise [7]. En bref, ces constatations et examens sont des sortes d'expertises simples au point de vue technique et dont la réalisation gagne à être faite de suite et sans recours à une instruction.

1. R. Vouin et M.L. Rassat, *Droit pénal spécial*, 6e éd., 1988, n° 254 ; *add.* Crim., 29 janvier 2003, B.C., n° 22, un expert ne peut participer aux actes de l'enquête menée sur commission rogatoire et identifier une personne comme la seule suspecte comme ayant un profil psychologique compatible avec un passage à l'acte meurtrier.

2. Crim., 2 septembre 1986, B.C., n° 251, D., 1987, Somm. 83, obs. J. Pradel ; J. Pradel et A. Varinard, n° 21.

3. Crim., 4 novembre 1987, D., 1988, Somm. 192, obs. J. Pradel.

4. Ass. plén., 19 octobre 1984, J.C.P., 1985.II.20490, note W. Jeandidier ; J. Pradel et A. Varinard, précité.

5. Crim., 29 septembre 1993, B.C., n° 272, Dr. pénal, 1994, comm. 20, obs. A. Maron.

6. Crim., 4 janvier 1993, B.C., n° 3, D., 1994, Somm. 185, obs. J. Pradel.

7. Crim. 14 mai 1998, D., 1999, Somm. 327, obs. J. Pradel.

Enfin, on doit distinguer l'expert de *l'assistant spécialisé* en matière économique et financière (art. 706, C.P.P., loi du 2 juillet 1998) [1].

2. *Le choix de l'expert*

205. — Technicien, l'expert ne peut être choisi que parmi des personnes d'expérience. C'est pourquoi tout expert doit avoir fait l'objet d'un agrément de l'autorité judiciaire.

Cet agrément de l'expert (qui, depuis la loi du 6 août 1975, peut être une personne morale aussi bien qu'une personne physique) se matérialise en règle générale par son inscription « soit sur une liste nationale établie par le bureau de la Cour de cassation, soit sur une des listes dressées par les cours d'appel, le procureur général entendu » (art. 157, al. 1, C.P.P.). Cette inscription ne peut évidemment intervenir qu'après une enquête portant les qualités techniques (et morales) du postulant aux fonctions d'expert. Le plus souvent, l'expert choisi appartient à l'une de ces listes. Lors de son inscription, l'expert prête, devant la cour d'appel de son domicile, serment d'apporter son concours à la justice en son honneur et en sa conscience. Il n'a pas à renouveler ce serment chaque fois qu'il est commis (art. 160, al. 1, C.P.P.) [2].

Exceptionnellement, cependant, une personne ne figurant sur aucune de ces listes peut être choisie comme expert, l'agrément résultant alors d'un acte individuel du juge. Mais le juge doit préciser les raisons de son choix dans une décision motivée (le plus souvent par l'aptitude particulière de la personnalité choisie) ; celle-ci constitue un équivalent de la présomption de compétence technique résultant de l'inscription sur l'une des listes (art. 157, al. 3, C.P.P.). À défaut de motivation de l'ordonnance de désignation, celle-ci est nulle ainsi que l'expertise [3]. Et l'expert doit prêter serment chaque fois qu'il est commis (art. 160, al. 2, C.P.P.) [4].

B — L'assistant spécialisé

206. — Créé par une loi du 2 juillet 1998 (art. 706, C.P.P.), l'assistant spécialisé est un collaborateur de haut niveau des magistrats chargés des affaires économiques et financières [5] et dont la présence suscite un travail en équipe. Il s'agit plus précisément de recourir aux services de fonctionnaires

1. V. *infra*, n° 206.
2. Crim., 5 octobre 1961, B.C., n° 381 ; 12 décembre 1973, B.C., n° 462 ; 30 avril 1996, B.C., n° 183.
3. Crim., 25 octobre 1983, B.C., n° 267, R.S.C., 1984.541, obs. J. Robert ; 3 septembre 1985, B.C., n° 283, R.S.C., 1986.647, obs. A. Braunschweig ; 15 mai 1990, B.C., n° 193 ; 26 février 1991, B.C., n° 98.
4. Crim., 14 novembre 1991, B.C., n° 410.
5. Et des affaires d'ordre sanitaire depuis une loi du 9 mars 2004 (art. 706-2, II, C.P.P.).

des catégories A et B appartenant aux cadres des impôts, des douanes et droits indirects, de la concurrence, de la consommation et de la répression des fraudes ainsi qu'à des agents de la Banque de France. L'assistant spécialisé est titulaire d'un diplôme sanctionnant une formation d'une durée au moins égale à quatre ans d'études supérieures après le baccalauréat et, en outre, il justifie d'une expérience professionnelle minimale de quatre ans [1].

Les fonctions de l'assistant spécialisé ont été précisées par la loi du 9 mars 2004 (art. 706, al. 3 et s., C.P.P.). Ayant accès au dossier de la procédure et soumis au secret professionnel, « il participe aux procédures sous la responsabilité des magistrats, sans pouvoir toutefois recevoir délégation de signature sauf pour les réquisitions » [2]. La loi énumère les principales missions de cet auxiliaire, en indiquant « notamment » qu'il peut :

« 1° Assister les juges d'instruction dans tous les actes d'information ;

« 2° Assister les magistrats du Ministère public dans l'exercice de l'action publique ;

« 3° Assister les officiers de police judiciaire agissant sur délégation des magistrats ;

« 4° Remettre aux magistrats des documents de synthèse ou d'analyse qui peuvent être versés au dossier de la procédure ;

« 5° Mettre en œuvre le droit de communication reconnu aux magistrats en application de l'article 132-22 du Code pénal. »

L'assistant spécialisé n'est donc pas un acteur de la procédure comme le sont magistrats et policiers. Il n'est pas non plus un expert. Il est un assistant qui fournit une aide à la décision grâce à la production de documents remis aux magistrats et versés au dossier [3].

Si le rôle de l'assistant spécialisé apparaît essentiellement avant l'audience de jugement, rien ne lui interdit d'assister le parquet à l'audience. Mais peut-il y poser des questions ? La loi est muette et la circulaire du 2 septembre 2004 prise en application de la loi du 9 mars 2004 semble l'exclure. Mais la doctrine soutient l'inverse, ce qui est raisonnable [4] si l'action de ce fonctionnaire est encadrée.

1. Ne pas confondre l'assistant spécialisé avec l'assistant de justice qui n'a pas de formation professionnelle antérieure et qui exerce ses fonctions à temps partiel, ce qui lui laisse, le cas échéant, le temps de préparer un concours ou un examen (v. L. 8 février 1995 sur les assistants de justice).

2. En pouvant signer des réquisitions judiciaires, l'assistant spécialisé peut faire mettre à sa disposition des informations contenues dans des systèmes informatiques, ou des documents de tous ordres (art. 60-1, 60-2, 77-1-1, 77-1-2, 99-3 et 99-4, C.P.P.).

3. Paris, Ch. inst., 27 avril 2001, R.S.C., 2002.631, obs. A. Giudicelli, le versement au dossier de la note d'un assistant spécialisé en application de l'art. 81, C.P.P., répond aux exigences du principe du contradictoire.

4. A. Gallois, *Le traitement procédural des affaires pénales de grande complexité*, thèse dactyl., Paris I, mai 2008, n° 565.

§ 3. — Les travailleurs sociaux

207. — Sous cette expression, sans doute peu heureuse, on regroupera l'enquêteur social et le médiateur.

A — L'enquêteur social

Bibliographie. — J. Chazal et J. Cotxet de Andreis, *Les problèmes juridiques que pose l'intervention de l'assistante sociale*, G.P., 1950.I.32 ; G. Levasseur, *De la minimisation du dossier de personnalité à la généralisation du pouvoir discrétionnaire*, R.S.C., 1961, p. 83.

208. — L'intérêt porté aujourd'hui à la personne du coupable, conduit évidemment à développer les techniques d'observation : d'une part examens psychiatriques et examens médico-psychologiques (art. 81, al. 8, C.P.P.) confiés à des médecins experts (art. D 23 et s., C.P.P.), d'autre part enquêtes sociales confiées à des enquêteurs spécialisés. Ceux-ci apportent au juge des renseignements sur la personnalité et le milieu du délinquant, sur son « mode de vie passé et présent », mais aucun élément sur les « preuves de la culpabilité » (art. D 16, al. 2 et 3, C.P.P.).

L'enquêteur social n'est donc pas un officier de police judiciaire. Il n'est pas non plus un expert puisque l'enquête sociale ne se fonde pas sur des opérations techniques personnelles. La jurisprudence le considère comme un témoin et lui fait en conséquence prêter le serment du témoin s'il vient à déposer à l'audience [1].

1. *Le domaine d'action de l'enquêteur social*

209. — Prévue en droit civil dans les procès de divorce (art. 287-2, C.C.), et en matière d'autorité parentale (art. 1078, N.C.P.C.), l'enquête sociale existe aussi en droit pénal.

Pour les *mineurs*, l'ordonnance du 2 février 1945 prévoit que le juge des enfants « recueillera, par une enquête sociale, des renseignements sur la situation matérielle et morale de la famille, sur le caractère et les antécédents du mineur, sur sa fréquentation scolaire, son attitude à l'école, sur les conditions dans lesquelles il a vécu et a été élevé » (art. 8).

Pour les *majeurs*, notre droit connaît l'enquête sociale depuis 1959, d'ailleurs sous le nom d'enquête de personnalité. Le juge d'instruction peut en effet procéder « à une enquête sur la personnalité des personnes mises en examen, ainsi que sur leur situation matérielle, familiale ou sociale » (art. 81, al. 6, C.P.P.).

En outre, cette enquête doit obligatoirement être ordonnée lorsque la peine encourue n'excède pas cinq ans d'emprisonnement à l'égard des majeurs de

1. Crim., 27 novembre 1963, B.C., n° 336 ; 22 mai 1974, B.C., n° 194 ; 27 mai 1981, D., 1983.63, note F. Chapar ; 17 janvier 1990, D., 1990, Somm. 222, obs. J. Pradel.

moins de 21 ans, soit par le parquet s'il requiert la mise en détention provisoire (art. 41, al. 6, C.P.P.), soit, s'il n'a rien fait, par le juge d'instruction quand ce dernier envisage l'incarcération (art. 81, al. 7, C.P.P.). C'est ce que l'on appelle « l'enquête rapide », car elle est menée en quelques heures à peine.

2. *Les personnes pouvant remplir les fonctions d'enquêteur social*

210. — Si le juge (des enfants ou d'instruction) peut légalement procéder lui-même à l'enquête, celle-ci est ordinairement effectuée par un personnel spécialisé.

Dans le cas des *mineurs*, elle est faite soit par des assistants et assistantes sociales des services sociaux attachés aux tribunaux pour enfants ou aux centres d'observation, soit par des personnes ayant exercé pendant cinq ans au moins des fonctions d'éducation dans des services de l'éducation surveillée.

Dans le cas des *majeurs*, l'enquête sociale peut être effectuée par un officier de police judiciaire [1] ou par toute personne habilitée par le ministre de la Justice (art. 81, al. 6, C.P.P.). Cette habilitation est donnée à la suite d'une procédure décrite aux articles R. 15-34 et suivants, C.P.P. Toute personne physique ou morale désirant procéder à des enquêtes de personnalité adresse une demande au doyen des juges d'instruction ou au président de la chambre de l'instruction. Le magistrat sollicité procède à une enquête, puis communique la demande au président du tribunal ou au premier président. Puis, l'assemblée générale des magistrats du siège et du parquet statue sur l'habilitation à la majorité de ses membres présents. L'habilitation peut être retirée selon la même procédure.

B — Le médiateur

211. — Le médiateur a apparu dans notre droit le jour où la médiation a été législativement consacrée. On sait qu'une loi du 4 janvier 1993 a ajouté à l'article 41, C.P.P., un alinéa final consacrant la médiation pénale (aujourd'hui art. 41-1, C.P.P., loi du 23 juin 1999). Le statut du médiateur résulte des articles D. 15-1 à D. 15-8, C.P.P. (déc. du 10 avril 1996). Des similitudes apparaissent avec l'enquêteur social.

Tout médiateur, pour pouvoir être saisi par le parquet, doit avoir été habilité expressément. Une personne physique ou morale désirant exercer la fonction de médiateur doit en faire la demande au procureur de la République ou au procureur général. Des particularités sont prévues au cas où la demande est faite par une personne morale, celle-ci devant par exemple remettre un exemplaire de ses statuts (art. D 15-3). Le magistrat du parquet saisi procède à une enquête, puis soumet la demande d'habilitation à l'assemblée générale des

1. Saisi par voie de commission rogatoire, art. 81, al. 4 et 6 combinés, C.P.P.

magistrats du siège et du parquet du tribunal ou de la cour d'appel, qui statue à la majorité de ses membres présents (art. D 15-6). Un retrait d'habilitation est possible, selon la même procédure [1].

SECTION II

LE DÉFENSEUR DES PARTIES

Bibliographie. — J. DADIA, *Le rôle de l'avocat dans le procès pénal*, G.P., 1973.I, Doctr. p. 452 ; J. DANET, *Défendre. Pour une défense pénale critique*, Dalloz, États de droits, Regards sur la justice, 2e éd., 2004 ; J. DUBOIS, *L'avocat : défenseur de l'enfant délinquant et victime*, R.P.D.P., 1995, p. 172 ; A. DUMONT, *L'avocat au pénal, auxiliaire de la justice*, Déviance et Société, 1981, p. 55 ; A.M. DUPIN, *Lettres sur la profession d'avocat*, 1832 ; C. GLON, *L'avocat des mineurs*, in *Enfance et délinquance*, XIe Journées de l'Association française de droit pénal, Economica, 1993, p. 133 ; S. GUINCHARD et J. BUISSON, nos 297 et s. ; J. HAMELIN, *Paradoxes sur l'avocat. Entretiens sur le rôle du défenseur*, 1949 ; du même, *L'avocat et sa plaidoirie*, G.P., 1956.II, Doct., p. 49 ; *La défense pénale à l'épreuve des changements de la justice*, débat avec M. BROUQUET-CANALE, J. DANET et A. MOLLA, Dossier Avocat et Défense, Dalloz, hors série Justices, décembre 2001, 33 et s. ; R. MERLE, *Le rôle de la défense en procédure pénale comparée*, R.S.C., 1970, p. 1 ; du même, *La défense pénale*, Justices, avril-juin 1998, n° 10, p. 91 ; P. SAILLARD, *Le rôle de l'avocat en matière criminelle*, préface E. Garçon, 1905 ; J.-M. VARAUT, *Ce que plaider veut dire*, Gaz. Pal., 9 mars 2000 ; R. VOUIN, *Le Ministère public dans l'exercice de sa « magistrature particulière » en matière répressive*, Journal des Tribunaux (belges), 1953, p. 81.

212. — La personne poursuivie, dès sa mise en examen [2], et la victime, dès sa constitution de partie civile — c'est-à-dire les parties privées, par opposition au Ministère public, partie publique — ont le droit de se faire assister d'un défenseur ou conseil, qui est un *avocat*. Celui-ci consulte le dossier, peut y déposer des notes en défense, et surtout plaide devant le tribunal ou la cour. Ce rôle est évidemment considérable : l'œuvre de justice implique le droit à un défenseur — qui n'a jamais été nié, même devant les juridictions d'exception les plus étranges de notre histoire — voire parfois la présence obligatoire de celui-ci, fût-ce contre la volonté de l'individu (art. 274, C.P.P., pour la cour d'assises) [3]. Le rôle de l'avocat est si important que le juge constitutionnel fait

1. C. LAZERGES, R.S.C., 1997.186.

2. Aujourd'hui même la personne gardée à vue a droit à l'assistance d'un avocat, dans des conditions plus réduites, il est vrai, v. *infra*, n° 544.

3. Art. 274, C.P.P. : « L'avocat est... invité à choisir un avocat pour l'assister dans sa défense. Si l'accusé ne choisit pas son avocat, le président ou son délégué en désigne un d'office... ».

de sa présence un principe fondamental de la République [1] et que le juge européen lui assure les garanties conventionnelles [2]. Mais, en même temps, ce rôle n'est pas toujours bien compris.

D'un autre côté, l'avocat est astreint à un devoir général de ne pas nuire à la bonne administration de la justice. Il doit respecter le secret de l'enquête et de l'instruction [3], ne pas détruire les pièces du dossier ou injurier les magistrats [4], voire commettre une infraction, par exemple en aidant son client ou en recélant le produit de son délit [5]. Il doit enfin ne pas entraver l'exercice de la justice en communiquant des renseignements à des personnes pouvant être mises en cause [6].

Enfin son rôle n'est pas toujours bien compris de l'opinion publique qui saisit mal ce qu'il doit faire dans le *procès de répression* et qui oublie comment il doit agir dans le *procès de défense sociale.*

§ 1. — Le rôle de l'avocat dans le procès de répression

213. — Dans le procès de répression, l'avocat n'a pas, contrairement à une opinion assez répandue, pour mission de proclamer l'innocence de son client, lorsqu'il ne la croit pas certaine. En ce cas, il doit seulement discuter les preuves produites quant à leur valeur psychologique (le témoignage, l'aveu étaient-ils sincères ?) ou quant à la régularité juridique de leur administration (la perquisition a-t-elle été opérée conformément aux règles légales ?) afin de rappeler le grand principe de la présomption d'innocence [7].

Il n'affirme pas l'innocence, mais s'efforce de montrer que la culpabilité n'est pas prouvée. Loin d'être le seul défenseur de son client, l'avocat contribue, par

1. C. const. 19-20 janvier 1981, D., 1982.441, note A. Dekeuwer, J.C.P., 1981.II.19701, note C. Franck, « Les droits de la défense résultant des principes fondamentaux des lois de la République », § 52 ; 11 août 1993, J.C.P., 1993.I.3220, p. 489, obs. F. Le Gunéhec, R.F.D.C., 1993.16.849, note T. Renoux, D., 1993.299, note J. Pradel, « Le droit de la personne à s'entretenir avec un avocat au cours de la garde à vue constitue un droit de la défense », § 18.

2. C.E.D.H. 16 décembre 1992, *Nimietz c/ Allemagne*, D., 1993, Somm. 386 et obs. J.F. Renucci. F. Sudre et autres. *Les grands arrêts de la Cour européenne*, 2e éd. 2003, p. 371 et s., une perquisition est possibile dans le cabinet d'un avocat, mais elle doit être prévue par la loi et être nécessaire dans une société démocratique, notamment pour assurer la prévention des infractions.

3. En application de l'art. 160 du décret du 27 novembre 1991 organisant la profession d'avocat. Pour des illustrations, Crim., 18 septembre 2001, B.C., n° 179 ; 18 décembre 2001, B.C., n° 273 ; 27 octobre 2004, B.C., n° 259.

4. Crim., 15 avril 1935, B.C., n° 49.

5. Crim., 5 juin 1975, B.C., n° 146 ; 5 octobre 1999, B.C., n° 206 ; 18 juin 2003, B.C., n° 129 ; 1er octobre 2003, B.C., n° 177.

6. Art. 434-7-2 C.P., issu d'une loi du 9 mars 2004 modifiée par une autre du 12 décembre 2005 ; v. B. Bouloc, Les droits de la défense en péril ?, D., 2005, Tribune, p. 1297 ; v. *infra*, n° 511.

7. Ce qui n'est ni la « plaidoirie de rupture » ni la « plaidoirie de connivence », v. J. Danet, précité, *passim*, not. pp. 110 et s.

la force des choses, au respect de règles qui sont édictées dans l'intérêt général. Au barreau « incombe la haute mission de lutter pour la stricte interprétation, de maintenir avec fermeté les formes protectrices de la défense, de ne point laisser affaiblir le respect du droit individuel... Lorsque l'avocat proteste contre l'extension d'une définition pénale et la violation d'une forme de procédure, ce n'est pas la seule cause de l'accusé qu'il défend, c'est la cause de tous les citoyens que menace l'arbitraire, ou plutôt c'est la cause même de la liberté » (E. GARÇON).

Ces remarques doivent éclairer l'opposition entre l'avocat et le représentant du Ministère public. On présente volontiers le premier comme le défenseur exclusif de l'accusé et le second comme un accusateur uniquement. C'est doublement inexact. D'une part, le représentant du parquet doit proposer une solution juste, donc faire ressortir les aspects favorables aussi bien que les aspects défavorables à l'accusé. D'autre part, l'avocat n'est pas seulement le défenseur d'un individu puisque son action a pour résultat de servir le bien commun comme il vient d'être dit. L'avocat, défenseur d'une partie, est aussi l'auxiliaire de la justice tout entière. Et ce caractère se développe dans le procès de défense sociale.

§ 2. — LE RÔLE DE L'AVOCAT DANS LE PROCÈS DE DÉFENSE SOCIALE

214. — Ce procès ayant très souvent pour objet l'application, non d'une sanction punitive, mais d'une mesure tendant à la réinsertion sociale du délinquant, le rôle de l'avocat va se trouver modifié d'une double manière.

Vis-à-vis de son *client* tout d'abord, on conçoit que l'avocat puisse se prévaloir d'un certain secret : il n'est pas forcément opportun que, par exemple, l'avocat rapporte au mineur délinquant l'intégralité des éléments d'une enquête sociale ou d'un examen médico-psychologique. On peut admettre aussi que l'avocat suggère au juge une mesure de placement ou de soins, voire un examen mental, auquel son client répugnerait, la volonté de ce dernier s'effaçant devant son intérêt. La loi belge du 1er juillet 1964 envisageait déjà implicitement cette hypothèse quand elle prévoyait le placement en observation dans une annexe psychiatrique « soit sur la réquisition du Ministère public soit sur la requête de l'inculpé ou de son avocat » (art. 2).

Vis-à-vis du *juge* et du *parquet* ensuite, la fonction de l'avocat se modifie également. L'image d'un duel entre l'accusation et la défense, souvent très exacte dans le procès de répression, n'est plus de mise dans le procès de défense sociale. Ici, en effet, juge, procureur et avocat recherchent ensemble la meilleure solution.

TITRE II

LES ACTIONS NÉES DE L'INFRACTION

(Étude des conditions d'existence de l'action publique et de l'action civile)

Bibliographie. — M.C. Broudiscou, *Étude critique des liens entre l'action publique et l'action civile*, thèse, Toulouse, 1976 ; J. Larguier, *L'action publique et l'action civile dans le C.P.P.*, J.C.P., 1969.I.1495 ; M. Mangin, *Traité de l'action publique et de l'action civile en matière criminelle*, 3ᵉ éd., revue par A. Sorel, 1876 ; J. de Poulpiquet, *Le droit de mettre en mouvement l'action publique, conséquence de l'action civile ou droit autonome ?*, R.S.C., 1975, p. 37 ; R. Génin-Méric, *Réflexions sur le contrôle de la recevabilité de l'action publique*, R.S.C., 1980.82.

215. — *Les notions d'action, d'action publique et d'action civile.* En procédure civile, on définit aujourd'hui *l'action* comme le droit subjectif ou pouvoir permettant d'obtenir du juge une décision sur le fond d'une prétention. Cette définition est à la fois admise en doctrine [1] et consacrée en droit positif : l'article 30 du Nouveau Code de procédure civile dispose en effet que « l'action est le droit, pour l'auteur d'une prétention, d'être entendu sur le fond de celle-ci afin que le juge la dise bien ou mal fondée ». Ainsi définie, l'action doit être distinguée du droit subjectif, déduit en justice, et surtout de la demande : tandis que l'action est un droit, la demande est un acte processuel réalisant l'exercice de ce droit [2].

En procédure pénale, le concept d'action apparaît aussi et il est un élément fondamental du procès de répression : les trois codes de brumaire

1. H. Motulsky, *Droit processuel*, Montchrestien, 1973, pp. 53 et s.

2. G. Cornu et J. Foyer, *Procédure civile*, P.U.F., 1958-1960, p. 270 ; J. Vincent et S. Guinchard, *Procédure civile*, 23ᵉ éd., Dalloz, 1994, nᵒ 72.

an IV, de 1808 et de 1959, lui consacrent leurs premiers articles. Mais ce concept est dominé par la grande distinction entre l'action publique et l'action civile.

D'abord l'infraction, en tant que génératrice d'un trouble social, donne naissance à une action exercée par le Ministère public, au nom de la société et tendant au prononcé d'une sanction pénale : c'est *l'action publique*, qualifiée d'action « pour l'application des peines » (art. 1er, C.P.P.), ce qui est d'ailleurs trop étroit puisque la sanction peut consister aussi bien en une mesure de sûreté qu'en une peine.

Ensuite, l'infraction, en tant que génératrice d'un préjudice matériel ou moral pour la victime, donne naissance à une action exercée par celle-ci en vue d'en obtenir réparation, soit par l'octroi d'un avantage matériel compensatoire, soit par l'établissement de la preuve de la culpabilité de prévenu : c'est *l'action civile*, dite action « en réparation du dommage causé par un crime, un délit ou une contravention » (art. 2, al. 2, C.P.P.) [1]. La réparation doit correspondre aussi exactement que possible à l'étendue du préjudice [2]. Et la victime, en lançant l'action civile, devient partie civile.

Familière à nos esprits, la distinction entre l'action publique et l'action civile est traditionnelle. Elle apparaît dès l'ordonnance des Villers-Cotterêts de 1539 et s'affirme avec celle de 1670. À la fin du XVIIIe siècle, Jousse écrivait : « On peut considérer dans chaque crime deux intérêts différents, le premier qui regarde le public, le second qui regarde les particuliers... De cette considération, naissent deux manières différentes de poursuivre les crimes, la première qui regarde la poursuite du crime par rapport à l'intérêt public... la seconde qui regarde la réparation du crime par rapport aux particuliers offensés... » [3]. Les codes de brumaire an IV et de 1808 reprirent la distinction en des termes que celui de 1959 ne modifia qu'à peine.

Cette distinction de l'action publique et de l'action civile entraîne évidemment d'importantes divergences entre elles. À quelques égards cependant, elles se rapprochent puisqu'elles ont « le même fondement juridique » (Jousse), l'infraction. Certains de ces rapprochements et certaines de ces divergences entre ces deux actions concernent la mise en œuvre du procès (la demande et ses suites) et seront donc étudiés plus loin (v. IIe Partie). En revanche, les autres, relatifs aux conditions d'existence des actions, doivent être mentionnés dès maintenant.

216. — *Les divergences entre l'action publique et l'action civile.* Comme ces deux actions ne tendent pas au même but — la première visant à l'établissement d'une sanction infligée au délinquant et la seconde essentiellement à

1. Ne confondons pas la victime de l'infraction et la victime de la procédure (mise en détention provisoire suivie d'un non-lieu, condamnation non fondée suivie d'une révision...).

2. Crim., 31 mai 2005, B.C., n° 165, arrêt parlant du « principe de la réparation intégrale sans perte ni profit ».

3. *Traité de la justice criminelle en France*, 1771, tome I, p. 561.

la réparation du préjudice souffert par la victime — elles s'opposent sur plusieurs points.

En premier lieu, toutes les infractions causant, par hypothèse, un trouble à la société peuvent servir de base à l'action publique, alors que seules celles qui lèsent un droit individuel peuvent faire surgir en outre l'action civile : ainsi les délits simplement tentés, les infractions politiques, la plupart des contraventions de police... ne peuvent engendrer le plus souvent que l'action publique, faute de préjudice causé à un individu.

En outre, les deux actions n'ont pas le même sujet. Activement, l'action publique est en principe lancée par le Ministère public, alors que l'action civile émane de la victime ou de ses héritiers. Passivement, l'action publique ne peut être intentée que contre l'auteur et les complices de l'infraction, tandis que l'action civile peut être également dirigée contre leurs héritiers et les personnes civilement responsables.

En troisième lieu, seule l'action publique est d'ordre public de sorte que l'autorité de poursuite ne peut ni transiger (sauf exceptions : art. 6, al. 3, C.P.P.), ni se désister, ni acquiescer. Au contraire, l'action civile, qui est d'intérêt privé, s'éteint par la transaction, le désistement ou l'acquiescement.

217. — *Les rapprochements entre l'action publique et l'action civile et la prééminence de la première sur la seconde.* Dérivant du même fait, l'infraction, les deux actions sont amenées à se rapprocher. Or ce rapprochement se traduit, en réalité, par une prééminence de l'action publique sur l'action civile. Et cette prééminence apparaît à un double égard lorsque l'action civile est intentée devant le juge civil.

1° Le juge saisi de l'action civile ne peut méconnaître la solution donnée à l'action publique. C'est le principe de l'*autorité de la chose jugée au criminel sur le civil*[1].

2° Le juge saisi de l'action civile doit surseoir à statuer tant que n'est pas intervenue la solution de l'action publique lorsque celle-ci a été mise en mouvement (art. 4, al. 2, C.P.P.). C'est le sursis à statuer[2].

Il existait jadis une troisième règle marquant la prééminence de l'action publique et selon laquelle l'action civile ne pouvait plus être engagée devant le juge civil après prescription de l'action publique (principe de la solidarité des prescriptions de l'action publique et de l'action civile)[3]. Cette règle a disparu avec une loi du 23 décembre 1980 (art. 10, C.P.P.).

On examinera dans le présent titre l'action publique et l'action civile dans leurs conditions d'existence, en réservant pour la suite l'étude de leur exercice[4].

1. V. *infra*, n°s 1037 et s.
2. V. *infra*, n°s 1054 et s.
3. V. *infra*, n°s 362 et s.
4. V. *infra*, n°s 579 et s., 622 et s.

SOUS-TITRE I

LES CONDITIONS D'EXISTENCE DE L'ACTION PUBLIQUE

218. — Si l'objet de l'action publique est connu — condamnation à une peine ou à une mesure de sûreté — et n'appelle aucune observation, il n'en va pas de même de ses conditions d'existence. À cet égard, l'action publique suppose positivement la présence de personnages et, négativement, l'absence d'obstacles ou cause d'extinction interdisant de manière permanente à ceux-ci d'agir. De là, l'étude des *sujets* et de l'*extinction* de l'action publique.

CHAPITRE PREMIER

LES SUJETS DE L'ACTION PUBLIQUE

219. — À quelles personnes appartient-il de soumettre l'action publique au juge ? Et contre quels individus cette action peut-elle être intentée ? Malgré leur apparence anodine et descriptive, ces deux questions relatives à l'existence même de l'action publique posent en réalité divers problèmes touchant à des choix essentiels de politique législative.

SECTION I

LES DEMANDEURS À L'ACTION PUBLIQUE

220. — *La détermination des demandeurs.* Qui peut être sujet actif de l'action publique ?

En législation, plusieurs systèmes sont concevables. On peut, d'abord, décider que la victime seule ou ses héritiers exercent l'action publique dans leur intérêt propre (système de l'*accusation privée*). On peut, à l'opposé, accorder à tout citoyen le droit de demander, au nom de la société, la punition du délinquant (système de l'*accusation populaire*). Il est possible enfin de réserver le pouvoir de lancer l'action publique à des magistrats, que ceux-ci soient les juges eux-mêmes (système de la *poursuite d'office*) ou bien des fonctionnaires spécialisés composant un corps appelé Ministère public (système de l'*accusation publique*). Les deux premiers systèmes sont de type accusatoire, les deux derniers de type inquisitoire [1].

1. R. GARRAUD, *Traité théorique et pratique d'instruction criminelle et de procédure pénale*, I.1907, n°s 78 et s.

En droit positif, tous ces systèmes ont été appliqués. Chez nous, l'accusation privée a dominé jusqu'au XIIIe siècle. L'Angleterre connaît encore l'accusation populaire : tous les citoyens y sont appelés à veiller personnellement au respect de la paix du roi et la présence d'un « Ministère public » depuis 1879 ne s'explique que par leur désintéressement. Notre droit actuel, quant à lui, pratique un mélange, fort inégal d'ailleurs, entre plusieurs systèmes.

— À titre exceptionnel, il consacre celui de la poursuite d'office. Les juridictions de jugement peuvent poursuivre les délits et contraventions d'audience (art. 675 et s., C.P.P.) et la chambre de l'instruction peut ordonner l'extension des poursuites à certaines conditions (art. 202 et 204, C.P.P.) [1].

— À titre principal, il retient les systèmes de l'accusation publique (art. 1, al. 1, C.P.P.) et de l'accusation privée (art. 1, al. 2). Toutefois, le législateur apporte une précision à la voie de l'accusation publique en attribuant un rôle à certaines administrations face au Ministère public : l'action publique est, en effet, exercée « par les magistrats ou par les fonctionnaires auxquels elle est confiée par la loi ». De la sorte, il existe principalement trois sortes de sujets actifs : les magistrats du Ministère public, la victime, enfin les agents de certaines administrations, appelant certains développements particuliers [2].

§ 1. — Les magistrats du Ministère public et la victime

221. — Les premiers n'appellent pas d'observations particulières. Il suffit de rappeler que les magistrats du parquet sont, parmi les demandeurs à l'action publique, ceux dont le rôle est plus important. L'article 1er du Code de procédure pénale les mentionne d'ailleurs avant les autres.

Plus remarquable est la présence de la victime. Celle-ci apparaît comme un agent de la répression, au même titre que le Ministère public. Étant son égal (v. le mot « aussi » à l'art. 1, al. 2, C.P.P.), elle peut donc suppléer à sa carence et donner alors libre cours à son sentiment de vengeance [3]. La place de la victime comme demanderesse à l'action publique est cependant particulière à deux égards. D'une part, la victime n'est pas personnellement

1. V. *infra*, n° 784.

2. Traditionnellement, notre droit rejetait totalement l'action populaire. Mais la loi du 9 mars 2004 (art. 40-3, C.P.P.) est presque une illustration de cette action ; en effet, ce texte permet « à toute personne » ayant dénoncé des faits au procureur de la République de former un recours auprès du procureur général contre la décision de classement sans suite et ce dernier peut donner l'ordre au procureur de la République d'engager des poursuites, v. J. PRADEL, *Vers un « aggiornamento » des réponses de la procédure pénale à la criminalité, Apports de la loi du 9 mars 2004*, J.C.P., 2004.I.132, n° 12.

3. V. *infra* n° 274.

titulaire du droit de lancer l'action publique : elle ne peut que lancer l'action civile : ce qui a pour effet de déclencher indirectement (mais nécessairement) l'action publique. D'autre part, libre de déclencher ainsi l'action publique, la victime ne peut plus l'arrêter une fois qu'elle est lancée : son désistement sur l'action civile n'a aucun effet sur l'action publique sauf en certains cas exceptionnels (art. 2, al. 2 et 6, al. 3, C.P.P.).

§ 2. — LES AGENTS DE CERTAINES ADMINISTRATIONS

222. — À côté du Ministère public, défenseur de l'intérêt social au sens le plus large, notre droit investit certaines administrations du droit de défendre des intérêts sociaux d'une nature particulière, distincts du premier. Ces administrations, sorte de Ministères publics spécialisés, sont les Contributions indirectes, les Douanes, les Eaux et Forêts, les Ponts et Chaussées, enfin les Postes et Télécommunications. Mais l'action publique qu'elles peuvent lancer n'obéit pas toujours au même régime et elle présente une nature différente de celle qu'exerce le Ministère public.

A — La diversité de régime de l'action publique lancée par les administrations spécialisées

223. — Il est traditionnel en France d'accorder à certaines administrations l'exercice de l'action publique pour des infractions qui les intéressent et dont elles ont en conséquence connaissance au premier chef. Mais le régime de cette action varie selon les infractions, le législateur ayant entendu maintenir plus ou moins les droits du Ministère public, voire les supprimer selon les cas.

En matière de *délits forestiers*, l'administration forestière exerce l'action publique conjointement avec le parquet. Les fonctionnaires de cette administration peuvent faire toutes citations, exposer l'affaire devant le tribunal et être entendus à l'appui de leurs conclusions. Toutefois, le parquet est nécessairement présent à l'audience (art. L. 238-2 et 3, N.C. rur., et art. L. 153-5, C. forest.) [1].

Pour la *conservation des voies publiques*, l'administration des Ponts et Chaussées exerce l'action publique et occupe à l'audience le siège du Ministère public (art. L. 116-1 et s., C. voirie routière).

Les *infractions douanières* sont, en pratique, celles qui donnent lieu au contentieux le plus volumineux, notamment à cause des dispositions du Code des douanes qui, en matière de poursuite, sont originales.

Selon l'article 343, C.D., de l'infraction douanière naissent deux actions, l'action publique « pour l'application des peines » qui est exercée par le Ministère public et l'action fiscale « pour l'application des sanctions fiscales », exercée par l'administration des douanes, mais que le Ministère public peut exercer accessoirement à l'action publique. De cette dualité, se déduit une conséquence, à savoir que le parquet ne peut exercer l'action publique et, *a fortiori*, l'action fiscale, que pour les infractions fiscales passibles d'une peine véritable, soit les délits et, si elles sont de cinquième

1. Pour une application, Crim., 20 octobre 1993, B.C., n° 302, accordant à l'administration des forêts le droit d'interjeter appel.

classe, les contraventions, les autres contraventions ne faisant encourir à leur auteur que des sanctions fiscales [1]. Et si le juge pénal est saisi de l'action fiscale par l'administration des douanes, il ne peut prononcer l'emprisonnement pour délit douanier [2].

Par ailleurs, l'action fiscale, qualifiée par la jurisprudence d'action publique spéciale [3] — on pourrait parler d'action publique « bis » — ne saurait être confondue avec l'action civile prévue à l'article 377 *bis*, C.D. [4].

Enfin, en cas d'action fiscale, l'administration des douanes peut exercer les voies de recours [5]. C'est logique puisque cette administration peut déclencher les poursuites.

Quant aux *infractions fiscales en matière de contributions indirectes*, on doit distinguer. Si l'infraction est punissable seulement d'amende, l'administration peut seule poursuivre, le parquet ne pouvant qu'être partie jointe. Si l'infraction est punissable d'emprisonnement, le Ministère public est le seul à pouvoir poursuivre (art. L. 235 et s., L.P.F.). Sauf évidemment à reconnaître à l'administration le droit d'exercer, par voie d'action, l'action civile, ce qui mettra en mouvement l'action publique. Enfin, si l'infraction est punissable à la fois d'emprisonnement et d'amende, le parquet peut poursuivre pour la condamnation à ces deux peines tandis que l'administration ne peut le faire qu'en vue d'obtenir une condamnation à l'amende.

B — La nature particulière de l'action publique lancée par les administrations spécialisées

224. — Distinctes du Ministère public, ces administrations lancent et exercent une action publique originale.

D'un côté, elles ont plus de pouvoirs que le Ministère public sur l'action publique. Comme elles agissent pour la protection d'intérêts qui sont patrimoniaux autant que répressifs, elles peuvent se désister et transiger. Intervenue avant jugement définitif, la transaction éteint totalement l'action publique (art. 6, al. 3, C.P.P.) à la fois à l'égard des peines d'emprisonnement et des peines pécuniaires. Cependant, intervenue après jugement, elle n'a d'effets qu'à l'égard des peines pécuniaires.

D'un autre côté, les administrations spécialisées ont, en cas d'échec de leur action, une responsabilité que n'a pas le Ministère public. Elles doivent en effet payer les frais du procès.

Par leur droit de se désister ou de transiger, et par leur devoir de payer éventuellement les frais du procès, ces administrations évoquent la victime.

1. Crim., 20 février 1997, B.C., n° 73 ; 27 février 2002, B.C., n° 50. Il faut préciser que l'emprisonnement n'est prévu que pour les contraventions de 5e classe et pour les délits.
2. Crim., 16 janvier 1995, B.C., n° 20.
3. Crim., 4 juillet 1973, B.C., n° 316 ; 20 avril 1977, B.C., n° 121.
4. Crim., 6 février 1997, B.C., n° 51.
5. Crim., 28 juin 1983, B.C., n° 201 ; 18 décembre 1986, B.C., n° 379 ; 2 avril 1998, B.C., n° 129 ; 26 novembre 1998, n° 320.

SECTION II

LES DÉFENDEURS À L'ACTION PUBLIQUE

225. — Les délinquants seuls, mais tous les délinquants en vertu du principe d'égalité, peuvent être atteints par l'action publique. Ces deux règles complémentaires appellent des précisions.

§ 1. — LA RÈGLE QUE L'ACTION PUBLIQUE N'ATTEINT QUE LES DÉLINQUANTS

Bibliographie. — B. SCHÜTZ, *Le principe de la personnalité des peines*, thèse, Nancy, 1967.

226. — En premier lieu, cette règle est aisée à justifier. Puisque l'action publique tend à l'application d'une sanction, elle ne peut être dirigée que contre les auteurs ou complices (supposés) de l'infraction (sauf à remarquer certaines difficultés relatives au responsable pénalement du fait d'autrui). Au dogme de l'individualisation de la sanction, répond ainsi celui de l'individualisation de l'action publique.

Cette règle, en second lieu, entraîne des conséquences importantes.

Tout d'abord, le délinquant doit être identifié car, bien évidemment, un inconnu ne saurait être condamné, ni même renvoyé en jugement, la saisine de la juridiction de jugement ayant lieu *in personam*[1]. Rien n'empêche en revanche de lancer des poursuites avant l'identification du coupable (information contre X) en vue justement de le découvrir.

Ensuite, les héritiers du coupable ne peuvent être poursuivis à sa place. L'action publique s'éteint avec la mort du délinquant (art. 6, al. 1, C.P.P.) et ses héritiers ne peuvent être tenus qu'à des réparations et dettes civiles.

De même encore, un tiers ne peut intervenir au procès aux côtés ou à la place du prévenu. D'une part, celui-ci ne peut imposer au Ministère public de poursuivre également tel individu qu'il désignerait comme coauteur : le prévenu n'a pas qualité pour lancer l'action publique à l'égard d'autres personnes[2], et il ne peut en fait que se décharger de sa responsabilité sur autrui. D'autre part, un tiers ne peut davantage, de sa propre initiative, demander à figurer aux côtés du prévenu ou à prendre sa place[3].

Enfin, le civilement responsable ne saurait évidemment être poursuivi pénalement. Toutefois, il peut être partie au procès pénal car il peut être cité par le parquet ou la partie civile pour répondre par le versement de

1. Crim., 2 décembre 1955, J.C.P., 1955.II.8480, note P. Chambon.
2. Crim., 1er juillet 1887, B.C., n° 249.
3. Crim., 26 avril 1856, D., 1856.I.268, pour un codélinquant.

dommages-intérêts des préjudices causés par l'infraction. Et ce civilement responsable particulier qu'est l'assureur peut, depuis une loi du 8 juillet 1983, intervenir ou être mis en cause par une partie (art. 388-1 et 2, C.P.P.) : intervenir pour discuter sa responsabilité ; être mis en cause par une partie en vue d'assurer la réparation des dommages.

Tout en n'étant partie que durant la phase du jugement, le civilement responsable a tous les droits attachés à cette qualité : il peut contester l'existence de l'infraction, l'étendue du préjudice ou le lien qui l'unit au délinquant (par ex., l'applicabilité de l'art. 1384 et 5, C.C.) et, par conséquent, interjeter appel (art. 497, 2°, C.P.P.), faire opposition (art. 493, C.P.P.) et intenter un pourvoi en cassation (art. 567, C.P.P.).

§ 2. — La règle que l'action publique atteint tous les délinquants : l'exception constituée par les immunités

Bibliographie. — C. Choukroun, *L'immunité*, R.S.C., 1959.29 ; C. Courtin, *L'immunité en droit criminel français*, thèse dactyl., Nice, 1999 ; B. de Lamy, *La liberté d'opinion et le droit pénal*, L.G.D.J., 2000, spéc. n°s 226 et s.

227. — L'égalité de tous les délinquants devant la justice est un aspect de l'égalité de tous les citoyens devant la loi. Et pourtant, ce principe fondamental comporte une exception : ce sont les *immunités* qui sont des fins de non-recevoir de l'action publique, des techniques de protection de certaines personnes, des causes de non-responsabilité.

À leur encontre, on invoquera l'article 14, Conv. E.D.H., qui interdit toutes formes de discriminations. L'argument ne vaut pas car il n'y a discrimination que si l'on traite différemment des personnes égales au point de vue de la race, du sexe, de la langue, de la religion… Ce n'est pas le cas avec les immunités qui prennent en compte des différences de situations tenant au lien familial, à l'activité judiciaire ou au rôle politique [1]. Dans ces trois cas, ce sont toujours des intérêts primordiaux qui sont en jeu. Cela dit, par-delà cette homogénéité conceptuelle, il y a de grandes différences d'une catégorie à l'autre.

1. On laissera de côté l'immunité diplomatique qui donne lieu à peu de jurisprudence : les représentants d'un État étranger bénéficient de façon absolue d'une telle immunité pour toutes infractions, accomplies en leur qualité officielle. En revanche, pour les infractions étrangères aux fonctions, selon l'article 39 de la convention de Vienne du 18 avril 1961, l'immunité cesse à la fin des fonctions, pouvant seulement être prorogée pendant un délai raisonnable qui aura été accordé à l'agent pour quitter le pays, Crim., 12 avril 2005, B.C., n° 126 : pas d'immunité pour un agent étant resté 18 mois dans le pays accréditaire après cessation de ses fonctions.

A — Les immunités familiales

228. — En dépit de leur importance considérable, nous n'en dirons que quelques mots car elles appartiennent au droit pénal spécial. Ces immunités manifestent les liens de solidarité qui unissent les membres d'une même famille.

Les unes sont d'ordre *moral*. La solidarité familiale s'oppose à ce qu'un individu soit tenu de dénoncer les infractions commises par ses proches parents (art. 434-1, al. 2, C.P.). Pas de poursuites possibles non plus en cas de recel de malfaiteur lorsque celui-ci est un proche parent (art. 434-6, al. 2, C.P.). Il en est de même encore du non-témoignange en faveur d'un innocent en détention provisoire ou condamné alors que l'on connaît la preuve de l'innocence de cette personne (art. 434-11, al. 2, C.P.). Toutes ces infractions se trouvent dans un chapitre intitulé « Des atteintes à l'action de la justice ».

Les autres immunités sont d'ordre *patrimonial*. Selon l'article 311-12, C.P., le vol commis au préjudice d'un ascendant ou descendant, ou d'un conjoint n'est pas punissable. Cette immunité s'applique à tous les vols, même qualifiés. Elle existait déjà dans le Code pénal de 1810 et elle avait été étendue par la jurisprudence à des infractions voisines. Cette extension prétorienne a été consacrée dans le Code pénal de 1994 ; aujourd'hui, l'immunité vaut non seulement pour le vol, mais aussi pour l'extorsion (art. 312-9), pour le chantage (art. 312-12), pour l'escroquerie (art. 313-3) et pour l'abus de confiance (art. 314-4) [1].

Ces deux séries d'immunités ne sont pas identiques quant à leurs effets. Pour celles de la première catégorie, le législateur, après avoir défini l'infraction (« Le fait de... est puni de... », indique « sont exceptés des dispositions qui précèdent les parents... le conjoint... ». Au contraire, pour les immunités de la deuxième catégorie, le législateur, dans un article autonome, décide « ne peut donner à des poursuites pénales » le vol..., formule moins large. On doit en déduire qu'en cas d'immunité d'ordre moral, c'est l'infraction même qui disparaît, en sorte que toute action civile est exclue aussi bien que l'action publique ; on est très proche des faits justificatifs puisque le fait se trouve exceptionnellement permis au motif que l'auteur et la victime se trouvent placés dans un rapport de famille. Au contraire, en cas d'immunité d'ordre patrimonial, c'est seulement l'action publique qui est paralysée, non l'action civile. Pour opposer les deux situations, un auteur a parlé, dans le premier cas, « d'immunité — irresponsabilité » (générale, pourrait-on ajouter) et, dans le second, « d'immunité — irrecevabilité » (de la seule action publique, pourrait-on ajouter) [2].

1. J. Pradel et M. Danti-Juan, n° 829.
2. P. Mousseron, *Les immunités familiales*, R.S.C., 1998, pp. 291 et s., not. 297 et s.

B — Les immunités judiciaires

229. — L'article 41, alinéa 3, de la loi du 29 juillet 1881 sur la liberté de la presse, exclut toute action en diffamation, injure ou outrage pour les discours prononcés ou les écrits produits devant les tribunaux ainsi que pour les comptes rendus fidèles faits de bonne foi des débats judiciaires. Ce texte contient donc deux immunités.

La première, concernant les *paroles prononcées et les écrits produits devant les tribunaux*, s'explique par le souci d'assurer la liberté de la défense. Aussi son domaine est-il très large : elle profite à tous individus (parties, avocats, mandataires), joue devant toutes juridictions et pour tous propos et documents. Cependant, l'immunité ne couvre que les diffamations, injures et outrages non étrangers à la cause et ne s'étend pas aux autres infractions, tels l'outrage à magistrat ou le faux témoignage [1].

La seconde est relative *aux comptes rendus judiciaires*. Mais elle ne joue que si ceux-ci sont « fidèles et faits de bonne foi » [2] et elle ne s'applique pas lorsque tout compte rendu est prohibé : ainsi, en matière d'atteinte au secret de la défense nationale (art. 413-11, 3°, C.P.) et de délinquance juvénile (art. 14, al. 4, ord. du 2 février 1945).

C — Les immunités politiques

Indispensables au fonctionnement des institutions de l'État, les immunités politiques sont au nombre de deux.

1. *L'immunité du chef de l'État*

a) Selon la Constitution de 1958

230. — Traditionnellement en France, le chef de l'État bénéficie d'une immunité pénale, née avec la monarchie constitutionnelle en 1791. Selon l'article 68 de la Constitution de 1958, « le Président de la République n'est responsable des actes accomplis dans l'exercice de ses fonctions qu'en cas de haute trahison. Il ne peut être mis en accusation que par les deux assemblées statuant par un vote identique au scrutin public et à la majorité absolue des

1. Pour une application, Crim., 11 octobre 2005, B.C., n° 255.

2. Crim., 6 février 2007, B.C., n° 32, « le compte rendu doit mettre en regard les prétentions contraires des parties et permettre, par une narration générale ou partielle d'apprécier l'ensemble des débats judiciaires, en s'abstenant d'apprécier l'ensemble des débats judiciaires, en s'abstenant de toute dénaturation des faits et de toute imputation malveillante, spécialement à l'égard des membres de la juridiction ».

membres les composant ; il est jugé par la Haute Cour de justice ». Ce texte appelait deux observations [1].

La première observation est que le chef de l'État n'était pas protégé en cas de haute trahison. Mais cette infraction n'était définie ni au Code pénal ni dans la Constitution [2]. Inversement, l'immunité jouait nécessairement pour toute infraction autre que la haute trahison, dès lors qu'elle était accomplie « dans les fonctions ».

Restait la grande difficulté : le chef de l'État ne jouissait-il d'une immunité que pour les infractions de fonction (sauf haute trahison) ou en jouissait-il pour toutes infractions (un meurtre, un vol, un excès de vitesse...) commises pendant le mandat présidentiel ou poursuivies durant ce mandat ? Deux thèses s'affrontaient. Selon la première, répressive, l'immunité serait seulement fonctionnelle de sorte que le président redevenait pénalement responsable pour les infractions accomplies en tant qu'individu ordinaire : si le président est irresponsable, l'individu est responsable, disait-on. Cette conception se fondait sur le fait que la seconde phrase de l'article 68 n'est que la mise en œuvre de la première qui, rappelons-le, traite des infractions de fonction [3]. Dans une seconde thèse — libérale — le président ne serait pas un citoyen ordinaire : l'individu est responsable, mais la fonction est protégée, et le président, « aussi longtemps qu'il est en fonction est irresponsable pour tous ses actes autres que de haute trahison » [4]. Cette seconde conception se fonde non seulement sur la place particulière occupée par le président, mais aussi sur une analyse textuelle de l'article 68 : la seconde phrase est indépendante de la première, posant en termes généraux la règle que le chef de l'État ne peut être mis en accusation que par les deux assemblées. On peut ajouter que la Haute Cour de justice, saisie par les assemblées, est une juridiction politique qui ne peut connaître que du crime de haute trahison. Dès lors, le président ne peut être inquiété durant son mandat pour des infractions de droit commun. C'était la meilleure thèse, confirmée d'ailleurs par une double jurisprudence.

Dans une décision du 22 janvier 1999, le Conseil constitutionnel, à propos de l'examen du Traité, portant statut de la Cour pénale internationale, décide ceci : « Il résulte de l'article 68 de la Constitution que le

1. Comp. les points de vue différents de G. Carcassonne (constitutionnaliste) et de J.H. Robert (pénaliste) au congrès de l'Association française de droit pénal tenu à Nice en mai 2003 sur le thème *La responsabilité pénale des décideurs*, R.P.D.P., 2004, pp. 139 et s.

2. Seule la Constitution de 1848 avait défini ce crime ! On pourrait peut-être se référer aux articles 411-1 et s., C.P., sur la trahison de l'espion-nage, l'adjectif « haute » s'expliquant par la personnalité du chef de l'État.

D'un autre côté, aucune peine n'est prévue de sorte que la Haute Cour la choisit librement, J. Foyer, *Répertoire pénal*, V° Haute Cour de justice, n° 41.

3. O. Duhamel, *Le pouvoir politique en France*, Le Seuil, 1993, pp. 171-172.

4. G. Carcassonne, *La Constitution*, collect. Point, Le Seuil, 1996, p. 277 ; *add. : La responsabilité des gouvernants*, in *Pouvoirs*, n° 92, 2000, not. études P. Ardant, G. Carcassonne, D. Chagnolland, D. Rousseau et G. Vedel, pp. 61 et s. Add. l'opposition entre constitutionnalistes (G. Carcassonne, R.D.P.D., 2004.139) et pénalistes (J.H. Robert, id., p. 147).

président de la République, pour les actes accomplis dans l'exercice de ses fonctions, et hors le cas de haute trahison, bénéficie d'une immunité ; au surplus, pendant la durée de ses fonctions, sa responsabilité pénale ne peut être mise en cause que devant la Haute Cour de justice. » Bref, c'était admettre que le chef de l'État bénéficie d'une impunité pendant toute la durée de ses fonctions, pour tous actes, même ne relevant pas de sa fonction (sauf haute trahison) et même s'il s'agit d'actes antérieurs à son élection [1].

La position du Conseil constitutionnel avait été confirmée par la Cour de cassation saisie d'une affaire pénale où le chef de l'État était implicitement visé. Dans un attendu net, la Cour de cassation indique que « le président de la République ne peut, pendant la durée de son mandat, être entendu comme témoin assisté, ni être mis en examen, cité ou renvoyé pour une infraction quelconque devant une juridiction pénale de droit commun » [2]. C'est seulement pour haute trahison et seulement devant la Haute Cour que le chef de l'État pouvait être poursuivi en vertu de l'article 68 de la Constitution.

b) Selon la réforme constitutionnelle du 23 février 2007

231. — La situation juridique du chef de l'État était peu confortable à cause de l'absence de définition de la haute trahison et de l'hésitation entre les deux lectures possibles de l'article 67. D'où la réforme du 23 février 2007 qui entérine largement les conclusions de la commsion de réflexion sur le statut pénal du chef de l'État [3].

Le législateur de 2007 distingue nettement l'aspect pénal de la responsabilité du chef de l'État (art. 67, Const.) et son aspect politique (art. 68, Const.).

Selon l'*article 67* : « Le président de la République n'est pas responsable des actes accomplis en cette qualité, sous réserve des dispositions des articles 53-2 et 68. Il ne peut durant son mandat et devant aucune juridiction ou autorité administrative française, être requis de témoigner non plus que de faire l'objet d'une action, d'un acte d'information, d'instruction ou de poursuite. Tout délai de prescription ou de forclusion est suspendu. Les instances et procédures auxquelles il est ainsi fait obstacle peuvent être reprises ou engagées contre lui à l'expiration d'un délai d'un mois suivant la cessation des fonctions. »

Le chef de l'État est donc pénalement irréprochable pendant la durée de son mandat. Il est protégé contre harcèlement des victimes prétendues, y

1. B. MATHIEU et M. VERPEAUX, *L'immunité n'est pas l'impunité*, D., 1999, Dernière actualité, n° 9, 4 mars. Sur l'arrêt du 22 janvier 1999, D., 1999.285, note Chrestia, D., 2000, Somm. 111, obs. Gozzi, et 196, obs. Sciortino-Bayart, R.S.C., 1999.614, obs. A. Giudicelli.

2. Ass. plén., 10 octobre 2001, P. AVRIL et J. GICQUEL, *Petites Affiches*, 30 octobre 2001, n° 216 ; D., 2002.237, et note C. Debbasch, 674 et note J. Pradel ; *add.* les remarquables conclusions de l'avocat général de Gouttes et rapport du conseiller rapporteur Roman.

3. Documentation française, 2002.

compris pour des infractions commises avant son entrée en fonction. Rien ne lui interdit évidemment de déposer comme témoin ou de remettre des pièces à la justice. Mais aucune contrainte ne peut être exercée. La jurisprudence de 1999 et 2001 est reprise, y compris en ce qui concerne la suspension de la prescription.

Deux exceptions sont cependant prévus dans l'article 67. La première a trait à la Cour pénale internationale (art 53-2). La seconde est indiquée à l'article 68.

L'*article 68* crée une procédure de destitution « en cas de manquement (par le président de la République) de ses devoirs manifestement incompatible avec l'exercice de son mandat ». Voilà le plan politique, après le plan pénal. Cette procédure a pour objet de saisir le Parlement constitué en Haute Cour. En cas de destitution prononcée, le président redevient un simple citoyen et les procédures pénales ou autres peuvent reprendre ou commencer [1].

2. *L'immunité des parlementaires*

232. — Elle comporte deux aspects.

1° Le premier réside dans le fait que les opinions émises par les parlementaires dans l'exercice de leurs fonctions ne sont jamais susceptibles de poursuites pénales. Déjà en 1819, Royer-Collard indiquait que « si les discussions tenues à la chambre étaient soumises à une action extérieure quelconque, la délibération des chambres ne serait pas indépendante. Or, l'entière et parfaite indépendance des chambres est la condition de leur existence. C'est pourquoi c'est un axiome du gouvernement représentatif que la tribune n'est justiciable que de la chambre ». Aujourd'hui, l'article 26, al. 1, de la Constitution décide : « Aucun membre du Parlement ne peut être poursuivi, recherché, arrêté, détenu ou jugé à l'occasion des opinions ou votes émis par lui dans l'exercice de ses fonctions. » Cette règle est confirmée par l'article 41, al. 1, de la loi du 29 juillet 1881 sur la liberté de la presse, et selon lequel « ne donneront ouverture à aucune action les discours tenus dans le sein de l'Assemblée nationale ou du Sénat ainsi que les rapports ou toute autre pièce imprimée par ordre de l'une de ces deux assemblées ». On a voulu permettre le libre exercice des opinions. Par conséquent, si les paroles ou écrits du parlementaire constituent des injures, diffamations ou provocations à la commission d'une infraction, ces faits échappent à toute responsabilité pénale (et aussi civile) [2].

1. Commentaires B. BOULOC à la A.S.C., 2007, p. 573 et M. GIACOTELLI et la R.P.D.E., 2007, p. 735. *Add.* B. MATHIEU, *Les incertitudes affectant le statut pénal de Jacques Chirac*, J.C.P., 2007, Act. 264 ; M.L. RASSAT, *La certitude du statut pénal du président de la République pour les infractions sans rapport avec la fonction*, J.C.P., 2007, Act. 303, et *Du statut dit pénal du président de la République*, Dr. pénal, 2007, études n° 8 ; T. RENOUX et X. MAGNON, chron. R.P.D.P., 2007, 453, B. DE LAMY, chron. R.S.C., 2008, 121.

2. C. GUÉRIN-BARGUES, *Immunités parlementaires et régime représentatif. L'apport du droit constitutionnel comparé (France-Angleterre-États-Unis)*, thèse dactyl., Paris II, 2007, où est démontré que l'irresponsabilité est un véritable corollaire du mandat représentatif.

Deux précisions doivent être apportées. D'abord ces deux articles sont à interpréter strictement et la jurisprudence l'a indiqué à plusieurs reprises en ce qui concerne le texte de 1881 [1]. Ensuite, cette immunité ne doit pas être confondue avec l'inviolabilité parlementaire qui concerne des infractions ordinaires et qui est beaucoup moins efficace (art. 26, al. 2 à 4, Const.) [2].

2° Second aspect, l'article 41, al. 2, de la loi du 29 juillet 1881 indique que « ne donnera lieu à aucune action le compte rendu des séances publiques des assemblées visées à l'alinéa ci-dessus fait de bonne foi dans les journaux ». Il s'agit d'une immunité de l'information parlementaire qui prolonge la première. De ces comptes rendus ne peut donc sortir aucune responsabilité pénale (ou civile).

Toutefois, cette immunité est strictement entendue [3].

1. Crim., 24 novembre 1960, B.C., n° 551, l'immunité ne concerne que les discours tenus au sein du Parlement et rapports, et elle ne comporte aucune interprétation extensive ; Paris, 11 mars 1953, D., 1953.271, J.C.P., 1953.II.7543, note J. Colombini ; Civ. 2, 22 février 1956, D., 1956.426, l'immunité ne s'étend pas aux témoins entendus par une commission d'enquête parlementaire.

2. V. *infra*, n° 583.

3. Crim., 30 septembre 2003, B.C., n° 173, R.S.C., 2004.120, obs. J. Francillon, pas d'immunité en faveur d'un député, rapporteur d'une commission d'enquête parlementaire sur les sectes, qui, devant des journalistes, avait insinué qu'une secte qu'il nommait avait un comportement mafieux, ces propos ne reflétant pas fidèlement le rapport de la commission.

CHAPITRE II

L'EXTINCTION DE L'ACTION PUBLIQUE

233. — *La notion de cause d'extinction de l'action publique.* Pour que l'action publique existe, il ne suffit pas qu'elle ait des sujets. Il faut aussi qu'elle ne soit pas frappée par une cause d'extinction ou obstacle définitif interdisant à son titulaire de saisir la juridiction compétente.

On se gardera tout d'abord de confondre les causes d'extinction de l'action publique avec les obstacles temporaires à son exercice comme la plainte dans certains cas. Contrairement aux premières, les seconds n'affectent pas l'existence de l'action et se bornent à retarder sa mise en mouvement [1].

On doit ensuite recenser les diverses causes d'extinction. Elles sont nombreuses. Le Code de 1808 n'avait mentionné expressément que la mort du prévenu et la prescription (art. 2). Beaucoup plus complet, le Code de 1959 énumère la mort du prévenu, la prescription, l'amnistie, l'abrogation de la loi pénale et la chose jugée (art. 6, al. 1) et il ajoute la transaction et le retrait de plainte (art. 6, al. 3).

Mais comment classer ces diverses causes d'extinction de l'action publique ? On peut d'abord distinguer entre celles qui sont propres à l'action publique (décès du délinquant, amnistie, abrogation de la loi pénale) et celles qui sont communes aux deux actions (prescription, chose jugée, transaction, retrait de plainte). Il est possible également d'opposer la cause d'extinction résultant du jugement répressif (chose jugée interdisant de poursuivre à nouveau un fait qui l'a déjà été) et les causes intervenant avant jugement (toutes les autres). L'action publique s'éteint en effet soit avant poursuites par des causes empêchant de les entreprendre, soit après poursuites par une cause empêchant de les reprendre, et qui est l'autorité de la chose jugée au criminel sur le criminel. Cette dernière, cependant, faisant naturellement suite à l'étude du déroulement du procès, sera étudiée ultérieurement [2]. En revanche, on considérera dès maintenant les causes d'extinction antérieures aux poursuites : ce sont soit des *faits naturels*, soit des *manifestations de volonté*.

1. V. *infra*, n°s 579 et s.
2. V. *infra*, n°s 1024 et s.

SECTION I

LES FAITS NATURELS ÉTEIGNANT L'ACTION PUBLIQUE

§ 1. — LE DÉCÈS DU DÉLINQUANT

234. — En cas de décès du délinquant, l'action publique ne peut plus être exercée [1]. Si elle a déjà été engagée, elle ne peut plus être poursuivie, le tribunal saisi devant rayer l'affaire du rôle et les frais demeurant à la charge de l'État. Et le principe de la personnalité des peines empêche évidemment d'intenter le procès aux héritiers.

Certaines limites au principe de l'extinction doivent toutefois être rappelées.

— Après décès du condamné, il peut être procédé au recouvrement de l'amende et des frais de justice, ainsi qu'à l'exécution de la confiscation (art. 133-1, C.P.). Quand la loi dit « après le décès du condamné », il faut entendre condamné à titre définitif en sorte que la condamnation doit être définitive et être revêtue de l'autorité de la chose jugée. La solution avait déjà été admise sous l'empire de l'ancien Code pénal [2]. Elle est la conséquence des articles du Code civil prévoyant la transmission aux héritiers des dettes successorales [3].

— L'effet extinctif ne profite évidemment pas aux coauteurs et complices.

— Enfin, l'action civile survit et elle peut être exercée contre les héritiers. Mais devant quelle juridiction doit-elle être exercée ? La jurisprudence distingue. Si le décès du prévenu survient avant toute décision sur le fond au premier degré, seul le juge civil reste compétent, même si le juge pénal avait été saisi. Si au contraire, le décès du prévenu survient alors qu'une décision sur le fond a déjà été rendue par le juge pénal, celui-ci, déjà saisi de l'action civile, reste compétent pour en connaître : en effet, l'article 497, 3°, C.P.P., en accordant le droit d'appel à la partie civile n'exige pas que subsiste l'action publique [4]. Et dans le cas particulier des infractions douanières, le décès du prévenu en cours d'instance, s'il fait disparaître l'action publique, ne dispense pas les juges de statuer sur l'action en recouvrement des droits éludés, visée à l'article 377 *bis* du Code des douanes, ces droits pouvant être mis à la charge de la succession [5].

1. P. BUFFETEAU, *Le décès du délinquant*, thèse dactyl., Besançon, 1990.
2. Crim., 5 août 1952, D., 1952.654.
3. Circ. du 14 mai 1993 prise en application du nouveau Code pénal, n° 127.
4. Crim., 7 mars 1936, D.H., 1936.238 ; 17 mai 1976, D., 1977.650, rapport Lecourtier ; 15 juin et 19 octobre 1977, B.C., n° 221 et 310. V. aussi Crim., 22 mai 1995, B.C., n° 181.
5. Crim., 13 mars 1997, B.C., n° 104.

§ 2. — L'ÉCOULEMENT DU TEMPS : LA PRESCRIPTION DE L'ACTION PUBLIQUE

Bibliographie. — B. BOULOC, *Remarques sur l'évolution de la prescription de l'action publique*, in *Mélanges en l'honneur de C. Gavalda*, Dalloz, 2002, p. 57 ; BRUN DE VILLERET, *Traité théorique et pratique de la prescription en matière criminelle*, 1863 ; F. EHRHARD, *La suspension de la prescription de l'action publique*, R.S.C., 1937, p. 640 ; C. GAVALDA, *La théorie de la prescription des actions en procédure pénale*, in *Quelques aspects de l'autonomie du droit pénal*, Dalloz, 1956.77 ; C. GUÉRY, *Crimes et délits contre les mineurs par ascendant : quelle prescription ?*, D., 1997, chron. 138 ; M. HAMIAUT, *La prescription des contraventions*, J.C.P., 1957.I.1375 *bis* ; H. HELFRE, *Essai de liste des actes interruptifs et des actes non interruptifs de prescription de l'action publique*, G.P., 1987.I, Doctr. p. 427 ; J. PANNIER, *La prescription de l'action publique en matière de change*, J.C.P., 1991.I.3511 ; A. MIHMAN, *Comment réformer la prescription de l'action publique ?*, R.P.D.P., 2007, p. 517 ; V. PIGACHE, *La prescription pénale, instrument de politique criminelle*, R.S.C., 1983, p. 55 ; J.F. RENUCCI, *Infractions d'affaires et prescription de l'action publique*, D., 1997, chron. 23, J. ROBERT, V° *Prescription pénale*, Rép. pén. ; A. VARINARD, *La prescription de l'action publique (sa nature juridique, droit matériel, droit formel)*, thèse dactyl., Lyon, 1973 ; du même, *La prescription de l'action publique : une institution à réformer*, Mélanges J. PRADEL, éd. Cujas, 2006, pp. 605 et s. ; M. VÉRON, *Émergence d'une catégorie nouvelle d'infractions pénales, les infractions « clandestines » soumises à un régime spécifique en matière de prescription*, Dr. pénal, 1998, comm. 16.

Droit comparé : P.H. BOLLE, *La Suisse et l'imprescriptibilité des crimes de guerre et des crimes contre l'humanité*, R.P.S., 1977, p. 308 ; P. MERTENS, *L'imprescriptibilité des crimes de guerre et contre l'humanité*, Étude de droit international et de droit pénal comparé, Éditions de l'Université de Bruxelles, 1974 ; MOAZZANI, *La prescription de l'action pénale en droit français et en droit suisse*, Genève, 1962.

235. — *Notion de la prescription*. De manière générale, la prescription est l'irrecevabilité à agir pour le titulaire d'un droit s'il est resté trop longtemps inactif. On dit que son droit est éteint par l'effet de la prescription. L'institution existe en droit civil où le délai pour agir est de trente ans, délai de principe et délai maximum à la fois (art. 2262, C.C.). Elle existe également en droit pénal tant pour la peine (art. 132-2 et s., C.P.) que pour l'action publique. Quand le Ministère public a omis de poursuivre un délinquant dans les délais fixés par la loi, l'action publique est prescrite de sorte que l'infraction va rester impunie. Le caractère à première vue étrange de la prescription de l'action publique doit conduire à s'interroger sur son *fondement* avant de considérer son *régime*.

A — Fondement de la prescription

235. — En *faveur* de la prescription, on avance plusieurs raisons : 1° Tout d'abord, au bout d'un certain temps, l'opinion cesse de réclamer vengeance de sorte qu'il devient inutile de raviver le souvenir d'une infraction tombée dans l'oubli.

Certains auteurs expliquent que le vrai fondement de la prescription est « le droit à l'oubli » par l'effet auquel « au bout d'un certain temps, dans un intérêt de paix et de tranquillité sociale, mieux vaut oublier l'infraction qu'en raviver le souvenir » [1] ; 2° Ensuite, le coupable, en cherchant à échapper aux poursuites, a vécu dans la crainte et le remords ; déjà puni une première fois, ce serait trop que de le punir une seconde ; 3° En outre, par l'effet de la prescription, le coupable a intérêt à ne pas s'exposer, par une nouvelle infraction, à des recherches sur son comportement passé : à l'instar du sursis, quoique de manière plus empirique, la prescription est un moyen de politique criminelle ; 4° On ajoute que des poursuites trop tardives démontreraient l'impuissance de l'appareil judiciaire à agir en temps normal et inquiéteraient en conséquence le public ; 5° On justifie encore la prescription par l'idée de négligence, la société perdant son droit de punir pour ne pas l'avoir exercé en temps utile (v. en ce sens, art. 9 et 10, C. 3 brumaire an IV, qui fixait le point de départ de la prescription non au jour de la commission de l'infraction, mais au jour où le parquet en a eu connaissance et s'est donc trouvé dans la possibilité de la poursuivre) ; 6° Avec le temps, enfin, le risque d'erreur judiciaire s'accroît puisque les preuves s'effacent. On pourrait alors se croire convaincu du bien-fondé de la prescription.

Et cependant, *à l'encontre* de cette institution, on peut faire valoir de solides arguments.

En premier lieu, aucun de ceux qui ont été avancés ci-dessus n'est déterminant. Comment admettre l'idée d'un oubli définitif quand la victime d'une infraction vient tardivement, mais véhémentement, réclamer justice à la juridiction répressive ? L'idée d'une expiation résultant de l'angoisse imposée au délinquant par l'écoulement du temps ressort d'un romantisme juridique infirmé par les données de la psychologie judiciaire, chaque délinquant réagissant à sa manière, le temps n'étant pas le même pour tous. Plus sérieuses, les quatre dernières raisons ne sont pas elles-mêmes sans réplique : ainsi, l'idée de négligence est dangereuse pour le coupable plaidant la prescription puisqu'il lui sera très malaisé de prouver la date à laquelle le Ministère public a eu connaissance de l'infraction.

En second lieu, la prescription est pernicieuse à deux égards. Elle nuit à la protection de la société en profitant aussi bien aux grands malfaiteurs qu'aux petits délinquants, alors que le temps ne saurait atténuer les dangers des premiers. Elle exclut toutes mesures de traitement pour certains coupables qui en auraient pourtant besoin ; il n'est pas moins nécessaire de les traiter parce que leur faute n'a été révélée que tardivement.

C'est pourquoi la doctrine, depuis Beccaria et Bentham, réserve un accueil mitigé à la prescription. Les positivistes italiens voulaient l'exclure pour les délinquants les plus dangereux (d'habitude ou par tendance) et certains criminalistes contemporains désireraient la supprimer à peu près totalement [2]. C'est pourquoi, également, certains droits étrangers, tels ceux de la *common law*, ignorent la prescription [3]. C'est pourquoi, enfin, notre droit lui-même, tout en reconnaissant la prescription, lui confère un régime empreint d'une certaine défaveur à l'égard du délinquant.

1. B. Bouloc, précité, § 203 ; A. Mihman, *Comment réformer la prescription de l'action publique*, R.P.D.P., 2007, 527.

2. Par ex., J. Larguier, notes au J.C.P., 1953.II.7701 et au D., 1955.261 ; *add.* J.B. Herzog, R.S.C., 1964, pp. 337 et s., et not. pp. 362 et s.

3. Sauf pour les très petites infractions.

B — Régime de la prescription

1. *Domaine de la prescription*

237. — La prescription s'applique à toutes les infractions même les plus graves. On notera toutefois de très rares exceptions, comme les crimes contre l'humanité [1]. Cette imprescriptibilité est confirmée aujourd'hui par l'article 213-5 du Code pénal. De même, la désertion à l'ennemi et l'insoumission à l'étranger en temps de guerre sont imprescriptibles (art. 94, al. 2, C.J.M.).

2. *Délai de la prescription*

a) Durée de la prescription

238. — Le délai de prescription de l'action publique est plus court que celui de la peine car l'opinion oublie plus rapidement l'infraction que la condamnation. Cela étant, il existe deux sortes de délais.

• D'abord, les articles 7, 8 et 9 du Code de procédure pénale ont prévu des délais de *droit commun*, variables selon la gravité des infractions : dix ans pour les crimes, trois ans pour les délits, un an pour les contraventions. Ce dernier délai s'applique même si la contravention est connexe à un délit [2].

• Ensuite, quelques textes particuliers ont prévu des *délais spéciaux*. Ces délais sont de deux ordres.

— Parfois, le délai est plus bref que celui du droit commun, ce qui apparaît pour quelques délits. Ainsi certains délits de presse se prescrivent par un an (art. 65-3, L. 29 juillet 1881 modifiée par L. 9 mars 2004, sur les infractions de presse à connotation raciste) [3]. L'atteinte au respect dû à la justice se prescrit par trois mois (art. 434-25, al. 4, C.P.) et certaines infractions électorales par six mois (art. L. 114, C. électoral).

— Plus souvent, ces dernières années plus précisément, le législateur prévoit des délais supérieurs à ceux du droit commun. Il agit ainsi dans des domaines qu'il considère comme essentiels.

C'est le cas des atteintes à l'intégrité sexuelle. En cas de meurtre ou assassinat d'un mineur lié à un viol ou à des actes de tortures ou barbarie, ou en cas de viol — s'agissant donc de crimes — la prescription passe à vingt ans (art. 7, al. 3, C.P.P.). En cas d'agression sexuelle aggravée et d'atteinte

1. Crim., 26 janvier 1984, *aff. Barbie*, B.C., n° 34, arrêt invoquant à la fois les principes généraux, le statut du Tribunal militaire international et, subsidiairement, la loi du 26 décembre 1964 ; 3 juin 1988, *idem*, B.C., n° 246, arrêt invoquant le statut du Tribunal et la résolution des Nations Unies du 13 juin 1946.

2. Paris, 6 juin 1966, G.P., 1966.II.159.

3. Avant la loi du 9 mars 2004, la prescription était toujours de trois mois pour tous les délits de presse.

sexuelle aggravée — s'agissant donc de délits — la prescription passe à dix ans (art. 8, al. 2, C.P.P.).

C'est le cas également des actes de terrorisme et du trafic de drogue. Si ces actes sont des crimes, la prescription passe à trente ans (art. 706-25-1, al. 1, C.P.P., pour des actes de terrorisme ; art. 706-31, al. 1, C.P.P., pour le trafic de drogue). Si ces actes sont des délits, la prescription passe à vingt ans (art. 706-25-1, al. 2, C.P.P., pour les actes de terrorisme ; art. 706-31, al. 2, C.P.P., pour le trafic de drogue).

Il en est de la prescription comme des associations pouvant se porter partie civile : le législateur prévoit des dispositions particulières quand il attache un prix particulier à certaines valeurs. Il allonge la prescription et il habilite des associations chargées de défendre telles valeurs sociales [1]. On assiste ainsi à une diversification, à un véritable éclatement de la procédure pénale.

b) Point de départ du délai de prescription

— *Énoncé du principe*

239. — Selon l'article 7, al. 1, C.P.P., l'action publique se prescrit... « à compter du jour où le crime a été commis » ; et les articles 8, al. 1 (pour les délits) et 9 du même Code (pour les contraventions) affirment la même règle. La jurisprudence modifie de façon infinitésimale (et logique) cette règle en décidant ceci : la prescription commence à courir le lendemain du jour où l'infraction a été commise [2], ce qui a pour effet d'exclure le jour de l'infraction et de faire démarrer la prescription le lendemain à zéro heure.

Par ailleurs, la jurisprudence considère qu'un point de départ identique doit être retenu à l'égard de tous les participants, même si l'activité délictueuse de certains d'entre eux a cessé antérieurement [3].

— *Application du principe*

240. — À quelle date l'infraction est-elle censée commise ?

Pour les *infractions instantanées* qui sont réalisées en un trait de temps (par ex., vol), le point de départ est fixé au lendemain du jour de l'acte délictueux [4]. Dans le cas particulier des « infractions de résultat », supposant, parmi leurs éléments, un résultat dommageable, la prescription ne commence à courir que lorsque toutes les conditions sont réunies,

1. V. *infra*, n°s 337 et s.

2. Crim., 8 septembre 1998, B.C., n° 227. Solution déjà admise par la pratique.

3. Crim., 23 novembre 1954, B.C., n° 343.

4. Crim., 16 février 1999, B.C., n° 25, le délit d'usurpation d'état civil (art. 434-23, C.P.) étant instantané, sa prescription commence à courir dès le moment où l'identité est usurpée ; 19 mai 2004, pourvoi n° 03-82329, la prescription du faux commerce le jour de l'établissement de l'écrit et non de la découverte de son existence ; 30 juin 2004, B.C., n° 178, l'escroquerie au jugement est « consommée au jour où la sentence est devenue exécutoire ».

c'est-à-dire à partir de la réalisation du préjudice, quel que soit le moment où celui-ci apparaît. Ainsi, en cas d'homicide par imprudence, la prescription part à compter du jour du décès [1]. Et, en cas de blessures par imprudence, au sens de l'article 222-19, C.P., la prescription commence à courir au jour où apparaît l'incapacité de trois mois qui est un élément constitutif de ce délit [2].

Pour les *infractions continues*, qui impliquent une prolongation de l'activité délictueuse (par ex., recel), la prescription ne commence à courir qu'à partir du jour où l'état délictueux prend fin « dans ses actes constitutifs et dans ses effets » [3]. Par conséquent, en cas de recel, par exemple, la prescription ne commence que le jour où la détention de l'objet volé a cessé [4], même si à cette date l'infraction de vol est déjà prescrite [5]. De la même manière, le délit de construction sans permis ne commence à se prescrire qu'à partir de la date d'achèvement des travaux [6] et il en va pareillement du délit d'ouverture sans autorisation d'un élevage d'animaux non domestiques, « l'infraction s'accomplissant pendant toute la durée de la présence d'animaux dans l'établissement sans qu'ait été obtenue l'autorisation » exigée [7]. De même, pour les infractions continues ou « collectives par unité de but », la prescription commence quand cesse l'activité délictueuse [8].

Cependant en cas de diffamation commise par la voie d'Internet, le point de départ est fixé en application de l'article 65 de la loi du 29 juillet 1881, à la date du premier acte de publication [9].

Enfin, pour les *infractions d'habitude* qui résultent de la commission de deux ou plusieurs actes identiques (par ex., exercice illégal de la médecine), la prescription ne commence à courir qu'au jour du dernier acte manifestant l'état d'habitude. Et peu importe le délai séparant les deux actes constitutifs de l'habitude [10]. On perçoit déjà la tendance répressive de la jurisprudence, son hostilité à la prescription. On va le sentir mieux encore à la lumière de certaines exceptions apportées au principe.

1. Crim., 4 novembre 1985, B.C., n° 339 ; 17 décembre 1991, Dr. pénal, 1992, comm. 173 ; Aix-en-Provence, 12 janvier 1954, D., 1954.338, J.C.P., 1954.II.8040, note J. Savatier.
2. Crim., 22 avril 1979, B.C., n° 291, G.P., 1980.I.373 ; 4 décembre 1990, B.C., n° 413, R.S.C., 1992.80, obs. G. Levasseur ; Bordeaux, 28 avril 1987, G.P., 1987.II.507, R.S.C., 1988.878, obs. G. Levasseur. Même solution pour la prescription de l'action civile, Ch. mixte, 26 février 1971, B.C., n° 67, D., 1971.241, concl. Lindon, R.S.C., 1971.683, obs. G. Levasseur.
3. Crim., 19 février 1957, B.C., n° 166. V. dans le même sens, mais sans la formule, Crim., 24 janvier 1990, D., 1990, Somm., 376 et obs. J. Pradel ; 4 mars 1997, B.C., n° 83.
4. Crim., 17 mai 1983, B.C., n° 143.
5. Crim., 16 juillet 1964, D., 1964.654.
6. Crim., 20 mai 1992, B.C., n° 202.
7. Crim., 21 février 2006, B.C., n° 51.
8. Crim., 6 février 1969, J.C.P., 1969.II.16004, note P. Chambon, pour le délit de corruption de fonctionnaires.
9. Crim., 31 janvier 2001, Legipresse, n° 180, III, 58, note B. Ader.
10. J. PRADEL, *Droit pénal général*, 16e éd., 2006, n° 374.

— *Exceptions au principe*

241. — *Exceptions édictées par la loi.* Il advient que la loi, pour certaines infractions particulières difficiles à détecter, retarde le point de départ de la prescription. En voici quelques exemples.

— En matière de *désertion* ou d'*insoumission*, la prescription ne court que du jour où le coupable a atteint l'âge de 50 ans (art. 94, al. 1, C.J.M.) ;

— En matière *électorale*, la prescription part du jour de la proclamation du résultat de l'élection (art. L. 114, C. électoral) ;

— En matière d'*organisation frauduleuse de l'insolvabilité*, la prescription ne court qu'à compter de la condamnation à l'exécution de laquelle le débiteur a voulu se soustraire (art. 384-8, al. 3, C.P.) ;

— En matière d'*usure*, la prescription court à compter du jour de la dernière perception, soit d'intérêt, soit de capital (art. L. 313-5, *in fine*, C. consom.) [1] ;

— En matière *fiscale*, « les plaintes peuvent être déposées jusqu'à la fin de la troisième année qui suit celle au cours de laquelle l'infraction a été constatée » (art. L. 230, L.P.F.), ce qui a pour effet de ne faire partir le délai qu'au premier jour de l'année suivant les faits ;

— En matière de *crimes commis contre des mineurs*, le délai ne commence à courir qu'à partir de la majorité de ces derniers (art. 7, al. 3, C.P.P.). La solution est la même lorsque le *délit commis contre un mineur* consiste en violences (art. 222-9, 222-11 à 222-15), agressions sexuelles autres que le viol (art. 222-27 à 222-30), proxénétisme (art. 225-7), aide à la corruption d'un mineur (art. 227-22) et atteinte sexuelle sur la personne d'un mineur (art. 227-25 à 227-27) selon l'article 8, al. 2, C.P.P. Ainsi pourra-t-on poursuivre plus longtemps des actes particulièrement révoltants que les victimes, mineures au moment des faits, hésitent à poursuivre. Cette règle opportune avait été introduite par deux lois des 10 juillet 1989 et 4 février 1995 qui en limitaient cependant la portée aux crimes et délits commis par des ascendants ou personnes ayant autorité sur le mineur victime [2]. Cette réserve a disparu avec une loi du 17 juin 1998 désireuse de protéger un plus grand nombre de victimes. Évidemment, les lois ayant institué la règle ne sont pas rétroactives de sorte que si la prescription est déjà acquise au moment de leur entrée en vigueur, toute poursuite est exclue [3]. Évidemment aussi, malgré le report du point de départ de la prescription, le poursuivant n'est pas tenu d'attendre l'échéance de la majorité pour agir [4].

1. Crim., 26 septembre 1996, B.C., n° 337.
2. V. chroniques VARTANIAN au D., 1997, p. 67 et GUÉRYAN, D., 1997, p. 138.
3. Crim., 3 novembre 1994, B.C., n° 349, R.S.C., 1995, p. 367 et obs. Dintilhac ; 28 février 1995, B.C., n° 87, D., 1996.238 et note J. Castaignède ; 27 mars 1997, B.C., n° 122.
4. Crim., 30 novembre 1994, B.C., n° 389, R.S.C., 1995.367, obs. Dintilhac.

Dans tous ces exemples, la prescription est suspendue jusqu'à la date indiquée par les textes. Mais il s'agit d'une suspension *ab initio* à la différence de celle qui se produit en cours de délai et que l'on examinera plus bas [1].

242. — *Exceptions décidées par la jurisprudence.* Il arrive aussi que, malgré l'absence de texte, la chambre criminelle retarde le point de départ de la prescription [2]. Elle utilise diverses voies selon la nature des agissements de l'auteur des faits.

• Révélatrice est la jurisprudence fondée sur l'idée de *mode opératoire unique.* Un bon exemple est celui de l'escroquerie aboutissant à des remises de fonds successives. La prescription ne commence à courir qu'à partir de la dernière remise de fonds, que l'on se trouve dans le cas où les manœuvres constituent une opération délictueuse unique [3] ou dans le cas où les manœuvres sont répétées sur une longue période et forment entre elles un tout indivisible [4]. Même jurisprudence pour l'abus de faiblesse [5], la corruption [6], la prise illégale d'intérêts [7], le trafic d'influence [8] et la fausse déclaration pour obtenir une aide personnalisée au logement de l'article L. 351-13 du Code de la construction [9].

• La jurisprudence retarde aussi le point de départ de la prescription en cas de *clandestinité de l'acte délictueux*, celle-ci étant un élément constitutif de l'infraction. On ne peut en effet envisager une poursuite que lorsque les faits sont connus du poursuivant. Très net en ce sens est un arrêt — le premier semble-t-il — rendu en matière d'atteinte à l'intimité de la vie privée et de mise en mémoire de données informatisées sans le consentement de l'intéressé : « la clandestinité étant un élément constitutif essentiel du premier délit et la clandestinité étant inhérente selon l'article 226-19 C. pén. au second… ces deux infractions ne peuvent être prescrites avant qu'elles aient pu être constatées en tous leurs éléments et que soit révélée aux victimes l'atteinte qui a pu être portée à leurs droits » [10]. Les juges raisonnent identiquement pour le délit d'altération des preuves en vue de faire obstacle à la

1. V. *infra*, n° 249.
2. La jurisprudence fait preuve d'une grande imagination à des fins répressives.
3. Crim., 23 octobre 1978, B.C., n° 283 ; 27 mai 1991, B.C., n° 222 ; 26 septembre 1995, B.C., n° 288, R.S.C., 1996.658, obs. R. Ottenhof, Dr. pénal, 1996.61, obs. M. Véron, pour des versements de prestations indues qui s'étaient étendues sur 23 années !
4. Crim., 3 décembre 1963, B.C., n° 344 ; 18 juillet 1968, B.C., n° 234 ; 22 juillet 1971, B.C., n° 237 ; 9 mai 1972, B.C., n° 161 ; 20 juin 1994, Dr. pénal, 1994, comm. 260, R.S.C., 1995.103, obs. R. Ottenhof.
5. Crim., 27 mai 2004, B.C., n° 141, D., 2005, Panor. 685, obs. J. Pradel, R.S.C., 2004.897, obs. D.N. Commaret.
6. Crim., 27 octobre 1997, B.C., n° 352 ; 29 juin 2005, B.C., n° 200.
7. Crim., 10 avril 2002, B.C., n° 84.
8. Crim., 12 décembre 1989, B.C., n° 474.
9. Crim., 23 février 1994, B.C., n° 76.
10. Crim., 4 mars 1997, B.C., n° 83, l'arrêt ajoute même que ne pas repousser le point de départ du délai de la prescription serait de nature à « retirer son efficacité à la loi ».

vérité [1]. De même encore les délits de simulation et de dissimulation d'enfant, prévu par l'article 227-13 du Code pénal et qualifiés par l'article 345 ancien dudit Code de supposition d'enfant « constituent des infractions clandestines par nature pour lesquelles le point de départ de la prescription se situe au jour où elles sont apparues et ont pu être constatées dans des conditions permettant l'exercice de l'action publique soit, en l'espèce, lors de la révélation desdits faits au ministère public » [2].

• Enfin à propos du délit d'atteinte à la liberté d'accès et à l'égalité des candidats dans les marchés publics, la chambre criminelle retarde le point de départ de la prescription « lorsque les actes irréguliers ont été dissimulés ou accomplis de manière occulte, à partir du jour où ils sont apparus et ont pu être constatés dans des conditions permettant l'exercice des poursuites » [3]. Apparaît ainsi, avec la dissimulation, le troisième moyen prétorien pour reculer le point le départ. La *dissimulation* est le fait de cacher la réalité des faits par des artifices pour empêcher les victimes de les connaître et donc d'agir.

L'appel à la dissimulation a d'abord concerné l'abus de confiance : selon un premier arrêt, « la dissimulation des agissements masquant le moment de la violation du contrat servant de base à la poursuite retarde le point de départ de la prescription jusqu'au jour où le détournement est apparu et a pu être constaté... » [4]. D'autres arrêts suivirent [5]. Les juges raisonnent identiquement pour le délit de fraude en matière de divorce [6], ceux de présentation de faux bilan [7], de publicité fausse [8] et de favoritisme [9].

Reste le cas le plus célèbre de dissimulation, celui de l'abus de biens sociaux avec un premier arrêt rendu en 1967 [10]. Cependant la chambre criminelle n'a pas toujours usé de la même formule. Il y a encore peu, le

1. Crim., 17 décembre 2002, B.C., n° 233.

2. Crim., 23 juin 2004, B.C., n° 173, D., 2005, 1399, note M. Royo, R.S.C., 2004.897, obs. D.N. Commaret, La qualification d'infraction « clandestine par nature » apparaît aussi pour la tromperie. Crim., 7 juillet 2005, B.C., n° 206, D., 2005, 2998, note A. Donnier. V. aussi Crim., 8 février 2006, B.C., n° 34, pour l'abus de confiance, sans qu'apparaisse l'expression d'infraction clandestine par nature.

3. Crim., 27 octobre 1999, B.C., n° 238.

4. Crim., 4 mars 1935, G.P., 1935.I.353.

5. Crim., 5 juillet 1945, B.C., n° 76 ; 16 mars 1970, D., 1970.497, note J.M.R. ; 29 octobre 1984, B.C., n° 323 ; 26 février 1990, Dr. pénal, 1990, comm. 191 ; 14 avril 1993, D., 1993.616, note H. Fenaux ; 30 novembre 1993, Dr. pénal, 1994.110, R.S.C., 1994.764, obs. R. Ottenhof ; 26 avril 1994, B.C., n° 149 ; 26 septembre 1995, B.C., n° 288 ; 7 mai 2002, B.C., n° 107.

6. Crim., 5 juin 1996, B.C., n° 239, Dr. pénal, 1997, comm. 1, où la partie civile avait été tenue dans l'ignorance des procédés frauduleux.

7. Bordeaux, 24 mars 1964, J.C.P., 1964.I.13648, note J. Larguier.

8. Crim., 20 février 1986, B.C., n° 70, le point de départ n'est pas le jour de la diffusion des documents, mais celui où le délit est apparu et a pu être constaté.

9. Crim., 5 et 19 mai 2004, B.C., n° 110 et 131, obs. D.N. Commaret à la R.S.C., 2004.897.

10. Crim., 7 décembre 1967, D., 1968.617, note J.M.R. *Add* Crim., 13 janvier 1970, D., 1970.345, note J.M.R.

principe était que « le point de départ doit être fixé au jour où le délit est apparu et a pu être constaté dans des conditions permettant l'exercice de l'action publique »[1]. Cependant, les derniers arrêts décident que « la prescription... court, sauf dissimulation, à compter de la présentation des comptes annuels par lesquels les dépenses litigieuses sont mises indûment à la charge de la société »[2]. Cet ensemble jurisprudentiel traduit un louable effort de la part des juges de fixer objectivement la date du point de départ, tout en réservant le cas de dissimulation, ce qui nous ramène, il est vrai, à un certain subjectivisme.

Par ce biais tiré de la dissimulation (la remarque valant aussi pour les infractions clandestines), la jurisprudence consacre la conception révolutionnaire de la prescription fondée sur la négligence des autorités[3], celle-ci ne pouvant se concevoir qu'à partir du moment où les faits sont connus ou peuvent être connus et ils ne le sont pas tant que la dissimulation produit ses effets.

Cette attitude jurisprudentielle sur les infractions clandestines et dissimulées, conduit indéniablement à étendre la répression et suggère une double observation. D'un côté, cette attitude est justifiée en fait car les infractions d'abus de confiance, d'abus de biens sociaux... s'accompagnent souvent de dissimulations, de manœuvres dilatoires préjudiciables à des tiers sans défense : le report du point de départ de la prescription est une contrepartie aux difficultés de preuve. Mais, d'un autre côté, elle est inquiétante en droit d'abord car la liste des infractions clandestines et dissimulées peut s'étendre jusqu'à l'infini et aussi car elle viole de front les articles 7, al. 1, 8 et 9, C.P.P., qui font partir la prescription du jour des faits de sorte qu'elle aboutit à transformer des délits instantanés en délits continus : l'infraction ne change pas de nature parce que ses conséquences se prolongent dans le temps (escroquerie) ou parce que sa preuve n'est faite que tardivement (abus de confiance, par ex.). Engagée dans une voie aussi dangereuse, la jurisprudence pourrait être amenée à admettre des solutions bien étranges : retarder le point de départ de la prescription à l'égard du voleur qui dissimule l'objet volé, ne pas appliquer l'amnistie à des détournements qui, commis avant la loi d'amnistie, n'ont été découverts qu'après...

Les règles prétoriennes actuelles suscitent donc un profond malaise bien que la jurisprudence en matière d'abus de biens sociaux, par sa conception désormais objective du point de départ du délai, ne puisse plus se voir reprocher de pratiquer une politique d'imprescriptibilité. Que faire alors ? Une première voie consisterait à supprimer la prescription : séduisante à première vue, cette idée ne sera sans doute jamais admise par le législateur, tant la prescription est enracinée dans notre tradition juridique. Une seconde voie serait d'étendre les solutions prétoriennes en les consacrant à titre général, ce qui conduirait à réécrire l'article 7, al. 1, C.P.P. Mais alors la

1. Crim., 13 février 1989, B.C., n° 69 ; 27 octobre 1997, B.C., n° 352 ; 6 septembre 2000, R.S.C., 2001.394, obs. J.F. Renucci.

2. Crim., 5 mai 1997, B.C., n° 159 ; Rev. soc., 1998.127, note B. Bouloc ; Bull. Joly, 1997.953, note J.F. Barbieri ; 13 octobre 1999, B.C., n° 219, D., 2001.2351, obs. G. Roujou de Boubée ; 27 juin 2001, B.C., n° 164, Rev. soc., 2001, p. 873, note B. Bouloc ; 14 mai 2003, B.C., n° 97. Le critère de la date de présentation s'explique car à partir de là, il n'y a plus clandestinité.

3. V. *supra*, n° 236.

matière perdrait toute unité, les solutions variant selon les infractions et les circonstances. Une troisième voie enfin consisterait en un allongement légal du délai (5 ans pour les délits, 15 ans pour les crimes ?), ce délai partant du jour des faits, sauf évidemment pour les infractions continues. C'est la meilleure formule : on ne sacrifierait pas les nécessités de la répression et il n'y aurait plus de divorce entre loi et jurisprudence, à condition que la chambre criminelle veuille bien abandonner sa construction actuelle [1].

c) Interruption de la prescription

243. — Il y a interruption de la prescription lorsque le délai, déjà partiellement écoulé, se trouve anéanti et qu'il faut en recommencer entièrement un nouveau. Peu conforme aux concepts d'oubli et même de dépérissement des preuves, l'interruption traduit plutôt une idée de négligence : la prescription serait une déchéance du droit de poursuivre en raison de la négligence du poursuivant, celui-ci sauvant son droit en prenant soin de l'exercer à temps par des actes interruptifs.

À la suite des Codes de brumaire an IV et de 1808, le Code de 1959 admit l'interruption que la jurisprudence ici très répressive allait élargir quant à ses causes et quant à ses effets.

— *Les causes d'interruption*

244. — *Idée générale.* Selon les articles 7, al. 1, 8, al. 1, et 9, C.P.P., constitue des causes d'interruption tout acte « d'instruction ou de poursuite ». La formule large est entendue extensivement par la jurisprudence. Mais elle n'est pas sans limites.

245. — *Les actes de poursuite, première cause d'interruption.* Sont évidemment des actes de poursuite les actes de mise en mouvement de l'action publique émanant du Ministère public : citation directe devant les juridictions correctionnelles et de police, réquisitoire introductif [2], supplétif ou définitif [3] ou encore la transmission pour compétence du procureur de la République et un officier du ministère public [4]. Le sont également les actes émanant de la partie civile : citation directe, constitution de partie civile

1. V. note M.L. Rassat au J.C.P., 1979.II.19182, sous Rouen, 17 janvier 1979. On peut ajouter que le recul du point de départ de la prescription en cas d'abus de biens sociaux ne se conçoit plus dans l'intérêt des victimes depuis qu'une loi du 23 décembre 1980 a désolidarisé les prescriptions de l'action pubique et de l'action civile (v. *infra*, n°s 362 et s.) ; B. Bouloc, *Le droit pénal des sociétés*, in *La modernisation du droit des sociétés*, sous la direction de J.J. Daigre, Joly, 1997.82. Voir aussi en ce sens, *La dépénalisation de la vie des affaires*, groupe de travail présidé par J.-M. Coulon, La documentation française, 2008, not. p. 101-102 et 129 où il est proposé de faire partir le délai du jour des faits et de lier la durée du délai à la durée de la peine prévue (par ex. 7 ans si la peine est au moins égale à 3 ans) et ceci pour tous les délits.

2. Crim., 3 février 1955, J.C.P., 1955.II.8663, note P. Chambon.

3. Crim., 11 octobre 1961, J.C.P., 1961, Somm. 158 ; 22 octobre 1990, B.C., n° 350 ; 27 avril 2004, B.C., n° 99.

4. Crim., 6 février 2007, B.C., n° 30.

devant le juge d'instruction [1]. Il en est de même de l'acte par lequel le parquet requiert un huissier pour délivrer une citation [2].

Mais la jurisprudence va beaucoup plus loin. Elle assimile aux actes de poursuite tous jugements ou arrêts, qu'ils soient définitifs ou avant dire droit [3], contradictoires ou par défaut, et même les jugements de remise de cause à la double condition qu'ils soient ordonnés contradictoirement et constatés dans les notes d'audience [4]. De même encore, l'exercice d'une voie de recours a un effet interruptif [5]. Il en est de même des actes de poursuite réalisés à l'étranger régulièrement « quel que soit l'effet attaché à ces actes par la loi étrangère au regard de son propre système de prescription » [6], ce qui est particulièrement répressif et qui l'est encore d'autant plus que cette formule s'applique aussi aux actes d'instruction.

246. — *Les actes d'instruction, deuxième cause d'interruption.* Constituent indéniablement des actes d'instruction tous ceux qui, accomplis par un juge d'instruction ou par un O.P.J. agissant sur commission rogatoire, ont pour objet la recherche et la réunion des preuves à partir du moment où une information est ouverte. C'est donc la finalité de l'acte qui est le critère de l'acte interruptif. Citons un interrogatoire, l'audition d'un témoin [7], un transport sur les lieux ou une perquisition [8], la désignation d'un expert [9], le dépôt d'un rapport d'expertise [10] ou sa notification [11], la délivrance d'un mandat [12] ou d'une commission rogatoire [13], même dans le cadre d'une procédure destinée à rechercher les causes de la mort [14], les demandes d'acte ou

1. Crim., 9 décembre 1980, B.C., n° 341 ; 20 février 1986, B.C., n° 70, arrêts précisant toutefois que l'interruption est subordonnée au versement de la consignation dans le délai fixé par le juge ; 14 novembre 1995, B.C., n° 347, interruption admise même sans que soit fixé un délai pour verser la consignation dès lors que le demandeur a obtenu l'aide juridictionnelle.

L'effet interruptif existe même en cas de constitution de partie civile par voie d'intervention, Crim., 1er octobre 2003, B.C., n° 178, D., 2004, Somm. 667, obs. J. Pradel.

2. Crim., 28 janvier 1988, B.C., n° 44 ; 13 février 1990, B.C., n° 74. Solution inverse si le parquet n'a pas remis à l'huissier le « mandement de citation », Crim., 16 février 1999, B.C., n° 21, R.S.C., 1999.617, obs. A. Giudicelli.

3. Crim., 23 mars 1912 ; Paris, 1er février 1912, D., 1912.I.161 et D., 1916.II.113, note G. Leloir.

4. Crim., 31 mai 1949, D., 1949.364 ; Crim., 1er décembre 1949, J.C.P., 1950.II.5363, note Meurisse ; 25 juillet 1972, G.P., 1972.II.717 ; 3 février 1993, B.C., n° 59.

5. Crim., 13 mars 1951, D., 1951.276 ; 25 janvier 1993, B.C., n° 39 ; 20 mai 2003, B.C., n° 100, l'opposition à un jugement par défaut interrompt la prescription de la peine et fait partir un nouveau délai de prescription de l'action publique.

6. Crim., 24 septembre 1998, B.C., n° 234.

7. Crim., 23 juin 1998, B.C., n° 203.

8. Crim., 31 mai 1913, S., 1914.I.288.

9. Crim., 9 mai 1936, D.H., 1936.333.

10. Crim., 11 janvier 1940, G.P., 1940.II.231.

11. Crim., 5 mai 2004, B.C., n° 111.

12. Crim., 19 et 24 novembre 1887, D., 1888.I.191.

13. Crim., 11 janvier 1940, précité.

14. Crim., 6 juin 1991, B.C., n° 243.

les requêtes en annulation [1], ainsi que toutes les ordonnances du juge d'instruction [2] et même l'avis de fin d'information qui les précède [3], voire l'arrêt d'une chambre de l'instruction statuant sur une requête en nullité [4], sont des actes d'instruction. Tout ceci est assez évident.

Cependant, à deux égards, la chambre criminelle étend la notion d'actes d'instruction.

• D'une part, elle assimile à l'acte d'instruction « ordinaire » celui qui est inutile et plus précisément celui que le juge d'instruction n'a pas à faire ; ainsi, dans une poursuite pour diffamation (où la prescription est de 3 mois, rappelons-le), des actes réalisés par le magistrat instructeur et relatifs à l'exception de vérité (art. 35 de la loi du 29 juillet 1881 sur la liberté de la presse) interrompent la prescription alors que c'est devant le tribunal qu'il est débattu de cette question [5].

• D'autre part et surtout, à l'acte d'instruction, la jurisprudence assimile les actes d'investigation effectués au cours d'une enquête préliminaire ou de flagrance. Ainsi, vaut acte interruptif l'ordre (dit « soit transmis ») par lequel le parquet sollicite la police judiciaire pour constater une infraction [6]. Il en est de même de l'enquête à laquelle procède d'elle-même la police judiciaire [7]. Sont également interruptifs des actes émanant d'autres fonctionnaires que ceux de la police judiciaire : ainsi en est-il des procès-verbaux dressés par les agents des douanes [8] ou par ceux de la Direction générale du commerce intérieur ou des prix [9], ou encore du procès-verbal d'échantillon dressé par des fonctionnaires du service des fraudes [10]. Il a même été jugé que la demande adressée par le parquet à une administration pour l'interroger sur le sort de personnes disparues de façon suspecte a valeur interruptive [11] : cette solution n'est pas à l'abri de la critique car il n'y avait pas d'infraction à la connaissance du parquet, simple demandeur de

1. Crim., 9 juin 1998, B.C., n° 188, étendant cette idée à l'avis donné par le juge d'instruction à une partie civile de son droit de demander des actes.

2. Crim., 23 juin 1998, B.C., n° 203, à propos d'une ordonnance de soit œœ communiqué d'un juge d'instruction, ayant pour objet de saisir le parquet aux fins de réquisitions sur l'action publique ; 10 février 2004, B.C., n° 36, ordonnance de restitution d'objets saisis.

3. Crim., 11 janvier 2000, B.C., n° 12.

4. Crim., 5 mars 2002, B.C., n° 53, R.S.C., 2004.132, obs. A. Giudicelli.

5. Crim., 11 octobre 1961, B.C., n° 394 ; Trib. corr., Seine, 5 mai 1967, R.S.C., 1967.711, obs. Goulesque.

6. Crim., 16 mai 1973, B.C., n° 224, R.S.C., 1974.119, et obs. J. Robert ; 22 janvier 1990, B.C., n° 39 ; 10 décembre 1997, B.C., n° 421 ; 2 avril 1998, B.C., n° 131.

7. Crim., 15 avril 1937, S., 1938.I.233, note L. Hugueney ; J. PRADEL et A. VARINARD, II, n° 8. Cet arrêt vise à la fois le cas où la police judiciaire agit d'elle-même et le cas où elle agit sur réquisitions du parquet.

8. Crim., 12 décembre 1977, B.C., n° 294 ; 29 novembre 1983, B.C., n° 323 ; 29 janvier 1998, B.C., n° 35, où il est dit que le caractère interruptif doit être admis « sauf à priver de toute portée » les dispositions sur la matière.

9. Crim., 19 mars 1979, B.C., n° 111.

10. Crim., 3 avril 1974, B.C., n° 143.

11. Crim., 20 février 2002, B.C., n° 42, J.C.P., 2002.II.10075, note P. Maistre du Chambon ; R.S.C., 2003, 585, obs. A. Giudicelli.

renseignement. Mais si la demande du parquet à une adminstration se fonde déjà sur une infraction, elle interrompt indéniablement la prescription [1].

Cette orientation est l'expression d'une volonté répressive qui s'explique par la difficulté de détecter des infractions plus ou moins clandestines [2]. Cette jurisprucence va de pair avec celle qui recule le point de départ de la prescription [3] et, on le verra plus loin, avec celle qui étrangle les nullités de l'instruction [4]. Parfois, la loi elle-même consacre cette notion extensive de l'interruption [5]. N'oublions pas, cependant, que la chambre criminelle apporte de rares limites.

247. — *Les actes non interruptifs.* La jurisprudence a considéré que certains actes n'ont pas de vertu interruptive. Il est difficile de classer ces actes car ils ne constituent pas une catégorie homogène.

• Tout d'abord, sont privés d'effet interruptif les actes nuls, ce qui est très logique. Ainsi en est-il d'un rapport de police non assorti d'un procès-verbal régulier [6], d'un acte établi par un organe incompétent [7] ou encore d'un interrogatoire nul [8]. Et il n'y a pas à distinguer selon la nature de la nullité.

• N'interrompent pas non plus la prescription les actes de pure administration interne [9] : en effet, ce ne sont ni des actes de poursuite ni des actes d'instruction.

• En outre, sont dépourvus de valeur interruptive les actes « incomplets », c'est-à-dire réguliers, mais auxquels il manque un caractère pour qu'ils puissent valoir acte de poursuite ou d'instruction : ainsi en est-il de la simple plainte même si elle est nécessaire à la mise en mouvement de l'action publique [10] ou d'un mandement de citation certes rédigé et signé du procureur de la République, mais non transmis à un huissier de justice [11], ou encore de l'ordonnance du président du tribunal statuant sur le

1. Crim., 28 juin 2005, B.C., n° 194.

2. On lira la critique de cette jurisprudence par G. STÉFANI, L'acte d'instruction, *Mélanges Hugueney*, 1964, p. 135.

3. V. *supra*, n° 242.

4. V. *infra*, n° 788.

5. Ainsi, l'article L. 462-7, C. com. (anciennement art. 11 de l'ordonnance du 1er décembre 1986 relative à la liberté des prix) décide que la prescription de l'action publique est interrompue par la transmission du dossier par le Conseil de la concurrence au parquet.

6. Crim., 6 janvier 1965, B.C., n° 4.

7. Crim., 16 mars 1988, B.C., n° 131, D., 1988.496, note H. Fenaux, D., 1988, Somm. 362, obs. J. Pradel, pour une plainte avec constitution de partie civile déposée entre les mains d'un juge d'instruction non compétent ; 3 avril 1997, B.C., n° 134, situation proche.

8. Crim., 21 juin 2005, B.C., n° 184, l'arrêt ajoutant qu'un acte nul ne peut pas non plus suspendre la prescription.

9. Crim., 11 avril 1959, D., 1960.40, pour l'ordonnance de désignation du juge d'instruction ; 28 août 1913, D., 1918.I.27, pour un ordre donné à la gendarmerie d'extraire un détenu ; 15 avril 1991, B.C., n° 177, pour le dépôt au greffe du montant de la consignation.

10. Crim., 10 mai 1972, B.C., n° 167, il eut fallu une plainte avec constitution de partie civile.

11. Crim., 16 février 1999, B.C., n° 21, il eut fallu l'envoi, v. *supra*, n° 227.

dessaisissement d'un juge d'instruction au profit d'un collègue du même tribunal [1], etc.

• De plus, la plainte simple, même si elle est nécessaire à la mise en mouvement de l'action publique ainsi que la dénonciation — actes ne mettant pas en mouvement l'action publique — n'ont pas d'effet interruptif [2].

• Enfin, des instructions aux fins d'enquête d'un parquetier dont l'incompétence territoriale est « manifeste » n'ont pas d'effet interruptif [3].

— *Les effets de l'interruption*

248. — Le principe est que l'interruption de la prescription anéantit tout le temps déjà écoulé et fait courir un nouveau délai. Cela dit, on doit apporter trois précisions.

• En premier lieu, la portée de l'interruption varie selon que l'on considère les personnes ou les infractions.

L'effet est absolu dans le premier cas : la prescription est interrompue à l'égard de tous les auteurs, coauteurs et complices de l'infraction, connus ou inconnus, alors même que les poursuites n'ont été dirigées que contre l'un d'eux, voire contre X [4]. Toutefois, un acte interruptif effectué dans le cadre d'une procédure de droit commun n'a pas effet sur la poursuite menée devant la Haute Cour si celle-ci ne peut être saisie que par les deux Assemblées car « la capacité d'interrompre la prescription s'attache à la capacité d'exercer l'action publique... » [5].

Cet effet est relatif dans le second, c'est-à-dire limité au fait délictueux lui-même visé dans les actes de poursuite et d'instruction, sauf en ce qui concerne les faits connexes [6].

• En second lieu, le nouveau délai est toujours celui du droit commun des articles 7 à 9 du Code de procédure pénale. Normale si l'infraction est soumise au délai de prescription du droit commun, la règle l'est moins si elle est régie par un délai spécial plus court [7].

1. Crim., 10 juillet 2002, B.C., n° 150.

2. Crim., 10 mai 1972, B.C., n° 167 ; 7 avril 1992, B.C., n° 146 ; 19 mai 2005, B.C., n° 150, plainte de l'administration des impôts.

3. Crim., 3 juin 2004, B.C., n° 151.

4. Art. 7, al. 2, *in fine*, C.P.P. ; Ch. réun., 27 février 1865, D., 1867.I.93 ; Crim., 3 février 1955, J.C.P., 1955.II.8663, note P. Chambon ; J. Pradel et A. Varinard, n° 8 ; 11 juillet 1972, B.C., n° 235 ; 1er décembre 2004, B.C., n° 301, D., 2005, Pan. 686, obs. J. Pradel ; 11 janvier 2006, Dr. pénal, 2006, Comm. 76, 2e espèce, obs. A. Maron.

5. Haute Cour, commission d'instruction, 5 février 1993, D., 1993.261, note J. Pradel.

6. Grosse jurisprudence affirmant que l'interruption s'étend aux infractions connexes : Crim., 12 mars 1936, G.P., 1936.I.829 ; 22 octobre 1970, B.C., n° 279, R.S.C., 1971.699, obs. J. Robert ; 30 juin 1971, B.C., n° 218 ; 29 novembre 1983, B.C., n° 323 ; 19 décembre 1995, B.C., n° 390 ; 25 février 1998, B.C., n° 76 ; 28 mai 2003, B.C., n° 108 ; 7 juillet 2005, B.C., n° 206 ; 3 octobre 2007, B.C., n° 238. Toutefois, si l'infraction connexe est déjà prescrite, l'interruption n'a d'effet qu'à l'égard de l'infraction non encore prescrite, Crim., 22 septembre 1998, B.C., n° 232.

7. Crim., 26 février 1906, S., 1909.I.281, note J.A. Roux ; 27 février 1968, B.C., n° 65, R.S.C., 1968.625, obs. A. Vitu ; *contra*, art. 65, l. du 29 juillet 1881, pour les délits de presse.

• En troisième lieu, le nouveau délai peut à son tour être interrompu et cela indéfiniment [1]. Cette solution ignorée du Code de brumaire an IV, qui n'autorisait l'interruption qu'une seule fois, est doublement critiquable. D'abord, elle se concilie mal avec la lettre de l'article 7 du Code de 1959 (ancien art. 637, C.I.C.) en vertu duquel, en matière de crime, l'action publique se prescrit par dix ans « si dans cet intervalle (donc dans le délai de dix ans), il n'a été fait aucun acte de poursuite ou d'instruction ». Ensuite, elle méconnaît les idées d'oubli et de dépérissement des preuves qui sont le fondement actuellement attribué à la prescription.

d) Suspension de la prescription

249. — *Principe.* Par l'effet de la suspension, le délai de prescription est mis en sommeil. Mais le bénéfice du temps déjà écoulé n'est pas perdu pour le délinquant et, dès la disparition de la cause de suspension, la prescription reprend son envol au point où elle s'était arrêtée. Incompatible avec les concepts d'oubli et de dépérissement des preuves, qui sont les fondements aujourd'hui reconnus à la prescription, la notion de suspension ne devrait pas plus exister que celle d'interruption. Et pourtant, notre droit admet la suspension, ce qui montre pour la troisième fois [2] que l'idée de négligence des autorités n'a pas disparu de notre droit, la prescription ne pouvant courir si le parquet est privé du pouvoir d'agir par une cause de suspension : *contra non valentem agere non currit praescriptio* (la prescription ne court pas contre celui qui ne peut valablement agir).

250. — *Domaine.* Il est assez éclaté, hétéroclite.

• L'idée de suspension est d'abord consacrée dans le *Code de procédure pénale*, mais très rarement.

On peut citer son article 6, al. 2, relatif à une situation qui ne se présente jamais ou presque. Il suppose qu'une décision de justice ayant déclaré l'action publique éteinte à l'égard d'une infraction déterminée a été obtenue grâce à un faux. Si ce faux est, par la suite, découvert et réprimé, l'action publique relative au fait primitivement jugé pourra être reprise car « la prescription doit être considérée comme suspendue depuis le jour où le jugement ou arrêt était devenu définitif jusqu'à celui de la condamnation du coupable de faux ou usage de faux ».

L'article 41-2, al. 8, C.P.P. (l. du 23 juin 1999) a créé un second cas de suspension. Il faut supposer que l'auteur d'une infraction est invité à exécuter une composition pénale [3] et qu'il se dérobe à l'exécution avec l'espoir que le temps passant, il serait un jour à l'abri des poursuites pour cause de

1. Montpellier, 5 mars 1887, S., 1888.II.161, note E. Villey.
2. V. *supra*, nos 236 et 242.
3. V. *infra*, no 596.

prescription. Aussi le texte décide-t-il que « la prescription de l'action publique est suspendue entre la date à laquelle le procureur... propose une composition pénale et la date d'expiration des délais impartis pour exécuter la composition pénale ».

• La suspension est également retenue dans de rares *textes extérieurs au Code de procédure pénale.*

En matière fiscale où la poursuite ne peut être exercée qu'après avis de la commission des infractions fiscales [1], la prescription de l'action publique est suspendue pendant une durée maximale de 6 mois entre la date de saisine de cette commission et la date à laquelle elle émet son avis (art. L. 230, L.P.F.). Cette disposition s'explique parce que la lenteur cumulée de la découverte de l'infraction et de la procédure devant la commission pourrait aboutir à l'impossibilité de poursuivre pour cause de prescription.

On sait qu'en matière de concurrence, les juridictions pénales d'instruction et de jugement peuvent consulter le conseil de la concurrence. Là encore, le conseil peut mettre du temps à rendre son avis. Aussi, l'article L. 462-3, al. 2, C. com., décide-t-il que « le cours de la prescription est suspendu, le cas échéant, par la consultation du conseil ».

• Enfin, la *jurisprudence* applique la suspension chaque fois que l'exercice de l'action publique rencontre un obstacle de droit ou de fait.

Constituent des obstacles de droit tout obstacle résultant de la loi [2], l'examen d'une question préjudicielle au jugement de l'action publique [3] ou d'une inviolabilité parlementaire jusqu'à sa levée par l'assemblée compétente [4], ou encore d'un pourvoi en cassation [5] ou en révision [6]. De même, en

1. V. *infra*, n° 582.

2. Ass. plén., 23 décembre 1999, B.C., n° 312, où l'on trouve cette formule : « selon le principe *contra non valentem agere, non currit praescriptio*, la prescription est de droit suspendue à l'égard des parties poursuivantes dès lors que celles-ci ont manifesté expressément leur volonté d'agir et qu'elles se sont heurtées à un obstacle résultant de la loi elle-même » ; il s'agissait de deux personnes qui, s'estimant victimes d'une diffamation de la part d'un ministre ayant agi dans l'exercice de ses fonctions, avaient saisi la commission des requêtes de la Cour de justice de la République, mais qui ne parvenaient pas à agir en raison de l'article 13, al. 2, de la L. organique du 23 novembre 1993 excluant toute constitution de partie civile devant cette cour. À rapprocher de Crim., 28 mars 2000, B.C., n° 139.

3. Crim., 1er décembre 1955, B.C., n° 534, D., 1956.451, note J. Larguier ; 28 novembre 1978, B.C., n° 333 ; 27 octobre 1998, B.C., n° 277 ; 28 mars 2000, B.C., n° 139 ; 3 décembre 2003, B.C., n° 233, saisine du juge administratif par un contribuable sollicitant l'autorisation de se porter partie civile contre un élu régional (art. L. 4143-1, C.G.C.T.). Sur les exceptions préjudicielles, v. *supra*, nos 108 et s.

4. Crim., 1er décembre 1949, B.C., n° 322 ; 3 février 1955, J.C.P., 1955.II.8663, note P. Chambon.

5. Crim., 8 novembre 1889, D., 1890.I.329, règle valant même si le pourvoi n'est pas recevable ; 4 mai 1960, B.C., n° 238.

6. Crim., 24 février 1939, B.C., n° 42.

cas de délit commis par un Français à l'étranger, la prescription est suspendue tant que les conditions d'exercice de cette action ne sont pas remplies [1]. Un arrêt remarqué a admis (judicieusement) que l'immunité du chef de l'État suspend la prescription aussi longtemps qu'elle dure, puisqu'elle empêche la poursuite [2].

Il avait même été jugé à plusieurs reprises que l'inaction du juge d'instruction, notamment à la suite d'une constitution initiale de partie civile, constitue un obstacle de droit [3]. Selon cette jurisprudence, « la prescription de l'action publique est nécessairement suspendue lorsqu'un obstacle de droit met la partie poursuivante dans l'impossibilité d'agir ; il en est ainsi au profit de la personne lésée par un crime ou un délit qui, ayant mis en mouvement l'action publique par sa plainte avec constitution de partie civile, ne dispose d'aucun moyen de droit pour obliger le juge d'instruction à accomplir un acte interruptif de la prescription ». Cette jurisprudence protectrice des victimes comportait pourtant des limites : elle supposait, en effet, que la victime n'avait pas un moyen d'agir ; or la Cour de cassation admet volontiers que cette victime avait un moyen pour agir [4]. À plus forte raison, n'admettait-on pas la suspension si la victime prétendue, par son comportement, avait contribué à paralyser la procédure [5].

Mais cette jurisprudence favorable à la suspension a aujourd'hui perdu beaucoup de son intérêt : en effet, depuis les lois des 4 janvier et 24 août 1993, les parties privées peuvent réclamer au juge d'instruction des actes d'investigation (art. 81, al. 9, 82-1 et 156, C.P.P.) ou déposer des requêtes en nullité (art. 173, al. 3, C.P.P.). On ne peut donc plus dire qu'elles ne disposent d'aucun moyen de droit pour obliger le juge à interrompre la prescription. C'est pourquoi la chambre criminelle en déduit que cette double réforme « fait désormais obstacle à ce qu'une partie civile se prévale de la suspension de la prescription de l'action publique du fait de l'inaction du juge » [6]. Les seuls intérêts qui subsistent intéressent le cas où une partie demande bien des actes, mais se heurte au silence du juge qui persiste à ne rien faire [7] et le cas où le président de la chambre de l'instruction interdit au juge d'instruction de poursuivre sa procédure, en application de l'article 187, C.P.P. [8].

En outre, il n'y a pas obstacle de droit lorsque la partie poursuivante a été simplement retardée par des difficultés de fait, par exemple dans ses

1. Paris, 27 mars 1953, J.C.P., 1953.II.7701, note J. Larguier.

2. Ass. plén., 10 octobre 2001, B.C., n° 206, D., 2002.237, et note C. Debbasch, 674 et note J. Pradel.

3. Crim., 12 juillet 1972, D., 1973.65, note P. Chambon ; 12 octobre 1982, B.C., n° 211, R.S.C.,1983.493, obs. J. Robert ; 27 janvier 1986, B.C., n° 33, D., 1986, I.R., 302, obs. J. Pradel ; 24 février 1986, B.C., n° 71 ; 27 octobre 1987, B.C., n° 374 ; 30 mai 1995, D., 1996, Somm. 262, obs. J. Pradel.

4. Crim., 7 février 1980, J.C.P., 1981.II.19498, note W. Jeandidier, la victime aurait pu présenter avant expiration de la prescription un déclinatoire de compétence qui aurait interrompu celle-ci.

5. Crim., 30 mai 1995, B.C., n° 197, D., 1996, Somm. 262 et obs. J. Pradel.

6. Crim., 8 janvier 1997, B.C., n° 6 ; 9 juin 1998, B.C., n° 188.

7. Crim., 16 juillet 1996, B.C., n° 299, R.S.C., 1997.151, obs. Dintilhac, D., 1997, Somm. 142, obs. J. Pradel.

8. Crim., 5 mars 2002, B.C., n° 53, R.S.C., 2004.132, obs. A. Giudicelli.

démarches en vue de la production d'un faux en cas de poursuite pour faux [1]. Il n'y a pas non plus pour la partie civile obstacle dans le fait pour le parquet d'omettre de citer le prévenu devant la cour d'appel en temps utile : il suffit en effet à la partie civile de citer elle-même le prévenu pour interrompre la prescription [2].

Sont des *obstacles de fait*, par exemple, l'invasion du territoire par une armée ennemie [3] ou une inondation...

3. *Effets de la prescription*

251. — La prescription a pour effet d'éteindre l'action publique (et par voie de conséquence l'action civile du moins si elle est exercée devant le juge pénal). L'importance de cet effet apparaît à deux égards. D'abord, la prescription joue à l'égard de tous ceux qui ont participé à l'infraction. Ensuite, étant fondée sur des considérations d'intérêt public, la prescription est d'*ordre public* [4]. D'où les règles suivantes : 1° Le délinquant ne peut y renoncer et demander à être jugé [5] ; 2° Le moyen tiré de la prescription doit être invoqué d'office par le juge si le prévenu ne s'en prévaut pas [6] ; 3° Il peut être invoqué à toute hauteur de la procédure, en appel et même pour la première fois devant la Cour de cassation [7] ou devant la juridiction de renvoi [8].

SECTION II

LES MANIFESTATIONS DE VOLONTÉ ÉTEIGNANT L'ACTION PUBLIQUE

§ 1. — LA VOLONTÉ DU LÉGISLATEUR

252. — Elle se manifeste d'abord par l'*amnistie*, qui ôte à un fait sa qualification pénale s'il a été commis avant une certaine date. L'amnistie n'est cependant une cause d'extinction que si elle est réelle, inconditionnelle et

1. Crim., 3 mai 1993, B.C., n° 162.
2. Crim., 10 novembre 1999, B.C., n° 254 ; 30 mai 2007, B.C., n° 142.
3. Crim., 1er août 1919, D., 1922.I.49, note P. Matter.
4. Crim., 19 avril 1995, B.C., n° 159, la prescription est une exception péremptoire et d'ordre public ; 6 mai 2003, B.C., n° 52.
5. V. obs. sous Lyon, 30 juin 1887, S., 1889.II.65.
6. Crim., 20 mai 1980, B.C., n° 156, R.S.C., 1980.459, obs. J.-M. Robert ; 19 avril 1995, précité ; 6 mai 2003, B.C., n° 92, le juge en relevant d'office la prescription n'est même pas tenu d'en aviser les parties.
7. Crim., 22 février 1955, B.C., n° 116 ; 22 novembre 1983, B.C., n° 307 ; 3 mai 1990, B.C., n° 168.
8. Crim., 5 novembre 1970, B.C., n° 291, R.S.C., 1971.90, obs. J.-M. Robert.

survenue avant jugement. Si l'amnistie est personnelle, c'est-à-dire accordée à certaines catégories de délinquants (anciens combattants...), elle ne produit d'effet extinctif qu'à leur égard et laisse subsister l'action publique vis-à-vis des coauteurs et complices. Si elle est subordonnée à l'accomplissement d'une condition (payer l'amende...), elle n'éteint pas l'action publique : l'effet extinctif n'opère que si le délinquant a respecté la condition, par exemple, en payant l'amende. Si enfin l'amnistie intervient après jugement, elle est seulement une cause d'extinction des peines.

Cause d'extinction de l'action publique, l'amnistie laisse en revanche subsister l'action civile. Car le fait amnistié, s'il n'est plus délictueux, reste un fait dommageable dont la victime peut demander réparation. Mais la victime doit agir devant la juridiction civile, à moins que le tribunal répressif n'ait été saisi avant la loi d'amnistie [1].

De l'amnistie, on peut rapprocher *l'abrogation de la loi pénale*, qui supprime elle aussi le préalable légal de l'infraction. En principe, la loi applicable à l'infraction est celle qui était en vigueur au jour de sa commission. On sait cependant que, par exception au principe de la non-rétroactivité des lois pénales, les lois plus douces rétroagissent : tel est bien le cas de celles qui ôtent à un fait son caractère délictueux. Les poursuites deviennent donc impossibles si elles n'avaient pas encore commencé. Elles s'arrêtent si l'action publique avait déjà été lancée.

§ 2. — Les volontés particulières

253. — Le principe est bien connu : l'action publique appartient à la société et l'autorité chargée de l'exercer ne peut en disposer [2]. Il y a pourtant des cas exceptionnels où cette action peut s'éteindre par l'effet de volontés particulières. Il en est ainsi en cas d'*accord (exécuté)* entre l'autorité publique et l'auteur des faits, et en cas de *désistement* où la victime met fin à l'action publique en retirant sa plainte.

A — L'exécution d'un accord

254. — *Principe.* Deux cas sont à distinguer. C'est d'abord la transaction, qui est accordée par des administrations particulières et qui tend à remplacer la poursuite par le versement d'une somme d'argent à une administration. Elle est une cause d'extinction de l'action publique (art. 6, al. 3, C.P.P.). Le second cas, moins classique, intéresse le Ministère public qui fait au délinquant une offre de non-poursuite, qui se traduira en une extinction de l'action publique sous la condition de l'exécution d'une prestation

1. Civ., 22 octobre 1928, D., 1929.I.97, note L. Hugueney ; 11 mars 1954, D., 1954.350.

2. On parle de l'indisponibilité de l'action publique (ou du procès pénal) dont il existe un second aspect, l'impossibilité pour le parquet d'arrêter la poursuite une fois qu'elle est lancée.

par le délinquant (art. 41-2, al. 21, C.P.P.). Mais alors que la transaction est une mesure réparatrice, l'offre du Ministère public touche à l'ordre public et présente une nature répressive.

1. *La transaction offerte au délinquant par certaines administrations ou autorités*

Bibliographie. — M. Boitard, *La transaction pénale en droit français*, R.S.C., 1941.151 ; L. Causse, *La transaction en matière pénale*, thèse, Toulouse, 1945 ; M. Dobkine, *La transaction en matière pénale*, D., 1994, chron. 137 ; J.F. Dupré, *La transaction en matière pénale*, Litec, 1978.

a) Cas

255. — Certaines *grandes administrations* se voient accorder par la loi le droit de transiger à propos de certaines infractions : il s'agit des Contributions indirectes (art. L. 249, L.P.F.) ; des Douanes (art. 350, C.D.), des Eaux et Forêts (art. L. 153-2, C. forestier), de l'autorité administrative chargée de la pêche en eau douce (art. L. 238-1, C. rur.) ou de la police des eaux et des milieux aquatiques (art. L. 216-14 et L. 437-14, C. envir.). Ces administrations peuvent proposer au délinquant l'abandon des poursuites (dont elles ont l'exercice) en contrepartie de l'aveu de l'infraction et du versement d'une somme d'argent dont elles fixent elles-mêmes le montant [1]. L'action publique est éteinte si l'auteur des faits paye dans le délai imparti. La transaction évite de charger les tribunaux d'affaires un peu particulières. La transaction, toutefois, est de droit étroit, ne jouant que pour les infractions pour lesquelles la loi les autorise : ainsi, l'accord portant sur une infraction économique ne peut empêcher des poursuites pour fraude fiscale, fondées sur les mêmes faits [2].

Les *services publics de transport terrestre* peuvent aussi proposer une transaction à l'auteur de certaines contraventions à la police des services publics de transports ferroviaires et des services de transports publics de personnes. C'est la procédure de l'amende forfaitaire (art. 529-3 et s., C.P.P.). En cas d'accord du contrevenant, le payement par celui-ci de l'indemnité forfaitaire éteint l'action publique.

On évoquera enfin le cas original de la Haute Autorité de lutte contre les discriminations et pour l'égalité (HALDE) créée par une loi du 30 décembre 2004. Une autre loi, en date du 31 mars 2006, a ajouté à la loi de 2004 les articles 11-1 à 11-3 relatifs à la transaction. Selon ces articles, la HALDE

1. La transaction se faisant sous le contrôle et avec l'assentiment du parquet, il y a bien exception au principe d'indisponibilité. La situation est voisine dans le cas des modalités de la « troisième voie » ; v. *infra*, n°s 585 et s.

2. Crim., 20 février 1969, B.C., n° 88.

peut proposer à l'auteur d'un délit de discrimination au sens des articles 225-2 et 432-7 C.P., et L. 122-45 et L. 123-1 C.T. « une transaction consistant dans le versement d'une amende transactionnelle dont le montant ne peut excéder 3 000 € s'il s'agit d'une personne physique et 15 000 € s'il s'agit d'une personne morale et, s'il y a lieu, dans l'indemnisation de la victime. Le montant de l'amende est fixé en fonction de la gravité des faits ainsi que des ressources et des charges de la personne » (art. 11-1). La HALDE peut également proposer : 1° l'affichage d'un communiqué dans des lieux qu'elle précise et pour une durée de deux mois au plus ; 2° la transmission d'un communiqué au comité d'entreprise ou au délégué du personnel ; 3° la diffusion d'un communiqué par son insertion au *Journal offficiel* ou dans une ou des publications de presse ; 4° l'obligation de publier la décision au sein de l'entreprise (art. 11-2).

La transaction proposée par la HALDE doit être acceptée par l'auteur des faits — le cas échéant par la victime — et elle doit être homologuée par le parquet (art. 11-1 *in fine*).

L'exécution de la transaction entraîne l'extinction de l'action publique, sauf le droit pour la partie civile de citer directement l'auteur des faits devant le tribunal correctionnel qui ne statuera que sur les intérêts civils. En cas de refus ou d'inexécution la HALDE peut mettre en mouvement l'action publique (art. 11-3).

La transaction entre délinquant et organes de poursuite éteignant exceptionnellement l'action publique doit être distinguée de celle qui, intervenant entre délinquant et victime, éteint l'action civile.

b) Régime

256. — Quelques règles générales sur la transaction doivent être rappelées. La transaction est un contrat obéissant aux dispositions du Code civil (art. 2044 et s.) et mettant face à face l'administration et le contrevenant [1]. Un écrit est rédigé, et en autant d'exemplaires que de parties ayant un intérêt distinct. Puisque la transaction est un contrat, il importe que le contrevenant n'ait pas « conclu sous une pression si contraignante que l'on ne saurait s'étonner que l'intéressé y ait cédé », ce qui aurait privé une personne accusée en matière pénale du droit à un tribunal indépendant et impartial au sens de l'article 6, § 1, Conv. E.D.H. [2]. Une fois signée, la transaction a force obligatoire. Elle peut être invoquée en cas de poursuite ultérieure car l'infraction ne peut plus être poursuivie (sous réserve du versement de la somme fixée), même sous une qualification différente, en application de la règle *Non bis in idem* [3].

1. Y compris le civilement responsable en droit douanier, Crim., 11 février 1980, B.C., n° 54.
2. C.E.D.H., 27 février 1980, *Deweer c/ Belgique*.
3. Crim., 7 mars 1984, B.C., n° 96.

2. *La proposition faite au délinquant par le Ministère public*

Bibliographie. — J.P. CÉRÉ, *Composition pénale*, Répertoire pénal Dalloz ; J. PRADEL, *D'une loi avortée à un projet nouveau sur l'injonction pénale*, D., 1995, chron. 171 ; du même, *Une consécration du* « plea bargaining » *à la française : la composition pénale instituée par la loi n° 99-515 du 23 juin 1999*, D., 1999, chron. 379 ; J. VOLFF, *Un coup pour rien*, D., 1995, chron. 201 ; V. WESTER-OUISSE, *Convention et juridiction pénale*, thèse dactyl., Paris I, 1999 (spécialement la 2e partie).

257. — *Exemples.* L'idée générale est que le Minsitère public fait à l'auteur des faits une offre et que si celui-ci exécute la prestation offerte, l'action publique est éteinte. On en donnera deux exemples.

Une loi du 31 décembre 1970 (aujourd'hui art. L. 3423-1, C.S.P.) autorise le procureur de la République à choisir à l'égard des toxicomanes, entre poursuite (l'usage de drogue étant un délit) et cure de désintoxication ordonnée par voie d'injonction dite thérapeutique. La durée de l'injonction est de six mois renouvelable trois fois selon les mêmes modalités. Et si le drogué accepte de se soumettre au traitement, « l'action publique ne sera pas exercée... » [1]. Alors que l'obligation avec soins (dans le contrôle judiciaire, le suivi socio-judiciaire ou le sursis probatoire) suppose le lancement de la poursuite, l'injonction thérapeutique est une sorte d'alternative à la poursuite, excluant celle-ci. L'acceptation de la cure est donc une cause d'extinction de l'action publique [2]. Et il a même été jugé qu'une cure subie à l'étranger peut être prise en considération [3]. Voilà ce que l'on appelle l'injonction thérapeutique. On est proche de la transaction, sinon par l'objet, du moins par la technique.

Cette hypothèse est cependant très particulière. Les circonstances de la pratique des parquets allaient conduire le législateur à développer considérablement le concept d'offre par le Ministère public suivie d'exécution par l'auteur des faits. Plus précisément, avec la montée de la criminalité, les magistrats du parquet usaient de plus en plus du classement sans suite, celui-ci n'étant plus l'expression d'une politique criminelle, mais devenant l'instrument d'une justice qui étouffait. Dès lors, des délits relativement sérieux ne donnaient plus lieu à une poursuite. D'où la création de l'injonction pénale par une loi de 1994 : le procureur de la République offrait à l'auteur des faits de ne pas le poursuivre tout en l'invitant, s'il en était

1. L'action publique ne sera pas non plus exercée, ajoute le texte, si la personne se soumet, depuis les faits qui sont reprochés, à la mesure de soins ou à une visite médicale adaptée.
2. Crim., 4 mai 1972, B.C., n° 156.
3. J. PRADEL, *D'une loi avortée à un projet nouveau sur l'injonction pénale*, D., 1995, chron. p. 171, not. pp. 172 et 173.

d'accord, à verser une somme d'argent au Trésor public. Mais le procédé fut censuré par le Conseil constitutionnel qui, dans une décision du 2 février 1995, considéra qu'il y avait là une atteinte aux libertés individuelles puisqu'une autorité de poursuite était amenée à prononcer une condamnation. On peut ne pas souscrire à une telle décision. Mais il importe peu car, sous la pression des nécessités, le législateur se remit bientôt à l'ouvrage. Une loi du 23 juin 1999 (art. 41-2 et 41-3, C.P.P.) crée la composition pénale [1], les textes ayant été retouchés par une loi du 9 mars 2004. L'institution actuelle est proche de l'ancienne injonction pénale, à ceci près que le législateur notamment a tenu compte de l'arrêt du Conseil constitutionnel. Elle est également comparable à la transaction sur l'action publique puisque son exécution est une cause d'extinction de l'action publique [2]. La technique de la composition pénale sera examinée dans le cadre des alternatives à la poursuite puisqu'elle en est l'une des modalités [3].

B — Le désistement (ou retrait de plainte)

258. — Par dérogation au principe que le retrait de plainte, simple ou avec constitution de partie civile, est sans effet sur l'action publique (art. 2, al. 2, C.P.P.), il est quelques hypothèses dans lesquelles le désistement éteint cette action : ce sont les cas où la poursuite est subordonnée à une plainte préalable de la partie offensée (art. 6, al. 3, C.P.P.). Il en est ainsi par exemple en cas de chasse sur le terrain d'autrui sans consentement du propriétaire (art. L. 228-41, C. rural) ou d'atteinte à la vie privée sans le consentement de l'intéressé (art. 226-6, C.P.).

On s'est demandé si le décès de l'auteur de la plainte, rendant évidemment le désistement impossible, pouvait être assimilé à celui-ci [4]. La chambre criminelle a décidé que la poursuite pour adultère sur plainte du mari se trouvait arrêtée par la mort de ce dernier [5]. Sans doute, cette décision a-t-elle été rendue avant l'abrogation des textes prévoyant ce délit, due à une loi du 11 juillet 1975. Cependant, la solution donnée, par sa généralité, doit être considérée comme encore valable.

On s'est également interrogé pour savoir si le désistement entraîne obligatoirement extinction de l'action publique. La difficulté vient de ce que

1. Il est intéressant de souligner les hésitations terminologiques qui jalonèrent la gestation de l'institution. En 1994, on avait parlé successivement de « transaction pénale », de « composition pénale » et d'« injonction pénale ». Le projet de loi du 14 mai 1998, qui devrait aboutir à la loi du 23 juin 1999, parlait de « compensation judiciaire » et, finalement, le Sénat fit prévaloir la « composition pénale ».

2. Réciproquement, la non-acceptation de la composition pénale ou, après accord, sa non-exécution totale a pour effet que « le procureur de la République met en mouvement l'action publique, sauf élément nouveau » (art. 41-2, *in fine*, C.P.P.).

3. V. *infra*, n°s 589 et s.

4. V. note J.-P. Doucet sous Paris, 27 mai 1968, G.P., 1968.II.332.

5. Crim., 14 mars 1974, B.C., n° 111.

l'alinéa 1 de l'article 6 décide que l'action publique s'éteint par le décès du prévenu, la prescription..., alors que son alinéa 3 ajoute qu'elle « peut en outre s'éteindre » en cas de retrait de plainte. Au vrai, le désistement a bien un effet automatique car : 1° L'expression « peut s'éteindre » signifie non que l'extinction est facultative, mais qu'il y a là une cause éventuelle d'extinction ; 2° L'expression est la même pour le désistement et pour la transaction, alors qu'on ne conçoit pas que l'action publique puisse survivre à une transaction ; 3° Il s'agit d'infractions qui troublent peu l'ordre social et pour lesquelles la victime est le meilleur juge de l'opportunité des poursuites. Aussi, la jurisprudence et la doctrine n'hésitent pas à attacher un effet automatique au retrait de plainte [1].

1. Crim., 28 octobre 1965, D., 1965.803, rapport R. Combaldieu.

SOUS-TITRE II

LES CONDITIONS D'EXISTENCE DE L'ACTION CIVILE

259. — La théorie de l'action civile est l'une des plus complexes de la procédure pénale. Comme pour l'action publique, nous serons conduits à examiner tour à tour les sujets et l'extinction de l'action civile, la matière des sujets étant particulièrement délicate, compte tenu des hésitations possibles sur la politique à adopter à l'égard des victimes prétendues désirant participer au procès pénal.

Auparavant cependant, il conviendra d'aborder quelques questions générales qui, certes étrangères à la technique même de l'action civile considérée quant à ses sujets et à son extinction, expliquent parfois ces aspects techniques.

De là, l'étude de ces *quelques questions générales* sur l'action civile avant celle de ses *sujets* et de son *extinction.*

SECTION PRÉLIMINAIRE
QUELQUES QUESTIONS GÉNÉRALES

Trois questions doivent retenir l'attention.

§ 1. — LES INSTITUTIONS VOISINES DE L'ACTION CIVILE

Bibliographie. — F. ALT-MAES, *Le concept de victime en droit civil et en droit pénal,* R.S.C., 1994.35 ; P. BONNET, *L'indemnisation des victimes de dommages résultant d'une infraction. La jurisprudence de la Cour de cassation depuis l'entrée en* *vigueur de la loi du 6 août 1990*, Rapport de la Cour de cassation, 1993, La Documentation française, 1994.145 ; P. COUVRAT, *La protection des victimes d'infractions. Essai d'un bilan*, R.S.C., 1983.577 ; du même, *La loi du 6 juillet 1990 relative aux victimes d'infractions*, A.L.D., 1990, chron. 143 ; E. DEGHILAGE, *La loi n° 77-5 du 3 janvier 1977 garantissant les victimes de certains dommages corporels*, J.C.P., 1977.I.2854 ; M. DELMAS-MARTY, *Des victimes, repères pour une approche comparative*, R.S.C., 1984.209 ; J.M. GUTH, *Le dédommagement des victimes d'infractions violentes et la Convention européenne du 24 novembre 1983*, Mélanges Levasseur, 1992.421 ; A. D'HAUTEVILLE, *L'intervention des assureurs au procès pénal*, J.C.P., 1984.I.3139 ; du même auteur, *Victimes mieux aidées, mieux indemnisées : des perspectives nouvelles*, R.S.C., 1989.172 ; du même auteur, *L'esprit de la loi du 6 juillet 1990 relative aux victimes d'infractions*, R.S.C., 1991.149 ; F. LOMBARD, *Les différents systèmes d'indemnisation des victimes d'actes de violence et leurs enjeux*, R.S.C., 1984.277 ; J.C. MAESTRE, *Commentaire de la loi du 3 janvier 1977*, D., 1977, chron. 145 ; A. NORMANDEAU, *Pour une charte des droits des victimes d'actes criminels*, R.S.C., 1983.209 ; J. PRADEL, *Un nouveau stade dans la protection des victimes d'infractions*, D., 1983, chron. 241 ; du même auteur, *Les infractions de terrorisme, un nouvel exemple de l'éclatement du droit pénal*, D., 1987, chron. 39.

260. — Action en réparation du préjudice né de l'infraction (art. 2, C.P.P.), l'action civile doit être distinguée d'un certain nombre d'institutions plus ou moins proches, qu'il s'agisse d'actions en justice ou de techniques d'indemnisation étrangères à l'idée d'action en justice [1].

A — Actions en justice différentes de l'action civile

261. — L'action civile doit n'être pas confondue avec trois actions voisines qui n'obéissent en rien au statut particulier de l'action civile et qui n'intéressent pas la procédure pénale.

C'est d'abord l'action « à fins civiles », consécutive certes à une infraction, mais qui n'a pas pour objet la réparation du préjudice (par ex., revendication d'un meuble volé).

C'est ensuite l'action en réparation du dommage résultant bien d'une infraction, mais fondée sur un élément autre que la faute pénale (faute contractuelle, présomption de responsabilité de l'article 1384, al. 1, C. civ.).

C'est enfin l'action en réparation d'un dommage résultant non d'une infraction, mais d'une faute purement civile (par ex., action en réparation du dommage matériel découlant d'une faute civile d'imprudence).

Alors que l'action civile peut être intentée au choix de la victime, soit devant la juridiction pénale, soit devant la juridiction civile (art. 3, al. 1, et

1. L'idée de réparation (par l'action civile ou par d'autres voies) est aujourd'hui si importante que le Conseil constitutionnel y a vu une exigence constitutionnelle (C. constit., 9 novembre 1999, D.C. n° 99-419, et obs. G. Viney au J.C.P., 2000.I.280.

art. 4, al. 1, C.P.P.), ces trois actions voisines ne peuvent être exercées que devant le juge civil.

B — Techniques d'indemnisations étrangères à l'action en justice

262. — *Principe.* Depuis plusieurs décennies, l'intérêt pour la victime ne cesse de s'accroître. Alors que jusque vers le milieu du XXe siècle, l'accent était mis surtout sur le délinquant [1], le législateur et les auteurs d'aujourd'hui font la balance égale entre délinquant et victime.

L'intérêt pour la victime apparaît aujourd'hui non seulement en législation française [2], mais aussi à travers les travaux du Conseil de l'Europe [3]. Même tendance en *common law* où pourtant l'action civile n'existe pas et où droit positif et doctrine s'accordent pour améliorer le sort de la victime [4] et où, parfois, le juge pénal peut indemniser la victime [5].

En droit français actuel, le législateur multiplie les techniques de protection de la victime, en marge de la traditionnelle action civile. On peut classer ces techniques en deux sortes [6].

1. V. cependant, J. PRADEL, *Histoire des doctrines pénales*, Que sais-je ?, 1991, p. 119.
2. V. décret du 13 novembre 2007 (art. D. 47-6-1 C.P.P.) instituant le juge délégué aux victimes, présidant notamment la commission d'indemnisation des victimes d'infractions et veillant à la protection des droits des victimes lors de l'exécution de la peine.
3. Rapport du Comité européen pour les problèmes criminels sur le dédommagement des victimes d'infractions pénales, in *Dédommagement des victimes d'infractions pénales*, Conseil de l'Europe, 1978 ; v. aussi Résolution (77) 27 sur le dédommagement des victimes et Convention européenne sur le dédommagement des victimes, 1983, J. PRADEL et G. CORSTENS, *Droit pénal européen*, Dalloz, 2e éd., 2002, n°s 214 et s.
4. J. SHAPLAND, J. WILMORE et P. DUFF, *Victims in the criminial justice system*, Éd. Jower, 1985 ; *La justice pour les victimes d'actes criminels*, Groupe d'études fédéral — provincial canadien, 1983 ; J. PRADEL, *Droit pénal comparé*, 2e éd., 2002, Dalloz, n° 477.
5. Par ex. au Canada, v. F. LACASSE et T. NADON, *Aperçu de la nouvelle loi canadienne sur la détermination de la peine*, R.S.C., 1998, pp. 279 et s., not. pp. 285 et s.
6. Ces techniques sont complétées, dans le but d'une meilleure prise en compte des intérêts des victimes, par certaines institutions comme l'Institut national d'aide aux victimes et de médiation (I.N.A.V.E.M.), créé en 1986 et consistant dans le regroupement des services locaux d'aide aux victimes. Le Conseil de sécurité intérieure, présidé par le Premier ministre, consacre certaines de ses réunions aux victimes, celle du 19 avril 1999 ayant traité de l'amélioration de l'accueil, de l'information et de l'accompagnement des victimes. À ces institutions, il faut ajouter les circulaires du ministre de la Justice comme en dernier lieu celle du 13 juillet 1998 qui prévoit des modalités matérielles pour l'accueil des victimes, leur indemnisation et le partenariat entre l'institution judiciaire et les associations d'aide aux victimes.

1. *Désintéressement de la victime opéré dans le cadre d'une procédure pénale, mais pas sur le fondement d'une action civile*

263. — Les techniques sont nombreuses. On peut citer le *cautionnement* décidé par le juge d'instruction (art. 142, 2e al., et 142-1, C.P.P.), l'*ajournement* et la *dispense de peine* applicables notamment lorsque le dommage causé par l'infraction est en voie d'être réparé ou l'est déjà effectivement (art. 132-59 et s., C.P.), le *sursis avec mise à l'épreuve* qui permet d'imposer au condamné l'obligation de réparer les dommages causés par l'infraction (art. 132-45, 5e, C.P.). On peut ajouter ces rares dispositions qui permettent au juge pénal d'accorder *d'office une réparation* sans constitution de partie civile : les articles L. 716-14 et L. 335-7 du Code de la propriété intellectuelle prévoient une confiscation au profit de la victime d'une contrefaçon. Il y a encore la *médiation* qui permet notamment à la victime d'être indemnisée par l'auteur des faits grâce à l'entremise d'un tiers (art. 41-1, 5°, C.P.P.) et la *médiation réparation*, technique très proche, mais propre aux infractions commises par les mineurs (art. 12-1 de l'ordonnance du 2 février 1945 sur les mineurs). Le procureur de la République peut encore, sans recourir à un médiateur, demander de lui-même à l'auteur des faits de *réparer le dommage* résultant de l'infraction (art. 41-1, 4°, C.P.P.), tout comme il peut, depuis une loi du 23 juin 1999 utiliser pour certaines infractions le procédé de la *composition pénale* qui peut inclure la réparation (art. 41-2 et 41-3, C.P.P., v. *supra*, nos 238 et s.). Enfin, selon l'article 728-1, C.P.P., les valeurs pécuniaires des détenus sont divisées en trois parts et sur la première, « seules les parties civiles et les créanciers d'aliments peuvent faire valoir leurs droits », ce qui correspond à 10 % de la rémunération du détenu (art. D. 113, C.P.P.).

2. *Désintéressement de la victime opéré selon des techniques totalement détachées de la procédure pénale. L'indemnisation, par un fonds de garantie, des victimes de certaines infractions*

264. — *Historique.* Longtemps les victimes d'infractions restèrent sans secours lorsque l'auteur de leur dommage était en fuite, insolvable ou inconnu. Le système classique fondé sur la faute et la responsabilité était ainsi inadapté et il fallait en imaginer un autre fondé sur la justice et la solidarité nationale. Apparut ainsi à l'ombre du système de la réparation, appuyé sur la faute de l'auteur du dommage, un autre système, dit de l'indemnisation, désignant un patrimoine débiteur, étranger à la situation dommageable et ayant pour fonction de compenser financièrement le préjudice causé à la victime. On passe d'une logique de réparation par le fautif (ou son assurance) à un système d'indemnisation par un fonds spécial. Plusieurs lois consacrent cette nouveauté. Un premier texte du 3 janvier 1977 institue un recours en indemnité, ouvert à certaines victimes de dommages résultant d'une infraction : l'indemnité, à la charge de l'État est accordée par une commission spéciale qui statue sur requête de la victime et après s'être fait communiquer le dossier pénal s'il en a été établi un. Cependant, le système reste très étroit puisque seules sont indemnisées les atteintes à la personne physique (comme les coups) et que l'indemnisation a un caractère à la fois non intégral et subsidiaire (pas d'indemnisation de la personne qui a pu obtenir une réparation à un autre titre) (art. 706-3 et s., C.P.P.). Une seconde loi, du 2 février 1981 (dite Sécurité et Liberté) ajoute à la liste des infractions les vols, escroqueries et abus de confiance. Puis surviennent deux lois, relativement secondaires, l'une du 8 juillet 1983 (retouchant certaines dispositions procédurales et définissant le préjudice, condition du recours) et l'autre du 30 décembre 1985 (ajoutant les attentats aux mœurs). Peu après, et à la suite de la montée du terrorisme, une loi du 9 septembre 1986 crée un système autonome d'indemnisation pour les victimes du terrorisme, assurée par un fonds spécial de garantie (art. 9). Enfin — et pour l'heure — un ultime texte, du 6 juillet 1990 étend encore sensiblement la protection des victimes : la condition de subsidiarité de l'indemnisation régresse et les victimes d'infractions en général bénéficient des dispositions plus favorables qui avaient été accordées aux victimes d'actes de terrorisme par l'article 9 de la loi de 1986 (article introduit en 1988 dans le Code des assurances, art. L. 126-1 et L. 422-1 et s.).

Entre-temps, la Convention européenne relative au dédommagement des victimes d'infractions violentes, signée à Strasbourg le 24 novembre 1983, était entrée en vigueur le 1er juin 1990 (déc. du 29 mai 1990). Les règles consacrées par cette Convention sont proches de celles du droit français auxquelles il convient de s'attacher.

a) Conditions de l'indemnisation

265. — Deux régimes distincts sont prévus (indépendamment de celui qui s'applique aux faits de terrorisme) : un régime applicable aux dommages graves causés à la personne, avec indemnisation intégrale (art. 706-3, C.P.P.), et un régime applicable à certains dommages causés aux biens ainsi qu'aux dommages légers causés à la personne, avec indemnisation réduite (art. 706-14, C.P.P.). Toutefois, à certains égards, ces deux hypothèses sont soumises à des règles communes.

— *Règles propres à l'hypothèse prévue par l'article 706-3, C.P.P.*

266. — *Nature du dommage.* Le dommage, pour donner lieu à indemnisation, doit consister, selon l'article 706-3, C.P.P., d'abord en des faits ayant entraîné la mort, une incapacité permanente ou une incapacité totale de travail personnel égale ou supérieure à un mois (ce qui correspond aux infractions d'homicide volontaire ou non, aux coups mortels, aux violences et aux blessures par imprudence). Le même article vise ensuite les faits d'agressions sexuelles (viols et autres agressions) et les faits d'atteinte sexuelle sur mineur.

Dans ce cadre, l'article 706-3, C.P.P., prévoit « la réparation... des dommages qui résultent des atteintes à la personne ». Cette expression inclut le préjudice moral et même esthétique, et évidemment le préjudice économique né de la diminution des revenus professionnels [1]. Mais elle exclut les dommages qui ne résultent pas d'une atteinte à la personne [2].

En outre, le dommage doit résulter de « faits volontaires ou non qui présentent le caractère matériel d'une infraction », précise l'article 706-3, C.P.P. Par cette formule, le législateur a entendu permettre l'indemnisation même si les faits sont prescrits ou amnistiés (manque le préalable légal) ou même s'ils sont commis par un enfant ou un dément (manque l'imputabilité) [3].

Toutefois, le dommage n'est pas pris en compte s'il entre dans le champ d'application de l'article L. 126-1 du Code des assurances sur les faits de terrorisme et dans celui de la loi du 5 juillet 1985 sur les accidents de la circulation [4].

267. — *Étendue de la réparation.* Règle positive : la réparation est « intégrale » (art. 706-3, C.P.P.), dans le cadre des dommages à la personne comme il vient d'être dit. La circulaire générale précise que « l'indemnisation couvre l'ensemble des incidences de l'atteinte à l'intégrité corporelle, qu'elles soient d'ordre pécuniaire ou extrapatrimonial. Donnent lieu à réparation au titre des dommages patrimoniaux l'incapacité temporaire, l'incapacité permanente partielle ou totale, la perte du soutien financier que la victime apportait à ses proches [5], les frais médicaux, d'hospitalisation, pharmaceutiques, d'appareillage... le recours à une tierce personne, les frais d'obsèques... Sont indemnisés au titre des dommages extrapatrimoniaux les souffrances physiques et morales... le préjudice esthétique, le préjudice d'agrément, le préjudice sexuel et le préjudice d'affection en cas de décès de

1. Civ. 2, 2 mars 1994, B. civ., n° 82.

2. Civ. 2, 22 avril 1992, B. civ., n° 131 ; 18 juin 1997, B. civ., n° 194. À l'exclusion des dommages vestimentaires, Civ. 2, 22 avril 1992, précité, Dr. pénal, 1993, comm. 18, et 1994, comm. 16, obs. A. Maron.

3. Civ. 2, 16 juillet 1988, B. civ., n° 170, recevabilité de la requête malgré acquittement du chef de meurtre alors que sont présents les éléments matériels de l'homicide involontaire.

4. Toutefois, en cas de violences avec armes, en l'espèce à l'aide d'une voiture, il n'y a pas accident de la circulation de sorte que la demande d'indemnisation est recevable, Civ. 2, 6 décembre 1991, B. civ., n° 328.

5. Civ. 2, 2 mars 1994, B. civ., n° 82.

la victime »[1]. Ce sont donc tous les préjudices liés à la personne qui sont réparés[2].

Règles négatives : ne sont pas réparés les dommages ne résultant pas d'atteinte à la personne, ce qui découle à l'évidence de l'article 706-3, C.P.P.[3] ; en outre, il faut admettre dans le silence du texte que l'article 706-3, C.P.P., ne subordonne l'indemnisation à aucune condition de ressources[4], alors que c'est le contraire dans l'hypothèse prévue par l'article 706-14, C.P.P.

— *Règles propres à l'hypothèse prévue par l'article 706-14, C.P.P.*

268. — *Nature du dommage.* Ce texte vise d'abord les dommages causés aux biens du fait d'un vol, d'une escroquerie, d'un abus de confiance, d'une extorsion de fonds ou d'une destruction, d'une dégradation ou d'une détérioration, la liste posée par le législateur étant limitative pour la jurisprudence[5]. Le texte vise ensuite les personnes mentionnées à l'article 706-3, C.P.P., mais dont le préjudice se limite à une incapacité inférieure à un mois ; et il faut que ces personnes se trouvent dans une situation matérielle ou psychologique grave.

269. — *Étendue de la réparation.* La réparation présente ici un caractère subsidiaire : en effet, elle n'entre en jeu que si la victime se trouve dans une situation économique difficile. Plus précisément, il faut que les ressources soient « inférieures au plafond prévu par l'article 4 de la loi n° 91-647 du 10 juillet 1991 relative à l'aide juridique pour bénéficier de l'aide juridictionnelle partielle, compte tenu, le cas échéant, de ses charges de famille »[6] ; en outre, « l'indemnité est au maximum égale au triple du montant mensuel de ce plafond de ressources ». La décision accordant l'indemnité doit constater la situation matérielle grave de la victime[7].

— *Règles communes aux hypothèses prévues aux articles 706-3 et 706-14, C.P.P.*

270. — *Deux règles.* L'article 706-14, al. 1, renvoie à l'article 706-3, 3e al., qui prévoit deux règles concernant la victime et qui se trouvent donc être communes aux deux hypothèses.

1. Circulaire générale, C 706-3, C.P.P. (circ. du 27 décembre 1990).
2. Civ. 2, 2 novembre 1994, Dr. pénal, 1995, comm. 82, obs. A. Maron, pas de réduction du droit à réparation en cas de prédisposition pathologique de la victime, dès lors que les conséquences de la prédisposition n'ont été révélées que par l'infraction.
3. Civ. 2, 22 avril 1992, B. civ., n° 131 ; 18 juin 1997, B. civ., n° 194.
4. Civ. 2, 6 janvier 1993, B. civ., n° 3.
5. Civ. 2, 30 novembre 1988, B. civ., n° 234, pour une falsification de chèque ; 3 mai 1990, B. civ., n° 85, pour le bris de vitre d'un appartement ; 29 janvier 1992, B. civ., n° 38, D., 1992, I.R., 93, pour une extorsion de fonds.
6. Le plafond est actuellement de 1 183,61 €, sous réserve d'aménagement pour charges familiales, v. Civ. 29 mars 2001, Bull. civ. II, n° 651.
7. Civ. 2, 30 novembre 1988, B. civ., n° 235.

271. — *La nationalité de la victime.* Trois sortes de personnes peuvent réclamer une indemnisation.

Ce sont d'abord les victimes de nationalité française, que l'infraction ait été commise sur le territoire national ou au dehors de ce territoire.

Ce sont ensuite, pour des faits commis sur le territoire national, les victimes appartenant à un Etat membre de la Communauté européenne, sans condition restrictive tenant à la régularité de leur séjour en France [1].

Ce sont enfin, toujours pour des faits commis en France et sous réserve des traités internationaux, les victimes se trouvant en séjour régulier au jour des faits ou de la demande d'indemnisation [2].

De cette énumération, il apparaît que si la victime n'est pas de nationalité française, les faits doivent avoir été commis en France. Cependant, la CJCE a considéré que le compagnon anglais d'une française dont la fille avait été tuée en Australie pouvait, tout comme sa compagne, être indemnisé : il ne faut pas qu'il y ait de discrimination en raison de la nationalité [3].

272. — *L'absence de faute de la victime.* Selon l'article 706-3, *in fine*, « la réparation peut être refusée ou son montant réduit à raison de la faute de la victime » [4]. Cette disposition, très raisonnable, a donné lieu à un contentieux important que l'on résumera en trois propositions.

D'abord, le juge de l'indemnisation apprécie librement les faits pouvant constituer une faute [5]. Par exemple, doit être rejetée la demande d'une personne qui s'était fait pratiquer une injection d'héroïne ayant entraîné « des lésions neurologiques irréversibles alors qu'elle ne pouvait ignorer le risque majeur qu'elle encourait » [6].

Ensuite, le refus ou réduction d'indemnisation implique un lien de causalité entre faute et dommage que contrôle la Cour de cassation. Ainsi, le comportement fautif d'une victime de violences, mais agresseur initial, est en relation de causalité avec l'infraction subie et justifie une réduction du

1. Principe admis à la suite d'un arrêt de la C.J.C.E. du 2 février 1989 (*aff. Cowan*) ayant affirmé que le principe de non-discrimination (art. 7 du Traité de Rome) imposait d'accorder aux ressortissants communautaires victimes de certains faits les mêmes avantages qu'aux nationaux.

2. Civ. 2, 21 juillet 1992, B. civ., n° 224, D., 1992, I.R., 245, rejet de la requête d'un Marocain qui ne se trouvait pas en situation régulière. *Add.* Civ. 2, 2 mars 1994, B. civ., n° 80, Dr. pénal, 1994, Comm. 21, obs. A. Maron, admission de la requête d'un Marocain dont l'épouse avait été tuée et n'avait pas de titre de séjour, mais qui agissait en tant que personne lésée par l'infraction et qui était en situation régulière.

3. C.J.C.E., 5 juin 2008, affaire C-164/07, *James Wood c/ Fonds de garantie des victimes des actes de terrorisme et d'autres infractions.*

4. La jurisprudence parle de la victime qui a « de manière consciente et délibérée pris le risque de participer » à l'infraction, voir en dernier lieu Civ. 2, 4 juillet 2002.

5. Civ. 2, 1er avril 1987, B. civ., n° 79, J.C.P., 1988.II.21029, note P. Chambon ; 1er juillet 1992, B. civ., n° 184.

6. Civ. 2, 16 mars 1994, B. civ., n° 93. *Add.* Civ. 2, 19 octobre 1994, Dr. pénal, 1995, comm. 28, obs. A. Maron.

montant de son indemnisation [1]. Mais la 2e chambre civile de la Cour de cassation entend ce lien de façon si étroite que, la plupart du temps, même si la faute est certaine, elle n'exclut pas la réparation [2].

Enfin, le juge de l'indemnisation n'est pas liée par la décision du juge pénal (dans le cas où celui-ci a statué le premier). Cette règle s'explique parce que l'article 706-3 institue, selon la jurisprudence, un mode de réparation répondant à des règles qui lui sont propres [3].

b) Mécanisme de l'indemnisation

273. — Avant la réforme de 1990, il existait deux régimes distincts : pour les infractions autres que celles de terrorisme, une commission d'indemnisation attachée à chaque tribunal de grande instance décidait de l'indemnisation et celle-ci était versée par l'État (loi de 1977 modifiée) ; pour les infractions de terrorisme, il y avait au contraire fusion entre l'organe décideur et l'organe payeur, le fonds de garantie spécial, non étatique et alimenté par prélèvements sur les contrats d'assurances de biens (loi de 1986).

Le législateur de 1990 avait d'abord envisagé une fusion totale des deux systèmes : un régime unique aurait été créé par emprunts à chacun des deux systèmes. Le système retenu finalement est cependant un peu différent.

• L'indemnité est versée par un organe unique, appelé désormais « fonds de garantie des victimes des actes de terrorisme et d'autres infractions » (art. 13 et s., l. du 6 juillet 1990). Et ce fonds, comme celui créé en 1986 à l'intention des victimes du terrorisme, est alimenté par un prélèvement annuel sur tous les contrats d'assurances de biens conclus en France. Tel est le principe, aménagé toutefois par une loi du 15 novembre 2001 qui a ajouté au Code pénal un article 422-7 décidant que le produit des sanctions financières ou patrimoniales prononcées contre les terroristes est affecté au fonds de garanties des victimes des actes de terrorisme et d'autres infractions. Ainsi aujourd'hui, il y a deux sources d'alimentation du fonds. Mais de toute façon, ce n'est pas l'État qui assure le financement.

• En revanche, la décision sur l'indemnisation reste dualiste : si les victimes du terrorisme s'adressent au fonds nouveau, les autres doivent, comme hier, saisir la Commission attachée au tribunal de grande instance, dite Commission d'indemnisation des victimes d'infractions (C.I.V.I.) [4].

1. Civ. 2, 13 décembre 2001, Dr. pénal, 2002, comm. n° 91, 1er arrêt ; Civ. 2, 11 avril 2002, *Droit pénal*, 2002, comm. n° 91, 2e arrêt.

2. Civ. 2, 16 mai 1990, B. civ., n° 102 ; 2 février 1994, B. civ., n° 45 ; 16 février 1994, B. civ., n° 63 ; 12 novembre 1997, B. civ., n° 271, Dr. pénal, 1998, comm. 28, obs. A. Maron. Inversement, pas de lien causal entre le fait pour un consommateur de drogue de se rendre à un lieu d'approvisionnement et de s'y faire violer : Civ. 2, 15 avril 1999, Dr. pénal, comm. 106, obs. A. Maron.

3. Civ. 2, 8 décembre 1993, B. civ., n° 359.

4. Pour que les C.I.V.I. fonctionnent effectivement, le législateur du 15 juin 2000 à créé une mesure incitative en obligeant toute juridiction condamnant l'auteur d'une infraction visée aux

La commission, qualifiée de « juridiction civile qui se prononce en premier ressort » (art. 706-4, C.P.P.) est composée de deux magistrats d'un tribunal de grande instance et d'une personne majeure s'étant signalée par l'intérêt qu'elle porte aux problèmes des victimes. Elle est présidée par l'un des magistrats. Les fonctions du Ministère public sont exercées par le procureur de la République.

Le demandeur doit saisir la commission dans les trois ans à compter de l'infraction, sauf à remarquer que si des poursuites pénales sont exercées, ce délai est prorogé et n'expire qu'un an après la décision de la juridiction pénale définitive sur l'action publique ou sur l'action civile engagée devant la juridiction répressive ; en outre lorsque l'auteur d'une infraction visée aux articles 706-3 et 706-14, C.P.P., est condamné à verser des dommages-intérêts, ce délai d'un an court à compter de l'avis donné par la juridiction pénale prévu à l'article 706-15 (art. 706-5, C.P.P.).

La commission procède à une sorte d'instruction en faisant toutes auditions et investigations, en se faisant communiquer les pièces de la procédure pénale. Ni le secret de l'instruction ni le secret professionnel des administrations ne peuvent lui être opposés. Parallèlement, le président de la commission peut accorder une provision à la victime.

Enfin, la commission rend sa décision, celle-ci appelant trois observations.

— Tout d'abord, la décision peut être rendue avant qu'il ait été statué sur l'action publique. En effet, la procédure d'indemnisation devant la commission est totalement indépendante de la procédure devant la juridiction pénale. La jurisprudence a en conséquence posé la règle que l'article 706-3 institue en faveur des victimes d'infractions des règles qui lui sont propres [1] et que les victimes peuvent saisir directement ce juge de l'indemnisation, sans devoir nécessairement saisir d'abord le juge pénal [2]. Cependant, bien que la commission puisse statuer avant le juge pénal [3], elle peut surseoir à statuer en cas de faute de la victime et elle doit statuer toutes les fois que la victime le demande (art. 706-7, C.P.P.).

— S'agissant ensuite du contenu de la décision sur l'indemnité, il faut avant tout préciser que la victime ne peut en obtenir une que si elle ne peut pas être indemnisée à un autre titre [4]. Cela dit, la commission d'indemnisation jouit d'un pouvoir souverain pour fixer le montant de l'indemnité [5]. On soulignera toutefois deux limites. D'une part, la réparation peut être réduite

articles 706-3 et 706-14, C.P.P., à verser des dommages-intérêts à la partie civile à informer cette dernière de la possibilité d'en saisir une (art. 706-15, C.P.P.).

1. Civ. 2, 18 juin 1986, B. civ., n° 93 ; 1er juillet 1992, Dr. pénal, octobre 1992, obs. A. Maron.

2. Civ. 2, 23 juin 1993, B. civ., n° 224 ; 6 novembre 1996, B. civ., n° 243. La victime peut même non seulement saisir d'abord la commission avant de saisir le juge pénal, mais elle peut aussi saisir la commission sans jamais saisir le juge pénal.

3. Ce qui est une exception expresse au principe que « le criminel tient le civil en état » (art. 4, al. 2, C.P.P.) et ce qui se justifie par l'éventuelle longueur du procès pénal.

4. Civ. 2, 3 mars 1993, B. civ., n° 84.

5. Civ. 2, 9 juillet 1980, B. civ., n° 176 ; 7 juillet 1993, B. civ., n° 247.

ou exclue à raison de la faute de la victime, en application de l'article 706-3, 3°, C.P.P. D'autre part et surtout, la commission doit tenir compte des prestations déjà perçues à un titre ou à un autre (art. 706-9, C.P.P.). La jurisprudence applique fidèlement cette règle [1] et elle décide même que les juges doivent déduire de l'indemnité allouée à une victime le montant des prestations auxquelles elle aurait pu prétendre si elle n'avait pas laissé prescrire ses droits [2].

— Restent les suites de la décision et celles-ci sont de deux ordres. En premier lieu, il existe des voies de recours : d'abord, un appel devant la cour d'appel que peuvent exercer le fonds de garantie et le requérant (mais pas le parquet qui n'est que partie jointe), ensuite un pourvoi en cassation contre la décision de la cour d'appel. En second lieu, même sans recours, des complications peuvent survenir : 1° Si le juge pénal, statuant après la commission accorde des dommages-intérêts d'un montant supérieur à l'indemnité accordée par la commission, la victime peut demander un complément d'indemnité (art. 706-8, C.P.P.), la commission appréciant d'ailleurs souverainement le montant de l'indemnité complémentaire [3] ; 2° Si la victime, après paiement de l'indemnité, obtient une prestation au sens de l'article 706-9, C.P.P. (comme une prestation de la Sécurité sociale), le fonds peut demander à la commission d'ordonner le remboursement total ou partiel de l'indemnité (art. 706-10, C.P.P.). On précisera enfin que le Fonds peut intervenir à l'instance pénale : on en revient alors à l'action en justice [4].

On ajoutera quelques remarques sur la procédure devant la commission. Les débats ont lieu en chambre du conseil et la décision est rendue de même (art. 706-7, C.P.P.). La publicité prévue par l'article 6-1, Conv. E.D.H., ne peut intervenir que si le requérant la demande [5]. À l'audience, le magistrat qui a fait l'instruction fait un rapport dont la lecture est d'ordre public [6].

§ 2. — La double nature de l'action civile

Bibliographie. — Ph. Bonfils, *L'action civile. Essai sur la nature juridique d'une institution*, préface de S. Cimamonti, Presses universitaires d'Aix-Marseille, 2000 ; F. Boulan, *Le double visage de l'action civile exercée devant la juridiction répressive*, J.C.P., 1973.II.2563 ; M.C. Broudiscou, *Étude critique des liens entre l'action*

1. Civ. 2, 1er juillet 1992, B. civ., n° 182, 1er arrêt.
2. Civ. 2, 1er juillet 1992, *id.*, 2e arrêt.
3. Civ. 2, 25 mai 1987, B. civ., n° 116.
4. D'où l'étude de ce point dans les développements consacrés à l'action civile. V. *infra*, n° 306.
5. Civ. 2, 1er juillet 1992, B. civ., n° 178.
6. Civ. 2, 15 novembre 1989, D., 1990, Somm. 226, obs. J. Pradel.

publique et l'action civile, thèse dactyl., Toulouse, 1976 ; F. CASORLA, *Les victimes, de la réparation à la vengeance*, R.P.D.P., 2002, p. 161 ; J. GRANIER, *Quelques réflexions sur l'action civile*, J.C.P., 1957.I.1386, not. n° 70 ; J. LEROY, *La constitution de partie civile à fins vindicatives*, thèse dactyl., Paris XII, 1990 ; R. MERLE, *La distinction entre le droit de se constituer partie civile et le droit d'obtenir réparation du dommage causé par l'infraction*, Mélanges Vitu, 1989.397 ; C. ROSA, *De la dissociation entre la réparation et la répression dans l'action civile exercée devant les juridictions répressives*, D., 1991, chron. 85 ; J. VIDAL, *Observations sur la nature juridique de l'action civile*, R.S.C., 1963.481 ; R. VOUIN, *L'unique action civile*, D., 1973, chron. 54.

274. — L'action civile doit aussi être considérée dans sa *nature*. Action en réparation tendant à l'allocation d'une indemnité et au prononcé de restitutions, l'action civile est également, malgré le silence de l'article 2, C.P.P., une action à finalité répressive puisqu'elle met en mouvement l'action publique si celle-ci n'a pas été exercée par le parquet.

L'action civile est d'abord une *action en réparation* du préjudice causé par l'infraction. À ce titre, elle se traduit le plus souvent par des dommages-intérêts. Mais elle peut déboucher aussi sur des restitutions, ce mot ayant deux sens, celui ordinaire de remise au propriétaire de la chose dont il avait perdu la possession par l'effet de l'infraction et celui de mesure tendant à faire cesser une situation de fait découlant de l'infraction comme la destruction de travaux faits en contravention d'un texte [1]. Alors que les dommages-intérêts doivent avoir été demandés par la victime, le juge peut décider d'office une restitution. On peut citer encore une troisième forme de réparation, celle qui consiste dans la publication d'une décision de condamnation [2], mais à condition que la partie civile l'ait expressément demandé [3]. On ne confondra pas cette publication avec celle qui est ordonnée à titre de peine et qui alors ne peut être prononcée que si elle est prévue par une disposition formelle de la loi.

Les dommages-intérêts doivent couvrir l'intégralité du préjudice. Ainsi, en cas de vol aggravé par le port d'une arme, les traumatismes physiques et psychiques des victimes peuvent donner lieu à indemnité, l'article 3, C.P.P., disposant que l'action civile est recevable pour tous les chefs de dommage découlant des faits, objet de la poursuite [4]. De même, en cas d'aggravation des blessures (involontairement causées) après jugement définitif, la victime dispose d'une nouvelle action [5].

Cependant, si les dommages-intérêts doivent couvrir l'intégralité du préjudice, ils ne doivent pas aller au-delà. Les dommages-intérêts punitifs, qui consistent dans l'allocation d'une somme d'argent supérieure au préjudice, sont illogiques en ce

1. Crim., 5 janvier 1925, S., 1926.I.190.
2. Crim., 15 janvier 1991, B.C., n° 25.
3. Crim., 4 février 1986, B.C., n° 46.
4. Crim., 7 avril 1993, B.C., n° 150 ; comp. Crim., 18 octobre 1990, B.C., n° 345.
5. Crim., 9 juillet 1996, B.C., n° 286.

qu'ils sont contraires à la notion d'action civile, en faisant glisser celle-ci vers l'idée de peine privée. Cette affirmation doit être faite car l'idée de dommages-intérêts punitifs est développée en Grande-Bretagne et surtout aux U.S.A. (*punitive damages, aggravated or exemplary damages*) pour sanctionner sévèrement certaines fautes comme la diffamation par voie de presse. En France, certains auteurs ont proposé l'introduction des dommages-intérêts punitifs [1]. Mais la doctrine majoritaire reste à juste titre défavorable. Il est vrai qu'en pratique le juge pénal (ou non pénal) peut tenir compte de la gravité de la faute sans en parler et en invoquant sont pouvoir souverain d'appréciation [2]. Le côté punitif apparaît aussi avec la condamnation à un euro symbolique ou à une publication du jugement, ordonnée à titre de réparation.

Plus original est l'*aspect vengeur* de l'action civile qui consiste dans la mise en mouvement de l'action publique (sauf si celle-ci a déjà été mise en mouvement par le Ministère public) et dans la participation de la victime prétendue à la recherche de la preuve. Cet aspect mérite quelques observations. Déjà Jousse écrivait que « la victime concourt à la punition du crime » [3]. Et Faustin-Hélie ajoutait : « L'action civile a souvent pour mobile principal la punition même de l'infraction, l'application de la peine, car la peine seule venge l'injure ou rassure la victime » [4]. Le développement du caractère vindicatif de l'action civile, conforme aux données de la psychologie, se trouve du reste favorisé aujourd'hui par : 1° l'augmentation des droits de la partie civile avec une loi du 22 mars 1921 ; 2° la prolifération des actions civiles émanant de groupements à but désintéressé. D'un autre côté, il est vrai, le courant de plus en plus favorable aux victimes conduit aujourd'hui à faire prévaloir, dans certains cas, l'aspect indemnitaire sur l'aspect vindicatif et, en outre, la C.E.D.H. affirme que si « la Cour admet l'action civile à des fins purement répressives, dans de pareils cas, l'applicabilité de l'article 6 atteint ses limites » (§ 69 et 70) [5]. Cet aspect vindicatif est cependant loin de disparaître.

Cette nature vindicative autant qu'indemnitaire de l'action civile pèse d'un poids très lourd sur toute la théorie de cette action, notamment sur son existence même. Elle pose avant tout un problème fondamental : convient-il d'accueillir dans une instance pénale l'action d'une personne privée qui évoque à la fois ses intérêts et son besoin de vengeance ?

1. S. Carval, *La responsabilité civile dans sa fonction de peine privée*, L.G.D.J., 1995, § 118, p. 124.
2. M.E. Roujou de Boubée, *Essai sur la notion de réparation*, L.G.D.J., 1974, p. 121.
3. Traité de la justice criminelle en France, 1771.I.561.
4. Traité de l'instruction criminelle, 1re éd., 1846.II.179.
5. C.E.D.H., gr. ch. 12 février 2004, *Perez c/ France*, R.S.C., 2004.698, et obs. F. Massias, D., 2004, chron. 2943, par D. Roets. Cet arrêt affirme certes par ailleurs que l'article 6 § 1, Conv. E.D.H., sur le procès équitable (juge indépendant et impartial, statuant dans un délai raisonnable…) s'applique à l'action civile dans son aspect indemnitaire, mais est donc beaucoup plus réservé en ce qui concerne l'aspect vengeur de cette action, qui, semble-t-il, n'est pas dans l'esprit de la Conv. E.D.H.

§ 3. — LA JUSTIFICATION DE L'EXISTENCE DE L'ACTION CIVILE

275. — *Position du problème.* Faut-il permettre à la partie lésée d'exercer son action devant le juge pénal, c'est-à-dire de se constituer partie civile ?

D'un point de vue *comparatif*, l'exemple des divers droits fait apparaître un manque d'unité assez révélateur. Dans les législations anglosaxonnes, l'exercice de l'action civile est radicalement exclu au « pénal » [1]. En Italie, en Suisse et en Hollande, la victime n'est recevable qu'à titre d'intervention [2]. Enfin, en Belgique et en France, la victime peut saisir le juge pénal aussi bien par voie d'action que par voie d'intervention [3].

D'un point de vue *fondamental*, l'action civile exercée devant le juge pénal confère, on le sait, deux prérogatives à la victime. D'abord, un pouvoir pénal comportant notamment la mise en mouvement de l'action publique et la participation à la recherche des preuves. Ensuite, le droit de réclamer réparation de son préjudice civil. Comme ces deux prérogatives ne sont pas nécessairement liées, le débat doit être mené sur ces deux plans [4].

A — Justification des prérogatives pénales contenues dans l'action civile

L'« action pénale privée » se justifie par l'intérêt de la partie lésée et par celui de la justice pénale tout à la fois.

1. *L'intérêt de la partie lésée*

276. — Reconnaître à la victime un pouvoir pénal, c'est d'abord lui permettre de préparer plus efficacement le succès de sa demande en réparation, de faciliter la réunion des preuves qui pemettront son indemnisation [5].

C'est aussi et surtout lui permettre d'assouvir un besoin de vengeance. Le caractère vindicatif de la constitution de partie civile est une donnée essentielle dans la théorie de l'action civile. Nombreuses sont d'ailleurs les applications de cette idée : délimitation rigoureuse du cercle des demandeurs à l'action civile, principe que la victime ne peut pas être privée de son pouvoir pénal et de sa qualité de partie par le délinquant qui, au cours des débats, lui ferait des offres [6]... Il faut reconnaître cependant que la limitation du droit d'appel de la partie civile « à ses intérêts civils

1. SEITZ, *Les principes directeurs de la procédure criminelle d'Angleterre*, 1928 ; J. SPENCER, *La procédure pénale anglaise*, P.U.F., 1998.

2. G. VASSALI, *Problèmes relatifs à la constitution de partie civile en Italie*, R.D.P.C., 1968.71 ; F. CLERC, *Le procès pénal en Suisse romande*, 1955 ; J.J.R. BAKKER, *Les victimes d'actes criminels aux Pays-Bas*, R.I.D.P., 1973.230.

3. R. JEURISSEN, *L'indemnisation des victimes de l'infraction en droit belge*, R.I.D.P., 1973.41 ; *add.* sur l'ensemble des législations, J. PRADEL, *Droit pénal comparé*, Dalloz, 2e éd., 2002, nos 476 et s.

4. F. ALAPHILIPPE, *L'option entre la voie civile et la voie pénale pour l'exercice de l'action civile*, thèse dactyl., Poitiers, 1973.

5. V. les attendus de Crim., 15 octobre 1970, D., 1970.733, note Costa.

6. Crim., 20 octobre 1966, G.P., 1966.II.324, R.T.D.C., 1967.395, obs. P. Hébraud.

seulement » (art. 497-3e, C.P.P.) et que le glissement actuel de l'idée de peine vers celle de traitement va à l'encontre de ce caractère vengeur. C'est pourquoi la meilleure justification des prérogatives pénales reconnues à la victime est relative à l'intérêt de la justice pénale.

2. *L'intérêt de la justice pénale*

277. — Une bonne administration de la justice pénale suppose non seulement l'appel à des organes étatiques, mais aussi la collaboration de personnes privées et parmi celles-ci de la victime même. C'est sans doute pour cette raison que, depuis quelques années, notre droit se montre plus accueillant aux victimes ainsi que le dénotent le recul de la théorie du « préjudice social » et la montée des actions collectives. C'est que l'« action pénale privée » est triplement utile à l'ordre répressif.

Elle l'est d'abord au stade de la *poursuite*. Certes, on peut *a priori* hésiter sur l'opportunité de confier la mise en mouvement de l'action publique à la victime aussi bien qu'au parquet. On a fait valoir en effet que la reconnaissance d'une telle prérogative à la victime entraînait des poursuites inopportunes et intempestives. Cette argumentation est peu convaincante. Premièrement, l'opportunité des poursuites n'est pas forcément mieux appréciée par le parquet que par la victime par hypothèse plus proche de l'infraction et qui, en certains cas, se voit même confier par le législateur un monopole dans cette appréciation (nombreux délits de presse, atteintes à la vie privée..., art. 6, al. 3, *in fine*, C.P.P.). Deuxièmement, le risque de voir se développer des poursuites intempestives est réduit depuis que la loi a multiplié les dispositions protectrices de la personne poursuivie. À tout cela, on doit ajouter que le droit pour la victime de déclencher le procès présente un avantage considérable en cas d'inertie, volontaire ou non, du parquet.

L'« action pénale privée » est également utile au stade de la *recherche des preuves*. Un arrêt remarqué a affirmé que « l'intervention d'une partie civile pouvait n'être motivée que par le souci de corroborer l'action publique et d'obtenir que soit établie la culpabilité du prévenu » [1]. En se servant du procès, la victime sert le procès. Par sa présence, c'est autant la preuve de l'infraction que celle de son préjudice que la victime contribue à établir et « la cause sera plus complètement instruite, les actions publique et civile se servant mutuellement d'auxiliaires » [2]. C'est pourquoi, au cours de l'instruction préparatoire et définitive, la partie civile peut solliciter des mesures d'investigation et même faire appel de certaines décisions, encore qu'elle soit un peu moins bien placée que le Ministère public.

Enfin, le pouvoir pénal de la victime peut s'avérer utile à la détermination de la *sanction*. Étant partie au procès, la victime pourra donner au juge des indications d'ordre psychologique que, simple témoin, elle eût négligé de lui fournir. Or, si aucun texte n'oblige le juge à tenir compte de la personnalité de la victime, aucun non plus ne le lui interdit et l'on sait bien qu'en fait le tribunal se décide autant en fonction d'éléments extérieurs à l'agent (notamment inhérents à la victime) qu'en fonction d'éléments liés à l'agent [3]. La victimologie ne nous enseigne-t-elle pas que le comportement de la victime est une donnée fondamentale dans le passage à l'acte

1. Crim., 8 juin 1971, D., 1971.594, note J. Maury.
2. J. Granier, J.C.P., 1957.I.1386.
3. J. Noirel, *L'influence de la personnalité de la victime sur la répression exercée à l'encontre de l'agent*, R.I.D.P., 1959.181.

délictueux [1] ? Il est vrai cependant qu'en participant aux poursuites, la victime perd une partie de cette vérité psychologique qu'elle aurait pu mieux conserver en tant que témoin : la qualité de partie et la présence d'un avocat à ses côtés font d'elle un « animal juridique » [2].

S'il est donc aisé de légitimer les prérogatives pénales incluses dans l'action civile, il faut se demander si la justification de la compétence civile donnée à la juridiction pénale l'est autant.

B — Justification de la compétence civile donnée à la juridiction pénale

278. — Est-il de bonne politique d'alourdir la tâche du juge pénal en lui demandant de statuer sur les dommages-intérêts ? À l'époque où l'on songe à la spécialisation du juge pénal, on peut hésiter. Ne va-t-on pas, en effet, « déshumaniser » le procès pénal [3] et, faisant passer l'action civile avant l'action publique, inverser l'ordre des facteurs [4]. Au vrai, deux points de vue doivent être considérés.

1. *Le point de vue de l'intérêt général*

279. — Trois arguments peuvent être avancés en faveur de la compétence civile du juge pénal. Mais que valent-ils ?

• C'est d'abord la primauté du « pénal » sur le droit « civil ». Ce premier argument est donc celui de la subordination de la décision civile à la décision pénale et d'une impossible contradiction entre le jugement pénal et le jugement civil. On justifie souvent par ce principe classique, dit de l'autorité de la chose jugée au criminel sur le civil, la compétence civile du juge pénal.

L'argument est peu convaincant. Outre qu'il faudrait démontrer l'utilité de subordonner la décision civile à la décision pénale, notre droit méconnaît cette règle. Par exemple, l'article 497-3 du Code de procédure pénale autorise la partie civile à interjeter appel sur ses intérêts civils de sorte que, si le parquet reste inactif, la cour statuera sur la seule action civile et pourra méconnaître la chose jugée sur l'action publique.

• L'argument de la simplification de la procédure est plus solide. La compétence civile du juge pénal entraîne une concentration du contentieux issu de l'infraction en évitant une dualité d'instances. Et le juge pénal connaissant bien les faits est le plus apte à statuer sur les dommages-intérêts. C'est d'ailleurs cette raison qui a amené le législateur à créer une prorogation de compétence en matière de chèque sans provision : le bénéficiaire, de bonne foi, d'un chèque émis sans provision peut poursuivre au pénal, non seulement la réparation de son préjudice, mais encore le

1. P. Spitéri, *Essai sur quelques aspects des grands courants criminologiques*, Annales Faculté de droit de Toulouse, t. XVIII, 1990, fasc. 1 et 2, pp. 9 et s., spéc. pp. 121 et s. ; R. Gassin, *Criminologie*, 4e éd., 1998, n° 245.

2. J. Granier, *La partie civile au procès pénal*, R.S.C., 1958, pp. 10 et 11.

3. J. Granier, précité.

4. M. Patin, *L'action civile devant les tribunaux répressifs*, Rec. gén. des lois, 1958.397.

paiement d'une somme égale au montant du chèque (art. 66, déc.-l. du 30 octobre 1935) [1].

On remarquera toutefois qu'il n'est pas nécessairement souhaitable de simplifier dans tous les cas la procédure. Le procès pénal reste avant tout le procès d'un délinquant et l'on pourrait concevoir que le juge puisse refuser de statuer sur l'action civile lorsque l'instruction est trop compliquée et dénature ou prolonge démesurément le procès pénal [2].

• Il faut enfin tenir compte des nécessités de la politique criminelle. C'est à deux points de vue que l'on pourrait considérer la compétence civile du juge pénal comme un élément de politique criminelle.

On peut d'abord se demander si la réparation constitue un *complément de peine* et, à ce titre, renforce la valeur intimidante de celle-ci. En fait, il n'est pas impossible que parfois le juge pénal ordonne une indemnisation supérieure au dommage réel, en tenant compte du degré de culpabilité du prévenu. En droit, cependant, cette attitude est indéfendable puisqu'il est de principe que le montant de la réparation doit correspondre exactement au préjudice.

Plus sérieusement, la réparation constitue un *élément de traitement*. Avec la montée de l'idée de traitement pénal, surtout depuis 1945, le législateur n'hésite plus à recourir aux procédés les plus divers pour assurer la réinsertion du délinquant. La réparation apparaît alors comme un moyen de traitement et comme un symptôme de sa réussite. Ainsi, la réhabilitation suppose le paiement des dommages-intérêts (art. 788, al. 1, C.P.P.) et le sursis probatoire peut être subordonné à la réparation des dommages causés par l'infraction (art. 132-45, 5°, C.P.). La traditionnelle distinction de la peine et de la réparation s'estompe dans une certaine mesure.

2. *Le point de vue de l'intérêt de la victime*

280. — L'attribution d'une compétence civile au juge pénal permet à la victime d'espérer que son indemnisation sera plus certaine, plus économique et plus rapide.

En premier lieu, l'indemnisation est *plus certaine*. Malgré les réformes de procédure civile opérées par les décrets des 13 octobre 1965, 7 décembre 1967 et 9 septembre 1971 qui instituent un juge de la mise en état et accroissent ainsi le rôle du juge, le procès civil reste de type accusatoire de sorte que la victime doit compter avec le défendeur. Au contraire, le caractère inquisitoire du procès pénal fait que la partie lésée n'a plus rien à redouter des manœuvres de son adversaire puisque le juge dispose de pouvoirs considérables : la victime profite des preuves recueillies par le juge répressif. C'est d'ailleurs en raison de l'importance de ces pouvoirs que, si la victime ignore l'identité du délinquant, seule la voie pénale est utilisable : la victime peut en effet se constituer partie civile contre X devant le juge d'instruction, alors qu'au « civil » (et aussi en cas de citation directe) elle doit viser nommément la partie adverse. À ce tableau favorable, une seule ombre subsiste toutefois pour la victime : parfois la preuve lui est plus malaisée au « pénal », où elle doit démontrer la faute, qu'au « civil », où elle peut souvent se contenter d'invoquer la présomption de faute de l'artide 1384, al. 1, du Code civil.

1. On peut aussi donner l'exemple de l'article 470-1, C.P.P., qui permet au tribunal correctionnel, malgré relaxe, d'accorder à la partie civile réparation, sous certaines conditions, il est vrai.

2. V. en ce sens, art. 470-1, al. 2, C.P.P., et thèse F. ALAPHILIPPE, précitée, p. 500.

L'indemnisation de la victime est, en second lieu, obtenue de manière *plus économique* devant le juge pénal que devant le juge civil. Bien qu'une consignation soit exigée de la partie lésée qui déclenche le procès pénal, la procédure pénale est d'un coût réduit. Même lorsque les frais peuvent lui incomber, la victime bénéficie des tarifs établis par les articles R. 106 et suivants du Code de procédure pénale. Et ces textes s'appliquent aussi bien aux frais engagés après décision sur l'action publique qu'aux dépenses occasionnées avant [1]. Au civil, au contraire, aucun texte ne limite par un tarif obligatoire la liberté du juge de fixer les honoraires de l'expert. En outre, le procès civil suppose le plus souvent l'appel à un avocat que la victime devra rémunérer en principe, alors que le procès pénal ne suppose pas le ministère d'un tel auxiliaire. C'est parce que le procès pénal est d'un coût relativement réduit que, souvent, les lois d'amnistie disposent que si la juridiction de jugement était déjà saisie lors de leur promulgation, elle reste compétente pour statuer, le cas échéant, sur les intérêts civils. Cet avantage économique tient, il est vrai, davantage aux imperfections de la justice civile qu'à une supériorité de la justice pénale. Ajoutons enfin que, depuis une loi du 2 février 1981, le juge pénal peut mettre à la charge du délinquant le montant des honoraires versés au cours du procès pénal par la partie civile.

Enfin, en troisième lieu, le procès pénal est pour la victime *plus rapide* que le procès civil. Parce que l'action publique requiert une solution aussi rapide que possible, notamment en raison de la prééminence de l'intérêt général sur les intérêts particuliers et de la détention provisoire que peut comporter le procès pénal, l'indemnisation de la victime sera par contrecoup obtenue dans des délais relativement brefs [2]. Si le juge pénal ne pouvait connaître de l'action civile, la partie lésée se trouverait obligée d'attendre l'achèvement du procès pénal, puis de saisir le juge civil en diligentant une seconde procédure (sauf à dissocier complètement les deux justices, pénale et civile).

En définitive, la compétence civile du juge pénal se justifie davantage par l'intérêt privé de la victime que par l'intérêt général. Dans l'ensemble, cependant, c'est selon nous, sans hésitation qu'il faut conserver la faculté pour la victime d'une infraction de saisir le juge pénal, sauf à réserver le pouvoir exceptionnel de celui-ci de renvoyer à son collègue civil les affaires trop complexes. Mais certains auteurs sont résolument hostiles à l'exercice de l'action civile devant le juge pénal [3]. Et la pertinence de leurs arguments a pour conséquence que l'action civile est entendue restrictivement « au pénal » : notre droit, en effet, a une conception très stricte de ses sujets et très large de ses causes d'extinction.

1. Paris, 13 octobre 1968, D., 1969, Somm. 31, pour une expertise ordonnée après condamnation pénale et visant seulement à déterminer les suites dommageables de l'infraction.

2. Encore qu'aujourd'hui notre justice pénale souffre d'une crise de lenteur. À plusieurs reprises, la C.ED.H. a condamné la France pour méconnaissance du principe du délai raisonnable (art. 6, § 1, Conv. E.D.H.), v. *infra*, n° 381.

3. A. Chavanne, R.S.C., 1954.239, spéc., n° 34 ; G. Durry, obs., R.T.D.C., 1974.428. Aujourd'hui cependant, ce courant se fait plus discret. Mieux même, la C.E.D.H. — après avoir hésité, il est vrai — soumet aujourd'hui l'action civile à fins réparatrices à l'article 6 § 1, Conv. E.D.H., ce qui est une façon d'en justifier l'existence, C.E.D.H., gr. ch., 12 février 2004, *Perez c/ France*, R.S.C., 2004.698, et obs. F. Massias, et chron. D. Roets au D., 2004.2943. Il est vrai que cet arrêt ajoute que si « la Cour de cassation admet l'action civile à des fins purement répressives, dans pareils cas... l'applicabilité de l'article 6 atteint ses limites », § 69 et 70, v. *supra*, n° 274.

CHAPITRE PREMIER

LES SUJETS DE L'ACTION CIVILE

Bibliographie. — C. DARSIERES, *La notion de dommage pénal*, thèse dactyl., Toulouse, 1957 ; J.P. DELMAS SAINT-HILAIRE, *La mise en mouvement de l'action publique par la victime de l'infraction*, Mélanges Brethe de la Gressaye, 1967, p. 159 ; M. DANTI-JUAN, *Action civile*, Répertoire pénal Dalloz ; E. DEZEUZE, *La réparation du préjudice devant la juridiction pénale*, Rev. Soc. 2003, vol. 2 ; J. GRANIER, *Quelques réflexions sur l'action civile*, J.C.P., 1957.I.1386 ; B. MASSON, *La détermination de la partie lésée au sens de l'article 1, C.P.P.*, thèse dactyl. Rennes, 1975 ; M. PATIN, *L'action civile devant les tribunaux répressifs*, Rec. gén. des lois et de la jurisp., 1957, p. 8 ; J. DE POULPIQUET, *Le droit de mettre en mouvement l'action publique, conséquence de l'action civile ou droit autonome ?* R.S.C., 1975, p. 37 ; X. PRADEL, *Le préjudice dans le droit civil de la responsabilité*, avant-propos de J.L. Baudoin et P. Deslauriers, préface P. Jourdain, L.G.D.J., 2004 ; M. RIOU, *L'action civile fondée sur l'article 1384, al. 1, C. civ.*, R.S.C., 1955, p. 299 ; G. STÉFANI, préface à l'ouvrage *Quelques aspects de l'autonomie du droit pénal*, Dalloz, 1956 ; J. VERDIER, *La réparation du dommage matériel en droit pénal*, in *Quelques aspects...*, p. 351 ; J. VIDAL, *Observations sur la nature juridique de l'action civile*, R.S.C., 1963, p. 481.

Comme l'action publique, l'action civile a des demandeurs et des défendeurs.

SECTION I

LES DEMANDEURS À L'ACTION CIVILE

281. — *Principe.* D'une part, seule la victime peut être demanderesse à l'action civile. Ni les juges ni les magistrats du parquet n'ont qualité pour lancer l'action civile. Les premiers ne peuvent statuer sur les dommages-intérêts que s'ils en sont expressément requis par la victime. Les seconds ne peuvent pas davantage agir, même si la victime est incapable [1].

D'autre part, la victime ne peut agir qu'à certaines conditions. Mais celles-ci varient parfois selon que la victime est une personne physique ou une personne morale. À côté de conditions communes à toutes, il en est certaines qui sont propres aux unes ou aux autres.

SOUS-SECTION I

LES CONDITIONS COMMUNES AUX PERSONNES PHYSIQUES ET AUX PERSONNES MORALES

282. — Tout demandeur doit pouvoir invoquer un préjudice certain et un préjudice découlant d'une infraction punissable. Si la première condition est commune à tous les contentieux, la seconde est propre au contentieux pénal.

§ 1. — NÉCESSITÉ D'UN PRÉJUDICE CERTAIN

A — Principe général

283. — Tendant à la réparation, l'action civile ne se conçoit évidemment que si le préjudice existe indubitablement. C'est ce qu'on exprime en disant que le préjudice doit être *certain* et *actuel*, ou encore né et actuel, ce qui est un pléonasme. On veut dire par là que le dommage doit exister effectivement lors de la mise en mouvement de l'action civile et être réparable. La chambre criminelle dit « qu'est réparable le préjudice qui apparaît au juge du fait comme la prolongation certaine et directe d'un état de chose actuel et comme étant susceptible d'estimation immédiate » [2].

1. Comp. art. 105, C.P. italien, qui autorise le Ministère public à agir « dans l'intérêt de la victime, quand celle-ci est frappée d'une incapacité tenant à son état ou à sa minorité et qu'il n'y a personne pour la représenter ».
2. Crim., 21 octobre 2003, B.C., n° 196.

En conséquence, le préjudice simplement *éventuel*, douteux dans son existence même, dépendant d'événements qu'il est impossible de connaître avant leur réalisation, n'autorise pas à agir. Voici un automobiliste tuant une personne qui était titulaire d'un compte en banque présentant un important découvert. Alléguant que, demeuré en vie, son client aurait pu revenir à meilleure fortune et la rembourser, la banque se constitue partie civile. Préjudice simplement éventuel, répond le juge [1].

À d'autres égards cependant, la jurisprudence entend largement le préjudice. Ainsi l'État est considéré comme victime d'une infraction de favoritisme ou de trafic d'influence commis par l'un de ses agents : en effet, l'État éprouve un « préjudice moral résultant du discrédit que le comportement du prévenu jette sur la fonction publique tout entière et de l'affaiblissement de l'autorité de l'État qui en est résulté » [2].

B — Hypothèses particulières

1. *La perte de chance*

284. — La chambre criminelle — tout comme la 1re Chambre civile [3] et les juridictions administratives [4] — admet la réparation en cas de perte de chance. Au vrai, deux problèmes se posent.

— Tout d'abord, que faut-il entendre par perte de chance ? Partons d'exemples. On cite toujours l'exemple, en droit civil, du transporteur qui, par son retard, empêche un cheval de prendre le départ d'une course. Le droit pénal de son côté fourmille d'exemples : par une erreur de diagnostic évitable, un médecin empêche l'administration d'un traitement salvateur et le patient décède ; un tiers cause involontairement des blessures à un éleveur de chevaux qui ne peut plus entraîner ceux-ci en vue d'une course. Dans tous ces exemples, il n'est pas certain que le malade aurait survécu sans l'erreur de diagnostic ou que, sans la faute du tiers, les chevaux auraient gagné la course. Cependant, il y a possibilité, voire probabilité de la perte d'un avantage (guérison, prix du meilleur cheval de course). Et la chambre criminelle y voit un préjudice certain, donc réparable. Selon une formule qui lui est chère, elle considère que « l'élément de préjudice constitué par la perte d'une chance peut présenter en lui-même un caractère direct et certain chaque fois qu'est constaté la disparition, par l'effet du délit, de la probabilité d'un événement favorable encore que, par définition, la réalisation d'une

1. Paris, 6 mars 1964, D., 1964.642, note P. Esmein.

2. Crim., 10 mars 2004, B.C., n° 64, études P. Bonfils à L.P.A. 2004, n° 237, p. 6 et s. ; P. Maistre du Chambon à la R.P.D.P. 2005, p. 223 et s., et J. Pradel à D., 2005, Pan. p. 686 et s.

3. Par ex., Civ. 1, 8 juillet 1997, 2 arrêts rendus en matière médicale, J.C.P., 1997.II.22921, rapport P. Sargos.

4. M. Laroque, *La réparation de la perte de chances*, G.P., 1985.II, Doctr. 607.

chance ne soit jamais certaine »[1]. Il y a donc combinaison de causalité et d'aléa[2]. En somme, dans la perte de chance, il y a deux certitudes : celle d'une faute initiale et celle de la perte d'un espoir ; et de cette conjonction, la chambre criminelle déduit la certitude du préjudice et, du coup, permet de réparer dans des cas où, sans ce raisonnement, il n'y aurait pas de réparation[3].

— Comment, ensuite, calculer la réparation ? Celle-ci, du fait de l'incertitude de la causalité entre faute et dommage, ne saurait être totale. Comme il a été excellement dit, « si les différents préjudices d'une victime en droit commun sont, par exemple, de 100, le juge doit évaluer la perte de chance d'éviter des préjudices entre 0,1 et 99,9 »[4]. Pas de réparation totale du dommage donc. Le juge doit rechercher quelles étaient les chances de succès de la victime (guérison du malade, gain de la course par le cheval appartenant à la victime) et plus ces chances sont importantes, plus le juge se rapprochera de la réparation totale[5].

2. *L'action civile exercée devant le juge d'instruction*

285. — L'exigence d'un préjudice certain ne prend toute son ampleur que devant les juridictions de jugement. Car devant les juridictions d'instruction, une plus grande bienveillance l'emporte : le demandeur n'a pas à prouver l'existence du préjudice puisque « pour qu'une constitution de partie civile soit recevable devant la juridiction d'instruction, il suffit que les circonstances sur lesquelles elle s'appuie permettent au juge d'admettre comme possible l'existence du préjudice allégué et la relation directe de celui-ci avec une infraction pénale ». Cette formule est reproduite par d'innombrables arrêts[6].

1. Crim., 24 février 1970, B.C., n° 73 ; 23 novembre 1971, B.C., n° 317, D., 1972.225, rapport Lecourtier ; 18 mars 1975, B.C., n° 79 ; 15 juin 1982, B.C., n° 159 ; 6 juin 1990, B.C., n° 224.

2. J. Boré, *L'indemnisation pour les chances perdues : une forme d'appréciation quantitative de la causalité d'un fait dommageable*, J.C.P., 1974.I.2620, n°s 23 à 26.

3. Parfois, la chambre criminelle reconnaît l'existence d'une perte de chance et indemnise, mais sans reproduire sa formule, v. Crim., 4 février 1998, B.C., n° 42, pour un entrepreneur qui fait des malfaçons et a omis de s'assurer (ce qui est obligatoire en application des art. L. 111-28 à L. 111-30, C. de la construction et de l'habitation) ; ce qui a causé au maître de l'ouvrage un préjudice consistant en la perte d'une chance pour lui d'être indemnisé.

4. P. Sargos, précité, II, B, *in limine*.

5. Pour un bel exemple d'ordre civil, Civ. 1, 2 avril 1997, *Responsabilité civile et assurances*, Éditions du Juris-Classeur, juillet-août 1997, n° 232, p. 16, pour évaluer le préjudice résultant de la faute de l'avocat, le juge doit rechercher quelles étaient les chances de succès de l'action en responsabilité qu'il avait été chargé d'engager contre un constructeur. *Add.* en matière pénale, Crim., 3 novembre 1983, B.C., n° 275.

6. Crim., 6 octobre 1964, B.C., n° 256 ; 28 janvier 1971, J.C.P., 1971.II.16792, note Chambon ; 17 octobre 1972, B.C., n° 289 ; 23 juillet 1974, B.C., n° 263 ; 23 mai 1977, B.C., n° 182 ; 13 juin 1978, B.C., n° 193 ; 10 janvier 1979, B.C., n° 18 ; 4 février 1982, B.C., n° 41 ; 21 octobre 1982, B.C., n° 231 ; 29 avril 1986, B.C., n° 144 ; 6 février 1996, B.C., n° 60 ; 16 juin 1998, B.C., n° 191 ; 26 février 1999, B.C., n° 17 ; 2 avril 2003, B.C., n° 83.

L'assouplissement prétorien s'explique par le fait que l'instruction a justement pour objet, quand elle est ouverte par la partie civile, de préciser la nature et l'étendue du préjudice. Mais il est source d'abus en ce qu'il permet trop souvent des constitutions de partie civile non fondées malgré l'exigence de la relation directe entre préjudice et infractions [1].

§ 2. — Nécessité d'un préjudice né d'une infraction punissable

286. — L'action civile, exercée devant le juge pénal, suppose l'existence d'une infraction de sorte qu'il faut un lien de causalité entre l'infraction et le préjudice : l'article 2, C.P.P., parle de l'action civile « causée par un crime, un délit ou une contravention » et l'article 85 du même code, sur la constitution de partie civile devant le juge d'instruction évoque « toute personne qui se prétend lésée par un crime ou un délit ». Bref, l'action civile est l'accessoire de l'action publique. Elle suppose une infraction comme la branche d'un arbre suppose un tronc. Nécessaire, l'infraction doit aussi être punissable.

A — La nécessité d'une infraction

287. — Deux cas voisins peuvent se présenter.

• Point de partie civile possible si le fait *n'est pas* infractionnel. Il en est ainsi en cas de légitime défense [2]. Il en va de même si l'action civile est fondée, non sur la faute pénale d'imprudence des articles 221-6 et 222-19, C.P., mais sur la présomption de responsabilité de l'article 1384, al. 1, C. civ. [3], ou encore si le fait ne tombe sous le coup d'aucun texte pénal (art. 470, 516 et 541, C.P.P.).

• Point de partie civile possible non plus si le fait *n'est plus infractionnel* : ainsi en est-il en cas d'amnistie, d'abrogation de la loi pénale et de prescription de l'action publique.

B — La nécessité d'une infraction punissable

288. — L'infraction ne doit pas seulement être incontestable dans son existence. Elle doit aussi être punissable.

• Si l'infraction n'est *pas punissable* et si, en conséquence, le juge acquitte, la victime ne peut obtenir de réparation. Il importe peu que l'acquittement

1. Crim., 2 mai 2007, B.C., n° 111, rejet de la constitution de partie civile à l'instruction de la chambre nationale des huissiers à propos d'un abus de confiance imputé à un huisser.

2. Crim., 29 novembre 1961, D., 1962.109.

3. Crim., 24 juin 1941, D.C., 1942.120 ; 2 novembre 1971, B.C., n° 288.

provienne d'une insuffisance de preuves [1] ou d'une cause subjective d'irresponsabilité [2]. Il existe cependant de rares hypothèses dans lesquelles le juge conserve le droit d'accorder des dommages-intérêts malgré l'acquittement qu'il a prononcé.

C'est ainsi que la cour d'assises peut, après acquittement, accueillir l'action de la victime (art. 372, C.P.P.). Les applications sont nombreuses [3]. Cette dérogation s'explique par l'absence de motivation des arrêts d'assises et par le souci de venir en aide aux victimes dans un domaine où l'acquittement de l'accusé est relativement fréquent et imprévisible. Mais la faute retenue à l'appui de l'allocation des dommages-intérêts doit être distincte de celle qui était liée à l'infraction [4]. En effet, il ne faut pas contredire le verdict.

De même, le tribunal correctionnel, saisi du chef d'homicide ou de blessures par imprudence, peut, malgré relaxe, accorder des dommages-intérêts à la partie civile selon les conditions décrites par l'article 470-1, C.P.P. [5].

• Si l'infraction *n'est plus punissable* au motif qu'elle a déjà été sanctionnée, la juridiction répressive ne saurait être tardivement saisie de l'action civile et seule subsiste la voie civile pour la victime [6]. Il en va cependant autrement à l'égard du tribunal de police lorsqu'il a été fait application de la procédure d'ordonnance pénale (art. 528-2, C.P.P.) et, dans le cadre du plaider coupable, si la victime n'a pu se constituer partie civile devant le juge saisi aux fins d'homologation (art. 495-13, al. 2, C.P.P.).

SOUS-SECTION II

LES CONDITIONS PROPRES AUX PERSONNES PHYSIQUES

289. — *Vue générale.* Selon l'article 2, alinéa 1, du Code de procédure pénale, « l'action civile en réparation du dommage causé par un crime, un délit ou une contravention appartient à tous ceux qui ont personnellement souffert du dommage directement causé par l'infraction ». Cette formule a le mérite d'énoncer clairement certaines conditions à remplir par le demandeur. Mais elle présente l'inconvénient de passer sous silence une distinction dégagée par la jurisprudence entre le droit d'agir, d'être partie au procès, d'y être recevable, et le droit de réclamer réparation. Cette opposition entre les poursuites et la réparation est considérable. Car si le

1. Crim., 7 juillet 1949, S., 1949.I.196.
2. Crim., 13 décembre 1956, D., 1957.349, rapport M. Patin.
3. Crim., 26 février 1969, D., 1969.325 ; 11 mars 1987, B.C., n° 121, pour un viol ; 7 octobre 1987, D., 1988.104, note D. Mayer, pour les coups mortels.
4. Crim., 30 juin 1982, G.P., 1983.I.95 ; 11 janvier 1984, B.C., n° 17.
5. V. *infra*, n° 1054.
6. Arg. art. 464, al. 2, C.P.P. ; Crim., 7 février et 13 juillet 1967, B.C., n°s 52 et 216, R.S.C., 1968.92, obs. J. Robert.

demandeur doit nécessairement remplir des conditions relatives au *droit de poursuivre* (c'est-à-dire éprouver un préjudice direct et personnel et avoir ainsi la *qualité pour agir*), l'indemnisation effective, c'est-à-dire le *droit de demander réparation*, est une condition parfois indifférente (l'intérêt à agir pouvait être uniquement répressif, correspondant alors à l'*intérêt à agir*).

§ 1. — Les conditions relatives au droit de poursuivre

290. — *Principe.* Parmi les conditions de recevabilité, on peut distinguer : 1° Celles qui concernent la régularité de l'instance (par ex., capacité d'exercice du demandeur, consignation...) et qui ne nous intéressent donc pas ici [1] ; 2° Celles qui tiennent à l'existence même du droit d'action et, plus précisément, à la personne du demandeur, c'est-à-dire le préjudice (ou intérêt) qu'il importe d'étudier ici.

Or cette condition de préjudice est entendue très strictement. Il ne suffit pas en effet que le demandeur ait *intérêt à agir*, c'est-à-dire qu'il puisse invoquer un préjudice certain. Il faut en outre qu'il ait qualité pour agir, c'est-à-dire qu'il puisse invoquer un préjudice présentant certains caractères. Le préjudice doit être *direct et personnel*. La qualité apparaît donc comme un aspect particulier de l'intérêt, un moyen servant à restreindre le nombre des demandeurs.

Au vrai, cette exigence d'un préjudice direct et personnel n'est pas propre à la procédure pénale. Elle a été imaginée d'abord par le Conseil d'État au XIXe siècle comme condition de recevabilité du recours pour excès de pouvoir avant d'être appliquée en procédure pénale et en procédure civile. Mais c'est sans doute en matière pénale qu'elle allait recevoir le plus d'application. Dès la fin du XIXe siècle, la chambre criminelle appliquait cette condition, que le Code de 1959 ne fit que légaliser en son article 2. Très nombreux sont aujourd'hui les arrêts qui évoquent la nécessité d'un préjudice direct et personnel et certains posent même de manière plus générale que « l'exercice de l'action civile devant les tribunaux répressifs est un droit exceptionnel qui, en raison de sa nature, doit être strictement renfermé dans les limites fixées par le code » [2]. Parfois d'ailleurs, la chambre criminelle use d'une formule plus sobre, mais en réalité équivalente : « sauf dispositions légales contraires, l'action civile en réparation du préjudice résultant d'une infraction n'appartient qu'à ceux qui ont personnellement souffert du dommage directement causé par l'infraction » [3]. Ces formules ont été imaginées pour mettre en échec le demandeur à l'action civile.

A — Nécessité d'un préjudice directement causé par l'infraction

291. — *Notion de préjudice direct.* L'article 2, C.P.P., parle d'un « dommage directement causé par l'infraction », mais sans définir l'adverbe.

1. V. *infra*, n° 624.
2. Crim., 25 février 1897, S., 1898.I.201, note J.A. Roux; 11 décembre 1969, D., 1970.156 ; 17 octobre 1974, B.C., n° 299 ; 7 juin 1983, B.C., n° 172 ; 9 novembre 1992, B.C., n° 381 ; 25 septembre 2007, B.C., n° 220, D., 2008, 109, obs. Caron et Ménotti, R.S.C., 2008, 108, obs. A. Giudicelli.
3. Crim., 16 mars 1994, B.C., n° 192.

L'expression légale signifie que le demandeur doit être le premier intéressé. À cette première et élémentaire définition, les civilistes apportent la précision que la règle implique un lien de causalité entre l'infraction et le dommage, un lien suffisant de causalité [1], la détermination de ce lien supposant une certaine appréciation du juge et entraînant certaines incertitudes [2]. Mais, en procédure pénale, le caractère direct du préjudice s'explique par la nature propre de l'infraction pénale de l'infraction qui est loin d'être « tout fait quelconque de l'homme » (art. 1382, C. civ.) et qui est un comportement précis et délimité par un texte. Par conséquent, une infraction ne peut causer un dommage direct que si celui-ci est prévu par le texte incriminateur. Par cette exigence, notre droit réduit le nombre des demandeurs à l'action civile.

Le principe du préjudice nécessairement direct est souvent rappelé [3] et appliqué fidèlement par la jurisprudence et c'est seulement le législateur qui peut y porter atteinte.

1. *L'application prétorienne du principe que le préjudice doit découler directement de l'infraction*

a) Droit commun

292. — Sans nul doute, le préjudice corporel (frais médicaux et pharmaceutiques, indemnité pour incapacité physique, indemnité pour perte de salaire, *pretium doloris*) causé par le délit de violences ou de blessures par imprudence découle directement de ces infractions. De même encore, le préjudice matériel provenant de la privation de la chose volée est bien direct. Le préjudice éprouvé par les actionnaires du fait de la présentation de comptes annuels infidèles est considéré comme personnel à ces actionnaires [4]. Il a été admis également que le vol de colis qui lui étaient confiés pour le transport constituait pour la S.N.C.F. un dommage direct [5] et, plus récemment, qu'une banque, en sa qualité de détentrice de deniers détournés par son préposé, était fondée à invoquer un préjudice direct dont elle devait être dédommagée [6]. La banque qui, par l'effet de manœuvres frauduleuses, a été dépossédée de fonds détenus pour le compte de ses clients et qu'elle est tenue de représenter subit un préjudice direct [7].

1. F. Terré, Ph. Simler et Y. Lequette, *Droit civil. Les obligations*, 8e éd., 2002, n° 860.
2. G. Durry, obs. R.T.D.Civ., 1967.395.
3. V. en dernier lieu, Crim., 24 février 2004, B.C., n° 50, R.P.D.P., 2004.406, obs. C. Ambroise-Castérot ; 9 mars 2004, B.C., n° 61.
4. Crim., 30 janvier 2002, B.C., n° 14, solution justifiée, mais qui se concilie mal avec celle qui prévaut en cas d'abus de biens sociaux, v. *infra*, sous le même numéro.
5. Crim., 19 juillet 1951, J.C.P., 1951.II.6438.
6. Crim., 8 janvier 1998, B.C., n° 7. *Add.* Crim., 21 janvier 1998, B.C., n° 25, l'utilisateur d'un véhicule endommagé volontairement par un tiers peut exercer l'action civile alors pourtant que ledit véhicule ne lui appartient pas.
7. Crim., 14 novembre 2007, B.C., n° 277.

Cela étant, nombreux sont les arrêts qui rejettent l'action civile, en invoquant le caractère indirect du dommage ou en affirmant qu'il n'est pas direct. Voici quelques exemples. Ainsi, le préjudice résultant pour la victime d'un vol des frais qu'elle a engagés pour organiser un système de surveillance n'est pas direct et donc pas réparable [1]. L'obligation pour le fils de la personne accidentellement décédée d'acquitter les droits de succession ne provient pas directement du délit d'homicide involontaire car ces droits auraient été dus un jour : pas de réparation par conséquent de ce chef [2]. L'assureur de la victime d'un vol ne peut obtenir du prévenu le remboursement de l'indemnité qu'il a versée à l'assuré car son obligation d'indemniser la victime a pour cause directe, non le délit, mais le contrat d'assurance antérieur [3]. De même, l'exercice illégal de la médecine ne porte pas directement préjudice au malade ayant eu recours au guérisseur [4]. Une société ne peut agir devant le juge pénal saisi du chef d'homicide par imprudence pour obtenir réparation du dommage qu'elle prétend avoir subi du fait du décès de son gérant [5]. N'est pas non plus direct l'état dépresssif dû au décès d'un proche, ce décès constituant le délit d'homicide involontaire [6]. Pas de relation directe non plus entre le délit d'entrave à la liberté du travail et la perte commerciale d'une entreprise découlant de la fermeture momentanée de l'un de ses magasins : en effet, ce délit a pour seul objet la protection de la liberté du travail [7]. Enfin, cette relation n'existe pas dans le cas de suicide d'un jeune homme entre le préjudice éprouvé par sa mère et le délit de vol d'une arme par un tiers, ladite arme ayant été remise au jeune homme et lui ayant servi pour son suicide [8].

Une mention particulière doit être faite à propos des infractions portant préjudice à une commune. Dans le principe, les contribuables de cette commune ne peuvent se porter partie civile lors de la poursuite de telles infractions puisque, pour eux, le préjudice n'est pas direct [9]. Cependant l'article L. 2132-5, C.G.C.T., apporte un tempérament à ce principe en cas de laisser-aller du maire puisque, selon ce texte « tout contribuable inscrit au rôle de la commune a le droit d'exercer, tant en demande qu'en défense, à ses frais et risques, avec l'autorisation du tribunal administratif, les actions qu'il croit appartenir à la commune et que celle-ci, préalablement appelée à en

1. Crim., 9 avril 1976, B.C., n° 108.
2. Crim., 28 février 1996, B.C., n° 97. À rapprocher de Crim., 18 novembre 1998, B.C., n° 304, D., 1999, Somm. 323 et obs. J. Pradel : à la suite d'un accident mortel, le fils de la victime se trouve tenu de servir à sa place la rente que celui-ci versait à son ex-épouse (prestation compensatoire) ; le juge rejette la demande du fils tendant au remboursement par l'auteur de l'accident des sommes qu'il était désormais appelé à verser à sa mère, la charge de cette rente ne résultant pas de l'accident, mais de la transmission universelle du patrimoine du défunt.
3. Crim., 26 décembre 1961, B.C., n° 552 ; 26 mars 1990, B.C., n° 130.
4. Limoges, 2 juillet 1964, J.C.P., 1964.III.133.
5. Crim., 17 janvier 1993, B.C., n° 77 ; 3 janvier 1996, B.C., n° 1, où la partie civile invoquait une baisse d'activités de l'entreprise consécutive au décès accidentel de son dirigeant.
6. Crim., 1er mars 1973, J.C.P., 1974.II.17615, note G. Viney.
7. Crim., 23 avril 2003, B.C., n° 84, R.P.D.P., 2004.197, obs. L. Leturmy.
8. Crim., 25 octobre 2005, B.C., n° 262, D., 2006, Pan. 619, obs. J. Pradel.
9. Crim., 9 février 1993, B.C., n° 66 ; 21 mars 2000, B.C., n° 122.

délibérer, a refusé ou négligé d'exercer ». Il y a quelques applications de ce texte [1]. On se rapproche de l'action populaire. Le contribuable peut ainsi déclencher le procès pénal. Mais des motivations politiques ne sont pas exclues de l'esprit du contribuable, du moins parfois.

b) Droit des affaires. Le cas du délit d'abus de biens sociaux

293. — Les fautes des dirigeants pouvant causer un préjudice à la société elle-même et à des individus à titre personnel, on peut concevoir dans l'abstrait deux actions civiles, l'une au profit de la société et l'autre au profit de certains individus. Qu'en est-il en réalité ?

Quand la société subit un préjudice, les associés eux-mêmes peuvent exercer l'action civile au nom et pour le compte de la société : c'est l'action sociale *ut singuli.* En admettant cette action, la chambre criminelle la subordonne cependant à l'inaction des dirigeants car ce sont normalement ces derniers qui, en leur qualité de représentants de la personne morale, devraient agir en justice [2].

Lorsque le préjudice est éprouvé par un individu se trouvant dans la sphère de la société, la jurisprudence est beaucoup plus hostile à l'action civile. La chambre criminelle considère que le préjudice invoqué, étant celui du patrimoine social, se trouve dépourvu de tout caractère direct. D'où le rejet de :

— l'action civile exercée par un actionnaire invoquant la perte ou la baisse de valeur de ses titres [3] ;
— l'action civile des créanciers [4] ;
— l'action civile des salariés [5] ;
— l'action civile d'un syndicat des salariés [6] ;
— l'action civile d'un comité d'entreprise [7].

1. Crim., 27 février 1984, B.C., n° 72 ; 11 décembre 1984, B.C., n° 394, J.C.P., 1985.II.20451, note R. Gassin ; 12 mai 1992, B.C., n° 186 ; 15 novembre 2000, B.C., n° 343. Cependant si le maire intervient par la suite dans l'information au nom de la collectivité territoriale, la constitution du citoyen devient sans objet, Crim., 25 novembre 2003, B.C., n° 219.
2. Crim., 12 décembre 2000, B.C., n° 372, Rev. soc., 2001, 323, obs. A. Constantin ; 4 avril 2001, D., 2002, 1475, note Scholastique.
3. Crim., 13 décembre 2000, B.C., n° 373 et 378, Bull. Joly, 2001.497, obs. J.F. Barbieri ; 18 septembre 2002, Bull. Joly, 2003.63, obs. J.E. Barbieri.
4. Crim., 24 avril 1971, B.C., n° 117, Rev. soc., 1971.608, obs. B. Bouloc ; 27 juin 1995, B.C., n° 236, Rev. soc., 1995.746, obs. B. Bouloc.
5. Crim., 11 mai 1999, B.C., n° 49 ; 7 mars 2000, Bull. Joly, 2000.720, obs. P. Scholer ; 20 novembre 2000, B.C., n° 359.
6. Crim., 11 mai 1999, R.S.C., 1999.829, obs. J.F. Renucci, Bull. Joly, 1999.998, obs. J.F. Barbieri ; 28 juin 1999, Bull. Joly, 2000.63, obs. J.F. Barbieri.
7. Crim., 7 juin 1983, B.C., n° 172 ; 4 novembre 1988, B.C., n° 373.

2. *Les exceptions légales au principe que le préjudice doit découler directement de l'infraction*

294. — Le refus par le juge pénal de prendre en considération un préjudice seulement indirect contraint la victime à saisir la juridiction civile. Pour lui éviter ce désagrément, le législateur l'autorise parfois à agir devant les tribunaux, répressifs, consacrant ainsi l'idée que le dommage peut être indirect.

Un bon exemple concerne les *accidents de la circulation* causant à la fois des blessures à une personne, ou sa mort, et des dégâts à un véhicule. Dans un premier temps, le juge pénal, saisi du chef d'homicide ou de blessures par imprudence, réparait seulement le dommage corporel et moral subi par la victime, non les dégâts matériels concernant le véhicule : aux délits des articles 319 et 320 du Code pénal (aujourd'hui art. 221-6, 222-19 et 222-20, C.P.), on estimait ne pouvoir rattacher directement que les dommages personnels[1]. Aussi, pour éviter cet inconvénient, la pratique imagina dans un second temps de poursuivre à la fois pour coups et blessures involontaires (à l'origine des dommages à la personne) et pour contravention routière connexe (à l'origine des dommages au véhicule) : ingénieux, le procédé fut admis par la Cour de cassation[2]. Dans un troisième temps enfin, le législateur intervient. Le Code de 1959 dispose en effet que l'action civile « sera recevable pour tous chefs de dommages aussi bien matériels que corporels ou moraux, qui découleront des faits objets de la poursuite » (art. 3, al. 2, C.P.P.). Ce texte permet désormais à la victime d'un dommage corporel ou à ses héritiers d'obtenir, sur la seule base du délit de blessures ou d'homicide par imprudence, non seulement la réparation de ce dommage, mais encore celle du dommage matériel, même si aucune contravention connexe n'a été relevée[3]. Cependant, celui qui n'a éprouvé qu'un dommage matériel ne peut exercer devant le juge répressif l'action en réparation de ce dommage car il n'a pas été victime personnellement de l'infraction portant atteinte à l'intégralité corporelle[4].

L'article 3, al. 2, C.P.P., écrit pour les victimes d'accidents routiers, s'applique aussi à d'autres hypothèses révélées plus récemment. A ainsi été admise la constitution de partie civile d'un employé d'un magasin où avait eu lieu un vol avec arme[5]. Il est vrai que le texte est rédigé en termes très généraux.

Un second exemple est relatif au *démarchage* et à la *vente à domicile*. Le client qui s'est porté partie civile peut demander au juge pénal la restitution

1. Crim., 13 février 1936, S., 1936.I.155.
2. Crim., 24 mars 1949, B.C., n° 110 ; 19 avril 1956, B.C., n° 323.
3. Crim., 16 mars 1964, J.C.P., 1964.II.13953 ; 16 décembre 1967, B.C., n° 318, R.T.D.Civ., 1968.549, obs. G. Durry. *Add.* art. C 16 de l'Instruction générale pour l'application du C.P.P.
4. Crim., 16 mars 1964, précité ; 12 décembre 1977, B.C., n° 391.
5. Crim., 17 mai 1995, B.C., n° 176 ; 3 janvier 1996, B.C., n° 2. V. aussi pour une tentative de meurtre commise sur un tiers, Crim., 24 janvier 1996, B.C., n° 39.

des acomptes indûment perçus, sans préjudice de tous dommages-intérêts (art. L. 121-31, C. cons., dû à la loi du 26 juillet 1993).

B — Nécessité d'un préjudice personnellement souffert par la victime

295. — Cette deuxième exigence inscrite à l'article 2 vise évidemment, elle aussi, à restreindre le nombre des constitutions de partie civile.

1. *Les personnes admises à agir*

296. — Il s'agit de la victime même de l'infraction et de ses héritiers. Ces personnes peuvent se constituer partie civile car manifestement elles ont reçu « l'impact de l'infraction ».

a) La victime même de l'infraction

297. — Qui peut être déclaré victime même de l'infraction ?

Ordinairement, le bon sens donne la réponse, admise par la jurisprudence. La personne atteinte par les coups ou celle qui a été l'objet du vol sont bien victimes puisque leur préjudice est personnel. Cela dit, deux extensions sont admises en jurisprudence.

C'est d'abord celle du dommage par ricochet, où longtemps la jurisprudence ne parut pas suivre la raison [1]. C'est quand elle refusait d'accueillir l'action civile des ascendants, descendants et conjoints d'une personne grièvement blessée et devenue infirme à la suite d'une infraction, de coups volontaires ou de blessures par imprudence [2]. La jurisprudence alléguait que le préjudice n'est pas direct, ce qui signifiait en l'espèce qu'il n'est pas personnel. Cette attitude était doublement critiquable. D'abord, elle ne correspondait pas à la réalité puisque les parents éprouvent bien un dommage personnel, ce qu'admettent d'ailleurs les juridictions civiles [3]. Ensuite, la solution ne s'accordait pas avec celle qui admet la constitution de partie civile des mêmes parents en cas de décès de la victime [4]. Heureusement, par trois arrêts récents, cette jurisprudence vient d'être renversée, qu'il s'agisse de blessures par imprudence [5] ou de

1. X. PRADEL, *Le préjudice dans le droit civil de la responsabilité*, 2004, n°s 218 et s. ; Crim., 15 décembre 1998, B.C., n° 340.

2. Crim., 29 novembre 1966, J.C.P., 1967.II.14979, note P.C. ; 1er mars 1973, B.C., n° 165 ; 23 janvier 1975, J.C.P., 1976.II.18333, note J.H. Robert ; Ass. plén., 12 janvier 1979, J.C.P., 1980.II.19335, rapport Ponsard, note M.E. Cartier ; Crim., 18 janvier 1982, B.C., n° 14.

3. Civ. 2, 10 juin 1964, G.P., 1964.II.259.

4. Crim., 20 mars 1973, B.C., n° 137 ; 6 mai 1982, B.C., n° 115, R.T.D.Civ., 1983.348, obs. G. Durry.

5. Crim., 9 février et 21 mars 1989, B.C., n°s 63 et 137, D., 1989, Somm. 389 et obs. J. Pradel, D., 1989.614, note Bruneau, J. PRADEL et A. VARINARD, n° 9.

violences volontaires [1]. Dans le sillage de cette jurisprudence, on citera cet arrêt qui a admis l'indemnisation du préjudice matériel subi par une concubine et son enfant âgé de six semaines au moment de la mort du concubin, la vie commune n'ayant pourtant duré que dix-huit mois [2].

Ensuite, un arrêt remarqué a admis que dans une poursuite pour viol incestueux, la jeune mère puisse se constituer partie civile au nom de son enfant devant la cour d'assises [3]. La solution peut se justifier en fait en raison de la situation dramatique dans laquelle risque de se trouver à l'avenir l'enfant. Mais en droit, elle paraît très contestable car au moment du viol l'enfant n'a pu éprouver de préjudice personnel puisqu'il n'existait pas encore.

b) Les héritiers de la victime

298. — On peut considérer les héritiers comme des victimes personnelles grâce aux notions de communauté familiale et de continuation de la personne ; « c'est un devoir pour l'héritier de venger le meurtre et la mémoire de son auteur », écrivait Labbé [4].

Au regard de l'action civile, trois situations se présentent.

— *Supposons d'abord que l'infraction n'ait pas entraîné la mort immédiate de la victime.* Il est évident que les héritiers peuvent agir en invoquant leur préjudice propre, personnel comme il vient d'être dit sous le numéro précédent. Plus délicate est la question de savoir si les héritiers peuvent agir pour obtenir réparation du préjudice que le *de cujus* avait subi de son vivant. On parle d'action successorale, laquelle est exercée par les héritiers. La réponse est affirmative sans discussion si la victime physiquement atteinte avait déjà lancé l'action de son vivant et était décédée en cours d'instance, cette action étant transmise à ses héritiers [5]. Encore faut-il que les ayants droit aient repris l'instance [6]. Mais si la victime physiquement atteinte n'avait pas agi, la jurisprudence a évolué. Elle a d'abord considéré que les héritiers pouvaient agir au pénal [7] et elle décide aujourd'hui qu'ils ne le peuvent pas : en effet, « l'action publique n'ayant été mise en mouvement ni par la victime

1. Crim., 23 mai 1991, D., 1992, Somm. 95 et obs. J. Pradel.

2. Crim., 29 mai 2001, B.C., n° 134.

3. Crim., 4 février 1998, B.C., n° 43, D., 1999.445, note Bourgault-Coudeyville, J.C.P., 1999.II.10178, note Moine-Dupuy, Dr. pén., 1998, comm. 104, obs. A. Maron, R.S.C., 1998.579 et obs. J.P. Dintilhac.

4. Labbé, S., 1881.II.21.

5. Crim., 16 juillet 1980, B.C., n° 224 ; 9 octobre 1985, B.C., n° 305, D., 1987.93, note A. Breton ; 20 mars 1990, B.C., n° 121, 2e arrêt. Toutefois le préjudice résultant de l'incapacité permanente de travail de la victime décédée en cours d'instance ne doit être pris en compte par les juges qu'en fonction du temps écoulé jusqu'à la date du décès, Crim., 15 juin 1994, B.C., n° 237.

6. Crim., 26 novembre 1998, B.C., n° 318, R.S.C., 2000.219, obs. A. Giudicelli.

7. Ch. mixte, 30 avril 1976, 2e espèce, D., 1977.185, note Contamine-Raynaud, le 1er arrêt parle de « préjudice successoral ». Même solution si la victime était décédée quelques instants après l'accident, Crim., 28 octobre 1992, B.C., n° 349, D., 1993, Somm. 203, obs. J. Pradel.

elle-même ni par le Ministère public, le demandeur » (l'héritier) « ne pouvait exercer que devant la juridiction civile le droit à réparation du dommage qui lui avait été transmis en sa qualité d'héritier » [1]. Ce revirement mérite l'approbation car si le parent n'a pas agi de son vivant, on peut considérer que son abstention équivaut à une sorte de pardon, au moins si un certain temps sépare le jour de l'accident de celui du décès.

Question annexe, quand les héritiers peuvent agir, le succès de leur action est-il lié ou non à l'état de conscience de la victime entre le jour de l'accident et le jour du décès ? Rationnellement, la réponse est affirmative : il n'y a pas de préjudice à défaut de conscience [2]. Pourtant, la jurisprudence retient une conception objective en ce que « l'indemnisation d'un dommage n'est pas fonction de la représentation que s'en fait la victime, mais de sa constatation par le juge et de son évaluation objective » [3].

— *Lorsque l'infraction a provoqué le décès immédiat de la victime*, les héritiers exercent une action qui leur est propre, née directement dans leur patrimoine, et non une action transmise par voie successorale. C'est pourquoi la chambre criminelle considérait que, malgré la faute de la victime, les héritiers ne pouvaient se voir opposer un partage de responsabilité : ils avaient droit à une totale réparation du préjudice que leur avait personnellement causé l'infraction [4]. Cependant, par la suite, la Cour de cassation, toutes chambres réunies, décida que le prévenu pouvait opposer aux héritiers le partage de responsabilité entre leur auteur et lui [5] et la chambre criminelle s'inclina [6]. La notion d'héritiers est entendue largement : ascendants, descendants, conjoint, frères et sœurs de la victime [7], voire légataire universel s'il était très lié au défunt [8].

— *Enfin, l'infraction peut se produire après décès de la victime.* Il en est ainsi dans le cas d'injure ou de diffamation contre la mémoire du défunt. Les

1. Crim., 27 avril 2004, B.C., n° 96, J.C.P., 2004.II.10157, note L. Boré et J. de Salve de Bruneton, R.S.C., 2004.904, obs. D.N. Commaret ; Ass. plén. 9 mai 2008, n° 06-85.751. Cependant, si le Ministère public avait mis en mouvement l'action publique, les héritiers peuvent agir si la victime n'avait pas renoncé à son action. Ass. plén. 9 mai 2008, n° 05-87.379, D. 2008, A.J., 1415, obs. Léna.

2. L. Cadiet, *Les métamorphoses du préjudice*, in *Les métamorphoses de la responsabilité*, colloque commun aux Facultés de droit de Montréal, Nimègue et Poitiers, Publications de la Faculté de Poitiers, Sixièmes Journées R. Savatier, mai 1997, P.U.F., 1998, p. 62, l'auteur indiquant que verser une indemnité qui compenserait le préjudice « est à la limite de l'indécence ». V. aussi dans le même sens, X. Pradel, *Le préjudice dans le droit civil de la responsabilité*, 2004, n°s 208 et s.

3. Crim., 5 janvier 1994, B.C., n° 5, J.C.P., 1995.IV.862 ; v. dans le même sens, Civ. 2, 22 février 1995, D., 1995, Somm. 235, obs. D. Mazeaud ; comp. Crim., 28 octobre 1992, B.C., n° 249, D., 1993, Somm. 203, obs. J. Pradel, pour une victime n'ayant survécu que quelques instants, la réparation suppose une absence de perte de conscience, solution *a contrario*.

4. Crim., 26 décembre 1960, J.C.P., 1961.II.12193, note P. Esmein ; 11 décembre 1963, B.C., n° 355.

5. Ch. réun., 25 novembre 1964, D., 1964.733, concl. M. Aydalot.

6. Crim., 1er avril 1965, trois arrêts, B.C., n°s 99, 100 et 101 ; 26 janvier 1982, B.C., n° 30.

7. Crim., 2 mai 1952, J.C.P., 1953.II.7354.

8. Req., 10 avril 1922, S., 1924.I.153, note P. Esmein.

héritiers peuvent-ils demander réparation et, dans l'affirmative, au nom du défunt ou bien en leur nom propre ? D'un côté, les héritiers ne peuvent agir que si le coupable, à travers le défunt, a entendu nuire à l'honneur ou à la considération de ses ayants cause vivants (art. 34 de la l. du 29 juillet 1981) ; le délit suppose donc un préjudice personnel chez les héritiers [1]. D'un autre côté, cependant, en exerçant l'action civile, les héritiers agissent en représentation du défunt dont la mémoire a été atteinte : il en résulte que, par exemple, c'est en la personne du *de cujus* que s'apprécient la compétence, la qualification de l'infraction poursuivie et la peine encourue (celle-ci variant selon que la victime est un simple particulier ou une personne investie d'une qualité visée à l'article 31 de la loi de 1881).

2. *Les personnes non admises à agir*

299. — L'article 2 entend certainement exclure les demandeurs faisant état d'un préjudice d'autrui [2]. Mais, dans son souci de restreindre les constitutions de partie civile, la jurisprudence fait également dire au texte que les demandeurs invoquant un préjudice lésant la généralité des citoyens, social, sont irrecevables.

a) Ce que la jurisprudence décide en respectant le texte : l'exclusion des demandeurs faisant état d'un préjudice d'autrui

Bibliographie. — J. Appietto, *Intervention de l'assureur au procès pénal*, G.P., 1984.II, Doctr. 520 ; M.E. Cartier, *La notion de dommage personnel réparable par les juridictions répressives*, thèse dactyl., Paris, 1968 ; G. Chesné, *L'assureur et le procès pénal*, R.S.C., 1965.283 ; J. Larguier, *Remarques sur l'action civile exercée par une personne autre que la victime*, Mélanges Patin, 1965.385 ; J.P. Marchat, *L'intervention dans le procès pénal*, thèse dactyl., Paris, 1961 ; J. Mazard, *Les problèmes de la Sécurité sociale devant la chambre criminelle de la Cour de cassation*, Mélanges Patin, 1965.365 ; R. Meurisse, *La constitution de partie civile des caisses de Sécurité sociale*, G.P., 1954.I, Doctr. 28 et S., 1957, chron. 27 ; R. Michel, *De l'intervention des compagnies d'assurances devant les tribunaux répressifs en matière d'accidents*, J.C.P., 1964.I.1881 ; J. Pradel, *Un nouveau stade dans la protection des victimes d'infractions. Commentaire de la loi n° 83-608 du 8 juillet 1983*, D., 1983, chron. 241 ; Y. Saint-Jour, *Le droit pénal de la Sécurité sociale*, P.U.F., 1973.

1. Irrecevabilité de l'action exercée par les héritiers de G. Sand à l'encontre d'un critique littéraire qui n'avait jamais eu l'intention de porter atteinte à leur honneur ou à leur considération, Paris, 15 janvier 1932, D., 1932.II.119, 1re espèce, note H. Lalou. Cependant, il n'est pas nécessaire, pour le succès de l'action, que les propos contiennent l'imputation de faits précis contre les héritiers, Crim., 9 janvier 1948, B.C., n° 9.

2. Pour un cas évident, Crim., 15 décembre 1998, B.C., n° 340, rejet de l'action civile du garde des Sceaux dans des poursuites exercées pour diffamation publique envers les cours et tribunaux, ledit ministre ne souffrant d'aucun préjudice personnel.

300. — *Principe.* On voit parfois une personne non partie à un procès à son origine, qui va s'y trouver mêlée pour défendre ses droits : c'est *l'intervention.* Largement admise devant les juridictions civiles (art. 325 et s., N.C.P.Civ.) l'intervention ne se conçoit guère devant les juridictions répressives. En effet, si le pouvoir pénal, découlant de l'idée de vindicte, peut être accordé à la victime même de l'infraction, on voit mal comment il pourrait l'être à des tiers intervenants dont le préjudice n'est pas personnel puisqu'ils invoquent celui d'autrui. C'est pourquoi la jurisprudence exclut l'action civile des personnes intervenantes dont l'admission ne peut résulter que d'un texte exceptionnel.

— *Les créanciers de la victime*

301. — Il résulte de l'article 1166, C. civ., que les créanciers ont la faculté d'exercer l'action en réparation du dommage causé par l'infraction dont leur débiteur a été victime si celui-ci néglige de l'exercer. Il est sûr que ces créanciers peuvent agir devant la juridiction civile, sauf si l'action civile a pour objet la réparation du dommage moral, car, dit-on, le débiteur est libre de souffrir en silence. Mais devant la juridiction pénale, l'action civile des créanciers n'est jamais recevable, qu'elle ait pour objet la réparation d'un dommage matériel ou moral [1]. Les créanciers n'ont pas souffert personnellement. Et si une décision ancienne avait admis la solution inverse [2], c'est peut-être parce que l'article 1, alinéa 2, du Code d'instruction criminelle, d'où dérive l'article 2 du Code de procédure pénale, ne comportait pas l'adverbe « personnellement ».

— *Les cessionnaires*

302. — On sait que l'action civile peut être cédée à un tiers puisqu'elle est de nature patrimoniale. Le tiers cessionnaire peut certainement exercer l'action de la victime cédante devant la juridiction civile. Peut-il aussi l'exercer devant le juge répressif ? La chambre criminelle a répondu par la négative [3]. Elle a indiqué pour la première fois que l'action civile exercée au pénal n'est pas seulement indemnitaire mais aussi répressive puisqu'elle met en mouvement l'action publique et a ajouté que le droit de déclencher l'action publique ne peut se concevoir que de la part de la victime elle-même. On peut en effet admettre qu'en ayant cédé son action, la victime a par-là même renoncé à exercer son droit de vengeance.

1. Crim., 16 janvier 1964, D., 1964.194, note J. M. ; 24 avril 1971, B.C., n° 117.
2. Crim., 18 mars 1941, D.A., 1941.247.
3. Crim., 25 février 1897, S., 1998.I.201, note Roux.

— *Les tiers subrogés*

303. — *Position du problème.* Voisine est la situation du tiers qui a payé à la victime de l'infraction une indemnité représentant son dommage et qui se trouve en conséquence subrogé dans ses droits. Ce tiers subrogé peut certainement exercer l'action civile devant la juridiction civile. Peut-il également agir devant la juridiction répressive dans les mêmes conditions que la victime elle-même ? Le préjudice n'étant pas personnel au subrogé, on est tenté de répondre par la négative. Le problème se pose pour les compagnies d'assurances, les caisses de Sécurité sociale, le Fonds de garantie automobile, enfin l'État et les collectivités publiques.

304. — *L'assureur de la victime.* S'agissant des *compagnies d'assurances*, qui sont légalement subrogées dans les droits et actions de l'assuré victime contre le tiers responsable (art. 36 de la l. du 13 juillet 1930, aujourd'hui art. L. 121-12 du Code des assurances), la jurisprudence a varié. Après avoir admis l'intervention de l'assureur dans un procès pénal déjà engagé [1], elle rejeta par la suite avec fermeté cette action [2]. Cette position restrictive se fondait évidemment sur le fait que le préjudice n'est pas personnel à l'assureur (et aussi sur l'idée que ce dommage n'est qu'indirect puisqu'il résulte non de l'infraction, mais d'une obligation contractuelle préexistante, dit-on ; v. *supra*, n° 292).

À la vérité, cette solution était embarrassante pour l'assureur qui ne pouvait apparaître au procès pénal ; aussi avait-on proposé de lui permettre sinon de mettre en mouvement l'action civile — il y a là une prérogative pénale appartenant à la victime seule — du moins d'intervenir à un procès pénal déjà commencé [3]. De plus, la solution était illogique puisque la chambre criminelle accueille les caisses de Sécurité sociale au moins à certaines conditions. C'est pourquoi la loi du 8 juillet 1983 sur la protection de la victime autorise l'intervention volontaire ou forcée de l'assureur de la victime.

Cependant, la possibilité pour l'assureur d'apparaître au procès pénal est limitée à divers égards :

— Il peut non pas agir, mais seulement intervenir comme l'indique l'article 388-1, al. 2, C.P.P. : il faut que la victime elle-même exerce l'action en réparation, à défaut de quoi l'intervention volontaire ou forcée de l'assureur est sans objet [4] ;

— Il peut intervenir seulement en cas d'homicide ou de blessures involontaires ; de là son exclusion s'il entend se faire rembourser les sommes

1. Crim., 21 juin 1859, B.C., n° 149 ; Paris, 16 mai 1956, G.P., 1956.II.171.
2. Crim., 10 octobre 1957, D., 1958.386, note Meurisse.
3. G. CHESNÉ, *L'assureur et le procès pénal*, R.S.C., 1965.283 et s., not. 332.
4. Crim., 12 octobre 1994, B.C., n° 330.

qu'il a versées à son client en vertu du contrat d'assurances à la suite d'un vol subi par le client [1] ;

— Il ne peut intervenir que s'il est l'assureur du prévenu ou du civilement responsable [2] ;

— Il est sans qualité pour exercer sur le fondement de l'article 388-1, C.P.P., une action récursoire contre des codébiteurs solidaires, dans le cas où il aurait indemnisé des tiers payeurs [3].

Bien que l'article 385-1, C.P.P., autorise l'intervention de l'assureur seulement pour soulever la nullité du contrat ou une clause du contrat tendant à mettre l'assureur hors de cause, la jurisprudence étend l'intervention de l'assureur à des points touchant à la compétence [4].

En outre, l'assureur peut intervenir pour la première fois en appel et il peut le faire aussi bien devant la cour d'assises que devant le tribunal correctionnel [5].

L'assureur doit se faire représenter par un avocat ou un avoué (art. 388-1, al. 2, C.P.P.). S'il intervient en qualité de mis en cause (donc non de lui-même), la partie qui l'attrait en justice doit le faire par acte d'huissier ou par lettre recommandée dix jours au moins avant l'audience (art. 388-2, C.P.P.). L'irrespect de ces conditions de forme aurait pour effet que la décision du juge pénal sur les intérêts civils lui serait inopposable [6]. Car le principe général est bien que cette décision lui est opposable. C'est d'ailleurs pourquoi il peut prendre les devants en intervenant à titre volontaire.

305. — *Les caisses de Sécurité sociale.* Le problème se pose dans les mêmes termes. Ayant versé à la victime d'une infraction (par ex., blessures par imprudence) ou d'un accident, diverses prestations, la caisse possède un recours contre le tiers auteur (art. L. 376-1, C. Séc. soc. en droit commun ; art. L. 454-1 du même Code, pour les accidents du travail). Au cas d'infraction, peut-elle exercer ce recours devant le juge pénal ? Après avoir hésité, la Cour de cassation a fini par l'admettre [7]. Peu après, elle a précisé qu'« une telle intervention, dérogatoire aux règles de la procédure pénale et fondée uniquement sur l'action civile accordée à la victime d'une infraction, est

1. Crim., 8 avril 1986, D., 1987, Somm. 77, et obs. J. Pradel ; 8 novembre 1988, B.C., n° 379 ; 26 mars 1990, B.C., n° 130. Même jurisprudence pour les violences, Crim., 31 mai 1989, B.C., n° 229 ; 23 mai 1991, B.C., n° 220. Également pour l'incendie involontaire, Crim., 2 mars 1988, B.C., n° 111. Également pour la conduite sous l'empire de l'alcool, Crim., 23 avril 1991, B.C., n° 189.

2. Crim., 2 avril 1992, B.C., n° 138. D'où l'exclusion de l'assureur d'un tiers conducteur d'un véhicule impliqué, Crim., 17 février 1993, B.C., n° 77. Exclusion aussi de l'assureur de la victime constituée partie civile, Crim., 2 avril 1992, précité.

3. Crim., 3 juin 1992, B.C., n° 218.

4. Crim., 2 décembre 2003, J.C.P., 2004.I.157, p. 1474, et obs. A. Maron.

5. Crim., 30 mai 1985, G.P., 1985.II.542, note Angevin, R.S.C., 1986.131, obs. A. Braunschweig.

6. Crim., 22 janvier 1997, B.C., n° 23.

7. Crim., 9 décembre 1954, B.C., n° 385 ; 12 mars 1957, S., 1957.I.222.

nécessairement subordonnée à l'exercice par ladite victime de son action devant cette même juridiction »[1]. Si par conséquent, la victime n'agit pas devant le juge pénal, la Sécurité sociale ne peut intervenir.

306. — *Certains Fonds.* On évoquera le Fonds de garantie automobile et le Fonds de garantie des victimes des actes de terrorisme et d'autres infractions.

Le premier a été créé par une loi du 31 décembre 1951. Il est chargé de verser des indemnités aux victimes des accidents corporels de la circulation quand l'auteur demeure inconnu ou bien insolvable en totalité ou en partie. Bien que cet organisme soit lui aussi subrogé dans les droits de la victime, la Cour de cassation lui déniait le droit d'intervenir au pénal[2] et le traitait en conséquence comme l'assureur. Mais le législateur a réagi : une ordonnance du 23 septembre 1958 (art. 20), aujourd'hui article L. 421-5, C. assur., a formellement autorisé le Fonds de garantie à intervenir devant la juridiction répressive et même pour la première fois en appel. Il faut noter que ce texte permet au Fonds de garantie d'intervenir, mais ne l'autorise pas à agir lui-même par voie d'action. C'est la même solution que pour la Sécurité sociale.

Quant au Fonds de garantie des victimes des actes de terrorisme et d'autres infractions, déjà évoqué[3], les règles sont relativement proches. Tout d'abord, l'article L. 422-1, du Code des assurances décide en son alinéa 3 qu'il est « subrogé dans les droits que possède la victime contre la personne responsable du dommage » et de façon proche, l'article 706-11 C.P. déclare que « le Fonds est subrogé dans les droits de la victime pour obtenir des personnes responsables du dommage causé par l'infraction ou tenues à un titre quelconque d'en assurer la réparation totale ou partielle le remboursement de l'indemnité ou de la provision versée par lui... » À partir de là, la chambre criminelle a jugé que le Fonds peut se porter partie civile devant la juridiction répressive et cela même si la victime ne s'est pas elle-même constituée partie civile[4]. Elle considère aussi que le Fonds peut se constituer pour la première fois en cause d'appel[5]. Enfin elle décide à partir des deux articles précités, que le Fonds ne peut exercer son recours que s'il justifie que les personnes dans les droits desquelles il est subrogé ont subi un préjudice découlant de l'infraction[6].

307. — *L'État et les collectivités publiques.* Si un fonctionnaire ou agent public a été victime d'un dommage imputable à un tiers, on peut se demander si l'État ou la collectivité ont le droit de se retourner contre le

1. Crim., 20 février 1958, B.C., n° 187 ; 7 octobre 1960, B.C., n° 255 ; 2 juillet 1964, B.C., n° 224.
2. Crim., 4 avril 1957, J.C.P., 1957.II.10161, note J. Granier.
3. V. *supra*, n°s 264 et s.
4. Crim., 20 octobre 1993, B.C., n° 301 ; 31 mai 2000, B.C., n° 209.
5. Crim., 17 mars 2004, B.C., n° 68, R.S.C., 2004.672, obs. A. Giudicelli.
6. Crim., 24 novembre 2004, B.C., n° 298, R.S.C., 2004.33, obs. D.N. Commaret.

responsable pour lui réclamer le remboursement de la pension versée à la victime. La chambre criminelle ayant rejeté la demande en remboursement de la pension versée à l'agent victime [1], le législateur intervint là encore. Une ordonnance du 7 janvier 1959, relative au fonctionnaire décédé ou victime d'une infirmité ou d'une maladie imputable à un tiers, permet à l'État d'agir en qualité de subrogé en remboursement des prestations qu'il a versées ; ces dispositions ont été étendues aux agents des collectivités publiques par une loi du 2 janvier 1968. Ensuite, la loi du 13 juillet 1983, relative au statut des fonctionnaires, accorde à l'État à la fois une subrogation (art. 11, al. 5) et une action directe (art. 11, al. 4) pour réclamer à l'auteur d'une infraction volontaire (menaces, outrages...) la restitution des sommes qu'il a dû verser à ceux-ci. Sur la base de ce dernier texte, la jurisprudence estime que l'État peut se constituer partie civile, même si la victime n'agit pas [2].

b) Ce que la jurisprudence décide en déformant le texte : l'exclusion des demandeurs faisant état à ses yeux d'un préjudice social

Bibliographie. — S. GUINCHARD, *Grandeur et décadence de la notion d'intérêt général : la nouvelle recevabilité des actions civiles en cas d'infraction à la législation économique*, Mélanges Vincent, 1982.137 ; J. LARGUIER, *Action individuelle et intérêt général*, Mélanges Hugueney, 1964.87 ; J. RUBELIN-DEVICHI, *L'irrecevabilité de l'action civile et la notion d'intérêt général. Réflexions sur l'autonomie, au pénal et au civil, du droit économique*, J.C.P., 1965.I.1922.

308. — Seul le Ministère public, en tant que représentant de l'intérêt général, peut évidemment faire état d'un préjudice social. Or, d'après la jurisprudence, il arrive que des demandeurs fassent aussi état d'un tel préjudice : il en est ainsi quand l'infraction qu'ils invoquent est *d'intérêt général*. L'action civile doit alors être rejetée. Cette théorie jurisprudencielle, encore vivace quoique en recul, mérite d'être censurée.

— Le domaine de la théorie des « infractions d'intérêt général »

309. — *Naissance*. Cette notion apparaît, semble-t-il, pour la première fois avec un vieil arrêt de 1913 selon lequel « le délit d'outrage public à la pudeur ne lèse que la généralité des citoyens, en s'attaquant uniquement à la morale publique » [3]. Depuis lors, la jurisprudence a rangé dans cette catégorie de très nombreuses infractions à propos desquelles la victime prétendue ne peut agir au pénal ni par voie d'action ni même par voie d'intervention. Par la suite cependant, la jurisprudence, parfois aidée par la loi, devait changer au point qu'aujourd'hui la théorie des infractions d'intérêt général est très en recul.

1. Crim., 14 novembre 1956, 5 arrêts, B.C., n°s 730 à 734.
2. Pour une application de l'art. 11, al. 4, v. Crim., 18 juin 1991, B.C., n° 261.
3. Crim., 25 juillet 1913, D., 1915.I.150, note M. Nast ; J. PRADEL et A. VARINARD, II, n° 10.

310. — *Développement.* À partir des années 1950 et pendant plusieurs décennies, la jurisprudence a généralisé cette théorie.

La matière économique fut le terrain d'élection de la théorie : pas d'action civile en cas d'infraction aux règlements sur les prix [1], en cas de refus de vente [2] ou de vente avec prime [3]. Pas d'action civile non plus en cas d'exercice illégal de la profession bancaire [4].

Parallèlement, la théorie s'étendait à de très nombreux autres domaines : infractions relatives au Code des débits de boissons [5], rébellion à agent [6], délit de fuite [7], non-révélation de crime [8], défaut de permis de construire [9], faux en écritures publiques [10], recel de malfaiteurs [11].

Sans doute, la jurisprudence limitait-elle parfois la théorie : ainsi à propos du défaut d'assistance [12] et de réception anticipée par un agent immobilier de sommes représentatives de frais [13]. Mais ces exceptions restaient modestes.

311. — *Recul.* Or, depuis environ 1980, la théorie des infractions d'intérêt général recule beaucoup.

Ce recul se manifeste d'abord en jurisprudence ; soit qu'elle revienne dans certains cas sur des solutions acquises [14], soit qu'elle statue sur des questions nouvelles [15]. La chambre criminelle dit souvent que l'infraction tout à la fois porte

1. Crim., 19 novembre 1959, *aff. Milhaud*, B.C., n° 499, D., 1960.463, note critique G. Durry.

2. Crim., 11 juillet 1962, D., 1962.497, note Costa.

3. Crim., 2 février et 19 avril 1961, B.C., n°s 69 et 210 ; 12 mars 1969, B.C., n° 113.

4. Crim., 9 mai 1972, B.C., n° 158.

5. Crim., 30 janvier 1957, B.C., n° 101, ouverture illicite d'un débit de boissons ; 15 février 1961, B.C., n° 93, violation des règles sur les zones protégées.

6. Crim., 11 juin 1956, B.C., n° 475.

7. Paris, 10 novembre 1971, G.P., 1972.I.17.

8. Crim., 2 mars 1961, B.C., n° 137, D., 1962.121, note P. Bouzat, J.C.P., 1961.II.12092, note J. Larguier.

9. Crim., 26 novembre 1958, B.C., n° 694.

10. Crim., 5 décembre 1973, G.P., 1974.I.129, R.S.C., 1974.367, obs. A. Vitu ; 23 mai 1977, B.C., n° 182, R.TD.Civ., 1978.146, obs. G. Durry.

11. Crim., 20 février 1985, G.P., 1985.II, somm. 214, B.C., n° 83.

12. Crim., 16 et 20 mars 1972, D., 1972.394, note Costa.

13. Crim., 28 avril 1977, B.C., n° 144, R.T.D.Civ., 1978.146.

14. Pour les infractions au droit de l'urbanisme, notamment en ce qui concerne le permis de construire : Crim., 17 janvier 1984, B.C., n° 24, *Rev. dr. immobilier*, 1984.254, obs. Roujou de Boubée, J.C.P., 1985.II.20451, note R. Gassin ; 22 août 1994, B.C., n° 290. Pour la non-révélation de crime : Crim., 17 novembre 1993, B.C., n° 347 ; 27 février 2001, B.C., n° 48. Pour le délit de fuite : Crim., 26 octobre 1994, Dr. pénal, octobre 1996, comm. 226. Pour le recel de malfaiteur, Crim., 17 septembre 2003, D., 2004, Somm. 666, et obs. J. Pradel.

15. Pour le licenciement pour cause économique : Crim., 23 juin 1981, B.C., n° 218. Pour une infraction à un plan d'occupation des sols : Crim., 18 décembre 1984, B.C., n° 407. Pour l'ouverture illicite d'une pharmacie : Crim., 28 octobre 1986, B.C., n° 308. Pour la corruption passive : Crim., 1er décembre 1992, Dr. pén., juin 1993, comm. 126. Pour une infraction relative à l'exploitation des voitures de petite remise : Crim., 14 mars 1994, G.P., 22-23 juin 1994. Pour l'utilisation d'un fichier informatique sans déclaration préalable : Paris, 13 septembre 1995, Dr. pén., 1996, comm. 32. Pour le délit d'atteinte à l'état des lieux d'une infraction, Crim., 23 novembre 2000, B.C., n° 78 ; 14 janvier 2003, R.P.D.P., 2003.373, obs. C. Ambroise-Castérot. Pour le délit de publication de commentaires tendant à influencer les témoins ou le juge, Crim., 2 octobre 1985, B.C., n° 291.

atteinte à l'intérêt général et peut également causer à des particuliers un préjudice direct et personnel [1].

Le recul de la théorie est ensuite confirmé par la loi. Par exemple, une loi du 27 décembre 1973 sur le commerce et l'artisanat (loi Royer), décide en son article 45 que « l'action civile en réparation du dommage causé par l'une des infractions constatées, poursuivies et réprimées suivant les dispositions de l'ordonnance n° 45-1484 du 30 juin 1945 relative... à la législation économique est exercée dans les conditions du droit commun ». Ce texte a d'ailleurs été actualisé par l'ordonnance du 1er décembre 1986 qui abroge l'ordonnance de 1945 et parle désormais des « infractions constatées, poursuivies et réprimées suivant les dispositions de l'ordonnance n° 86-1243 du 1er décembre 1986 relative à la liberté des prix et de la concurrence », le reste étant non modifié. Il faut noter cependant qu'en ramenant la matière dans le giron du droit commun de l'action civile, le législateur n'a pas exclu la nécessité d'un dommage direct et personnel [2].

Parfois aussi le législateur s'écarte de cette conception du préjudice, tout en condamnant cependant la théorie des infractions d'intérêt général. C'est le cas des assocations de consommateurs qui « peuvent exercer les droits reconnus à la partie civile relativement aux faits portant un préjudice direct ou indirect à l'intérêt collectif des consommateurs » (art. L. 421-1, C. cons.) [3].

Il reste encore il est vrai des manifestations de la théorie des infractions d'intérêt général spécialement en jurisprudence. Certaines solutions anciennes n'ont pas été infirmées comme celle relative aux débits de boissons et au faux. Et de plus, quelques infractions nouvelles sont classées d'intérêt général, comme les infractions douanières [4], le fait de jeter le discrédit sur l'autorité de la justice [5], et l'atteinte au secret de la défense nationale [6]. On pourrait sans doute y ajouter les infractions fiscales, la jurisprudence ne paraissant pas encore avoir statué. On doit en effet admettre un noyau dur des délits d'intérêt général et le tort de la chambre criminelle a été naguère d'étendre démesurément sa théorie et d'encourir évidemment la critique.

1. Voir en dernier lieu, Crim., 27 février 1996, B.C., n° 91, à propos de l'exercice sans licence de l'activité d'organisateur de voyages ; 6 juin 2001, B.C., n° 32, D., 2002, somm. 1457, obs. J. Pradel, à propos du travail dissimulé.

2. B. Bouloc, *Revue de jurisprudence commerciale*, décembre 1980.37 ; C. Gavalda, J.C.P., 1980.I.2968.

3. V. *infra*, n° 341.

4. Crim., 8 janvier 2003, R.P.D.P., 2003.375 et obs. C. Ambroise-Castérot.

5. Crim., 7 mars 1988, B.C., n° 113, J.C.P., 1988.II.21133, note W. Jeandidier ; 9 décembre 1993, B.C., n° 382, G.P., 1994.I.220 et la note ; 13 septembre 2005, B.C., n° 221.

6. Crim., 1er octobre 1996, B.C., n° 338.

— *La critique de la théorie des « infractions d'intérêt général »*

312. — La notion n'a pas bonne presse en doctrine et il y a deux raisons à cela.

En premier lieu, la distinction entre les infractions d'intérêt général et les autres est à peu près impossible à établir. D'abord, il ne faut attendre aucun secours de la lettre des textes. Sans doute, existe-t-il des infractions qui, par leurs éléments constitutifs, contiennent la preuve d'un préjudice (par ex., les coups volontaires). Mais il en est beaucoup d'autres qui ne comprennent pas le préjudice au nombre de leurs éléments (par ex., empoisonnement) et qui, néanmoins, autorisent la constitution de partie civile car elles peuvent entraîner un dommage. Ensuite, il ne faut pas davantage attendre un secours de l'esprit des textes. On pourrait songer à classer les infractions en fonction de leur finalité et l'on admettrait, par exemple, que les crimes et délits contre la chose publique seraient d'« intérêt général ». Mais l'argument ne saurait être retenu puisque les infractions contre la chose publique peuvent très bien causer un préjudice à un particulier. Enfin, les « infractions d'intérêt général » sont si diverses qu'il est impossible de leur découvrir une spécificité et de leur trouver un critère. Les nombreuses tentatives doctrinales sont à cet égard peu convaincantes [1].

En second lieu, la notion d'« infractions d'intérêt général » est contestable dans son principe même. Dire que certaines infractions ne peuvent jamais causer de préjudice à un particulier ou à un groupement est en effet inexact puisque la demande en réparation, irrecevable devant le juge pénal, est recevable devant le juge civil alors qu'elle est fondée sur la même faute [2]. Le juge pénal devrait, dans chaque espèce, rechercher si le demandeur a éprouvé ou non un préjudice personnel et ne pas se contenter d'examiner les buts du législateur pour conclure trop brutalement au caractère uniquement social de certaines incriminations. Et l'expérience prouve que ces infractions nuisent en fait à certaines personnes, comme les voisins, les concurrents, les clients.

La notion d'« infractions d'intérêt général » devrait disparaître (sauf en matière douanière et fiscale, et d'atteinte à la nation, à l'État et à la paix publique comme il a été dit au numéro précédent, *in fine*) et « l'affirmation du caractère vindicatif de l'action civile aurait dû, au contraire, conduire à autoriser les victimes de ces infractions à déclencher l'action publique par leur constitution de partie civile, donc à déclarer recevable leur action » [3]. Quelques auteurs cependant sont favorables à cette jurisprudence [4].

1. F. ALAPHILIPPE, *L'option entre la voie civile et la voie pénale pour l'exercice de l'action civile*, thèse dactyl., Poitiers, 1972.

2. Par ex., Civ., 1er mars 1965, J.C.P., 1965.II.14134 ; Com., 8 octobre 1968, R.T.D.Civ., 1969.330, obs. G. Durry.

3. R. MERLE et A. VITU, t. II, n° 80.

4. M. PUECH, *L'illicéité dans la responsabilité civile extracontractuelle*, 1976, nos 352 et s. *Add.*, sur l'ensemble de la question, J. PRADEL et A. VARINARD, n° 10.

§ 2. — Les conditions relatives au droit de demander réparation

Bibliographie. — J. Boulan, *Le double visage de l'action civile exercée devant le tribunal répressif*, J.C.P., 1973.I.2563 ; R. Merle, *La distinction entre le droit de se constituer partie civile et le droit d'obtenir réparation du dommage causé par l'infraction. Consolidation, mise au point ou fluctuation ?* Mélanges Vitu, 1987.397 ; J. Vidal, *Observations sur la nature juridique de l'action civile*, R.S.C., 1963.981 ; R. Merle et A. Vitu, II, nos 93 et s.

313. — *Distinction*. La reconnaissance au demandeur du droit de poursuivre (recevabilité de l'action) doit être distinguée du droit de demander réparation (bien-fondé de l'action). Il existe, en effet, une dissociation entre le droit d'agir et celui d'être indemnisé. Cette dissociation connaît de nombreuses manifestations. Mais elle n'est pas sans limites.

A — Manifestations de la dissociation entre recevabilité et bien-fondé de l'action civile

314. — *Les formules de la jurisprudence*. L'action civile n'est pas seulement une action en réparation : en effet, « l'intervention d'une partie civile peut n'être motivée que par le souci de corroborer l'action publique et d'obtenir que soit établie la culpabilité du prévenu » [1] ou encore n'être faite que « dans le seul intérêt de la manifestation de la vérité sans pouvoir donner lieu à aucune réparation » [2]. Il en va ainsi dans deux séries de cas. Dans ces cas, l'action civile est bien recevable, mais toute réparation sera esclue soit que la victime ne puisse pas en obtenir une, soit qu'elle ne le veuille pas.

1. *Cas où la victime ne peut obtenir de dommages-intérêts*

Des principes extra-pénaux font parfois obstacle à ce que le juge pénal assure une réparation à la victime.

a) L'hypothèse de la banqueroute

315. — À l'occasion d'une procédure collective, il peut arriver que des infractions soient découvertes. Comme ces infractions ont pu faire des victimes, il faut se demander si le jeu de l'action civile est perturbé par l'existence d'une telle procédure. C'est qu'en effet le jugement de liquidation judiciaire emporte de plein droit dessaisissement de ses biens pour le

1. Crim., 24 mai et 4 juillet 1973, B.C., nos 238 et 315; 15 mars 1977, J.C.P., 1979.II.19148, note Bonjean.
2. Crim., 10 mai 1984, B.C., n° 165.

débiteur (art. 152 de la loi du 25 janvier 1985 relative au redressement et à la liquidation judiciaires de l'entreprise, aujourd'hui art. L. 622-9, C. com.).

À cette question, le Code de procédure pénale n'apporte aucune solution. Mais le texte précité répond assez largement à la question [1]. Elle distingue implicitement entre deux situations.

Première situation : le débiteur est victime d'une infraction. Peut-il exercer l'action civile ? Oui, puisque selon l'article L. 622-9, al. 2, C. com., « le débiteur peut se constituer partie civile dans le but d'établir la culpabilité de l'auteur d'un crime ou d'un délit dont il serait victime... ». Il peut donc agir s'il a été victime par exemple de détournements commis par un autre associé [2]. Toutefois, l'article précité ajoute que le débiteur ne peut « solliciter de réparation civile ». Bel exemple de dissociation de la recevabilité de l'action civile et de son bien-fondé [3].

Deuxième situation : un tiers a souffert d'une infraction commise par le débiteur. Ce tiers peut-il agir ? Et le débiteur peut-il s'opposer à l'action du tiers ? La réponse est apportée par l'article 211 de la loi de 1985, aujourd'hui l'article L. 626-16, C. com., selon lequel « la juridiction répressive est saisie soit sur la poursuite du Ministère public, soit sur constitution de partie civile de l'administrateur, du représentant des créanciers, du représentant des salariés, du commissaire à l'exécution du plan ou du liquidateur ». Ce texte définit donc les personnes ayant qualité pour agir et la jurisprudence décide que seules les personnes qui y sont mentionnées peuvent agir [4]. Ce texte doit être considéré comme dérogeant à l'article 2, C.P.P. : même si un tiers a éprouvé un préjudice direct et personnel, il ne peut agir dès lors qu'il n'est pas mentionné à cet article [5].

b) L'hypothèse des accidents du travail

316. — On sait que le salarié ne peut agir en dommages-intérêts contre l'employeur selon les articles 1382 et suivants du Code civil, sauf en cas de faute intentionnelle de ce dernier (art. L. 451-1, C. Séc. soc.). Le salarié est

1. H. MATSOPOULOU, *L'incidence d'une procédure collective sur l'exercice de l'action civile*, J.C.P., 1998.I.164.

2. Crim., 29 mars 1994, B.C., n° 117, Bull. Joly, 1994.847, note Jeantin.

3. En ce sens, Ass. plén., 15 avril 1983, D., 1983.461, concl. Dontenwille, note Derrida, arrêt antérieur à 1985. Pourtant, on pourrait fort bien admettre que le débiteur obtienne réparation de son préjudice corporel ou moral, en ce sens H. Matsopoulou, précité, n° 17.

4. Crim., 20 février 1997, B.C., n° 72 ; 28 juin 1998, Dr. pénal, 1998, comm. 84, obs. J.H. Robert, R.S.C., 1998.776, obs. J.F. Renucci.

5. Il y a pourtant des arrêts divergeants, mais antérieurs à ceux de 1997 et 1998 précités, Crim., 6 janvier 1992, R.J.D.A., 1992, n° 522, selon lequel l'action du créancier peut seulement avoir pour effet de corroborer l'action publique déjà engagée sur le fondement du délit de banqueroute, elle ne peut pas constituer la base d'une demande en réparation. V. aussi Crim., 11 octobre 1993, B.C., n° 283, *Rev. Sociétés*, 1994.303, note B. Bouloc, le créancier peut obtenir réparation d'un préjudice propre, distinct du montant de sa créance et résultant directement de l'infraction.

en effet indemnisé forfaitairement par la Sécurité sociale. Toutefois, cette règle ne fait pas obstacle au droit du salarié (ou de ses ayants cause) de se constituer partie civile [1]. L'admission d'une telle constitution est du reste avantageuse pour la victime qui peut avoir intérêt à démontrer : 1° Soit qu'il n'y avait pas contrat de travail mais contrat d'entreprise, ce qui permet une réparation intégrale [2] ; 2° Soit l'existence d'une faute inexcusable permettant de « prétendre dans le cadre de la législation sociale… à une majoration de rente » [3], la faute inexcusable étant une faute « d'une gravité exceptionnelle, dérivant d'un acte ou d'une omission volontaire, de la conscience du danger que devait en avoir son auteur, de l'absence de toute cause justificative et se distinguant par le défaut d'un élément intentionnel de la faute intentionnelle » [4]. Enfin, puisque le juge pénal n'est pas compétent pour accorder des dommages-intérêts, il ne l'est pas davantage pour statuer sur les responsabilités [5].

c) L'hypothèse des infractions commises par les agents de l'administration

317. — *Le cas général.* Lorsqu'il s'agit de fautes non détachables de l'exercice des fonctions (fautes de service), le juge administratif est seul compétent pour statuer sur l'action en réparation du dommage causé par ces agents [6]. Mais, là encore, la victime peut se constituer partie civile. Dans une célèbre affaire de suppression de correspondance imputable à deux fonctionnaires, il a été jugé que la victime pouvait se constituer partie civile et que l'action publique était régulièrement mise en mouvement « quand bien même s'il serait allégué ou même démontré que les faits dénoncés… constituaient, au point de vue des intérêts civils, une faute non détachable du service et dont la réparation incomberait à l'administration » [7].

318. — *Le cas particulier des membres de l'enseignement public.* Selon l'article L. 911-4 du Code de l'éducation (reprenant la loi du 5 avril 1937), si un membre de l'enseignement public est responsable d'un fait dommageable causé par un élève ou subi par un élève, qui lui est confié à raison de ses fonctions, c'est l'État qui est responsable, le membre de l'enseignement ne pouvant être mis en cause devant les tribunaux civils [8]. La jurisprudence

1. Crim., 15 mars 1977, B.C., n° 94 ; 10 mai 1984, B.C., n° 165 ; 13 septembre 2005, B.C., n° 224.

2. Crim., 16 mars 1964, *Janine Charrat*, J.C.P., 1964.II.13744.

3. Crim., 15 octobre 1970, D., 1970.733, note Costa.

4. Ch. réun., 15 juillet 1941, D.C., 1941.117, note A. Rouast.

5. Crim., 10 mai 1984, B.C., n° 165.

6. Mais s'il s'agit d'une faute personnelle, détachable du service, le juge pénal peut statuer sur la réparation, Trib. confl., 14 janvier 1935, *Thépaz*, S., 1935.3.17, note Alibert.

7. Crim., 22 janvier 1953, *Randon*, D., 1953.109, rapport M. Patin, S., 1953.I.150 ; J. PRADEL et A. VARINARD, n° 14.

8. L'action en responsabilité civile est portée devant le tribunal de l'ordre judiciaire où le dommage a été causé et elle est dirigée contre le préfet, art. L. 911-4, al. 5, C. éducation.

ajoute que « l'action est exercé contre l'État, pris non comme civilement responsable, mais comme substitué aux membres de l'enseignement public, sans qu'en soient exclues les juridictions répressives »[1].

Il en résulte que le juge civil est compétent pour accorder réparation, mais que le juge pénal peut tout de même accueillir une constitution de partie civile « qui tend seulement à établir la culpabilité du prévenu et est recevable »[2].

Ce système de responsabilité civile de l'État est largement entendu : il importe peu que le préjudice subi par l'enfant ait été causé volontairement ou pas par l'instituteur[3] ; les cadres d'un centre de rééducation pour mineurs sont assimilés aux instituteurs[4].

d) L'hypothèse de l'accident corporel consécutif à un transport aérien

319. — La constitution de partie civile est recevable. Mais le juge pénal ne peut indemniser, les articles L. 321-3 et L. 322-3, C. aviation civile, organisant un régime spécial[5].

2. *Cas où la victime ne veut obtenir de dommages-intérêts*

320. — La pratique jurisprudentielle a révélé deux variantes de ce cas.

1° Ou bien la victime n'entend ni réclamer ni obtenir à aucun moment la moindre indemnité, son seul désir étant de « corroborer l'action publique ».

Depuis longtemps, la jurisprudence affirme que la victime peut se constituer partie civile sans pour autant réclamer des dommages-intérêts. Elle se fondait naguère sur les articles 66 et 183 du Code d'instruction criminelle qui ne subordonnaient pas la recevabilité de l'action civile à la réclamation de dommages-intérêts[6]. Elle invoque aujourd'hui l'article 418, alinéa 3, du Code de procédure pénale, selon lequel « la partie civile *peut*, à l'appui de sa constitution, demander des dommages-intérêts... », ce qui signifie à ses yeux que la victime peut *a contrario* ne pas en réclamer. La chambre criminelle décide que ce texte « prévoit une simple faculté, dont la partie civile est libre de ne pas user »[7] et que « l'intervention d'une partie civile pouvant n'être motivée que par le souci de corroborer l'action publique et d'obtenir que

1. Ch. mixte, 23 avril 1976, D., 1977, 21, note G.J. Martin.

2. Crim., 20 septembre 2006, B.C., n° 230. Violences commises par un enseignant sur son élève, 30 octobre 2006, R.P.D.P., 2007, 379, obs. C. Ambroise-Castérot, D. 2007, Panorama, 974 et obs. J. Pradel.

3. Crim., 31 janvier 1995, B.C., n° 38, pour un pincement d'oreille par un instituteur.

4. Crim., 20 février 1964, G.P., 1964.II.76.

5. Crim., 9 janvier 1975, B.C., n° 11, R.T.D.Civ., 1975.547, obs. G. Durry ; 10 mai 1977, B.C., n° 165, J.C.P., 1978.II.18803, note P. Chauveau.

6. Crim., 30 août 1877, B.C., n° 211 ; 12 mars 1885, B.C., n° 83 ; Aix-en-Provence, 17 décembre 1863, 2 arrêts, D., 1864.II.64.

7. Crim., 10 octobre 1968, B.C., n° 248.

soit établie la culpabilité du prévenu, la constitution de partie civile doit être accueillie à ces fins »... [1].

Mais que vaut cette interprétation de l'article 418, alinéa 3. On peut douter de son bien-fondé. Il est vraisemblable que le mot « peut » de l'alinéa 3 (« la partie civile peut... demander des dommages-intérêts ») répond au même mot de l'alinéa 1 (« toute personne qui... prétend avoir été lésée par un délit peut... se constituer partie civile... »). Il n'y aurait alors qu'une faculté unique : se porter partie civile et réclamer des dommages-intérêts. Si le législateur avait voulu dissocier les deux droits, il se serait exprimé plus nettement (v., en ce sens, note Maury précitée).

2° Ou bien, deuxième variante, la victime a bien réclamé des dommages-intérêts dans sa constitution de partie civile, mais elle ne les veut qu'à l'issue du procès, au moment de la condamnation et pas avant afin de pouvoir rester à l'instance. Une espèce intéressante a illustré cette idée. Une partie civile ayant réclamé un franc symbolique à l'accusé, celui-ci lui avait offert à l'audience avant qu'elle ne prenne la parole, de lui verser cette « somme » ainsi que le montant des frais qu'elle avait exposés. L'accusé entendait, par ce stratagème, l'exclure des débats. Impossible, répond la Cour suprême, car « l'accusé ne saurait faire obstacle à l'intervention, au cours du débat sur l'action publique, d'une partie civile régulièrement constituée et qui réclame la réparation d'un préjudice résultant de l'infraction... » [2]. Ainsi, de son pouvoir pénal, la victime ne peut être frustrée ni par le parquet [3], ni par le prévenu.

B — Limites à la dissociation entre recevabilité et bien-fondé de l'action civile

321. — Lorsqu'il n'y a pas de texte à appliquer (ou à déformer comme celui de l'art. 418, al. 3, C.P.P.), les solutions sont plus incertaines. Il en est ainsi lorsque la victime est en situation illicite ou immorale. Un vieux réflexe moralisant poussait naguère le juge pénal à refuser réparation très souvent. Les solutions cependant évoluent aujourd'hui : si des hésitations apparaissent encore à l'égard de la victime en situation immorale, une réparation est maintenant accordée à celle qui se trouve en état d'illicité.

1. Crim., 8 juin 1971, D., 1971.594, note J. Maury ; 24 mai et 4 juillet 1973, B.C., n°s 238 et 315. À rapprocher de C. assises Gard, 20 mai 1985, D., 1986, I.R., 117, obs. J. Pradel, la partie civile qui est intervenue devant la cour d'assises peut intervenir à nouveau aux débats devant la cour d'assises de renvoi après cassation de l'arrêt pénal, même si elle a été indemnisée car « sur le plan pénal, la partie civile conserve toujours un intérêt à ce que les débats aboutissent à une déclaration de culpabilité de l'accusé ».

2. Crim., 20 octobre 1966, *Berget*, B.C., n° 235.

3. Crim., 8 décembre 1906, *Laurent-Atthalin*, S., 1907.I.377, note Demogue, v. *infra*, n° 639.

1. *Victime faisant état d'une situation illicite*

Bibliographie. — F. CHABAS, *Le cœur de la Cour de cassation (le droit à réparation de la concubine adultère)*, D., 1973, chron. 211 ; J.B. DENIS, *L'action civile de la victime en situation illicite*, D., 1976, chron. 243 ; J. GRANIER, *Épouse, concubine ou compagne*, J.C.P., 1956.I.1299 ; H. MAZEAUD, *La lésion d'un intérêt légitime juridiquement protégé, condition de la responsabilité civile*, D., 1954, chron. 39 ; E. SCHAEFFER, *La faute de la victime et la réparation*, in *Quelques aspects de l'autonomie du droit pénal*, Dalloz, 1956.377 ; J. VIDAL, *L'arrêt de la chambre mixte du 27 février 1970 : le droit à réparation de la concubine et le concept de dommage réparable*, J.C.P., 1971.I.2390.

322. — Quel sort réserver à la demande en réparation de la concubine ou de la fiancée ayant perdu son compagnon à la suite d'un homicide par imprudence imputable à un tiers ? La jurisprudence criminelle a toujours admis l'action civile en ce cas [1], sauf pendant une période brève [2]. Au contraire, la chambre civile estima pendant longtemps que les fiançailles et le concubinage ne constituaient pas, selon l'expression d'Ihering, des « intérêts légitimes juridiquement protégés », les premières car elles peuvent être rompues unilatéralement à tout moment, le second en raison de son caractère illicite [3].

Par la suite, cependant, l'unité s'est faite entre les deux jurisprudences, la chambre civile abandonnant la notion de préjudice juridiquement non réparable. Au vrai, c'est la chambre criminelle qui a fait les premiers pas en déclarant irrecevable la constitution de partie civile d'une concubine qui, pendant trente-cinq ans, avait vécu avec son amant, mais dont le concubinage était adultérin [4] : c'était admettre que l'action est possible si le concubinage, est pur non compliqué d'adultère, et impossible s'il se double d'un adultère. La chambre mixte allait bientôt consacrer cette distinction [5]. Ainsi la jurisprudence n'exigeait plus que le demandeur justifie d'un droit, mais se contentait qu'il établisse la lésion d'un intérêt, celui-ci pouvant même être non légitime à la condition toutefois qu'il soit stable et non délictueux [6].

1. Crim., 29 février 1930, S., 1930.I.145, note G. Marty ; 21 octobre 1969, B.C., n° 257, ces deux arrêts concernant la concubine ; Crim., 5 janvier 1956, J.C.P., 1956.II.9146, pour la fiancée.

2. Crim., 13 février 1937, D., 1938.I.8, note R. Savatier.

3. Pour la concubine, Crim., 27 juillet 1937, D., 1938.I.5, note R. Savatier ; 22 février 1944, D., 1945.243, note J. Flour. Pour la fiancée, Civ., 19 octobre 1943, J.C.P., 1945.II.2893, note R. Rodière.

4. Crim., 20 janvier 1966, D., 1966.184, rapport R. Combaldieu, J.C.P., 1966.II.14870, note G. Wiederkehr.

5. Ch. mixte, 27 février 1970, *Dangereux*, D., 1970.201, note R. Combaldieu, J.C.P., 1970.II.16305, concl. Lindon, note Parlange ; *add.* J. VIDAL, *L'arrêt du 27 février 1970*, J.C.P., 1971.I.2390.

6. Crim., 14 juin 1973, B.C., n° 263. On notera que la réparation de la concubine non adultère est déjà un peu choquante car la personne qui ne s'engage pas ne mérite sans doute pas la protection de la loi.

On pouvait alors prévoir que la jurisprudence irait plus loin encore en accueillant l'action civile d'une concubine adultère [1]. N'était-il pas gênant de constater que l'auteur de l'accident échapperait à toute obligation de réparer au motif qu'il a eu la « chance » d'écraser une personne qui vivait en coquetterie avec la loi pénale [2] ? Réserver la réparation aux concubinages stables, aurait eu l'inconvénient de tenir compte de situations de fait parfois dramatiques. C'est justement pourquoi finalement la chambre criminelle a admis la réparation dans un cas où le concubinage avait un « caractère délictueux » [3]. Aujourd'hui, l'action de la concubine est donc à la fois recevable et bien fondée. Et la seule condition mise à l'admission de l'action civile est l'existence du caractère sérieux et stable du concubinage [4]. Il n'en reste pas moins que la réparation de la concubine adultère est très choquante et même immorale.

2. *Victime faisant état d'une situation immorale*

323. — Supposons maintenant que la victime invoque un préjudice né d'une situation immorale, par exemple découlant de sa participation à une infraction. Cette victime peut-elle agir en dommages-intérêts contre l'auteur de l'infraction ? Le juge civil répond négativement en opposant à la victime l'adage *Nemo auditur propriam turpitudinem allegans*, qui interdit à celui qui a participé à un acte immoral ou illicite de saisir un juge pour obtenir réparation [5]. Mais qu'en est-il si l'action est lancée devant le juge répressif ?

a) Examen de la jurisprudence pénale

324. — De manière générale, le juge pénal autrefois n'appliquait pas l'adage *Nemo auditur*, n'opposant pas à la victime son indignité et accueillant donc l'action civile à la fois quant à sa recevabilité et quant à la réparation. Des arrêts célèbres ont décidé que « si l'article 1131 du Code civil déclare sans effet l'obligation sur cause illicite, il ne vise pas les obligations ayant leur propre source… dans un délit caractérisé par la loi pénale et dont la somme allouée par les juges à la partie civile constitue la réparation ». Ainsi ont pu agir la prostituée contre son souteneur poursuivi pour

1. V. déjà en ce sens dans une espèce où le concubinage doublé d'adultère était excusable : Crim., 20 avril 1972, B.C., n° 135 ; *add.* F. CHABAS, *Le cœur de la Cour de cassation*, D., 1973, chron. 211.

2. G. DURRY, R.T.D.Civ., 1973.781.

3. Crim., 19 juin 1975, B.C., n° 161, D., 1975.679, note A. Tunc ; J. PRADEL et A. VARINARD, II, n° 8 ; 8 janvier 1976, B.C., n° 5 ; 2 mars 1982, B.C., n° 64.

4. Crim., 8 janvier 1985, B.C., n° 12, rejet de la demande en réparation formée par les deux concubines du défunt qui en avait une pour le jour et l'autre pour la nuit ; 9 octobre 1996, Dr. pén., 1997, com. 12, obs. A. Maron, le juge pour évaluer le préjudice doit tenir compte de la précarité et de l'instabilité du concubinage.

5. F. TERRÉ, Ph. SIMLER et Y. LEQUETTE, *Les obligations*, 8e éd., 2002, Dalloz, nos 428 et s. ; *contra*, Civ. 1, 22 juin 2004, D., 2004.2624.

proxénétisme [1], les parents d'une femme décédée des manœuvres abortives auxquelles elle avait consenti contre l'avorteur [2], la victime d'une escroquerie aux fausses pièces d'or contre l'escroc [3], la victime d'un contrat de prêt usuraire contre l'usurier [4], le duelliste blessé contre le partenaire [5] ou, en cas de coups réciproques l'un des participants atteints contre les autres, « aucun texte de loi n'interdisant à un prévenu de se porter partie civile contre ses coprévenus » [6]. Enfin, en cas d'émission d'un chèque sans provision, suite à une dette de jeu, le bénéficiaire peut réclamer à l'émetteur à la fois des dommages-intérêts [7] et le remboursement du montant du chèque [8].

Cependant, quelques décisions anciennes rejetaient l'action civile de la victime indigne, à la fois quant à la recevabilité et quant à la réparation [9]. Et aujourd'hui, le mouvement d'hostilité s'amplifie. Dans une espèce où le demandeur était auteur d'une infraction identique à celle imputée au défendeur, la chambre criminelle décide que l'on « ne saurait invoquer un préjudice découlant des faits incriminés, dès lors que l'on y a personnellement participé et que l'on se trouve personnellement inculpé de ces chefs » [10]. Dans une autre espèce où le demandeur était auteur d'une infraction connexe à celle imputée au défendeur, son action civile a été rejetée en raison d'un concert frauduleux [11].

Enfin, dans un arrêt du 28 octobre 1997, la chambre criminelle décide que l'auteur d'une infraction n'est pas recevable à se constituer partie civile à l'encontre des personnes qui l'auraient incité à commettre celle-ci, en alléguant le préjudice que lui auraient causé sa déclaration de culpabilité et sa condamnation » [12] : en l'espèce, peu après sa condamnation, un individu s'était porté partie civile contre X des chefs d'assassinat, faux et menaces de

1. Crim., 7 juin 1945, *Lavaure*, D., 1946.149, note R. Savatier, J.C.P., 1946.II.2955, note J. Hémard.

2. Crim., 7 juin 1952, J.C.P., 1952.II.7074, note J. Brouchot.

3. Crim., 3 juillet 1947, J.C.P., 1948.II.4474, note J. Carbonnier.

4. Crim., 21 février 1961, B.C., n° 111.

5. Crim., 20 février 1863, D., 1864.I.99.

6. Crim., 4 juillet 1929, D., 1929.I.429.

7. Crim., 4 juillet 1979, B.C., n° 239.

8. Ch. mixte, 14 mars 1980, D., 1980, I.R., 336, note M. Puech.

9. Montpellier, 6 juillet 1950, J.C.P., 1951.II.5963, note A. Chavanne, rejetant l'action civile de la famille de la femme avortée, mais pour des raisons d'espèce il est vrai ; Trib. corr., Cholet, 25 avril 1952, G.P., 1952.II.20, rejetant l'action de la fille contre son séducteur avec lequel elle avait eu, en plein accord, des relations sur un chemin public ; Crim., 7 décembre 1961, D., 1962.61, rapport E. Robert, rejetant l'action du bénéficiaire d'un chèque sans provision consécutif à une dette de jeu.

10. Crim., 17 janvier 1967, B.C., n° 24, G.P., 1967.I.102, pour une affaire d'infraction à la législation sur les sociétés.

11. Crim., 27 mars 1968, D., 1968.523, note R. Vouin ; 28 juin 1982, B.C., n° 175, arrêts rejetant l'action du bénéficiaire de mauvaise foi d'un chèque sans provision tant en ce qui concerne l'indemnisation du préjudice qu'en ce qui concerne le remboursement de la somme. V. aussi Crim., 10 janvier 1974, G.P., 1974.I.550.

12. Crim., 28 octobre 1997, R.S.C., 1998.346, obs. J.P. Dintilhac. V. aussi Crim., 7 février 2001, D., 2002, Somm., 1462, obs. J. Pradel.

mort en invoquant que les faits pour lesquels il avait été condamné avaient été commis par lui sous la pression de personnes qui pour le tromper lui avaient présenté de fausses cartes. Aujourd'hui, la jurisprudence pénale s'aligne donc sur la jurisprudence civile. Qu'en penser ?

b) Appréciation de la jurisprudence pénale

Bibliographie. — D. Mayer, *Les dettes de jeu*, J.C.P., 1984.I.3141 ; J. Vidal, *Observations sur la nature juridique de l'action civile*, R.S.C., 1963.481 ; R. Vouin, *Justice criminelle et autonomie du droit pénal*, D., 1947, chron. 81 ; du même, *L'exercice de l'action civile en cas de participation volontaire de la victime à l'infraction pénale*, R.S.C., 1952.345.

325. — À la suite des arrêts accueillant l'action civile de la victime indigne, la doctrine s'était enflammée, certains auteurs se montrant très favorables à la jurisprudence « autonomiste » [1], d'autres la critiquant ouvertement [2].

Au vrai, le problème doit être délimité. Il est d'abord certain que l'action civile est recevable et peut conduire à la réparation lorsqu'elle est intentée, non par la victime elle-même, mais par ses parents invoquant un droit propre (cas des héritiers, qui agissent après décès de la femme avortée ou du duelliste). Il est également sûr que la prostituée peut agir et obtenir des dommages-intérêts : elle n'a pas commis d'infraction et il est de principe que l'action ne doit pas être rejetée si elle émane d'une partie dont l'indignité est moindre que celle de son adversaire. Dans ces deux cas, on est en dehors du domaine de l'adage *Nemo auditur*.

Cela étant, on doit décider à notre avis dans les autres hypothèses que l'action civile est recevable, mais que la réparation est exclue [3]. D'un côté, l'action civile est recevable car, différente de l'action en dommages-intérêts ordinaire, elle possède un pouvoir pénal puisqu'elle met en mouvement l'action publique. L'application du caractère vindicatif de l'action civile va du reste dans le sens de l'utilité sociale : on évite que le délinquant n'échappe trop facilement aux poursuites au motif que la victime est indigne et « on prolonge l'effet répressif de la condamnation » (J. Hémard). Mais, d'un autre côté, l'action civile ne doit pas permettre à la « victime » d'obtenir réparation car : 1° En fait, il importe d'établir l'insécurité dans les rapports juridiques indignes d'une protection judiciaire car la « victime » n'est pas plus

1. J. Brouchot, note au J.C.P., 1952.II.7074 ; J. Hémard, note au J.C.P., 1946.II.2955 ; L. Hugueney, R.I.D.P., 1946.73 ; G. Stéfani, préface à l'ouvrage *Quelques aspects de l'autonomie du droit pénal*, Dalloz, 1956.

2. R. Savatier, note au D., 1946.149 ; J. Carbonnier, note au J.C.P., 1948.II.4474 ; M. Cabrillac, note au J.C.P., 1951.II.6162.

3. En ce sens, P. Hébraud, obs. R.T.D.Civ., 1967, p. 862, et 1968, p. 576 ; R. Merle et A. Vitu, t. II, n° 93, 2°.

intéressante que le délinquant : la prévention doit être préférée à la répression ; 2° En logique, celui qui a intentionnellement participé à une infraction ne peut ensuite s'en prétendre victime, son consentement n'autorisant pas à dire que les exigences de l'article 2, C.P.P., sont remplies [1].

SOUS-SECTION III

LES CONDITIONS PROPRES AUX PERSONNES MORALES

Bibliographie. — L. Coupet, *L'action en justice des personnes morales de droit privé*, thèse dactyl., Aix-Marseille, 1974 ; L. Hartemann, *L'action civile et les infractions à la législation économique après la loi Royer*, R.S.C., 1976.329 ; G. Levasseur, *Les personnes morales victimes, auteurs ou complices d'infractions*, R.P.D.C., 1955.827 ; Travaux du XXIIIe Congrès de l'Association française de criminologie sur l'action publique menacée ou partagée, Paris, 1986, *Arch. pol. crim.*, n° 10, 1988 (études notamment de M. Delmas-Marty, B. Schnapper et D. Kunmunch).

326. — *Position du problème.* Si une personne morale entend défendre ses intérêts *personnels*, par exemple demander réparation du préjudice matériel résultant pour elle de la destruction par explosif de l'immeuble où elle a son siège, elle est évidemment recevable. Son action civile se pose ici dans les mêmes termes que pour une personne physique. Il importe peu que la personne morale soit française ou étrangère [2]. Il importe peu que la personne morale soit civile ou commerciale [3].

La difficulté apparaît lorsque la personne morale veut défendre les intérêts collectifs dont elle a la charge. Ainsi, une association pour la pureté des mœurs désire se constituer partie civile contre des individus qui distribuent les documents pornographiques, agissements tombant sous le coup de l'article 227-24 du Code pénal sur la diffusion de messages pornographiques. L'être moral peut-il alors agir ?

Au point de vue de la *politique législative*, l'hésitation est permise. D'un côté, un pouvoir spécial trop libéralement accordé aux groupements va

1. F. Alaphilippe, *L'option entre la voie civile et la voie pénale*, thèse dactyl., Poitiers, 1973.196.

2. Crim., 12 novembre 1990, B.C., n° 377, G.P., 20-21 février 1991, rapport D. Bayet, admission de la constitution de partie civile d'une société de droit liechtensteinois, en application des articles 6, § 1, et 14, Conv. E.D.H.

3. Crim., 27 février 2002, B.C., n° 52, Lamy, Droit pénal des affaires, n° 6, mai 2002, pour des faits d'abus de biens sociaux au préjudice d'une société commerciale, la société étant représentée par l'administrateur judiciaire qui tient de l'article L. 621-16, C. com., le pouvoir de faire tous actes nécessaires à la conservation des droits de l'entreprise.

entraîner une multiplication des actions civiles, un encombrement des prétoires, en même temps qu'il va susciter un climat de délation généralisée peu favorable à la sérénité de la justice. Et de l'autre, un refoulement systématique des personnes morales peut nuire à l'intérêt des citoyens : ainsi, le parquet poursuivant peu en matière économique, il paraît souhaitable d'accorder le droit d'agir aux associations de consommateurs. Mais alors, si l'on admet l'action des groupements, on entrevoit aussitôt la nature particulière de ceux-ci lorsqu'ils agissent « au pénal » : ils ne sont ni vraiment victime, ni vraiment procureur puisqu'ils représentent les intérêts collectifs d'un groupe précis d'individus, ils constituent une catégorie nouvelle. Par voie de conséquence, l'action des groupements n'est pas une vraie action civile, mais une action à mi-chemin de celle-ci et de l'action publique.

Au point de vue de la *technique juridique*, il faut reconnaître que la formule restrictive de l'article 2 exigeant un préjudice direct et personnel risque fort d'empêcher les personnes morales d'agir. Comme on va le voir pour les syndicats, la jurisprudence ancienne avait tendance à rejeter l'action civile au motif que le préjudice invoqué n'était ni direct, ni surtout personnel puisque se confondant avec l'intérêt social ou avec celui d'autrui. C'est pourquoi le législateur, quand il a voulu accueillir les personnes morales, a dû créer des textes (dans le C.P.P. ou hors C.P.P.) qui, en marge de l'exigence d'un préjudice direct et personnel appliquent une conception moins rigoureuse de la qualité. Notre droit assouplit donc sa rigueur quand il s'agit des personnes morales encore que des distinctions doivent être faites entre celles-ci. On doit séparer en effet les groupements professionnels (qui ont vocation à représenter une profession tout entière) et les associations qui ne représentent en principe que leurs membres. Et il faudra enfin dire quelques mots sur les personnes morales publiques.

À l'étranger, les solutions sont différentes. Il est très rare que les groupements se voient reconnaître le droit de saisir le juge pénal, même dans les législations qui admettent la présence de la victime au procès pénal. Mais, dans certaines législations, existent des sortes de substituts à l'action civile des groupements. Ainsi, en droit américain et québécois, existent les actions de groupe (*class actions*) qui permettent à une personne faisant partie d'un groupe de fait d'agir en dommages-intérêts et pour le compte des autres membres du groupe, sans avoir obtenu nécessairement leur accord exprès. Toute personne physique ou morale peut ainsi représenter un groupe de victimes dès lors que certaines conditions, contrôlées par le tribunal saisi, sont réunies. L'action est évidemment portée devant le juge civil qui pourra accorder une indemnité à chaque membre du groupe. La technique de l'action de groupe est très utilisée en Amérique du Nord. En revanche, en France, elle n'existe pas, les associations de consommateurs, suite à certains projets de loi ayant reculé devant l'obstacle financier et les particuliers n'imaginant même pas une telle action. Traditionnellement, notre droit n'admettait que l'action civile individuelle, exercée par la victime même. Il fallut déjà beaucoup de temps pour que soit admise l'action des groupements agissant au nom d'un intérêt collectif, le montant des indemnités leur étant attribué. Faire un pas de plus et admettre que des personnes, par représentation de victimes, puissent agir et obtenir des indemnités pour ces victimes apparaît comme compliqué et bien éloigné de l'esprit français.

Pourtant, dans notre droit, il existe quelques très rares applications voisines du concept d'action de groupe, le législateur parlant d'action en représentation conjointe, mais exercée seulement par des associations qui peuvent cependant agir aussi bien devant le juge pénal que devant le juge civil, ce qui fait déjà deux premières différences avec la technique nord-américaine. On citera dans le Code de la consommation l'article L. 422-1 : « lorsque plusieurs consommateurs, personnes physiques, identifiées ont subi des préjudices individuels, qui ont été causés par le fait d'un même professionnel, et qui ont une origine commune, toute association agréée et reconnue représentative sur le plan national... peut, si elle est mandatée par au moins deux des consommateurs concernés, agir en réparation devant toute juridiction au nom de ces consommateurs ». Les mandats doivent être obtenus avant l'engagement de l'action et donnés par écrit par chaque consommateur. L'article 422-2, C. cons., précise que le consommateur ayant donné son accord « est considéré... comme exerçant les droits reconnus à la partie civile ». Enfin — et ceci montre bien l'originalité de cette action —, l'association qui exerce l'action de groupe peut aussi se constituer partie civile (art. L. 422-3, C. cons.) [1].

Troisième différence entre le droit français et le droit nord-américain : en France, c'est la loi qui permet à l'association d'agir en représentation conjointe alors qu'en Amérique du Nord, un juge rend un premier jugement de recevabilité de l'action du groupement avant de statuer au fond dans un deuxième jugement.

Il n'y a pour l'instant guère d'applications de ce texte, semble-t-il [2]. Mais il est possible que la situation évolue [3]. Il serait même souhaitable que notre droit accueille l'action de groupe pour deux raisons. D'abord, au lieu de devoir ouvrir autant de dossiers qu'il y a de consommateurs mécontents et agissant en justice, ne serait ouvert qu'un seul dossier. Ensuite et surtout, l'action de groupe protège mieux les consommateurs, surtout pour les dommages minimes et constitue un instrument plus efficace de répression. Imaginons par exemple un fabricant de vin qui vend des bouteilles de 148,5 centilitres au prix de bouteilles de 150 centilitres. Chaque consommateur ne peut en fait agir contre le fabricant (véritable non-droit) et le producteur, quelque soit le nombre de bouteilles vendues, n'encourra qu'une peine de 37 500 (art. L. 213-1, C. cons.), ce qui peut être très inférieur au montant de son bénéfice illégitime. Grâce à la technique de l'action de groupe, chaque consommateur est indemnisé de son préjudice et, en conséquence, le fabricant ne tirera aucun bénéfice de sa malhonnêteté.

1. V. aussi l'art. L. 142-3, C. environnement.

2. Trib. inst. Rennes, 17 avril 1997, *Contrats, concurrence et consommation*, 1997, n° 168, obs. G. Raymond.

3. L. Boré, *L'action en représentation conjointe :* class action *française ou action mort-née ?* D., 1995, chron. 267 ; G. Raymond, *La loi du 18 janvier 1992, Contrats, concurrence et consomation*, février 1992, chron. 1.

§ 1. — LES GROUPEMENTS PROFESSIONNELS

A — Les syndicats professionnels

Bibliographie. — H. DUPEYRON, *L'action collective*, D., 1952, chron. 153 ; P. DURAND, *Réforme de l'action syndicale*, D., 1960, chron. 21 ; M. GUILBERTEAU, *La recevabilité de l'action syndicale en matière d'infractions économiques*, R.S.C., 1973.633 ; Y. MAYAUD, *Droit social*, 1987.510 ; J.M. VERDIER, *Sécurité sociale, intérêt collectif de la profession et action syndicale, Droit social*, 1963.235.

327. — L'action civile des syndicats, avant d'être admise, a donné lieu à des discussions passionnées. Aujourd'hui encore, en dépit des apparences, l'apaisement n'est pas total et des incertitudes demeurent sur les conditions de recevabilité de l'action syndicale.

1. *La reconnaissance aux syndicats du droit d'agir*

328. — La loi du 21 mars 1884 ayant accordé aux syndicats professionnels le droit de défendre les intérêts de la profession par voie d'action en justice, on s'est rapidement demandé si celle-ci pouvait être exercée par la voie pénale. Après avoir favorablement accueilli l'action syndicale, la chambre criminelle rejeta brusquement les constitutions des parties civiles [1] : elle invoquait que les infractions considérées avaient porté préjudice non à l'intérêt collectif, mais à des intérêts individuels [2] et qu'en outre le préjudice n'était qu'indirect. Il fallut l'intervention des chambres réunies pour que soit consacré le droit pour les syndicats professionnels de se porter partie civile en vue de protéger « l'intérêt collectif de la profession envisagé dans son ensemble et représenté par le syndicat » [3]. Peu après, le législateur consacrait cette solution en décidant que « les syndicats professionnels peuvent, devant toutes les juridictions, exercer tous les droits réservés à la partie civile, relativement aux faits portant un préjudice direct ou indirect à l'intérêt collectif de la profession qu'ils représentent » (art. 5 de la l. du 12 mars 1920, aujourd'hui art. L. 411-11, C.T.). Ainsi :

1. Par ex., Crim., 20 décembre 1907, B.C., n° 512 ; 2 février 1911, D., 1911.417, note Chesney.

2. Par ex., ceux de certains syndiqués ou ceux des consommateurs comme dans l'arrêt du 20 décembre 1907.

3. Ch. réun., 5 avril 1913, *Syndicat national de défense de la viticulture française*, D., 1914.I.65, rapport Falcimaigne et concl. Sarrut, S., 1920.I.49, note Mestre ; J. PRADEL et A. VARINARD, n° 12.

— les syndicats peuvent agir devant toutes les juridictions et pas seulement devant les juridictions pénales [1]. Toutefois, il ne sera question ici que de l'action syndicale exercée devant le juge pénal ;

— les syndicats doivent invoquer des « faits portant un préjudice direct ou indirect à l'intérêt collectif de la profession qu'ils représentent ». C'est ici qu'apparaissent les difficultés car cette formule, relative aux conditions de l'action syndicale, a donné lieu à beaucoup de jurisprudence.

2. *Les conditions mises au droit d'action des syndicats*

329. — Il faut évidemment que le syndicat ait une existence légale au moment où les faits ont été commis [2]. Il faut aussi qu'il invoque un préjudice certain. Et il faut encore qu'il invoque un « intérêt collectif de la profession qu'il représente », c'est-à-dire un intérêt professionnel et un intérêt collectif.

a) Le syndicat doit invoquer un intérêt professionnel

330. — De là, l'exclusion du groupement représentant une profession sans rapport avec celle dont le prévenu a méconnu les conditions d'exercice [3]. Mais il importe peu que l'individu lésé ne soit pas membre du syndicat ou que le syndicat ne soit pas représentatif dans l'entreprise [4].

b) Le syndicat doit invoquer un intérêt collectif

331. — L'intérêt collectif est celui qui concerne tous les membres de la profession, mais seulement ces membres. Le syndicat ne peut donc se fonder ni sur un préjudice individuel (qui serait pour lui un préjudice d'autrui et qui ne peut donc être invoqué que par la victime personnelle), ni sur un préjudice social ou général (dont la défense est réservée au Ministère public).

332. — *La distinction de l'intérêt collectif et du préjudice individuel.* C'est assez simple. Très nombreux sont les exemples d'actions civiles lancées par des syndicats, et qui ont été rejetées au motif que le préjudice ne frappait qu'une personne, fût-elle de la profession défendue par le syndicat.

Par exemple, un syndicat ne peut agir en cas de diffamation dirigée contre l'un de ses membres pris personnellement : en effet, selon les articles 48 et 49 de la loi du 29 juillet 1881 sur la liberté de la presse, seule la personne diffamée peut agir alors qu'il n'est pas dérogé à ces règles d'ordre public par

1. Les syndicats saisissent souvent les juridictions civiles, pour les mêmes faits que ceux qu'ils invoquent devant le juge pénal : exemple de la violation de la liberté syndicale, Soc., 26 novembre 1969, B. civ. 5, n° 640, et Crim., 29 octobre 1996, B.C., n° 379. On sait que la victime bénéficie d'une option de procédure, art. 3, al. 1 et art. 4, al. 1, C.P.P.

2. Crim., 22 mai 2007, B.C., n° 132.

3. Crim., 17 novembre 1927, D.H., 1928.37, 2e espèce.

4. Crim., 2 mars 1961, J.C.P., 1961.II.12095, note Guérin ; 22 novembre 1977, D., 1978, I.R., 62.

l'article L. 411-11, C.T.[1]. Un syndicat de chauffeurs de taxi ne peut se constituer en cas d'agression contre l'un de ses membres[2], tout comme un syndicat d'horlogers dans les mêmes circonstances[3], ou un syndicat de surveillants pénitentiaires dont l'un des membres a été frappé par un détenu[4]. Un syndicat ne peut agir en cas de mise en examen de l'un de ses membres pour une infraction en rapport avec la profession, cette mise en examen ne touchant pas cependant aux intérêts collectifs de la profession[5]. Enfin, un syndicat ne saurait se porter partie civile parce que l'un de ses membres a été victime de harcèlement sexuel[6].

333. — *La distinction de l'intérêt collectif et du préjudice social.* C'est beaucoup plus complexe et difficile à préciser.

• Certes, dans certains cas, l'hésitation n'est pas permise. Il y a bien atteinte à l'intérêt collectif et pas à l'intérêt général dans les cas suivants :

— entrave apportée au fonctionnement du comité d'entreprise[7] ;

— atteinte à la liberté syndicale[8] ;

— violation des règles sur le repos dominical[9] ;

— dénonciation calomnieuse portée par une personne qui a été verbalisée par un contrôleur du travail[10] ;

— violation des règles sur les congés payés[11] ;

— homicide par imprudence dû à l'inobservation des règlements sur l'hygiène et la sécurité[12] ;

— délit de marchandage[13].

1. Crim., 24 juillet 1961, B.C., n° 354 ; 10 mars 1998, B.C., n° 93.
2. Crim., 20 janvier 1972, B.C., n° 30.
3. Crim., 29 janvier 1986, B.C., n° 39, D., 1986, I.R., 302, et obs. J. Pradel.
4. Crim., 22 décembre 1987, D., 1988, Somm. 355, et obs. J. Pradel.
5. Crim., 16 février 1999, B.C., n° 18, suite à un accident d'avion ayant entraîné la mort de trois personnes, un contrôleur aérien est mis en examen et un syndicat se porte partie civile « au motif qu'il était du plus grand intérêt pour la défense de la profession de connaître les fautes présumées » ; rejet de la constitution de partie civile, « les faits ne portant pas par eux-mêmes un préjudice direct ou indirect à l'intérêt collectif de la profession » représentée par le syndicat.
6. Crim., 23 janvier 2002, B.C., n° 12.
7. Crim., 7 octobre 1959, D., 1960.294, note J.M. Verdier ; Dr. social, 1961.165, obs. J. Savatier ; 2 mars 1961, J.C.P., 1961.II.12095, note H. Guérin ; 25 avril 1989, Dr. ouvrier, 1960.61 ; 3 décembre 1996, B.C., n° 441.
8. Crim., 29 octobre 1996, B.C., n° 379, D., 1997, I.R., 32.
9. Crim., 5 novembre 1979, D., 1980, I.R., 296 ; 23 juillet 1980, B.C., n° 232 ; 29 octobre 1996, B.C., n° 375, D., 1997, I.R., 20, Dr. ouvrier, 1997.153, obs. Richevaux.
10. Crim., 11 mars 2003, B.C., n° 65.
11. Crim., 5 décembre 1963, B.C., n° 352.
12. Crim., 26 octobre 1967, D., 1968.346, note J.M.R., J.C.P., 1968.II.15475, note Verdier ; 20 mars 1972, J.C.P., 1972.II.17247, note P. Chambon, R.T.D.Civ., 1972.788, obs. G. Durry ; 11 octobre 2005, B.C., n° 254, recevabilité d'un syndicat de personnel navigant dans une information pour homicide involontaire suite à l'effondrement d'un terminal d'aéroport, les manquements ayant pu compromettre la sécurité des travailleurs circulant dans ce terminal.
13. Crim., 15 novembre 1983, B.C., n° 299.

La jurisprudence a même admis l'action civile d'un syndicat de personnels hospitaliers à propos d'une entrave à l'interruption volontaire de grossesse. Certes, l'article L. 162-15-1, C.S.P., ne vise que les associations, mais, affirme la jurisprudence, ce texte ne fait pas obstacle à l'application de l'article L. 411-11, C.T. [1].

• Si le texte en cause protège surtout l'intérêt général, mais ne méconnaît pas les droits collectifs, l'action civile est encore recevable : ainsi en est-il en cas de violation de la législation sur les marchés d'intérêt national [2], en cas d'entrave apportée à l'action d'un contrôleur du travail [3] et même en cas de faux en écritures publiques [4].

• Les solutions sont moins nettes en matière économique.

D'un côté, la jurisprudence reçoit l'action syndicale à l'occasion d'une infraction à la loi du 30 décembre 1906 sur les ventes au déballage, aujourd'hui articles L. 310-1 et suivants, C. com. [5], en cas de fraude (loi 1er août 1905, aujourd'hui L. 213-1, C. cons.) [6], en cas de publicité trompeuse selon la loi du 27 décembre 1973, aujourd'hui L. 121-1, C. cons. [7].

Mais, d'un autre côté, la jurisprudence déclare l'action civile irrecevable en cas de vente avec prime [8] ou de détention de produits propres à falsifier les vins [9]. Même position en matière d'infraction sur les loteries [10] et de publicité médicale illégale [11]. Dans toutes ces hypothèses, s'applique la théorie des infractions d'intérêt général [12].

• Enfin, l'action syndicale est rejetée lorsque l'infraction porte seulement atteinte aux intérêts généraux de la société. Ainsi en est-il en cas de dégradation de locaux administratifs ou en cas de discrédit jeté sur une décision judiciaire [13]. On peut évoquer dans le même sens la jurisprudence précitée sur les agressions commises sur la personne d'un professionnel [14] : ce dernier peut évidemment agir, mais le Ministère public le peut aussi.

1. Crim., 27 novembre 1996, B.C., n° 431.
2. Crim., 22 janvier 1970, D., 1970.166, note Costa, J.C.P., 1970.II.16326, note Guérin, R.T.D.Com., 1970.464, obs. Hémard, l'infraction en cause protégeant « principalement l'intérêt général, mais aussi l'intérêt collectif ».
3. Crim., 19 mars 1986, *Dr. ouvrier*, 1986.273, note Petit.
4. Crim., 7 mars 1996, *Rev. jurisp. commerciale*, 1996.769, n° 1189, altération de sentences prudhomales dans un sens défavorable aux salariés.
5. Crim., 12 mai 1966, G.P., 1966.II.90.
6. Crim., 11 et 31 janvier 1967, 26 et 27 avril 1967, 7 juin (2 arrêts) 1967, J.C.P., 1967.II.15219, note A. Vivez.
7. Crim., 23 janvier et 13 mars 1979, B.C., nos 32 et 104, R.T.D.Civ., 1979.803, obs. G. Durry.
8. Crim., 12 mars 1969, B.C., n° 113 ; 5 novembre 1969, G.P., 1970.I.32 et R.T.D.Com., 1970.377, obs. Hémard.
9. Crim., 15 janvier 1970, B.C., n° 27.
10. Crim., 4 novembre 1959, G.P., 1960.I.32.
11. Crim., 2 juillet 1980, B.C., n° 208.
12. V. *supra*, nos 308 et s.
13. V. *supra*, n° 311.
14. V. *supra*, n° 332.

B — Les ordres professionnels et organismes assimilés

Bibliographie. — C. CAMPREDON, *L'action civile ordinaire*, J.C.P., 1979.II.2943.

334. — On sait qu'à côté des syndicats professionnels le législateur a créé des *ordres professionnels*, nationaux et régionaux, notamment pour les médecins, dentistes, pharmaciens, vétérinaires, architectes, experts-comptables, avocats... Ces organismes ont pour mission d'organiser la profession, d'en contrôler la rectitude et d'en défendre en justice les intérêts. Aux ordres, on peut assimiler les chambres et conseils régionaux des officiers ministériels (pour les notaires, avoués, huissiers, etc.). La question se pose de savoir si ces divers organismes peuvent exercer l'action civile.

Tout d'abord, divers textes accordent à ces ordres et organismes assimilés le droit de se porter partie civile dans *le cas précis d'exercice illégal de la profession* (art. L. 4161-4, C.S.P., pour l'exercice illégal de la médecine, de l'art dentaire ou de la profession de sage-femme ; Ord. 19 septembre 1945 modifié sur les experts-comptables...) [1]. Il y a toute une jurisprudence sur les géomètres experts [2], les avocats [3], les huissiers et notaires [4], les experts-comptables [5], pour ne citer que les principales professions. Dans cette hypothèse, les difficultés sont réduites.

Celles-ci, en revanche, apparaissent quand le législateur use de *formules plus générales*, rappelant celle de l'article L. 411-11, C.T., sur les syndicats professionnels. Par exemple, l'article L. 4231-2, C.S.P., décide que le Conseil national de l'ordre des pharmaciens « peut, devant toutes les juridictions, exercer tous les droits réservés à la partie civile relativement aux faits portant un préjudice direct ou indirect à l'intérêt collectif de la profession pharmaceutique ». On retrouve alors la même jurisprudence que pour les syndicats : l'action civile suppose l'atteinte à un intérêt collectif, ce qui exclut le préjudice ressenti personnellement par un membre de la profession [6] et le préjudice lié à un intérêt général [7]. Il advient exceptionnellement

1. Pour une application, Crim., 18 juin 2002, B.C., n° 135.
2. Crim., 13 avril 1976, B.C., n° 117 ; 9 novembre 1977, B.C., n° 341.
3. Crim., 8 juin 1995, B.C., n° 211, exercice illégal d'une activité de consultation ; 5 novembre 1997, B.C., n° 377, port illégal du costume d'avocat par un tiers.
4. Crim., 3 novembre 1970, G.P., 1971.I.91.
5. Crim., 18 juin 2002, B.C., n° 135.
6. Crim., 29 juin 1971, B.C., n° 212, menaces de mort envers un huissier ; 14 novembre 1996, B.C., n° 407, J.C.P., 1997.II.22850, note L. Boré ; 26 juin 2000, Procédures 2000, comm. 203, obs. J. Buisson, insulte dans un courrier adressé à un huissier ; *add.* Crim., 5 février 1992, B.C., n° 54, D., 1993, somm. 203, obs. J. Pradel, tentative de meurtre sur un avocat.
7. Crim., 14 janvier 1969, J.C.P., 1969.II.16101, note A. Vivez, R.T.D.Civ., 1970.181, obs. G. Durry, rejet de l'action de l'ordre des pharmaciens dans une poursuite en publicité fausse, ce délit visant la défense des consommateurs et non celle des pharmaciens même pour un produit présenté faussement comme ayant des propriétés diététiques.

que le législateur use d'une formule à la fois large et précise, ce qui confère alors à l'action civile un domaine plus large. Ainsi, le Conseil national de l'Ordre des médecins (art. L. 4122-1, C.S.P.) et les conseils départementaux de cet ordre (art. L. 4123-2, C.S.P.) peuvent « devant toutes les juridictions, exercer tous les droits réservés à la partie civile relativement aux faits portant un préjudice direct ou indirect à l'intérêt collectif de la profession de sage-femme, de médecin ou de chirurgien dentiste, y compris en cas de menaces ou de violences commises en raison de l'appartenance à l'une de ces professions » [1].

§ 2. — Les associations

Bibliographie. — J. Audinet, *La protection judiciaire des fins poursuivies par les associations*, R.T.D.Civ., 1955.213 ; L. Boré, *Pour la recevabilité de l'action associative fondée sur la défense d'un intérêt altruiste*, R.S.C., 1997.751 ; J. Calais-Auloy, *Les actions en justice des associations de consommateurs*, D., 1988, chron. 193 ; P. Hébraud, *Recevabilité de l'action civile exercée devant les juridictions répressives par les groupements et associations pour préjudice matériel ou moral*, R.T.D.Civ., 1971.407 ; J. Larguier, *L'action publique menacée* (à propos de l'action civile des associations devant les juridictions répressives), D., 1958, chron. 29 ; J. Pradel, *Le renforcement de la lutte contre le proxénétisme* (commentaire de la loi du 9 avril 1975), D., 1976, chron. 31 ; M. Prieur, *L'agrément des associations de protection de la nature et de l'environnement*, D., 1978, chron. 143 ; J.H. Robert, *L'éparpillement et la privatisation de l'action publique*, intervention à une Journée d'études organisée par l'Institut de criminologie de Paris-II, le 16 janvier 1995, Dr. pénal, 1995.17 ; P. Robert, *L'action des groupements. Des stratégies évolutives*, Arch. pol. crim., n° 10, 1988.59 ; G. Viney, *Un pas vers l'assainissement des pratiques contractuelles : la loi du 5 janvier 1988 relative aux actions en justice des associations agréées de consommateurs*, J.C.P., 1988.I.3355 ; R. Vouin, *De la recevabilité de l'action « syndicale » des associations*, J.C.P., 1955.I.1207.

335. — *Distinction.* Une association peut-elle se constituer partie civile sur la base d'une atteinte aux intérêts collectifs pour la défense desquels elle a été constituée ? Longtemps, notre droit a répondu par la négative, aucun texte ne consacrant d'ailleurs une telle possibilité. La doctrine pourtant était favorable à une telle action civile [2]. Cette doctrine ainsi que d'autres facteurs (pressions de l'opinion, Préambule de la Constitution de 1946) [3] ont conduit

1. Réforme due à la loi du 9 mars 2004 renversant la jurisprudence qui avait rejeté l'ordre des médecins dans une affaire de violences commises par un toxicomane qui exigeait d'un médecin la délivrance d'une ordonnance prescrivant des stupéfiants, Crim., 5 juin 1996, Dr. pénal, 1996, comm. 231, obs. A. Maron.

2. M. Nourisson, R.P.D.P., 1896.510 ; A. Henry, rapport au 2e Congrès de l'Association international de droit pénal tenu à Bucarest en octobre 1929, Paris, 1930.398.

3. Qui consacre au profit de l'individu divers droits (droit au développement, à la santé, au repos, aux loisirs, à l'instruction...).

le législateur à accorder l'action civile à un nombre toujours croissant d'associations. Il faut dès lors, aujourd'hui, distinguer entre associations qui bénéficient d'un texte leur reconnaissant le droit d'agir et associations qui n'en bénéficient pas [1].

A — Les associations ne bénéficiant pas d'un texte leur reconnaissant le droit d'agir

336. — À l'égard des associations « ordinaires », celles qui ne peuvent invoquer que l'article 6 de la loi du 1er juillet 1901 accordant à toute association le droit d'ester en justice sans préciser à quelles conditions, la jurisprudence fait preuve d'une grande rigueur. La décision de principe est un arrêt de la chambre criminelle de 1913 [2], déclarant irrecevable l'action d'un comité pour la protection morale de la jeunesse dans une affaire d'outrage aux bonnes mœurs ; on remarquera que cet arrêt a été rendu quelques mois à peine après celui des chambres réunies qui accueillait l'action syndicale (v. *supra*, n° 311).

Après l'arrêt du 18 octobre 1913, la chambre criminelle persista dans sa sévérité [3]. Et les juridictions du fond suivirent [4]. L'argumentation de la jurisprudence est simple : en prétendant invoquer un intérêt collectif, les associations font en réalité état soit d'un préjudice personnel à quelques individus, soit plus souvent d'un préjudice social dont la réparation est assurée par le parquet.

Récemment, cependant, un assouplissement s'est manifesté dans quelques rares décisions. Un arrêt a admis que l'association créée pour conserver la mémoire des déportés peut agir en cas de poursuites pour apologie de crimes de guerre [5]. Un autre a admis l'action de l'Union parisienne des Arbitres de Football dans des poursuites contre un spectateur ayant frappé un de ses membres [6]. Et les dernières décisions se montrent de plus en plus favorables aux associations ordinaires [7]. L'action du Comité

1. De toute façon, l'association doit avoir une existence légale au moment où les faits ont été commis, Crim., 5 février 1986, B.C., n° 47.

2. Crim., 18 octobre 1913, S., 1920.I.321, note L. Hugueney ; J. PRADEL et A. VARINARD, n° 12.

3. Crim., 13 avril 1923, G.P., 1923.II.622 ; 20 février 1937, S., 1938.I.279 ; 16 décembre 1954, D., 1955.287, rapport M. Patin ; 20 avril et 8 novembre 1967, B.C., n°s 125 et 285 ; 23 juin 1986, B.C., n° 218 (association des familles des victimes des accidents de la circulation) ; 12 avril 1988, B.C., n° 146 ; 6 mars 1990, B.C., n° 104, R.S.C., 1991.116, obs. A. Braunschweig (association pour le respect du suffrage universel).

4. Paris, 18 avril 1968, 2 décisions, D., 1969.53, note Fourgoux.

5. Crim., 14 janvier 1971, D., 1971.101, rapport F. Chapar, J.C.P., 1972.II.17022, note H. Blin ; *contra*, Crim., 11 février 1954, G.P., 1954.I.131, pour des faits voisins.

6. Paris, 25 février 1971, G.P., 1971.I.191.

7. Colmar, 10 février 1977, D., 1977.471, note D. Mayer, pour l'association « Aide à toute détresse » qui prend en charge les personnes démunies incapables d'assurer la sauvegarde de leurs intérêts ; C. d'assises, Paris, 15 décembre 1977, D., 1978.61, note D. Mayer, pour l'asso-

national français contre le tabagisme a été déclarée recevable dans une poursuite pour infraction à la loi du 9 juillet 1976 relative à la lutte contre le tabagisme [1]. Il en est de même des Parcs nationaux à l'occasion d'un délit de chasse à l'aide d'engins prohibés [2]. Cette jurisprudence est peut-être influencée par l'existence d'un fort courant législatif favorable à l'action de certaines associations en même temps qu'elle est à l'origine d'un développement de ce courant.

B — Les associations bénéficiant d'un texte leur reconnaissant le droit d'agir

1. *Énumération*

337. — *Vue générale.* De nombreux textes ont donné à quelques types d'associations une mission particulière et leur ont accordé le plus souvent le droit de se porter partie civile. Ils traduisent la volonté du législateur de protéger plus nettement certaines catégories de citoyens. De son côté, la jurisprudence est stricte. Elle entend d'abord que toute association étrangère ou française, remplisse les formalités de l'article 5 de la loi du 1er juillet 1901 (déclaration en préfecture, inscription au Journal Officiel...) [3]. Elle exige aussi que l'association justifie de son agrément par la loi [4]. Enfin et surtout, elle adopte une position très stricte au fond.

Essayons, en énumérant les textes principaux, de les classer en fonction de l'intérêt social qu'ils entendent protéger.

a) La protection du corps humain

338. — L'intérêt de la *santé* est pris en considération par l'article L. 33551, C.D.B. (issu des l. des 16 novembre 1915 et 23 août 1940) qui autorise les ligues anti-alcooliques reconnues d'utilité publique à agir « pour les infractions prévues au présent titre » [5].

Pour défendre la santé contre les ravages de la drogue, toute association régulièrement déclarée depuis au moins cinq ans à la date des faits, qui se propose de lutter contre la toxicomanie ou le trafic de stupéfiants peut se constituer partie civile en ce qui concerne le trafic de stupéfiants et le fait de provoquer un mineur à ce trafic. Toutefois, l'association ne peut que se

ciation « Choisir » dans une poursuite pour viol ; *contra*, cependant, C. assises, Morbihan, 16 mars 1978, D., 1978.556, note G. Roujou de Boubée.

1. Crim., 7 février 1984, B.C., n° 41 ; 29 avril 1986, B.C., n° 146.
2. Crim., 8 février 1995, D., 1996.96, note D. Guibal.
3. Crim., 16 novembre 1999, B.C., n° 260 ; 12 avril 2005, B.C., n° 121.
4. Crim., 26 mai 1992, B.C., n° 211.
5. Crim., 23 juin 1983, B.C., n° 195, une ligue anti-alcoolique doit justifier d'un préjudice direct distinct du trouble social dont le Ministère public poursuit la réparation. V. aussi dans le même sens, Crim., 25 janvier 1962, B.C., n° 63, J.C.P., 1962.II.12735, note A.P.

joindre à la poursuite lancée par le Ministère public ou la partie lésée (art. 2-16, C.P.P., l. du 13 mai 1996).

Selon l'article L. 3512-1, C.S.P., peuvent agir les associations dont l'objet statutaire comporte la lutte contre le tabagisme, à la condition qu'elles soient déclarées depuis cinq ans à la date des faits. Cette disposition est due à une loi du 9 juillet 1976 et est peu appliquée [1].

Voisine est la défense de l'*intégrité corporelle*. Une loi du 4 janvier 1993 a ajouté au Code de procédure pénale un article 2-12 selon lequel toute association qui combat la délinquance routière et assure la défense des victimes peut se porter partie civile en ce qui concerne les délits d'homicide et de blessures involontaires commis dans le cadre de la circulation routière. Mais il faut que l'association soit déclarée depuis au moins cinq ans à la date des faits, que l'action publique ait été déjà mise en mouvement et que la victime ait donné son accord.

Selon l'article 2-15, C.P.P. (L. 8 février 1995 et 9 mars 2004), peuvent agir les associations et fédérations d'associations assurant la défense des victimes d'accidents collectifs lorsque l'action publique a été mise en mouvement par le Ministère public ou la partie lésée.

De façon un peu moins directe, la loi du 15 juin 2000 (art. 2-18, C.P.P.) permet aux associations déclarées depuis au moins cinq ans à la date des faits et qui se proposent de défendre les victimes d'accidents du travail d'intervenir (l'action publique ayant été mise en mouvement par le parquet ou la partie civile), à l'occasion de poursuites pour homicide et blessures par imprudence, mais elles ne peuvent intervenir que si elles ont reçu l'accord de la victime.

b) La protection de la moralité

339. — La considération de la moralité apparaît de plusieurs façons.

• Elle apparaît d'abord de façon directe, tout en se mélangeant un peu avec la considération de la santé. À ce tite, on peut citer l'article 2-3, C.P.P., qui habilite toute association régulièrement déclarée depuis moins de cinq ans à la date des faits et qui se propose de défendre l'enfance martyre. Ces associations peuvent agir en cas de tortures et actes de barbarie, violences et agressions sexuelles commis sur un mineur et, en cas de mise en péril d'un mineur, toutes infractions réprimées par les articles 222-3 à 222-6, 222-8, 222-10, 222-12 à 222-15, 222-24 à 222-26, 222-29, 222-30, 227-22, 227-25 à 227-27, C.P. Notons, cependant, une importante limite : ces associations ne peuvent agir que si l'action publique a déjà été mise en mouvement par le parquet ou la partie lésée.

De son côté, l'article 2-2, C.P.P., habilite les associations de lutte contre les violences sexuelles à agir en cas d'atteintes volontaires à la vie et à

1. Crim., 29 juin 1994, B.C., n° 261 ; 6 mai 1998, J.C.P., éd. E, 1999, p. 36, note J.H. Robert.

l'intégrité de la personne, d'agressions et autres atteintes sexuelles, d'enlèvement et de séquestration, et de violation de domicile, toutes infractions punies par les articles 221-1 à 221-4, 222-1 à 222-18, 222-23 à 222-33, 224-1 à 224-5, 227-25 à 227-27 et 422-8 du Code pénal ; elles doivent être déclarées depuis au moins cinq ans et elles ne peuvent agir qu'avec l'accord de la victime ou, si elle est mineure, de ses parents [1].

Enfin, les associations de lutte contre le proxénétisme sont habilitées par une loi du 9 avril 1975 à exercer l'action civile « en ce qui concerne les infractions de proxénétisme prévues par le Code pénal ainsi que celles qui se rattachent directement ou indirectement au proxénétisme et qui ont causé un préjudice direct ou indirect à la mission qu'elles remplissent » [2].

• La moralité se manifeste un peu plus indirectement avec ces textes relatifs à des associations qui défendent un idéal qui a été méconnu gravement au cours et à la suite de la Seconde Guerre mondiale. Ainsi l'article 2-1, C.P.P. (l. du 3 janvier 1985) accorde aux associations de lutte contre le racisme, régulièrement déclarées depuis au moins cinq ans, le droit de se constituer partie civile à l'occasion de poursuites pour certaines infractions énumérées (discriminations, atteintes volontaires à la vie et à l'intégrité de la personne, menaces, vols, extorsions, destructions et dégradations) et « commises au préjudice d'une personne à raison de son origine nationale, de son appartenance ou de sa non-appartenance, vraie ou supposée, à une ethnie, une race ou une religion déterminée » [3]. Sous la même condition de déclaration, peuvent agir les associations de lutte contre les crimes contre l'humanité et contre les crimes de guerre (art. 2-4, C.P.P., l. du 10 juin 1963), ainsi que les associations de défense des intérêts moraux de la Résistance relativement à ces deux sortes de crimes ou à leur apologie, ou encore relativement à la destruction de monuments et sépultures (art. 2-4 et 2-5, C.P.P., l. du 10 juin 1983).

• L'idée de morale apparaît encore avec la loi du 15 juin 2000 qui autorise toute association départementale des maires régulièrement déclarée à agir dans toutes les instances introduites par les élus municipaux à la suite d'injures, d'outrages, de menaces ou de violences à raison de leurs fonctions : il s'agit d'un droit d'intervention et il faut que l'élu ait donné son accord (art. 2-19, C.P.P.).

1. Crim., 23 mars 1982, D., 1983, I.R., 73, obs. G. Roujou de Boubée, poursuite pour viol.

2. J. PRADEL, *Le renforcement de la lutte contre le proxénétisme* (commentaire des lois du 9 avril et 11 juillet 1975), D., 1976, chron. 31. Pour une application, Crim., 8 juillet 1985, B.C., n° 257, recevabilité d'une association dans le cadre d'une poursuite pour meurtre connexe à un délit de proxénétisme.

3. Crim., 16 février 1983, B.C., n° 58, action civile possible seulement pour les faits prévus à l'art. 2-1, C.P.P. ; 3 mai 1995, B.C., n° 161, action civile possible seulement si les faits ont été commis à raison de considérations raciales ou assimilées ; 17 décembre 2002, B.C., n° 227, action civile rejetée qui émanait d'une association de défense de l'intérêt des familles.

Par ailleurs, l'article 2-1 exige l'avis de la victime quand l'infraction a visé une personne, v. Crim., 25 septembre 2007, B.C., n° 220, R.S.C. 2008.108, obs. A. Giudicelli, association non recevable parce que la victime est décédée à la suite des coups. Il n'a donc pu donner d'avis ; C. SAAS, *L'action civile paralysée par le consentement impossible*, A.J. pénal, février 2008, 83.

• La morale apparaît enfin, indirectement, avec les associations de défense et de protection des animaux. Celles-ci peuvent agir en cas d'infraction réprimant les sévices graves ou actes de cruauté et mauvais traitements envers les animaux ainsi que les atteintes volontaires à la vie d'un animal. Il faut cependant que ces associations soient déclarées depuis au moins cinq ans à la date des faits (art. 2-13, C.P.P., l. du 1er février 1994).

c) La protection de la famille

340. — L'idée de protection de la *famille* apparaît avec l'article L. 211-3 du Code de l'action sociale et des familles qui autorise l'union nationale des associations familiales (U.N.A.F.) et les unions départementales (U.D.A.F.) à exercer l'action civile pour tous « faits de nature à nuire aux intérêts moraux et matériels des familles, y compris pour les infractions prévues par l'article 227-24 du Code pénal » (diffusion de messages à caractère violent ou pornographique). La formule est large. Des U.D.A.F. ont jadis été accueillies par des juridictions du fond dans des poursuites pour avortement [1], pour outrage public à la pudeur envers des mineurs [2], pour affichage publicitaire contraire à la décence [3] et même pour le meurtre d'une fillette par sa mère [4]. Cependant, la chambre criminelle s'efforce d'endiguer ces actions civiles. Mais elle l'a fait en des termes contradictoires. D'un côté, elle décide que l'action de l'association est recevable à l'encontre d'un vendeur de lait pollué dont la consommation par un enfant a entraîné son décès [5]. Mais, d'un autre côté, l'action associationnelle n'est plus recevable à l'encontre du boucher qui, de mauvaise foi, a acheté à bas prix et livré à la consommation la viande d'une vache tuberculeuse [6] : cet arrêt rappelle que « la santé publique est placée sous la sauvegarde du Ministère public » et que le préjudice invoqué par l'association « doit être distinct du préjudice social dont le Ministère public poursuit la réparation », de sorte que l'action civile n'est pas recevable, faute pour l'association de démontrer l'existence d'un trouble pour les familles. Plus récemment, cependant, la chambre criminelle se montre plus souple : dans une affaire de publicité trompeuse, elle reçoit une association départementale, « l'action relative au prix de vente des produits alimentaires rentrant dans la défense des intérêts matériels des familles » [7].

1. Dijon, 17 mai 1949, D., 1949.505.
2. Trib. corr., Chambéry, 10 mars 1950, J.C.P., 1951.II.6258.
3. Trib. corr., Nevers, 29 mars 1957, G.P., 1957.II.70.
4. C. assises, Blois, 1er juillet 1956, J.C.P., 1957.II.9782, note Souty.
5. Crim., 20 décembre 1951, G.P., 1952.I.92.
6. Crim., 17 juin 1954, D., 1955.505, note R. Vouin ; v. aussi Crim., 13 février 1958, B.C., n° 156 ; *add.* Montpellier, 8 novembre 1954, D., 1955.509 ; irrecevabilité de l'action de l'association en cas de crevettes avariées, l'arrêt reprenant la motivation de Crim., 17 juin 1954 et faisant une distinction peu scientifique entre « aliments de base » comme le pain, la viande ou le lait, d'une part, et les crevettes, d'autre part !
7. Crim., 3 septembre 1992, B.C., n° 281.

d) La protection des consommateurs

341. — La protection des *consommateurs* est également prise en considération. Amplifiant une loi du 27 décembre 1973, dite loi Royer (art. 46), qu'elle abroge, une loi du 5 janvier 1988 — devenue l'article L. 421-1 du Code de la consommation (l. du 26 juillet 1993) — décide que « les associations régulièrement déclarées ayant pour objet statuaire explicite la défense des intérêts des consommateurs peuvent, si elles ont été agréées à cette fin, exercer les droits reconnus à la partie civile, relativement aux faits portant un préjudice direct ou indirect à l'intérêt collectif des consommateurs ».

Mieux — et ici apparaît un pouvoir nouveau reconnu aux associations — celles qui défendent les consommateurs peuvent demander au juge pénal d'ordonner au prévenu, le cas échéant sous astreinte, « toute mesure destinée à faire cesser les agissements illicites ou à supprimer dans le contrat ou le type de contrat proposé aux consommateurs une clause illicite » (art. L. 421-2 du même code). L'action de ces associations n'est donc pas seulement une action en réparation, c'est en outre une action en cessation d'activités illicites dont les effets déborderont le cadre des personnes présentes à la procédure : c'est presque une action publique [1], avec une sorte de *restitutio in integrum.* La loi de 1988, confirmée en 1993, accroît donc les pouvoirs des associations. Mais corrélativement, elle accroît aussi ceux du juge, qui peut d'ailleurs, en outre, ajourner sa décision afin de pousser le prévenu à faire cesser son activité ; ainsi injonction et ajournement se combinent.

Dans l'application, l'article L. 421-1, C. cons., donne lieu à beaucoup d'illustrations et cela dans un sens très favorable aux consommateurs et à leurs associations. D'une part, en effet, le concept de consommateur est largement entendu [2] et, de l'autre, l'action des associations est recevable pour les infractions les plus diverses, la chambre criminelle rappelant souvent « qu'aucune infraction ayant porté un préjudice direct ou indirect à l'intérêt collectif des consommateurs n'est exclue des prévisions » du texte [3] ; il y a toutefois quelques infractions exclues [4].

1. B. Bouloc, R.S.C., 1988.563.

2. Crim., 15 mai 1984, B.C., n° 178, D., 1985, I.R., 401, obs. J. Penneau, D., 1986.106, note G. Mémeteau, la personne concluant un contrat médical est un consommateur ; 6 juillet 1994, B.C., n° 267, même solution, l'arrêt accueillant en outre l'ordre national des médecins.

3. Crim., 30 janvier 1995, D., 1995, I.R., 77, pour l'escroquerie ; 24 juin 1997, *affaire du stade de Furiani*, B.C., n° 251, D., 1997, I.R., 185, *Contrats, concurrence et consommation*, 1997, n° 138, obs. G. Raymond, pour les homicides et blessures par imprudence ; 27 octobre 1997, B.C., n° 352, *Contrats, concurrence et consommation*, 1998, n° 11, note G. Raymond, pour la corruption. La jurisprudence admet l'action des associations dans d'autres cas, mais sans user de la formule précitée : ainsi pour les loteries (Crim., 22 août 1990, D., 1990, I.R., 243 ; 18 février 1998, Dr. pénal, 1998, comm. 88, obs. A. Maron), pour la publicité de nature à induire en erreur (Crim., 15 octobre 1997, B.C., n° 338 ; 26 octobre 1999, B.C., n° 233), pour la revente à perte (Crim., 10 octobre 1996, B.C., n° 358), pour le risque causé à autrui (Aix-en-Provence, 1er décembre 1997, Dr. pénal, 1998, comm. 136, obs. A. Maron.

4. Comme la tromperie commise par un particulier au préjudice d'un autre particulier, Aix-en-Provence, 26 janvier 1994, *Contrats, concurrence et consommation*, 1994, n° 238, obs. G. Ray-

e) La protection de la liberté et de l'égalité

342. — La protection de la *liberté* a été assurée dans un cas très particulier par une loi du 27 janvier 1993. Cette loi, en même temps qu'elle incrimine les entraves à l'interruption volontaire de grossesse, par exemple par voie de perturbation des locaux où s'effectuent les interruptions, vient autoriser l'action civile de la part des associations de défense des droits des femmes à accéder à l'avortement et à la contraception en cas d'entrave. L'association doit être régulièrement déclarée depuis au moins cinq ans à la date des faits (art. L. 162-15-1, C.S.P.) [1].

L'article 2-17, C.P.P. (L. du 12 juin 2001) autorise les associations de lutte contre les sectes, régulièrement déclarées depuis au moins cinq ans à la date des faits à intervenir (l'action publique ayant été mise en mouvement par le Ministère public ou la partie civile) « pour défendre les droits et libertés individuels et collectifs... à l'occasion d'actes commis... dans le cadre d'un mouvement ou organisation ayant pour but ou pour effet de créer ou d'exploiter une dépendance psychologique ou physique ». Ces associations peuvent intervenir pour un très grand nombre d'infractions comme les tortures et actes de barbarie, les violences, les appels téléphoniques malveillants, les menaces, les agressions sexuelles, le défaut de secours, la mise en péril de mineurs, le vol, l'extorsion, l'escroquerie, les infractions contre l'espèce humaine, etc.

L'idéal d'*égalité* est défendu à l'article 2-6, C.P.P. Selon ce texte, les associations régulièrement déclarées depuis au moins cinq ans et se proposant de combattre les discriminations fondées sur le sexe ou sur les mœurs peuvent agir en cas de discriminations réprimées par les articles 225-2 et 437-2 du Code pénal et par l'article L. 123-1 du Code du travail. On peut aussi citer l'article 2-8, C.P.P., qui défendant les malades et handicapés victimes de discriminations punies par les articles 225-2 et 432-7, C.P., ainsi que l'article 2-10, C.P.P., qui lutte contre l'exclusion sociale ou culturelle et qui permet d'agir pour les mêmes infractions ; dans les deux cas, l'association doit avoir l'accord de la victime. La loi du 15 juin 2000 a complété l'article 2-6, C.P.P., en autorisant ces associations à agir en cas d'atteinte volontaire à la vie ou à l'intégrité des personnes ou en cas de dégradation et détérioration lorsque ces faits ont été commis « en raison du sexe ou des mœurs de la victime ».

f) La protection de l'environnement

Reste la défense de l'*environnement*, assurée de diverses façons.

mond. Même solution en cas de détournement commis par un syndic de copropriété, Crim., 12 novembre 1985, B.C., n° 349.

1. Pour une application, Crim., 27 novembre 1996, B.C., n° 431.

343. — *Les fédérations de chasseurs.* L'article L. 221-2 du nouveau Code rural décidait que les fédérations de chasseurs « ont pour objet la répression du braconnage, la constitution et l'aménagement des réserves de chasse, la protection et la reproduction du gibier ». Bien que ce texte n'utilisait pas les mots « partie civile », la jurisprudence admettait les fédérations à se constituer. Mais elle le faisait de manière très restrictive puisque la fédération n'était recevable que si elle avait subi un préjudice personnel résultant par ex. d'un délit de chasse commis sur un terrain réservé à ses associés [1] ou en cas de transport de gibier abattu dans des conditions illégales [2].

En revanche, l'action était irrecevable en cas de chasse sur terrain d'autrui [3], ou sans permis [4], ou en temps prohibé [5], ou encore avec des engins interdits comme des véhicules pourvus d'émetteurs-radio [6].

Aujourd'hui, l'article L. 421-6, C. environnement, décide que « les fédérations départementales des chasseurs peuvent exercer les droits reconnus à la partie civile en ce qui concerne les faits constituant une infraction » en matière de chasse « et portant un préjudice direct ou indirect aux intérêts collectifs, matériels et moraux qu'elles ont pour objet de défendre » (L. 26 juillet 2000). Il ne semble pas y avoir encore de jurisprudence.

344. — *Les fédérations de pêcheurs.* Ces associations ont fait l'objet d'une réforme opérée par une loi du 29 juin 1984, elle-même suivie d'une loi du 15 avril 1991 recodifiant le Code rural. Le nouvel article L. 238-9 de ce code dispose que « les fédérations départementales des associations agréées de pêche et de pisciculture et les associations agrées de pêcheurs professionnels peuvent exercer les droits reconnus à la partie civile en ce qui concerne les faits constituant une infraction aux dispositions « sur la pêche »... et portant un préjudice direct ou indirect aux intérêts collectifs qu'elles ont pour objet de défendre ». La formule est aujourd'hui transférée à l'identique à l'article L. 437-18, C. environnement.

Le texte est largement conçu, plus largement que l'article L. 221-2 du même code sur les chasseurs. La jurisprudence se montre donc très accueillante aux actions des pêcheurs et par exemple une fédération départementale a été déclarée recevable dans une affaire de pollution de rivière alors qu'elle avait l'obligation de veiller à la protection et à l'empoissonnement des eaux, engageant des frais d'alevinage [7].

1. Crim., 26 novembre 1970, G.P., 1971.I.73 ; 4 juillet 1978, B.C., n° 292.
2. Crim., 6 juin 1989, B.C., n° 238 ; 27 février 1982, B.C., n° 91.
3. Crim., 11 juillet 1956, J.C.P., 1957.II.9764, note Audinet ; 19 juin 1996, B.C., n° 264, Dr. pénal, 1997, com. 21, obs. J.H. Robert.
4. Crim., 12 juillet 1956, J.C.P., 1957.II.9764 ; 19 mars 1974, G.P., 1974.II, Somm. 205.
5. Crim., 25 juillet 1956, J.C.P., 1957.II.9764.
6. Crim., 8 février 1995, D., 1996.96, note D. Guibal, Dr. pénal, 1996, comm. 269, obs. J.H. Robert.
7. Crim., 4 février 1986, B.C., n° 43.

345. — *Quelques autres associations.* Certains textes investissent des associations dans des domaines particuliers.

On peut d'abord citer l'article L. 252-3, C. rur. (loi du 2 février 1995) qui décidait que « les associations agréées... peuvent exercer les droits reconnus à la partie civile en ce qui concerne les faits portant un préjudice direct ou indirect aux intérêts collectifs qu'elles ont pour objet de défendre et constituant une infraction aux dispositions législatives relatives à la protection de la nature et de l'environnement, à l'amélioration du cadre de vie, à la protection de l'eau, de l'air, des sols, des sites et paysages, à l'urbanisme, ou ayant pour objet la lutte contre les pollutions et les nuisances... » On aura noté le caractère large du texte en ce qui concerne à la fois la nature du préjudice et les valeurs protégées [1]. La formule est aujourd'hui transférée à l'identique à l'article L. 142-2, C. environnement.

Selon l'article L. 480-1, C. urb. (loi du 31 décembre 1976), toute association agréée de protection de l'environnement « ... peut exercer les droits reconnus à la partie civile en ce qui concerne les faits constituant une infraction à l'alinéa 1 du présent article (par ex. sur le permis de construire) et portant un préjudice direct ou indirect aux intérêts collectifs qu'elle a pour objet de défendre ».

En cas de poursuites pénales pour incendie volontaire commis dans les bois ou lieux assimilables, les personnes morales de droit public peuvent se constituer partie civile devant la juridiction de jugement en vue d'obtenir le remboursement par le condamné des frais qu'elles ont exposés pour lutter contre le feu (art. 2-7, C.P.P., dû à une l. du 22 juillet 1987). Il s'agit d'une constitution de partie civile par voie d'intervention. Aucune autre condition n'est prévue.

L'article 2-13, C.P.P. habilite à agir les associations de protection des animaux en cas de sévices graves ou actes de cruauté, mauvais traitements et atteintes volontaires à la vie [2].

Enfin, au titre de l'environnement culturel, on évoquera l'article 2-14, C.P.P. (l. du 4 août 1994) qui permet à toute association défendant la langue française d'agir en cas de violation de certaines dispositions des textes pris pour l'application de certains articles de la loi du 4 août 1994 sur la langue française.

2. *Synthèse*

346. — Tous ces textes appellent deux observations d'ordre général. On notera d'abord les différences qui apparaissent d'un texte à l'autre : d'une part, quant aux conditions que doivent remplir les associations (déclarées, agréées, reconnues d'utilité publique selon les cas) ; d'autre part, quant aux

1. Pour une application, Crim., 1er octobre 1997, B.C., n° 317.

2. Crim., 22 mai 2007, B.C., n° 133, action pas recevable en cas de défaut de soins à animaux domestiques.

infractions autorisant leur action (comp., par ex., la formule large de l'article L. 142-2, C. environnement, sur l'environnement, avec les strictes énumérations de l'article 2-1, C.P.P., par exemple) ; enfin, en ce qui concerne le rôle des associations qui tantôt peuvent agir (ou déclencher la poursuite), tantôt ne peuvent qu'intervenir (ou se joindre à des poursuites déjà lancées par le parquet ou la partie civile).

On peut ensuite s'interroger sur le bien-fondé de toutes ces actions civiles émanant de procureurs privés et spécialisés. En faveur de cette législation, on peut certes invoquer la nécessité d'épauler le Ministère public qui peut ignorer certains agissements ou se montrer insensible à certaines situations. Mais n'oublions pas, d'un autre côté, le risque d'engorgement de certains tribunaux, l'effritement du principe de l'opportunité des poursuites — « l'action publique est en train d'échapper au Ministère public » (GRANIER) [1] — et même le danger d'une utilisation de ces actions civiles à des fins très personnelles [2].

C'est pourquoi le meilleur parti serait, au maximum selon nous, d'accorder l'action civile à toutes les associations reconnues d'utilité publique, mais à elles seules [3]. On pourrait aussi permettre aux associations d'intervenir seulement, pas d'agir : le Ministère public déclencherait la poursuite et il serait ensuite aidé par l'association intéressée. Souvent d'ailleurs, telle est déjà l'attitude du législateur. La Commission Justice pénale et Droits de l'homme avait en 1990 suggéré opportunément une unification des conditions d'accès des associations à la justice pénale. Les associations ne pourraient se constituer partie civile qu'à trois conditions : elles devraient être agréées, régulièrement déclarées depuis au moins cinq ans à la date des faits ; les faits devraient constituer une infraction figurant sur une liste déterminée par la loi ; l'infraction prétendue devrait avoir porté atteinte aux intérêts collectifs dont l'association, par ses statuts, se propose la défense [4].

Cet ensemble législatif présente en tout cas l'avantage de fournir des indications sur notre politique criminelle en faisant apparaître les valeurs auxquelles nous tenons le plus aujourd'hui. On s'écarte du schéma binaire de 1810 (infractions contre la chose publique et infractions contre les particuliers) et l'on introduit des valeurs nouvelles. Ces valeurs figurent d'ailleurs souvent dans le Préambule de la Constitution de 1946 (qui fait partie de notre droit positif, le Préambule de celle de 1958 le rappelant) : ainsi en est-il de la non-discrimination, de la protection de la famille, de la santé, des loisirs, etc.

1. J.C.P., 1957.I.1386.
2. On a pu parler d'une privatisation de l'action publique.
3. En ce sens, H. SOLUS et R. PERROT, *Traité de droit judiciaire privé*, I, 1961, n° 256.
4. *La mise en état des affaires pénales. Rapports*, La Documentation française, 1991, pp. 154 à 157.

§ 3. — Les personnes morales publiques

347. — Si une collectivité publique peut évidemment demander réparation du préjudice *matériel* résultant d'une infraction dont elle a été victime (par ex., vol, incendie volontaire), la jurisprudence lui a interdit longtemps, en revanche, de demander réparation du dommage *moral* qui en découle. Elle estimait en effet que cet intérêt se confond avec l'intérêt social dont la protection est déjà assurée par le Ministère public [1]. À plus forte raison, la personne morale s'était vue refuser le droit de demander réparation du dommage causé aux intérêts généraux des collectivités qu'elle représente. Ainsi, une commune (par l'intermédiaire de son maire) ne saurait se constituer partie civile dans des poursuites pour contravention à un arrêté municipal [2].

Cette règle se trouve aujourd'hui fortement entamée en législation et en jurisprudence.

— En *législation*, tout d'abord. Ainsi, l'article L. 132-1, C. environnement, permet à certaines personnes morales de droit public — l'Agence de l'environnement et de la maîtrise de l'énergie, le Conservatoire de l'espace littoral et des rivages lacustres, les agences financières de bassin et la Caisse nationale des monuments historiques et des sites — « d'exercer les droits reconnus à la partie civile en ce qui concerne les faits portant un préjudice direct ou indirect aux intérêts qu'elles ont pour objet de défendre et constituant une infraction aux dispositions législatives relatives à la protection de la nature et de l'environnement, à l'amélioration du cadre de vie, à la protection de l'eau, de l'air, des sols, des sites et paysages, à l'urbanisme ou ayant pour objet la lutte contre les pollutions et les nuisances… ».

Selon l'article L. 232, L.P.F., « lorsqu'une information est ouverte par l'autorité judiciaire sur la plainte de l'administration des impôts en matière de droits, taxes, redevances et impositions de toute nature mentionnés au Code général des impôts, cette administration peut se constituer partie civile ». Ainsi, l'administration des impôts peut suivre la procédure et y intervenir dans l'intérêt du fisc, mais elle ne peut pas pour autant demander une réparation distincte de celle qui est déjà assurée par les majorations et amendes fiscales [3].

— La *jurisprudence*, de son côté, évolue. Un arrêt de cour d'assises avait accueilli les États-Unis dans leur demande d'un franc de dommages-intérêts à la suite de l'assassinat de l'un de leurs diplomates [4]. Là n'est pas cependant l'essentiel. La chambre criminelle décide aujourd'hui que « l'article 2, C.P.P., attribue l'action civile à tous ceux qui ont personnellement souffert du dommage directement causé par l'infraction sans exclure les établissements

1. Crim., 1er mai 1925, S., 1926.I.137, note J.A. Roux, pour l'État ; 5 mai et 25 novembre 1954, B.C., nos 160 et 350, pour des communes.
2. Crim., 19 février et 29 mai 1957, B.C., nos 161 et 455 ; 2 novembre 1961, B.C., n° 438.
3. Crim., 17 avril 1989, B.C., n° 407 ; *add.* Crim., 12 novembre 1990, B.C., n° 377, D., 1992.29, note B. Bouloc.
4. Crim., 8 mars 1995, B.C., n° 93.

publics » ou « les personnes morales de droit public » [1] ; en l'espèce, il s'agissait d'un parc national dont la mission, selon l'article L. 331-1, C. environnement, est de préserver un milieu naturel. Plus récemment, l'État a été déclaré recevable dans sa constitution de partie civile relativement à des poursuites contre certains de ses agents des chefs de trafic d'influence et favoritisme : en effet, l'État éprouvait un préjudice moral résultant du discrédit jeté sur la fonction publique tout entière par ces agents [2]. Un arrêt remarqué a même considéré qu'une commune subirait un préjudice direct et personnel, de nature morale, du fait d'une infraction commise par son… maire [3].

SECTION II

LES DÉFENDEURS À L'ACTION CIVILE

348. — *Principe.* Le domaine de la responsabilité civile est plus étendu que celui de la responsabilité pénale. Il en résulte que si l'action publique ne peut être exercée que contre les auteurs et complices de l'infraction (v. *supra*, n° 209), l'action civile peut aussi être lancée contre d'autres personnes : héritiers du coupable, personnes civilement responsables, administration, quand le délinquant est fonctionnaire.

§ 1. — Les héritiers du coupable

349. — En cas de décès du délinquant, l'action civile est recevable contre ses héritiers. Cette solution s'explique aisément : la dette de réparation n'est pas une dette pénale à caractère personnel, mais une dette civile grevant le patrimoine du défunt et faisant partie de son passif. En recueillant l'actif et le passif, les héritiers sont donc tenus de payer la dette de réparation s'ils acceptent la succession purement et simplement ou même sous bénéfice d'inventaire.

Cependant, l'action civile ne peut alors être intentée que par la voie civile : devant les juridictions pénales, l'action civile n'est en effet qu'un accessoire de l'action publique (art. 3, al. 1er, C.P.P.) ; or celle-ci est éteinte par le décès du coupable. Il n'en va autrement que si l'action civile a déjà été lancée du vivant du prévenu et que si celui-ci a fait l'objet d'un jugement sur le fond : la partie civile peut alors faire appel contre les héritiers du prévenu devant la chambre des appels correctionnels en ce qui concerne ses intérêts civils (art. 497-3°, C.P.P.).

1. Crim., 7 avril 1999, B.C., n° 69, R.S.C., 2000.645, obs. A. Giudicelli.
2. Crim., 10 mars 2004, B.C., n° 64.
3. Crim., 14 mars 2007, R.P.D.P. 2007.377, obs. C. Ambroise-Castérot pour la ville de Cannes.

§ 2. — CERTAINS TIERS

A — Les civilements responsables

Bibliographie. — P. HÉBRAUD, *Les garants de la réparation devant les juridictions répressives*, Mélanges Magnol, 1948.115 ; H. LALOU, *Le civilement responsable du fait d'autrui et les juridictions répressives*, D.H., 1932, chron. 105 ; B. LEQUESNE, *L'exercice de l'action civile devant les tribunaux répressifs et l'article 1384*, C. civ., thèse, Paris, 1943 ; G. ROULLET, *La responsabilité pour autrui devant les juridictions répressives*, J.C.P., 1945.I.482.

350. — Contrairement aux héritiers, les *civilement responsables* peuvent être poursuivis soit par la voie civile, soit par la voie pénale accessoirement à l'action publique. Dans ce dernier cas, le civilement responsable n'est partie au procès que s'il a été cité ou que s'il est intervenu (art. 388 et 531, C.P.P.) [1].

L'ancien Code pénal, en son article 69, décidait qu'en matière de responsabilité civile, le juge pénal se conformait aux dispositions des articles 1382 et s., C. civ. C'était reconnaître que le juge pénal devait appliquer les règles civiles. Au vrai, l'article 69 était de peu d'utilité et n'était jamais invoqué par le juge pénal. Ce texte n'a pas été repris par le nouveau Code pénal et il importe peu car aujourd'hui comme hier, les juges répressifs appliquent à l'action civile les articles 1382 et 1383, C. civ. (faute prouvée) et les articles 1384 à 1386, C. civ. (faute présumée). La jurisprudence est nette [2].

C'est surtout au sujet de l'article 1384 — qui permet de condamner un tiers comme civilement responsable ou garant — que la jurisprudence est fournie. On en citera trois applications.

1° À propos d'infractions commises par des mineurs, les parents sont déclarés civilement responsables sur la base des alinéas 4 et 7 de l'article 1384, étant observé qu'il n'y a pas de différences entre la jurisprudence criminelle [3] et la jurisprudence civile [4].

1. Crim., 5 avril 1949, B.C., n° 135.

2. D'autant plus que la jurisprudence précise formellement que la règle permettant à la partie civile d'obtenir réparation de la part du juge pénal selon les règles du droit civil (art. 470-1, C.P.P.) s'étend au civilement responsable, Crim., 1er juillet 1997, B.C., n° 259.

3. Crim., 5 novembre 1986, J.C.P., 1988.II.21064, note Fulchiron ; 27 novembre 1991, B.C., n° 443 ; 29 octobre 2002, B.C., n° 197, R.I.D.Civ., 2003.101, obs. Jourdain, sauf force majeure ou faute de la victime, les parents sont civilement responsables même si les faits se produisent à un moment où l'enfant était confié à un centre de vacances ; 8 février 2005, B.C., n° 44, même si l'enfant est confié à une grand-mère, la cohabitation de l'enfant avec ses parents ne cesse pas de sorte que ces derniers sont responsables.

4. Civ. 2, 24 avril 1989, B. civ. II, n° 99. Notons cependant que désormais pour la jurisprudence, l'exonération de la responsabilité parentale ne peut plus provenir que de la force majeure ou de la faute de la victime : Civ. 2, 19 février 1997, *Bertrand*, R.T.D.Civ., 1999.410, obs.

2° Pour le commettant, la situation est plus délicate à propos de la classique question de « l'abus de fonctions » du préposé. Le patron reste-t-il tenu (sur la base de l'article 1384, al. 5) ? Longtemps, les juges répressifs se sont montrés plus favorables à la victime que les juges civils, ces derniers admettant plus aisément qu'il y avait en l'espèce « abus de fonctions » et donc pas d'obligation pour le patron d'assurer la réparation. L'Assemblée plénière dut intervenir à plusieurs reprises pour décider selon sa dernière formule que « le commettant ne s'exonère de sa responsabilité fondée sur l'article 1384, al. 5, C. civ., que si son préposé a agi hors des fonctions auxquelles il était employé, sans autorisation, et à des fins étrangères à ses attributions »[1]. C'est en réalité la chambre criminelle qui a fait prévaloir son point de vue. Elle reprendra, peu après, la formule de l'Assemblée plénière, précitée[2] et, par exemple, déclarera le commettant responsable dans le cas d'un salarié qui, voulant jouer un « bon tour » à l'un de ses collègues, lui a projeté de l'air comprimé dans le rectum à l'aide d'un compresseur dont il se servait dans son travail, le prévenu « ayant trouvé dans son emploi l'occasion et les moyens de sa faute »[3]. On va très loin et sans doute trop loin. Un critère meilleur aurait été celui de la possibilité pour le patron d'assurer la prévention de l'infraction : toutes les fois qu'il aurait pris toutes les précautions pour éviter la commission de l'infraction par son employé (en veillant scrupuleusement au recrutement, à la formation et à la surveillance de ce dernier), il devrait ne pas être engagé civilement.

Cette jurisprudence est relative à la responsabilité civile du commettant et elle ne décide rien expressément sur le préposé. Or le sort de ce dernier a fait l'objet d'une jurisprudence plus récente. Un premier arrêt décide que « n'engage pas sa responsabilité à l'égard des tiers le préposé qui agit sans excéder les limites de la mission qui lui a été impartie par son commettant »[4]. L'arrêt est certes intéressant, mais il ne répond pas à la question de savoir si la solution s'applique aussi en cas de délit pénal. Mais peu après, la jurisprudence allait y répondre en décidant à propos d'une infraction intentionnelle, que le préposé est engagé : « le préposé condamné pénalement pour avoir intentionnellement commis, fût-ce sur l'ordre du commettant, une infraction ayant porté préjudice à un tiers, engage sa responsabilité civile à l'égard de celui-ci »[5]. On approuvera la

P. Jourdain ; il est probable que la chambre criminelle s'alignera sur cette nouvelle jurisprudence.

1. Ass. plén., 19 mai 1988, D., 1988.513, note C. Larroumet, R.T.D.Civ., 1989.89, obs. P. Jourdain ; pour une formulation très proche, v. déjà Ass. plén., 17 juin 1983, J.C.P., 1983.I.20120, concl. Sadon, note F. Chabas, D., 1984.134, note D. Denis, R.T.D.Civ., 1983.740, 749, obs. G. Durry ; J. PRADEL et A. VARINARD, n° 13 ; Ass. plén., 15 novembre 1985, D., 1986.81, note J.-L. Aubert, D., 1986, I.R., 17, obs. J. Pradel, pour l'employé d'une société de gardiennage qui avait volontairement mis le feu à l'usine pour attirer l'attention de ses supérieurs sur les faiblesses du système de protection, la société étant déclarée responsable et l'arrêt reprenant la formule de l'Ass. plén., 15 novembre 1985.

2. Crim., 23 juin 1988, 6 arrêts, D., 1988, I.R., 243, B.C., n° 289.

3. Crim., 23 juin 1988, précité, 5ᵉ espèce. Cette position favorable à la victime se maintient depuis avec Crim., 16 février 1999, B.C., n° 23, R.T.D.Civ., 1999.409, obs. P. Jourdain, est civilement responsable une société de gardiennage dont le préposé a commis des vols dans des locaux soumis à sa surveillance.

4. Ass. plén., 25 février 2000, *Costedoat*, D., 2000.673, note P. Brun, J.C.P., 2000.II.10295, concl. R. Kessous, note M. Billiau, R.T.D. civ., 2000.582, obs. P. Jourdain.

5. Ass. plén., 14 décembre 2001, *Cousin*, D., 2002.1230, note J. Julien ; Crim., 20 mai 2003, B.C., n° 101 ; 7 avril 2004, B.C., n° 94. Il faut que l'infraction intentionnelle ait été caractérisée en tous ses éléments.

solution qui évite une dangereuse déresponsabilisation de l'employé, la solution devant être la même s'il avait agi à des fins personnelles. Enfin en cas d'infraction non intentionnelle, le préposé condamné pénalement à ce titre, n'engage pas sa responsabilité civile dès lors qu'il a agi sans excéder les limites de la mission qui lui avait été impartie par son patron [1].

3° La jurisprudence a dégagé l'existence d'un nouveau garant, les associations. On sait que, dans une décision remarquée, l'Assemblée plénière a affirmé l'existence d'un principe de responsabilité fondé sur l'article 1384, al. 1, C. civ., et qui est appliqué en l'espèce à une association ayant en charge des handicapés dont l'un avait provoqué un incendie [2]. Or cette jurisprudence a été peu après étendue par la chambre criminelle dans une espèce où il y avait eu une infraction : une association ayant en charge un handicapé mental, qui avait commis des violences sur un autre handicapé et qui en avait été déclaré coupable, a été déclarée civilement responsable du dommage [3] ; peu après encore, un foyer éducatif auquel avait été confié un mineur a été déclaré responsable du vol commis par celui-ci alors qu'il se trouvait chez sa mère [4]. Cependant, un arrêt plus récent décide que le placement d'un mineur dans un institut spécialisé ne supprime pas la cohabitation et décharge donc la responsabilité de cet organisme, laissant subsister celle des parents [5].

B — L'assureur du prévenu

Bibliographie. — G. CHESNÉ, *L'assureur et le procès pénal*, R.S.C., 1965.306 ; PORCHY, *Assurances*, Rép. pén. ; J. PRADEL, *Un nouveau stade dans la protection des victimes d'infractions. Commentaire de la loi n° 83-608 du 8 juillet 1983*, D., 1983, chron. 241.

351. — La technique de l'assurance peut faire apparaître deux défendeurs. En premier lieu, c'est l'assureur du prévenu qui peut être partie à l'instance pénale, comme celui de la victime [6] et selon des modalités identiques. L'assureur du prévenu peut intervenir à titre volontaire ou forcé, mais seulement si son client est poursuivi pour homicide ou blessures par imprudence. Il doit se faire représenter par un avocat ou par un avoué. La décision sur les intérêts civils lui est opposable (art. 388-1 et s., C.P.P., dus

1. Lyon 19 janvier 2006, D., 2006, 1516, note A. Paulin.
2. Ass. plén., 29 mars 1991, J.C.P., 1991.II.21673, note J. Ghestin, D., 1991.324, note C. Larroumet, chron. G. Viney au D., 1991.157.
3. Crim., 4 janvier 1995, B.C., n° 3.
4. Crim., 26 mars 1997, 2e espèce, B.C., n° 124, l'arrêt ajoutant en termes généraux que « les personnes tenues de répondre du fait d'autrui au sens de l'article 1384, al. 1, C. civ., ne peuvent s'exonérer de la responsabilité de plein droit résultant de ce texte en démontrant qu'elles n'ont commis aucune faute », ce qui ne laisse plus au civilement responsable que la possibilité d'invoquer la force majeure ou la faute de la victime et ce qui est très protecteur de cette dernière.
5. Crim., 18 mai 2004, B.C., n° 123, le pourvoi visait l'absence de dangerosité de l'enfant, ce qui fait que la scolarisation se faisait selon le mode classique.
6. V. *supra*, n° 304.

à la l. du 8 juillet 1983)[1]. Il peut cependant, dans la mesure de ses intérêts civils, remettre en cause devant la cour d'appel ce qui a été jugé en première instance, notamment quant à la qualification de l'infraction[2].

On ajoutera une précision qui intéresse le plus souvent l'assureur du prévenu. Il peut, selon l'article 385-1, al. 1, C.P.P., invoquer une cause de nullité du contrat d'assurance ou bien une clause de celui-ci et tendant à le mettre hors de cause[3]. Mais cette exception présente deux caractères : elle doit être invoquée avant toute défense au fond et elle n'est recevable que si elle est de nature à exonérer totalement l'assureur de son obligation de garantie à l'égard des tiers (art. 385-1, C.P.P.)[4].

En second lieu, la pratique a révélé une difficulté non résolue par la loi du 8 juillet 1983. Il arrive que l'assureur entende soulever une exception de non-garantie ou de nullité du contrat (alors que le souscripteur de ce contrat n'est pas partie au procès pénal), par exemple parce qu'il a prêté son véhicule à un tiers seul poursuivi pour homicide ou blessures involontaires. La loi de 1983 n'ayant pas prévu la mise en cause du souscripteur devant le juge pénal (contrairement aux articles 325 et s., N.C.P.Civ., qui permettent largement l'intervention forcée), la jurisprudence a admis que l'assureur doit, à peine d'irrecevabilité de sa demande, mettre en cause le souscripteur, ce qui permet de respecter le caractère contradictoire des débats[5].

En troisième lieu, enfin, l'assureur du prévenu peut, dans une poursuite pour homicide involontaire, soulever une exception d'incompétence des juridictions judiciaires pour connaître de l'action civile dirigée contre son assuré, en considérant que s'agissant d'une faute de service, c'est le juge administratif qui est compétent comme il sera précisé sous le prochain numéro[6]. Certes, l'article 385-1, C.P.P., ne le dit pas. Mais la compétence des juridictions administratives pour connaître des fautes de service est d'ordre public[7].

1. Crim., 5 février 2002, B.C., n° 17, « il résulte de l'article 388-3, C.P.P., que l'intervention volontaire ou forcée de l'assureur à l'instance n'a pour objet que de lui rendre opposable la décision rendue sur les intérêts civils ».

2. Crim., 20 janvier 1993, B.C., n° 27.

3. Cependant, la jurisprudence entend très largement ce texte en permettant par exemple à l'assureur de soulever une exception d'incompétence du juge pénal pour connaître des conséquences d'une faute de service de l'agent d'un service public, cette exception touchant à l'ordre public, Crim., 2 décembre 2003, J.C.P., 2004.I.157, p. 1474, obs. A. Maron.

4. J. Pradel, D., 1983, chr. 241.

5. Crim., 14 décembre 1989, B.C., n° 480 ; 2 juillet 1996, B.C., n° 281.

6. Crim., 2 décembre 2003, B.C., n° 226, R.S.C., 2004.344, obs. Y. Mayaud.

7. Crim., 2 décembre 2003, précité ; 15 février 2000, B.C., n° 70.

§ 3. — L'ADMINISTRATION

Bibliographie. — H. ABERKANE, *La réparation du dommage causé par le délit pénal du fonctionnaire*, J.C.P., 1959.I.1509 ; P. COUZINET, *L'infraction pénale de l'agent public et le problème de la responsabilité civile*, Mélanges Magnol, 1948.115 ; G. LIET-VEAUX, *La caste des intouchables et la théorie du délit de service*, D., 1952, chron. 133 ; J.C. MAESTRE, *De l'appréciation par les juridictions répressives de la responsabilité civile des collectivités publiques en raison des infractions pénales de leurs agents*, J.C.P., 1961.I.1612 ; A. MESTRE, *Faute administrative et faute pénale*, D.H., 1935.57 ; J. VIDAL, *L'infraction commise par un agent public dans l'exercice de ses fonctions*, Mélanges Couzinet, 1974.779.

352. — Il est certain qu'un fonctionnaire auteur d'une infraction peut être poursuivi comme n'importe quel citoyen par l'action publique. Mais la victime peut-elle se retourner contre l'administration ? Elle y aurait intérêt en raison de la solvabilité de l'État. Ce n'est pourtant qu'avec des restrictions que la victime est admise à agir contre l'administration.

A — L'administration n'est pas toujours tenue de réparer

353. — *Principe*. Une distinction fondamentale doit être faite, posée d'abord par la chambre criminelle [1], adoptée ensuite par le Tribunal des conflits [2]. Si la faute pénale constitue une *faute personnelle*, détachable de la fonction (causée hors du service, ou même dans le service à condition qu'elle révèle une malveillance évidente), elle n'engage pas l'administration et la juridiction répressive est compétente pour accueillir l'action civile et accorder réparation [3]. Si elle constitue au contraire une *faute de service*, elle engage la responsabilité de l'administration, non celle du fonctionnaire : alors le juge pénal est incompétent pour accorder réparation en raison du principe de séparation des ordres judiciaire et administratif [4] et seul le juge administratif peut octroyer des dommages-intérêts à la victime, en application de la loi des 16 et 24 août 1790.

1. Crim., 16 février et 8 juin 1934, D.H., 1934.196 et 398.

2. Trib. confl., 14 janvier 1935, *Thépaz*, S., 1935.II.17, note Alibert ; J. PRADEL et A. VARINARD, n° 14 ; 2 juin 1945, D., 1946.138, note C. Colliard.

3. Crim., 2 avril 1992, B.C., n° 140, J.C.P., 1993.II.22105, note Vallar, R.S.C., 1993.326, obs. G. Levasseur ; 10 mars 2004, B.C., n° 64, où la victime était l'État du fait des délits de trafic d'influence et favoritisme commis par certains de ses agents ; 16 novembre 2004, B.C., n° 289 ; 14 juin 2005, B.C., n° 178, policiers ayant frappé une personne gardée à vue dans sa cellule et l'arrêt parlant « d'un manquement volontaire et inexcusable à des obligations d'ordre professionnel et déontologique ».

4. Crim., 29 janvier 1985, B.C., n° 49 ; 3 février 1987, B.C., n° 57 ; 29 novembre 1988, B.C., n° 403 ; 2 décembre 2003, B.C., n° 226.

354. — *Application.* Ce critère, cependant, n'est pas toujours d'une application aisée. S'il est certain qu'une violation de correspondance est une faute personnelle [1] et qu'un homicide par imprudence est une faute de service (aff. *Thépaz*, précitée), l'hésitation est permise dans certains cas. La tendance des juridictions administratives et du tribunal des conflits est alors d'étendre, dans l'intérêt des victimes, la notion de faute de service [2]. La chambre criminelle paraît dans l'ensemble adopter une position plus sévère, en ayant une conception assez large de la faute personnelle, ce qui a pour effet de permettre au juge judiciaire d'accorder une indemnité. Ont été considérés comme fautes personnelles des homicides involontaires reprochés à des chirurgiens [3]. Un arrêt plus récent a vu dans un défaut d'assistance imputé à un chirurgien une faute pénale car il y avait « manquement volontaire et inexcusable à des obligations d'ordre professionnel et déontologique » [4]. Il y a cependant des arrêts plus bienveillants [5].

Dans le cas particulier du délit commis par un instituteur public au préjudice d'un élève, l'instituteur n'est jamais tenu à réparation, même en cas de faute personnelle : en effet, selon l'article 2 de la loi du 5 avril 1937, la responsabilité de l'État est substituée à celle de l'agent [6].

B — L'administration n'est pas normalement partie au procès

355. — Quand la faute du fonctionnaire est une faute de service, on doit se demander si la victime, en même temps qu'elle agit contre le fonctionnaire auteur de l'infraction, peut assigner devant le juge pénal l'administration comme garante de son agent. Elle y aurait avantage : au lieu de devoir lancer à la fois un procès pénal et un procès administratif, elle n'aurait à en lancer qu'un seul, devant le juge pénal, et obtiendrait une indemnisation plus rapide et plus complète.

Et pourtant, le *principe* est certain : l'administration ne peut pas être actionnée devant les juridictions répressives (ni civiles). En vertu du dogme de la séparation des pouvoirs, la responsabilité de l'administration relève en effet de la juridiction administrative. Cette règle a d'abord été affirmée par le

1. Trib. confl., 10 décembre 1956, *Randon*, D., 1957.483, concl. Guionin.
2. Trib. confl., 6 décembre 1937, *Cornu*, Rec. Lebon, 118, enfant tué par une sentinelle ; C.E., 18 novembre 1988, *Raszewski*, J.C.P., 1989.II.21211, note B. Pacteau, mineur tué par un gendarme avec son arme personnelle en dehors des heures de service. Toutefois, quand les faits sont vraiment graves, le juge administratif consacre l'idée de faute personnelle, Trib. confl., 30 juin 1949, *Chulliat*, Rec. Lebon, 606, coup de feu mortel volontairement tiré par un gardien de la paix qui, en dehors de ses heures de service, poursuivait un individu tentant de le voler.
3. Crim., 7 juin 1988, B.C., n° 261, R.S.C., 1989.109, obs. G. Levasseur ; 17 octobre 1989, Dr. pén., 1990, comm. 122 et obs. M. Véron, R.S.C., 1990.569, obs. G. Levasseur.
4. Crim., 2 avril 1992, précité.
5. Crim., 13 février 2007, B.C., n° 45, R.P.D.P. 2007.383, obs. C. Ambroise-Castérot, médecin qui arrive trop tard au chevet du malade, lequel est mort à son arrivée.
6. Ch. mixte, 27 avril 1976, D., 1977.21, note Martin ; Crim., 31 janvier 1995, B.C., n° 38.

tribunal des conflits [1]. Puis la chambre criminelle a admis à son tour l'irrecevabilité de l'action civile contre l'administration devant le juge pénal, l'article 1384, al. 5, du Code civil, ne concernant que les rapports entre particuliers et non les relations entre les particuliers et l'État [2].

Cette règle nuisant aux victimes, deux exceptions existent.

Tout d'abord, la loi du 31 décembre 1957 dispose : « Par dérogation à l'article 13 de la loi du 16-24 août 1790 sur l'organisation judiciaire, les tribunaux de l'ordre judiciaire sont compétents pour statuer sur toute action en responsabilité tendant à la réparation des dommages de toute nature causés par un véhicule quelconque. Cette action sera jugée conformément aux règles du droit civil, la responsabilité de la personne morale de droit public étant, à l'égard des tiers, substituée à celle de son agent, auteur des dommages causés dans l'exercice de ses fonctions. » L'action civile consécutive à un délit d'imprudence commis par un fonctionnaire dans l'exercice de ses fonctions, avec un véhicule de l'administration, est donc désormais de la compétence des tribunaux judiciaires, civils ou répressifs [3].

Ensuite, il résulte de l'article 136 du Code de procédure pénale que l'administration peut également être actionnée en réparation devant le juge pénal dans les cas d'atteinte à la liberté individuelle ou d'infraction prévue par les articles 432-4 à 432-6 et 432-8 du Code pénal commises par ses agents.

1. Trib. confl., 26 mai 1924, S., 1924.III.49, note Hauriou ; 27 novembre 1933, S., 1934.III. 33, note Alibert ; 17 juillet 1952, Rec. Lebon, 638.

2. Crim., 22 juillet 1948, B.C., n° 209 ; 25 janvier 1961, J.C.P., 1961.II.12032 *bis*, note Maestre.

3. Crim., 19 novembre 1959, J.C.P., 1960.II.11386, note Aymond.

CHAPITRE II

L'EXTINCTION DE L'ACTION CIVILE

356. — D'un côté, l'action civile étant une action en réparation d'un dommage privé, donc une action de nature civile, la victime peut disposer librement de son droit à réparation. Mais d'un autre côté, l'action civile supposant l'existence d'une infraction, on peut se demander si l'extinction de l'action publique n'entraîne pas sa propre extinction. Notre droit répond par l'affirmative puisqu'il décide que la prescription de l'action publique emporte extinction de l'action civile exercée devant le juge pénal : c'est le principe dit de l'unité ou solidarité des prescriptions de l'action publique et de l'action civile. Ainsi, les deux causes d'extinction de l'action de la partie lésée sont *la volonté de la victime* et *la prescription de l'action civile.*

SECTION I

LA VOLONTÉ DE LA VICTIME

La volonté de la victime peut prendre différentes formes dont il faut bien saisir les effets.

§ 1. — L'ÉNUMÉRATION DES CAUSES D'EXTINCTION

357. — La victime peut disposer de son action sans que celle-ci soit éteinte : il en est ainsi en cas de cession entre vifs. Mais elle peut également éteindre son action en disposant de celle-ci. À cet égard, on peut distinguer deux catégories de causes d'extinction de l'action civile.

Les unes sont l'expression d'une satisfaction reçue par la victime : *paiement* effectué par le délinquant, *compensation, novation, remise de dette*, enfin *transaction* qui retire à la victime son droit de poursuivre pour réparation [1]. Toutefois, la transaction laisse subsister l'action civile lorsque « la partie civile s'est méprise sur la nature et l'étendue de ses droits (et lorsque) cette erreur a été la cause déterminante de cette renonciation... » : la transaction est alors affectée d'un vice du consentement qui la prive de tout effet sur la recevabilité de l'action civile [2]. Le juge du fond doit en effet apprécier la validité et la portée d'une transaction [3].

Les autres correspondent à l'idée d'un abandon de ses droits par la victime. C'est d'abord le cas de la *renonciation*, par laquelle la victime déclare expressément qu'elle ne réclamera pas de réparation du dommage qu'elle a subi (art. 2, al. 2, C.P.P.). De cette technique qui intervient en dehors de tout procès, on doit rapprocher le *désistement* ou *retrait de plainte*, qui intervient après que la victime a mis en mouvement l'action civile, mais avant tout jugement. Le désistement n'est soumis à aucune forme, pouvant être express ou tacite. Il peut résulter, par exemple, du défaut de comparution à l'audience de la partie civile régulièrement citée [4]. Toutefois, la partie civile peut revenir sur son désistement, à la condition qu'elle le fasse avant que le tribunal ne lui ait donné acte de celui-ci [5]. Enfin, à la renonciation et au désistement, la jurisprudence assimile l'*acquiescement* [6] ou renonciation expresse ou tacite à l'exercice des voies de recours.

§ 2. — Les effets des causes d'extinction

A — Extinction de l'action civile

358. — Ayant obtenu satisfaction ou ayant renoncé à vouloir l'obtenir, la victime perd évidemment le droit d'agir en réparation : son action est éteinte [7]. Deux difficultés peuvent cependant se présenter.

Tout d'abord, cet effet extinctif ne peut jouer que si la renonciation émane d'une volonté éclairée et libre. Une transaction consentie par une victime dont le consentement était vicié n'entraîne pas extinction de l'action civile.

Il faut ensuite se demander si l'action civile est toujours éteinte de manière absolue. Elle l'est certainement au cas de paiement et de

1. Art. 2046, C. civ. ; *add.* note sous Poitiers, 7 février 1974, D., 1974.694.
2. Crim., 28 octobre 1976, B.C., n° 305.
3. Crim., 24 mai 1960, B.C., n° 275 ; 27 juin 1983, B.C., n° 198.
4. Art. 425, C.P.P. ; v., cependant, Crim., 17 novembre 1971, B.C., n° 310.
5. Crim., 17 mars 1971, B.C., n° 92.
6. Crim., 18 juillet 1924, D.H., 1924.602.
7. V. pour une application à la transaction, Crim., 29 avril 1996, B.C., n° 166.

renonciation. En revanche, on en a discuté dans le cas de désistement. Celui-ci exclut-il toute possibilité de réparation ultérieure ou seulement l'usage de la voie pénale par la victime ? En réalité, le désistement supprime seulement le droit pour la victime d'être partie civile : la renonciation doit en effet être interprétée restrictivement et ne vaut donc que pour l'instance en cours. Cette solution est d'ailleurs aujourd'hui consacrée par le Code de procédure pénale dont l'article 426 dispose : « Le désistement de la partie civile ne met pas obstacle à l'action civile devant la juridiction compétente » [1].

B — Survie de l'action publique

359. — *En principe*, les causes d'extinction de l'action civile n'ont aucune incidence sur l'action publique. Selon l'article 2, alinéa 2, du Code de procédure pénale, « la renonciation à l'action civile ne peut arrêter ni suspendre l'exercice de l'action publique »... Le Ministère public conserve donc sa liberté d'action [2].

Par exception, cependant, la cause d'extinction de l'action civile rejaillit sur l'action publique. L'article 2, alinéa 2, *in fine*, dispose en effet « ... sous réserve des cas visés à l'alinéa 3 de l'article 6 ». Ce texte décide, on le sait, que le retrait de plainte entraîne l'extinction de l'action publique quand le dépôt de cette plainte est une condition nécessaire de la poursuite. De ce texte, on peut rapprocher celui de l'article 425, C.P.P., selon lequel, en cas de désistement, « si l'action publique n'a été mise en mouvement que par la citation directe délivrée à la requête de la partie civile, le tribunal ne statuera sur ladite action que s'il en est requis par le Ministère public ». Un tel comportement de la victime rend en effet l'action publique bien fragile.

SECTION II

LA PRESCRIPTION DE L'ACTION CIVILE

360. — Comme l'action civile peut être exercée au gré de son titulaire devant le juge pénal ou devant le juge civil, et comme la prescription n'obéit pas au même régime, il faut distinguer les deux hypothèses, sans se dissimuler que lorsque l'action civile est exercée « au civil », elle est largement détachée de la procédure pénale.

1. Après désistement, la victime ne peut exercer son action que devant la juridiction civile, déduit la chambre criminelle de la lettre de l'art. 426, C.P.P. : Crim., 2 mai 1972, D., 1972, Somm. 149 ; 14 juin 1983, B.C., n° 179.

2. Cass., 2 août 1821, S. chronologique ; Crim., 25 janvier 1849, D., 1849.I.39.

§ 1. — L'ACTION CIVILE EXERCÉE DEVANT LE JUGE PÉNAL

361. — En droit commun, l'action en réparation résultant d'un délit ou d'un quasi-délit civil (art. 1382, C.C.) ou de l'inexécution d'une obligation contractuelle se prescrit par dix ans (art. 2270-1, C. civ., loi du 5 juillet 1985). Mais l'action civile ou action en réparation d'un dommage causé par l'infraction se prescrit dans le même délai que l'action publique. Si donc l'action publique est prescrite, le juge pénal ne peut plus connaître de l'action civile [1]. Cette règle, traditionnelle en droit français (art. 9 et 10 du Code du 3 Brumaire an IV ; art. 637 et s., C.I.C.), se déduit aujourd'hui de l'article 10, alinéa 1, deuxième phrase, du Code de procédure pénale (modifié par la l. du 23 décembre 1980) selon lequel l'action civile « ne peut plus être engagée devant la juridiction répressive après l'expiration du délai de prescription de l'action publique ». C'est le principe dit de l'unité ou solidarité de deux prescriptions qui est rappelé par la jurisprudence [2].

1) La *justification* de cette régle est aisée. L'action civile étant l'accessoire de l'action publique, le juge pénal ne peut plus en connaître dès lors que l'action publique est prescrite. On peut ajouter un argument d'opportunité : on fait de la victime un auxiliaire actif du Ministère public en l'obligeant à apporter rapidement ses preuves sous peine d'extinction de son droit.

2) Dans son *application*, la règle a donné lieu à trois difficultés.

La première difficulté est relative au cas où le délai de prescription de l'action civile est plus court que celui de l'action publique. Ainsi, la loi du 2 mars 1957 limite à deux ans le délai pendant lequel la responsabilité du transporteur peut être recherchée. Le juge pénal va-t-il accueillir l'action de la victime si celle-ci agit plus de deux ans, mais moins de trois ans après l'accident ? En faveur de la négative, on pourrait faire valoir le fait que l'article 10 fixe un maximum au-delà duquel l'action civile n'est plus recevable, mais ne dit pas que l'action civile est nécessairement recevable jusqu'à ce maximum d'où la possibilité pour la loi civile de fixer un délai plus bref que la victime devra respecter [3]. Tout d'abord, la chambre criminelle accueillit l'action civile au motif que « les dispositions de la loi de 1957 qui régissent l'action contractuelle de la victime ou de ses ayants cause sont étrangères à l'exercice de l'action civile devant le juge répressif » [4]. Elle décide aujourd'hui que le juge pénal ne peut accorder de réparation au motif que l'action de la victime n'est pas l'action civile de l'article 2 du Code de

1. Civ., 24 mars 1953, D., 1953.387.
2. Crim., 1er juin 1995, B.C., n° 202.
3. P. Chauveau, *Prescription pénale et courtes prescriptions civiles*, R.S.C., 1963.35.
4. Crim., 17 mai 1966, D., 1966.518, rapport Pompéi, note P. Chauveau, J.C.P., 1966.II.14703, note M. de Juglart ; *contra*, les juridictions civiles, Dijon, 21 décembre 1967, J.C.P., 1968.II.15486, note Chauveau, Trib. gr. inst., Paris, 8 janvier 1971, D., 1972.68, note G. Brière de l'Isle.

procédure pénale, raisonnement qui conduit à placer la discussion en dehors du terrain de l'article 10 [1].

La seconde difficulté apparaît lorsqu'une condamnation pénale a été prononcée sans qu'il ait été définitivement statué sur l'action civile. Jadis, la chambre criminelle appliquait rigoureusement le principe et décidait par exemple qu'après un premier jugement correctionnel ayant prononcé une condamnation pénale et ordonné une expertise pour déterminer le dommage corporel, la victime devait saisir le tribunal aux fins de fixation de son indemnisation dans les trois ans suivant cette décision [2]. La solution était regrettable pour la victime et, de plus, non conforme à l'esprit du principe : l'ordre public, en effet, n'avait rien à craindre de l'évocation d'une faute pénale déjà réprimée.

Aujourd'hui, depuis la réforme de l'article 10, C.P.P., opérée par la loi du 23 décembre 1980, la difficulté a disparu : s'il a été statué définitivement sur l'action publique, l'action civile se prescrit selon les règles du Code civil ainsi que le dit l'article 10, al. 1, première phrase, dans une formule très générale (« l'action civile se prescrit selon les règles du Code civil ») [3]. Ainsi donc s'applique la prescription de dix ans à la fois « au pénal » après jugement définitif sur l'action publique et « au civil » comme on va le voir.

La troisième difficulté concerne les causes d'interruption de l'action publique. Quel est leur effet sur la prescription de l'action civile ? De l'article 10, al. 1, deuxième phrase, la jurisprudence décide que ces causes interrompent aussi la prescription de l'action civile et elle ajoute même que cette interruption vaut à l'égard de tous les participants à l'infraction et encore à l'égard de leurs civilement responsables [4].

§ 2. — L'ACTION CIVILE EXERCÉE DEVANT LE JUGE CIVIL

Bibliographie. — A. CHAVANNE, *La solidarité entre les prescriptions de l'action publique et de l'action civile*, Mélanges Patin, 1965.425 ; J. CONSTANT, *Des réformes introduites par la loi du 30 mai 1961 en matière de prescription de l'action civile en réparation du dommage causé par une infraction*, Mélanges Hugueney, 1964.99 ; C. GAVALDA, *La théorie de la prescription des actions en procédure pénale*, in *Quelques aspects de l'autonomie du droit pénal*, 1956.77 ; G. PACILLY, *La prescription de*

1. Crim., 9 janvier 1975, B.C., n° 11 ; Ch. mixte, 24 février 1978, J.C.P., 1978.II.18961, note Chao.

2. Crim., 24 juin 1941, D.C.,1942.120 ; 5 décembre 1957, G.P., 1958.I.141 ; *contra*, Trib. corr. Château-Thierry, 1er février 1957, D., 1957.223, note J. Larguier.

3. Dans le même esprit, une loi du 2 février 1981 a créé à l'article 10 un alinéa 2 selon lequel « lorsqu'il a été statué sur l'action publique, les mesures d'instruction ordonnées par le juge pénal sur les seuls intérêts civils obéissent aux règles de la procédure civile » : l'affaire est vraiment « civilisée ».

4. Crim., 17 février 1986, B.C., n° 62 ; 14 juin 2006, B.C., n° 181.

l'action civile en cas d'amnistie, R.S.C., 1939.63 ; J. RIVEL, *De l'influence de la prescription pénale sur l'action civile*, thèse, Bordeaux, 1932 ; M. ROGER, *L'exercice de l'action civile devant le juge civil après prescription de l'action publique*, thèse dactyl., Poitiers, 1976 ; du même, *La réforme du délai de prescription de l'action civile*, D., 1981, chron. 175 ; P. SAVEY-CASARD, *Le régime de l'action civile survivant à l'action publique*, R.S.C., 1976.319.

362. — *Vue générale.* La solution traditionnelle de notre droit était la suivante. Quand l'action publique était prescrite, l'action civile ne pouvait être intentée ni devant le juge pénal, comme il vient d'être dit, ni même devant le juge civil (art. 10, C.P.P., posant le principe de la solidarité ou unité des prescriptions). On voit aussitôt que la question de la prescription de l'action civile, quand celle-ci est exercée au civil, a une place particulière : l'action civile n'apparaît plus comme un *élément* du procès pénal, mais elle reste toujours fondée sur une *infraction*. Au vrai, nous sommes ici aux confins du droit civil et du droit pénal.

Si la justification du principe solidariste est aisée lorsque l'action civile est soumise au juge pénal, elle l'était beaucoup moins quand elle était exercée devant le juge civil. Sans doute invoquait-on en sa faveur qu'il serait contraire à l'ordre public de faire apparaître au grand jour d'un procès civil les éléments d'une infraction alors qu'il est trop tard pour en assurer la répression : la règle éviterait ainsi de faire apparaître l'impuissance des pouvoirs publics. À quoi l'on pouvait répondre qu'il est moins scandaleux de laisser une infraction impunie qu'une victime sans indemnisation. Grâce au principe solidariste, le défendeur auteur d'une infraction bénéficiait de la prescription plus rapidement que s'il n'avait commis qu'un simple délit civil et « l'incendiaire sera protégé contre l'action en réparation par une prescription de dix ans, tandis que celui qui n'est coupable que d'imprudence restera pendant trente ans exposé aux poursuites » (E. Villey). On invoquait également à l'appui du principe qu'il serait contraire à la volonté du législateur, désireux d'un oubli rapide de l'infraction, de faire revivre celle-ci par le biais de l'action civile. Mais c'était méconnaître que l'action civile tend à rappeler le dommage, non l'infraction. Le principe solidariste ne se fondait donc sur aucun argument sérieux et il devait disparaître dans l'intérêt des victimes.

C'est pourquoi, tout d'abord, la doctrine lui était très hostile [1]. C'est pourquoi aussi de nombreux droits étrangers le méconnaissent. L'Italie, l'Allemagne, la Russie l'ont complètement répudié. La Belgique connaît un délai unique de cinq ans pour la prescription de l'action civile et elle revient même à la prescription trentenaire pour l'action en réclamation d'un dommage complémentaire en cas de réserves à l'occasion d'un dommage survenu ou aggravé après expiration du délai de la prescription pénale [2]. C'est pourquoi la jurisprudence était dans l'ensemble défavorable au principe, tout en y attachant évidemment certaines conséquences, faute de pouvoir faire autrement [3]. C'est pourquoi, enfin, le législateur du 23 décembre 1980, à l'initiative

1. A. CHAVANNE, *La solidarité entre la prescription de l'action publique et de l'action civile*, Mélanges Patin, 1965.425.

2. J. CONSTANT, *Des réformes introduites par la loi du 30 mai 1961 en matière de prescription de l'action civile*, Mélanges Hugueney, 1964.99.

3. Les projets de C.P.P. de 1938 et 1949 décident, art. 9, que « l'action civile exercée séparément de l'action publique se prescrit selon les règles établies par le Code civil ».

du sénateur M. Rudloff, a supprimé le principe solidariste au civil, le nouvel article 10, alinéa 1, C.P.P., décidant que « l'action civile se prescrit selon les règles du Code civil » (soit 10 ans en matière extra-contractuelle selon l'article 2270-1, C. civ., loi du 5 juillet 1985).

A — Les restrictions à la solidarité avant la loi du 23 décembre 1980

363. — L'hostilité au principe se manifestait de deux manières. D'une part, la jurisprudence entendait restrictivement la notion d'action soumise à la prescription de l'action publique. D'autre part, elle n'appliquait pas à l'action civile toutes les règles relatives à la prescription de l'action publique.

1. *Conception restrictive de l'action civile soumise à la prescription pénale*

364. — Pour le juge civil, l'action civile soumise à la prescription pénale, c'était uniquement l'action en réparation du dommage né de l'infraction. Il appliquait en conséquence la prescription trentenaire d'abord aux actions qui, tout en résultant d'une infraction, ne tendent pas à la réparation, ensuite aux actions qui, tout en tendant à la réparation, ne résultent pas d'une infraction. Ces deux conséquences étaient riches d'applications.

a) Les actions résultant d'une infraction mais ne tendant pas à la réparation

365. — C'étaient, d'abord, les actions à *fins civiles*, action en divorce intentée à la suite d'un délit d'adultère (jusqu'à sa décriminalisation opérée par la loi du 11 juillet 1975) ou de coups volontaires [1], action tendant à faire déclarer indigne de succéder l'héritier qui a donné ou tenté de donner la mort au *de cujus* (art. 995, C.C.), action en révocation d'une donation ou d'un legs pour cause d'ingratitude... On notera que les actions à fins civiles avaient un statut original : si elles échappaient aux règles de l'action civile pour la prescription et pour la compétence (elles relevaient exclusivement des juridictions civiles), elles étaient en revanche considérées comme des actions civiles au regard de la règle que « le criminel tient le civil en état » (v. *infra*, n°s 1006 et s.) et du principe que la chose jugée au criminel a autorité sur ce qui sera décidé sur les actions à fins civiles [2].

C'étaient, ensuite, les actions qui sont fondées sur un *droit réel antérieur* à l'infraction. Par exemple, si l'action en réparation du dommage causé par un délit de vol est soumise à la prescription de l'action publique (trois ans), l'action en revendication de la chose volée était soumise à la prescription trentenaire [3], aujourd'hui décennale.

1. Montpellier, 19 mars 1901, S., 1905.II.571.
2. Req., 20 juin 1920, S., 1920.I.367.
3. Civ., 7 février 1910, D., 1910.I.201, note M. Nast ; 29 avril 1947, J.C.P., 1947.II.3986.

b) Les actions tendant à la réparation mais ne résultant pas d'une infraction

366. — L'article 10 est fondé, disait-on, sur l'oubli de l'infraction. Il suggérait donc de ne rejeter l'action civile après prescription de l'action publique que si la demande risquait de rappeler l'infraction. On pouvait dès lors admettre la survie de l'action civile toutes les fois que le juge pouvait statuer sur la réparation sans avoir à se prononcer sur l'infraction. C'est exactement ainsi que raisonnait la jurisprudence : elle refusait de soumettre à la prescription pénale « *les actions civiles* — il eût mieux valu dire les "demandes en réparation" — *qui, en dehors des faits délictueux, ont leur principe dans un contrat antérieur ou dans une disposition du droit civil* » [1]. La formule était extrêmement large.

Considérons d'abord la notion de *contrat antérieur*. Le contrat cache l'infraction ou, si l'on préfère, tout se passe comme si l'infraction n'existait pas. Ainsi, en cas de dommage corporel consécutif à l'exécution d'un contrat de transport (qui comporte une obligation de résultat : amener sain et sauf le passager), il suffisait au créancier de prouver que le résultat promis par son adversaire n'avait pas été réalisé et il lui était, en conséquence, inutile de démontrer le caractère pénal de la défaillance. De même, en cas de dommage consécutif à l'exécution d'un contrat médical (qui comporte une obligation de prudence et diligence : assurer des soins conformes aux règles de l'art), il suffisait au créancier de prouver que les soins n'étaient pas conformes aux données de la science. De la sorte, pouvaient agir pendant trente ans la personne transportée [2] et le client victime [3].

Le concept de *disposition du droit civil* constituait un second moyen pour exclure le principe de la solidarité. Si l'action en réparation du dommage était fondée sur l'article 1384, alinéa 1, du Code civil, elle se prescrivait par trente ans. Le juge, en effet, n'invoquait pas l'infraction et ne voyait dans l'agent pénal qu'un simple gardien [4]. L'application de ce texte présentait beaucoup d'intérêt avec la multiplication des accidents d'automobile et en présentait davantage encore depuis que la jurisprudence l'appliquait en cas de transport bénévole [5]. Le procédé recélait toutefois deux faiblesses. D'abord, il était hypocrite car il était bien difficile d'apprécier le comportement de la « chose » sans examiner aussi la conduite du gardien. Ensuite, il était inutilisable lorsque, au cas de dommage corporel, les articles 1382 et 1383 du Code civil étaient applicables car la faute visée à ces textes équivalait à la faute pénale des articles du Code pénal sur les homicides et blessures involontaires [6].

1. Civ., 9 janvier 1928, S., 1928.I.127.
2. Civ., 21 avril 1913, D., 1913.I.240.
3. Civ., 20 mai 1936, *Nicolas Mercier*, D., 1936.I.88, rapport L. Josserand, concl. P. Matter et note E.P., S., 1937.I.312, note A. Breton ; *contra*, Crim., 12 décembre 1946, J.C.P., 1947.II.3621, note R. Rodière ; Aix, 12 janvier 1954, J.C.P., 1954.II.8040, note R. Savatier, la responsabilité perd sa nature contractuelle si le manquement constitue un délit pénal.
4. Civ., 30 novembre 1936, S., 1939.I.70 ; 6 mai 1941, D.A., 1941.241 ; Civ. 2, 26 mars 1965, J.C.P., 1965.II.14456, note A.M. Larguier.
5. Ch. mixte, 20 décembre 1968, D., 1969.37, note R. Schmelck.
6. Civ., 19 décembre 1912, S., 1914.I.249, note Morel.

2. *Application incomplète à l'action civile des règles de la prescription pénale*

367. — On sait que la prescription de l'action publique est acquise au terme d'un délai de dix, trois ou un an selon les cas, et qu'elle est d'ordre public. Le respect absolu du principe solidariste aurait imposé l'application de ces deux règles à l'action civile. Or il n'en était rien.

a) Le délai de prescription de l'action civile

368. — Si l'action publique s'éteignait avant sa prescription (décès, amnistie...), que devenait l'action civile ? On pouvait décider que, détachée du droit pénal, l'action civile se prescrit par trente ans (10 ans depuis 1985, art. 2270-1, C. civ.). On pouvait aussi estimer que la prescription de l'action publique continuait à s'appliquer en exécution de l'article 10. Notre droit distinguait. La prescription pénale continuait à jouer en cas de décès du délinquant, le maintien du caractère pénal du fait n'autorisant pas la disparition du principe solidariste [1]. En revanche, l'action civile se trouvait régie par le délai trentenaire en cas d'amnistie [2] et d'abrogation de la loi pénale, circonstances ôtant au fait délictueux son caractère pénal.

L'article 10 aurait dû préciser la durée de la prescription de l'action civile quand l'action publique était éteinte par une autre cause que la prescription.

b) Le caractère de la prescription de l'action civile

369. — On sait que la prescription de l'action publique est indéniablement d'ordre public [3]. Une stricte application du principe solidariste aurait conduit à attribuer le même caractère à celle de l'action civile. La jurisprudence le reconnaissait effectivement quand l'action civile était lancée devant la juridiction répressive [4]. Mais elle affirmait au contraire le caractère d'ordre privé de la prescription quand l'action civile était portée devant la juridiction civile [5]. En conséquence, le juge civil ne pouvait soulever d'office le moyen tiré de la prescription [6] et le défendeur pouvait renoncer à s'en prévaloir. Cette solution était peu conforme au fondement de la solidarité. Mais elle était favorable aux victimes et elle s'accordait avec la règle que la prescription, en droit privé, est d'intérêt privé (v. art. 2220, C.C., permettant à la partie intéressée de renoncer à s'en prévaloir une fois qu'elle est réalisée).

1. Crim., 28 mars 1950, B.C., n° 110.
2. Civ., 22 octobre 1928, S., 1929.I.97, note L. Hugueney ; Civ., 11 mars 1954, D., 1954.350.
3. V. *supra*, n° 251.
4. Paris, 24 février 1855, S., 1855.II.409 ; Grenoble, 28 juin 1888, S., 1888.II.184.
5. Civ., 25 mars 1942, D.C., 1944.41, note Degois ; Req., 29 juillet 1947, D., 1947.514 ; Civ., 23 mars 1953, D., 1953.537 ; 5 mai 1971, D., 1971.470, note A. Huet.
6. Civ. 2, 13 mars 1980, Bull. civ. II, n° 59, D., 1980, I.R., 327.

B — La disparition de la solidarité avec la loi du 23 décembre 1980

370. — Ce rappel historique n'est pas dénué d'intérêt car certaines solutions jurisprudentielles sont encore valables. Et l'on comprend mieux comment le législateur de 1980 est venu couronner magistralement les efforts du juge « qui faisait de la haute voltige avec l'article 10... pour l'écarter chaque fois qu'il le pouvait » [1]. Désormais, les deux prescriptions sont désolidarisées tout à fait. Que le fait générateur soit ou non infractionnel, la victime bénéficie du délai de dix ans si elle entend saisir le juge civil et non le juge pénal. En effet, selon l'article 2270-1, C. civ., « les actions en responsabilité civile extracontractuelle se prescrivent par dix ans à compter de la manifestation du dommage ou de son aggravation » (l. du 5 juillet 1985, avant laquelle le délai était de trente ans) [2]. Deux séries de conséquences s'attachent à la règle nouvelle.

1. *Conséquences de la règle sur le délai de prescription*

371. — Décider que le délai ouvert à la victime est le délai civil de dix ans [3] emporte trois effets.

En premier lieu, le délai offert à la victime n'est plus affecté par ceux de l'action publique (1, 3 ou 10 ans). L'observation serait banale si la pratique n'avait pas révélé une difficulté en ce qui concerne les délits de presse pour lesquels l'article 65 de la loi du 29 juillet 1881 a prévu un délai de trois mois. La victime qui fonde son action sur une telle infraction est-elle apte à bénéficier du délai général de dix ans (par application combinée des articles 10, al. 1, 1re phrase, C.P.P., et 2270-1, C. civ.), ou est-elle au contraire tenue par le délai spécial de trois mois (par application de l'adage *Specialia generalibus derogant*) ? La jurisprudence a fait prévaloir le délai de trois mois [4] : il y a donc maintien exceptionnel de la solidarité des prescriptions. C'est d'autant plus net que la jurisprudence qui vient d'être citée vise non seulement l'action civile *stricto sensu*, celle qui serait exercée accessoirement à l'action publique, mais aussi l'action purement civile, fondée sur les articles 1382 et 1383, C. civ., dès lors que les faits invoqués s'identifient à une infraction de presse. Les victimes ont intérêt à lire sans cesse la presse la moins recommandable [5].

En outre, l'action civile survit à l'extinction de l'action publique due au décès du délinquant ou à la survenance d'une loi d'amnistie.

En second lieu, les causes de suspension et d'interruption de l'action civile sont désormais celles du droit civil, non celles de l'action publique (actes de poursuite ou d'instruction). Encore que tout acte de poursuite ou d'instruction interrompt non seulement la prescription de l'action publique, mais aussi celle de l'action civile [6].

1. Lindon, concl. sous Ch. mixte, 26 février 1971, D., 1971.241.
2. Mais le délai est de 20 ans en cas de tortures, art. 2270-1, al. 2, C. civ.
3. À partir du fait dommageable ou de son aggravation, rappelons-le.
4. Civ. 2, 20 avril 1983, B. civ. II, n° 97 ; 17 février 1993, B. civ. II, n° 66 ; 13 octobre 1993, B. civ. II, n° 283 ; Paris, 23 mars 1982, D., 1982.374, concl. Flipo ; Crim., 11 décembre 1984, B.C., n° 398.
5. G. Viney, *Traité de droit civil. Introduction à la responsabilité*, L.G.D.J., 2e éd., 1995, n° 130-1.
6. Crim., 17 février 1986, B.C., n° 62, l'arrêt précisant que l'interruption joue non seulement à l'égard de tous les participants à l'infraction, mais aussi à l'égard de toutes les victimes.

En troisième lieu, la prescription de l'action civile cesse d'être d'ordre public. Cette solution était déjà admise par la jurisprudence avant 1980 (v. *supra*, n° 352). Mais elle était critiquable. Elle ne l'est plus puisque la prescription au civil est d'intérêt privé.

2. *Conséquences de la règle sur la primauté du pénal*

372. — Cette primauté se manifestait naguère par trois règles : l'autorité de la chose jugée au pénal sur le civil, le sursis à statuer (art. 4, al. 2, C.P.P.) et l'unité des prescriptions. Depuis la loi de 1980, seules les deux premières subsistent. Et il n'est pas impossible qu'elles perdent elles-mêmes du terrain avec le temps puisque « le nouvel article 10 introduit une nouvelle contradiction entre le civil et le pénal » et puisque « le juge civil a désormais la possibilité de statuer sur un fait que le juge pénal ne peut plus connaître » [1].

1. M. Roger, chron. précitée, n° 23.

DEUXIÈME PARTIE

LE DÉROULEMENT DU PROCÈS PÉNAL

373. — Les éléments du procès étant réunis, celui-ci va pouvoir se dérouler. Ce déroulement va se matérialiser par une longue suite d'actes de procédure accomplis tant par les autorités étatiques que par les parties privées et allant des premières constatations et de l'acte de poursuite jusqu'à la décision définitive. Pour désigner cet ensemble d'actes, on peut parler d'*instance pénale* ou de *procès pénal.*

Cette instance — on le devine déjà à ce qui vient d'être dit — comporte deux grandes phases, si l'on exclut la phase de l'exécution de la condamnation (qui n'appartient pas à la procédure pénale) [1] : la phase préparatoire du procès et la phase décisoire du procès [2]. La première comprend l'enquête, la poursuite et, le cas échéant, l'instruction préparatoire. La seconde comporte la procédure de jugement et ses suites. De là, l'étude successive de *la phase préparatoire du procès* (Titre premier) et de *la phase décisoire du procès* (Titre II).

Toutefois, ces deux moments du procès pénal sont gouvernés par certaines idées générales communes, *les principes directeurs du procès* (Chapitre préliminaire) [3].

1. Ce n'est que par l'effet d'un accident de l'histoire législative (en l'espèce, lors de la commission de révision de notre Code de forme en 1956-1957) que le C.P.P. comporte un titre V sur les procédures d'exécution. À l'étranger, coexistent en général un C.P.P. et un Code de l'exécution des peines.

2. Pour reprendre la terminologie de H. MOTULSKY (J.C.P., 1966.I.1996) pour la procédure civile. On aura noté que le mot procès est entendu au sens large, incluant toute la procédure et même la preuve. Au contraire, dans la doctrine anglo-saxonne, la procédure se divise en trois parties : la preuve (il y a beaucoup de traités de preuve pénale), les actes préludant au procès (détention provisoire, enquête tendant à l'appréciation des charges, acte saisissant le tribunal...) et le procès qui coïncide avec l'audience *(trial).*

3. Le concept de principes directeurs est opportunément très à la mode car il permet d'y voir plus clair et de mieux assurer le respect des valeurs fondamentales du moment. Comp. *La mise en état des affaires pénales pour la France* (La Documentation française, 1991) et *Notre procédure pénale pour le Canada* (Commission de réforme du droit du Canada, 1988).

CHAPITRE PRÉLIMINAIRE

LES PRINCIPES DIRECTEURS DU PROCÈS

374. — *Présentation générale.* Assez récente et évoquée d'abord en procédure civile par la doctrine, la notion de principes directeurs est une notion difficile à saisir, qui évoque notamment les principes fondamentaux (constitutionnels) sans se confondre toujours avec eux. M. Étienne VERGÈS, dans une thèse remarquée considère que « pour qu'une norme puisse entrer dans la catégorie des principes, elle doit réunir les caractéristiques suivantes :

— elle doit s'intégrer dans la catégorie des normes juridiques ;

— elle doit incarner au moins une valeur ou utilité sociale ;

— elle doit trouver sa consécration dans une des normes formelles du droit, même si cette source ne formule pas expressément la règle incarnée par le principe… ;

— elle doit présenter les trois caractères que sont la continuité, la généralité et la flexibilité » [1].

De cette définition précise et qui mérite d'être retenue, on tirera une définition très proche : *les principes directeurs sont des idées générales à valeur normative fondées sur la morale ou l'utilité sociale, d'où découlent diverses conséquences techniques, elles-mêmes normatives.* Cette définition sera la nôtre. Mais elle est commune aux divers contentieux, civil et administratif aussi bien que pénal.

Quels sont alors les principes propres à la procédure pénale ? Pour les connaître, il est sans doute utile de relire Faustin HÉLIE qui écrivait que la procédure pénale doit maintenir l'équilibre « entre deux intérêts également

1. E. VERGÈS, *Les principes directeurs du procès judiciaire, Étude d'une catégorie juridique,* thèse Aix-Marseille III, 2000 (sous la direction de Mme S. Cimamonti).

puissants, également sacrés, qui veulent à la fois être protégés, l'intérêt général de la société qui veut la juste et prompte répression des délits, l'intérêt des accusés qui est lui aussi un intérêt social et qui exige une complète garantie des droits de la cité et des droits de la défense » [1]. À la limpidité prophétique, et aujourd'hui banale, de F. Hélie fait écho le Conseil constitutionnel qui, dans une décision de 1996, décide ceci : « Considérant que la recherche des auteurs d'infractions est nécessaire à la sauvegarde de principes et droits de valeur constitutionnelle ; qu'il appartient au législateur d'assurer la conciliation entre cet objectif de valeur constitutionnelle et l'exercice des libertés publiques constitutionnellement garanties, au nombre desquelles figurent la liberté individuelle et notamment l'inviolabilité du domicile... » [2]. Ainsi apparaissent deux séries de principes directeurs : ceux qui protègent la société en permettant la répression des auteurs d'infractions (ce qui évoque le système inquisitoire) et ceux qui protègent l'individu, en fait la personne poursuivie et, le cas échéant, la victime (ce qui évoque le système accusatoire) [3].

À partir de là, trois remarques doivent être faites.

1) Ces deux séries de principes remontent haut dans l'histoire, surtout ceux de la première série qui ont toujours été admis, au moins implicitement. Ceux de la seconde catégorie éclatent à la vie juridique à la fin du XVIIIe siècle, avec notamment la Déclaration des droits de l'homme, fruit du mouvement des Philosophes et plus discrètement de la doctrine chrétienne ; et l'on parle aujourd'hui — et pas seulement en droit pénal — des droits de l'homme, expression nouvelle des principes concernant la protection de l'individu.

2) Ces deux séries de principes sont exprimées à l'article préliminaire du C.P.P. (L. 15 juin 2000) [4] qu'il est utile de citer, *in extenso*, ici : « *Article préliminaire*. I. — La procédure pénale doit être équitable et contradictoire et préserver l'équilibre des droits des parties. Elle doit garantir la séparation des autorités chargées de l'action publique et des autorités de jugement.

Les personnes se trouvant placées dans des conditions semblables et poursuivies pour les mêmes infractions doivent être jugées selon les mêmes règles.

1. Faustin-Hélie, *Traité de l'instruction criminelle*, 2e éd., 1866, tome I, p. 4.

2. Décision n° 96-377, D.C. du 16 juillet 1996, § 16, D., 1997.69, note B. Mercuzot, J.C.P., 1996.II.22709, note Nguyen Van Tuong.

3. Sur les systèmes inquisitoire et accusatoire, v. J. Pradel, *Droit pénal général*, nos 83 et s., et surtout C. Ambroise-Casterot, *De l'accusatoire et de l'inquisitoire dans l'instruction préparatoire*, thèse dactyl., Bordeaux, 2000.

4. Même si légalement cet article a été introduit par la loi du 15 juin 2000, il avait déjà été proposé par la Commission justice pénale et droits de l'homme, présidée par M. Delmas Marty (*La mise en état des affaires pénales*, La Documentation française, 1991) et, de façon peu différente, par M.L. Rassat (*Propositions de réforme du Code de procédure pénale*, Dalloz Service, 1997). L'origine semble remonter aux travaux de la Commission de réforme du droit du Canada (*Notre procédure pénale*, rapport 32, 1988, où sont énumérés 7 principes).

II. — L'autorité judiciaire veille à l'information et à la garantie des droits des victimes au cours de toute procédure pénale.

III. — Toute personne suspectée ou poursuivie est présumée innocente tant que sa culpabilité n'a pas été établie. Les atteintes à sa présomption d'inno-cence sont prévenues, réparées et réprimées dans les conditions prévues par la loi.

Elle a le droit d'être informée des charges retenues contre elle et d'être assistée d'un défenseur.

Les mesures de contrainte dont cette personne peut faire l'objet sont prises sur décision ou sous le contrôle effectif de l'autorité judiciaire. Elles doivent être strictement limitées aux nécessités de la procédure, proportionnées à la gravité de l'infraction reprochée et ne pas porter atteinte à la dignité de la personne.

Il doit être définitivement statué sur l'accusation dont cette personne fait l'objet dans un délai raisonnable.

Toute personne condamnée a le droit de faire examiner sa condamnation par une autre juridiction. »

Que penser de ce texte ? On lui prêtera volontiers une vertu pédagogique et l'on rappellera que les auteurs du Nouveau Code de procédure civile avaient placé en tête de celui-ci un chapitre intitulé « Les principes directeurs du procès », un peu plus technique cependant. On ne peut s'empêcher toutefois de noter *en premier lieu* que les principes déclinés dans le C.P.P. se trouvent en général déjà dans la Conv. E.D.H. [1] (et aussi, très souvent, dans la jurisprudence du Conseil constitutionnel) [2]. C'est si vrai que la chambre criminelle qui vise parfois l'article préliminaire ne manque presque jamais de citer en même temps un article de la Conv. E.D.H. et l'on peut y voir un indice de la non-indispensabilité du texte national [3]. Au procès d'une certaine inutilité du texte, on peut, *en second lieu*, ajouter une difficulté lorsque l'un des articles du C.P.P. est contraire à l'article préliminaire. La question s'est déjà posée à propos de l'évocation de l'article 520, C.P.P., que la chambre criminelle considère comme non contraire à l'article préliminaire, dernier alinéa [4]. L'alinéa 3 du paragraphe I sur l'égalité procédurale de personnes se trouvant dans une situation semblable pourrait aussi relever de désagréables surprises : 1° pour des infractions identiques, un individu ici fait l'objet d'une composition pénale et, là, un autre fait l'objet d'une citation directe ; 2° pour une infraction commise par deux

1. Sur ces principes en droit européen, v. par ex. J.F. RENUCCI, *Droit européen des droits de l'homme*, 3ᵉ éd., 2002, L.G.D.J., nᵒˢ 42 et s. ; J. PRADEL et G. CORSTENS, *Droit pénal européen*, 2ᵉ éd., 2002, Dalloz, nᵒˢ 257 et s. ; J. PRADEL, *Vers des principes directeurs communs aux différentes procédures pénales européennes*, Mélanges Levasseur, G.P. et Litec, 1992, pp. 459 et s.

2. V. not. les décisions justifiant les atteintes aux libertés individuelles par l'article 66 de la Constitution qui fait de l'autorité judiciaire la « gardienne de la liberté individuelle », faisant apparaître ainsi un principe de judiciarité, Décisions n° 2003-467, D.C. du 13 mars 2003, J.O. du 19 mars, p. 4789 et n° 2004-492, D.C. du 2 mars 2004, J.O. du 10 mars, p. 4637.

3. Pour une affirmation que l'article préliminaire, en reprenant la Conv. E.D.H. n'apporte pas grand-chose, v. Circ. du 20 décembre 2000, CRIM 00-16 F1 présentant les dispositions de la loi du 15 juin 2000.

4. Crim., 27 mars 2002, B.C., n° 70, arrêt montrant la prudence de la chambre criminelle face à l'article préliminaire.

individus, le parquet envisage une procédure de plaider coupable que l'un refuse et pas l'autre en sorte que le premier sera justiciable d'une procédure « classique » donc différente. De plus, la distinction entre les autorités de poursuite et les autorités de jugement, présentée comme un véritable dogme, s'effrite de plus en plus, par exemple avec la composition pénale et le plaider coupable : le pouvoir de sanctionner est presque partagé entre le procureur et le juge, même si c'est ce dernier qui a le dernier mot. *En troisième lieu*, enfin, on peut s'étonner de certaines lacunes comme celle concernant la recherche de la vérité à charge et à décharge [1], ainsi que la participation des citoyens à l'administration de la justice ou encore l'impartialité et la séparation entre l'instruction et le jugement.

Au lendemain de l'introduction de cet article, en juin 2000, la doctrine s'était divisée [2]. Et comme souvent, un certain apaisement se fait aujourd'hui en ce sens que les auteurs sont moins nombreux à l'étudier. Pourtant, le texte fera encore parler de lui et la chambre criminelle l'invoque même parfois d'office.

3) Enfin, les deux séries de principes ne vivent pas de façon séparée ou autonome. La procédure pénale est par excellence la science du compromis, de l'équilibre, de la conciliation comme l'a justement noté le Conseil constitutionnel dans sa décision précitée de 1996. Par exemple, le principe de la présomption d'innocence, règle capitale au titre des principes protecteurs de l'individu, supporte certaines atteintes pour que soient mieux défendus les principes protecteurs de la société. Par commodité pédagogique, il convient cependant d'étudier distinctement les deux catégories de principes (non sans signaler les limites d'un principe, ce qui constitue alors une consécration d'un principe de l'autre catégorie).

SECTION I

LES PRINCIPES PROTECTEURS DE LA SOCIÉTÉ

La procédure pénale doit d'abord, dans l'intérêt général, faire preuve d'efficacité. Une loi du 23 juin 1999 n'est-elle pas intitulée loi « renforçant l'efficacité de la procédure pénale » ? À vrai dire, l'efficacité de la procédure pénale — c'est-à-dire le fait qu'elle permette de réduire la criminalité — contient deux principes : celui de la recherche de la vérité et celui de célérité qui imprègnent profondément tout le Code de procédure pénale. Car la

1. Contrairement à ce qui a été écrit, le principe de loyauté n'a pas été oublié. Il avait été envisagé de le mentionner, lors du débat parlementaire de la loi du 15 juin 2000. Mais il fut rayé par crainte de briser la jurisprudence sur la preuve obtenue déloyalement par des personnes privées.

2. En faveur du texte, v. par ex. E. PUTMAN, *L'article préliminaire du Code de procédure pénale : vers une théorie législative du procès pénal ?* Annales Fac. droit Avignon, 2000, p. 43 ; A. GIUDICELLI, *Principes directeurs du procès pénal*, R.S.C., 2003, pp. 122 et s. ; P. BONFILS et E. VERGES, pp. 134 et s. Pour une position beaucoup plus réservée, B. BOULOC, *Chronique législative à la R.S.C.*, 2001.193 ; R. MERLE et A. VITU, II, n° 147 ; J. PRADEL, D., 2001, chron. 1040.

procédure doit d'abord protéger la société contre le crime. Il faudra ensuite évoquer l'efficacité du système pénal du fait des nouvelles technologies.

§ 1. — LE PRINCIPE DE LA RECHERCHE DE LA VÉRITÉ

L'une des grandes fonctions de l'institution judiciaire pénale est de traduire devant les tribunaux les présumés délinquants. Or cet objectif suppose la mise en œuvre d'institutions permettant de déterminer équitablement leur culpabilité ou leur innocence. Mais par quels organes et selon quelles limites ?

A — Par quels organes ?

375. — Tout enseignement de procédure pénale doit aborder *ab initio* le fameux problème du choix entre un procès accusatoire et un procès inquisitoire. On connaît les éléments du débat. Rappelons que le système accusatoire, le plus ancien, confie le plus grand rôle aux parties : ce sont elles qui lancent la procédure (concrètement la victime ou un organe spécialisé, le Ministère public), qui recherchent les preuves et les présentent au juge qui, témoin neutre et impassible, observe cette sorte de tournoi qui se joue devant lui et qui en tire une décision en se fondant sur un système de preuves légales et non sur son intime conviction [1]. Par opposition, le système inquisitoire place le juge au premier plan : il peut se saisir lui-même aussi bien qu'être saisi par un tiers, il recherche activement les preuves et enfin, il (ou un autre juge) rend une décision sur la base de son intime conviction [2]. On ajoutera deux traits qui se greffent sur ce canevas de principe : le système accusatoire implique que les preuves soient discutées à l'audience, donc oralement et publiquement tandis que le système inquisitoire implique un établissement des preuves avant l'audience, soit par écrit et en secret.

Dans le principe, l'opposition est tranchée. Elle est aussi passionnelle : dans une même publication consacrée au droit pénal, un auteur avait intitulé sa contribution « Vertus de l'inquisitoire » tandis qu'un autre avait répliqué par une « Nécessité de l'accusatoire » [3].

Or quel est le meilleur système au regard de la recherche de la vérité ? La réponse divise certes les esprits, les avocats ayant un penchant pour l'accusatoire et les magistrats (ainsi que les policiers) préférant en général

1. De cela, il ressort que la procédure est contradictoire, c'est-à-dire que, selon la C.E.D.H., « les parties peuvent prendre connaissance de toute pièce ou observation présentée au juge… en vue d'influencer sa décision et la discuter ».

2. La procédure est alors non contradictoire.

3. Revue *Pouvoirs*, P.U.F., 1990, n° 55. Le premier article est de J.L. SAURON, juge d'instruction et le second est de D. SOULEZ-LARIVIÈRE, avocat ; v. aussi *Réformes de la justice pénale*, not. études J.F. BURGELIN et J. PRADEL, *La Documentation française*, 2004, n° 300.

l'inquisitoire. On se permettra de donner un avis : le système inquisitoire, à travers notamment la figure du juge d'instruction, permet une meilleure approche de la vérité et un traitement plus objectif des affaires ; au contraire, dans la conception accusatoire, chaque partie apporte « sa vérité » alors que « deux demi-vérités ne feront pas une vérité entière » (J.L. SAURON).

Précisément, le droit français est d'esprit inquisitoire. Au cours de la phase préparatoire, apparaît le juge d'instruction qui « procède, conformément à la loi, à tous les actes d'information qu'il juge utiles à la manifestation de la vérité » (art. 81, al. 1, C.P.P.) [1] ; de même, la chambre de l'instruction « peut... ordonner tout acte d'information complémentaire qu'elle juge utile » (art. 201, al. 1, C.P.P.). À l'audience, c'est encore le président qui, dirigeant les débats, interroge accusé et témoins. N'exagérons pas cependant ce caractère inquisitoire qui est aujourd'hui de moins en moins bien vu par une certaine intelligentia et qui est fortement entamée par des lois d'esprit contradictoire en ce que les parties se voient reconnaître des droits de suggestion et de contrôle [2]. Exceptionnellement même, notre droit consacre le système accusatoire : ainsi en est-il à l'article 114, al. 7, C.P.P., qui permet aux parties de communiquer des rapports d'expertise « à des tiers pour les besoins de la défense ».

On oppose volontiers le droit français inquisitoire au droit anglais qualifié d'accusatoire. Cette opposition est très forcée. Sans doute à l'audience les témoins sont-ils interrogés par les parties (exceptionnellement par le juge). Mais la phase d'enquête est largement inquisitoire, même s'il n'y a pas de juge d'instruction, et très secrète [3].

B — Selon quelles limites ?

376. — On vient d'indiquer une première limite, celle tenant aux droits légitimes des parties. Il en existe une seconde qui tient aux droits fondamentaux dont est titulaire toute personne, comme le droit à l'intimité et le droit au respect du corps (le *noli me tangere* fondamental). Cet aspect sera détaillé à l'occasion de l'étude des perquisitions et des examens corporels. Comme l'a dit un juge canadien en 1846, « la vérité est comme toute bonne chose : parfois, on la chérit à l'excès, on la recherche trop ardemment, on la paye trop cher » [4]. Car la vérité n'est pas l'unique valeur à laquelle le droit s'intéresse : en effet, c'est d'une *certaine* recherche de la vérité qu'il faut parler pour décrire correctement la façon de rechercher les objectifs de la justice.

1. Et qui agit « à charge et à décharge » (art. 81, al. 1, C.P.P., L. du 15 juin 2000).

2. Colloque international de l'Association internationale de droit pénal tenu à Aix-en-Provence, les 9 et 10 juin 1997, sur le sujet « Inquisitoire-Accusatoire. Un écroulement des dogmes ? », R.I.D.P., 1997, n°s 1-2, vol. 68. *Add.* L. LETURMY, *La recherche de la vérité et le droit pénal*, thèse dactyl., Poitiers, 1995. V. not. *infra* n° 401.

3. J. SPENCER, *La procédure pénale anglaise*, Que sais-je ? P.U.F., 1998, pp. 25 et 68.

4. Arrêt *Pearse*, 1846, rapporté dans *Notre Procédure pénale*, précité, p. 12.

La vérité ne saurait donc être obtenue à tout prix. Ce premier principe de la procédure pénale, établi dans l'intérêt général, n'est donc pas absolu, encore qu'il soit de l'intérêt général de ne pas aller trop loin : il est par exemple de l'intérêt général qu'un aveu ne soit pas obtenu par l'emploi de torture ou procédés assimilables.

§ 2. — Le principe de célérité procédurale

Bibliographie. — P.H. Bolle, *Les lenteurs de la procédure pénale*, R.S.C., 1982.291 ; M.E. Eissen, *La durée des procédures civiles et pénales dans la jurisprudence de la Cour européenne des droits de l'homme*, Bulletin d'information de la Cour de cassation, octobre 1995 ; J. Pradel, *La célérité du procès pénal*, Rev. internat. crim. et pol. techn., 1984.402 ; *La célérité de la procédure pénale*, séminaire international organisé par l'Institut supérieur international de science criminelle de Syracuse, les 11-14 septembre 1995, R.I.D.P., 1995, nos 3-4, no 66 ; La célérité et les temps du procès-verbal, Mélanges R. Ottenhof, Dalloz, 2006, 251 ; C. Silvestre, *Le principe de la célérité en procédure pénale française*, Droit prospectif, Aix, 1996, pp. 145 et s.

A — Nécessité d'une certaine célérité

377. — L'impératif de célérité a fait fleurir les adages louangeurs : « Le temps qui passe, c'est la vérité qui s'enfuit » (Dr E. Locard) ; « Justice tardive équivaut à injustice » ; « *Justice delayed is Justice denied* » [1]...

Les raisons en faveur de la célérité procédurale sont nombreuses et fortes :

— L'opinion publique réclame un châtiment rapide, surtout pour les infractions graves ;

— Avec le temps, l'obtention des preuves se fait plus difficilement et c'est d'ailleurs cette idée qui est l'un des fondements de la prescription de l'action publique ;

— Enfin, la célérité va dans le sens de l'intérêt des justiciables : de la victime dont il faut hâter l'indemnisation et de la personne poursuivie car au bout d'un certain temps, la défense devient plus malaisée [2].

Malgré tout, il faut prendre garde : si la célérité est nécessaire, la précipitation est un grand mal. Car il faut du temps malgré tout pour que les

1. On connaît aussi le mot de La Bruyère : « Le devoir des juges est de rendre la justice ; leur métier est de la différer. Certains connaissent leur devoir. Beaucoup font leur métier » *(Les Caractères)*.

2. Ch. acc., Liège, 20 mars 1986 : « Une personne ne peut rester trop longtemps sous le coup d'une accusation à raison du préjudice moral et physique qui peut lui être causé par cette accusation », cité par H. Bosly et C. de Valkeneer, R.I.D.P., précité, pp. 433 et s.

affaires, notamment les plus graves, puissent se décanter [1]. Il faut chercher à atteindre un juste milieu entre excessive rapidité et lenteur à caractère dilatoire. D'ailleurs, l'article 6, § 1, Conv. E.D.H., entend que les causes (pas seulement pénales d'ailleurs) soient entendues « dans un délai raisonnable », expression qui traduit bien l'idée de juste milieu, de rapidité sans excès [2].

L'examen des droits étrangers laisse apparaître que l'objectif de célérité est l'une des obsessions majeures des législateurs, ceux-ci multipliant les moyens pour que la justice n'aille pas à un train de sénateurs [3].

La célérité ne doit pas être confondue avec l'urgence. Certes dans les deux cas, il s'agit d'agir vite afin d'assurer les fins du procès pénal (établissement de la preuve, indemnisation rapide de la victime...). Mais l'urgence fonde des dérogations au droit commun procédural lorsque ce droit commun ne permet pas de résoudre rapidement une situation [4] alors que la célérité est un principe directeur — évoqué à l'article préliminaire du C.P.P. sous l'appellation de « délai raisonnable » — qui veut seulement lutter contre la lenteur de la justice, mais sans déroger aux règles habituelles et qui comporte de multiples consécrations dans le droit positif [5].

B — Consécrations positives de la célérité

1. *Le droit*

378. — Les pénalistes soucieux d'accélérer le cours de la justice pénale ont trois moyens à leur disposition : augmenter la capacité du système (notamment en augmentant le nombre des magistrats et des policiers) ; réduire la charge des tribunaux (notamment par le biais de la décriminalisation) ; imaginer des règles procédurales permettant de juger plus rapidement les affaires. Seule la troisième voie intéresse la procédure pénale, la première étant du ressort du pouvoir politique et la seconde concernant le droit pénal spécial.

Or notre droit positif consacre à titre de principe général, depuis une loi du 15 juin 2000 le principe de célérité puisque l'article préliminaire du

1. Tous les juges d'instruction savent que le mis en examen se calme peu à peu, pour devenir un an après les faits tout différent. *Add.* le joli mot de M.A. FRISON-ROCHE : « Le temps dans la procédure tient dans l'incapacité relative de l'homme à juger... Il tient ensuite à l'insuffisance objective de l'institution judiciaire », in *Le temps dans la procédure*, sous la direction de J.M. COULON et M.A. FRISON-ROCHE, Dalloz, 1996, p. 13.

2. J. PRADEL et G. CORSTENS, *Droit pénal européen*, 2002, n°s 363 et s.

3. J. PRADEL, La célérité et les temps du procès pénal. Comparaison entre quelques législations européennes, *Mélanges* OTTENHOF, éd. Dalloz, 2006, pp. 251 et s.

4. Tantôt l'urgence est sous-jacente dans la loi (art. 18, al. 3 et 4.73, C.P.P. 3) tantôt elle apparaît expressément (art. 117, 706-91, al. 2, C.P.P.)

5. M. NORD-WAGNER, *L'urgence en procédure pénale*, thèse dactyl. Strasbourg, novembre 2005, not. n° 262 et 299.

C.P.P. dispose : « Il doit être définitivement statué sur l'accusation » dont une « personne fait l'objet dans un délai raisonnable ». Et il contient une quantité de textes particuliers qui tendent à l'accélération du cours de la justice pénale. Le renforcement de cette idée est consacré par la loi fleuve du 15 juin 2000 qui consacre un chapitre entier à des « dispositions renforçant le droit à être jugé dans un délai raisonnable ». On peut en considérant toute notre législation et pas seulement le texte du 15 juin 2000 classer ces dispositions en trois catégories.

— Il y a d'abord les textes qui tendent à l'*élimination* de façon quasi totale du processus pénal : une fois que l'enquête est terminée, le procureur n'est jamais tenu de poursuivre, l'article 41-1, C.P.P., lui offrant (s'il n'entend pas classer sans suite) diverses alternatives à la poursuite comme la médiation [1] et l'article 41-2, C.P.P., lui permettant d'envisager une composition pénale [2]. La procédure pénale, si l'auteur des faits accepte les affres du parquet se sera limitée à une enquête de police.

— Il y a ensuite des textes qui organisent un *racourcissement* du processus pénal. C'est ainsi que l'instruction préparatoire, phase longue et formaliste, peut être remplacée en matière de délit et, si l'affaire est élucidée, par la comparution immédiate ou par le plaider coupable [3]. L'ordonnance pénale pour les contraventions procède de la même idée : l'audience est en effet supprimée [4].

— On peut enfin citer ces textes qui, laissant subsister toutes les phases procédurales, en provoqueront cependant un *aménagement.* À ce titre, on peut citer le recours à la notion de délai en matière de garde à vue [5] et de détention provisoire [6]. En matière d'enquête préliminaire, deux règles sont prévues : 1° lorsque le procureur de la République en ordonne une, il fixe le délai dans lequel cette enquête doit être effectuée et il peut proroger ce délai au vu des justifications fournies par les enquêteurs ; 2° lorsque les O.P.J. agissent d'office, ils doivent aviser le procureur de la République de l'état d'avancement de l'enquête commencée depuis plus de six mois (art. 75-1, C.P.P., L. du 15 juin 2000). En cas de flagrance, les O.P.J. disposent de pouvoirs plus importants qu'en cas de non-flagrance, ce qui leur permet d'accélérer le rassemblement des preuves. Le juge d'instruction est surveillé par le président de la chambre de l'instruction, l'article 220, C.P.P., rappelant que ce dernier « s'assure que les procédures ne prennent aucun retard injustifié ». L'article 175-2, C.P.P., rappelle que si au bout de deux ans, à compter de l'ouverture de l'information, celle-ci n'est pas terminée, le juge rend une ordonnance motivée justifiant le retard et précisant les perspectives

1. V. *infra*, n° 594.
2. V. *supra*, n° 596.
3. V. *infra*, n° 613 et 879.
4. V. *infra*, n° 840.
5. V. *infra*, n° 533.
6. V. *infra*, n°s 732 et s.

de règlement [1]. Cependant, tout n'est pas dans la loi et quand la lenteur de la procédure ne provient pas de la violation d'une disposition précise, la jurisprudence se refuse à annuler. Elle précise que « la durée excessive d'une information ne constitue une cause de nullité de la procédure [2], ajoutant même parfois qu'elle n'est pas non plus « une cause d'extinction de l'action publique » [3]. La C.E.D.H. dit le contraire [4].

2. *La pratique*

379. — Si l'idée de célérité constitue bien dans notre législation un principe directeur, l'examen de la pratique révèle que notre justice pénale est lente, et même de plus en plus lente. Veut-on des exemples ? La durée moyenne des instructions passe de 6 mois en 1968 à plus de 17 mois en 2000 même s'il est vrai que les juges d'instruction ne sont saisis de plus en plus souvent que pour des affaires complexes qui appellent de longues recherches. Notre pays a d'ailleurs été condamné à diverses reprises par la C.E.D.H. pour violation de l'article 6, § 1, Conv. E.D.H., sur le délai raisonnable en général et de l'article 5, § 3, sur la durée de la détention provisoire [5]. Une fois que la mise en état est terminée, il s'écoule souvent de longs mois avant que l'affaire n'arrive à l'audience.

À l'étranger, sont parfois prévus des délais généraux pour telle phase procédurale. Ainsi en Italie, l'enquête ne doit pas dépasser 6 mois avec cependant possibilité de prolongation par un juge jusqu'à... 18 mois (art. 405 et s., C.P.P.) [6] ! En Belgique, « si la durée des poursuites pénales dépasse le délai raisonnable, le juge peut prononcer la condamnation par simple déclaration de culpabilité ou prononcer une peine inférieure à la peine minimale prévue par la loi » (art. 21 *ter*, C.I.C., loi du 30 juin 2000).

Pour accélérer le cours de la justice, on a évoqué aussi la possibilité de faire appel au « plaider coupable » qui supprimerait le débat d'audience sur la preuve : l'auteur des faits choisirait de plaider coupable, devant le procureur et celui-ci lui proposant une peine, l'accord étant homologué par un juge et la présence d'un avocat étant

1. Aucun intérêt en pratique car le texte n'a pas prévu la nullité et l'ordonnance n'est pas juridictionnelle, Crim., 17 janvier 2006, B.C., n° 20, Paris, ch. inst., 20 décembre 2002, D., 2003, chron. 2111, note Morvan.

2. Crim., 7 mars 1989, B.C., n° 109 ; 24 octobre 1989, B.C., n° 378 ; 29 avril 1996, D., 1997, Somm. 148, obs. J. Pradel ; 29 novembre 2000, Dr. pénal, avril 2001, comm. 54, obs. A. Maron ; J. PRADEL et A. VARINARD, n° 23 ; 26 septembre 2001, D., 2002, Somm. 1462, obs. J. Pradel.

3. Crim., 5 mars 2002, B.C., n° 53. On pourrait cependant voir dans la lenteur de la procédure une cause autonome d'extinction de l'action publique.

4. J. PRADEL et G. CORSTENS, *Droit pénal européen*, Dalloz, 2002, n°s 363 et s. On rappellera que la C.E.D.H. a dégagé trois critères pour apprécier si les magistrats nationaux ont violé le principe du délai raisonnable : la complexité de l'affaire ; le comportement du requérant ; l'attitude des autorités judiciaires.

5. La France n'est cependant pas le pays le plus condamné, v. W. PEUKERT, R.I.D.P., 1995, précité, pp. 673 et s.

6. M. PISANI, R.I.D.P., 1995, précité, p. 573.

obligatoire tout au long du processus judiciaire. C'est la célérité par le consensualisme [1]. Ce système très utilisé en common law a finalement été consacré en France selon des modalités particulières avec une loi du 9 mars 2004 [2]. Il avait été contesté [3] et les résultats sont pourtant au rendez-vous, d'autant plus qu'il respecte plusieurs principes protecteurs de l'individu poursuivi comme celui des droits de la défense [4].

§ 3. — LE PRINCIPE D'EFFICACITÉ PAR LES NOUVELLES TECHNOLOGIES

380. — Il ne s'agit pas ici d'évoquer l'obtention de la preuve par des procédés techniques, ce qui sera abordé plus bas. Il s'agit plus simplement d'utiliser des techniques modernes et fiables pour la confection, la conservation, l'exécution et l'envoi d'actes de procédure. Le législateur ne pouvait manquer de faire appel à cet égard aux moyens de télécommunications utilisés partout aujourd'hui, qu'il s'agisse de la télécommunication audiovisuelle, de la télécopie ou du courriel.

Pour la *confection* d'un acte de prodécure, l'article 706-71, C.P.P. indique que « lorsque les nécessités de l'enquête ou de l'instruction le justifient, l'audition ou l'interrogation d'une personne ainsi que la confrontation entre plusieurs personnes peuvent être effectuées en plusieurs points du territoire de la République se trouvant reliés par des moyens de télécommunications garantissant la confidentialité de la transmission ». Le même procédé technique peut être utilisé pour la présentation d'une personne au parquet ou à un juge en vue d'une prolongation de sa garde à vue. Le procédé est encore applicable pour l'audition devant une juridiction de jugement d'un témoin, d'un expert ou d'une partie civile. L'article 706-71 donne aussi l'exemple des audiences relatives aux contentieux de la détention provisoire et de l'interrogatoire d'un prévenu en matière contraventionnelle. On aura compris que ce procédé permet une économie de moyens considérables : en principe, par exemple, le témoin qui demeure à Montréal pourra être entendu à distance par un juge d'instruction parisien sans qu'aucune des deux personnes n'ait à se déplacer. Les détails de ce procédé sont indiqués aux articles 706-71 et R. 53-33 et suivants, C.P.P.

L'appel à des procédés techniques peut également être utile pour la *conservation* d'un acte. Les articles 64-1 et 116-1, C.P.P. en donnent un exemple pour les déclarations des majeurs en garde à vue ou des mises en examen en matière criminelle au cours de l'instruction [5].

L'*exécution* d'un acte peut aujourd'hui être facilitée par appel à une nouvelle technologie. Un bel exemple est celui du placement sous surveillance électronique (appelé souvent bracelet électronique) de la personne placée sous contrôle judiciaire, avec obligation de ne pas s'absenter de son domicile (art. 138, C.P.P.).

C'est enfin l'*envoi* d'un acte déjà réalisé qui peut se faire aujoud'hui de façon technique. Le temps des lettres recommandées cède lentement la place à la télécopie et au courriel. Devant la chambre de l'instruction, un avocat qui n'exerce pas dans la

1. J. PRADEL, *Le consensualisme en droit pénal comparé*, n° spécial du Bulletin de la Faculté de droit de Coimbre. Études au professeur E. Correia, 1988, p. 5 et s. ; F. CASORLA, *La célérité du procès pénal en droit français*, R.I.D.P., 195, p. 521 et s., not. p. 524.

2. V. *infra*, n° 613.

3. Rapport de la commission de réflexion sur la justice (commission Truche). La Documentation française, 1997, p. 71 où se trouvent surtout deux arguments : l'individu doit pouvoir revenir sur ses aveux et l'aveu peut être équivoque, notamment s'il y a plusieurs suspects.

4. J. PRADEL, *Défense du plaidoyer de culpabilité*, J.C.P., 2004, Act. 58.

5. V. *infra*, n°s 712 et s.

ville où siège cette juridiction peut envoyer son mémoire au greffier, au ministère public et aux parties « par télécopie ou par lettre recommandée » (art. 198, al. 3, C.P.P.) [1]. Plus généralement, toute notification à un avocat par lettre recommandée « peut aussi être faite sous la forme d'une télécopie avec récépissé ou par un envoi adressé par un moyen de télécommunication à l'adresse électronique de l'avocat dont il est conservé une trace » (art. 803-1, C.P.P.) [2].

Cette intrusion de la modernité dans la gestion courante des pièces de la procédure est excellente. Elle pose, cependant, des problèmes matériels et elle doit aussi être organisée de telle sorte que le secret de la procédure (art. 11, C.P.P.) soit sauvegardé.

SECTION II

LES PRINCIPES PROTECTEURS DE L'INDIVIDU

Bibliographie. — C. BAKAS, *Les principes directeurs du procès pénal au regard de l'intérêt de la personne poursuivie*, thèse dactyl., Paris II, 1982 ; A. CHAVANNE, *La protection des droits de l'homme dans la procédure pénale. La phase de jugement*, 2e Conférence du groupe égyptien de l'A.I.D.P. tenue à Alexandrie en avril 1988, A.I.D.P., éd. Erès, 1989 ; G. COHEN-JONATHAN, *Aspects européens des droits fondamentaux*, Montchrestien, 1998 ; E. DERIEUX, *Droit de la communication*, 3e éd., 1999, L.G.D.J., pp. 456 et s. ; R. KOERING-JOULIN, *La Chambre criminelle et les droits reconnus par la Conv. E.D.H. à « l'accusé » avant jugement*, Mélanges Levasseur, 1992, 205 et s. ; R. KOERING-JOULIN et J.L. GALLET, *Dix ans d'appli-cation de la Conv. E.D.H. devant les juridictions judiciaires françaises*, in *Droits de l'homme en France*, 1985.77 ; L.E. PETTITI, E. DECAUX et P. IMBERT (dir.), *La Conv. E.D.H.*, Economica, 2e éd., 1999 ; J. PRADEL, *La protection des droits de l'homme dans la procédure pénale. La phase préparatoire*, 2e conférence précitée du groupe égyptien ; du même, *Politique criminelle et procédure pénale*, in *Cesare Beccaria and modern criminal policy*, Milan, 1989, 278 ; du même, *La Convention européenne des droits de l'homme et le procès pénal français : harmonie ou divergence ?* Revue juridique, Thémis, Montréal, 1990, n° 24, 353 ; du même, *Vers des principes directeurs communs aux diverses procédures pénales européennes*, Mélanges Levasseur, précité, 459 ; J.F. RENUCCI, *Droit européen des droits de l'homme*, L.G.D.J., 3e éd., 2002 ; F. SUDRE, *Droit international et européen des droits de l'homme*, P.U.F., 6e éd., 2003 ; *L'Union européenne et les droits fondamentaux*, ouvrage collectif, Bruylant, Bruxelles, 1999.

381. — *Énumération et esprit général.* Même s'ils ne sont pas sans limites, parfois importantes, il existe des principes considérables en faveur de l'individu : le principe de la présomption d'innocence (qui concerne la personne

1. Mais il faut que l'avocat n'exerce pas dans la ville où siège la juridiction. Crim., 4 novembre 1997, B.C., n° 366.

2. Crim., 29 mai 2002, B.C., n° 123, Dr. pénal 2002, comm. 116, obs. A. Maron, pour la notification d'une date d'audience devant la chambre de l'instruction.

poursuivie) et le principe des droits de la défense (qui concerne la personne poursuivie et la victime si elle est partie civile). Si ces principes sont respectés et appliqués fidèlement à un procès, celui-ci sera dit équitable au sens de l'article 6, Conv. E.D.H.

La notion de procès équitable est malaisée à définir de façon générale, l'article 6 ne faisant qu'en émunérer les principaux aspects (publicité, présomption d'innocence, droit pour l'accusé d'apporter ses preuves...). L'équité évoque le *due process of law* américain, le principe de « justice fondamentale » de la Charte canadienne des droits et libertés (art. 7), le *fair play.*

Au sens étroit, l'équité implique que « chacune des parties au procès puisse soutenir sa cause... dans des conditions qui ne la désavantage pas substantiellement... par rapport à la partie adverse [1]. Equité vient du latin *aequus* qui veut dire égal, équilibré, ce qui inclut les droits de la défense, l'égalité des armes.

Au sens large, l'équité évoque l'idée de bonne justice, ce qui inclut en outre l'impartialité du juge, déjà examinée, la présomption d'innocence et même la célérité, principe à la fois d'intérêt général et d'intérêt individuel [2].

Pour désigner ces principes protecteurs de l'individu, on parle volontiers non seulement de principe d'équité, mais aussi de droits de l'homme [3] ou encore de droits de la personne [4]. La doctrine italienne et espagnole utilise le terme de « garantisme », ce qui évoque toutes les garanties accordées à l'individu, y compris la légalité, la non-rétroactivité de la loi pénale, ces garanties étant procédurales et même postprocédurales (garanties pénitentiaires) : comme l'a écrit un auteur, « les garanties de l'état de droit constituent une véritable "Magna Carta" du délinquant » [5]. Comme on le voit, la garantie déborde les principes protecteurs de l'individu en procès.

Cela dit, abordons maintenant les deux grands principes ci-dessus énoncés.

§ 1. — La présomption d'innocence

Bibliographie. — C. Ambroise-Castérot, *Présomption d'innocence*, Rép. pén., Dalloz, 2004 ; P. Auvret, *Le droit au respect de la présomption d'innocence*, J.C.P., 1994.I.3802 ; P. Ballandier, *Pour une défense de la présomption d'innocence*, thèse dactyl., Aix, 1996 ; J. Denizart, *La charge de la preuve en matière pénale*, thèse dactyl., Lille, 1956 ; M. Essaid, *La présomption d'innocence*, préface G. Stéfani,

1. J.C. Soyer et M. de Salvia, in L.E. Pettiti et autres, *La Convention européenne des droits de l'homme*, Economica, Paris, 1999, p. 265. La C.E.D.H. use d'une formule proche.
2. Sur la définition européenne de l'équité, v. J. Pradel et G. Corstens, *Droit pénal européen*, Dalloz, 2e éd., 2002, n° 338.
3. Les droits humains *(los derechos humanos)*, dit-on en Espagne.
4. Comme l'on dit au Québec.
5. J.M. Silva Sanchez, *Aproximación al derecho penal contemporáneo*, Bosch Barcelone, 1992.34.

Rabat, 1971 ; P. HÉNNION, *La présomption d'innocence et les institutions de procédure pénale*, préface R. Bernardini, Université de Nice-Sophia-Antipolis, 1995 ; H. HENRION, *La nature juridique de la présomption d'innocence*, thèse dactyl., Montpellier, 2004 ; Cl. LOMBOIS, *La présomption d'innocence*, Pouvoirs, P.U.F., n° 55, 1990.81 ; *La présomption d'innocence. Essais de philosophie pénale et de criminologie*, Institut de criminologie de Paris, revue de l'Institut, n° 4, 2003-2004 ; A. MARSAUD, *Préserver la présomption d'innocence*, Le Monde, 9 décembre 1994.2 ; Ph. MERLE, *Les présomptions légales en droit pénal*, thèse, Nancy, 1968 ; B. REPIK, *Réflexions sur la jurisprudence de la C.E.D.H. concernant la présomption d'innocence*, Liber amicorum M.A. Eissen, 1993.331 ; J.H. ROBERT, *Protection de la présomption d'innocence*, Jurisclasseur civil, art. 9-1, C. civ. ; du même, *La protection de la présomption d'in-nocence selon la loi du 4 janvier 1993*, XIIe Journées de l'Association française de droit pénal, Aix-en-Provence, mars 1994, Presses Universitaires d'Aix-Marseille, 1994.105.

Droit comparé et droits étrangers : H. DAOULAS, *Présomption d'innocence et preuve pénale, étude comparée des droits français, anglais et canadien*, thèse dactyl., Poitiers, 1999 ; J. DESCAMPS, *La présomption d'innocence entre vérité et culpabilité, confrontation des systèmes de procédure pénale français et anglais avec la Conv. E.D.H.*, thèse dactyl., Pau, 1998 ; *La présomption d'innocence en droit comparé*, Société de législation comparée, 1998.

382. — *Notion de présomption d'innocence.* La présomption d'innocence est un principe selon lequel toute personne poursuivie ou même simplement soupçonnée d'une infraction reste juridiquement innocente aussi longtemps que sa culpabilité n'a pas été constatée définitivement par une juridiction pénale.

Dans l'expression « présomption d'innocence », le mot important est le premier. Même si cette présomption est légale puisqu'affirmée dans des textes [1], elle est simple, non absolue, de sorte qu'elle peut être combattue par la preuve contraire. La présomption d'innocence n'est donc qu'une possibilité, au mieux une probabilité de l'innocence d'une personne inquiétée par la justice pénale.

La présomption d'innocence s'applique manifestement à la procédure pénale, mais s'étend elle aussi aux procédures incluses dans la « matière pénale » au sens de l'article 6, § 1, Conv. E.D.H., c'est-à-dire aux droits punitifs comme le droit disciplinée, le droit administratif, le droit fiscal. On pourrait en douter car l'article 9, D.D.H. (« Tout homme étant présumé innocent jusqu'à ce qu'il ait été déclaré coupable » semble bien ne viser que la procédure pénale, ne fût-ce que parce qu'en 1789 les autres contentieux punitifs n'existaient guère. De même, le Conseil constitutionnel n'a jamais dit expressément que la présomption s'applique à ces matières quasi-pénales, punitives, répressives. Cependant, des applications de la présomption d'innocence ont été faites par la jurisprudence nationale [2] et de celle de la

1. V. *infra*, n° 383.
2. Pour un exemple, Com. 20 novembre 1990, Bull. civ. IV, n° 293, D., 1990, I.R.289, l'ordonnance par laquelle le juge autorise une visite domiciliaire en matière de concurrence ne

C.E.D.H. [1]. La doctrine est favorable à l'extension de la présomption à toute la matière pénale [2].

Cela dit, le principe de la présomption d'innocence doit être étudié quand à son fonctionnement et ses conséquences, mais aussi — curieusement à première vue — quant à ses atteintes car il est loin d'être absolu.

A — Fondement du principe

383. — D'un point de vue *textuel*, la présomption a été affirmée avec éclat dans une Déclaration de Louis XVI en date du 1er mai 1788, selon laquelle « le premier de tous les principes en matière criminelle... veut qu'un accusé, fût-il condamné en première instance, soit toujours réputé innocent aux yeux de la loi jusqu'à ce que la sentence soit confirmé en dernier ressort » [3]. Elle est reprise notamment dans la Déclaration des droits de l'homme et des citoyens d'août 1789 (art. 9) [4], dans la Déclaration universelle des droits de l'homme élaborée par l'O.N.U. en 1948 (art. 11-1), dans la Conv. E.D.H. (art. 6, § 2), dans le Pacte sur les droits civils et politiques (art. 14), dans l'article 48, § 1 de la Charte des droits fondamentaux de l'Union européenne, enfin dans l'article 9-1, C. civ. La meilleure formulation est peut-être celle de la Conv. E.D.H. dont l'article 6, § 2, décide : « Toute personne accusée d'une infraction est présumée innocente jusqu'à ce que sa culpabilité ait été légalement établie ». Depuis une loi du 15 juin 2000, existe en tête du C.P.P. un article préliminaire qui affirme notamment : « Toute personne suspectée ou poursuivie est présumée innocente tant que sa culpabilité n'a pas été établie. Les atteintes à sa présomption d'innocence sont prévenues, réparées et réprimées dans les conditions prévues par la loi ». Faut-il ajouter que le principe est reconnu de longue date par notre jurisprudence [5].

vaut pas déclaration de culpabilité et ne préjuge pas de l'apprécation par le juge du fond des éléments de preuves trouvées.

1. C.E.D.H., 29 août 1997, 2 arrêts *(A.P.-M.P. et T.P c/ Suisse, E.L. R.L. et J.O.L. c/ Suisse)*, J.C.P., 1999.I.107, n° 29, obs. F. Sudre, R.S.C., 1998.395, obs. R. Koering-Jocelin, un individu condamné à verser une amende fiscale était mort avant de s'être acquitté, ses héritiers ont été dispensés de ce paiement notamment en raison de la présomption d'innocence.

2. R. Renoux et M. de Villiers, *Code constitutionnel*, éd. 2005, Litec, p. 125 et s., p. 130 ; S. Guinchard et J. Buisson, n° 374.

3. Isambert, T. 28, pp. 526 et s.

4. Ce qui est important car la D.D.H. faisant partie du « bloc de constitutionnalité », le principe de la présomption d'innocence a une valeur constitutionnelle en matière pénale, v. en ce sens, *Décisions du Conseil constitutionnel*, n° 80-127, D.C., 19-20 janvier 1981 et n° 89-258, D.C., 8 juillet 1989.

5. Crim., 29 mai 1980, B.C., n° 164 ; 19 mars 1986, B.C., n° 113 ; 22 février 1993, B.C., n° 84.

À l'étranger, la présomption d'innocence est presque partout reconnue, soit dans la Constitution (Italie, Pologne, Canada...), soit dans le C.P.P. (très nombreux pays), soit dans la jurisprudence (Angleterre) [1]. Le C.P.P. chinois de 1980 ignorait la présomption d'innocence alors que le nouveau Code, de 1997, la consacre quasiment en décidant « qu'une personne ne peut être reconnue coupable sans un jugement rendu selon la loi » (art. 12) [2].

D'un point de vue *idéologique*, la présomption d'innocence se justifie sans peine de plusieurs façons. D'abord, la présomption est une notion juridique censée correspondre à la vérité car, dans leur majorité, les hommes sont honnêtes [3]. Ensuite, il serait scandaleux de condamner un innocent [4] et c'est pourquoi il faut avantager la personne poursuivie qui se trouve en état d'infériorité : la présomption permet donc de rétablir un certain équilibre entre l'accusateur et l'accusé. Enfin, la présomption est conforme à la dignité humaine en considérant la personne poursuivie comme un être humain, sujet et porteur de droits individuels [5]. Tous ces arguments ne sauraient évidemment conduire à une conception absolue de la présomption. Mais ils conduisent à l'affirmer [6].

Il faut noter cependant qu'il s'est trouvé naguère une doctrine pour limiter la présomption aux délinquants passionnels et d'occasion, c'est-à-dire aux délinquants peu dangereux selon l'optique positiviste [7]. Il est pourtant impensable d'exclure du bénéfice de la présomption certains délinquants, fussent-ils spécialement dangereux. Aujourd'hui, il est bien admis que la présomption s'applique à tous les délinquants pour les raisons énoncées à l'instant. D'ailleurs, comment distinguer entre délinquant très dangereux et peu dangereux ?

1. Chambre des Lords, affaire *Woolmington*, 1935, « dans la toile du droit pénal anglais, ce fil d'or se voit toujours, que c'est un devoir du poursuivant que de prouver la culpabilité du défendeur », J. Spencer, R.I.D.P., 1992.85. On notera qu'en Angleterre, il n'y a ni C.P.P. ni Constitution écrite.

2. Guang Zhong Chen, *La réforme du droit de la procédure pénale en Chine*, R.S.C., 1998.1.

3. Cour suprême du Canada, affaire *Oakes*, 1986, « la présomption d'innocence confirme notre foi en l'humanité ; elle est l'expression de notre croyance que, jusqu'à preuve du contraire, les gens sont honnêtes et respectueux des lois » ; cité par P. Béliveau et J. Pradel, *La justice pénale dans les droits canadien et français*, 1986, Blais (Montréal) et Cujas (Paris), 55 et 56.

4. « Il faut punir les délinquants et éviter de punir les coupables », écrivait Carrara.

5. K. Tiedemann, rapport général au colloque de Tolède, avril 1992, sur *Les mouvements de réforme de la procédure pénale et la protection des droits de l'homme*, R.I.D.P., 1993, vol. 64, 824.

6. Il est remarquable que la présomption est affirmée quand elle est menacée puisqu'elle n'intervient qu'en cas de mise en cause d'un individu.

7. E. Ferri, *Sociologie criminelle*, 1881, n° 73 ; G. Tarde, *Philosophie pénale*, 1900.451 ; Bettiol, *La regola in dubio pro reo nel diritto e nel processo penale*, Rev. italiana di diritto penale, 1937.241 et s.

B — Conséquences du principe

1. *Quant à la réputation de la personne impliquée*

384. — La suspicion ou à plus forte raison la poursuite d'une personne jette une ombre fâcheuse sur sa réputation puisqu'elle est censée être innocente tant qu'elle n'est pas condamnée, d'autant plus qu'elle peut ne jamais l'être. Aussi notre droit offre-t-il divers moyens de protéger l'innocence au moins juridique de la personne impliquée ou qui l'a été.

a) Le cas de la personne actuellement impliquée

— *L'insertion d'un communiqué réparateur*

385. — *Principe.* S'agissant de la personne actuellement impliquée, l'article 9-1, C. civ., après avoir rappelé que « chacun a droit au respect de la présomption d'innocence », indique : « Lorsqu'une personne est, avant toute condamnation, présentée publiquement comme coupable de faits faisant l'objet d'une enquête ou d'une instruction judiciaire, le juge peut, même en référé, sans préjudice de la réparation du dommage subi, prescrire toutes mesures telles que l'insertion d'une rectification ou la diffusion d'un communiqué aux fins de faire cesser l'atteinte à la présomption d'innocence et ce aux frais de la personne physique ou morale, responsable de cette atteinte »[1]. En somme, lorsqu'une personne a été présentée, notamment dans la presse, avant toute condamnation comme étant coupable, le juge civil peut ordonner l'insertion d'une rectification ou la diffusion d'un communiqué. Cette disposition consacre au profit du suspect le droit à un juge, celui de l'innocence.

L'insertion de la matière dans le Code civil signifie que le législateur de 1993 a conçu la présomption d'innocence comme un droit de la personnalité[2]. En agissant ainsi, les rédacteurs de l'article 9-1, C. civ., ont posé un principe supérieur à celui de la liberté d'expression auquel il s'oppose et qu'il tend à limiter[3].

386. — *Conditions.* Pour qu'une personne puisse obtenir l'insertion d'un communiqué (ou des dommages-intérêts), il faut qu'elle remplisse trois conditions.

1. Rédaction due à la loi du 24 août 1993, modifiée par celle du 15 juin 2000. Sur l'art. 9-1, C. civ., en général, v. H. BUREAU, *La présomption d'innocence devant le juge civil. Cinq ans d'application de l'article 9-1, C. civ.*, J.C.P., 1998.I.166 ; J.H. ROBERT, *Jurisclasseur civil*, art. 9-1, C. civ. ; H. LECLERC, *Une loi quotidiennement et impunément violée*, in *Justice pénale, police et presse*, Travaux de l'Institut de sciences criminelles de Poitiers, Cujas, vol. 7, 1988.57 et s. ; E. DERIEUX, J.C.P., 1997.I.4053.
2. H. BUREAU, précité, n° 8.
3. Trib. gr. inst. Nanterre, réf. 22 juin 1996, G.P., 1996.II.559.

— D'abord, le demandeur agissant sur le fondement de l'article 9-1, C. civ., doit avoir été présenté comme pénalement coupable. Sans nul doute, le principe de la liberté d'expression permet-il aux journalistes de relater, à l'intention du public, un certain nombre d'événements, y compris évidemment de nature pénale. Mais ce que ne peut pas faire le journaliste, c'est de dépasser la simple narration des faits, leur relation objective, c'est d'émettre une opinion personnelle quant à la culpabilité, quel que soit le mobile qui l'anime [1].

Ainsi, un journaliste peut publier un portrait-robot au risque de jeter la suspicion sur tout individu présentant des traits analogues à celui de ce portrait : le journaliste, en le faisant, n'émet aucune opinion personnelle et, en outre, aide la justice. De même peut-il publier la mise en examen d'une personne [2], ou la mise en garde à vue ou en détention d'une personne, alors pourtant qu'une telle nouvelle fait de la personne qui en est l'objet un suspect.

Si, à l'inverse, la personne est présentée comme coupable [3] ou même si cette culpabilité est suggérée [4], l'article 9-1 peut s'appliquer. Et il peut s'appliquer même si le journaliste n'avait nulle intention de nuire et n'a commis qu'une maladresse de plume [5].

De toute façon, les journalistes doivent se montrer prudents et les juges disposent d'un certain pouvoir d'appréciation, prenant en compte les éléments associés à l'article comme le titre ou le dessin l'accompagnant.

— Ensuite, l'allégation de culpabilité doit être publique. Le support de la publicité doit être entendu largement : il peut s'agir de la presse écrite (cas le plus fréquent), mais aussi de la radio, de la télévision [6], voire de l'internet.

— Enfin, l'information n'est pas forcément relative à une procédure judiciaire. L'article 9-1 joue non seulement à l'égard des personnes impliquées dans une procédure judiciaire (garde à vue, mise en examen...), mais plus généralement à l'égard de toute personne « avant toute condamnation, présentée publiquement comme coupable », ce qui inclut la phase antérieure à l'enquête [7].

1. Civ. 1, 6 mars 1996, B. civ. I, n° 123, D., 1997, Somm. 73, obs. Dupeux.

2. Trib. gr. inst., Paris, 7 juillet 1993, J.C.P., 1994.II.22306, 1re espèce, note Bigot et Dupeux, R.T.D. Civ., 1995.325, obs. Hauser ; Rouen, 20 septembre 1993, *ibid.*, 2e espèce, confirmé par Civ. 1, 6 mars 1996, précité ; Civ. 2, 20 juin 2002, 2 arrêts, Petites affiches, 13 septembre 2002, n° 184, note E. Derieux.

3. Toulouse, 5 juillet 1993, D., 1994.382, note J. Ravenas.

4. Douai, 2 juin 1994, Juris-Data, n° 052023 ; Paris, 14 février 1996, Juris-Data, n° 041115.

5. Trib. gr. inst., Quimper, réf. 29 janvier 1997, Bull. inf. C. cass., 1er juin 1997, n° 727.

6. Trib. gr. inst., Paris, 7 juillet 1993, précité ; Crim., 16 mars 1994, J.C.P., 1995.II.22547, note J. Ravenas.

7. Cette extension est dûe à une loi du 15 juin 2000 (art. 9-1 nouveau) inspirée elle-même par la Commission de réflexion sur la justice, La Documentation française, 1997, p. 60.

387. — *Prescription.* L'action de l'article 9-1 se prescrit par trois mois à partir de l'acte de publicité (art. 65-1 de la loi du 29 juillet 1881 sur la liberté de la presse).

En outre, en cas d'imputation portant sur un fait susceptible d'être pénalement qualifié, le délai de prescription de l'article 65 sur la loi du 29 juillet 1881 (trois mois) est réouvert ou court à nouveau au profit de la personne visée, à compter du jour où est devenue définitive une décision pénale intervenue sur ces faits et ne la mettant pas en cause (art. 65-2 de la loi de 1881). Il s'agit du cas où l'imputation constitue une diffamation et porte sur une infraction.

— *L'interdiction d'informations défavorables*

388. — Prenant en compte l'importance de la presse écrite et audiovisuelle et ses ravages sur la réputation de personnes mises en cause dans une affaire pénale, la loi du 15 juin 2000 a prévu deux dispositions originales.

D'abord, elle ajoute un article 35 *ter* dans la loi du 29 juillet 1881 sur la liberté de la presse : est ainsi créé un délit de diffusion, sans l'accord de l'intéressé, de l'image d'une personne la montrant menottée ou placée en détention provisoire ainsi que le délit de réalisation ou de diffusion d'un sondage sur la culpabilité d'une personne. Dans les deux cas, la peine est celle de 15 000 € d'amende.

Ensuite, elle complète l'article 803, C.P.P. Ce texte décidait déjà que le port des menottes doit être limité aux deux cas où l'individu est dangereux pour autrui ou pour lui-même et où il est susceptible de s'enfuir. Ceci reste de droit positif et la loi du 15 juin 2000, ajoutant un alinéa 2, prescrit que dans ces deux hypothèses, « toutes mesures utiles doivent être prises, dans les conditions compatibles avec les exigences de sécurité, pour éviter qu'une personne menottée ou entravée soit photographiée ou fasse l'objet d'un enregistrement audiovisuel »[1].

b) Le cas de la personne naguère impliquée

389. — Deux techniques de protection ont été créées par les lois des 4 janvier et 24 août 1993.

— En premier lieu, après non-lieu, le juge d'instruction ou la chambre de l'instruction peut, à la demande du bénéficiaire d'une telle décision, ordonner « soit la publication intégrale ou partielle de sa décision... soit l'insertion d'un communiqué informant le public des motifs et du dispositif de celle-ci, dans un ou plusieurs journaux, écrits périodiques ou services de communication audiovisuelle qu'il désigne » (art. 177-1 et 212-1, C.P.P.). Les frais résultant de la publication sont à la charge de l'État[2].

1. D. ROETS, *Menottes, entraves et dignité de la personne,* R.P.D.P., 2001, pp. 607 et s.
2. Circulaire du 1er mars 1993, C 177-1, de la circulaire générale du C.P.P.

C'est parce que la décision de non-lieu, comme toute l'instruction, est secrète que le législateur a prévu cette mesure de publicité.

— En second lieu, en cas de non-lieu, relaxe ou acquittement devenu définitif, toute personne qui avait été désignée dans un journal à l'occasion de l'exercice d'une poursuite peut exercer une « action en insertion forcée ». Il s'agit plus précisément d'un droit de réponse destiné lui aussi à neutraliser après coup les dégâts occasionnés à la présomption d'innocence. La personne doit agir dans un délai de trois mois à compter du jour où la décision est devenue définitive (art. 13, *in fine*, de la loi du 29 juillet 1881). La demande d'insertion doit être assortie de la décision de non-lieu, de relaxe ou d'acquittement [1]. Ce droit de réponse concerne même les décisions de non-lieu, de relaxe ou d'acquittement rendues par des juridictions étrangères [2]. Enfin, le refus d'insérer est puni d'une amende correctionnelle.

2. *Quant au déroulement de la procédure*

390. — Comme le précise la C.E.D.H., « l'article 6, § 2, Conv. E.D.H. (qui affirme la présomption d'innocence) régit l'ensemble de la procédure pénale… et non le seul examen du bien-fondé de l'accusation » [3]. C'est dire que la présomption n'imprègne pas que la preuve.

a) Règles extérieures à la preuve

391. — Le régime de la *garde à vue* et de la *détention provisoire* est strictement entendu, ces deux mesures portant de fait atteinte à la présomption [4] : notamment, ces institutions sont soumises au principe de la légalité et, surtout la seconde, au principe de la proportionnalité, la durée de l'incar-cération ne pouvant dépasser la durée de la peine prévisible [5].

On peut exiger de la part des autorités publiques une grande *discrétion*. Par exemple, un ministre de l'Intérieur ne saurait, à l'occasion d'une

1. Crim., 21 janvier 1997, B.C., n° 19, l'arrêt exigeant aussi la preuve du caractère définitif de la décision.
2. Crim., 21 janvier 1997, précité.
3. C.E.D.H., 25 mars 1983, *Minelli c/ Suisse*, § 30.
4. Par ex., selon les art. 63, al. 1 et 2 et 77, al. 1, C.P.P., la garde à vue n'est possible à l'encontre d'une personne qu'en cas « d'une ou plusieurs raisons plausibles de soupçonner qu'elle a commis ou tenté de commettre une infraction ». Selon l'art. 144, C.P.P., la détention provisoire est possible notamment « pour mettre fin à l'infraction ou prévenir son renouvellement ». On pourrait aussi donner l'exemple du contrôle judiciaire avec les art. 138, 12°, C.P.P. (interdiction professionnelle lorsque l'infraction a été commise dans l'exercice de la profession) et 142, C.P.P. (cautionnement servant à la réparation des dommages causés par le délit).
5. On pourrait ajouter que les magistrats plaçant une personne en détention provisoire ne doivent inclure dans la motivation aucune affirmation de culpabilité, v. A. BRAUNSCHWEIG, R.I.D.P., 1993, vol. 64, 1105.

conférence de presse, présenter comme l'instigateur d'un meurtre un suspect qui vient d'être arrêté par la police [1].

On peut encore citer une *foule de règles* comme par exemple la séparation des fonctions judiciaires qui permet d'assurer l'impartialité du juge [2], la restriction au port des menottes (art. 803, C.P.P.), le droit pour l'accusé d'avoir la parole le dernier à l'audience, le secret de l'instruction, l'existence de voies de recours, etc.

La doctrine considère même à juste titre que lors de la détermination de la peine, le tribunal ne saurait prendre en considération d'autres infractions commises par le prévenu, mais non visées dans la poursuite et non encore prouvées avec certitude [3].

b) Règles relatives à la preuve

392. — *Première règle : c'est le poursuivant qui assume le fardeau (ou charge) de la preuve.* En vertu de la présomption d'innocence, la partie poursuivante doit « établir tous les éléments constitutifs de l'infraction et l'absence de tous les éléments susceptibles de la faire disparaître » [4] *Actori incumbit probatio.* Dans ce sillage, une doctrine a même soutenu que la règle *reus in excipiendo fit actor* ne peut être maintenue en matière pénale sans méconnaître la présomption [5]. Mais que dit au juste la jurisprudence ? Quels sont les éléments dont la preuve incombe au Ministère public (et à la partie civile, le cas échéant) ?

En premier lieu, le Ministère public doit prouver le préalable légal de l'infraction : par ex. l'absence d'amnistie [6], la légalité du règlement sur lequel se fonde la poursuite [7], ou encore l'absence de prescription [8].

En second lieu, il doit démontrer l'élément matériel de l'infraction, y compris les conditions préalables de celle-ci (par ex., la décision judiciaire dans l'abandon de famille). Au vrai, la preuve de l'élément matériel se dédouble. Le demandeur doit d'abord prouver la commission de tel acte répréhensible, à la fois dans ses éléments fondamentaux (par ex., coup) et dans ses aspects accessoires (par ex., nationalité du prévenu, son lien de parenté avec la victime, circonstances aggravantes). Il doit ensuite prouver que l'acte a bien été commis par la personne poursuivie [9].

1. C.E.D.H., 10 février 1995, *Allenet de Ribemont c/ France*, § 36 et s., R.T.D.H., 1995.657.
2. V. *supra*, n°s 7 et s.
3. Recommandation de l'Association internationale de droit pénal au colloque préparatoire de Tolède, en avril 1992, R.I.D.P., 1993.912, point 7.
4. Crim., 24 mars 1949, B.C., n° 114, motifs.
5. H. Donnedieu de Vabres, note au D., 1936.I.45.
6. Crim., 9 juillet 1921, B.C., n° 293.
7. Crim., 1er mai 1925, B.C., n° 142.
8. Crim., 19 avril 1995, B.C., n° 159. On rappellera que dans la pratique, la citation délivrée à la requête du parquet contient traditionnellement la mention « ... et depuis temps non prescrit ».
9. Naguère cette règle avait donné lieu à une jurisprudence favorable au prévenu en cas de contravention d'excès de vitesse relevée « au vol » : si le prévenu affirmait à la barre qu'il n'était

En troisième lieu, le Ministère public a la charge de démontrer cet aspect de l'élément moral de l'infraction qu'est la culpabilité : faute intentionnelle, mise en danger, faute d'imprudence ou de négligence. La jurisprudence veille soigneusement à ce que le juge ne dispense pas le Ministère public de la preuve qui lui incombe [1]. En fait, cependant, la culpabilité se laisse assez facilement présumer en cas de dénégation du délinquant, à partir des indices et témoignages [2].

La pratique judiciaire apporte toutefois un correctif de fait à ces règles. Loin d'attendre la démonstration complète de l'accusateur, le prévenu prend souvent les devants et s'efforce de convaincre le juge de son absence de toute culpabilité ou participation, fournissant des alibis ou témoignages favorables, contestant les éléments allégués. C'est la conséquence du « droit à la preuve » reconnu à toute partie à l'instance [3].

393. — *Seconde règle : si le poursuivant échoue, le doute profite à l'accusé.* Lorsque le poursuivant ne parvient pas à prouver de manière décisive les faits, le juge doit faire bénéficier le prévenu du doute *(in dubio pro reo)* et le relaxer. Selon un arrêt, lorsque la culpabilité est « probable », mais lorsque les éléments présentés au juge « n'entraînent pas une certitude absolue », celui-ci doit considérer « qu'il demeure un doute dont le prévenu doit bénéficier » [4]. Encore faut-il que le juge ne se contredise pas : tel serait le cas si après avoir énuméré des « éléments apparemment décisifs » ou « des charges très lourdes de culpabilité », il relaxe sur le fondement d'un très léger doute » [5].

L'idée de doute salvateur de l'individu poursuivi est consacré en législation au moins à deux reprises. Lors du délibéré de la cour d'assises, les bulletins blancs sont comptés comme favorables à l'accusé (art. 358, al. 2, C.P.P.), ces bulletins traduisant l'impossibilité, pour le magistrat ou juré de se déterminer en faveur de la culpabilité. Un second exemple est tiré de

pas le conducteur, la jurisprudence décidait qu'il appartenait au Ministère public de prouver qu'il l'était, Crim., 20 janvier 1977, J.C.P., 1977.II.18641, note P. Chambon. Aujourd'hui, l'art. L. 121-3, C.R. (loi du 18 juin 1999) dispose que le titulaire du certificat d'immatriculation du véhicule est redevable pécuniairement de l'amende (ce qui ne le constitue d'ailleurs pas responsable pénalement).

1. Crim., 12 mai 1944, G.P., 1944.II.107 ; Haute Cour de justice, 22 décembre 1948, *Peyrouton*, G.P., 1949.I.48, où il est dit que « n'est pas établie à la charge de l'accusé l'intention criminelle sans laquelle il ne saurait y avoir de répression » ; 19 mars 1953, D., 1953.390, affirmant que « la preuve de cette mauvaise foi, dont les juges du fond apprécient souverainement l'existence, est à la charge du Ministère public » ; 22 février 1993, B.C., n° 84, cassation d'un arrêt ayant affirmé que le prévenu ne prouvait pas sa bonne foi.

2. V. la jurisprudence citée, in J. PRADEL, *Manuel de droit pénal général*, 14e éd., 2002, Cujas, n° 511. *Add.* la Convention européenne relative au blanchiment dont l'art. 6, § 2c, dispose que l'intention « peut être déduite de circonstances factuelles objectives ».

3. Théoriquement, le prévenu pourrait rester totalement passif.

4. Crim., 22 juin 1960, B.C., n° 339.

5. Crim., 15 juin 1973, B.C., n° 268 ; 3 février 1992, B.C., n° 47.

l'article 622, 4°, C.P.P., qui autorise la révision d'une décision de condamnation lorsque, après celle-ci, vient à se produire un fait nouveau « de nature à faire naître un doute sur la culpabilité du condamné ».

On ne confondra pas le doute et l'intime conviction car si le premier traduisant l'incapacité intellectuelle du juge à se décider entraîne la relaxe ou l'acquittement, la seconde qui est plus que la probabilité de la culpabilité permet la condamnation [1]. À moins que certains juges peu scrupuleux se contentent d'une probabilité simple de sorte que, par le jeu de la collégialité, une condamnation sera faite d'un tiers de doute et de deux tiers de probabilité [2].

C — Atteintes au principe

394. — *Diversité des atteintes.* Elles sont de trois ordres.

1° Au cours de la phase préparatoire du procès, la mise en œuvre de certaines institutions suppose, sinon une présomption de culpabilité, du moins une possibilité, voire une probabilité de culpabilité. Il y a dès lors atteinte de fait à la présomption d'innocence. On sait que la garde à vue suppose l'existence de raisons plausibles faisant présumer la commission d'une infraction (art. 63 et 77, C.P.P.). L'idée de probabilité d'une infraction se retrouve aussi pour le contrôle judiciaire (art. 138, 12° et 142, C.P.P.). L'article 105, C.P.P., interdit d'entendre comme témoin des personnes contre lesquelles « il existe des indices graves et concordants d'avoir participé aux faits... », d'où l'on doit déduire que le fait pour un juge d'instruction de mettre en examen de telles personnes traduit de sa part au moins une possibilité de culpabilité. Sans doute le texte vise-t-il des « indices », non des « charges », encore moins des preuves, mais la différence est si ténue... Ce qui démontre que dans la réalité, la présomption d'innocence est dans une large mesure une fiction. Nous sommes presque sur le terrain d'une présomption de fait de culpabilité.

C'est pour cela que J. Carbonnier, dans une étude de jeunesse si pertinente, écrivait : « Scientifiquement, il ne devrait pas y avoir, tant que le procès pénal est en cours, de préjugé sur la culpabilité ou la non-culpabilité de l'inculpé : ni de présomption d'innocence comme celle que proclame un peu imprudemment la Déclaration des droits, ni à rebours, de présomption de délinquance... Ni l'une ni l'autre présomption, mais une condition juridique neutre d'inculpé... » [3]. Aujourd'hui certes, les idées ont évolué : on affirme que la présomption d'innocence couvre tout le procès,

1. V. *infra*, n°s 851 et s.

2. P. TRUCHE, *Le doute sur le fait ou le problème de la preuve*, in *Le doute et le droit*, Dalloz, 1994, p. 48 ; M.C. NAGOUAS-GUÉRIN, *Le doute en matière pénale*, Nouvelle Bibliothèque des thèses, Dalloz, 2002.

3. J. CARBONNIER, *Le problème de la détention préventive*, Rev. gén. de droit, 1938, pp. 118 et s.

toutes les phases du procès [1]. Et l'on a raison sur le terrain des principes de le dire, d'autant plus que le fait de le dire permet de tirer des conséquences de droit comme le caractère exceptionnel de la détention provisoire ou le secret de l'enquête et de l'instruction. Car la présomption d'innocence doit protéger pendant la procédure aussi bien la personne éventuellement coupable que la personne déjà certainement innocente. Mais, dans la pratique quotidienne, c'est le savant auteur qui avait raison.

2° Voici une seconde atteinte : alors que la présomption impose au poursuivant tout le fardeau de la preuve, la réalité même juridique est autre. Le rôle du juge est considérable puisque lui aussi recherche la preuve comme on le verra (art. 81, al. 1, C.P.P., pour le juge d'instruction qui agit « à charge et à décharge » ; art. 201, al. 1, C.P.P., pour la chambre de l'instruction ; art. 283 et 310, C.P.P., pour la procédure criminelle de jugement ; art. 434 et 463, C.P.P., pour la procédure correctionnelle de jugement).

Cette conception dynamique du juge pénal français tranche avec celle de son collègue civil (malgré l'article 11, al. 2 nouveau, C.P.C., qui lui permet d'enjoindre à une partie de produire un élément de preuve) et avec celle du juge pénal dans les systèmes de *common law* avec la figure d'un juge neutre ou arbitre [2].

3° Et voilà enfin l'atteinte peut-être la plus nette : elle consiste dans le fait que souvent, c'est en droit à la personne poursuivie que revient le fardeau de la preuve. On peut parler d'un véritable grignotage des avantages accordés à la personne poursuivie. En clair, dans certains cas, le Ministère public se trouve déchargé du fardeau de la preuve. Apparaissent ainsi des présomptions de culpabilité, jouant en faveur de l'accusation et ce sera au prévenu de se battre pour faire tomber ces présomptions. On assiste donc à un renversement du fardeau de la preuve car on en arrive à demander à l'accusé de prouver qu'il n'est pas coupable.

Ces présomptions favorables au parquet constituent de graves atteintes à la présomption d'innocence car elles sont nombreuses. Elles le sont même tellement que certains esprits en tirent la conséquence qu'il n'y a pas de présomption d'innocence en France (ajoutant souvent que cette présomption existe au contraire en Angleterre alors que les Anglais connaissent eux aussi des présomptions).

Il est vrai cependant que, en France, la présomption d'innocence n'est pas un dogme, non seulement à cause de l'existence des présomptions de culpabilité, mais aussi en raison d'une certaine publicité de fait dans l'instruction et peut-être encore parce que l'intime conviction dispense le juge de devoir décrire dans sa décision son cheminement intellectuel vers la certitude morale. L'atteinte la plus importante à la présomption d'innocence vient

1. K. TIEDEMANN, *Rapport général au colloque préparatoire de Tolède* (avril 1992), Association internationale de droit pénal, R.I.D.P., 1993, vol. 64, 825.

2. J. PRADEL, *Droit pénal comparé*, Dalloz, 2e éd., 2002, n° 312.

cependant de l'existence des présomptions de culpabilité. Et celles-ci sont de deux ordres.

1. *Présomptions de culpabilité propres à certaines infractions déterminées*

a) Exemples

395. — Il est impossible de toutes les indiquer. On se contentera d'en rappeler quelques-unes, en matière correctionnelle [1].

1° Certaines présomptions concernent l'*élément matériel* de l'infraction. Ainsi l'article 418 C.D. présume que les marchandises saisies dans le rayon douanier, sans titre de circulation valable, ont été introduites frauduleusement en France ; l'article 392, § 1 du même Code décide que « le détenteur de marchandises de fraude est réputé responsable de la fraude » [2]. L'article 225-6, C.P., répute proxénète tout individu incapable de « pouvoir justifier de ressources correspondant à son train de vie tout en vivant avec une personne qui se livre habituellement à la prostitution... ». Semblablement, l'article 222-39-1, C.P. (L. du 13 mai 1996) réprime au titre du trafic de stupéfiants « le fait de ne pouvoir justifier de ressources correspondant à son train de vie, tout en étant en relations habituelles avec une ou plusieurs personnes se livrant » à ce type de trafic.

De même encore, et selon une technique identique, est puni au titre de l'association de malfaiteurs « le fait de ne pas pouvoir justifier de ressources correspondant à son train de vie, tout en étant en relations habituelles avec une ou plusieurs personnes se livrant aux activités visées à l'article 450-1, C.P. » (participation à une association de malfaiteurs) (art. 450-2-1, C.P.).

2° Plus souvent, ces présomptions de culpabilité s'appliquent à l'*élément psychologique* de l'infraction.

La loi en fournit quelques illustrations. En droit douanier, à la présomption d'introduction irrégulière en France, s'ajoute une présomption d'intérêt à la fraude (art. 399 et 400, C. douanes) [3]. En matière de diffamation, l'article 35 *bis* de la loi du 29 juillet 1881 sur la presse décide que toute reproduction d'une imputation ayant été jugée diffamatoire est réputée faite de mauvaise foi. On peut ajouter les contraventions (art. 121-3, al. 5, C.P.).

1. En matière contraventionnelle, citons les art. L. 121-2, C.R. (responsabilité pécuniaire du titulaire du certificat d'immatriculation du véhicule en cas d'infraction à la réglementation sur le stationnement) et L. 121-3, C.R. (redevabilité pécuniaire du titulaire en cas de contravention à la réglementation sur les vitesses maximales autorisées). On peut citer aussi les contraventions qui sont des infractions matérielles, constituées par le simple accomplissement matériel de l'acte interdit, le prévenu devant prouver sa bonne foi pour se dégager, v. par ex. art. 412, C.D., et Crim., 11 décembre 2002, B.C., n° 225.

2. Crim., 5 octobre 2005, B.C., n° 252, il incombe au prévenu d'établir sa bonne foi et sa collaboration à l'enquête ne l'implique pas.

3. V. obs. A. Vitu, R.S.C., 1970.93 et 643.

La jurisprudence, de son côté, institue d'autres présomptions. Du fait du lien étroit entre l'élément matériel et l'élément moral, le second est censé exister dès lors que le premier a été prouvé. Par exemple, en matière de diffamation (art. 29 de la l. du 29 juillet 1881), les imputations diffamatoires « sont réputées de droit faites avec une intention coupable » [1]. Jadis, à propos du délit d'excitation de mineur à la débauche, la Cour de cassation avait jugé que « l'élément intentionnel résultant de la nature du délit n'avait pas besoin d'être affirmé formellement par le juge » [2] ; on peut penser que la haute juridiction décidera pareillement avec le nouveau délit de favoritisme à la corruption d'un mineur (art. 227-22, C.P.) qui a remplacé l'ancien délit d'excitation de mineur à la débauche. Pour la contrefaçon enfin, « la bonne foi de l'intéressé ne se présume pas » [3].

b) Bien-fondé

396. — On pourrait, à première vue, en douter à cause de deux dispositions. L'une, de droit interne, est l'article 121-3, C.P., qui dispose que toute infraction suppose l'intention, sauf à admettre qu'un délit peut aussi être constitué par une imprudence ou une mise en danger dans les cas où la loi le dit ; d'où il résulte, semble-t-il, que le poursuivant devra toujours prouver l'existence de l'un de ces trois aspects psychologiques (sauf pour les contraventions qui ne disparaissent qu'en cas de force majeure, ajoute *in fine* l'article 121-3, C.P.). Cet article 121-3, C.P., est d'ailleurs complété par l'article 339 de la loi du 16 décembre 1992, dite loi d'adaptation du nouveau Code pénal : l'article 339, précisant que les délits antérieurs au nouveau Code supposent, s'ils sont non intentionnels, la négligence ou la mise en danger, a pour effet de supprimer les anciens délits matériels pour lesquels de l'élément matériel prouvé, on déduisait automatiquement l'existence de la faute [4]. La seconde disposition est l'article 6-2 de la Conv. E.D.H. qui, en posant le principe de la présomption d'innocence, n'admet aucune exception.

Et pourtant, notamment dans le Code pénal de 1994 et dans le Code des douanes, comme on vient de le voir, il y a encore des présomptions de culpabilité.

1. Crim., 27 octobre 1938, D., 1939.I.77, note P. Mimin ; 16 mars 1948, B.C., n° 93 ; 15 octobre 1985, B.C., n° 315 ; 19 novembre 1985, B.C., n° 363, R.S.C., 1986.612, obs. G. Levasseur ; 12 juin 1987, B.C., n° 247 ; 29 novembre 1994, B.C., n° 382 ; 16 mai 1995, B.C., n° 175. D'où il résulte que le juge n'a pas, dans sa décision à constater expressément la mauvaise foi, Crim., 24 janvier 1973, B.C., n° 41. *Add.* Ph. CONTE, *La bonne foi en matière de diffamation : notion et rôle*, Mélanges A. Chavanne, Litec, 1990.49 et s.

2. Crim., 4 janvier 1902, D., 1902.I.528 ; 19 mars 1942, B.C., n° 25, D.A., 1942.101 ; 10 janvier 1947, B.C., n° 23.

3. Crim., 28 février 1956, B.C., n° 200 ; 4 mai 1961, B.C., n° 236.

4. J. PRADEL, *Manuel de droit pénal général*, précité, n° 526.

Au vrai, ces présomptions se fondent d'abord sur la nature des choses : elles correspondent en général à la vérité et il serait à peu près impossible au parquet de démontrer leur existence. Il ne faut pas oublier non plus que ces présomptions ne sont jamais absolues, le prévenu pouvant toujours apporter la preuve contraire : tantôt, en effet, la présomption tombe devant la preuve d'un cas de force majeure [1], tantôt — et c'est le cas le plus fréquent —, la présomption tombe devant la preuve par le prévenu d'un fait quelconque [2]. D'ailleurs, dans son effort probatoire, le prévenu est ou devrait être aidé par le juge détenteur de pouvoirs inquisitoriaux et pouvant par exemple entendre un témoin à décharge ou se faire remettre des pièces ou documents. Aussi ne faut-il pas s'étonner que la C.E.D.H. admette les présomptions, quitte évidemment à prévoir des limites. Dans son arrêt *Salabiaku* d'octobre 1988, elle a rappelé que « tout système juridique connaît des présomptions de preuve de fait ou de droit et que la Convention n'y met évidemment pas obstacle en principe, mais en matière pénale oblige les États contractants à ne pas dépasser des limites raisonnables prenant en compte la gravité de l'enjeu et préservant les droits de la défense » [3]. Sur cet arrêt, la doctrine est considérable [4]. L'expression des « limites raisonnables » sera reprise dans une affaire de délit de presse commis par le moyen de communication audiovisuelle : la présomption de responsabilité du directeur de la publication, édictée par l'article 93-3 de la loi du 29 juillet 1982 n'est pas contraire à l'article 6 § 2, Conv. E.D.H., « la présomption restant dans des limites raisonnables » [5]. Cette jurisprudence a été précieuse pour notre Chambre criminelle qui n'hésite pas à invoquer la Convention européenne à l'appui de certaines présomptions. Dans une formule qui s'inspire de celle de l'arrêt *Salabiaku*, elle décide que « l'article 6-2, Conv. E.D.H., ne met pas obstacle aux présomptions de fait ou de droit institués en matière pénale dès lors que ces présomptions... laissent intacts les droits de la défense », ce qui

1. On citera l'exemple législatif de l'article L. 121-2, C.R., qui permet au titulaire de la carte grise en cas d'infraction au stationnement des véhicules, de se dégager en établissant un cas de force majeure ; ou l'exemple voisin de l'art. L. 121-3, C.R., qui décide que le titulaire de la carte grise est redevable (non responsable) pécuniairement de l'amende encourue pour contravention d'excès de vitesse « à moins qu'il n'établisse l'existence d'un vol ou de tout autre événement de force majeure... ».

2. Comme la particulière bonne foi en cas de diffamation, dès lors que les juges énoncent les faits sur lesquels se fonde cet état d'esprit, Crim., 10 octobre 1973, B.C., n° 352 ; 29 novembre 1994, B.C., n° 382, R.S.C., 1995.571, obs. B. Bouloc, D., 1997, Somm. 74, obs. C. Bigot ; 4 janvier 1996, D., 1998, Somm. 84, obs. C. Bigot.

3. C.E.D.H., 7 octobre 1988, série A, n° 141-A.

4. V. not. G. JUNOSZA-ZDROJEWSKI, *La présomption d'innocence contre la présomption de culpabilité*, G.P., 25-27 juin 1989, chron. 4-5 ; L.E. PETTITI et F. TEITGEN, *Droits de l'homme*, R.S.C., 1989.167 et s. ; P. ROLLAND et P. TAVERNIER, chron. *Journal de droit internat. 1989*, 829 et s. Déjà avant l'arrêt du 7 octobre 1988, v. *Commission européenne des droits de l'homme*, 19 juillet 1972, X contre Royaume-Uni, R.S.C., 1989.105, obs. Delmas Saint-Hilaire.

5. C.E.D.H., 30 mars 2004, *Radio France c/ France*.

évoque la possibilité pour le prévenu de renverser la présomption de culpabilité [1].

Dans le même esprit, on peut citer la jurisprudence du Conseil constitutionnel. À propos de l'article L. 121-3, C.R., créé par une loi du 18 juin 1999, le juge constitutionnel décide que « si en principe le législateur ne saurait instituer de présomption de culpabilité en matière répressive, toutefois, à titre exceptionnel, de telles présomptions peuvent être établies, notamment en matière contraventionnelle, dès lors qu'elles ne revêtent pas de caractère irréfragable, qu'est assuré le respect des droits de la défense et que les faits induisent raisonnablement la vraisemblance de l'imputabilité » [2].

En conclusion, les présomptions de culpabilité sont admises à la fois par la C.E.D.H., par la Cour de cassation et par le Conseil constitutionnel. Une « osmose » réciproque apparait ainsi entre les trois jurisprudences [3]. Il faut seulement qu'elles ne soient pas absolues et qu'elles respectent les droits de la défense. Telles sont leurs deux principales limites.

2. *Présomptions de culpabilité communes à un grand nombre d'infractions*

397. — De façon assez générale, c'est au prévenu à prouver l'existence des causes d'impunité appartenant au droit pénal général.

La preuve des *faits justificatifs* pèse le plus souvent sur le prévenu : tout se passe comme s'il y avait à la charge du prévenu une présomption d'absence de justification. C'est très net pour la légitime défense. Cette sévérité s'expli-que parce que le prévenu est mieux placé que le parquet pour démontrer comment les choses se sont passées et aussi car la loi a établi dans des cas très particuliers des présomptions de légitime défense (art. 329, A.C.P., repris par l'art. 122-6, C.P.), d'où l'on peut déduire *a contrario* qu'en dehors de ces cas, c'est bien à la personne poursuivie de démontrer qu'elle se trouvait couverte par la légitime défense [4]. Il faut raisonner pareillement pour l'état de nécessité, alors même qu'il n'y a évidemment pas de disposition exceptionnelle équivalente.

La preuve des *causes subjectives d'irresponsabilité* pèse aussi sur le prévenu : tout se passe comme si l'agent était censé, au moment des faits être lucide et libre. À vrai dire, cependant, la jurisprudence est pauvre et pas toujours

1. Pour un délit douanier, Crim., 10 février 1992, B.C., n° 62 ; pour une contravention de stationnement prévue par l'article L. 121-2, C.R. (ex. 21-1), Crim., 9 avril et 11 juin 1992, B.C., n°s 155 et 231 ; 1er février 2000, B.C., n° 51 ; pour la diffamation, Crim., 16 mars 1993, B.C., n° 115.

2. Décision n° 99-411, D.C. du 16 juin 1999, *J.O.*, 19 juin 1999, 9019, 1re colonne.

3. T. Renoux et M. de Villiers, *Code constitutionnel*, éd. 2005, Litec, p. 152.

4. Sous l'empire de l'A.C.P., Crim., 19 février 1959, D., 1959.161, note M.R.M.P., J.C.P., 1959.II.11112, note P. Bouzat ; 20 décembre 1983, B.C., n° 350 ; 26 septembre 1989, *Dr. pénal*, 1990.125 ; 12 octobre 1993, G.P., 1994.I.94, note J.P. Doucet ; *add.* J. Pradel, n°s 334 et s.

nette. Certes, la preuve de la contrainte incombe nettement au prévenu [1]. Mais pour le trouble psychique, la jurisprudence est plus floue : en effet, si les juridictions du fond imposent bien au prévenu de prouver sa folie [2], la chambre criminelle n'a pas pris nettement parti [3].

Quant aux *autres techniques d'impunité*, c'est également au prévenu à en rapporter l'existence. Ainsi en est-il des immunités [4]. Sous l'empire du Code de 1810, la jurisprudence avait décidé la même chose pour les excuses absolutoires ou atténuantes [5]. Avec le nouveau Code, les excuses ont formellement disparues, remplacées par les causes d'exemption et de diminution de peine qui sont très proches. Aussi peut-on penser que la jurisprudence continuera à imposer au prévenu de prouver qu'il est dans le cadre d'une telle cause. On citera encore l'article 692, C.P.P. (et dans le même sens, l'art. 113-9, C.P.), relatif aux infractions commises par les Français à l'étranger ou par des étrangers en France : la poursuite sera irrecevable si l'intéressé « justifie qu'il a été jugé définitivement à l'étranger et en cas de condamnation pour les mêmes faits que la peine a été subie ou prescrite ». En somme, une poursuite pénale pour un fait est censée être la première pour ce fait. Il est vrai que le prévenu est mieux placé que quiconque pour démontrer s'il a déjà été poursuivi et condamné.

On peut considérer que la jurisprudence européenne et nationale (Cour de cassation et Conseil constitutionnel) sur le bien-fondé des présomptions de culpabilité s'applique aussi bien aux présomptions générales qu'aux présomptions particulières, si l'on en juge par la généralité des formules utilisées. C'est dire que l'on retrouve notamment l'exigence du respect des droits de la défense.

§ 2. — Les droits de la défense

Bibliographie. — M. Alléhaut, *Les droits de la défense*, Mélanges Patin, éd. Cujas, 1965, 455 et s. ; L. Ascensi, *Du principe de la contradiction*, préface L. Cadiet, L.G.D.J., 2006 ; B. Bouloc, *Les droits de la défense dans la procédure pénale applicable en matière de concurrence*, R.S.C., 1982, 513 et s. ; M.A. Frison-Roche, *Les droits de la défense en matière pénale*, in Droits et libertés fondamentaux, Dalloz, 6e éd., 2000 ; S. Guinchard, *Le procès équitable : droit fondamental ?*, A.J.D.A., 1998, n° spécial, p. 191, L. Hugueney, *Les droits de la défense devant le*

1. Crim., 8 février 1936, D., 1936.I.45, note H. Donnedieu de Vabres ; 29 décembre 1949, J.C.P., 1950.II.5614, note J. Magnol.
2. Alger, 18 décembre 1948, J.C.P., 1949.II.4900.
3. V. Crim., 9 décembre 1949, R.S.C., 1951.305, cassation d'un arrêt qui avait refusé d'accéder à la demande d'examen mental formé par la personne poursuivie.
4. Crim., 21 mars 1984, B.C., n° 124.
5. Crim., 22 juin 1944, D., 1945.143, note P. Mimin ; 24 mars 1949, B.C., n° 114 ; 21 janvier 1954, B.C., n° 27 ; 8 février 1972, D., 1972, Somm., 74.

juge d'instruction, R.S.C., 1952, 195 et s. ; J. Léauté, *Les principes généraux relatifs aux droits de la défense*, R.S.C., 1953, 47 et s.

En procédure pénale comparée : R. Merle, *Le rôle de la défense en procédure pénale comparée*, R.S.C., 1970, 1 et s. ; J. Pradel, Rapport général au séminaire international organisé par l'Institut supérieur international de sciences criminelles de Syracuse (1982) sur *La phase préparatoire du procès pénal en droit comparé*, R.I.D.P., 1985, 27 et s.

En procédure civile : J. Motulsky, *Le droit naturel dans la pratique jurisprudentielle. Le respect des droits de la défense en procédure civile*, Mélanges Roubier, tome I, 175 et s. ; J. Vincent et S. Guichard, *Procédure civile*, Dalloz, 23e éd., 1994, nos 608 et s. ; G. Wiederkehr, *Droits de la défense et procédure civile*, D., 1978, chron. 36.

A — Notion de droits de la défense

1. *Définition abstraite*

398. — Concept commun à la procédure civile, à la procédure administrative, à la procédure disciplinaire et à la procédure pénale, les droits de la défense jouent un rôle plus considérable encore dans le cadre de cette dernière discipline que dans le cadre des trois premières. Et pourtant les pénalistes sont avares de définitions. Le législateur empile des prérogatives en faveur de la défense, que l'on appelle couramment droits de la défense, mais ne donne aucune définition générale. La chambre criminelle de son côté parle des « droits de la défense » dans la plupart de ses arrêts, plus rarement des « droits essentiels de la défense » [1], de la « libre défense » [2], des « garanties accordées à la défense » [3], des « droits de l'intéressé » [4], voire des « intérêts de la personne » [5] ; mais de définition, point [6]. Le Conseil constitutionnel de son côté, affirme que « les droits de la défense impliquent l'existence d'une procédure juste et équitable » [7] ce qui est un écho à l'article 6, Conv. E.D.H., sur le procès équitable mais ce qui reste assez vague.

Reste la doctrine. Elle aussi est très avare d'une définition [8]. Le Vocabulaire juridique Capitant, sous la direction du doyen G. Cornu, définit les droits de la défense en matière pénale comme « l'ensemble des prérogatives

1. Par ex., Crim., 16 janvier 1958, B.C., n° 118. Formule un peu maladroite en ce qu'elle semble impliquer l'existence de deux catégories de ces droits, ceux qui sont essentiels et les autres.
2. Par ex., Crim., 6 mars 1958, G.P., 1958.I.427.
3. Par ex., Crim., 16 juin 1955, J.C.P., 1955.II.8851, note R. Vouin.
4. Par ex., Crim., 29 avril 1998, B.C., n° 145.
5. Par ex., Crim., 18 juin 1998, B.C., n° 200.
6. Il existe pourtant au *Bulletin criminel* une rubrique intitulée « Droits de la défense ».
7. Décision n° 95-360, D.C. du 2 février 1995, cons. 5, R.J.C., I-633.
8. Bien que les auteurs qui consacrent à la notion un développement autonome soient nombreux.

qui garantissent à l'inculpé la possibilité d'assurer effectivement sa défense dans le procès pénal... »[1]. La définition est précise, avec notamment les mots « ensemble des prérogatives » et « effectivement », mais incomplète : en effet, elle semble limiter les droits de la défense à la phase préparatoire du procès pénal, et encore à sa partie relative à l'instruction (ce qui est inexact)[2]. Dès lors, on pourrait définir les droits de la défense comme *l'ensemble des prérogatives accordées à une personne pour lui permettre d'assurer la protection de ses intérêts tou au long du procès.* Plus précisément, cette définition inclut le droit à un avocat, le droit de savoir le contenu de la poursuite et du dossier, enfin le principe du contradictoire (partie essentielle des droits de la défense), ce contradictoire qui consiste « pour les parties à un procès civil ou pénal à prendre connaissance de toute pièce ou observation présentée au juge... en vue d'influencer sa décision et de la discuter »[3]. De façon proche, un auteur définit le contradictoire comme un principe selon lequel « on sait instinctivement qu'une procédure" doit permettre à l'individu dont les intérêts sont menacés par le jugement qui va en résulter, de présenter ses observations en défense »[4]. Ce qui rejoint l'adage populaire : « qui n'entend qu'une cloche, n'entend qu'un son ».

Droits de la défense et contradictoire évoquent aussitôt un troisième concept, celui de l'égalité des armes qui entend que l'accusé ait à peu près les mêmes droits que le poursuivant et dont plusieurs auteurs se repaissent volontiers. On observera d'abord que l'expression « égalité des armes » n'apparait ni dans la Conv. E.D.H., ni dans le Code de procédure pénale, sauf à reconnaître que l'article préliminaire de ce dernier parle *ab initio* de « l'équilibre des droits des parties », expression empruntée au Conseil constitutionnel et qui n'apparaît pas d'une clarté lumineuse[5]. L'expression « égalité des armes » se retrouve dans la jurisprudence européenne[6] et dans quelques arrêts de la chambre criminelle[7].

1. *Vocabulaire juridique*, 5e éd., mise à jour quadrige, 2004, *v° Défense.*
2. Voir le mot « inculpé » (on dirait aujourd'hui mis en examen).
3. Définition donnée par la C.E.D.H., v. par ex. 23 juin 1993, *Ruiz-Mateos*, 330, 20 février 1996, *Lobo-Machado*, 331 et *Vermeulen*, 333.
4. M. A. Frison-Roche, *Généralités sur le principe du contradictoire*, Thèse, Paris, 1988.
5. Décision n° 95-360, D.C. du 2 février 1995, D., 1995, 171, note j. Pradel, R.F.D., const. 1995, 405, note T. Renoux, *Add.* E. Verges, Procédure pénale, 2e éd., 2007, Litec, p. 37 et s.
6. C.E.D.H., 17 janvier 1970, *Delcourt c/ Belgique* ; 27 octobre 1993, *Dombo Betier c/ Pays-Bas* ; 18 février 1997, *Niderost-Huber c/ Suisse*, R.T.D.C., 1997, 1006, obs. J.-P. Margénaud, « l'égalité des armes requiert que chaque partie se voit offrir une possibilité raisonnable de présenter sa cause dans des conditions qui ne la placent pas dans une situation de net désavantage par rapport à son adversaire » (§ 23). Add. F. Sudre, J.-P. Marguenaud, J. Andriantsimbazouina, A. Gouttenoire et M. Levinet, *Les grands arrêts de la C.E.D.H., 4e éd., 2007, P.U.F., Litec, p. 298 et s.*
7. Crim., 6 mai 1997, B.C., n° 170, D., 1998, 223, note A. Cerf R.S.C., 1997, 858, obs. Dintilhac, évolution du principe de l'égalité des armes découlant de l'art. 6, Conv. E.D.H. aux art. 546 *in fino* C.P.P. qui réserve au seul procureur général un droit d'appel contre certains jugements de police, ce droit étant refusé au prévenu et au procureur de la République ; disposition abrogée par une L., 23 juin 1999.

Le concept d'égalité des armes est contestable car il implique une identité de prérogatives entre ministère public et accusé alors que le premier recherche *la* vérité pour en déduire éventuellement la demande d'une peine alors que le second recherche *sa* vérité afin d'éviter sa condamnation. Le premier défend l'intérêt général tandis que le second lutte pour la sauvegarde de ses intérêts personnels. Le ministère public n'est pas une partie comme les autres. C'est pour cela que la position de la C.E.D.H. sur le rôle du conseiller rapporteur et de l'avocat général, puis celle de la Cour de cassation, est mauvaise par ses résultats [1]. En outre, là où l'égalité des armes aboutit à des règles raisonnables, on aurait pu s'en tenir à l'invocation du contradictoire, ce qui aurait permis de faire l'économie d'une expression inutile, fausse et dangereuse [2].

2. *Contenu concret*

a) Droits de la défense à titre direct

399. — Notre procédure pénale consacre très largement les droits de la défense à titre direct. L'*avocat* apparaît sans cesse et dès la garde à vue (art. 63-4, C.P.P.), puis lors des interrogatoires du mis en examen au cours de l'instruction (art. 114 et s., C.P.P.) y compris dans le cadre de la détention provisoire (art. 144 et s., C.P.P.). L'avocat, toujours au cours de l'instruction, apparaît même au profit des suspects non encore mis en examen et qui, avant leur mise en examen, bénéficient déjà de l'assistance d'un avocat lors de leur interrogatoire (art. 105, 114 et s., C.P.P.). À l'audience de jugement, l'avocat est également aux côtés de la personne poursuivie. La présence d'un avocat est même obligatoire pour certaine personnes (mineurs, art. 4-1 et 10, al. 3, Ord., 2 février 1945 ; majeurs protégés, art. 706-116, C.P.P. ; militaires, art. 190, C.J.M.) et pour certaines procédures (plaider coupable, art. 495-9, C.P.P. ; cour d'assises, art. 317, C.P.P. ; interrogatoire en première comparution par le juge d'instruction à certaines conditions, art. 116, al. 3, C.P.P.).

La loi consacre également le *droit de savoir la nature de la poursuite et le contenu du dossier* (art. 114, C.P.P.). À l'audience, le changement de qualification doit être précédé d'un avertissement des parties afin qu'elles puissent s'expliquer. Enfin, les décisions sont motivées.

Le principe du *contradictoire* est lui aussi assuré et même rappelé à l'article préliminaire du C.P.P. (« La procédure doit être équitable et contradictoire

1. V. *supra*, n° 166.

2. Pour une critique de l'égalité des armes, J. Pradel, *Notre procédure pénale défend-elle l'intérêt général ?*, R.P.D.P., 2005, p. 503 et s., note p. 516 et s. ; D. Déchenaud, *L'égalité en matière pénale*, thèse, Grenoble, 2007, où on lira les excellents développements de la deuxième sous-partie de la deuxième partie, n°s 447 et s. Sur le droit allemand, H. Henrion, *L'égalité des armes « et » le procès pénal allemand*, in Procédure(s) et effectivité des droits, Droit et Justice, n° 49, Bruylant, 2003, p. 201.

et préserver l'équilibre des droits des parties » selon la L. du 15 juin 2000). À l'instruction, la personne mise en examen peut réclamer des actes d'investigation (art. 82-1, C.P.P.) [1] et, devant la chambre de l'instruction, faire par l'intermédiaire de son avocat, des « observations sommaires » (art. 199, C.P.P.). À l'audience, la personne poursuivie peut faire poser des questions aux témoins [2], voire en citer. La juridiction de jugement peut certes relever d'office l'état de récidive même si l'acte de poursuite n'en fait pas mention, mais le prévenu en est informé et il doit pouvoir être assisté d'un avocat et faire valoir ses observations (art. 132-16-5, C.P.). Elle a en outre la parole la dernière (art. 346, al. 3 et 513, al. 4, C.P.P.). La personne poursuivie peut enfin exercer des recours.

On peut encore rattacher aux droits de la défense le principe général de la *loyauté* dans la recherche des preuves, le rappel spécial du respect des droits de la défense en matière de perquisition (art. 96, al. 3, C.P.P.) et d'écoutes téléphoniques impliquant les conversations professionnelles de l'avocat [3], l'interdiction des extorsions d'aveux, l'interdiction pour un O.P.J. de consigner des déclarations d'un suspect que celui-ci avait faites officieusement et qu'il ne voulait pas voir consignées [4], l'impossibilité de renvoyer devant la cour d'assises une personne victime d'un accident vasculaire cérébral et ne pouvant plus être interrogée [5], l'obligation pour le juge d'instruction de donner connaissance aux parties des conclusions des rapports d'expertise (art. 167, C.P.P.), etc. [6].

En résumé, par l'effet combiné de la loi et de la jurisprudence, les droits de la défense constituent aujourd'hui une théorie extrêmement vivace (dont on verra plus bas les détails).

Il n'en fut cependant pas toujours ainsi car l'affirmation des droits de la défense est l'histoire d'une longue conquête. En 1808, les rédacteurs du C.I.C. n'avaient guère imaginé l'existence de ces droits et pendant presque tout le XIXe siècle, l'avocat n'apparut qu'à l'audience de jugement. La première grande réforme est opérée par la loi du 8 décembre 1897, dite loi Constans : un avocat assiste l'inculpé au cours de ses interrogatoires et il peut même consulter le dossier 24 heures avant chaque interrogatoire. Les dispositions de la loi Constans sont reprises en 1959 dans le C.P.P.

1. En ayant créé cette disposition, la loi du 4 janvier 1993 (art 82-1, C.P.P.) a changé la nature de la défense qui n'est plus seulement oratoire (notamment à l'audience) mais qui participe de l'action judiciaire (dès l'instruction) : il faut rapprocher les art. 82-1, C.P.P. (pour l'instruction) et 397-1, C.P.P. (pour la comparution immédiate).

2. D'où la défaveur entourant les témoignages anonymes et leur admission sous des conditions strictes indiquées par le C.E.D.H. et par les art. 706-58 et 706-59, C.P.P.

3. Crim., 18 janvier 2006, B.C., n° 22, même si elle est surprise à l'occasion d'une mesure d'instruction régulière, la conversation entre un avocat et son client ne peut être transcrite et versée au dossier que s'il apparaît que son contenu « est de nature à faire présumer la participation de cet avocat à une infraction ».

4. Crim., 3 avril 2007, B.C., n° 102.

5. Crim., 11 juillet 2007, B.C., n° 185 ; à rapprocher de C.E.D.H., 30 janvier 2001, *Vaudelle c/ France*, pour un incapable en droit.

6. H. MOTULSKY, *Droit processuel*, Montchrestien, 1973.160 et s.

aux articles 114 et suivants. Ces articles seront modifiés plusieurs fois et notamment par les lois des 4 janvier et 24 août 1993 qui développent encore les droits de la défense [1].

b) Droits de la défense à titre indirect

400. — En premier lieu, on peut rattacher aux droits de la défense à titre indirect les prérogatives accordées à la personne poursuivie, en vue de lui permettre de communiquer avec le juge et les policiers. Il existe deux aspects de cette question.

D'abord, la personne qui ne parle pas le français a droit à un *interprète linguiste.* Ce droit résulte des articles 102 et 121, C.P.P. (pour l'instruction) et 272, 344, 407 et 443, C.P.P. (pour le jugement). La Conv. E.D.H., de son côté, décide que tout accusé peut se faire assister gratuitement d'un interprète s'il ne comprend pas ou ne parle pas la langue employée à l'audience (art. 6, § 3 e).

La jurisprudence est assez importante. Dans le principe, elle fait preuve de rigueur en affirmant qu'un mis en examen a le droit à un interprète « en vertu du principe de libre communication... avec son avocat, résultant des articles 116 et 145-3, C.P.P., et de l'article 6 § 3 e, Conv. E.D.H. » [2]. La règle est la même pour les accusés et prévenus [3]. Mais dans l'application, elle se montre souple. Par exemple, l'interprète, à l'instruction, peut être un ami de la victime [4] et le témoin ne parlant pas français peut être entendu dans une langue autre que le français [5] ; ces solutions sont applicables également à la personne poursuivie. Il est admis aussi, en matière criminelle, que l'accusé n'a pas droit à la traduction de toutes les pièces qui, selon l'article 279, C.P.P., doivent lui être remises (déclaration des témoins, expertises) [6]. À vouloir tout traduire, notre justice ne pourrait plus respecter l'exigence du délai raisonnable.

De plus, la loi du 15 juin 2000 a apporté des précisions concernant *l'interprète en langue des signes* pour la personne atteinte de surdité. Les articles 63-1, C.P.P. (pour l'enquête), 102 et 121, C.P.P. (pour l'instruction), 345 et 408, C.P.P. (pour l'audience de jugement) accordent à la personne atteinte de cette infirmité, témoin ou personne poursuivie, le droit à

1. A. Esmein, *Histoire de la procédure criminelle en France*, 1882 ; J. Pradel, *La montée des droits du délinquant au cours de son procès. Essai d'un bilan*, Mélanges Larguier, 1993, 223 et s. ; du même, *Centenaire de la loi du 8 décembre 1897 sur la défense avant le jugement pénal*, D., 1997, chron. 375 et s.

2. Crim., 6 décembre 1994, D., 1995, Somm. p. 146, obs. J. Pradel.

3. Crim., 29 juin 2005, B.C., n° 199.

4. Crim., 15 janvier 1992, B.C., n° 15.

5. Crim., 13 février 1993, B.C., n° 73, ressortissant hongrois s'exprimant en anglais grâce à l'intremise d'un interprète franco-anglais.

6. C. assises spéciale, Paris, 2 novembre 1994, D., 1995, Somm. p. 139, obs., J. Pradel, confirmé par Crim., 4 octobre 1995, B.C., n° 293.

l'assistance d'un tel interprète ou de toute personne qualifiée maîtrisant un procédé permettant de communiquer avec des sourds [1].

En second lieu, si la personne poursuivie est un majeur protégé les articles 706-112 à 706-118, C.P.P. prévoient un statut spécial, avec notamment l'obligation pour le procureur ou le juge d'instruction d'aviser le tuteur du caractère des poursuites, lequel peut prendre conscience des pièces de la procédure [2].

B — Importance des droits de la défense

401. — Soulignant toute l'importance de ces droits, un auteur (avocat) a écrit : « Dans notre civilisation humaniste et chrétienne, basée sur le respect de la personne humaine, les droits de la défense sont un impératif catégorique de la conscience, un principe fondamental, au premier chef d'ordre public ». Quatre idées vont convaincre du bien-fondé de cette assertion.

• D'abord, c'est que la violation du principe des droits de la défense entraîne la nullité de la procédure (art. 171, C.P.P.), cette règle étant indirectement confirmée par l'article 802, C.P.P., qui exclut la nullité lorsque l'irrégularité n'a pas eu pour effet de nuire aux intérêts de la personne concernée.

• Ensuite, à diverses reprises, la jurisprudence a affirmé que les droits de la défense sont un principe à valeur constitutionnelle. Telle est d'abord l'attitude du Conseil constitutionnel : en effet, au sein du « bloc de constitutionnalité », figurent les principes fondamentaux reconnus par les lois de la République dont les droits de la défense font partie [3]. Parmi tous les arrêts qui le disent, on peut citer celui du 23 janvier 1987 qui l'exprime très nettement : « Considérant que le principe du respect des droits de la défense constitue un des principes fondamentaux des lois de la République réaffirmé par le préambule de la Constitution du 27 octobre 1946 auquel se réfère le préambule de la Constitution de 1958 » (§ 43) [4]. La conséquence, d'importance, est que le législateur ne saurait méconnaître les droits de la défense. Ces droits sont au fond des droits de l'homme propres au citoyen qui a affaire à la justice, comme délinquant ou comme victime. On en arrive

1. Les art. 102, 345 et 408, permettent aussi aux magistrats de communiquer par écrit avec la personne poursuivie.

2. Ces articles ont été crées par une loi du 5 mars 2007 qui est elle-même un effet de la condamnation de la France par le C.E.D.H., dans l'affaire *Vaudelle*, arrêt du 30 janvier 2001.

3. Décision n° 76-70, D.C. du 2 décembre 1976, R.J.C., I-41, R.C.S., 1977, p. 370 ; Décision n° 81-127, D.C. des 19-20 janvier 1981 (Sécurité et Liberté), D., 1982.441, note A. Dekeuwer, J.C.P., 1981.II.19701, note C. Franck ; Décision n° 86-225, D.C. du 23 janvier 1987 (Conseil de la concurrence), R.F.D.A., 1987, 301, note L. Favoreu. Sur l'ensemble, v. L. Favoreu et L. Philip, *Les grandes décisions du Conseil constitutionnel*, 12e éd., Dalloz, 2003, pp. 443 et s., 577 et s., not. pp. 718 et s.

4. Décision n° 86-225, D.C. du 23 janvier 1987, précité.

ainsi à une constitutionalisation du rôle de l'avocat, personnage au cœur des droits de la défense.

Il en va de même de la Cour de cassation : à ses yeux, « la défense constitue pour toute personne un droit fondamental à caractère constitutionnel » [1].

En outre la C.E.D.H., sans faire référence à la nature constitutionnelle des droits de la défense — ce n'est pas dans sa mission — affirme « que le droit de tout accusé à être effectivement défendu par un avocat figure parmi les éléments fondamentaux du procès équitable et qu'un accusé n'en perd pas le bénéfice du seul fait de son absence aux débats » [2].

• De plus, les droits de la défense sont si importants qu'ils vont jusqu'à justifier l'accomplissement d'une infraction imputée à la personne poursuivie. Pour sa défense, le médecin attaqué en justice peut trahir le secret médical [3] et l'avocat ainsi que le journaliste peuvent faire de même [4]. L'employé d'une entreprise peut voler des documents de l'entreprise afin de les photocopier et de produire ensuite lesdites photocopies dans une instance prudhomale l'opposant à son patron [5], il importe seulement que l'appréhension des pièces « soit strictement nécessaire à l'exercice des droits de la défense » du salarié. Le fait justificatif tiré des droits de la défense peut être regardé comme une variante de l'état de nécessité. Ces droits sont ainsi plus importants que la propriété et le secret professionnel, ce dernier étant pourtant qualifié par la chambre criminelle de « général et absolu » en ce qui concerne les médecins et les avocats. C'est dire l'importance des droits de la défense.

• Enfin, les droits de la défense s'appliquent non seulement à la personne poursuivie — qui a été seule envisagée jusqu'à maintenant — mais aussi à la victime partie civile. Le point de départ est la loi du 23 mars 1921 qui étend à la partie civile les droits accordés à l'inculpé en 1897 [6]. Un parallèle peut être fait aujourd'hui entre les deux [7].

1. Cass. Ass. plén., 30 juin 1995, Bull. n° 4, J.C.P., 1995-II.22478, cond. Jéol et note R. Drago.

2. C.E.D.H., 23 mai 2000, *Van Pelt c/ France*, D., 2001, Somm. 1061, obs. J.F. Renucci, R.S.C., 2001, 429, obs. F. Massias. Cette jurisprudence sera reprise presque littéralement par la Cour de cassation avec l'attendu de principe bien connu : « le droit au procès équitable et le droit de tout accusé à l'assistance d'un défenseur s'opposent à ce que la juridiction juge un prévenu non comparant et non excusé sans entendre l'avocat présent à l'audience pour assurer sa défense ». Ass. plén., 2 mars 2001, *Dentico*, D. 2001, 1899, note J. Pradel, B.I.C.C., n° 533, 15 avril 2001, concl. R. de Gouttes, concl. Mme Mazare, J. Pradel et A. Varinard, n° 38.

3. Crim., 20 décembre 1967, *Affaire du Roi des Gitans*, B.C., n° 338.

4. Pour l'avocat, Crim., 29 mai 1989, G.P., 1989.II.884, note A. Damien. Pour le journaliste, Crim., 11 juin 2002, D., 2004, Somm. 317, obs. B. de Lamy.

5. Crim., 11 mai 2004, B.C., n° 117, R.P.D.P., 2004, p. 861, obs. A. Lepage, et p. 875, obs. J.C. Saint-Pau, R.S.C., 2004.635, obs. E. Fortis ; 4 janvier 2005, B.C. n° 5. Au vrai, la chambre criminelle se rallie à la solution déjà admise par la chambre sociale dès avant mai 2004 (Soc., 2 décembre 1998, D., 1999.431, note H. Goba, D., 2000, Somm. 87, obs. S. Frossard) et reprise encore par elle après mai 2004 (Soc., 30 juin 2004, D., 2004.2336, note H. Gaba).

6. V. *supra* n° 401 *in fine*.

7. V. *infra* n°s 765 et s. pour l'instruction.

TITRE PREMIER

LA PHASE PRÉPARATOIRE DU PROCÈS

402. — *Importance et divers aspects.* Pour les Anglo-Saxons, la phase préparatoire, antérieure à l'audience est relativement peu importante, l'accent étant mis sur l'audience elle-même, moment privilégié pour le débat probatoire. Le procès *(trial)* commence avec le début de l'audience et tout ce qui se passe avant est préparatoire *au* procès [1]. Au contraire, dans le système romano-germanique, les actes antérieurs à l'audience ont une importance capitale au point que les preuves alors amassées sont peu remises en cause au cours de l'audience (sauf en matière criminelle) ; dès lors, dans ce système et par exemple en France, le procès est souvent considéré comme commençant avec les premières investigations de sorte qu'avant l'audience, on parle en général de phase préparatoire *du* procès.

Importante dans notre droit, la phase préparatoire est également complexe par ses objets (la recherche de la preuve avant tout), ses caractères et ses stades (l'enquête, la poursuite, l'instruction). De là, les trois sous-titres suivants : les objets essentiels de la phase préparatoire (Sous-Titre Premier), les caractères généraux de la phase préparatoire (Sous-Titre II), les stades successifs de la phase préparatoire (Sous-Titre III).

1. Les Anglo-Saxons ne parlent pas de la phase préparatoire du procès, mais de la phase préparatoire tout court (R. MUNDAY, *Procédure pénale*, in *Droit anglais*, sous la direction de J.A. Jolowicz, 2e éd., 1992, Dalloz, 389), à moins qu'ils n'utilisent de lourdes périphrases (comme « De l'infraction à la saisine de la juridiction de jugement », P. BÉLIVEAU et J. PRADEL, *La justice pénale dans les droits canadien et français*, Blais et Cujas, 1986.155 et s.) ou encore qu'ils se bornent à énumérer les actes (comme A. SANDERS et R.YOUNG, *Criminal justice*, Butterworth, 1994, traitant successivement des saisies, de l'arrestation, de la procédure au poste de police, de la poursuite… avant d'aborder au chapître 8 le procès, « trial by juge and jury »).

SOUS-TITRE I

LES OBJETS ESSENTIELS DE LA PHASE PRÉPARATOIRE

403. — *Vue générale.* La phase préparatoire a divers objets. On pense d'abord au déclenchement de la poursuite et à la mise en œuvre de mesures de sûreté procédurales urgentes comme la fermeture immédiate d'un lieu de débauche. Ces objets sont propres à un stade de la phase préparatoire et, par exemple, l'application de mesures urgentes s'insère dans celle de l'instruction.

Il est deux autres objets qui, plus essentiels, traversent toute la phase préparatoire : il s'agit de la preuve des faits (ou de l'acte) et de la connaissance de la personnalité de l'auteur de ces faits [1]. On retrouve ici la grande distinction entre l'acte et la personne.

Cette distinction se retrouve même dans la présentation matérielle des dossiers d'instruction. Les pièces relatives à l'acte (matérialité et culpabilité) se trouvent incluses dans un sous-dossier appelé « pièces de fond » alors que celles qui sont relatives à la personne, comme l'examen mental, se trouvent dans un autre sous-dossier dénommé « Renseignements et personnalité ».

On distinguera donc la preuve de l'acte (Chapitre I) et la connaissance de la personne (Chapitre II).

1. Il faut préciser dès maintenant que lors de l'enquête, l'accent est mis sur l'acte et que la poursuite elle-même n'est pas totalement étrangère à l'acte et à la personne puisque le magistrat du parquet déclenche l'action publique afin que soit faite la lumière sur ces deux aspects, pouvant même — dans le cas de l'instruction — requérir du juge d'instruction tel acte d'investigation (une expertise mentale par exemple).

CHAPITRE PREMIER

LA PREUVE DE L'ACTE

Bibliographie. — J. BENTHAM, *Traité des preuves judiciaires*, 1830, 2 vol. ; E. BONNIER, *Traité théorique et pratique des preuves*, 5e éd. par Larnaude, 1888 ; J. CADÈNE, *La preuve en matière pénale. Essai d'une théorie générale*, thèse, Montpellier, 1963 ; G. DANJAUME, *Le principe de la liberté de la preuve en procédure pénale*, D., 1996, chr. 153 ; M. DELMAS-MARTY, *La preuve pénale*, Droits, P.U.F., 1996, n° 23, 53 ; H. LECLERC, *Les limites de la liberté de la preuve. Aspects actuels en France*, R.S.C., 1992.15 ; G. GIUDICELLI-DELAGE (sous la direction de), *Les transformations de l'administration de la preuve pénale. Perspectives comparées* ; L. LETURMY, *La recherche de la vérité et le droit pénal*, thèse dactyl., Poitiers, 1995 ; J. PATARIN, *Le particularisme de la théorie des preuves en droit pénal*, in *Quelques aspects de l'autonomie du droit pénal*, Dalloz, 1956 ; W.P. POMPE, *La preuve en procédure pénale*, R.S.C., 1961.269 ; J. PRADEL, *La protection des droits de l'homme au cours de la phase préparatoire du processus pénal*, 2e conférence du groupe égyptien de l'A.I.D.P., éd. Erès, 1989.198.

404. — *Notion et distinctions.* La preuve peut se définir comme une démonstration aux fins de persuader de l'exactitude d'un fait allégué en vue de faire prévaloir un droit [1]. On a précisé aussi que « la preuve est aussi le procédé par lequel un fait ou un droit controversé et douteux acquiert par le moyen du jugement qui l'entérine la valeur d'une vérité » [2]. Domat disait que la preuve est « ce qui persuade l'esprit d'une vérité » [3]. On dira que

1. J. LARGUIER, *La preuve d'un fait négatif*, R.T.D.C., 1953, 5
2. H. LEVY-BRULH, *La preuve judiciaire*, Rivière, Paris, 1964, p. 7. Plus loin, l'auteur ajoute une seconde fonction à la preuve, sociale celle-ci, à savoir la ratification de la collectivité, p. 30.
3. J. DOMAT, *Les lois civiles dans un ordre naturel*, éd. 1771, p. 204.

l'administration de la preuve est l'opération intellectuelle par l'effet de laquelle un fait est censé être vrai et peut fonder une condamnation.

C'est au cours de la phase préparatoire que se forme pour l'essentiel la preuve qui sera ensuite présentée et discutée devant la juridiction de jugement. Or la formation du matériel probatoire pose deux questions : quelles preuves peuvent être présentées à la justice d'une part et d'autre part comment, par quels moyens ces preuves peuvent être rassemblées ? À la première question, notre droit apporte une réponse faite de simplicité : toute preuve est en règle générale recevable et l'on peut donc parler d'une *liberté dans la recevabilité de la preuve*. À la seconde question, notre droit donne une réponse plus complexe : la liberté fait place à la réglementation à cause de l'idée fondamentale d'État de droit. Si la production de la preuve est libre, son administration est légale et il convient en conséquence d'évoquer la *légalité dans l'administration de la preuve*.

SECTION I

LA LIBERTÉ DANS LA RECEVABILITÉ DE LA PREUVE

405. — La liberté de la preuve est inégalement consacrée dans notre droit. Le droit civil admet de façon presque absolue la règle de la nécessité d'un écrit, preuve préconstituée par excellence (art. 1341, C. civ.). Le droit commercial au contraire fait de la liberté de la preuve pour prouver les actes de commerce un véritable dogme (art. 110-3, C. com.). La procédure pénale connaît la même règle, mais sans que celle-ci soit absolument générale.

§ 1. — Le principe de la liberté de la preuve

406. — Toutes les preuves sont recevables. On citera ici les plus usuelles. Ce sont d'abord l'aveu et le témoignage. Il faut ajouter les constatations directes et les indices ou faits et circonstances qui, sans fournir la preuve directe de la culpabilité, permettent de conclure par raisonnement inductif qu'elle doit être reconnue [1] ; les indices, appelés encore présomptions du fait de l'homme, ne doivent pas être confondus avec les présomptions légales, mode de preuve plus rarement admis et qui s'analyse en un renversement de la charge de la preuve [2]. Les indices gagnent aujourd'hui en importance avec les développements de la technique : il peut s'agir d'un enregistrement par

1. Crim., 13 mars 2007, B.C., n° 80, qui parle d'un « faisceau d'indices ».
2. V. *supra*, n°s 396 et s.

magnétophone [1] ou par bande vidéo [2], voire d'un enregistrement par écoute téléphonique [3] ou par cinémomètre [4]. On indiquera encore la preuve par écrit, peu importante en matière pénale : parfois l'écrit est nécessaire lorsque l'existence d'un contrat constitue une condition de la répression (c'est le cas dans l'abus de confiance en matière civile), mais le contrat — qui joue le rôle d'une condition préalable — doit être prouvé, s'il s'agit d'un contrat civil, selon les règles prévues aux articles 1341 et s., C. civ. ; d'autres fois l'écrit, comme la correspondance du prévenu, peut établir directement l'infraction (il se confond alors avec les constatations directes) ou servir simplement d'indice de la culpabilité (il se confond alors avec la preuve par indice). À la limite même, est recevable la preuve par ouï-dire [5] et la C.E.D.H. n'y paraît pas totalement hostile si la preuve par ouï-dire est corroborée par d'autres preuves [6].

Le principe de la liberté de la preuve est formellement exprimé par l'article 427, C.P.P. : « Hors les cas où la loi en dispose autrement, les infractions peuvent être établies par tout mode de preuve... » [7]. Et si ce texte est écrit à propos de la procédure correctionnelle, il est unanimement admis qu'il est applicable devant toutes les juridictions d'instruction et de jugement, et même devant les policiers opérant en enquête. Ce principe se justifie triplement. Il sert d'abord le Ministère public et par conséquent les intérêts de la société, car les délinquants agissent ordinairement dans le secret et n'hésitent pas à recourir à des artifices pour égarer la justice et à supprimer des preuves existantes dès l'accomplissement de leur forfait. Le principe est utile ensuite pour la personne poursuivie qui peut ainsi organiser sa défense à l'aide de tous moyens de preuve. Il s'explique enfin par le fait qu'en matière pénale, il s'agit de prouver des données matérielles et non des actes juridiques comme dans le procès civil où la preuve peut être préconstituée.

1. Crim., 16 mars 1961, J.C.P., 1961.II.12157, note J. Larguier; 28 avril 1987, B.C., n° 172 ; 11 février 1992, B.C., n° 66 ; 19 janvier 1999, B.C., n° 9.

2. Crim., 4 avril 1990, G.P., 31 août 1990.

3. V. *infra*, nos 474 et s.

4. Crim., 24 mars 1999, B.C., n° 55.

5. Le ouï-dire est le fait par un témoin de relater à la police ou à la justice des événements ou des faits dont il n'a pas eu personnellement connaissance et qu'il tient donc d'un tiers. On oppose volontiers le droit français (qui admet cette preuve) au droit anglais (qui la rejette). La réalité est plus complexe : en droit anglais et plus largement en droit anglo-saxon, il y a beaucoup d'exceptions à l'interdiction du ouï-dire, J. SPENCER, *La procédure pénale anglaise*, Que sais-je ?, n° 3274, 1998.91 et s., J. PRADEL, *Droit pénal comparé*, Dalloz, 2e éd., 2002, nos 319 et s. Et en droit français, la pratique judiciaire est si réticente qu'en fait un prévenu ne sera jamais condamné sur la base d'un ouï-dire, puisque le « vrai » témoin ne peut être interrogé.

6. C.E.D.H., 17 novembre 2005, *Haas c/ Allemagne*.

7. On peut aussi invoquer en faveur du principe l'article 353, C.P.P., relatif à la cour d'assises : « La loi ne demande pas aux juges des moyens par lesquels ils se sont convaincus... », ce qui semble dire — moins nettement certes que l'article 427, C.P.P. — que tous moyens de preuve sont admissibles.

Ces raisons expliquent la force du principe que la chambre criminelle rappelle souvent [1]. On en donnera trois illustrations.

— D'abord, rien n'interdit au juge pénal de se fonder sur des éléments de preuve recueillis en dehors du champ de la justice pénale [2].

— Ensuite, le plaignant peut à l'appui de sa plainte produire des preuves qu'il s'est forgées lui-même, le juge conservant son pouvoir d'appréciation [3].

— Enfin, le fait que la loi ait prévu un procédé particulier de preuve pour une infraction déterminée n'entraîne pas l'irrecevabilité des autres modes de preuve s'ils n'ont pas été expressément interdits. Ainsi, bien que les articles L. 234-3 et L. 234-4, C.R., prescrivent certains modes de preuve pour prouver la conduite en état d'ivresse, rien n'interdit de faire appel à d'autres moyens de preuve [4]. Il en est de même de la preuve de l'excès de vitesse qui peut être rapportée par d'autres modes que le cinémomètre ou radar prévu par l'arrêté du 7 janvier 1991 [5]. Même jurisprudence à propos des infractions en droit de la consommation, les O.P.J. pouvant utiliser tous modes de preuve du droit commun alors que l'article L. 215-3, C. cons., prévoit des règles spéciales [6]. Même solution encore à propos de l'article L. 3354-1, C.S.P., sur les vérifications biologiques destinées à prouver la présence d'alcool [7]. En matière de tromperie, les techniques scientifiques de preuve « ne font pas obstacle à ce que la preuve puisse être établie par toutes voies de droit commun » (art. R. 215-1, C. cons.) : c'est donc cette fois un texte qui affirme le principe de liberté [8]. Plus généralement, la chambre criminelle rappelle que la prévision par la loi d'un mode de preuve laisse libre le recours à tout autre mode de preuve du droit commun, sauf édiction expresse contraire [9]. N'oublions pas cependant que l'article 427, C.P.P., dispose *in limine* « hors les cas où la loi en dispose autrement... ». C'est dire qu'il existe des exceptions à la liberté de la preuve.

1. Par ex., Crim., 13 janvier 1970, B.C., n° 21 ; 1er décembre 1999, B.C., n° 289, à propos de la preuve de l'âge réel d'un prévenu ; 13 mars 2007, B.C., n° 80.

2. Crim., 25 septembre 1987, B.C., n° 316, faits rassemblés par des vérificateurs fiscaux.

3. Crim., 23 juillet 1992, B.C., n° 274, D., 1993, Somm., 206 et obs. J. Pradel, plainte en abus de confiance déposée par un employeur qui avait fait filmer des employés dont il soupçonnait l'indélicatesse ; 15 juin 1993, B.C., n° 210, D., 1994.613, note C. Mascala, *Dr. pénal*, février 1994.3 ; 6 avril 1994, B.C., n° 136 ; 19 janvier 1999, B.C., n° 9 ; v. *infra*, n° 425, 3°.

4. Crim., 24 janvier 1973, D., 1973.241, rapport E. Robert.

5. Toulouse, 20 janvier 2000, D., 2000, I.R., 181 ; comp. Crim., 29 septembre 1999, D., 2000.374, note J.P. Céré.

6. Crim., 25 juin 2003, R.S.C., 2004.427, obs. J. Buisson.

7. Crim., 25 février 1960, B.C., n° 117, D., 1960.561 ; 23 janvier 1962, D., 1962, Somm. 99 ; 28 mai 1962, D., 1962.506 ; 1er avril 1963, B.C., n° 141.

8. V. pour une application, Crim., 2 avril 1974, B.C., n° 140.

9. Crim., 27 mai 1999, *Procédures*, novembre 1999, comm. 258, obs. J. Buisson.

§ 2. — Les exceptions à la liberté de la preuve

407. — Elles sont de deux ordres.

• Tantôt, la dérogation à la liberté de la preuve concerne toutes les infractions. Ainsi, pour garantir les droits de la défense, « la preuve par écrit ne peut résulter de la correspondance échangée entre le prévenu et son conseil » (art. 432, C.P.P.). De même, pour permettre la libre discussion des parties, « le juge ne peut fonder sa décision que sur des preuves qui lui sont apportées au cours des débats et contradictoirement discutées devant lui » (art. 427, al. 2, C.P.P.) : sont donc prohibés les éléments puisés dans la notoriété publique, dans la commune renommée [1] ou dans la connaissance personnelle du juge [2] ou encore non communiqués à toutes les parties [3].

• Tantôt, la dérogation à la liberté de la preuve ne concerne que certaines infractions. On en donnera deux exemples.

Le premier intéresse les contraventions en général. Ces faits matériels simples ne peuvent être prouvés que par procès-verbal ou rapport de police, à défaut par témoignage (art. 537, C.P.P.). De la sorte, la contestation d'une poursuite contraventionnelle ne peut être faite que par écrit ou par témoin [4]. En matière d'excès de vitesse, le procès-verbal fait en général état des résultats tirés d'un appareil scientifique appelé cinémomètre. La preuve par cinémomètre est recevable [5], mais à condition que l'appareil ait été vérifié depuis moins d'un an [6]. Mais les témoignages reprennent tout leur intérêt lorsqu'il n'y a pas de procès-verbal, consacrant les indications du cinémomètre, ou lorsque celui-ci n'a pas été signé [7].

Le second concerne les conditions préalables de l'infraction. Ainsi les questions de droit civil ne peuvent être prouvées que par les modes du droit civil. Par exemple, le contrat civil, dont la violation constitue le délit d'abus

1. La commune renommée est « l'écho de la rumeur publique », Vocabulaire juridique sous la direction de G. Cornu, P.U.F., 7e éd., 1998, V[o] *Commune renommée*. La commune renommée, c'est ce que tout le monde dit. Cette preuve est irrecevable puisqu'elle n'est pas susceptible de contrôle (tout comme la notoriété publique), M. Picard, *De la preuve par commune renommée*, thèse, L.G.D.J., 1911.148, cité par J.M. Bruguière, *La rumeur et le droit*, D., 1996, chron. 152.

2. Crim., 21 avril 1923, B.C., n° 171 ; 13 mai 1992, B.C., n° 183. Cette interdiction d'être à la fois témoin et juge se fonde sur l'impossibilité de mettre en œuvre une discussion publique et contradictoire, R. Garraud, t. I, n° 297.

3. Crim., 26 décembre 1961, B.C., n° 560.

4. Crim., 28 juillet 1969, J.C.P., 1970.II.16251, note R. Gassin, et 24 juillet 1979, D., 1979, Somm. 528 et obs. M. Puech, pour l'usage d'un cinémomètre dont les indications ont été intégrées dans un procès-verbal ; Crim., 5 novembre 1996, B.C., n° 392, D., 1997, Somm. 145, obs. J. Pradel. Si le procès-verbal est établi par un agent n'ayant pas lui-même constaté la contravention, il vaut à titre de simples renseignements et suffit à entraîner la condamnation.

5. Crim., 11 janvier 1995, B.C., n° 14.

6. Arrêté du 7 janvier 1991, art. 10 ; v. déjà sous l'empire d'un texte antérieur, mais analogue sur ce point, Crim., 11 décembre 1985, B.C., n° 400, condamnation impossible si le cinémomètre a été vérifié plus d'un an avant les faits.

7. V. cependant Crim., 1er octobre 1980, R.S.C., 1981.377, obs. A. Vitu.

de confiance, doit être prouvé, au-delà de 750 €, par écrit, à moins qu'il n'existe un commencement de preuve par écrit ou bien une impossibilité matérielle ou morale de se procurer une preuve littérale (art. 1341, 1347 et 1348, C. civ.) ; la jurisprudence est constante [1]. L'intérêt de la notion de condition préalable est ainsi considérable puisqu'il concerne à la fois la preuve et la compétence [2].

SECTION II

LA LÉGALITÉ DANS L'ADMINISTRATION DE LA PREUVE

408. — Le corps inerte d'un individu est découvert au petit matin dans un lieu désert. Les autorités chargées des investigations devront déterminer si ce décès a une cause criminelle. Et dans l'affirmative, elles chercheront à découvrir l'auteur du crime, son *modus operandi*, ses motivations... Or dans ces recherches, les agents d'investigation ne sont pas libres car si la présentation des preuves est bien libre, leur recueil ne l'est pas. Dans un État de droit, les policiers et les magistrats sont tenus de respecter diverses conditions légales. La matière est strictement réglementée parce qu'elle est sous-tendue par certains principes eux-mêmes quasiment sacrés.

SOUS-SECTION I

LES PRINCIPES

409. — Ces principes présentent deux caractères : moralement, ils sont l'expression d'une certaine éthique et juridiquement, ils sont plus ou moins consacrés par la jurisprudence du Conseil constitutionnel et de la C.E.D.H. Ces principes sont assez nombreux. Plusieurs intéressent les autorités chargées des investigations et un autre — assez à part — concerne les personnes autres que ces autorités, étant relatif au point de savoir si ces personnes sont tenues de collaborer à la recherche de la vérité ou si elles peuvent le faire ou ne pas le faire.

1. Crim., 1er avril 1922, D., 1922.I.218 ; 10 juillet 1937, D., 1939.I.40 ; 1er juin 1987, B.C., n° 224 ; 1er juillet 1992, B.C., n° 263. Toutefois, en matière commerciale où la preuve est libre, celle du contrat peut être rapportée par tous moyens ; Crim., 12 décembre 1983, B.C., n° 335.
2. J. Pradel, *Manuel de droit pénal général*, n° 294.

§ 1. — LES PRINCIPES CONCERNANT LES DEVOIRS DES INVESTIGATEURS

410. — Conformément à l'État de droit, notion au fort contenu éthique, les magistrats, policiers et gendarmes doivent évidemment respecter la dignité de la personne impliquée dans une procédure. En outre, ils doivent tenir compte de l'intimité de la personne et de sa liberté d'expression de sorte que, dans les cas où ces valeurs sont en cause, ils ne doivent agir que s'ils ne peuvent pas faire autrement, que si en d'autres termes, leurs diligences sont nécessaires. Enfin, ces agents doivent agir avec une certaine loyauté, avec honnêteté.

Trois devoirs donc et trois principes : de dignité, de proportionnalité, de loyauté.

Ces principes, notamment les deux derniers, s'appliquent aujourd'hui avec moins de rigueur en matière de criminalité organisée (trafic de drogues, terrorisme, proxénétisme aggravé...). Il est évident qu'en cette matière, les plaintes et dénonciations sont fort rares : les victimes participent à l'infraction (imagine-t-on un petit trafiquant de drogue déposant plainte contre son « grossiste » ?) et les tiers restent muets. Dès lors la police judiciaire étant privée de plaintes et dénonciations va devoir rechercher activement les preuves dès qu'elle soupçonne des faits de criminalité organisée : à l'enquête réactive traditionnelle succède, pour la criminalité organisée, une enquête proactive faite de provocations, écoutes téléphoniques, sonorisation de véhicules ou domiciles, fixation d'images, etc. Or, la mise en œuvre de ces techniques risque d'écorner quelque peu les principes de proportionnalité et de loyauté. C'est pourquoi l'enquête proactive se doit de respecter certains principes comme la légalité (les mesures doivent être prévues par un texte), la judiciarité (les mesures doivent être autorisées par un magistrat, notamment par un juge) et la spécialité (les mesures ne peuvent s'appliquer qu'à des infractions graves et déterminées par la loi) [1]. C'est à cela que tend la loi du 9 mars 2004 qui, comblant un retard de notre législation par rapport à celle de nos voisins, consacre l'enquête proactive tout en s'efforçant de respecter l'essentiel des principes.

A — Le principe de dignité

411. — De la dignité, les juristes parlent abondemment sans que soit toujours connu exactement son sens. Cela est d'autant plus certain que les textes internationaux ou nationaux qui utilisent le mot « dignité » se gardent bien de le définir. Par exemple, il existe dans le Code pénal un chapitre intitulé « Des atteintes à la dignité de la personne » (art. 225-1 et s., C.P.), mais on n'y trouve que la définition de délits particuliers comme les discriminations. Les philosophes, de leur côté, enseignent que « la dignité humaine est en général évoquée... en vue de renforcer une décision prise en faveur d'un

1. J. PRADEL, *De l'enquête pénale proactive. Suggestion pour un statut légal*, D., 1998, chron. pp. 57 et s.

traitement favorable pour l'homme, surtout s'il est gravement menacé dans son intégrité physique ou mentale »[1].

À partir de là, la dignité apparaît comme le contraire de la violence, qu'elle soit physique ou morale. Elle suppose donc que tout acte d'investigation — et plus précisément l'interrogatoire du suspect — soit conduit sans qu'il soit fait usage de la force et même sans qu'il soit fait usage de traitements épuisants. Par exemple, on doit considérer qu'un interrogatoire mené pendant de nombreuses heures sans un moment de repos peut être attentatoire à la dignité de celui qui en est l'objet[2].

Notre droit interne consacre précisément ce sens de la dignité. Dans deux espèces, un individu alléguait que sa garde à vue s'était déroulée dans une atmosphère de tension et de fatigue ; la chambre criminelle rejette le pourvoi formé par celui-ci en soulignant la fausseté de ces allégations, d'où l'on peut déduire *a contrario* qu'elle l'aurait accueilli si ces faits avaient été avérés[3].

La C.E.D.H., de son côté, a rendu quelques arrêts célèbres sur le fondement de l'article 3, Conv. E.D.H., qui interdit la « torture » et les « peines ou traitements inhumains ou dégradants ». Ces décisions concernent des sévices policiers au cours d'une garde à vue. Un premier arrêt rappelle que les « nécessités de l'enquête et les indéniables difficultés de la lutte contre la criminalité, notamment en matière de terrorisme, ne sauraient conduire à limiter la protection due à l'intégrité physique de la personne »[4]. Un second arrêt rappelle « qu'à l'égard d'une personne privée de sa liberté, l'usage de la force physique qui n'est pas rendu strictement nécessaire par le comportement de ladite personne porte atteinte à la dignité humaine et constitue en principe une violation du droit garanti par l'article 3[5].

Le Conseil constitutionnel va plus loin encore en adoptant une conception très large de la dignité. Le législateur avait prévu que les enquêteurs pourraient faire procéder, notamment sur la personne du suspect, à des prélèvements externes nécessaires à la réalisation d'examens techniques et scientifiques de comparaison avec des traces ou indices prélevés sur les lieux par exemple (art. 55-1, C.P.P.). Cette disposition ayant été soumise au Conseil, celui-ci la déclara conforme à la Constitution, des prélèvements ne comportant « aucun procédé douloureux, intrusif ou attentatoire à la dignité des interessés »[6]. Les juges constitutionnels ajoutent d'ailleurs qu'il n'y a pas d'atteinte à l'inviolabilité du corps humain, ce qui montre la proximité entre dignité et inviolabilité.

1. S. Tzitzis, *La personne, l'humanisme, le droit*, Les Presses de l'Université Laval, Québec, 2001, p. 38.
2. On y assimile les menaces et promesses.
3. Crim., 26 février 1991, B.C., n° 97 ; 10 mars 1992, B.C., n° 105.
4. C.E.D.H., 27 août 1992, *Tomasi c/ France*, Série A, n° 241-A, § 115, v. obs. F. Sudre à la R.S.C., 1993, pp. 33 et s.
5. C.E.D.H., 28 juillet 1999, *Selmouni c/ France*, Recueil 1999. II.§ 101 ; *add.* Y. Pradel et G. Corstens, Droit pénal européen, 2e éd., 2002, Dalloz, n° 279 et286.
6. Décision n° 2003-467 D.C. du 13 mars 2003, cons. 55, J.O. du 19 mars.

B — Le principe de proportionnalité

412. — Tous les procédés ne sont pas utilisables. La fin ne justifie pas les moyens. Tel acte d'investigation sera interdit s'il heurte certaines valeurs comme le droit à l'intimité ou le droit à la liberté d'expression. Et ces valeurs sont si fortes — elles figurent dans la Conv. E.D.H. — qu'il faudra des circonstances particulières pour qu'elles soient neutralisées : l'acte d'investigation doit être vraiment nécessaire pour qu'il soit légitime. Bref, il faut une proportion entre les moyens mis en œuvre et l'objectif à atteindre.

S'agissant du *respect de l'intimité* de la vie privée, l'article 8, Conv. E.D.H., pose le principe que « toute personne a droit au respect de sa vie privée et familiale, de son domicile et de sa correspondance ». Toutefois, ce même article 8 ajoute que des ingérences des autorités publiques sont possibles dans certains domaines, notamment dans ceux de la « défense de l'ordre et... la prévention des infractions » [1]. C'est grâce à cette réserve que sont possibles les perquisitions et les écoutes téléphoniques. Mais cette possibilité est limitée car elle ne joue qu'en cas de nécessité [2] : ainsi une perquisition n'est possible qu'au domicile d'une personne qui paraît avoir participé au crime (art. 56, al. 1, C.P.P.) car hors cette hypothèse, la perquisition ne serait pas nécessaire, importunant les citoyens sans besoin. Les écoutes téléphoniques ne sont possibles que « lorsque les nécessités de l'information l'exigent » (art. 100, al. 1, C.P.P.). Plus les techniques d'investigation sont sophistiquées, plus les garanties de protection des citoyens doivent être fortes [3]. Évidemment, la C.E.D.H. rappelle aussi ce principe et l'on peut citer cette expression qu'elle affectionne, celle « d'un juste équilibre entre d'une part le droit des personnes à voir respecter leur vie privée et leur domicile et, d'autre part, les intérêts concurrents d'autrui et de la société dans son ensemble » [4].

Quant à la *liberté d'expression*, l'article 10, Conv. E.D.H., la consacre avec netteté, tout en prévoyant là encore des limites, les mêmes qu'en matière de respect de l'intimité. La chambre criminelle a eu l'occasion de marquer le caractère strict de ces limites dans une espèce où le juge d'instruction avait été amené à opérer une perquisition dans les locaux d'une entreprise de presse qui est le symbole même de la liberté d'expression : un tel acte d'investiga-tion n'est licite que « s'il constitue une mesure nécessaire et

1. J. PRADEL et G. CORSTENS, précité, nos 365 et s.

2. Les principes de nécessité et de proportionnalité sont rappelés par le Conseil constitutionnel (décis. 12 janvier 1977, 19-20 janvier 1981, 5 août 1993 et 18 janvier 1995) et par la chambre criminelle (27 janvier 1987, B.C., n° 411).

3. V. cependant Crim., 23 août 1994, B.C., n° 291, légalité du constat d'une infraction à la législation en matière de chasse, opéré par des gardes chasse depuis l'extérieur d'une propriété, à l'aide d'une paire de jumelles.

4. C.E.D.H., 8 juillet 2003, *Hatton et a. c. Royaume Uni*, v. aussi 16 décembre 1992, *Niemetz* c/ Allemagne, R.T.D.H., 1993.467.

proportionnée à l'un ou plusieurs des objectifs définis à l'article 10 § 2 de ladite Convention », le § 2 énumérant les limites [1].

C — Le principe de loyauté

Bibliographie. — C. AMBROISE-CASTÉROT, *La preuve : une question de loyauté ?*, A.J. pénal, 2005, n° 7, p. 261 et s. ; M. BLONDET, *Les ruses et les artifices de la police au cours de l'enquête préliminaire*, J.C.P., 1958.I.1419 ; M.E. BOURSIER, *Le principe de loyauté en droit processuel*, préface S. Guinchard, Dalloz, 2003 ; P. BOUZAT, *La loyauté dans la recherche des preuves*, Mélanges Hugueney, 1964.155 ; B. DE LAMY, *La loi du 9 mars 2004 portant adaptation de la justice aux évolutions de la criminalité. La lutte contre le crime organisé*, D., 2004, chron. pp. 1910 et s. ; du même auteur, *De la loyauté en procédure pénale. Brèves remarques sur l'application des règles de la chevallerie à la procédure pénale*, Mélanges J. PRADEL, Cujas, 2006, 97 ; P. MAISTRE DU CHAMBON, *La régularité des « provocations policières » : l'évolution de la jurisprudence*, J.C.P., 1989.I.3422 ; J. PRADEL, *Trafic de drogue, provocation délictueuse des agents de l'autorité et permission de la loi*, D., 1992, chron. 221 ; du même, *Vers un « aggiornamento » des réponses de la procédure pénale à la criminalité. Apports de la loi du 9 mars 2004*, J.C.P., 2004.I.134, n°s 39 et s. ; M. ROUSSELET, *Les ruses et artifices dans l'instruction criminelle*, R.S.C., 1946.50 ; Ch. DE VALKENEER, *De l'usage de la tromperie dans l'administration de la preuve pénale*, thèse dactyl., Louvain-la-Neuve, 1999 ; R. VOUIN, *La preuve obtenue par des moyens illégaux*, R.I.C.P.T., 1959.241.

413. — *Notion*. Non prévu par la loi, le principe de loyauté a été découvert par la jurisprudence au nom d'une certaine éthique judiciaire. Divers arrêts mentionnent expressément « le principe de la loyauté des preuves » [2]. Mais jamais la chambre criminelle n'a défini exactement ce principe, se bornant le cas échéant à indiquer « qu'il y a eu stratagème ayant vicié la recherche et l'établissement de la vérité » [3].

Il y a longtemps cependant que la doctrine a tenté de définir la loyauté en procédure pénale. Jusqu'au XIXe siècle, on parlait de captation pour désigner toute « insinuation artificieuse dont on se sert pour se procurer quelque avantage, en s'emparant de la volonté d'un autre de manière à le dominer et à lui enlever sa liberté d'esprit » [4]. Plus récemment, la loyauté a été définie comme « une manière d'être dans la recherche des preuves, conforme au

1. Crim., 5 décembre 2000, B.C., n° 362, R.S.C., 2001, pp. 604 et s., obs. J. Francillon.
2. V. pour des exemples récents, Crim., 27 février 1996, D., 1996.346, note Ch. Guéry ; 30 mars 1999, B.C., n° 59. Ce sont souvent les prévenus qui lors d'un appel ou d'un pourvoi en cassation soulèvent une violation du principe de loyauté.
3. Crim., 27 février 1996, précité.
4. Répertoire général contenant la jurisprudence de 1791 à 1857, *L'histoire du droit, la législation et la doctrine des auteurs*, tome II, Paris, *Journal du Palais*, 1858, v° *Captation*, 492, n° 1.

respect des droits de l'individu et à la dignité de la justice »[1]. Il est sans doute plus facile de définir la loyauté par son contraire : *il y a déloyauté lorsque l'enquêteur ou le juge d'instruction use de procédés non conformes aux principes fondamentaux de notre ordre juridique pour obtenir des éléments de preuve.* La déloyauté évoque, doit-on ajouter, la tromperie, les artifices, les promesses, les menaces, *tous agissements réduisant ou supprimant le libre-arbitre.*

La question de la loyauté pose la question récurente de la fin et des moyens. D'un côté, l'exclusion de toute forme de déloyauté contribue à conférer à la justice une plus grande légitimité. Mais de l'autre, cette légitimité est, semble-t-il, subordonnée à une certaine efficacité qui est elle-même tributaire de l'appel à une certaine déloyauté[2]. On retrouve ainsi en procédure pénale l'opposition philosophique entre la doctrine de l'impératif moral (KANT) et celle des utilitaristes qui recherchent le plus grand bien pour le plus grand nombre. À vrai dire, cette seconde conception n'a jamais été absente. Déjà auXVI^e^ siècle, le criminaliste belge DAMHOUDÈRE (1507-1581) considérait que la ruse pouvait être utilisée pour arracher l'aveu en cas de « grosse criminalité »[3]. Ainsi apparaissait déjà le principe de proportionnalité. En 1861, le juge anglais CROMPTON s'exprimait de la sorte dans l'arrêt *Leathem :* « De quelque façon que vous l'ayez obtenue, même si vous l'avez volée, la preuve sera recevable ». Aujourd'hui, en droit français, si le principe est bien (et heureusement) l'exclusion de la preuve acquise de façon déloyale, son application est nuancée[4]. Le critère dont use notre droit, plus ou moins implicitement, est celui de l'atteinte au libre arbitre, la déloyauté apparaissant en cas d'atteinte. C'est ce que l'on va voir en considérant ces deux applications du principe de loyauté que sont les informations obtenues par stratagème[5] et les agissements réalisés par provocation[6]. Et la jurisprudence plus récemment a créé un troisième cas de déloyauté — étranger celui-là au libre arbitre — qui consiste dans les détournements de procédure[7].

1. P. BOUZAT, *La loyauté dans la recherche des preuves*, Mélanges L. Hugueney, Sirey, 1964, n° 20, p. 172.

2. Ch. DE VALKENEER, *De l'usage de la tromperie dans l'administration de la preuve pénale*, thèse dactyl., Louvain-la-Neuve, 1999.3.

3. A. ALLARD, *Histoire de la justice criminelle au XVIe siècle*, Gand, 1868.225, note 1.

4. J. SPENCER, *La procédure pénale anglaise*, P.U.F., Que sais-je ?, 1998.90.

5. Le C.E.D.H. estime qu'une preuve obtenue au mépris de l'article 8 Conv. E.D.H. sur le respect dû à la vie privée « ne se heurte pas aux principes du procès équitable consacrés par l'article 6, § • de la Convention », C.E.D.H., 12 mai 2000, *Kahn c/ Royaume-Uni*, § 40.

6. Une conception très large de la loyauté inclurait les pressions physiques à l'occasion des interrogatoires, qu'il s'agisse des tortures corporelles ou des violences policières. Cette question sera envisagée lors de l'étude de l'interrogatoire, v. *infra*, n° 468.

7. *Lato sensu*, on peut aussi rattacher à la loyauté l'interdiction de profiter d'une écoute téléphonique impliquant un avocat. Sauf si cette écoute fait apparaître une infraction, v. en dernier lieu, Crim., 18 janvier 2006, B.C., n° 22, v. *supra*, n° 401 et *infra*, n° 476.

1. *Les informations obtenues par stratagème*

414. — Les situations qui peuvent se présenter sont nombreuses.

Il se peut d'abord que le policier ou juge d'instruction *se fasse passer pour un tiers*, ce qui peut conduire le suspect à dire des choses qu'il n'aurait pas dites sans ce subterfuge. On cite toujours l'affaire du juge Vigneau qui, pour renforcer ses soupçons contre l'inculpé Wilson, était entré en contact téléphonique avec un complice, en faisant croire à ce dernier qu'il était Wilson. Ce juge d'instruction fut sanctionné disciplinairement par la Cour de cassation (qui statuait à l'époque comme Conseil supérieur de la Magistrature) [1]. La même obligation de loyauté s'applique aux O.P.J. agissant sur commission rogatoire d'un juge d'instruction, c'est-à-dire à la place d'un juge d'instruction et se trouvant astreints aux mêmes règles que lui [2]. Un tel procédé pourrait conduire un individu à faire des déclarations qu'il n'aurait pas faites normalement.

L'enquêteur ne peut davantage faire à un suspect de *fausses promesses*, ce qui pourrait là encore vicier la sincérité des déclarations. Il ne semble pas ici y avoir de jurisprudence.

Les applications les plus importantes du concept de stratagème sont relatives à l'*enregistrement de conversations (ou d'attitudes) à l'insu de l'un des participants*. Dans le principe, la jurisprudence rejette l'enregistrement, en se fondant sur l'absence de spontanéité des propos enregistrés ou sur l'impossibilité d'apprécier la manière dont les enregistrements ont été effectués, voire sur l'impossibilité pour les O.P.J. de procéder à des enregistrements téléphoniques. En ce sens, on peut citer un arrêt du 13 juin 1989 : en l'espèce, un prévenu avait reconnu s'être livré au trafic de drogues, ayant un sieur S. comme client. Le sachant, les enquêteurs l'avaient invité à lui téléphoner afin de prendre rendez-vous pour une livraison de drogue. Les policiers avaient enregistré la conversation entre les deux individus. Et à l'heure dite, ils investirent les lieux, interpellèrent les occupants et effectuèrent une perquisition. La chambre criminelle considéra que l'enregistrement de l'entretien téléphonique avait été « obtenu par artifice ou stratagème » [3]. Elle est même allé plus loin en jugeant qu'un enregistrement clandestin par un policier de propos tenus par un suspect est irrégulier, y compris lorsque ces

1. Ch. réun., 31 janvier 1888, S., 1889.I.241, *affaire dite du scandale des décorations*, arrêt jugeant que le magistrat « s'était écarté des règles que la loyauté que doit observer toute information judiciaire et constituant, par cela même, un acte contraire aux devoirs et à la qualité du magistrat ».

2. Crim., 12 juin 1952, J.C.P., 1952.II.7241, note J. Brouchot, S., 1954.I.69, note A. Légal, *affaire Imbert ; add.* J. PRADEL et A. VARINARD, n° 12. En l'espèce, un O.P.J. saisi rogatoirement par un juge d'instruction avait organisé une conversation téléphonique entre deux témoins pour confondre l'un d'eux, dictant les questions à l'autre et écoutant les réponses qu'il consignait aussitôt.

3. Crim., 13 juin 1989, B.C., n° 254, comp. Crim., 29 juin 1989, B.C., n° 261, et Crim., 28 octobre 1991, B.C., n° 381, pour des données de supports informatiques qui avaient été obtenues frauduleusement.

propos sont tenus spontanément [1] sauf si les propos constituent un délit dont ledit policier est victime [2]. Les juridictions du fond ont, semble-t-il rendu peu d'arrêts. Il faut toutefois signaler celui rendu par la chambre d'accusation de Caen, le 28 février 1990. Une personne gardée à vue ayant refusé de déposer devant des O.P.J. saisis sur commission rogatoire, ceux-ci enregistrèrent la « conversation » qu'ils eurent avec cette personne. Les magistrats annulèrent le procédé [3]. De même il a été jugé que la transcription sur procès-verbal de déclaration d'un gardé à vue alors que celui-ci avait demandé la confidentialité, pour éviter des représailles à sa famille « éludait les règles de procédure et compromettait les droits de la défense » [4].

Ce principe d'exclusion rappelé, on doit citer un arrêt récent et important rendu par la chambre criminelle le 13 octobre 2004, revenant sur la jurisprudence antérieure [5]. Dans une affaire de destruction de biens appartenant à autrui par l'effet d'un incendie, un gendarme avait enregistré une conversation échangée avec un préfet et à l'insu de ce dernier. En rejetant le pourvoi du préfet, la chambre criminelle valide le procédé. Elle le fait d'ailleurs sur un double fondement : la cassette d'enregistrement a été soumise à la libre discussion des parties et elle n'est pas le seul élément de preuve soumis à l'appréciation des juges [6]. Le principe de loyauté s'assouplit considérablement et la jurisprudence semble aligner les preuves obtenues par les enquêteurs à celles réalisées par les parties privées [7].

1. Crim., 16 décembre 1997, B.C., n° 427, *Dr. pénal*, 1998, comm. 61, obs. A. Maron, D., 1998.354, note J. Pradel, arrêt précisant qu'un tel procédé élude les règles de procédure et compromet les droits de la défense ; *add.* Crim., 27 février 1996, D., 1996.346, note C. Guéry, où les juges notent l'existence d'une provocation.

2. Crim., 19 janvier 1999, B.C., n° 9, J.C.P., 1999, III.10156, note D. Rebut, pour un cas de corruption de fonctionnaire, un individu ayant tenté de corrompre le policier chargé de l'enquête ; v. *infra*, n° 401, 3°. *Add.* de façon voisine, Crim., 23 novembre 1999, B.C., n° 269, *Dr. pénal*, 2000, comm. 82, obs. A. Maron, la participation simulée d'un policier à une action illicite ne vicie pas la procédure lorsqu'elle ne détermine pas la personne intéressée à commettre un délit.

3. Caen, Ch. acc., 28 février 1990, D., 1990, Somm. 378, obs. J. Pradel, on notera que l'annu-lation s'est fondée non sur une violation du principe de loyauté, mais sur celle de l'art. 105, C.P.P.

4. Crim., 3 avril 2007, B.C., n° 102.

5. Crim., 13 octobre 2004, affaire des *paillotes corses*, B.C., n° 243, R.P.D.P., 2005, 410, obs. C. Ambroise-Castérot.

6. Ce qui consacre jurisprudentiellement la théorie de la corroboration, le législateur la consacrant de son côté pour les agents infiltrés et les repentis.

7. Comp. la rigueur de la chambre sociale de la Cour de cassation qui interdit à l'huissier comme à l'employeur d'avoir recours à un stratagème pour recueillir une preuve. Soc. 18 mars 2008, 2 arrêts, Jurisprudence Sociale Lamy, 28 avril 2008, n° 222, p. 13 et s.

2. *Les agissements réalisés par provocation*

a) La provocation directe (réalisée par une personne)

415. — *La notion de provocation.* Aucune définition n'apparaît dans la loi ou dans la jurisprudence. Cependant à partir des espèces où les juges ont considéré qu'il y avait provocation et des enseignements du droit pénal général en matière de provocation comme cas de complicité, on peut dire que la provocation est le fait pour un policier — ou un agent provocateur à sa solde — d'inciter directement quelqu'un à commettre une infraction par l'emploi de moyens fallacieux comme l'offre d'un avantage, le provocateur agissant le plus souvent par tromperie et en secret (sous couverture). Plus précisément, le provocateur fait naître la résolution criminelle ou, plus simplement, renforce une telle intention chez celui qui réalisera l'infraction, l'amenant ainsi à commettre une infraction qu'autrement il n'aurait pas commise [1]. Le provocateur commet un acte positif consistant en une pression sur la volonté de celui qui va commettre l'infraction (v. art. 121-7, C.P. sur la provocation-complicité).

C'est ainsi qu'il n'y a pas provocation de la part de policiers se plaçant dans le placard d'un bureau pour y surveiller et transcrire une conversation et des gestes entre deux personnes dans une affaire de corruption [2]. Les policiers, simples observateurs, n'avaient pas provoqué la commission de l'infraction.

416. — *La provocation en droit commun. Jurisprudence.* La question de l'agent provocateur semble faire son apparition en France sous le régime de Vichy (1940-1944) dans un contexte de pénurie et de marché noir. Pour détecter les commerçants se livrant au marché noir, des agents de la police économique se firent passer auprès d'eux pour des acheteurs ordinaires et souvent les confondirent. Les tribunaux ont considéré que la provocation laissait subsister la responsabilité du provoqué [3], sauf dans le cas exceptionnel où la provovation valait contrainte [4]. Mais ces décisions ne statuent pas sur le plan de la preuve et de sa recevabilité malgré contrainte.

Aujourd'hui la question de la provocation policière se présente à nouveau, mais sur le plan procédural. La chambre criminelle considère à juste titre que la preuve est irrecevable puisqu'elle porte atteinte au principe de loyauté des preuves et au droit du procès équitable selon l'article 6 Conv. E.D.H. [5] La

1. F. KUTY, *Justice pénale et procès équitable*, I.2006, Larcier, Bruxelles, n° 848.
2. Crim., 22 avril 1992, D., 1995.59, note H. Matsopoulou. V. aussi Crim., 8 juin 2005, B.C., n° 173, pas d'atteinte au principe de loyauté si les policiers se bornent à des constatations sur un trafic de drogue déjà en train de se commettre ; 16 janvier 2008, n° 07-87633.
3. Trib. corr. Toulouse, 13 mars 1942, Aix 2 juin 1942, Grenoble 7 janvier 1943, D.C. 1943.94, note H. Donnedieu de Vabres.
4. Toulouse 23 avril 1942, *id.*
5. Crim., 11 mai 2006, B.C., n° 132, R.P.D.P. 2006.859, obs. P. Maistre du Chambon, A.J. pénal 2006.354, obs. E. Vergès ; 9 août 2006, B.C., n° 202, Pan 2007.975, obs. J. Pradel, arrêt où la nullité de la procédure a été étendue même au coauteur qui n'avait pas été provoqué ; 7 février 2007, B.C., n° 37, R.S.C. 2007.331, obs. R. Finielz, D. 2007.2012, note

position de la Cour de Strasbourg est la même car dans l'affaire *Texeira de Castro c. Portugal*, elle a considéré que « l'intérêt public ne saurait justifier l'utilisation d'éléments recueillis suite à une provocation policière dès lors que dans une société démocratique, le droit à une bonne administration de la justice occupe une place si prééminente qu'on ne saurait le sacrifier à l'opportunité » [1].

417. — *La provocation policière dans certains secteurs graves de la criminalité. Législation.* Le législateur est intervenu face aux ravages de certaines formes de la criminalité. Le point de départ est une loi du 19 décembre 1991 qui a légitimé certaines pratiques en matière de trafic de drogue, en application de la Convention de Vienne du 19 décembre 1988 contre le trafic illicite de stupéfiants (que la France a signé le 13 février 1989 et qui est entrée en vigueur le 31 mars 1993, suite à sa publication par décret du 8 mars 1991) [2]. Ce qui a été admis pour le trafic de drogue en décembre 1991 a été étendu aux infractions de criminalité organisée par la loi du 9 mars 2004. Puis une loi du 5 mars 2007 a étendu la technique de provocation à d'autres infractions qui, quoique ne faisant pas partie de la famille de la criminalité organisée, sont cependant graves.

418. — *La provocation en matière de criminalité organisée. La loi du 9 mars 2004 (art. 706-32, 706-73 et s., C.P.P.).* Deux techniques policières sont prévues.

1° C'est d'abord la préparation à la provocation par le biais de la *surveillance*. Elle est la généralisation des « livraisons surveillées » pratiquées en matière de trafic de drogues et consiste pour les enquêteurs à s'immiscer dans des réseaux de criminels pour en surveiller le fonctionnement et déterminer les membres. Les enquêteurs doivent avoir informé au préalable le procureur de la République, qui ne doit pas s'y opposer, et ils peuvent agir sur l'ensemble du territoire national, mais seulement à l'égard de personnes contre lesquelles il existe des raisons plausibles de les soupçonner d'avoir commis l'une des infractions visées aux articles 706-73 et 706-74, C.P.P.

2° C'est ensuite la réalisation dela provocation par *l'infiltration*. Plus grave, elle ne peut concerner que les infractions de criminalité organisée de l'article 706-73. Elle appelle davantage d'observations.

• En premier lieu, elle est définie comme étant le fait « pour un officier ou agent de police judiciaire spécialement habilité dans des conditions fixées par décret et agissant sous la responsabilité d'un officier de police judiciaire chargé de coordonner l'opération, de surveiller des personnes suspectées de commettre un crime ou un délit en se faisant passer auprès de ces personnes comme un de leurs coauteurs, complices ou recéleurs. L'officier ou l'agent de

J. R. Demarchi, R.P.D.P. 673, obs. E. Verny, il y a déloyauté même si la provocation a été réalisée à l'étranger par un agent public étranger (site de pornographie infantile créé par la police de New York pour identifier les pédophiles utilisant internet) ; 4 juin 2008, D., 2008, A.J. 1766, obs. S. Lavric, mêmes faits.

1. C.E.D.H., 9 juin 1998, § 36.

2. J. Pradel, D., 1992, chron. 221.

police judiciaire est à cette fin autorisé à faire usage d'une identité d'emprunt et à commettre si nécessaire les actes mentionnés à l'article 706-82... ». Ces actes consistent dans l'acquisition, le transport, la livraison de biens [1], produits, documents ou informations tirées de la commission des infractions ou servant à cette commission ; il peut s'agir aussi de l'utilisation ou de la mise à disposition des personnes commettant ces infractions de moyens juridiques et de moyens de transport ou d'hébergement : par exemple, le policier, gendarme ou douanier (pour ces derniers, art. 67 *bis*, C. douane) offre de la drogue à un trafiquant ou lui assure un moyen de transport ou de logement.

On voit donc qu'au cœur de la notion d'infiltration, il y a la tromperie puisqu'il y a usage d'une identité d'emprunt [2].

• En second lieu, le régime de l'infiltration peut être résumé ainsi. Cette opération doit être autorisée, selon le cas, par le procureur de la République ou par le juge d'instruction ; l'autorisation est donnée par écrit, elle est spécialement motivée, elle mentionne l'infraction justifiant le recours à l'infil-tration et l'identité de l'O.P.J. sous la responsabilité duquel elle se fera, enfin elle indique la durée de l'opération (quatre mois, avec renouvellement possible). Ces dispositions sont prévues à peine de nullité [3].

Règle très importante, selon la loi, l'infiltration ne peut « constituer une incitation à commettre des infractions » (art. 706-81, al. 2, *in fine*), ce qui fait apparaître que la provocation ici est bien plus une provocation à la preuve de l'infraction qu'à sa commission : il s'agit de faire apparaître à la vue des enquêteurs un comportement délictueux préexistant à leur intervention [4]. La provocation en procédure pénale n'est donc pas de la même nature que la provocation à la commission de l'infraction au sens de l'article 121-7, al. 2, C.P.

À l'issue de ses opérations, l'agent ayant coordonné l'opération rédige un rapport « qui comprend les éléments strictement nécessaires à la constatation des infractions et ne mettant pas en danger la sécurité de l'agent infiltré... » (art. 706-81, al. 3).

La personne poursuivie directement mise en cause par les constatations de l'agent ayant personnellement réalisé les opérations peut demander à être confrontée avec cet agent sous condition du respect des règles visées à l'ar-ticle 706-61, C.P.P. (art. 706-86, al. 2, C.P.P.). Le juge peut refuser en principe, mais on imagine mal en fait qu'il refuse [5].

1. On parle de livraisons constrôlées.

2. D'où la création d'un délit de révélation de l'identité réelle des enquêteurs, les peines étant correctionnelles et variant selon le dommage corporel qui leur est causé, art. 706-84, C.P.P.

3. Ce qui réduit à néant la jurisprudence qui, sous l'emprise de la loi du 19 décembre 1991, excluait la nullité, Crim., 1er avril 1998, B.C., n° 124, D., 1998.430, note J. Pradel ; 30 novembre 1998, B.C., n° 147, Procédures, 1998, comm. 229, obs. J. Buisson.

4. Même solution à l'étranger, J. PRADEL, *Droit pénal comparé*, 2e éd., 2002, nos 363 et s.

5. En outre, le tribunal ou la cour d'assises ne peuvent prononcer une condamnation sur le seul fondement des déclarations d'un agent infiltré, v. *infra*, n° 000.

419. — *La provocation dans des matières autres que celle de la criminalité organisée. La loi du 5 mars 2007 (art. 706-35-1 et 706-47-3, C.P.P.)*. La rédaction des textes est un peu différente.

D'abord, les infractions concernées sont la traite des êtres humains, le proxénétisme (non nécessairement inclus dans la criminalité organisée), le recours à la prostitution des mineurs (infractions visées à l'article 706-35-1), la provocation du mineur à l'usage de drogues ou au trafic de drogues, la provocation d'un mineur à la consommation habituelle de boissons alcooliques, la provocation d'un mineur à commettre un crime ou un délit, le fait de favoriser la corruption d'un mineur, le fait d'enregistrer ou de transmettre l'image à caractère pornographique d'un mineur (infractions visées à l'article 706-47-3).

Ensuite, dans le cas où ces infractions sont commises par un moyen de communication électronique, les O.P.J. et A.P.J. spécialement habilités peuvent :

— Participer sous un pseudonyme aux échanges électroniques ;

— Être en contact par ce moyen avec les personnes susceptibles d'être les auteurs de ces infractions ;

— Transmettre en réponse à une demande expresse, acquérir ou conserver des contenus illicites dans des conditions fixées par décret.

Évidemment, il ne faut pas que les actes des enquêteurs incitent à la commission de ces infractions. Les articles 706-35-1 et 706-47-3, C.P.P. ajoutent même les mots « à peine de nullité ».

b) La provocation indirecte (réalisée par la médiation d'un objet)

420. — On peut rapprocher des techniques sous couverture que l'on vient d'examiner l'utilisation de leurres, pièges destinés à permettre la constatation d'une infraction grâce à l'organisation d'une situation factice. La police fait circuler dans un parc un policier féminin comme appât pour des individus susceptibles d'arracher des sacs de femmes seules.

Très utilisé aux U.S.A., le procédé l'est peu en France. On en trouve cependant quelques applications. Un auteur a signalé un jugement du tribunal correctionnel d'Albertville ayant admis le fait de placer une bicyclette munie d'un paquet factice sur un marché à la suite d'une série de vols commis en ce lieu [1]. Une autre décision n'a pas censuré le fait de placer un lapin factice le long d'une route afin de confondre les automobilistes qui pratiquaient illégalement la chasse au phare [2]. En revanche, le placement d'un appât dans une voiture non fermée à clé en vue d'inciter un individu à le

1. M. BLONDET, *Les ruses et les artifices de la police au cours de l'enquête préliminaire*, J.C.P., 1958.I.1419, n° 9.

2. Lyon, 25 mai 1967, cité par C. PARRA et J. MONTREUIL, *Traité de procédure pénale policière*, Quillet, 1974.435 et s.

voler alors qu'il avait déjà commis des vols dans le même lieu a donné lieu à la cassation de l'arrêt de condamnation [1].

La licéité des leurres paraît subordonnée à deux conditions. Il faut d'abord qu'il y ait déjà eu, là où le leurre est implanté, beaucoup de délits analogues à ceux que l'on veut détecter. Il faut ensuite que le leurre ne soit pas une provocation : on ne saurait par exemple placer une voiture de luxe non vérouillée, contenant des bijoux de valeur, là où se commettaient des vols d'objets sans grande valeur [2].

3. *L'interdiction des détournements de procédure*

Bibliographie. — B. BOULOC, *Les abus en matière de procédure pénale*, R.S.C., 1991.227 ; A. DECOCQ, J. MONTREUIL et J. BUISSON, *Le droit de la police*, Litec, 2e éd., 1998, nos 617 et 1594 ; H. MATSOPOULOU, *Les enquêtes de police*, L.G.D.J., 1996, *passim.*

421. — *Notion.* Par détournement de procédure (ou de pouvoir), on exprime l'idée que les pouvoirs d'investigation accordés aux O.P.J. ou à certains fonctionnaires sont strictement délimités par la loi de sorte que tous ces agents ne sauraient sortir de ces limites pour appréhender des infractions dans un but de plus grande efficacité. Comme l'exprime de façon voisine la chambre criminelle, « les pouvoirs d'investigation conférés aux O.P.J. et à certains fonctionnaires par des lois spéciales ne peuvent être exercés que dans des conditions et dans les limites fixées par les textes qui les prévoient, sans qu'il leur soit permis de mettre en œuvre, par un détournement de procédure, des pouvoirs que la loi ne leur a pas reconnus » [3]. De façon plus concrète, si un enquêteur tenu d'appliquer dans tel cas une procédure A fait appel à une procédure B — plus rapide et plus efficace — pour obtenir plus facilement un résultat qu'avec la procédure A — il commet un détournement de procédure.

422. — *Application en jurisprudence.* Elle est double.

— D'un côté, les fonctionnaires spécialisés ne peuvent appréhender des infractions qui ne sont pas de leur compétence. Voici des agents d'une C.R.S. qui ont recours à des agents des douanes pour procéder à la fouille d'un véhicule qu'ils soupçonnent de contenir un détecteur de radar. Le recours aux douaniers s'expliquait par le fait que les agents de la C.R.S. n'ont pas ce pouvoir de fouille. Mais par ailleurs, les douaniers n'ont aucune compétence en matière de circulation routière. Le détecteur fut saisi, mais la

1. Crim., 9 août 2006, précité.

2. C. DE VALKENEER, *De l'usage de la tromperie dans l'administration de la preuve pénale*, thèse Louvain-la-Neuve, 1999.264.

3. Crim., 18 décembre 1989, B.C., n° 485, J.C.P., 1990.II.21530-21531, note P. Chambon ; 11 mai 1992, G.P., 1993.I.244, note J. Pannier, 17 octobre 1994, B.C., n° 333.

procédure fut annulée [1]. Second exemple, des agents des impôts ne peuvent assister des O.P.J. perquisitionnant en flagrance sur un délit de travail clandestin, infraction étrangère à la compétence de ces agents [2]. Il y a encore détournement de procédure de la part de fonctionnaires des impôts ayant procédé chez un viticulteur à une saisie de sucre sans être muni de l'autorisation du président du tribunal de grande instance au titre de l'article 38, L.P.F. [3].

— D'un autre côté, des O.P.J. ne peuvent obtenir des éléments sur un flagrant délit grâce uniquement à une fouille exécutée par des douaniers. En effet, ces derniers disposent d'un droit général de fouille (art. 60, C.D.), alors que les O.P.J. ne peuvent opérer de fouille qu'en cas d'indices apparents révélant l'actualité de la commission d'une infraction [4].

423. — *Application en législation.* La loi du 9 mars 2004 dans ses dispositions sur la criminalité organisée en donne deux illustrations.

L'une est spéciale aux perquisitions commencées de nuit. Selon l'article 706-93, al. 1, C.P.P., ces perquisitions prévues pour les affaires de criminalité organisée au sens de l'article 706-73, C.P.P., « ne peuvent, à peine de nullité, avoir un autre objet que la recherche et la constatation des infractions visées dans la décision du juge des libertés et de la détention ou du juge d'instruction ». En somme, un juge, saisi d'un vol ordinaire — infraction non visée à l'article 706-73, C.P.P. — ne saurait ordonner une perquisition de nuit car une telle opération n'est possible que pour les infractions visées à l'article 706-73 sur la criminalité organisée [5].

La seconde illustration est plus générale. Le législateur auteur du texte qui allait devenir la loi du 9 mars 2004 avait voté un article 706-104 selon lequel « le fait qu'à l'issue de l'enquête ou de l'information ou devant la juridiction de jugement, la circonstance aggravante de bande organisée » (souvent nécessaire à la qualification d'infraction de criminalité organisée) « ne soit pas retenue ne constitue pas une cause de nullité des actes régulièrement accomplis en application des dispositions du présent titre ». Bien que cette disposition ait pour elle certains arguments, le Conseil constitutionnel (décision du 2 mars 2004) avait invalidé cet article, par peur « de pratiques abusives ou de détournement de procédure » alors que les procédures spéciales « sont de nature à affecter gravement l'exercice de droits et libertés constitutionnellement protégés » (§ 68 et 69). Il résulte cependant d'une lecture complète de la décision et notamment du considérant 70 qu'il faut

1. Crim., 18 décembre 1989, précité.
2. Crim., 17 octobre 1994, précité.
3. Crim., 3 octobre 1996, B.C., n° 345 ; 31 janvier 2006, B.C., n° 30, Dr. pénal juin 2006, comm. 23, obs. A. Maron, agents des impôts n'ayant recouru à l'ordonnance du 1er décembre 1986 sur la concurrence que pour faire apparaître des délits de droit commun.
4. A. Decocq, J. Montreuil et J. Buisson, *Le droit de la police*, 1998, n° 1594.
5. Même mécanisme pour les perquisitions effectuées sans l'accord du maître des lieux dans le cadre d'une enquête préliminaire (art. 76, al. 4, C.P.P.).

distinguer. S'il est prouvé que les magistrats ont d'emblée fait appel à la procédure spéciale (perquisitions de nuit, écoutes téléphoniques, infiltration, sonorisation des lieux...) en retenant de mauvaise foi la circonstance de bande organisée, il y a évidemment détournement de procédure et il convient sans état d'âme d'annuler la procédure. Mais si les magistrats avaient au contraire de bonnes raisons de croire à l'existence d'une bande organisée et si celle-ci s'évanouit ultérieurement, les juges doivent sans hésitation ne pas annuler la procédure [1].

Avec les détournements de procédure, on retrouve l'adage civil *Fraus omnia corrunpit.*

§ 2. — LES PRINCIPES CONCERNANT LE RÔLE DES TIERS : LA QUESTION DE LEUR COLLABORATION AVEC LES ENQUÊTEURS

424. — Si les investigateurs sont tenus de rechercher la vérité et de le faire en respectant les principes qui viennent d'être rappelés, les personnes autres — personnes soupçonnées ou poursuivies, témoins, journalistes notamment — sont-elles tenues de les aider ou sont-elles seulement libres de le faire ?

Une réponse générale à cette question est apportée en procédure civile par deux textes voisins. C'est d'abord l'article 10, C. civ., selon lequel « chacun est tenu d'apporter son concours à la justice en vue de la manifestation de la vérité », et ce sous peine d'astreinte ou d'amende civile. Ce texte est certes rédigé en termes généraux et l'on serait tenté de l'utiliser en matière pénale, le fait qu'il se trouve dans le Code civil ne l'empêchant pas puisque l'article 9-1, C. civ., tout proche, contient un principe — le respect de la présomption d'innocence — qui est manifestement d'essence procédurale pénale. Pourtant, il est certain que l'article 10, C. civ., n'intéresse que la procédure civile : en effet, sa sanction est d'essence civile (astreinte, amende civile, dommages-intérêts).

Le second texte est l'article 11 nouveau, C. proc. civ., selon lequel « les parties sont tenues d'apporter leur concours aux mesures d'instruction sauf au juge à tirer toute conséquence d'une abstention ou d'un refus ». Ce texte tout comme le premier — sinon à plus forte raison puisqu'il se trouve dans le nouveau Code de procédure civile — n'intéresse que les procès civils [2].

En procédure pénale, il n'y a pas de texte général régissant les droits ou devoirs des personnes autres que les policiers et magistrats. Il n'y a que des solutions fragmentaires que l'on peut schématiser ainsi.

1° Le suspect et la personne mise en examen ne sont *pas tenus de collaborer à l'administration de la preuve :* ils peuvent à leur choix parler en disant la vérité, parler en ne la disant pas (ou en ne la disant qu'à moitié) ou garder

1. J. PRADEL, chronique au J.C.P., 2004.I.134, n° 45.
2. J. VINCENT et S. GUINCHARD, *Procédure civile*, 23e éd., Dalloz, 1994, n° 997.

le silence (en tout ou en partie). L'expression « droit au silence » exprime exactement l'idée que l'intéressé n'est pas tenu de répondre aux questions qui lui sont posées, l'investigateur qui l'interroge n'ayant aucun moyen légal pour l'y contraindre, qu'il s'agisse des policiers au cours de l'enquête (art. 63-1, C.P.P.) ou du juge d'instruction au cours de l'instruction préparatoire (art. 116, al. 4, C.P.P., pour la première comparution) [1]. Nous parlons ici de droit au silence au cours de la phase préparatoire — qui signifie que l'intéressé n'est pas en faute s'il ne veut pas parler — et non de silence au cours de la phase décisoire qui veut dire que le tribunal ne peut tirer aucune conséquence défavorable du refus manifesté par le prévenu ou accusé de répondre aux questions.

En *common law*, on distingue droit au silence et privilège de non-incrimination : alors que le premier a pour domaine la phase policière, le second se situe dans la phase judiciaire (c'est-à-dire devant le tribunal puisqu'il n'y a pas d'instruction préparatoire). En outre, dans certains droits du *common law*, le privilège n'exclut pas l'obligation pour le prévenu (ou le témoin) de parler, mais a pour seul effet d'interdire l'utilisation de la déposition de l'intéressé dans une poursuite ultérieure [2]. Le droit français ignore cette distinction.

Non tenus de collaborer à l'administration de la preuve, le suspect et le mis en examen peuvent toutefois, s'ils ont participé à l'infraction, dénoncer les faits à l'autorité administrative ou judiciaire, moyennant une réduction ou même une exclusion de la peine. Ce système, dit des « repentis » (les fameux *pentiti* du droit italien) existe de longue date dans notre droit. La loi du 9 mars 2004 a développé le système en créant un article 132-78 dans le Code pénal [3] et, en même temps, a prévu la possibilité pour les « repentis » de faire l'objet d'une protection destinée à assurer leur sécurité et même de faire usage d'une identité d'emprunt (art. 706-63-1, C.P.P.). On observera cependant que ces avantages pénaux et techniques procédurales de protection ne s'appliquent que « dans les cas prévus par la loi » (art. 133-78, C.P., et 706-63-1, al. 1, C.P.P.), ce qui renvoie aux infractions de criminalité organisée au sens de l'article 706-73, C.P.P. Ainsi, seuls les auteurs de ces infractions graves bénéficient de ces dispositions.

Dans un cas particulier, un arrêt a admis que des inspecteurs du travail peuvent demander au chef d'établissement de faire procéder à la vérification de conformité du matériel utilisé [4].

1. Le droit au silence apparaît comme l'une des conséquences de la présomption d'innocence.

2. J. FORTIN, *Preuve pénale*, éd. Thémis, Montréal, 1984, n°s 165 et 897 ; P. BÉLIVEAU et M. VAUCLAIR, *Traité général de preuve et de procédure pénale*, éd. Thémis, 10e éd., 2003, n°s 906 et s., 1117 et s.

3. La question appartient au droit de fond, v. J. PRADEL, *Droit pénal général*, éd. Cujas, 15e éd., 2004, n° 651.

4. Crim., 6 novembre 2007, B.C., n° 265, l'arrêt invoque les articles L. 611-1 et L. 633-5-2, C.T. qui permettent à ces fonctionnaires de s'assurer de la coformité du matériel.

2° Les personnes autres que celles qui sont impliquées dans une procédure sont en revanche *tenues de déposer et de dire la vérité*, sous peine de se voir poursuivre pour faux témoignage. Il est toutefois fait exception à cette règle pour les personnes astreintes au secret professionnel comme les médecins, les avocats ou les ministres du culte. Ce secret est cependant réduit ou étendu selon les situations :

— réduit dans le cas du blanchiment : les avocats et notaires, normalement astreints au secret professionnel, doivent déclarer au procureur de la République « les opérations qui portent sur des sommes qui pourraient provenir du trafic de stupéfiants ou d'activités criminelles organisées », art. L. 561-1, C. monétaire et financier, qui vise « les personnes autres que celles mentionnées à l'article L. 562-1 mentionnant les banquiers, assureurs, commerçants en œuvres d'art et directeurs de casinos, l'expression « les personnes autres » étant large et ne prévoyant aucune restriction » ;

— étendu en faveur des journalistes auxquels est accordé aujourd'hui un véritable secret professionnel puisque les autorités judiciaires doivent respecter leurs sources : en clair, ils ne sont pas tenus de divulguer les informations qu'ils recueillent à l'occasion de leurs « enquêtes parallèles ». L'article 109, al. 2, C.P.P., rappelle que « tout journaliste, entendu comme témoin sur des informations recueillies dans l'exercice de son activité, est libre de ne pas en révéler l'origine ». La C.E.D.H. adopte la même attitude en se fondant sur l'article 10 § 1, Conv. E.D.H., qui consacre la liberté d'expression, cette liberté risquant d'être atteinte par l'obligation pour le journaliste de révéler à la justice ses sources [1].

3° Reste le cas des *victimes plaignantes ou partie civile qui ont procédé, en vue d'un éventuel procès, à des enregistrements de voix ou de gestes, et ce de leur propre chef*. Ces preuves sont évidemment recueillies à l'insu des délinquants, parfois même de façon déloyale et par exemple dans un lieu privé ; la preuve peut ainsi avoir été obtenue par un délit pénal. Ces victimes ont évidemment intérêt à remettre à la justice les cassettes de ces enregistrements, qui sont de nature à confondre les auteurs. Mais en ont-elles le droit ? Très proche est le problème posé par des employés qui s'emparent à l'insu du patron de documents pour les photographier et utilisent ensuite ces photocopies dans un procès prudhomal pour les besoins de leur défense ? Le peuvent-ils alors qu'ils ont commis un vol des documents, même s'ils les remettent ensuite au bureau de l'entreprise après les avoir photocopiés ?

Dans le silence de la loi, la chambre criminelle a dû apporter une réponse. Depuis quelques années, elle a rendu une série d'arrêts qui accueillent de telles preuves. Il existe deux sortes d'arrêts. Les uns s'en tiennent à une formule qui, sous réserve de modestes variantes, est celle-ci… « la circonstance que les documents ou enregistrements remis par une partie ou un témoin

1. Même attitude de la part de la C.E.D.H. dans son arrêt du 27 mars 1996, *Goodwin c/ Royaume-Uni*, R.T.D.H., 1996.27, pp. 433 et s., note P. de Fontbressin.

aient été obtenues par des procédés déloyaux ne permet pas au juge d'instruction de refuser de les joindre à la procédure, dès lors qu'ils ne constituent que des moyens de preuve qui peuvent être discutés contradictoirement »[1]. D'autres décisions, sans retenir cette formule, en consacrent l'idéologie, tout en apportant çà et là une précision : une première décision rappelle qu'aucun texte n'interdit la production d'une pièce qui n'est pas un acte de l'information susceptible d'être annulé[2] ; une seconde déclare un enregistrement recevable alors qu'il avait été obtenu par le plaignant au prix d'une infraction pénale[3] ; un troisième voit dans l'enregistrement par un policier de propos qui lui sont tenus un moyen de preuve dès lors qu'il s'agit d'un délit dont ce policier avait été victime (des faits de corruption)[4] ; un autre encore invoque en faveur de l'auteur de l'enregistrement la nécessité d'apporter la preuve de faits dont il a été victime et de répondre, pour les besoins de sa défense, aux accusations de violences qui lui étaient imputées[5]. Il faut s'arrêter un peu davantage sur cette pratique de certains employés qui s'emparent de documents de l'entreprise pour les photocopier et utiliser ensuite la photocopie dans un procès devant les prud-hommes. Qu'il y ait vol est certain[6]. Pourtant, ces photocopies peuvent être versées aux débats devant la juridiction prudhomale dans l'intérêt de la défense de l'employé et même la jurisprudence va jusqu'à relaxer celui-ci en cas de poursuites si l'appréhension des documents « était strictement nécessaire à l'exercice des droits de la défense dans le litige » prudhomal[7].

Que penser de cette jurisprudence ? Elle est parfois critiquée[8]. Elle se justifie cependant dans la mesure où ces preuves sont soumises à la discussion contradictoire des parties, notamment à l'audience ; cette règle, rappelée par tous les arrêts, constitue un contrôle de la régularité des enregistrements. On ajoutera encore, en faveur de la licéité du procédé, le fait que nul texte ne s'y oppose et que les victimes éprouvent souvent de grandes difficultés à rassembler la preuve des agissements dont elles ont souffert. Voilà pourquoi la

1. Crim., 11 février 1992, B.C., n° 66 ; 30 mars 1999, B.C., n° 59, D., 2000.391, note T. Garé. *Add.* pour des formulations très proches, Crim., 15 juin 1993, B.C., n° 210 ; 6 avril 1994, B.C., n° 136 ; 11 juin 2002, B.C., n° 131 ; J. Pradel et A. Varinard, n° 16, pp. 189 et s., *affaire dite du « testing »* ; 12 juin 2002, R.S.C., 2004.427, obs. J. Buisson.

2. Crim., 23 juillet 1992, B.C., n° 274, D., 1993, Somm. 206, obs. J. Pradel ; J. Pradel et A. Varinard, précité, idem. À l'époque de cet arrêt, seuls les « actes » étaient susceptibles d'annulation, alors que depuis la réforme du 4 janvier 1973, la nullité peut frapper « un acte ou une pièce de la procédure » (art. 173, al. 1, C.P.P.).

3. Crim., 6 avril 1993, J.C.P., 1993.II.22144, note M.L. Rassat, solution implicite.

4. Crim., 19 janvier 1999, B.C., n° 9. À opposer à Crim., 16 décembre 1997, précité, sous le n° 397.

5. Crim., 31 janvier 2007, B.C., n° 27, R.P.D.P. 2007.385, obs. C. Ambroise-Castérot.

6. Crim., 8 janvier 1979, B.C., n° 13, D., 1979.509, note Corlay ; 19 janvier 1994, Dr. pénal, 1994, comm. 109, obs. M. Véron

7. Paris, 9 novembre 2000, Dr. pénal, 2001, comm. 57 ; Crim., 11 mai 2004 (2 arrêts), D., 2004. Dernière actualité, p. 1742. La chambre sociale a toujours soutenu cette thèse alors que longtemps la chambre criminelle retenait le vol ; v. *supra*, n° 403.

8. Note T. Garé, précité.

jurisprudence est plus bienveillante pour les particuliers que pour les policiers. N'oublions pas que l'on n'a jamais hésité à utiliser en justice des films relatant des attaques de banque ou de bijouterie !

À titre de comparaison, on signale un arrêt civil ayant rejeté l'enregistrement clandestin de conversations téléphoniques privées à la diligence d'un individu qui voulait se ménager une preuve contre son interlocuteur. Les juges ont considéré que l'enregistrement effectué à l'insu de l'auteur des propos était un procédé déloyal [1].

SOUS-SECTION II

LA RÉGLEMENTATION

Comme il existe, en simplifiant, deux types de preuve, les indices et les déclarations des personnes, il y a deux catégories de modes d'administration de ces preuves dont la réglementation doit être décrite.

§ 1. — LES MÉTHODES TRADITIONNELLES

A — Modes d'obtention des indices

425. — *Diversité.* On pense avant tout à la perquisition et son aboutissement recherché, la saisie d'objets. On n'oubliera pas non plus la fouille corporelle. Enfin aujourd'hui se développent beaucoup — notamment avec la loi du 9 mars 2004 — les demandes de renseignements ou documents qui peuvent s'effectuer par voie de réquisition. D'où l'examen des trois aspects suivants.

1. *La fouille corporelle*

Bibliographie. — P. BRAY, *La fouille corporelle*, thèse, Dijon, 1930 ; M. HERZOG-EVANS, *Fouilles corporelles et dignité de l'homme*, R.S.C., 1998, 735 ; L. LAMBERT, *Traité théorique et pratique de police judiciaire*, 3e éd., 1951, 612 et s. ; H. MATSOPOULOU, *Les enquêtes de police*, préface B. Bouloc, L.G.D.J., 1996, nos 647 à 655 ; M. PÉDAMON, *La fouille corporelle*, R.S.C., 1961.467.

426. — Non prévue par le C.P.P., la fouille corporelle possède un double domaine en raison de sa double nature de mesure d'investigation et de mesure de sécurité. L'article 307, al. 1, du décret du 20 mai 1903 sur la

1. Civ. 2, 7 octobre 2004, D., 2005.122, note P. Bonfils, Pan. 2652, obs. L. Marino, R.T.D.C., 2005, 135, obs. J. Mestre et B. Fages ; 23 octobre 2003, B. civ. II, n° 326.

gendarmerie traduit bien cette double nature en précisant que certains individus doivent être fouillés « en vue d'assurer tant leur propre sécurité que celle des militaires de l'arme ou pour la découverte d'objets utiles à la manifestation de la vérité ».

a) La fouille corporelle, mesure d'investigation

427. — Le principe est que la fouille corporelle est assimilée à une perquisition [1]. On peut la définir en effet comme une perquisition effectuée ailleurs qu'en un domicile [2].

De cette qualification découlent certaines conséquences. Notamment, la fouille doit être accomplie par un O.P.J. et au besoin coercitivement en enquête de flagrance ; en outre, si l'enquêteur agit en enquête préliminaire, il ne peut l'effectuer sans l'autorisation écrite et expresse de l'intéressé. Toutefois, et c'est une limite à l'assimilation, les heures légales prévues pour les perquisitions ne s'appliquent pas à la fouille corporelle [3].

La personne soumise à la fouille peut, en cas de besoin, être dévêtue, ce qui peut être nécessaire à un examen approfondi de traces de lutte ou de piqûres sur son corps ou à un examen de ses vêtements. Le docteur LOCARD invitait naguère les enquêteurs à « regarder les pattes des poches et à retourner les poches où le meurtrier a pu mettre sa main sanglante sans songer ensuite à la laver » [4].

Une application particulière de ces idées est donnée par l'article 60 *bis*, C.D. (l. du 31 décembre 1987 relative à la lutte contre le trafic des stupéfiants) ainsi rédigé : « Lorsque des indices sérieux laissent présumer qu'une personne transporte des produits stupéfiants dissimulés dans son organisme, les agents des douanes peuvent la soumettre à des examens médicaux de dépistage après avoir obtenu son consentement exprès. En cas de refus, les agents des douanes présentent au président du tribunal de grande instance... une demande d'autorisation... Toute personne qui aura refusé de se soumettre aux examens médicaux prescrits par le magistrat sera punie d'une peine d'emprisonnement d'un an et d'une amende de 3 750 €. » Ces dispositions évoquent la jurisprudence américaine qui confère aux fonctionnaires des douanes de gros pouvoirs sur la base d'un doute raisonnable de contrebande. Elles s'expliquent par une pratique récente selon laquelle certains trafiquants se mettent soit à avaler une drogue conditionnée en boulettes soit à introduire dans les cavités naturelles du corps des ovules de drogue [5].

1. Aix, 12 juin 1951, J.C.P., 1951.II.6544, note A. Colombini, et sur pourvoi, Crim., 22 janvier 1953, *Isnard*, B.C., n° 24, D., 1953.533, note C. Lapp, J.C.P., 1953.II.7456, rapport J. Brouchot ; *add.* dans le même sens, Crim., 18 décembre 1958, B.C., n° 370 ; 21 juillet 1982, B.C., n° 196, D., 1982.642, note C. Berr ; 15 octobre 1984, J.C.P., 1985.II.20410, note C. Berr, la fouille d'un portefeuille est une perquisition.
2. A. DECOCQ, J. MONTREUIL et J. BUISSON, *Le droit de la police*, 2e éd., 1998, Litec, n° 797.
3. Sur les heures légales, v. *infra*, nos 435 et s.
4. E. LOCARD, *Manuel de technique policière*, 1954.24.
5. J. BORRICAND, *Commentaire de la loi du 31 décembre 1987*, J.C.P., 1988.I.3337.

b) La fouille corporelle, mesure de sécurité

428. — Deux notions voisines doivent être distinguées dont l'objet est d'ailleurs le même, à savoir la découverte d'objets dangereux pour les porteurs ou pour autrui (couteau, grenade, drogue...).

C'est d'abord la *fouille proprement dite* qui est pratiquée : 1° par les gendarmes (et policiers) à l'égard des personnes arrêtées en cas de flagrance, en exécution d'un mandat ou d'un extrait de jugement portant condamnation à l'emprisonnement (art. 307, al. 1 et 2, déc. 20 mai 1903) et à l'égard des individus trouvés en état d'ivresse dans un lieu public (art. 308, même déc.) ; 2° par les agents des douanes « en vue de la recherche de la fraude » (art. 60, C. douanes) ; 3° par les officiers de police judiciaire sur les aérodromes afin d'assurer préventivement la sécurité des vols, lesdits officiers procédant à la visite des personnes, des bagages, du frêt et des colis postaux (art. 282-8, C. aviation civ.) [1].

C'est ensuite — et cette fois sans texte [2] et avec le seul appui de la jurisprudence — la *palpation sommaire* ou *palpation de sécurité*, qui est une recherche extérieure, à travers les vêtements, d'objets dangereux, susceptibles d'être portés par l'intéressé (couteau, matraque...). On peut y voir un diminutif de la fouille proprement dite. Selon un arrêt de la Cour d'Aix, si la fouille à corps est une perquisition nécessitant mandat de justice ou flagrance, au contraire, la palpation est « une mesure de sécurité justifiée par les circonstances de temps et de lieu et ne nécessite pas l'observation des règles réservées aux actes de police judiciaire tendant à la constatation des infractions » [3] et n'est donc pas une perquisition. La chambre criminelle ratifiera cette analyse [4]. Mesure peu attentatoire aux libertés, la palpation peut être effectuée par un A.P.J., voire par un simple citoyen opérant l'appréhension de l'auteur d'une infraction flagrante ; les objets découverts par ces derniers sont saisis matériellement pour être remis à un O.P.J. aux fins de saisie proprement dite, après interpellation de l'intéressé, la saisie matérielle étant assimilée à un « ramassage d'objets » sur la voie publique ou dans un véhicule [5]. Le consentement de l'intéressé n'est pas nécessaire.

1. M. Prelle, *La fouille des passagers dans les aéroports et la légalité*, G.P., 1973.I. Doct. 132.
2. À l'exception de la loi du 12 juillet 1983 sur les activités de sécurité prévues en ses articles 3-1 et 3-2 rajoutés par une loi du 18 mars 2003.
3. Aix-en-Provence, 28 juin 1978, G.P., 1979.I.79, note P.L.G. V. déjà dans un sens voisin, Paris, 12 janvier 1954, Dr. pén., Recueil 1954.71.
4. Crim., 27 septembre 1988, G.P., 1989.I, Somm. 75 ; 1er mars 2006, D., 2006, 1188.
5. A. Decocq, J.Montreuil et J. Buisson, précité, n° 687. Pour une application, Crim., 2 mars 1993, *Dr. pénal*, 1993, chron. 59 par V. Lesclous et C. Marsat, à propos d'un pistolet découvert par un A.P.J. dans la boîte à gants ouverte d'un véhicule à l'occasion d'un accident de la circulation.

En résumé, la matière des fouilles, avec les distinctions adoptées par la pratique et la jurisprudence n'est pas toujours claire. Par exemple, beaucoup de fouilles ont pour objet à la fois l'investigation et la sécurité [1]. Il faudrait que le législateur intervienne.

2. *Les perquisitions et saisies*

Bibliographie. — BRANDEAU, *La contestation des opérations de visite et saisie domiciliaire et l'irritant silence des textes*, G.P., 1997.I, Doctr. 856 ; R. DERENNE, *Perquisitions et saisies, mesures d'instruction*, thèse, Caen, 1937 ; F. DERRIDA, *Perquisitions et saisies chez les avocats, les avoués et les notaires*, R.S.C., 1953.223 ; P. GARRAUD, *La preuve par indices dans le procès pénal*, thèse, Lyon, 1913 ; F. LUCHAIRE, *La vidéo surveillance et la fouille des voitures devant le Conseil constitutionnel*, Rev. dr. public, 1995.581 ; C. PETTITI, *Le droit des fouilles dans les entreprises et les locaux commerciaux*, J.C.P., 1989.I.3373 ; M. VANHOUDT, *Le droit de perquisition et les atteintes à l'inviolabilité du domicile*, R.D.P.C., 1959-1960, 243.

— Perquisitions et saisies sont réglementées avec un certain détail par les articles 56 à 59, 76, 92 à 98, C.P.P., et le cas échéant par certains textes particuliers. Ces actes impliquent évidemment un transport sur les lieux.

On ne confondra pas la perquisition avec la visite domiciliaire. Bien qu'elles soient soumises au même régime juridique, elles n'ont pas le même but ; la perquisition tend à la saisie d'objets (un fusil, de la drogue...) alors que la visite domiciliaire tend seulement à procéder à des constatations sur les lieux (par ex. hauteur de la fenêtre par laquelle un individu prétend s'être échappé, éclairage d'un local...) [2].

a) Règles communes aux perquisitions et saisies : les auteurs

— *Droit commun*

429. — Dans le cas où les faits sont flagrants, ces actes sont effectués par les officiers de police judiciaire et le procureur de la République (art. 56, 68, al. 2, C.P.P.). En cas d'enquête préliminaire, ce sont les officiers de police judiciaire et les agents de police judiciaire visés à l'article 20, C.P.P., qui agissent (art. 75, C.P.P.). Si une information est ouverte, ces actes sont réalisés par le juge d'instruction (art. 92) ou par les officiers de police judiciaire agissant sur commission rogatoire (art. 151, al. 1). Toutefois, quel que soit le cadre procédural (enquête flagrante ou non, instruction), seul un magistrat peut mener une perquisition dans le cabinet ou au domicile d'un avocat (art. 56-1, C.P.P.), dans le cabinet d'un médecin, notaire, avoué,

1. M. HERZOG-EVANS, *Fouilles corporelles et dignité de l'homme*, R.S.C., 1998.737.
2. *Add.* décret du 19 juillet 1791 qui permet aux O.P.J. de pénétrer même de nuit dans les cafés ou lieux de débauche pour prendre connaissance des désordres ou contraventions aux règlements, v. H. MATSOPOULOU, *Les enquêtes de police*, L.G.D.J., 1996, n°s 638 à 640.

huissier (art. 56-1, C.P.P.), ainsi que dans les locaux d'une entreprise de presse afin que soit assurée la liberté de celle-ci (art. 56-2, C.P.P.).

— *Régimes particuliers*

430. — Des textes particuliers accordent un droit de perquisition et saisie à certains fonctionnaires autres que ceux de la police.

• Ainsi les fonctionnaires des douanes peuvent faire des visites domiciliaires et ouvrir des coffres bancaires (art. 64, C.D.), sauf à devoir être assistés d'un officier de police judiciaire en application des dispositions combinées des articles 454, 64, 330 et 338 du Code des douanes [1]. Hors flagrance, ces actes doivent être autorisés par le juge des libertés et de la détention.

Pour détecter des faits de blanchiment de fonds provenant d'un trafic de stupéfiants, les agents des douanes ayant au moins le grade de contrôleur peuvent procéder plus particulièrement à deux types d'investigations qui s'apparentent aux saisies et aux perquisitions, et qui concernent les changeurs manuels de monnaies : ils peuvent se faire communiquer des documents professionnels (dont ils pourront faire des photocopies qu'ils annexent à leur procès-verbal) ; ils peuvent en outre, pour faciliter cette communication, « avoir accès durant les heures d'activité professionnelle des changeurs manuels, aux locaux à usage professionnel... », sauf à devoir préalablement informer le procureur de la République qui peut s'opposer aux diligences projetées (art. 25 *bis* de la l. du 12 juillet 1990, modifiée par la l. du 13 mai 1996).

En outre, les agents des fraudes, de la concurrence et de la consommation peuvent effectuer des perquisitions pour rechercher et constater des tromperies (art. L. 215-1, C. cons., pour l'énumération des agents ; L. 215-3, C. cons., pour les pouvoirs des agents).

On peut aussi mentionner les chefs de district et agents techniques des Eaux et Forêts, ainsi que les gardes champêtres pour les délits contre les propriétés rurales et forestières (art. 23, C.P.P.).

On évoquera encore les fonctionnaires de la cellule de traitement et de l'action contre les circuits financiers clandestins (T.R.A.C.F.I.N.) [2], qui peuvent se faire communiquer tous documents par certains organismes financiers comme les banques, la Caisse des dépôts et consignations, le Trésor public et les changeurs manuels (art. 1 et 15 de la l. du 12 juillet 1990) : en effet, le secret bancaire n'est pas opposable à T.R.A.C.F.I.N.

• Des dispositions très protectrices de la liberté individuelle existent en matière fiscale [3] et en matière de concurrence. Tout d'abord, dans les deux cas, les agents (du fisc ou du Ministère de l'Éco-nomie) doivent être assistés d'un officier de police judiciaire.

En outre, en matière fiscale, l'article L. 16-B du *Livre des procédures fiscales* (l. de finances, n° 84-1208 du 29 décembre 1984) subordonne la perquisition à l'existence de présomption qu'un contribuable se soustrait à l'établissement ou au paiement de ses impôts, et à une autorisation du juge des libertés et de la détention qui doit en vérifier

1. Crim., 2 juin 1986, J.C.P., 1987.II.20752, note J. Pannier, arrêt affirmant le caractère d'ordre public de cette législation.

2. V. *supra*, n° 189.

3. À la suite d'une décision du Conseil constitutionnel du 29 décembre 1983, J.C.P., 1984.II.20160, note R. Drago et A. Decocq.

le bien-fondé ; la jurisprudence tient la main à ce que le juge qui autorise visites et saisies vérifie de manière concrète que la demande d'autorisation qui lui est faite est bien fondée [1]. La loi de finances pour 1990, du 29 décembre 1989, a encore accentué cette tendance en ajoutant à l'article L. 16 B, § II, divers alinéas exigeant que l'ordonnance du magistrat indique l'adresse des lieux à visiter, le nom du fonctionnaire autorisé à perquisitionner ainsi que les éléments de fait et de droit laissant présumer en l'espèce l'existence d'agissements frauduleux. Toutefois l'article L.16 B n'imposant pas au juge la présence du parquet, l'assistance d'un greffier et la tenue d'un débat contradictoire, une ordonnande de perquisition reste valable sans ces conditions [2].

Enfin, en matière de concurrence, la protection du citoyen est poussée plus loin encore : l'article L. 450-4, C. com., exige non seulement l'autorisation du juge (qui aura dû constater des présomptions d'inobservation des règles édictées par l'or-donnance) mais aussi une demande du Ministère de l'Économie ou du Conseil de la concurrence. C'est le système dit de la « double commande » [3]. Là encore la jurisprudence veille scrupuleusement à ce que le juge vérifie le bien-fondé de la demande de visites et saisies qui lui est présentée par l'administration [4].

• En matière de criminalité organisée au sens de l'article 706-73, C.P.P. (loi du 9 mars 2004), les opérations sont autorisées par le juge des libertés et de la détention (à la requête du parquet dans le cadre de l'enquête préliminaire ou de flagrance) et par le juge d'instruction (dans le cadre de l'instruction) (art. 706-89 et s., C.P.P.).

b) Règles propres aux perquisitions

431. — *Notion de perquisition.* La perquisition n'est pas la simple présence de l'enquêteur sur les lieux. Elle suppose une intrusion, une pénétration dans les lieux en vue de la recherche d'objets relatifs aux faits poursuivis. En vertu de la théorie de la remise spontanée, il n'y a pas perquisition quand la personne remet spontanément les objets recherchés à la police [5] car la perquisition suppose une « recherche active des indices ou objets » [6].

La notion d'intrusion a donné lieu à une jurisprudence assez abondante.

Par exemple, n'est pas une perquisition le fait pour un gendarme de se présenter au domicile d'une personne et d'y pénétrer avec son accord verbal pour l'interroger sur un délit prétendu [7]. Il en est de même de policiers qui se rendent dans le hall d'un hôtel d'où ils invitent téléphoniquement l'occupant d'une chambre à les y rejoindre aux fins d'audition [8]. Des gendarmes qui constatent la présence de véhicules volés dans un

1. Ch. mixte, 15 décembre 1988, 4e espèce, D., 1989.189, concl. M. Jéol, J.C.P., 1989.II.21263, note D. Dugrip.
2. Crim. 9 février 2005, B.C., n° 49.
3. A. Decocq et M. Pédamon, *L'ordonnance du 1er décembre 1986 relative à la liberté des prix et de la concurrence*, Litec, 1987.33. Pour une application, Crim. 9 février 2005, B.C., n° 51.
4. Ch. mixte, 15 décembre 1988, 1re espèce, précité.
5. Crim. 12 février 2008, n° 07-87.862, D. 2008, A.J., 924 ; 12 février 2008, n° 07-87.753.
6. Crim. 22 mai 2002, R.S.C., 2002, 906, obs. J. Buisson.
7. Crim., 15 mars 1990, B.C., n° 117. À rapprocher de Crim. 14 septembre 2004, B.C., n° 206, D., 2005, Pan. 687, obs. J. Pradel, R.P.D.P. 2005.416 obs. C. Ambroise-Castérot.
8. Crim., 6 avril 1993, *Dr. pénal*, 1993, chron. 59, par V. Lesclous et C. Marsat.

garage et qui prennent des photographies de l'extérieur de celui-ci ne font pas une perquisition [1]. Pas davantage de perquisition de la part de policiers qui, sur commission rogatoire, se font remettre des documents médicaux par le secrétariat d'un hôpital à l'entrée de celui-ci, sans « se livrer à aucune recherche » [2]. D'un autre côté, la fouille d'un portefeuille par les douaniers est assimilée d'une perquisition [3].

Il existe deux sortes de perquisitions. Parce que le domicile est un lieu presque sacré — l'article 8, Conv. E.D.H., dispose que, sauf exceptions, « toute personne a droit au respect de sa vie privée et familiale, *de son domicile* et de sa correspondance » — notre procédure distingue entre les perquisitions domiciliaires et les perquisitions non domiciliaires.

— *Perquisition domiciliaire*

432. — *Définition du domicile.* Le premier réflexe est celui de chercher une définition à partir de la jurisprudence sur le délit de violation de domicile (art. 226-4, C.P.). Et l'on sait que la jurisprudence entend largement le domicile, en incluant la résidence secondaire et même la chambre d'hôtel louée [4]. Encore faut-il que le local soit habitable [5].

En procédure pénale, le critère d'habitabilité se retrouve. Selon un premier arrêt de 1982, « le terme domicile ne désigne pas seulement le lieu où une personne a son principal établissement, mais encore le lieu, qu'elle y habite ou non, où elle a le droit de se dire chez elle, quels que soient le titre juridique de son occupation et l'affectation donnée aux locaux » [6]. Plus net encore est l'arrêt de 1995 qui voit dans le domicile le lieu « pourvu des équipements nécessaires à une habitation effective » et dans lequel la personne peut « exercer une activité permanente » [7]. De ces formules, il résulte que la chambre criminelle fait du domicile une notion de droit, soumise à son contrôle.

Les applications du critère d'habitabilité en procédure sont nombreuses. Ne sont pas un domicile la hutte de chasse [8], la voiture automobile non aménagée [9], le bateau non aménagé [10], la consigne de gare [11], le vestiaire d'une

1. Crim., 29 mars 1994, B.C., n° 118, D., 1995, Somm. 118, obs. J. Pradel.
2. Crim., 20 septembre 1995, B.C., n° 276, D., 1996.296, note J. Penneau, D., 1996, Somm. 257, obs. J. Pradel, *Dr. pénal*, 1996, chron. 4, par Lesclous et Marsat. *Add.* Circ. Crim., 97-13 du 24 novembre 1997 relative aux perquisitions dans les cabinets médicaux.
3. Crim., 15 octobre 1984, B.C., n° 298, R.S.C., 1985, 574.
4. Crim., 13 octobre 1982, B.C., n° 281.
5. Crim., 22 janvier 1997, *Dr. pénal*, 1997, comm. n° 78 et obs. M. Véron.
6. Crim., 13 octobre 1982, B.C., n° 281.
7. Crim., 17 octobre 1995, B.C., n° 310, *Dr. pénal*, 1996, comm. 20 et obs. A. Maron, D., 1996, Somm. 256 et obs. J. Pradel.
8. Crim., 9 janvier 1992, B.C., n° 6.
9. Crim., 8 novembre 1979, B.C., n° 311, J.C.P., 1980.II.19337, note Davia.
10. Crim., 20 novembre 1984, B.C., n° 355.
11. Crim., 12 octobre 1993, B.C., n° 287, D., 1994, Somm. 186, obs. J. Pradel.

caserne [1], le hall d'un hôtel [2], la cour d'immeuble non close [3], le garage [4], l'appartement partiellement détruit par un incendie [5]. À l'inverse, dès que la vie est possible, le lieu est un domicile [6].

433. — *Personnes devant assister à la perquisition.* La loi entend que cet acte se fasse en présence de certaines personnes. Cela dit, deux cas se présentent.

• La loi, *à titre général*, exige la présence de témoins dits « instrumentaires », ou de régularité, afin que le délinquant ne puisse invoquer ultérieurement l'apport de pièces par les enquêteurs. Lors de l'enquête de flagrance, que la perquisition ait lieu chez le suspect ou chez un tiers, la personne au domicile de laquelle elle s'effectue doit être présente [7] ; en cas d'impossibilité, l'O.P.J. l'invite à désigner un représentant de son choix ; à défaut, il requiert deux témoins en dehors des personnes relevant de son autorité (art. 57, C.P.P.) [8]. Bien que l'article 76, sur l'enquête préliminaire, ait omis de renvoyer à l'article 57, on admet que ce dernier s'applique aussi à cette enquête. Au stade de l'instruction préparatoire, la loi distingue : 1° si l'acte a lieu chez le mis en examen, l'article 95 renvoie à l'article 57 sur l'enquête de flagrance ; 2° si l'acte a lieu chez un tiers, celui-ci est invité à être présent, à défaut de quoi encore l'acte a lieu en présence de deux témoins désignés (art. 96).

• Des dispositions plus souples sont prévues en matière de *criminalité organisée* au sens de l'article 706-73, C.P.P. (qui énumère quinze infractions très graves) : en cas de flagrance ou d'instruction, la personne au domicile de laquelle est faite une perquisition peut ne pas être présente si elle est en

1. Crim., 17 mai 1993, non publié.
2. Crim., 6 avril 1993, non publié.
3. Crim., 26 septembre 1990, B.C., n° 321.
4. Crim., 29 mars 1994, B.C., n° 118, D., 1995, Somm. 144, obs. J. Pradel. Même solution pour l'atelier de ciselure et la fonderie, Crim., 17 octobre 1995, B.C., n° 310, D., 1996, Somm. 256, obs. J. Pradel.
5. Crim., 31 mai 1994, B.C., n° 213, Dr. pénal, 1994, comm. 194, 2e espèce, chron. 59.
6. Crim., 31 janvier 1914, S., 1916.I.59, pour une chambre d'hôtel ; 24 juillet 1987, B.C., n° 287, R.S.C., 1989.113, obs. G. Levasseur.
7. Il s'agit du maître de maison (Crim., 7 décembre 1993, *Dr. pénal*, 1994, comm. 72, obs. A. Maron), non du suspect sauf si celui-ci est aussi chef de maison (Crim., 30 mars 1971, B.C., nos 113 et 114). La personne morale est représentée par son mandataire, Crim., 28 février 1989, B.C., n° 96 ; 12 juillet 1994, *Dr. pénal*, 1994, chron. 62, par V. Lesclous et C. Marsat ; 30 mai 1997, *Procédures*, 1997, comm. 275, obs. J. Buisson ; 13 octobre 1998, B.C., n° 254.
8. L'impossibilité doit être réelle, Crim., 23 février 1988, B.C., n° 91, perquisition effectuée au domicile d'un gardé à vue par l'enquêteur, la simple commodité pour ce dernier ne vaut pas impossibilité. Toutefois, la violation des formalités de l'art. 57 n'entraîne la nullité qu'en cas d'atteinte aux droits de la défense, Crim., 17 septembre 1996, B.C., n° 316, D., 1997, Somm. 144, obs. J. Pradel, R.S.C., 1997.150, obs. Dintilhac, *Dr. pénal*, 1997, chron. 9, par V. Lesclous et C. Marsat.

garde à vue ou en détention provisoire en un lieu autre et si son transport sur place paraît devoir être évité (pour cause de risques graves de trouble à l'ordre public ou d'évasion, ou encore de disparition des preuves pendant le transport). La perquisition est alors effectuée en présence de deux témoins requis dans les conditions prévues à l'article 57, al. 2, C.P.P., ou d'un représentant désigné par la personne dont le domicile est en cause ; et il faut l'accord du procureur de la République ou du juge d'instruction (art. 706-94, al. 1, C.P.P.).

434. — *Lieu des perquisitions en droit commun.* Au cours de l'enquête, l'O.P.J. ne peut entrer que chez les personnes qui « paraissent avoir participé au crime ou détenir des pièces ou objets relatifs aux faits incriminés » (art. 56, al. 1 et 76, al. 3, C.P.P.). D'où il résulte que la perquisition peut s'effec-tuer non seulement au domicile de la personne présumée avoir participé à l'infraction, mais également chez celle qui — même de bonne foi — semble détenir des objets intéressant l'enquête [1]. Il faut donc toujours une présomption pour pouvoir effectuer une perquisition. Cette nécessité peut poser difficulté dans le cas de l'individu appréhendé en flagrant délit de vol dans un magasin et porteur de marchandises dérobées : l'O.P.J. peut-il opérer en flagrance une perquisition au domicile de l'intéressé ? Certains parquets s'y refusent, ce qui contraindra l'O.P.J. à user d'une enquête préliminaire distincte, avec le risque de refus de l'intéressé d'accepter la perquisition [2].

Au cours de l'instruction, le texte est plus simple puisque « les perquisitions sont effectuées dans tous les lieux où peuvent se trouver des objets dont la découverte serait utile à la manifestation de la vérité » (art. 94, C.P.P.). En réalité, la solution est la même que pour l'enquête.

On rappellera qu'à titre exceptionnel, aucune perquisition n'est possible dans les locaux diplomatiques ou dans l'habitation personnelle d'un agent diplomatique, sauf accord du diplomate.

435. — *Temps des perquisitions en droit commun.* Les perquisitions ne sont autorisées que *de jour*, exactement entre 6 et 21 heures, étant observé que l'opération commencée de jour peut se poursuivre de nuit [3]. Cette règle est édictée dans l'intérêt de la protection des libertés individuelles et plus spécialement de l'inviolabilité des domiciles (art. 59, al. 1 et 76, C.P.P. ; v., dans le même sens, art. 76, Const., 22 Frimaire an VIII).

À ce principe, il est apporté des *exceptions*. D'abord, les perquisitions et saisies sont possibles de nuit en cas de réclamation ou d'acceptation du chef

1. S'agissant d'une personne autre que le suspect, il n'est pas nécessaire qu'une infraction lui soit imputable, Crim., 27 janvier 1987, B.C., n° 41, D., 1987, Somm. 408, obs. J. Pradel, D., 1988.179, note Darolle.

2. Puisque l'enquête préliminaire est non coercitive dans son principe.

3. Paris, 24 janvier 1952, S., 1952.II.93, concl. R. Combaldieu ; Crim., 25 juin 1998, Juris-Data, n° 003475.

de maison [1]. Ensuite, en vertu d'un décret du 19 juillet 1791, les officiers de police judiciaire peuvent pénétrer de nuit comme de jour dans les « lieux où tout le monde est admis indistinctement, tels que cafés, cabarets, boutiques et autres » (art. 9) et dans « les maisons où l'on donne habituellement à jouer des jeux de hasard, mais seulement sur la désignation qui leur en aurait été donnée par deux citoyens domiciliés » (art. 10). Les policiers peuvent aussi procéder à des perquisitions, visites domiciliaires et saisies de nuit dans les établissements de prostitution (art. 706-35, C.P.P.).

436. — *Lieu et temps des perquisitions en matière de criminalité organisée.* Le législateur doit concilier deux exigences également respectables : les nécessités de la recherche rapide de la vérité et la sauvegarde des libertés individuelles. De là des tâtonnements et des décisions du Conseil constitutionnel. Le dernier état de la matière résulte de la loi du 9 mars 2004 (art. 706-89 à 706-94, C.P.P.). Pour les infractions de criminalité organisée, telles qu'elles sont énumérées à l'article 706-73, C.P.P. (qui donne une liste de quinze infractions), les règles suivantes s'appliquent.

— D'une part, les perquisitions peuvent commencer de nuit, mais à la condition que « les nécessités » de l'enquête de flagrance (art. 706-89), de l'enquête préliminaire (art. 706-90) ou de l'instruction (art. 706-91) « l'exigent ». Comme l'indique le juge constitutionnel, « la notion de nécessité de l'enquête doit s'entendre comme ne permettant d'autoriser une perquisition, une visite ou une saisie que si elle ne peut pas être réalisée dans les circonstances définies par l'article 59 », l'opération d'investigation devant être « opérée sans délai » [2].

— D'autre part, les perquisitons sont possibles en tous lieux en enquête de flagrance (art. 706-89) et en tous lieux sauf les locaux d'habitation en enquête préliminaire (art. 706-90). Quant à la perquisition opérée au cours d'une instruction sur commission rogatoire, elle est possible en tous lieux et, s'agissant des locaux d'habitation, elle suppose l'urgence et l'un des cas suivants : 1° Existence d'un crime ou délit flagrant ; 2° Existence d'un risque immédiat de disparition des preuves ou des indices matériels ; 3° Existence de raisons plausibles de soupçonner qu'une ou plusieurs personnes se

1. On s'est demandé si le chef de maison pouvait autoriser une perquisition en dehors des heures légales. Sous l'empire du C.I.C., il était répondu par l'affirmative, Crim., 2 janvier 1936, D., 1936.I.46 ; 19 juin 1957, J.C.P., 1957.II.10226. Aujourd'hui, on doit répondre pareillement car si l'art. 59, al. 3, C.P.P., décide que les formalités du présent article (sur les heures) « sont prescrites à peine de nullité », rien n'interdit de renoncer à une nullité qui va être commise, Crim., 9 avril 1986, B.C., n° 121.

2. Déc. n° 96-377, D.C., 16 juillet 1996, D., 1998, Somm. 154, obs. T. Renoux, J.C.P., 1996.II.22709, note Nguyen Van Tuong. Il a été noté que « parfois c'est au domicile du mis en examen que se trouvent les pièces recherchées qui risquent de disparaître si leur saisie n'est pas effectuée rapidement », J.L. Warsmann, rapport de la commission des lois de l'Assemblée Nationale sur le projet de loi du 9 avril 2003 (qui aboutira à la loi du 9 mars 2004), n° 856, mai 2003, p. 77.

trouvant dans les locaux à perquisitionner sont en train de commettre des infractions de criminalité organisée (art. 706-91, al. 2, C.P.P.).

— Enfin, toute perquisition doit être ordonnée par un juge (juge des libertés et de la détention pour l'enquête, juge d'instruction pour l'instruction). Ce magistrat rend une ordonnance écrite en indiquant la qualification de l'infraction dont il est saisi ainsi que l'adresse des lieux à perquisitionner. L'ordonnance est « motivée par référence aux éléments de fait et de droit justifiant que ces opérations sont nécessaires ». Les opérations sont faites sous le contrôle du magistrat qui les a autorisées et qui peut se déplacer sur les lieux. Dans les trois cas indiqués à l'article 706-91 (concernant l'instruc-tion), l'ordonnance doit en outre énoncer les « considérations de droit et de fait qui constituent le fondement de la décision... » (art. 706-92).

Quelle est la sanction de la violation de toutes ces exigences ? L'article 706-92 exclut expressément l'appel, ce qui est logique puisque l'ordonnance n'est pas juridictionnelle [1]. Mais il prévoit la nullité, ce qui est également raisonnable car cette ordonnance est un acte d'instruction et que la sanction de ceux-ci est la nullité. Sans doute, l'annulation d'un acte suppose-t-elle la preuve d'un grief en application de l'article 802, C.P.P. [2]. Mais on peut considérer que l'atteinte à l'intimité nocturne ou d'un domicile constitue en soi un préjudice, un peu à la manière de la notification tardive de ses droits à une personne mise en garde à vue [3].

Seconde garantie créée par le législateur, ces perquisitions ne peuvent, à peine de nullité, avoir un objet autre que la recherche et la constatation des infractions visées dans l'ordonnance (art. 706-93, al. 1). Sinon, il y aurait détournement de procédure. Toutefois, si les enquêteurs découvrent fortuitement une autre infraction, ils peuvent parfaitement ouvrir une procédure incidente et l'article 706-93, al. 2, C.P.P., dit même qu'il n'y a pas là « une cause de nullité ».

437. — *Déroulement d'une perquisition.* Une perquisition se déroule en deux temps.

• Lors du premier, l'O.P.J. ou le juge d'instruction procède aux recherches, pouvant ouvrir les tiroirs et les portes des meubles, sonder les cloisons et les parquets, compulser tous documents, voire interroger un ordinateur. Les témoins instrumentaires ne font qu'assurer le policier ou le magistrat de leur présence afin que soit garantie la régularité de la procédure. Toutefois, l'auteur de la perquisition peut se faire aider d'un serrurier ou d'une personne qualifiée s'il y a lieu de procéder à des examens techniques ou scientifiques (art. 56, al. 2 et 60, C.P.P.).

Très souvent, au cours de ses recherches, l'O.P.J. ou le juge d'instruction découvre des objets ou documents qu'il pourra saisir, comme on le verra

1. V. *infra*, n°s 700 et s.
2. V. *infra*, n° 783.
3. V. par ex., Crim., 30 avril 1996, B.C., n° 96, et *infra*, n°s 711 et s.

plus bas. Toute irrégularité prétendue commise par lui peut être signalée par le représentant de l'organisation professionnelle lorsque la perquisition est menée chez un professionnel astreint au secret professionnel ou devant assurer les droits de la défense.

• Une fois les recherches terminées, intervient le deuxième temps qui est celui de la rédaction du procès-verbal de perquisition. Cette pièce doit contenir tous les éléments relatifs à l'affaire : lieu et heure de l'opération, nom des intéressés, qualification des faits, objet de la poursuite, incidents, etc. Le procès-verbal est daté et signé de l'O.P.J. ou du juge d'instruction [1]. Il doit être rédigé aussitôt la perquisition terminée.

— *Perquisition non domiciliaire*

438. — *Règles générales.* La perquisition effectuée en dehors d'un domicile (dans une maison en ruine, dans une consigne de gare, dans une forêt...) n'est pas soumise aux conditions vues ci-dessus : l'opération peut être faite même de nuit et sans la présence de témoins instrumentaires. Un procès-verbal de perquisition reste cependant nécessaire.

439. — *Cas particuliers de la perquisition dans un cabinet d'avocat.* On retrouve ici un grand formalisme, mais souvent particulier à cause de la nécessité de sauvegarder le secret professionnel et les droits de la défense [2]. Les règles suivantes s'appliquent (étant rappelé que seul un magistrat peut opérer).

1° Avant de procéder à cet acte d'instruction, le magistrat doit procéder à certaines diligences. D'abord, il doit prendre une décision écrite et motivée indiquant la nature de l'infraction ou des infractions sur lesquelles partent les investigations, les raisons justifiant la perquisition et l'objet de celle-ci et ce à peine de nullité (art. 56-1, al. 1, C.P.P. et L. du 12 décembre 2005). Ensuite, le magistrat doit avertir le bâtonnier car la perquisition ne peut être effectuée qu'en présence du bâtonnier ou de son délégué (art. 56, al. 1, C.P.P., L. 12 décembre 2005).

2° Dès le début de la perquisition, le magistrat porte à la connaissance du bâtonnier la décision précitée, à peine de nullité (art. 56-1, C.P.P.). Les opérations de perquisition sont certes effectuées par le magistrat [3]. Mais le bâtonnier a le droit de consulter ou de prendre connaissance des documents se trouvant sur les lieux avant leur saisie éventuelle sous peine de nullité (id.). Le magistrat procédant à la perquisition « veille à ce que les

1. L'art. 92, C.P.P. oblige le juge d'instruction à dresser un procès-verbal de ses questions. Bien qu'un texte analogue n'existe pas dans le C.P.P. pour les O.P.J. opérant au cours d'une enquête, la pratique consacre les mêmes règles.

2. J. Chamarre, *Protection au secret professionnel de l'avocat et nécessités du procès-verbal*, R.P.D.P., 2002, p. 677 et s.

3. Crim., 24 mars 1966, J.C.P., 1966.II.11672, note P. Mimin. La solution est aujourd'hui confirmée par l'article 56-1, al. 2, C.P.P. (« le magistrat qui effectue la perquisition... »).

investigations conduites ne portent pas atteinte au libre exercice de la profession d'avocat » (art. 56-1, al. 2, C.P.P.), ce qui est un peu la reprise de la jurisprudence [1].

440. — Toutes ces dispositions sont également applicables aux perquisitions effectuées dans les locaux de l'ordre des avocats ou des caisses de règlements pécuniaires des avocats (art. 56-1, *in fine*, C.P.P.).

441. — *Cas particuliers de la perquisition effectuée dans certains autres locaux professionnels.* Pour des raisons qui ne sont pas toujours les mêmes, la loi a prévu un certain formalisme, plus simple cependant que pour les avocats.

1° Dans les locaux d'une *entreprise de presse*, la perquisition ne peut être effectuée que par un magistrat « qui veille à ce que les investigations conduites ne portent pas atteinte au libre exercice de la profession de journaliste et ne constituent pas un obstacle ou n'entrainent pas un retard injustifié à la diffusion de l'information » (art. 56-2, C.P.P.). Comme on le voit, c'est la liberté de la presse — défendue par l'article 10 Conv. E.D.H. — qui est en jeu [2].

2° Dans le cabinet d'un *médecin*, *notaire*, *avoué* ou *huissier*, la perquisition est effectuée là encore par un magistrat et en présence d'un représentant de l'ordre ou de l'organisation professionnelle à laquelle appartient l'intéressé (art. 56-3, C.P.P.). Ces exigences se fondent sur la nécessité d'assurer le respect du secret professionnel.

Dans le cas particulier d'une perquisition dans le cabinet d'un médecin ou d'un établissement hospitalier, le magistrat à intérêt à se faire accompagner d'un mécecin-expert qui, nommé par lui, compulsera les documents et saura ainsi ceux qui sont nécessaires à l'accomplissement de sa mission.

3° Pas de dispositions particulières en revanche dans le cas des banques. Un arrêt — décidé que des O.P.J., agissant sur réquisition du parquet dans le cadre d'une enquête préliminaire ne peuvent se voir opposer le secret bancaire [3]. La solution serait-elle la même si les O.P.J. agissent d'initiative ? On peut le penser.

4° De même une perquisition est possible dans les bureaux d'une officialité (une juridiction ecclésiastique) alors pourtant que les ministres du culte sont tenues au secret [4].

5° Enfin, les enquêteurs peuvent pénétrer non dans un domicile, mais dans des lieux à usage professionnel où sont en cours des activités de production, réparation ou commercialisation en vue de s'assurer du respect des

1. Crim., 14 novembre 2001, B.C., n° 238, copie du disque dur du système informatique d'un cabinet d'avocat faite « dans le but de perturber le moins possible le fonctionnement du cabinet ».

2. Pour une application, Crim., 5 décembre 2000, B.C., n° 362, J.C.P., 2001.II.10615, note P. Conte, R.S.C., 2001, 604, obs. J. Francillon. Un projet de loi, voté en première lecture par l'Assemblée nationale le 15 mai 2008, a réécrit l'article 56-2 désormais calqué sur l'article 56-1 relatif aux perquisitions dans les cabinets d'avocats, D. 2008, 1397 et s.

3. Crim., 27 avril 1994, B.C., n° 152, D., 1994, 402, note C. Gavalda.

4. Crim., 17 décembre 2002, B.C., n° 231.

règles en droit du travail. Une réquisition du parquet est nécessaire (art. 78-2-1, C.P.P.). Il s'agit de détecter des cas de travail dissimulé [1].

442. — *Cas particulier de la fouille d'un véhicule.* Les enquêteurs peuvent-ils fouiller ou visiter librement l'intérieur d'un véhicule ? Cette question, très importante dans la pratique, appelle des réponses nuancées.

1° En cas d'*infraction avérée*, il est évident que, si la preuve de celle-ci est facilitée par la fouille d'un véhicule, les policiers peuvent y procéder soit sur commission rogatoire d'un juge d'instruction, soit d'eux-mêmes en cas de flagrance. Dans ce dernier cas, un arrêt a décidé justement, à propos d'un crime flagrant (séquestration de personne, celle du baron Empain), que les officiers de police judiciaire peuvent fouiller tous véhicules : l'arrêt a ajouté que le refus du conducteur lui faisait encourir les peines de l'article L. 233-2, C. route, et que la mesure n'est pas une perquisition de sorte que les articles 56 et s., C.P.P., ne s'appliquent pas [2]. Cette troisième affirmation n'est pas nouvelle [3]. La première, en revanche, a été très critiquée en doctrine, un auteur ayant même écrit qu'on « en arrive à transformer un pouvoir qui s'exerce selon le Code à l'encontre des suspects reconnus en un pouvoir destiné à découvrir des suspects » [4]. Ce pouvoir policier est pourtant nécessaire à la recherche de la vérité et on admet que les officiers de police judiciaire peuvent perquisitionner aussi bien chez des tiers quelconques que chez des « suspects reconnus ». Mais il importe, c'est vrai, qu'il y ait flagrance. Le pouvoir policier de fouille se fonde en effet sur la flagrance (condition réalisée dans l'affaire Trignol puisque la séquestration de personne, infraction continue, dure tant que la victime n'est pas libérée et qu'elle ne l'était pas au moment de la fouille).

2° En cas d'*infraction recherchée*, on hésitera davantage à admettre que les enquêteurs puissent fouiller tous véhicules susceptibles de leur apporter la preuve de cette infraction, en raison du principe de l'intimité de la vie privée.

On a encore présent à l'esprit un projet de loi de 1976 qui, pour permettre de mieux lutter contre la criminalité, avait accordé aux officiers de police judiciaire le pouvoir de procéder à la visite de tout véhicule aux seules conditions que celui-ci se trouve sur la voie publique et que la visite ait lieu en présence du propriétaire ou du conducteur. Et l'on sait que ce texte avait été déclaré inconstitutionnel par le Conseil constitutionnel au nom des

1. Crim., 6 décembre 2005, B.C., n° 315, possibilité pour les O.P.J. de contrôler l'identité des membres d'un orchestre et la loge d'un chef d'orchestre, qui n'est pas un domicile.

2. Crim., 8 décembre 1979, *Trignol*, J.C.P., 1980.II.19337, note Davia, D., 1980, I.R., 523, obs. M. Puech, *add*P. Chambon, chron. au J.C.P., 1980.I.2983.

3. V. déjà Crim., 11 septembre 1933, D., 1937.I.40.

4. J. Rivero, chron. A.J.D.A., 1978, 218.

libertés individuelles [1]. Le projet de 1976 était à la vérité très audacieux puisqu'il autorisait la fouille du véhicule même lorsque aucune infraction n'avait été commise, comme le relevait le Conseil constitutionnel.

Cette jurisprudence illustre bien la règle que la fouille d'un véhicule est interdite, au nom de l'intimité de la vie privée. Bien avant l'arrêt du 12 janvier 1977 rendu par le Conseil constitutionnel, la chambre criminelle avait jugé que « l'obligation imposée par l'article 4 du Code de la route à tout conducteur de se soumettre à toutes vérifications prescrites par ledit Code et concernant le véhicule ou la personne, ne saurait autoriser les fonctionnaires ou agents, chargés de constater les infractions à la circulation, à exiger, sous peine de sanctions pénales, l'ouverture du coffre d'un véhicule hors le cas d'investigations entreprises dans les formes légales » [2]. Cette décision rendue à propos de la recherche d'infractions routières vaut à plus forte raison pour d'autres infractions. Ce principe d'interdiction des fouilles de véhicules a été aussi rappelé par une réponse ministérielle du 27 mai 1985 [3].

Cependant notre droit admet que les enquêteurs puissent visiter des véhicules dans plusieurs hypothèses exceptionnelles dont l'importance s'accroît d'ailleurs aujourd'hui.

— La plus importante se trouve dans le nouvel article 78-2-2, C.P.P. (L. du 18 mars 2003).

Selon cette disposition, les O.P.J. peuvent procéder à la visite des véhicules « sur réquisition du procureur de la République aux fins de recherche et de poursuite des actes de terrorisme visés par les articles 421-1 à 421-5, C.P., des infractions en matière d'armes et d'explosifs visées par l'article 3 de la loi du 19 juin 1871... et par les articles 20, 31 et 32 du décret du 18 avril 1939... ou des faits de trafic de stupéfiants visés par les articles 222-34 à 222-38, C.P. ». Les réquisitions du parquetier doivent préciser les conditions de temps et de lieu dans lesquelles les opérations doivent être menées et, plus précisément, il importe que ces conditions « soient délimitées avec précision tant s'agissant du périmètre dans lequel les opérations auront lieu que des heures durant lesquelles ces contrôles devront s'exercer » [4]. L'article 78-2-2, C.P.P., précise encore que « les véhicules en circulation ne peuvent être immobilisés que le temps strictement nécessaire au déroulement de la visite qui doit avoir lieu en présence du conducteur » et ajoute que si le véhicule est à l'arrêt, la visite se déroule également en présence du conducteur ou du propriétaire du véhicule, à défaut d'un tiers requis par l'enquêteur. Un procès-verbal mentionnant l'opération doit être établi dans trois cas : en cas de découverte d'une infraction, si le conducteur ou le propriétaire du véhicule le demande et lorsque la visite se déroule en

1. Cons. const., 12 janvier 1977, D., 1978.173, note L. Hamon et J. Léauté, R.S.C., 1977.620, note A. Decocq ; J. Pradel et A. Varinard, *Les grands arrêts du droit pénal général*, 5e éd., 2005, Dalloz, n° 1, pp. 3 et s.

2. Crim., 23 juin 1964, B.C., n° 208, D., 1964.578, J.C.P., 1965.II.14080, note E.B.

3. D., 1985, Flash, n° 34.

4. Circ. du 25 avril 2002, nos 1-2-2-2.

leur absence (al. 3). De façon pratique enfin, l'article 78-2-2 rappelle que la découverte d'infractions autres que celles visées dans les réquisitions du procureur « ne constitue pas une cause de nullité des procédures incidentes » (al. 4).

Cette prérogative policière est-elle compatible avec l'arrêt du Conseil constitutionnel du 12 janvier 1977 ? On observera d'abord que la réforme a été prise dans un contexte plus tendu que celui du projet de 1976, puisqu'elle fait suite directement aux attentats du 11 septembre 2001 qui ont frappé les États-Unis, en faisant plusieurs milliers de morts, ces attentats ayant un caractère international. On remarquera ensuite que le législateur de 2001, beaucoup plus que les auteurs du projet de 1976, a prévu des conditions strictes à l'exercice du pouvoir policier. Enfin, doit-on ajouter encore, la circulaire d'application multiplie les précautions, en insistant sur le contrôle exercé par le parquet [1] et en indiquant expressément que « sauf en cas de circonstances exceptionnelles (par exemple en cas de menace d'attentat), ces opérations ne peuvent être effectuées de façon aléatoire et elles ne doivent concerner que des véhicules présentant un caractère suspect, de par leur apparence ou leur localisation rendant vraisemblable leur utilisation dans la commission d'une ou plusieurs des infractions visées dans les réquisitions du procureur... La suspicion d'infraction peut par exemple résulter de la présence d'objets suspects à l'intérieur du véhicule et visibles de l'extérieur, du fait qu'il s'agit d'un véhicule signalé volé ou du stationnement irrégulier et/ou prolongé du véhicule devant un lieu sensible » [2].

— En outre, selon l'article 78-2-3, C.P.P. (L. du 18 mars 2003), les O.P.J. peuvent procéder à la visite de tout véhicule circulant ou arrêté, s'il existe à l'égard du conducteur ou du passager « des raisons plausibles de soupçonner qu'il a commis une infraction flagrante ».

— L'article 78-2-4, C.P.P. (L. du 18 mars 2003) autorise même les O.P.J. « pour prévenir une atteinte grave à la sécurité des personnes et des biens », à visiter des véhicules arrêtés ou pas, avec l'accord du conducteur ou à défaut sur instructions du parquet. Le véhicule peut même être immobilisé pendant trente minutes dans l'attente de ces instructions.

— Il existe aussi des textes spéciaux qui habilitent certains fonctionnaires à opérer des visites. Les articles 60 et s. du Code des douanes créent un « droit de visite des marchandises, des moyens de transport et des personnes » et obligent « tout conducteur » à « se soumettre aux injonctions des agents des douanes ». Selon l'article L. 215-3, C. cons., les agents chargés de constater les fraudes (officiers de police judiciaire, vétérinaires inspecteurs, médecins inspecteurs de la santé...) peuvent pénétrer de jour dans les véhicules utilisés pour le transport des marchandises. L'article L. 20 du

1. Id., n°s 1-2-5.
2. Id., n°s 1-2-3. V. cependant, Civ. 2, 19 février 2004, Bull. civ. II, n° 70, Dr. pénal, 2004, comm. 56, obs. A. Maron, il n'est pas nécessaire que le procureur, pour prendre ses réquisitions, démontre l'existence d'indices d'une infraction visée à l'article 78-2-2.

Code des P et T permet aux agents compétents « d'opérer saisies et perquisitions sur toutes personnes qui, à raison de leur profession ou de leur commerce, font habituellement des transports d'un lieu à un autre ».

— On s'est enfin demandé si les O.P.J. peuvent effectuer des visites dans un véhicule pour obtenir la preuve d'une infraction routière. Certes ces O.P.J., créés par une loi du 28 juillet 1978 que sont les fonctionnaires du corps de commandement et d'encadrement de la police nationale (art. L. 130-1, C. route) ne le peuvent [1]. En revanche, les autres O.P.J. peuvent faire ouvrir le capot du véhicule, selon la Cour de cassation, sous les sanctions correctionnelles prévues par l'article L. 233-2, C. route, qui vise « tout conducteur » qui aura refusé « de se soumettre à toutes vérifications prescrites concernant le véhicule ou sa personne » [2] ; la peine est celle de trois mois d'emprisonnement et de 3 750 € d'amende.

c) Règles propres aux saisies

— Les opérations de saisie

443. — *Droit commun.* Trois règles s'appliquent.

D'une part, la saisie peut porter sur tous « objets et documents utiles à la manifestation de la vérité », précise l'article 97, al. 3, C.P.P., à propos de l'instruction préparatoire. La règle peut être étendue à l'enquête de flagrance et à l'enquête préliminaire. Donc l'auteur de la perquisition peut saisir des meubles ayant servi à commettre l'infraction (couteau, revolver, machine à écrire, corde...), ou des meubles qui sont le produit de l'infraction (argent, bibelots, automobile...). Il est possible aussi de saisir un immeuble, la saisie se traduisant par l'apposition de scellés avec éventuellement nomination d'un gardien. Les enquêteurs peuvent même saisir des données informatiques (art. 56, al. 5, C.P.P.).

D'autre part, les opérations de saisie s'effectuent comme suit. Le saisissant dresse un inventaire des objets à saisir. Puis il les place sous scellés (art. 56, al. 4, et 97, al. 2, C.P.P.). Cependant, au cas où l'inventaire présenterait des difficultés (par ex. multiplicité des objets), le saisissant se contente d'appo-ser des scellés fermés provisoirement (par ex., en enfermant tous les objets dans un sac cacheté et scellé) ; et ce n'est qu'ultérieurement qu'il procédera à l'inventaire et à la mise sous scellés définitifs, actes qui auront lieu en présence des personnes ayant assisté aux opérations initiales (art. 56,

1. Même règle pour des C.R.S. qui, ayant interpellé un individu pour excès de vitesse, sollicitent des agents des douanes pour fouiller un véhicule en application des art. 60 et 61, C.D., et saisir un détecteur anti-radar, ce qui constitue un détournement de procédure destiné à conférer aux C.R.S. des pouvoirs que la loi ne leur a pas accordés, Crim., 18 décembre 1989, J.C.P., 1990.II.21531.

2. Crim., 9 janvier 1986, B.C., n° 13, D., 1986, I.R., 146, R.S.C., 1987.195, obs. J.P. Delmas Saint-Hilaire ; 17 juin 1986, Jurisprudence auto, 1986.460 ; 12 mai 1987, id., 1987.232.

al. 4, et 97, al. 2 et 4, C.P.P.). L'O.P.J. ou le juge d'instruction peut retenir sur place les personnes présentes lors de la perquisition si elles sont susceptibles de fournir des renseignements sur les objets saisis, encore que cette retenue ne puisse durer « que le temps nécessaire à l'accomplissement des opérations » (art. 56 *in fine*, C.P.P.). Enfin, les objets saisis sont transportés au greffe du tribunal où ils sont inscrits sur un registre et déposés dans un local approprié en attendant leur présentation à la personne mise en examen pendant l'instruction ou devant la juridiction de jugement [1]. Dans le cas particulier de données informatiques, l'enquêteur peut soit saisir le support physique de ces données, soit en faire une copie qui est ensuite saisie (art. 56, al. 5 et 57-1, al. 3,C.P.P.).

Enfin, il peut advenir que l'auteur de la perquisition, en cherchant un objet relatif à une infraction X, découvre par hasard un objet relatif à une infraction Y qu'il ignorait. Peut-il saisir cet objet en procédant à sa saisie incidente ? Il faut distinguer.

— Si la présence de l'objet constitue à elle seule une infraction flagrante (détention d'une arme de guerre ou de sachets de drogue), l'O.P.J. (ou le juge d'instruction) peut toujours et même doit procéder à la saisie [2].

— Si, au contraire, l'objet est relatif à une infraction non flagrante, l'enquêteur ouvre une enquête préliminaire et ne pourra le saisir qu'après avoir recueilli l'assentiment de la personne chez qui l'opération a lieu [3]. Et dans le cas particulier où l'auteur de la perquisition est un O.P.J. agissant sur commission rogatoire (donc dans le cadre d'une instruction), il est tenu d'informer le juge mandant et il peut également avertir le procureur qui est compétent pour apprécier la suite à donner à la découverte [4], qu'il y ait eu saisie effective ou pas.

Dans tous les cas, s'il y a eu saisie incidente, celle-ci doit faire l'objet d'un procès-verbal distinct.

444. — *Régimes exceptionnels : droits de la défense et secret professionnel.* Les droits de la défense sont mis à l'épreuve en cas de saisie chez un avocat. Le secret professionnel, de son côté, peut être atteint en cas d'acte analogue réalisé chez un médecin ou dans un hôpital ou clinique, ou encore dans un office ministériel. Il convient de distinguer car l'article 56-1, C.P.P., le fait lui-même.

1. Pour les détails, voir A. DECOCQ, J. MONTREUIL et J. BUISSON, *Le droit de la police*, 2e éd., 1998, Litec, n° 716 (pour l'enquête) ; J. PRADEL, *L'instruction préparatoire*, 1990, Cujas, nos 455 et s. (pour l'instruction).

2. Crim., 13 février 1925, D., 1925.I.148 ; 27 septembre 1984, B.C., n° 275 ; 11 juin 1985, B.C., n° 227 ; 17 mai 1994, B.C., n° 186.

3. Crim., 17 mai 1994, précité. Comp. Crim., 30 octobre 1989, B.C., n° 385, perquisition menée par des agents du fisc saisissant des documents et agissant avec l'assistance de deux O.P.J. (en application de l'art. L. 16-B, L.P.F.) qui ensuite en prennent connaissance et ouvrent aussitôt une enquête préliminaire, cette façon de faire étant régulière. Autre point : si la personne se refuse à donner son accord, l'O.P.J. en informe le procureur qui peut ouvrir une information, le juge d'instruction pouvant ordonner coercitivement la saisie (par voie de commission rogatoire).

4. Crim., 9 février 1993, B.C., n° 66.

1° Considérons d'abord le cas des *cabinets et domiciles des avocats*. Il existe une tradition tenace en faveur d'un secret absolu de sorte que nulle perquisition (et saisie) ne serait possible. En vérité, il faut bien lire la législation et la jurisprudence.

Dans la loi du 31 décembre 1971 relative à certaines professions judiciaires et juridiques est introduit par la loi du 31 décembre 1990 un article 66-5, lui-même modifié par la loi du 7 avril 1997 et ainsi rédigé : « en toutes matières, que ce soit dans le domaine du conseil ou dans celui de la défense, les consultations adressées par un avocat à son client ou destinées à celui-ci, les correspondances échangées entre le client et son avocat, entre l'avocat et ses confrères, les notes d'entretien et, plus généralement, toutes les pièces du dossier sont couvertes par le secret professionnel ».

À partir de ce texe, la jurisprudence fait une distinction entre deux sortes d'activités de l'avocat :

— s'agissant de son activité liée à la défense de son client, les documents qui la matérialisent ne sont pas saisissables. La solution est nette et ancienne, déjà affirmée avant la loi modifiée de 1971 [1]. L'impossibilité d'opérer une saisie s'étend d'ailleurs non seulement au « judiciaire », mais aussi au « juridique » comme des consultations données par un avocat avant procès [2] ou des propositions transactionnelles [3] ;

— s'agissant au contraire de son activité étrangère à la défense quoique confidentielle par hypothèse, les documents qui la consacrent sont saisissables car les droits de la défense ne sont plus en cause. Un arrêt important du 30 juin 1999 fait prévaloir le pouvoir d'inquisition du juge sur le secret professionnel, au nom des nécessités de la recherche de la vérité et à la condition que les droits de la défense n'en pâtissent pas [4].

À vrai dire, la possibilité d'une saisie est traditionnelle. Elle était déjà admise avant l'introduction de l'article 66-5 de la loi de 1971 [5]. Elle a été maintenue après l'introduction de cet article par la loi du 31 décembre 1990 qui ne parlait que de « consultations... et correspondances échangées entre le client et ses avocats » [6]. Elle subsiste encore après que l'article 66-5 ait été étendu par une loi du 7 avril 1997 « à toutes les pièces du dossier » puisque, comme il vient d'être dit, l'arrêt du 30 juin 1999 maintient la solution favorable à la recherche de la vérité. On en avait douté au lendemain

1. Crim., 12 mars 1886, B.C., n° 106 ; 15 février 1906, S., 1909.I.226, note J.A. Roux, J. Pradel et A. Varinard, n° 18 ; 15 juin 1960, B.C., n° 324.

2. Versailles, 28 avril 1982, G.P., 1982.I.310, note A.D.

3. Colmar, Ch. acc., 17 décembre 1987, G.P., 1987.I.126, note A. Damien.

4. Crim., 30 juin 1999, D., 1999.458, note J. Pradel et Somm. 322, obs. J. Pradel ; 27 juin 2001, B.C., n° 163 ; 18 juin 2003, B.C., n° 129, possibilité de saisir des pièces qui « sont de nature à établir la preuve de la participation de l'avocat à une infraction ».

5. Crim., 5 juin 1975, B.C., n° 146, J.C.P., 1976.II.18243, note P. Chambon ; 9 février 1988, B.C., n° 63, J.C.P., 1988.II.21005, note Dordel.

6. Crim., 7 mars 1994, B.C., n° 87, J.C.P., 1994.II.22251, note R. Martin, D., 1994, Somm. 188 et obs. J. Pradel.

de la loi de 1997 [1]. On voit aujourd'hui que rien ne change et l'on s'en félicitera car il est inadmissible qu'un avocat ayant pu participer à une infraction puisse s'abriter derrière les droits de la défense !

Cependant, des dispositions précises et originales ont été adoptées par la loi du 15 juin 2000 en ce qui concerne les saisies. Certains avocats ayant considéré que quelques juges d'instruction agissaient sans posséder d'indices et uniquement pour en trouver (les « parties de pêche »), la loi de juin 2000 a modifié l'article 56-1, C.P.P., pour conférer un rôle plus actif au bâtonnier, désormais qualifié pour s'op-poser à la saisie d'un document qu'il estime irrégulière. La procédure se déroule en deux temps.

— Devant l'opposition du bâtonnier à la saisie, le juge d'instruction place l'objet litigieux sous scellé fermé en même temps qu'il établit un procès-verbal spécifique non versé au dossier (distinct le cas échéant du procès-verbal relatant la saisie, non contestée, d'autres pièces). Puis aussitôt, il transmet la pièce et le procès-verbal au juge des libertés et de la détention (créé par la loi du 15 juin 2000).

— Ce dernier dans les cinq jours de la réception de ces pièces procède à deux actes. Premièrement, il entend le magistrat qui a procédé à la perquisition et le cas échéant le procureur de la République ainsi que l'avocat au cabinet duquel ou au domicile duquel elle a été effectuée [2] et le bâtonnier. Il peut ouvrir le scellé en leur présence. Deuxièmement, il rend une ordonnance motivée insusceptible de recours : ou bien il ordonne la restitution du document et la destruction du procès-verbal (d'où l'intérêt d'avoir prévu un procès-verbal distinct) si la saisie lui paraît irrégulière ; ou bien il ordonne le versement du scellé et du procès-verbal au dossier de la procédure dans le cas contraire. Étant insusceptible de recours, la décision est immédiatement exécutoire. Le juge des libertés et de la détention ne saurait se refuser à statuer au motif qu'il s'agit de la saisie de données informatiques au prétexte que l'article 56-1 ne vise que des « documents » [3].

Trois remarques supplémentaires peuvent être faites. D'abord, ces dispositions doivent être considérées comme prescrites à peine de nullité. Ensuite, elles sont bien lourdes puisque subsiste la possibilité ultérieure pour les parties de demander la nullité de la saisie devant la chambre de l'instruction ou devant la juridiction de jugement selon qu'il y a eu ou non une instruction (art. 56-1, *in fine*, C.P.P.). Enfin, n'est pas remise en cause la jurisprudence de la chambre criminelle qui exclut, on le sait, la saisie de documents liés aux droits de la défense, sauf si l'avocat est lui-même impliqué comme auteur ou complice de l'infraction.

On ajoutera que la saisie est possible sans difficultés dans certains cas particuliers, par exemple s'il y a accord pour la divulgation entre avocat et client [4], s'il y va de l'intérêt du client [5] et si les documents ne contiennent aucune confidence [6].

1. R. MARTIN, J.C.P., 1997, n° 18, *Actualités*, Aperçu rapide sur la loi n° 97-308 du 7 avril 1997.
2. Selon la circulaire d'application (du 31 mai 2000) de la loi du 15 juin 2000, il est souhaitable que le juge des libertés dresse un procès-verbal des auditions et, si l'avocat perquisitionné a été mis en examen, qu'il convoque son défenseur. La loi est muette sur ces points.
3. Crim., 8 août 2007, B.C., n° 188.
4. Besançon, Ch. acc., 24 novembre 1982, G.P., 1983.I.20, note A. Damien.
5. C.J.C.E., 18 mai 1982, G.P., 1982.I.328, note A. Damien.
6. Crim., 9 février 1988, B.C., n° 63.

2° L'article 56-3, C.P.P., considère en second lieu *les cabinets de médecin* (on peut y assimiler les services hospitaliers et les cliniques) et ceux des *notaires, avoués* et *huissiers*, les domiciles privés n'étant cette fois pas visés. Là encore, c'est un juge qui doit mener la perquisition, et ce en présence d'un représentant de l'ordre ou organisation auquel appartient le praticien. Toutefois, rien n'interdit au juge de saisir rogatoirement un O.P.J. à condition que celui-ci se borne à se faire remettre des documents, sans faire de recherches véritables [1]. Le juge peut évidemment, lors de sa perquisition, saisir tous documents utiles sans pouvoir se voir opposer le secret professionnel [2].

— *Les suites de la saisie*

Plus ou moins rapidement, la saisie cessera. Plusieurs procédures sont prévues par la loi.

445. — *La mainlevée de saisie.* Elle est réalisée au stade de l'enquête. Selon l'article 56, al. 5, C.P.P., « avec l'accord du procureur de la République, l'officier de police judiciaire ne maintient que la saisie des objets et documents utiles à la manifestation de la vérité ». Ce texte intéresse la procédure d'enquête de flagrance. Mais il est également applicable à la procédure d'enquête préliminaire (art. 76, al. 3, C.P.P.). Dans la pratique, la mainlevée est assez fréquente.

446. — *La restitution des objets saisis.* Alors que la mainlevée se situe au cours de l'enquête, la restitution fait partie de l'instruction. Elle est réglementée par les articles 99 (restitution au cours de l'instruction et effectuée par le juge d'instruction), 177, al. 3 (restitution à la clôture de l'instruction et effectuée par le juge d'instruction) et 212, al. 3, C.P.P. (restitution à la clôture de l'instruction et ordonnée par la chambre de l'instruction) [3].

1) Les *conditions de fond* sont assez simples. Selon l'article 99, al. 4, C.P.P., le juge d'instruction refuse la restitution « lorsqu'elle est de nature à faire obstacle à la manifestation de la vérité ou à la sauvegarde des droits des parties ou lorsqu'elle présente un danger pour les personnes ou les biens ». Le magistrat instructeur apprécie souverainement, au vu des éléments fournis par le dossier, s'il y a lieu ou non de faire droit à une demande de restitution [4]. Le même texte ajoute que la restitution peut être refusée

1. Crim., 20 septembre 1995, B.C., n° 310, D., 1996.296, et note J. Penneau, D., 1996, Somm., 257, obs. J. Pradel.

2. Crim., 24 avril 1969, D., 1969.637, rapport F. Chapar, J.C.P., 1970.II.16306, note R. Savatier.

3. La restitution est également possible de la part de la juridiction de jugement : art. 373, 420-1, 478 et 543, C.P.P.

4. Crim., 20 juin 1972, B.C., n° 210 ; 11 décembre 1973, B.C., n° 459 ; 23 mars 1977, B.C., n° 109 ; 8 février 1996, B.C., n° 72, *Dr. pénal*, 1996, comm. 163, obs. M. Véron. Notam-

lorsque la confiscation de l'objet est prévue par la loi. Or les textes en la matière sont très nombreux, la confiscation étant prévue par exemple en matière de chasse et pêche (art. L. 228-14 et s., L. 238-5, C. rur.), en matière de fraude (art. L. 216-2, C. cons.), de proxénétisme (art. 225-24, C.P.), de stupéfiants et de substances vénéneuses ainsi que des produits provenant de ces substances (art. 222-49, C.P.) [1] et de manière générale pour le corps du délit, les choses produites par l'infraction ou celles qui ont servi à la commettre (art. 131-21, C.P.).

À ces conditions légales, la jurisprudence ajoute que les objets restitués doivent être ceux-là mêmes qui avaient été saisis, les objets devant se retrouver en nature [2].

2) Les *conditions de forme* sont minutieusement décrites par l'article 99, C.P.P. Deux voies sont prévues par ce texte.

La première, la plus simple, est celle qui est utilisée en cas d'accord général entre tous les personnages de la procédure : le juge d'instruction peut, avec l'accord du parquet, décider d'office la restitution d'un objet à la victime lorsque la propriété n'en est pas contestée (art. 99, al. 3, C.P.P.). Le magistrat statue évidemment par voie d'ordonnance. Mais celle-ci n'a pas besoin d'être motivée et elle est insusceptible d'appel (arg. art. 99, al. 2 et 5, C.P.P.). Il s'agit d'une ordonnance administrative, non juridictionnelle.

La seconde voie est différente : le juge peut soit sur réquisition du parquet, soit après avis de ce dernier d'office ou sur requête d'une personne (mis en examen, partie civile ou toute autre personne prétendant avoir un droit sur l'objet) statuer sur une restitution. Sa décision peut être favorable ou non favorable à la restitution. Cette décision est motivée [3]. Elle est notifiée soit au requérant en cas de rejet de la demande, soit au Ministère public et à toute autre partie intéressée en cas de décision de restitution. Elle peut être déférée à la chambre de l'instruction sur simple requête déposée au greffe du tribunal, dans les dix jours suivant la notification [4] ; le délai est suspensif. La Chambre de l'instruction peut, avant de statuer, entendre les parties et même le tiers, ce dernier ne pouvant toutefois prendre connaissance du dossier. Quoique l'article 99 ne le dise pas, un pourvoi en cassation est recevable [5].

ment, le juge doit vérifier si le droit de propriété invoqué par la victime d'un vol est sérieusement contesté (Crim., 16 juin 1992, B.C., n° 239 ; 27 septembre 2005, B.C., n° 239) ou si l'objet saisi est dangereux (Crim., 30 avril 1996, B.C., n° 183).

1. Pour une application, Crim., 8 février 1996, B.C., n° 72.

2. Crim., 7 août 1919, S., 1921.I.281, note J.A. Roux.

3. Crim., 6 février 1997, B.C., n° 55, G.P., 1997.I.183, note A. Damien.

4. La requête peut prendre la forme d'un acte d'appel, Crim., 19 février 1985, D., 1985, I.R., 225, B.C., n° 79.

5. Le pourvoi du tiers est immédiatement recevable, Crim., 16 juin 1993, B.C., n° 239. C'est l'inverse pour les parties, Crim., 23 janvier 1973, B.C., n° 28 ; en conséquence, elles doivent présenter la requête prévue aux art. 570 et 571, C.P.P., Crim., 30 janvier 1992, B.C., n° 42.

447. — *Cas particuliers*. Ils sont au nombre de trois.

1° Selon l'article 99-1, C.P.P. (l. 6 janvier 1999), en cas de saisie d'un animal vivant, le procureur ou s'il est saisi, le juge d'instruction, peut le placer dans un lieu de dépôt *ad hoc*. Et lorsque l'animal ainsi placé peut s'avérer dangereux ou si sa santé est mise en péril, le juge d'instruction s'il est saisi, ou un juge, peut ordonner sa cession à titre onéreux, ou son placement chez un tiers, voire son euthanasie.

2° Selon l'article 99-2, C.P.P. (l. 23 juin 1999), quand la restitution d'un bien s'avère impossible (propriétaire non identifié ou ne présentant aucune réclamation) alors que le maintien de la saisie ne s'avère plus nécessaire à la manifestation de la vérité, le juge d'instruction peut ordonner sa destruction ou sa remise au service des domaines.

Ce magistrat peut également décider la remise du bien aux domaines lorsque sa conservation n'est plus nécessaire à la manifestation de la vérité et alors que le maintien de la saisie serait de nature à diminuer sa valeur.

Enfin, il peut ordonner la destruction d'un bien saisi dont la conservation n'est plus nécessaire à la manifestation de la vérité lorsqu'il s'agit d'objets qualifiés par la loi de dangereux et nuisibles ou dont la détention est illicite. On pense à la drogue [1].

La décision du juge est prise par voie d'ordonnance.

3° Dans le cas où aucune demande de restitution n'a été effectuée en cours de procédure, les demandeurs n'ayant formé leur demande qu'après non-lieu ou condamnation définitive, c'est le procureur (de la République ou général) qui est compétent pour statuer (art. 41-4, C.P.P.) et, en cas de refus de sa part, c'est le tribunal correctionnel ou la chambre des appels correctionnels [2].

3. *Demande de renseignements ou documents*

448. — Au lieu de se rendre sur les lieux où il effectuera une perquisition, l'enquêteur ou le magistrat peut, depuis son bureau ou son cabinet, solliciter un service ou organisme pour qu'il lui remette des documents ou lui fournisse des renseignements. Cette voie prend aujourd'hui une importance considérable avec la multiplication des fichiers informatisés et des archives qui ne le sont pas forcément. Les praticiens peuvent ainsi interroger des sources d'informations qui sont les unes pénales et les autres non pénales.

1. Crim., 6 mars 2007, B.C., n° 71, R.P.D.P. 2007.677, obs. E. Verny, impossibilité de détruire le navire qui avait transporté 1,8 tonne de cocaïne, le navire n'étant pas en lui-même dangereux ou nuisible.

2. Crim., 5 février 2002, 2 arrêts, B.C., n°s 21 et 22.

a) Interrogation de sources de nature pénale

449. — Ces sources sont des fichiers automatisés créés aux fins de faciliter la recherche des infractions et de leurs auteurs. On en citera trois.

1° C'est d'abord le *fichier national automatisé des empreintes génétiques* (F.N.A.E.G.) créé par une loi du 17 juin 1998 (art. 706-54 et suivants, C.P.P.). Le principe est celui de la comparaison de traces d'A.D.N. prélevées sur les lieux avec des empreintes génétiques nominatives de personnes définitivement condamnées pour des infractions énumérées. Ce fichier sera étudié plus bas [1].

2° C'est également le fichier automatisé des empreintes digitales (F.A.E.D.), qui enregistre les empreintes des personnes à l'encontre desquelles il y a « des indices graves ou concordants rendant vraisemblable, qu'elles aient pu participer... à la commission d'un crime ou d'un délit et des personnes mises en cause dans une procédure pénale dont l'identification s'avère nécessaire » (décret du 8 avril 1987, modifié par un décret du 27 mai 2005).

3° C'est ensuite le *fichier judiciaire national automatisé des auteurs d'infractions sexuelles et violentes* (F.I.J.A.I.S.) créé par la loi du 9 mars 2004 (art. 706-53-1 à 706-53-12, C.P.P.) « afin de prévenir le renouvellement des infractions mentionnées à l'article 706-47 » (viol, autres agressions sexuelles, corruption de mineur, etc.) « et de faciliter l'identification de leurs auteurs » (art. 706-53-1, C.P.P.). Le fichier est très riche : sont en effet enregistrées les condamnations même non encore définitives y compris par défaut, les compositions pénales, les non-lieux, relaxes et acquittements fondés sur l'aliénation mentale de l'auteur des faits, les mises en examen assorties d'un placement sous contrôle judiciaire si le juge d'instruction a ordonné l'inscription de la décision dans le fichier. Les inscriptions durent pendant 30 ans en matière de crime ou de délit puni de dix ans d'emprisonnement, 20 ans dans les autres cas ; elles résistent à l'amnistie et à la réhabilitation. Les informations contenues dans le fichier sont accessibles, par l'intermédiaire d'un système de télécommunication sécurisé, aux autorités judiciaires et aux O.P.J. [2] ainsi qu'aux préfets et administrations de l'État dont la liste est fixée par décret. Des mesures sont prévues pour assurer les corrections en cas d'erreur et pour éviter des rapprochements entre ce fichier et tous autres. Un décret en Conseil d'État fixe les conditions et modalités de ces dispositions. (Dec., 30 mai 2005, art. R 538-1 et s. C.P.P.)

4° Ce sont enfin les *fichiers automatisés de la police nationale et de la gendarmerie nationale*. L'origine de ces fichiers est constituée par le système de

1. V. *infra*, n°s 477 et s.

2. Les O.P.J. peuvent consulter ce fichier à partir de l'identité d'une personne gardée à vue dans le cadre d'une enquête (préliminaire ou de flagrance) ou en exécution d'une commission rogatoire même si cette procédure ne concerne pas une infraction sexuelle ou de violence. Il suffit que l'O.P.J. soit nanti d'une instruction du parquet ou du juge d'instruction (art. 706-53-7, C.P.P.).

traitement des infractions constatées (S.T.I.C.) qui fonctionnait sans base légale. Or la loi du 18 mars 2003 sur la sécurité intérieure est venue donner cette base à ces fichiers, en en précisant les contours. Selon l'article 21 de cette loi, « les services de la police nationale et de la gendarmerie nationale peuvent mettre en œuvre des applications automatisées d'*informations nominatives* recueillies au cours des enquêtes préliminaires ou de flagrance ou des investigations exécutées sur commission rogatoire et concernant tout crime ou délit ainsi que les contraventions de la cinquième classe sanctionnant un trouble à la sécurité ou à la tranquillité publiques ou une atteinte aux personnes, aux biens ou à l'autorité de l'État, afin de faciliter la constatation des infractions à la loi pénale, le rassemblement des preuves de ces infractions et la recherche de leurs auteurs »[1]. À côté du S.T.I.C., propre à la police nationale et le premier, historiquement, existe aussi le J.U.D.E.X., exploité par la gendarmerie et qui a été offcialisée par le décret du 20 novembre 2006.

Les informations contenues dans ces deux fichiers concernent à la fois les personnes suspectées d'avoir commis une infraction et les victimes.

Le traitement de ces informations s'effectue sous le contrôle du procureur de la République compétent qui peut demander leur effacement ou leur rectification. En cas de relaxe ou d'acquittement, les données personnelles concernant les personnes mises en cause sont effacées sauf décision contraire du procureur pour des raisons liées à la finalité du fichier.

Peuvent accéder à ces fichiers les personnels spécialement habilités de la police et de la gendarmerie ainsi que les magistrats du parquet et de l'instruction.

Un décret en Conseil d'État, pris après avis de la Commission nationale de l'informatique et des libertés, doit fixer les modalités d'application de ces dispositions.

Le Conseil constitutionnel a validé la loi du 18 mars 2003, en précisant notamment que la durée de conservation des données devra être prévue par le décret en conciliant la nécessité d'identifier les auteurs d'infractions et celle de la recherche du relèvement éducatif des mineurs délinquants.

La loi du 12 décembre 2005 sur la récidive — qui est loin de ne parler que de la récidive ! — a ajouté aux informations nominatives les *« données à caractère personnel »* au sens de l'article 8 de la loi du 6 janvier 1978 relative à l'informatique, aux fichiers et aux libertés (données concernant les origines raciales, les opinions politiques, philosophiques ou religieuses, l'appartenance syndicale, la santé et la vie sociale). Mais ces données personnelles ne concernent que des infractions graves : la peine encourue doit être supérieure à cinq ans d'emprisonnement pour les infractions contre la personne et à sept ans pour les infractions contre les biens. Cette limite s'explique par le souci de protéger une partie de la vie privée. Mais on remarquera que les atteintes à la vie privée par la voie informatique ne sont, selon la loi de 1978, légitimes que dans certains cas et curieusement les nécessités de la recherche

1. Cons. const. 13 mars 2003, n° 2003-467, D.C., J.O., 19 mars.

de la vérité ne figurent pas expressément dans la liste (v. art. 8.II de la loi de 1978). Cela dit, les règles procédurales concernant les données personnelles sont les mêmes que celles applicables aux informations nominatives (art. 21-1 de la loi du 18 mars 2003, rajouté par la loi du 12 décembre 2005, art. 30).

S.T.I.C. et J.U.D.E.X. devraient être fondus en 2008 dans un système informatique unique, l'Application de rapprochement d'identification et d'analyse pour les enquêteurs (A.R.I.A.N.E.) qui sera opérationnel en 2008.

5° Ces fichiers conduisent naturellement à des analyses comportementales dont l'objet est d'élaborer le profil psychologique d'un criminel recherché, la détermination de ce profil étant faite à partir des faits matériels de sérialité tirés des fichiers. À cet effet, la police et la gendarmerie se sont dotés d'un nouveau traitement automatisé de données, le système d'analyse des liens de la violence associée au crime (S.A.L.V.A.C.). Le logiciel S.A.L.V.A.C. a été officialisé par la loi du 12 décembre 2005 sur la récidive dont l'article 30 rajoute un article 21-1 à la loi du 18 mars 2003 pour la sécurité intérieure : ce texte vise des investigations informatiques « afin de faciliter la constatation des crimes et délits présentant un caractère sériel, d'en rassembler les preuves et d'en identifier les auteurs, grâce à l'établissement de liens entre les individus, les événements ou les infractions pouvant mettre en évidence ce caractère sériel... ».

b) Interrogation de sources de nature extra-pénale : le droit de réquisition

450. — Les enquêteurs et magistrats peuvent avoir besoin d'informations contenues dans des fichiers tels que ceux d'une compagnie d'assurance, d'une caisse de Sécurité sociale, d'une municipalité, d'un ministère, d'une administration ou d'une entreprise de presse...

— D'où les articles 60-1, C.P.P. (enquête de flagrance), 77-1-1, C.P.P. (enquête préliminaire) et 99-3, C.P.P. (instruction préparatoire) qui permettent aux enquêteurs de requérir toute personne, tout établissement ou organisme privé ou public, toute administration publique détenant des documents intéressant l'enquête ou l'instruction, y compris des documents provenant d'un système informatique ou d'un traitement de données nominatives, de les leur remettre, notamment sous forme numérique. En cas de flagrance, les enquêteurs agissent d'eux mêmes, le procureur pouvant également agir. En cas d'enquête préliminaire, la réquisition émane du procureur de la République à moins qu'il ait autorisé l'officier de police judiciaire à agir [1]. Enfin au cours de l'instruction, la réquisition émane du juge d'instruction ou de l'enquêteur commis par lui. Le procédé étant intrusif, la loi impose l'autorisation ou l'ordre d'un magistrat, sauf en cas de flagrance à raison de l'urgence.

1. Crim., 1er septembre 2005, B.C., n° 211, en cas de réquisition du policier sans autorisation du procureur, l'acte est nul ; 6 décembre 2005, B.C., n° 319.

— D'où aussi les articles 60-2, al. 1, C.P.P. (enquête de flagrance), 77-1-2, C.P.P. (enquête préliminaire) et 99-4, C.P.P. (instruction préparatoire) qui permettait aux enquêteurs, par voie télématique ou informatique adressée à des organismes publics ou à des personnes morales de droit privé, de se faire remettre des informations utiles à la manifestation de la vérité et qui sont contenues dans un système informatique géré par ces organismes ou personnes. On pourrait voir dans ces dispositions textuelles la consécration de l'idée de perquisition informatique encore que la personne ou service sollicité « mettent à la disposition de l'enquêteur les informations utiles... » (art. 60-2, al. 1 *in fine*, C.P.P.). Là encore on retrouve le même système protecteur des libertés. En enquête prémilinaire, il faut l'autorisation du procureur. Au cours de l'instruction, l'enquêteur peut certes agir de lui-même, mais il opère sur commission rogatoire, donc à la demande implicite du juge d'instruction. Ce n'est qu'en flagrance que l'enquêteur agit vraiment de lui-même en raison de l'urgence.

Ces deux séries de textes sont très proches quant à leur domaine [1] et aussi quant au régime de l'obtention des informations. D'abord, le directeur de l'établissement ou organisme sollicité peut opposer le secret professionnel, les articles 60-1, 77-1-1 et 99-3, C.P.P., renvoyant aux articles 56-1 à 56-3, C.P.P. (sur le secret de l'avocat, des organismes de presse et des médecins) et précisant que la remise des documents ne peut intervenir qu'avec leur accord. Ensuite, le fait de refuser de répondre « sans motif légitime » [2] est puni d'une amende de 3 750 € : les personnes morales peuvent également être responsables (art. 60-1, al. 2, 60-2, al. 4, 77-1-1, al. 2 et 99-3, al. 2 C.P.P.).

On citera encore certains textes particuliers comme l'article L. 215-3, C. cons., qui permet aux agents des fraudes de se faire communiquer tous documents « en quelques mains qu'ils se trouvent, propres à faciliter l'accomplissement de leur mission... ».

B — Modes d'obtention des déclarations

451. — Il existe deux sortes de déclarations, le témoignage qui émane d'un tiers et l'aveu qui émane de l'auteur des faits.

Quelle est la portée de cette distinction ? En droit, la distinction entre ces deux moyens de preuve n'apparaît vraiment qu'avec l'instruction préparatoire qui connaît des témoins et des personnes mises en examen (des inculpés, disait-on avant 1993). Car, lors de l'enquête, la loi ne distingue pas : les textes ne parlent ni de témoins, ni de personnes mises en examen, mais seulement de « personnes », terme neutre (art. 61 et 62, C.P.P., art. 122 et 127, déc. 20 mai 1903, sur la gendarmerie, mais *contra* il est vrai,

1. L'article 60-2, C.P.P., ne vise pas expressément les administrations publiques à l'inverse des articles 60-1 et 99-3, C.P.P.

2. Le motif légitime semble s'identifier au secret professionnel.

art. 124 qui parle de témoin). En fait, cependant, il existe dès l'enquête et comme en filigrane, des « témoins » et des « délinquants » (avec des conséquences de droit comme la garde à vue).

La distinction entre ces deux preuves, le témoignage et l'aveu, retentit sur la théorie de la recherche de la preuve. Car le témoignage est obtenu par audition tandis que l'aveu (ou la justification) est obtenu par interrogatoire.

Trois règles communes aux auditions et aux interrogatoires doivent être signalées, consacrées par des lois du 15 juin 2000 et du 15 novembre 2001 :

— tout procès-verbal d'interrogatoire ou d'audition doit comporter le libellé des questions auxquelles il est répondu (art. 429, al. 2, C.P.P.), ce qui pratiquement entraîne la suppression du sigle S.I. (sur interpellation) ; cette règle s'applique aux O.P.J. et aux juges d'instruction ;

— lors des interrogatoires, confrontations et auditions effectués par le juge d'instruction, c'est ce dernier qui « dirige » l'opération. Toutefois, le procureur et les avocats « peuvent poser des questions ou présenter de brèves observations », le juge ayant alors la triple mission de déterminer l'ordre des interventions, d'y mettre un terme lorsqu'il s'estime suffisamment éclairé et même de s'opposer aux questions « de nature à nuire au bon déroulement de l'information ou à la dignité de la personne ». Le refus est mentionné au procès-verbal et si procureur et avocats entendent se faire donner acte d'un désaccord avec le juge d'instruction, celui-ci doit verser au dossier leurs conclusions (art. 120, C.P.P.) ;

— lorsque les nécessités de l'enquête ou de l'instruction le justifient, l'enquêteur ou le juge peuvent organiser l'audition ou l'interrogatoire simultané d'une ou de plusieurs personnes se trouvant en divers points du territoire. L'opération est réalisée par des moyens de télécommunications reliant entre elles les diverses personnes. Dans chaque lieu est dressé un procès-verbal des opérations effectuées. L'enregistrement peut être visuel ou sonore. Si un interprète est nécessaire et s'il ne peut pas se déplacer, il agit par l'intermédiaire de moyens de télécommunications (art. 706-71, C.P.P.). Voilà une disposition qui peut s'avérer très utile pour lutter contre les réseaux criminels organisés. Imaginée par une loi du 15 novembre 2001, cette technique a été retouchée par une autre du 18 mars 2003.

1. *L'audition aux fins de témoignage*

Bibliographie. — M. Blondet, *Le témoignage des assistantes sociales devant les juridictions répressives*, J.C.P., 1968.I.2178 ; J. Chevassus, *Le refus par les éducateurs de témoigner en justice*, D., 1973, chron. 227 ; G. di Marino, *L'indicateur*, in *Problèmes actuels de science criminelle*, vol. III, Presses Universitaires d'Aix-Marseille, 1990.63 ; M. Lemonde, *La protection des témoins devant les tribunaux français*, R.S.C., 1996.815 ; J. Lohéac et G. Dussert, *Du refus de certains fonctionnaires de collaborer à l'action de la justice criminelle*, R.S.C., 1950.92 ; P. Mimin, *La preuve par magnétophone*, J.C.P., 1957.I.370 ; J. Pradel, *La protection des témoins contre les pressions*, R.I.C.P.T., 1996.160 ; J. Susini, *Aspects cliniques et techniques du mensonge et de l'aveu*, R.S.C., 1981.909 ; du même, *La polygraphie du mensonge en 1983*, R.S.C., 1983.521.

452. — *Généralités.* Le témoignage est le récit fait à un juge ou à un O.P.J. par une personne appelée témoin de ce qu'elle a appris directement ou par ouï-dire (indirectement) sur les faits à prouver.

D'un côté, cette preuve présente une *utilité évidente.* Souvent, elle est la seule ou du moins la principale preuve. Les témoins sont « les yeux et les oreilles de la justice »[1], des auxiliaires indispensables du service public de la justice. On doit d'autant plus regretter une tendance actuelle à la « fuite » des témoins.

Mais, de l'autre, le témoignage peut se révéler *dangereux* parce qu'il peut s'avérer erroné ou mensonger. Sur un même fait, un témoin varie au cours de l'instruction, devenant par exemple plus favorable à la personne mise en examen une fois que celle-ci est remise en liberté. Une appréciation critique du témoignage doit porter à la fois sur la valeur morale et sur les facultés psychologiques du témoin[2].

Toute la réglementation de l'audition des témoins s'explique par ces deux idées contraires.

a) Les personnes susceptibles d'audition

453. — Lors de l'enquête toute personne peut être entendue (art. 62, C.P.P., qui est relatif à l'enquête de flagrance, mais qui peut être étendu à l'enquête préliminaire). Au cours de l'instruction, l'article 101, C.P.P., affirme la même règle[3]. Cependant, le magistrat instructeur ne peut entendre certaines personnes.

D'une part, et afin de sauvegarder les droits de la défense, il ne peut entendre comme témoin les personnes nommément visées dans un réquisitoire introductif (art. 105, C.P.P.) ou déjà mises en examen, ou, enfin, qui sont l'objet d'indices graves et concordants d'avoir participé aux faits (art. 105, C.P.P.). Ces personnes ne peuvent être interrogées que comme personnes ayant la qualité de mises en examen, ou dans le cas de l'article 113-1, C.P.P., que comme témoin assisté ou mise en examen.

D'autre part, et afin de protéger une sorte de décence au sein des familles, le juge ne peut entendre — et cette fois à quelque titre que ce soit — les enfants des conjoints dans une procédure en faux témoignage : en effet, la prohibition de l'article 205 nouveau, C. proc. civ., d'entendre les

1. J. BENTHAM, *Traité des preuves*, I, n° 93.

2. F. GORPHE, *La critique du témoignage*, 1924 ; LE ROY, *L'utilisation de la psychologie appliquée en matière de contrôle du témoignage*, R.S.C., 1948.725 ; NAGY, *Quelques problèmes relatifs à l'expertise psychologique du témoin dans le procès pénal*, R.S.C., 1970.355 ; J. SUSINI, *Le témoin, le témoignage et la police*, R.S.C., 1980.499.

3. Règle qui donne lieu en jurisprudence à deux applications extensives. D'abord, le juge d'instruction peut entendre comme témoin un individu mis en examen dans une autre procédure pour des faits différents, Crim., 7 novembre 1978, B.C., n° 229. Ensuite, le juge peut entendre comme témoin un expert qui n'a pas encore déposé son rapport ou qui l'a déposé, Crim., 10 avril 1975, B.C., n° 90.

descendants dans le cadre d'une procédure de divorce « n'est que l'expression d'une règle fondamentale inspirée par un souci de décence... qui ne saurait être tournée par le recours à une procédure pénale »[1].

b) La mise en œuvre de l'audition

454. — Le témoignage est obtenu par une procédure spéciale. Au cours de celle-ci, le témoin a trois obligations en principe (comparaître, prêter serment et déposer, v. art. 109, C.P.P.). Mais le policier et le juge ont un rôle important. Ces deux séries d'éléments apparaissent au cours des diverses phases de l'enquête.

— *Choix et convocation des témoins*

455. — Au cours de l'*enquête*, le choix des témoins est effectué par les O.P.J. (art. 62, C.P.P.). Et la convocation se fait sans forme : par simple voie administrative, voire par avis inséré dans la presse ou même par téléphone[2].

Au cours de l'*instruction préparatoire*, le choix des témoins émane du juge d'instruction (art. 101, al. 1, C.P.P.), sauf possibilité pour les parties de lui en proposer d'autres qu'il peut du reste se refuser à entendre ; en outre des témoins peuvent, d'eux-mêmes, comparaître volontairement (art. 101, al. 2, C.P.P.). Deux modes de convocation sont utilisables : citation faite par un huissier ou un agent de la force publique, simple avertissement transmis au témoin par la gendarmerie, la police ou la mairie. Dans les deux cas, le témoin est avisé que s'il ne comparaît pas ou s'il refuse de comparaître, il pourra y être contraint par la force publique en application des dispositions de l'article 109, C.P.P. (art. 101, al. 3, C.P.P.).

— *Comparution des témoins*

456. — Lors de *l'enquête*, la comparution est obligatoire, qu'il s'agisse de l'enquête de flagrance ou de l'enquête préliminaire. En cas de non-comparution du témoin, l'O.P.J. peut le contraindre à comparaître par la force publique, avec l'autorisation du procureur de la République, et il en est de même pour les personnes dont on peut craindre qu'elles ne répondent pas à la convocation par l'O.P.J. (art. 62, al. 2, C.P.P., pour l'enquête de flagrance ; art. 78, al. l, C.P.P., pour l'enquête préliminaire).

Lors de *l'instruction préparatoire*, deux séries de dispositions sont prévues.

1. Crim., 5 février 1980, B.C., n° 47, G.P., 1980.I.286, note P. Malaval ; 4 janvier 1985, J.C.P., 1985.II.20521, note Lindon et A. Bénabent ; 4 février 1991, B.C., n° 57, J.C.P., 1992.II.21915, note P. Chambon. Toutefois, la prohibition de l'article 205 ne s'applique pas à une procédure de violences entre époux, Crim., 21 février 2006, B.C., n° 49.

2. L'appel à témoin par la presse écrite, ou audiovisuelle, peut être risqué et ne sera mis en œuvre qu'avec l'accord du parquet, A. Decocq, J. Montreuil et J. Buisson, *Le droit de la police*, précité, n° 731.

Normalement, le témoin est tenu de comparaître sous peine de s'y voir contraint par la force publique sur réquisition du parquet [1].

Des règles particulières sont prévues en faveur du Premier ministre et des ministres. Leur comparution est subordonnée à une autorisation du Conseil des ministres, donnée par décret et après avis du garde des Sceaux (art. 652, C.P.P.) [2]. Si l'autorisation est accordée, la déposition est reçue dans les formes ordinaires (art. 653). Sinon, elle est reçue par écrit, au domicile du témoin, par le premier président de la cour d'appel ou du tribunal de grande instance (art. 654).

En outre, la jurisprudence considère, dans le silence de la loi, que le chef de l'État n'est pas tenu de déposer car le refus entraîne une mesure de contrainte et même éventuellement des poursuites, techniques qui sont incompatibles avec le statut immunitaire du premier magistrat de France [3].

— *Déclaration par les témoins de leurs éléments d'identification*

457. — *Le témoin qui ne veut pas déclarer son identité. La question du témoin anonyme.* Au cours de l'enquête de police, il est assez fréquent que des témoins gardent l'anonymat, les O.P.J. se contentant alors de mentionner dans leur procès-verbal qu'ils ont appris tel fait « par une personne digne de foi, mais désirant garder l'anonymat ». Il est vrai que le Code de procédure pénale n'oblige pas les témoins à déclarer leur identité et qu'il est parfois impossible de faire autrement. N'oublions pas la nécessité de faire appel aux informateurs.

Au contraire, au cours de l'instruction préparatoire, l'article 103, C.P.P., oblige le juge d'instruction à demander aux témoins leurs nom, prénoms, âge, état, profession, demeure et s'ils sont parents ou alliés des parties. Or il se trouve qu'aujourd'hui, dans des affaires de trafic de stupéfiants, de crimes à caractère terroriste, voire de vols qualifiés, certains témoins se refusent à dévoiler leur identité, par peur de représailles. C'est tout juste s'ils acceptent de parler. Notre droit, longtemps, s'est montré rigoureux. Dans le silence de la loi, la jurisprudence décidait que « le procès-verbal relatant la déposition d'une personne désirant garder l'anonymat est entaché de nullité substantielle en raison de l'absence des éléments substantiels que sont l'indication des nom, prénom... du témoin » [4].

1. Naguère, le juge d'instruction pouvait condamner le témoin récalcitrant à une amende. Mais la loi du 15 juin 2000 a supprimé cette possibilité en faisant du refus de venir témoigner un délit spécifique puni d'une amende de 3 750 € (art. 434-15-1, C.P.).

2. Si le membre du gouvernement est entendu comme témoin assisté, les dispositions de l'article 652 ne s'appliquent pas, art. 652, al. 3, C.P.P.

3. Ass. plén., 10 octobre 2001, P. AVRIL et J. GICQUEL, *Ombres et lumières sur la Constitution. À propos de Cass. Ass. plén.*, 10 octobre 2001, Petites Affiches, 30 octobre 2001, n° 216 ; A. MARAS, *Le président de la République peut-il témoigner ?* Dr. pén., déc. 2001, comm. 144 ; 2002.237, et note C. Debbasch, 674 et note J. Pradel.

4. Crim., 26 juin 1984, D., 1984, I.R., 466, et obs. J.M.R., dans une affaire où le visage du témoin avait même été recouvert d'une cagoule ; Bourges, 5 décembre 1974, D., 1975, Somm.

Cependant, avec le développement de la criminalité organisée ou intrafamiliale et donc avec la multiplication des témoins qui ne veulent pas déclarer leur identité, les magistrats sont de plus en plus gênés : ou bien en effet le témoin accepte finalement de parler, ce qui permettra à la personne poursuivie de l'interroger, mais ce qui peut entraîner des actes de vengeance ; ou bien le témoin maintient sa position, ce qui le sauve de toutes formes de représailles, mais ce qui paralyse la défense. Pour sortir de cette impasse, le meilleur parti est celui d'admettre le témoignage anonyme, mais sous de strictes conditions, qu'il s'agisse de l'enquête ou de l'instruction.

C'est dans cette voie que s'est engagé le législateur du 15 novembre 2001 en créant au sein du Code de procédure pénale un titre XXI intitulé « De la protection des témoins » (art. 706-57 à 706-63, très légèrement modifiés par les lois des 9 septembre 2002 et 9 mars 2004). Ce titre contient des dispositions sur le témoin qui ne veut pas déclarer son domicile (v. *infra* sous le numéro suivant) et sur celui qui ne veut pas révéler son identité, ce qui doit être examiné de suite. Comme on va le voir et comme il fallait qu'il en soit ainsi, le régime du témoignage anonyme est décrit avec minutie. Trois séries de remarques résument la matière.

Quant aux *conditions de fond* tout d'abord d'un tel témoignage, la loi de 2001 en dégage deux. Il faut en premier lieu que l'infraction poursuivie soit punie au moins de trois ans d'emprisonnement. En second lieu, il faut que l'audition de la personne soit « susceptible de mettre gravement en danger » sa vie ou son intégrité physique, ou celle d'un de ses proches (art. 706-58, al. 1, C.P.P.). Et ces deux conditions peuvent être paralysées « si au regard des circonstances dans lesqueles l'infraction a été commise ou de la personnalité du témoin, la connaissance de l'identité de la personne est indispensable à l'exercice des droits de la défense » (art. 706-60, al. 1, C.P.P.) : il faut supposer que la déposition du témoin sollicitant l'anonymat est une pièce fondamentale dans le dossier ou que le témoin présente des particularités intéressant le suspect ou le mis en examen (témoin haineux, « acheté »...).

Les *conditions de procédure* sont, elles aussi, assez complexes. Le procureur de la République (en cas d'enquête) ou le juge d'instruction (en cas d'infor-mation) saisit par requête motivée le juge des libertés et de la détention, cette nouvelle bonne à tout faire de notre procédure pénale. Ce juge rend une ordonnance par laquelle il accepte ou rejette la requête : en acceptant, le juge autorise que les déclarations du témoin soient recueillies sans que son identité apparaisse dans le dossier.

C'est enfin le *déroulement de l'audition* et plus largement les *suites de l'ordonnance* qui sont réglementées. L'acte d'investigation est effectué normalement par le magistrat instructeur ou par les O.P.J., voire par le magistrat chargé d'un supplément d'information ordonné par la juridiction de

55, nullité d'une déposition, la personne ayant exigé de garder l'anonymat. Comp. Crim., 4 juin 1997, D., 1998, Somm. 174, obs. J. Pradel, condamnation justifiée par des indices s'ajoutant à des témoignages anonymes.

jugement, mais le juge des libertés et de la détention peut se réserver cette charge (art. 706-58, al. 1, *in fine*, C.P.P.). L'ordonnance de ce magistrat est jointe au procès-verbal d'audition, l'identité de la personne étant par ailleurs inscrite dans un autre procès-verbal signé par l'intéressé et versé dans un dossier distinct, et inscrite sur un registre tenu au greffe du tribunal (art. 706-58, al. 2, C.P.P.). Enfin, la personne mise en examen (mais pas le suspect au cours de l'enquête) se voit reconnaître deux droits, liés au caractère très exceptionnel d'une telle audition :

— à compter du jour où il lui a été donné connaissance du contenu de la déposition, s'ouvre un délai de dix jours pendant lequel cette personne peut saisir le président de la chambre de l'instruction aux fins de contestation de cette déposition ; le président statue par décision motivée et insusceptible de recours ; il peut maintenir l'audition, l'annuler, voire ordonner que l'identité du témoin soit révélée si ce dernier l'accepte [1] ;

— le mis en examen peut se contenter de demander à être confronté avec le témoin anonyme. L'enquêteur met alors en œuvre « un dispositif technique permettant l'audition du témoin à distance » ou l'interrogatoire de ce témoin par un avocat. La voix du témoin est brouillée (art. 706-61, C.P.P.).

En agissant ainsi, le législateur du 15 novembre 2001 a largement consacré une jurisprudence de la C.E.D.H. rendue dans plusieurs affaires néerlandaises. Dans un premier arrêt, de 1989, la C.E.D.H. rappelle que « la Conv. E.D.H. n'empêche pas de s'appuyer au stade de l'instruction préparatoire, sur des sources telles que des indications occultes, mais que l'emploi ultérieur de déclarations anonymes comme preuves suffisantes pour justifier une condamnation soulève un problème différent » [2]. À lire cet arrêt et deux autres rendus en 1996 et 1997, il résulte que l'emploi des témoignages anonymes est subordonné à trois conditions : il faut que le témoin puisse se prévaloir de motifs pertinents et suffisants expliquant son refus de déposer à découvert ; il faut que la défense ait eu une occasion suffisante et adéquate de contester le témoignage anonyme à charge [3] ; il faut enfin que ce témoignage ne soit ni la seule preuve, ni une preuve déterminante de la culpabilité [4]. Les deux premières conditions intéressent surtout la phase préparatoire alors que la troisième concerne essentiellement la phase de l'audience. C'est pourquoi on retrouvera la question en examinant la phase décisoire.

On ajoutera que, dans de nombreuses législations étrangères, la loi (ou la pratique) prévoit que l'audition du témoin et sa confrontation avec le suspect peut se

1. C'est le seul cas où l'identité du témoin peut être révélée. Sinon en effet, la révélation constitue un délit puni de 5 ans d'emprisonnement et de 75 000 E d'amende (art. 706-59, al. 2, C.P.P.).

2. C.E.D.H., 20 novembre 1989, *Kostovski c/ Pays-Bas*, § 44, *in fine*, R.S.C., 1990.388 et obs. L.E. Pettiti.

3. Car selon l'art. 6, § 3 d, Conv. E.D.H., l'accusé peut interroger les témoins à charge (principe du contradictoire).

4. C.E.D.H., 26 mars 1996, *Doorson c/ Pays-Bas*, R.D.P.C., 1997.1221, note M.A. Beernaert ; 23 avril 1997, *Van Mechelen c/ Pays-Bas*, R.T.D.H., 1998.145, note J. de Codt ; J. Pradel et G. Corstens, *Droit pénal européen*, 2e éd., 2002, n° 358, Dalloz ; J.F. Renucci, *Les témoins anonymes et la Conv. E.D.H.*, R.P.D.P., 1998.3 et s.

faire par interphone, le témoin se trouvant dans une pièce autre que celle où se trouve l'individu poursuivi. Parfois, le témoin est porteur d'une cagoule sur la tête et sa voix est déformée ou encore il se trouve derrière une glace sans tain [1].

458. — *Le témoin qui ne veut pas déclarer son domicile.* Parfois, le témoin, sans refuser de décliner son identité, refuse de donner son adresse par peur de pressions ou représailles. Aussi une loi du 15 novembre 2001 (art. 706-57, C.P.P.) autorise-t-elle les personnes entendues en qualité de témoin lors de l'enquête à déclarer comme domicile l'adresse du commissariat ou de la gendarmerie. Il faut l'accord du procureur de la République ou du juge d'instruction. Pour l'application de cette règle, dans chaque service de police judiciaire est conservé un registre contenant la vraie adresse des témoins et l'élection de domicile ainsi réalisée en début de procédure demeure valable devant les juridictions d'instruction et de jugement. En aucun cas, la vraie adresse ne peut être révélée [2], sauf décision contraire du président de la chambre de l'instruction, saisi par la personne mise en examen dans les dix jours à compter de la date à laquelle elle a été informée de cette adresse fictive (art. 706-59, al. 1 et 706-60, al. 2, C.P.P.).

— *Serment des témoins*

459. — Cette formalité vise à attirer l'attention du témoin sur l'importance du récit qu'il va faire, en faisant appel à sa conscience morale ou religieuse. Le caractère quasi religieux du serment a pour effet qu'un témoin peut utiliser les formes prévues par sa religion au lieu de la formule légale [3]. Trois problèmes se posent.

• *À quels stades du procès le serment est-il prévu ?* Il ne l'est pas au stade de l'enquête, le formalisme y étant réduit. En revanche, il est prêté au cours de l'instruction préparatoire [4]. Dans ce cas, le témoin jure « de dire toute la vérité, rien que la vérité » (art. 103, 153, al. 1, C.P.P.).

• Le serment a un *caractère d'ordre public* puisque prévu dans l'intérêt de la justice pour assurer la sincérité des dépositions. De là, deux conséquences. D'abord, le témoin ne peut, sous les peines prévues à l'article 434-15-4, C.P. (amende de 3 750 €), se refuser à prêter serment ou se faire dispenser de cette formalité par le juge ou les parties. Ensuite, la procédure est nulle : soit lorsque le serment n'a pas été prêté [5] ; soit lorsque la formule de serment a été modifiée ou tronquée [6]. Toutefois, la jurisprudence récente, influencée

1. H. Bosly et D. Vandermeersch, *Droit de la procédure pénale*, La Charte, Brugge, Belgique, 4ᵉ éd. 2005, p. 408.
2. Sous peine d'un emprisonnement de cinq ans et d'une amende de 75 000 € (art. 706-59, al. 2, C.P.P.).
3. Crim., 16 décembre 1875, D., 1877.I.413 ; 8 mars 1924, B.C., n° 117.
4. Même par les parents et alliés du mis en examen, Crim., 22 mars 1983, B.C., n° 87.
5. Crim., 13 octobre 1955, B.C., n° 400.
6. Crim., 20 décembre 1967, B.C., n° 336.

par la loi du 6 août 1975 (art. 802, C.P.P.), exclut la nullité lorsque l'inobservation de la formalité du serment n'a pas nui à la défense [1].

• Enfin, *l'obligation de prêter serment ne pèse pas sur certaines personnes*, lesquelles ne déposent qu'à titre de « simple renseignement » au cours de l'instruction préparatoire (et se trouvent donc dans la même situation que toutes les personnes au cours de l'enquête). La dispense de serment peut d'abord s'expliquer par une présomption de déficience psychologique : de là, l'exclusion du serment des mineurs de moins de seize ans à l'instruction (art. 108, C.P.P.), l'âge s'appréciant lors de la déposition et non lors des faits ; les incapacités étant de droit étroit, les anormaux mentaux et les vieillards prêtent serment, sauf au juge à ordonner une expertise pour déterminer la crédibilité de leur déposition et, le cas échéant, à exclure celle-ci. La dispense de serment peut également se fonder sur une présomption de déficience morale ou de partialité. De là l'exclusion du serment pour les condamnés si le juge a prononcé l'interdiction des droits civiques, civils et de la famille (art. 131-26, C.P.). La dispense peut en outre se fonder sur le fait que certains témoins ont des pouvoirs pour exercer des poursuites : ainsi en est-il du directeur départemental de l'agriculture [2].

— *Déposition des témoins*

C'est la question la plus intéressante et elle comporte plusieurs aspects.

460. — *L'obligation de déposer.* Il faut d'abord la distinguer du devoir général de témoigner en vertu duquel tout citoyen doit spontanément fournir à la justice les éléments parvenus à sa connaissance. Ce devoir de témoigner n'est consacré en droit français par aucun texte pénal d'ordre général. En effet, il existe bien une disposition générale, mais elle est civile et donc sans grande portée : c'est l'article 10, C. civ., qui oblige chacun à apporter son concours à la justice en vue de la manifestation de la vérité. Et d'autre part, les rares dispositions pénales que l'on peut recenser ne concernent que des situations très particulières (art. 434-1, 434-11 et 434-12, C.P.). Cela étant l'obligation de déposer doit être examinée à deux égards :

1° Son *principe* d'abord peut faire difficulté lorsque le témoin est astreint au secret professionnel. D'un côté en effet, l'article 226-13, C.P., fait de la violation du secret professionnel un délit pénal. Et de l'autre, l'article 434-15-1, C.P., érige également en infraction le refus de témoigner. Deux attitudes sont possibles : ou bien le secret professionnel l'emporte et constitue un fait justificatif du refus de témoigner, ou bien, au contraire, l'obligation de témoigner s'impose et joue comme fait justificatif de la violation du secret professionnel. La première thèse est celle du secret

1. Crim., 31 mars 1981, B.C., n° 110 ; 22 mars 1982, B.C., n° 87 ; 2 octobre 1990, B.C., n° 327.
2. Crim., 7 avril 1993, B.C., n° 154.

professionnel absolu et la seconde est celle du secret professionnel relatif [1]. Ces deux théories intéressent à la fois le droit de fond et la procédure.

La conception absolutiste est apparue peu après le milieu du XIXe siècle. L'ouvrage de base est celui de C. MUTEAU qui considérait que cette conception évitait toute incertitude ou hésitation : en laissant chacun libre d'apprécier selon sa conscience s'il doit parler ou non, on met le client à la merci du médecin ou de l'avocat et on tue la confiance [2]. Cette théorie fut reprise, de façon un peu moins absolue du reste par le corps médical et notamment par le docteur BROUARDEL [3]. Elle fut parallèlement consacrée par la chambre criminelle en droit pénal de fond, dans le cadre d'une poursuite pour violation du secret professionnel contre un médecin [4].

Peu de temps après, à la fin du XIXe siècle, apparut la thèse du secret relatif au nom de l'intérêt social qui tantôt appelle un secret total, tantôt appelle un secret réduit. LE POITTEVIN pensait que le secret disparaissait en cas d'accord de la personne intéressée à sa préservation [5]. PLANIOL énumérait les cas dans lesquels le secret pouvait disparaître : l'intérêt de la police criminelle, l'intérêt de l'administration civile, l'inté-rêt sanitaire, l'intérêt pécuniaire d'un particulier, n'excluant en fait que ce dernier cas [6]. Peu après, ROUX dégageait la fameuse théorie du conflit de devoirs : la personne normalement tenue au secret échappe à toute responsabilité en parlant lorsqu'elle obéit à un devoir que la loi estime supérieure, ce qui confère une nature légale à la justification [7].

Aujourd'hui, la thèse relativiste a plutôt la faveur et c'est heureux. Comment obliger le médecin à se taire alors qu'il sait par l'exercice de sa profession que l'accusé est innocent ou irresponsable ? Le professeur BALTHAZARD a évoqué le cas du médecin qui s'était tu dans un procès visant une jeune femme accusée d'avoir empoisonné sa mère alors qu'il savait que celle-ci avait succombé à une maladie rénale [8].

Que décide notre droit ? Le C.P.P. est muet sur la question. Quant à la jurisprudence, elle décide d'abord que le témoin envisageant de se retrancher derrière le secret professionnel doit comparaître [9] et prêter serment [10]. Cela dit, elle distingue entre deux catégories de personnes.

1. On lira sur la théorie générale deux ouvrages, R. FLORIOT et R. COMBALDIEU, *Le secret professionnel*, Flammarion, 1973 ; L. LAMBERT, *Le secret professionnel*, Nemesis, Bruxelles, 1985.
2. Ch. MUTEAU, *Du secret professionnel, de son étendue et de la responsabilité qu'il entraîne*, Maresq, Paris, 1870.
3. P. BRAOUARDEL, *Le secret médical*, Baillière, Paris, 2e éd., 1993. On prête à cet auteur le mot célèbre, « Le silence quand même et toujours ».
4. Crim., 19 décembre 1885, *aff. Watelet*, S., 1886.I.176, rapport Tanon, D., 188.I.347.
5. G. LE POITTEVIN, note au S., 1897.I.81, sous Req. 9 avril 1895.
6. M. PLANIOL, note au D., 1899.I.585, sous Civ., 1er mai 1899.
7. J.A. ROUX, note au S., 1914.I.169, sous Crim., 9 mai 1913.
8. J. HONORAT et L. MÉLENNEC, *Vers une relativisation du secret médical*, J.C.P., 1979.I.2936.
9. C. assises, 10 avril 1877, D., 1878, S., 442.
10. Crim., 11 juin 1926, D.H., 1926.378. En effet, le témoin ne peut invoquer le secret professionnel qu'à partir du moment où il commence à être interrogé car, avant, il ne sait pas forcément les questions qui vont lui être posées.

D'une part, les « confidents nécessaires », pour qui le secret est absolu, doivent refuser leur témoignage : ce sont les médecins [1], les prêtres [2], notaires et avocats [3]. On y ajoute les policiers pour les noms de leurs indicateurs ou informateurs [4] et les fonctionnaires de la D.S.T. [5]. La loi du 4 janvier 1993 a ajouté en un sens les journalistes qui, entendus sur des informations recueillies dans l'exercice de leur activité, sont libres de ne pas en révéler l'origine (art. 109, al. 2, C.P.P.) [6].

Toutes ces personnes peuvent cependant parler : 1° Pour justifier leur bonne foi si elles sont inquiétées [7] ; 2° Dans les cas exceptionnels où la déposition est autorisée par la loi (art. 226-14, C.P., sur les médecins qui dans l'exercice de leur fonction découvrent des sévices) ou par la jurisprudence [8], avec cependant une difficulté d'interprétation car si l'article 226-14, C.P., paraît imposer au médecin de parler ou au moins lui permet de parler (en cas d'accord de la victime), l'article 434-3, C.P., le lui interdit ! Le plus sage serait de laisser au médecin sa liberté de choix » [9].

D'autre part, les autres personnes doivent toujours déposer, le secret étant alors relatif. Tel est le cas des agents de change, banquiers [10], fonctionnaires [11],

1. Crim., 8 mai 1947, *aff. Decraene*, J.C.P., 1948.II.4141, note A. Légal, D., 1948.109, note Gulphe ; 22 décembre 1966, *aff. Bordier*, J.C.P., 1967.II.15126, note R. Savatier, D., 1967.127, rapport R. Combaldieu, R.S.C., 1967.453, obs. G. Levasseur, J. Pradel et A. Varinard, n° 15 ; 5 juin 1985, B.C., n° 218, D., 1988.106, note H. Fenaux ; 8 avril 1998, B.C., n° 138. Tous ces arrêts usent de la même formule : « l'obligation au secret professionnel, établie et sanctionnée... pour assurer la confiance nécessaire à l'exercice de certaines professions ou de certaines fonctions, s'impose aux médecins, hormis les cas où la loi en dispose autrement, comme un devoir de leur état ; sous cette seule réserve, elle est générale et absolue et il n'appartient à personne de les en affranchir ».

2. V. l'important arrêt CE 10 avril 2008, D., 2008, AJ, 1150, annulation partielle du décret du 26 juin 2006, pris en application de la loi du 11 février 2004 de transposition dans l'ordre interne de la deuxième directive du 4 décembre 2001 « relative à la prévention de l'utilisation du système financier aux fins de blanchiment de capitaux » et imposant aux avocats une obligation de dénonciation de leurs propres clients. On approuvera cet arrêt qui sauve le secret de l'avocat.

3. Crim., 4 décembre 1891, D., 1892.I.139 ; 11 mai 1959, B.C., n° 253, D., 1959.312 ; 5 février 1970, D., 1970.249 ; *add.* M. Robine, *Le secret professionnel du ministre du culte*, D., 1982, chron. 221.

4. Crim., 6 juillet 1894, D., 1899.I.171 ; 4 avril 1924, D., 1925.I.10.

5. Paris, Ch. acc., 27 mai 1987, D., 1987, Somm. 410, obs. J. Pradel.

6. J. Francillon, *Le secret professionnel des journalistes*, Mélanges Larguier, Presses universitaires de Grenoble, 1993.127. Mais la jurisprudence a imaginé de faire appel à l'encontre des journalistes au délit de recel de violation du secret de l'instruction. V. *infra* n° 509.

7. Crim., 20 décembre 1967, D., 1969.309, note E. Lepointe.

8. Crim., 14 février 1978, D., 1978.249, note J. Pradel, à propos des sévices à enfants connus des assistantes sociales.

9. M.L. Rassat, *Droit pénal spécial*, 4e éd., 2004, n° 437.

10. T.G.I. Lure, 4 novembre 1970, D., 1971.276, note C. Gavalda. Même solution pour les experts-comptables, Angers, 30 juin 1955, J.C.P., 1956.II.9283 ; même solution aussi pour les agents d'une société fiduciaire, Crim., 2 mai 1978, B.C., n° 133 ; *add.*, A. Teissier, *Le secret professionnel du banquier*, Presses Universitaires d'Aix-Marseille, 1999, préface G. di Marino, pp. 184 et s.

11. Crim., 5 novembre 1903, D., 1904.I.25, note G. Le Poittevin pour des préposés des postes ; 6 juillet 1929, D.H., 1929.494, idem ; *add.*, note A. Chavanne au J.C.P., 1959.II.8471.

éducateurs spécialisés [1], préposés d'un organisme de prévention du bâtiment et des travaux publics [2], directeurs de foyer accueillant des personnes libérées [3]. Enfin, les journalistes sont dans une position particulière. Un projet de loi en discussion devant le parlement décide que « le secret des sources des journalistes est protégé afin de permettre l'information du public sur des questions d'intérêt général ». Une atteinte ne pourrait y être portée que si elle est « strictement nécessaire » et elle ne peut « en aucun cas consister en une obligation pour le journaliste de révéler ses sources » [4]. Le texte s'intègre dans la loi du 29 juillet 1881 sur la liberté de la presse.

2° La *sanction* de l'obligation de déposer est assurée comme celle des obligations de comparaître et de prêter serment, c'est-à-dire par une amende de 3 750 € (art. 434-15-1, C.P.). Ce mépris de la justice constitue donc un délit correctionnel.

461. — *L'obligation de déposer sincèrement.* Il faut absolument que les témoins disent la vérité ou du moins qu'ils disent ce qu'ils croient avoir vu ou entendu. D'où l'incrimination du faux témoignage par l'article 434-13, C.P., les peines étant celles de cinq ans d'emprisonnement et de 75 000 € d'amende. Ce délit est conçu à la fois largement et étroitement.

Largement en ce que le faux témoignage peut être fait « devant toute juridiction ou devant un officier de police judiciaire agissant en exécution d'une commission rogatoire ». Sous l'empire de l'ancien Code, le mensonge devait être commis devant une juridiction de jugement.

Étroitement à deux égards. D'abord, le délit suppose que le témoin ait prêté serment, ce qui exclut la poursuite à l'égard de toute personne qui ne prête pas serment comme les mineurs de moins de seize ans ou ceux qui déposent au cours d'une enquête. Ensuite, le faux témoin est exempt de peine s'il a rétracté spontanément son témoignage avant la décision rendue par la juridiction d'instruction ou de jugement (art. 434-13, al. 2, C.P.P.) : le législateur a voulu inciter le faux témoin à se rétracter en lui offrant une exemption de peine s'il le fait [5].

D'autre part, pour assurer une plus grande sincérité des déclarations des mineurs, victimes d'infractions sexuelles, un avocat les assiste pendant leur audition par le juge d'instruction et, pour les auditeurs ultérieurs, l'avocat sera convoqué et il aura accès au dossier (art. 706-51-1, C.P.P.). Le législateur a entendu assurer un certain équilibre entre la personne mise en examen déjà assisté d'un avocat et la jeune victime.

1. Crim., 4 novembre 1971, B.C., n° 301, J.C.P., 1972.II.17256, note Mayer-Jack ; 8 octobre 1997, B.C., n° 329, D., 1998, Somm. 305, note Dekeuwer-Defossez, R.S.C., 1998.320, obs. Y. Mayaud, *Dr. pénal*, 1998, comm. 50, note M. Véron ; *add.*, J. CHEVASSUS, *Le refus par les éducateurs de témoigner en justice*, D., 1973, chron. 227.
2. Crim., 6 juillet 1977, B.C., n° 258.
3. Crim., 17 mars 1982, B.C., n° 78.
4. Texte voté en première lecture par l'Assemblée nationale le 15 mai 2008, D. 2008, 1397 et s.
5. J. PRADEL et M. DANTI-JUAN, *Droit pénal spécial, 4e éd.*, 2007, n° 292.

462. — *Le déroulement de la déposition.* Voici les *règles générales.* On doit d'abord noter deux règles constantes : le témoin décline son identité (juste avant de prêter serment quand cette formalité est prévue) et il peut être assisté d'un interprète qui prête serment de traduire fidèlement ses déclarations. Pour le reste, on doit distinguer.

Lors de *l'enquête,* l'officier de police judiciaire pose les questions à l'intéressé et en transcrit l'essentiel. La personne est ensuite invitée à relire sa déposition et elle peut, à cette occasion, y faire consigner des précisions supplémentaires. Enfin, la déposition est signée par le comparant et le policier (art. 62, al. 3, C.P.P.).

Au cours de *l'instruction préparatoire,* l'audition a lieu en présence du juge et du greffier. Il faut bien préciser que les témoins sont « entendus » (art. 102, al. 1, C.P.P.) [1] et non interrogés, ce qui vise à exclure les questions piège. Rien n'interdit cependant au juge de poser ensuite des questions. La déposition terminée, le juge la dicte au greffier qui en établit un procès-verbal. Celui-ci est relu par le déposant, puis signé par lui, par le juge et par le greffier (art. 106 et 107, C.P.P.). Un arrêt a admis la présence d'un magistrat du parquet « dès lors qu'il n'est pas intervenu et n'a pas fait poser de question » [2].

Les confrontations collectives par l'effet desquelles un mis en examen est mis en face de plusieurs personnes où le chargent ne sont pas interdites. Cependant, elles ne sont pas sans inconvénients sur le plan de la qualité de la preuve. C'est pourquoi le mis en examen peut demander à être confronté séparément avec chacune d'entre elles (art. 120-1, C.P.P.). Le juge d'instruction statue sur cette demande selon les règles inscrites à l'article 82-1 (en cas de refus, il rend un ordonnance, elle-même susceptible d'appel. Le refus ne peut être fondé sur le seul fait qu'une confrontation collective est organisée.

Il existe aussi quelques règles particulières. Le premier exemple est fourni par les articles 706-52 et 706-53, C.P.P., sur les infractions sexuelles dont un mineur est victime (l. 17 juin 1998) [3].

— Selon l'article 706-52, l'audition du mineur fait l'objet d'un *enregistrement audiovisuel.* L'accord du procureur ou du juge d'instruction est nécessaire et il peut être uniquement sonore. Si l'enregistrement ne peut être effectué pour raison technique, il en est fait mention dans le procès-verbal d'audition, d'où l'on peut déduire que celui-ci reste valable. Pour la réalisation de cet enregistrement, le magistrat ou l'O.P.J. peut faire appel à une personne qualifiée (qui est tenue au secret professionnel). Il est établi une copie de l'enregistrement pour en faciliter la consultation ultérieure.

1. L'article 102, al. 1, précise aussi que les témoins sont entendus « soit séparément et hors la présence des parties, soit lors de la confrontation réalisée entre eux ou avec l'une ou l'autre des parties ».

2. Crim., 19 juin 1990, D., 1991.15, note Coste.

3. J. PRADEL et J.L. SENON, *De la prévention et de la répression des infractions sexuelles, Commentaire de la loi n° 98-468 du 17 juin 1998,* R.P.D.P., 1998.208 et s.

On aura compris que cette disposition tend à éviter la multiplication des auditions du mineur, toujours traumatisantes [1]. À l'étranger, une telle disposition existe souvent.

— L'article 706-53 prévoit la *présence d'un tiers* lors de l'audition d'un mineur, qu'il soit victime ou auteur. Plus précisément, l'audition est réalisée sur décision du procureur de la République ou du juge d'instruction, le cas échéant sur demande du mineur « en présence d'un psychologue ou d'un médecin spécialiste de l'enfance ou d'un membre de la famille du mineur ou de l'administrateur *ad hoc* désigné en application de l'article 706-50 ou encore d'une personne chargée d'un mandat du juge des enfants ». On doit considérer que ce tiers est tenu au secret de l'enquête et de l'instruction puisqu'il « concourt » à la procédure, un peu comme un témoin instrumentaire.

Le second exemple résulte de l'article 706-71, C.P.P., applicable à toutes affaires. Si les nécessités de l'enquête ou de l'instruction le justifient, l'audition ou l'interrogatoire de personnes éloignées les unes des autres et/ou du juge peut être conduit à l'aide de moyens de télécommunications [2].

463. — *Les suites de la déposition.* Sa déposition terminée, le témoin va bénéficier d'une protection et d'avantages. Mais ceux-ci ne jouent que si le témoin est intervenu lors de l'instruction ou du jugement. D'une part, le témoin a droit à des indemnités de comparution, de frais de voyage et de séjour versés soit par le greffier s'il a été cité par le parquet, soit par les parties à la requête desquelles il a été convoqué (art. R. 123 et s., C.P.P.). D'autre part, les diffamations et injures commises envers le témoin « à raison de sa déposition » sont pénalement sanctionnées (art. 31 et 33, l. du 29 juillet 1881) [3]. Enfin, le témoin est protégé par le fait justificatif tiré de l'ordre de la loi contre les actions (par ex. en diffamation) qui pourraient être dirigées contre lui à raison de son témoignage ; mais la justification cesse si le témoin est malveillant [4].

2. *L'interrogatoire aux fins d'aveu*

Bibliographie. — C. Ambroise-Castérot, Aveu, Rép. pén., Dalloz, 2004 ; M.J. Arcaute-Descazeaux, *L'aveu. Essai d'une contribution à la justice négociée*, thèse dactyl., Toulouse, 1998 ; R. Charles, *Le droit au silence de l'inculpé*, R.I.D.P., 1953.129, 1951.204, 223 et 256 ; P.J. Doll, *L'interrogatoire de l'inculpé par les experts*, G.P., 1972.II, doct. 439 ; H. Donnedieu de Vabres, *La justice pénale et l'emploi du penthotal*, R.I.D.P., 1949.2 ; A. Mellor, *La torture*, 1949 ; P. Mimin, *L'interrogatoire par le juge d'instruction* (*règles légales et règles techniques*), 1926 ; P. Salvage-Gerest, *Le droit de ne pas s'accuser soi-même et la justice pénale française*, thèse dactyl., Grenoble, 1971 ; J. Susini, *Aspects cliniques et techniques du mensonge et de l'aveu*, R.S.C., 1981.909 ; du même, *La polygraphie du mensonge en 1983*, R.S.C., 1983.521 ; R. Vouin, *L'emploi de la narco-analyse en médecine légale*, D., 1949, chron. 101.

1. J.R. Spencer et R. Flirt, *The evidence of children, Trie law and trie psychology*, Blakestone Press Limited, 1990.164 et s.
2. V. *supra*, n° 380.
3. Crim., 15 mars 1906, D., 1906.I.336.
4. Rouen, 10 mars 1954, J.C.P., 1954.II.8253, note R. Rodière.

464. — *Généralités.* L'aveu est une déclaration par laquelle une personne reconnaît en totalité ou en partie avoir commis un fait répréhensible. On distingue l'aveu extra-judiciaire et l'aveu judiciaire. Le premier est fait en dehors de la présence d'un juge ou d'un O.P.J. et l'on peut citer les lettres par lesquelles une personne suspecte a reconnu sa culpabilité. De tels aveux ont la nature d'indices. Quant à l'aveu judiciaire, il est passé devant un magistrat (notamment un juge d'instruction) ou devant un O.P.J. C'est ce dernier qui, étant obtenu par voie d'interrogatoire, nous intéressera ici.

D'une étude faite sur plusieurs centaines de dossiers au sein de la Cour d'appel de Pau, il résulte que l'aveu est passé beaucoup plus souvent au cours de la garde à vue que pendant l'instruction. Il y a très peu d'aveux en matière de proxénétisme et de trafic de drogue, beaucoup plus en cas de violences et de parricide. Il y a davantage d'aveux en matière de crime qu'en matière de délit. De façon générale, les rétractations sont rares [1]. Voilà pour la pratique de l'aveu.

Autre question, quelles sont les motivations de l'aveu ? C'est qu'en effet à première vue, l'aveu est contre nature puisqu'il peut conduire à la condamnation de celui qui reconnaît les faits.

Certains avouent parce que les preuves sont si fortes qu'il serait vain de nier. D'ailleurs, le mensonge, pensent-ils, exigerait un effort d'imagination qui déboucherait sur des invraisemblances ou des contradictions ; il pourrait aussi, ajoutent-ils, indisposer le juge.

D'autres avouent parce qu'ils voient dans la confession le meilleur moyen d'expliquer leur geste, de faire apparaître un mobile qui peut valoir adoucissement de la condamnation.

Il est enfin une ultime raison qui est liée à la confession faite au prêtre catholique. L'aveu a quelque chose de sacré et il est le début, la condition de l'amendement. Comme il a été excellemment dit, « l'aveu est la condition première de l'épuration spirituelle... il doit ouvrir le cœur à la contrition » [2].

a) Les caractères de l'interrogatoire

465. — *Principe.* Effectué devant un O.P.J. et plus encore devant un juge, l'interrogatoire constitue à la fois un moyen d'instruction et un moyen de défense. Ce double caractère est affirmé de longue date en doctrine [3] et en jurisprudence [4]. Il entraîne diverses conséquences, bien que le C.P.P. ne les ait pas exprimées formellement.

466. — *L'interrogatoire, moyen d'instruction.* Indispensable à la recherche de la vérité, l'interrogatoire peut être décidé par le policier ou le juge

1. M.J. ARCAUTE-DESCAZEAUX, *L'aveu. Essai d'une contribution à la justice négociée*, thèse, Toulouse, 1998.128.

2. R. MERLE, *La pénitence et la peine*, éd. Cujas-Cerf, 1985.37 et s. ; *add.* A. SCATTOLIN, *La volonté de la personne poursuivie. Étude de droit français et aperçus de droits étrangers*, thèse dactyl., Poitiers, 1996.181 et s.

3. FAUSTIN-HÉLIE, IV, n°s 1919 et s.

4. Crim., 16 novembre 1849, B.C., n° 303.

d'instruction à tout moment et il peut être répété aussi souvent qu'il est nécessaire. En outre, puisqu'il tend à la recherche de la vérité, l'interrogatoire doit être mené par des procédés loyaux et tels que la sincérité des déclarations ne puisse être suspectée. Cette idée donne lieu à trois applications.

— En premier lieu, sont évidemment à proscrire tous moyens directement coercitifs. C'est le cas de la torture, dramatiquement réapparue au XXe siècle [1]. C'est aussi le cas des interrogatoires brutaux et épuisants, qu'un auteur avait curieusement qualifiés de « tortures licites » provocant un « vertige mental entraînant l'aveu » [2]. En pratique, le problème de la torture et de ses substituts ne se pose qu'au cours de l'enquête et, le cas échéant, dans le cadre de l'instruction préparatoire lorsqu'un policier entend un suspect sur commission rogatoire.

Depuis quelques années, la question est renouvelée par l'existence de l'article 3, Conv. E.D.H., qui a donné lieu à certaines condamnations de la France par la C.E.D.H. [3] et à certaines applications dans la jurisprudence nationale : à des personnes qui se plaignaient d'une durée excessive de leur interrogatoire au cours des gardes à vue, la chambre criminelle a considéré qu'en l'espèce, il n'y avait pas eu de traitements dégradants et inhumains et que les déclarations n'étaient pas l'effet de la fatigue [4]. D'où l'on peut déduire qu'un interrogatoire trop long compte tenu des facultés de l'intéressé aurait pu être sanctionné. Question de fait en vérité puisque la durée des interrogatoires n'est pas quantifiée dans la loi.

Dans de nombreux codes étrangers, existent des dispositions précises interdisant l'emploi de la torture et de procédés qui s'y apparentent. Rien de tel dans notre législation procédurale. Une disposition en ce sens n'apporterait d'ailleurs pas grand-chose compte tenu de l'article 3, Conv. E.D.H., et de l'habitude de notre chambre criminelle de faire appel aux « principes généraux du droit ».

— En second lieu, est à rejeter l'emploi de procédés scientifiques pouvant porter atteinte à l'intégrité de la personne. Cependant l'emploi de méthodes scientifiques débordant le cadre de l'interrogatoire, l'étude en sera faite plus bas [5].

— En troisième lieu, se pose le problème de l'utilisation des ruses et artifices, c'est-à-dire de la loyauté. Là encore, il s'agit d'une question qui

1. A. Mellor, *La torture*, 1949 ; Trib. confl., 9 juillet 1953, J.C.P., 1953.II.7797, note J. Rivero ; Crim., 18 février 1954, D., 1954.165, rapport M. Patin.

2. L. Lambert, *Traité de police judiciaire*, 2e éd., 1947.251 et 706, ces expressions ayant du reste disparu dans la 3e éd., 1951.246 ; v. aussi du même auteur, *Nécessité judiciaire, sociale et morale de l'interrogatoire policier*, R.S.C., 1949, supplément au numéro d'avril-juin.

3. J. Pradel et G. Corstens, *Droit pénal européen*, 2e éd., 2002, Dalloz, n° 285.

4. Crim., 26 février 1991, B.C., n° 97 ; 10 mars 1992, B.C., n° 105.

5. V. *infra*, n° 475.

déborde le cadre de l'interrogatoire. D'où son examen dans un développement antérieur autonome [1].

467. — *L'interrogatoire, moyen de défense.* Effectué au cours de l'instruction, notamment au cours de l'instruction préparatoire, l'interrogatoire constitue un bon moyen de défense. De là, les conséquences suivantes systématisées en doctrine depuis FAUSTIN-HÉLIE.

Tout d'abord, le juge doit procéder à l'interrogatoire au moins une fois au cours de l'instruction. Bien que cette exigence ne soit formulée qu'indirectement par l'article 114, C.P.P., une jurisprudence très ferme la proclame avec netteté [2]. Le vœu de la loi est même, que le juge procède à deux interrogatoires : celui de première comparution et celui dit de fond au cours duquel une discussion est toujours possible [3].

Ensuite, la personne mise en examen ne prête pas serment [4] : un tel engagement porterait atteinte à la liberté de sa défense alors qu'elle doit pouvoir mentir ou modifier à sa guise son système de défense au cours de l'instruction.

De plus, l'individu a droit à l'assistance d'un avocat, ce droit étant, il est vrai, limité pour l'essentiel au stade de l'instruction, mais faisant apparaître un lien entre défense et procédure contradictoire.

En outre, une fois que l'instruction est ouverte, l'interrogatoire de la personne contre laquelle pèsent des charges ne peut être mené que par un juge (soit le juge d'instruction en charge du dossier, soit un autre juge commis rogatoirement par celui-là). Le juge doit en outre respecter un certain nombre de formalités destinées à assurer le respect des droits de la défense [5].

Enfin, l'intéressé peut toujours — à l'enquête et à l'instruction — se refuser à répondre s'il estime qu'une telle attitude est la plus conforme aux intérêts de sa défense : c'est le *droit au silence*, qui mérite des développements particuliers.

468. — *Le droit au silence* [6]. Après avoir été contesté par BECCARIA et BENTHAM [7], le droit au silence fut timidement reconnu par LE GRAVEREND [8].

1. V. *supra*, n° 413.
2. Crim., 8 novembre 1834 et 12 février 1835, S., 1835.I.459 ; 8 avril 1892, D., 1893.I.302, 1er décembre 1966, D., 1967.23, rapport Costa ; 12 octobre 1972, D., 1973.170, note J. Pradel.
3. V. *infra*, n° 721.
4. Crim., 6 janvier 1923, S., 1923.I.185, note J.A. Roux.
5. V. *infra*, nos 712 et s.
6. La bibliographie est considérable, v. not. B. BOULOC, *Le silence de la personne mise en examen peut-il justifier sa mise en détention ?*, D., 1995, chron. 314 ; B. BOULOC, R. DE BERO et P. LEGROS, *Le droit au silence et la détention provisoire*, Droit et Justice, Bruylant-Bruxelles, 1997, n° 69 ; R. CHARLES, *Le droit au silence de l'inculpé*, R.I.D.P., 1953.129, 195, 204, 223 et 256 ; O. KLEES, *De l'obligation de témoigner au droit au silence*, R.T.D.H., 1994.248 et s., ; Ph. QUARRE, *Le droit au silence*, Journal des Tribunaux, Bruxelles, 1974.525 et s. ; du même, *Les droits de l'homme et le procès équitable*, in *Mélanges J. Velu*, II, Bruylant, Bruxelles, 1992.877 ; C. DE VALKENEER, *De l'usage de la tromperie dans l'administration de la preuve pénale*, thèse dactyl. Université catholique de Louvain-la-Neuve, 1999.394 et s.
7. Qui y voyait « une confession de fait », *Traité des preuves judiciaires*, II, 1823.451.
8. *Traité de la législation criminelle en France*, 3e éd., 1830.I.242.

Actuellement, ce droit n'est plus discuté encore que la question reste complexe.

1° Il faut d'abord distinguer dans le droit du silence entre le droit de ne pas répondre aux questions et l'interdiction pour le juge de tirer des conséquences du silence du prévenu. Ce second aspect intéresse la phase décisoire [1]. Seul le premier intéresse la phase préparatoire.

On admet dans notre droit que le suspect ou le mis en examen peut refuser de répondre aux questions qui lui sont posées. La loi le dit expressément lors de la première comparution de la personne suspecte, devant le juge d'instruction [2,3]. Mais le droit au silence se fonde sur divers arguments : le refus de parler n'est pas incriminé ; la charge de la preuve pèse sur le poursuivant de sorte que le prévenu n'a pas à collaborer avec la justice ; du fait de l'existence de droits de la défense, le suspect ou le mis en examen peut se cantonner dans une attitude passive s'il considère que tel est le meilleur moyen pour assurer sa défense ; le fait pour l'enquêteur ou le juge de « forcer » l'individu à s'exprimer pourrait conduire celui-ci à faire des déclarations inexactes.

Dans les droits autres que le droit français, le droit au silence au sens de droit de ne pas répondre aux questions est souvent consacré officiellement [4]. De même, l'article 14, § 3 g, du Pacte international relatif aux droits civils et politiques décide : « Toute personne accusée d'une infraction pénale a le droit de ne pas être forcée à témoigner contre elle-même ou de s'accuser coupable ». Rien de tel en revanche dans la Conv. E.D.H., mais la jurisprudence de la C.E.D.H. reconnaît le droit au silence [5].

2° On doit également se demander si le droit au silence concerne la personne ayant juridiquement la qualité de témoin, mais étant en fait auteur ou complice de faits délictueux. Il faut distinguer.

Si l'on se trouve dans le cadre d'une instruction et s'il y a à l'encontre du témoin des indices graves et concordants de participation aux faits dont le juge est saisi, celui-ci ne peut entendre ce témoin en qualité de témoin, devant le mettre en examen (art. 105, al. 1, C.P.P.). D'un autre côté, le fait de connaître la preuve de l'innocence d'une personne détenue provisoirement ou jugée pour crime ou délit et de s'abstenir d'apporter un

1. V. *infra*, n° 852.

2. *Add.* l'ancien art. 63-1, al. 1, C.P.P. (L. du 4 mars 2002) : « La personne gardée à vue est également immédiatement informée qu'elle a le choix de faire des déclarations, de répondre aux questions qui lui seront posées ou de se taire », ce qui indique clairement les trois branches de l'option offerte à la personne dès le début de sa garde à vue, v. J. PRADEL, *La loi du 4 mars 2002*, D., 2002, chron., 1693 et s. Mais cette disposition a été abrogée en 2003.

3. Art. 116, al. 4, C.P.P., décidant que le juge d'instruction « avertit... la personne qu'elle a le choix soit de se taire, soit de faire des déclarations, soit d'être interrogée », v. *infra*, n° 661.

4. Soit dans la loi, soit dans la jurisprudence comme c'est le cas aux États-Unis, J. PRADEL, *Droit pénal comparé*, 2e éd., Dalloz, 2002, nos 372 et s.

5. C.E.D.H., 8 février 1996, *Murray c/ Royaume-Uni*, et 2 mai 2000, *Condron c/ Royaume-Uni*.

témoignage, certes répréhensible normalement, ne l'est plus lorsque le sachant refuse de déposer parce qu'il est auteur ou complice de l'infraction, ou conjoint de cet auteur ou complice (art. 434-11, C.P.) : en ce cas, le fait de témoigner exposerait l'intéressé à des poursuites. Enfin, dans tous les cas autres que ceux visés à ces deux articles, le témoin doit témoigner, faute par notre droit d'avoir prévu une dispense [1].

Il paraît souhaitable et même nécessaire d'obliger à parler le témoin ayant participé aux faits, le juge l'ignorant. Mais on pourrait ne pas tenir compte des déclarations de témoin dans un procès ouvert ultérieurement contre lui, la poursuite reposant uniquement sur des éléments extérieurs à ces déclarations. On pourrait aussi prévoir une réduction de peine en faveur du témoin qui aurait été contraint de s'autoincriminer [2]. Il faut rappeler en effet que le témoin même s'il a participé aux faits doit déposer sous sanctions pénales, l'art. 434-15-1, C.P., parlant du témoin en général ; c'est seulement en cas d'indices que le témoin peut devenir témoin assisté ou mis en examen.

b) La mise en œuvre de l'interrogatoire

469. — Lors de l'*enquête*, l'interrogatoire est effectué : 1° soit par les officiers de police judiciaire en cas d'enquête préliminaire (art. 77, C.P.P.) ; 2° soit par les officiers de police judiciaire (art. 63 et 64) ou le procureur de la République (art. 70, al. 2, et 71) en cas d'enquête de flagrance. Cet acte est fait sans la présence d'un avocat et les déclarations de l'intéressé donnent lieu à l'établissement d'un procès-verbal qu'il signe avec l'interrogateur.

Lors de l'*instruction préparatoire*, l'interrogatoire ne peut être effectué que par un juge, celui qui est saisi ou celui qui est délégué par celui qui est saisi. Il est procédé à cet acte en secret, avec la seule présence du greffier et, le cas échéant, de l'avocat de la personne mise en examen ; le procureur de la République peut également être présent s'il a au préalable manifesté au juge son intention en ce sens (art. 119, C.P.P.). Quand toutes les questions ont été posées, le juge dicte les réponses au greffier qui en dresse procès-verbal. Celui-ci est relu par la personne mise en examen, puis signé par les parties, le greffier et le juge (art. 121, 106 et 107).

Une loi du 5 mars 2007 a prévu l'enregistrement des déclarations des majeurs en garde à vue (art. 64-1, C.P.P.) et en matière criminelle des personnes mises en examen (art. 116-1, C.P.P.). Le régime est identique dans

1. Le « privilège » de non-incrimination est prévu expressément par le 5e amendement à la Constitution des U.S.A. et par l'article 11 c de la Charte canadienne des droits et libertés. L'article 14, § 3 g, du Pacte international, précité, peut également être interprété dans ce sens. Dans le sens du « privilège », voir aussi Comm. E.D.H., 13 octobre 1992, R.T.D.H., 1994.243 et s., « le principe de la protection contre le témoignage contre soi-même est, à l'instar du principe de la présomption d'innocence, l'un des éléments les plus fondamentaux du droit d'être entendu équitablement ».

2. C. DE VALKENEER, *De l'usage de la tromperie dans l'administration de la preuve pénale*, thèse, Louvain-la-Neuve, 1999 p. 402 et s.

les deux cas. Résumons-le. L'enregistrement ne peut être consulté au cours de l'instruction ou devant la juridiction de jugement qu'en cas de contestation du contenu du procès-verbal d'interrogatoire, la décision étant prise par le juge d'instruction ou la juridiction de jugement à la demande du parquet ou d'une partie. À l'issue d'un délai de cinq ans à compter de l'extinction de l'action publique, l'enregistrement est détruit dans le délai d'un mois. Trois limites à l'obligation d'enregistrement sont prévues : 1° quand plusieurs personnes doivent être interrogées simultanément, le procureur de la République ou le juge d'instruction décide quels interrogatoires ne seront pas enregistrés, le critère étant celui des nécessités des investigations ; 2° en cas d'impossibilité technique d'un enregistrement, il en est fait mention dans le procès-verbal avec l'indication de la nature de cette impossibilité ; 3° tout enregistrement est exclu en matière de criminalité organisée au sens de l'article 706-73, C.P.P.

Le principe de l'enregistrement est bon, mais il posera bien des difficultés et fallait-il bien y astreindre le juge d'instruction qui, à l'inverse des O.P.J, opère toujours en présence et avec le greffier ? En revanche, la loi aurait pu étendre l'enregistrement des déclarations de certains témoins essentiels, à la discrétion du juge d'instruction [1].

§ 2. — LES MÉTHODES SCIENTIFIQUES

A — L'obtention scientifique d'indices

Bibliographie. — C. AMBROISE-CASTÉROT, *Les prélèvements corporels et la preuve pénale*, Mélanges Julien, éd. Édilaix, 2003, p. 9 ; P. BOUZAT, *Les méthodes modernes d'investigation et les droits de la défense*, R.S.C., 1958, supplément au n° 2 ; Colloque sur les méthodes scientifiques de recherche de la vérité, Abidjan, janvier 1972 (not. rapports G. Levasseur, G. Vassali, R.F. Le Bris et R. Ottenhof), R.I.D.P., 1972.223 et s. ; F. GORPHE, *L'appréciation des preuves en justice. Essai d'une méthode technique*, Sirey, 1947 ; V. GAMBIER, *La défense des droits de la personne dans la recherche moderne des preuves en procédure pénale française*, Dr. pénal, 1992, chron. 66 ; J. GRAVEN, *Le problème des nouvelles techniques d'investigation au procès pénal*, R.S.C., 1950.313 ; C. PUIGELIER, *Observations sur le droit pénal scientifique à l'aube du troisième millénaire*, Mélanges J. Pradel, éd. Cujas, 2006, p. 473 ; C. PUIGELIER et J. SAINTE-ROSE, *Juge et progrès scientifique, in Science éthique et droit*, éd. O. Jacob, 2007, p. 279.

470. — *Attrait pour ces méthodes et réfutation des obstacles à leur utilisation.* Avec l'explosion de nos connaissances en matière scientifique, la tentation

1. J. PRADEL, *Les suites législatives de l'affaire dite d'Outreau.* À propos de la loi n° 2007.291 du 5 mars 2007, J.P.C. 2007.I.138, n° 23 et 24.

est forte chez les pénalistes (juges, procureurs et policiers) d'utiliser ces connaissances pour détecter et confondre les malfaiteurs. Déjà, LOMBROSO et FERRI saluaient l'avènement de la preuve scientifique. Des obstacles à un usage généralisé se présentent cependant à l'esprit, dont il faut mesurer la valeur.

Le premier obstacle touche à la *fiabilité des moyens scientifiques*. Tous les procédés modernes sont-ils susceptibles d'une égale et totale confiance ? Certes non. Le narco-interrogatoire (narco-audition) [1], qui tend à l'obtention d'aveux est d'une efficacité réduite : l'aveu ne peut être obtenu avec certitude et celui qui est obtenu n'est pas forcément vrai si l'on songe à l'existence d'un phénomène d'auto-accusation [2]. Le détecteur de mensonge ou polygraphe peut tout au plus donner des indications pour orienter l'enquête [3]. De son côté, le narco-diagnostic qui vise à détecter une simulation ou des troubles psychiques peut s'avérer fiable [4]. Et ce procédé plus moderne qu'est le prélèvement de cellules aux fins de détermination de l'empreinte génétique d'un individu (A.D.N.) est indéniablement d'une grande fiabilité dès lors que les conditions de recueil des échantillons et leur degré de pureté sont au-dessus de tout soupçon [5]. L'argument de la non-fiabilité ou d'un doute sur la fiabilité n'est donc dans l'ensemble pas très solide, sauf en ce qui concerne le « sérum de vérité ».

Aussi délicat est le second obstacle, tiré du respect des *droits de l'homme :* il s'agit plus précisément de l'inviolabilité du corps (à propos des prélèvements) [6], de l'intimité de la personne (à propos notamment des écoutes téléphoniques) [7] et des droits de la défense, spécialement dans leur aspect concernant le droit au silence [8]. Une décision remarquée a annulé l'audition d'un témoin sous hypnose pour réactiver sa mémoire sur des détails précis : quoique l'audition ait été menée avec l'aide d'un hypnologue et que le témoin ait été d'accord, la Cour de cassation y a vu une atteinte aux

1. On parle encore de « sérum de vérité » ou de narco-analyse, G. HEUYER, *Les méthodes scientifiques de recherche de la vérité*, R.I.D.P., 1972.245-250.

2. Travaux du professeur DIVRY et du docteur BOBON, cités par G. Heuyer, précité, 248. *Add.* intervention du docteur LEYRIE, R.I.D.P., 1972.288.

3. Venu d'Amérique, d'où également le nom de *lie detector* quoique l'inventeur en soit LOMBROSO. Il en existe de nombreuses variantes, le principe étant de mesurer le rythme cardio-vasculaire ou le rythme respiratoire et musculaire d'un suspect, ces rythmes variant selon qu'il ment ou dit vrai. Un tube en caoutchouc ceinture le thorax de l'intéressé et est relié à une plume enregistreuse qui indique ces rythmes pendant l'interrogatoire, v. J. SUSINI, *Place et portée du polygraphe dans la recherche judiciaire de la vérité*, R.I.D.P., 1972.255 et s.

4. Procédé médical qui provoque chez le patient un état de subnarcose grâce à une injection de penthotal.

5. Même observation pour l'analyse de sang et les empreintes digitales.

6. Selon l'art. 16-1, C. civ. (l. du 29 juillet 1994), « le corps humain est inviolable ».

7. La loi pénale incrimine la violation de l'intimité de la vie privée, sauf consentement de l'intéressé, art. 226-1 et s., C.P.

8. Des auteurs considèrent que le droit au silence inclut le droit pour le prévenu de s'opposer de fournir à la justice des informations tirées de son corps, V. C. HENNEAU-HUBLET, *Les tests d'identification génétique en matière pénale*, Journal des Tribunaux, Bruxelles, 1998.804.

dispositions légales sur les modes d'administration des preuves et à l'exercice des droits de la défense [1].

Pour toutes ces raisons, on a parfois rejeté l'appel aux techniques scientifiques.

Ces raisons pourtant ne sont guère pertinentes. On est d'abord tenté d'invoquer l'article 10, C. civ., selon lequel « chacun est tenu d'apporter son concours à la justice en vue de la manifestation de la vérité ». Cependant, l'appel à ce texte est d'emblée voué à l'échec car il n'intéresse que le droit civil et la procédure civile.

La véritable raison permettant de faire appel aux procédés scientifiques et de balayer en conséquence l'argument des droits de l'homme est celle-ci : la justice pénale sanctionne les graves atteintes à l'intérêt général, contrairement à la justice civile, et pour défendre cet intérêt général, la justice pénale doit disposer de moyens particulièrement efficaces. D'où l'on peut déduire que plus est grand le péril à l'intérêt général, plus les procédés scientifiques utilisables pourront être contraignants [2]. Par exemple, l'appel à l'A.D.N. doit être possible pour la preuve de toute infraction grave car la détermination du coupable va dans le sens de l'intérêt général en permettant à la fois d'éviter de la part de celui-ci la commission d'autres infractions et la condamnation d'un innocent contre lequel il y aurait eu des indices à charge. En clair, entre deux maux — l'atteinte (très réduite) aux droits de l'homme d'un individu et l'atteinte à l'ordre social — il faut choisir le moindre.

Sans entrer encore dans le détail de notre procédure pénale, on peut signaler certaines applications positives de cette idée. Ainsi le Code civil, après avoir indiqué que le corps humain est inviolable (art. 16-1) ajoute que l'étude génétique d'un individu est possible à des fins médicales et... « dans le cadre de mesures d'enquête ou d'instruction diligentées lors d'une procédure judiciaire ». Et la C.E.D.H. cantonne nettement le droit au silence en ajoutant « qu'il ne s'étend pas à l'usage, dans une procédure pénale, de données que l'on peut obtenir de l'accusé en recourant à des procédés coercitifs, mais qui existent indépendamment de la volonté du suspect, par exemple les documents recueillis en vertu d'un mandat, les prélèvements d'haleine, de sang et d'urine ainsi que des tissus corporels en vue d'une analyse de l'A.D.N. » [3].

Néanmoins, des garanties s'imposent. La décision de recourir à une preuve scientifique doit être prise en principe par un juge, défenseur naturel des libertés. Dans le cas de prélèvement sur la personne, il faut que la mesure n'entraîne aucune souffrance ou suites fâcheuses [4]. Enfin, dans tous

1. Crim., 12 décembre 2000, B.C., n° 369, D., 2001.1340, note D. Mayer et J.-F. Chassaing, J.C.P., 2001.II.10495, note C. Puigelier, D. pén., 2001, comm., n° 38, obs. A. Maron, R.P.D.P., 2001, pp. 590 et s., obs. A. Hervé, R.C.S., 2001.610, obs. A. Giudicelli.

2. G. Levasseur, *Les méthodes scientifiques de recherche de la vérité*, R.I.D.P., 1972.321.

3. C.E.D.H., 17 décembre 1996, *Saunders c/ Royaume-Uni*, Recueil, 1996-VI.

4. G. Levasseur, précité, pp. 327 et 328.

les cas, il faut que l'intéressé puisse discuter les résultats (principe du contradictoire).

1. *Modes ne portant pas atteinte au corps humain*

a) Enregistrement des paroles ou de l'image d'une personne

— *Opérations conduites en un lieu public. Jurisprudence*

471. — S'agissant d'abord de la *captation de l'image d'un individu*, nos tribunaux admettent de longue date la preuve obtenue — avant mise en examen — par des procédés comme la photographie, le radar et le cinémomètre pour conserver la preuve d'une infraction routière comme l'excès de vitesse [1].

Des gestes peuvent être fixés par caméra. Des employeurs ont pu déposer plainte en joignant à celle-ci des enregistrements montrant des employés s'appropriant des sommes d'argent au cours de manipulation de caisse occasionnées par leur activité professionnelle [2]. Il faut cependant observer que dans ces espèces, les scènes enregistrées l'étaient dans des lieux ouverts au public, s'agissant de locaux commerciaux. Car le placement d'une caméra en un lieu privé, en l'état du droit français, aurait exposé l'agent à une poursuite pour atteinte à l'intimité de la vie privée (art. 226-1 et s., C.P.). On observera que la chambre sociale rejette la preuve par caméra placée dans le magasin même, lieu pourtant public [3].

S'agissant ensuite de la *captation de la parole d'un individu*, en fait par le moyen d'un magnétophone, elle est admise de longue date par la doctrine [4] et par la jurisprudence qui y voit un « indice de preuve » [5]. Et si un arrêt a exclu l'enregistrement effectué clandestinement par un enquêteur, agissant dans l'exercice de ses fonctions et recueillant les propos d'un tiers, c'est parce qu'en l'espèce, on pouvait imaginer une atteinte aux droits de la défense, en fait une déloyauté [6].

1. Crim., 20 janvier 1977, J.C.P., 1977.II.18641, note P. Chambon ; 8 novembre 1977, D., 1978, I.R., 231 ; 30 novembre 1977, D., 1978, I.R., 243 ; 24 juillet 1979, B.C., n° 248 ; 18 août 1979, B.C., n° 255 ; 4 février 1980, B.C., n° 45 ; 9 février 1981, B.C., n° 49 ; 11 janvier 1995, B.C., n° 14 ; 24 mars 1999, B.C., n° 55. *Add.* A. VITU, *La preuve de l'excès de vitesse*, R.S.C., 1980, pp. 425 et 975, 1981, p. 376 ; D. THOMAS, *La relativité des contrôles par cinémomètres*, D., 1980, chron. 129.

2. Crim., 23 juillet 1992, B.C., n° 274, D., 1993, Somm. 206, obs. J. Pradel ; 6 avril 1994, B.C., n° 136.

3. Soc., 20 novembre 1991, D., 1992.73, concl. Y. Chauvy.

4. P. MIMIN, *La preuve par magnétophone*, J.C.P., 1957.I.1370.

5. Crim., 16 mars 1961, J.C.P., 1961.II.12157, note J. Larguier ; 28 avril 1987, B.C., n° 173, pour un enregistrement effectué par un des participants à la conversation ; 14 octobre 1992, G.P., 22 avril 1993, 28 octobre 1992, id.

6. Crim., 16 décembre 1997, D., 1998.354, note J. Pradel ; 19 janvier 1999, B.C., n° 9, même affaire sur second pourvoi et refus d'annulation.

L'enregistrement de conversations de détenus au parloir de l'établissement pénitentiaire a donné lieu à une jurisprudence intéressante, mais contradictoire. D'un côté, la chambre criminelle a admis cette pratique à des fins probatoires, invoquant notamment l'absence de dispositions légales ou conventionnelles l'interdisant [1], tout en exigeant que le juge d'instruction puisse contrôler la mesure et s'assurer qu'il n'y ait pas atteinte aux droits de la défense [2]. Mais d'un autre côté, la C.E.D.H. a vu dans ces enregistrements une ingérence dans la vie privée des détenus au sens de l'article 8 Conv. E.D.H. et considère que le droit français n'indique pas avec assez de clarté les possibilités d'ingérence par les autorités publiques [3]. En l'espèce, le juge d'instruction avait fait placer le mis en examen en détention provisoire et avait ordonné qu'un système d'écoute de ses conversations au parloir soit installé. La solution de la C.E.D.H. est étonnante : le parloir n'est pas un lieu privé (et d'ailleurs les juges européens ne le disent pas expressément) puisque des gardiens doivent assister à l'entretien ; en outre, l'article 8, § 2, Conv. E.D.H. prévoit — à supposer qu'il y ait eu ingérence en un lieu privé — des cas où l'ingérence est licite comme la nécessité d'assurer « la prévention des infractions pénales ». C'était bien le cas. Enfin une décision plus récente de la chambre criminelle admet expressément la sonorisation d'un parloir dans une affaire de criminalité organisée alors qu'il y a des textes particuliers l'autorisant [4]. Cette dernière position devrait être à l'abri de la critique.

— *Opérations conduites dans un lieu privé. Loi du 9 mars 2004 (art. 706-96 à 706-12, C.P.P.)*

472. — De telles opérations portent évidemment atteinte aux libertés publiques, présentant un « caractère extrêmement intrusif » [5]. D'un autre côté, ces méthodes spéciales d'investigation existent depuis assez longtemps dans plusieurs droits étrangers (Grande-Bretagne, Allemagne...) et, comme il a été dit lors de l'élaboration de la loi du 9 mars 2004, « la France est régulièrement sollicitée par les services de pays voisins qui, par exemple, ont sonorisé des véhicules de trafiquants de drogue et se voient dans l'impossibilité de poursuivre l'enquête — ou alors de manière illégale [6] — lorsque ces véhicules passent nos frontières » [7]. C'est pourquoi le législateur de 2004 a

1. Crim., 17 mars 1992, pourvoi n° 91-86-888.
2. Crim., 12 décembre 2000, B.C., n° 369, D. 2001, 1340, note Mayer et Chassaing.
3. C.E.D.H., 20 décembre 2005, *Wisse c/ France*, D. 2006.764, note D. Roets. Il s'agit de l'affaire jugée le 12 décembre 2000 par la chambre criminelle.
4. Crim., 1er mars 2006, D. 2006, 1504, note J. Prade, R.P.D.P. 2006.618, obs. E. Verny. *A contrario*, la sonorisation est plus problématique pour les affaires « ordinaires ».
5. F. Zocchetto, rapport à la commission sénatoriale des lois sur le projet de loi du 9 avril 2003 (qui débouchera sur la loi du 9 mars 2004), n° 441, 24 septembre 2003, 79.
6. Crim., 15 février 2000, B.C., n° 68, annulation d'une sonorisation ordonnée par un juge d'instruction, faute de texte.
7. F. Zocchetto, précité, p. 79.

consacré ces procédés dans une section intitulée « Des sonorisations et des fixations d'images de certains lieux ou véhicules » (art. 706-96 et s.) [1]. Ces procédé, particulièrement intrusifs ne peuvent être utilisé qu'en matière d'infractions de criminalité organisée, dont la liste est donnée à l'article 706-73, C.P.P. [2]

La mesure est *définie* comme la mise en place « d'un dispositif technique ayant pour objet, sans le consentement des intéressés, la captation, la fixation, la transmission et l'enregistrement de paroles prononcées par une ou plusieurs personnes à titre privé ou confidentiel, dans des lieux ou véhicules privés ou publics, ou de l'image d'une ou plusieurs personnes se trouvant dans un lieu privé » (art. 706-96, al. 1).

Le *décideur* des sonorisations et fixations d'images est le juge d'instruction qui a dû recueillir au préalable l'avis du parquet [3]. Toutefois si l'opération doit intervenir dans un lieu d'habitation et de nuit, le juge d'instruction doit saisir le juge des libertés et de la détention qui délivre l'autorisation (art. 706-96, al. 2). Le législateur a repris ici ce qu'il avait déjà imaginé pour la détention provisoire dont la prise de décision suppose l'accord des deux juges.

La *décision* a la forme d'une ordonnance et celle-ci est motivée en fonction des nécessités de l'information et elle doit préciser la durée des opérateurs [4]. Elle doit comporter les éléments permettant d'identifier les véhicules aux lieux privés ou publics visés ainsi que l'infraction. Cette dernière doit faire partie de la liste de l'article 706-73 qui énumère quinze infractions de criminalité organisée. La décision est prise pour une durée de quatre mois renouvelable (art. 706-97 et 706-98). De plus, l'ordonnance doit être doublée d'une commission rogatoire spéciale en vue de l'exécution de cette ordonnance [5].

Les opérations de sonorisation et fixation d'images ne peut toucher certains lieux (cabinet et domicile d'avocats, locaux d'une entreprise de presse, cabinet d'un médecin, notaire, avoué et huissier, domicile, bureaux et véhicules des parlementaires). Ce sont des *lieux sanctuarisés* (art. 706-96, al. 3).

En revanche, le parloir d'une prison peut être sonorisé [6].

Enfin, l'*exécution de l'opération* obéit à des règles qui sont décrites en détail aux articles 706-99 à 706-102, C.P.P. Le juge d'instruction ou l'officier de police judiciaire commis par lui peut requérir tout technicien qualifié. Il dresse procès-verbal de chacune des opérations de mise en place du dispositif

1. E. Verny, *Des sonorisations et des fixations d'images décidées par le juge d'instruction*, R.P.D.P. 2004, p. 777 et s.

2. Crim., 21 mars 2007, B.C., n° 59, D. 2007.1205, obs. Darsonville, R.P.D.P. 2007.678, obs. E. Verny, pas de photographies possibles de plaques d'immarticulations de véhicules pour faire apparaître un trafic de cartes grises.

3. Crim., 21 mars 2007, exclusion dans le cadre d'une enquête.

4. Crim., 27 février 2008, n° 07-88.275, D. 2008, A.J., 991.

5. Crim., 13 février 2008, n° 07-87.458, D. 2008, A.J., 787. A.J. pénal 2008, 193, obs. Lavric.

6. Crim., 1er mars 2006, B.C., n° 59, D. 2007.1504, note J. Pradel. Dans le même sens, C.E.D.H., 31 mai 2005, *Vetter c/ France* et 20 décembre 2005, *Wisse c/ France*, D. 2006.767, note Roets.

technique et des opérations d'enregistrement. Les enregistrements sont placés sous scellés fermés. Le juge ou l'enquêteur transcrit dans un procès-verbal, versé au dossier, les images ou les conversations qui sont utiles à la manifestation de la vérité. Les enregistrements sont détruits, à la diligence du parquet, à l'expiration du délai de prescription de l'action publique. Ces règles rappellent d'assez près celles qui concernent les écoutes téléphoniques [1].

b) Enregistrement des conversations téléphoniques d'une personne

Bibliographie. — R. BADINTER, *La protection de la vie privée contre l'écoute électronique clandestine*, J.C.P., 1971.I.2435 ; A. CHAVANNE, *Les résultats de l'audio-surveillance comme preuve pénale*, rapport au XIIe Congrès international de droit comparé, Sydney-Melbourne, août 1986, R.I.D.C., 1986.749 ; G. DI MARINO, *Le statut des écoutes et enregistrements clandestins en procédure pénale*, rapport au VIIIe Congrès de l'Association française de droit pénal, Grenoble, novembre 1986, in *Le droit criminel face aux technologies nouvelles de la communication*, Economica, 1987.35 ; P.J. DOLL, *De la légalité de l'interception des communications téléphoniques au cours d'une information judiciaire*, D., 1965, chron. 125 ; J. GAUTHIER, *Enregistrement clandestin d'une conversation téléphonique et preuve pénale*, Sonderdruck aus Gâdächtinsschrift für Peter Noll, Zurich, 1984.333 ; P. KAYSER, *L'interception des communications téléphoniques par les autorités publiques françaises*, Mélanges Vincent, 1981.172 ; du même, *La loi n° 91-646 du 10 juillet 1991 et les écoutes téléphoniques*, J.C.P., 1991.I.3559 ; J. PRADEL, *Les écoutes téléphoniques : un régime sous surveillance*, R.F.D.A., 1991.83 ; du même, *Un exemple de restauration de la légalité criminelle : le régime des interceptions de correspondances émises par la voie des télécommunications*, D., 1992, chron. 49 ; J.P. VINCENTINI et G. CLÉMENT, *L'écoute incidente, genèse d'une poursuite*, R.S.C., 1997.597.

474. — *Premier stade : les efforts du juge*. L'évolution est assez complexe.

Une jurisprudence traditionnelle se montrait le plus souvent favorable à l'emploi de ces procédés, tout en affirmant qu'ils valaient non comme aveux, mais comme simples indices pouvant s'ajouter à d'autres indices et fondant la conviction du juge si les droits de la défense n'avaient subi aucune atteinte ; ce principe était admis nettement pour les écoutes téléphoniques [2]. La doctrine, dans son ensemble, n'était pas hostile à l'emploi de ces techniques, insistant toutefois sur la double nécessité d'une commission rogatoire et d'une absence de provocation [3], ce à quoi on peut ajouter que l'écoute ne doit pas tendre à surprendre la conversation entre l'individu et son défenseur. On pouvait invoquer en faveur du procédé : « Le fait que le juge ne se montre pas plus déloyal quand il intercepte une communication téléphonique que lorsqu'il saisit une lettre ; 2° La généralité de l'article 81, alinéa 1, du Code de procédure pénale ;

1. Pour une vue générale, E. VERNY, *Des sonorisations et des fixations d'images décidées par le juge d'instruction*, précité.
2. Trib. corr. Seine, 15 février 1957, J.C.P., 1957.II.10069 ; Poitiers, 7 janvier 1960, J.C.P., 1960.II.11599, note J. Chambon ; Trib. corr. Seine, 30 octobre 1964, D., 1965.423.
3. P.J. DOLL, *De la légalité de l'interception des communications téléphoniques au cours d'une information judiciaire*, D., 1965.125.

3° L'article 4, chapitre IV, de l'instruction sur le service téléphonique qui prévoit que les employés des Postes » sont tenus de déférer à toute réquisition (du juge d'instruction)... ayant pour objet l'écoute des communications ».

La question s'était trouvée renouvelée ultérieurement pour trois raisons : loi du 17 juillet 1970 qui réprime de façon générale l'usage de magnétophones et procédés assimilés en un lieu privé et sans le consentement des intéressés (art. 368 et s., A.C.P.), accent de plus en plus fort mis dans la jurisprudence (nationale et européenne) sur le secret de la vie privée exprimé par l'article 8, Conv. E.D.H., enfin usage de plus en plus fréquent des écoutes téléphoniques par les praticiens qui considèrent à juste titre que, sans elles, la preuve de certaines infractions (de trafic, comme celui des stupéfiants) serait impossible. Cependant, notre droit — à l'époque où il était encore jurisprudentiel — était loin d'admettre de façon générale les écoutes téléphoniques.

• Dans le cadre de l'*enquête préliminaire ou de flagrance*, l'écoute téléphonique était exclue. La question a été solennellement tranchée en 1989 par un arrêt qui se fondait sur une combinaison des articles 8, Conv. E.D.H. (consacrant le secret de la vie privée sauf loi contraire), 81, C.P.P. (autorisant le juge d'instruction à faire tous actes d'information qu'il juge utiles) et 151, C.P.P. (autorisant le juge d'instruction à déléguer ses pouvoirs d'instruction notamment à la police judiciaire) ; or, aucun texte analogue à l'article 81, C.P.P., n'existe pour l'enquête [1].

• De même devait-on se montrer très circonspect à l'égard des écoutes opérées — en général en matière d'atteinte à la sûreté de l'État ou de grand banditisme — sur *instructions ministérielles*, à titre préventif. Par hypothèse, elles n'étaient pas opérées par une autorité judiciaire et, de plus, elles ne s'appuyaient sur aucun texte. Si le juge administratif ne les sanctionnait pas, c'est que leur preuve est très malaisée à rapporter [2].

• En revanche, l'écoute devait être considérée comme licite lorsqu'elle était effectuée dans le cadre d'une *instruction*, pratiquement sur la commission rogatoire d'un juge d'instruction. Un arrêt important avait, du reste, rappelé qu'un juge d'instruction peut donner commission rogatoire à un policier de placer sur écoute la ligne téléphonique du domicile d'un inculpé détenu, à la double condition qu'il n'y ait ni artifice, ni atteinte aux droits de la défense [3]. Et cet arrêt avait été confirmé par d'autres qui, tout en reprenant les mêmes attendus, ont ajouté que les écoutes ne sont pas contraires à l'article 8, Conv. E.D.H., sur le secret de la vie privée [4].

1. Ass. plén., 24 novembre 1989, B.C., n° 440, D., 1990.34, J. PRADEL, *Écoutes téléphoniques et Conv. E.D.H.*, D., 1990, chron. 15.

2. C.E., 17 décembre 1976, *Férignac*, J.C.P., 1978.II.18979, note L. Hamon.

3. Crim., 9 octobre 1980, D., 1981.333, note J. Pradel, J.C.P., 1981.II.18578, note G. Di Marino, R.S.C., 1981.879, obs. G. Levasseur, et 1982.144, obs. J. Robert.

4. Crim., 23 juillet 1985, B.C., n° 275, D., 1986, I.R., 120, obs. J. Pradel ; 4 novembre 1987, D., 1988, Somm. 195, obs. J. Pradel.

Cette position de principe méritait l'approbation : 1° On ne pouvait guère opposer l'article 368, C.P. de 1810, puisque, au cours des travaux préparatoires, des amendements qui visaient à exclure l'emploi de cette technique en procédure pénale avaient été rejetés [1] ; 2° L'écoute doit être considérée non comme un interrogatoire mais comme un indice, de sorte que l'absence d'avocat, auxiliaire nécessaire à tout interrogatoire, n'est pas une cause de nullité ; 3° Le fait que l'écoute n'ait été prévue par aucun texte n'en excluait pas la possibilité puisque la jurisprudence a toujours considéré que la liste légale des actes n'est pas limitative, l'article 81, alinéa 1, C.P.P., autorisant d'ailleurs le juge à procéder « à tous les actes d'information qu'il juge utiles... » ; 4° Notre droit admet les saisies de correspondance, qui sont relativement voisines ; 5° L'article 8, Conv. E.D.H., autorise les ingérences dans la vie privée lorsqu'elles sont prévues par la loi (nous avions, disait-on, l'article 81, al. 1, C.P.P.) et lorsqu'elles sont « nécessaires... à la sûreté publique... » [2]. À plus forte raison, la ligne d'un témoin doit pouvoir être mise sous écoute.

Des limites étaient cependant assignées. Toute fraude doit être exclue [3]. Les droits de la défense doivent être sauvegardés, ce qui excluait toute écoute de la ligne d'un avocat [4].

On aurait pu croire à première vue que ce système était correct. Tel n'a pas été l'avis de la Cour européenne des droits de l'homme qui a condamné la France [5]. Le reproche fait à notre droit par la Cour était de ne « pas indiquer avec assez de clarté l'étendue et les modalités d'exercice du pouvoir d'appréciation des autorités », et notamment de « ne pas offrir pour le moment des sauvegardes adéquates contre divers abus à redouter, notamment quant aux catégories de personnes susceptibles d'être mises sous écoute judiciaire, quant à la nature des infractions pouvant y donner lieu, quant aux limites à la durée d'exécution de la mesure, quant aux conditions d'établissement des procès-verbaux de synthèse conservant les conversations interceptées, quant à l'intégrité des communications aux fins de contrôle... quant à l'effacement ou à la destruction des bandes ». Bref c'est, pour reprendre une expression chère à la Cour de Strasbourg, la « qualité de la loi » française (loi au sens matériel) qui était en cause.

Cet arrêt jeta aussitôt le trouble dans maints esprits. La Chancellerie prit une circulaire dès le 27 avril 1990 et, profitant d'une occasion, la chambre criminelle rendit le 15 mai suivant une sorte « d'arrêt de règlement » dans lequel elle indiquait les conditions des écoutes : il faut que celles-ci, expliqua-t-elle, soient ordonnées « sur l'ordre d'un juge et sous son contrôle en vue d'établir la

1. D., 1971, chr. 111, n° 20.
2. C.E.D.H., 6 septembre 1978, *Klass*, autorisant les écoutes.
3. V., pour une application, Crim., 12 juin 1952, *Imbert*, S., 1954.I.69, note A. Légal.
4. V. toutefois Paris, 27 juin 1984, D., 1985.93, note J. Pradel, possibilité d'écouter la conversation d'un suspect et de deux avocats qui jouaient le rôle d'informateur de ce suspect au lieu de jouer le rôle de conseil.
5. C.E.D.H., 24 avril 1990, *Kruslin et Huvig c/ France*, D., 1990.353, note J. Pradel ; R.S.C., 1990.615, obs. Pettiti.

preuve d'un crime ou de toute autre infraction portant gravement atteinte à l'ordre public... il faut que l'écoute soit obtenue sans artifice ni stratagème et que sa transcription puisse être discutée par les parties concernées »[1]. On aura noté l'effort pour déterminer les infractions pouvant donner lieu à écoute et le contrôle par les parties. D'autres arrêts très proches suivirent[2].

Ce qu'il faut retenir surtout de la condamnation strasbourgeoise de la France, c'était la nécessité urgente d'une loi. Cette idée, en vérité, était ancienne[3]. La doctrine est aujourd'hui unanime[4]. L'idée allait être consacrée par une loi du 10 juillet 1991.

474. — *Second stade : la consécration par le législateur.* La loi du 10 juillet 1991 (art. 100 à 100-7, C.P.P.) officialise les écoutes judiciaires[5] en les limitant au cadre de l'instruction préparatoire. Puis celle du 9 mars 2004 (art. 706-95, C.P.P.) les étend sous certaines conditions aux enquêtes de flagrance et préliminaires portant sur des affaires de criminalité organisée. Diverses observations doivent être faites.

• Que faut-il entendre d'abord par *interception de conversations téléphoniques ?* Il n'y a pas de définition dans la loi. Un arrêt antérieur à la loi de 1991, avait considéré que « les écoutes téléphoniques se définissent comme une technique consistant à interposer, au moyen d'une dérivation sur la ligne d'un abonné, un procédé magnétique d'enregistrement de conversations »[6]. Depuis la loi de 1991, on trouve deux décisions qui l'une et l'autre disent ce que n'est pas l'interception. Point d'interception, dit la première, dans le fait pour des O.P.J. d'établir un compte rendu de propos qu'ils ont entendus au cours d'une conversation téléphonique s'étant déroulée devant eux, et sans qu'il y ait eu artifices ou stratagème[7]. Point d'interception non plus dans le fait pour des O.P.J. de relever les messages figurant sur un appareil récepteur de messagerie unilatérale (de marque Tatoo) découvert sur la personne d'un individu gardé à vue[8]. On peut dire qu'intercepter des conversations téléphoniques, c'est les « prendre au passage », c'est les recueillir pendant qu'elles se déroulent, et c'est le faire par un procédé technique.

1. Crim., 15 mai 1990, B.C., n° 193.
2. Crim., 17 juillet 1990, D., 1990, I.R., 221 ; *add.* des arrêts plus récents recensés, in *Droit pénal,* décembre 1990, n° 344.
3. Rapport P. Marcilhacy et R. Monory fait au nom de la Commission de contrôle des services administratifs procédant aux écoutes téléphoniques, Sénat, 1re session ordinaire 1973-1974, n° 30, p. 59 ; rapport R. Schmelck remis au Premier ministre en juin 1982.
4. D., 1990, chron. 18, 1re colonne.
5. La même loi légalise aussi les interceptions administratives ou préventives, qu'elle appelle interceptions « de sécurité ». Elles sont étrangères à la procédure pénale.
6. Paris, Ch. acc., 16 février 1989, cité in Chron. précitée au D., 1990.15.
7. Crim., 2 avril 1997, B.C., n° 131, D., 1997, I.R., 163, *Procédures,* 1997, comm. 217, obs. J. Buisson. Cet arrêt décide aussi que l'installation d'un dispositif visant à connaître l'origine des appels téléphoniques n'est pas davantage une interception.
8. Crim., 14 avril 1999, B.C., n° 82, D., 1999, Somm., 324 et obs. J. Pradel.

• S'agissant des *cas d'interception*, la loi de 1991, précisant le message de l'arrêt du 15 mai 1990, prévoit que la peine encourue doit être égale ou supérieure à deux ans d'emprisonnement. En outre, ces interceptions sont possibles « lorsque les nécessités de l'information l'exigent » (art. 100, al. 1, C.P.P.) de sorte qu'on peut considérer que le législateur a consacré le principe de subsidiarité, tant souhaité par la doctrine. Mais avec la loi du 9 mars 2004, l'écoute téléphonique est possible au cours d'une enquête pour une infraction de criminalité organisée au sens de l'article 706-73, C.P.P. : il s'agit de crimes ou de délits punis de dix ans d'emprisonnement et là encore, il faut que « les nécessités de l'enquête l'exigent » (art. 706-95, C.P.P.). Une écoute est également possible pour rechercher une personne faisant l'objet d'un mandat d'arrêt, la décision étant prise à la requête du parquet par le juge des libertés et de la détention, et pour deux mois renouvelable (art. 74-2, C.P.P.).

• Quant aux *personnes susceptibles d'être mises sur écoute*, la loi n'a rien prévu. Mais il faut décider, à la lecture des travaux préparatoires et du caractère large de la loi, que l'interception peut frapper toutes personnes, même celles qui bénéficient de l'assistance d'un conseil (mis en examen, témoin assisté, partie civile).

Enfin, nulle interception n'est possible sur une ligne dépendant d'un cabinet d'avocat, sans que le bâtonnier en soit informé [1], ni sur une ligne d'un député ou d'un sénateur sans que le président de l'assemblée à laquelle il appartient en ait été informé par le juge d'instruction [2] ni enfin sur celle d'un magistrat sans que le premier président ou le procureur général en soit informé. Ces dispositions sont prévues à peine de nullité (art. 100-7, C.P.P.). Par analogie, aujourd'hui, la jurisprudence admet que la confidentialité s'étend même aux conversations entre avocat et un proche de son client mis en examen [3].

• La *procédure d'interception* est bien précisée dans la loi.

En premier lieu, les seules autorités habiles à ordonner des écoutes téléphoniques sont le juge d'instruction et, dans le cadre d'une enquête, le juge des libertés et de la détention : seuls ils sont visés dans les textes, ce qui exclut tout pouvoir du parquet dans le cadre de l'enquête et ce qui confirme la jurisprudence. Le juge d'instruction peut prescrire une écoute pour une

1. Plus généralement, sont confidentielles les conversations entre client et avocat, et il ne peut être dérogé à cette règle qu'à titre exceptionnel, s'il existe contre l'avocat des indices de participation à une infraction, Crim., 15 janvier 1997, B.C., n° 14, *Dr. pénal*, 1997, comm. 55, obs. A. Maron ; 14 novembre 2001, B.C., n° 238 ; et encore, il faut que le bâtonnier ait été avisé, art. 100-7, al. 2, C.P.P. De même, en mettant sur écoute la ligne d'un mis en examen, le juge peut utiliser les propos d'un avocat qui paraissent constituer un délit, Crim., 1er octobre 2003, B.C., n° 177, D., 2004, Somm. 671, obs. J. Pradel.

2. Crim., 16 mars 2005, B.C., n° 97, la règle protectrice ne s'étend pas aux députés européens.

3. Crim., 18 janvier 2006, B.C., n° 22, D., 2006, 392, obs. C. Girault, R.P.D.P. 2006.616, obs. E. Verny. *Contra* Crim., 10 mai 1994, B.C., n° 180 ; 8 octobre 1997, *Procédures*, 1998, comm. 45, obs. J. Buisson ; 30 septembre 1998, B.C., n° 243, J.C.P., 1999-I, n° 126, chron. R. Martin.

durée de quatre mois au plus, des prorogations étant possibles ; le juge des libertés et de la détention ne peut la prescrire, en enquête, que pour quinze jours avec un seul renouvellement d'égale durée. La décision du juge est écrite, elle n'a pas le caractère juridictionnel et elle n'est susceptible d'aucun recours : il s'agit donc d'un acte d'instruction, en fait d'une commission rogatoire saisissant un officier de police judiciaire [1]. Quant au juge des libertés et de la détention, il est saisi par le parquet [2].

En second lieu, l'officier de police judiciaire saisi requiert un technicien du service des télécommunications de procéder aux actes d'interception et d'enregistrement, ce qui donne lieu à l'établissement d'un procès-verbal. Puis l'officier procède à la transcription sur procès-verbal des enregistrements, cette transcription ne portant que sur la correspondance « utile à la manifestation de la vérité ». Cette notion est d'ailleurs corrigée par celle de droits de la défense qui impliquent que « à peine de nullité, ne peuvent être transcrites les correspondances avec un avocat relevant de l'exercice des droits de la défense » (art. 100-5, al. 3, C.P.P.). N'est donc exclue la transcription que lorsque les propos échangés touchent aux droits de la défense. D'ailleurs, selon la jurisprudence fondée sur l'article 66-5 de la loi du 31 décembre 1971 et sur l'article 100-5, C.P.P., la conversation entre avocat et client ne peut être transcrite et versée au dossier de la procédure « que s'il apparaît que son contenu de nature à faire présumer la participation de cet avocat à une infraction » [3].

En troisième lieu, les enregistrements, une fois utilisés, sont détruits à la diligence du parquet et à l'expiration du délai de prescription de l'action publique [4]. Ce délai part à compter de la décision de non-lieu, de relaxe ou de condamnation. Cette destruction est souvent admise à l'étranger et elle est recommandée dans les arrêts précités *Kruslin* et *Huvig* (1990).

• Un problème particulier se pose à propos des *conversations captées dans le cadre d'un dossier A et ensuite jointes à un dossier B* instruit par un autre juge d'instruction. La jonction est certes une pratique que ne rejette pas la chambre criminelle, si elle est gérée contradictoirement. La difficulté vient cependant de ce qu'une personne mise en examen dans le dossier B peut vouloir contester la

1. Pour une affirmation nette du monopole du juge d'instruction, Crim., 27 février 1996, B.C., n° 93, J.C.P., 1996.II.22629, note M.L. Rassat, D., 1996.346, note C. Guéry, arrêt cassant, Paris, Ch. acc., 8 février 1995, D., 1995.221, note J. Pradel.

2. L'article 706-95 sur le rôle du J.L.D. au cours de l'enquête a suscité une jurisprudence : 1° c'est la décision du J.L.D. qui doit précéder la mesure d'interception et non sa transmission aux policiers, Crim. 26 mars 2008, n° 07-88.281, D. 2008, A.J., 1148 ; 2° bien que l'alinéa 3 de cet article pose que le J.L.D. est averti sans délai par le procureur des actes accomplis, un contrôle effectif immédiat du J.L.D. n'est pas nécessaire, Crim. 23 mai 2006, B.C., n° 139, D. 2006, 2836, note Pradel, A.J. pénal 2006, 367, obs. Girault ; 3° la méconnaissance des formalités substantielles de l'alinéa 3 n'entraîne la nullité qu'en cas d'atteinte aux intérêts de la partie qu'elle concerne, Crim. 26 juin 2007, B.C., n° 72, A.J. pénal 2007, 487, obs. Lavric.

3. Crim., 8 novembre 2000, B.C., n° 335 ; 18 janvier 2006, précité.

4. Crim., 21 février 2007, B.C., n° 55, la règle ne s'applique pas aux procès-verbaux de transcription des écoutes, lesquels sont des pièces de procédures.

régularité du recueil des propos dans le cadre du dossier A. Est-ce possible ? La chambre criminelle s'y est d'abord refusée au motif que l'opération d'écoute avait été effectuée sous l'autorité et le contrôle du juge (du dossier A) en application de l'article 100, al. 1, C.P.P. [1]. Mais cette position nous a valu une condamnation à Strasbourg au motif que le raisonnement des juges français rendait presqu'impossible tout recours par la personne poursuivie [2]. Aussi bien aujourd'hui, la chambre criminelle consacre le devoir de contrôle de la chambre de l'instruction à la fois sur la procédure principale et sur la procédure distincte [3] ; et bien sûr, rien n'interdit au mis en examen de déposer devant elle des conclusions aux fins de contrôle.

2. *Modes portant atteinte au corps humain*

a) Prélèvement d'un corps étranger dans le corps d'un individu

475. — L'examen d'un corps étranger comme une balle dans le corps de la victime ou même de l'auteur peut être très utile à la découverte de la vérité. Mais l'extraction de cet objet est-elle possible ? Si la victime est décédée, la réponse est évidemment affirmative. Si elle est encore en vie, ou si c'est l'auteur qui est concerné, et s'il y a acceptation de leur part, la réponse est encore affirmative. Mais s'il y a refus, l'hésitation est permise et en principe, on voit mal comment le juge pourrait violer le principe du respect dû au corps et à la volonté de l'intéressé, faute d'un texte permettant l'intervention. Il ne semble pas y avoir de jurisprudence.

Un cas particulier est celui des individus « passeurs de drogue », qui en dissimulent dans leur organisme. Lors d'un passage de frontière, les douaniers qui suspectent une personne d'être un « passeur » peuvent la soumettre à des examens médicaux avec son accord. On aura noté qu'aucune mesure coercitive n'est possible [4]. En pratique, la question se résoud d'elle-même par une garde à vue un peu prolongée. La question n'est donc pas vraiment technique et c'est pourquoi elle a déjà été évoquée [5].

b) Prélèvement de sang ou d'air expiré (éthylomètre)

476. — Il est possible dans deux hypothèses, une sanction pénale étant prévue en cas de refus d'acceptation du prélèvement, mais aucune contrainte physique n'étant prescrite par les textes à cause du principe du respect des droits et libertés de la personne [6].

1. Crim., 16 mai 2000, B.C., n° 190 ; 15 janvier 2003, B.C., n° 10, la chambre d'instruction n'a pas à statuer sur la régularité d'une enquête étrangère au dossier qui lui est soumis.
2. C.E.D.H., 29 mars 2005, *Matheron c/ France*, D. 2005, 1755, note J. Pradel.
3. Crim., 7 décembre 2005, B.C., n° 327.
4. Si ce n'est la rétention forcée de la personne pendant la durée nécessaire au déroulement des opérations, Crim., 30 juin 1999, B.C., n° 169.
5. V. *supra*, n° 429.
6. R. Merle, *Le corps humain, la justice pénale et les experts*, J.C.P., 1955.I.1219.

1° La première hypothèse est relative à la *présence d'alcool dans le sang*. Deux textes sont relatifs à ce cas. C'est d'abord l'article L. 234-4, C. route : quand les épreuves de dépistage de l'imprégnation alcoolique par l'air expiré auront permis de déceler l'existence d'un état alcoolique (ou en cas de refus), une « vérification » pourra être faite soit par l'analyse de l'air expiré, soit « au moyen d'analyses et examens médicaux, cliniques et biologiques », expression qui correspond à la classique prise de sang. Le refus par le conducteur de se soumettre à la vérification est puni comme la conduite sous l'empire d'un état alcoolique (deux ans d'emprisonnement et 4 500 € d'amende) (art. L. 234-8, I, C. route). Le second texte est l'article L. 3354-1 et 2, C. déb. boissons. Lors de la constatation d'un crime, d'un délit ou d'un accident de la circulation et lorsque ce fait semble avoir été réalisé sous l'effet de l'alcool, les policiers sont tenus de procéder aux vérifications médicales, cliniques et biologiques (visées à l'article L. 234-4, C. route) sur la personne de l'auteur. En outre, les mêmes policiers peuvent effectuer les mêmes mesures dans tous les cas où celles-ci peuvent être utiles. Le refus de se soumettre à ces vérifications est puni, là encore, d'un an d'emprisonnement et 4 500 € d'amende (art. L. 3354-2, C. déb. boissons).

2° La seconde hypothèse, plus moderne, concerne les personnes conduisant *sous l'influence de substances stupéfiantes*. La matière est traitée à l'article L. 235-1, C. route, qui distingue entre deux cas. S'il y a accident mortel de la circulation, les policiers doivent faire procéder sur tout conducteur d'un véhicule impliqué dans un tel accident à des épreuves de dépistage ; et lorsque ces épreuves se révèlent positives, ou si elles s'avèrent impossibles, ou encore si le conducteur les refuse, ces policiers font procéder à des analyses et examens médicaux, cliniques et biologiques en vue d'établir si ce conducteur se trouvait sous l'influence d'une drogue (al. 1). S'il y a seulement accident corporel, ces diligences ne sont plus que facultatives (al. 2). Dans les deux cas, le refus est passible d'un emprisonnement de deux ans et d'une amende de 4 500 € (al. 4). On observera que dans le premier cas, les fonctionnaires visés sont les O.P.J. et les A.P.J. alors que dans le second seuls les O.P.J. le sont.

c) Prélèvement d'empreintes génétiques (A.D.N.)

Bibliographie. — C. AMBROISE-CASTEROT, *Les prélèvements corporels et la preuve pénale*, Mélanges P. Julien, éd. Edilex, 2003, pp. 9 et s. ; du même auteur, *Les empreintes génétiques en procédure pénale*, Mélanges B. Bouloc, Dalloz, 2007, p. 19 ; J. BORRICAND, *Les empreintes génétiques*, in *Problèmes actuels de science criminelle*, Aix-Marseille, vol. 3, 45 et s., 1990 ; M. BONNIEU, *Le juge d'instruction et les empreintes génétiques à l'aube du troisième millénaire*, R.P.D.P. 2000, n° 2 ; C. BYK, *Tests génétiques et preuve pénale*, Rev. internat. dr. comp. 1998, pp. 683 et s. ;

C. DOUTREMEPUICH (sous la direction de), *Les empreintes génétiques*, La Documentation française, 1998 ; M. GAUTRON, *Fichiers de police : concilier sécurité et liberté*, A.J. pénal, 2007.57 ; J.C. GALLOUX, *L'empreinte génétique et la preuve parfaite*, J.C.P., 1991.I.3497 ; C. HENNAU-HUBLET et V.M. KNOPPERS (sous la direction de), *L'analyse génétique à des fins de preuve et les droits de l'homme*, Bruylant, Bruxelles, 1997 (actes d'un colloque tenu en mai 1996 à Louvin-la-Neuve, avec compte rendu à la R.D.P.C., 1996, 591 et s.) ; V. LESCLOUS et C. MARSAT, *Du procès pénal et du juge à propos des empreintes génétiques*, Dr. pénal, 1998, chron. 17 ; P. TAK et G. VAN EIKEMA HOMMÈS, *Le test A.D.N. et la procédure pénale en Europe*, R.S.C., 1993.679.

477. — *Généralités sur la preuve par A.D.N.* La preuve par empreintes génétiques ou A.D.N. (acide desoxyribonucléique) est souvent présentée aujourd'hui comme la preuve parfaite permettant de confondre par exemple l'auteur d'un viol ou d'un homicide volontaire dès lors qu'ils ont laissé sur les lieux du crime ou sur le corps de la victime quelques cellules de leur sang, salive, sperme... et qu'une comparaison pourra être faite avec des cellules appartenant à leur propre corps s'ils sont soupçonnés. D'où un engouement pour ce procédé dans beaucoup de pays et spécialement souvent dans leur législation [1]. Qu'en est-il en France ?

478. — *Admission de la preuve par A.D.N. Infractions et hypothèses concernées.* Longtemps, la France n'a eu aucune disposition légale en la matière [2]. Il faudra attendre la loi du 17 juin 1998 sur les infractions de nature sexuelle et la protection des mineurs victimes pour que soit consacré, sur amendement de parlementaires d'opposition d'ailleurs, cette technique. La matière est traitée à l'article 706-54, C.P.P., complété par une circulaire du 14 décembre 1998 et par un décret d'application en date du 18 mai 2000 relatif au fichier national automatisé des empreintes génétiques (F.N.A.E.G.) et au service central de préservation des prélèvements biologiques. Les lois des 15 novembre 2001, 18 mars 2003, 9 mars 2004 et 4 avril 2006 apportent quelques retouches.

Le principe figure à l'article 706-54, al. 1, C.P.P., ainsi rédigé aujourd'hui : « Le fichier national automatisé des empreintes génétiques, placé sous le contrôle d'un magistrat est destiné à centraliser les traces génétiques issues des traces biologiques ainsi que les empreintes génétiques des personnes

1. La Recommandation du Conseil de l'Europe, n° R(92)1 du Comité des ministres invite les États membres à introduire cette technique dans leur système de justice pénale. N'oublions pas cependant les risques d'erreurs et le fait que l'on ne sait pas le jour et l'heure où la trace a été déposée, C. PUIGELIER, *Science et droit : réflexions sur un malentendu*, J.C.P., 2004.I.1386, n° 9.

2. Ce qui n'a pas empêché certains juges d'instruction à recourir à ce procédé, v. pour une application, Rennes, 14 août 1997, D., 1998, Somm. 160, obs. Gaumont-Prat.

condamnées pour l'une des infractions visées à l'article 706-55 en vue de faciliter l'identification et la recherche des auteurs de ces infractions. »

1° La liste des infractions était limitée dans la loi du 18 juin 1998 aux infractions sexuelles. Mais survinrent trois lois postérieures qui accrurent considérablement la liste des infractions (L. 15 novembre 2001, 18 mars 2003 et 9 mars 2004). Aujourd'hui, la liste de l'article 706-55 est énorme. La voici :

— infractions de nature sexuelle visées aux articles 706-47, C.P.P. et 222-32, C.P. ;

— crimes contre l'humanité, crimes et délits d'atteinte volontaire à la vie de la personne, de torture et actes de barbarie, de violences volontaires, de menaces d'atteintes aux personnes, de trafic de drogue, d'atteintes aux libertés de la personne, de traite des êtres humains, de proxénétisme, d'exploitation de la mendicité et de mise en péril des mineurs ;

— vols, extorsions, escroqueries, destructions et dégradations, menaces d'atteintes aux biens ;

— atteintes aux intérêts fondamentaux de la nation, actes de terrorisme, fausse monnaie et association de malfaiteurs ;

— crimes et délits en matière de détention d'armes de guerre et de fabrication d'armes de guerre ;

— recel et blanchiment du produit de certaines infractions [1].

Viendra sans doute le jour où le législateur abandonnera le système de la liste et décidera que sont concernées toutes infractions passibles par exemple de trois ans d'emprisonnement.

2° Les hypothèses dans lesquelles le prélèvement est possible aux fins d'alimentation du F.N.A.E.G. sont au nombre de quatre.

— Ce sont d'abord les traces biologiques recueillies sur les lieux du crime, comme le sang ou le sperme trouvé sur un drap, matériel génétique non encore rattaché à une personne connue (art. 706-54, al. 1, C.P.P.).

— Ce sont ensuite les empreintes génétiques de personnes disparues ou de cadavres non identifiés afin de faciliter leur identification (art. 706-54, al. 4, C.P.P.) et aussi les empreintes de leurs proches parents afin de faciliter l'élucidation d'une enquête en cours (art. R. 53-10, 5°, C.P.P.).

— Ce sont encore les empreintes génétiques des personnes suspectes, « à l'encontre desquelles il existe des indices graves ou concordants rendant vraisemblable qu'elles aient commis l'une des infractions mentionnées à l'article 706-55 », ce qui évoque la formule figurant à l'article 80-1, C.P.P. servant de critère à la mise en examen. Ce qui complique les choses, c'est que l'article 706-54 évoque aussi « la personne à l'encontre de laquelle il existe une ou plusieurs raisons plausibles de soupçonner qu'elle a commis un crime ou un délit », les enquêteurs pouvant alors opérer un rapprochement entre l'empreinte de cette personne avec les données incluses au

1. À cette liste déjà longue, l'article 706-56-1, C.P.P. ajoute, sous certaines conditions, les condamnations prononcées par une juridiction étrangère pour une infraction de même nature.

fichier, sans toutefois que cette empreinte puisse être conservée (art. 706-54, al. 3, C.P.P.)[1].

— Ce sont enfin les empreintes des personnes qui ont été condamnées pénalement pour l'une des infractions susvisées (art. 706-54, al. 1, C.P.P.)[2].

Concrètement, le F.N.A.E.G. sert au parquet et à l'instruction dans divers cas comme celui-ci. Le magistrat est en possession de traces sur les lieux et il pourra alors les faire comparer avec les données du fichier. De deux choses l'une. Ou bien cette trace est identique à une trace autre, relevée en un lieu autre, ce qui permettra de suivre l'itinéraire du délinquant. Ou bien cette trace correspond aux empreintes d'un individu déjà condamné, ce qui permettra d'identifier l'auteur de la trace, qui se trouve par hypothèse en récidive. On peut aussi imaginer que le magistrat n'est en possession d'aucune trace relevée sur les lieux ; mais il existe des indices graves et concordants entraînant la mise en examen d'une personne et le magistrat pourra alors faire comparer les empreintes génétiques de cette personne avec les données du fichier (art. 706-54, al. 4, C.P.P.)

479. — *La preuve par A.D.N. L'intéressé doit-il consentir au prélèvement*? La question est délicate. À l'étranger, dans certains pays, le prélèvement peut être imposé à l'intéressé, en Allemagne par exemple.

Mais qu'en est-il en France ? Une décision a admis que le recours à l'A.D.N. suppose le consentement des intéressés[3]. Mais elle a été rendue avant la loi de 1998 qui, il est vrai, ne disait rien sur cette question.

Il existait pourtant en faveur de l'emploi de la contrainte certains arguments.

— L'article 16-11, C. civ., prévoit deux applications de l'identification d'une personne par ses empreintes génétiques : en matière civile (filiation notamment) où « le consentement de l'intéressé doit être préalablement et expressément recueilli », et en matière pénale où cette exigence ne figure pas, d'où l'on peut déduire que le consentement n'est pas nécessaire.

— Le Conseil constitutionnel, dans sa fameuse « décision bioéthique » du 27 juillet 1994 (juste avant la loi du 29 juillet 1994 créant l'article 16-11 précité) n'a pas considéré que l'inviolabilité et l'intégrité du corps humain aient valeur constitutionnelle[4].

— On indiquera aussi que face à l'impérieuse nécessité de rechercher la vérité dans les affaires graves, en faisant appel à l'A.D.N., la collecte de quelques cheveux ou gouttes de salive ne porte guère atteinte aux droits de l'homme.

1. Pour une application, Crim., 16 mai 2007, inédit, pourvoi n° 07-80601, R.P.D.P. 2008.101, obs. C. Ambroise-Castérot.

2. Crim., 12 septembre 2007, B.C., n° 203, R.P.D.P. 2008.105, obs. C. Ambroise-Castérot. Une mesure de protection judiciaire appliquée d'un mineur n'est pas une condamnation pénale.

3. Rennes, 14 août 1997, précité, décision d'appliquer une expertise génétique systématique de tous les hommes âgés de 15 à 35 ans habitant un village, suite à un crime atroce, mais « avec leur consentement ».

4. C. const., 27 juillet 1994, in L. FAVOREU et L. PHILIP, *Les grandes décisions du Conseil constitutionnel*, 12e éd., 2003, Dalloz, not. p. 865, n° 15.

— La jurisprudence européenne enfin peut être interprétée comme étant favorable à l'usage de la contrainte, si besoin est. Une décision de l'ancienne Commission E.D.H., du 13 décembre 1979, rappelle que l'ingérence constituée par un prélèvement corporel obligatoire peut être justifiée, dès lors qu'elle est prévue par la loi, nécessaire dans une société démocratique et proportionnée au but recherché [1]. Plus récemment, un arrêt de la C.E.D.H. rendu le 17 décembre 1996 dans l'affaire *Saunders* indique que le droit au silence ne s'étend pas aux procédés coercitifs tels le prélèvement de sang ou de tissus corporels en vue d'une analyse coercitive [2].

On ne s'étonnera donc pas que finalement le législateur ait pris parti en créant un article 706-56, C.P.P. (L. 15 novembre 2001, 18 mars 2003 et 9 mars 2004) qui pose les règles suivantes : 1° Le prélèvement peut être effectué « sans l'accord de l'intéressé », donc de force à l'égard des personnes condamnées pour crime ou délit puni de dix ans d'emprisonnement [3] ; 2° Dans les autres cas, le refus de se soumettre au prélèvement biologique est puni d'un an d'emprisonnement et de 15 000 € d'amende, sans cependant que les enquêteurs puissent agir coercitivement [4] ; 3° Le fait de commettre ou de tenter de commettre des manœuvres visant à substituer à son propre matériel biologique celui d'un tiers, avec ou sans son accord, est puni de trois ans d'emprisonnement et de 45 000 € d'amende.

B — L'interprétation scientifique des indices. L'expertise

Bibliographie. —Y. Arnoux, *Le recours à l'expert en matière pénale*, préface G. Di Marino, Presses universitaires d'Aix-Marxeille, 2004 ; A. Besson, *Des règles de l'expertise élaborées par le C.P.P.*, D., 1960, chron. 52 ; H. Charliac, *L'expertise en matière criminelle*, 1937 ; J.L. Croizier, *Expertise. Répertoire pénal Dalloz*, 1997 ; P.J. Doll, *L'audition de la partie civile, de l'inculpé et des « sachants » par les experts*, D., 1963, chron. 233 ; du même, *De la responsabilité des experts judiciaires*, D., 1966, chron. 47 ; du même, *Le serment des experts désignés en matière pénale*, J.C.P., 1971.I.2419 ; du même, *L'interrogatoire de l'inculpé par les experts*, G.P., 1972.II, Doct. 439 ; du même, *La communication par le magistrat instructeur des conclusions du rapport d'expertise aux parties*, G.P., 1973.II, Doct. 578 ; P.J. Doll, *H. Guérin et G. Amédée-Manesme, La réglementation de l'expertise en matière pénale*, 2e éd., 1969 ; *L'expertise, travail collectif avec la coordination de M.A. Frison-Roche et D. Mazeaud*, avec 18 rapports, Dalloz, 1995 ;Y. Marx, *Observations sur le*

1. Comm. E.D.H., 13 décembre 1979, n° 8378/78.
2. § 69 ; v. F. Sudre et al., *Les grands arrêts de la Cour européenne des droits de l'homme*, 4e éd., 2007, p. 393 et s.
3. Encore faut-il qu'il y ait eu une condamnation, une simple dispense de peine n'en étant pas une, Crim. 9 avril 2008, n° 07-85.972, D. 2008, 1484, note Léna.
4. Toutefois l'article R 53-10, 5e C.P.R. dispose que les échantillons recueillis sur les ascendants et les descendants d'une personne disparue le sont avec leur accord, celui-ci étant recueilli par procès-verbal.

problème de l'expertise, Mélanges Hugueney, 1964.193 ; M. LEMOIGNE, P. SAVEL et R.TRUFFAUT, *Réflexions sur l'expertise médico-légale et toxicologique*, D., 1962, chron. 257 ; P. MIMIN, *La nouvelle expertise*, D., 1957, chron. 161 ; J. PRADEL, *Les rôles respectifs du juge et des techniciens dans l'administration de la preuve en matière pénale*, Publications de la Faculté de droit de Poitiers, tome VI, 1976.67 ; du même, *La responsabilité pénale de l'expert judiciaire*, R.S.C., 1986.247 ; L. ROCHE, *L'expertise médicale dans le nouveau C.P.P.*, R.S.C., 1959.657 ; M. ROLLAND,M.LAROCQUE, A. LAMACHE, P.H. DAVOST et P. BOUZAT, *Les rapports du juge pénal et du médecin expert*, R.S.C., 1963.751 ; J. SZÉKÉLY, *Le rôle de l'expert dans la procédure pénale*, R.S.C., 1958.43 ; J. VÉRIN, *L'expertise dans le procès pénal*, R.S.C., 1980.1022 ; R. VOUIN, *Le juge et son expert*, D., 1955, chron. 131 ; du même, *De la contradiction dans l'expertise*, R.S.C., 1956.243.

480. — *Notion et importance de l'expertise.* L'interprétation des indices — qu'il s'agisse d'objets saisis par les O.P.J. (couteau, revolver...) ou qu'il s'agisse de tissus corporels (sang, empreintes génétiques) — est réalisée à défaut du juge par les experts « dans les cas où se pose une question d'ordre technique » (art. 156, al. 1, C.P.P.). L'expertise est réglementée aux articles 156 à 169-1, C.P.P., et sera considérée ici dans son fonctionnement (v. *supra*, n°s 188 et s., pour la détermination et le rôle de l'expert).

L'expertise doit être distinguée des constatations ou des examens techniques ou scientifiques qui sont effectués soit sur des réquisitions de l'O.P.J. en cas d'enquête de flagrance (art. 60, C.P.P.), soit sur réquisition du procureur de la République ou sur autorisation de celui-ci, sur réquisitions de l'O.P.J. en cas d'enquête préliminaire (art. 77-1, C.P.P.). Dans ces hypothèses, les articles 156 et s., C.P.P., ne s'appliquent pas.

C'est ainsi que ne sont pas des expertises la prise de photographies du corps de la victime [1], la simple pesée d'un projectile [2], la simple traduction d'un document [3], la détermination du taux d'alcoolémie d'un prélèvement sanguin sans interprétation des résultats [4], le fait de prescrire à un médecin le soin de vérifier si l'état de l'inculpé lui permet de comparaître en vue d'un interrogatoire [5], le fait pour la victime de remettre au juge d'instruction un certificat médical [6]...

Inversement, sont des expertises un examen en écriture [7], un examen médical portant sur la santé de l'inculpé [8], un examen mental [9] ou médico-psychologique [10], un

1. Crim., 5 mai 1959, B.C., n° 242.
2. Crim., 20 janvier 1972, B.C., n° 30.
3. Crim., 20 août 1986, B.C., n° 244.
4. Crim., 2 septembre 1986, D., 1987, Somm. 83, obs. J. Pradel ; 6 octobre 1986, B.C., n° 270.
5. Crim., 26 novembre 1969, B.C., n° 316.
6. Crim., 9 juillet 1980, B.C., n° 220.
7. Crim., 20 décembre 1972, B.C., n° 395.
8. Crim., 5 octobre 1976, B.C., n° 277.
9. Crim., 9 janvier 1975, B.C., n° 10.
10. Crim., 3 octobre 1979, B.C., n° 270 ; 14 mai 1998, D., 1999, Somm. 327, obs. J. Pradel.

examen de projectile afin de déterminer son calibre et la recherche de l'arme utilisée [1], la reconstitution d'un texte incomplet comme accessoire à une mission de traduction [2], une expertise génétique (A.D.N.), médico-légale, toxicologique, mécanique, une enquête de personnalité...

De tout cela, il résulte qu'il y a expertise dès lors que non seulement l'opération est technique, mais encore si elle implique une interprétation, si le raisonnement intervient de sorte que deux ou trois solutions sont possibles.

L'importance de l'expertise est aujourd'hui considérable avec les progrès de la technique : de plus en plus souvent, les causes d'un accident ou d'un acte ne peuvent être connues que grâce à la médiation d'un expert et c'est grâce à lui que pourront apparaître des défaillances humaines qui peuvent être qualifiées de fautes pénales ou de fautes intentionnelles. De l'appel à l'expert dans des affaires de plus en plus complexes, il résulte que l'on assiste à une sorte de glissement des rôles : le juge suit l'expert presque toujours, le juge n'est plus qu'une sorte d'expert de droit à côté du technicien qui est un expert de fait.

1. *La désignation des experts*

a) Qui désigne les experts ?

Trois situations se présentent.

481. — *Lors de l'enquête de flagrance.* C'est l'officier de police judiciaire chargé des investigations qui ordonne une sorte de quasi-expertise, s'il y a lieu de posséder « à des constatations ou à des examens techniques ou scientifiques... ». Celle-ci est faite, selon l'article 60, C.P.P. (l. du 30 décembre 1985) par des « personnes qualifiées », lesquelles sont pourtant bien des experts (comme le suggère l'alinéa 2 de cet article). Il en est de même en cas de mort suspecte, hypothèse rattachée par le législateur à l'enquête de flagrance (art. 74).

482. — *Dans le cas de l'enquête préliminaire.* L'appel à des experts n'était jadis pas prévu par le C.P.P. : un expert sollicité par un officier de police judiciaire était donc considérée comme un simple « sachant » dont la situation était identique à celle de n'importe quel autre, y compris le délinquant lui-même (sauf pour la garde à vue). Cependant, une sorte d'expertise est de longue date prévue par l'article L. 3354-1, C.S.P. : en cas de crime, délit ou accident de la circulation, les membres de la police judiciaire ou administrative peuvent « faire procéder sur la personne de l'auteur présumé aux

1. Crim., 18 avril 1972, B.C., n° 129.
2. Crim., 19 octobre 1984, B.C., n° 310, J.C.P., 1985.II.20490, note W. Jeandidier, J. Pradel et A. Varinard, n° 21.

vérifications médicales, cliniques et biologiques destinées à établir la preuve de la présence d'alcool... ». Mais surtout une loi du 30 décembre 1985 a créé un article 77-1, C.P.P., selon lequel « s'il y a lieu de procéder à des constatations ou à des examens techniques ou scientifiques, le procureur de la République ou, sur autorisation de celui-ci, l'officier de police judiciaire, a recours à toutes personnes qualifiées ». Grâce à cette disposition qui crée là encore une sorte de quasi-expertise, on évite aujourd'hui d'ouvrir une information dont le seul but serait la mise en œuvre d'une expertise simple [1].

483. — *Au cours de l'instruction.* Quoi qu'il en soit, c'est au cours de l'instruction (et du jugement) qu'il est le plus souvent recouru à l'expertise et cette fois à une véritable expertise. Or la désignation de l'autorité habilitée à désigner alors les experts a donné lieu à de graves difficultés lors de la réforme du Code d'instruction criminelle, de 1955 à 1958.

1° Rationnellement, trois systèmes sont concevables. Le premier est celui de l'expertise simple ou non contradictoire, dans lequel le juge nomme lui-même et librement le ou les experts. On a reproché à l'expertise simple de faire du technicien « l'expert de l'accusation ». Le second est celui de l'expertise contrôlée selon lequel un conseiller technique, choisi par la défense, assiste, voire surveille, l'expert, mais sans procéder lui-même aux opérations matérielles. Le risque est que ces auxiliaires deviennent des sortes d'avocats techniques sans garanties véritables et qu'une opposition apparaisse entre eux et l'expert. Enfin, le troisième système est celui de l'expertise contradictoire, deux experts travaillant conjointement après avoir été désignés, le premier nécessairement par la défense, le second, soit par le juge, soit par le Ministère public. À première vue, il est plus logique que le deuxième expert soit désigné par le parquet que par le juge, une véritable contradiction ne se concevant qu'entre parties et le juge ne pouvant être un contradicteur. À la réflexion, cependant, toute expertise contradictoire est à rejeter : 1° Parce que chaque expert risque d'épouser trop fidèlement la cause de la partie qui l'a choisi de sorte qu'il va falloir recourir à un troisième expert (v., en ce sens, art. 1678, C. civ., sur la rescision pour lésion où trois experts sont désignés, mais n'expriment qu'un seul avis à la pluralité des voix) ; 2° Parce que le propre de l'expert est de n'être pas partie et que les experts répugnent à la contradiction ; 3° Parce que la défense a intérêt à pouvoir discuter librement le rapport d'expertise [2].

2° Positivement, notre droit adopte en principe le premier système. C'est le juge qui désigne le ou les experts, les parties ne pouvant que lui suggérer de recourir à une expertise (art. 156, al. 1, C.P.P.). Le monopole du juge va même très loin puisque si l'expert qu'il a désigné demande à être éclairé sur

1. Crim., 4 janvier 1993, B.C., n° 3, appel à un administrateur judiciaire.
2. R. VOUIN, *De la contradiction dans l'expertise*, R.S.C., 1956.234 et s.

un point échappant à sa spécialité, c'est le juge qui est seul compétent pour désigner un expert adjoint [1]. L'expertise est cependant contradictoire en matière de fraudes alimentaires (art. L. 215-9 et s., C. cons.) et de spéculation illicite (l. du 3 décembre 1926, art. 3).

Mais pratiquement, il existait de longue date, à titre général, une certaine contradiction dans notre vie judiciaire. L'avocat, ayant une tendance naturelle à discuter le rapport d'expertise, n'entendait pas le faire seul : il faisait alors citer en témoignage, généralement à l'audience, un expert librement choisi par lui. Cette pratique, qui aboutissait à faire interroger l'expert « officiel » par un expert « franc-tireur » appuyé par l'avocat dans un débat passionné, est contraire à toute recherche sereine de la vérité. D'où la nécessité d'aller plus loin.

3° Avec la loi du 5 mars 2007 sur l'équilibre de la procédure pénale, un pas important est fait vers l'expertise contradictoire, même si le principe reste enore le monopole du juge d'instruction et donc le maintien de l'expertise simple. Cette réforme a pour origine un désastre judiciaire — celui de l'affaire d'Outreau — et par voie de conséquence, des propositions d'un groupe de travail (J.O. Viout, procureur général près la cour d'appel de Lyon) et de la commission parlementaire constituée à la suite de cette affaire [2]. On notera aussi dans cette réforme une influence de la C.E.D.H. [3].

La réforme est contenue dans le nouvel article 161-1, C.P.P. Le juge adresse une copie de son ordonnance de commission d'expert au procureur de la République et aux avocats des parties (il peut le faire notamment par télécopie ou par courriel). Le parquet et les parties disposent d'un délai de dix jours pour demander au magistrat instructeur :

— soit de modifier ou compléter les questions fixées au technicien ;

— soit d'ajdoindre à l'expert déjà désigné, un expert de leur choix, inscrit sur une liste officielle d'experts ;

— soit de décider que l'expert déposera un rapport provisoire, cette possibilité étant prévue par le nouvel article 167-2 comme il va être dit.

Le juge dispose à son tour d'un délai de dix jours, à compter de la réception des demandes du parquet ou des parties, pour répondre. Deux partis s'offrent à lui. Il peut d'abord rejeter la demande en invoquant par exemple l'inutilité des recherches réclamés, leur coût disproportionné par rapport à l'importance du litige... [4] Il rend alors une ordonnance motivée dont appel

1. Art. 162, C.P.P. ; Crim., 31 octobre 1961, D., 1962.221, note Le Roy ; 6 septembre 1988, B.C., n° 317 ; 26 juillet 1989, D., 1990, Somm. 222 et obs. J. Pradel, nullité de la procédure en cas de violation de cet article.

2. Circ. du 22 juin 2007, Crim., 07-10-E8-22-06-07, not. n°s 2-3-1 et s. ; J. Pradel, *Les suites législatives de l'affaire dite d'Outreau*. À propos de la loi n° 2007.291 du 5 mars 2007, J.C.P. 2007.I.138, n° 26-28.

3. C.E.D.H., 2 juin 2005, n° 48-386/99, *Cottin c/ Belgique*, add. A. Jacobs, *L'arrêt Cottin ou l'irréversible marche ves l'expertise contradictoire en matière pénale*, R.T.D.H. 2007, 215 et s.

4. Circ., précitée, n° 2-3-1-1.

est possible (par le parquet ou l'avocat, pas la partie elle-même) devant le président de la chambre de l'instruction qui statuera par décision motivée insusceptible de recours. Le magistrat instructeur peut aussi accueillir la demande. Il peut alors soit prendre une seconde ordonnance (modification de la première qui subsiste) soit, plus opportunément en prendre une qui annule et remplace la première [1].

Toute cette procédure est certe heureuse. Mais elle est lourde et peu adaptée dans certaines situations. D'où l'énumération d'exception indiquée à l'article 161-1, al. 3 et 4, C.P.P., l'ordonnance de commission d'expert indiquant que la procédure contradictoire n'est pas applicable et que le technicien peut commencer ses opérations de suite. Voici ces trois cas :

— urgence (tenant notamment à la disparition prochaine des preuves, comme dans le cas d'une autopsie), le juge mentionnant l'urgence sans être tenu de le motiver [2] ;

— risque d'entrave de l'accomplissement des investigations car on peut imaginer que le mis en examen, tenu au courant de l'expertise par le suivi de la copie de l'ordonnance l'incite à fuir ou à brouiller les preuves ;

— expertisse médicale d'évaluation du dommage, un tel acte « n'ayant pas d'incidence sur la détermination de la culpabilité de la personne mis en examen » (art. 161-1, al. 4, C.P.P.).

À ce titre, l'article D 37, C.P.P. donne l'exemple des expertises médicales tendant à évaluer le dommage causé à la victime. La notion d'expertise sans incidence sur la culpabilité vise aussi celle visant à déterminer les dommages psychologiques nés de l'infraction.

Que décider si le juge d'instruction n'a pas respecté le rituel du contradictoire (hors les trois hypothèses énoncées à l'instant) ? Le parquet ou les parties prévues peuvent-elles soulever la nullité de l'ordonnance et du rapport subséquent ? Il ne le semble pas d'abord car la matière n'est pas d'ordre public, ensuite il n'y a pas de grief pour les parties qui pourront, lors de la notifications des conclusions du rapport d'expertise, solliciter une contre-expertise ou un complément d'expertise en formulant — certe un peu tard — les demandes qui auraient pu être formulées en application de l'article 161-1, al. 1, C.P.P. Cependant le respect par le juge des exigences de cet article aura eu l'immense avantage de tarir à la source les réclamations du parquet ou des parties.

Si le juge d'instruction ne croit pas devoir saisir un expert, une partie peut le lui demander [3]. Il doit alors répondre dans le mois de la demande par une

1. Circ., précitée, n° 2-3-1-1 *in fine*.
2. Circ., précitée, n° 2-3-1-2.
3. La demande doit faire l'objet d'une déclaration au greffier du juge d'instruction, art. 156, al. 2, *in fine*, et 81, al. 10, C.P.P., combinés, ce dernier texte précisant toutes les modalités de forme de la demande. En outre, la partie qui réclame une expertise peut préciser dans sa demande les questions qu'elle voudrait voir poser à l'expert (art. 156, al. 1, *in fine*, C.P.P.).

ordonnance motivée susceptible d'appel (art. 156, al. 2, C.P.P.), mais pas d'un pourvoi en cassation, s'agissant d'une question de fait [1].

b) Combien d'experts sont désignés ?

484. — Le C.P.P. primitif avait prévu que la juridiction devait désigner deux experts au moins si la mission portait sur le fond de l'affaire et qu'elle pouvait n'en désigner qu'un seul dans le cas contraire. Il ajoutait que, dans le cas d'expertise sur le fond, la juridiction pouvait ne désigner qu'un seul technicien en cas de « circonstances exceptionnelles », à charge alors (du moins pour le juge d'instruction) de respecter un certain formalisme (art. 159, C.P.P.).

Or ce système se heurtait à divers obstacles : 1° Des hésitations étaient apparues quant à la qualification de l'expertise, notamment à propos de l'expertise psychiatrique [2] ; 2° Le formalisme prévu par l'article 159 était complexe et sa méconnaissance entraînait la nullité de l'expertise ; 3° Il était souvent inutile, pour des expertises sur le fond assez simples, de recourir à deux techniciens. La doctrine n'hésitait pas à réclamer la suppression de la distinction entre les deux sortes d'expertises et à souhaiter l'adoption d'un système laissant toute liberté au juge [3].

C'est ce qu'a consacré le législateur du 30 décembre 1985. Le nouvel article 159, C.P.P., dispose : « Le juge d'instruction désigne l'expert chargé de procéder à l'expertise. Si les circonstances le justifient, il désigne plusieurs experts. » Le principe nouveau est donc celui de l'unicité de technicien, avec possibilité d'appel à deux ou plusieurs lorsque l'affaire est complexe. On a noté que le texte vise le juge d'instruction, sans doute parce que c'est lui qui fait le plus appel aux experts. On peut cependant, en raisonnant par analogie, étendre le texte aux autres juridictions.

2. *Les opérations d'expertise*

485. — Une fois désigné, l'expert doit accepter la mission qui lui est donnée sous peine de radiation (art. 161, al. 2, C.P.P.), voire de sanctions pénales (art. L. 4163-7, 2°, C.S.P. ; art. R. 642-1°, C.P.) [4] : l'expert est en effet un auxiliaire du service public de la justice.

1. Crim., 25 mars, 28 octobre et 17 novembre 1971, B.C., n° 111, 187 et 313.
2. Crim., 7 mai 1968, D., 1969.293, note R. Vouin, expertise ne portant pas sur le fond ; 9 janvier 1975, D., 1975.391, note J. Pradel, solution inverse.
3. V. note précitée sous Crim., 9 janvier 1975.
4. Crim., 15 mars 1890, S., 1891.I.45.

a) Les pouvoirs de l'expert

486. — Les pouvoirs de l'expert sont évidemment limités par sa mission. Et celle-ci doit être à la fois précise et *circonscrite à des questions strictement techniques* (art. 156 et 158, C.P.P.). Sont donc exclues les missions vagues (par ex., « faire toutes constatations utiles et relever toutes infractions existantes ») qui constituent une véritable démission du juge, ce dernier devant rester maître de tous les éléments de droit (v. art. 58, C. déont. méd., qui invite le médecin à se récuser s'il estime que les questions posées par le juge sont étrangères à la technique purement médicale).

Mais, à l'intérieur de sa mission technique, l'expert dispose de pouvoirs assez considérables [1].

• D'abord, il peut recevoir les déclarations de personnes autres que le mis en examen — la partie civile et le témoin assisté (art. 164, al. 1, C.P.P.). Mais comme il ne peut contraindre ces personnes, qui sont en fait les témoins, à déférer à sa convocation, il doit au cas de refus de ceux-ci, demander au juge d'instruction de les convoquer lui-même et de les entendre en sa présence (v. en ce sens, art. 161, al. 3, C.P.P.).

• Il arrive cependant que pour l'accomplissement de sa mission, l'expert ait besoin d'entendre les mis en examen, parties civiles et témoins assistés. Comme il ne peut le faire lui-même — les droits de la défense étant en jeu et étant censés ne pouvoir être respectés que par un juge [2] — la pratique imagina des biais [3] et le législateur intervint, modifiant à plusieurs reprises l'article 164, C.P.P. Aujourd'hui, suite à sa dernière réécriture opérée par la loi du 9 mars 2004, l'article 164 règle ainsi l'état de la question.

Premièrement, les médecins et psychologues experts, chargés d'examiner les mis en examen, parties civiles et témoins assistés peuvent les interroger hors la présence du juge et des avocats (art. 164, al. 3). Entre ces praticiens et ces personnes, doit se nouer une relation personnelle dont la qualité pourrait être perturbée par la présence d'un tiers quel qu'il soit [4].

1. P.J. Doll, *L'audition de la partie civile, de l'inculpé et des sachants*, D., 1963, chron. 233 ; du même, *L'interrogatoire de l'inculpé par les experts*, G.P., 1972.II, doct. 439.

2. Seul un juge peut interroger un mis en examen (art. 114 et s., C.P.P.) et s'il délègue ce pouvoir par commission rogatoire, celle-ci ne peut être adressée qu'à un juge (art. 152, al. 2, C.P.P.). La partie civile et le témoin assisté ne peuvent être entendus eux aussi que par un juge (art. 114 et s., 113-2 et 113-3, C.P.P.) et un O.P.J. ne peut les entendre sur commission rogatoire qu'à leur demande (art. 152, al. 2, C.P.P.).

3. Surtout celui-ci : l'expert demande au juge de convoquer les intéressés, le juge convoque leurs avocats et au cours de l'interrogatoire, il leur pose les questions dictées au préalable par l'expert. Autre procédé, annulé celui-là par la jurisprudence : l'expert provoque les explications d'un inculpé en lui adressant par lettre un questionnaire auquel celui-ci doit répondre par lettre, Crim., 10 octobre 1963, J.C.P., 1964.II.13464, note P. Chambon ; 2 mars 1972, G.P., 1972.I.348.

4. Crim., 30 avril 1996, B.C., n° 183, droit pour ces praticiens de poser toutes questions y compris sur les faits reprochés à l'intéressé.

Deuxièmement, s'agissant des données concernant le fond de l'affaire, deux voies sont prévues. D'abord est maintenue et officialisée la vieille pratique de l'interrogatoire ou déposition devant le juge d'instruction « en présence de l'expert » qui en fait souffle les questions au juge (art. 164, al. 2, 3e phrase). Ensuite, pour des raisons pratiques de gain de temps et de simplification, l'expert peut lui-même interroger les mis en examen et entendre les parties civiles et les témoins assistés, mais à la double condition que le juge l'y ait autorisé et que les personnes concernées aient donné leur accord ; l'expert a dû convoquer l'avocat qui peut assister à l'interrogatoire ou audition (art. 164, al. 2, 1re et 2e phrases) [1].

• L'expert peut procéder à l'ouverture ou à la réouverture des scellés. Il peut confectionner de nouveaux scellés après avoir éventuellement procédé au reconditionnement des objets examinés ; il en fait alors mention dans son rapport, après avoir, le cas échéant, dressé inventaire des scellés (art. 163, al. 2, C.P.P.).

• Enfin, les experts peuvent, avec l'accord du juge, communiquer directement les conclusions de leur rapport aux O.P.J. chargés de l'exécution d'une commission rogatoire (art. 166, al. 4, C.P.P.). Les O.P.J. peuvent en effet avoir besoin des conclusions des experts.

b) Les devoirs de l'expert

487. — L'expert, après avoir prêté serment, sauf s'il est déjà inscrit sur une liste officielle (art. 160, C.P.P.) doit d'abord agir lui-même (art. 166, al. 1, *in fine*, C.P.P.) [2]. Il peut cependant faire appel, avec l'autorisation du juge, à des tiers techniciens spécialistes de problèmes hors de sa compétence (art. 162, al. 1, C.P.P.) [3]. Ces tiers prêtent le serment d'expert et leur rapport est annexé intégralement au rapport principal (art. 162, al. 2 et 3, C.P.P.).

Ensuite, l'expert doit agir sous le contrôle du juge (art. 156, al. 3, C.P.P.) et *en liaison avec lui* (art. 161, al. 3, C.P.P.) de sorte que s'il découvre des faits jusqu'ici inconnus du juge, il doit les lui dénoncer [4]. Il doit aussi déférer aux demandes du juge saisi par les parties qui, en cours d'expertise, solliciteraient certaines recherches ou auditions de certaines personnes pouvant fournir des indications d'ordre technique (art. 165, C.P.P.).

1. L'intéressé peut cependant renoncer par écrit à l'assistance de son conseil et il remet l'écrit à l'expert (art. 164, al. 2, C.P.P.) qui l'annexera au rapport, Crim., 21 mars 1968, J.C.P., 1968.II.15647, note P. Chambon.

2. Crim., 30 mars 1999, B.C., n° 59, d'où il résulte que le chef d'un service administratif désigné comme expert qui confie à un subordonné le soin d'exécuter la mission d'expertise et d'établir le rapport, se bornant à viser et approuver ce document, méconnaît la règle de l'art. 166.

3. Crim., 31 octobre 1961, D., 1962, note Le Roy ; 20 avril 1972, B.C., n° 136 ; 4 juin 1973, B.C., n° 251, R.S.C., 1974.609, obs. J. Robert, arrêts selon lesquels il appartient au juge seul de désigner les experts adjoints.

4. Crim., 10 janvier 1967, D., 1967.247, note P.J. Doll.

Enfin, le technicien doit déposer son rapport dans le délai fixé par le juge [1]. S'agissant du délai, le législateur n'a pas hésité à prendre de strictes dispositions en raison du retard de certains experts [2] ; après prorogation du délai à la demande de l'expert et par décision motivée, le juge peut remplacer le technicien qui doit alors rendre compte de ses investigations ainsi que restituer dans les quarante-huit heures les objets, pièces et documents confiés. S'agissant du rapport lui-même, il se présente toujours de la manière suivante : identité et titres de l'expert, autorité commettante, mission, rappel des investigations, discussion, conclusions, celles-ci pouvant comporter des réserves de l'un des experts s'il y en a plusieurs et si l'accord ne se fait pas entre eux (art. 166, al. 2, C.P.P.) [3]. Les pièces à conviction ou leurs résidus sont déposés au greffe en même temps que le rapport qui donne lieu à l'établissement d'un procès-verbal.

3. *Les suites de l'expertise*

488. — La loi du 5 mars 2007 sur l'équilibre de la procédure pénale a apporté d'heureuses innovations concernant le concept de pré-rapport.

— D'abord, elle crée le *rapport d'étape* (art. 161-2, C.P.P.). Si le délai imparti à l'expert par le juge dépasse un an, celui-ci peut demander à celui-là de lui remettre un rapport d'étape. Ce rapport sera notifié aux parties en application de l'article 167, C.P.P. ainsi qu'il sera dit sous le même numéro. À cette occasion, les parties pourront adresser au juge des observations qui pourrait servir à l'établissement du rapport définitif.

— Ensuite, la loi de 2007 institue le *rapport provisoire* (art. 167-2, C.P.P.). Dans son ordonnance de commission d'expert, le juge peut demander au technicien de déposer un rapport provisoire avant son rapport définitif et cette possibilité se transforme même en obligation si le ministère public ou les parties en font la demande. Lors du dépôt de ce rapport provisoire, le juge fixe au parquet et aux parties un délai pour qu'elles adressent au magistrat et à l'expert d'éventuelles observations, le délai ne devant pas être inférieur à quinze jours ou s'il s'agit d'une expertise financière ou comptable, à un mois. Au vu de ces observations, l'expert déposera son rapport définitif. Si aucune observation n'est formulée, le rapport provisoire vaut rapport définitif. Le rapport provisoire tend à éviter les demandes de complément d'expertise ou de contre-expertise.

1. Après l'avoir signé. Cette exigence étant édictée dans l'intérêt d'une bonne administration de la justice, l'art. 802, C.P.P., qui subordonne l'annulation à la preuve d'un préjudice pour la partie concernée ne s'applique pas, Crim., 17 mars 1987, D., 1987, Somm. 408, obs. J. Pradel.

2. Retard d'autant plus grave que les opérations d'expertise n'interrompent pas la prescription, Crim., 16 mars 1964, B.C., n° 97.

3. Le cas échéant, le rapport d'expertise comporte en annexe le rapport de l'expert adjoint (art. 162, al. 3, C.P.P.) et la renonciation écrite de la personne mise en examen à la présence de l'avocat pour ses auditions par l'expert (art. 164, al. 3, C.P.P.).

Qu'il y ait eu ou non rapport d'étape ou rapport provisoire, l'expert va rédiger un *rapport définitif* (sauf si le rapport provisoire n'a entraîné aucune observation du ministère public ou des parties). Alors le juge doit communiquer aux parties et à leurs avocats les conclusions du rapport. La matière est traitée à l'article 167, C.P.P. sans cesse alourdi par des réformes nouvelles, la dernière étant celle du 5 mars 2007, subsidiairement à l'article 166, C.P.P.

1° Le juge donne d'abord connaissance des conclusions du rapport aux parties et à leurs avocats, soit en les convoquant et en procédant comme pour un interrogatoire, soit en leur adressant une lettre recommandée, soit encore en utilisant l'intermédiaire du chef de l'établissement pénitentiaire si le mis en examen est en détention (art. 167, al. 1 et 2, C.P.P.) [1].

2° Si les avocats le demandent, le juge leur adresse l'intégralité du rapport par lettre recommandée ou par voie électronique, ou encore par télécopie (art. 167, al. 2, *in fine*, C.P.P.).

3° Le juge fixe un délai aux parties pour formuler des observations ou une demande de contre-expertise ou de complément d'expertise, leur impartissant un délai à cette fin, en tenant compte de la complexité de l'expertise, qui de toute manière, ne saurait être inférieur à quinze jours ou s'il s'agit d'une expertise en matière financière ou comptable, à un mois. Le juge d'instruction, s'il refuse d'accéder à la demande de la partie, doit rendre une ordonnance motivée, dans un délai d'un mois à compter de la réception de la demande ; faute pour le juge d'avoir agi dans ce délai, la partie peut saisir directement la chambre de l'instruction ; il en est de même si la partie, qui avait demandé la désignation de deux experts, n'a pas eu satisfaction.

4° À l'égard du témoin assisté (qui n'est pas une partie), le juge d'instruction voit sa tâche allégée. La notification, d'abord, est facultative. Ensuite il n'est pas tenu de rendre une ordonnance motivée s'il estime que la demande de complément d'expertise ou de contre-expertise n'est pas justifiée et il n'en va autrement que si le témoin assisté demande à être mis en examen en application de l'article 113-6 (art. 167, al. 5, C.P.P.).

5° Enfin, leur rapport terminé, les experts peuvent avec l'accord du juge d'instruction et directement, communiquer les conclusions de leur rapport aux O.P.J. chargés de l'exécution d'une commission rogatoire, au procureur de la République et aux avocats des parties (art. 166, al. 4, C.P.P.).

1. La méconnaissance de l'article 167 n'entraîne la nullité ou en cas de violation des droits de la défense, Crim., 22 février 1966, B.C., n° 60 ; 14 mars 1988, B.C., n° 122, D. 1988, Somm. 356, obs. J. Pradel, rapp. Colmar, 3 août 1989, D. 1990, Somm. 223, obs. J. Pradel.

CHAPITRE II

LA CONNAISSANCE DE LA PERSONNE

Bibliographie. — J. BRISSAUD et R. MICOUD, *La réforme de l'expertise mentale en matière criminelle*, R.S.C., 1939.486 ; Y. CAPPARD-BRITON, *L'examen de personnalité*, Melun, Imprimerie administrative, 1970 ; F. GOLLÉTY, *Le curriculum vitae*, R.S.C., 1960.122 ; G. HEUYER, *Narco-analyse et narco-diagnostic*, R.S.C., 1950.7 ; G. LEVASSEUR, *Les problèmes juridiques posés par l'observation des délinquants*, Les cours de droit, cours polycopié, 1956-1957 ; du même, *De la minimisation du dossier de personnalité à la généralisation du pouvoir discrétionnaire*, R.S.C., 1961.83 ; J. LEYRIE, *Manuel de psychiatrie légale et de criminologie clinique*, préface R. Schmelck, 1977 ; J. MALTHYS, *Le dossier de personnalité dans la procédure répressive*, R.D.P.C., 1948-1949.453 ; J. MICHAUD, *Le juge d'instruction et l'expert*, R.S.C., 1975.791 ; A. PERDRIAU, *Les développements récents dans le domaine de l'examen médico-psychologique et social des délinquants en France*, R.S.C., 1965.277 ; J. PRADEL, *L'expertise psychiatrique*, in *L'expertise*, XXe Colloque des I.E.J., Angers, juin 1994, Dalloz, 1995.11 ; J. PRADEL et J.L. SENON, *De la prévention et de la répression des infractions sexuelles. Commentaire de la loi n° 98.468 du 17 juin 1998*, R.P.D.P., 1998.208 ; H. RISER et Dr RISER, *L'expertise neuro-psychiatrique devant les juridictions criminelles (procédure et techniques)*, 1956 ; S.C. VERSELE, *Le dossier de personnalité*, R.D.P.C., 1948-1949.309 ; R. VOUIN, *L'enquête de personnalité, l'instruction préparatoire et les droits de la défense*, J.C.P., 1961.I.1633 *bis* ; du même, *Le fond de l'affaire*, D., 1975, chron. 163 ; *Les techniques de l'individualisation judiciaire*, ouvrage collectif publié sous la direction de G. LEVASSEUR, *Publication du Centre d'études de défense sociale de l'Institut de droit comparé de Paris X*, Cujas, 1971.

489. — C'est à trois égards que les moyens de connaître la personnalité diffèrent de ceux qui sont relatifs à la matérialité et à la culpabilité. Tout d'abord, les renseignements peuvent ici être obtenus non seulement par voie d'enquête ordinaire, mais aussi par ce mode original qu'est l'enquête de personnalité (ou enquête sociale). Ensuite, le recours à certaines techniques de recherche est obligatoire parfois (enquête sociale lorsque la personne poursuivie est mineure) alors que la preuve de la matérialité et de la culpabilité peut être rapportée par n'importe quel moyen (sauf à remarquer que l'interrogatoire est obligatoire à l'instruction). Enfin, les recherches sur la personnalité ne s'effectuent qu'aux stades de l'instruction préparatoire et définitive ; au contraire, la recherche des faits s'effectue dès l'enquête. Ces trois particularités de l'observation psychologique concernent à la fois les mineurs et les majeurs.

SECTION I

L'OBSERVATION DES MINEURS

490. — L'ordonnance du 2 février 1945 connaît trois institutions qui permettent au juge d'instruction et au juge des enfants de faire procéder à l'observation du mineur.

En premier lieu, le juge peut faire procéder à une *enquête sociale* (art. 8, al. 4 et art. 9, al. 1, ord. 1945). Selon l'article 8, cette enquête porte sur la situation matérielle et morale de la famille, sur le caractère et les antécédants du mineur, sur sa fréquentation scolaire, son attitude à l'école, sur les conditions dans lesquelles il a vécu ou a été élevé. Elle est très voisine de l'enquête de personnalité des majeurs qui, elle aussi, prend en considération le milieu familial et social pour en dégager les influences sur l'individu (art. 81, al. 6, C.P.P.). L'enquête sociale est menée par une assistante appartenant au service spécialisé attaché à tout tribunal pour enfants ou par une personne titulaire d'un diplôme de service social habilité à cet effet, voire en pratique par un membre de la police judiciaire (arr. du 12 janvier 1960, mod. par arr. du 30 avril 1960 ; arr. du 10 août 1966) [1].

En second lieu, le juge peut ordonner un examen médical et, s'il y a lieu, un *examen médico-psychologique* (art. 8, al. 5, et art. 9, al. 1, ord. 1945). Ce dernier, distinct de l'examen psychiatrique, vise à connaître la personnalité du mineur et, à cet effet, utilise les techniques permettant de mesurer les facultés mentales.

Tous ces examens peuvent avoir lieu en centre d'observation quand le juge estime « que l'état physique ou psychique du mineur justifie une observation approfondie » (art. 10, al. 6, ord. 1945), le placement durant alors en fait six à huit semaines. Sinon, ils s'effectuent en milieu libre, dans une consultation médico-pédagogique, et ils peuvent être associés à une observation en milieu ouvert menée par un éducateur spécialisé. Ces deux sortes de

1. M. Blondet, *Les renseignements anonymes dans les enquêtes sociales et les enquêtes de personnalité*, J.C.P., 1960.I.2218.

mesures sont en principe obligatoires. Mais le juge peut, dans l'intérêt du mineur, n'en ordonner aucune ou n'en prescrire qu'une seule, à charge pour lui de rendre une ordonnance motivée (art. 8, al. 6, et art. 9, al. 1, ord. 1945).

SECTION II

L'OBSERVATION DES MAJEURS

491. — *Vue générale.* L'interrogatoire sur les faits permet déjà au juge d'instruction de connaître le mis en examen. Mais ce procédé est évidemment insuffisant. C'est pourquoi le législateur de 1959 institue un véritable dossier de personnalité. D'après l'article D 16 du Code, ce dossier comporte d'une part, une enquête sur la personnalité de l'intéressé ainsi que sur sa situation matérielle, familiale et sociale (art. 81, al. 6) et, d'autre part, les examens médical et psychologique (art. 81, al. 8). On peut y ajouter l'examen mental et l'interrogatoire dit de *curriculum vitae*, éléments qui étaient connus bien avant 1959 des praticiens et qui sont encore appliqués malgré le silence du législateur. Au sens large, le dossier de personnalité comporte donc quatre pièces.

§ 1. — Les éléments légaux du dossier de personnalité : l'enquête de personnalité et les examens médical... et psychologique

492. — L'enquête de l'article 81, alinéa 6, et les examens de l'article 81, alinéa 8, ont l'un et l'autre pour objet de fournir au juge, « sous une forme objective et sans en tirer de conclusion touchant à l'affaire en cours, des éléments d'appréciation sur le mode de vie passé et présent de l'inculpé » (art. D 16, C.P.P.).

Ils s'opposent cependant à de multiples égards.

A — L'enquête de personnalité

493. — Véritable portrait de l'individu et de son milieu, l'enquête de personnalité doit retenir l'attention à deux titres.

• D'une part, elle est *prévue par la loi* dans deux cas. Le premier, où elle est obligatoire, est relatif aux affaires criminelles (arg. art. 81, al. 6, qui après avoir décidé que le juge d'instruction procède à cette enquête ajoute : « Toutefois en matière de délit, cette enquête est facultative »). Et cependant la jurisprudence a rendu cette enquête en pratique facultative en décidant que le juge conserve « le droit et l'obligation de clore son information quand il l'estime complète »[1] ; ainsi, dans l'application, l'enquête est obligatoire sans l'être tout en l'étant néanmoins comme il a été écrit spirituellement[2]. Cette position prétorienne est évidemment très critiquable tant au regard de l'article 81, alinéa 6, qu'au regard de la notion d'individualisation[3].

Cette enquête est prévue dans un second cas où elle est, cette fois, facultative. Selon l'article 41, alinéa 6, C.P.P., le procureur de la République peut également confier au service pénitentiaire d'insertion et de probation (S.P.I.P.), au service de l'éducation surveillée ou aux personnes habilitées dans les conditions prévues par l'article 81, 6e alinéa, le soin de vérifier la situation matérielle, familiale ou sociale des personnes faisant l'objet d'une enquête. Ce texte vise en fait l'hypothèse suivante. Un individu soupçonné d'avoir commis un délit est présenté, à l'issue d'une garde à vue, au procureur de la République qui, s'il décide de poursuivre, hésite à requérir sa mise en détention provisoire. Pour s'éclairer, notamment sur le domicile et la profession de l'intéressé, il ordonne une « enquête rapide » fondée sur ce texte et menée en quelques heures[4]. Une telle investigation est obligatoire en cas de poursuites contre un majeur âgé de moins de 21 ans lors des faits et lorsque l'infraction commise par ce jeune majeur n'excède pas cinq ans d'emprisonnement. Si les conclusions de l'enquêteur sont favorables, le parquet ne requerra pas l'incarcération.

• D'autre part, les *agents* de l'enquête sont variés. Le juge d'instruction peut se désigner lui-même (ce qui est très rare). Mais il peut aussi désigner un officier de police judiciaire en lui délivrant une commission rogatoire, étant noté qu'il lui est conseillé d'éviter de saisir un personnel ayant déjà participé à l'enquête ou à l'instruction (art. C. 170, C.P.P.). Il peut encore désigner toute personne physique ou morale habilitée dans les conditions prévues par les articles R. 15-19 à R. 15-24, C.P.P., ou, à titre exceptionnel, un contrôleur judiciaire (art. R. 15-18, C.P.P.). Il peut même donner des instructions au maire, pris en sa qualité d'officier de police judiciaire, notamment lorsqu'il s'agit de communes rurales où il n'y a pas de gendarmerie[5].

• Enfin, l'enquête de personnalité n'est *pas une expertise*, faute de technicité suffisante, puisqu'elle est effectuée par le juge lui-même, par un travailleur social ou par un policier. Il en résulte que les dispositions des

1. Crim., 5 avril 1960, B.C., n° 210 ; 29 avril 1960, D., 1960.654 ; 31 mai 1960, B.C., n° 303 ; 1er décembre 1960, D., 1961.385, note M.R.M.P. ; J. PRADEL et A. VARINARD, II, n° 19 ; 23 novembre 1965, B.C., n° 246 ; 7 novembre 1989, B.C., n° 399.

2. R. VOUIN, note sous Paris, 27 juin 1967, D., 1968.184.

3. En ce sens, G. LEVASSEUR, *De la minimisation du dossier de personnalité à la généralisation du pouvoir discrétionnaire*, R.S.C., 1961.83 ; R. VOUIN, *L'enquête de personnalité, l'instruction préparatoire et les droits de la défense*, J.C.P., 1961.I.1633 *bis*.

4. J. BERNAT DE CÉLIS, *L'expérience des enquêtes rapides au tribunal de Paris*, R.S.C., 1980.957.

5. Réponse ministérielle du 28 septembre 1989, *J.O.*, Sénat, 23 novembre 1989, p. 1955.

articles 156 et suivants du Code de procédure pénale ne s'appliquent pas à elle [1].

Très utile puisqu'il permet d'orienter la sanction vers ce qui facilitera la réadaptation sociale de l'individu, l'examen de personnalité peut comporter de sérieux inconvénients à cause du traumatisme auquel est exposé le sujet mis en présence de certaines tares personnelles ou familiales.

B — Les examens médical et psychologique

494. — Centrés sur l'individu lui-même et non sur son milieu, les examens médical et psychologique s'opposent à l'enquête de personnalité.

En premier lieu, la loi les rend en principe *facultatifs* (arg. art. 81, al. 8, qui décide « Le juge d'instruction peut prescrire... »). Toutefois, si ces examens sont réclamés par la personne mise en examen ou son conseil, le juge ne peut les refuser que par ordonnance motivée (art. 81, al. 9), dont la personne mise en examen peut faire appel (art. 186-1, al. 1, C.P.P.)

En second lieu, les examens de l'article 81, alinéa 8, constituent une *expertise* au sens des articles 156 et suivants, C.P.P. (art. D. 23) [2]. Il en résulte : 1° que les personnes chargées de ces examens prêtent le serment des experts (art. 168), à l'inverse des enquêteurs de personnalité qui sont des témoins ; 2° que les conclusions du rapport doivent être communiquées à la personne mise en examen (art. 167). Enfin, cette expertise ne peut être confiée qu'à un médecin [3].

En matière d'infractions de nature sexuelle, les expertises médico-psychologiques sont souvent indispensables. Aussi la loi du 17 juin 1998 a-t-elle largement introduit ce mode de connaissance dans notre droit. D'abord, l'article 706-47-1, C.P.P., prévoit que les personnes poursuivies pour le meurtre ou l'assassinat d'un mineur précédé ou accompagné d'un viol, de tortures ou d'actes de barbarie ou pour certaines autres infractions comme le viol doivent être soumises, avant tout jugement sur le fond, à une expertise médicale ; l'expert est interrogé sur l'opportunité d'une injonction de soins dans le cadre d'un suivi socio-judiciaire. Dans le cas de meurtre ou d'assassinat lié à un viol ou à des tortures, ce sont deux experts qui doivent opérer (art. 131-36-4, al. 2, C.P.). Ensuite, s'agissant du mineur victime de l'une des infractions énumérées à l'article 706-48, C.P.P., le juge d'instruction ou, au stade de l'enquête, le procureur de la République « peut ordonner une expertise médico-psychologique destinée à apprécier la nature et l'importance du préjudice subi et à établir si celui-ci rend nécessaires des traitements ou des soins appropriés ». On aura noté que l'expertise de l'auteur est obligatoire alors que celle de la victime est facultative [4].

1. Crim., 22 mai 1974, B.C., n° 194 ; 17 janvier 1990, B.C., n° 31.
2. Crim., 3 octobre 1979, B.C., n° 270 ; 20 août 1986, B.C., n° 244.
3. Crim., 19 novembre 1991, B.C., n° 417, R.S.C., 1992.345, obs. A. Braunschweig, avec la conséquence que seul un médecin peut prétendre aux honoraires prévus par l'art. R. 117-8°, C.P.P.
4. J. Pradel et J.L. Senon, R.P.D.P., 1998.208.

§ 2. — Les adjonctions prétoriennes au dossier de personnalité : l'examen mental et l'interrogatoire dit de *curriculum vitae*

A — L'examen mental

495. — Bien qu'il constitue la modalité la plus ancienne de l'observation de la personne mise en examen, l'examen mental, ou expertise psychiatrique, n'est évoqué que dans des dispositions réglementaires du Code de procédure pénale (art. R. 117 ; D. 19 et 77 ; C. 173, 344 à 346, 1106 à 1110, 1113 à 1116) à l'exception de l'article 705-116, C.P.P. pour les majeurs protégés.

• L'examen psychiatrique a pour *objet* :

— d'évaluer la situation de l'intéressé en fonction de composantes pathologiques éventuelles et des faits reprochés ;

— de rechercher si, au moment des faits, il était atteint de trouble psychique ou neuropsychique ayant aboli son discernement ou le contrôle de ses actes au sens de l'article 122-1, C.P., ou encore si au moment des faits, il était atteint d'un trouble psychique ou neuropsychique ayant altéré son discernement ou entravé le contrôle de ses actes au sens de l'article 122-1, C.P. ;

— de donner un pronostic sur l'évolution ultérieure du comportement et de donner un avis sur le traitement ou la mesure de rééducation à envisager le cas échéant ;

— de faire toutes constatations utiles à la manifestation de la vérité.

Par conséquent, l'expert ne saurait rechercher des aveux et il devrait taire ceux qu'il aurait obtenus, à raison du secret professionnel auquel il est tenu vis-à-vis du juge pour tout ce qui est étranger à sa mission [1].

• Dans quels *cas* le juge ordonne-t-il une expertise mentale ? D'une manière générale, il y procède lorsque son attention est appelée, soit par l'enquête initiale, soit par les examens de l'article 81, alinéas 6 et 8, sur l'existence possible de troubles mentaux. Plus spécialement, le juge ordonne toujours une telle expertise en matière criminelle et une loi du 5 mars 2007 le lui impose en cas de poursuites contre un majeur protégé (art. 706-115, C.P.P.).

On sait que, depuis la réforme opérée par une loi du 30 décembre 1985 relative à l'expertise en général, le juge peut ne désigner qu'un seul expert, sauf à en appeler plusieurs « si les circonstances le justifient » (art. 159, C.P.P.). S'agissant plus spécialement de l'examen mental, le juge ne consultera qu'un seul technicien si les faits sont simples et si la personnalité de la personne mise en examen ne lui paraît pas poser de difficultés particulières. Dans le cas contraire, il pourra en désigner deux, trois, voire quatre…

1. R. Vouin, *Le juge et son expert*, D., 1955, chron. 131.

• Quels sont les *moyens d'investigation* de l'expert ? Il peut évidemment prendre connaissance du dossier d'instruction (que le juge n'est pas tenu de lui communiquer, mais qu'il lui communique en pratique, art. D. 19, C.P.P.). Il interroge une ou plusieurs fois la personne mise en examen.

L'interrogatoire est effectué hors la présence du juge et de l'avocat (art. 164, al. 4, C.P.P.) et l'expert peut poser toutes questions, y compris sur les faits reprochés [1]. Mais l'interrogatoire peut-il être effectué sous narcose, plus précisément par voie de narco-diagnostic qui tend à déterminer l'état mental de la personne mise en examen ou à savoir si elle est un simulateur ? Presque ignoré par la pratique, le narco-diagnostic est autorisé par la jurisprudence [2].

• Une fois que l'expert a déposé son rapport, le juge doit évidemment *donner connaissance de ses conclusions aux parties* (art. 167, C.P.P.). Parfaitement justifiée lorsque l'expertise porte sur les faits matériels, cette formalité peut ici aboutir à des catastrophes. Ne pourrait-on pas laisser le juge libre de décider s'il doit ou non communiquer à la personne mise en examen des conclusions que, de toute façon, l'avocat connaîtra ?

Lorsque le rapport d'examen mental conclut à l'absence de discernement (art. 122-1, al. l, C.P.), le juge doit en notifier les conclusions à la partie civile par la voie de l'audition et après convocation, et non par la voie de la notification par lettre recommandée. La partie civile dispose de quinze jours pour présenter des observations ou demander un complément d'expertise ou une contre-expertise. La contre-expertise réclamée par la partie civile est de droit et elle est accomplie par au moins deux experts (art. 167-1 ajouté par la l. du 8 février 1995). Il s'agit de remédier à l'incompréhension de la victime qui, auparavant, se voyait notifier par simple courrier le texte d'une ordonnance de non-lieu (fondée sur la démence du mis en examen) alors qu'elle avait l'impression de ne pas avoir pu faire valoir ses propres arguments. C'est un gain pour le principe de contradiction [3].

B — L'interrogatoire dit de *curriculum vitae*

496. — Pratiqué bien avant 1959, comme l'expertise mentale, l'interrogatoire de *curriculum vitae* ne fait l'objet que d'une brève allusion dans le Code de procédure pénale (art. C. 168, al. 3). Il s'agit d'un interrogatoire effectué par le juge d'instruction sur la vie de la personne mise en examen depuis ses origines jusqu'aux faits pour lesquels elle est poursuivie. L'interrogatoire terminé, le juge d'instruction en fait vérifier le contenu par voie de commission rogatoire. Il en reprend enfin les éléments essentiels au cours de

1. Crim., 30 avril 1996, B.C., n° 183.

2. Trib. corr. Seine, 23 février 1949, *affaire Cens*, S., 1950.II.149, note A. Légal, J.C.P., 1949.II.4786, note R.V. ; Alger, 18 décembre 1949, D., 1949.383, note R. Vouin.

3. D. REBUT, *Le volet pénal de la loi n° 95-125 du 8 février 1995 : adversité et diversité, Justices*, n° 2, 1995.300.

l'interrogatoire définitif. Une pratique constante veut que l'interrogatoire de *curriculum vitae* soit effectué pour toute affaire criminelle.

Il doit être bien entendu que l'interrogatoire de *curriculum vitae* ne fait pas double emploi avec l'enquête de personnalité : d'abord parce que chacune des deux institutions a son objet propre, ensuite parce que le Code lui-même les prévoit distinctement (art. 81, al. 5, et C. 168, al. 3). En pratique, cet interrogatoire doit précéder toutes les autres techniques d'investigation dans un souci de célérité [1].

En *common-law*, les recherches sur la personnalité sont au contraire effectuées après jugement sur la culpabilité — et donc juste avant décision sur la sentence — de peur que le juge ne soit influencé par des éléments peu favorables [2].

1. F. Golléty, R.S.C., 1960.122.
2. J. Pradel, *Droit pénal comparé*, 2e éd., 2002, n° 329.

SOUS-TITRE II

LES CARACTÈRES GÉNÉRAUX DE LA PHASE PRÉPARATOIRE

497. — On enseigne traditionnellement que la phase préparatoire est inquisitoire, c'est-à-dire non contradictoire, secrète et écrite [1]. La contradiction se présente différemment selon les stades de cette phase, peu accentuée lors de l'enquête et plus nettement marquée au cours de l'instruction, où elle va de pair avec l'accès des parties au dossier [2]. La contradiction sera donc examinée à propos de ces stades. En revanche, les caractères secret et écrit se présentent en gros de la même manière pendant tous les moments de la phase préparatoire. Ce sont donc des caractères généraux qu'il importe d'examiner dès maintenant.

SECTION I

LE CARACTÈRE SECRET DE LA PROCÉDURE

Bibliographie. — P. AUVRET, *Les sanctions du non-respect de la présomption d'innocence par les journalistes*, G.P., 1995, Doct. 1053 ; du même, *Le journaliste, le juge et l'innocent*, R.S.C., 1996-625 ; P.-H. BOLLE, *L'équité du procès pénal et la liberté des médias sont-elles incompatibles ?* R.I.C.P.T., 1993.183 ; J.Y. CHEVALLIER, *Quand le silence est d'or ou les mésaventures d'un juge trop bavard*, J.C.P.,

1. Alors que, comme on le verra, la phrase décisoire est présentée comme accusatoire, c'est-à-dire contradictoire, publique et orale, v. *infra*, n°s 790 et s.
2. On parle de la publicité interne (ou non secret interne) de la procédure.

1980.I.2984 ; C. COHEN, *De la présomption d'innocence au secret de l'instruction : la double impasse*, G.P., 1995, Doctr. 951 ; F. DESPORTES, *Secret de l'instruction*, Juris-Classeur proc. pén., art. 11 ; E. DERIEUX, *Secret de l'instruction et droit à l'information*, Les Petites Affiches, 11 juin 1997, n° 776 ; du même, *Droit de la communication*, 3e éd., 1999, L.G.D.J., 453 et s. ; J. LARGUIER, *Le secret de l'instruction et l'article 11 du Code de procédure pénale*, R.S.C., 1959.313 ; J. LOUBET DEL BAYLE et M.H. CUBAYNES, *La police et la presse : un système d'interaction*, in *Police et Société, Centre d'études et de recherche sur la police*, Presses de l'Institut d'études politiques de Toulouse, 1988.149 ; J. GRANIER, L'article 11 du Code de procédure pénale, J.C.P., 1958.I.1453 ; D. MAYER, *L'information du public par la presse sur les affaires en cours d'instruction*, D., 1995, chron. 80 ; P. NAUT, *Le juge d'instruction et son secret*, D., 1977, chron. 161 ; F.J. PANSIER, *Le juge et l'innocent*, G.P., 1995, Doctr. 1002 ; J. PRADEL, *L'instruction préparatoire*, 1989, Cujas, nos 92 et s. ; F. RUELLAN, *Presse, justice et liberté, point de vue d'un juge*, G.P., 1989, Doctr. 258 ; J.H. ROBERT, *Protection de la présomption d'innocence*, Juris-Classeur proc. pén., art. 11 ; S. ROMNICIANU, *Le secret de l'instruction*, thèse dactyl., Paris, 1993 ; D. SOULEZ-LARIVIÈRE, *Du cirque médiatico-judiciaire et des moyens d'en sortir*, Le Seuil, 1993 ; Ph. TOUSSAINT, *Les journalistes et le secret de l'instruction*, Déviance et Société, 1978.59 ; P. TRUCHE, *Le juge et la presse*, Esprit, mars-avril 1995.5 ; R. VOUIN, R.S.C., 1960.303.

Colloques et congrès : *XIIe Journées de l'Association française de droit pénal sur le thème « Liberté de la presse et droit pénal », Aix-en-Provence, mars 1996, Presses universitaires d'Aix-Marseille, 1994 ; Justice pénale, police et presse*, Travaux de l'Institut de sciences criminelles de Poitiers, 1988, vol. 7, Cujas ; *Les rapports du Sénat, Le respect de la présomption d'innocence et le secret de l'enquête et de l'instruction*, une journée de réflexion organisée par la commission des lois sous la direction de J. Larché, n° 602, 1983-1994.

Droits étrangers : H. BEKAERT, *Le secret de l'instruction*, R.D.P.C., 1950-1951, 121 ; H. BOSLY et D. VANDERMEERSCH, *Droit de la procédure pénale*, La Charte, 4e éd. 2005, 353 et s. ; L. LEIGH, *Le secret de l'enquête en droit anglais*, in *Justice pénale, police et presse*, précité, 179 ; C.J. MILLER, *Contempt of Court*, Oxford, 1990 ; J.R. SPENCER et R.H. FLIN, *The evidence of children*, Londres, 1993 ; F. TULKENS, *Les limites du secret de l'instruction*, Journal des Procès, 1985, nos 67 et 68.

498. — La procédure d'enquête et d'instruction doit-elle rester ignorée du public aussi longtemps que la juridiction de jugement n'est pas saisie [1] ? Longtemps, la réponse fut sans la moindre hésitation affirmative : le public ne pouvait avoir connaissance de la procédure qu'avec l'audience de jugement qui, on le sait, est publique, au moins en principe. La règle était si évidente que les rédacteurs du C.I.C. de 1808 n'avaient même pas cru devoir consacrer une disposition au secret de la phase préparatoire [2].

1. On parle de secret externe par rapport au secret interne qui concerne les parties dans leurs rapports avec le dossier de la procédure.

2. La jurisprudence était très ferme dans son affirmation du secret, le juge d'instruction notamment devant ne rien révéler aux tiers, Crim., 5 novembre 1903, D., 1904.I.25, note G. Le Poittevin.

Cependant, dès l'extrême fin du XVIIIe siècle, la presse commençait à se développer [1] et en 1830, Chateaubriand déclarait à Charles X : « La presse est un élément jadis ignoré, une force autrefois inconnue, introduite maintenant dans le monde. C'est la parole à l'état de foudre ; c'est l'électricité sociale ». À partir du début du XXe siècle, R. Garraud parle de la presse par l'effet de laquelle les affaires d'instruction sont des « secrets de Polichinelle » [2]. Aujourd'hui, avec l'importance encore grandissante de la presse, il y a un véritable débat sur le secret de la procédure qui sera examiné après que l'état du droit et la réalité auront été rappelés.

§ 1. — Le droit

499. — Le texte de base est celui de l'article 11, C.P.P., qui doit cependant être complété par une série de dispositions qui n'ont d'ailleurs pas toujours été écrites en vue d'assurer le secret de la procédure préparatoire.

A — Le texte de l'article 11, C.P.P.

500. — Selon l'article 11, « sauf dans les cas où la loi en dispose autrement et sans préjudice des droits de la défense, la procédure au cours de l'enquête et de l'instruction est secrète » (al. 1). « Toute personne qui concourt à cette procédure est tenue au secret professionnel dans les conditions et sous les peines des articles 226-13 et 226-14 du Code pénal » (al. 2), ces deux articles prévoyant les peines en cas de violation du secret professionnel et les cas exceptionnels dans lesquels la violation est permise.

En dépit des apparences résultant d'un lecteur rapide de ce texte, le principe du secret de l'enquête et de l'instruction est conçu de façon restrictive, qu'il s'agisse des personnes qui y sont soumises, des limites qui lui sont assignées ou des exceptions qu'il comporte.

Les origines de l'article 11 sont originales. Tandis que les députés, en mars 1957, discutaient du projet de Code de procédure pénale, un double crime atroce survint en forêt de Rambouillet. La médiatisation indécente du drame conduisit un parlementaire, J. ISORNI, avocat, à déposer un amendement qui n'était autre que le futur article 11. Et l'amendement fut adopté [3].

1. En 1788, à Paris, il y a 4 journaux et 60 périodiques. Deux ans plus tard, ces chiffres passent à 335 et 500 respectivement. G. DI MARINO, *Rapport introductif au colloque « Liberté de la presse et droit pénal »*, Presses universitaires d'Aix-Marseille, 1994.29.

2. Expression due à R. GARRAUD, *Traité théorique et pratique d'instruction criminelle*, tome III, 1912, n° 768, p. 16.

3. Les rapports du Sénat, Commission des lois, sur le respect de la présomption d'innocence et le secret de l'enquête et de l'instruction, 1993-1994, 17.

1. *Les personnes tenues au secret*

501. — D'une lecture rapide de l'article 11, on pourrait déduire que le secret est général, s'étendant à toutes personnes et par exemple aux journalistes qui ne pourraient donc pas relater les procédures en cours. Rien n'est plus faux. Le législateur, en posant le principe du secret, n'a prévu aucune sanction. Il n'y a donc pas de délit de violation du secret de l'enquête et de l'instruction. Doit-on rappeler en effet que seules sont tenues au secret les personnes qui « concourrent » à la procédure [1]. Il n'y a par conséquent pas de délit général de violation du secret de la procédure avant jugement, mais seulement un délit de violation du secret professionnel de la part des personnes qui, participant à la procédure, sont tenues au secret. Ce qui fait apparaître l'inutilité de l'article 11 [2] et ce qui oblige à déterminer les personnes qui « concourent » à la procédure.

« Concourent » et sont donc tenus au secret les magistrats qu'ils appartiennent au parquet ou au siège [3], les greffiers, les O.P.J. (et, bien sûr, les A.P.J.), les personnes requises (interprètes, témoins instrumentaires, serruriers...), les experts. En revanche, ne « concourrent » pas et peuvent donc parler librement les personnes mises en examen [4], les témoins assistés, la partie civile [5], les témoins des faits, les journalistes. Ces derniers peuvent donc en principe reproduire impunément les indiscrétions d'un juge d'instruction ou les déclarations d'un témoin ou d'une partie. On voit même les journalistes se tenir aux abords des cabinets d'instruction et « interroger » témoins et mis en examen au sortir de ces cabinets.

Les avocats occupent une place particulière. D'un côté, ne « concourant » pas à la procédure, ils ne sont pas concernés par l'article 11. Mais de l'autre, ils sont soumis au secret professionnel qui leur impose de « s'abstenir de communiquer des renseignements extraits du dossier ou de publier des documents, pièces ou lettres intéressant une information en cours » (art. 160, al. 2, du décret du 27 novembre 1991 organisant la profession

1. « Ne sont tenues au secret que les personnes qui concurent à la procédure d'information, c'est-à-dire aux mesures ordonnées en vue d'établir la vérité de rechercher si les éléments de l'infraction sont réunis et de fournir à la juridiction de jugement les renseignements nécessaires à la décision », T.G.I., Paris, référé, 31 août 1973, J.C.P., 1974.II.17714.

2. Ce qui ne signifie pas pour autant qu'il faut supprimer cet article car sa disparition serait interprétée comme synonyme de licéité de toute révélation.

3. Crim., 6 décembre 1977, B.C., n° 385 ; Rennes, 7 mai 1979, J.C.P., 1980.II.19333, note P. Chambon ; *add.* J.Y. CHEVALLIER, *Quand le silence est d'or ou les mésaventures d'un juge trop bavard*, J.C.P., 1980.I.2934 ; H. PASCAL, J.C.P., 1980.I.2993 *bis*.

4. Paris, 11 juin 1986, R.S.C., 1986.856, obs. G. Levasseur.

5. Crim., 9 octobre 1978, B.C., n° 263, D., 1979.185, note P. Chambon, R.S.C., 1979.560 et 821, J. PRADEL et A. VARINARD, n° 25. Add. C.E.D.H., 14 juin 2005, *Menot c/ France*, une partie civile qui n'a pas d'avocat ne peut consulter le dossier d'instruction car cette consultation pourrait conduire à une violation du secret de l'instruction.

d'avocat)[1]. La jurisprudence va même jusqu'à appliquer à l'avocat la formule qu'elle avait d'abord imaginé pour le médecin : « l'obligation au secret... s'impose aux avocats comme un devoir de leur fonction ; elle est générale et absolue... », tout en ajoutant « ... même s'il s'agit d'un fait connu dans son ensemble lorsque l'intervention du dépositaire du secret entraîne la divulgation de précisions qu'il était seul à connaître »[2].

2. *Les limites assignées au secret*

502. — On en citera trois.

• En premier lieu, la justice pénale est amené à aider l'administration fiscale dans l'accomplissement de sa mission. Selon l'article L. 82, L.P.F., le parquet peut communiquer au fisc des dossiers pénaux. Selon l'article L. 101, L.P.F., les magistrats doivent communiquer au fisc toute information de nature à faire présumer une fraude commise en matière fiscale[3].

• En second lieu, la sanction du secret est uniquement pénale, les peines étant prévues par l'article 226-13, C.P.[4] La procédure n'est pas annulée[5], à moins que la divulgation ait porté atteinte aux intérêts de la partie concernée[6]. Il est vrai qu'en application de l'article 9-1, C. civ., si la violation du secret a consisté de la part d'un tiers (notamment d'un journaliste) à présenter avant toute condamnation une personne faisant l'objet d'une enquête ou d'une instruction judiciaire comme déjà coupable, le juge civil peut accorder des dommages-intérêts ou l'insertion d'un communiqué[7].

• En troisième lieu, on observera que c'est « la procédure au cours de l'enquête ou de l'instruction » qui est « secrète ». L'interdiction de divulgation porte donc sur les actes contenus dans le dossier. En revanche, tout ce que toute personne peut constater *de visu* (transfèrement de la maison d'arrêt au Palais de justice, transport sur les lieux avec éventuellement reconstitution des faits...) ne fait l'objet d'aucune protection[8]. Rien n'interdit par exemple à un juge d'instruction de dire qu'il s'est transporté sur les lieux du crime et qu'il y a fait venir le mis en examen.

1. Crim., 18 septembre 2001, B.C., n° 179, est punissable pour violation du secret professionnel l'avocat qui divulgue à un tiers le contenu d'un acte ; 27 octobre 2004, B.C., n° 259 ; R.P.D.P., 2005, 230, obs. E. Vergès, même solution.
2. Crim., 7 mars 1989, B.C., n° 109.
3. Évidemment, les fonctionnaires du fisc sont tenus au secret professionnel...
4. Qui prévoit un an d'emprisonnement et 15 000 € d'amende.
5. Crim., 22 décembre 1948, B.C., n° 295 ; 24 avril 1984, D., 1986.124, note P. Chambon.
6. Crim., 19 juin 1995, *Dr. pénal*, 1995, comm. 239, obs. A. Maron ; 25 janvier 1996, B.C., n° 51, D., 1996, Somm. 258, obs. J. Pradel, *Dr. pénal*, 1996, comm. 200, obs. A. Maron, et chron. 43, par V. Lesclous et C. Marsat.
7. Crim., 30 avril 1996, B.C., n° 183.
8. J. PRADEL, *L'instruction préparatoire*, 1989, n° 98.

3. *Les exceptions apportées au secret*

503. — L'article 11, al. 1, C.P.P., indique que la procédure au cours de l'enquête et de l'instruction est secrète « sauf dans les cas où la loi en dispose autrement et sans préjudice des droits de la défense ». La formule est peu heureuse car les droits de la défense sont prévus par la loi. Elle a pourtant l'avantage de mettre à part ces droits qui sont en réalité des exceptions internes, par opposition aux autres exceptions qui sont externes en ce qu'elles intéressent le public.

a) Les droits de la défense, une exception interne

504. — La personne mise en examen, le témoin assisté et la partie civile peuvent accéder au dossier par l'entremise de leur défenseur, voire eux-mêmes selon des modalités qui seront vues plus bas.

En outre, la personne mise en examen et se trouvant en détention provisoire peut, lorsque la chambre de l'instrument statue sur cette détention, demander à être présente aux débats (art. 199, al. 1, C.P.P.) ; ceux-ci sont donc contradictoires et par contrecoup non secrets pour l'interessé.

b) La loi et les exceptions externes

505. — Diverses dispositions prévoient que le public peut avoir accès plus ou moins directement au contenu du dossier. Ces dispositions sont de trois ordres.

— La recherche de la vérité

506. — Ainsi, le juge d'instruction peut être conduit à révéler à un témoin des éléments du dossier pour appeler de sa part certaines explications (art. 81, al. 1, 1re phrase, C.P.P.). Et comme le témoin ne « concourt » pas à la procédure, rien ne lui interdit de faire ensuite des déclarations à la presse.

Les magistrats peuvent joindre à une procédure pénale une autre procédure pénale pour contribuer à la manifestation de la vérité [1].

Les articles 38, 39 *bis* et 39 *ter* de la loi du 29 juillet 1881 confèrent au juge d'instruction le droit d'autoriser par écrit certaines publications utiles à l'instruction. On pense par exemple aux portraits-robot. En pratique, le procédé est utilisé davantage par les policiers que par les magistrats. Une variante existe en Allemagne avec ces émissions télévisées montées à l'aide de renseignements fournis par la police et invitant les téléspectateurs à apporter leur témoignage sur les crimes évoqués au petit écran [2].

1. Crim., 23 juillet 1985, D., 1986.61, note P. Chambon ; 6 octobre 1999, B.C., n° 210 ; 16 mai 2000, B.C., n° 190.

2. SCHNEIDER, *Rapport au Conseil de l'Europe sur la presse et la justice*, 1978.9.

— *L'information du public*

507. — De longue date, le procureur de la République pouvait « s'il l'estimait nécessaire, fournir à la presse... un communiqué écrit concernant les faits ayant motivé la poursuite » (art. C. 24, C.P.P.) [1]. Dans la pratique, les chefs de parquet font parfois des communiqués écrits, et plus souvent oraux [2] et c'est pourquoi la loi du 15 juin 2000 a officialisé cette pratique des communiqués, souvent appelés « fenêtres de communication » : cette loi ajoute à l'article 11 un alinéa 3 selon lequel « Toutefois, afin d'éviter la propagation d'informations parcellaires ou inexactes ou pour mettre fin à un trouble à l'ordre public, le procureur de la République peut, d'office et à la demande de la juridiction d'instruction ou des parties, rendre publics des éléments objectifs tirés de la procédure ne comportant aucune appréciation sur le bien-fondé des charges retenues contre les personnes mises en cause ». On aura noté la prudence de la formule comme si le législateur s'était souvenu de l'affaire *Allenet de Ribemont* [3]. Ce texte est à rapprocher de celui de l'article 177-1, C.P.P. qui permet au juge d'instruction, d'office ou à la demande d'une partie, de faire publier une ordonnance de non-lieu ou l'insertion d'un communiqué informant le public du contenu de cette ordonnance.

En outre, les débats devant la chambre de l'instruction se déroulent en public si le mis en examen le réclame et à condition qu'il en fasse la demande dès l'ouverture des débats, sauf le pouvoir pour la chambre de maintenir le principe du secret « si la publicité est de nature à nuire au bon déroulement de l'information, aux intérêts d'un tiers, à l'ordre public ou aux bonnes mœurs » (art. 199, al. 1, C.P.P.) [4].

— *La protection de certains intérêts*

508. — La loi du 9 mars 2004 a ajouté au Code de procédure pénale un article 11-1, permettant, sur autorisation du parquet ou du juge d'instruction, de communiquer à certains organismes habilités des éléments d'une procédure judiciaire en cours, en vue de réaliser des recherches ou enquêtes scientifiques ou techniques à certaines fins énumérées au texte : prévention

1. V. les critiques de R. Vouin à la R.S.C., 1960.303.

2. J. PRADEL, *L'instruction préparatoire*, 1989, n° 99.

3. C.E.D.H., 10 février 1995, *Allenet de Ribemont c/ France*, condamnation de la France au motif qu'à l'occasion de l'enquête relative au meurtre d'un homme politique, le ministre de l'Intérieur avait présenté comme auteur des faits le sieur Allenet de Ribemont qui avait ultérieurement bénéficié d'un non-lieu.

4. La chambre d'accusation apprécie souverainement la suite à donner à la demande formée par l'intéressé, Crim., 3 juillet 1990, B.C., n° 373 ; 11 avril 1991, B.C., n° 175. Une demande de publicité doit être rejetée lorsque l'intéressé a sollicité la publicité pour obtenir une tribune aux fins de mettre en cause la justice et la police, Versailles, Ch. acc., 9 janvier 19990, D., 1990, Somm., 224, obs. J. Pradel.

de la commission d'accidents, facilitation de l'indemnisation de victimes ou prise en charge de la réparation de leur préjudice.

Le texte paraît évoquer notamment de grandes catastrophes comme le déraillement d'un train, la rupture d'un barrage ou l'effondrement d'un immeuble aéroportuaire alors qu'il importe de prévenir d'autres faits similaires.

Cependant, l'atteinte au secret est relative car les agents de ces organismes sont eux-mêmes tenus au secret professionnel (art. 11-1, *in fine*).

B — Les textes autres

509. — Il existe un grand nombre de textes épars, fort peu utilisés. Les voici :

— article 58, C.P.P., qui punit d'une amende de 4 500 € et d'un emprisonnement de deux ans toute divulgation sans l'autorisation du mis en examen ou du signataire ou du destinataire d'un document provenant d'une perquisition à une personne non qualifiée par la loi pour en prendre connaissance [1] ;

— article 434-16, C.P., sur la publication, avant l'intervention de la décision juridictionnelle d'instruction, de commentaires tendant à exercer des pressions pour influencer les auteurs de la décision ;

— articles 226-1 et s., C.P., sur l'atteinte à la vie privée, et 226-8, C.P., sur l'atteinte à la représentation de la personne ;

— complicité du délit de l'article 226-13, C.P., sur la violation du secret professionnel, le journaliste remettant par exemple de l'argent à un greffier pour qu'il lui dévoile un secret de l'instruction ;

— article 434-7-2, C.P. (L. du 9 mars 2004 modifié par L. du 12 décembre 2005) punissant « le fait pour toute personne qui, du fait de ses fonctions, a connaissance, en application des dispositions du Code de procédure pénale, d'informations issues d'une enquête ou d'une instruction en cours concernant un crime ou un délit, de révéler, sciemment ces informations à des personnes qu'elle sait susceptibles d'être impliquées comme auteurs, coauteurs, complices ou receleurs, dans la commission de ces infractions, lorsque cette révélation est réalisée dans le dessein d'entraver le déroulement des investigations ou la manifestation de la vérité » [2]. Les peines sont celle de deux ans d'emprisonnement et de 30 000 € d'amende ; elles passent à cinq ans et 75 000 € en cas d'infraction de criminalité organisée.

Ce que la loi vise ici, c'est de permettre de lutter contre l'attitude de personne ayant légalement accès au dossier (un expert, un juge, un avocat, un policier...) d'en

1. Possibilité pour une partie civile d'agir si la divulgation peut lui nuire alors pourtant qu'elle n'est pas visée par le texte, Crim., 4 juin 1996, B.C., n° 230.

2. L'allusion au « dessein d'entraves » est une consécration du mobile comme élément de l'infraction.

révéler des éléments et d'entraver ainsi le déroulement de l'enquête ou de l'instruction, par exemple en prévenant un complice recherché par la police, ce qui lui permettrait de prendre la fuite [1]. Le nouveau délit ne saurait se confondre avec celui de l'article 226-13, C.P., sur la violation du secret professionnel auquel se rattache l'article 11, C.P.P. ; en effet, avec les articles 226-13 et 14, ce qui est puni, c'est la simple violation du secret alors qu'avec l'article 434-7-2, l'agent doit avoir conscience d'entraver la manifestation de la vérité, voire de la rechercher, ce qui fait que ce délit comporte un dol spécial à l'inverse de celui de l'article 226-13.

Toutefois, le délit de l'article 226-13 ne saurait paralyser les droits de la défense. Voici un avocat découvrant dans le dossier des actes commis par une personne qu'il ne connaît pas et qui interroge son client sur ses éventuelles relations avec cette personne [2]. Il est évident que cet avocat ne saurait être poursuivi puisque ses questions concernent la défense de son client et rien d'autre. Pour éviter toute difficulté, le législateur a placé en tête de l'article 434-7-2, C.P., les mots « Sans préjudice des droits de la défense... ».

— article 434-25, C.P., sur les actes tendant à discréditer la justice par actes, paroles, écrits ou images de toute nature ;

— article 38, al. 3, de la loi du 29 juillet 1881 surla presse interdisant la publication par tous moyens de photographies, gravures, dessins, portraits ayant pour objet la reproduction des circonstances d'un crime ou délit d'atteinte à la vie ou à l'intégrité de la personne ou d'atteinte aux mineurs et à la famille ; article 39 *bis* de la même loi qui interdit la diffusion d'information d'un mineur victime d'une infraction ;

— article 321-1, C.P., sur le recel, qui permet de réprimer le journaliste ayant publié des informations obtenues grâce à la violation du secret de l'enquête ou de l'instruction [3] ; toutefois, l'application de ce texte peut se heurter : 1° à l'article 10, Conv. E.D.H., sur la liberté d'expression [4] encore que, la jurisprudence de la chambre criminelle fait primer le secret de l'instruction sur la liberté d'expression [5] ; 2° aux droits de la défense que peut invoquer le journaliste [6].

1. F. Zocchetto, rapport de la commission sénatoriale des lois sur le projet de loi (qui deviendra la loi du 9 mars 2004), n° 441, 24 septembre 2003, p. 107.

2. Id.

3. Crim., 13 mai 1991, B.C., n° 200, D., 1993, Somm. 17, obs. G. Azibert, R.S.C., 1992.312, obs. J.P. Delmas Saint-Hilaire ; Trib. corr. Paris, 10 septembre 1998, J.C.P., 1998.II.10188, note E. Derieux, publication par des journalistes de passages issus d'un dossier d'instruction relatif aux « écoutes de l'Élysée », décision confirmée par Paris, 16 juin 1999, D. 2000.167, note C. Bigot.

4. V. *l'affaire Fressoz* avec deux arrêts : Crim., 3 avril 1995, J.C.P., 1995.II.22429, note E. Derieux, arrêt déclarant le directeur du *Canard Enchaîné* coupable de recel ; C.E.D.H., janvier 1999, R.T.D.H., 1999, n° 39, p. 672, et note C. Bigot, D., 1999, Somm. 272, arrêt condamnant la France pour violation de l'art. 10. V. cependant C.E.D.H., 24 novembre 2005, *Tourancheau et July c/ France*, pas de condamnation de la France dont les juges avaient sanctionné deux journalistes pour publication d'actes de procédure, à propos du meurtre d'une jeune fille en mai 1996, réalisé à l'aide d'un couteau.

5. Crim., 19 juin 2001, Bull. crim., n° 149, D., 2002, Somm. 1463, et obs. J. Pradel, arrêt invoquant la présomption d'innocence, la nécessité de préserver des informations confidentielles ainsi que l'autorité et l'impartialité du pouvoir judiciaire ; 25 octobre 2005, B.C., n° 268 ; 12 juin 2007, B.C., n° 157.

6. Crim., 11 juin 2002, B.C., n° 132.

Une loi du 2 juillet 1931 avait incriminé la publication avant décision judiciaire de toute information relative à des constitutions de partie civile : en effet, la menace d'une publication était un moyen de chantage, le maître-chanteur cherchant à obtenir un avantage illégitime sous la menace d'un dépôt de plainte avec partie civile et de sa publication dans la presse. La chambre criminelle avait certes considéré que ce texte n'était pas contraire à l'article 10, Conv. E.D.H., sur la liberté de la presse [1]. Mais suite à la condamnation de la France par la C.E.D.H., le 3 octobre 2000, notre chambre criminelle s'aligna sur le droit européen [2] et la loi du 9 mars 2004 (art. 53) abrogea la loi de 1931. C'est dommage car cette loi était utile et la liberté de la presse, aussi respectable qu'elle soit, ne saurait tout permettre.

§ 2. — La réalité

510. — En dépit de tous ces textes qui littéralement cernent toute velléités de publicisation d'un procédure pénale en cours, le public est venu, souvent scrupuleusement et en temps réel, du déroulement des procédures, du moins de celles qui sont importantes par la personnalité des auteurs présumés ou pas l'ampleur des préjudices.

Déjà en 1912, R. Garraud avait lumineusement décrit les pratiques : « le secret de la procédure d'instruction, écrivait-il, est devenu par suite du reportage de la presse le secret de polichinelle. Les couloirs du Palais, surtout dans les grandes villes, sont assiégés par des journalistes qui organisent minutieusement la surveillance des cabinets d'instruction. Ils s'entendent, du reste, avec les employés subalternes, les garçons de bureau, les secrétaires de commissaires de police, etc., pour obtenir des renseignements. Dans les affaires importantes, les témoins, les inculpés sont interviewés. Alors, on lit, dans les journaux, des comptes rendus plus ou moins fantaisistes, sur les instructions en cours... » [3]. Propos toujours actuels, qui rappellent la peinture que faisait Balzac des ministères.

Ce phénomène de la violation quotidienne du secret doit être précisé quant à sa nature et considéré quant à ses conséquences.

D'une part, la violation du secret s'est affirmée depuis quelques décennies grâce à l'effet combiné de l'accès des parties privées au dossier d'instruction et du procédé de la photocopie. On peut lire dans les journaux la reproduction *in extenso* de procès-verbaux d'audition [4], de rapports d'expertise ou de pièces diverses. Le matériel d'un dossier est en outre présenté d'une façon qui n'est pas forcément conforme à la vérité car les journalistes n'ont pas accès à tout le dossier : l'information livrée au public est partielle et partiale

1. Crim., 21 mars 1995, B.C., n° 117 ; 14 juin 2002, D., 2001, Somm. 515, obs. J. Pradel.
2. Crim., 16 janvier 2001, B.C., n° 8.
3. R. Garraud, *Traité théorique et pratique d'instruction criminelle et de procédure pénale*, 1912, tome 3, 16. Cet auteur est le premier à souligner aussi nettement le rôle de la presse.
4. Une audition effectuée un matin à 9 heures peut paraître le même jour dans un quotidien paraissant l'après-midi. Ces fuites émanent évidemment des parties le plus souvent, ces parties agissant par intérêt.

à la fois. On a pu écrire même que le secret est aujourd'hui violé par certains « juges d'instruction qui convoquent des journalistes dans leur cabinet, afin de leur donner directement des informations »[1]. Bref, dans une large mesure, le secret de l'instruction aujourd'hui est mort[2]. Le secret de l'enquête souffre lui aussi d'une violation, mais dans une moindre mesure.

D'autre part, la publicité de la procédure, dans la mesure où ce sont les dossiers concernant des hommes politiques qui sont les plus médiatisés, porte un coup très grave à la présomption d'innocence. Celle-ci est remplacée par une véritable « présomption de culpabilité », notion juridico-médiatique nouvelle qui s'explique par des considérations politiques (abattre un adversaire) et par des considérations économiques (faire vendre des journaux).

Cette discordance entre les textes et la réalité entraîne la nécessité d'un véritable débat.

§ 3. — Le débat

511. — Le débat est essentiellement centré sur la presse car c'est elle qui, en réalité, peut diffuser des informations sur une procédure.

A — Arguments

1. *En faveur de la publicité*

512. — En faveur de la publicité, deux arguments peuvent être avancés.

Le premier intéresse la *liberté de la presse*, liée à un « droit » des citoyens à l'information. La liberté d'expression fait l'objet de nombreuses dispositions et l'on peut citer l'article 11 de la Déclaration des droits de l'homme de 1789, l'article 19 de la Déclaration universelle des droits de l'homme de 1948, l'article 10, Conv. E.D.H. Dans le sillage de ce dernier texte, la C.E.D.H. voit la liberté d'expression l'un des fondements essentiels d'une société démocratique, même pour les informations et idées qui heurtent, choquent ou inquiètent[3].

Il est exact que, spécialement sur le plan pénal, la liberté d'expression et son corollaire la publicité procédurale peuvent éviter l'étouffement de certaines affaires, politiques ou non, car « le secret peut parfois protéger des

1. Intervention de Maître Danet, in *Le respect de la présomption d'innocence et le secret de l'enquête et de l'instruction*, Rapports du Sénat, 1993-1194, 44.
2. V. dans le même sens, intervention de Maître Farthouat, *id.*, 40.
3. C.E.D.H., 7 décembre 1976, *Handside c/ Royaume-Uni* ; 8 juillet 1986, *Lingens c/ Autriche*.

illégalités, des injustices ou des actes déraisonnables »[1]. Comme l'a exprimé la C.E.D.H., la presse joue le rôle de « chien de garde » de la démocratie[2].

On n'oubliera pas toutefois que les textes énumérés ci-dessus n'ont pas une autorité absolue. Si la Déclaration de 1789 fait bien partie du bloc de constitutionnalité, il n'en résulte pas pour autant que le principe de liberté qu'elle exprime soit sans limites. Quant à la Déclaration de l'O.N.U. de 1948, elle n'a qu'une valeur déclaratoire. De plus, nul n'ignore que le texte européen a prévu expressément des exceptions comme la prévention du crime et la défense de l'ordre, notions qui renvoient manifestement à la procédure pénale. Enfin, il n'existe pas pour les journalistes de devoir d'information[3] ni pour les citoyens de droit à l'information.

La publicité peut servir aussi à *couper à des rumeurs créées par le secret*. Elle participe ainsi au respect des droits de la personne. Là encore, l'argument est sérieux. Mais on peut très bien concevoir une coexistence du secret et de dispositions permettant de défendre la réputation des personnes, par exemple par des insertions dans la presse après la fin de la phase préparatoire.

En somme, aucun des arguments ci-dessus n'est déterminant, s'agissant spécialement de la procédure pénale. Il existe en revanche de solides arguments en faveur du secret.

2. *En faveur du secret*

513. — La plupart des magistrats sont favorables au maintien du secret et à cette fin accumulent les arguments :

— La publicité des procédures a un effet criminogène, par exemple en expliquant aux lecteurs candidats au crime des techniques déjà utilisées[4] ;

— La publicité porte atteinte à l'indépendance des magistrats car elle favorise les pressions de l'opinion ;

— Plus sérieusement, la publicité nuit à la bonne marche des investigations et très nombreux sont les auteurs, même avocats, qui insistent sur cette idée ; par la publicité, les suspects sont mit au courant de la procédure. Il est possible en outre que la publicité posse le suspect, le mis en examen, voire les témoins à se taire ;

1. E. Plenel, *Un temps de chien*, Stock, 1994.161 et s.

2. C.E.D.H., 27 mars 1996, *Godwin c/ Royaume-Uni.*

3. P. Mimin a écrit : « Ce prétendu devoir... n'a jamais été reconnu ni par la loi, ni par les tribunaux. On ne trouve ici aucun devoir d'informer, au sens légal ou au sens moral », note sous Nancy, 9 juillet 1964, D., 1966.47.

4. R. Volcher, *Les problèmes posés par la publicité donnée aux actes criminels et aux procédures pénales. Aspects médicopsychologiques*, R.I.D.P., 1959.373 ; *add.* l'histoire du chimiste polonais qui, en 1936, empoisonna sa femme, les journalistes ayant relaté le *modus operandi* (usage de thalium), on releva de 1936 à 1939 divers cas d'empoisonnement au thalium, procédé non utilisé auparavant, J. Pradel, *L'instruction préparatoire*, 1990.110.

— Restent les deux derniers arguments, les plus forts : la publicité égratigne la vie privée et surtout nuit à la présomption d'innocence, principes fondamentaux exprimés le premier à l'article 9, C. civ., et le second à l'article 9-1 du même code [1]. Il est évident que, après la publicité d'une mise en examen, la survenance d'un non-lieu effacera mal l'atteinte à la réputation et laissera subsister l'idée « qu'il n'y a pas de fumée sans feu ».

La thèse du secret est certainement la meilleure et surtout sur la base de la recherche de la vérité et de la présomption d'innocence. Avec la presse, la présomption d'innocence peut conduire à une « présomption de culpabilité », cette notion juridico-médiatique nouvelle.

B — Propositions

514. — Deux données prennent aujourd'hui une importance plus qu'énorme. C'est d'un côté la pression médiatique de journalistes [2] de mieux en mieux équipés et qui n'hésitent pas à conduire des enquêtes « parallèles » à celle des policiers et juges d'instruction [3]. C'est de l'autre la démolition de la réputation de certaines personnes qui sont littéralement présumées coupables dès avant de se présenter devant le tribunal.

D'où le grand nombre de réflexions et de propositions.

Les réflexions émanent de diverses commissions de réforme dont les noms des présidents se suivent au fil des années : on citera la commission Touffait (1971), la commission Aussel (1975), la commission Mathiot (1980), la commission Errera (1984) ; sans oublier le rapport Larché de la commission des lois du Sénat (1994). Sans compter les opinions individuelles des auteurs.

1) Une première voie est celle d'un *renforcement du secret*. Certains proposent un renforcement des peines [4]. D'autres suggèrent un élargissement des personnes tenues au secret [5]. On a parlé encore d'un délit, à créer, de violation du secret de l'instruction, par imitation du *contempt of court* anglais. Le délit anglais permet aux tribunaux d'empêcher ou de punir tout acte de nature à entraver l'administration de la justice ou de lui nuire dans une instance donnée ou de façon générale [6]. En 1977, l'introduction de ce délit fut

1. L'art. 9-1, C. civ. qui protège la présomption d'innocence, pose un principe supérieur à la liberté d'expression à laquelle il s'oppose et qu'il tend à limiter, T.G. Nanterre, référé, 22 juin 1996, G.P., 1996.II.559. V. aussi C.E.D.H., 22 mai 1990, *Weber c/ Suisse*, le C.P.P. du canton du Vaud, qui pose le principe du secret en l'imposant même aux parties, s'impose pour préserver l'autorité et l'impartialité du pouvoir judiciaire car il faut sauvegarder la personnalité du prévenu et la sérénité de la justice, §§ 33 et 34.

2. Appuyé par le prétendu « droit » des citoyens à l'information.

3. B. GRAVET, rapport in *Justice pénale, police et presse*, 1988.23.

4. R. MERLE et A. VITU, *Procédure pénale*, n° 400.

5. Le secret s'imposant alors même aux parties privées, R. DUPUY, *Le secret de l'instruction*, G.P., 1978.II, Doct. 380 ; M.L. RASSAT, *Procédure pénale*, n° 362.

6. L. LEIGH, *Rapport sur le droit anglais*, in *Justice pénale, police et presse*, 1988.179.

envisagée en France, puis vite abandonnée [1]. En 1994, un amendement fut même adopté par l'Assemblée nationale tendant à créer un alinéa supplémentaire à l'article 11, C.P.P., ainsi rédigé : « Afin de garantir la présomption d'innocence, aucune information relative à une personne faisant l'objet d'une enquête ou d'une instruction judiciaire ne peut être rendue publique sans son consentement avant que la saisine de la juridiction de jugement ne soit devenue définitive ». Contrairement à ce qui avait été envisagé en 1977, il ne s'agissait plus, en 1994, de créer un nouveau délit, mais seulement de mieux encadrer le secret. Et pourtant, devant les fortes oppositions de la presse, l'idée fut abandonnée par le Sénat [2]. Dernière piste, enfin, on a proposé d'interdire, sous sanctions pénales, la divulgation des noms de personnes susceptibles d'être mise en cause, même lorsqu'elles sont placées en garde à vue [3]. Là encore, l'idée a été abandonnée au motif que l'on ne pourrait pas l'appliquer aux personnalités publiques, des insinuations permettant rapidement de déterminer l'identité de la personne impliquée.

2) Dès lors, de nombreux esprits prônent une *position intermédiaire* entre un secret absolu et une publicité à tous vents.

La première voie est celle des communiqués [4]. Ce qui n'est pas sans inconvénient si l'on rappelle que le parquet sera un jour amené à régler l'instruction, voire à défendre l'accusation devant la juridiction de jugement. La commission Errera avait pourtant recommandé cette pratique, en l'étendant même à l'avocat [5]. On n'insistera pas cependant puisque l'on a déjà indiqué que la loi du 15 juin 2000 l'a légalisée (art. 11, al. 3, C.P.P., v. *supra*, n° 507).

On pourrait aussi, en s'inspirant du droit allemand, créer un porte-parole dans chaque juridiction. Il s'agirait d'un magistrat qui répondrait en cas de besoin aux questions des journalistes pour corriger les erreurs diffusées et permettre à la justice de remplir une fonction pédagogique [6]. Cette idée a pourtant été accueillie fraîchement par les magistrats et journalistes : les premiers considèrent que le porte-parole parle au nom de toute la juridiction alors qu'il appartient soit au siège, soit au parquet, les seconds essayent d'en savoir toujours plus et veulent dépasser le communiqué trop sec à leurs yeux [7].

Reste la théorie des « fenêtres », des moments de l'instruction étant ouverts au public. Déjà la loi du 6 juillet 1989 l'a prévu pour les débats

1. J PRADEL, *L'instruction préparatoire*, 1990, n° 92, p. 107.

2. J.O. déb. Ass. Nat., 2e séance du 21 novembre 1994, 7291 à 7294, *Le Monde*, 15 décembre 1994.9. Le Sénat supprime l'amendement Marsaud.

3. Ce qui existe déjà pour les mineurs, art. 14, ord. 2 février 1945.

4. F. CASORLA, *Le point de vue d'un magistrat du parquet*, in *Justice pénale, police et presse*, 1988, p. 33 et s.

5. J. PRADEL, précité, n° 92, *in fine*.

6. Commission Truche, *Rapport sur la justice*, I, 75 et 76, 1998.

7. M. Marchand, juge d'instruction, *in*, J. LARCHÉ, *Le rapport du Sénat*, n° 602, 1993-1194.94.

devant la chambre de l'instruction, les juges pouvant toutefois s'y opposer (art. 199, al. 1, C.P.P.) et la loi du 15 juin 2000 a étendu ce système au débat contradictoire conduit par le juge des libertés et de la détention (v. art. 145, al. 6, C.P.P.). La commission Truche a proposé de distinguer entre la phase « administrative » (investigations policières, expertises, auditions) et les débats contradictoires entre les parties (mise en détention, par exemple), la publicité caractérisant ces dernières, sauf opposition du juge [1]. N'est-ce pas une « fausse bonne solution » [2] ? Ce procédé peut en effet nuire à la présomption d'innocence et paraîtra insuffisant aux journalistes.

3) Ces deux voies, intéressantes, pêchent cependant, la première car impossible à appliquer et la seconde en ce qu'elle démolit le secret et du coup la présomption d'innocence. Mieux vaudrait sans doute maintenir l'actuel système, en appliquant les textes.

SECTION II

LE CARACTÈRE ÉCRIT DE LA PROCÉDURE

515. — Le caractère écrit s'applique à la fois au cours de l'enquête et au cours de l'instruction.

§ 1. — Au cours de l'enquête

516. — Tous les actes de l'enquête donnent lieu à l'établissement de procès-verbaux et rapports, actes écrits par lesquels les membres de la police judiciaire relatent les infractions par eux constatées et le résultat des opérations qu'ils ont effectuées, soit pour en administrer la preuve, soit à toute autre fin (par ex., placement d'une personne en position de garde à vue).

• Les *procès-verbaux*, ainsi appelés car au Moyen Âge leur auteur, souvent illettré, faisait devant le juge le récit oral de ses constatations, sont établis par les officiers de police judiciaire (art. 19, C.P.P.), les agents de police judiciaire de l'article 20 (gendarmes non O.P.J. et inspecteurs de la police nationale) et par les fonctionnaires ou agents chargés de certaines fonctions de police judiciaire (art. 22 et s., C.P.P.). Ils relatent les plaintes et dénonciations et consignent leurs opérations.

Les conditions de forme des procès-verbaux sont minutieusement réglementées. Tout d'abord, les procès-verbaux doivent être écrits en français,

1. Commission Truche, précité, 69.

2. J.F. Ricard, juge d'instruction, *in* J. Larché, précité, 84, *Add.* sur l'ensemble de la question, V. Brault, *Les élus et fonctionnaires territoriaux devant la justice pénale*, thèse dactyl., Poitiers, 2000.

datés, signés et ils doivent indiquer le nom et la qualité de leur auteur (art. D 9, C.P.P., et 138, déc. du 20 mai 1903 sur la gendarmerie), ce qui permet de vérifier la compétence matérielle et territoriale de celui-ci [1]. Ensuite, les procès-verbaux doivent être rédigés sur-le-champ en cas de flagrance (art. 66, C.P.P.) [2], et, dans les autres cas, dans un délai très bref puisque les officiers de police judiciaire doivent les communiquer au procureur « dès la clôture de leurs opérations » (art. 19, C.P.P.), les gardes champêtres dans les cinq jours (art. 27, C.P.P.), les gardes particuliers assermentés dans les trois jours (art. 29, C.P.P.) ; en matière de concurrence, les procès-verbaux sont rédigés « dans le plus court délai » (art. 31, déc. du 29 décembre 1986, pris en application de l'art. L. 470-8, C. com.). Mais l'inobservation du délai de rédaction et d'acheminement du procès-verbal n'entraîne pas la nullité de celui-ci [3], sauf si la loi en a disposé autrement (art. 228-32 nouveau, C. rural, pour les procès-verbaux dressés par les lieutenants de louveterie, et L. 228-33 du même code en matière de chasse maritime).

• Les *rapports* sont rédigés par les agents de la police judiciaire visés à l'article 21 du Code de procédure pénale et sont adressés par eux à leurs supérieurs hiérarchiques. S'ils constatent des infractions comme les procès-verbaux, ils ne peuvent, contrairement à ces derniers, consigner les plaintes, dénonciations et opérations de police judiciaire. Ils ne sont soumis à aucune condition de forme et l'on a pu écrire : « Alors que le rédacteur du procès-verbal doit s'y désigner invariablement par le "Nous" majestueux qui caractérise le style procédural, quand il passe à la rédaction des rapports, il doit s'exprimer à la première personne du singulier » (G. DENIS).

On ne confondra pas les procès-verbaux et rapports avec les inscriptions en *main courante*, sur un registre tenu par la police (pas par la gendarmerie). Réservée aux toutes petites affaires, la main courante n'est pas normalement communiquée au parquet, sauf en cas de rechute. Il s'agit d'une pratique consacrée par aucun texte légal ou réglementaire.

§ 2. — AU COURS DE L'INSTRUCTION

517. — La procédure d'instruction est écrite (art. 81, al. 2, 173 et 347, al. 3, C.P.P.). Tous les actes de l'instruction, qu'il s'agisse des actes d'investigation ou des actes de juridiction, donnent lieu à un écrit, signé du juge (ou du président de la chambre de l'instruction) et du greffier, voire du déposant lorsque l'acte est un interrogatoire ou une audition. Tous les actes sont réunis dans un *dossier* dont disposera le président de la juridiction de jugement.

1. Crim., 13 février 1996, *Procédures*, 1996, comm. 230, obs. J. Buisson.
2. Disposition non prescrite à peine de nullité, Crim., 7 juin 1963, B.C., n° 194 ; 8 octobre 1985, B.C., n° 301, D. 1986, I.R., 303, obs. J. Pradel.
3. Crim., 17 mai 1922, B.C., n° 198.

Le caractère écrit de la procédure est à la fois :

— *allégé*, l'article 199, al. 2, C.P.P., autorisant les parties à présenter devant la chambre de l'instruction des « observations sommaires » et la jurisprudence décidant que le classement des pièces du dossier par ordre chronologique n'est pas prescrit à peine de nullité bien que cette règle soit édictée par l'article 81, al. 2, C.P.P. [1] ;

— *renforcé* en ce que l'article 81, al. 2, C.P.P., décide que les actes sont établis en double exemplaire, ce qui permet au juge d'instruction de poursuivre ses investigations pendant que l'autorité supérieure (notamment la chambre de l'instruction) contrôle son travail, ce qui implique qu'elle dispose d'un jeu du dossier ;

— *aménagé* en ce sens qu'aujourd'hui les juges d'instruction travaillent informatiquement, la technique informatique étant à la fois un procédé d'édition (les procès-verbaux sortant d'un ordinateur) et un procédé de gestion (le juge pouvant interroger chaque jour l'ordinateur afin de savoir par exemple s'il doit prolonger une détention provisoire ou s'il a donné rendez-vous à une personne pour l'interroger).

1. Limoges, 27 février 1997, D., 1998, Somm. 174, obs. J. Pradel.

SOUS-TITRE III

LES STADES SUCCESSIFS DE LA PHASE PRÉPARATOIRE

518. — La phase préparatoire est formaliste et structurée. Elle comporte au minimum une enquête et, si l'autorité habilitée à poursuivre décide de ne pas laisser tomber l'affaire, une poursuite. Dans les affaires compliquées, il existe en outre un troisième stade, celui de l'instruction dite préparatoire [1], le plus souvent appelée instruction. De là, trois développements consacrés respectivement à *l'enquête initiale* (Chapitre premier), à *la décision d'orientation* (ce qui peut aboutir à la poursuite) (Chapitre II) et à *l'instruction préparatoire* (Chapitre III).

Tout au long de cette phase, le personnage principal reste évidemment le *suspect* ou *mis en cause* contre lequel apparaissent des débuts de preuve et en faveur duquel est déclenchée la présomption d'innocence, plus théorique que pratique d'ailleurs. Cette notion de mis en cause est large car elle inclut plusieurs figures procédurales : la personne contre laquelle il y a des raisons plausibles de soupçonner la commission d'une infraction (et qui peut être gardée à vue au cours de l'enquête, art. 63, C.P.P.) ; la personne contre laquelle il existe des indices rendant vraisemblable sa participation à l'infraction (et qui peut être témoin assisté, art. 113-2, C.P.P.) ; la personne contre laquelle il existe des indices graves ou concordants (et qui peut être mise en examen, art. 80-1, C.P.P.), voire des indices graves et concordants (et qui doit être mise en examen, art. 105, C.P.P.) ; enfin la personne contre laquelle il existe des charges suffisantes d'avoir commis l'infraction (et qui est renvoyée en jugement, art. 184, C.P.P.) [2].

1. Par opposition à l'instruction définitive qui s'intègre à l'audience de jugement.
2. On ne se dissimulera pas que c'est assez souvent le même élément de conviction que l'on qualifie différemment selon la phase procédurale.

CHAPITRE PREMIER

L'ENQUÊTE INITIALE

Bibliographie. — A. BESSON, *La police judiciaire et le C.P.P.*, D., 1958, chron. 129 ; A. DECOCQ, J.MONTREUIL et J. BUISSON, *Le droit de la police*, 2e éd., Litec, 1998 ; H. MATSOPOULOU, *Les enquêtes de police*, préface B. Bouloc, L.G.D.J., 1996 ; J. PRADEL, *Les pouvoirs de la police judiciaire en droit français*, Colloque organisé par les Facultés de droit de Poitiers et Montréal, mai 1988, Thémis, Montréal, 1989.

519. — L'enquête est la partie du procès pénal qui se déroule avant le déclenchement des poursuites. Il ne faudrait pas en conclure que ce stade procédural est l'œuvre de la police judiciaire seule. Celle-ci, étant un auxiliaire des autorités judiciaires, agit sous la direction du procureur de la République et sous la surveillance du procureur général. Cependant, le rôle de la police judiciaire est si essentiel que l'enquête est souvent appelée le « stade policier » du procès.

Même si l'on parle de « stade policier », on ne doit pas perdre de vue que la police judiciaire n'agit pas très souvent d'office. Toutes les études concordent : environ 15 % des enquêtes sont déclenchées à l'initiative de la police judiciaire (saisine « proactive »), toutes les autres ayant pour origine l'information d'un citoyen victime ou tiers (saisine « réactive ») [1].

Il existe deux grandes formes d'enquête, celle qui est menée aux fins d'identification de l'identité d'une personne et celle — plus importante — qui est conduite aux fins d'élucidation des faits.

1. R. LÉVY, *Du suspect au coupable : le travail de police judiciaire*, 1987.5 et s.

SECTION I

L'ENQUÊTE AUX FINS D'IDENTIFICATION D'UNE PERSONNE

Bibliographie. — J. BUISSON, *Contrôles et vérifications d'identité,* Jurisclasseur proc. pén., art. 78-1 à 78-5, fasc. 10 et 20 ; P. DAVOST, *Les contrôles et vérifications d'identité,* Revue juridique de l'Ouest, n° spécial consacré à l'application des réformes des C.P. et C.P.P., novembre 1984.33 et s. ; L. FAVOREU, *La Cour de cassation, le Conseil constitutionnel et l'article 66 de la Constitution. À propos des arrêts de la chambre criminelle du 25 avril 1985,* D. 1986, chron. 169 ; D. MAYER, *Prévention et répression en matière de contrôles d'identité : une distinction trompeuse,* D., 1983, chron. 272 ; A. MARON, *Contrôles et vérifications d'identité,* Dr. pénal, 1992, n° 50 ; J.MORANGE, *Les contrôles d'identité,* A.J.D.A., 640 ; J. PRADEL, *Les recherches d'identité et la poursuite des délits flagrants depuis la loi du 10 juin 1983,* D. 1984.75 ; M. PUECH, *Commentaire de la loi n° 83-466 du 10 juin 1983,* A.L.D., 1983.105 ; D. THOMAS, *Les contrôles d'identité préventifs depuis les arrêts de la chambre criminelle des 4 octobre 1984 et 25 avril 1985 : la nécessité d'une nouvelle réforme,* D. 1985, chron. 181.

520. — *Vue générale.* La détermination de l'identité d'une ou plusieurs personnes est souvent nécessaire à une enquête (flagrante ou non), soit pour que celle-ci puisse démarrer, soit pour qu'elle puisse progresser utilement. Dans le premier cas, la recherche d'identité tend à prévenir la commission d'une infraction et l'on parle de *recherche de police administrative ou préventive ;* toutefois, une telle investigation peut déboucher sur la détection d'une infraction (par ex., contrôle d'identité faisant apparaître que l'intéressé est porteur de faux papiers) et donc aussitôt sur une enquête. Dans le deuxième cas, la recherche d'identité tend à permettre le développement d'une enquête sur une infraction déjà détectée par le policier ; et l'on parle de *recherches de police judiciaire.*

Il apparaît aussitôt que la matière est très sensible, surtout dans la première hypothèse : s'opposent en effet le principe de la liberté physique d'aller et de venir, d'une part, et les nécessités de l'ordre public, d'autre part. Voilà pourquoi notre droit présente une évolution tourmentée où apparaissent schématiquement trois stades.

1) Dans un premier temps, les recherches d'identité sont légales si elles se situent dans un cadre de police judiciaire (art. 61, al. 2 et 3, C.P.P., pour l'enquête de flagrance ; art. 8, l. du 27 novembre 1943 pour l'enquête préliminaire), mais non en matière préventive sauf « si des circonstances particulières l'exigent » [1].

1. Crim., 5 janvier 1973, arrêt *Friedel,* D., 1973.541, note Roujou de Boubée.

2) Vint la loi du 2 février 1981 (dite « Sécurité et Liberté ») qui généralisa les recherches judiciaires et légalisa les autres : c'était le second stade. Selon son article 76, les policiers pouvaient désormais « en cas de recherches judiciaires ou pour prévenir une atteinte à l'ordre public, notamment une atteinte à la sécurité des personnes et des biens, inviter toute personne à justifier de son identité ». Une rétention de six heures était même possible, si nécessaire.

3) La formule relative aux recherches administratives parut bientôt trop large au législateur, et même, dans une moindre mesure il est vrai, la formule concernant les recherches judiciaires. Un projet de loi libéral fut déposé en 1982 devant le Parlement. Se posa alors une question de principe : fallait-il conserver les recherches administratives ? Finalement, on se résolut à les garder — quitte à les restreindre — au motif très juste de leur évidente nécessité [1]. D'ailleurs, de telles recherches existent dans de nombreuses législations étrangères : arrêté belge du 26 janvier 1967 obligeant tout citoyen à détenir une carte d'identité qu'il doit présenter à toute réquisition, loi genevoise du 18 septembre 1981 prévoyant une disposition analogue, loi italienne du 18 mai 1978 (n° 191) disposant même qu'en cas de refus de décliner son identité ou de mensonge sur celle-ci l'intéressé peut être retenu dans un local de police jusqu'à vingt-quatre heures, etc.

De ce débat devait sortir la loi du 10 juin 1983 qui abroge l'article 76 de la loi de 1981 et dont les dispositions sont intégrées dans le C.P.P. Elles sont regroupées en un nouveau chapitre du titre sur les enquêtes, chapitre intitulé « Des contrôles d'identité » (art. 78-1 à 78-5). Il est bon que le législateur ait intégré ces dispositions dans le C.P.P. et, en outre, ait prévu *in limine* le contrôle du parquet (art. 78-1), double façon d'insister sur la défense des libertés individuelles. Il eût mieux valu cependant parler de « recherches d'identité » puisque la loi en distingue deux sortes : les contrôles qui ne sont pas coercitifs et les vérifications qui le sont [2].

Mais la loi de 1983 elle-même devait être retouchée sur plusieurs points par une première du 3 septembre 1986 et par une seconde du 10 août 1993 qui, notamment, a changé l'intitulé du chapitre sur la matière. Une loi du 24 avril 1997 a rajouté un article 78-2-1 sur certains contrôles d'identité particuliers, une autre en date du 15 avril 1999 a créé un article 78-6 consacrant la nouvelle notion de relevés d'identité, et enfin une ultime loi, en date du 18 mars 2003 (art. 78-2-2 et s.), prévoit la visite de certains véhicules [3]. De la sorte, aujourd'hui, la matière est contenue dans les articles 78-1 à

1. V. déclaration, exemples à l'appui, de M. BADINTER, garde des Sceaux, devant l'Assemblée nationale, le 21 juillet 1982, *J.O.* Déb. parl., 22 juillet, pp. 4607 et 4608.

2. M. PUECH, A.L.D., 1983.105 ; J. PRADEL, D., 1984, chr. 75 ; B. BOULOC, R.S.C., 1983.700.

3. Qui a déjà été examinée, *supra*, n° 443, 2°, et qui ne doit être rappelée ici que parce que les officiers de police judiciaire peuvent en même temps procéder aux contrôles d'identité de l'art. 78-2.

78-6, C.P.P., et elle comporte trois institutions, les contrôles d'identité, les vérifications d'identité et les relevés d'identité.

§ 1. — Les contrôles d'identité

521. — Ils sont effectués par les officiers de police judiciaire et, sous leur contrôle, par les agents de police judiciaire, rappelle l'article 78-2, C.P.P., qui ajoute les deux séries de cas où ils sont possibles.

A — Les contrôles de police judiciaire

522. — *Les deux sortes de contrôles.*

1° Selon l'article 78-2, alinéa 1, les policiers « peuvent inviter à justifier, par tout moyen, de son identité toute personne à l'égard de laquelle existe une ou plusieurs raisons plausibles de soupçonner :

— qu'elle a commis ou tenté de commettre une infraction ;

— ou qu'elle se prépare à commettre un crime ou un délit ;

— ou qu'elle est susceptible de fournir des renseignements utiles à l'enquête en cas de crime ou de délit ;

— ou qu'elle fait l'objet de recherches ordonnées par une autorité judiciaire », ce qui doit s'entendre d'un mandat de recherche, d'amener ou d'arrêt.

En somme, pour qu'un contrôle soit possible, il faut non seulement que les policiers se trouvent devant l'un des quatre cas qui viennent d'être énumérés, mais encore que ces situations soient révélées par une ou des raisons plausibles. Ces raisons sont des données objectives, même si dans l'application une certaine dose de subjectivisme apparaît. Dans la pratique, la jurisprudence est assez pauvre. Quelques arrêts sont cependant intéressants à citer. Il a été jugé que le fait pour un individu de dissimuler un sac (qui devait s'avérer contenir de la drogue) à la vue des policiers constitue un indice [1]. De même, le fait de déambuler dans un état laissant présumer l'usage de stupéfiants est un indice [2]. Est pareillement justifié le contrôle d'une personne étrangère déjà connue des policiers pour avoir commis des infractions sur la législation relative aux étrangers [3]. Il en est de même encore dans le cas de policiers qui contrôlent l'identité d'une personne dont ils savaient qu'elle était l'objet d'une fiche de recherches [4] ou qu'elle est en train de commettre une infraction [5]. Des arrêts d'appel ont décidé aussi que le fait de « tenter de se soustraire à la vue de policiers en s'enfuyant dans le couloir

1. Crim., 1er février 1994, B.C., n° 44, *Droit pénal*, avril 1994, comm. 93, obs. A. Maron.
2. Crim., 7 avril 1993, G.P., 1993.I.447.
3. Crim., 17 mai 1995, B.C., n° 177.
4. Crim., 16 juillet 1996, B.C., n° 298.
5. Crim., 2 mai 2007, B.C., n° 112.

d'un immeuble » est un indice [1]. Et le fait pour un individu de déambuler dans une gare et de regarder longuement et avec insistance les sacs à main des personnes qu'il croise est un indice de préparation à la commission d'un crime ou d'un délit [2]. En revanche, la simple dénonciation anonyme non corroborée par d'autres éléments n'est pas une raison plausible [3].

2° En second lieu, une loi du 10 août 1993 (art. 78-2, al. 2, C.P.P.) a créé une deuxième sorte de contrôle. Selon l'article 78-2, al. 2, « sur réquisitions écrites du procureur de la République, aux fins de recherche et de poursuite d'infractions qu'il précise, l'identité de toute personne peut être également contrôlée, selon les mêmes modalités, dans les lieux et pour une période de temps déterminés par ce magistrat. Le fait que le contrôle d'identité révèle des infractions autres que celles visées dans les réquisitions du procureur de la République ne constitue pas une cause de nullité des procédures ». Il s'agit de réaliser des sortes d'opérations « coup de poing », rappelant celles de l'article L. 234-9, C.R., en matière d'alcoolémie, mais d'assez loin cependant car la disposition routière est préventive alors que celle-ci suppose l'existence d'infractions déjà commises en principe.

Les contrôles de l'article 78-2, al. 2, C.P.P., sont entendus strictement. D'abord, car le procureur doit préciser la nature des infractions recherchées. Ensuite, car ce magistrat doit indiquer les conditions de temps et de lieu de ces contrôles. Ainsi, les réquisitions doivent viser le périmètre dans lequel la police judiciaire va intervenir et « il apparaît souhaitable que les contrôles n'excédent pas, au plus, une demi-journée » [4]. Dans la pratique, c'est la police judiciaire qui informe le parquet des situations justifiant un tel contrôle et alors le procureur signe la réquisition qui permettra la répression d'infractions graves comme des actes de proxénétisme ou de trafic de drogue.

On observera que l'alinéa 2 de l'article 78-2, que nous venons d'examiner, prend la place de l'ancien alinéa 2 de cet article, qui traitait de contrôles de police administratifs et qui se trouve, depuis la loi du 10 août 1993 repoussé pour devenir l'alinéa 3.

B — Les contrôles de police administrative

Ces contrôles sont de trois ordres.

1. Bordeaux, 26 mai 1994, 2 arrêts, inédits. En revanche, le seul demi-tour effectué à la vue des policiers n'est une raison plausible que si le juge le démontre, Civ. 1re, 10 mai 2006, D., 2006, 1485.

2. Lyon, 19 avril 1994, J.C.P., 1995.II.22414, note Blanc. V. aussi Grenoble, 12 mars 1997, *Droit pénal*, 1998, comm. 26, obs. A. Maron, régularité du contrôle d'un individu, signalé par un témoin, dont le comportement ostensible dénonçait manifestement le dealer attendant le client en surveillant sa marchandise dissimulée à proximité.

3. Civ. 1re, 31 mai 2005, B. civ. I, n° 234.

4. Circ. ministère de la Justice du 19 août 1993.

1. *Les contrôles* « ordinaires »

523. — Une évolution complexe doit être signalée.

• Dans un premier temps, l'article 78-2, al. 2, C.P.P. (l. du 10 juin 1983) décidait que « l'identité de toute personne peut être légalement contrôlée selon les mêmes modalités, dans des lieux déterminés, là où la sûreté des personnes et des biens se trouve immédiatement menacée ». Ce texte s'était révélé d'une application très difficile pour les policiers dont les pouvoirs d'investigation étaient très réduits. La Cour de cassation avait d'ailleurs annulé un contrôle d'identité réalisé dans une station de métro parisien, faute par les policiers d'avoir « précisé en quoi la sûreté des personnes et des biens était immédiatement menacée » en ce lieu et à l'heure indiquée [1]. Les contrôles préventifs étaient devenus pratiquement impossibles, sauf en cas d'imminence d'une infraction [2].

• C'est pourquoi le législateur, se ravisant, a entendu « rendre plus aisés les contrôles préventifs d'identité en supprimant les conditions trop restrictives de temps et de lieu résultant de la loi de 1983 » (projet de loi n° 154, 1986). Aussi une loi du 3 septembre 1986 supprima-t-elle la formule ci-dessus et la remplaça-t-elle par celle-ci : « L'identité de toute personne peut également être contrôlée, selon les mêmes modalités, pour prévenir une atteinte à l'ordre public, notamment une atteinte à la sécurité des personnes et des biens. »

En reprenant la formule de la loi du 2 février 1981, le texte nouveau ouvre aux policiers des possibilités bien plus larges, l'emploi des mots « ordre public » et « notamment » étant significatif. Désormais, « il est... loisible aujourd'hui d'opérer des contrôles d'identité partout où un risque potentiel existe » [3]. Toutes conditions de temps et de lieu ont en effet disparu. Les policiers peuvent procéder à des contrôles par exemple « sur le seul fondement de cartes de criminalité et, au-delà, prendre en considération les faits passés pour conjecturer la perturbation éventuelle de l'ordre public » [4].

Cependant le policier doit motiver le contrôle en indiquant les faits desquels il est possible de tirer l'éventualité d'une atteinte à l'ordre public [5].

Si l'on veut tenter de porter un jugement sur la réforme, il apparaît que la nouvelle formule répond mieux que l'ancienne à la notion de police administrative, qu'elle facilite la mise en œuvre d'une politique de prévention. Elle est aussi d'un maniement plus simple pour les policiers. Enfin, elle n'est pas contraire à nos principes constitutionnels si l'on rappelle que le Conseil constitutionnel l'a déclarée conforme à la Constitution [6].

1. Crim., 4 octobre 1984, B.C., n° 287, D., 1985.54, concl. Dontenwille, note G. Roujou de Boubée ; J.C.P., 1985.II.20391, note J. Buisson.
2. Note précitée Roujou de Boubée, et chronique D. Thomas au D., 1985.181.
3. Circ. ministère de l'Intérieur, n° 86-212, du 13 septembre 1986.
4. J. Buisson, Jurisclasseur proc. pén., art. 78-1 à 78-6, n° 8, janvier 1987.
5. Circ. ministère de la Justice, 10 septembre 1986, p. 3.
6. Décision du 26 août 1986, *J.O.*, 27 août 1986.10438.

• Pourtant la chambre criminelle devait donner une interprétation très stricte de l'article 78-2, alinéa 2. Elle exigea, en effet, que la prévention d'une atteinte à l'ordre public fondant le contrôle d'identité suppose que cette atteinte « soit directement rattachable au comportement de la personne dont l'identité est contrôlée » [1]. Le texte pourtant n'imposait pas du tout une telle rigueur et cette jurisprudence rendait le contrôle inopérant.

C'est pourquoi le législateur dut intervenir : une loi du 10 août 1993 abrogea dans l'article 78-2, alinéa 2, la disposition précitée et la remplaça par celle-ci : « L'identité de toute personne, quel que soit son comportement, peut être également contrôlée, selon les modalités prévues au premier alinéa, pour prévenir une atteinte à l'ordre public, notamment à la sécurité des personnes ou des biens » (art. 78-2, al. 3 nouveau). La nécessité d'un comportement déterminé disparaissait donc. Le Conseil constitutionnel a validé le nouveau texte, non sans prévoir cependant une réserve d'interprétation, « l'autorité... devant justifier, dans tous les cas, des circonstances particulières établissant le risque d'atteinte à l'ordre public qui a motivé le contrôle » [2]. Et l'on sait que les réserves d'interprétation s'imposent à l'administration et à toute autorité juridictionnelle (art. 62, Const.). C'est pourquoi la chambre criminelle se montre très stricte, en exigeant pour la validité du contrôle administratif que les policiers relèvent « des circonstances particulières de nature à caractériser un risque d'atteinte à l'ordre public » [3].

• Le législateur du 10 août 1993 en a profité pour créer un autre cas de contrôle préventif. Il s'agit des contrôles toujours possibles dans une zone comprise entre la frontière terrestre de la France avec les « États parties à la Convention de Schengen du 19 juin 1990 (Belgique, Luxembourg, Allemagne, Italie et Espagne) et une ligne tracée à vingt kilomètres en deçà, et il en est de même dans les zones accessibles au public des ports, aéroports et gares ferroviaires ou routières (art. 78-2, al. 4) ; cette disposition est liée à la disparition des contrôles frontaliers du fait de la Convention de Schengen (en application depuis le 26 mars 1995). Dans ces deux nouveaux cas, la police n'a pas à justifier d'une atteinte à l'ordre public et le fait que le contrôle opéré révèle des infractions autres que celles visées dans les réquisitions du parquet (1er cas) ou autres que celles sur le non-respect des règles relatives aux titres d'identité (2e cas) n'est pas une cause de nullité des procédures incidentes [4].

1. Crim., 10 novembre 1992, B.C., n° 370, confirmant Paris, Ch. acc., 27 mai 1992, *Droit pénal*, 1992, comm. 216.
2. Décision du 5 août 1993.
3. Crim., 12 mai 1999, B.C., n° 95, où l'on retrouve pratiquement la formule de Cons. const., 5 août 1993. Auparavant, la Chambre criminelle avait adopté déjà la même attitude, moins la formule, Crim., 23 mai 1995, B.C., n° 187, *Procédures*, 1995, comm. 274, obs. J. Buisson ; 10 octobre 1996, B.C., n° 356, D., 1997, Somm. 145, obs. J. Pradel, *Droit pénal*, 1997, comm. 14, obs. A. Maron ; 17 décembre 1996, B.C., n° 470.
4. Crim., 3 mai 2007, B.C., n° 117, nécessité de respecter toutes les conditions de l'article 78-2, al. 4.

Les contrôles de l'article 78-2, al. 4, servent à vérifier le respect des obligations pesant sur certaines personnes de détenir et présenter certains documents comme le permis de conduire (art. R. 233-1, C.R.), l'autorisation de porter ou détenir une arme (D.L. du 18 avril 1939, déc. du 12 mars 1973 et du 6 janvier 1993) et les documents sous le couvert desquels les étrangers sont autorisés à circuler en France (art. L. 611-1, C. étranger, ex-art. 8, ord. 2 novembre 1945 sur les étrangers) [1].

2. *Les contrôles de situation des étrangers*

524. — On doit distinguer deux hypothèses de contrôles.

1° Le contrôle de situation d'un étranger peut d'abord s'effectuer à la suite d'un contrôle d'identité effectué en application des articles 78-1 et 78-2, C.P.P. (al. 3 de l'art. 8). Il faut en effet rappeler que « toute personne se trouvant sur le territoire national doit accepter de se prêter à un contrôle d'identité effectué « selon les règles du Code de procédure pénale (art. 78-1, al. 2, C.P.P.). La police et la gendarmerie peuvent donc contrôler aussi bien un étranger qu'un Français (sous respect des conditions prévues à l'article 78-2, C.P.P.). Or si le contrôle révèle la qualité d'étranger de la personne interpellée, l'agent peut lui demander de lui présenter les pièces sous le couvert desquelles elle est autorisée à séjourner en France. Et si l'étranger ne peut exhiber les pièces, il peut être arrêté et faire l'objet d'une procédure d'enquête pour infraction à la législation sur le séjour en France des étrangers (art. 19, ord. 1945). Si le parquet classe l'affaire, l'étranger peut faire l'objet d'un arrêté préfectoral de reconduite à la frontière (art. 22, ord. 1945).

2° Un contrôle est également possible en dehors de tout contrôle d'identité puisque selon l'article L. 611-1, C. étrangers, « en dehors de tout contrôle d'identité, les personnes de nationalité étrangère doivent être en mesure de présenter les pièces ou documents sous le couvert desquels elles sont autorisées à circuler ou à séjourner en France à toute réquisition des officiers de police judiciaire... ». Cette disposition était due initialement à une loi du 24 août 1993 issue elle-même des décrets des 16 mars et 30 juin 1946. La jurisprudence interpréta strictement cette disposition et notamment, elle avait jugé, sous l'emprise des décrets de 1946, que le contrôle des étrangers est subordonné « à des éléments objectifs déduit de circonstances extérieures à la personne même de l'intéressé, de nature à faire apparaître sa qualité d'étranger » [2]. La Cour de cassation a voulu éviter que l'on s'attache à la couleur de la peau ou à la morphologie, ce qui aurait pu déboucher sur le « délit de faciès » et ce qui eût été discriminatoire et même parfois inexact. Le Conseil constitutionnel, dans sa décision du 13 août

1. *Add.* Circ. ministère de la Justice du 11 décembre 1995, D., 1996, L. 72.

2. Crim., 25 août 1985, 2 arrêts, D., 1985.329, concl. Dontenwille, J.C.P., 1985.II.20465, note W. Jeandidier.

1993 a, dans le même esprit, rappelé que les contrôles doivent se fonder uniquement sur des critères objectifs et exclure toute discrimination. Il n'en reste pas moins que la détermination des circonstances extérieures à la personne est malaisée [1].

3. *Les contrôles dans les lieux à usage professionnel*

525. — Ces contrôles particuliers ont été prévus par une loi du 24 avril 1997 (art. 78-2-1, C.P.P.). Les O.P.J., sur réquisitions du parquet, peuvent pénétrer dans les lieux à usage professionnel ainsi que dans leurs annexes (mais pas dans les domiciles), où sont en cours des activités de production, de réparation ou de commercialisation afin notamment d'y contrôler l'identité des personnes occupées. Ce contrôle a pour but de vérifier que ces personnes figurent sur le registre du personnel. Il s'agit, on l'a compris, de traquer le travail « au noir ». En effet, la réquisition du parquet « précise les infractions, parmi celles visées aux articles L. 324-9 et L. 341-6 du Code du travail qu'il entend faire rechercher et poursuivre... ». Or ces deux dispositions concernent l'une le travail dissimulé et l'autre l'emploi d'un étranger non muni du titre l'autorisant à exercer une activité salariée en France [2].

§ 2. — LES VÉRIFICATIONS D'IDENTITÉ

526. — *Vue générale.* Si l'intéressé ne peut ou ne veut décliner son identité, l'O.P.J. peut mettre en œuvre la procédure contraignante de la vérification d'identité (art. 78-3, C.P.P.). Comme cette procédure est contraignante, elle est sévèrement réglementée, le législateur ayant bâti un système dans lequel il a essayé de concilier la reconnaissance de certaines prérogatives aux policiers et le respect des droits des citoyens [3].

A — Les prérogatives accordées au policier

527. — Le policier peut, en premier lieu, s'assurer de la personne de l'intéressé en le retenant sur place, ou plus concrètement, dans un local de police, et cela pendant un délai de quatre heures au plus à partir du contrôle effectué en application de l'article 78-2. Cette privation de liberté est qualifiée de « rétention », qu'il faut distinguer de la garde à vue [4].

En second lieu, à l'intérieur de ce cadre temporel, le policier procède à une véritable enquête, « à toutes opérations nécessaires » (art. 78-3, al. 1,

1. Note D. Mayer, sous Paris, 12 décembre 1991, D., 1992.115, et l'avis d'A. Maron, privilégiant la langue, *Droit pénal*, 1993.25.
2. J. BUISSON, *Procédures*, 1997, comm. 192.
3. Seul un O.P.J., non un A.P.J., peut mettre en œuvre une vérification d'identité.
4. *Infra*, n°s 533 et s.

C.P.P.). Ce peut être une vérification sommaire, ne faisant appel à aucun procédé d'identité judiciaire ; l'intéressé pourra prouver son identité par tous moyens, document d'identité (la possession d'une carte d'identité n'est pas obligatoire), témoignages, indices... en application du principe de la liberté de la preuve. Ce peut aussi être une vérification approfondie, en cas d'échec de la première et qui, elle, fait appel aux procédés d'identité judiciaire comme les empreintes digitales et les photographies (art. 73-3, al. 4 et s., C.P.P.). Mais ces procédés portant atteinte ou pouvant apporter des atteintes à la liberté, des conditions sont prévues par la loi. La mesure d'identité judiciaire : 1° doit être impérativement nécessaire, apparaître comme une sorte d'*ultima ratio*, être « l'unique moyen d'établir l'identité de l'intéressé » (al. 4) ; 2° suppose l'autorisation d'un magistrat, procureur de la République ou juge d'instruction, étant observé que les recherches administratives sont du domaine du procureur de la République ; 3° doit être mentionnée dans un procès-verbal où apparaîtra une motivation spéciale.

Pour donner plus d'efficacité au dispositif ci-dessus, le législateur a décidé : « Seront punis d'un emprisonnement de trois mois et d'une amende de 3 750 € ceux qui auront refusé de se prêter aux prises d'empreintes digitales ou de photographies autorisées par le procureur de la République ou le juge d'instruction, conformément aux dispositions de l'article 78-3 » (art. 78-5, C.P.P.). Lors des travaux préparatoires, le législateur avait hésité entre une incrimination large, reprise de la loi du 2 février 1981, visant le « refus de se prêter aux opérations de vérification d'identité » et une incrimination étroite, visant le refus de se prêter aux mesures d'identité judiciaire. C'est donc cette dernière qui a été retenue finalement.

B — Les garanties accordées à l'individu

528. — Comment tout d'abord se réalise la vérification ? Selon diverses règles dont certaines sont protectrices de l'individu. Celui-ci est présenté dès le début de la rétention à un officier de police judiciaire qui lui offre tous moyens de prouver son identité ; si la personne est mineure, elle est assistée de son représentant légal (art. 78-3, al. 2, C.P.P.), disposition difficile à mettre en œuvre puisque le policier ignore par hypothèse l'identité ; et le procureur de la République est obligatoirement informé dès le début de la rétention. En outre, l'intéressé est averti par un officier de police judiciaire qu'il peut aviser le procureur de la République et tout membre de sa famille. De plus, le policier doit établir un procès-verbal qui mentionne les motifs du contrôle et de la vérification, les conditions de présentation, l'information de ses droits à l'intéressé, les jours et heures du début et de la fin de la rétention. Enfin, le procureur de la République peut se rendre sur les lieux de la rétention.

Une seconde série de garanties apparaît à propos des suites de la vérification. Deux cas doivent être distingués.

Ou bien la vérification a une suite judiciaire (sous la forme d'une enquête, le plus souvent). La loi décide alors que la durée de la rétention s'impute sur celle de la garde à vue (art. 78-4, C.P.P.). Et les prescriptions de l'article 78-3, C.P.P., sur la durée et le régime de la rétention sont imposées à peine de nullité (art. 78-3, *in fine*, C.P.P.). Cette règle est remarquable, car les actes de l'enquête ne sont pas toujours susceptibles d'annulation [1]. Elle présente de l'inté-rêt car elle permet de faire disparaître l'acte juridique relatant le contrôle ou la vérification. Cependant, la nullité n'est pas d'ordre public, n'étant prévue que dans l'intérêt de l'individu [2] et surtout la jurisprudence décide que l'illé-galité de la mesure ne saurait entraîner la nullité de la poursuite [3].

Ou bien la vérification, sans suite judiciaire, n'a abouti qu'à la détermination de l'identité. La nullité est encore prévue, compte tenu du caractère large de l'article 78-3, *in fine*, C.P.P. Mais elle a peu d'intérêt faute de procédure pénale subséquente. Il faudrait imaginer que l'intéressé porte plainte pour arrestation arbitraire et soutienne qu'il a été retenu dans des conditions non conformes à l'article 78-3, C.P.P. Et encore, cette hypothèse déjà extrême a d'autant moins d'intérêt que, dans les six mois, le procès-verbal est détruit (art. 78-3, al. 10, C.P.P.).

§ 3. — Les relevés d'identité

529. — Selon une loi du 15 avril 1999 (art. 78-6, C.P.P.), les agents de police municipale sont habilités à relever l'identité du contrevenant lorsqu'ils dressent des procès-verbaux en certaines matières. Il s'agit des procès-verbaux concernant des contraventions aux arrêtés de police des maires, des contraventions routières que la loi ou les règlements les autorisent à relever et des contraventions qu'ils peuvent constater en vertu d'une loi particulière.

Si le contrevenant ne peut ou ne veut justifier de son identité, l'agent de police municipale en rend compte immédiatement à un O.P.J. territorialement compétent. Ce dernier peut ordonner à l'agent de lui présenter sur-le-champ le contrevenant et il pourra alors procéder à une vérification d'identité en application de l'article 78-3, C.P.P. Si, en revanche, l'O.P.J. ne donne pas à l'agent un tel ordre, ce dernier ne peut que relâcher le contrevenant.

1. *Infra*, n°s 560 et s.
2. D'où l'application de l'art. 802, C.P.P., qui subordonne la nullité à la preuve d'un grief.
3. Crim., 7 février 1995, B.C., n° 51, R.S.C., 1996.133, obs. J.P. Delmas Saint-Hilaire ; 16 janvier 1996, *Droit pénal*, 1996, comm. 114, exigeant toutefois que la recherche de l'identité soit totalement indépendante de la poursuite ; 1er septembre 2004, B.C., n° 191.

SECTION II

L'ENQUÊTE AUX FINS D'ÉLUCIDATION DES FAITS

Il faut avant tout rappeler qu'il existe deux types d'enquêtes, l'enquête préliminaire et l'enquête de flagrance. Si chacune d'elles obéit à certaines règles propres, il en est d'autres qui leur sont communes.

§ 1. — Les constantes de l'enquête

530. — *Les personnages de l'enquête.* Outre les O.P.J., organes actifs dans la recherche des preuves, l'enquête met face à face trois autres personnages : la victime de l'infraction, les magistrats du parquet (en fait le substitut de permanence) et le suspect.

A — La situation de la victime

531. — Dans la pratique, c'est souvent elle qui est entendue la première, notamment lorsqu'elle a déposé plainte. En outre, devenue l'enfant chéri du législateur contemporain, la victime se voit allotie de droits nouveaux.

En premier lieu, une loi du 9 septembre 2002 (art. 53-1, C.P.P. pour l'enquête de flagrance et 75, C.C.P. pour l'enquête préliminaire) oblige les enquêteurs à informer la victime de son droit d'obtenir réparation du préjudice subi, de se constituer partie civile si l'action publique est mise en mouvement par le parquet, d'être assistée d'un avocat si elle souhaite se porter partie civile, d'être assistée par une personne morale d'aide aux victimes, de saisir le cas échéant la commission d'indemnisation des victimes s'il s'agit d'une infraction mentionnée aux articles 706-3 et 706-14, C.P.P.

En second lieu, dès le stade de l'enquête, une demande de restitution ou de dommages-intérêts peut être formée par la victime auprès d'un enquêteur qui en dresse procès-verbal [1]. Cette demande vaut constitution de partie civile à la double condition ultérieure que l'action publique soit mise en mouvement et que le tribunal correctionnel ou de police soit directement saisi : le législateur a entendu simplifier les obligations procédurales de la victime pour des affaires simples. Telle est l'économie de l'article 420-1 C.P.P.

1. La demande suppose l'accord du parquet.

B — La situation du parquet

532. — On sait que la police judiciaire est dirigée par le procureur de la République, surveillée par le procureur général et contrôlée par la chambre de l'instruction (art. 12 et 13, C.P.P.). À la vérité, de tous les supérieurs de la police, c'est le procureur de la République qui se trouve le plus proche d'elle. Le pouvoir de direction du procureur de la République est considérable et il implique pour celui-ci le double droit d'être informé et d'agir.

Droit d'*être informé* d'abord. Les membres de la police judiciaire doivent transmettre au parquet les plaintes, dénonciations et procès-verbaux (art. 19, 27 et 29, C.P.P.), et cela, en principe, dès la clôture de leurs opérations (art. 19). En outre, ils sont tenus de rendre compte au procureur de tout incident survenu à l'occasion d'une garde à vue et même de l'avertir qu'une telle mesure vient d'être prise (art. 63, al. 1, C.P.P.). Ils doivent enfin aviser immédiatement ce magistrat d'un crime ou délit flagrant (art. 54 et 67, C.P.P.) et en enquête préliminaire de l'identification d'un suspect (art. 75-2, C.P.P.).

Droit d'*agir* ensuite, et cela selon diverses modalités. D'une part, les enquêtes préliminaires sont effectuées soit d'office, soit « sur les instructions du procureur de la République » (art. 75, al. 1, C.P.P.) et, en cas de flagrance, ce magistrat peut « prescrire à tous officiers de police judiciaire de poursuivre les opérations » (art. 68, al. 3, C.P.P.). D'autre part, le procureur décide lui-même dans certaines hypothèses délicates : ainsi pour réduire une saisie déjà effectuée aux seuls objets ou documents utiles à la manifestation de la vérité (art. 56, *in fine*, C.P.P.) ou pour prolonger une garde à vue (art. 63 et 77, C.P.P.). Enfin, le procureur peut se substituer à l'O.P.J. en prenant lui-même en main l'enquête (art. 68, al. 2, C.P.P. pour l'enquête de flagrance).

C — La situation du suspect. La possibilité d'une mise en garde à vue

Bibliographie. — Elle est considérable et diversifiée.

Généralités : A.M. BATTUT, *Le contrôle de la garde à vue par la chambre criminelle*. Rapport annuel de la Cour de cassation 1997, La Documentation française, 1998 ; D. GUÉRIN, *L'évolution de la notion de garde à vue*, R.P.D.P., 2000.16 ; J.L. LENNON, *Les raisons justifiant le placement en garde à vue du suspect*, D. 2006, chron. 887 ; J. LEROY, *Garde à vue*, Jurisclasseur proc. pén., art. 53 à 73 ; A. MARON, *La garde à vue*, Droit pénal, 1999, chron. 5 ; R. MERLE, *La garde à vue*, G.P., 1969.II.18 ; D. THOMAS, *Le suspect en quête d'un statut procédural*, Mélanges M. Cabrillac, Dalloz et Litec, 1999, pp. 823 et s., pp. 16 et s. A. GIUDICELLI, *La garde à vue après la loi du 9 mars 2004*, A.J. pénal, 2004, p. 261.

Délais : B. BOULOC, *Les délais de la garde à vue et de la détention provisoire en France en regard de la Conv. E.D.H.*, R.S.C., 1989.69 ; P. POUGET, *Les délais en matière de rétention, garde à vue et détention provisoire au regard de la Conv. E.D.H., R.S.C., 1989.78 ; B. SERRATRICE-COUTTENIER, Le temps dans la garde à vue : aspects récents*, R.S.C., 1998.465.

Droits de la défense : P. BORDESSOULE DE BELLEFEUILLE, *L'avocat de la première heure*, Revue gendarmerie nat., 1998, n° 188 ; M. GENDREL, *Garde à vue et droits de l'individu, La défense doit-elle commencer dans les locaux de gendarmerie ou de police ?* Droit pénal, mars 1992.

Contrôle juridictionnel : R. MERLE, *Le problème du contrôle juridictionel de la garde à vue*, XIIe Journées franco-belgo-luxembourgeoises de droit pénal, tenues à Poitiers en décembre 1970, Public. Fac. droit, Poitiers, 1971, P.U.F., 155 ; du même et même titre, Mélanges Couzinet, 1974.551 ; D. REBUT, *Garde à vue, Nullité : Procédures*, 1998.103.

Mauvais traitements : F. MASSIAS, *L'arrêt Selmouni c/ France* (28 juillet 1999), R.S.C., 1999, pp. 891 et s. ; F. SUDRE, *L'arrêt de la C.E.D.H. du 27 août 1992,Tomasi c/ France : mauvais traitements et délai raisonnable*, R.S.C., 1993.36.

Gardes à vue particulières : M.J. ARCAUTE-DESCAZEAUX, *Retenue douanière et garde à vue*, R.S.C., 1994.721 ; D. SOULAS DE RUSSEL, *La retenue des personnes pour délits de douane : une mesure mal connue de privation temporaire de liberté*, R.P.D.P., 1999.503 ; C. MARSAT, *Spécialité de la garde à vue des mineurs*, Droit pénal, mai 1999, chron. 13.

Droits étrangers : J. PRADEL (sous la direction de), *Les atteintes à la liberté avant jugement en droit comparé*, Travaux de l'Institut de sciences criminelles de Poitiers, vol. 11, Cujas, 1992 ; J. PRADEL, *Droit pénal comparé*, Dalloz, 2e éd., 2002, n°s 435 et s.

533. — *Définition et nécessité de la garde à vue.* Détention sous contrainte [1] d'une personne suspecte, aux fins d'audition dans les locaux de la police judiciaire [2], la garde à vue existe à la fois dans l'enquête préliminaire et dans l'enquête de flagrance (ainsi du reste qu'en exécution d'une commission rogatoire). Elle doit être distinguée non seulement de la détention provisoire (qui est décidée par un juge), mais aussi de deux notions légales voisines et qui sont : 1° l'appréhension ou capture au sens de l'article 73, C.P.P. (appelée aussi parfois arrestation) ; 2° la rétention policière effectuée aux fins soit de vérification d'identité, soit d'exécution d'un mandat d'amener et comprenant alors le temps compris entre l'arrestation de l'intéressé et sa présentation au juge mandant. En outre, la jurisprudence décide que la simple surveillance d'une personne hospitalisée, afin d'identifier les personnes venant lui rendre visite n'est pas une garde à vue [3].

1. La garde à vue se caractérise bien par la contrainte, résultant le plus souvent d'une interpellation. Nomreuse jurisprudence sur le critère de la contrainte : v. par ex. Crim., 6 décembre 2000, B.C., n° 367 ; 6 février 2002, B.C., n° 26. Par conséquent, l'individu qui séjourne dans un poste de police en y ayant été convoqué y est arrivé librement n'est donc pas sous contrainte en sorte qu'il n'est pas en garde à vue ; v. *infra*, n° 536.

2. Toutefois, le gardé à vue n'est évidemment pas interrogé pendant toute la durée de la mesure; il peut être interrogé au début de celle-ci et peut ensuite rester en garde à vue jusqu'à expiration du délai légal sans être à nouveau interrogé à la seule condition qu'il y ait à sa charge des indices de culpabilité au sens de l'article 63, al. 1, C.P.P., Ch. mixte, 7 juillet 2000, B.C., n° 257,R.S.C., 2001.189, obs. A. Giudicelli.

3. Crim., 11 juillet 1994, B.C., n° 273, D., 1995, Somm. 141, obs. J. Pradel; 13 octobre 1998, B.C., n° 254.

Si sa légitimité n'est pas contestée dans le cas de l'enquête de flagrance, il n'en va pas toujours de même en cas d'enquête préliminaire. Il paraît étrange à certains avocats et auteurs que, mis à part l'hypothèse de flagrance, un policier puisse attenter à la liberté individuelle d'un citoyen et procéder à son interrogatoire sans la présence d'un conseil [1]. Cependant, la garde à vue a toujours été pratiquée en France et elle existe partout ailleurs, certaines législations l'ayant même institutionnalisée. Elle est en effet imposée par ce que le Code lui-même appelle « les nécessités de l'enquête préliminaire » (art. 77, al. 1) et par ce qu'un auteur a qualifié de « nécessité de défense sociale » [2]. En privant une personne de sa liberté physique, on l'empêche parfois de prendre la fuite ou de détruire des preuves (idée que l'on retrouvera avec la détention provisoire). En outre, l'interrogatoire policier est plus efficace que l'interrogatoire judiciaire puisqu'il est effectué sans la présence d'un avocat, comme on le verra. Enfin, à diverses reprises, la Cour de cassation a affirmé que la garde à vue n'est pas incompatible avec l'article 5-3, Conv. E.D.H., qui impose notamment une présentation « aussitôt » devant un juge ou un magistrat [3]. Et la C.E.D.H. n'a jamais douté de la validité de principe de la garde à vue, entendant seulement qu'elle ne dure pas trop longtemps [4] et qu'elle ne donne pas lieu à des sévices [5].

1. *Le déroulement de la garde à vue*

534. — *Caractère légal de la matière.* Dans un souci de protection des libertés, la matière est réglementée par la loi. Sans doute, jadis, a-t-il existé un droit de « retenue » exercé par les fonctionnaires des douanes sans le moindre texte et sur la foi d'un usage ancien consacré par la jurisprudence [6]. Mais cet espace d'arbitraire a disparu avec une loi du 8 juillet 1987 qui a modifié le Code des douanes dont l'article 323 consacre désormais une « retenue » conçue dans les termes du droit commun. Sauf à noter que la jurisprudence se refuse à lui étendre les garanties de la défense instaurées par la loi du 4 janvier 1993 [7].

1. R. MERLE, *La garde à vue*, G.P., 1969.II, Doct. 18.
2. G. DENIS, *L'enquête préliminaire*, 1974, n° 321.
3. Crim., 28 janvier 1992, B.C., n° 32, pour l'enquête préliminaire ; 10 mars 1992, B.C., n° 105, pour l'enquête de flagrance.
4. C.E.D.H., 29 novembre 1988, *Brogan c/ Royaume-Uni*, une durée de 4 jours et 6 heures est excessive, *add.* J. PRADEL et G. CORSTENS, *Droit pénal européen*, Dalloz, 2e éd., 2002, n° 316.
5. C.E.D.H., 27 août 1992, *Tomasini c/ France ; add.* J. PRADEL et G. CORSTENS, *id.*, n° 285.
6. Trib. confl., 2 décembre 1904, Rec. Lebon, 173.
7. Crim., 1er mars 1994, B.C., n° 80 ; 7 mars 1994, B.C., n° 89, D., 1994, Somm. 188, obs. J. Pradel ; M.J. ARCAUTE-DESCAZEAUX, R.S.C., 1994.721 ; 1er avril 1998, D., 1998, I.R., 136, J.C.P., 1999.I.112, chron. A. Maron. Cette jurisprudence se fonde sur l'idée que l'art. 323, C.D., n'impose pas les notifications prévues à l'art. 63-1, C.P.P., texte concernant uniquement la garde à vue dans un local de police ou de gendarmerie, v. *infra*, n° 490 sur ces notifications.

a) Placement en garde à vue

535. — Qui *peut placer* une personne en garde à vue ? Seuls les officiers de police judiciaire peuvent décider un placement en garde à vue (art. 63, al. 1 et 77, al. 1, C.P.P.) [1]. Sont donc exclus le procureur de la République (puisqu'il est amené à contrôler la mesure comme il va être dit) et les agents de police judiciaire (art. 20, *in fine*, C.P.P.).

Qui *peut être placé* en garde à vue ? La question a été sensiblement clarifiée par les lois des 4 janvier et 24 août 1993, puis par celle du 15 juin 2000.

En enquête préliminaire, seule peut être placée en garde à vue la personne « à l'encontre de laquelle il existe une ou plusieurs raisons de soupçonner qu'elle a commis ou tenté de commettre une infraction » (art. 77, al. 1, C.P.P.), expression reprise de l'article 5 § 1c, Conv. E.D.H. Ainsi un simple témoin ne peut être « retenu que le temps strictement nécessaire à son audition » (art. 78, al. 2, C.P.P.) et il ne peut donc pas être mis en garde à vue, alors qu'il pouvait l'être avant 1993. Cette réforme de 1993 nous met en accord avec l'article 5-3c, Conv. E.D.H., qui subordonne la garde à vue à l'existence de soupçons ou d'un risque de fuite. En outre, si cette personne suspecte refuse de déférer à la convocation de l'O.P.J., celui-ci peut en aviser le procureur de la République qui peut la contraindre par la force publique (art. 78, al. 1, C.P.P.). Cette possibilité, créée par la loi du 4 janvier 1993, évite d'avoir à ouvrir une information uniquement pour contraindre un témoin rétif.

En enquête de flagrance, l'O.P.J. peut interdire à toute personne de s'éloigner du lieu de l'infraction jusqu'à la clôture de ses opérations (art. 61, C.P.P.). Mais il ne s'agit pas (ou plus depuis la loi du 15 juin 2000) d'une garde à vue. Pour le reste, les règles sont les mêmes qu'en enquête préliminaire. D'un côté, le simple témoin ne saurait être gardé à vue, pouvant seulement être retenu « le temps strictement nécessaire à son audition » (art. 62, al. 5, C.P.P.). De l'autre, l'O.P.J. « peut, pour les nécessités de l'enquête, placer en garde à vue toute personne à l'encontre de laquelle il existe des raisons de soupçonner qu'elle a commis ou tenté de commettre une infraction » (art. 63, al. 1, C.P.P.). En somme, les suspects et seuls les suspects peuvent être gardés à vue [2].

1. Crim., 4 janvier 2005, B.C., n° 3, D., 2005.761, note J.L. Lennon. A.J. pénal 2005.160, obs. J. Leblois-Happe, D., 2006.620, obs. J. Pradel, 27 septembre 2005, B.C., n° 237. Toutefois rien n'interdit à l'O.P.J. de solliciter les institutions du parquet. Crim., 27 septembre 2005. B.C., n° 237.

2. L'exclusion de la garde à vue des témoins depuis les réformes de 1993 et 2000 peut gêner les enquêteurs dans certaines affaires, v. J. Pradel, *La loi n° 2002-307 du 4 mars 2002*, D., 2002, chron. p. 1693 et not. p. 1695.

b) Délai de la garde à vue

— *Point de départ du délai*

536. — Dans le silence de la loi, la jurisprudence a posé les règles suivantes. Si la personne est interpellée par les O.P.J., sa garde à vue débute aussitôt[1]. Si, au contraire, la personne s'est présentée spontanément, sans contrainte, au poste de police ou à la brigade de gendarmerie, les O.P.J. ne sont pas tenus de la placer en garde à vue pendant l'audition[2] ; mais si, à l'issue de son audition, les O.P.J. décident de la placer en garde à vue, « la durée de cette mesure est calculée à compter de l'heure de l'arrivée dans le service de police »[3] : en somme, le point de départ est fixé rétroactivement au moment où l'intéressé s'est présenté devant les O.P.J. pour être entendu ou au moment où a débuté une perquisition[4]. La solution est favorable à l'intéressé car au moment où lui est notifiée sa mise en garde à vue, le temps d'audition (en pratique, entre 1 et 2 heures le plus souvent) déjà écoulé compte dans le délai de garde à vue. La solution est pourtant discutable car la personne qui arrive au poste de police y arrive librement par hypothèse et n'est donc pas contrainte, la garde à vue impliquant la contrainte[5].

— *Cours du délai*

537. — *Le cas des majeurs.* Face à un régime ordinaire (de droit commun), il existe un régime plus répressif (ou d'exception) pour certaines formes de la criminalité organisée.

• En *droit commun*, l'O.P.J. ne peut retenir la personne que pendant 24 heures (art. 63, al. 2, et 77, al. 1, C.P.P.). Ce délai est considéré comme étant normalement suffisant pour permettre aux O.P.J. de mener à bien leurs investigations.

Cependant, en cas de besoin, une prolongation de 24 heures est possible. L'autorisation est accordée par le procureur de la République. En cas d'enquête préliminaire, la personne doit en principe être présentée à ce

1. Selon l'art. 124, al. 6, déc. 20 mai 1903 sur la gendarmerie, « lorsqu'un individu est surpris alors qu'il commet ou vient de commettre un crime ou un délit, la garde à vue débute au moment où il est appréhendé » ; Crim., 23 mars 1999, B.C., n° 51.

2. Crim., 6 février 2002, B.C., n° 26, pour le cas original où l'intéressé détenu avait été extrait aux fins d'audition et ne s'était opposé à rien.

3. Crim., 6 mai 1997, B.C., n° 174 ; 4 mars 1998, B.C., n° 84, *Procédures*, 1998, comm. 180 et obs. J. Buisson, *Droit pénal*, 1998, comm. 108, obs. A. Maron ; 28 juin 2000, B.C., n° 251.

4. Crim., 10 mai 2000, B.C., n° 180, pour un cas où après perquisition effectuée avec son accord, l'individu avait accepté de suivre les policiers au commissariat où après audition, ces derniers lui avaient notifié son placement en garde à vue.

5. En ce sens, A. Maron, *Droit pénal*, 1998, comm. 123. *Add.* Crim., 6 mai 1997, B.C., n° 174, n'est pas gardée à vue la personne qui se rend dans les locaux de police sur simple convocation, et 2 décembre 1998, *Dr. pénal*, 1999, comm. n° 94, n'est pas gardée à vue la personne invitée par les policiers à les suivre et acceptant de le faire.

magistrat qui décidera s'il accorde la prolongation (art. 77, al. 2, C.P.P.). En cas de flagrance, la prolongation peut être décidée sans présentation [1], sauf si le parquetier l'exige (art. 63, al. 2, C.P.P.).

• Il existe un *régime d'exception* en matière de criminalité organisée au sens de l'article 706-73, C.P.P. À l'issue de la quarante-huitième heure, le juge des libertés et de la détention peut, à la requête du parquet, autoriser soit deux prolongations de vingt-quatre heures chacune, soit une seule prolongation de quarante-huit heures si la durée prévisible des investigations restant à réaliser à l'issue des premières quarante-huit heures le justifie [2]. La (ou les) prolongation(s) donne(nt) lieu à présentation de la personne au juge, sauf à noter que la seconde prolongation peut, à titre exceptionnel, être autorisée sans présentation préalable de la personne en raison des nécessités des investigations en cours ou à effectuer (art. 706-88, C.P.P.) [3]. Enfin une loi du 23 janvier 2006 (art. 706-88, C.P.P.) porte à six jours la garde à vue en matière de terrorisme [4].

L'appel à un juge pour décider la prolongation après 48 heures s'explique par l'existence de l'article 5 § 3, Conv. E.D.H., qui veut que toute personne arrêtée soit aussitôt traduite « devant un juge ou un autre magistrat habilité par la loi à exercer des fonctions judiciaires », cet autre magistrat devant être indépendant de l'exécutif [5].

538. — *Le cas des mineurs.* Avant 1993, les mineurs étaient soumis au droit commun. Des règles particulières leur sont aujourd'hui applicables depuis une loi du 4 janvier 1993 modifiée plusieurs fois (art. 4, ord. 2 février 1945) [6].

• Le mineur de plus de dix ans et de moins de treize ans est en principe insusceptible d'être placé en garde à vue. Toutefois, cette mesure peut être appliquée « à titre exceptionnel » à un tel mineur lorsqu'il existe « des indices graves ou concordants laissant présumer qu'il a commis ou tenté de commettre un crime ou un délit puni d'au moins cinq ans d'emprisonnement » et lorsque « les nécessités de l'enquête » l'imposent. Mais un magistrat

1. Cassation de l'arrêt qui avait faussement retenu la qualification de flagrance pour fonder une prolongation de la garde à vue sans présentation préalable de la personne, Crim., 11 février 1998, B.C., n° 55, R.S.C., 1998.583, obs. J.P. Dintilhac, où avait été qualifié de flagrant un crime révélé 6 jours après sa commission.

2. Il y a imputation de la « retenue » douanière sur la garde à vue ordinaire, art. 323, *in fine*, C.D. Pour une application, Crim., 11 décembre 1997, B.C., n° 424, *Procédures*, 1998, comm. 97, obs. J. Buisson.

3. Article reprenant des dispositions très proches (art. 706-23 et 706-29, C.P.P.) mais abrogées par la loi du 9 mars 2004.

4. Dans sa nouvelle rédaction, l'article 706-88, C.P.P., parle des « personnes » sans plus. Or l'article 4 *in fine*, ord. 2 février 1945 renvoie à l'article 706-88 pour dire que les dispositions de celui-ci sont applicables aux mineurs de plus de 16 ans. D'où l'on peut tirer qu'une garde à vue de 6 jours peut s'appliquer à un mineur de plus de 16 ans.

5. J. Pradel, D., 1987, chron. 39 et s., not. n°s 16 et 17.

6. Crim., 25 octobre 2000. B.C., n° 316. R.S.C., 2001.407, obs. D. Commaret. Les règles de l'article 4 se fondent sur la vulnérabilité supposée du mineur lors de son audition.

(procureur, juge d'instruction spécialisé dans la protection de l'enfance ou juge des enfants) doit donner son accord préalable à la mesure et la contrôler. La mesure ne saurait dépasser 12 heures, sauf possibilité d'une prolongation d'une égale durée, sur décision motivée (art. 4-1, ord. 2 février 1945) [1].

• Le mineur de treize à seize ans ne peut être gardé à vue que pendant 24 heures dès lors que la peine encourue est inférieure à cinq ans (art. 4-V, ord. 2 février 1945 modifiée). Dès lors une prolongation n'est possible que pour des affaires graves.

• Le mineur de plus de seize ans peut, en cas de criminalité agravée, être placée en garde à vue jusqu'à quatre jours, en application de l'article 706-88, C.P.P. Mais il faut qu'il existe « une ou plusieurs raisons possibles de soupçonner qu'une ou plusieurs personnes majeures ont participé comme auteurs ou complices à la commission de l'infraction » (art. 4-V *in fine* ord. 1945).

Une règle commune à tous les mineurs doit être rappelée. Toute prolongation de garde à vue, lorsqu'elle est possible doit être précédée d'une présentation préalable du mineur au procureur de la République (id) [2].

539. — *Points communs aux majeurs et aux mineurs.* La pratique a révélé l'existence de situations qui sont le plus souvent réglées par la jurisprudence.

• Il se peut d'abord que, pour le même fait, un individu soit placé en garde à vue à plusieurs reprises. Est-il alors possible de dépasser la durée totale de la garde à vue, qui est de 48 heures en général ? Non, répond la jurisprudence : une personne ne peut être retenue en garde à vue à l'occasion du même fait pour une durée supérieure à 48 heures, un tel dépassement constituant par lui-même une atteinte aux intérêts de la personne concernée [3].

• Il peut arriver aussi — toujours pour le même fait — que deux gardes à vue de nature légèrement différente se succèdent : à une retenue douanière fait suite une garde à vue proprement dite. Quand le délai commence-t-il à courir ? La Chambre criminelle décide que, bien que les deux mesures obéissent à des régimes distincts, la durée totale de privations de liberté ne peut excéder 24 heures, sans l'intervention d'un magistrat, la rétention s'imputant sur la garde à vue en application de l'article 323, C.D. [4].

• Pour des faits distincts, si des mesures de garde à vue immédiatement successives et indépendantes sont possibles, leur durée légale maximale ne saurait être dépassée car « il y aurait nécessairement atteinte aux intérêts de

1. L'article 4, ord. 2 février 1945 parle d'ailleurs de « retenue », non de garde à vue.

2. Crim., 13 octobre 1998, B.C., n° 259, *Dr. pénal*, 1999, chron. 13 par C. Marsat, règle impérative.

3. Crim., 13 février 1996, B.C., n° 74, D., 1996, Somm. 258, obs. J. Pradel, J.C.P., 1997.I.3998, chron. M. Véron, *Procédures*, 1996, comm. 151, obs. J. Buisson, *Justices*, 1997, n° 5, 309, chron. D. Rebut, *Droit pénal*, 1996, comm. 143, obs. A. Maron.

4. Crim., 11 décembre 1997, B.C., n° 424, *Procédures*, 1998, comm. 97 et obs. J. Buisson.

la personne concernée » [1]. En revanche, si les gardes à vue sont séparées dans le temps, la durée maximale peut être dépassée [2].

• Reste la question du délai de route et du temps nécessaire aux magistrats (auxquels est présenté l'intéressé) pour prendre connaissance du dossier. Le défèrement fait-il partie de la garde à vue ? La question est discutée en doctrine [3]. En réalité, il faut distinguer.

— Si la garde à vue est en cours et si l'O.P.J. désire une prolongation, le temps de conduite de l'intéressé auprès du magistrat et le temps pour celui-ci de lire le dossier s'imputent sur le délai de la garde à vue : en effet, la présentation du gardé à vue doit avoir lieu avant l'expiration du délai de 24 heures (art. 77, al. 2, C.P.P., pour l'enquête préliminaire, solution qu'il faut étendre à l'enquête flagrante, art. 63, al. 3, C.P.P.) [4]. Ce qui oblige l'O.P.J. à arrêter l'interrogatoire avant l'expiration du délai.

— Si la garde à vue et l'enquête sont terminées, commence le temps de défèrement qui n'est pas compris dans le temps de garde à vue : en effet, la présentation au parquet a lieu « à l'issue de la garde à vue » (art. 63, al. 3, et 77, al. 3, C.P.P.). Bref, le temps de défèrement n'est pas inclu dans le délai de garde à vue [5].

Cette solution pouvait conduire à des situations choquantes, car le temps entre la fin de la garde à vue et le moment de la présentation à un magistrat pouvait durer longtemps, parfois plus de 24 heures... La jurisprudence avait bien tenté de trouver des pallatifs pour « sauver » les procédures. Mais il s'agissait de « rafistolages » et une intervention législative s'imposait.

Elle vint avec la loi du 9 mars 2004 qui créa au sein du Code de procédure pénale les articles 803-2 et 803-3. Selon le premier de ces textes, toute personne déférée, à l'issue de sa garde à vue, devant un magistrat, doit comparaître devant celui-ci le jour même. Selon le second de ces textes, « en cas de nécessité et par dérogation aux dispositions de l'article 803-2 », la personne peut être présentée au magistrat le jour suivant ; elle est alors retenue dans des locaux de la juridiction spécialement aménagés, mais il faut que la comparution intervienne au plus tard dans un délai de vingt heures à compter de la fin de la garde à vue, « à défaut de quoi l'intéressé est

1. Crim., 17 mars 2004, B.C., n° 69, D., 2005, Pan. 687, obs. J. Pradel, R.S.C., 2005, 378, obs. J. Buisson.

2. Crim., 2 septembre 2004, B.C., n° 196, D., 2005, Pan. 687, obs. J. Pradel.

3. Pour une présentation des arguments pour et contre, J. LEROY, *Jurisclasseur proc. pén.*, art. 53 à 73, n°s 129 et s.

4. Pas de jurisprudence.

5. Crim., 23 mars 1983, in V. LESCLOUS et C. MARSAT, *Garde à vue. Défèrement au parquet*, Droit pénal, décembre 1997, chron. n° 27, absence de texte réglementant le délai entre fin de la garde à vue et présentation à un magistrat) ; 9 février 2000, B.C., n° 64, *Dr. pénal*, 2000, comm. 95, obs. A. Maron (délai de 9 heures, pas d'invalidité) ; 21 janvier, D., 2003.1521, note D. Rebut (délai allongé par le retard de l'avocat dont le client voulait la présence avant d'être jugé).

immédiatement remis en liberté »[1]. Un registre spécial tenu au Palais de justice indique l'identité de la personne retenue, son heure d'arrivée et de conduite devant le magistrat notamment.

c) Exécution de la garde à vue

— *Prévention des abus de la part de la police judiciaire*

540. — En premier lieu, l'O.P.J. qui place une personne en garde à vue « en informe dès le début de la garde à vue le procureur de la République » (art. 63, al. 1, et 77, al. 1, C.P.P.). Cette exigence date de la loi du 15 juin 2000, les articles 63 et 77 n'ayant visé auparavant qu'une information « dans les meilleurs délais ». Complétant cette règle, l'article 41, C.P.P., rappelle que le procureur contrôle les mesures de garde à vue et visite les locaux de garde à vue chaque fois qu'il l'estime nécessaire et au moins une fois par trimestre.

En second lieu, le C.P.P., dans sa rédaction originaire avait prévu une série de précautions visant à ce que soit conservée la trace des diligences faites par les O.P.J. Ces dispositions existent encore. Ainsi, l'O.P.J. est-il tenu de mentionner le jour et l'heure du début de la garde à vue, le jour et l'heure de la fin de cette mesure (qui cesse par libération de l'intéressé ou par sa conduite au parquet), la durée des interrogatoires et des repos ayant séparé ces interrogatoires, les heures auxquelles la personne a pu s'alimenter. Ces mentions doivent être émargées par la personne intéressée et, en cas de refus, il en est fait mention (art. 64, C.P.P.). Doivent être indiqués, enfin, les motifs de la garde à vue (art. 64 et 77, *in fine*, C.P.P.) ; en pratique, cette motivation est rapide et stéréotypée (« nécessités de l'enquête » notamment).

En outre, les mentions sur les heures de début et de fin de la garde à vue et les mentions sur la durée des interrogatoires et repos doivent figurer sur un carnet de déclarations, du moins dans les corps où les O.P.J. sont astreints à en avoir un : il s'agit des gendarmes, étant noté que les personnels de la police nationale peuvent aussi en détenir un (déc. 21 octobre 1983). Et, de plus, ces mentions doivent figurer sur un registre spécial où sont consignées toutes les gardes à vue (art. 65 et 77, C.P.P.).

Ainsi, les magistrats peuvent s'assurer des conditions dans lesquelles les opérations ont été conduites et, le cas échéant, mieux apprécier les déclarations.

— *Consécration de droits au profit de la personne privée de liberté*

541. — *Généralités.* Les lois des 4 janvier et 24 août 1993 ont fait apparaître ce que l'on peut appeler des droits nouveaux pour la personne gardée à vue (art. 63-1 et 77, C.P.P.). Ces droits sont pour les principaux au

1. Crim., 6 décembre 2005, B.C., n° 321, nullité de la saisine du tribunal correctionnel s'il est impossible de savoir si le délai de 20 heures a été respecté.

nombre de trois : droit de faire prévenir un proche ; droit de se faire examiner par un médecin ; droit de demander à s'entretenir avec un avocat. L'existence de ces droits est notifiée à l'intéressé par l'O.P.J., et mention de cette formalité est portée au procès-verbal (art. 63-1, C.P.P.) [1].

On peut en ajouter deux autres sur lesquels il y a moins à dire :

— l'intéressé doit se voir notifier les dispositions relatives à la durée de la garde à vue (art. 63-1, al. 1, C.P.P.) ;

— l'intéressé doit se voir notifier la nature de l'infraction sur laquelle porte l'enquête (id.).

Ces deux droits sont notifiés à l'intéressé immédiatement, dès le début de la garde à vue.

On ajoutera encore, pour les mineurs, l'enregistrement de leurs déclarations en garde à vue (art. 4-VI, civ. 2 février 1945) et pour les majeurs la même chose, mais seulement en cas de crime (art. 64-1 al. 1, C.P.P.).

542. — *Premier droit.* Le premier droit accordé à l'intéressé est celui de « faire prévenir par téléphone une personne avec laquelle il vit habituellement ou l'un de ses parents en ligne directe, l'un de ses frères et sœurs ou son employeur » (art. 63-2, C.P.P.). En pratique, dès avant 1993, les O.P.J. appliquaient cette prescription. L'article 63-2 ajoute que si l'O.P.J. estime ne pas devoir faire droit à la demande de l'intéressé, en raison des nécessités de l'enquête, il en réfère au procureur qui prend la décision. La loi du 15 juin 2000 avait prévu que ce droit devait être notifié dès le début de la garde à vue. Mais dans un souci d'allégement de la tâche des enquêteurs — ces formalités à remplir *ab initio* étant « dévoreuses » de temps, la loi du 4 mars 2002 décida que les enquêteurs pourraient ne procéder à la notification que dans les trois heures du début de la garde à vue (art. 63-1, *in fine*, C.P.P.).

S'agissant des mineurs, l'O.P.J. est tenu d'informer les parents, le tuteur, la personne ou le service auquel est confié le mineur, sauf décision contraire du parquet et seulement pour vingt ou douze heures, selon que la prolongation de la garde à vue est possible ou pas (art. 4, II, ord. 2 février 1945). Cette fois, la notification aux parents, tuteur... continue d'être immédiate.

543. — *Second droit.* La personne gardée à vue peut se faire examiner par un médecin. Elle peut le demander au cours de la phase initiale de garde à vue, puis lors de la prolongation. Le procureur et l'O.P.J. disposent du même droit. En l'absence de demande de la personne, du procureur ou de l'O.P.J., un membre de la famille peut exiger un examen. Le médecin est toujours désigné par le procureur ou l'O.P.J. (art. 63-3, C.P.P.). Là encore joue le délai des trois heures (art. 63-1, *in fine*, C.P.P.).

Des règles particulières sont prévues dans trois cas : d'abord, à l'égard des mineurs de moins de seize ans, le procureur est tenu de désigner un médecin

1. J. PRADEL, *Les droits de la personne suspectée ou poursuivie depuis la loi du 24 août 1993 modifiant celle du 4 janvier précédent*, D., 1993, chron. 293.

(art. 4-III, ord. 2 février 1945) ; ensuite, pour les individus soupçonnés de trafic de drogue, le procureur est tenu de désigner, dès le début de la garde à vue, un médecin qui les examinera toutes les vingt-quatre heures (art. 706-29, al. 4, C.P.P.) ; enfin, pour les individus devant subir des investigations corporelles internes pour les nécessités de l'enquête, celles-ci ne peuvent être réalisées que par un médecin requis à cet effet (art. 63-5, C.P.P.), ce qui vise par exemple l'extraction d'une balle.

544. — *Troisième droit.* Enfin, droit le plus important, l'intéressé peut solliciter un avocat. Naguère, les personnes libres pouvaient librement contacter un avocat, mais pas celles qui étaient en garde à vue. Cette situation était très critiquée par les avocats [1]. Les deux arguments essentiels invoqués en faveur de la présence de l'avocat à la garde à vue étaient : 1° l'exemple des droits étrangers qui sont nombreux à admettre la présence de l'avocat, sous des formes variables du reste ; 2° l'existence d'irrégularités graves commises par des O.P.J. comme il en est apparu à l'occasion de l'affaire Tomasi où la France fut condamnée pour des sévices occasionnés à un suspect [2]. Il en résulte que la loi du 4 janvier 1993, légèrement modifiée par celle du 24 août 1993 (art. 63-4, C.P.P.) consacra la présence de l'avocat. Celle-ci appelle trois remarques.

• Le *moment* de l'intervention a donné lieu à des hésitations lors des travaux préparatoires des deux lois de 1993. Les solutions dégagées alors par le législateur ont été en partie modifiées par les lois du 15 juin 2000 et du 9 mars 2004. Et aujourd'hui, il existe deux régimes.

Il y a d'abord un régime de droit commun (art. 63-4, C.P.P.), fait de deux règles : l'avocat peut s'entretenir avec la personne gardée à vue « dès le début » de cette mesure (al. 1) et, en cas de prolongation, il peut s'entretenir à nouveau avec elle « dès le début de la prolongation » (al. 6). Le plus remarquable est l'apparition de l'avocat *ab initio* de la garde à vue. Cette disposition avait été recommandée par la Commission de réflexion sur la justice [3]. Elle peut cependant présenter des inconvénients : l'avocat peut recommander le silence à son client et — très rarement, il est vrai — peut entrer en contact plus ou moins directement, avec des complices encore en liberté ou plus simplement avec des membres de la famille du gardé à vue auxquels il indiquera, même sans penser à mal, qu'un des leurs est en garde à vue.

C'est pour cela qu'en matière de criminalité organisée au sens de l'article 706-73, C.P.P., est instauré un régime d'exception [4]. L'avocat

1. Le Barreau face aux problèmes actuels de la justice pénale, travaux du XLIe Congrès de l'Association nationale des Avocats, Toulouse, mai 1969, pp. 16 et s., Dalloz, 1970. *Add.* R. MERLE, *Le rôle de la défense en procédure pénale comparée,* R.S.C., 1970.1.

2. C.E.D.H., 27 août 1992, *Tomasi c/ France.*

3. *Rapport de la commission,* La Documentation française, 1997, p. 63.

4. Voir déjà le projet de loi du 16 septembre 1998 à l'origine de la libéralisation du régime de droit commun ayant considéré « qu'il convenait toutefois dans un souci d'efficacité de la pro-

n'apparaît qu'à l'issue de la quarante-huitième heure, puis à l'issue de la soixante-douzième heure de la garde à vue. Et encore en matière de trafic de drogue et d'actes de terrorisme, il n'apparaît qu'à l'issue de la soixante-douzième heure (art. 706-88, al. 6, C.P.P., L. 9 mars 2004). Le Conseil constitutionnel, dans sa décision du 2 mars 2004, n'a pas annulé ces dispositions d'abord car n'est pas remis en cause le principe des droits de la défense, ensuite car la garde à vue est soumise au contrôle de l'autorité judiciaire puisque le procureur de la République est avisé de la qualification des faits par les enquêteurs dès qu'il est informé par ces derniers du placement en garde à vue (art. 63-4, *in fine*, C.P.) [1]. On notera que ce régime sévère s'applique aussi aux mineurs de plus de seize ans, en cas de trafic de drogue et d'actes de terrorisme (art. 4, *in fine*, ord. 2 février 1945).

Quel que soit le régime applicable, l'avocat est informé par l'O.P.J. de la nature et de la date présumée de l'infraction faisant l'objet de l'enquête (art. 63-4, al. 3, C.P.P.).

• Les *formes* de l'intervention de l'avocat sont simples. Le choix de l'avocat est fait par l'intéressé. À défaut ou si l'avocat ne peut pas être contracté, le bâtonnier est saisi et il désigne un avocat d'office, parfois à l'avance dans le cadre d'une permanence [2]. C'est l'O.P.J. qui contacte l'avocat ou le bâtonnier, auquel il indique la nature de l'infraction. À noter que l'O.P.J. contracte une obligation de moyen, non de résultat : ainsi, le procès-verbal de placement en garde à vue et de notification des droits n'est pas nul si l'O.P.J. a vainement téléphoné à plusieurs reprises au numéro de la permanence, indiqué par le bâtonnier, le silence de la standardiste s'expliquant par une grève du barreau [3] et l'enquêteur peut procéder à l'audition de la personne si l'avocat sollicité ne vient pas [4].

Matériellement, le rôle de l'avocat consiste en un entretien de 30 minutes au maximum avec l'intéressé, dans des conditions qui en garantissent la confidentialité. L'avocat ne peut donc ni consulter le dossier, ni assister à l'interrogatoire [5]. Cependant, malgré certaines hésitations lors du débat parlementaire, ni l'O.P.J. ni le parquet n'ont le pouvoir d'exclure l'avocat, dans l'intérêt de l'enquête (alors qu'en Angleterre, l'avocat peut être exclu pendant les 36 premières heures).

À l'issue de l'entretien, l'avocat peut, le cas échéant, présenter des « observations écrites qui sont jointes à la procédure ». Mais il ne peut faire état de

cédure pénale de maintenir des exceptions à cette règle (de l'apparition de l'avocat à la première heure) pour certaines infractions présentant une complexité et une gravité particulières », p. 5.

1. J. Pradel, J.C.P., 2004.I.134, n° 44, p. 886.

2. Civ. 1, 24 juin 1997, J.C.P., 1998.II.10035, note R. Martin, régularité d'une sanction disciplinaire (blâme) prononcée contre un avocat ayant refusé de se soumettre à la permanence.

3. Crim., 9 mai 1994, B.C., n° 74, D., 1995, Somm., 145, obs. J. Pradel.

4. Crim., 28 avril 2004, B.C., n° 102.

5. Question cependant débattue lors du débat ayant précédé la loi du 15 juin 2000, v. not. rapport au nom de la commission paritaire mixte, 18 mai 2000, par C. Lazerges et C. Jolibois, p. 7.

cet entretien auprès de quiconque pendant la durée de la garde à vue. En le prévoyant, le législateur a entendu prévenir les collusions entre avocat et complices.

• Lors du débat parlementaire de la loi du 15 juin 2000, s'est posée la question de l'enregistrement audiovisuel des dépositions en cours de garde à vue. La question a été débattue et il a été finalement décidé qu'un an après publication de la loi (soit le 16 juin 2001) cet enregistrement serait organisé. Mais il ne concernera que les mineurs et ne pourra être consulté qu'en cas de contestation et uniquement avant l'audience, la décision étant prise par le juge d'instruction ou par le juge des enfants saisi par l'une des parties. La mesure n'est pas sans risques : elle peut réduire la spontanéité des déclarations et tout le monde sait que certains individus déjà n'acceptent de parler que hors procès-verbal. Cependant elle constituerait un bon moyen de réduire dans de grandes proportions les violences policières et traitements assimilables. En outre, un enregistrement (audio ou vidéo) protégerait l'enquêteur.

• Quelle est, enfin, la *nature* de l'intervention de l'avocat ? Le Conseil constitutionnel, dans sa décision du 11 août 1993 (préludant à la loi du 24 août) a fortement marqué l'importance du nouveau principe. Très exactement, il a intégré l'avocat dans les droits de la défense en déclarant que « le droit de la personne à s'entretenir avec un avocat au cours de la garde à vue constitue un droit de la défense qui s'exerce durant la phase d'enquête de la procédure pénale ». Or on sait que le Conseil constitutionnel considère, depuis une décision du 2 décembre 1976, que le respect des droits de la défense fait partie des « principes fondamentaux reconnus par les lois de la République », et donc du « bloc de constitutionnalité » [1].

Concrètement, l'entretien constitue un réconfort moral pour le gardé à vue auquel il permet en outre de savoir comment va se dérouler la procédure. L'avocat n'a pas accès au dossier et il n'assiste pas à l'audition de son client.

2. *Les sanctions de la garde à vue*

a) La sanction attachée à la non-information des suites d'une garde à vue

545. — *En droit commun.* La loi du 15 juin 2000, soucieuse d'une bonne information des justiciables, a imaginé une procédure spéciale concernant les individus qui ont été placés en garde à vue dans le cadre d'une enquête préliminaire ou de flagrance et qui au bout de six mois à compter de la fin de cette mesure n'ont pas fait l'objet de poursuites (art. 77-2 et 77-3, C.P.P.). Ces individus peuvent interroger le procureur de la République sur la suite

1. L. FAVOREU et L. PHILIP, *Les grandes décisions du Conseil constitutionnel*, 12e éd., 2003, Dalloz, not. pp. 254, 577 et 718.

donnée ou susceptible d'être donnée à la procédure [1]. Ils saisissent ce magistrat par lettre recommandée avec demande d'avis de réception.

La loi de juin 2000 avait également prévu un dispositif extrêmement lourd relatif aux suites de la requête du justiciable, où intervenaient notamment le procureur de la République et le juge des libertés et de la détention (art. 77-2, al. 2 à 4, C.P.P.). Or le législateur du 9 septembre 2002 a abrogé ces trois alinéas.

Désormais seul subsiste l'article 77-2, al. 1, et l'essentiel de l'article 77-3, C.P.P., c'est-à-dire le droit pour l'ex-gardé à vue de saisir le parquet afin de savoir ce qu'il est advenu de l'affaire. La sanction de la lenteur de la procédure et de la non-information de l'intéressé est devenue théorique. On peut certes imaginer que si le procureur ne répond pas, l'intéressé peut saisir le procureur général à titre de supérieur hiérarchique.

Les dispositions de l'article 77-2, C.P.P., ne s'appliquent pas aux crimes et délits entrant dans le champ d'application de l'article 706-73, C.P.P., sur la criminalité organisée. Ces infractions font l'objet de dispositions particulières qui seront examinées dans le prochain numéro.

Appréciation. Que penser d'un tel système ? Il traduit le souci de mettre sous le regard d'un juge la défense des libertés et d'assurer le jugement dans un délai raisonnable. Mais la conception du législateur de 2000 était d'une lourdeur incroyable et, qui plus est, introduisait la personne ex-gardée à vue dans la procédure par le biais de son avocat. La personne devenait par l'effet de l'article 77-2, C.P.P., une sorte de cheval de Troie dans la procédure alors qu'elle n'était pas partie.

On se félicitera de la réforme même si la sanction de la lenteur de la procédure et du silence du parquet devient assez théorique. Le législateur aurait même pu aller plus loin en abrogeant complètement l'article 77-2, C.P.P. [2].

546. — *En matière de criminalité organisée.* La loi du 9 mars 2004 (art. 706-105, C.P.P.) a prévu un système un peu analogue. Quoique lourd, il encourt moins la critique car il ne concerne que des affaires très graves qui ont donné lieu aux méthodes spéciales d'investigation (infiltration, écoutes téléphoniques, sonorisations de lieux...) et car il ne fait pas intervenir le juge des libertés et de la détention.

En voici le principe. Quand la personne a été placée en garde à vue et que six mois se sont passés sans qu'il y ait eu de poursuites, elle peut interroger le procureur de la République pour savoir où en est l'affaire. Si celui-ci décide de poursuivre l'enquête préliminaire et de faire entendre à nouveau la personne, il l'informe dans les deux mois suivant la réception de sa demande qu'elle peut prendre un avocat qui consultera le dossier. Si, au contraire, le parquetier décide de classer l'affaire, il en informe la personne dans les deux mois.

1. Ce droit leur est notifié à l'issue de la garde à vue lorsque ces individus sont remis en liberté (art. 63-1, al. 5, C.P.P.).

2. Pour une critique de l'article 77-2, C.P.P., tel qu'écrit par la loi du 15 juin 2000, v. J. PRADEL, D., 2000, chron. p. 1120.

b) Les sanctions découlant d'une irrégularité de la garde à vue

547. — *Diversité.* Il y a d'abord une série de sanctions que l'on peut qualifier de *secondaires* : action disciplinaire ou en dommages-intérêts contre le policier fautif. On peut ajouter la liberté pour la juridiction de jugement d'attacher le prix qu'elle veut aux aveux recueillis au cours d'une garde à vue irrégulière : ainsi le veut le principe de l'intime conviction.

Il y a ensuite une sanction que l'on peut appeler *principale* car essentielle : c'est l'annulation des procès-verbaux établis pendant la garde à vue et contenant des aveux. À cet égard, la jurisprudence apporte plus que la loi.

— *La loi*

548. — Aussi étonnante que paraisse la chose à première vue, la nullité d'une garde à vue conduite au mépris des règles précitées n'est pas prévue. Sans doute, à plusieurs reprises, le législateur avait-il prévu la nullité dans des cas particuliers : le 17 juillet 1970 pour les affaires d'atteinte à la sûreté de l'État [1] et le 2 février 1981 pour certaines infractions de violence [2]. Mais les deux textes ont été abrogés, le premier par une loi du 4 août 1981 et le second par une autre en date du 10 juin 1983. Plus près de nous, la loi du 4 janvier 1993 avait attaché une nullité textuelle automatique à la violation des nouveaux droits du gardé à vue (art. 63-1 et 171, C.P.P.). Mais la loi du 24 août 1993 a supprimé ces dispositions, l'article 171 notamment se bornant à décider désormais qu'il y a nullité « lorsque la méconnaissance d'une formalité substantielle... a porté atteinte aux intérêts de la partie qu'elle concerne ».

— *La jurisprudence*

549. — *Les droits de la première génération.* S'agissant de ces droits imaginés dès 1959, et énumérés aux articles 64 et 77, *in fine*, C.P.P. [3], la jurisprudence n'est pas favorable à la nullité, même si les décisions sont anciennes.

La Chambre criminelle a d'abord considéré que le moyen tiré de la nullité était mélangé de fait et de droit, et par conséquent irrecevable [4].

Elle décida ensuite que « les règles légales ne sont pas prescrites à peine de nullité et que leur inobservation ne saurait par elle-même entraîner la nullité des actes de la procédure lorsqu'il n'est pas démontré que la recherche et l'établissement de la vérité s'en sont trouvés fondamentalement viciés » [5]. Par

1. J. PRADEL, D., 1972, chron. 121.
2. J. PRADEL, D., 1981, chron. 101.
3. *Supra*, n° 540.
4. Crim., 15 et 22 octobre 1959, B.C., n°s 435 et 457.
5. Crim., 17 mars 1960, J.C.P., 1960.II.11641, note P. Chambon ; 10 octobre 1968, J.C.P., 1969.II.15741, note P. Chambon ; 21 octobre 1980, D., 1981.104, note D. Mayer ; 11 juin

la suite, aux « règles légales » (de l'article 64, C.P.P.), la chambre criminelle ajouta « les dispositions de l'article 5, Conv. E.D.H. », la formule étant conservée et, en conséquence rien ne changeant [1]. La doctrine était défavorable [2].

Des difficultés sont apparues à propos de la durée de la garde à vue, qu'il y ait ou non pluralité de faits. La jurisprudence distingue ainsi :

— En cas de faits distincts et si les gardes à vue sont séparées, leur durée cumulée peut excéder la durée maximale de la garde à vue [3] ;

— En cas de faits distincts et si les gardes à vue sont ininterrompues et indépendantes l'une de l'autre, leur durée cumulée ne saurait excéder la durée maximale de la garde à vue [4] ;

— En cas de fait unique donnant lieu à plusieurs gardes à vue successives séparées, leur total ne saurait excéder la durée maximale de la garde à vue [5].

Dans ces hypothèses de garde à vue excédentaire, la chambre criminelle rappelle, à juste titre, que le dépassement « constitue par lui-même une atteinte aux intérêts de la personne concernée ».

550. — *Les droits de la seconde génération.* Il s'agit, on le sait, des droits créés à partir de la loi du 4 janvier 1993 et énoncé à l'article 63-1, al. 1, C.P.P.

Dans un premier temps, la chambre criminelle se refusa à annuler la procédure dans des hypothèses où la tardiveté de la notification des droits (qui doit pourtant être effectuée immédiatement après le placement en garde à vue selon les articles 63-1, al. 1, et 77, *in fine*, C.P.P.) n'avait pas nui à l'intéressé [6]. Les arrêts visaient l'article 171, C.P.P.

Aujourd'hui, la chambre criminelle fait preuve de beaucoup plus de sévérité à propos de l'*obligation de notifier immédiatement, soit dès la notification du placement en garde à vue, les droits de l'article 63-1, C.P.P.* Dans une formule très nette, elle considère que « tout retard injustifié dans la notification des droits porte nécessairement atteinte aux intérêts de la personne qu'elle concerne » [7]. On ne peut pas dire qu'il s'agisse d'une nullité d'ordre public et

1985, B.C., n° 226 ; 22 décembre 1987, D., 1989.323, note Julien Laferrière ; 26 février 1991, B.C., n° 97, D., 1992, Somm., 99, obs. J. Pradel.

1. Crim., 23 avril 1992, D., 1992, Somm., 322, obs. J. Pradel.

2. R. MERLE, *Rapport aux XIIe Journées franco-belgo-luxembourgeoises de droit pénal*, Poitiers, 1970, P.U.F., 1971.155 ; D. MAYER, note au D., 1981.104.

3. Crim., 15 décembre 1999, B.C., n° 311.

4. Crim., 17 mars 2004, B.C., n° 69, J.C.P., 2004.I.157, p. 1475, obs. A. Maron.

5. Crim., 13 février 1996, B.C., n° 74, D., 1996, Somm. 258, obs. J. Pradel.

6. Crim., 18 juillet 1995, B.C., n° 258 ; 6 décembre 1995, B.C., n° 369.

7. Crim., 30 avril 1996, B.C., n° 182, R.S.C., 1996.879, obs. J.P. Dintilhac ; 3 décembre 1996, B.C., n° 443, *Procédures*, 1997, comm. 68, obs. J. Buisson ; 29 avril 1998, B.C., n° 145, R.S.C., 1998.785, obs. J.P. Dintilhac, *Rev. gén. des procédures*, 1999.87, obs. D. Rebut ; 18 juin 1998, B.C., n° 200, *Procédures*, 1999, comm. 15, obs. J. Buisson ; 8 juillet 1998, R.S.C., 1998.785, obs. J.P. Dintilhac ; 23 mars 1999, B.C., n° 51 ; 14 décembre 1999, 2 arrêts, *Dr. pénal*, 2000, comm., n° 39, obs. A. Maron ; 29 février 2000, B.C., n° 93 ; 10 mai 2000, B.C., n° 182; 31 mai 2007, B.C., n° 146 ; *add.* D. KARSENTY, *L'article 63-1, C.P.P., dans la jurispru-*

il vaut mieux considérer qu'il y a présomption de grief. Ce sont donc seulement des cas de force majeure qui justifient le retard à notifier les droits à partir du début de la garde à vue [1], ces cas étant appréciés souverainement par la chambre de l'instruction [2].

Même sévérité dans le cas de la *prolongation de la garde à vue* qui, en cas d'enquête préliminaire, suppose normalement la présentation de la personne au procureur de la République. L'absence de présentation, exigée par l'article 77, al. 2, C.P.P., entraîne la nullité de la procédure [3].

S'agissant de l'*information du procureur*, la jurisprudence s'était déjà montrée sévère avant la loi du 15 juin 2000 : elle décidait en effet à une époque où il devait être averti « dans les meilleurs délais » qu'il fallait en fait une information immédiate [4]. Il est évident que désormais, tout retard sera sanctionné de la nullité sauf cas de force majeure ; en effet, selon la chambre criminelle, « tout retard dans l'information donnée au procureur du placement en garde à vue d'une personne, non justifiée par des circonstances insurmontables, fait nécessairement grief à l'intéressé » [5].

D'un autre côté, la jurisprudence, si elle admet facilement la nullité, entend en cantonner le domaine. D'une part, et ceci est assez évident, la nullité d'une garde à vue est sans effet sur les actes antérieurs régulièrement accomplis [6]. D'autre part, et ceci est plus intéressant, la procédure postérieure à la garde à vue n'est pas atteinte par la nullité dès lors que cette

dence récente de la chambre criminelle, Dr. pénal, juin 2000, chron. 21 et D.N. Commaret, R.S.C. 2000, chron. de procédure pénale, 418 et s. ; P.-J. DELAGE, La sanction des nullités de la garde à vue : de la sanction juridictionnelle à la « sanction parquetière », *Arch. pol. crim.*, 2006, n° 28, pp 135 et s.

La Cour de cassation use d'une autre formule dans des cas où l'individu s'est présenté sans contrainte au poste de police et où à l'issue de son audition, il a été placé en garde à vue, l'audition n'étant pas irrégulière dès lors que la notification est faite dès le placement effectif en garde à vue, la durée de celle-ci rétroagissant à l'heure de l'arrivée au poste, Crim., 13 novembre 1996, B.C., n° 401, *Droit pénal*, 1997, comm. 71, obs. A. Maron ; 6 mai 1997, B.C., n° 174 ; 14 octobre 1998, B.C., n° 260.

1. Pour le cas d'ivresse de l'intéressé, Crim., 3 avril 1995, B.C., n° 140, D., 1996, Somm. 261, obs. J. Pradel, *Droit pénal*, 1995, comm. 187, obs. A. Maron ; 10 mai 2000, B.C., n° 181. Pour le cas d'un commissariat assiégé par des manifestants empêchant la présentation de la personne retenue à un O.P.J., Crim., 10 avril 1996, G.P., 1996.II.136. Pour le cas d'impossibilité de notifier les droits sur la voie publique, Crim., 23 mars 1999, D., 1999, Somm. 321, obs. J. Pradel. On peut encore imaginer le temps d'aller chercher un interprète.

2. Crim., 26 mai 1999, B.C., n° 105.

3. Crim., 11 février 1998, B.C., n° 55.

4. Crim., 29 février 2000, B.C., n° 93, « tout retard dans la mise en œuvre de cette obligation, non justifié par des circonstances insurmontables fait nécessairement grief aux intérêts de la personne concernée » ; même jurisprudence pour la garde à vue ordonnée dans le cadre d'une infraction, le juge d'instruction devait être immédiatement avisé, Crim., 29 février 2000, B.C., n° 92.

5. Crim., 10 mai 2001, B.C., n° 119 ; *add.*, Crim., 20 mars 2007, B.C., n° 85, irrégularité de la procédure dans le cas d'un retard d'une heure 15 en dépit d'un surcroît de travail pour les policiers.

6. Crim., 6 mai 1997, B.C., n° 177 ; 9 juin 1999, B.C., n° 129 ; 4 janvier 2005, B.C., n° 3.

procédure n'a pas pour soutien la garde à vue, dès lors que cette procédure n'a pas pour support nécessaire la garde à vue annulée [1].

Enfin, la méconnaissance des règles relatives à l'examen médical ne constitue une atteinte aux droits de la personne qu'en cas de grief caractérisé, ce qui implique de la part des juges du fond un examen concret cas par cas [2].

Il faut encore rappeler que l'enregistrement audiovisuel des déclarations des mineurs en garde à vue est regardé comme une disposition substantielle par la jurisprudence, d'où l'annulation d'une procédure menée sans enregistrement, sauf circonstances insurmontables [3].

§ 2. — Les modalités de l'enquête

551. — Comme il a été dit, notre droit connaît deux sortes d'enquête : l'*enquête préliminaire* (art. 75 à 78, C.P.P., et 127, 128, déc. du 20 mai 1903 portant règlement sur l'organisation et le service de la gendarmerie) et l'*enquête de flagrance* (art. 53 à 74, CP.P., et 118 à 126, déc. du 20 mai 1903). Chacune répond à une nécessité propre.

Dans la pratique, les policiers utilisent bien plus souvent l'enquête de flagrance que l'enquête préliminaire (environ 85 fois pour la première contre 15 pour la seconde). En fait, l'enquête de flagrance « constitue le droit commun de l'intervention policière » [4]. Avec la procédure d'enquête préliminaire, en effet, les policiers ont peu de pouvoirs et résolvent peu d'affaires.

Rien d'ailleurs n'interdit à la police judiciaire qui a commencé une enquête sur le mode préliminaire de la continuer sur le mode flagrant dès lors qu'au cours des investigations, il y a des indices apparents d'un comportement délictueux au sens de l'article 53, C.P.P., c'est-à-dire dès lors qu'il apparaît que les faits sont flagrants [5].

1. Crim., 26 mai 1999, B.C., n° 106, *Droit pénal*, 1999, chron. 28, par A. Maron ; 26 janvier 2000, B.C., n° 46, *Dr. pénal*, comm. 95, obs. A. Maron ; 29 février 2000, B.C., n° 91 ; 27 juin 2000, B.C., n° 246, *Dr. pénal*, 2000, comm. 108, 2e arrêt, obs. A. Maron ; 15 octobre 2003, n° 193, fondant la règle sur une combinaison des articles 174, al. 2, 385 et 802, C.P.P. ; 10 décembre 2003, B.C., n° 243 ; 4 janvier 2005, B.C., n° 3 ; 12 avril 2005, B.C., n° 125 ; 26 mars 2008, n° 07-83.814, D. 2008, A.J., 1063, la garde à vue n'est pas le support nécessaire à la saisine du tribunal.

2. Crim., 25 février 2003, B.C., n° 50, R.S.C., 2004.421, obs. J. Buisson.

3. Crim., 3 avril 2007, B.C., n° 104, D. 2007.2141, note J. Pradel ; 12 juin 2007, B.C., n° 155 ; 26 mars 2008, n° 07-88.554, D. 2008, A.J., 1416, obs. Léna, une impossibilité technique doit être indiquée dans le procès-verbal d'interrogatoire. *Contra* Crim., 23 octobre 2002, J.C.P. 2003.II.10070, note Maréchal.

4. R. Lévy, *Du suspect au coupable : le travail de police judiciaire*, publié avec le concours du C.N.R.S., Méridiens Klincksieck, 1987.57.

5. Crim, 17 mai 1993, *Droit pénal*, janvier 1994.4, obs. Lesclous et Marsat ; 17 novembre 1998, B.C., n° 302.

A — L'enquête préliminaire

Bibliographie. — 1) ***Sous l'empire du C.I.C. :*** M. Blondet, *La légalité de l'enquête officieuse*, J.C.P., 1955.I.1233 ; du même, *L'utilisation par les juridictions répressives des procès-verbaux d'enquête officieuse*, J.C.P., 1955.I.1267 ; du même, *Les pouvoirs de la police et de la gendarmerie au cours de l'enquête officieuse*, J.C.P., 1956.I.1311 ; C. Lacaze, *Des enquêtes officieuses et des O.P.J. qui y procèdent*, thèse, Toulouse, 1910 ; L. Lambert, *Traité de police judiciaire*, 3e éd., 1950 ; M. Lévy, *De l'information officieuse*, thèse, Nancy, 1934 ; H. Nadeau, *Des enquêtes officieuses dans l'instruction criminelle*, thèse, Lyon, 1913 ; P. Sifnéos, *L'organisation de l'instruction et les garanties du prévenu*, thèse, Paris, 1930 (not. pp. 49 à 226).

2) ***Depuis le C.P.P. de 1959 :*** M. Blondet, *L'enquête préliminaire dans le nouveau C.P.P.*, J.C.P., 1959.I.1513 ; B. Bouloc, *Les droits de la défense dans la procédure pénale applicable en matière de concurrence*, R.S.C., 1983.513 ; A. Decocq, J. Montreuil et J. Buisson, *Le droit de la police*, 2e éd., 1998, Litec ; G. Denis, *Puissance convaincante et nature juridique de l'enquête préliminaire*, G.P., 1974.II, Doct. 969 ; du même, *L'enquête préliminaire, Étude théorique et pratique*, Éd. Police-Revue, 1974 ; R. Gassin, *La police judiciaire devant le C.P.P.*, R.S.C., 1972.71 ; L. Lambert, *Précis de police judiciaire selon le nouveau Code comparé à l'ancien*, 1959.136 ; J.-Y. Lassalle, *Enquête préliminaire*, Jurisclasseur proc. pén., art. 75 à 78 ; P. Mimin, *La nouvelle enquête policière*, J.C.P., 1959.I.1500 ; H. Matsopoulos, *Les enquêtes de police*, préface B. Bouloc, L.G.D.J., 1996 ; J. Pradel, *L'enquête proactive*, D., 1998, chron. 57.

552. — *Définition, dangers et utilité de l'enquête préliminaire*. On peut définir l'enquête préliminaire comme une procédure diligentée par la police judiciaire agissant d'office ou sur les instructions du parquet et destinée à obtenir sur une infraction les premiers renseignements afin de permettre au procureur de la République de prendre une décision sur l'opportunité des poursuites. Cette procédure n'est plus utilisable quand une information a été ouverte, la police judiciaire ne pouvant alors opérer que sur la base d'une commission rogatoire délivrée par le juge d'instruction.

Parce qu'elle tient lieu d'instruction, l'enquête préliminaire présente certains dangers car elle prive l'individu soupçonné des garanties instituées à son profit au stade de l'instruction. On sait par exemple que, depuis une loi du 8 décembre 1897, le mis en examen ne peut être interrogé par le juge d'instruction qu'en présence de son conseil ou celui-ci dûment convoqué. Quelle est alors la portée de cette disposition si tous les éléments de l'affaire ont déjà été recueillis au cours de l'enquête, notamment par l'audition du suspect ? Ce danger apparaît plus nettement encore quand on sait que la jurisprudence refuse d'appliquer à l'enquête l'article 105 du Code de procédure pénale selon lequel « ... les officiers de police judiciaire agissant sur commission rogatoire ne peuvent, dans le dessein de faire échec aux droits de la défense, entendre comme témoins des personnes contre lesquelles il existe des indices graves et concordants de culpabilité »[1]. Autre danger de l'enquête, c'est sa lenteur, d'où l'instauration de délais dans lesquels elle doit être menée (art. 75-1, C.P.P.) et d'un recours au cas où elle s'est combinée avec une garde à vue, ce recours jouant du reste aussi en cas d'enquête de flagrance (art. 77-2, C.P.P.)[2].

À deux égards, cependant, l'utilité de l'enquête est évidente. En premier lieu, ces éléments intialement recueillis par la police judiciaire agissant d'office sont souvent embryonnaires, de sorte que le procureur de la République, chargé d'apprécier l'opportunité des poursuites, ne peut porter cette appréciation. Seule une enquête plus étoffée lui permettra de la porter en faisant apparaître soit l'inanité d'une plainte ou d'une dénonciation (d'où classement sans suite), soit au contraire la complexité ou la gravité d'une affaire (d'où saisine d'une juridiction d'instruction ou de jugement). En second lieu, en application du principe de la liberté de la preuve, les renseignements ainsi obtenus peuvent être produits en preuve devant le juge pénal, sans qu'il soit besoin qu'ils aient été repris au cours de l'instruction. Puisque l'enquête préliminaire permet donc de montrer l'inanité d'une plainte et de recueillir des preuves, elle fait souvent l'économie d'une information, procédure toujours lourde et parfois longue.

1. *La légalité de l'enquête préliminaire*

553. — Sous l'empire du *Code d'instruction criminelle*, la légalité de l'enquête préliminaire était controversée quoique la pratique ne l'ait jamais ignorée et qu'une loi particulière l'ait même consacrée (l. du 24 mai 1951 modifiant l'art. 8, ord. du 2 février 1945, sur l'enfance délinquante). FAUSTIN-HÉLIE soutenait l'illégalité de ce procédé au motif que les dispositions procédurales, le plus souvent contraignantes ou attentatoires à la liberté, sont de droit étroit alors que nulle part le Code ne prévoyait la possibilité pour les policiers d'effectuer une telle enquête. GARRAUD, de son côté, affirmait que l'enquête préliminaire était extra-légale : quoique non prévue par le Code, l'enquête, disait-il, n'était contraire ni à sa lettre ni à son esprit et elle était utile au procureur de la République pour savoir s'il devait classer ou poursuivre. Enfin, quelques auteurs plus modernes, comme M. BLONDET, plaidaient pour le caractère légal de l'enquête en arguant, d'une part, que la loi du 28 Germinal an VI sur la gendarmerie, complétée par le décret d'application du 20 mai 1903 (notamment les art. 125-2, 15 et 16), la prévoyait expressément pour la gendarmerie et, d'autre part, que ce texte devait être étendu à la police car la police judiciaire est une. La jurisprudence, quant à elle, s'en tenait à cette troisième conception et en déduisait que les actes de la police judiciaire interrompaient la prescription de l'action publique[3].

1. Crim., 17 juin et 27 juillet 1964, B.C., nos 204 et 252 ; 20 août 1986, B.C., n° 247. V. aussi Toulouse, 18 décembre 1962, D., 1963.156, note R. Merle. Depuis ces arrêts, l'art. 105 a été légèrement retouché, le dessein ayant disparu.
2. V. *supra*, n° 545.
3. Crim., 30 mars 1911, *aff. Michaud*, B.C., n° 177 ; Crim., 26 janvier 1955, *aff. Groth*, B.C., n° 64.

Les rédacteurs du *Code de procédure pénale*, frappés par l'importance pratique de l'enquête et conscients de ne pouvoir l'ignorer, ont préféré la reconnaître (en l'appelant préliminaire), ce qui allait permettre de la réglementer. D'un côté, l'article 14 du Code dispose que la police judiciaire est chargée « de constater les infractions à la loi pénale, d'en rassembler les preuves et d'en rechercher les auteurs *tant qu'une information n'est pas ouverte* » et son article 75 ajoute que « les officiers de police judiciaire, procèdent à des enquêtes préliminaires, soit sur les réquisitions du procureur de la République, soit d'office ». De l'autre, les articles 75 à 78 réglementent l'insti-tution. Mais un problème fondamental au point de vue pratique demeure, que l'on retrouvera : c'est celui des rapports entre l'enquête et la procédure « véritable », c'est-à-dire celle qui suit l'acte de poursuite. En d'autres termes, la validité de l'instruction doit-elle être affectée par les irrégularités de l'enquête ?

2. *Les actes de l'enquête préliminaire*

554. — *Vue générale.* Entre le Ministère public et la police judiciaire, s'établit un dialogue dénué de formalisme [1]. Tantôt, le parquet, saisi le premier des faits par une plainte ou une dénonciation, requiert une enquête de la police ou de la gendarmerie. Tantôt, la police judiciaire ayant été informée la première par ses agents ou bien par une plainte ou dénonciation, transmet ses informations au parquet qui, à son tour, lui donne par le biais d'un ordre écrit (appelé « soit transmis » car il est transmis à telle autorité de police ou de gendarmerie) mandat de les compléter. L'initiative de l'enquête appartient donc alternativement aux policiers et aux magistrats du parquet et il n'y a pas à distinguer selon que la police judiciaire agit d'office ou sur les instructions du parquet. En effet, l'énumération des actes possibles est toujours la même. Si le régime de ceux-ci varie, un trait les rapproche, concernant l'appréciation de leur validité par le juge.

a) Les règles propres aux divers actes de l'enquête

555. — *Diversité des actes et des régimes.* Outre les constatations matérielles effectuées au besoin par un transport sur les lieux, les enquêteurs peuvent procéder d'une part à des gardes à vue [2] et, d'autre part, à des perquisitions et saisies, auditions [3].

1. Mais aussi dialogue permanent avec notamment cette règle selon laquelle l'O.P.J. avise le parquet dès qu'il a identifié une personne sur laquelle pèsent des indices de culpabilité, art. 75-2, C.P.P. (L. du 15 juin 2000). Il s'agit d'assurer le contrôle de l'autorité judiciaire sur la police judiciaire. Toutefois l'abstention de l'enquêteur n'est pas sanctionnée par la nullité de la procédure, Crim., 23 août 2005, B.C., n° 209, D., 2006, Pan. 621, obs. J. Pradel.

2. *Supra*, n°s 535 et s.

3. Ces pouvoirs peuvent être exercés par les O.P.J. même si l'infraction leur est révélée au cours de l'exécution d'instructions administratives, Crim., 13 janvier 1972, J.C.P., 1973.II.17523, note Syr.

D'une part, ces actes peuvent être effectués seulement par les officiers de police judiciaire [1] et, depuis une ordonnance du 4 juin 1960, par les agents de police judiciaire de l'article 20 (gendarmes et inspecteurs de la police nationale). Et les agents de l'article 21, sans pouvoir entreprendre ou diriger une enquête, peuvent y participer.

D'autre part, ces actes, enseignait-on naguère, ne peuvent être effectués que du consentement de la personne qui les subit, le caractère non coercitif de l'enquête préliminaire étant un des caractères essentiels de celle-ci. Pourtant, depuis une loi du 4 janvier 1993, s'il joue encore pour les perquisitions et actes voisins, le caractère non-coercitif ne s'applique plus aux auditions (art. 78, al. 1, C.P.P.).

— *Les perquisitions et actes voisins*

556. — S'agissant des *perquisitions, visites domiciliaires* et *saisies*, la loi décide qu'elles « ne peuvent être effectuées sans l'assentiment exprès de la personne chez laquelle l'opération a lieu » [2]. Mais ce principe n'est pas sans exceptions.

1° Dans le *principe*, une autorisation du maître des lieux est nécessaire. Et cette autorisation « doit faire l'objet d'une déclaration écrite de la main de l'intéressé ou, si celui-ci ne sait écrire, il en est fait mention au procès-verbal ainsi que de son assentiment » (art. 76, al. 2, C.P.P.). En général, les officiers de police judiciaire usent de la formule suivante, conseillée par les articles 127 du décret du 20 mai 1903 et C 137 du Code de procédure pénale : « Sachant que je puis m'opposer à la visite de mon domicile, je consens expressément à ce que vous y opériez les perquisitions et saisies que vous jugerez utiles à l'enquête en cours. » Il est admis qu'un consentement donné ne peut plus être rétracté [3]. Dans la pratique, les refus sont exceptionnels : ou bien, en effet, l'individu n'ayant rien à se reprocher désirera faire établir au plus vite son innocence ; ou bien, coupable, il hésitera à opposer son refus à un acte qui pourra toujours avoir lieu par le biais d'une information promptement ouverte par le parquet aussitôt tenu au courant. En pratique, il arrive que les policiers, au lieu de faire recopier par l'inté-ressé la phrase qu'on vient de rappeler, se contentent de lui faire écrire la mention « lu et approuvé » et de lui faire signer un document dactylographié. La jurisprudence, naguère très sévère [4] admet aujourd'hui le procédé [5]. Cependant, cet assouplissement ne paraît devoir concerner que les policiers et non les gendarmes, à cause de l'article 127 du

1. À l'exception du mandat de recherche émis par le procureur de la République à l'encontre de toute personne contre laquelle il y a des raisons plausibles de soupçonner qu'elle a commis ou tenté de commettre l'infraction (art. 77-4, C.P.P.).

2. Art. 76, al. 1, C.P.P., reprenant une solution autrefois admise par la jurisprudence, Crim., 19 juin 1957, D., 1958.563, note Le Pavec.

3. G. Denis, *L'enquête préliminaire*, 1974, n° 334.

4. Trib. gr. inst., Paris, 24 janvier 1985, D., 1985.499, note J. Pradel.

5. Crim., 28 janvier 1987, D., 1987.258, note G. Azibert, pour une perquisition opérée par la police.

décret du 20 mai 1903 sur la gendarmerie, qui prévoit que la formule doit être écrite de la main de l'intéressé. Une unification des textes serait souhaitable.

2° À titre exceptionnel, les enquêteurs peuvent se passer de l'autorisation du maître des lieux. En effet, selon la loi du 9 mars 2004 (art. 76, al. 4, C.P.P.) [1], « si les nécessités de l'enquête relative à un crime ou à un délit puni d'une peine d'emprisonnement d'une durée égale ou supérieure à cinq ans l'exigent », le juge des libertés et de la détention peut décider, à la requête du parquet, que la perquisition se fera sans l'assentiment de la personne. En somme, l'accord du juge se substitue à celui de la personne qui devient indifférent [2].

L'article 76, al. 4, C.P.P., impose cependant des conditions. À peine de nullité, la décision du juge précise la qualification de l'infraction et l'adresse des lieux à perquisitionner ; elle doit être motivée en fait et en droit en ce qui concerne la nécessité de la perquisition. Le juge peut se déplacer sur les lieux. La perquisition ne saurait avoir pour objet la recherche d'une infraction autre : il faut éviter les détournements de procédure. Mais il est vrai que si la perquisition permet fortuitement la découverte d'une infraction autre, une procédure incidente peut être menée par les enquêteurs, l'accord du maître des lieux étant alors nécessaire sauf s'il y a flagrance.

Selon l'article 76, al. 5, C.P.P., est compétent le juge des libertés et de la détention du tribunal dont le procureur de la République dirige l'enquête, quelle que soit la juridiction dans le ressort de laquelle la perquisition doit avoir lieu.

— *Les auditions et appel à des techniciens*

557. — Renversant le vieux principe de liberté, la loi du 4 janvier 1993 (art. 78, C.P.P. nouveau) décide que les personnes convoquées aux fins d'audition sont tenues de comparaître. Si elles ne s'exécutent pas, l'officier de police judiciaire qui les avait convoquées en donne avis au procureur de la République qui peut les y contraindre par la force publique.

La situation est donc désormais la même qu'en cas de flagrance, l'officier de police judiciaire bénéficiant d'un véritable pouvoir d'arrestation dans les deux cas (art. 62, al. 2, pour l'enquête de flagrance et art. 78, al. 1, pour l'enquête préliminaire).

La nouveauté apportée par la loi de 1993 est heureuse car auparavant le refus du témoin de comparaître entraînait parfois l'ouverture d'une information peu justifiée par ailleurs. Les possibilités d'investigation de la police agissant préliminairement sont donc accrues. Cependant, si le témoin ne veut pas déposer, nul n'y pourra rien et l'O.P.J. devra faire mention de ce refus dans son procès-verbal.

1. Qui a repris une disposition existant déjà en matière de terrorisme depuis 1986.
2. La distinction entre enquête flagrante ou préliminaire s'effrite. Les pouvoirs des O.P.J. ne dépendent plus de la nature flagrante ou non de l'infraction, mais de sa gravité.

L'O.P.J. peut aussi faire appel à toutes personnes qualifiées « s'il y a lieu de procéder à des constatations ou à des examens techniques ou scientifiques » (art. 77-1, C.P.P.).

b) La règle générale. La possibilité d'une annulation

— *Selon la loi*

558. — La nullité est prévue expressément (et l'on parle alors de nullité textuelle ou formelle) à propos des perquisitions : en effet, ces actes portent atteinte à la vie privée, valeur fondamentale (art. 59, al. 3, 76, al. 3, 706-24, al. 3 et 4, 706-28, al. 2 et 3, C.P.P.) [1].

En outre, selon l'article 171, C.P.P., « il y a nullité lorsque la méconnaissance d'une formalité substantielle prévue par une disposition du présent code ou toute autre disposition de procédure pénale a porté atteinte aux intérêts de la partie qu'elle concerne ». Ce texte est relatif aux nullités substantielles (ou virtuelles) et quoiqu'il ait sa place dans un chapitre sur l'instruction, il couvre toute la procédure. Il permet donc au juge de sanctionner par la nullité une irrégularité commise par un O.P.J. au cours de l'enquête (en dehors de celles concernant une perquisition).

Encore faut-il ajouter que la nullité ne peut être prononcée par le juge qu'en cas d'atteinte aux intérêts d'une partie : l'article 171 le dit expressément et pour ce qui concerne les textes relatifs à la perquisition, il faut appliquer l'article 802, C.P.P., qui décide la même chose [2].

— *Selon la jurisprudence*

559. — On enseignait traditionnellement que les irrégularités commises par les O.P.J. au cours d'une enquête étaient insusceptibles d'une appréciation de validité, qu'il s'agisse de la garde à vue ou des actes d'investigation [3]. Mais cette position était antérieure à la réforme de la garde à vue en 1993 et, en outre, avant 1993, les articles 171 et suivants, C.P.P., ne concernaient que l'instruction.

Aujourd'hui, les parties peuvent obtenir la nullité de l'enquête [4]. Ainsi en est-il de la garde à vue [5] et de l'appel à un technicien par l'O.P.J. sans autorisation du procureur alors que celle-ci est exigée par l'article 77-1,

1. Pour des applications, Crim., 30 mai 1980, D., 1981.533, note W. Jeandidier ; 24 juin 1987, B.C., n° 267.

2. V. *infra*, n° 783.

3. Crim., 30 novembre 1981, B.C., n° 315, solution implicite.

4. Sur les causes autres de ce changement, v. A. Decocq, J. Montreuil et J. Buisson, *Le droit de la police*, Litec, 2e éd., 1998, n° 1614.

5. V. *supra*, n° 545 et s.

C.P.P. [1]. Toutefois, pour le reste, les juges n'admettent la nullité que si l'irrégularité a porté atteinte aux intérêts d'une partie, celle qui précisément soulève la nullité. Par exemple, il a été admis que l'absence du nom de l'agent verbalisateur n'est pas une cause de nullité du procès-verbal dès lors que ce procès-verbal permettait de l'identifier avec certitude [2]. Il a été aussi jugé que l'assistance d'un interprète au stade de l'enquête douanière précédant une procédure d'instruction n'est pas prescrite à peine de nullité, car il suffit que la personne interrogée l'ait été dans une langue qu'elle comprend [3].

B — L'enquête de flagrance

Bibliographie. — M. BLONDET, *Crimes et délits flagrants*, Répertoire pénal ; B. BOULOC, *L'acte d'instruction*, 1965, n°s 329 à 347 ; J. CATHERINE, *Les pouvoirs d'instruction du procureur de la République*, thèse, Paris, 1956 ; P. CONTE, *Un aspect de l'apparence vraisemblable au stade policier de la procédure pénale* (aperçu sur la notion d'apparence en procédure pénale), R.S.C., 1985.471 ; A. DECOCQ, J. MONTREUIL et J. BUISSON, *Le droit de la police*, Litec, 2e éd., 1998 ; R. GASSIN, *La police judiciaire devant le C.P.P.*, R.S.C., 1972.71 ; J. GRANIER, *Le juge d'instruction et la nouvelle procédure de flagrance*, J.C.P., 1959.I.1521 ; P. JOUAS, *Le flagrant délit*, thèse Caen, 1941 ; L. LANGLOIS, *L'enquête de flagrant délit*, J.C.P., 1961.I.1611 ; V. LESCLOUS et C. MARSAT, *L'enquête de flagrance*, Droit pénal, 1997, chron. 25 ; D. MAYER, *Plaidoyer pour une redéfinition du flagrant délit*, D., 1980, chron. 99 ; J. MONTREUIL, *Crimes et délits flagrants, Enquête de police*, Juris-classeur proc. pén., art. 53 à 73, fasc. 1 ; H. MATSOPOULOU, *Les enquêtes de police*, préface B. Bouloc, L.G.D.J., 1996 ; A. PIQUEMAL, *Du flagrant délit en matière correctionnelle*, thèse, Toulouse, 1900 ; M. SCHOR, *La flagrance*, in *Problèmes actuels de science criminelle*, Presses Universitaires d'Aix-Marseille, 1993.89.

560. — *Notions générales.* Il n'a jamais été discuté que des règles spéciales à caractère assez nettement répressif devaient régir l'infraction flagrante. Sous l'Antiquité, on admettait à la fois que des peines plus sévères devaient frapper l'individu surpris en flagrant délit, la flagrance provoquant la colère du public, et que la procédure devait être accélérée au double motif que les risques d'erreurs sont réduits et que les preuves doivent être recueillies avant qu'elles n'aient disparu. Le droit moderne n'a retenu que ce deuxième aspect de la flagrance. Le seul effet de celle-ci est donc de rendre

1. Crim., 14 octobre 2003, B.C., n° 187 et R.S.C., 2004.431, obs. J. Buisson, nullité automatique car l'article 77-1 est une disposition « édictée dans l'intérêt d'une bonne administration de la justice », c'est-à-dire d'ordre public, insusceptible d'être couverte par l'article 802, C.P.P.
2. Crim., 5 octobre 1994, cité par A. Decocq, J. Montreuil et J. Buisson, précité, 823, note 99.
3. Crim., 13 juin 1996, *id.* 824, note 107.

la procédure plus rapide, ce qui implique la simplification de celle-ci et l'attribution de pouvoirs spéciaux aux policiers.

L'enquête de flagrance est légalisée depuis l'ordonnance de 1670 (alors que l'enquête préliminaire ne l'est que depuis 1959). Elle se retrouve dans la loi des 6-29 septembre 1791 (titre IV, art. 1 et s.) dans le Code du 3 Brumaire an IV (art. 61 à 63), dans le Code de 1808 (art. 32 à 46), enfin dans celui de 1959, dont les articles 53 à 74 indiquent le domaine et précisent les actes.

1. *Le domaine de l'enquête de flagrance*

561. — La procédure décrite aux articles 53 et suivants suppose une infraction d'une certaine gravité présentant le caractère de flagrance.

a) La nécessité d'une infraction grave

562. — Sous l'empire du Code d'instruction criminelle, on hésitait sur le point de savoir si les pouvoirs spéciaux reconnus aux policiers agissant en cas de flagrance ne s'appliquaient qu'aux crimes ou bien s'étendaient aussi aux délits. Quoique les textes fussent peu nets, la jurisprudence étendait les règles de la flagrance aux délits si le fait avait initialement les apparences du crime [1].

Toute équivoque est désormais levée. L'article 67 du Code de procédure pénale étend, en effet, aux délits flagrants punissables d'emprisonnement, les dispositions édictées pour les crimes flagrants. Seuls échappent donc à cette procédure les délits punissables d'amende seulement et les contraventions [2].

b) La nécessité d'une infraction flagrante

563. — La notion de flagrance devrait être très strictement entendue. Le qualificatif « flagrant » ne signifie-t-il pas « qui se commet au moment même », selon Littré, et ne vient-il pas du mot latin *flagrare* qui veut dire brûler ? Elle est pourtant étendue par la pratique dans des cas particuliers (par ex. pour la levée de l'inviolabilité parlementaire) [3] et surtout par la loi même à propos de l'enquête. Les cas de flagrance sont énumérés à l'article 53, C.P.P., dont la lecture permet de dire qu'il contient des hypothèses de *flagrance réelle*. De plus, le législateur, dans le chapitre du Code de procédure pénale sur les crimes et délits flagrants, considère aux articles 74

1. Limoges, 10 février 1888, D., 1889.II.244.

2. Les règles de la flagrance s'appliquent au cas de délit passible d'emprisonnement, peu importe que par la suite les faits poursuivis aient reçu une qualification contraventionnelle, Crim., 9 janvier 1990, B.C., n° 16 ; 11 mars 1992, D., 1992, I.R., 203.

3. V. *infra*, n° 583.

et 74-1, C.P.P., la procédure en cas de mort suspecte et de disparition d'une personne comme des hypothèses de *flagrance par assimilation.*

— *Les cas de flagrance réelle*

564. — *Énumération légale.* L'article 53, al. 1, C.P.P., énonce trois cas :
— celui du crime ou du délit « qui se commet actuellement » ;
— celui du crime ou du délit « qui vient de se commettre » ;
— enfin, celui du crime ou du délit lorsque « dans un temps très voisin de l'action, la personne soupçonnée est poursuivie par la clameur publique [1] ou est trouvée en possession d'objets, ou présente des traces ou indices, laissant penser qu'elle a participé au crime ou au délit ». On aura noté que ce troisième cas, en réalité se détriple, avec ce commun dénominateur d'un temps très réduit entre l'infraction et les indices qui en suggèrent la commission.

Cette observation conduit à faire apparaître dans ces trois cas de flagrance deux éléments communs. Le premier est d'*ordre temporel :* le temps compris entre la commission de l'infraction et sa constatation est soit nul (1er cas), soit infime (2e cas), soit réduit (3e cas), ce qui peut aller semble-t-il jusqu'à quarante-huit heures. Des pouvoirs spéciaux ne peuvent être accordés à la police que dans ces cas et c'est pour cela que la loi du 23 juin 1999 a supprimé le cas de l'infraction même non flagrante mais « commise dans une maison dont le chef requiert le procureur de la République ou un officier de police judiciaire de le constater » (ancien art. 53, al. 2, C.P.P.) [2]. Le second élément commun est *d'ordre sensoriel* : les faits ne sont flagrants que s'ils apparaissent à la vue de l'O.P.J. (ou d'un citoyen quelconque) de sorte qu'ils sont délictueux de façon certaine [3] ou de façon quasi certaine comme c'est le cas dans la troisième hypothèse à propos de laquelle la doctrine parle volontiers de flagrance par présomption [4]. Bref, les faits doivent être apparents.

565. — *Application en jurisprudence.* 1° Selon une formule classique de la chambre criminelle, « l'état de flagrance est caractérisé dès lors qu'il résulte des constatations des juges du fond que les officiers de police judiciaire ont relevé des *indices apparents d'un comportement délictueux révélant l'existence*

1. « À l'assassin », « au voleur »...

2. Selon le rapport de L. Mermaz fait au nom de la commission des lois de l'Assemblée nationale, en date du 20 janvier 1999 (qui devait aboutir à la loi du 23 juin 1999), il convient de supprimer la notion de flagrance par assimilation en cas de réquisition du chef de maison. « Le temps qui s'est écoulé entre la commission de l'infraction et la réquisition du chef de maison étant juridiquement indifférent, cette disposition pouvait conduire à appliquer les pouvoirs de l'enquête de flagrance à des faits remontant à plusieurs mois », rapport n° 1328, 20 janvier 1989.

3. Ce qui inclut le cas de l'O.P.J. qui, opérant une perquisition pour une infraction X découvre l'existence d'une infraction Y qui est flagrante comme une détention de drogue ou le recel d'un objet volé.

4. Alors qu'elle qualifie de flagrance proprement dite les deux premiers cas.

d'infractions répondant à la définition de l'article 53 »[1]. Cette formule ne concerne évidemment que les *deux premiers cas de flagrance*, le troisième étant matérialisé par la demeure des traces ou des indices.

Qu'est-ce qui constitue ces indices apparents ? D'un côté, ces indices peuvent résulter de l'avis donné par la victime d'une infraction qui vient d'être commise, même avant enregistrement d'une plainte régulière[2],ou d'une infraction qui est sur le point de se commettre[3]. De même valent indices la dénonciation anonyme confortée par des indications précises et concordantes[4] ou la déclaration d'un fonctionnaire[5] ou d'un coauteur[6]. De même encore, une forte odeur de cannabis s'échappant d'un véhicule rend sa fouille possible car il y a indice apparent d'un délit de détention de drogue[7]. D'ailleurs, l'apparence peut être trompeuse en ne correspondant pas à la vérité et la procédure reste régulière si l'infraction est inexistante[8]. D'un autre côté, s'il n'existe aucun indice d'un comportement délictueux, s'il n'y a que des soupçons nés par exemple d'une dénonciation anonyme sans indices autres[9], la procédure de flagrance est nulle et ainsi est nulle la perquisition effectuée sans l'assentiment de la personne chez qui elle est effectuée. Voilà pour la condition d'apparence, celle d'ordre sensoriel. Ce qui est apparu, c'est ce qui est visible, manifeste, objectif.

2° Il faut encore que ces indices correspondent à la définition de l'article 53, C.P.P., ce qui implique une grande proximité entre la commission du délit et sa constatation. C'est la condition d'ordre temporel, qui se pose pour le *troisième cas de flagrance*. Le C.P.P. est plus exigeant que l'ancien C.I.C. : il parle en effet d'un « temps très voisin de l'infraction » là où son devancier se contentait d'un « temps voisin de l'infraction »[10]. Dans la pratique cependant, les juges tiennent compte des données psychologiques comme le traumatisme de la victime dans les heures ayant suivi les

1. Crim., 30 mai 1980, D., 1981.533, note W. Jeandidier ; 4 janvier 1982, B.C., n° 2 ; 26 avril 1983, B.C., n° 117 ; 23 octobre 1991, B.C., n° 371 ; 6 février 1997, B.C., n° 49 ; 9 janvier 2002, B.C., n° 2.

2. Crim., 8 octobre 1985, B.C., n° 301.

3. Crim., 22 avril 1992, B.C., n° 169.

4. Crim., 23 octobre 1991, D., 1992, I.R., 38.

5. Crim., 12 mai 1992, B.C., n° 187, R.S.C., 1993.93, obs. J.P. Delmas-Saint-Hilaire, pour un O.P.J. procédant à une perquisition après que lui eut été révélée la présence de haschich dans une habitation par des policiers appelés à parer à un trouble éventuel.

6. Crim., 23 mars 1992, B.C., n° 123, pour des déclarations non anonymes.

7. Crim., 4 novembre 1999, B.C., n° 247.

8. Limoges, 10 février 1888, D., 1889.II.244. Une marge d'erreur doit être admise et il suffit que le policier ait été de bonne foi.

9. Crim., 21 juillet 1982, B.C., n° 196, D., 1982.642, note J.C. Berr ; 23 octobre 1991, B.C., n° 371 ; 9 janvier 2002, B.C., n° 2 ; 11 juillet 2007, B.C., n° 183 ; D. 2007.2237, obs. Léna, J.C.P. 2007.II.10168, note Buisson, R.P.D.P. 2008.108, obs. C. Ambroise-Castérot, nullité d'une procédure de flagrance qui avait démarré uniquement sur une dénonciation téléphonique anonyme, solution correcte juridiquement, mais désastreuse socialement ; *add.* V. Lesclous et C. Marsat, *Flagrance, sa définition, son régime, Dr. pénal*, 1997, chron. n° 25.

10. Crim., 7 janvier et 30 juin 1932, S., 1933.I.368 et 396.

faits : d'où la régularité d'une enquête de flagrance qui ne débute que vingt heures après des faits de viol [1] ou que deux jours après des faits d'extorsion de fonds [2], la victime n'ayant pu déposer plainte avant, tant elle était impressionnée.

— *Le cas de flagrance par assimilation*

566. — Le législateur accorde aux O.P.J. des pouvoirs qu'ils ont en cas de flagrance — indiqués aux articles 56 à 62 (perquisition, appel à des techniciens, audition, réquisition aux fins d'obtention d'un document...) — alors qu'il n'y a pas flagrance. Mais la situation est telle qu'il faut agir vite. Il en est ainsi dans trois cas.

• C'est d'abord le cas de l'enquête pour *mort suspecte* prévue à l'article 74, al. 1, C.P.P., relatif à la « découverte d'un cadavre, qu'il s'agisse ou non d'une mort violente, mais si la mort en est inconnue ou suspecte ». Et à la découverte d'un individu dont la mort est suspecte, une loi du 9 mars 2004 a ajouté le cas de « découverte d'une personne grièvement blessée lorsque la cause de ses blessures est inconnue ou suspecte » (art. 74, al. 5, C.P.P.)

Dans cette hypothèse, l'O.P.J., après avoir avisé le parquet, se transporte sans délai sur les lieux. Le procureur peut l'y rejoindre. L'un ou l'autre, selon le cas, procède alors aux premières constatations et peut faire appel à un médecin qui appréciera les causes de la mort ou des blessures graves [3]. À la suite de ces premiers éléments, le magistrat du parquet classera l'affaire, notamment s'il y a eu suicide, ou ordonnera à la police judiciaire d'agir en flagrance si celle-ci est établie, à moins qu'il ne préfère, s'il y a eu décès, ouvrir une information, qu'il y ait ou non flagrance (art. 74, al. 4, C.P.P.).

• En outre, une loi du 9 septembre 2002 a créé un article 74-1, C.P.P., sur la *disparition soit d'un mineur ou d'un majeur protégé soit d'un majeur* « présentant un caractère inquiétant ou suspect ». Cet article est consécutif à l'affaire dite des « disparues de l'Yonne », où plusieurs jeunes filles handicapées mentales avaient disparu, sans qu'on ait pu retrouver leurs corps. Selon cet article, les O.P.J. peuvent, sur instruction du parquet, « procéder aux actes prévus par les articles 56 à 62, aux fins de découvrir la personne disparue ». Mais au bout de huit jours à compter des instructions, les O.P.J. perdent les pouvoirs qu'ils tiennent de la procédure de flagrance, puisqu'ils ne peuvent poursuivre leurs opérations que sur le mode de l'enquête préliminaire.

1. Crim., 26 février 1991, B.C., n° 96 ; comp. Douai, 8 septembre 1960, J.C.P., 1960.II.11777, note L. Gondre, rejet de la flagrance dans une affaire où les faits avaient été portés à la connaissance de la police judiciaire 13 heures après leur commission.

2. Crim., 8 avril 1998, G.P., 1998.II, chron. 139, note J. P. Doucet.

3. L'O.P.J. peut le faire sur la base des art. 60, al. 1, ou art. 74, al. 2, seconde phase, C.P.P. Le procureur de la République peut le faire sur la base de l'art. 74, al. 2, première phase, C.P.P. Mais il ne s'agit pas d'expertises, Crim., 15 février 2006, B.C., n° 46, Dr. pénal, avril 2006, comm. 64, obs. A. Maron.

• Enfin, une loi du 9 mars 2004 a créé un dernier cas de flagrance par assimilation en accordant aux O.P.J. les pouvoirs qu'ils tiennent des articles 56 à 62 pour *rechercher et découvrir une personne* faisant l'objet : 1° d'un mandat d'arrêt délivré par le juge d'instruction ou le juge des libertés et de la détention, par la chambre de l'instruction ou le président des assises ; 2° d'un mandat d'arrêt délivré par une juridiction de jugement ou par le juge de l'application des peines ; 3° d'une condamnation à une peine privative de liberté sans sursis, au moins égale à un an et exécutoire. En cas de nécessité, le juge des libertés et de la détention peut, à la requête du parquet, autoriser des écoutes téléphoniques pour une durée maximale de deux mois renouvelables (art. 74-2, C.P.P.).

2. *Les actes de l'enquête de flagrance*

a) Nature de l'enquête

567. — À plus d'un titre, l'enquête de flagrance évoque l'instruction préparatoire puisqu'elle présente plusieurs traits qui la rapprochent de cette dernière. Elle présente un caractère coercitif et comporte des formalités dont la méconnaissance entraîne l'annulation de la procédure (art. 59, C.P.P., pour les perquisitions et saisies). D'où la tentation de dire que la police judiciaire se trouve exceptionnellement investie de pouvoirs d'instruction et que les actes de l'enquête de flagrance sont des *actes d'instruction* [1].

Cette analyse cependant n'est pas exacte. D'une part, les témoins, s'ils sont tenus de comparaître et de déposer, ne prêtent pas serment : ce sont des témoins d'enquête, non des témoins d'instruction. D'autre part, le procureur de la République possède, en matière de flagrance, des pouvoirs plus importants que dans le cadre d'une instruction : il peut notamment décerner des mandats de recherche et interroger les personnes conduites devant lui (art. 70, C.P.P.). De plus, dans la procédure de flagrance, le juge d'instruction n'apparaît pas [2]. Enfin, le législateur voit dans les actes de l'enquête de flagrance des *actes de police* (art. 68, C.P.P.).

Si les actes de l'enquête de flagrance ont un caractère contraignant, comme ceux accomplis au cours d'une instruction, c'est uniquement en raison de l'urgente nécessité qu'il y a à recueillir les éléments de preuve qui peuvent rapidement disparaître. Cette urgence explique aussi le caractère peu formaliste (pas de serment des témoins) de l'enquête de flagrance.

1. La jurisprudence assimile à des actes d'instruction les actes de l'enquête ayant pour objet de constater les infractions, au regard de la prescription de l'action publique.

2. Ou plutôt n'apparaît plus depuis la loi du 23 juin 1999. Auparavant, il pouvait apparaître, mais avec des pouvoirs limités, devant remettre au parquet la procédure dès achèvement de ses opérations (art. 72 ancien, C.P.P.), à la manière d'un O.P.J. C'est pourquoi l'art. 72 était peu utilisé, les parquets préférant d'emblée ouvrir une information « officielle ». C'est cette pratique que la loi de 1999 légalise.

b) Durée de l'enquête

568. — Dans sa rédaction primitive, le C.P.P. ne prévoyait aucun délai : l'enquête pouvait donc théoriquement durer aussi longtemps que nécessaire. Cependant, la jurisprudence avait posé deux règles. D'abord, la règle que cette enquête ne devait pas durer trop longtemps [1]. Ensuite, celle que suffisait l'établissement d'un acte par jour [2].

Aujourd'hui, l'article 53, al. 2, C.P.P., tel que réformé par une loi du 9 mars 2004, décide que l'enquête de flagrance menée « à la suite de la constatation d'un crime ou d'un délit flagrant ne peut se poursuivre sans discontinuer pendant une durée de huit jours ». Ce qui signifie qu'au-delà, le procureur de la République sera tenu, si les investigations ne sont pas terminées, d'ou-vrir une information. Cette nouvelle disposition est conforme à l'esprit de l'enquête de flagrance, procédure d'urgence qui, en confiant de larges pouvoirs aux O.P.J. notamment, ne saurait se prolonger au-delà de quelques jours [3].

Toutefois, précise l'article 53, al. 3, C.P.P., le procureur peut décider la prolongation de l'enquête pour une durée de huit jours [4] si l'infraction est punie d'au moins cinq ans d'emprisonnement et si les investigations ne peuvent être différées.

c) Déroulement de l'enquête

569. — L'enquête de flagrance s'oppose doublement à l'enquête préliminaire. D'une part, elle permet aux membres de la police judiciaire d'exercer des pouvoirs plus importants impliquant le cas échéant la contrainte puisque du fait du caractère objectif de la flagrance, les risques d'erreur sont très faibles. D'autre part, elle peut voir l'intervention du procureur de la République. C'est dans une large mesure l'urgence à rassembler les preuves qui explique ces solutions.

— *Les actes accomplis par les membres de la police judiciaire*

570. — En raison de l'importance des prérogatives accordées aux enquêteurs, les actes de l'enquête de flagrance ne peuvent le plus souvent être effectués que par des officiers de police judiciaire (l'enquête préliminaire pouvant au contraire être menée en principe aussi bien par un agent de police judiciaire de catégorie supérieure que par un officier de police

1. Crim., 6 novembre 1986, D., 1987, Somm. 82, obs. J. Pradel, admettant une durée de 10 jours ; *add.* Amiens, 8 juillet 1985, D., 1986.602, note Monteils.

2. Crim., 31 mars 1992, *Droit pénal*, 1992, chron. n° 57. Avec la règle complémentaire que les recherches ne devaient pas s'interrompre, Crim., 11 février 1992, B.C., n° 64.

3. Évidemment, l'O.P.J. doit interrompre ses investigations avant l'épuisement du délai de 8 jours s'il lui apparaît qu'il n'y a pas flagrance.

4. Ce qui fera deux semaines en tout.

judiciaire (v. art. 75, C.P.P.). Quelques actes cependant peuvent être accomplis soit par des officiers, soit par des agents de police judiciaire de catégorie supérieure. Enfin, tous membres de la police judiciaire se voient conférés très exceptionnellement le droit d'accomplir un acte, l'arrestation.

571. — *Les actes ne pouvant être accomplis que par des O.P.J.* Ces actes sont de deux sortes.

1° Il y a d'abord certains *actes initiaux et nécessaires.*

Tout officier de police judiciaire qui vient d'être avisé de l'existence d'une infraction flagrante est toujours tenu à deux obligations (art. 54, al. 1, C.P.P.).

D'une part, il doit informer immédiatement le procureur de la République. Cette obligation s'explique parce que ce magistrat dirige les enquêtes et, en cas de flagrance, peut juger opportun de se rendre sur les lieux.

D'autre part, il doit se transporter sans délai sur le lieu de l'infraction. Cette disposition s'explique par les besoins de l'enquête. Le lieu de l'infraction est, en effet, le centre de celle-ci : là se trouvent les indices et peut-être encore les témoins. C'est pourquoi le législateur lie au devoir pour le policier de se transporter, celui de prendre des mesures conservatoires : il doit veiller soigneusement à la sauvegarde des indices susceptibles de disparaître (art. 54, al. 2, C.P.P.), ce qui implique des prises de photos, croquis, prélèvements, etc. [1] ; c'est pourquoi également il est interdit à toute personne de modifier l'état des lieux ou d'en ôter un objet quelconque, sauf à respecter les exigences de la salubrité ou de la santé des victimes (art. 55, C.P.P.) ; la violation de cette obligation est punie d'une amende de 750 € (id.), et même de peines correctionnelles si l'agent a opéré « en vue de faire obstacle à la manifestation de la vérité » (art. 434-4, C.P.) [2].

2° Il y a ensuite des *actes subséquents et utiles.*

Après avoir rempli les deux obligations précitées, le policier effectuera les actes que lui dicteront les nécessités de l'enquête. Il dispose à cet égard de larges pouvoirs et d'une grande initiative à l'instar du juge d'instruction [3].

En premier lieu, il peut procéder à des *perquisitions* et *saisies.* Les règles ci-dessus décrites s'appliquent [4]. Quelques notables particularités doivent cependant être indiquées. Tout d'abord, à la différence de ce qui est admis pour l'enquête préliminaire, les perquisitions et saisies peuvent ici être opérées hors du consentement de la personne qui les subit. En outre, à la

1. Crim., 13 janvier 1986, B.C., n° 19, un O.P.J. peut annexer le passeport d'un étranger au procès-verbal dressé dans le cadre d'une enquête de flagrance relative à un délit d'infraction à la législation sur les étrangers.

2. Trois ans d'emprisonnement et 45 000 € d'amende en principe.

3. Outre les actes que l'on va énumérer, il peut procéder à une reconstitution, acte non prévu par la loi, Crim., 26 février 2003, B.C., n° 56.

4. V. *supra*, n°s 429 et s.

liste des exceptions à l'interdiction des perquisitions et saisies nocturnes, on doit ajouter ici les maisons d'accouchement (art. L. 2322-2, al. 2, C.S.P.) et les lieux de débauche (art. 706-35, C.P.P.). Enfin, l'article 59, alinéa 3, prévoit la nullité des perquisitions et saisies effectuées au mépris des règles prévues en la matière.

Le policier, en second lieu, a le droit d'ordonner une *expertise*. Certaines constatations, notamment d'ordre médical, doivent en effet être faites très rapidement et ne peuvent l'être que par un technicien. Aussi l'article 60 dispose-t-il que « s'il y a lieu de procéder à des constatations ou à des examens techniques ou scientifiques, l'officier de police judiciaire a recours à toutes personnes qualifiées ». Le technicien requis a bien la qualité d'expert : comme tel, il prête le serment des experts, à moins qu'il ne soit déjà inscrit sur une liste d'experts. C'est comme dans l'enquête préliminaire. Cependant, cet auxiliaire n'est pas un expert au sens des articles 156 et s., C.P.P., qui sont propres à l'instruction et au jugement.

L'enquêteur, en troisième lieu, peut procéder, sur toute personne susceptible de fournir des renseignements sur les faits en cause, ou sur toute personne suspecte (le texte parle de « raisons plausibles de soupçonner » la commission d'une infraction), à « des prélèvements externes »[1] en vue d'examens techniques, de comparaison avec des traces prélevées pour les nécessités de l'enquête (on pense à une expertise d'A.D.N.). Il peut aussi procéder à des prises d'empreintes digitales, palmaires, ou à des photographies. Le refus de la personne, si elle est suspecte, de se prêter aux prélèvements, est puni d'un an d'emprisonnement et de 15 000 € d'amende (art. 55-1, C.P.P.). Évidement aucun prélèvement forcé n'est possible[2].

En quatrième lieu, l'officier de police judiciaire peut *interdir à quiconque de s'éloigner du lieu de l'infraction* jusqu'à la clôture de ses opérations (art. 61, al. 1, C.P.P). Cette mesure doit être distinguée de la garde à vue quoiqu'elle puisse la préfigurer.

Il peut, en cinquième lieu, user de la *garde à vue*.

Sauf en matière de garde à vue, le procureur de la République a les mêmes pouvoirs que l'officier de police judiciaire : ainsi en décide la jurisprudence en combinant les articles 41, alinéa 3, et 60, alinéa 1, C.P.P.[3].

1. Notion non définie par la loi, le Conseil constitutionnel y voyant « des prélèvements, n'impliquant aucune intervention corporelle interne, ne comportant aucun procédé douloureux, intrusif ou attentatoire à la dignité de l'intéressé, n'affectent pas sa liberté individuelle » décision, D.C. n° 2003.467 du 13 mars 2003, J.O. 19 mars.

2. Selon la décision précitée du Conseil constitutionnel du 13 mars 2003, cette disposition n'est pas anticonstitutionnelle, sous réserve que la peine sanctionnant le refus soit proportionnée à celle qui pourrait être infligée par l'infraction à l'origine de laquelle le prélèvement a été demandé.

3. Crim., 10 mai 1984, B.C., n° 168.

572. — *Les actes pouvant être accomplis par les officiers de police judiciaire et les agents de police judiciaire de la catégorie supérieure.* Tout d'abord, ces policiers peuvent *vérifier l'identité des personnes présentées* (art. 78-2, al. 1, C.P.P.).

Les enquêteurs peuvent ensuite procéder à l'*audition* de toutes personnes susceptibles de fournir des indications sur l'affaire : suspects ou simples « sachants ». Comme pour l'enquête préliminaire, ces personnes sont entendues sans prestation de serment, aucune exclusion tenant à l'âge, à la parenté ou au passé pénal n'est possible, et l'article 105 du Code de procédure pénale est inapplicable [1]. Mais, à l'inverse de l'enquête préliminaire, les personnes convoquées sont tenues de comparaître. En cas de refus, avis doit en être donné au procureur de la République qui pourrait alors les contraindre par la force publique (art. 62, al. 2, C.P.P).

La possibilité pour certains agents de police judiciaire de procéder à ces deux actes, concurremment avec les officiers de police judiciaire, s'explique par la nécessité de ne pas perdre de temps.

573. — *L'acte pouvant être accompli par tout membre de la police judiciaire et même par un simple citoyen : l'appréhension appelée aussi parfois arrestation.* Un acte enfin peut être effectué par n'importe quelle personne : c'est l'*arrestation* avant la garde à vue. L'article 73 décide en effet que « dans des cas de crime flagrant ou de délit flagrant puni d'une peine d'emprisonnement, toute personne a qualité pour en appréhender l'auteur et le conduire devant l'officier de police judiciaire le plus proche ». Des précisions sont toutefois nécessaires.

1° Le droit d'appréhension un *domaine* assez strict. L'infraction doit être flagrante et l'apparence d'une telle situation, si elle est sérieuse, évitera l'annulation de l'arrestation et de la procédure subséquante [2]. L'infraction doit aussi être un crime ou, s'il est puni d'emprisonnement, un délit. Enfin, le droit d'arrestation appartient à « toute personne » et l'on songe par exemple aux surveillants affectés à un magasin à grande surface et qui, assistant à la commission d'un vol, peuvent procéder à l'arrestation de son auteur.

On précisera que pour les O.P.J., l'arrestation peut constituer au contraire un devoir. Et certaines fonctionnaires et agents chargés de fonction de police judiciaire trouvent dans des lois spéciales le droit ou le devoir de procéder à l'arrestation (art. 323 C.D., L239LPF, 24, C.P.P.).

1. Crim., 17 juin et 27 juillet 1964, B.C., n°s 204 et 252 ; l'art. 105 étant placé dans un développement sur l'instruction et non dans celui consacré à l'enquête.

2. Grenoble, 4 octobre 1978, J.C.P.1979.IV.333, le citoyen ne peut agir que si les apparences sont telles qu'il peut penser qu'une infraction a été commise, ce qui revient à lui interdire de procéder à un contrôle systématique pour s'assurer qu'un individu n'a pas commis d'infraction.

2° Dans son *exercice*, ce droit d'appréhension est loin de tout permettre. L'arrestation, si elle autorise l'usage de la force, implique que cette force soit « nécessaire et proportionnée aux conditions de l'arrestation »[1]. Cette double exigence évoque les conditions de la légitime défense et il peut advenir que l'arrestation de l'auteur d'une infraction se combine avec une situation de légitime défense. Mais les conditions de la légitime défense peuvent n'être pas remplies et il se peut même que l'auteur de l'arrestation n'ait pas été le moins du monde menacé lui-même (cas du surveillant dans un grand magasin).

En outre, l'appréhension effectuée, son auteur doit aviser immédiatement la police judiciaire ou conduire la personne de suite au poste de police le plus proche[2]. Car le pouvoir d'appréhension est une mesure d'urgence permettant seulement de pallier la défaillance momentanée de la police.

Restent les implications civiles. Dans le principe, l'auteur de l'appréhension étant protégé par le fait justificatif tiré de la permission de la loi, échappe à toute responsabilité civile[3]. Il n'en serait autrement que si l'auteur de l'arrestation avait tardé à prévenir la police[4] ou avait eu un comportement aux conséquences disproportionnées à la situation[5]. Enfin si le citoyen a été blessé par le malfaiteur qu'il poursuivait, il doit être regardé comme collaborateur du service de la police et de la justice, la réparation étant assurée par l'administration[6].

— *Les actes accomplis par le procureur de la République*

574. — Si l'officier de police judiciaire a pour premier devoir celui d'avertir le procureur de la République (comme il a été dit), c'est afin que ce magistrat, ou l'un de ses substituts, puisse se rendre sur les lieux. S'il ne s'y transporte pas, l'officier de police judiciaire diligente lui-même l'enquête et lui rend compte. Mais, s'il s'y transporte, il dessaisit automatiquement

1. Crim., 13 avril 2005, B.C., n° 131, D., 2005.2920, note J.L. Lennon, condamnation pour violences avec usage ou menace d'une arme d'un individu qui, victime d'une tentative d'effraction dans son logement avait fait usage d'une arme à feu à l'encontre de l'intrus, deux coups de feu ayant été tirés à l'extérieur de l'immeuble au cours d'une poursuite ; dans le même sens, 28 mars 2006, B.C., n° 88, R.P.D.P. 2006.613, obs. E. Verny. Comp. Crim., 16 juillet 1986, D., 1986.386, note A. Dekeuwer ; justification d'un policier s'étant lancé à la poursuite d'un individu surpris en flagrant délit de vol, celui-ci ayant tiré sur le policier qui tira à son tour et blessa le malfaiteur. Les juges ont parlé d'un « acte nécessaire, exclusif de toute faute » de la part du policier.

2. Crim., 16 février 1988, B.C., n° 75 ; personne arrêtée et gardée dans un bureau durant sept heures avant l'appel de la police.

3. Civ. 2°, 10 juin 1970, D., 1970.691, R.S.C.1971.420, obs. G. Levasseur, pas de responsabilité ni sur l'art. 1382 C. civ., ni sur l'art. 1384 al. 1 C. civ.

4. Civ. 2°, 1er avril 1999, D., 1999.387, note D. Mayer, employé d'un grand magasin.

5. Trib. corr. Paris, 1er octobre 1991, D., 1992.486, note P. Decheix, R.S.C., 1993.102, obs. G. Levasseur.

6. C.E., 17 avril 1953, S.1954.III.69. À rapprocher de Civ. 2°, 23 novembre 1956, J.C.P., 1956.II.9681, note P. Esmein, G.P., 1957.I.108.

l'officier de police judiciaire par sa seule arrivée (art. 68, al. 1, C.P.P.). Et alors de deux choses l'une : ou bien le magistrat accomplit lui-même les actes de police judiciaire (art. 68, al. 2), au besoin en se transportant dans un ressort judiciaire voisin, à charge d'aviser le procureur de la République de ce dernier (art. 69) ; ou bien il prescrit aux officiers de police judiciaire de poursuivre les opérations (art. 68, al. 3) ou du moins certaines d'entre elles à moins qu'il saisisse un juge d'instruction.

En tout état de cause, le procureur de la République possède en outre des pouvoirs propres. D'une part, en cas de délit flagrant (sauf s'il s'agit d'une infraction politique ou de presse), le procureur de la République peut, après interrogatoire, mettre en œuvre la procédure de comparution immédiate en vertu de laquelle l'action publique est mise en mouvement et l'intéressé rapidement traduit devant la juridiction de jugement (art. 393 et s., C.P.P.) [1]. D'autre part, en cas de crime flagrant ou de délit flagrant puni d'au moins trois ans d'emprisonnement, le procureur peut décerner mandat de recherche contre toute personne à propos de laquelle « il existe une ou plusieurs raisons plausibles de soupçonner qu'elle a commis ou tenté de commettre l'infraction ». La personne découverte est placée en garde à vue et entendue par l'O.P.J. du lieu de la découverte. Si la personne n'est pas découverte et si le procureur requiert l'ouverture d'une instruction contre personne non dénommée, le mandat reste valable (art. 70, C.P.P.).

1. Il n'est pas nécessaire que les prescriptions du procureur soient formulées par écrit, Crim., 20 mars 1995, B.C., n° 111, *Procédures*, 1995, comm. 141, obs. J. Buisson.

CHAPITRE II

LA DÉCISION D'ORIENTATION

575. — La décision d'orientation d'une affaire ayant donné lieu à une enquête est prise par le ministère public ou par la partie lésée. Cette décision n'est pas forcément une décision de poursuite quand c'est le ministère public qui décide [1]. En revanche, la décision de la partie lésée est nécessairement une décision de poursuite.

SECTION I

LA DÉCISION DU MINISTÈRE PUBLIC

Bibliographie. — A. ANGIBAUD, *Le parquet*, P.U.F., Que sais-je ? n° 3474, 1999 ; Y. AGUILA, *La politique pénale est-elle une politique publique comme une autre*, Rev. administr., n° 277, janvier-février 1994 ; C. BRUSCHI (sous la direction de), *Parquet et politique pénale depuis le XIXe siècle*, Droit et Justice, P.U.F., 2002 ; M. DELMAS-MARTY (sous la direction de), *La mise en état des affaires pénales, Commission justice pénale et droits de l'homme*, La Documentation française, 1991 ; L. FAVOREU, *Brèves observations sur la situation du parquet au regard de la Constitution*, R.S.C., 1994.675 ; J. FOYER, *Histoire de la justice*, P.U.F., Que sais-je ? 1996 ; H. HAENEL et J. ARTHUIS, *Justice sinistrée : démocratie en danger*, Economica, 1991 ; H. MAYNIER et F. CASORLA, *Du procureur général près la Cour de cassation au procureur général de la République*, G.P., 4 mai 1993 ; J. PRADEL, *Le rôle du*

1. À côté du ministère public, grand décideur, le juge peut exceptionnellement poursuivre (art. 202 et 204, C.P.P. pour la chambre de l'instruction ; art. 675 à 678, C.P.P. pour la juridiction de jugement en cas de délit d'audience).

poursuivant en droit français, in *Colloque sur Justice pénale et droits de l'homme*, Syracuse, novembe 1991, R.I.D.P., 1992, vol. 63, 1217 ; J. PRADEL et J.P. LABORDE, *Du Ministère public en matière pénale. À l'heure d'une éventuelle autonomie*, D., 1997, chron. 141 ; M.L. RASSAT, *Le Ministère public entre son passé et son avenir*, L.G.D.J., 1967, 2e éd., 1975 ; du même auteur, *Propositionde réforme du C.P.P.*, Dalloz, 1997 ; H. ROLLAND, *Le Ministère public en droit français*, J.C.P., 1956.I.1281 ; R. VOUIN, *Le procureur de la République et ses problèmes*, Mélanges Laborde-Lacoste, 1963.459 ; J. VOLF, *Le Ministère public*, P.U.F., Que sais-je ?, n° 3394, 1998.

Droits étrangers : A.J. BULLIER, *Le Crown Prosecution Service, émergence d'un parquet en Angleterre*, R.S.C., 1988.272 ; J. CÉDRAS, *La poursuite des affaires signalées d'intérêt particulier*, R.P.D.P., 1992.77 ; P. TAK, *The legal scope of non-prosecution in Europe*, Heuni, Helsinki, n° 8, 1986 ; H. JUNG, *Le rôle du Ministère public en procédure pénale allemande*, R.S.C., 1983.223.

576. — *L'information du Ministère public.* Pour que le parquet puisse décider s'il va engager des poursuites, il faut évidemment qu'il soit informé (au moins en partie) des faits délictueux.

Le parquet est informé de diverses façons : par la rumeur publique ou par la presse, mais surtout par les *procès-verbaux* dressés par les O.P.J., par la *plainte* de la partie lésée ou par la *dénonciation* d'un tiers, exceptionnellement par le coupable lui-même. Cela rappelé, six séries de règles favorisent l'information du Ministère public.

1) D'abord, aucune exigence de forme n'est prévue pour l'établissement des plaintes et dénonciations : très souvent, elles sont faites verbalement à un officier de police judiciaire qui dresse un procès-verbal dit « de réception de plainte ou de dénonciation » contresigné par le déclarant. Il est seulement demandé à la police judiciaire de transmettre sans délai au procureur de la République les procès-verbaux (art. 19, C.P.P.) [1].

2) Ensuite face à certaines infractions graves que peuvent connaître les médecins, le secret auquel ils sont normalement tenus peut être mis en échec. Quand le médecin découvre des violences physiques ou sexuelles, il peut les dénoncer au parquet avec l'accord de la victime, cet accord n'étant même plus nécessaire quand la victime est mineur ou une personne incapable de se protéger en raison de son âge ou de son incapacité physique ou psychique (art. 226-14, 2e C.P.).

3) D'autre part, la loi impose parfois la dénonciation.

Tantôt, l'obligation pèse sur tout citoyen : ainsi, en cas de crime dont il est encore possible de prévenir ou de limiter les effets (art. 434-1, C.P.), de sévices ou privations infligés à un mineur de 15 ans (art. 434-3, C.P.), ou

1. Cependant, le défaut d'information du parquet par les enquêteurs des infractions dont ils ont connaissance est sans effet sur la validité de leur enquête ; Crim., 1er décembre 2004, B.C., n° 302, D., 2005.1336, note J.L. Lennon.

d'atteinte aux intérêts fondamentaux de la nation (art. 434.2, C.P.). Dans tous les cas, une sanction pénale est prévue.

Tantôt l'obligation ne pèse que sur certains citoyens. Le texte de principe est l'article 40, alinéa 2, C.P.P., selon lequel « toute autorité constituée, tout officier public ou fonctionnaire qui, dans l'exercice de ses fonctions, acquiert la connaissance d'un crime ou d'un délit est tenu d'en donner avis sans délai au procureur de la République et de transmettre à ce magistrat tous les renseignements, procès-verbaux et actes qui y sont relatifs ». Mais cette obligation est seulement morale, étant dépourvue de sanctions. Le système est exactement le même pour les maires qui doivent signaler au procureur de la République les crimes et délits dont ils acquièrent la connaissance dans l'exercice de leurs fonctions (art. L. 2211-2, C.G.C.T., qui renvoie d'ailleurs à l'article 40, al. 2, C.P.P.) [1].

Il faut citer aussi les commissaires aux comptes des sociétés anonymes pour les faits délictueux découverts par eux dans l'exercice de leurs fonctions (art. L. 225-240, C. com.), la sanction pénale de cette obligation étant cette fois prévue (art. L. 820-7, C. com.).

Cette obligation a donné lieu à des hésitations. Par une première circulaire du 13 février 1978, le ministre de la Justice insistait sur l'importance de l'obligation de révélation, compte tenu de la nécessité de la lutte contre la délinquance financière. Réaction de la profession de commissaire aux comptes par une recommandation de son conseil national en date du 12 septembre 1985. Celle-ci est très intéressante car son contenu a été adopté — curieusement — par une seconde circulaire du 23 octobre 1985. Il importe donc d'en résumer le contenu. Elle précise que le commissaire aux comptes « doit procéder à l'analyse des faits et notamment s'assurer qu'ils sont significatifs et qu'il ne s'agit pas d'une simple erreur ». Et « doit être considéré comme significatif tout fait qui ayant pour effet de soustraire l'entreprise ou ses dirigeants à des dispositions légales spécifiques, modifie sensiblement la situation nette, fausse l'interprétation de la tendance des résultats, porte ou est de nature à porter préjudice à l'entreprise ou à des tiers ». La recommandation précise enfin « qu'il ne suffit pas qu'un fait soit significatif. Encore faut-il que celui qui en est responsable ait eu conscience de ne pas respecter la réglementation en vigueur » [2]. La jurisprudence est pauvre [3].

1. Dans le même esprit on peut citer l'article L. 462-6, C. com., qui oblige (mais sans sanction pénale) le Conseil de la concurrence à saisir le parquet « lorsque les faits lui paraissent de nature à justifier l'application de l'article L. 420-6 (délit pénal de pratiques anticoncurrentielles) ».

2. B.O.M.J., n° 20, octobre-décembre 1985, p. 105 ; C. GOYET, *La révélation des faits délictueux*, J.C.P., 1989.I.3370 ; E. DU PONTAVICE, *Complicité des délits commis par les dirigeants sociaux*, Rev. sociétés, 1988.489.

3. Sur le devoir du commissaire aux comptes de révéler tous les faits délictueux, la loi n'opérant aucune distinction entre les infractions, Paris, 19 novembre 1981, G.P., 1982.I.179, *Rev. sociétés*, 1982.533, note E. du Pontavice, et sur pourvoi, Crim., 6 décembre 1982, *ibid.*, 1984.530. Sur l'impossibilité pour le commissaire aux comptes de mettre en mouvement lui-même l'action publique car il ne justifie pas avoir personnellement et directement subi un préjudice, Crim., 29 novembre 1960, B.C., n° 593, J.C.P., 1961.II.12136, note P. Bouzat.

Enfin, consécutivement à la création du délit de blanchiment de capitaux provenant du trafic de stupéfiants (art. 222-38, C.P.), le législateur du 12 juillet 1990 a institué un système complexe d'information du parquet par les professionnels de la finance (l. n° 90-614 du 12 juillet 1990 relative à la participation des organismes financiers à la lutte contre le blanchiment des capitaux provenant du trafic des stupéfiants).

D'un côté, les établissements de crédit et organismes ou personnes assimilés (comme les notaires, commissaires priseurs, changeurs manuels, agents immobiliers, antiquaires, bijoutiers...) sont tenus de déclarer à un service spécial les sommes inscrites dans leurs livres lorsqu'elles leur paraissent provenir d'une infraction relative aux stupéfiants ainsi que les opérations intéressant ces sommes. Ce service est placé sous l'autorité du ministre des Finances et fait partie de la cellule de coordination chargée du traitement du renseignement et de l'action contre les circuits financiers clandestins (TRACFIN) mise en place par un décret du 9 mai 1990 modifié. Ledit service recueille tous renseignements complémentaires sur les sommes et opérations en question et, au cas où sont mis en évidence des faits de blanchiment, il en réfère au parquet : l'information de celui-ci se fait donc en deux étapes, le TRACFIN jouant le rôle d'un filtre. D'un autre côté, en cas de grave défaut de vigilance de ces établissements et organismes, ou en cas de carence dans leur organisation, des sanctions disciplinaires peuvent être prononcées par l'autorité supérieure (art. L. 562-1 et s., C. mon. et fin.).

Des difficultés sont apparues à propos des avocats. Selon la loi du 11 février 2004 et le décret du 26 juin 2006, la déclaration de soupçon ne s'impose à l'avocat que dans le cadre de son activité non juridictionnelle [1].

4) Selon l'article 40-3, C.P.P. (loi du 9 mars 2004), « toute personne ayant dénoncé des faits au procureur de la République peut former un recours auprès du procureur général contre la décision de classement sans suite prise à la suite de cette dénonciation. Le procureur général peut, dans les conditions prévues à l'article 36, enjoindre au procureur de la République d'en-gager des poursuites. S'il estime le recours infondé, il en informe l'intéressé ».

On est très près de l'action populaire qui, on le sait, permet à un simple citoyen de déclencher la poursuite. Mais ici le citoyen ne la déclenche pas lui-même, il se borne à inciter les autorités judiciaires à le faire. Cette disposition de l'article 40-3 rappelle celle de l'article L. 2132-5, C.G.T.T., qui, en cas de délit ayant causé un préjudice direct à la commune, permet à tout contribuable d'agir pour le compte de cette commune si cette dernière a refusé de le faire et s'il a obtenu l'autorisation du tribunal administratif [2].

5) Une autre technique est celle des avantages pénaux accordés à certains dénonciateurs. Il peut s'agir de la justification du délit de violation du secret professionnel en faveur du médecin — normalement astreint au secret

1. Commentaire de J. Giacopelli à la R.P.D.P. 2007, p. 503.
2. V. commentaire J. Pradel au J.C.P., 2004.I.132, n° 12, p. 824.

professionnel — qui dénonce des violences sexuelles dont il a appris l'existence dans l'exercice de ses fonctions (art. 226-14, C.P.). Il peut s'agir aussi de l'exemption ou de la diminution de peine accordée aux individus qui, membres d'un groupe criminel, s'en désolidarisent en avertissant l'autorité administrative ou judiciaire (art. 132-78, C.P.) : on vise ici les fameux repentis ou *pentiti* du droit italien.

6) Enfin, cinquième règle, la loi du 9 mars 2004 a institué un bureau d'ordre national automatisé des procédures judiciaires (art. 48-1, C.P.P.). Ce service placé sous le contrôle d'un magistrat, contient des informations nominatives sur les plaintes et dénonciations reçues par les parquets ou les juges d'instruction et les suites qui leur ont été réservées. Le but de cette nouvelle institution est de faciliter la gestion et le suivi des procédures judiciaires, notamment pour éviter les doubles poursuites.

Les données enregistrées portent notamment sur les date, lieu et qualification des faits, les nom, prénoms, date et lieu de naissance des personnes mises en cause et des victimes, les informations relatives aux décisions sur l'action publique, au déroulement de l'instruction, à la procédure de jugement et aux modalités d'exécution de la peine, etc.

Ces informations sont conservées, à compter de leur dernière mise à jour enregistrée, pendant une durée de dix ans, en principe.

Un décret en Conseil d'État, non encore pris, doit déterminer les modalités d'application de l'article 48-1, C.P.P., et préciser notamment les conditions dans lesquelles les personnes intéressées peuvent exercer leur droit d'accès au bureau d'ordre.

Le procureur de la République se trouvant informé par la réception des procès-verbaux, plaintes et dénonciations, qu'il a fait préciser au besoin par la voie d'une enquête complémentaire, deux autres problèmes vont se poser : celui du principe de la liberté du Ministère public dans la décision d'orientation et, ensuite, celui de la matérialisation de cette liberté.

SOUS-SECTION I

LE PRINCIPE DE LA LIBERTÉ DU MINISTÈRE PUBLIC

Bibliographie. — 1) **Études juridiques :** B. de Lamy, *La loi n° 2004-204 du 9 mars 2004 portant adaptation aux évolutions de la criminalité*, D., 2004, chron. pp. 1984 et s. ; J.P. Céré et P. Remillieux, *De la composition pénale à la C.R.P.C.*, A.J. pénal, nov. 2003 ; C. Lazerges, *Médiation pénale, justice pénale et politique criminelle*, R.S.C., 1988.156 ; et du même auteur, *Typologie des procédures de médiation pénale*, Mélanges Colomer, éd. Litec, 2003, p. 217 et s ; J. Leblois-

HAPPE, *De la transaction pénale à la composition pénale*, J.C.P., 2000.I.198 ; K. MEDJAOUI, *L'injonction pénale et la médiation pénale, tableau comparatif critique*, R.S.C., 1996.823 ; B. PEREIRA, *Justice négociée : efficacité répressive et droit de la défense ?*, D., 2005, chron. 2041 ; J. PRADEL, *Vers un* aggiornamento *des réponses de la procédure pénale à la criminalité. Aspects de la loi du 9 mars 2004*, J.C.P., 2004.I.132, n° 18 ; L. SIMAT-DURAND, *Le parquet et l'opportunité des poursuites*, G.P., 19-20 juin 1996 ; *Rapport de la Commission de réflexion sur la justice* (dite commission Truche), La Documentation française, 1997 ; J.M. VARAUT, *La médiation ou la justice non violente*, G.P., 1994, Doct. 1096.

2) **Études pratiques (ou sociologiques) :** B. AUBUSSON DE CAVARLAY, *Les filières pénales*, C.E.S.D.I.P., n° 43, 1987, not. p. 102 ; A. DAVIDOVITCH et R. BOUDON, *Les mécanismes sociaux des abandons de poursuite*, L'année sociologique, 1964.153 ; R. LÉVY, *Pratique policière et processus pénal : le flagrant délit*, S.E.P.C., n° 39, 1984 ; C. RAYSSEGUIER, *Taux de classement sans suite des parquets, mythes et réalités*, Droit pénal, mars 1998, chron. 8 ; L. SIMMAT-DURAND, Orientation et sélection des affaires pénales : une approche quantitative de l'action du parquet, thèse, Paris I, 1994 ; G. TARDE, *Les délits impoursuivis*, in *Essais et mélanges sociologiques*, Maloine, 1895.211.

3) **Études de droits étrangers :** J. CÉDRAS, *La poursuite des affaires signalées d'intérêt particulier*, R.P.D.P., 1992.77 ; F. CLERC, *Rapport général au Ve Congrès international de droit pénal*, Genève, 1947, Actes du Congrès, 217 ; du même, *Opportunité ou légalité des poursuites*, R.P.S., 1982.276, *IXe Congrès international de droit pénal*, La Haye, 1963, R.I.D.P., 1963, n°s 3 et 4 ; J. GRAVEN, *Le principe de la légalité et le principe de l'opportunité*, R.I.D.P., 1947.46 ; E. MATHIAS, *Les procureurs du droit. De l'impartialité du Ministère public en France et en Allemagne*, préface M. Delmas-Marty, C.N.R.S., Droit, 1999 ; F. MEISTER, *L'autorité des poursuites et le classement pour des raisons d'opportunité en procédure pénale. Étude des droits français, allemand et suisse*, thèse, Lausanne, 1993 ; J. PRADEL, *Opportunité ou légalité de la poursuite ? Aspects sur quelques législations d'Europe*, R.P.D.P., 1991.9 ; T. SATSUMAE, *La suspension des poursuites* (en droit japonais), Interpol, R.I.D.P., 1983.239 ; D. TREYVAUD, *Légalité ou opportunité de la poursuite pénale. Étude de droit suisse et de droit comparé*, thèse, Lausanne, 1961.

§ 1. — LA RÈGLE DE BASE

A — Les conceptions possibles

577. — *Conceptions possibles et état du droit positif.* Il est bien certain que, dans chaque affaire, le procureur de la République a d'abord le devoir de s'assurer qu'il est compétent et que le fait est susceptible de poursuites, c'est-à-dire qualifiable (fait prévu par un texte non amnistié et fait non justifié) et punissable (fait non prescrit et commis par une personne responsable). Si ces conditions sont réalisées, on doit alors se demander quels sont les pouvoirs du procureur quant à l'engagement des poursuites. Deux attitudes sont concevables : soit lui imposer de poursuivre toutes les infractions dont il est saisi, quelles que soient leur gravité ou leurs circonstances (système de la *légalité des poursuites*), soit le laisser libre de poursuivre ou non en fonction des données de fait qu'il apprécie souverainement dans chaque affaire (système de l'*opportunité des poursuites*).

La valeur respective de chacun de ces deux systèmes a donné lieu à un débat classique. D'un côté, la légalité des poursuites, parce qu'elle exclut toute possibilité de tri entre les affaires, peut conduire à un encombrement des tribunaux [1] et surtout interdit toute individualisation de la répression au stade de la poursuite. Le classement de certaines infractions n'est-il pas en effet souhaitable tant dans l'intérêt général [2] que dans celui du délinquant ? Au pardon qui, sous forme de grâce, intervient après la condamnation, ne faut-il pas ajouter un autre pardon qui, se plaçant avant les poursuites, paralyserait celles-ci sous la condition d'une bonne conduite du délinquant [3] ? Mais, d'un autre côté, l'opportunité des poursuites méconnaît le grand principe de la légalité criminelle et peut entraîner l'arbitraire dans la répression en favorisant injustement certains coupables. Il apparaît ainsi que les deux systèmes, pris à l'état pur, sont défectueux. Aussi, le meilleur parti consiste-t-il à les assortir l'un et l'autre de correctifs en aménageant soit le système de la légalité pour éliminer l'inconvénient tenant à l'absence de toute individualisation, soit celui de l'opportunité pour réduire les excès de l'arbitraire [4].

Très révélateurs de cette conception modérée sont les droits allemand et français. Le premier, rallié en principe au système de la légalité (§ 152, al. 2, C.P.P. de 1877), fait une place au système de l'opportunité dans de nombreuses hypothèses : contraventions, concours d'une infraction mineure avec une autre plus grave, infractions commises à l'étranger ou contre la sûreté de l'État, infractions poursuivables seulement sur plainte de la victime [5]... Le second, au contraire, admet en règle générale le principe de l'opportunité, mais lui apporte de nombreuses limites [6].

B — La conception française

578. — La règle de l'opportunité des poursuites est aujourd'hui l'un des dogmes les mieux assurés de notre droit positif. Mais il n'en fut pas toujours ainsi.

1. C'est la raison invoquée par la Recommandation n° R (87)18 sur la simplification de la justice pénale adoptée par le Comité des ministres du Conseil de l'Europe, le 17 septembre 1987 : « Il pourrait être remédié aux lenteurs de la justice pénale, non seulement par les ressources qui lui sont attribuées et par la façon dont ces ressources sont utilisées, mais aussi par une meilleure définition des priorités dans la conduite de la politique criminelle ». À cette fin, la Recommandation préconise notamment le recours à l'opportunité des poursuites.

2. Dans des situations exceptionnelles (mouvements revendicatifs violents, pillages, incendies...), les impératifs d'ordre public prennent une telle importance que l'on peut redouter une aggravation du conflit si une poursuite est déclenchée, rapport de la Commission de réflexion sur la justice, 1997.23.

3. M. ROLLAND, *Le Ministère public, agent non seulement de répression, mais de prévention*, J.C.P., 1957.I.1342, n°s 9 et s.

4. V^e^ et IXe Congrès internationaux de droit pénal, R.S.C., 1965.198 ; *add.* R.I.D.P., 1963, n°s 3-4, pp. 1 et s.

5. E. MATHIAS, *Les procureurs du droit. De l'impartialité du Ministère public en France et en Allemagne*, 1999.140 et s.

6. V. *infra*, n°s 579 et s. Pour un panorama plus général des deux systèmes et de leurs rapprochements, J. PRADEL, *Droit pénal comparé*, 2e éd., 2002, Dalloz, n°s 420 et s.

Le législateur révolutionnaire, très méfiant à l'égard des juges dont il redoutait l'arbitraire (d'où la légalité des incriminations, les peines fixes...), ne l'était pas moins à l'égard des magistrats du parquet pour la même raison. Il avait en conséquence expressément adopté le principe de la légalité des poursuites (l. du 16-19 septembre 1791, titre V, art. 6 et 20 ; C., 3 Brumaire an IV, art. 90 et 97).

Le Code de 1808 était muet et une controverse s'établit sur le point de savoir quelle avait été la pensée du législateur. Certains commentateurs, se fondant sur l'article 47 (« ... le procureur... instruit qu'il a été commis... un crime ou un délit... *sera tenu* de requérir le juge d'instruction... »), affirmèrent que le principe légaliste était maintenu. Mais l'opinion majoritaire et les praticiens adoptèrent un point de vue inverse, ce texte consacrant seulement « la défense qui est faite au Ministère public d'informer personnellement quand il s'est décidé à poursuivre » [1].

Plus explicite est le Code de 1959. Son article 40, alinéa 1, dispose que « le procureur de la République reçoit les plaintes et les dénonciations et *apprécie la suite à leur donner* ». Cette formule peut être interprétée comme accordant à ce magistrat le pouvoir d'apprécier l'opportunité des poursuites. Et l'on peut également admettre que ce pouvoir ne se limite pas aux plaintes et dénonciations, et qu'il s'étend aussi aux procès-verbaux. De son côté, le Code de justice militaire affirme la même règle, puisque selon l'article 91, C.J.M. (l. du 10 novembre 1999), « les règles relatives à la mise en mouvement de l'action publique... sont celles prévues par le Code de procédure pénale... ».

La règle de l'opportunité ne joue qu'au stade de l'engagement des poursuites. Celles-ci lancées, le procureur de la République ne peut plus rien. La règle s'explique par le souci de respecter l'indépendance des juridictions d'instruction et de jugement et elle entraîne deux conséquences. D'une part, il ne peut dessaisir le juge. L'action publique, une fois lancée, ne peut prendre fin que par une décision judirictionnelle (non-lieu de la juridiction d'instruction, jugement de relaxe ou de condamnation de la juridiction de jugement) [2]. Le procureur de la République ne peut que réclamer la relaxe s'il apparaît que les poursuites ne sont plus fondées : on dit qu'il « abandonne l'accusation ». D'autre part, le parquet ne peut ni renoncer aux recours que la loi lui ouvre, ni se désister de ceux qu'il aurait formés.

La nécessité d'une réponse pénale (poursuite ou alternative) est même renforcée par deux dispositions complémentaires. Si le parquetier décide d'engager la poursuite ou de mettre en œuvre une mesure alternative, il en avise les plaignants et, si elles sont identifiées, les victimes (art. 40-2, al. 1, C.P.P.). S'il décide le classement sans suite, il en avise également ces personnes et en plus il doit leur indiquer « les raisons juridiques ou d'opportunité » justifiant sa décision (art. 40-2, al. 2, C.P.P.), et ceci pour toutes les

1. J.-A. ROUX, II, p. 186 ; Crim., 8 décembre 1826, B.C., n° 250.

2. D'où la règle que si le parquet a saisi le juge d'instruction et si l'information est en cours, il ne peut citer directement le prévenu devant le tribunal correctionnel, Crim., 5 janvier 1878, B.C., n° 7 ; 19 avril 1929, S., 1931.I.34, D., 1931.I.47 ; 5 mai 1933, B.C., n° 98, S., 1935.I.39 ; *add.* J. PRADEL, *L'instruction préparatoire*, 1990, n° 253.

infractions. Cette exigence de motivation générale conduit à donner plus de transparence à la justice et réduire le nombre des classements car une motivation pouvant s'avérer malaisée, une réponse systématique sera plus fréquente.

§ 2. — Les limites

Ces limites à la liberté et donc à l'opportunité des poursuites sont de deux ordres.

A — Les interdictions de poursuivre

579. — Notre droit connaît un certain nombre d'obstacles temporaires à l'action du ministère public. Le parquet ne peut agir avant la levée de l'obstacle. Il en est ainsi dans trois séries de cas.

1. *L'action publique subordonnée à l'accomplissement d'une formalité*

a) Plainte

580. — *Généralités.* En principe, la plainte de la victime a pour seul objet de porter une infraction à la connaissance des organes de justice ou de police et le procureur est libre d'engager ou non les poursuites conformément au principe de l'opportunité. Exceptionnellement cependant, le magistrat ne peut agir que s'il a reçu une plainte, à défaut de laquelle la poursuite serait nulle [1]. Ajoutons que même si la plainte est nécessaire, le ministère public conserve sa liberté d'action : l'opportunité de la poursuite se trouve alors appréciée à la fois par le procureur de la République et par la personne ayant qualité pour déposer plainte, victime ou administration [2].

581. — *Plainte de la victime.* C'est par une survivance du système de l'accusation privée que la loi subordonne la poursuite de certaines infractions à la plainte de la victime.

En général, la plainte se justifie par des motifs de pur intérêt privé. Il en est ainsi en cas de diffamation et d'injure dans la plupart des cas ; et spécialement dans le cas d'une injure ou diffamation envers un membre du gouvernement, la poursuite aura lieu à sa demande adressée au ministère de la justice (art. 48 L., 29 juillet 1881), d'atteinte à la vie privée (art. 226-6,

1. Crim., 6 janvier et 19 juin 1949, B.C., n° 5 et 216.
2. Nour parlons ici de la plainte simple, non de la plainte avec constitution de partie civile qui déclenche la poursuite.

C.P.), de chasse sur terrain d'autrui (art. L 428-1, C. environnement) [1], de délit contre un particulier commis par un Français à l'étranger (art. 113-8, C.P.) [2].

582. — *Plainte de l'Administration.* Là encore, les motifs fondant l'exigence d'une plainte sont variés. Pour l'essentiel, il s'agit d'un intérêt *fiscal* ou *monétaire*.

• En cas d'atteinte au crédit de la nation, la poursuite ne peut être engagée que sur plainte du ministre des Finances ou des représentants légaux des collectivités publiques comme les départements et communes (art. 3 de la l. du 18 août 1936).

• En matière de contrôle des changes (relations financières avec l'étranger), la poursuite ne peut être exercée que sur plainte du Ministère de l'Économie et des Finances (art. 458, C.D.). Et la transmission au parquet du procès-verbal établi par les agents des Douanes ne vaut pas plainte [3]. Enfin, l'exception de nullité, pour défaut de plainte, doit être soulevée avant toute défense au fond [4].

• Les infractions fiscales ne peuvent être poursuivies que sur plainte de l'Administration, laquelle est tenue de poursuivre en cas d'avis conforme de la commission des infractions fiscales (art. L. 228, L.P.F.). Cet organisme, créé par une loi du 29 décembre 1977, est composé de magistrats du Conseil d'État et de la Cour des comptes [5].

La commission des infractions fiscales avait été conçue par la loi de 1977 comme une sorte de limitation à la puissance de l'administration fiscale. En pratique, cette dernière a toujours soigneusement trié les dossiers qu'elle entendait confier à la commission. Aussi, celle-ci n'émet d'avis défavorable à la poursuite que dans 5 % des cas tout au plus.

La jurisprudence tient la main à ce que l'exigence d'une plainte préalable soit respectée. Par exemple, lorsque le parquet entame une procédure en visant une infraction de droit commun et lorsque la juridiction de jugement, requalifiant les faits en délit fiscal, condamne, cette condamnation selon un arrêt est nulle puisque manque la plainte préalable [6], arrêt précisant aussi que la plainte est nécessaire à la poursuite de toute infraction fiscale.

1. Le désistement de la plainte arrête la poursuite, Crim., 9 janvier 1997, B.C., n° 9. Cette solution, admise à propos du délit d'atteinte à la vie privée doit être généralisée.

2. Pour des applications, Crim., 30 avril 1954, B.C., n° 148 ; 27 juin 1984, B.C., n° 248 ; 4 janvier 1996, B.C., n° 4 ; 24 novembre 1998, B.C., n° 312.

3. Crim., 3 janvier 1985, B.C., n° 3.

4. Crim., 17 mai 1989, B.C., n° 200 ; v. aussi Crim., 19 février 1990, B.C., n° 82.

5. B. Castagnède, *La commission des infractions fiscales*, J.C.P., 1978.I.2892 ; M. Brieux de Massiac, *La commission des opérations fiscales ou les avatars d'une réforme en trompe-l'œil*, Droit pénal, 1990, chron. 5.

6. Crim., 10 novembre 1987, B.C., n° 397, R.S.C., 1988.296 et obs. J.-P. Delmas-Saint-Hilaire, 319 et obs. J. Cosson.

Cette jurisprudence est fondée car elle permet seule d'éviter de véritables détournements de procédure.

En outre, elle confirme bien que l'avis conforme de la commission des infractions fiscales est un préalable nécessaire à la mise en mouvement de l'action publique [1]. Et le juge du fond est en droit d'ordonner la production de la lettre des services fiscaux saisissant la commission [2].

• S'agissant enfin des mineurs ayant commis une infraction dont la poursuite est normalement réservée à une administration publique (v. cas sous le même numéro), c'est le procureur seul qui aura qualité pour poursuivre, mais seulement sur la plainte préalable de l'administration intéressée (art. 37, ord. 2 février 1945).

b) Autorisation

583. — Il est trois sortes de personnes qui ne peuvent être poursuivies que sur autorisation.

• Les *membres des Assemblées* (Assemblée nationale et Sénat) bénéficient d'un privilège dénommé l'*inviolabilité parlementaire* [3]. Le régime de cette inviolabilité résulte de l'article 26, al. 2 à 4, de la Constitution [4], réécrits par une loi constitutionnelle du 4 août 1995 désireuse de simplifier la procédure. Selon cette réforme, on doit distinguer.

S'agit-il de la poursuite, elle est désormais possible en toute liberté pour le parquet qui n'est plus tenu de présenter à l'Assemblée à laquelle appartient le parlementaire une demande dite de mainlevée. Toutefois, l'assemblée peut décider la suspension de la poursuite pendant la durée de la session, en fait si elle la juge abusive (art. 26, al. 3) ; et hors session, l'assemblée est réunie de plein droit pour des séances supplémentaires pour décider, le cas échéant, la suspension pendant le cours de la session suivante (art. 26, al. 4).

S'agit-il de l'arrestation et de toute autre mesure privative ou restrictive de liberté, une autorisation doit être sollicitée du bureau de l'assemblée concernée (et non plus de l'assemblée elle-même, qui statue en audience publique et donne par conséquent lieu à une publicité qui peut être déplacée) (art. 26, al. 2) [5]. Cependant, l'assemblée peut décider la suspension de la même façon que pour la poursuite (art. 26, al. 3 et 4). Tout ce

1. Crim., 26 février 1990, B.C., n° 95.

2. Crim., 22 juin 1992, B.C., n° 246 ; comp. Crim., 16 novembre 1992, B.C., n° 375.

3. À distinguer de l'immunité parlementaire, v. *supra*, n° 232. Sur l'inviolabilité, v. C. Courtin, *Le statut pénal des membres du Parlement et du Gouvernement*, R.P.D.P., 2004, pp. 157 et s.

4. Disposition également applicable aux députés européens en vertu de l'art. 10 du Protocole sur les privilèges et immunités des membres du Parlement européen.

5. N'est pas une mesure privative de liberté au sens de l'art. 26 la peine d'emprisonnement ferme qui n'est pas susceptible d'exécution immédiate en raison de l'art. 569, C.P.P., consacrant l'effet suspensif du pouvoir en cassation, Crim., 4 février 1997, B.C., n° 45.

régime protecteur cesse néanmoins de s'appliquer en cas de crime ou de délit flagrant ainsi qu'en cas de condamnation définitive (art. 26, al. 2, *in fine*).

Cela dit, la jurisprudence établie avant 1995 sur des questions non modifiées par cette loi continue à s'appliquer. Ainsi doit-on toujours considérer que la demande d'autorisation est une formalité d'ordre public [1]. De même, doit-on encore admettre que la poursuite et l'arrestation sont immédiatement possibles, et sans aucune restriction à l'égard des coauteurs ou complices du parlementaire [2].

Comment procéduralement est obtenue l'autorisation du bureau de l'assemblée concernée ? À cette question répond l'article 9 *bis* de l'Ordonnance du 17 novembre 1958 relative au fonctionnement des assemblées parlementaires (disposition ajoutée par une loi du 29 janvier 1996), ainsi rédigé : « L'arrestation ou toute autre mesure privative ou restrictive de liberté susceptible d'être décidée à l'encontre d'un membre du Parlement fait, à peine de nullité, l'objet d'une demande d'autorisation formulée par le procureur général près la cour d'appel compétente et transmise par le garde des Sceaux, ministre de la Justice, au président de l'assemblée intéressée. Cette demande indique précisément les mesures envisagées, ainsi que les motifs invoqués. L'autorisation donnée par le bureau de l'assemblée ne vaut que pour les faits mentionnés dans la demande... ».

Le même privilège se retrouve en faveur des élus européens [3].

• La situation du *Président de la République* est différente [4]. Responsable en cas de manquement à ses devoirs manifestement incompatible avec l'exercice de son mandat et jugé par le Parlement constitué en Haute Cour de justice [5], il ne peut être déféré devant celle-ci que s'il a été mis en accusation par les deux assemblées statuant par un vote identique au scrutin public et à la majorité absolue de leurs membres (art. 68, Const.).

• Reste le cas des *ministres* pour les infractions par eux commises dans l'exercice de leurs fonctions. Certes, c'est le procureur général près la Cour de cassation qui saisit la commission d'instruction de la Cour de justice de la République. Mais il ne peut le faire que sur avis conforme de la commission des requêtes.

Cette commission des requêtes joue le rôle d'un parquet spécialisé. Elle peut être saisie en premier lieu par la victime prétendue de l'infraction commise par le ministre. Cette victime dépose plainte, mais sans pouvoir se constituer partie civile, et la plainte doit viser le nom du ministre concerné ainsi que les faits. En cas de plainte insuffisamment motivée, la commission

1. V. déjà en ce sens, Crim., 17 juin 1986, B.C., n° 208.
2. V. déjà en ce sens, Crim., 3 février 1955, J.C.P., 1955.I.8663, note Chambon.
3. Protocole du 8 avril 1965, art. 10 ; v. Crim., 4 février 1997, B.C., n° 45.
4. *Le statut pénal du chef de l'État*, le point de vue du constitutionaliste, par G. CARCASSONNE, le point de vue du pénaliste, par J.H. ROBERT, in R.P.D.P., 2004, pp. 139 et s.
5. V. *supra*, n° 63.

des requêtes peut procéder à une enquête préliminaire, à cette différence près que tous actes coercitifs comme la garde à vue et l'obligation de comparaître sont interdits. En second lieu, la commission peut être saisie par le procureur général agissant d'office.

Qu'elle agisse sur plainte de la victime ou sur réquisitions du parquet, la commission rend une décision soit de classement, soit de saisine du procureur général aux fins de poursuite. Elle se détermine en légalité et en opportunité. Lors des débats au Sénat, le garde des Sceaux a établi une liste des critères susceptibles d'être retenus par elle : le lien de causalité entre les faits et la décision du ministre, la nature intentionnelle ou non de l'infraction, la gravité des faits, le profit retiré par le ministre... [1]. La décision de la commission n'a pas à être motivée et s'il s'agit d'un classement, la commission peut revenir sur sa décision ; si elle décide la poursuite, la commission doit qualifier pénalement les faits. La décision de la commission n'est susceptible d'aucun recours (l. n° 93-1252 du 23 novembre 1993, art. 13 à 17).

On aura noté que la commission est totalement indépendante du ministre de la Justice, alors qu'il s'agit d'affaires politiques.

La Constitution de l'An VIII, article 75, avait décidé que les fonctionnaires ne pouvaient être poursuivis pour délits liés à leurs fonctions qu'après autorisation du Conseil d'État. Cette disposition a été abolie par un décret-loi du 19 septembre 1870 de sorte que désormais le parquet peut librement poursuivre un fonctionnaire coupable d'une infraction, que les faits se situent dans l'exercice ou hors l'exercice de ses fonctions [2].

c) Mise en demeure

584. — Plus rarement, les poursuites sont subordonnées à la nécessité d'une mise en demeure. Celle-ci est révélatrice de la pensée du législateur qui entend user de la persuasion auprès du contrevenant ou qui craint que ses prescriptions en certains domaines restent ignorées de nombreux citoyens. (« Nul n'est censé ignorer la loi » est une fiction.)

• La première considération apparaissait avec le délit d'abandon de famille dont se rend coupable le père ou la mère de famille qui abandonne, sans motif grave, pendant plus de deux mois la résidence familiale (art. 357-1, ancien C.P.). La poursuite ne pouvait être intentée que huit jours après une interpellation du délinquant par un officier de police judiciaire. Cette règle a disparu dans le nouveau Code pénal, mais subsiste en fait.

• La seconde considération apparaît avec les infractions en matière de Sécurité sociale (art. L. 244-2, C. Séc. soc., disposant que les poursuites

1. B. Mathieu, A.L.D., 1994.71.

2. E. Ayoub, *Inculpation et protection du fonctionnaire* (une illustration nouvelle de l'indépendance de l'administration à l'égard du juge pénal), D., 1992, chron. 125. Rien n'empêche évidemment cependant la victime prétendue de mettre en mouvement l'action publique en se constituant partie civile, même si le tribunal répressif doit se déclarer incompétent pour statuer sur l'action civile, Crim., 22 janvier 1953, D., 1953.109, rapport M. Patin.

sont précédées d'une mise en demeure invitant l'intéressé à régulariser sa situation dans le mois) [1] et en droit du travail, en matière d'hygiène ou de sécurité des travailleurs (art. L. 231-4, C.T., prévoyant un système proche) [2]. Il s'agit de matières où l'ignorance du citoyen est presque permise.

d) Avis d'une autorité

585. — Dans quelques cas, le parquet ne peut mettre l'action publique en mouvement que si une autorité lui a donné son avis.

• Certains délits maritimes (absence irrégulière ou abandon de poste, infractions touchant la police intérieure du navire ou la police de navigation...) ne peuvent être poursuivis que sur l'avis conforme de l'administration de l'inscription maritime (art. 36, al. 2, l. du 17 décembre 1926 portant Code disciplinaire et pénal de la marine marchande).

• Le délit d'utilisation d'informations privilégiées sur la marche d'une société en vue de réaliser des opérations boursières avant que le public en ait eu connaissance (délit des initiés ou d'atteintes à la transparence des marchés, art. L. 465-1, C. monétaire et financier) commis par des dirigeants de sociétés faisant appel à l'épargne ne peut être poursuivi que sur avis — pas nécessairement conforme — de l'Autorité des marchés financiers (art. L. 466-1, C. monétaire et financier).

• Enfin, le procureur de la République doit solliciter l'avis du ministre de la Défense ou de l'autorité militaire habilitée par lui en ce qui concerne les infractions relevant en temps de paix de la compétence des juridictions spécialisées en matière militaire. Toutefois, cet avis n'est pas nécessaire en cas de crime ou délit flagrant (art. 698-1, al. 1, C.P.P.) [3].

Ces hypothèses doivent être distinguées de celles dans lesquelles l'autorité judiciaire peut, après déclenchement de la poursuite et « en tout état de la procédure », solliciter l'avis d'une autorité administrative indépendante. Ainsi, en cas d'usure, l'autorité judiciaire peut saisir la commission consultative spécialement compétente pour indiquer les taux permis (art. L. 313-6, C. cons.). De même, en cas d'infraction relative à l'activité des établissements de crédit, cette autorité peut saisir la commission bancaire instituée par la loi du 24 janvier 1984 (aujourd'hui art. L. 571-2, C. mon. et fin.). De même encore, en cas d'infraction aux textes pris en application de

1. Soc., 19 mars 1992, J.C.P., 1992.II.21964, note Taquet, D., 1993, Somm. 275, obs. X. Prétot, arrêt rappelant que la mise en demeure constitue une invitation impérative adressée au débiteur d'avoir à régulariser sa situation dans le délai imparti et que la contrainte délivrée à la suite de cette mise en demeure restée sans effet doit permettre à l'intéressé d'avoir connaissance de la nature de la cause et de l'étendue de son obligation.

2. Toutefois, l'art. L. 231-4, al. 2, C.T., autorise l'inspecteur du travail à ne pas effectuer de mise en demeure et à dresser immédiatement procès-verbal « lorsque les faits qu'il constate présentent un danger grave ou imminent pour l'intégrité physique des travailleurs ».

3. Application par exemple aux objecteurs de conscience, Paris, 1er juillet 1987, G.P., 1988.I.115, note J.P., l'avis du ministre des Affaires sociales ne peut remplacer l'avis du ministre de la Défense.

la loi du 21 juillet 1983 sur la sécurité des consommateurs, l'autorité judiciaire peut solliciter l'avis de la commission de la sécurité des consommateurs créé par cette loi (art. 15, al. 3) (aujourd'hui, art. L. 224-3, al. 3, C. cons.). Et les juridictions pénales peuvent consulter le Conseil de la concurrence lorsqu'elles sont saisies du chef de pratiques anticoncurrentielles (art. L. 462-3, C. com.). Dans tous ces cas, l'infraction présente un caractère très technique et le juge, embarrassé, peut avoir besoin de l'avis de spécialistes. Le mécanisme imaginé est assez proche de celui de l'expertise.

2. *L'action publique subordonnée au jugement d'une autre juridiction*

586. — Dans certaines hypothèses exceptionnelles, la poursuite ne peut être intentée tant qu'une juridiction n'a pas rendu sa décision sur un point relatif aux faits délictueux : il s'agit de problèmes particuliers qui ne peuvent être tranchés que par une juridiction déterminée et que l'on appelle *questions préjudicielles à l'action.*

On les distinguera soigneusement des questions préjudicielles au jugement[1]. Ces dernières ne font pas obstacle au déclenchement immédiat des poursuites, mais seulement au jugement des faits délictueux, la juridiction répressive saisie devant surseoir à statuer jusqu'à ce que le tribunal compétent pour trancher le problème extrapénal soulevé ait rendu sa décision. Au contraire, les questions préjudicielles à l'action ne suspendent pas seulement le jugement, mais font obstacle au déclenchement même des poursuites. En pratique, il existe fort peu de questions préjudicielles à l'action.

Longtemps, la loi a connu une telle question en matière de *filiation* (ancien art. 327, C. civ., selon lequel « l'action criminelle contre un délit de suppression d'état ne pourra commencer qu'après le jugement définitif sur la question d'état »). Mais, à la suite de la loi du 3 janvier 1972 sur la filiation, le nouvel article 311-6 du Code civil décide : « En cas de délit portant atteinte à la filiation d'un individu, il ne peut être statué sur l'action pénale qu'après le jugement passé en force de chose jugée sur la question de filiation. » Le problème de filiation est donc devenu, en 1972, une exception préjudicielle au jugement et non plus une question prèjudicielle au déclenchement des poursuites. Un juge d'instruction pourra donc mener son information sans attendre l'intervention de la juridiction civile.

On peut citer cependant un bel exemple : lorsqu'un crime ou un délit a été commis à l'occasion d'une poursuite judiciaire (comme la violation de domicile ou un faux convoi par un O.P.J.[2]) et en violation d'une disposition de procédure pénale (relative par exemple à la perquisition), l'action publique ne peut être exercée que si le caractère illégal de la poursuite ou de l'acte a déjà été constaté par une décision définitive de la juridiction

1. V. *supra*, n°s 108 et s.
2. Crim., 7 décembre 2005, B.C., n° 325, D., 2006, Pan. 621, obs. J. Pradel.

répressive saisie (art. 6-1, C.P.P.)[1]. Proche est le cas de la banqueroute : une poursuite de ce chef ne peut être lancée qu'après ouverture d'une procédure de redressement judiciaire ou de liquidation judiciaire, par le juge commercial ou civil (art. L. 626-2, C. com., qui condamne la jurisprudence sur la faillite virtuelle qui permettait au juge pénal de prononcer une condamnation pour banqueroute même si l'état de cessation des paiements n'avait pas été constaté).

B — Les obligations de poursuivre

587. — Si le procureur de la République est en principe libre de classer sans suite, sa décision peut ne pas répondre au sentiment général ou froisser la victime. Aussi, notre droit a-t-il prévu, dans certains cas, l'obligation pour ce magistrat de poursuivre.

• En premier lieu, par application du principe hiérarchique (« La plume est serve »), le refus du procureur de la République peut être levé par un ordre de poursuite, émané du procureur général ou du garde des Sceaux (art. 30 et 36, C.P.P.). C'est pourquoi le procureur de la République avise immédiatement ses supérieurs hiérarchiques des crimes et délits les plus graves. Toutefois, ces supérieurs n'ont pas un pouvoir de substitution et la poursuite ne sera déclenchée que si ce magistrat obéit ou que s'il est remplacé par un collègue plus souple.

On rappellera que la loi du 23 août 1993 (aujourd'hui art. 30, al. 3, C.P.P.) a prévu que l'injonction donnée par le ministre au procureur général d'engager ou de faire engager des poursuites donne lieu à des « instructions écrites et versées au dossier de la procédure ».

• En second lieu, la victime, si elle veut assumer la charge de la poursuite, peut mettre en mouvement l'action publique en se portant partie civile. Alors qu'une dénonciation ou une plainte simple ne peuvent obliger le Ministère public à agir, la plainte avec constitution de la partie civile l'y contraint. La victime dispose donc d'un moyen de vaincre l'inertie du parquet[2]. On notera, en revanche, que le délinquant lui-même ne peut pas, en se dénonçant, demander à être jugé[3].

• En troisième lieu, la chambre de l'instruction, saisie au cours d'une instruction, peut ordonner l'extension des poursuites à des faits résultant du dossier ou à des personnes non mises en examen (art. 202 et 204, C.P.P.)[4].

1. Crim., 28 janvier 1997, B.C., n° 97, Procédures, 1997, comm. 122, obs. J. Buisson, pas d'action possible si le juge pénal a affirmé la légalité de l'acte accompli ; 2 septembre 2003, B.C., n° 147.

2. V. *infra*, n°s 640 et s.

3. Crim., 5 novembre 1920, S., 1923.I.387.

4. V. *infra*, n°s 776 et s.

SOUS-SECTION II

LA MATÉRIALISATION DE LA LIBERTÉ DU MINISTÈRE PUBLIC

588. — *Principe.* Notre droit a une longue tradition de réponse pénale, comme si la non-poursuite entraînant le classement sans suite était assez mal vue. Cette attitude s'exprima longtemps dans des circulaires du ministre de la justice qui attiraient l'attention des magistrats du parquet[1] sur l'opportunité de poursuivre dans tel ou tel cas, par exemple en matière routière, d'environnement ou de relation de travail…

• La loi du 9 mars 2004 portant adaptation de la justice aux évolutions de la criminalité, tout en maintenant le principe de l'opportunité invite les parquets à apporter une réponse judiciaire systématique. Le texte clé est l'article 40-1, C.P.P., issu de cette loi et ainsi rédigé : « Lorsqu'il estime que les faits qui ont été portés à sa connaissance… constituent une infraction commise par une personne dont l'identité et le domicile sont connus…, le procureur de la République territorialement compétent décide s'il est opportun :

1° soit d'engager des poursuites ;

2° soit de mettre en œuvre une procédure alternative aux poursuites… ;

3° soit de classer la procédure dès lors que les circonstances particulières liées à la commission des faits le justifient. »

Certes le mot « opportun » est là pour exprimer la fidélité à l'idée de liberté du parquetier entre poursuite et non-poursuite. Mais la rédaction du 3° montre le souci du législateur de 2004 de bannir les classements sans suite ordinaires, sauf en cas d'extrême faiblesse du trouble causé à l'ordre public ou en cas de situation particulière de l'auteur des faits. Il est vrai que ces classements ordinaires sont déplorables pour les victimes et pour l'image de la justice.

La nécessité d'une réponse pénale (poursuite ou alternative) est même renforcée par deux dispositions complémentaires. Si le parquetier décide d'engager la poursuite ou de mettre en œuvre une mesure alternative, il en avise les plaignants et, si elles sont identifiées, les victimes (art. 40-2, al. 1, C.P.P.). S'il décide le classement sans suite, il en avise également ces personnes et en plus il doit leur indiquer « les raisons juridiques ou d'opportunité » justifiant sa décision (art. 40-2, al. 2, C.P.P.), et ceci pour toutes les infractions. Cette exigence de motivation générale conduit à donner plus de transparence à la justice et réduire le nombre des classements car une

1. D'où la règle que si le parquet a saisi le juge d'instruction et si l'information est en cours, il ne peut citer directement le prévenu devant le tribunal correctionnel, Crim., 5 janvier 1878, B.C., n° 7 ; 19 avril 1929, S., 1931.I.34, D., 1931.I.47 ; 5 mai 1933, B.C., n° 98, S., 1935.I.39 ; *add.* J. PRADEL, *L'instruction préparatoire*, 1990, n° 253.

motivation pouvant s'avérer malaisée, une réponse systématique sera plus fréquente.

§ 1. — Le classement sans suite

Les praticiens parlent de « classement sec » par opposition aux procédures alternatives ou classement sous condition.

589. — *Principe.* Le Ministère public ayant le pouvoir de ne pas poursuivre, il procédera au *classement sans suite* de l'affaire toutes les fois qu'il estimera qu'il y a une impossibilité légale des poursuites, ou que jouent des considérations d'opportunité. On sait que ces deux causes de classement doivent être indiquées au plaignant et à la victime. Cela dit, le classement pour opportunité appelle trois séries d'observations.

590. — *Les motifs du classement.* Ils sont très nombreux. Voici les principaux cas dans lesquels le parquet, qui pourrait juridiquement poursuivre, s'abstient en fait de le faire, le plus souvent :

— la victime par son attitude a pu contribuer à la réalisation de l'infraction ou bien retire sa plainte ;

— le délinquant est une personne honorable car il a remboursé spontanément la victime ;

— le préjudice est médiocre car moins grave est l'infraction, moins graves sont les chances de poursuite (principe de proportionnalité). On citera les exemples du vol à l'étalage pour un faible montant et commis par un délinquant primaire, l'infraction de faible gravité commise dans le cadre familial, l'infraction mineure aux diverses réglementations administratives et qui a été régularisée, l'infraction à la police des étrangers traitée sur un plan administratif, l'usage occasionnel de cannabis [1].

Les parquetiers disposent donc d'une certaine marge d'appréciation qu'ils doivent cependant utiliser avec prudence et sans omettre les références éthiques et morales. Ils ne sauraient oublier non plus que le principe reste tout de même la poursuite, même si la loi ne le dit pas expressément.

591. — *Les effets du classement.* Ils sont assez réduits. Certes, le procureur de la République est tenu d'aviser de sa décision le plaignant et, si elle est identifiée, la victime et l'on sait que la décision doit être motivée (art. 40-2, al. 2, C.P.P.).

1. Discours de rentrée (janvier 1998) de R. Pech et C. Raysseguier, magistrats, in *Les infractions sans suite ou la délinquance maltraitée*, Les rapports du Sénat, par H. Haenel, n° 513, 1998.14 et s.

Cela dit, la décision de classement est présentée traditionnellement comme n'étant pas juridictionnelle, mais administrative [1]. D'où deux conséquences : il n'y a contre le classement aucun recours judiciaire, mais uniquement un recours hiérarchique formé auprès du procureur général qui pourrait ordonner au procureur de la République de lancer la poursuite (art. 40-3, C.P.P.) [2] ; le parquet peut toujours revenir sur un classement et tant que la prescription n'est pas acquise, le classement reste provisoire, ce qui vaut même pour un classement décidé par un parquetier étranger [3].

Dès lors, si la victime n'est pas satisfaite du classement, son seul recours est d'exercer l'action civile qui, doit-on le rappeler, met en mouvement l'action publique (art. 1, al. 2, C.P.P.) [4].

592. — *La pratique du classement.* Il revêt une importance capitale et croissante. Déjà entre 1831 et 1870, la part du classement sans suite était passée de 30 % à 50 %. G. Tarde s'en affligeait d'ailleurs, notant que la montée de la criminalité s'accompagnait d'une montée non moins inquiétante des classements sans suite et ajoutant que « l'on est porté chaque jour davantage dans le public autant que dans les parquets à correctionnaliser les crimes et à civiliser les délits » [5]. De nos jours, le classement sans suite monte encore et l'on enseigne couramment qu'il atteint environ 80 % des affaires adressées aux parquets.

À vrai dire, les chiffres doivent être interprétés. Une étude assez récente, publiée en 1998, insiste sur les affaires classées au motif que l'auteur n'a pas été identifié [6]. Pour les vols et recels, le taux d'élucidation ne dépasse pas 14 %, tombant même à 10 % pour la délinquance dite de « voie publique » ; seules font exception les infractions d'atteinte aux personnes avec un taux moyen de 76 %. En outre, cette étude apporte les éléments suivants concernant les cinq parquets de la cour d'appel d'Orléans :

— ces parquets ont classé, en 1997, 82,76 % des affaires enregistrées ;

— sur ces 82,76 %, 77,42 % sont constituées par des affaires dont les auteurs sont inconnus, toute poursuite étant évidemment impossible.

Et voici le plus important : les affaires dont l'auteur est connu et néanmoins classées ne représentent que 14 % de l'ensemble des procès-verbaux, 18 % de l'ensemble des classements et *42,47 % de l'ensemble des affaires avec auteurs connus.*

1. Crim., 6 juin 1952, B.C., n° 142 ; 5 décembre 1972, B.C., n° 375, R.S.C., 1973.716, obs. J.M. Robert ; 12 mai 1992, D., 1992.427, note D. Mayer, R.S.C., 1992.606, obs. A. Braunschweig.

2. En fait, le plus souvent, le supérieur hiérarchique se boren à demander des explications au procureur, puis approuve sa décision.

3. Crim., 6 décembre 2005, B.C., n° 317, D., 2006. Pan. 622, obs. J. Pradel, malgré classement par un parquet allemand, une poursuite en France reste possible.

4. V. *infra*, n°s 640 et s.

5. G. Tarde, *Les délits impoursuivis*, in *Essais et mélanges sociologiques*, 1895.211 et s.

6. Ch. Raysseguier, *Taux de classement sans suite des parquets. Mythes et réalités*, Droit pénal, mars 1998, chron. 8.

Enfin, voici les chiffres les plus récents : en 2007, sur 4 907 500 affaires traitées par les parquets, 70 % d'entre elles n'étaient pas poursuivables (faits non élucidés, pas d'infraction...). C'est sur les 30 % restants (1 483 600 affaires) qu'il faut discuter. Les classements sans suite n'ont représenté que 16 % des affaires poursuivables (241 000 affaires), le reste ayant donné lieu à poursuites (692 500 affaires) ou à alternative aux poursuites (550 000 affaires) [1]. Donc les parquets ne classent le plus souvent que s'ils y sont contraints.

§ 2. — LES ALTERNATIVES AUX POURSUITES

593. — *Principe.* L'idée de base est d'instituer entre poursuite et classement classique (dit « sec ») une « troisième voie » pour traiter des affaires certes pas trop graves, mais pour lesquelles il convient d'apporter tout de même une réponse pénale sans encombrer les tribunaux déjà surchargés. On parle de « circuits de dérivation », de déjudiciarisation, de diversion, voire de justice de proximité [2]. Le procureur fait appel à ces solutions alternatives lorsque les faits ne sont pas trop graves et lorsque le délinquant de préférence est primaire. Et il décidera le classement une fois que l'auteur des faits aura accompli les prestations qui lui sont proposées par le procureur. Se mêlent en effet les idées de consensualisme et de justice négociée [3].

Le législateur a agi en deux temps, aboutissant aujourd'hui à un ensemble de mesures assez élaboré, que l'on retrouve souvent dans les autres législations [4].

Cette justice nouvelle peut s'exercer dans de nouveaux espaces créés par une loi du 18 décembre 1998 (art. L. 7-12-1-1 et s. C. org. jud.). Selon cette disposition, ces espaces appelés Maisons de justice et du droit « assurent une présence judiciaire de proximité et concourent à la prévention de la déléquance, à l'aide aux victimes et à l'accès au droit. Les mesures alternatives de traitement pénal et les actions tendant à la résolution amiable des litiges peuvent y prendre place ». C'est ainsi que les propositions de composition pénale — dont on parlera bientôt — peuvent être faites dans une mairie de justice et du droit (art. 41-2, al. 4, C.P.P.).

Ces Maisons sont distinctes du Palais de Justice et c'est domage car on en arrive à créer une justice seconde en marge de la principale. Il est vrai que ces Maisons sont

1. Infostat Justice, avril 2008, n° 101, ministère de la Justice.

2. H. HAENEL, *Justice de proximité. Premier bilan*, Pouvoirs, 1995, n° 74, p. 93.

3. Parmi les premières réflexions, v. J. VÉRIN, *Le règlement extrajudiciaire des litiges*, R.S.C., 1982.175 ; plus spécialement sur le consensualisme, J. PRADEL, *Le consensualisme en droit pénal comparé*, Pub. Fac. de droit de Coimbra, 1988.1 ; *add*, M. CHIAVARIO, *La justice négociée, une problématique à construire*, A.P.C., n° 15 (1993), 27 ; W. EXPOSITO, *La justice pénale et les interférences consensuelles*, thèse dactyl., Lyon 3, 2005.

4. Pour une vue d'ensemble, M.E. CARTIER, *Les modes alternatifs de règlement des conflits en matière pénale*, R.G.D.P., 1998.1.

placées sous l'autorité des chefs du tribunal de grande instance dans le ressort duquel elles sont situées.

A — Le premier temps (loi du 4 janvier 1993)

594. — La loi de 1993 a institué, en s'appuyant sur des expériences pratiques conduites dans certains parquets [1], la médiation et elle l'a fait sous deux formes [2].

Il y a d'abord une *médiation pour majeurs*. Selon l'article 41, al. 7, C.P.P., « le procureur de la République peut, préalablement à sa décision sur l'action publique et avec l'accord des parties, décider de recourir à une médiation s'il lui apparaît qu'une telle mesure est susceptible d'assurer la réparation du dommage causé à la victime, de mettre fin au trouble résultant de l'infrac-tion et de contribuer au reclassement de l'auteur de l'infraction ». C'est donc le parquet qui a l'initiative de la médiation, même si en fait rien n'interdit au délinquant de la lui suggérer. Et le parquet se décidera en faveur de la médiation en fonction des trois circonstances indiquées à l'article 41. Cependant si le délinquant ou la victime (ou les deux) s'oppose(nt) à la médiation, celle-ci n'aura pas lieu. Bref, cette procédure suppose l'accord de tous les intéressés, y compris le parquet. Deux précisions doivent être ajoutées. D'abord, le médiateur n'est pas le procureur, mais un tiers neutre et indépendant par rapport à la poursuite : même si l'article 41 ne le dit pas, la logique conduit à l'admettre car le médiateur doit être un organe impartial. Ainsi la médiation est une procédure « sociétale sous contrôle judiciaire » [3]. Ensuite, la médiation est une sorte de transaction civile au sens des articles 2044 et s., C. civ., dans laquelle interviennent délinquant et victime sous l'égide du médiateur, mais pas le parquet ; en cas d'exécution, le parquet classe sans suite, mais sans qu'il y ait extinction de l'action publique (car il ne s'agit pas d'une transaction au sens de l'article 6, al. 3, C.P.P.), et en cas d'inexécution, la victime pourra poursuivre l'exécution de la transaction ou la faire résoudre pour inexécution et, alors, exercer l'action civile.

Quant à la *médiation pour mineurs*, le procureur n'est pas le seul magistrat à en avoir l'initiative, le juge d'instruction saisi de l'affaire et la juridiction de jugement pouvant aussi la mettre en œuvre. Dans les trois cas, il s'agit de « proposer au mineur une mesure ou une activité d'aide ou de réparation à l'égard de la victime ou dans l'intérêt de la collectivité » (art. 12-1, ord. du 2 février 1945). Il ne s'agit donc pas nécessairement, comme dans le cas précédent, d'une réparation. La victime peut accepter que la réparation de son préjudice propre prenne la forme d'une activité exercée par le mineur dans l'intérêt de la collectivité. On en arrive donc parfois à une mesure éducative d'intérêt général. Dans les trois

1. G. Apap, *La conciliation à Valence*, R.S.C., 1990.53.
2. M. Fayon, *La médiation pénale*, A.P.C., 1994, n° 14.11 ; G. Blanc, *La médiation pénale*, J.C.P., 1994.I.3760.
3. C. Lazerges, *Typologie des procédures de médiation pénale, Mélanges Colomer*, pp. 217 ; du même auteur, *Essai de classification des procédures de médiation*, A.P.C., 1994, n° 14, 17.

cas, en outre, l'accord de la victime est nécessaire. Enfin, lorsque la mesure ou activité est proposée avant l'engage-ment des poursuites, le parquet recueille l'accord préalable du mineur et des titulaires de l'autorité parentale, un procès-verbal devant constater cet accord [1].

B — Le deuxième temps (lois des 23 juin 1999, 9 mars 2004, et 12 décembre 2005)

595. — **1) Les modalités de l'article 41-1, C.P.P.**

La loi de juin 1999 formellement abroge l'article 41, al. 7, C.P.P., que l'on vient d'indiquer pour en transporter le contenu (exact) dans un nouvel article 41-1, C.P.P., où la médiation se trouve en compagnie d'autres modalités qui n'avaient pas encore été consacrées légalement [2].

Selon l'article 41-1, le procureur peut, avant de prendre sa décision sur l'action publique, user des moyens suivants « s'il lui apparaît qu'une telle mesure est susceptible d'assurer la réparation du dommage causé à la victime, de mettre fin au trouble résultant de l'infraction ou de contribuer au reclassement de l'auteur des faits :

1° procéder au rappel auprès de l'auteur des faits des obligations résultant de la loi [3] ;

2° orienter l'auteur vers une structure sanitaire, sociale ou professionnelle [4], cette mesure pouvant consister notamment en un stage de citoyenneté, de responsabilité parentale ou de sensibilisation aux dangers de la drogue ; le parquet peut appliquer cette modalité à un mineur, mais à charge de convoquer ses représentants légaux et d'obtenir leur accord [5] ;

3° demander à l'auteur des faits de régulariser sa situation au regard de la loi ou des règlements ;

4° demander à l'auteur des faits de réparer le dommage résultant de ceux-ci [6] ;

1. G. Blanc, *La médiation pénale*, J.C.P., 1994.I.3760.

2. V. notamment rapport L. Mermaz fait au nom de la commission des lois de l'Assemblée nationale, n° 1328, 20 janvier 1999, et rapport P. Fauchon, fait au nom de la commission sénatoriale des lois, n° 336, 5 mai 1999.

3. La pratique du rappel à la loi avait déjà été recommandée au matière de toxicomanie par diverses circulaires des 17 mai 1978, 17 septembre 1984 et 12 mai 1987, cette dernière, parlant « d'avertissement ». Le rappel à la loi est effectué en fait par un délégué du procureur.

4. On pense là encore au toxicomane auquel le parquet peut imposer une injonction thérapeutique (art. L. 3423-1, C.S.P.). Comme l'usage de drogue est en soi un délit correctionnel (art. L. 3421-1, C.S.P.), certains parquets notifient au drogué à la fois une convocation en vue de lui notifier l'injonction thérapeutique et une convocation en justice, cette dernière étant annulée ensuite si l'intéressé se présente à la première convocation. Le texte du 2° de l'article 41-1, C.P.P., ajoute que cette mesure peut consister dans l'accomplissement par l'auteur des faits, à ses frais, d'un stage ou d'une formation, voire en cas d'infraction routière, d'un stage de sensibilisation à la sécurité routière.

5. Art. 7-1, ord. 2 février 1945 qui donne les exemples de l'accomplissement d'un stage de formation civique et de la consultation auprès d'un psychiatre ou d'un psychologue.

6. C'est là l'officialisation d'une vieille pratique.

5° faire procéder, avec l'accord des parties, à une mission de médiation entre l'auteur des faits et la victime ; si la mesure s'applique à un mineur, le procureur doit convoquer les représentants légaux et obtenir leur accord ;

6° en cas d'infraction commise soit contre son conjoint ou son concubin, ou le partenaire d'un PACS soit contre ses enfants ou les enfants de ce dernier, demander à l'auteur des faits de résider hors du domicile ou de la résidence du couple et, le cas échéant, de s'abstenir de paraître dans ce domicile ou résidence ou aux abords immédiats de celui-ci [1] ».

La médiation pénale — cette réconciliation par le dialogue [2] — est l'œuvre d'un tiers — le médiateur du procureur (art. R. 15-33-30 et s., C.P.P.) — mandaté par le procureur aux fins de réconciliation entre victime et auteur des faits. Rien n'empêche cependant le procureur d'être lui-même médiateur. La loi du 9 mars 2004 (art. 41-1, *in fine*, C.P.P.) a ajouté deux règles : 1° En cas de réussite de la médiation, le médiateur ou le procureur dresse un procès-verbal de la rencontre entre victime et auteur ; et si ce dernier s'est engagé à verser des dommages-intérêts à la victime, celle-ci pourra en demander le recouvrement selon la procédure d'injonction de payer ; 2° En cas de non-exécution de la mesure en raison du comportement de l'auteur des faits, le procureur « sauf élément nouveau, met en œuvre une composition pénale ou engage des poursuites » [3].

Par l'effet de la médiation le parquetier devient un peu le juge civil des petites affaires pénales.

596. — 2) La modalité des articles 41-2 et 41-3, C.P.P. La composition pénale [4].

Créée par la loi du 23 juin 1989, aménagée par les lois du 9 septembre 2002 et du 9 mars 2004, la composition pénale peut être ainsi définie : elle est une mesure proposée par le procureur de la République à l'auteur des faits, acceptée par ce dernier et validée par un juge, l'exécution par l'auteur entraînant l'extinction de l'action publique. Ainsi, la composition pénale intéresse deux fois la procédure pénale ; elle éteint l'action publique (sous condition d'exécution) et elle est l'une des modalités de la troisième voie (en étant l'alternative la plus grave, proche de la poursuite). Le premier aspect a déjà été examiné [5]. Le second doit l'être ici, quant à sa technique.

1. Cette 6° modalité se retrouve au titre de la composition pénale à l'article 41-2 C.P.P. (v. *infra* n° 598). Add. P.-J. DELAGE, *La constitutionnalité évincée. À propos de la mesure d'éviction du domicile de l'article 41-1 6° C.P.P.*, Arch. pol. crim., 2007, n° 29, p. 59 et s.

2. W. EXPOSITO, *La justice pénale et les interférences consensuelles*, thèse dactyl. Lyon IV, 2005, n° 338.

3. Les cas de mauvaise volonté de l'auteur des faits sont assez fréquents, tournant selon les praticiens autour de 45 %. Rien n'interdit en droit à un procureur de poursuivre même en cas de succès de la modalité de l'article 41-1, C.P.P., puisque ce succès n'est pas une cause d'extinction de l'action publique (art. 6, C.P.P., qui énumère limitativement ces causes).

4. Études J. HERDERER, J.D. REGNAULT et F. MOLINS, A.J. pénal, novembre 2003 ; J. DANET et S. GRUNEVALD, A.J. pénal, mai 2004 ; J. PRADEL, D., 1999, chron. 379.

5. V. *supra*, n° 257.

597. — *La composition pénale. Domaine.* Prévue initialement pour le « contentieux de masse », c'est-à-dire pour des infractions répétitives et assez peu graves, la composition pénale s'applique depuis la loi du 9 mars 2004 à tout délit puni d'une peine d'amende ou d'une peine d'emprisonnement d'une durée inférieure ou égale à cinq ans ainsi qu'aux contraventions connexes (art. 41-2, al. 1, C.P.P.) ; elle s'applique *a fortiori* aux contraventions (art. 41-3, al. 1, C.P.P.). Depuis une loi du 5 mars 2007, la composition pénale est même applicable aux mineurs de treize ans au moins « lorsqu'elle apparaît adaptée à la personnalité de l'intéressé... » (art. 7-2, ord. 2 février 1945). Il faut l'accord du mineur et de ses représentants légaux. Seuls sont exclus de la composition pénale les délits de presse, les homicides involontaires et les délits politiques (art. 41-2, C.P.P.).

Cette extension du domaine de la composition pénale traduit la volonté du législateur d'accroître son application. Mais son essor ne va-t-il pas être freiné par la nouvelle procédure de plaider coupable créée par la loi du 9 mars 2004 [1].

598. — *La composition pénale. Modalités.* À partir du texte fondateur, la loi du 23 juin 1989, plusieurs autres sont venues ajouter de nouvelles modalités (lois du 9 mars 2004, 4 avril 2006, 5 mars 2007). Aujourd'hui l'article 41-2, C.P.P. énumère dix-sept mesures [2] :

1° verser une amende de composition au Trésor public [3] ;

2° se dessaisir au profit de l'État de la chose qui a servi ou était destinée à commettre l'infraction ou qui en est le produit ;

3° remettre son véhicule pour six mois au plus, à des fins d'immobilisation ;

4° remettre au greffe son permis de conduire pour six mois au plus ;

5° remettre au greffe son permis de chasser, pour six mois au plus ;

6° accomplir au profit de la collectivité un travail non rémunéré pour soixante heures au plus dans un délai de six mois ;

7° suivre un stage ou une formation dans un service sanitaire, social ou professionnel pour trois mois au plus dans un délai de dix-huit mois ;

8° ne pas émettre pendant six mois au plus des chèques autres que de retrait de fonds et ne pas utiliser de cartes de paiement ;

9° ne pas paraître, pendant six mois au plus, dans les lieux où l'infraction a été commise et qui sont désignés par le procureur ;

1. V. *infra*, n° 613.

2. La composition pénale, à ses débuts, a été assez peu utilisée, sans doute à cause de sa nouveauté et de sa lourdeur : moins de 7 000 cas en 2002, En outre, on pouvait constaté une grande diversité des pratiques selon les juridictions, v. J. Danet et S. Grunwald, *Brèves remarques tirées d'une première évaluation de la composition pénale*, A.J. pénal, 2004.196. Mais depuis lors, la composition pénale est plus utilisée.

3. On ne confondra pas la composition pénale, versée à l'État, avec la médiation pénale qui peut aboutir à un versement d'argent à la victime. Il est vrai qu'il s'agit toujours de compenser un préjudice causé à l'État ou à la victime. D'autre part, le montant de la composition « est fixé en fonction de la gravité des faits ainsi que des ressources et des charges de la personne » : ce qui rappelle l'article 132-24, C.P., sur l'amende.

10° ne pas rencontrer ou recevoir, pendant six mois au plus, la victime de l'infraction ou ne pas entrer en relation avec elle ;

11° ne pas rencontrer ou recevoir, pendant six mois au plus, les coauteurs ou complices éventuels désignés par le procureur ou ne pas entrer en relation avec eux ;

12° ne pas quitter le territoire national et remettre son passeport pour six mois au plus ;

13° accomplir un stage de citoyenneté ;

14° en cas d'infraction commise contre le conjoint, le concubin ou le partenaire d'un PACS ou contre ses enfants ou ceux de ces personnes, s'abstenir de paraître au domicile de ces personnes ou aux abords immédiats ; voire en cas de nécessité, faire l'objet d'une prise en charge sanitaire, sociale ou psychologique ;

15° accomplir un stage de sensibilisation aux dangers de l'usage de drogues ;

16° se soumettre à une activité de jour consistant en la mise en œuvre d'activités d'insertion professionnelle ou d'une mise à niveau scolaire ;

17° se soumettre à une mesure d'injonction thérapeutique selon les modalités décrites aux articles L 3413-1 à L 3413-4, C.P.P. lorsqu'il apparaît que l'intéressé fait usage de stupéfiants ou consomme de l'alcool exagérément.

En outre, la loi du 5 mars 2007 relative à la prévention de la déliquance ayant étendu la composition pénale aux mineurs d'au moins treize ans a prévu les mesures suivantes qui peuvent aussi s'appliquer aux mineurs et qui leur soit propre :

— accomplissement d'un stage de formation civique ;

— suivi régulier d'une scolarité ou d'une formation professionnelle ;

— respect d'une décision, antérieurement prononcée par le juge, de placement dans une institution ou un établissement public ou privé d'éducation ou de formation professionnelle ;

— consultation d'un psychiatre ou d'un psychologue ;

— exécution d'une activité de jour.

La durée de ces mesures applicables au mineur ne saurait dépasser un an (art. 7-2, ord. 2 février 1945).

En outre, les droits des victimes ne sont pas oubliés et trois règles le prouvent : 1° Si la victime est identifiée,le procureur peut proposer à l'auteur des faits de réparer les dommages causés par l'infraction dans un délai de six mois au plus, cette réparation pouvant consister avec l'accord de la victime en la remise en état d'un bien endommagé par l'infraction (art. 41-2, al. 19, C.P.P.) ; 2° L'exécution de la composition pénale, si elle éteint l'action publique, n'interdit pas à la victime de délivrer citation directe devant le tribunal correctionnel qui, statuant à juge unique, statuera sur la réparation [1] ; 3° Si l'auteur des faits s'est engagé à verser des dommages-intérêts à la victime et si le juge valide cet engagement, la victime peut obtenir le

1. Voici un cas où le juge pénal statue seulement sur l'action civile.

recouvrement de la somme selon la procédure d'injonction de payer prévue par le nouveau Code de procédure civile (art. 41-2, al. 26, C.P.P.).

Quelle est enfin la nature des modalités de la composition pénale ? Il ne s'agit pas de peines au sens technique puisque l'action publique n'a pas été mise en mouvement et d'ailleurs les mots utilisés par l'article 41-2, C.P.P. le confirment : il n'est pas question d'amende, mais d'amende de composition, pas de confiscation, mais de dessaisissement, pas de travail d'intérêt général, mais de travail au profit de la collectivité. Même si certaines obligations sont positives, comme l'amende de composition, elles ont toutes une fonction préventive ; ce sont des mesures de sûreté avant jugement, un peu à la manière du contrôle judiciaire appliqué après poursuite et même du sursis avec mise à l'épreuve après condamnation.

599. — *La composition pénale. Mécanisme.* Tout d'abord, trois principes gouvernent l'institution.

D'abord, la composition pénale, parce qu'elle est une alternative aux poursuites, ne peut plus être appliquée une fois que l'action publique a été mise en mouvement par le parquet ou par la victime. Dès lors, cette dernière peut empêcher le parquet d'user de la composition pénale : il lui suffit de mettre en mouvement l'action publique.

Ensuite, la composition pénale implique la reconnaissance des faits par celui qui en a été l'auteur. C'est tout l'intérêt de cette procédure que d'éviter une audience dès lors qu'il y a des aveux [1].

Enfin, la composition pénale n'est jamais obligatoire pour le parquet. Si néanmoins celui-ci décide de recourir à la composition pénale, celle-ci se déroule en trois phases. Tout est dit aux articles 41-2 et suivants, C.P.P.

— La première phase est celle de la *proposition du parquet* à l'auteur des faits de ne pas poursuivre moyennant accomplissement d'une prestation. Le parquetier peut choisir librement la modalité qui lui paraît la plus opportune, pouvant même en cumuler deux ou plusieurs. Dans l'intérêt de la victime, il doit proposer à l'auteur de réparer le préjudice, et ce dans les 6 mois au plus. Enfin, pour s'assurer que le consentement du délinquant est réel, le parquetier doit lui indiquer son droit à se faire assister d'un avocat avant de donner son accord [2]. Si l'intéressé ne donne pas son accord, la procédure de composition s'arrête et le parquet peut poursuivre. S'il donne son accord (par écrit), une deuxième phase s'ouvre.

— C'est celle de la *saisine d'un juge* (le président du tribunal pour les délits et le juge d'instance pour les contraventions) aux fins de validation de

1. Selon l'article 41-2, al. 1, C.P.P., la composition pénale s'applique « à une personne physique qui *reconnaît* avoir commis un ou plusieurs délits... »

2. La loi du 23 juillet 1999 avait interdit à peine de nullité au ministère public de proposer une composition pénale à un individu gardé à vue. Cette disposition est supprimée par la loi du 9 septembre 2002 puisque depuis la loi du 15 juin 2000 l'avocat peut apparaître dès la première heure de garde à vue. Le législateur de 2002 a entendu faciliter l'application de cette procédure.

la proposition [1]. Voilà la grande nouveauté de la composition pénale par rapport à l'injonction pénale qui ne prévoyait pas l'intervention d'un juge. Ce dernier avant de se décider, peut entendre l'auteur et la victime, assistés le cas échéant de leur avocat. Le juge dispose d'un pouvoir réduit : il ne peut que valider la proposition (ce qui la rend exécutoire) ou la rejeter (ce qui la rend caduque et permet au parquet de poursuivre). La décision du juge est notifiée à l'auteur et à la victime. Elle est insusceptible de recours.

— Si le juge valide la proposition, s'ouvre la troisième phase, dominée par le *comportement de l'auteur*. De deux choses l'une.

Ou bien l'auteur exécute correctement la proposition validée. Alors l'action publique est éteinte. Le casier judiciaire portera la trace de la composition pénale, qui n'est pourtant pas une condamnation, puisque l'action publique n'a pas été mise en mouvement.

Ou bien l'auteur n'exécute pas ses obligations (ou pas complètement). Alors le procureur « met en mouvement l'action publique, sauf élément nouveau » (art. 41-2, C.P.P.). En cas de poursuite et de condamnation, il sera tenu compte du travail déjà accompli et des sommes déjà versées (id.). Enfin, la prescription de l'action publique est suspendue entre la date de la proposition du parquet et la date d'expiration des délais impartis pour exécuter la composition pénale.

On peut faire un rapprochement entre composition pénale et *plea bargaining* américain car dans les deux cas, le débat probatoire d'audience est exclu. Mais à la différence de la technique américaine, la nôtre ne comporte aucune négociation entre les parties [2]. On s'en félicitera ! En revanche, on regrettera l'intervention systématique du juge pour valider la proposition du parquet, certes suggérée par le Conseil constitutionnel alors que ce n'était pas nécessaire. Il y a là un alourdissement qu'avait su éviter le législateur quand il avait créé l'injonction pénale. Il aurait fallu ne prévoir le recours au juge que sur opposition du délinquant, comme pour l'ordonnance pénale. Et l'on peut parier qu'il y aurait eu peu d'oppositions.

La composition pénale est de plus en plus utilisée (6 000 fois en 2002 ; 14 000 fois en 2003 ; 50 430 fois en 2006). Elle concerne essentiellement des primo-délinquants auteurs de faits nécessitant une réponse pénale plus ferme que celle procurée avec les modalités de l'article 41-1, C.P.P. Elle convient bien pour les faits simples et ayant causé un préjudice facile à déterminer. Les principales infractions sont la conduite sous l'emprise de l'alcool, les vols simples, notamment de portable sans violence, le recel de vol, cetaines violences intrafamiliales, les outrages [3].

Ces institutions et notamment la composition pénale illustrent bien l'idée du consensualisme.

1. Crim. 20 novembre 2007, D. 2000, 118 et s., obs. S. Ménotti, impossibilité pour le parquet, après acceptation de la proposition par l'auteur des faits, de mettre en œuvre une citation directe (à cause de l'insolence de l'intéressé), le parquet pouvant tout au plus requérir devant le président la non validation du procès verbal d'accord et ensuite faire une citation directe.

2. J. PRADEL, chron. précitée au D., 1999, p. 382.

3. Rapport au garde des sceaux sur la politique pénale menée en 2004, octobre 2005, Direction des affaires criminelles et des grâces.

§ 3. — La poursuite

Le procureur de la République peut enfin décider la poursuite. S'offrent alors à lui divers procédés techniques, les lois récentes ayant considérablement enrichi la palette des possibilités qui lui sont offertes. De sorte qu'aujoud'hui, l'individualisation ne concerne plus seulement la peine, elle envahit aussi la procédure.

À vrai dire, la matière est complexe car les procédés de poursuite, non seulement sont nombreux, mais encore ne sont pas les mêmes pour les majeurs et pour les mineurs, même si le droit des mineurs se rapporche à certains égards du droit des majeurs.

A — La poursuite des majeurs

600. — *Une particularité concernant les majeurs protégés.* La France ayant été condamnée par le C.E.D.H. au motif que notre droit des majeurs protégés n'était pas conforme aux règles sur le procès équitable [1], la loi du 5 mars 2007 portant réforme de la protection juridique des majeurs vint apporter des réponses en créant au sein du Code de procédure pénale en son Livre IV un nouveau titre intitulé « De la poursuite, de l'instruction et du jugement des infractions commises par des majeurs protégés » (art. 706-112 à 706-118).

La règle essentielle est que le procureur de la République (ou le juge d'instruction s'il est saisi) avise le curateur ou le tuteur, ainsi que le juge des tutelles, des poursuites dont le majeur protégé fait l'objet. L'obligation s'étend aux cas où le majeur fait l'objet d'une alternative aux poursuites consistant en la réparation du dommage ou d'une médiation, d'une composition pénale ou d'une comparution sur reconnaissance préalable de culpabilité (art. 706-113). Bref, l'avertissement s'impose : 1° pour celle des alternatives aux poursuites pouvant impliquer le patrimoine de la personne ; 2° pour les poursuites à l'exception de la comparution immédiate dont la rapidité est incompatible avec l'obligation de soumettre à la personne avant tout jugement à une expertise médicale afin d'évaluer sa responsabilité pénale lors des faits (art. 706-115).

En outre, le curateur ou le tuteur peut prendre connaissance du dossier et rendre visite à la personne si elle est en détention provisoire. Il sera avisé de la date d'audience et, s'il y assiste, sera entendu par la juridiction en tant que témoin. Enfin la personne doit être assistée d'un avocat [2].

Cela dit les modes de poursuite sont assez nombreux. Ils peuvent être classés en fonction du degré de complexité de l'affaire.

1. C.E.D.H. 30 janvier 2001, *Vaudelle c/ France*, D. 2002.354, note A. Gouttenoire.
2. D. Guihal et T. Fossier, *Le régime des poursuites pénales engagées contre majeurs protégés*, J.C.P. 2007.I.146 ; M. Giacopelli, commentaire à la R.P.D.P. 2007.756.

1. *Le mode de poursuite applicable aux affaires complexes : le réquisitoire introductif*

a) Domaine d'application du réquisitoire introductif

601. — S'il s'agit d'un *crime*, le réquisitoire est le seul moyen de poursuite. L'information est en effet obligatoire pour la poursuite des crimes (art. 79, C.P.P.). Cette règle se justifie par une présomption de complexité des faits et par la nécessité de faire la lumière sur la personnalité de l'auteur à raison de l'importance des peines encourues.

S'il s'agit d'un *délit*, l'instruction est facultative (art. 79, C.P.P.).Toutefois, l'emploi du réquisitoire est obligatoire dans deux séries de cas. Il l'est d'abord en droit pour certaines infractions comme les délits prévus par le Code disciplinaire et pénal de la marine marchande (l. du 17 décembre 1926, art. 37, al. 1). Dans ces cas, il y a présomption de complexité. Il est ensuite obligatoire en fait lorsque l'affaire est complexe ou lorsque l'auteur de l'infraction est soit inconnu (information contre X), soit en fuite (car il est nécessaire de lancer un mandat d'arrêt que seul le juge d'instruction peut signer). Dans ces cas, il y a évidence de complexité.

S'il s'agit d'une *contravention*, le Code prévoit la possibilité d'une information (art. 44 et 79, C.P.P.) dont l'intérêt apparaît avec les contraventions de la cinquième classe [1].

Dans les cas où le choix est possible entre réquisitoire introductif et procédé autre (contraventions et certains délits), ce choix, une fois exercé, est irrévocable. Le procureur de la République ne peut donc pas, pour le même fait, user d'un tel procédé après avoir ouvert une information ou *vice versa* [2]. Après avoir utilisé l'une des deux voies, le parquet est en effet dessaisi. De plus, il faut éviter les contradictions entre le juge d'instruction et la juridiction de jugement qui apparaîtraient si, dans le même temps, le premier rendait une ordonnance de renvoi alors que la seconde prononcerait la relaxe.

b) Auteur du réquisitoire introductif

602. — L'auteur de cet acte est évidemment le procureur de la République. Cependant la détermination de ce magistrat est aujourd'hui plus complexe que naguère compte tenu de la création de pôles de l'instruction dans certains tribunaux de grande instance (au nombre de 91) [3]. Si le procureur saisi d'une affaire est attaché à un tribunal pourvu d'un pôle, ce magistrat saisira évidemment le pôle. Il se peut cependant que le procureur saisi d'une affaire appartienne à un tribunal dépourvu de pôle ; se pose alors la

1. On verra que la victime prétendue ne peut saisir un juge d'instruction quand les faits sont contraventionnels, v. *infra*, n° 639.

2. Crim., 5 mai 1933, S., 1935.I.39.

3. V. *supra*, n° 33.

question de savoir quel procureur sera compétent pour signer le réquisitoire si l'affaire est criminelle ou s'il faut une cosaisine. L'article 80 II, C.P.P. (loi du 5 mars 2007) apporte la réponse et elle est double :

— d'abord le procureur près le tribunal sans pôle est compétent pour requérir l'ouverture d'une infraction devant les magistrats du pôle territorialement compétent pour les infractions relevant de sa compétence en application de l'article 43, C.P.P., y compris en faisant déférer devant ces magistrats les personnes intéressées ;

— ensuite le procureur près le tribunal avec pôle peut lui aussi signer le réquisitoire introductif, étant noté qu'il est territorialement compétent sur l'ensemble du ressort de ce pôle, y compris pour diriger et contrôler les enquêtes de police.

Ce système appelle évidemment une concertation entre les deux procureurs. C'est pourquoi l'article D 15-4-1, C.P.P. prévoit que le procureur « sans pôle » avise son collègue « avec pôle » des infractions et enquêtes portées à sa connaissance dès qu'il lui apparaît que ces faits sont susceptibles de donner lieu à l'ouverture d'une information de nature criminelle ou avec cosaisine. Le texte ajoute que ces deux magistrats doivent se concerter pour déterminer lequel des deux contrôlera l'enquête et décidera s'il y a lieu d'ouvrir une information [1].

c) Conditions de forme du réquisitoire introductif

603. — Peu formaliste, le réquisitoire introductif, ou à fin d'informer ou encore de soit-informé, est un acte par lequel le procureur de la République (ou l'un de ses substituts) requiert le juge d'instruction d'informer contre un individu déterminé ou non sur une ou plusieurs infractions. Il se présente pratiquement comme une formule imprimée complétée par le procureur de la République [2].

• Tout d'abord, ce magistrat indique le nom des individus poursuivis ou du représentant légal de la personne morale si la poursuite vise celle-ci (ou met la lettre X s'ils sont encore inconnus) (art. 80, al. 2, C.P.P.). Il vise aussi la qualification des faits contenus dans les procès-verbaux, plaintes ou dénonciations annexées au réquisitoire, enfin vise les textes applicables. Il est essentiel que le procureur annexe les documents établis au cours de l'enquête initiale car les faits qu'ils relatent déterminent la compétence du juge : celui-ci ne peut instruire que sur les faits qui lui sont déférés et l'on dit qu'il est saisi *in rem*.

À l'obligation d'annexer les procès-verbaux d'enquête, la jurisprudence apporte un double assouplissement. D'abord, le procureur peut se contenter d'annexer au réquisitoire un simple renseignement, résultant par exemple d'un « telex » dès lors que les constatations indiquées dans ce document sont

1. Circ., 28 janvier 2008, Crim., 08-06-E8-28.01.08, n° 3-2.
2. Crim., 11 juillet 1972, B.C., n° 235, validité d'un tel procédé.

ultérieurement confirmées par l'envoi des procès-verbaux [1]. Ensuite, le magistrat du parquet peut se borner à écrire sur le réquisitoire les mots « vu les pièces jointes », sans préciser la moindre référence à ces pièces [2]. Si ce laconisme entraîne une difficulté quant à la détermination de l'étendue de la saisine du juge d'instruction, cette difficulté serait tranchée discrétionnairement par la chambre de l'instruction [3].

• Les documents annexés au réquisitoire doivent-ils faire état d'une infraction certaine et pas simplement éventuelle. Un arrêt d'appel a annulé un réquisitoire fondé uniquement sur un témoignage anonyme [4]. Mais aujour-d'hui, la chambre criminelle est plus répressive et dans une affaire où la chambre de l'instruction avait annulé un réquisitoire introductif relatif à une infraction future, elle a décidé que le parquet peut signer un tel réquisitoire « au vu de tous renseignements dont il est destinataire » et que ce « réquisitoire ne peut être annulé que s'il ne satisfait pas aux conditions essentielles de son existence légale [5]. À plus forte raison, la jurisprudence admet que le réquisitoire introductif puisse se fonder sur un rapport contenant des conversations captées par la police judiciaire à l'occasion d'une écoute téléphonique ordonnée par un juge d'instruction dans le cadre d'une autre procédure, ces policiers ayant informé de ces conversations le parquet en application des articles 19 et 40, C.P.P., et ces conversations faisant apparaître l'existence d'une association de malfaiteurs [6].

• Le procureur de la République peut requérir ensuite du juge d'instruction l'accomplissement de certains actes, par exemple la délivrance d'un mandat d'arrêt (v. art. 131, C.P.P., selon lequel les réquisitions du parquet sont indispensables), ou « toutes mesures de sûreté nécessaires » (art. 82, al. 1, C.P.P.), comme le contrôle judiciaire ou la fermeture d'un établissement. Il peut aussi requérir la détention provisoire de la personne poursuivie, sauf à devoir alors prendre des réquisitions « motivées par référence aux seules dispositions de l'article 144 » qui énumère les cas de détention (art. 82, al. 3, C.P.P., dû à une l. du 30 décembre 1996).

• Enfin,le magistrat du parquet doit dater et signer le réquisitoire. La date est importante car cet acte interrompt la prescription. Et le défaut de signature du réquisitoire entraîne sa nullité et celle de toute la procédure subséquente [7]. Inversement, l'illisibilité de la signature est indifférente, en raison du principe d'indivisibilité du Ministère public [8]. La perte du réquisitoire

1. Crim., 1er septembre 1987, B.C., n° 308.

2. Crim., 27 juin 1991, BC., n° 285 ; 29 septembre 1992, B.C., n° 288, D., 1993, Somm., 207 et obs. J. Pradel.

3. Crim., 27 juin 1991 et 29 septembre 1992, précités ; *add.* Crim., 4 août 1998, B.C., n° 222.

4. Lyon, 30 mars 1990, J.C.P., 1990.II.21566, note Coste.

5. Crim., 5 juin 2002, B.C., n° 129.

6. Crim., 21 février 1995, B.C., n° 75, D., 1995, Somm. 321, obs. J. Pradel.

7. Crim., 4 décembre 1952, J.C.P., 1953.II.7605, note P. Chambon ; 23 avril 1971, B.C., n° 165 ; 17 février 1987, B.C., n° 77.

8. Crim., 15 novembre 1993, B.C., n° 338, D., 1994, Somm. 188, obs. J. Pradel.

n'est pas une cause de nullité si sa preuve peut résulter d'autres pièces qui en reproduisent la teneur [1]. La jurisprudence entend strictement les causes d'annulation du réquisitoire car, dit-elle, « il ne peut être annulé que s'il ne satisfait pas en la forme aux conditions essentielles de son existence légale » [2].

2. *Les modes de poursuite applicables aux affaires simples*

— Lorsque les faits sont relativement ou très simples, le procureur de la République disposait naguère d'une seule voie procédurale assez lente et aboutissant à une audience de jugement : c'était la citation directe. Elle existe toujours. Mais pour des raisons de rapidité, elle est aujourd'hui concurrencée par plusieurs autres voies, apparues progressivement. Ce furent d'abord des voies rapides ou accélérées qui, malgré la recherche d'une grande célérité laissaient subsister une audience. De plus, pour des affaires vraiment simples, d'autres moyens furent inventés impliquant cette fois, en règle générale, l'absence d'audience. Ce sont donc trois séries de modes de poursuite qu'il faut examiner.

a) La voie lente et avec audience : la citation directe

604. — La citation directe, qui est la voie la plus ancienne, est un acte par lequel la personne poursuivie comme délinquant, éventuellement comme civilement responsable, est assignée directement devant la juridiction de jugement [3]. Elle s'applique en matière de délit et de contravention sauf dans les cas où le parquet ouvre une information.

Se présentant sous la forme d'un exploit d'huissier (ou d'un préposé de l'administration en matière douanière ou forestière) délivré à la requête du Ministère public (dont un magistrat établit une citation à comparaître remise à l'huissier), la citation directe doit répondre à diverses exigences de forme à défaut desquelles la sanction de la nullité peut être encourue (art. 550 à 566, C.P.P.).

Avec le traitement en temps réel, la citation directe perd aujourd'hui beaucoup de son importance. Elle est également concurrencée par l'avertissement par le parquet (acte peu formaliste) suivi de la comparution volontaire du prévenu (art. 389, C.P.P., pour les délits et 532, C.P.P., pour les contraventions).

1. Crim., 15 novembre 1993, B.C., n° 338, D., 1994, Somm. 189, obs. J. Pradel.
2. Crim., 5 juin 2002, B.C., n° 129 ; 10 janvier 2007, B.C., n° 7.
3. H. BATIFFOL, *La citation directe*, Rev. crit., 1930.472.

— *Énumération des exigences de forme*

605. — Trois séries de formalités sont prévues [1].

• En premier lieu,l'exploit de citation doit comporter un certain nombre de *mentions :* désignation du Ministère public, date (car la citation interrompt la prescription), nom, prénom et adresse de l'huissier (afin de vérifier sa compétence), nom, prénom et adresse de la personne poursuivie, ou, s'il s'agit d'une personne morale, dénomination et siège, ainsi que son représentant légal (art. 706-43, C.P.), énonciation précise des faits (car c'est de la connaissance de ceux-ci exclusivement que la juridiction sera saisie) [2] avec indication des textes applicables (afin que le prévenu puisse mieux assurer sa défense), désignation du tribunal saisi avec date et heure, mention du coût de l'exploit et de l'enregistrement, enfin signature de l'huissier (art. 550, 551 et 564, C.P.P.).

• En second lieu, l'exploit de citation est l'objet d'une *signification*, formalité consistant pour l'huissier à le porter à la connaissance effective de la personne visée. Cette signification appelle plusieurs observations.

D'une part, elle doit être effectuée un certain temps avant l'audience, dans l'intérêt du prévenu : dix jours au moins, s'il réside dans un département de la France métropolitaine, de deux à cinq mois s'il réside hors de France métropolitaine (art. 552, C.P.P.).

D'autre part, de cet exploit sont dressés : 1° Un original que le destinataire doit signer et qui est retourné au Ministère public ; 2° Une copie qui reste entre les mains du destinataire (art. 500, al. 5, C.P.P.).

Enfin, la signification doit être faite dans la mesure du possible à la personne même visée dans la citation : on parle alors de signification *à personne* [3]. À défaut, elle est faite à l'un de ses parents, alliés ou domestiques : c'est la signification *à domicile*. Et si l'huissier ne trouve personne, la signification a lieu *à mairie*. Mais, dans ces deux derniers cas, l'huissier doit en outre aviser sans délai de cette remise la personne citée, par lettre recommandée avec avis de réception. La signature de l'accusé de réception par le prévenu prouve qu'il a eu connaissance de celle-ci et la citation produit alors les mêmes effets que si elle avait été délivrée à personne (art. 557 et 558, al. 3, C.P.P.). Cependant, l'absence, au dossier, de l'accusé de réception envoyé par l'huissier entraîne sinon la nullité de la citation, du moins l'obligation de juger le prévenu par défaut [4]. De plus, si la personne réside à l'étranger, elle est citée au parquet du procureur de la République près le tribunal saisi (art. 562, C.P.P.). Enfin, au cas d'ignorance du domicile ou de la résidence, la citation est signifiée *à parquet* (art. 559, C.P.P.).

1. C. Carlioz, *Citations et signification*, Jurisclasseur proc. pén., art. 550 à 566.

2. Crim., 29 juin 2005, B.C., n° 201, cassation d'une condamnation en matière douanière, la citation n'ayant pas précisé les dates des faits et la nature des marchandises.

3. Nullité de la citation pour violation de l'art. 550, C.P.P., lorsque l'original de l'exploit ne comporte pas la signature de la personne en ayant reçu copie et lorsqu'il n'est pas indiqué qu'elle n'a pu ou voulu signer, Crim., 26 mars 1992, B.C., n° 130.

4. Crim., 6 février 1969, J.C.P., 1969.II.15994, note P. Escande.

Tout ce système est lourd (notamment en ce qui concerne la lettre recommandée que les prévenus peuvent omettre d'aller chercher à la poste) et aléatoire (le prévenu n'étant pas toujours touché et le nombre des défauts étant important). Aussi une loi du 8 février 1995 [1] a-t-elle apporté des aménagements bien fondés :

— À la lettre recommandée avec avis de réception (qui n'est certes pas supprimée) est ajouté le procédé de la lettre simple dans laquelle se trouve un récépissé que l'intéressé est invité à signer et à renvoyer à l'huissier (art. 557, al. 2 et 558, al. 5, C.P.P.) ;

— Le procureur peut donner l'ordre à la force publique de rechercher l'intéressé. Si ce dernier est découvert, le procureur en est immédiatement avisé et peut adresser à l'O.P.J. une copie de l'exploit pour notification, cette notification valant signification à personne (art. 560, al. 3, C.P.P.) ;

— Le procureur peut aussi requérir de toute administration, établissement ou entreprise de lui fournir des renseignements sur le domicile du prévenu et sans que puisse leur être opposé le secret professionnel (art. 560, al. 4, C.P.P.).

• En troisième lieu, enfin, à la citation à personne, est assimilée la convocation en justice notifiée au prévenu, sur instructions du parquet, soit par un O.P.J. ou un greffier, soit si le prévenu est détenu, par le chef de l'établisse-ment pénitentiaire (art. 390-1, C.P.P.). La convocation contient, comme la citation, toutes indications nécessaires : fait poursuivi, texte applicable, identité du tribunal, date et heure de l'audience ; elle est constatée par un procès-verbal signé par le prévenu qui en reçoit copie. Cette nouvelle technique constitue une très utile simplification de la procédure.

— *Sanction des exigences de forme*

606. — La sanction est la nullité. Elle pose trois problèmes.

Quels sont, tout d'abord, les *cas de nullité ?* Notre droit adopte ici une attitude restrictive et distingue deux hypothèses. En cas d'inobservation des délais de citation, la nullité est possible, mais ne doit être prononcée que si le destinataire ne se présente pas, sa présence entraînant seulement le renvoi à une audience ultérieure (art. 553, C.P.P.). En cas de méconnaissance de toutes les autres règles, la nullité de l'exploit n'est possible que dans deux cas : 1° Si, en application des principes généraux, il est vicié par une irrégularité fondamentale relative à sa nature ou à son objet (par ex. défaut de signature de l'huissier, huissier incompétent) ; 2° S'il y a « atteinte aux intérêts de la personne » du destinataire, c'est-à-dire atteinte aux droits de la défense (art. 565, C.P.P.). L'article 565 est interprété strictement : il y a nullité si l'exploit ne vise pas le texte de loi applicable aux faits [2] ou ne

1. Consécutive aux travaux d'une commission ayant travaillé en 1978, Revue des Huissiers, 1978, p. 224.

2. Crim., 20 octobre 1964, B.C., n° 269.

mentionne pas le tribunal saisi [1], mais non, si au lieu de décrire les faits imputés, il se contente de viser le procès-verbal qui les a constatés [2] ou encore si le prévenu a reçu l'avis prescrit par l'article 557, C.P.P. [3].

Quelles *personnes* peuvent ensuite invoquer la nullité ? On aurait pu croire à la lecture de l'article 565 que seul le prévenu (ou le civilement responsable) ait ce droit. Puisqu'il s'agit de nullité d'intérêt privé, on imagine mal qu'une personne autre que la victime elle-même puisse agir. Un arrêt remarqué a pourtant admis que le Ministère public pouvait soulever l'exception tout comme son destinataire et ce, « même en dehors des cas où l'ordre public aurait été méconnu » [4]. C'est méconnaître le sens de l'article 565 et, sans doute, l'intérêt d'une bonne administration de la justice [5].

À quel *moment* enfin la nullité doit-elle être invoquée ? Dans l'intérêt de la justice, elle doit être soulevée avant toute défense au fond (art. 385, C.P.P.) [6].

b) Les voies rapides et avec audience : la convocation par procès-verbal et la comparution immédiate, le plaidoyer de culpabilité

607. — *Vue générale.* Il existe des infractions, en grand nombre, qui par leur gravité, ne peuvent être traitées par un moyen de la « troisième voie » et qui, en même temps appellent une répression plus rapide que selon le mode de la citation directe. D'où les initiatives législatives de créer des voies rapides, mais sans suppression de l'audience pour autant, le premier texte remontant à 1863.

Par la suite, le législateur ne cessa d'affiner la procédure en s'efforçant toujours de concilier efficacité et droits de la défense. Ces derniers se traduisent par la présence possible ou obligatoire de l'avocat. Quant à l'effica-cité, elle consiste en une rapidité recherchée le plus souvent par l'instaura-tion de délais brefs. Aujourd'hui, ces procédures rapides avec audience sont d'une part la convocation par procès-verbal et la comparution immédiate, aujourd'hui classiques dans notre paysage procédural et, d'autre part, le plaidoyer de culpabilité introduit dans notre droit par une loi du 9 mars 2004.

1. Paris, 10 juin 1961, G.P., 1961.II.86 ; Crim., 28 novembre 1983, B.C., n° 316.
2. Crim., 7 mars 1962, B.C., n° 120 ; v. aussi Crim., 9 novembre 1967, B.C., n° 283 ; Crim., 6 janvier 1970, B.C., n° 94 et R.S.C., 1970.664, obs. J. Robert.
3. Crim., 17 novembre 1971, D., 1972, Somm. 29.
4. Crim., 5 mars 1970, J.C.P., 1970.II.16556, note M.L. Rassat ; *add.* J.M. ROBERT, *Nullités de procédure pénale et bonne administration de la justice*, D., 1971, chron. 85. Pourtant, un arrêt plus récent décide que le juge pénal ne peut pas relever d'office une nullité de citation, Crim., 19 mars 1997, *Droit pénal*, juillet 1997.17.
5. J.M. ROBERT, *Nullités de procédure pénale et bonne administration de la justice*, D., 1971, chron. p. 85 ; J. PRADEL et A. VARINARD, n° 6.
6. V. *infra*, n° 863.

— La convocation par procès-verbal et la comparution immédiate

Bibliographie. — F. CASORLA, *L'enquête en flagrance et la procédure judiciaire de flagrant délit. Le nouveau pouvoir judiciaire*, n° 290, avril 1980.22 ; E. LALANNE, *Les procédures accélérées*, thèse dactyl. Pau, 1997 ; V. LESCLOUS, *Convocation par procès-verbal et comparution immédiate*, Jurisclasseur proc. pén., art. 393 à 397-6 ; J. PRADEL, *Les recherches d'identité et la poursuite des délits flagrants depuis la loi du 10 juin 1983*, D., 1984, chron. 75 ; du même, *L'urgence en procédure pénale*, XIIe Colloque des Instituts d'études judiciaires, Pau, mai 1979, *Cahiers de l'Université de Pau et des Pays de l'Adour*, n° 15, 155 et s., 1981 ; M. PUECH, *La convocation par procès-verbal et la comparution immédiate*, A.L.D., 1983.105.

608. — *Une évolution législative sinueuse*. Ces deux techniques tirent leur origine de la vieille procédure de flagrant délit très souvent retouchée. Résumons les stades successifs de la législation. Le C.I.C. de 1808 n'avait pas prévu de procédure particulière pour la mise en mouvement de l'action publique en cas de flagrant délit. Aussi, quand l'auteur d'une telle infraction était présenté au procureur de la République, celui-ci avait le choix entre la citation directe (avec des risques de fuite) et l'ouverture d'une information (avec des risques de lenteur et les inconvénients de la détention). C'est pourquoi une loi du 20 mai 1863 organisa une procédure originale permettant au procureur de la République de placer l'intéressé sous mandat de dépôt et de le présenter aussitôt après devant le tribunal correctionnel. Ayant donné de bons résultats, la loi de 1863 a été incorporée au Code de procédure pénale (art. 71 et 393 à 397).

L'évolution n'était pourtant pas achevée. Une loi du 6 août 1975 crée une variante, le « rendez-vous judiciaire », permettant au procureur de la République de ne pas placer l'intéressé sous mandat de dépôt et de le citer à comparaître devant le tribunal à une date fixée par lui. Plus ambitieuse, une loi du 2 février 1981, dite « Sécurité et Liberté », étend la procédure rapide à des infractions non flagrantes, mais déjà élucidées : il s'agissait de dégorger l'instruction préparatoire et donc d'accélérer la procédure. En outre, la loi de 1981 décidait que le mandat de dépôt serait désormais décerné par un juge. Cette double modification était si importante que les mots mêmes changeaient : le flagrant délit devenait la saisine directe [1]. Cependant, des critiques considérables furent faites par l'opposition qui reprochait notamment l'extension d'une procédure rapide à des infractions non flagrantes, alors pourtant que les garanties à l'individu étaient sérieuses. À la faveur d'un changement politique de majorité en mai 1981, une nouvelle réforme fut décidée. Elle aboutit à une loi du 10 juin 1983 (art. 393 à 397-6, C.P.P.) qui organise un système à mi-chemin du flagrant délit et de la saisine directe : coexistent la convocation sur procès-verbal qui dérive du « rendez-vous judiciaire » et la comparution immédiate, sorte de saisine directe « nouveau style ».

1. J. PRADEL, D., 1981, chron. 101.

Enfin, des retouches ont été apportées par des lois des 9 septembre 1986, 9 septembre 2002, 9 mars 2004 et 5 mars 2007.

609. — *Domaine d'application des deux procédures rapides.* Ce domaine est déterminé par deux séries de dispositions.

Dispositions *communes aux deux procédés* tout d'abord : 1° Exclusion pour les crimes et les contraventions, pour les infractions commises par les mineurs [1], pour les infractions politiques et de presse et pour celles dont la procédure de poursuite est prévue par un texte spécial comme les délits forestiers, militaires, de chasse ou de pêche ou encore de fraude (art. 397-6, C.P.P.) [2] ; 2° Exclusion lorsqu'une instruction préparatoire est nécessaire, la comparution immédiate s'appliquant « lorsqu'il apparaît que les charges réunies sont suffisantes et que l'affaire est en état d'être jugée » (art. 395, al. 1, C.P.P.) [3], et cette formule pouvant *a fortiori* s'appliquer à la convocation par procès-verbal ; 3° Adoption lorsque le procureur de la République recherche un jugement rapide.

Dispositions *propres à la comparution immédiate* ensuite : la peine encourue par l'auteur du délit doit être comprise soit entre deux et dix ans si le fait n'est pas flagrant, soit entre six mois et dix ans dans le cas contraire (art. 395, C.P.P.).

Pour le calcul de la peine encourue, doit-on tenir compte des circonstances aggravantes ? Une réponse affirmative conduit à réduire le domaine d'application de la comparution immédiate car il est fréquent que ces circonstances entraînent un exhaussement de la peine supérieur à dix ans. La réponse dépend de la nature de la circonstance :

— S'agit-il d'une circonstance matérielle (objective), c'est-à-dire d'une circonstance entrant dans la qualification applicable aux faits, elle doit être prise en compte pour la détermination du maximum encouru. Par exemple, le vol — passible de trois ans s'il est simple (art. 311-3, C.P.) — peut être traité par voie de comparution immédiate s'il est accompagné de violences n'ayant pas entraîné d'incapacité totale de travail et de huit jours car la peine est de sept ans (art. 311-5, C.P.), et même lorsque l'incapacité est de neuf jours car alors la peine est de dix ans (art. 311-6, C.P.). En revanche, pas de comparution immédiate pour un vol accompagné de violences ayant entraîné une mutilation car la peine encourue est alors de quinze ans de réclusion criminelle (art. 311-7, C.P.).

— S'agit-il d'une circonstance personnelle (subjective), en pratique de la récidive, alors l'aggravation de peine (doublement de la peine selon l'article 132-10, C.P.) ne doit pas être prise en compte [4]. Il ne faut pas préjuger de la décision que prendra le tribunal.

1. Qui appellent des investigations psychologiques et sociales.

2. La comparution immédiate peut s'appliquer à un délit douanier, Crim., 8 avril 1999, B.C., n° 73, *Droit pénal*, Trafic de stupéfiants : la procédure de comparution immédiate est validée par la Cour de cassation, par F. Molins, chron. 29 décembre 1999.

3. L'emploi de la comparution immédiate ne suppose donc pas forcément que les faits soient flagrants. V. en ce sens, des exemples étrangers, in J. Bernat de Célis, *Arch. pol. crim.*, tome 5, pp. 93 et s., 1982.

4. Crim., 19 février 2002.

610. — *Rôle du procureur de la République. Règles communes aux deux voies.* Si le procureur de la République a opté en faveur de l'une de ces deux procédures rapides, éliminant donc la citation directe et le réquisitoire introductif[1], il doit faire connaître à l'intéressé les faits qui lui sont reprochés. Il reçoit ses déclarations s'il en fait la demande (art. 393, al. 1, C.P.P.). Et aussitôt après, il procède à un second choix entre la convocation par procès-verbal et la comparution immédiate.

Trois remarques ici doivent être faites. D'abord quelle que soit la voie choisie, le parquetier avise l'intéressé qu'il a le droit à l'assistance d'un conseil (de son choix ou commis d'office) ; celui-ci peut immédiatement consulter le dossier et communiquer avec l'intéressé ; mention du tout est faite dans le procès-verbal que dresse le magistrat quand il notifie les faits[2]. Ensuite, qu'il y ait convocation par procès-verbal ou comparution immédiate, le parquet doit aviser la victime par tout moyen de la date de l'audience (art. 393-1, C.P.P.). Enfin, des deux modalités prévues par la loi, c'est la convocation qui a la préférence du législateur parce qu'elle suppose le maintien en liberté.

611. — *Rôle du procureur de la République. Règles propres à la convocation par procès-verbal.* La faveur du législateur pour la convocation a deux causes : économie d'un acte d'huissier (contrairement à la citation directe), simplicité (plus accusée que dans le cas de comparution immédiate).

La convocation par procès-verbal — dont l'origine est le « rendez-vous judiciaire » créé en 1975 — prévoit pour le magistrat du parquet une obligation et une faculté.

1° Une *obligation :* celle d'inviter le prévenu à comparaître devant le tribunal dans un délai compris entre dix jours (sauf renonciation expresse faite en présence de l'avocat, art. 394, al. 1, C.P.P.) et deux mois. Le parquetier notifie au prévenu les faits reprochés. Il lui indique aussi le lieu, la date et l'heure de l'audience. Il l'informe encore qu'il doit comparaître à l'audience en possession des justificatifs de ses revenus ainsi que de ses avis d'imposition ou de non-imposition ; cette formalité permettra au tribunal de prononcer le cas échéant une amende en toute connaissance de cause. Tous ces éléments sont mentionnés à un procès-verbal qui est signé par le prévenu — auquel une copie est remise sur-le-champ — qui vaut citation à personne et saisit ainsi le tribunal (art. 394, al. 1, C.P.P.).

Les droits de la défense sont assurés : l'avocat du prévenu est informé par tout moyen et sans délai de la date et de l'heure de l'audience et il peut, à tout moment, consulter le dossier (art. 394, al. 2, C.P.P.).

1. Crim., 26 avril 1994, B.C., n° 149, le procureur choisit librement entre information et procédure rapide.

2. Quand il comparaît devant le parquetier, l'intéressé n'a donc en général pas encore d'avocat. Il en va cependant différemment en cas de délit de criminalité organisée avec utilisation des méthodes spéciales d'investigation des articles 706-80 à 706-95, C.P.P. : le prévenu alors peut comparaître avec un avocat à ses côtés (art. 706-106, C.P.P.).

Afin d'éviter la présentation au parquet, quelques procureurs de la République utilisaient sans texte le « déféré libre » : quand ce magistrat décidait de poursuivre par la voie de la convocation par procès-verbal, il pouvait faire notifier par les policiers saisis de l'affaire « la date et l'heure précises auxquelles le justiciable devra se présenter au parquet afin d'être convoqué à l'audience ; mention de cette notification était portée au procès-verbal d'enquête. Dans les cas, qui ne dépassaient pas 10 %, où la personne qui a ainsi été libre ne se présentait pas, les poursuites étaient exercées par la voie de la citation directe ou, exceptionnellement, de l'information » [1]. Cette pratique, très souple, méritait d'être encouragée et c'est pourquoi elle a été consacrée par le législateur à l'article 390-1, C.P.P. : c'est ce que l'on appelle la convocation en justice. Elle vaut citation à personne et donc saisit le tribunal.

2° Une *faculté :* celle de faire placer le prévenu sous contrôle judiciaire. Si le magistrat du parquet estime qu'une telle mesure est opportune, il présente sur-le-champ le prévenu au juge des libertés et de la détention . Ce magistrat du siège, en présence d'un greffier, entend le prévenu et son conseil et décide, s'il l'estime opportun, le placement sous contrôle judiciaire, par exemple dans l'intérêt de la victime (art. 138, al. 1, 16°, C.P.P). Il remet au prévenu une copie du procès-verbal qu'il a établi. Cependant, le juge ne saurait décider la mise en détention provisoire du prévenu, celle-ci ne pouvant l'être que dans le cadre de la seconde modalité de la procédure rapide.

612. — *Rôle du procureur de la République. Règles propres à la comparution immédiate (Le T.G.V. de la procédure pénale).* Décrite aux articles 395 à 397-7, C.P.P., la voie de la comparution immédiate est choisie par le parquet s'il estime qu'une mesure de détention provisoire est nécessaire [2].

Tout diffère selon que le prévenu est traduit immédiatement ou non devant le tribunal.

1) *Première hypothèse : La réunion du tribunal est impossible le jour où le prévenu est présenté au parquet.* Le magistrat du parquet fait alors appel au juge des libertés et de la détention. À ce dernier, il demande la mise en détention provisoire du prévenu. Le magistrat du siège, statuant en chambre du conseil, un greffier à ses côtés (art. 396, al. 1, C.P.P.) [3], recueille les « déclarations » du prévenu, son avocat ayant été avisé. Parallèlement, il doit faire procéder à une très rapide enquête de personnalité qui le renseignera sur le domicile et la profession du prévenu et donc sur la nécessité ou l'inutilité d'une incarcération ;

1. Circulaire du 1er août 1984, B.O.M.J., n° 15, p. 69.

2. Avec la création des pôles de l'instruction, à partir du 1er mars 2008, le législateur du 5 mars 2007 a créé un nouvel article 397-7, C.P.P. Si lors du déferement de la personne en application de l'article 393, C.P.P., le procureur estime que les faits devraient faire l'objet d'une instruction par un pôle de l'instruction (affaire complexe) alors qu'il n'existe pas de tel pôle auprès de son tribunal et s'il estime en outre qu'une mesure de détention provisoire est nécessaire, il requiert du tribunal une mise en détention provisoire ou sous contrôle judiciaire. Si la détention provisoire a été décidée, la personne doit comparaître devant le juge d'instruction du pôle au plus tard le troisième jours ouvrable suivant, à défaut de quoi elle est remise en liberté d'office, circulaire du 28 janvier 2008, n° 6.1.1.

3. V. aussi note au D., 1982.484.

du reste, une telle enquête a pu déjà avoir été ordonnée par le parquet sur la base de l'article 41, alinéa 6, C.P.P. [1]. Enfin, le juge écoute les réquisitions du parquet, recueille les « observations » du prévenu (ce qui confère un caractère contradictoire à l'audience de cabinet tenue par lui) et prend sa décision.

S'il refuse de placer l'intéressé en détention, il peut le placer sous contrôle judiciaire (art. 396, *in fine*, C.P.P.), mais pas le convoquer par procès-verbal [2]. Le procureur notifie alors à l'intéressé la date et l'heure de l'audience (art. 396, *in fine*, C.P.P.).

S'il estime en revanche que la détention s'impose, il rend une ordonnance qui : 1° est spécialement motivée d'après les éléments de l'espèce par référence aux hypothèses énumérées par l'article 144, C.P.P. ; 2° est notifiée verbalement à l'intéressé auquel en est remise une copie ; 3° saisit le tribunal, ce qui est très original ; 4° oblige le parquet à faire comparaître le prévenu devant le tribunal le troisième jour ouvrable suivant, à peine de remise en liberté ; 5° est insusceptible d'appel, pour des raisons de rapidité.

2) *Seconde hypothèse : la réunion du tribunal est possible le jour où le prévenu est présenté au parquet ou le prévenu est traduit devant lui le deuxième jour ouvrable suivant l'ordonnance de mise en détention.* De la sorte, c'est devant le tribunal que se trouve le prévenu [3]. Commence alors la phase de jugement [4].

En marge de cette description technique, on donnera quelques indications d'ordre pratique. La procédure rapide s'applique surtout à des hommes (90 %), jeunes (près de 50 % ont moins de 25 ans), souvent sans famille et sans profession (70 %) ou sans domicile (50 %), assez souvent étrangers (35 %). Les infractions traitées par cette procédure, simples par hypothèse, sont avant tout des vols (à l'étalage, à la tire, à la roulotte, de véhicule), plus rarement des grivèleries, outrages ou violences à agents, violations d'un arrêté d'expulsion. Ces infractions sont le plus souvent commises par un seul individu. Enfin, cette procédure est plus utilisée à Paris qu'en province et sa variante qu'est le rendez-vous judiciaire est plus ou moins utilisée selon les magistrats [5].

La comparution immédiate, enfin, fait parfois l'objet de réserves de la part de certains esprits. À la vérité, cette procédure, si elle est maniée avec précaution, présente de gros avantages : elle concilie en effet rapidité de la justice et droits de l'individu. La rapidité est assurée par l'existence de délais brefs et impératifs de sorte que la comparution immédiate apporte une réponse presque en temps réel à une certaine délinquance (y compris certains délits en matière de drogue) qui appelle une telle réponse. Quant aux droits de l'individu, ils sont garantis dans leurs deux aspects : droits de la défense (possibilité pour le prévenu d'avoir un avocat qui peut consulter le dossier) ; protection des libertés (possibilité d'une enquête rapide en vue d'éviter l'incarcération, meilleure tolérance de l'individu à la comparution immédiate qu'à l'instruction préparatoire dans le cadre de laquelle il ne sait pas quand il sera jugé).

1. J. Bernat de Célis, *L'expérience des enquêtes rapides au tribunal de Paris*, R.S.C., 1980.957.
2. Trib. gr. inst. Paris, 22 septembre 1986, D., 1987.59, note J. Pradel.
3. Là encore le parquet a dû faire procéder à une rapide enquête de personnalité, art. 41, al. 6, C.P.P.
4. V. *infra*, n° 878.
5. R. Lévy, *Les « flags », une justice ou une police ?, Approche statistique de la pratique des flagrants délits*, Service d'études pénales et criminologiques, n° 35, 1982.

— *La comparution sur reconnaissance préalable de culpabilité (CRPC ou plaidoyer de culpabilité)*

613. — *Principes.* C'est la loi du 9 mars 2004 qui a créé cette procédure que, *brevitatis causa*, on appelle le plaider coupable ou plaidoyer de culpabilité (art. 495-7 à 495-16, C.P.P.) [1]. Le principe directeur en est celui-ci.

Pour tout délit puni à titre principal d'une peine d'amende ou d'une peine d'emprisonnement ne dépassant pas cinq années, la sanction infligée résulte d'un accord entre le procureur et l'auteur des faits, homologué par le président du tribunal de grande instance. La justice devient consensuelle, comme il apparaît déjà avec la composition pénale créée par une loi du 23 juin 1999.

L'idée du législateur, qui s'est largement inspiré d'expériences étrangères — notamment anglo-saxones et italienne [2] — est, tout en assurant le respect des grands principes comme ceux des droits de la défense, de la célérité, de la séparation des autorités de poursuite et de jugement, de poursuivre deux objectifs :

— alléger les audiences correctionnelles des affaires simples dans lesquelles les faits sont reconnus et de renoncer aussi à ce spectacle affligeant d'audiences où passaient dix affaires par heure, d'où un gain de temps ;

— conduire au prononcé de peines plus efficaces, une peine acceptée par l'auteur devait logiquement être exécutée plus aisément.

Cependant la C.R.P.C. ne convient qu'à certaines affaires. D'abord elle est exclue en droit pour les mineurs, en matière de délits de presse et de délits politiques, et pour les homicides involontaires (art. 425-16 C.P.P.) Ensuite, en fait la circulaire du 2 septembre 2004 fournit aux parquetiers d'utiles indications. En premier lieu il doit s'agir d'affaires simples et en état d'être jugées, les faits étant reconnues et des investigations complémentaires sur la personnalité de l'auteur ne s'imposant pas ; les auteurs doivent être peu nombreux ; le préjudice ne doit pas poser de problèmes dans son évaluation. En second lieu, la C.R.P.C. ne saurait concerner que des affaires pour lesquelles la sanction est prévisile à défaut de quoi la défense ne pourrait apprécier le bien-fondé de la peine proposée. En troisième lieu enfin, un délit justiciable de la C.R.P.C. doit

1. B. DE LAMY, commentaire de la loi du 9 mars 2004 portant adaptation de la justice aux évolutions de la criminalité, D., 2004, chron. 1982 et s. ; J. PRADEL, id., J.C.P., 2004.I.132 (sur la réglementation) et J.C.P., 2004, act. 58 (sur la justification) ; Journées d'études de la Société générale des Prisons, en novembre 2004, avec interventions de M. SEURIN, X. PRADEL, D. CASANOVA et D. MISSISTRANO, R.P.D.P., 2005, pp. 377 et s. ; D. CHARVET, *Réflexion autour du plaider-coupable*, D., 2004, chron. 2517 ; J. DANET, *La C.R.P.C., Du modèle législatif aux pratiques... et des pratiques vers quel(s) modèle(s) ?*, A.J. pénal, décembre 2005 ; P.-J. DELAGE, *La C.R.P.C., Quand la pratique ramène à la théorie*, D., 2005, chron. 1970 ; F. MOLINS, *Plaidoyer pour le plaider coupable*, A.J. pénal, 2003.61, et du même, Contribution pour un premier bilan, id. décembre 2005 ; C. SAAS, *De la composition pénale au plaider coupable : le pouvoir de sanction du procureur*, R.S.C. 2004, pp. 827 et s.

2. J. PRADEL, *Le plaider coupable. Confrontation des droits américain, italien et français*, R.I.D.C. 2005, p. 473 et s.

être un délit n'imposant pas une audience devant le tribunal correctionnel : il est des cas où une audience est opportune au regard de l'intérêt de la société [1].

On pourrait croire que la C.R.P.C. fait double emploi avec la composition pénale, ces deux procédures concernant des délits passibles d'un emprisonnement de cinq ans au plus et impliquant l'accord de l'auteur des faits. Cette vue est inexacte car la C.R.P.C., inapplicable aux contraventions, peut par ailleurs s'appliquer à des délits plus graves, sanctionnables d'une peine d'emprisonnement comme il a déjà été dit ; de plus, la condamnation prononcée dans le cadre de la C.R.P.C. peut constituer le premier terme d'une récidive, ce qui renforce l'idée d'une plus grande gravité des délits traités par la voie de la C.R.P.C.

D'un autre côté, la C.R.P.C. ne fait pas non plus double emploi avec la comparution immédiate. Celle-ci peut s'appliquer même en cas d'absence d'aveu, elle n'implique pas l'acceptation procédurale de la part de l'auteur des faits et elle s'applique à des faits plus graves encore que ceux traités par la C.R.P.C. puisque justiciables d'une peine d'emprisonnement de dix ans. Inversement, la C.R.P.C. est moins lourde à mettre en œuvre (pas de collégialité, pas de forces de l'ordre, pas de greffier) de sorte qu'à délit égal, des parquets peuvent préférer la C.R.P.C. à la comparution immédiate.

Le déroulement de la procédure comporte deux temps. Le premier qui s'intègre à la phase de poursuite consiste en la comparution de l'auteur des faits devant le procureur de la République avec offre d'une peine par celui-ci. Le second temps se déroule devant le président du tribunal ; il appartient donc à la phase décisoire et sera examiné ultérieurement, à l'inverse du premier.

614. — *Technique : la comparution de l'auteur des faits devant le procureur de la République et offre de celui-ci (art. 495-8 et 10, C.P.P.).* Le procureur, en fait le substitut de permanence, reçoit en son cabinet l'auteur des faits qui lui est déféré (en fait à l'issue d'une garde à vue) ou, le plus souvent, qui a été convoqué par ses soins, ou encore qui se présente à lui sur sa demande, voire qui a déjà fait l'objet d'une citation directe ou d'une convocation en justice et qui lui demande par lettre recommandée d'être jugé selon la procédure du plaider coupable, le procureur étant dans ce dernier cas libre d'accepter ou non (art. 495-15, C.P.P.).

Le magistrat du parquet, après avoir fait procéder à une *enquête de personnalité* (art. 41, al. 6), et « recueilli » les « déclarations » de l'intéressé (art. 495-8, al. 4, C.P.P., ce qui fait apparaître qu'il n'y a pas de véritable interrogatoire) lui propose « d'exécuter une ou plusieurs peines principales ou complémentaires encourues » (art. 495-8, al. 1, C.P.P.) [2]. L'offre est faite en fonction du principe de la personnalisation de la peine inscrit à l'article 132-24, C.P., que rappelle

1. En pratique, sont traitées par la voie de la C.R.P.C. les conduites sous l'empire d'un état alcoolique, sans permis, sans assurance ou en récidive d'un très grand excès de vitesse, les violences urbaines, le non-paiement de pension alimentaire, la non-représentation d'enfant, les violences intra familiales simples, le non-respect des règles d'hygiène et de sécurité prévus au Code du travail...

2. En général, le parquetier ne fait de proposition de peine qu'à l'issue d'un entretient avec l'auteur des faits.

l'article 495-8, C.P.P. La personnalisation n'est pas l'arbitraire et pour exclure celui-ci, la loi établit deux règles : 1° Si le procureur utilise la voie de l'emprisonnement, la durée de celui-ci ne peut dépasser un an ni excéder la moitié de la peine encourue, les techniques d'individualisation restant possibles (sursis, semi-liberté, placement sous surveillance électronique...) ; 2° Si le procureur propose l'amende, son montant ne peut être supérieur au maximum légal.

De plus, le parquetier avise le prévenu qu'il peut disposer d'un délai de dix jours avant de faire connaître s'il accepte ou refuse la ou les peines proposées.

L'avocat du prévenu est nécessairement présent et il a pu consulter le dossier (art. 495-8, al. 4, C.P.P.). On peut considérer que, malgré le silence de la loi, la procédure conduite en l'absence du conseil du prévenu serait nulle : il devrait y avoir nullité substantielle (« la personne ne peut renoncer à son droit d'être assistée par un avocat »).

Trois partis s'offrent alors au prévenu :

— Il rejette d'emblée à la proposition du parquetier, lequel devra alors se rabattre sur l'une des autres voies procédurales prévues par la loi car il n'y a pas de négociation sur la peine à l'anglo-saxonne ; il y a *plea* sans *bargaining* ;

— Il use du délai de réflexion de dix jours (art. 495-8, al. 5, C.P.P.). Le parquetier peut alors, dans l'intérêt de l'ordre public, présenter le prévenu devant le juge des libertés et de la détention aux fins de placement sous contrôle judiciaire ou « à titre exceptionnel » de mise en détention provisoire « si l'une des peines proposées est égale ou supérieure à deux mois d'emprisonnement ferme ». Cette mesure attentoire à la liberté dure jusqu'à ce que le prévenu comparaisse de nouveau devant le parquetier (aux fins de recueil de sa décision d'accepter ou non la proposition du magistrat), cette seconde comparution devant intervenir dans un délai compris entre dix et vingt jours à compter de la décision du juge, à défaut de quoi il est mis fin à la mesure (art. 495-10, C.P.P.). Si le prévenu refuse la proposition, on est ramené au premier parti. S'il accepte, il est aussitôt présenté au président du tribunal aux fins d'homologation et c'est alors la phase décisoire qui s'ouvre ;

— Il accepte d'emblée la proposition et, là encore, il est présenté au président (art. 495-9, C.P.P.).

Ainsi la loi du 9 mars 2004 en créant la C.R.P.C. a inauguré un mécanisme très nouveau dans notre droit, même si ce mécanisme n'est pas sans parenté avec l'ordonnance pénale [1].

c) Procédures rapides et sans audience, procédures simplifiées : l'ordonnance pénale et l'amende forfaitaire

615. — *Position du problème et évolution législative.* Pour la plupart des contraventions et pour les « petits délits », deux attitudes sont possibles : soit conserver la procédure classique avec audience (qu'il s'agisse de la procédure

1. A. Valoteau, *Le jugement sur reconnaissance préalable de culpabilité : une autre procédure de jugement ou une autre manière de juger ?*, Dr. pénal, mai 2006, p. 8.

ordinaire ou d'une procédure rapide), soit organiser une procédure sommaire sans audience. Longtemps, notre droit n'a connu que le premier système, traitant identiquement le contrevenant d'un règlement municipal et l'auteur d'un vol grave. L'encombrement des tribunaux qui en est résulté a conduit le législateur à adopter pour les « petites infractions » le second système.

À la suite d'une évolution sinueuse (déc.-L. du 28 décembre 1926 sur l'amende forfaitaire ; ord. 2 novembre 1945 sur l'amende de composition), divers textes, souvent modifiés, ont institué le système actuel fait de deux institutions, l'ordonnance pénale (qui reste judiciaire) et l'amende forfaitaire (qui ne l'est presque plus). On les qualifie souvent de procédures sommaires ou simplifiées.

616. — *L'ordonnance pénale.* Elle découle d'abord d'une loi du 3 janvier 1972 (art. 524 à 528-2, C.P.P.). Il s'agit d'une « procédure judiciaire simplifiée » (Exposé des motifs de la loi de 1972) [1]. Alors que la loi de 1972 l'avait institué pour les contraventions, la loi du 9 septembre 2002 l'a étendue à certains délits (art. 495 à 495-6, C.P.P.) [2].

Le principe est toujours le même : le procureur de la République, s'il estime une audience inutile, saisit un juge qui pourra rendre une ordonnance portant condamnation de l'auteur des faits.

En *matière contraventionnelle*, la procédure d'ordonnance pénale peut s'appliquer à toute contravention de police, même commise en récidive. Seules sont exclues les contraventions de cinquième classe commises par un mineur, les contraventions prévues par le Code du travail, enfin celles pour lesquelles la victime a cité directement, devant le tribunal de police, l'auteur des faits comme elle en a le droit tant que l'ordonnance n'a pas été rendue.

En *matière correctionnelle*, la procédure d'ordonnance pénale peut s'appliquer aux délits routiers (ainsi qu'aux contraventions connexes prévues par le Code de la route et aux délits concernant les transports terrestres) à trois exceptions près : 1° Le prévenu est âgé de moins de dix-huit ans lors des faits ; 2° La victime a formulé au cours de l'enquête une demande de dommages-intérêts ou de restitution ou bien elle a fait citer directement le prévenu avant qu'ait été rendue l'ordonnance ; 3° Le délit routier a été commis en même temps qu'une contravention ou qu'un délit d'homicide involontaire ou d'atteinte involontaire à l'intégrité de la personne. En outre, le parquet ne peut user de cette procédure que si les faits sont établis et que si les renseignements sur la personnalité sont suffisants.

Dans les deux cas, le Ministère public ayant choisi la procédure d'ordonnance pénale communique le dossier, avec ses réquisitions, au juge de police ou au président du tribunal correctionnel. On entre alors dans la phase

1. Commentaires par J. VOLFF au J.C.P., 1968.I.2192 (proposant la réforme), par A. MAYER-JACK au J.C.P., 1972.I.2465, par M. QUÉRO à la *Rev. Huissiers de justice*, 1977.I.300 et par J. PRADEL au D., 1972, chron. 153.
2. Commentaire J. Volff au D., 2003, chron. 2777.

décisoire, en principe très simple puisqu'il n'y a d'audience publique et d'avocat qu'en cas de recours contre l'ordonnance [1].

La procédure d'ordonnance pénale, bien qu'elle ne débouche pas normalement sur une audience publique, est conforme aux droits de l'homme et aux droits de la défense.

D'une part en effet, la C.E.D.H. considère que la procédure de l'ordonnance pénale allemande (la nôtre en est un peu la copie) est conforme à l'article 6 Conv. E.D.H. Selon les juges européens, un État peut avoir de bons motifs de décharger ses juridictions du soin de réprimer des infractions légères. Confier cette tâche à des autorités administratives ne heurte pas la Convention pour autant que l'intéressé puisse saisir de toute décision ainsi prise à son encontre un tribunal offrant les garanties de l'article 6 [2].

D'autre part, le Conseil constitutionnel considère que « la procédure simplifiée de l'ordonnance pénale correctionnelle présente, quant au respect des droits de la défense, des garanties équivalentes à celles dont le prévenu aurait bénéficié devant un tribunal correctionnel et que l'ensemble des dispositions garantit de façon suffisante l'existence d'un procès juste et équitable » [3].

617. — *L'amende forfaitaire. Vue générale.* Cette procédure est quasiment administrative, se situe essentiellement dans la phase préparatoire du procès pénal et ne laisse qu'un rôle très restreint au juge de police. Le système de l'amende forfaitaire, très souvent modifié, est traité dans un chapitre spécial du Code de procédure pénale (art. 529 à 530-3). Dans ce chapitre, sont décrites deux variantes de l'amende forfaitaire.

618. — *L'amende forfaitaire. Procédure applicable à certaines contraventions.* Cette procédure est régie par les articles 529 à 529-2, 530 à 530-3 et R. 49 à R. 49-13, C.P.P.

1) Quel est le *domaine* de cette procédure ? Selon l'article 529, elle s'applique aux contraventions des quatre premières classes dont la liste est fixée par décret en Conseil d'État [4]. Mais il faut que seule une peine d'amende soit encourue et, en outre, il ne faut pas que plusieurs infractions, dont l'une au moins ne peut donner lieu à amende forfaitaire, aient été constatées en même temps. En outre, le parquet peut toujours préférer la procédure de droit commun à celle de l'amende forfaitaire [5].

2) Plus délicat est le *déroulement* de la procédure applicable. On peut distinguer deux phases, la seconde plus complexe que la première.

— La première phase est celle de la *constatation* de l'infraction par un agent verbalisateur qui remet au contrevenant un avis de contravention et une carte de paiement.

1. V. *infra* n°s 881 et s.
2. C.E.D.H. 21 février 1984. *Ozturk c/ Allemagne.*
3. Cons. const. 29 août 2002. J.O. 10 septembre Cons. 81.
4. Qui vise notamment les contraventions routières, en matière de transport et de circulation, en matière de protection de l'environnement, de protection ou de contrôle des animaux domestiques, etc…
5. Crim., 12 mars 2002, B.C., n° 61.

L'avis mentionne le délai dans lequel le paiement ou, en cas de contestation, la requête doivent être faits, ainsi que le montant de l'amende forfaitaire (art. R. 49, C.P.P., qui indique les montants, qui s'échelonnent de 4 € à 135 € selon la classe de la contravention). En matière routière, ces deux documents sont apposés sur le véhicule.

— La seconde phase est *administrative* ou *judiciaire*, plusieurs cas pouvant se présenter selon l'attitude du contrevenant.

En premier lieu, celui-ci peut payer soit immédiatement entre les mains de l'agent verbalisateur, soit ultérieurement auprès du service indiqué dans l'avis de contravention, mais dans les quarante-cinq jours suivant la constatation de l'infraction ou, en cas d'envoi dans les quarante-cinq jours de cet envoi (art. 529-1). Le paiement s'effectue par l'envoi au Trésor public d'un chèque joint à la carte de paiement, ou par l'apposition d'un timbre (art. 529-1 et R. 49-3). Détail capital, ce paiement éteint l'action publique et les règles sur la récidive ne peuvent s'appliquer (art. 529).

En second lieu, l'intéressé peut ne pas payer, mais formuler dans les trente jours une requête tendant à son exonération auprès du service indiqué dans l'avis de contravention. Cette requête est transmise au parquet qui, à son choix, peut classer sans suite ou poursuivre (par voie d'ordonnance pénale ou de citation directe). Ainsi, l'intéressé dispose d'un moyen de faire apprécier son cas par un magistrat, voire par un magistrat du siège en cas de poursuite. Le système légal ainsi mis en place par les articles 529-2 et 530-1 assure donc le respect des droits de la défense et met la France en paix avec l'article 6-3*c* de la Convention européenne [1].

En troisième lieu, l'intéressé peut ne rien faire, ni payer, ni faire de requête dans le délai de quarante-cinq jours. L'amende forfaitaire se trouve alors majorée de plein droit (art. R. 49-7 qui indique les montants qui s'échelonnent de 7 € à 375 € selon la classe de la contravention), et elle est recouvrée au profit du Trésor public en vertu d'un titre rendu exécutoire par le Ministère public (art. 529-2). À cet effet, l'intéressé reçoit un avertissement et il peut soit payer, soit dans les dix jours former devant le parquet une réclamation qui a pour conséquence d'annuler le titre exécutoire et qui conduit ledit parquet à reconsidérer l'affaire : il classera ou poursuivra (selon la voie de l'ordonnance pénale ou celle de la citation directe) (art. 530-1) [2]. Une nouvelle fois, les droits de la défense sont assurés et il importait qu'ils le soient, car l'intéressé a pu laisser s'écouler le premier délai de quarante-cinq jours, sans qu'il y ait faute de sa part. Enfin, si l'intéressé, après avoir reçu l'avertissement, ne fait rien, le parquet met en jeu la procédure d'opposition administrative à l'adresse de la personne physique ou morale détenant des fonds pour le compte du débiteur (art. 6-1, nouveau déc. n° 64-1333 du 22 décembre 1964 et art. 81 de la l. du 30 décembre 1985, modifiant l'art. 7 de la l. n° 72-650 du 11 juillet 1972).

3) Des règles particulières ont été introduites plus récemment pour les contraventions des deuxième, troisième et quatrième classes au Code de la route, qu'elles entraînent ou non une perte des points affectés au permis de conduire (art. 529-7 à

1. Crim., 16 novembre 1992, B.C., n° 377 ; 18 juin 1997, B.C., n° 246, le juge de police n'est pas tenu de répondre aux demandes et exceptions invoquées par le prévenu dans sa requête au Ministère public, mais non réitérées par conclusions devant le tribunal.

2. C.E.D.H., 21 mai 2002, *Peltier c/ France*, D., 2002.2968, note J.P. Céré, suite à un recours qui avait été rejeté par le parquet comme « non fondé », la Cour répond que la saisine du tribunal était de droit en l'espèce, de sorte que « ce droit à un tribunal a été atteint dans sa substance même... », § 37.

529-9, C.P.P., dus à une l. du 10 juillet 1989, art. R. 49-9 à R. 49-13, C.P.P., dus à un déc. du 10 mai 1990).

Certes là encore, le paiement d'une amende forfaitaire entraîne extinction de l'action publique et exclusion des règles sur la récidive et, là encore aussi, la procédure d'amende forfaitaire n'est pas applicable si plusieurs infractions, dont l'une au moins ne peut donner lieu à amende forfaitaire, ont été constatées simultanément. Cependant — et là apparaît la nouveauté essentielle — pour ces contraventions routières des deuxième, troisième et quatrième classes, sauf celles qui sont relatives au stationnement, l'amende forfaitaire est minorée en cas de paiement très rapide. De là, deux questions. S'agissant d'abord du délai de paiement, le contrevenant doit s'acquitter soit au moment de la constatation de l'infraction (exactement entre les mains de l'agent verbalisateur) soit dans les trois jours à compter de la constatation de l'infraction ou, si l'avis de contravention est ultérieurement envoyé à l'intéressé, dans les quinze jours qui suivent cet envoi (art. 529-8, C.P.P.). S'agissant ensuite du taux de l'amende forfaitaire minorée, il est fixé comme suit : 22 € pour les contraventions de deuxième classe (au lieu de 75) ; 45 € pour les contraventions de troisième classe (au lieu de 180) ; 90 € pour les contraventions de quatrième classe (au lieu de 375). Ces chiffres permettent de bien comprendre l'intention du législateur : offrir un rabais substantiel du montant dû en cas de paiement très rapide. Le non-paiement de l'amende forfaitaire minorée contraint le contrevenant à payer l'amende forfaitaire « ordinaire », laquelle doit être payée dans les quarante-cinq jours, à défaut de quoi s'applique le système de l'amende forfaitaire majorée [1]. Il existe ainsi désormais trois systèmes d'amende forfaitaire : celle qui est minorée (pour les contraventions routières de l'article 529-7 et 529-8, C.P.P.), celle que l'on peut qualifier « d'ordi-naire » et celle qui est majorée (pour les contraventions selon l'article 529-2, C.P.P.).

619. — *L'amende forfaitaire. Procédure applicable à certaines infractions à la police des services publics de transports terrestres*. La procédure est centrée sur l'idée d'indemnité forfaitaire, variété de transaction entre le délinquant et la victime. Le déroulement de la procédure est assez proche de celui qu'on vient de voir, mais son domaine est très différent (v. art. 529-3 à 530-3, déc. n° 86-1045 du 18 septembre 1986 modifiant le déc. n° 730 du 22 mars 1942 sur la police des voies ferrées).

1) Quant à son *domaine*, cette procédure s'applique aux contraventions des quatre premières classes à la police des services publics de transports de personnes (S.N.C.F., R.A.T.P...). Mais cette procédure est exclue si plusieurs infractions, dont l'une au moins ne peut donner lieu à transaction, ont été constatées en même temps (art. 529-3).

2) Le *déroulement* de la procédure est celui-ci :

— La première phase est celle de la *constatation* de l'infraction.L'agent assermenté de l'exploitant offre au contrevenant une transaction portant sur une somme incluant à la fois une indemnité forfaitaire et le montant du titre de paiement.

— La seconde phase est,selon le comportement de l'intéressé, *administrative* ou *judiciaire*. Là encore, trois cas peuvent se présenter.

En premier lieu, le contrevenant peut payer soit au moment de la constatation de l'infraction entre les mains de l'agent de l'exploitant, soit dans un délai de quatre

1. Sur les modalités pratiques, v. commentaire B. Bouloc, R.S.C., 1990.818.

mois auprès du service de l'exploitant indiqué dans la proposition de transaction. En cas de non-paiement immédiat, l'agent est habilité à recueillir nom et adresse du contrevenant, au besoin en requérant l'assistance d'un officier ou agent de police judiciaire (art. 529-4). Le paiement a deux caractères : il éteint l'action publique (art. 529-3, al. 1) et, élément nouveau, il profite à la victime, non au Trésor public. Le législateur a consacré ainsi l'idée de peine privée.

En second lieu, l'intéressé peut ne pas payer, mais formuler dans le délai précité de quatre mois une protestation auprès de l'exploitant qui en saisit alors le parquet (art. 529-5). Ce dernier peut classer ou poursuivre (art. 530-1). Là encore les droits de la défense sont donc respectés.

En troisième lieu enfin, l'intéressé peut ni payer ni protester. L'exploitant au bout de quatre mois adresse le procès-verbal d'infraction au Ministère public et le contrevenant devient redevable de plein droit d'une amende forfaitaire majorée recouvrée par le Trésor en vertu d'un titre exécutoire par le Ministère public (art. 529-5, al. 2). On l'a noté : le silence du contrevenant exclut la procédure d'indemnité forfaitaire au profit de l'amende forfaitaire. C'est logique puisque l'indemnité forfaitaire est d'essence contractuelle. De plus, dans les dix jours de l'envoi de l'avertissement l'invitant à payer l'amende majorée, le contrevenant peut, là encore, former auprès du parquet une déclaration qui annule le titre exécutoire (art. 530, al. 2), et qui ouvre audit parquet un choix entre classement et poursuite.

Réponses pénales du Ministère public aux infractions commises par des majeurs

	Alternatives à la poursuite	Modes de poursuite
Crimes		– Réquisitions du parquet saisissant le juge d'instruction (art. 79, C.P.P.).
Délits	– Composition pénale (jusqu'à cinq ans encourus) (art. 41-2, C.P.P.) – Autres alternatives (applicables à tous délits) : • rappel à la loi ; • orientation de l'auteur vers une structure adaptée ; • régularisation de situation ; • réparation du dommage ; • médiation pénale (art. 40-1 et 41-1, C.P.P.).	– Réquisition du parquet saisissant un juge d'instruction (art. 79, C.P.P.). – Citation directe (art. 390, 550 et s., C.P.P.). – Avertissement suivi de la comparution volontaire (art. 389, C.P.P.). – Convocation par O.P.J. (art. 390-1 C.P.P.) – Convocation par procès-verbal et comparution immédiate (art. 393 et s., C.P.P.). – Plaider coupable (jusqu'à 5 ans encourus) art. 495-7 et s., C.P.P.). – Ordonnance pénale (délits routiers) (art. 495 et s., C.P.P.) [1].

1. Le parquet peut parfois hésiter entre plusieurs modes de poursuite. V. les indications données par la circulaire du 19 avril 2006, n° 2-1, pour les violences au sein de la famille.

	Alternatives à la poursuite	Modes de poursuite
Contraventions	– Composition pénale (art. 41-3, C.P.P.). – Autres alternatives : • rappel à la loi ; • orientation de l'auteur vers une structure adaptée ; • régularisation de situation ; • réparation du dommage ; • médiation pénale (art. 40-1 et 41-1, C.P.P.) [1].	– Réquisitions du parquet saisissant un juge d'instruction (art. 44 et 79, C.P.P.) [2]. – Citation directe (art. 531, C.P.P.). – Avertissement suivi de la comparution volontaire (art. 532, C.P.P.). – Ordonnance pénale (art. 524 et s., C.P.P.). – Amende forfaitaire (pour certaines contraventions) (art. 529 et s., C.P.P.).

Observations

1. Pas d'intérêt pratique pour les contraventions routières qui sont systématiquement poursuivies et qui échappent donc à l'opportunité des poursuites.
2. Mode de saisine assez exceptionnel.

B — La poursuite des mineurs

Bibliographie. — A. GIUDICELLI, *Présentation des dispositions procédurales de la loi du 1er juillet 1996 modifiant l'ordonnance du 2 février 1945 relative à l'enfance délinquante*, R.S.C., 1997.29 ; F. LE GUNÉHEC, *Aperçu rapide sur la loi n° 96-585 du 1er juillet 1996*, Actualités ; J.P. VALENSI, *La réforme de l'ordonnance relative à l'enfance délinquante*, Le nouveau Pouvoir judiciaire, n° 339, juin 1996.

1. *Principe*

620. — La règle générale est connue : c'est celle du *particularisme* du droit des mineurs, en procédure comme en droit de fond. Ce particularisme procédural intéresse notamment la poursuite pénale [1].

Traditionnellement, selon l'ordonnance du 2 février 1945, il était admis qu'une instruction — sauf pour les contraventions des quatre premières classes — était nécessaire, un dossier de personnalité devant être établi avant jugement. Cette instruction était confiée au juge d'instruction (par voie de réquisitoire introductif) ou au juge des enfants (par voie de requête introductive). Corrélativement, en aucun cas, le parquet ne pouvait utiliser la citation directe, la convocation par procès-verbal ou la comparution immédiate (art. 5, ord. 2 février 1945).

Tout ceci reste valable. Cependant, depuis quelques années, l'augmentation considérable du nombre d'infractions commises par les mineurs a conduit à un véritable engorgement des cabinets des magistrats instructeurs.

1. Autre particularisme, certains parquets, au lieu d'user de la voie pénale, saisissant le juge des enfants au titre de l'assistance éducative (art. 375 s., C. civ.), ce qui offre plus de possibilités au juge.

Aussi le législateur a-t-il dû songer à créer de nouvelles techniques fondées sur l'idée d'*accélération des jugements* concernant les mineurs. C'est ainsi que les lois des 8 février 1995 et 1er juillet 1996 (art. 5, 8-1, 8-2 et 8-3, ord. 2 février 1945) ont créé de nouvelles techniques de poursuite, la matière ayant été retouchée par la loi du 9 septembre 2002 d'orientation et de programmation pour la justice (art. 14-2, ord. 1945).

2. *Modalités*

621. — Réquisitoire et requête subsistent évidemment, tout comme est maintenu l'exclusion de la citation directe, de la convocation par procès-verbal et de la comparution immédiate. Mais — et voici la nouveauté — trois nouvelles procédures sont créées : la première par la loi du 8 février 1995, la seconde par la loi du 1er juillet 1996 et la troisième par la loi du 9 septembre 2002 modifiée par une autre en date du 5 mars 2007.

• La première est la *convocation par O.P.J. aux fins de jugement par le juge des enfants*. Le législateur étend en somme aux mineurs l'article 390-1, C.P.P., relatif à la convocation des majeurs par O.P.J. [1]. La loi de 1995 avait permis au parquet d'ordonner à la police de remettre à un mineur, en fait à l'issue de l'enquête, une convocation à comparaître devant le juge des enfants. Mais cette convocation tendait seulement à la mise en examen. Un pas de plus est franchi avec la loi de 1996 qui permet désormais au parquet d'adresser la convocation au mineur aux fins de jugement dès lors qu'il existe des « charges suffisantes d'avoir commis un délit ». Cette convocation vaudra citation à personne et entraînera l'application des délais de l'article 552, C.P.P., ce qui impliquera qu'un délai de dix jours au moins existe entre convocation et comparution. La convocation énoncera les faits reprochés et indiquera le nom du juge saisi ainsi que la date et le lieu de l'audience. Enfin, la convocation sera notifiée aux parents et, pour lui permettre de faire valoir ses droits, à la victime (art. 5, ord. 2 février 1995).

On aura observé que la convocation de l'article 5 saisit le juge des enfants, non le tribunal pour enfants. Donc le juge, s'il retient l'affaire, ne pourra prononcer qu'une admonestation, remise à parents, mesure d'aide-réparation ou dispense de mesure. C'est dire que la convocation ne doit concerner que les affaires de faible gravité, susceptibles d'un jugement quasi immédiat. Le juge des enfants peut néanmoins être d'un avis différent du parquet : il peut renvoyer l'affaire devant la chambre du conseil (qui devra statuer dans les six mois) s'il envisage de prononcer une mesure lourde comme le placement ou s'il estime que les renseignements de personnalité sont insuffisantes, étant observé que, dans ces deux cas, il peut prescrire le placement provisoire du mineur dans un foyer, une liberté surveillée préjudicielle ou une mesure d'aide-réparation ; il peut aussi procéder à une instruction s'il estime que les faits « justifiant des investigations supplémentaires » (art. 8-1, ord. 2 février 1945).

1. V. *supra*, n° 611.

• La seconde procédure est celle de la *comparution à délai rapproché.* À la différence du procédé précédent, le procureur saisit ici le juge des enfants par voie de requête, tout en ajoutant des réquisitions particulières à la comparution du mineur devant le tribunal des enfants ou devant la chambre du conseil dans un délai qui ne pourra être inférieur à un mois ni supérieur à trois mois (art. 8-2, ord. 2 février 1945). Cette seconde voie s'applique à des délits graves : le mineur est déféré, à l'issue de l'enquête, devant le juge des enfants qui pourra le placer sous mandat de dépôt. Mais de telles réquisitions du parquet ne pourront intervenir que si les diligences concernant la personnalité du mineur ont déjà été accomplies, le cas échéant à l'occasion d'une poursuite antérieure et qu'à la condition que des investigations sur les faits ne soient pas nécessaires (id.).

Si le juge des enfants rend une ordonnance non conforme aux réquisitions du procureur, celui-ci peut en interjeter appel devant le président de la chambre spéciale des mineurs (id.).

• Comme la procédure de comparution à délai rapproché est peu utilisée car elle s'est avérée trop complexe [1], le législateur du 9 septembre 2002 a créé une nouvelle procédure (sans supprimer les précédentes), appelée le *jugement à délai rapproché.* Décrite dans un nouvel article de l'ordonnance de 1945, l'article 14-2, cette procédure entend « apporter une réponse plus rapide aux actes commis par les mineurs récidivistes » [2]. Cette procédure a été légèrement modifiée par une loi du 5 mars 2007 et rebaptisée en procédure de présentation immédiate devant la juridiction pour mineurs [3]. Le législateur entend faire vite et simple, en somme.

Le principe est celui-ci : le procureur de la République traduit devant le tribunal pour enfants le mineur de 16 à 18 ans déféré devant lui pour lequel des investigations suffisantes sur sa personnalité et sur les moyens appropriés à sa rééducation ont déjà été accomplies à l'occasion d'une procédure antérieure [4]. Cette traduction se fait en principe dans un délai compris entre dix jours et un mois. Cependant l'application du délai minimum peut être écartée avec l'accord exprès du mineur et de son avocat et l'absence d'opposition de ses représentants légaux : ceci permet dans les grands tribunaux pour enfants qui, siègent tous les jours, de juger un mineur dans la journée même de sa présentation au parquet. Le mineur doit encourir une peine

1. *Délinquance des mineurs. La République en quête de respect*, par J.P. SCHOSTECK et J.C. CARLE, Les Rapports du Sénat, n° 340, 2001-2002, p. 145.

2. Projet de loi d'orientation et de programmation pour la justice, n° 362, Sénat, 17 juillet 2002.

3. Rapport de la commission des lois de l'Assemblée nationale, 2006, n° 3436, par P. HOUILLON, p. 246 et s. ; Ph. BONFILS, *La réforme de l'ordonnance de 1945 par la loi « prévention de la délinquance »*, A.J. pénal 2007, p. 210 et s., 363 et s.

4. Cette procédure s'applique également aux mineurs de 13 à 16 ans dès lors que la peine encourue est d'au moins 5 ans d'emprisonnement, sans pouvoir excéder 7 ans. Mais alors le procureur ne peut requérir que le placement sous contrôle judiciaire du mineur jusqu'à sa comparution devant le tribunal pour enfants.

d'emprisonnement supérieure ou égale à un an en cas de flagrance ou supérieure ou égale à trois ans dans les autres cas.

Le déroulement de la procédure obéit aux règles suivantes :

— le procureur verse dans le dossier les éléments de personnalité résultant des investigations précédentes ;

— le procureur se fait présenter le mineur et lui notifie les faits qui lui sont reprochés, en présence de l'avocat de son choix ou d'un avocat désigné par le bâtonnier. Dès sa désignation, l'avocat peut consulter le dossier. Puis le magistrat informe le mineur qu'il va être traduit devant le tribunal pour enfants pour y être jugé à une audience qui aura lieu dans un délai compris entre dix jours et un mois ;

— le procureur fait comparaître le mineur devant le juge des enfants afin que celui-ci statue sur ses réquisitions tendant soit au placement sous contrôle judiciaire, soit au placement en détention provisoire de ce mineur jusqu'à l'audience de jugement ;

— le juge des enfants statue par ordonnance motivée, après avoir tenu une audience de cabinet au cours de laquelle s'est déroulé un débat contradictoire entre le magistrat du parquet et le mineur (et son avocat). Cette ordonnance est susceptible d'appel devant la chambre de l'instruction, avec application des articles 187-1 et 187-2, C.P.P. Si le juge des enfants ne décide pas dans le sens des réquisitions du Ministère public, il peut ordonner les mesures prévues aux articles 8 et 10 de l'ordonnance de 1945 (liberté surveillée, remise à parent ou à une personne digne de confiance...) jusqu'à la comparution du mineur ;

— le tribunal pour enfants enfin statue selon le droit commun des mineurs (art. 13, al. 1, et 14, ord. 1945). Toutefois, s'il estime que l'affaire n'est pas en état d'être jugée, il peut renvoyer l'affaire à une prochaine audience dans le délai d'un mois au maximum, en décidant le cas échéant de commettre le juge des enfants pour procéder à un supplément d'information [1]. Lorsque le mineur est en détention provisoire, le jugement doit être rendu dans le mois de sa première comparution devant le tribunal.

Telle est résumée la procédure de jugement à délai rapproché. Elle avait été proposée par des sénateurs avant d'être consacrée par le législateur de 2002. Elle aurait pu remplacer la procédure de comparution à délai rapproché, car elle paraît bien meilleure que cette dernière. Et pourtant le législateur a laissé subsister la technique de comparution à délai rapproché. On peut parier que les magistrats utiliseront bien plus le jugement à délai rapproché que la comparution à délai rapproché.

Terminons par une observation générale. Ces trois procédures imaginées en 1995, 1996 et en 2002 respectent dans l'ensemble l'esprit de 1945 : notamment, le juge des enfants reste le décideur et le dossier de personnalité est toujours nécessaire. Cependant, il faut reconnaître que ces techniques rappellent un peu la convocation des majeurs au sens de l'article 390-1, C.P.P.

1. Il peut aussi « compte tenu de la gravité ou de la complexité de l'affaire », renvoyer le dossier au parquet.

(pour la première) et même la comparution immédiate (pour la seconde et la troisième). Le droit des majeurs inspirerait-il donc celui des mineurs désormais ? On s'était habitué à la démarche inverse.

Activité de la justice pénale en 2006

(Extrait des chiffres-clés de la Justice – 2007
Ministère de la Justice, p. 14)

	2006	%	Évolution 2005/06 [%]
Procès-verbaux reçus	**5 305 394**	**100,0**	**+ 3,2**
dont auteur inconnu	3 142 459	59,2	+ 2,5
Affaires traitées	**4 964 284**		**+ 2,5**
Classement d'affaires non poursuivables	**3 435 081**	100,0	**+ 1,7**
Infractions mal caractérisées, charges insuffisantes	438 465	12,8	+ 7,3
Défaut d'élucidation	2 996 705	87,2	+ 1,0
Orientation des affaires poursuivables	**1 525 114**	**100,0**	**+ 4,3**
Poursuites	708 247	46,4 a	+ 4,6
devant le tribunal correctionnel	500 328		+ 2,4
en comparution sur reconnaissance préalable de culpabilité	51 028		+ 87,6
devant le juge d'instruction	30 398		– 6,8
devant le juge des enfants	58 208		+ 3,2
devant le tribunal de police	68 285		+ 0,6
Compositions pénales	50 430	3,3 b	+ 26,0
Procédures alternatives aux poursuites	467 578	30,7 c	+ 11,0
Classements sans suite	298 859	19,6 d	– 7,6
Taux de réponse pénale [a + b + c]	**80,4 %**	(79,9 % en 2005)	

Activité des juridictions pénales de jugement

(Extrait des chiffres-clés de la justice 2007
ministère de la Justice, p. 15)

		Évolution 2006/05 [%]
Par les juridictions pénales [hors amendes forfaitaires majorées]	**1 153 343**	**+ 1,4**
Cour de cassation	**9 047**	**+ 15,6**
Cours d'appel	**100 667**	**+ 10,5**
Chambre des appels correctionnels	48 873	– 5,2
dont arrêts sur intérêts civils	4 326	– 5,2
Chambre de l'application des peines	10 957	nd
Chambre de l'instruction	40 837	– 3,4
Cour d'assises	**2 969**	**– 0,7**
dont cours d'assises d'appel	453	+ 12,7

		Évolution 2006/05 [%]
Tribunaux correctionnels	**575 042**	**- 7,3**
Jugements sur l'action publique	**535 257**	**- 7,5**
Jugements portant condamnation ou relaxe	380 323	- 2,3
Citation directe ou comparution volontaire	94 330	- 1,6
Convocation par procès-verbal	222 309	- 2,7
Comparution immédiate	44 621	- 0,6
Renvoi du juge d'instruction	18 974	- 3,0
Renvoi de la chambre de l'instruction	89	- 79,2
Ordonnances pénales	118 673	+ 35,1
Ordonnances d'homologation de CRPC	36 261	+ 72,4
Jugements sur intérêts civils	**39 785**	**+ 5,6**
Tribunaux de police	**83 427**	**- 21,3**
Juridictions de proximité	**306 869**	**- 4,0**
Juges et tribunaux pour enfants	**75 322**	**+ 2,2**
Amendes forfaitaires majorées	**9 622 121**	**- 7,2**

SECTION II

LA POURSUITE PAR LA PARTIE LÉSÉE

Bibliographie. — F. ALAPHILIPPE, *L'option entre la voie civile et la voie pénale pour l'exercice de l'action civile. Contribution à la théorie de l'action civile*, thèse dactyl., Poitiers, 1972 ; R. ALBERNHE, *Procédure pénale et victimologie*, Annales de l'Univer-sité des sciences sociales de Toulouse, t. XXII, fasc. 1 et 2, 157 ; R. BONNEAU, *Action civile exercée devant les tribunaux répressifs. Généralités*, Jurisclasseur proc. pén., art. 2 et 3, fasc. 10 ; J. FOYER, *L'action civile devant la juridiction répressive*, in *Quelques aspects de l'autonomie du droit pénal*, Dalloz, 1956.340 ; M. PATIN, *L'action civile devant les tribunaux répressifs*, Rev. gén. lois, 1957, p. 8, et 1958, p. 397 ; J.L. POISOT, *Action publique et action civile*, Jurisclasseur proc. pén., art. 1 ; J.H. ROBERT, *L'exercice, par mandataire, de l'action civile devant les juridictions répressives*, Dr. pénal, juillet 1993 ; J.A. ROUX, *Le Ministère public et la partie lésée*, thèse, Paris, 1893.

622. — *La nécessité pour la victime d'avoir la capacité d'exercice.* C'est en mettant en mouvement son action civile, dont nous connaissons déjà les conditions d'existence [1], que la partie lésée met indirectement mais nécessairement en mouvement l'action publique et déclenche ainsi la poursuite. L'article 1, alinéa 2, du Code de procédure pénale, décide en effet que

1. V. *supra*, n°s 281 et s.

« cette action (l'action publique) peut aussi être mise en mouvement par la partie lésée, dans les conditions déterminées par le présent Code », c'est-à-dire par le biais de l'exercice de l'action civile. Étudier l'exercice des poursuites par la victime revient donc à examiner les conditions d'exercice de l'action civile. Or la mise en œuvre de cette action est subordonnée à la capacité d'exercice de la victime et surtout se trouve dominée par son droit de choisir entre la voie criminelle et la voie civile.

Pour pouvoir agir, tout demandeur doit en premier lieu avoir la capacité d'exercice ou aptitude à faire valoir lui-même ses droits en justice. S'agissant de l'exercice de l'action civile, cette capacité est celle du droit commun.

Si donc la victime est mineure et non émancipée, l'action ne peut être intentée que par celui de ses parents qui a l'autorité parentale ou par son tuteur (art. 389-3 et 450, C. civ.). Cependant, en matière d'infractions sexuelles, le procureur de la République ou le juge d'instruction saisi des faits désigne un administrateur *ad hoc* lorsque la protection du mineur n'est pas complètement assurée par ses représentants légaux, cet administrateur pouvant, s'il y a lieu, exercer au nom du mineur les droits reconnus à la partie civile (art. 706-50, C.P.P., dû à une loi du 17 juin 1998) [1]. Le majeur en tutelle est représenté par son tuteur qui exercera en son nom l'action civile (art. 495 et 499, C. civ.).

Quid du commerçant faisant l'objet d'une procédure de redressement ou de liquidation judiciaire ? Sous l'empire de la loi du 13 juillet 1967, l'action civile était exercée par le commerçant avec l'assistance du syndic en cas de règlement judiciaire et par le syndic seul en cas de liquidation de biens ; toutefois, le débiteur ou les dirigeants sociaux d'une société sous le coup d'une procédure collective étaient admis à se constituer partie civile à titre personnel, et seulement pour établir la culpabilité du délinquant [2]. Aujourd'hui, depuis la loi du 25 janvier 1985 intégrée dans le Code de commerce, il faut distinguer ainsi : en cas de redressement judiciaire, le commerçant peut agir ; en cas de liquidation judiciaire, c'est le liquidateur qui agit car le débiteur se trouve dessaisi de l'administration de ses biens (art. L. 622-9, al. 1, C. com.), sauf à observer que ce dernier peut agir pour établir la culpabilité de l'auteur des faits (art. L. 622-9, al. 2, C. com.) [3]. Quant à l'action civile pour banqueroute, elle peut être exercée par l'administrateur, le représentant des créanciers, celui des salariés, le commissaire à l'exécution du plan ou le liquidateur (art. L. 626-16, C. com.).

Ce sont là les seules limitations à la capacité d'exercice. Peuvent donc agir sans aucune restriction le mineur émancipé, le majeur placé sous sauvegarde de justice et l'étranger en faveur duquel le décret du 20 juillet 1972 (art. 123) a abrogé les articles 166 et 167 du Code de procédure civile qui

1. A. et C. GUERY, G.P., 1998.II, Doctr. 1073 ; J. PRADEL et J.L. SENON, R.P.D.P., 1998.238 et 239.

2. Crim., 19 octobre 1982, B.C., n° 222.

3. Crim., 29 mars 1994, B.C., n° 117, impossibilité de demander des dommages-intérêts.

obligeaient ces derniers à déposer la caution *judicatum solvi*. Toute personne capable peut d'ailleurs, au lieu d'agir elle-même, déléguer par contrat à un mandataire la faculté d'exercer l'action civile en son nom [1].

623. — *Le droit pour la victime de choisir entre la voie criminelle et la voie civile.* D'un côté, la victime peut évidemment exercer son action civile devant la juridiction civile puisque cette action vise à la réparation d'un dommage privé ; l'article 4, alinéa 1, du Code de procédure pénale dispose que « l'action civile peut être... exercée séparément de l'action publique ». Mais, de l'autre, notre droit autorise également la victime à agir devant la juridiction répressive puisque le dommage qu'elle invoque résulte d'une infraction : l'article 3, alinéa 1, du même Code, décide que « l'action civile peut être exercée en même temps que l'action publique et devant la même juridiction », c'est-à-dire devant la juridiction pénale seule compétente à l'égard de l'action publique. La partie lésée dispose donc d'une *option procédurale* entre la voie civile et la voie pénale.

Si la victime opte en faveur de la *voie civile* (ce qui est toujours possible sauf en matière de presse — art. 46, l. du 29 juillet 1881 — et en cas de dommage causé par ou à un élève et imputé à un instituteur public — l. du 5 avril 1937 modifiant l'art. 1384, C. civ.), ce sont en principe les règles de la procédure civile qui s'appliquent. Toutefois, l'action civile naissant d'une infraction, une instance pénale peut exister de son côté et des rapports peuvent apparaître entre l'action civile et l'action publique. Mais distinguons, car trois cas doivent être envisagés. L'instance pénale peut d'abord précéder l'instance civile : le juge civil doit respecter la décision du juge pénal sur l'action publique car, selon une règle traditionnelle, « le criminel emporte le civil », a autorité sur le civil [2]. Les deux instances peuvent ensuite être parallèles : le juge civil doit surseoir jusqu'à ce que le juge pénal ait statué irrévocablement sur l'action publique car en vertu d'une seconde règle, également traditionnelle et découlant de la première, « le criminel tient le civil en état » [3]. L'instance pénale peut enfin être postérieure à l'instance civile : le juge civil est alors libre de sa décision et le juge pénal qui l'est également pourra condamner malgré refus par son collègue d'accorder une réparation.

Si la victime opte en faveur de la *voie pénale*, le problème de l'exercice de l'action civile appartient entièrement à la procédure pénale. En exerçant son action civile devant le juge répressif, la victime se constitue partie civile. La constitution de partie civile doit être considérée dans ses conditions et dans ses effets.

1. Crim., 18 novembre 1986, B.C., n° 344 ; 15 juin 1993, B.C., n° 209.
2. V. *infra*, n°s 1037 et s.
3. V. *infra*, n° 1054.

§ 1. — CONDITIONS DE LA CONSTITUTION DE PARTIE CIVILE

A — Conditions de fond

624. — Pour que la partie lésée puisse agir au pénal, il faut évidemment en premier lieu que les conditions *d'existence* de l'action civile telle que nous l'avons définie soient réunies, c'est-à-dire qu'il s'agisse d'une action en réparation d'un dommage trouvant sa base dans l'infraction. De là, deux conséquences. L'exercice de l'action civile est d'abord exclu au pénal si l'action, quoique fondée sur une infraction, ne tend pas à la réparation : on parle d'action à fins civiles. Il est également exclu si l'action, quoique visant à la réparation, n'est pas fondée sur une infraction ou sur la faute civile identique à la faute pénale, mais sur la présomption de responsabilité de l'article 1384, alinéa 1, du Code civil [1].

L'action de la partie lésée au pénal suppose en deuxième lieu que l'*exercice* de l'action civile y soit possible. Or, il ne l'est pas toujours. Il existe d'abord des cas où la loi réserve au parquet — présumé le mieux placé pour apprécier l'intérêt général — le droit d'agir, ce qui est rare [2]. Il existe surtout des hypothèses beaucoup plus générales d'irrecevabilité ou d'exclusion de la constitution de partie civile. Les unes se fondent sur des raisons logiques et les autres sur la volonté du législateur de réduire le nombre des constitutions de partie civile.

1. *Irrecevabilité de la constitution de partie civile fondée sur la logique*

a) Exclusion de la constitution de partie civile en cas d'irrecevabilité de l'action publique

625. — On sait que l'action civile ne peut être portée devant le juge pénal qu'accessoirement à l'action publique (art. 3, al. 1, C.P.P. ; v. aussi art. 86, al. 3, C.P.P.). La recevabilité de l'action publique est ainsi la première condition de l'exercice de l'action civile au pénal. Si donc l'action publique n'a pu naître ou bien est éteinte, l'action civile ne peut être exercée devant la juridiction répressive et seule subsiste la voie civile.

626. — *Cas où l'action publique n'a pu naître.* Si l'action publique n'a pu naître, la constitution de partie civile est radicalement exclue. Il en est ainsi au cas d'infraction commise à l'étranger et non punissable en France (art. 113-6 et s., C.P.), ou bien couverte par une immunité, par exemple

1. V. *supra*, n° 261.
2. Par ex., en cas de diffamation d'un corps constitué en application des articles 30, 47 et 48 de la L. 29 juillet 1881 sur la presse. V. pour une application, Crim., 12 novembre 2003, B.C., n° 212, R.S.C., 2004.368, obs. D. Commaret.

celle de l'article 311-12 du Code pénal relative au vol entre certains parents et alliés.

627. — *Cas où l'action publique est éteinte.* Là encore, l'exercice de l'action civile est impossible. Mais deux hypothèses doivent être distinguées.

Si l'extinction de l'action publique tient à la *prescription*, l'action civile est irrecevable au pénal (mais pas au civil à raison du principe de séparation des prescriptions de l'action publique et de l'action civile, art. 10, al. 1, C.P.P.).

Si l'extinction de l'action publique résulte de la *chose jugée*, du *décès du prévenu*, de *l'abrogation de la loi pénale*, de l'*amnistie* ou de la *transaction*, on doit sous-distinguer :

Ou bien cet obstacle intervient avant que la victime ait agi devant le juge pénal, la voie répressive lui est radicalement fermée.

Ou bien l'obstacle survient alors que la victime a déjà agi. L'hésitation est alors permise entre deux systèmes. Le premier, insistant sur le caractère accessoire de l'action civile, conduit à ne laisser à la partie lésée que la possibilité d'un procès devant le juge civil. Le second, insistant sur le fait que le tribunal répressif a été valablement saisi des deux actions, le laisse compétent à l'égard de celle qui n'est pas éteinte, l'action civile. Se tenant à mi-chemin de ces deux systèmes, notre droit distingue selon que le cours du procès pénal a atteint un certain seuil au-delà duquel il y aurait plus d'inconvénients que d'avantages à entamer un autre procès devant le juge civil. Ce seuil est celui du jugement en premier ressort au fond. Si un tel jugement a été rendu, le juge pénal reste saisi de l'action civile. Sinon, la partie lésée doit recommencer une instance en s'adressant au juge civil. Ce système du jugement en premier ressort sur le fond découle implicitement de l'article 497, alinéa 3, du Code de procédure pénale (ancien art. 202, C.I.C.) pour le cas de la chose jugée. Ce texte suppose qu'un jugement en premier ressort a été rendu sur les deux actions. L'absence d'appel par le Ministère public confère à la décision l'autorité de la chose jugée sur l'action publique, mais n'empêche pas la partie lésée de faire appel et de saisir la chambre des appels correctionnels de son action civile (v., dans le même sens, art. 567, C.P.P., pour le pourvoi en cassation). Et malgré l'absence de texte, la Cour de cassation a étendu cette solution au décès du prévenu [1], à l'abrogation de la loi pénale [2], à la transaction [3] et à l'amnistie sauf si la loi d'amnistie règle différemment les droits des victimes (v., par ex., art. 21, al. 3, l. du 3 août 1995 qui conserve le bénéfice de la voie pénale à la victime qui a simplement saisi de son action le juge répressif).

1. Crim., 29 juillet 1898, S., 1900.I.55 ; 22 décembre 1972, B.C., n° 404 ; 17 juin 1977, B.C., n° 221.

2. Crim., 16 décembre 1954, J.C.P., 1955.II.8643, note A. Vitu ; 12 octobre 1987, B.C., n° 346, R.S.C., 1988.509, obs. A. Vitu.

3. Crim., 12 mai 1959, J.C.P., 1959.II.11216, note H.G.

b) Exclusion de la constitution de partie civile devant les juridictions d'exception

628. — *Principe.* Si les juridictions de droit commun (cours d'assises, tribunaux correctionnels et de police) peuvent statuer sur l'action civile accessoirement à l'action publique, les juridictions d'exception sont en principe incompétentes pour en connaître. Il en est ainsi des tribunaux administratifs lorsqu'ils ont compétence pour statuer sur l'action publique (en matière de contravention à la navigation fluviale et à la police des chemins de fer selon un avis du Conseil d'État du 20 septembre 1809) et de la Haute Cour de justice (art. 27, ord. du 2 janvier 1959). Pour cette dernière juridiction, une vieille jurisprudence avait hésité, en l'absence de texte, à accueillir l'action civile [1]. De même, la constitution de partie civile est exclue devant la Cour de justice de la République, toute victime présumée pouvant cependant porter plainte auprès d'une commission des requêtes, sorte d'organe de filtrage (art. 68-2, Const.). La loi organique du 23 novembre 1993 dispose de façon lapidaire « qu'aucune constitution de partie civile n'est recevable devant la Cour de justice de la République » et que « l'action civile ne peut être portée que devant les juridictions de droit commun » (art. 13) [2]. Il en résulte que les victimes n'ont pas accès à la procédure, ce qui introduit une inégalité des armes avec le parquet. Peut-être aurait-on pu admettre l'action de la victime à la manière de ce qui existe en matière de banqueroute où l'action civile sert à « corroborer » l'action publique [3].

Cependant, par dérogation à ce principe, peuvent connaître de l'action civile les juridictions pour mineurs (art. 6, ord. du 2 février 1945) et les juridictions militaires, sauf à remarquer que devant ces dernières la victime peut agir par voie d'action en temps de paix (art. 91, C.J.M.), seulement par voie d'intervention en temps de guerre (art. 179, C.J.M.). De même, les juridictions de droit commun spécialisées en matière militaire connaissent de

1. Pour l'admission de l'action civile : Haute Cour de justice, 27 mars 1870, S., 1871.I.180 ; pour son rejet : Cour des pairs, 29 novembre 1830, S., 1831.II.17, et Haute Cour de justice, 28 janvier 1918, S., 1920.II.33. Aujourd'hui toute discussion est exclue grâce à l'art. 27, ord. 2 janvier 1959 portant loi organique sur la Haute Cour, selon lequel « la constitution de partie civile n'est pas recevable devant la Haute Cour. Les actions en réparation de dommages ayant résulté de crimes et délits poursuivis devant la Haute Cour ne peuvent être portés que devant les juridictions de droit commun ».

2. Cass. ass. plén., 21 juin 1999, B.C., n° 139, *Dr. pénal*, 1999, comm. 202 et obs. A. Maron.

3. V. proposition de loi organique tendant à modifier la loi du 23 novembre 1993 sur la Cour de justice de la République, n° 61, Sénat, 9 novembre 1999, présentée par J.J. Hyest, qui propose d'ajouter à l'article 13 de cette loi un second alinéa ainsi rédigé : « L'action publique ne peut être mise en mouvement par voie de constitution de partie civile. La personne qui se prétend victime peut toutefois intervenir, mais seulement pour corroborer l'action publique lorsque celle-ci est engagée ». Dans le même sens, L. GONDRE, *De la Haute Cour à la Cour de justice de la République*, R.P.D.P., 2000, n° 1.

l'action civile par voie d'action aussi bien que par voie d'intervention (art. 698-2, C.P.P.) [1].

629. — *Raisons.* L'exclusion de la constitution de partie civile devant la plupart des juridictions d'exception s'explique de trois façons.

Tout d'abord, la procédure applicable devant ces juridictions ne tolère guère l'intervention d'un particulier. Ainsi, à propos de la Haute Cour, la poursuite est subordonnée au vote d'une résolution de mise en accusation par les deux chambres qui apprécient les actes répréhensibles de manière plus politique que juridique.

Le plus souvent en outre, les juridictions d'exception ne sont pas composées de magistrats rompus aux problèmes du droit civil.

Enfin, on attend en général des juridictions d'exception une justice rapide. Or, l'action civile, à cause des problèmes particuliers qu'elle pose, constituerait un facteur de ralentissement.

c) Exclusion de la constitution de partie civile après utilisation de la voie civile

Bibliographie. — C. FREYRIA, *L'application en jurisprudence de la règle* electa una via, R.S.C., 1951.213 ; L. HUGUENEY, *Sur l'application de la maxime* electa una via, *Rev. crit. lég. et jurisp.*, 1933.81 ; M. ROGIER, *Du droit d'option de la partie lésée et de la règle* una via electa, non datur recursus ad alteran, thèse, Lille, 1921.

630. — *Vue générale.* La victime prétendue peut-elle après avoir saisi le juge civil abandonner la procédure devant lui, en cours de chemin, pour saisir le juge pénal ? La motivation d'un tel changement de voie peut s'expliquer par le fait que le juge pénal, notament le juge d'instruction, est particulièrement bien armé pour rechercher la vérité. La question ainsi posée appelle deux remarques d'emblée.

Premièrement, cette question est à distinguer de l'autre, symétrique, qui est celle de savoir si la victime ayant saisi le juge pénal peut l'abandonner en cours de procédure pour aller frapper à la porte du juge civil. La réponse est affirmative comme l'indique l'article 426, C.P.P., selon lequel « le désistement de la partie civile ne met pas obstacle à l'action civile devant la juridiction compétente » et la jurisprudence en déduit qu'après son désistement, la partie civile ne peut ultérieurement agir que devant la juridiction civile [2]. Ajoutons que le fait pour la victime de saisir le juge des référés n'implique pas de sa part l'abandon de la voie criminelle [3].

1. Le droit traditionnel n'admettait l'action de la victime que si l'action publique était déjà exercée, sauf en cas de mutilation ou décès. Avec une loi du 10 novembre 1999, c'est dans tous les cas que la victime pourra agir aussi bien qu'intervenir.

2. Crim., 2 mai 1972, B.C., n° 148, D., 1972, Somm. 149 ; 14 juin 1983, B.C., n° 179.

3. Selon l'art. 5-1, C.P.P., même si le demandeur s'est constitué partie civile devant le juge répressif, il peut saisir le juge civil en référé, qui ordonnera « toutes mesures provisoires relatives

Deuxièmement, à la question ci-dessus posée, la réponse de principe est négative : après exercice de la voie civile, la victime ne peut plus saisir le juge pénal. Mais le principe est très loin d'être absolu.

— *La solution de principe*

631. — L'affirmation du principe mérite quelques explications. Sous l'ancien droit, l'interdiction de changer de voie avait une portée considérable puisqu'on interdisait aussi bien le passage de la voie criminelle à la voie civile que l'inverse (ord. 1670). Selon un adage traditionnel, *Electa una via, non datur recursus ad alteram*, une fois choisie une voie, on ne peut plus s'engager dans l'autre. Malgré le silence du Code de 1808, la doctrine officielle, notamment avec la note secrète du président BARRIS de 1813, restait favorable à l'irrévocabilité de l'option dans les deux sens. Et bientôt la jurisprudence allait affirmer la règle *Electa una via* [1]. Mais par la suite, elle devait réduire l'irrévocabilité en ne la maintenant qu'à sens unique, c'est-à-dire en permettant à la victime de passer de la voie répressive à la voie civile [2]. C'est cette jurisprudence que le Code de 1959 allait consacrer, son article 5 décidant que « la partie qui a exercé son action devant la juridiction civile compétente ne peut la porter devant la juridiction répressive ». On ne doit donc plus parler aujourd'hui d'irrévocabilité de l'option, mais seulement d'interdiction pour la victime de passer de la voie civile à la voie pénale.

La justification du principe de l'interdiction de passer du civil au criminel est malaisée. On a d'abord invoqué en sa faveur le concept de « contrat judiciaire » en vertu duquel un accord serait né entre la victime et son adversaire sur le tribunal devant lequel ce dernier accepte d'être jugé, de sorte que la partie lésée ne peut plus revenir sur le choix effectué. Mais cette explication, qui tend du reste à justifier l'irrévocabilité dans les deux sens, n'est qu'une fiction aujourd'hui abandonnée. Plus sérieusement, on invoque maintenant l'intérêt du délinquant [3] : alors qu'il lui est avantageux que la victime puisse passer de la voie criminelle à la voie civile réputée plus douce, l'inverse lui nuit, dit-on, puisqu'il est générateur de sanctions pénales, la constitution de partie civile mettant en mouvement l'action publique. L'argument n'est pas pleinement convaincant : le passage du « civil » au « criminel » ne nuit pas au délinquant dans la mesure où, le plus souvent, le Ministère public aura déjà mis en mouvement l'action publique et où, par conséquent, il n'aura plus à faire face à une instance plus dure pour lui. C'est pourquoi la loi et la

aux faits qui sont l'objet des poursuites, lorsque l'existence de l'obligation n'est pas sérieusement contestée ». Or l'emploi de cette voie n'implique pas abandon de la voie criminelle, Crim., 4 octobre 1983, B.C., n° 237 ; 21 juin 2000, B.C., n° 238.

1. Crim., 11 juin 1846, D., 1846.I.282, S., 1846.I.710.

2. Req., 5 décembre 1933, S., 1934.I.63 ; Req., 13 janvier 1947, S., 1947.I.77 ; 3 avril 2007, B.C., n° 99.

3. V. Crim., 11 juin 1846, précité, où il est fait allusion au « légitime intérêt de la défense ».

jurisprudence apportent des tempéraments à l'interdiction de passer du « civil » au « criminel ».

— *Les tempéraments au principe*

632. — On peut discerner cinq tempéraments au principe, qui tendent à faciliter l'usage de la voie criminelle par la victime et contrastent ainsi avec la tendance restrictive que nous avions constatée à propos de la détermination des sujets actifs de l'action civile.

• En premier lieu, l'interdiction d'aller au « pénal » ne joue pas si le tribunal civil est une juridiction étrangère [1] ou si, française, elle est incompétente [2].

• En second lieu, la victime peut agir au « pénal » dès lors qu'elle ignorait, quand elle avait agi au « civil », le caractère pénal du fait dommageable [3]. Voisin est le cas où, elle apprend que le Ministère public a intenté des poursuites, elle peut alors abandonner la voie civile et joindre son action à celle du parquet ; il faut seulement qu'un jugement sur le fond n'ait pas encore été rendu par la juridiction civile [4]. Un tel changement ne nuit d'ailleurs pas au prévenu qui risque déjà une sanction pénale.

• En troisième lieu, l'interdiction d'agir au « pénal » ne s'applique que si les deux actions comportent le même objet (c'est-à-dire la réparation du dommage subi du fait de l'infraction), la même cause (c'est-à-dire la source du dommage, donc l'infraction) et les mêmes parties. Rien n'empêchera donc la partie lésée d'intenter devant le juge répressif une action différente par son objet, sa cause ou ses sujets, de celle qui a déjà été exercée devant le juge civil [5]. Soit une personne qui a prêté à une autre des fonds dissipés par cette dernière. Le créancier peut agir successivement devant le tribunal civil et devant le tribunal correctionnel ; la première action a pour objet la restitution de fonds et pour cause le contrat de prêt, tandis que la seconde a pour objet la réparation du dommage découlant de l'abus de confiance et pour cause ce délit lui-même [6]. De même, après avoir saisi le juge des référés afin de voir ordonner une simple mesure conservatoire, la victime peut saisir le juge pénal [7].

1. Crim., 22 novembre 1967, D., 1968.221, et R.S.C., 1968.359, obs. J. Robert.
2. Crim., 17 janvier 1885, S., 1885.I.283, rapport Tanon.
3. Crim., 10 décembre 1925, D., 1927.I.79 ; 5 juin 1940, G.P., 1940.II.82.
4. Crim., 22 avril 1958, J.C.P., 1958.II.10620 ; 20 mars 1989, B.C., n° 134 ; 4 décembre 1997, B.C., n° 414, *Dr. pénal*, 1998, comm. 43, obs. A. Maron ; 22 novembre 2005, B.C., n° 300 ; 22 novembre 2005, B.C., n° 300.
5. Jurisprudence considérable. Crim., 19 mai 1893, S., 1894.I.425, note E. Villey, 21 mars 1930, S., 1931.I.314 ; 29 novembre 1960, J.C.P., 1961.II.12136, note P. Bouzat ; 11 juillet 1970, B.C., n° 237 ; 11 janvier 1972, B.C., n° 9 ; 16 janvier 1973, B.C., n° 17 ; 9 mai et 6 décembre 1977, B.C., n°s 158 et 385 ; 26 avril 1983, B.C., n° 114 ; 6 septembre 1990, B.C., n° 314 ; 9 avril 1991, B.C., n° 167 , 11 janvier 2005, B.C., n° 11.
6. Crim., 29 mars 1995, B.C., n° 131, *Procédures*, 1995, comm. 189, obs. J. Buisson.
7. Crim., 4 octobre 1983, B.C., n° 237.

Toutefois, il y a identité de partie lorsque la demande est d'abord portée devant la juridiction civile (contre des personnes morales) et ensuite devant la juridiction pénale (contre leurs dirigeants) [1].

• En quatrième lieu, l'interdiction de passer du « civil » au « pénal » ne joue pas tant que le débat civil n'a pas été lié au fond par un échange de conclusions [2].

• Enfin, en cinquième lieu, la règle de l'interdiction n'est pas d'ordre public puisqu'elle a été édictée dans le seul intérêt du prévenu. De là, plusieurs conséquences. D'abord, la règle de l'article 5 doit être invoquée avant toute défense au fond et ne saurait donc être soulevée pour la première fois devant la cour d'appel ou devant la Cour de cassation [3]. Ensuite, le défenseur peut renoncer à se prévaloir de cette règle [4]. De plus, la règle ne peut être soulevée d'office ni par le parquet, ni par le juge d'instruction, ni par la juridiction de jugement [5].

2. *Irrecevabilité de la constitution de partie civile fondée sur la volonté du législateur. Le filtre du parquet*

633. — Il ne saurait être question de supprimer le droit pour la victime prétendue de se constituer partie civile devant un juge d'instruction. Ce droit reconnu solennellement par la chambre criminelle en 1906 est une grande conquête pour les victimes [6]. Il s'est avéré cependant qu'à la suite de cet arrêt, des abus criants sont apparus. De là une série de remèdes apportés par le législateur en aval des constitutions [7]. De là aussi une mesure préventive imaginé par la loi du 5 mars 2007 sur l'équilibre de la procédure pénale. Cette loi crée une nouvelle condition à la recevabilité de la constitution de partie civile, un filtre du parquet, du moins à titre de règle de principe [8].

1° Selon l'article 85, al. 2, 1re phase, C.P.P., « ... la plainte avec constitution de partie civile n'est recevable qu'à condition que la personne justifie soit que le procureur de la République lui a fait connaître, à la suite d'une plainte déposée devant lui ou un service de police judiciaire, qu'il n'engagera pas lui-même des poursuites, soit qu'un délai de trois mois s'est écoulé

1. Crim., 21 novembre 1983, J.C.P., 1984.II.20627, concl. Cluzet et note B. Boccara.

2. Req., 21 mars 1939, G.P., 1939.II.48 ; Crim., 31 mai 1946, D., 1946.327.

3. Crim., 21 janvier 1976, B.C., n° 221 ; 5 juin 1984, B.C., n° 204 ; 8 janvier 1990, B.C., n° 12 ; 7 juillet 1998, B.C., n° 215.

4. Crim., 7 mai 1937, G.P., 1937.II.262.

5. Crim., 13 janvier 1987, D., 1987, Somm. 406 et obs. J. Pradel ; 10 octobre 2000, B.C., n° 290.

6. V. *infra*, n° 641.

7. V. *infra*, n° 643 et s.

8. Circ. du 22 juin 2007 en application de la loi du 5 mars 2007 sur l'équilibre de la procédure pénale, Crim., 07-10-E8-22-06-07, n° 3-2 ; J. PRADEL, *Les suites législatives de l'affaire d'Outreau.* À propos de la loi, n° 2007.291 du 5 mars 2007, J.C.P., 2007.i.138? N) 40 ; S. DETRAZ, *Le nouveau dispositif de recevabilité de la plainte avec constitution de partie civile*, J.C.P., 2008.I.111.

depuis qu'elle a déposé plainte devant ce magistrat, contre récépissé ou par lettre recommandée avec demande d'avis de réception, ou depuis qu'elle a adressé selon les mêmes modalités, copie à ce magistrat de sa plainte déposée devant un service de police judiciaire ».

Depuis plusieurs années, des procédés, tels celui-ci avaient été imaginés pour tarir (partiellement) le flot des constitutions de partie civile [1]. Le procédé retenu — le filtre du parquet — permet de faire en sorte que le parquet soit toujours averti des faits dénoncés avant l'éventuelle saisine du juge d'instruction afin de lui permettre d'engager des poursuites lui-même, ce qui pourra faire l'économie d'une instruction, ou encore de classer l'affaire en informant la victime prétendue des raisons de cette décision, ce qui pourra peut-être la ramener à la sagesse en lui évitant de formaliser une constitution de partie civile.

Le législateur a prévu opportunément que la prescription de l'action publique est suspendue au profit de la victime à partir du dépôt de la plainte jusqu'à la réponse du parquet ou au plus tard une fois écoulé le délai de trois mois (art. 85, al. 2, 3e phase).

Pratiquement, si le juge d'instruction reçoit une constitution de partie civile sans les justificatifs exigés par l'article 85, al. 2, C.P.P. (décision de classement du parquet, délai de trois mois depuis le dépôt de la plainte, elle-même prouvée par un récépissé ou lettre recommandée), il rendra une ordonnance d'irrecevabilité (dont la partie civile pourra faire appel, art. 186, C.P.P.) [2].

2° Les travaux préparatoires ont fait apparaître certaines difficultés d'application [3].

Par exemple, si le procureur, au lieu de poursuivre, décide de mettre en œuvre une procédure alternative, rien n'empêche le plaignant de se porter partie civile.

Si la poursuite par le parquet ne couvre pas l'ensemble des faits dénoncés par le plaignant, ou doit admettre qu'il y a absence de réponse pour ceux des faits non poursuivis par le parquet et le plaignant peut agir pour ces faits.

3° La règle du filtre comporte des exceptions. Selon l'article 85, al. 2, 2e phase, C.P.P., « cette condition de recevabilité n'est pas requise s'il s'agit d'un crime ou s'il s'agit d'un délit prévu par la loi du 29 juillet 1881 sur la liberté de la presse ou par les articles L 86, L 87, L 91 à L 100, L 102 à L 104, L 106 à L 108 et L 113 du Code électoral ».

La première exception s'explique par la gravité des faits et les deux autres par la brièveté des prescriptions (trois mois — ou un an en cas de racisme — pour les délits de presse, six mois pour les délits électoraux).

1. C. GUERY, *Le juge d'instruction et le voleur de pommes. Pour une réforme de la constitution de partie civile*, D. 2003.1575.

2. Mais y a-t-elle intérêt compte tenu de la lenteur de la chambre de l'instruction ? Le meilleur parti pour la victime est de déposer plainte au parquet et d'attendre soit la réponse de celui-ci soit l'écoulement des trois mois. Après quoi, elle pourra reprendre sa constitution.

3. Rapport fait au nom de la commission des lois de l'Assemblée nationale par G. GEOFFROY, n° 3505, 2006-2007, p. 98-99.

Peut-on espérer vraiment une raréfaction des constitutions de partie civile devant les juges d'instruction suite à la loi du 5 mars 2007 ? C'est loin d'être sûr. Le premier bilan fait état d'un échec et déjà l'on envisage de doubler le délai de recevabilité de la plainte en le faisant passer de trois à six mois et de convertir automatiquement — sauf décision contraire du juge — la consignation en amende civile [1].

B — Conditions de forme

Première condition, le demandeur à l'action civile doit se constituer soit directement soit par son avocat par lettre recommandée (art. 420-1, C.P.P.), ce qui exclut tout mandataire de son choix, un mandataire qui ne serait pas avocat [2].

Cela étant, les conditions procédurales de l'exercice de l'action civile varient selon que l'action publique a déjà été engagée ou non par le procureur de la République. Dans le premier cas, la partie lésée agit par voie d'*intervention* et dans le second par voie d'*action*. En pratique, la première voie est plus fréquemment utilisée que la seconde.

1. *La voie de l'intervention*

634. — Si le Ministère public a déjà mis en mouvement l'action publique, la partie lésée peut se constituer partie civile par voie d'intervention.

1) En premier lieu, la victime peut, *sinon intervenir, du moins se manifester au cours de l'enquête de police*. Avec l'accord du procureur de la République, elle peut formuler auprès d'un O.P.J. ou d'un A.P.J. qui en dresse procès-verbal, une demande de restitution ou de dommages-intérêts. Et ce qui va montrer qu'il faut évoquer ici cette possibilité, c'est que cette demande « vaut constitution de partie civile si l'action publique est mise en mouvement et que le tribunal correctionnel ou de police est directement saisi » (art. 420-1, al. 2, C.P.P.). Il faut comprendre par là que la victime est automatiquement partie civile aux deux conditions qu'on vient de rappeler : point donc besoin pour elle de formuler une demande d'intervention et elle peut même ne pas comparaître à l'audience.

2) La victime peut, en second lieu, intervenir *à tout moment au cours de l'instruction* (art. 87, C.P.P.), c'est-à-dire soit devant le juge d'instruction, soit devant la chambre de l'instruction [3], même sur une qualification différente de celle retenue par le parquet [4]. C'est ce que l'on appelle la constitution de partie civile incidente. Mais une telle constitution n'est possible qu'à raison des seuls faits pour lesquels l'information est ouverte [5].

1. F. Casorla, *Le droit pénal sauvé du naufrage ? Réflexion à propos du rapport du groupe de travail sur la dépénalisation du droit des affaires*, R.P.D.P. 2008, p. 11.
2. Crim., 22 février 2006, Dr. pénal, juin 2006, comm. 91, obs. A. Maron.
3. Crim., 25 juin 1937, S., 1939.I.113, note L. Hugueney, D., 1938.I.48.
4. Crim., 4 janvier 1979, B.C., n° 4, et obs. J. Robert, à la R.S.C., 1979.856.
5. Crim., 9 novembre 1995, B.C., n° 345, D., 1996, Somm., 259, obs. J. Pradel.

La loi du 9 septembre 2002 a créé un article 80-4, C.P.P., disposant qu'en cas d'information pour rechercher les causes de la mort ou de la disparition d'une personne, les membres de la famille ou les proches de la personne décédée ou disparue « peuvent se constituer partie civile à titre incident ». Étrange disposition puisque l'on ne sait pas encore s'il y a une infraction à l'origine de la mort ou de la disparition !

Matériellement, l'intervention se réalise par l'envoi au juge d'instruction d'une simple lettre, à la condition qu'elle soit non équivoque et que son authenticité ne soit pas contestée [1]. Cette lettre est envoyée au magistrat soit par la victime prétendue elle-même, soit par son avocat qui bénéficie d'un droit général d'assistance et de représentation devant les juridictions sans avoir à justifier d'un pouvoir spécial [2].

3) La victime peut, en troisième lieu, intervenir *devant la juridiction de jugement.*

• Elle peut d'abord le faire avant l'audience, par une déclaration au greffe (art. 419, C.P.P.) précisant l'infraction poursuivie et contenant élection de domicile dans le ressort du tribunal saisi, si l'intéressé n'y a pas son domicile réel (art. 420, al. 1, C.P.P.) ; le Ministère public doit alors citer la partie civile le jour de l'audience (art. 420, al. 2, C.P.P.). La victime peut même, depuis une loi du 2 février 1981 modifiée ultérieurement (art. 420-1 et 2, C.P.P.), intervenir — directement ou par son conseil — par lettre recommandée avec avis de réception ou par télécopie parvenu au tribunal correctionnel vingt-quatre heures au moins avant la date de l'audience ; elle joint à sa demande toutes les pièces justificatives de son préjudice et ces documents sont immédiatement joints au dossier. Le législateur a pensé que l'obligation de se déplacer pouvait dissuader certaines victimes de se constituer. Le système nouveau conduit en effet la victime à ne pas se déplacer et la décision rendue sur la demande de la victime produit tous les effets d'une décision contradictoire, sauf à devoir être signifiée à la partie civile. Cette possibilité est d'ailleurs d'autant plus remarquable que la victime peut formuler une demande quelque soit le montant des dommages-intérêts sollicités [3]. Toutefois, s'il y a une contestation d'une autre partie ou si la lettre ne comporte pas de précisions suffisantes, la décision sur les intérêts civils est renvoyée à une audience ultérieure à laquelle toutes les parties sont citées [4].

• Si la victime ne s'est pas constituée avant l'audience, elle peut encore le faire pendant l'audience jusqu'à la clôture des débats, soit par déclaration consignée au greffe, soit par dépôt de conclusions (art. 419, C.P.P.), soit même verbalement ; pour faciliter cette intervention, le Ministère public doit

1. Crim., 2 octobre 1979, B.C., n° 265, D., 1980, I.R., 71.
2. Crim., 28 juillet 1980, D., 1981, I.R., 364.
3. Du moins depuis la loi du 15 juin 2000.
4. J. PRADEL, D., 1981, chron. 101 et s.

aviser le plaignant de la date d'audience (art. 391, C.P.P.) [1] ; de toute façon, la victime doit, à peine d'irrecevabilité, se constituer avant les réquisitions du Ministère public sur le fond et, si le tribunal ordonne l'ajournement du prononcé de la peine, avant les réquisitions sur la peine (art. 421, C.P.P.). L'intervention devant les juridictions de jugement se combinant avec le principe du double degré de juridiction, la victime ne peut pas se constituer pour la première fois en appel parce qu'elle priverait le prévenu du bénéfice de cette règle [2] ; à plus forte raison, la victime ne peut intervenir pour la première fois devant la Cour de cassation [3]. Cependant, l'intervention peut être faite après un jugement par défaut, quand l'affaire revient sur opposition [4].

2. *La voie de l'action*

Si le Ministère public n'a pas mis en mouvement l'action publique, la partie lésée peut cependant se constituer partie civile en agissant par voie d'action. Deux procédés s'offrent alors à elle : la citation directe et la plainte avec constitution de partie civile adressée au juge d'instruction. Un parallélisme évident existe entre, d'une part, ces deux procédés et, d'autre part, la citation directe et le réquisitoire introductif du parquet [5].

a) Les règles de forme de la citation directe et de la plainte avec constitution de partie civile

635. — *Dualité.* Il existe donc deux formes d'action pour la victime prétendue : la citation directe et la constitution de partie civile.

La citation directe délivrée par la victime est soumise aux mêmes conditions de forme que la citation directe délivrée par le parquet [6]. On admet malgré le silence des textes qu'il n'est pas indispensable que la citation contienne des conclusions expresses aux fins d'indemnisation, le chiffre réclamé pouvant n'être indiqué qu'à l'audience.

La plainte avec constitution de partie civile est beaucoup moins formaliste. Elle consiste soit en une lettre écrite, datée et signée par la partie lésée et adressée au juge d'instruction (ou au doyen des juges d'instruction s'ils sont plusieurs), soit en une déclaration de celle-ci à ce magistrat et consignée par lui sur un procès-verbal. La victime est en outre tenue de déclarer expressément qu'elle réclame des dommages-intérêts. Ces exigences satisfaites, le

1. Crim., 5 mars 1964, D., 1964.454, J.C.P., 1964.II.13689, note X, prescription dont l'inobservation n'entraîne pas la nullité.
2. Crim., 5 mars 1964, précité ; 25 octobre 1966, G.P., 1967.I.9 ; 27 novembre 1979, B.C., n° 336.
3. Ch. réun., 5 novembre 1925, S., 1926.I.281, note J.A. Roux ; Crim., 10 janvier 1936, G.P., 1936.I.255.
4. Trib. corr. Seine, 9 février 1965, G.P., 1965.I.235.
5. V. *supra*, n°s 601 et s.
6. V. *supra*, n° 604.

juge d'instruction peut entendre à titre complémentaire le plaignant[1] et transmet par une ordonnance de soit-communiqué la plainte au procureur de la République en vue d'obtenir ses réquisitions (art. 86, al. 1, C.P.P.). La personne qui se constitue n'a pas à rapporter la preuve de l'infraction et de son préjudice puisque ce sont les objets de l'instruction : la jurisprudence décide en effet qu' « il suffit, pour qu'une constitution de partie civile soit recevable, que les circonstances sur lesquelles elle s'appuie permettent au juge d'admettre comme possible l'existence du préjudice allégué et la relation directe de celui-ci avec une infraction… »[2].

En cas d'infraction à la loi du 29 juillet 1881 sur la presse, la plainte est en revanche formaliste car elle doit contenir les mentions indiquées à l'article 50 de cette loi (articulation et qualification des faits, indication des faits)[3]. Mais si la plainte est incomplète, la poursuite est tout de même engagée si le réquisitoire subséquent répond aux exigences de cet article en palliant les insuffisances de la plainte[4].

636. — *Unité.* Quel que soit le mode utilisé, la victime doit remplir deux obligations.

• Traditionnellement, la partie civile devait verser une *consignation*, à moins qu'elle n'ait bénéficié de l'aide juridictionnelle. On entendait en effet éviter à l'État de supporter les frais de procès qu'il n'avait pas lancé et aussi décourager les plaideurs de mauvaise foi. Or une loi du 4 janvier 1993 a prévu la prise en charge des frais de justice par l'État, sans possibilité de récupération sur les condamnés. Toutefois, le législateur a prévu une procédure sanctionnatrice *a posteriori*, dont le régime, retouché par une loi du 15 juin 2000, est celui-ci. Si le juge d'instruction, en rendant une ordonnance de non-lieu sur constitution initiale de partie civile[5], considère que cette constitution a été « abusive ou dilatoire », il peut, sur réquisition du parquet, condamner cette partie civile à une amende civile de 15 000 € au maximum (art. 177-2, C.P.P. pour le juge d'instruction, la disposition étant étendue à la chambre de l'instruction par l'article 212-2, C.P.P.)[6]. Cette technique est étendue au cas de relaxe prononcée par le tribunal correctionnel saisi sur citation directe de la victime (art. 392-1, al. 2, C.P.P.). Désormais, la consignation — qui subsiste — sert à garantir le paiement de l'amende civile. Et voilà pourquoi elle a été conservée. Son mécanisme est le suivant.

1. Crim., 11 février 1982, B.C., n° 66. Confirmé par l'art. 86, al. 3, C.P.P. (l. 4 février 1993).
2. V. en dernier lieu, Crim., 26 février 1999, B.C., n° 17 et v. *supra*, n° 285.
3. Crim., 29 novembre 1988, B.C., n° 402.
4. Crim., 4 septembre 2003, B.C., n° 174.
5. Le juge d'instruction peut agir de même s'il rend une ordonnance de refus d'informer, art. 86, C.P.P. (l. 9 septembre 2002).
6. Si la partie civile est une personne morale, l'amende civile peut être prononcée contre son représentant légal, si la mauvaise foi de celui-ci est établie, art. 177-3, C.P.P. (l. 9 septembre 2002).

Dans le cas d'une constitution de partie civile devant le juge d'instruction, celui-ci « en fonction des ressources de la partie civile... fixe le montant de la consignation que celle-ci... doit déposer au greffe et le délai dans lequel elle devra être faite sous peine de non-recevabilité de la plainte » (art. 88, C.P.P.). S'il y a renvoi en jugement, la consignation est restituée à la partie civile, le renvoi signant le caractère sérieux de son action. Mais s'il y a non-lieu, la somme garantira le paiement de l'amende civile susceptible d'être infligée à la partie civile à la demande du parquet (art. 88-1, C.P.P.).

Ce système s'est avéré défectueux car l'amende civile ne peut dépasser 15 000 euros alors qu'on a vu des parties civiles réclamer des expertises extrêmement coûteuses, notamment en matière économique et financière, et dont la charge restait à l'État. Aussi la loi du 5 mars 2007 sur l'équilibre de la procédure pénale prévoit que le juge d'instruction peut, en cours de procédure, demander un complément de consignation à la partie civile qui a sollicité une expertise particulièrement onéreuse. Cette possibilité a été créé « afin de garantir le paiement des frais susceptibles d'être mis à la charge de la partie civile en application du second alinéa de l'article 800-1 » (art. 88-2, C.P.P.). L'article 800-1 qui affirme en son premier alinéa que les frais de justice sont à la charge de l'État se voit alourdir d'un second alinéa selon lequel « toutefois, lorsqu'il est fait application des articles 177-2 ou 212-2 à l'encontre de la partie civile dont la constitution a été jugée abusive ou dilatoire, les frais de justice correspondant aux expertises ordonnées à la demande de cette dernière peuvent... être mis à la charge de celle-ci par le juge d'instruction ou la chambre de l'instruction... »

Dans le cas d'une citation directe, le tribunal agit exactement comme le juge d'instruction, l'article 392-1, alinéa 1, C.P.P., reprenant les termes de l'article 88, C.C.P. En cas de relaxe, le tribunal pourra condamner la partie civile à une amende civile de 15 000 € au maximum dont la consignation aura garanti le paiement (art. 392, al. 1, *in fine*, et al. 2, C.P.P.).

Quatre questions liées à la consignation doivent être évoquées. Première question, l'action publique est-elle mise en mouvement par le dépôt de la plainte ou par le versement de la consignation ? Selon la jurisprudence, la mise en mouvement de l'action publique résulte de la plainte, mais c'est à la condition que la consignation ait été effectuée intégralement et dans le délai imparti par le juge [1]. Il en résulte que l'appréciation de la capacité du plaignant s'effectue au jour de cette plainte.

Deuxième question : la partie civile qui après constitution ne verse pas la consignation a-t-elle tout de même un moyen de mettre en mouvement l'action publique ? Oui car elle peut user de la citation directe [2].

Troisième question : si le juge réclame en cours de procédure un supplément de consignation, que se passe-t-il si la partie civile refuse de le verser ? Selon la

1. Lors de l'instruction, Crim., 17 juin 1986, B.C., n° 208, D., 1987, Somm. 77 et obs. J. Pradel ; 15 mai 2002, D. 2003, Somm. 29, obs. J. Pradel ; lors du jugement, Crim., 18 décembre 2007, B.C., n° 315, un jugement rendu sans versement n'a aucun effet.

2. Crim., 11 janvier 2000, B.C., n° 10.

jurisprudence, le plaignant conserve son statut de partie civile et donc son droit à réparation [1].

La quatrième question est relative au montant de la consignation. Les articles 88 et 392-1 précités liant ce montant aux « ressources de la partie civile », que décider si le juge ou le tribunal fixe un montant manifestement exagéré ? La partie civile peut faire appel de la décision fixant le montant (art. 186, al. 2, C.P.P.). La juridiction d'appel peut réduire la somme et la C.E.D.H. a condamné la France dans une affaire où les autorités nationales avaient fixé à 80 000 francs (environ 12 000 euros) le montant de la consignation alors que l'intéressé s'était vu refuser l'aide juridictionnelle et que ses ressources étaient égales à « zéro franc ». Cette condamnation est justifiée car la fixation du montant à une somme disproportionnée aux revenus de la partie civile a pour effet de priver la partie civile de son droit à un juge, au mépris de l'article 6, § 1, Conv. E.D.H. [2]

• En second lieu, la victime doit indiquer à la juridiction *un point géographique de rattachement*. Au cours de l'instruction, elle est tenue de déclarer une adresse au juge d'instruction (adresse personnelle ou, avec son accord, adresse d'un tiers) ; elle doit aussi indiquer au juge ses changements d'adresse ; faute d'avoir déclaré une adresse, elle ne peut opposer le défaut de notification des actes qui, selon la loi, auraient dû lui être notifiés (art. 89, C.P.P.). Devant les tribunaux correctionnels et de police, le mécanisme est légèrement différent, la partie civile devant dans l'acte de citation faire élection de domicile dans le ressort du tribunal saisi, à moins qu'elle n'y soit domiciliée (art. 392 et 533, C.P.P.).

b) Le domaine d'application de la citation directe et de la plainte avec constitution de partie civile

637. — Le domaine de la citation directe et de la plainte avec constitution de partie civile émanant de la victime est presque identique à celui de la citation directe et du réquisitoire introductif du Ministère public.

En matière criminelle, seule la plainte avec constitution de partie civile est possible (art. 85, C.P.P.).

En matière délictuelle, la victime a, en principe, le choix entre les deux procédés (art. 85, 388 et 392, C.P.P.). Toutefois, l'emploi de la plainte avec constitution de partie civile est seul possible lorsque le délinquant est âgé de moins de 18 ans, pour certains délits (par ex., spéculation illicite) et lorsque le délinquant est inconnu ou en fuite.

En matière contraventionnelle, la victime ne peut user que de la citation directe, alors que le parquet peut utiliser soit la citation soit le réquisitoire introductif (art. 44 et 79, C.P.P.).

1. Crim., 19 décembre 1983, B.C., n° 343, D., 1984.326, note P. Chambon.

2. C.E.D.H. 28 octobre 1998, *Ait-Mouhoub c/ France*, R.S.C. 1999.399, obs. R. Kœring-Joulin, D. 1999, Somm. 268, obs. J. F. Renucci.

Enfin, comme pour le parquet, le choix de la partie civile, quand il est possible, est définitif. Ainsi, en se constituant partie civile à l'instruction, la victime s'interdit de procéder ultérieurement par la voie de la citation directe.

§ 2. — Effets de la constitution de partie civile

638. — D'un côté, que la constitution de partie civile ait lieu par voie d'action ou par voie d'intervention, elle attribue à la victime la qualité de partie au procès pénal, comme le ministère public. De l'autre, si la constitution a lieu par voie d'action, elle entraîne en outre la mise en mouvement de l'action publique, omme le ferait l'action du ministère public.

A — La victime est partie au procès pénal

639. — La prise par la victime de la qualité de partie entraîne pour elle diverses conséquences.

Les unes lui sont *favorables*. D'abord, elle peut obtenir des dommages-intérêts en réparation de son préjudice, la juridiction se trouvant tenue de statuer sur sa demande ; ensuite, par symétrie avec les droits de la personne mise en examen qui a la position de défendeur, la partie civile, qui est demanderesse, ne peut être entendue par le juge d'instruction qu'en présence de son conseil à la disposition duquel la procédure doit être mise en permanence à partir du quatrième jour ouvrable avant sa première audition (art. 114, C.P.P.). De plus, la partie civile a droit à ce que les actes importants de la procédure lui soient signifiés au domicile par elle élu dans le ressort du tribunal (art. 89, al. 2, et 183, C.P.P.). Elle peut encore faire valoir ses preuves et suggérer, mais non imposer, au juge l'exécution de certaines mesures d'ins-truction. Enfin, la partie civile peut exercer des voies de recours : 1° Interjeter appel des ordonnances du juge d'instruction lui faisant grief (art. 186 et 186-1, C.P.P.) et des jugements rendus par les tribunaux correctionnels et de police sur ses intérêts civils (art. 497-3 et 573, C.P.P.) ; 2° Former un pourvoi en cassation contre les décisions d'acquittement ou d'absolution en matière correctionnelle et de police, mais quant à ses intérêts civils seulement (art. 567 et 573, C.P.P.).

D'autres conséquences, en revanche, sont *défavorables* à la partie civile. D'une part, elle ne peut plus témoigner (on n'est pas témoin dans sa propre cause), mais seulement être entendue à titre de renseignement sans prestation de serment (art. 335-6 et 442, C.P.P.). D'autre part, elle s'expose à subir, en cas d'échec et si elle avait pris l'initiative des poursuites, une triple condamnation : civile à des dommages-intérêts (art. 472, C.P.P.) et pénale pour dénonciation calomnieuse (art. 226-10, C.P.), enfin quasi pénale sous la forme d'une amende civile [1].

B — L'action publique est mise en mouvement

640. — Lorsque la constitution de partie civile a lieu par voie d'action, elle entraîne en même temps la mise en mouvement de l'action publique. Cependant, en raison des abus qu'il peut engendrer, ce principe a conduit le juge et le législateur à prévoir certains remèdes.

1. *Le principe*

641. — S'il n'a jamais été contesté que la citation directe met en mouvement l'action publique [2], la jurisprudence s'est longtemps refusée à reconnaître le même effet à la plainte avec constitution de partie civile [3]. Mais en 1906, dans une décision de la plus haute importance, la chambre criminelle a décidé que « la plainte déposée entre les mains d'un juge d'instruction par la personne qui se dit victime d'un crime ou d'un délit, lorsqu'elle est accompagnée d'une constitution de partie civile, produit, pour la mise en mouvement de l'action publique, les mêmes effets qu'un réquisitoire du procureur de la République » [4]. En conséquence, le juge d'instruction qui reçoit une telle plainte, et qui, on le sait, doit la communiquer au procureur de la République aux fins de réquisitions (art. 86, al. 1, C.P.P.), est donc en principe tenu d'instruire, même si le réquisitoire conclut qu'il n'y a pas lieu de procéder à une information. Depuis 1906, la jurisprudence n'a plus varié [5] et le Code de procédure pénale l'a indéniablement consacrée (art. 1, al. 2, début de l'art. 88 et fin de l'art. 86, al. 3).

Le principe du pouvoir pénal ainsi reconnu à la victime est conforme à notre droit positif. Il se fonde d'abord sur un argument d'ordre logique : la victime pouvant se constituer partie civile devant le juge (art. 85, C.P.P.) et celui-ci ne connaissant de l'action civile que s'il est en même temps saisi de l'action publique (art. 3, al. 1, C.P.P.), il en résulte que la victime, en exerçant l'action civile, met en mouvement l'action publique. Il s'explique aussi par des considérations plus politiques tirées de l'indépendance des

1. V. *infra*, n° 646.
2. Crim., 17 août 1809, B.C., n° 141 ; 11 août 1881, D., 1884, S., 279 ; 22 janvier 1953, D., 1953.109, rapport M. Patin.
3. Crim., 12 mai 1881, quatre arrêts, D., 1881.I.385 ; Lyon, 25 octobre 1905, D., 1906.II. 89, note Rougier.
4. Crim., 8 décembre 1906, *aff. Placet-Thirion*, souvent appelée *Laurent-Atthalin*, du nom du conseiller rapporteur, D., 1907.I.207, S., 1907.I.337, note R. Demogue ; J. Pradel et A. Varinard, n° 7 ; J. Brouchot, *L'arrêt Laurent-Atthalin, sa genèse et ses conséquences*, Mélanges Patin, 1966.411, éd. Cujas.
5. Crim., 28 mai 1925, D.P., 1926.I.121, note Leloir ; 23 mars 1954, B.C., n° 114 ; 21 février 1968, D., 1968.691.

juridictions d'instruction vis-à-vis du Ministère public qui peut vouloir ne pas poursuivre et gêner ainsi la victime : or « il faut garantir les droits des citoyens contre les refus de poursuivre, qui pourraient dans certains cas constituer un véritable déni de justice »[1]. C'est pourquoi on ne saurait mettre des obstacles injustifiés à l'accès de la victime au juge pénal lorsque celui-ci n'est pas encore saisi[2].

Ces raisons sont si fortes que la jurisprudence n'a pas hésité à renforcer le principe de l'arrêt *Placet* d'une double façon. D'abord, elle a décidé que le juge d'instruction devait non seulement informer, malgré les réquisitions contraires du parquet, mais encore inculper la personne nommément visée dans la plainte, ce qui va à l'encontre de la règle que ce magistrat est saisi *in rem* et non *in personam*[3]. Ensuite, elle a admis que la constitution de partie civile est possible alors que la personne ne peut obtenir aucune indemnité du juge pénal[4].

Il est enfin important de préciser que le pouvoir pénal reconnu à la victime est l'objet d'une limitation très légitime : comme l'exprime pour l'instruction préparatoire l'article 88, C.P.P., l'action publique n'est mise effectivement en mouvement que par la consignation de la somme fixée par le juge[5].

2. *Les abus*

642. — Le pouvoir considérable reconnu à la partie civile par les arrêts *Placet* et *Bencker* a donné lieu à des abus, notamment dans le cas de plainte devant le juge d'instruction.

D'une part, la marche de la justice s'en est trouvée ralentie et altérée. La multiplication des constitutions de partie civile, aboutissant souvent à des non-lieux, provoquait un encombrement des cabinets d'instruction et, par contrecoup, réduisait le rôle des juges d'instruction amenés à se décharger d'une partie de leurs tâches sur les experts et les policiers (développement de la pratique des commissions rogatoires générales).

D'autre part, de telles constitutions de partie civile nuisaient à certains individus. Des plaideurs civils utilisaient le procédé pour réunir plus aisément des preuves (par ex., perquisitions ou expertises) en vue d'un procès civil ou pour retarder l'issue d'une instance civile où ils étaient défendeurs, en application de la règle que « le criminel tient le civil en état ». La constitution de partie civile servait même de moyen de pression, voire de chantage, à

1. Crim., 28 mai 1925, *Bencker*, D., 1926.I.121, note Leloir.
2. Ord. premier président, Poitiers, 9 septembre 1880, D., 1881.II.33.
3. Crim., 19 juin 2001, B.C., n° 147 ; C.E.D.H., 28 octobre 1998, § 45, *affaire Ait-Monhoub c/ France*.
4. Crim., 22 janvier 1953, D., 1953.109, rapport M. Patin ; 15 octobre 1970, D., 1970.733, note Costa ; 8 juin 1971, D., 1975.594, note Maury ; v. *supra*, n° 320.
5. Crim., 22 décembre 1976, B.C., n° 378, pour la constitution de partie civile ; 7 août 1983, B.C., n° 169, pour la citation directe.

l'égard de personnes innocentes et honorables dont le nom apparaissait dans la presse.

Des remèdes s'imposaient donc pour les cas de constitution de partie civile par voie d'action.

3. *Les remèdes*

Bibliographie. — M. Berger, *La réaction contre les abus de constitution de partie civile*, thèse, Paris, 1938 ; M. Fréjaville, *La réaction contre les abus de constitution de partie civile*, D.H., 1931, chron. 60 ; N. Cousin-Pollet, *Indulgence et sévérité de la Cour de cassation à l'égard des victimes de dénonciations téméraires* (À propos de l'arrêt de la chambre criminelle du 5 mai 1971), J.C.P., 1972.I.2492 ; A. Lecomte, *La responsabilité de la partie civile envers son adversaire*, R.S.C., 1939.425 ; M. Pons, *De l'action directe de la partie lésée devant le juge d'instruction et de ses abus*, thèse, Toulouse, 1927.

a) Remèdes propres aux abus de plaintes avec constitution de partie civile

643. — Il existe des mesures préventives et des mesures après coup, la matière ayant été modifiée par une loi du 4 janvier 1993 [1].

— Les mesures préventives

644. — En premier lieu, lorsque la constitution de partie civile est insuffisamment motivée, le parquet dispose de deux prérogatives. D'abord, il peut, avant de prendre ses réquisitions, demander au juge d'instruction d'entendre la partie civile (art. 86, al. 3, C.P.P.). Ensuite, il peut délivrer au juge d'instruction un réquisitoire contre personne non dénommée (contre X) (art. 86, al. 2, C.P.P.). En ce cas, l'instruction est menée contre inconnu et la personne visée dans la plainte est entendue comme témoin, non comme personne mise en examen [2]. Le parquet peut donc transformer la plainte contre personne dénommée en une plainte contre inconnu. La mise en examen de la personne visée n'aura lieu que si des indices apparaissent ultérieurement. Le procédé évite ainsi d'occasionner un préjudice moral à la personne innocente visée dans la plainte.

En second lieu, l'article 190 du Code de procédure pénale refuse à la victime prétendue dont la constitution avait abouti à un non-lieu de se constituer à nouveau en invoquant des charges nouvelles : seul le Ministère public

1. Au droit positif actuel, on pourrait ajouter une mesure selon laquelle une plainte avec partie civile ne serait recevable devant le juge d'instruction qu'après un dépôt de plainte au parquet suivie d'un classement sans suite par celui-ci.

2. Ou comme témoin assisté si elle le demande, art. 113-2, al. 1, *in fine*, C.P.P.

peut requérir la réouverture d'une information. Le Code de 1959 légalise ainsi une règle dégagée par la jurisprudence [1].

— *Les mesures après coup*

645. — La loi de 1931 autorisait la victime d'une constitution fautive à poursuivre après non-lieu son auteur en *dommages-intérêts* devant le tribunal correctionnel (aujourd'hui art. 91, C.P.P., légèrement retouché par la loi du 15 juin 2000) [2]. Cette procédure, qui n'exclut pas la procédure normale devant la juridiction civile [3], ni une poursuite pour dénonciation calomnieuse, est particulière quant à ses conditions de fond et de forme.

Les conditions de fond sont au nombre de trois. Il faut d'abord une « information ouverte sur constitution de partie civile » [4], dirigée contre une personne expressément dénommée ou aisément identifiable, c'est-à-dire frappant « la personne mise en examen et toutes personnes visées dans la plainte » : de là l'exclusion de la procédure particulière en cas de plainte simple ou de constitution de partie civile par voie d'intervention ou de citation directe, mais d'un autre côté son application même en cas de mise en examen. Il faut ensuite « une décision de non-lieu », un acquittement n'autorisant donc pas l'utilisation de cette procédure ; et le non-lieu doit avoir été rendu pour un motif de fond, non en raison d'une amnistie [5]. La constitution, enfin, doit être fautive, cette faute étant la légèreté blâmable ou l'imprudence au sens de l'article 1382 du Code civil et non le désir de nuire [6].

Les conditions de forme de cette procédure traduisent son caractère simple et rapide. L'action est portée devant le tribunal correctionnel du lieu où l'affaire a été instruite [7]. Elle doit être intentée dans les trois mois de la décision de non-lieu devenue définitive. Les débats se déroulent en chambre du conseil en présence des parties et du Ministère public [8]. Mais la décision est rendue en audience publique [9] et elle peut être publiée dans des journaux aux frais du condamné. Les voies de recours sont celles de la procédure

1. Ch. réun., 29 janvier 1931, D., 1931.I.89, rapport Mornet, concl. Matter, B.C., n° 24 ; v. *infra*, n° 623.
2. J. DUMONT, *Constitution de partie civile*, Jurisclasseur proc. pén., art. 85 à 91 ; J. VASSOGNE et C. BERNARD, *Dénonciation téméraire*, Répertoire pénal.
3. Civ., 20 mars 1956, J.C.P., 1956.II.9286.
4. Ce qui exclut une demande formée contre la partie civile intervenante, Crim., 30 janvier 1984, B.C., n° 35. Et aussi les représentants d'une personne morale seule auteur de la plainte, Crim., 26 novembre 1996, B.C., n° 427, *Procédures*, 1997, comm. 63, obs. J. Buisson.
5. Crim., 26 novembre 1974, B.C., n° 346.
6. Crim., 2 janvier 1970, B.C., n° 2 ; 9 juin 1970, J.C.P., 1970.IV.203 ; 5 mai 1971, J.C.P., 1971.II.16824.
7. Crim., 18 octobre 1973, B.C., n° 366.
8. Crim., 21 juillet 1977, B.C., n° 268, caractère absolu de la règle que les débats ont eu lieu en chambre du conseil.
9. Crim., 27 avril et 14 juin, 1971, B.C., n°s 146 et 202.

pénale, l'appel et l'opposition étant recevables dans les délais du droit commun en matière correctionnelle et l'appel étant porté devant la chambre des appels correctionnels dont l'arrêt peut être déféré devant la Cour de cassation.

b) Remèdes concernant à la fois les abus de plainte et les abus de citation directe

646. — Que la constitution initiale ait lieu par voie de citation directe ou par voie de plainte devant le juge d'instruction, notre droit prévoit deux séries de mesures.

• En premier lieu, l'ex-mis en examen ou l'ex-prévenu peuvent réclamer des *dommages-intérêts* à la juridiction de jugement.

D'abord, les articles 472, 516, alinéa 2, et 549 du Code de produre pénale disposent qu'en cas de relaxe, la juridiction de jugement peut, à la demande du prévenu, condamner la partie civile à des dommages-intérêts. Là encore, le prévenu doit prouver la faute de la partie civile, son intention de nuire n'étant pas nécessaire. Mais ces textes sont peu pratiques puisqu'ils supposent le cas très rare d'un prévenu si certain d'être relaxé qu'il dépose, avant clôture des débats, une demande de dommages-intérêts. Le système de l'article 91 du Code de procédure pénale est bien meilleur.

Ensuite, si la constitution de partie civile présente les caractères du délit de dénonciation calomnieuse (art. 226-10, C.P.), la victime peut poursuivre le dénonciateur en se constituant à son tour partie civile. Les deux actions de l'article 226-10 du Code pénal et de l'article 91 du Code de procédure pénale, ayant une cause juridique différente, peuvent être exercées successivement [1].

Enfin, le prévenu acquitté ou relaxé peut toujours agir conformément au droit commun sur la base des articles 1382 et 1383 du Code civil.

• En outre, les lois de 1993 modifiées par celle du 15 juin 2000 ont ajouté un dispositif *quasi répressif sous la forme d'une amende civile* lorsque l'action de la prétendue victime est « abusive ou dilatoire ». L'amende peut atteindre 15 000 € [2].

Ce mécanisme s'applique d'abord aux constitutions initiales de partie civile déposées entre les mains d'un juge d'instruction. Un fois que l'instruction est terminée, le parquet rédige un réquisitoire définitif dans lequel il peut glisser des réquisitions aux fins d'amende civile. Le juge d'instruction, auquel est restitué le dossier, doit notifier ces réquisitions d'amende civile à la partie civile et à son avocat (par lettre recommandée ou télécopie avec récépissé), lesquels ont 20 jours pour lui adresser des réquisitions écrites. À l'issue de ce délai, de deux choses l'une. Ou bien le juge prononce

1. Crim., 26 février 1953, J.C.P., 1954.II.7983, note P. Chambon.
2. Selon l'art. 88-1, C.P.P., la consignation fixée en application de l'art. 88 sert à assurer le paiement de l'amende civile de sorte qu'en cas d'absence de condamnation à cette amende, la somme est restituée.

une amende ; il le fait par ordonnance motivée (incluse dans l'ordonnance de non-lieu) que la partie civile pourra frapper d'appel. Ou bien le juge refuse de prononcer une amende, c'est alors le parquet qui peut interjeter appel (art. 177-2, C.P.P.) [1]. La loi du 9 mars 2004 a étendu ce mécanisme à la chambre de l'instruction, tout en ajoutant que si « la partie civile est une personne morale, l'amende civile peut être prononcée contre son représentant légal, si la mauvaise foi de ce dernier est établie » (art. 212-2, C.P.P.).

Ce mécanisme s'applique ensuite aux citations directes saisissant le tribunal correctionnel. Cette juridiction peut, sur réquisition du parquet, décider dans la décision de relaxe de condamner la partie civile fautive à une amende. Les réquisitions du parquet doivent intervenir avant clôture des débats, après plaidoiries de la défense et la partie civile doit avoir été en mesure d'y répliquer. Ces dispositions s'appliquent aussi devant la cour d'appel (art. 392-1, al. 2, C.P.P.).

Finalement à l'heure actuelle, le droit pour la victime prétendue de se constituer partie civile ne paraît guère susceptible d'abus. Et pourtant, aujourd'hui encore, les saisines de juges d'instruction sur constitution de partie civile restent fort nombreuses : environ 30 % des affaires mises à l'instruction le sont sur constitution initiale de partie civile !... Et le pourcentage atteint 80 % en matière économique et financière.

1. Crim., 26 février 2002, B.C., n° 44, le juge est libre de prononcer cette sanction, d'où l'absence de contrôle de la Cour de cassation si la juridiction d'instruction ne prononce pas l'amende.

CHAPITRE III

L'INSTRUCTION PRÉPARATOIRE

Bibliographie. — 1) ***Études théoriques :*** B. Bouloc, *De quelques transformations de l'instruction préparatoire*, R.P.D.P., 2000, pp. 39 et s. ; P. Chambon, *Le juge d'instruction face au C.P.P.*, J.C.P., 1959.I.1531 *bis* ; du même, *Le juge d'instruction*, Dalloz, 4e éd., 1996 ; du même, *La chambre d'accusation*, Dalloz, 1978 ; P. Chambon et C. Guéry, *Droit et pratique de l'instruction préparatoire. Juge d'instruction*, 5e éd., 2004, Dalloz ; P. Delestrée, *L'instruction préparatoire*, 1960 ; M. Dorwlingcarter, *Faut-il supprimer le juge d'instruction ?*, J.C.P., 1990.I.3458 ; C. Guéry, *Instruction préparatoire*, Répertoire pénal, Dalloz ; J. Larguier et A.M. Larguier, *La protection des droits de l'homme dans le procès pénal*, R.I.D.P., 1966.95 ; H. de Larosière de Champfeu, *L'instruction préparatoire à l'épreuve des lois des 4 janvier et 24 août 1993, Égalité et responsabilité*, Rapport de la Cour de cassation, 1995.85, La Documen-tation française ; A. Mellor, *Les grands problèmes contemporains de l'ins-truction criminelle*, 1953 ; Ch. Morizot-Thibault, *De l'instruction préparatoire* (Étude critique du Code d'instruction criminelle), L.G.D.J., 1906 ; C. Porteron, *Droit à l'information et procédure pénale*, Contribution à l'étude des droits de la personne poursuivie, thèse dactyl. Nice, 2002 ; J. Pradel, *De la réforme de l'instruction préparatoire*, D., 1989, chron. 1 ; du même, *L'instruction préparatoire*, Cujas, 1990 ; du même, *Observations brèves sur une loi à refaire* (À propos de la loi du 4 janvier 1993 sur la procédure pénale), D., 1993, chron. 39 ; du même, *Les droits de la personne suspecte ou poursuivie depuis la loi du 24 août 1993 modifiant celle du 4 janvier précédent. Un législateur se muant en Pénélope ou se faisant perfectionniste ?*, D., 1993, chron. 299 ; du même, *Le juge d'instruction*, Dalloz, Connaissance du droit, 1996 ; du même, *Centenaire de la loi du 8 décembre 1897 sur la défense avant jugement pénal : essai d'un bilan*, D., 1997, chron. 375 ; du même, *Le juge d'instruction : réforme ou suppression ?*, Cahiers français n° 334, octobre 2006, La documentation française ; M. Rousselet, *De quelques réflexions sur l'instruction préparatoire*, Mélanges Donnedieu de Vabres, Cujas, 1960.213 ; C. Samet, *Le juge d'instruction, Regard sur l'actualité*, La Documentation française, n° 216, 1995 ; R. VAN RUYMBEKE, *Le juge d'instruction*, P.U.F., Que sais-je ?, n° 2429, 2e éd., 1992.

2) ***Études pratiques :*** R. FABERON, *La pratique de l'information judiciaire*, Oran, 1950 ; J. MARQUISET, *Manuel pratique de l'instruction*, Sirey, 1950 ; J. SIGNOREL, *Manuel formulaire des juges d'instruction*, Ed. techniques, 1948 ; *Mémento de l'instruction, Œuvre collective, Association d'études et de recherches de l'École nationale de la Magistrature, 1986, mise à jour 1995 ; Mémento de la chambre d'accusation*, id., 1988.

3) ***Droits étrangers :*** H. BOSLY et D. VANDERMEERSCH, *Droit de la procédure pénale*, La Charte, Bruges, Belgique, 3e éd., 2003, pp. 501 et s. ; F. CLERC, *L'instruction préparatoire en Suisse*, R.S.C., 1952.203 ; D. PONCET, *L'instruction contradictoire*, Genève, 1967 ; A. DE LA OLIVA SANTOS et autres, *Derecho procesal penal*, Coleccion Ceura, Editorial centro de estadios Ramon Areces, Madrid, 7e éd. 2004, pp. 311 et s.

647. — *Les objets de l'instruction.* Au cours de ce stade, un magistrat spécialisé, le juge d'instruction, recherche sous le contrôle de la chambre de l'instruction s'il existe contre un individu des charges sérieuses justifiant le renvoi de celui-ci devant la juridiction de jugement. L'instruction est donc le stade du procès où s'effectue la « mise en état de l'affaire », le législateur employant d'ailleurs rarement cette expression (art. 194 et 287, C.P.P.). C'est pour cette raison que le législateur qualifie cette instruction de préparatoire (par ex., art. 79, C.P.P.) et l'appelle parfois information (art. 44, 49, 81, al. 1, C.P.P.). Et il est bien entendu que cette mise en état porte à la fois sur la matérialité et la culpabilité d'une part et sur la personnalité d'autre part [1]. Pratiquement d'ailleurs, cette dualité d'objets de l'instruction apparaît : 1° avec la présentation matérielle du dossier en une cote de « fond » (éléments sur la preuve des faits), et en une cote de « renseignements et personnalité » ; 2° avec la pratique chère aux juges d'instruction de procéder, en fin de procédure au moins en matière criminelle, à un interrogatoire dit récapitulatif ou définitif comportant deux parties, l'une sur la vie et la personnalité, l'autre sur les faits.

À ces deux objets principaux, on peut en ajouter deux autres. C'est d'abord l'ap-plication d'une mesure de sûreté — dans certaines hypothèses exceptionnelles d'ur-gence. Ainsi, le juge d'instruction, saisi du chef de proxénétisme peut ordonner, à titre provisoire et pour une durée de trois mois renouvelable, la fermeture de tout établissement servant à la prostitution (art. 706-36, C.P.P.). En matière de publicité fausse, il peut ordonner d'office la cessation de la publicité (art. L. 121.3, al. 1, C. cons.). Ce magistrat peut également placer un mineur délinquant sous le régime de la liberté surveillée d'observation lorsqu'il statue sur sa garde provisoire (art. 10, al. 5, ord. du 2 février 1945 accordant le même pouvoir au juge des enfants). Le juge peut encore ordonner pour une période de six mois renouvelable la fermeture de tout établissement où ont été commis des faits du trafic de stupéfiants (art. 706-33, C.P.P.). Enfin, le magistrat instructeur peut imposer au toxicomane une cure de désintoxication accompagnée de

1. On peut y voir un effet de la doctrine de défense sociale.

toutes mesures de surveillance médicale appropriée (art. L. 3424-1, C.S.P.) ou placer la personne mise en examen sous contrôle judiciaire ou en détention provisoire « à titre de mesure de sûreté » (art. 137, C.P.P., modifié par l. du 17 juillet 1970). Ces textes créent indéniablement des mesures de sûreté. Mais on ne saurait dire que l'application de ces sanctions constitue l'un des buts de l'ins-truction. Tout ce que l'on peut affirmer, c'est que le législateur profite de l'existence d'une information pour autoriser le juge à prendre par provision des mesures d'urgence. On n'ouvre pas une information uniquement pour prendre une mesure de sûreté. La preuve en est que d'autres autorités que le juge d'instruction se voient reconnaître parfois le même pouvoir que lui : ainsi, la suspension du permis de conduire peut être décidée immédiatement aussi bien par le préfet (art. L. 224-7 et s., C.R.) que par le juge d'instruction dans le cadre du contrôle judiciaire (art. 138, al. 2, 8°, CP.P.).

C'est ensuite l'intérêt de la victime qui est pris en compte. D'abord, selon l'article 81-1, C.P.P. (loi du 15 juin 2000), le juge d'instruction peut, d'office ou à la demande du parquet ou de la partie civile, « procéder... à tout acte permettant d'apprécier la nature et l'importance des préjudices subis par la victime... », ce qui peut faciliter l'exercice de l'action civile. Ensuite, en matière d'infractions de criminalité organisée au sens des articles 706-73 et 706-74, C.P.P., le juge des libertés et de la détention peut, à la requête du parquet, « ordonner des mesures conservatoires sur les biens... du mis en examen ». On pense au blocage d'un compte bancaire ou à l'hypothèque d'un immeuble. Ces mesures s'expliquent parce que, dans les affaires de criminalité organisée, la durée des procédures permet aux individus poursuivis d'organiser leur insolvabilité et de ne pouvoir alors payer ni les dommages-intérêts aux victimes ni l'amende à l'État. La loi prévoit encore qu'en cas de condamnation, les saisies conservatoires sont validées et qu'en cas de non-lieu, relaxe ou acquittement, les mesures ordonnées font l'objet d'une mainlevée. Enfin, il est indiqué que le juge des libertés et de la détention est compétent sur l'ensemble du territoire national : c'est logique car les biens du mis en examen ne sont pas forcément localisés dans le ressort du tribunal saisi de l'affaire, s'agissant de dossiers de criminalité organisée (art. 706-103, C.P.P.).

648. — *La crise de l'instruction.* En 1808, le législateur avait construit l'instruction préparatoire sur un mode fortement inquisitoire avec un juge d'instruction aux pouvoirs très importants[1] et en face de lui un inculpé (et une partie civile) sans aucune prérogative ou presque et en tout cas sans l'assistance d'un avocat.

Dès la Restauration, quelques critiques se manifestent mais assez timidement, et il fallut attendre l'extrême fin du XIXe siècle, avec la fameuse loi du 8 décembre 1897 dite loi Constans, pour voir l'avocat de l'inculpé accéder au cabinet du juge, avec notamment le double pouvoir de consulter le dossier 24 heures avant chaque interrogatoire et d'assister son client à cet acte d'instruction. Cette loi essentielle fut approuvée par certains[2] et violemment

1. Le juge d'instruction est l'homme le plus puissant de France, écrivait BALZAC dans *Splendeurs et misères des courtisanes* (1843). Ce point de vue doit cependant être un peu corrigé par le fait que la police judiciaire, bras séculier du juge, n'était pas encore très développée.

2. Comme E. GARÇON qui salua le recul d'un C.I.C. bonapartiste et où la liberté était réduite et qui expliqua que le principe de liberté s'est substitué au principe d'autorité, R.P.D.P., 1899.20 et s.

critiquée par d'autres [1]. Quoi qu'il en soit, elle entra dans les mœurs et une loi du 22 mars 1921 vint accorder à la partie civile les droits dont bénéficiait l'inculpé depuis 1897.

À partir de 1949, les choses se compliquent car le débat ne porte plus seulement sur les droits de la défense [2] mais aussi sur la légitimité même du juge d'instruction. On se souvient du projet H. DONNEDIEU DE VABRES et de l'éclatement de l'instruction qu'il proposait : au parquet, les investigations et à un juge de l'instruction les questions juridictionnelles [3].

Aujourd'hui, l'instruction apparaît toujours en crise. Un parti s'est développé, nourri d'hostilité au juge d'instruction, comptant même dans ses rangs quelques rares hauts magistrats [4]. L'ensemble des magistrats et l'opinion publique restent pourtant favorables à l'institution du juge d'instruction et les dernières lois ne le suppriment pas [5], se contentant d'insérer son action dans un corps de règles toujours plus contraignantes et de créer « un juge des libertés et de la détention » [6]. Quant aux droits de la défense, ils ne cessent de progresser, notamment avec les lois des 4 janvier et 24 août 1993 [7].

En résumé, l'instruction est la partie la plus mouvante de notre procédure pénale, avec des lois extrêmement nombreuses sur les droits de la défense et la détention provisoire. Les commissions de réflexion se succèdent, comme les travaux de la doctrine [8]. Tout cela sur un fond de scepticisme de la part de l'opinion et de violation quotidienne du secret de l'instruction. Enfin, ultime observation d'ordre matériel, mais importante, c'est l'allongement de la durée moyenne des instructions : de 3 mois en 1969, on est passé à 13 en 1995 [9]. Il est vrai qu'aujourd'hui les parquets ne saisissent les juges d'instruction que pour des affaires difficiles, notamment des affaires de stupéfiants et des affaires

1. Comme M. REGNAULT, procureur général d'Amiens qui soulignait les résultats déplorables de la loi de 1897 qui augmentait les difficultés d'obtention de la vérité et les inégalités entre inculpés, seuls les fortunés pouvant se défendre, R.P.D.P., 1899.4 et s.

2. V. le débat devant la Société générale des Prisons en 1928, R.P.D.P., 1928.135 et s.

3. V. *supra*, n° 11.

4. Rapport de la commission Justice pénale et droits de l'homme sur la mise en état des affaires pénales, 1991, La Documentation française (commission M. Delmas-Marty). Ce rapport propose la suppression du juge d'instruction. L'enquête serait faite par le parquet aidé de la police judiciaire et un juge apparaîtrait tout de même pour traiter de la détention provisoire préventive, notamment. Notez l'opinion divergente de M. Braunschweig, président de la chambre criminelle, p. 223 et s.

5. À vrai dire le législateur n'a jamais vraiment songé à supprimer le juge d'instruction.

6. La loi du 15 juin 2000 a créé le juge des libertés et de la détention, suite aux recommandations de la commission de réflexion sur la justice, 1997, La Documentation française.

7. Pour une vue historique générale du principe des droits de la défense, J. PRADEL, *Centenaire de la loi du 8 décembre 1897 sur la défense avant jugement pénal : essai d'un bilan*, D., 1997, chron. 375.

8. La dernière commission (pour l'instant !) est celle qui a été constituée fin 2005 au sein de l'Assemblée nationale à la suite de l'affaire dite d'Outreau, qui avait abouti à une douzaine d'acquittements après deux ans de détention provisoire, v. *Au nom du peuple français. Juger après Outreau*, commission d'enquête, A. VALLINI, président, P. HOUILLON, rapporteur, députés, rapport n° 3125, juin 2006, Assemblée nationale, 628 pages.

9. J. F. BURGELIN, étude, in *Le temps dans la procédure*, ouvrage collectif, Dalloz, 1996.32.

de murs. Il est vrai aussi que les victimes prétendues saisissent de plus en plus les juges d'instruction [1] pour des affaires compliquées et souvent dans l'unique souci de retarder le cours d'une instance civile ou commerciale [2].

Même s'il est certain qu'il n'y a pas de système miracle, on peut invoquer en faveur du juge d'instruction des arguments assez nombreux quoique de force différente : 1° Ce juge fait partie de notre tradition juridique (depuis 1670 sinon avant), un peu comme le jury pour nos voisins anglais ; 2° Il est un vecteur de l'indépendance de la justice alors que le procureur chargé des enquêtes, même s'il est indépendant statutairement de l'exécutif, baigne dans une « une culture de répression », porté à soutenir la poursuite ; 3° Il nous prémunit contre les excès d'un système accusatoire où un parquet surpuissant écraserait la défense à moins que le contraire se produise avec une défense utilisant de gros moyens financiers [3]. Ce qui ne saurait signifier cependant que des réformes de l'instruction ne sont pas nécessaires [4].

Décidément, il y a bien une crise de l'instruction, plus d'ailleurs qu'une crise générale de notre justice pénale [5].

649. — *Les modalités de l'instruction.* On sait que l'instruction préparatoire est à deux degrés. En droit commun, l'instruction se déroule devant le juge d'instruction au premier degré et devant la chambre de l'instruction au second degré, sauf à observer l'existence de certains pouvoirs reconnus personnellement au président de cette chambre. D'un autre côté, le législateur a prévu en certaines matières (par ex., affaires militaires ou infractions commises par des mineurs) des règles exceptionnelles, au moins sur certains points.

De là, l'étude successive de l'instruction devant le juge d'instruction, du contrôle de l'instruction par le juge supérieur et des formes exceptionnelles d'instruction.

1. Dans la plupart des cabinets d'instruction, il y a environ plus de 30 % des dossiers qui proviennent de constitutions de partie civile.

2. C. GUÉRY, *Pour une réforme de la constitution de partie civile*, D., 2003, chron. 1575.

3. V. not. J.M. COULON, *La justice à l'épreuve* D. 2002, 1084 ; P. CONTE. Les galeux de la République. À propos de « l'affaire d'Outreau », J.C.P., 2006.I.101 ; J. PRADEL. Haro sur le juge d'instruction ! D 2006, 244. Les magistrats restent dans leur majorité favorables au maintien du juge d'instruction. La réforme de la procédure pénale, entretien avec D. Barella, président de l'Union syndicale des magistrats, Dr. pénal, juin 2006. Les avocats, en revanche, sont plus divisés, La réforme de la procédure pénale, entretien avec P.A. Iweins, président du Conseil national du barreau, Dr. pénal, mai 2006.

4. Le poste du juge d'instruction ne devrait pas être, le cas échéant un poste de débutant : un « noviciat » dans les fonctions du parquet comme subtitut, par exemple serait excellent. Il faudrait aussi créer obligatoirement un système dans lequel deux ou trois juges agiraient ensemble (cosaisine) dès que l'affaire apparaît comme particulièrement complexe.

5. Pour un tableau des pouvoirs du juge d'instruction, du juge des libertés et de la détention, et même du président du tribunal, on lira G. GIUDICELLI-DELAGE, *La figure du juge de l'avant-procès. Entre symboles et pratiques*, in *Mélanges J. Pradel*, éd. Cujas, 2006, p. 335 et s.

SECTION I

L'INSTRUCTION DEVANT LE JUGE D'INSTRUCTION

650. — Comme l'enquête, l'instruction par le juge d'instruction tend à la recherche des éléments qui, ultérieurement, permettront à la juridiction de jugement, si elle est saisie, de porter une appréciation sur l'infraction et son auteur. Pourtant, l'instruction diffère à trois égards de l'enquête. D'abord, contrairement à l'enquête, l'instruction est délimitée dans le temps par des actes formalistes ayant des effets précis. Ensuite, les actes du juge d'instruc-tion, qui est juge et pas seulement instructeur, sont plus variés et ont souvent une plus grande portée que ceux de l'enquêteur. Enfin, l'instruction se déroulant après la mise en mouvement de l'action publique, les personnages du procès ne sont plus de simples suspects ou victimes, mais des personnes ou protagonistes nantis d'un statut plus élaboré. De là, les trois développements qui suivent.

SOUS-SECTION I

LES LIMITES DE L'INSTRUCTION

Bibliographie. — A. BIRAGUET, *La saisine du juge d'instruction*, thèse, Toulouse, 1934 ; J. BLOUET, *La saisine du juge d'instruction*, thèse, Caen, 1937 ; C. BOLZE, *Le refus d'informer : une sanction exceptionnelle en procédure pénale*, R.S.C., 1982.311 ; J. DUMONT, *Juge d'instruction. Juridictions d'instruction du premier degré. Dispositions générales*, Jurisclasseur proc. pén., art. 79 à 84 ; R. GÉNIN-MÉRIC, *Être jugé dans un délai raisonnable : réflexions sur le contrôle de la recevabilité de l'action publique*, R.S.C., 1980.77 ; J. GUYÉNOT, *Le dessaisissement des juridictions dans la procédure pénale française*, R.S.C., 1963.279 ; M. PHILONENKO, *La reprise de l'instance sur charges nouvelles*, R.S.C., 1954.354 ; J. PRADEL, *L'instruction préparatoire*, Cujas, 1990, not. nos 198 et s.

651. — L'action du juge d'instruction est contenue entre deux actes formalistes : l'*ouverture* de l'information et sa *clôture*. Exceptionnellement, après clôture de l'instruction, sa *réouverture* permettra à nouveau au juge d'exercer son activité.

§ 1. — L'OUVERTURE DE L'INFORMATION

Pour que l'instruction soit ouverte, il importe que le juge soit et reste saisi.

A — La saisine du juge d'instruction

1. *Les actes valant saisine du juge d'instruction*

652. — *Principe.* La saisine du juge d'instruction obéit à un processus complexe, surtout lorsque le tribunal comporte plus d'un magistrat instructeur. Alors en effet — et ce cas est de loin le plus fréquent — à la suite d'une saisine du service de l'instruction (saisine mettant en mouvement l'action publique), intervient un acte de désignation du juge d'instruction.

a) Les actes saisissant le service de l'instruction

653. — Ces actes sont au nombre de deux : réquisitoire à fin d'informer (art. 51 et 80, al. 1, C.P.P.) et constitution initiale de la partie civile (art. 51 et 85, C.P.P.), sauf à remarquer que cette dernière n'empêche pas le parquet de devoir prendre un réquisitoire (art. 86, al. 1, C.P.P.).

On ajoute parfois trois autres actes : l'ordonnance de dessaisissement rendue par un juge d'instruction [1], l'arrêt de règlement de juges (art. 658 et 659, C.P.P.) et, en matière d'enfance délinquante, l'ordonnance du juge des enfants au cas où celui-ci s'aperçoit de la gravité de l'affaire dont il avait été initialement saisi, par exemple s'il s'agit d'un crime ou si des majeurs sont impliqués (art. 8, al. 9, *in fine*, ord. du 2 février 1945). Au vrai, ces actes agissent au « second degré » puisqu'ils supposent qu'un autre juge d'instruction a déjà été saisi (et nécessairement par un réquisitoire ou une constitution).

b) L'acte désignant un juge d'instruction

— *Mécanisme*

654. — Si le tribunal de grande instance comporte deux ou plusieurs juges d'instruction, l'acte de saisine doit se doubler de la désignation du juge qui connaîtra effectivement de l'affaire. Avant 1959, c'est le procureur de la République qui procédait à la désignation. Aujourd'hui, c'est le président du tribunal de grande instance pour des raisons tenant à l'indépendance du magistrat instructeur vis-à-vis du parquet. Deux procédures sont instituées.

• La première indiquée à l'article 83, C.P.P. intéresse les cas où il y a deux ou plusieurs juges d'instruction auprès du tribunal de grande instance. Alors l'alinéa 1 de cert article indique que « le président du tribunal désigne pour chaque infractions le juge qui en sera chargé ». À cet effet, le président peut recourir à un tableau de roulement pour la désignation des juges d'instruction. Bien sûr, en application du principe du parallélisme des formes,

1. V. *infra*, n°s 661 et s.

une nouvelle désignation par le président s'impose si le juge est empêché par maladie ou mutation d'achever sa procédure [1].

Ce système du tableau permet en fait de renouer avec la tradition antérieure à 1959 : il suffit au parquet de laisser traîner une affaire quelques jours, le temps que devienne juge de permanence celui qui est inscrit au tableau et qui a la préférence du parquet.

• La seconde procédure de désignation ne concerne que certaines affaires. Selon le nouvel article 83-1, C.P.P. (applicable du 1er mars 2008 au 1er janvier 2010), « lorsque la gravité ou la complexité de l'affaire le justifie, l'information peut faire l'objet d'une cosaisine selon les modalités prévues par le présent article. Le président du tribunal de grande instance dans lequel il existe un pôle de l'instruction ou, en cas d'empêchement, le magistrat qui le remplace désigne, dès l'ouverture de l'information d'office ou si le procureur de la République le requiert dans son réquisitoire introductif, un ou plusieurs juges d'instruction pour être adjoint au juge d'instruction chargé de l'information ».

S'il n'a pas décidé la cosaisine lors de l'ouverture de l'instruction, le président du tribunal peut le faire à tout moment de la procédure, soit à la demande du juge chargé de l'instruction, soit si celui-ci donne son accord d'office ou encore sur réquisitions du parquet ou même sur requête des parties, ces dernières ne pouvant cependant renouveler leur demande avant six mois. Si l'instruction a été ouverte devant un tribunal sans pôle, c'est le président du tribunal avec pôle qui désigne le juge d'instruction ainsi que le ou les juges cosaisine, après que le juge initial se soit dessaisi.

Si le juge d'instruction n'est pas d'accord pour une cosaisine ou si le président du tribunal n'agit pas, la cosaisine peut être décidée par le président de la chambre de l'instruction, celui-ci agissant d'office, à la demande du président du tribunal, du parquet ou des parties. Si l'instruction a été ouverte dans un tribunal sans pôle, le président de la chambre de l'instruction saisit sa chambre aux fins de cosaisines. La chambre décide s'il y a lieu à cosaisine et si elle répond par l'affirmative, elle dessaisit le juge et en désigne plusieurs autres.

L'article 83-2, nouveau C.P.P. (applicable également au 1er mars 2008 au 1er janvier 2010) règle les pouvoirs relatifs des juges cosaisis : « le juge chargé de l'instruction coordonne le déroulement de celle-ci. Il a seul qualité pour saisir le juge des libertés et de la détention, pour ordonner une mise en liberté d'office et pour rendre l'avis de fin d'instruction... Toutefois, cet avis et cette ordonnance peuvent être cosignés par le ou les juges d'instruction cosaisis ». Ce texte reprend largement l'article 83, C.P.P.

1. En pratique, une photocopie du tableau de roulement est établie et insérée au dossier, juste après le réquisitoire introductif. Cette photocopie (certifiée conforme au tableau par le greffier) tient lieu d'ordonnance, v. en ce sens, Crim., 3 juillet 1991, B.C., n° 292.

— *Sanction*

655. — Quelle est la sanction de la méconnaissance des articles 83 et 84, C.P.P. ? Ces textes ne prévoyant pas la nullité, la jurisprudence a beaucoup hésitée.

Dans un premier temps, elle a vu dans la désignation un simple acte d'administration de sorte que l'absence ou l'irrégularité de la désignation était sans importance [1].

Puis, par une suite d'arrêts remarqués, elle a vu dans les dispositions des articles 83 et 84, C.P.P., des formalités substantielles. Ainsi, la désignation par un imprimé non signé entraînait-elle la nullité de toute l'instruction [2]. Il est vrai qu'un arrêt curieusement rédigé avait vu dans l'absence de désignation « une nullité substantielle d'ordre public n'affectant pas la compétence et ne pouvant être invoquée pour la première fois devant la Cour de cassation » [3]. Mais peu après, la jurisprudence voyait dans la méconnaissance du principe « une nullité substantielle touchant à l'organisation et à la composition des juridictions qui sont d'ordre public et comme telle échappant aux prévisions de l'article 802, C.P.P. » [4].

Aujourd'hui, la jurisprudence en revient à ses premiers errements, en décidant que « depuis l'entrée en vigueur de la loi du 6 juillet 1989, les modalités de désignation du juge d'instruction fixées par l'article 83... et celles de son remplacement prévues par les alinéas 3 et 4 de l'article 84 constituent des actes d'administration judiciaire dont les irrégularités ne sauraient entraîner une nullité de la procédure... » [5]. À lire l'arrêt, on a le sentiment que la Cour de cassation se fonde sur la loi de 1989 qui, en consacrant un certain automatisme, minore le pouvoir du président. Plus profondément peut-être, la Cour de cassation est lassée de devoir faire tomber des procédures entières pour un faux pas qu'elle estime secondaire. D'ailleurs, l'article 83, al. 4 (l. du 4 janvier 1993) confirme que les désignations sont « des mesures d'administration judiciaire non susceptibles de recours ». De même selon l'article 83-1 *in fine*, C.P.P., les décisons du président du

1. Crim., 4 avril 1962, B.C., n° 161 ; 29 avril 1976, B.C., n° 134.
2. Crim., 13 mai 1971, D., 1971.499, note J. Pradel.
3. Crim., 18 mai 1983, D., 1984.188, note W. Jeandidier.
4. Cass. ass. plén., 17 juin 1988, D., 1989.17, concl. N. Pradain.
5. Crim., 4 décembre 1990, D., 1991, Somm., 214, R.S.C., 1991.371, obs. A. Braunschweig, G.P., 1991.I.173, note Carbuccio-Berland, jurisprudence aujourd'hui confirmée très souvent, v. par ex. Crim., 23 avril 1992, B.C., n° 177. De ce que la désignation est désormais un « acte d'administration judiciaire », la chambre criminelle tire des conséquences : 1° les parties ne peuvent plus en discuter ni la régularité ni l'existence (Crim., 19 mai 1992, B.C., n° 195 ; 12 février 1997, *Procédures*, 1997, comm. 159, obs. J. Buisson) ; 2° aucune requête en nullité d'un acte du juge d'instruction ne peut être fondée sur les conditions de désignation de ce magistrat (Crim., 3 octobre 1995, B.C., n° 292) ; 3° la personne mise en examen ne peut se plaindre de ce que la chambre d'accusation n'a pas répondu à un grief soulevé par lui et tendant à ce que soit constatée l'absence de désignation régulière du magistrat instructeur (Crim., 11 juin 1996, B.C., n° 244, *Procédures*, 1996, comm. 265, obs. J. Buisson).

tribunal de grande instance, du président de la chambre de l'instruction et de cette dernière sont pareillement qualifiées.

— *Exception*

656. — Dans le cas particulier où le parquet ouvre une information pour rechercher les causes de la mort (art. 74, C.P.P), la désignation n'est pas nécessaire parce que l'action publique n'est pas mise en mouvement [1].

2. *Les effets immédiats de la saisine du juge d'instruction*

657. — Saisi, le juge d'instruction va procéder à un premier examen de l'affaire. Trois éventualités peuvent alors se présenter, le juge ne pouvait statuer qu'après réquisitions du parquet.

• S'il se croit non compétent *ratione materiae, loci,* ou *personae,* c'est-à-dire s'il estime qu'une autre juridiction aurait dû être saisie, le juge rendra une *ordonnance d'incompétence* (v. art. 90, C.P.P., qui, visant le cas de la constitution de partie civile, doit être étendu aux autres hypothèses de saisine). Le procureur de la République, le mis en examen et la partie civile peuvent interjeter appel de cette décision (art. 185, al. 1, et 186, al. 3, C.P.P.).

• Si le juge estime que les faits sont radicalement insusceptibles de poursuite, et qu'en conséquence aucune juridiction d'instruction ne pourrait être saisie, il prendra une ordonnance de *refus d'informer* dite aussi de *non-informer.* Il s'agit là d'une création prétorienne légalisée aux articles 86, al. 3, 186, al. 2, et 575, al. 2-1, C.P.P. [2]. Une telle décision sera prise : 1° En cas de prescription, d'amnistie ou d'immunité (encore qu'il puisse être nécessaire d'instruire pour savoir la nature de l'infraction), s'il y a chose jugée ou si les faits ne comportent aucune qualification pénale (hypothèses visées par l'art. 86, al. 7) ; 2° Lorsque l'action publique se trouve suspendue jusqu'au dépôt d'une plainte par la victime, ou en cas d'irrecevabilité de l'action civile faute de capacité ou d'intérêt de la victime (hypothèses non visées par l'art. 86, al. 7) [3]. Dans de tels cas, il est évidemment inutile de mener une information et mieux vaut, dans l'intérêt général, en refuser le cours par une ordonnance d'ailleurs susceptible d'appel de la part du procureur de la République et de la partie civile (art. 185, al. 1, et 186, al. 2, C.P.P.). La loi du 5 mars 2007 sur l'équilibre de la procédure pénale a rajouter un cas, celui où « il est établie de façon manifeste... que les faits dénoncés par la partie

1. Crim., 11 mai 1989, D., 1989, Somm. 392, obs. J. Pradel.

2. Crim., 27 mai 1875, B.C., n° 183 ; 8 juin 1923, D., 1923.I.201, note G. Leloir. *Add.* J. GOULESQUE, *Le refus d'informer,* R.S.C., 1970.940.

3. Sauf qu'une jurisprudence admet que sur réquisitions d'irrecevabilité, le juge doit encore instruire, Crim., 21 février 1968, D., 1968.691, note J. Pradel, G.P., 1968.I.311, note J.P. Doucet.

civile n'ont pas été commis ». Le juge d'instruction rend alors une ordonnance de non lieu (art. 86, al. 4, 2e phase, C.P.P.) [1].

Mais, hormis ces cas, la jurisprudence tient la main à ce que le refus d'informer reste exceptionnel [2], le juge ne devant pas pouvoir se soustraire en principe à son devoir d'informer [3].

Pour réduire le nombre de refus d'informer, le juge d'instruction peut d'office ou à la demande du parquet, entendre la partie civile et même l'inviter à produire toutes pièces utiles. On lutte ainsi contre les plaintes mal rédigées (art. 86, al. 3, C.P.P.).

• Enfin, si le juge estime qu'il est compétent et que l'action publique est recevable, il doit instruire et n'a pas à rendre une ordonnance spéciale si aucune partie ne conteste qu'il est saisi valablement. Et son obligation d'instruire joue même s'il a été saisi sur constitution initiale de partie civile [4].

3. *Le domaine de la saisine du juge d'instruction*

658. — Le juge d'instruction est, dit-on, saisi *in rem*, c'est-à-dire du fait matériel visé au réquisitoire ou à la plainte. De là, deux conséquences.

a) Quant aux infractions

659. — Quant aux *infractions* qui lui sont attribuées par le parquet, le juge peut certes les qualifier à sa guise, mais il ne peut connaître en principe que de ces infractions. La règle, traditionnelle, se fonde aujourd'hui sur l'article 80, al. 3, C.P.P., selon lequel « lorsque des faits, non visés au réquisitoire, sont portés à la connaissance du juge d'instruction, celui-ci doit immédiatement communiquer au procureur de la République les plaintes ou les procès-verbaux qui les constatent ». Et le juge ne pourra instruire sur ces faits nouveaux que si le procureur lui délivre un réquisitoire supplétif. On se méfie en somme de l'arbitraire du juge. En 1996, la chambre criminelle a précisé les pouvoirs du juge en cas de découverte de faits nouveaux [5] dans un attendu de principe : « Lorsque le magistrat acquiert la connaissance de faits nouveaux, si l'article 80 ne lui interdit pas, avant toute communication au

1. La loi parle de non lieu alors que cette expression est réservée à des cas où des investigations ont été faites. Il aurait mieux valu parler de refus d'informer.

2. Crim., 23 juillet 1974, J.C.P., 1975.II.18091, note P. Chambon ; 7 février 1978, B.C., n° 45 ; 18 janvier 1983, B.C., n° 22 ; 11 janvier 2000, B.C., n° 7, pour un juge d'instruction qui n'avait procédé à aucun acte d'instruction avant de rendre une ordonnance de non-lieu ; 4 janvier 2005, B.C., n° 1, le juge a le devoir d'instruire quelles que soient les réquisitions du ministère public.

3. Sur les difficultés d'application, v. J. Robert, obs. à la R.S.C., 1974.611 et 1975.166.

4. Crim., 8 décembre 1906, D., 1907.I.207, il s'agit du fameux arrêt Laurent-Atthalin, v. *supra*, n° 583.

5. Les faits nouveaux sont découverts souvent à l'occasion de perquisitions ou résultent d'une simple lettre anonyme.

procureur de la République, d'en consigner la substance dans un procès-verbal et, le cas échéant, d'effectuer d'urgence des vérifications sommaires pour en apprécier la vraisemblance, il ne peut sans excéder ses pouvoirs, procéder à des actes qui, présentant un caractère coercitif, exigent la mise en mouvement préalable de l'action publique »[1]. Grâce à cette jurisprudence, on sait désormais très bien ce que peut faire et ce que ne peut pas faire le juge :

— positivement, le juge peut consigner la substance des faits nouveaux et procéder à des actes urgents ; il peut donc prendre des mesures conservatoires, qui permettent de fixer les preuves dont on sait la fragilité[2] ; mais comment définir l'urgence[3] ?

— négativement, le juge ne peut procéder à des actes coercitifs, tels des écoutes téléphoniques, mandats ou perquisitions, de tels actes ne pouvant être faits que si l'action publique a déjà été mise en mouvement ; de la sorte, le juge doit, dès fixation sommaire des preuves, communiquer le dossier au parquet en vue d'obtenir de lui un réquisitoire supplétif, à moins que ce dernier ne préfère ouvrir une information distincte, ou saisir la juridiction de jugement, ou ordonner une enquête, ou encore décider un classement sans suite ou conditionnel (art. 80, al. 3, C.P.P.).

Cette jurisprudence suppose évidemment que l'on sache ce qu'il faut entendre par fait nouveau. Ni la loi ni la chambre criminelle n'ont défini ce concept. Mais il est possible de résoudre la question : il y a, d'un côté, les faits franchement nouveaux pour lesquels le juge doit obtenir un réquisitoire supplétif pour pouvoir instruire sur eux, et il y a les faits partiellement nouveaux pour lesquels un tel réquisitoire n'est pas nécessaire. Ainsi, peut-on considérer que des réquisitions supplétives sont nécessaires pour des faits connexes[4], mais pas pour des faits indivisibles[5], ni pour des faits qui

1. Crim., 6 février 1996, B.C., n° 60, D., 1996.198, note J. Pradel, J.C.P., 1996.II.22634, note P. Chambon, *Justices*, 1996.286, chron. D. Rebut, *Dr. pénal*, 1996, comm. 74, obs. A. Maron ; 30 mai 1996, B.C., n° 226, R.S.C., 1996.880, obs. J. Dintilhac, D., 1996, I.R. 167. Après ces deux arrêts, les décisions ultérieures reprendront quasiment la même formule, Crim., 24 novembre 1998, B.C., n° 315 ; 1er décembre 1998, B.C., n° 323, *Dr. pénal*, 1999, comm. 49 et obs. A. Maron ; 30 juin 1999, B.C., n° 176, D., 1999, Somm. 326 et obs. J. Pradel.

2. V. déjà en ce sens, et selon une formule assez proche, Crim., 11 décembre 1908, B.C., n° 495 ; 28 mai 1957, B.C., n ° 447.

3. Bien qu'imposée par la chambre criminelle, la condition d'urgence est en réalité une question de fait soumise à l'appréciation des juges du fond et échappant au contrôle de la chambre criminelle. On doit admettre que les « vérifications sommaires » ne durent pas trop longtemps, ce qui doit conduire le juge d'instruction à communiquer très vite les pièces au parquet. Un arrêt a admis que le temps des vérifications avant communication au parquet peut atteindre 3 jours, Crim., 30 juin 1999, précité.

4. Crim., 24 novembre 1998, précité, un juge d'instruction saisi du chef de blessures involontaires ne peut procéder à des investigations ayant pour effet de caractériser un délit de marchandage.

5. Crim., 1er décembre 1998, B.C., n° 323, dans une information suivie du chef d'abus de biens sociaux, et après dénonciation de l'irrégularité d'une opération passée au nom d'une société avec un tiers, le juge « se trouve saisi de l'ensemble des conséquences financières de ladite opération » de sorte qu'il est en droit d'instruire sur tous les faits objet de cette opération

constituent une circonstance aggravante. Toutefois, même si le juge peut appréhender sans réquisitions supplétives certains faits, il devra les viser dans une ordonnance de renvoi car le prévenu a le droit de savoir ce qu'il encourt [1].

On observera que si le parquet peut étendre supplétivement l'étendue de la saisine du juge, il ne saurait par un tel réquisitoire la réduire [2].

Si le juge d'instruction est donc limité par les termes du réquisitoire introductif (ou supplétif), qu'en est-il si l'action publique a été mise en mouvement par une constitution de partie civile ? Comme celle-ci est forcément suivie d'un réquisitoire introductif, lequel de ces deux actes fixe l'étendue de la saisine du juge au cas où l'acte du parquet est plus restreint que celui de la victime prétendue ? La jurisprudence répond nettement que le juge doit examiner tous les chefs de poursuite visés dans la plainte même si le réquisitoire ne vise qu'un seul délit [3].

b) Quant aux personnes

660. — Le principe est inscrit à l'article 80, al. 2, C.P.P. : « Le réquisitoire peut être pris contre personne dénommée ou non dénommée ».

• Si le réquisitoire vise nommément une personne, première hypothèse, le juge d'instruction est-il tenu de la mettre en examen ? Naguère, la jurisprudence décidait que la personne visée au réquisitoire était d'ores et déjà une véritable partie et qu'elle devait être inculpée [4]. Elle avait été rappelée postérieurement dans une affaire où la personne avait été visée à la fois dans une plainte initiale avec constitution de partie civile et dans le réquisitoire du parquet : cette personne « doit être considérée comme mise en examen au sens de l'article 116, C.P.P., et s'avère nécessairement partie à l'instance quand bien même elle n'aurait pas été mise en examen par le juge d'instruction » [5], ce qui veut dire que la personne est déjà partie, et nécessairement partie, entre le jour du réquisitoire et celui de la mise en examen.

Avec la loi du 15 juin 2000, la mise en examen résulte d'un interrogatoire au cours duquel le juge apprécie les indices de culpabilité et à l'issue duquel il décidera si la personne sera mise en examen (en cas d'indices graves et/ou concordants) ou témoin assisté (en cas d'indices moins forts).

alors même que le réquisitoire ne viserait que partie d'entre eux. V. déjà dans le même sens, Crim., 17 novembre 1986, B.C., n° 342, où les faits étaient également complexes au point de constituer un tout.

1. Crim., 5 décembre 1978, D., 1979.50, note Koerig ; J. PRADEL et A. VARINARD, I,n° 5 ; 28 octobre 1981, B.C., n° 285.

2. Crim., 24 mars 1977, B.C., n° 112.

3. Crim., 11 février et 8 décembre 1992, B.C., n°s 63 et 409.

4. Crim., 24 mai 1971, B.C., n° 171 ; 12 avril 1988, B.C., n° 150 ; 2 juillet 1998, B.C., n° 214, J.C.P., 1998.II.10085, note W. Jeandidier.

5. Crim., 2 juillet 1998, B.C., n° 214, J.C.P., 1998.II.10085, note W. Jeandidier. La solution est la même dans le cas où le réquisitoire viserait « X, paraissant être… », ce qui constitue substantiellement un réquisitoire nominatif, Crim., 5 novembre 1985, B.C., n° 344, D., 1986, I.R., 303, obs. J. Pradel, J.C.P., 1986.II.20685, note W. Jeandidier.

• Si le réquisitoire n'est pas nominatif, le juge est libre de mettre en examen toutes personnes « à l'encontre desquelles il existe des indices graves ou concordants rendant vraisemblable qu'elles aient pu participer, comme auteur ou comme complices, à la commission des infractions dont le juge est saisi » (art. 80-1, al. 1, C.P.P.). La règle est la même à l'égard d'un réquisitoire nominatif visant telle personne A : le juge peut mettre en examen une autre personne B dès lors que des indices apparaissent à l'encontre de celle-ci, même en l'absence d'un nouveau réquisitoire (dit supplétif) [1]. Notre droit se méfie cette fois de l'arbitraire du Ministère public qui ne peut limiter la poursuite à telle personne qu'il désignerait.

B — Le dessaisissement du juge d'instruction

661. — Normalement, le juge se trouve dessaisi par l'ordonnance de clôture qu'il rend au terme de ses investigations. Mais il peut l'être aussi *ab initio*, avant d'avoir commencé son information ou en ne l'ayant pas terminée. Un tel dessaisissement est volontairement accepté par le juge ou lui est imposé.

1. *Le dessaisissement volontaire*

662. — Quand une même affaire se trouve attribuée à deux juges différents, qu'ils appartiennent ou non au même tribunal, mais tous deux saisis régulièrement, en application des règles sur la compétence territoriale (par ex., l'un est saisi parce que le délinquant a été arrêté dans son ressort et l'autre parce que l'infraction a eu lieu dans le sien), le Ministère public peut, « dans l'inté-rêt d'une bonne administration de la justice, requérir l'un des juges de se dessaisir au profit de l'autre » (art. 657, C.P.P.). Si le juge invité à se séparer du dossier accepte, il rend une *ordonnance de dessaisissement* qui, affirme-t-on aujourd'hui, est juridictionnelle et donc susceptible d'appel [2]. Cependant, le juge ne peut se dessaisir tant qu'un autre collègue n'est pas encore saisi des mêmes faits ou de faits connexes [3]. Si le juge répond négativement à la requête du parquet, le conflit de compétence se résout contentieusement par un dessaisissement imposé.

Le Ministère public peut également requérir le dessaisissement quand deux juges d'instruction appartenant ou non au même tribunal, sont saisis d'infractions connexes ou différentes, mais imputables au même individu ou

1. Crim., 25 février 1942, D.A., 1942.84 ; 11 juillet 1972, B.C., n° 235 ; 31 janvier 1983, B.C., n° 40.

2. Crim., 16 décembre 1971, B.C., n° 357 ; 29 janvier 1975, G.P., 23-24 avril 1975 ; 1er décembre 1976, B.C., n° 348 ; *add.* J. Guyénot, *Le dessaisissement des juridictions dans la procédure française*, R.S.C., 1963.279 et s., not. 282 et s. ; J. Goulesque, *Le « mandat de dépôt tenant »*, R.S.C., 1968.127. On voyait autrefois dans cette ordonnance une ordonnance administrative, insusceptible d'appel, Crim., 10 novembre 1954, B.C., n° 330.

3. Crim., 16 janvier 1979, J.C.P., 1980.II.19380, note L. Remplon.

aux mêmes individus. Là encore, en cas de désaccord entre les juges d'instruction, le conflit est résolu contentieusement (art. 663, al. 1, C.P.P.).

On distinguera ces situations de celles où un juge d'instruction se dessaisit au profit d'un autre qui ne l'était pas, mais qui plus spécialisé est mieux placé. Ainsi en est-il notamment en matière économique et financière ou en cas de criminalité organisée [1].

2. *Le dessaisissement imposé*

663. — Le premier cas de dessaisissement imposé résulte donc du refus du juge d'abandonner un dossier et se traduit par la mise en œuvre de la procédure de *règlement de juges*, étudiée habituellement dans le cadre de la compétence [2].

Un second cas est prévu par l'article 84 du Code de procédure pénale. Ce texte a voulu réagir contre une pratique pernicieuse selon laquelle le parquet pouvait à sa guise retirer un dossier à un juge pour le confier à l'un de ses collègues. L'article 84 décide donc que le dessaisissement est ordonné par le président du tribunal statuant « dans l'intérêt d'une bonne administration de la justice » et sur requête motivée du procureur de la République agissant soit spontanément, soit à la demande des parties. En pratique, un tel dessaisissement est exceptionnel et il doit être soigneusement motivé [3]. L'ordonnance de dessaisissement n'est pas susceptible de recours [4].

Un troisième cas résulte du dessaisissement que, de manière générale, la Cour de cassation peut ordonner pour toute juridiction d'instruction ou de jugement, soit dans l'intérêt d'une bonne administration de la justice, soit pour cause de suspicion légitime ou de sûreté publique (art. 662 et s., C.P.P.) [5].

Enfin, le juge d'instruction peut se voir retirer son dossier par la chambre de l'instruction qui annule tout ou partie de la procédure. Elle peut en effet alors confier l'affaire à l'un de ses conseillers ou à un autre juge d'instruction de son ressort (art. 206, 207, C.P.P.).

§ 2. — La clôture de l'information

664. — *Principes*. La clôture de l'information résulte d'une ordonnance définitive (souvent appelée ordonnance de clôture ou encore de règlement), rendue par le juge d'instruction après accomplissement de certains actes

1. V. *supra*, n°s 127 et s., not. n° 137.
2. V. *supra*, n° 144.
3. Crim., 16 décembre 1971, G.P., 1972.I.222.
4. Crim., 29 avril 1976, B.C., n° 134, R.S.C., 1977.116, obs. J. Robert.
5. V. *supra*, n°s 96 et s.

préalables [1]. Plus précisément, deux principes directeurs gouvernent la matière.

1° La clôture de l'instruction doit intervenir dans un délai normal. À cet effet, deux dispositions, dues pour l'essentiel à la loi du 15 juin 2000, existent.

• L'article 175-1, C.P.P., accorde aux personnes mises en examen, aux témoins assistés et aux parties civiles le droit, à l'issue d'un délai d'un an en matière correctionnelle et de dix-huit mois en matière criminelle à compter de la mise en examen ou en situation de témoin assisté, ou de la constitution de partie civile, de demander au juge d'instruction de clore sa procédure (par renvoi ou par non-lieu). Dans le mois suivant la réception de cette demande, le juge clôt la procédure ou déclare par ordonnance motivée qu'il y a lieu de poursuivre l'information. Dans ce dernier cas, et aussi dans le cas où le juge ne répond pas, le demandeur peut saisir le président de la chambre de l'instruction en application de l'article 207-1, C.P.P. Le président décide dans les huit jours de la transmission du dossier, par une ordonnance insusceptible de recours, s'il y a lieu ou non de saisir la chambre de l'instruction :

— dans la négative, il ordonne par décision motivée, que le dossier soit renvoyé au juge ;

— dans l'affirmative, il saisit la chambre de l'instruction qui prononcera le renvoi devant le tribunal correctionnel ou la mise en accusation, ou qui évoquera (se substituant au juge d'instruction pour achever les investigations), ou qui rendra un non-lieu ou enfin qui renverra au juge d'instruction ou à un autre.

Enfin, quand le juge d'instruction a décidé de continuer l'instruction, une nouvelle demande peut être formée après six mois (art. 175-1, al. 3, C.P.P.).

• La seconde disposition est celle de l'article 175-2, C.P.P., selon lequel « en toute matière, la durée de l'instruction ne peut excéder un délai raisonnable au regard de la gravité des faits reprochés à la personne mise en examen, de la complexité des investigations nécessaires… et de l'exercice des droits de la défense ». Si, au bout de deux ans, l'instruction n'est pas terminée, le juge s'en justifie par une ordonnance motivée par référence à ces critères — ce qui évoque la détention provisoire — et indiquant les perspectives de règlement. Puis le juge communique son ordonnance au président de la chambre de l'instruction qui peut saisir sa chambre.

1. Le législateur a entendu que le juge d'instruction ait le dernier mot. Pourtant, la décision de clôture aurait pu être prise par une autorité autre. On aurait pu imaginer une décision prise par le parquet : ce qui serait conforme à la logique accusatoire et éviterait le « préjugé » qui peut parfois s'attacher à la décision du juge d'instruction, mais on renforcerait à l'excès les pouvoirs du parquet. Le C.I.C. de 1808 avait adopté une autre solution en confiant la décision de clôture à la chambre du conseil du tribunal, mais ce système a été abrogé par la loi du 17 juillet 1856, v. *supra*, n° 10.

• Ces deux dispositions, la seconde surtout, évoquent l'article 6, § 1, Conv. E.D.H., qui veut que « toute personne ait droit à ce que sa cause soit entendue dans un délai raisonnable ». Se trouve institutionnalisé un calendrier prévisionnel et même, a-t-on dit, les idées de « contrat de procédure » et de « droit au cri ». Tout cela est bien lourd et se heurte à des problèmes de moyens en personnel.

2° Avec la loi du 5 mars 2007 sur l'équilibre de la procédure pénale, un second principe est consacré, celui de la contradiction. Le processus de la clôture de l'instruction ne se limite plus à un dialogue entre le juge d'instruction et le ministère public. Intervient en effet en troisième groupe de personnages, les parties (mis en examen et parties civiles) qui peuvent désormais donner leur avis sur la meilleure suite à donner à l'affaire. Bref la procédure devient contradictoire. Le but recherché par le législateur est l'obtention d'une plus grande vérité dès la fin de l'instruction, ce qui pourra éviter des discussions inutiles et mangeuses de temps au début de la phase de jugement. L'ordonnance de clôture va profiter non seulement des réquisitions définitives du parquet, mais aussi des observations des parties. Cette ordonnance est aussi précédée d'un certain nombre d'actes préliminaires.

A — Les actes préliminaires

Depuis la réforme du 5 mars 2007, la matière est traitée à l'article 175, C.P.P., très sensiblement modifiée : quatre stades sont prévus aujourd'hui comme hier, mais sur un mode désormais contradictoire.

1. *Communication du dossier au parquet et avis de fin d'information aux parties*

665. — Selon l'article 175, al. 1, C.P.P., « aussitôt que l'information lui parait terminée, le juge d'instruction communique le dossier au procureur de la République et en avise en même temps les parties et leurs avocats... »

Ce texte appelle trois remarques.

D'abord la communication du dossier au parquet est matérialisé par une ordonnance du juge, dite ordonnance de soit-communiqué. Elle est très simplement rédigée : « Vu l'article 175 du Code de procédure pénale ; attendu que la procédure suivie contre le/la nommé/e parait complète, ordonnons que les pièces de ladite procédure soient communiquées à M. le Procureur ». Elle est datée et signée par le juge et elle n'a pas à être notifiée aux parties (auxquelles sera adressé en revanche un avis de fin d'information). Bien sûr, elle n'est pas non plus juridictionnelle : elle est un simple acte d'administration judiciaire, consistant dans l'expédition des affaires susceptibles de recours [1]. En outre, l'ordonnance de soit-communiqué ne dessaisit pas le juge [2].

Ensuite, c'est le juge d'instruction qui apprécie souverainement le moment où l'information lui parait terminée [3].

Naguère, il y avait une pratique selon laquelle le juge estimant que sa procédure était achevée, faisait — au moins en matière criminelle — un interrogatoir définitif (ou récapitulatif) qui portait à la fois sur la personnalité de l'intéressé et sur les faits, et se terminait par une inculpation définitive. Cet acte était très utile car il obligeait le juge à vérifier que son dossier ne comportait pas des lacunes. Cette pratique, fondée sur aucun texte s'est perdue à cause de la lourdeur du travail des juges et une circulaire de 1985 en a même dispensé les juges. C'est dommage.

La troisième remarque intéresse la forme de l'avis de fin d'information [4] : le juge peut opérer verbalement avec émargement au dossier, adresser aux parties et à leurs avocats une lettre recommandée, utiliser enfin la télécopie ou le courriel en application des dispositions générales de l'article 803-1, C.P.P. Si la personne est détenue, l'avis peut être « notifié par les soins du chef de l'établissement pénitentiaire qui adresse sans délai au juge d'instruction l'original ou la copie du récépissé signé par l'intéressé » (art. 175, al. 1, *in fine*, C.P.P.). Enfin la notification est également effectuée au témoin assisté et à son avocat (art. 175, *in fine*, C.P.P.).

2. *Ouverture d'un premier délai d'un ou trois mois*

666. — Le point de départ du délai est la date d'envoi de l'avis de fin d'information (qui est la même que celle de la transmission du dossier au parquet) [5]. À partir de là, s'ouvre un délai de deux ou trois mois selon que la mise en examen est dénenu ou non.

1° Selon l'alinéa 2 de l'article 175, C.P.P., le *procureur de la République* doit dans le délai d'un ou trois mois adresser au juge ses réquisitoires définitives [6] et

1. Crim., 29 avril 1996, B.C., n° 168, J.C.P., 1996.II.22700, note P. Chambon, Procédures, 1996, comm. 226, obs. J. Buisson.

2. Crim., 3 août 1935, D., 1937.I.94, note G. Leloir, le juge reste compétent pour statuer sur sa demande de mise en liberté ou accueillir une partie civile.

3. Crim., 23 novembre 1965, B.C., n° 246 ; 3 octobre 1968, B.C., n° 243.

4. Pour ce qui est de l'auteur de l'avis, l'article 83-2, nouveau C.P.P., applicable jusqu'au 1er janvier 2010 décide qu'en cas de cosaisine, c'est le juge coordinateur chargé de l'instruction qui agit.

5. Si les envois et transmissions n'ont pas été effectués à la même date, c'est la dernière de ces dates qui doit être prise en compte, Circ. 22 juin 2007 prise en application de la loi du 5 mars 2007, crim., 07-10-EP-22-06-07, n° 2-4-1-2.

6. Le réquisitoire définitif du procureur comporte deux parties. La première est un résumé des faits aussi précis et objectif que possible avec en marge à gauche références exactes (par ex., cote C 154, 3e page). La seconde est un avis sur la suite à donner à l'affaire : renvoi devant la cour d'assises, le tribunal correctionnel ou la tribunal de police si les charges paraissent suffi-

celles-ci doivent être motivées [1]. De plus, copie de ces réquisitions est adressée aux avocats des parties par lettre recommandée [2] et également à l'avocat du témoin assisté. Le texte ne dit pas si l'envoi de la copie incombe aux services du parquet ou au greffier du juge d'instruction. Mais la circulaire d'application penche avec prudence, en faveur du greffier d'instruction [3].

On peut considérer que la notification aux avocats doit intervenir même si le parquet, au lieu de rendre un réquisitoire définitif, rend un réquisitoire supplétif aux fins de nouveaux actes d'instruction. Mais bien entendu, le juge peut ne pas suivre ces réquisitoires et rendre une ordonnance de clôture à l'issue de la procédure de clôture ; il faut donc que les avocats soient en mesure de répliquer au réquisitoire supplétif.

2° Les alinéas 3 et 4 de l'article 175, C.P.P., sont relatifs aux *parties*.

D'abord dans le même délai d'un ou de trois mois, les parties peuvent adresser des observations écrites au juge, dont copie est adressée au procureur. Cette possibilité, ouverte par l'alinéa 3, peut permettre aux avocats des mis en examen, des parties civiles et des témoins assistés, d'adresser au magistrat instructeur de véritables conclusions récapitulatives — en droit et un fait – tendant au prononcé d'un non-lieu ou d'un renvoi. Copie de ces observations est adressée au parquet. On admetta que ces observations faites par les parties seront recevables même si elles n'ont pas été communiquées au parquet, rien n'interdisant d'ailleurs au greffier d'instruction de les adresser au parquet.

Ensuite, l'alinéa 4 reprend la disposition ancienne selon laquelle les parties peuvent — dans le délai d'un mois ou de trois mois — formuler des demandes d'actes d'instruction ou des requêtes en nullité. À l'issue de ces délais, toute demande serait irrecevable. Cette règle avait posé, avant la réforme de 2007, le problème de savoir si des exceptions de nullité pouvaient être déposés devant la chambre de l'instruction en application des articles 198, C.P.P. (les parties peuvent jusqu'au jour de l'audience déposer des mémoires) et 206, C.P.P. (la chambre examine la régularité des procédures qui lui sont soumises). La jurisprudence avait décidée que les parties étaient irrecevables à agir devant la chambre [4], celle-ci pouvant toutefois

santes, non-lieu dans les autres cas (charges insuffisantes, auteur inconnu) ou s'il y a une « exception » (amnistie, légitime défense, prescription...).

1. La motivation est une nouveauté introduite par la loi du 5 mars 2007. Même si en pratique, elle existait déjà avant, elle est aujourd'hui renforcée car le parquetier régleur (comme l'on dit en pratique) indiquera — tout comme le juge d'instruction ultérieurement — les éléments à charge et à décharge, même s'il opine finalement en faveur du renvoi en jugement, circ. précitée, n° 2-4-2-2.

2. Si l'article 175, al. 2, C.P.P., ne vise que la lettre recommandée, il convient de privilégier la télécopie et le courriel, art. 803-1, C.P.P.

3. Circ. précitée, n° 2-4-1-2, ce fonctionnaire est en effet traditionnellement chargé des notifications aux avocats.

4. Crim., 10 juillet 2002, B.C., n° 152. *Contra* auparavant. Crim., 11 juillet 1995, B.C., n° 255, D., 1996, Somm. 261, obs. J. Pradel, Dr. pénal, 1995, comm. 266, obs. A. Maron.

relever d'office un moyen de nullité [1]. Ces solutions doivent être considérées comme encore valable puisque le droit n'a pas changé, à savoir l'irrecevabilité de conclusion après expiration du délai [2].

Rappelons que ces règles s'appliquent aussi au témoin assisté, mais seulement en ce qui concerne les demandes en nullité.

On admettra, dans le silence de la loi, que si une partie dépose une requête, le juge en avertira le ministère public pour que ce dernier suspende la rédaction de son réquisitoire. En effet si le juge accomplit de nouveaux actes, il devra à nouveau procéder à l'envoi d'un avis de fin d'information après l'accomplissement de ses diligences [3], ainsi qu'il va être dit.

3° Si pendant le délai d'un ou trois mois, le *procureur de la République* délivre un réquisitoire supplétif ou si les *parties* déposent une demande d'acte ou de nullité, que va-t-il se passer ?

— Ou bien, le magistrat instructeur fait droit à la demande, alors il poursuit l'instruction, puis délivrera un nouvel avis de fin d'instruction et communiquera à nouveau le dossier pour règlement, ce qui déclenchera à nouveau le délai d'un ou de trois mois.

— Ou bien au contraire, le magistrat ne fait pas droit à la demande et il convient alors de sous-distinguer. D'abord, le juge peut rendre une ordonnance motivée de refus. Si cet acte fait suite à un réquisitoire supplétif, le juge communique à nouveau le dossier au parquet pour réglement et émet un nouvel avis de fin d'information, ce qui réouvre les délais. Un appel contre cette ordonnance n'interdit pas la poursuite de la procédure, sauf décision contraire du président de la chambre de l'instruction (art. 187, C.P.P.). Ensuite, le juge peut préférer poursuivre jusqu'à son terme la procédure de règlement, en respectant un nouveau délai de dix jours ou d'un mois.

3. *Ouverture d'un second délai de dix jours ou d'un mois*

667. — Selon l'article 175, al. 5, C.P.P., à l'issue d'un délai d'un mois ou de trois mois, le procureur et les parties disposent d'un second délai — dix jours ou un mois selon que la mise en examen est détenu ou pas — pour adresser au juge des « réquisitions ou des observations complémentaires au vu des observations ou des réquisitions qui leur ont été communiqués ». La loi a organisé un droit de réponse et un nouveau délai pour qu'il puisse s'exercer. Nous sommes au cœur du contradictoire et l'on songe à l'article 15, N.C.P.C. [4].

1. Crim., 6 mai 2003, B.C., n° 92.

2. La seule différence est qu'avant la loi du 5 mars 2007, le délai était de 20 jours.

3. Solution déjà admise avant la loi du 5 mars 2007, Crim., 9 janvier 1995, B.C., n° 6, D., 1995. Somm. 321, obs. J. Pradel, R.S.C., 1995.609, obs. J.P. Dintilhac.

4. Selon lequel « les parties doivent se faire connaître mutuellement en temps utile les moyens de fait sur lesquels elles fondent leurs prétentions, les éléments de preuve qu'elles produisent et les moyens de droit qu'elles invoquent, afin que chacun soit à même d'organiser sa défense ».

Ce droit de réplique concerne aussi le témoin assisté.

Le délai de dix jours ou d'un moins court à compter de l'expiration du précédent délai d'un mois ou de trois mois. Toutefois, en cas de transmission tardive du réquisitoire du parquet ou des obstructions de l'avocat, c'est-à-dire après le délai d'un mois ou de trois mois, le deuxième délai courra à partir de cette transmission [1].

Enfin, rien n'interdit au parquet et aux avocats des parties de faire connaître au magistrat instructeur qu'ils renoncent à leur droit de réplique, ce qui permettra un règlement plus rapide de la procédure.

B — L'ordonnance de clôture (ou de règlement)

Il existe différentes sortes d'ordonnances qui malgré leurs différences évidentes, présentent des points communs.

1. *Règles communes à toutes les ordonnances*

a) Le moment où l'ordonnance est rendue

668. — Le texte clé est l'alinéa 6 de l'article 175, C.P.P., qui se lit ainsi : « À l'issue du délai de dix jours ou d'un mois prévu à l'alinéa précédent, le juge d'instruction peut rendre son ordonnance de règlement, y compris s'il n'a pas reçu de réquisitions ou d'observations dans le délai prescrit ». Ce texte riche appelle les remarques suivantes.

— D'abord est interdit le règlement anticipé, avant l'expiration des délais précités. Il faut que le parquet et les avocats des parties puissent disposer du temps prévu par la loi pour réagir. Un règlement anticipé pourrait le cas échéant être annulé, s'il en était résulté par exemple une atteinte effective aux droits de la défense en application de l'article 802, C.P.P. [2].

— Ensuite, le juge peut rendre son ordonnance de règlement postérieurement aux délais légaux. Il peut en effet différer son règlement jusqu'à réception, hors délai, du réquisitoire du parquet et des observations des parties. Les délais de dix jours et d'un mois sont des délais minimaux [3].

— Enfin, en cas de silence du parquet et des parties, le magistrat instructeur peut rendre son ordonnance de clôture. En pratique, il attendra un certain temps. Mais si le parquet (c'est surtout lui qui est concerné) et les parties ne réagissent pas, le juge décidera de la suite à donner à l'affaire ; il

1. Rien de tel dans la loi, mais admis, avec prudence, dans la Circ. précitée, n° 2-4-1-3.

2. V. *infra*, n° 783.

3. D'où l'intérêt de bien comptabiliser les délais énumérés à l'article 175 : 1° Le premier délai (1 ou 3 mois) court à compter de la date de l'envoi de l'avis de fin d'information ou de la transmission du dossier au parquet, ou de la dernière de ces dates ; 2° le second délai (10 jours ou un mois) court à partir du jour suivant l'expiration du précédent délai, ou si cette date intervient ultérieurement, de la transmission aux avocats de la copie du réquisitoire du parquet, Circ., précitée, n° 2-4-1-4.

ne faut pas en effet que les parties et surtout que le parquet puissent bloquer une affaire en interdisant, par leur silence, le règlement de celle-ci [1].

b) Les traits communs à toutes les ordonnances

669. — En premier lieu, quand il rend son ordonnance, le juge n'est *jamais lié* par le réquisitoire définitif. Il ne le serait pas davantage par les notes ou mémoires que lui auraient remis les conseils des parties privées. Le juge d'instruction est en effet une juridiction et, à ce titre, n'est jamais lié par les avis des diverses parties.

En second lieu, l'ordonnance obéit à certaines *règles de forme* énoncées à l'article 184, C.P.P. Elle contient les noms, prénoms, date et lieu de naissance, domicile et profession de la personne mise en examen. Elle indique aussi la qualification légale du fait imputé à celle-ci. Le plus important intéresse la motivation de la décision contenue dans l'ordonnance. Longtemps, la jurisprudence attachait peu de prix à la motivation en décidant que l'obligation faite au juge par l'article 184 d'indiquer les motifs pour lesquels il existe des charges suffisantes n'est pas une disposition substantielle [2]. Or la loi du 5 mars 2007 sur l'équilibre de la procédure a singulièrement renforcé l'exigence de motivation : en effet à l'article 184, C.P.P. est ajoutée une phrase selon laquelle la « motivation est prise au regard des réquisitions du ministère public et des observations des parties qui ont été adressées au juge d'instruction en application de l'article 175, en précisant les éléments à charge et à décharge concernant chacune des personnes mises en examen ». Le législateur a entendu prohiber les simples copier-coller du réquisitoire du parquet [3]. Plus précisément, deux nouveautés caractérisent la réforme : 1° la motivation est prise au regard des réactions du parquet et des parties, ce qui implique la prise en considération de ces éléments ; 2° la motivation doit être faite à la fois à charge et à décharge, même si finalement c'est un renvoi en jugement que le juge décidera [4]. C'est évidemment surtout en cas de renvoi que ces précautions ont de l'intérêt.

Évidemment, l'ordonnance doit indiquer la décision du juge, qui découle de la motivation. Elle doit être datée et signée par lui.

Enfin, l'ordonnance est notifiée à la personne mise en examen et au témoin assisté, et dans le cas de renvoi ou de mise en accusation elle l'est aussi à la partie civile ; la notification est effectuée verbalement avec

1. Avant la réforme du 5 mars 2007, la règle existait déjà, mais limitée au parquet ; *add* J. Pradel et P. Léger, D. 1982, chron. 105 ; L. Cheynier, J.C.P., 1984.I.3152.

2. Crim., 11 octobre 1989, B.C., n° 356 ; 26 janvier 2006, B.C., n° 41 ; 13 octobre 2004, B.C., n° 243.

3. Crim., 28 octobre 1986, D., 1987, Somm. 83, obs. J. Pradel, suffisance de l'adoption par le juge des motifs développés dans le réquisitoire définitif.

4. Crim., précitée, n° 2-4-2-1, la volonté du législateur est d'éviter que soient omis des éléments à décharge figurant au dossier et qui, en resurgissant à l'audience, démontreraient la faiblesse d'une accusation qui aurait dû être un non-lieu.

émargement au dossier de la procédure ou par lettre recommandée (art. 183, al. 1, C.P.P.). L'ordonnance est simultanément portée à la connaissance de l'avocat (art. 183, al. 4, C.P.P.) [1].

En troisième lieu enfin, l'ordonnance entraine le *dessaisissement* du juge et c'est pourquoi elle constitue une limite de l'information [2]. En conséquence, après règlement, le juge ne peut plus procéder à aucun acte, même si des éléments nouveaux parvenaient à sa connaissance : les parties doivent alors soumettre ces éléments à la juridiction de jugement qui, le cas échéant, ordonnera un supplément d'information. De même, le juge ne peut plus statuer sur les demandes relatives à la liberté et il appartient au prévenu de s'adresser à la juridiction de jugement (art. 141-1 et 148-1, al. 2, C.P.P.). Toutefois, si le juge dans son ordonnance a omis de statuer sur certains faits dont il était saisi, le parquet peut lui adresser des réquisitions visant ces faits [3].

2. *Les différentes sortes d'ordonnances*

a) Les ordonnances de renvoi en jugement

670. — *Règles générales.* Dans le cas où le juge estime que les charges sont suffisantes pour justifier la saisine de la juridiction de jugement, il rend une ordonnance de renvoi en jugement. On doit bien comprendre que, par cet acte, le juge ne manifeste aucune intime conviction, ne formule aucune appréciation sur la culpabilité, la décision de renvoi ne pouvant constituer un préjugement, mais se borne à indiquer qu'il existe des éléments justifiant le renvoi. En outre, une fois qu'elle est devenue définitive, l'ordonnance purge les vices de la procédure : les parties ne peuvent plus soulever de nullités devant le tribunal (art. 385, al. 1, C.P.P.) ou devant la cour d'assises (art. 181, al. 4, C.P.P.). Cela étant, on doit distinguer.

• S'il retient des *charges contraventionnelles ou correctionnelles*, le juge rend une ordonnance de renvoi devant le tribunal de police (art. 178, C.P.P.) ou devant le tribunal correctionnel (art. 179, al. 1, C.P.P.), et dans ce dernier cas, l'ordonnance précise s'il y a lieu que le prévenu bénéficie des dispositions de l'article 132-78, C.P.P., sur les exemptions et réductions de peine.

Toute ordonnance de renvoi en police et en correctionnelle informe le mis en examen qu'il doit signaler au parquet jusqu'au jugement définitif tout changement de l'adresse déclarée lors de sa mise en examen (art. 179-1, C.P.P.).

Dès que cette ordonnance est devenue définitive, elle couvre, s'il en existe, les vices de la procédure (art. 178, al. 2, et 179, al. 5, C.P.P.). Les juridictions du jugement ne peuvent pas statuer sur les nullités de la

1. Par le même procédé ou par télécopie ou encore par courriel, art. 803-1, C.P.P.
2. Crim., 23 décembre 1969, B.C., n° 362, le juge est dessaisi même s'il avait omis de statuer sur certains chefs d'inculpation.
3. Crim., 21 novembre 2007, B.C., n° 288, A.J. pénal 2008, 96, obs. Lavric.

procédure même celles d'ordre public, à l'exception de l'ordonnance de renvoi qui aurait méconnu les règles sur la compétence [1].

Détention provisoire et contrôle judiciaire cessent de produire effet, sauf au juge d'instruction [2] à les maintenir, mais seulement en matière correctionnelle par une ordonnance spécialement motivée par les éléments de l'espèce [3] et distincte de l'ordonnance de règlement (art. 179, al. 2 et 3, C.P.P.). Le maintien en détention ne vaut que durant deux mois [4] et il doit être justifié « par la nécessité d'empêcher une pression sur les témoins ou les victimes, de prévenir le renouvellement de l'infraction, de protéger le prévenu ou de garantir son maintien à la disposition de la justice » (art. 179, al. 3, C.P.P.). Le juge peut également fonder sa décision de maintien sur les nécessités de l'ordre public, mais il faut alors que « l'infraction, en raison de sa gravité, des circonstances de sa commission ou de l'importance du préjudice qu'elle a causé » ait « provoqué un trouble exceptionnel et persistant à l'ordre public auquel le maintien en détention provisoire demeure l'unique moyen de mettre fin » (art. 179, al. 3, C.P.P.). Au cas où suite à une divergence entre juge d'instruction et chambre de l'instruction, celle-ci avait décidé de se réserver le contentieux ultérieur de la détention (v. *infra*, n° 799), le juge qui prononce le renvoi en jugement reste tout de même seul compétent, en vertu de l'article 179, C.P.P., pour ordonner à ce moment-là le maintien en détention [5].

Le juge transmet le dossier avec son ordonnance au procureur qui à son tour transmet le tout au greffe de la juridiction saisie et qui, s'il s'agit d'un délit, fait donner assignation au prévenu pour l'une des plus prochaines audiences (art. 180, C.P.P.).

• S'il retient des *charges criminelles*, le juge rendait naguère une ordonnance de transmission des pièces au procureur général par l'effet de laquelle le procureur de la République transmettait le dossier au procureur général qui, à son tour, saisissait la chambre d'accusation (art. 181, C.P.P.). Tandis que les deux ordonnances précédentes saisissaient directement la juridiction de jugement, celle-ci ne produisait pas cette conséquence puisque, en matière criminelle, l'instruction était à deux degrés obligatoirement.

C'est ce système qui est abrogé par la loi du 15 juin 2000. Sur amendement du Sénat, le législateur met fin à l'examen obligatoire du dossier par la cour d'appel (Chambre d'accusation) qui pouvait saisir la cour d'assises en « accusant » la personne poursuivie. Et c'est parce que la chambre n'accuse plus qu'elle est rebaptisée en chambre de l'instruction. Dès lors, c'est le juge

1. Art. 385, al. 1, C.P.P., et Crim., 7 juin 2000, D., 2001, Somm. 518, obs. J. Pradel.

2. Nous disons bien le juge d'instruction car c'est le seul cas où ce magistrat peut prolonger la détention, cette prolongation étant normalement de la compétence du juge des libertés et de la détention.

3. Crim., 9 mai 1977, B.C., n° 161.

4. Crim, 2 décembre 1971, B.C., n° 336, J.C.P., 1972.II.17062, note P. Chambon, D., 1972.190, le délai part du jour de l'ordonnance même si celle-ci est frappée d'appel.

5. Crim., 21 janvier 1986, B.C., n° 27.

d'instruction qui ordonne lui-même la mise en accusation, ce qui rapproche le traitement des crimes de celui des autres infractions. Selon le nouvel article 181, C.P.P., « si le juge d'instruction estime que les faits retenus à la charge des personnes mises en examen constituent une infraction qualifiée crime par la loi, il ordonne leur mise en accusation devant la cour d'assises » et son ordonnance précise, s'il y a lieu, que l'accusé bénéficie des dispositions de l'article 132-78, C.P., sur les exemptions et réductions de peine.

Toutefois, l'ordonnance de mise en accusation présente par rapport aux ordonnances précédentes des particularités. D'abord, elle doit contenir à peine de nullité l'exposé et la qualification légale des faits, objet de l'accusation, et elle précise l'identité de l'accusé (art. 181, al. 3, C.P.P.). Ensuite, l'ordonnance — une fois qu'elle ne peut plus faire l'objet de recours (devant la chambre de l'instruction) couvre les vices de la procédure (art. 181, al. 4, C.P.P.), règle excellente qui était déjà admise en ce qui concernait l'arrêt de mise en accusation rendu par la chambre d'accusation. De plus, cette ordonnance est signifiée à l'accusé, si celui-ci n'est pas détenu [1]. En outre, le contrôle judiciaire continue à produire effet et il en est de même de la détention provisoire. Selon l'article 181, al. 7, C.P.P., « si l'accusé [2] est en détention provisoire, le mandat de dépôt décerné contre lui conserve sa force exécutoire... ».

• Si enfin le juge retient à la fois des *charges contraventionnelles, correctionnelles et criminelles*, on doit sous-distinguer. Au cas où les faits ne sont ni connexes, ni indivisibles, le juge renvoie par la même ordonnance chacun des faits à la juridiction qui doit en connaître : il y a disjonction. Au cas où les faits sont connexes, la disjonction est facultative (art. 181, al. 2, C.P.P.). Au cas où ils sont indivisibles, la disjonction est impossible et le juge renvoie tous les faits à la juridiction la plus élevée dans la hiérarchie judiciaire.

Règle commune à toutes ces situations et relative aux affaires instruites au pôle de l'instruction alors qu'elles relevaient de la compétence initiale d'un tribunal sans pôle, le juge décidant le renvoi devant la juridiction de jugement doit viser la juridiction initialement compétente (art. 80, II, *in fine*, C.P.P., en vigueur jusqu'au 1er janvier 2010).

b) Les ordonnances de non-lieu

671. — Quand le juge estime que l'affaire ne peut comporter aucune suite, il rend une ordonnance de non-lieu et l'individu mis en examen qui se trouvait détenu est immédiatement remis en liberté (art. 177, al. 1 et 2, C.P.P.) [3].

1. Règle déduite par la jurisprudence des dispositions conjuguées des articles 268 et 186, C.P.P., Crim., 6 mars 2002, B.C., n° 58.

2. Nous disons bien l'accusé car du fait de l'ordonnance de mise en accusation, le mis en examen devient un accusé.

3. Sur la signification du non-lieu au regard de l'innocence, S. Detraz, *L'innocence à l'épreuve de la décision de non-lieu*, R.P.D.P., 2005, p. 179 et s.

— *Les modalités de l'ordonnance de non-lieu*

672. — D'abord, l'ordonnance peut être motivée en droit ou en fait. Il y a non-lieu en droit si le juge estime que les faits sont non qualifiables (fait civil, amnistie, fait justificatif) ou non poursuivables (démence, contrainte, décès, prescription, chose jugée...). Il y a non-lieu en fait si l'auteur est resté inconnu ou s'il n'y a pas de charges suffisantes (ou pas de charges du tout). L'intérêt de cette distinction est double : 1° Contrairement à la motivation en droit, la motivation en fait a un caractère provisoire puisque la survenance de charges nouvelles peut entraîner la réouverture de l'information [1] ; 2° S'il y a motivation en droit (démence, erreur, ordre ou autorisation de la loi, légitime défense, état de nécessité et décès du mis en examen), l'ordonnance « précise s'il existe des charges suffisantes établissant que l'intéressé a commis les faits qui lui sont reprochés » (art. 177, al. 2, C.P.P.), disposition introduite par la loi du 9 mars 2004 à l'intention de la victime : du fait de la proclamation de l'irresponsabilité de l'auteur, la victime est privée du procès qui aurait permis un débat public sur les faits qu'elle a subis ainsi que d'un jugement de condamnation consacrant la culpabilité de l'auteur.

Ensuite, l'ordonnance peut viser tous les faits et tous les individus poursuivis (non-lieu total), ou seulement certains d'entre eux (non-lieu partiel). Alors que le non-lieu total ne peut intervenir qu'en fin d'instruction, le non-lieu partiel peut être décidé pendant le cours de celle-ci.

Enfin, l'ordonnance s'accompagne de mesures accessoires. D'abord, elle comporte la liquidation des dépens et la condamnation de la partie civile aux frais, mesures auxquelles le juge doit faire procéder par le greffier. Ensuite, elle contient des dispositions sur les restitutions des objets saisis, étant observé que des textes particuliers existent pour certaines matières [2]. On doit indiquer encore que, selon l'article 177-1, C.P.P. (l. des 4 janvier et 24 août 1993), le juge d'instruction peut ordonner à la demande de la personne qui avait été mise en examen ou avec son accord, ou encore à la demande du Ministère public « soit la publication intégrale ou partielle de sa décision de non-lieu, soit l'insertion d'un communiqué informant le public des motifs et du dispositif de celle-ci » dans des journaux ou services audiovisuels qu'il désigne. Il fixe les termes du communiqué. Il s'agit de lutter après coup contre les ravages de la presse et de rétablir la présomption d'innocence. Si le juge ne fait pas droit à la demande de la personne concernée, il est tenu de rendre une ordonnance motivée, susceptible d'appel devant la chambre de l'instruction (art. 177-1, al. 3, C.P.P.). Enfin, l'ordonnance peut comporter la condamnation à une amende civile à l'encontre de la personne qui s'était

1. V. *infra*, n°s 676 et s.
2. V., par ex., art. L. 216-2, al. 4, C. cons., qui, en matière de fraude, décide que si les marchandises saisies sont dangereuses pour la santé, le juge rendant un non-lieu doit ordonner leur destruction.

constituée partie civile par voie initiale (art. 177-2, C.P.P.)[1] et, à la demande de l'intéressé accorder à la personne poursuivie une indemnité (distincte de celle pour détention provisoire infondée) qui est à la charge de l'État ou à la charge de la partie civile si l'action publique a été mise en mouvement par celle-ci (art. 800-2, C.P.P.)[2].

— *Les conséquences de l'ordonnance de non-lieu*

673. — Deux conséquences sont à indiquer :

• D'une part, l'ordonnance de non-lieu établissant la fausseté des faits dénoncés donne ouverture à l'action en dommages-intérêts au profit de la personne mise en examen (art. 91, C.P.P.) et à la condamnation du dénonciateur pour dénonciation calomnieuse (art. 226-10, C.P.).

• D'autre part, cette ordonnance exclut de manière presque absolue la reprise des poursuites. Mais on doit distinguer. Si l'ordonnance était motivée en droit, une nouvelle poursuite est radicalement impossible. Si elle était motivée en fait, il faut sous-distinguer.

D'un côté, le Ministère public et la partie civile ne peuvent saisir la juridiction de jugement par voie de citation directe[3] : admettre le contraire eût conduit à transformer la juridiction de jugement en juridiction d'appel de l'ordonnance du juge d'instruction. C'est pourquoi l'interdiction ne joue pas si la personne citée directement n'avait pas été inculpée par le juge d'instruction, l'autorité de chose jugée, essentiellement relative, ne pouvant être invoquée que par ceux qui en ont bénéficié[4]. Certes une jurisprudence ultérieure à celle de 1961 s'était montrée plus protectrice de l'individu en excluant la citation directe contre la personne non inculpée expressément, mais visée nommément dans une plainte[5]. Cependant, la dernière jurisprudence en revient à l'arrêt du 24 avril 1961[6].

De l'autre, le Ministère public, au cas de survenance de charges nouvelles, peut réouvrir l'information.

§ 3. — La réouverture de l'information

674. — Contrairement à la décision d'acquittement ou de relaxe, l'ordonnance de non-lieu n'exclut donc pas toujours la reprise des poursuites. La

1. V. *supra*, n° 646.

2. Disposition toutefois applicable seulement quand aura été publié un décret d'application en Conseil d'État.

3. Crim., 14 décembre 1901, B.C., n° 318.

4. Ch. réun., 24 avril 1961, D., 1961.733, note P. Bouzat, J.C.P.,1961.II.12131, rapport Monguilan.

5. Crim., 17 janvier 1983, B.C., n° 19 ; 7 octobre 1986, B.C., n° 273 ; 10 mai 1990, D., 1990, Somm., 377, obs. J. Pradel ; *add.*, J. Pradel et A. Varinard, n° 43.

6. Crim., 14 juin 1994, B.C., n° 235 ; 22 janvier 1997, B.C., n° 26.

réouverture de l'information n'est pas impossible si apparaissent de nouvelles charges. Mais elle est soumise à de strictes conditions et la procédure présente, alors, certaines particularités.

A — Les conditions de la réouverture de l'information sur charges nouvelles

675. — On sait déjà que la réouverture suppose une ordonnance de non-lieu motivée en fait, sauf à admettre aussi une motivation en droit dans le cas du délit correctionnel prescrit et qui se trouve être un crime par la révélation ultérieure d'une circonstance aggravante jusque-là ignorée [1]. On doit insister sur ses deux autres conditions.

1. *La réouverture implique des charges nouvelles*

676. — Selon l'article 189 du Code de procédure pénale, les charges nouvelles sont des « déclarations des témoins, pièces et procès-verbaux qui, n'ayant pu être soumis à l'examen du juge d'instruction, sont cependant de nature soit à fortifier les charges qui auraient été trouvées trop faibles, soit à donner aux faits de nouveaux développements utiles à la manifestation de la vérité ».

Aux yeux de la jurisprudence, la formule n'est pas limitative et doit être entendue dans le sens le plus large [2] : les charges nouvelles ne sont pas nécessairement des faits absolument nouveaux ou inconnus, mais parfois des aspects nouveaux des mêmes faits, de nature à éclairer des points qui n'avaient pas été élucidés la première fois. Encore faut-il que le fait nouvellement invoqué présente une originalité par rapport à l'ancien : des modifications minimes, une interprétation nouvelle des faits, un changement de qualification ne constituent évidemment pas des charges nouvelles.

On doit ajouter que la notion de charges nouvelles suppose que le non-lieu ait profité à une personne dénommée, c'est-à-dire que l'information ait conduit à une mise en examen (v. art. 188 : « La personne mise en examen à l'égard de laquelle... »). La notion de charges est en effet personnelle et il ne saurait en exister qu'à l'encontre d'une personne déterminée. Par conséquent, en cas d'information contre X, l'exigence de charges nouvelles ne s'impose pas : une nouvelle instruction peut s'ouvrir contre un individu non mis en examen dans la première, malgré l'absence de charges [3]. Et il s'agira

1. Crim., 16 juillet 1932, S., 1934.I.194.

2. Crim., 9 novembre 1965, B.C., n° 224, R.S.C., 1966.356, obs. J. Robert : constituent des charges nouvelles des photographies et relevés topographiques ; 6 juillet 1923, B.C., n° 253, 12 mai 1950, B.C., n° 151, même solution pour les éléments nouveaux portant sur la responsabilité mentale de l'inculpé.

3. En ce sens, P. Chambon, note au J.C.P., 1957.II.9993, *in fine*.

alors moins de réouverture de l'information que de l'ouverture pure et simple d'une nouvelle information sur le même fait.

2. *La réouverture ne peut être faite que par le Ministère public*

677. — Alors que la victime peut, comme le Ministère public, procéder à l'ouverture d'une information, seul ce dernier peut en ordonner la réouverture. La solution, admise par la jurisprudence après un long débat [1], est aujourd'hui consacrée par le Code de procédure pénale à l'article 190. Elle mérite d'être approuvée. Il n'est pas admissible qu'à la suite d'un non-lieu, dont elle a pu faire appel, la partie civile puisse faire planer à nouveau des doutes sur l'innocence d'une personne et recommencer à le faire indéfiniment après chaque nouveau non-lieu. S'il existe des charges nouvelles, c'est au Ministère public et à lui seul, partie désintéressée, qu'il faut en laisser l'appréciation [2].

B — La procédure de l'information réouverte sur charges nouvelles

678. — La reprise de l'instruction suppose un *réquisitoire à fin de reprise.* Mais deux points doivent être précisés.

En premier lieu, l'information est faite par la juridiction même qui avait rendu le non-lieu. De là, deux conséquences. D'une part, le parquet ne saurait saisir le juge d'instruction si le non-lieu émane de la chambre de l'instruction (art. 196, C.P.P.) ni cette dernière s'il a été rendu par le juge inférieur ; toutefois, en cas de mise en cause de personnes qui, dans la procédure précédente, n'avaient été impliquées à aucun titre, c'est le juge d'instruction qui est saisi, même si la première procédure avait été close par arrêt de non-lieu [3]. D'autre part, *ratione loci*, la juridiction compétente est celle qui avait connu de l'affaire, même si les charges ont été découvertes dans un autre ressort [4].

En second lieu, l'information reprend là où elle s'était arrêtée. Au lieu de recommencer toute la procédure, le juge va la continuer. Si donc avant clôture il avait déjà prononcé des mises en examen, les personnes qui en avaient été l'objet se retrouvent mises en examen et ont droit à l'assistance d'un avocat dès leur premier interrogatoire après réouverture [5].

1. Ch. réun., 29 janvier 1931, D., 1931.I.89, rapport Mornet et concl. Matter.
2. Crim., 17 janvier 1962, B.C., n° 38 ; 13 février 1973, B.C., n° 76 ; 6 février 1979, B.C., n° 53, R.S.C., 1980.155, obs. J. Robert ; 18 juin 1997, B.C., n° 239, refus d'informer si le juge est à nouveau saisi par la victime ; 11 janvier 2000, B.C., n° 11, exclusion de la partie civile même si la première information a été clôturée contre personne non dénommée et si ladite partie civile se reconstitue contre personne non dénommée.
3. Crim., 14 juin 1994, B.C., n° 235, R.S.C., 1995.121, obs. J.P. Dintilhac.
4. Crim., 1er février 1837, B.C., n° 38.
5. Aix, 21 mai 1948, D., 1948.446.

Orientation des personnes mises en examen
à la fin de la procédure d'instruction
(Affaires terminées en 2006, *Les chiffres-clés de la justice, octobre 2007, Ministère de la Justice, p. 16)*

Renvoi en cour d'assises	3 290
Renvoi devant le tribunal correctionnel	37 410
Non-lieux	3 940
Jonction, dessaisissement, incompétence, divers	1 229
Renvoi devant le juge ou le tribunal pour enfants	3 298

Observation : en 2006, 48 771 personnes ont été mises en examen.

SOUS-SECTION II

LES ACTES DE L'INSTRUCTION

Bibliographie. — B. BOULOC, *L'acte d'instruction*, L.G.D.J., 1965 ; J. MICHAUD, *Le « Janus » de la magistrature*, R.S.C., 1974.666 ; du même, *Le juge d'instruction devant l'inculpé*, R.S.C., 1974.148 ; du même, *Le juge d'instruction et le procureur de la République*, R.S.C., 1977.903 ; P. MIMIN, *L'interrogatoire par le juge d'instruction*, Paris, 1926 ; J. PRADEL, *L'instruction préparatoire*, Cujas, 1990, spéc. nos 334 et s. ; G. STÉFANI, *L'acte d'instruction*, Mélanges Hugueney, Sirey, 1964.136 ; R.VIALATTE, *De certaines analogies entre les actes du juge d'instruction, du juge des enfants et du juge de l'application des peines*, J.C.P., 1964.I.1866.

679. *Énumération et auteurs de ces actes.* — 1° Dans les limites ainsi tracées, le juge est amené à faire trois sortes d'actes : des *actes d'information* tendant directement au rassemblement des preuves, des *mandats* ou ordres portant une atteinte à la liberté d'une personne soupçonnée, enfin des *ordonnances* consacrant la prise de décision. Alors que les actes d'information traduisent uniquement la qualité d'enquêteur du juge, les mandats et les ordonnances traduisent tantôt celle d'enquêteur, tantôt celle de juridiction qu'il a acquise par la loi du 17 juillet 1856.

Tous ces actes, le juge les accomplit évidemment en toute indépendance. Il faut toutefois signaler l'existence de réquisitions du parquet auxquelles il doit répondre, fût-ce négativement [1], et d'avis qu'il peut parfois solliciter auprès de certains spécialistes. En effet, avec le développement d'un droit pénal technique, des organismes consultatifs ont été créés et auxquels le juge

1. Si le juge ne suit pas les réquisitions du parquet, il doit rendre une ordonnance motivée dans les cinq jours de ces réquisitions. En cas d'inaction du juge, le parquet peut, dans les dix jours, saisir directement la chambre de l'instruction (art. 82, al. 4 et 5, C.P.P.).

d'instruction (ou le tribunal) peut s'adresser. Ce sont notamment la commission consultative de l'usure (art. L. 313-6, C. cons.), le Conseil de la concurrence en matière d'ententes illicites (art. L. 462-3, C. com.) et la commission bancaire pour les infractions en matière bancaire (art. L. 571-2, C. mon. et fin.).

2° Avec la loi du 5 mars 2007 relative à l'équilibre de la procédure pénale, apparaissant — comme il a déjà été dit [1] — les notions de pôles de l'instruction et de cosaisine. Des équipes de magistrat instructeurs sont donc maintenant opérationnelles, exactement depuis le 1er mars 2008. Pour rendre ces équipes efficaces, deux règles sont posées par l'article 83-2, C.P.P. (en vigueur depuis le 1er mars 2008 et qui sera abrogé à compter du 1er janvier 2010) et par les articles 52-1 et 83, C.P.P. (en vigueur à compter du 1er janvier 2010) :

— c'est d'abord l'apparition du *juge coordonateur* au sein des pôles : « Le juge d'instruction chargé de l'information coordonne le déroulement de celle-ci » rappelle l'article 83-2, 1re phase, C.P.P. Cette nouveauté avait été réclamée par l'Association française des magistrats de l'instruction. La désignation de ce magistrat tient compte notamment de sa spécialisation en matière économique et financière, de terrorisme ou de criminalité organisée (art. 52-1, al. 3, C.P.P.). Selon l'article D. 15-4-5, C.P.P., le juge coordonateur est désigné par le président du tribunal de grande instance. Ce magistrat peut réunir à intervalles réguliers les divers juges d'instruction du pôle afin d'examiner l'état d'avancement des procédures dans un souci d'efficacité et de célérité ;

— c'est ensuite une nouvelle *distribution des rôles* au sein de l'équipe des juges d'instruction. En effet comme la pluralité des juges devient la règle, il fallait bien que la législation décide qui fera quoi. Dans l'immédiat, soit du 1er mars 2008 au 1er janvier 2010, le juge d'instruction charge de l'information a seul qualité pour saisir le juge des libertés et de la détention, pour ordonner une mise en liberté d'office et pour rendre l'avis de fin d'information, sauf s'il observe que cet avis et l'ordonnance de fin d'information peuvent être cosignés par tous les juges (art. 83-2, C.P.P.). Et à partir du 1er janvier 2010, le nouvel article 83, C.P.P. décide que seront prises collégialement les décisions de mise en examen, d'octroi du statut de témoin assisté d'une personne mise en examen, de placement sous contrôle judiciaire, de saisine du juge des libertés et de la détention et de mise en liberté d'office, ainsi que les avis de fin d'information, les ordonnances de règlement et de non-lieu. Les autres actes — on songe à l'audition d'un témoin ou à une perquisition — peuvent être décidés par le juge coordonnateur à l'un des juges composant le collège.

Attachons-nous maintenant aux divers actes du juge d'instruction, qu'il agisse seul ou en collège. On rappellera qu'il s'agit des actions d'informations, des mandats et des ordonnances.

1. V. *supra*, n° 33.

§ 1. — Les actes d'information

680. — Le juge d'instruction peut accomplir personnellement les actes d'information ou en déléguer l'exécution à certaines autorités par la voie d'une commission rogatoire.

A — Les actes personnellement accomplis par le juge

1. *Diversité des actes*

681. — Le juge d'instruction « procède, conformément à la loi, à tous les actes d'information qu'il juge utiles à la manifestation de la vérité » (art. 81, al. 1, C.P.P.) [1]. En conséquence, il constate les indices au cours d'un transport sur les lieux, procède à des perquisitions et saisies, entend la partie civile et les témoins, ordonne une expertise, fait des confrontations et des reconstitutions.

C'est aussi le juge qui procède à la mise en examen d'une personne et l'interroge ensuite, plusieurs fois s'il le faut. Il faut insister sur ce point car la loi du 4 janvier 1993 avait ôté ce pouvoir au juge pour le confier au parquet. Mais heureusement, les lois du 24 août 1993 et du 15 juin 2000 ont redonné au juge son pouvoir, le nouvel article 80-1, al. 1, C.P.P., décidant que « le juge d'instruction ne peut mettre en examen que les personnes à l'en-contre desquelles il existe des indices graves ou concordants rendant vraisemblable qu'elles aient pu participer, comme auteur ou comme complice, à la commission des faits dont il est saisi ». Cet article très important montre bien que c'est le juge qui décide la mise en examen puisque c'est lui qui apprécie les indices [2].

Tous ces actes, le juge peut les effectuer sur l'ensemble du territoire national, à charge pour lui d'aviser le procureur de la République du ressort dans lequel il se transporte et d'indiquer sur son procès-verbal le motif du transport (art. 93, C.P.P.) [3]. Le débat contradictoire préalable à l'incarcération de l'intéressé étant un acte d'instruction, le juge d'instruction peut y procéder hors de son ressort [4].

1. Le principe de liberté d'action du juge ne saurait être absolu : il doit agir conformément à la loi, il doit agir à charge et à décharge (art. 81, al. 1, C.P.P.) et, plus spécialement, il est tenu dès le début de l'information d'avertir la victime d'une infraction dès l'ouverture d'une procédure, de son droit de se constituer partie civile et des modalités d'exercice de ce droit, l'avis étant donné aux représentants légaux de la victime si celle-ci est mineure (art. 80-3, C.P.P., dû à une L. 15 juin 2000).

2. V. *infra*, n°s 705 et s.).

3. Selon la jurisprudence, le juge n'est tenu de faire connaître les motifs de son transport que lorsqu'il se déplace en dehors de son ressort, Crim., 11 juin 1985, B.C., n° 226.

4. Crim., 14 mars 1988, B.C., n° 124, arrêt ajoutant que le procureur de la République doit se déplacer.

2. *Preuve des actes : le procès-verbal*

682. — Ces actes doivent donner lieu à un *procès-verbal*, seul moyen d'en assurer la conservation. Si l'acte d'instruction consiste dans l'audition d'un témoin ou l'interrogatoire d'une personne mise en examen, ce sont les règles prévues aux articles 106, 107 et 121, C.P.P., qui s'appliquent : identité et signature de la personne (et le cas échéant de l'interprète), du juge et du greffier, pas d'interligne, approbation des renvois et ratures. Complétant ce dispositif, la jurisprudence pose trois règles : 1° La collaboration du greffier, ce témoin privilégié, est une formalité substantielle dont l'absence entraîne la nullité du procès-verbal [1] ; 2° L'absence de procès-verbal entraîne la nullité de l'acte [2], sauf à remarquer qu'un procès-verbal d'audition ou d'interrogation, distinct du procès-verbal de transport, n'a pas à être établi si la personne s'est bornée à faire des déclarations spontanées [3] ; 3° Le procès-verbal doit être signé par le juge, le greffier et la personne [4]. Et comme le procès-verbal doit être signé, un procès-verbal contenant des déclarations anonymes est nul, du moins si ces déclarations mettent en cause une autre personne dont la défense risque d'être gênée [5].

B — Les commissions rogatoires

Bibliographie. — J. DUMONT, *Commissions rogatoires*, Jurisclasseur proc. pén., art. 151 à 155 ; P. ESCANDE, *idem*, Répertoire pénal ; J.P. PINGUET, *Les commissions rogatoires du juge d'instruction en droit pénal interne et en droit pénal international*, thèse, Nancy, 1939 ; J. PRADEL, *L'instruction préparatoire*, Cujas, 1990, n°s 334 et s. ; J.PRADEL et G. CORSTENS, *Droit pénal européen*, Dalloz, 2e éd., 2002, n°s 156 et s.

1. Crim., 26 janvier, 11 et 19 mars 1920, B.C., n°s 99, 127 et 146.
2. Crim., 28 février 1974, J.C.P., 1974.II.17674, note P. Chambon, B.C., n° 88, nullité de l'interrogatoire au cours duquel l'inculpé a authentifié des propos de lui, enregistrés au cours d'un transport sur les lieux suivi d'un procès-verbal non conforme aux art. 106 et 107, C.P.P. ; 6 juillet 1977, B.C., n° 257 ; 14 et 26 septembre 1985, B.C., n° 285, D., 1986, I.R., 304 et 120, obs. J. Pradel. Il s'agit d'arrêts dans lesquels le juge d'instruction, au cours d'un transport, avait entendu des personnes sans dresser procès-verbal de leur déposition, se contentant d'établir un procès-verbal de transport.
3. Crim., 2 septembre 1986, D., 1987, Somm. 83, obs. J. Pradel.
4. Sur la *signature du juge :* Crim., 12 janvier 1961, B.C., n° 24, et 11 décembre 1974, B.C., n° 367 (formalité substantielle) ; Crim., 13 novembre 1968, B.C., n° 294 (procès-verbal inexistant). Sur la *signature du greffier :* Crim., 22 février 1977, B.C., n° 72. Mais il n'est pas nécessaire que le nom du greffier figure au procès-verbal ; Crim., 2 mai 1968, B.C., n° 136.

Sur la *signature de l'inculpé* ou *mis en examen :* Crim., 5 mars 1985, B.C., n° 102 (pas de nullité en cas de refus de signature), 4 janvier 1994, B.C., n° 2 (nullité de déclarations de « l'inculpé » recueillies par télécopie ou téléphone).

Sur la *signature du témoin :* Crim., 12 décembre 1973, B.C., n° 462 (pas de nullité).

5. Crim., 22 mars 1988, B.C., n° 141.

683. — *La notion de commission rogatoire.* Au lieu d'agir lui-même, le juge peut charger certaines autorités d'agir à sa place en leur délivrant une commission rogatoire (ou délégation judiciaire). L'article 81, al. 3, C.P.P., décide en effet que « si le juge d'instruction est dans l'impossibilité de procéder lui-même à tous les actes d'instruction, il peut donner commission rogatoire à un collègue ou aux officiers de police judiciaire afin de leur faire exécuter tous les actes d'information nécessaires dans les conditions et sous les réserves prévues aux articles 151 et 152 ». Ainsi esquissée à l'article 81, al. 3, la matière est traitée aux articles 151 à 155 et D 33 à D 36, C.P.P.

Formellement, la commission rogatoire doit être datée et signée par le juge d'instruction [1], et revêtue de son sceau. Elle indique la nature de l'infraction poursuivie. Elle fixe la mission du délégataire et lui prescrit un délai d'exécution (en pratique « dans les meilleurs délais »).

La *nécessité* des commissions rogatoires est évidente. Le juge ne peut en effet accomplir tous les actes d'information personnellement car son cabinet est souvent surchargé et aussi car la manifestation de la vérité implique parfois que certains actes, tels les perquisitions, soient effectués simultanément en plusieurs lieux, le magistrat ne pouvant évidemment accomplir en un moment donné qu'un seul acte.

Et pourtant, les commissions rogatoires ne sont pas sans *inconvénients*. Comme elles sont très souvent exécutées par des O.P.J., le juge en arrive à abandonner de plus en plus son rôle d'instructeur pour se cantonner dans sa fonction juridictionnelle. Il ne faudrait cependant pas exagérer la portée de cette remarque car il existe beaucoup de juges d'instruction qui agissent par eux-mêmes.

1. *Les destinataires de la commission rogatoire*

684. — Si le juge est dans la nécessité de faire procéder à des investigations *dans son propre ressort judiciaire*, il peut commettre « tout juge de son tribunal, tout juge d'instruction ou tout officier de police judiciaire » (art. 151, al. 1, C.P.P.) [2], y compris un groupe d'intervention régional (G.I.R.) [3]. L'appel à un collègue instructeur constitue une amorce de ces équipes de juges d'instruction dont l'utilité apparaît pour les affaires complexes et lors de la période de congé, équipes aujourd'hui consacrées par la loi du 4 janvier 1993 (art. 83, al. 2, C.P.P.).

1. À peine de nullité, Crim., 10 novembe 1970, B.C., n° 294 ; 28 janvier 1986, J.C.P., 1986.IV.93. À moins que l'on puisse suppléer à l'omission de la date, Crim., 18 avril 200, B.C., n° 148.

2. Des fonctionnaires sont spécialement habilités en certaines matières comme les agents de la Direction générale de la concurrence, de la consommation et des fraudes pour la recherche des infractions en cette matière, art. L. 215 et s., C. cons. Mais cette compétence est spéciale, d'où la nullité d'une commission rogatoire délivrée à de tels agents pour enquêter sur des faits de favoritisme, Crim., 5 mai 1999, B.C., n° 88.

3. Crim., 6 août 2003, B.C., n ° 145, considérant qu'un G.I.R. possède une existence légale.

Si le juge croit devoir faire procéder à des investigations *en dehors de son ressort*, il peut saisir les mêmes organes, mais en ce qui concerne les officiers de police judiciaire, selon deux modalités :

• À titre général, le juge peut commettre tout officier de police judiciaire du ressort dans lequel doivent être effectuées les opérations. Ainsi, le juge d'instruction de Poitiers désirant faire entendre un témoin demeurant à Montpellier saisira un officier de police judiciaire du ressort de Montpellier. Jadis, il devait commettre son collègue de Montpellier (exactement le doyen des juges d'instruction de cette ville) qui, à son tour, subdéléguait un officier de police judiciaire local. Ce procédé bien lourd à été supprimé par une loi du 30 décembre 1985 qui, en réécrivant l'article 151, prescrit désormais une saisine directe de l'officier de police judiciaire.

• À titre exceptionnel, le juge peut saisir un officier de police judiciaire de son propre ressort, lequel officier pourra « procéder aux opérations prescrites… sur toute l'étendue du territoire national ». Cependant, en prévoyant cette possibilité, l'article 18, al. 4, C.P.P., la soumet à deux conditions : 1° que la délégation indique expressément cette possibilité ; 2° que l'officier de police judiciaire délégué soit accompagné, au cours de ses investigations, par l'un de ses collègues compétents dans le ressort où elles se déroulent, si le juge mandant le décide.

Ces conditions sont interprétés en général dans un sens favorable à la validité de l'enquête. Par exemple, la seconde condition est réputée remplie dès lors que le juge se contente de viser l'article 18, al. 4, sans mentionner expressément l'extension de compétence [1]. De même, alors même que le juge n'a pas visé l'extension de compétence, le policier peut procéder à l'interception et à l'enregistrement de communications téléphoniques à partir d'une ligne attribuée à une personne demeurant en dehors de son ressort dès lors que les actes d'exécution de la commission rogatoire ont été exécutés dans son ressort, au siège de son service dans lequel avait été établie une dérivation téléphonique [2]. Il est même admis qu'un policier peut recueillir des renseignements en dehors de sa circonscription en usant du téléphone ou de la télécopie [3].

Il existe aussi des infractions pour lesquelles les O.P.J. ont statutairement une compétence nationale. Rien n'interdit alors à un juge d'instruction, sans même à avoir à respecter l'article 18, al. 4, C.P.P., de saisir l'un de ces fonctionnaires, même s'ils ne se trouvent pas affectés spécialement dans son ressort. C'est le cas des O.P.J. de la brigade de recherche et d'intervention de l'office central pour la répression de banditisme, créé par arrêté du 11 février 1986, qui ont une compétence nationale [4].

1. Crim., 27 octobre 1986, B.C., n° 305, D., 1987, Somm. 81, obs. J. Pradel.

2. Crim., 20 juin 1996, B.C., n° 270, R.S.C., 1998.154, obs. Dintilhac, *Dr. pénal*, 1996, comm. 279, obs. A. Maron.

3. Crim., 10 janvier 1995, B.C., n° 13, *Dr. pénal*, 1995, chron. 34.

4. Crim., 2 juin 1999, B.C., n° 120.

2. *L'objet de la commission rogatoire*

a) La délégation peut porter sur tout acte d'information

685. — La délégation ne peut avoir pour objet ni la délivrance d'un mandat (mais il importe peu puisque ceux-ci sont exécutoires sur tout le territoire national) (art. 124, C.P.P.), ni l'établissement d'une ordonnance juridictionnelle (le pouvoir juridictionnel étant personnel). Ceci étant, on doit distinguer, parmi les actes d'information, entre l'interrogatoire et les autres actes.

L'*interrogatoire* de la personne mise en examen (ainsi que les confrontations) ne peut être délégué qu'à un juge, jamais à un officier de police judiciaire (art. 152, al. 2, C.P.P.) [1]. Le législateur a estimé que les formalités protectrices de la défense seraient mieux respectées par un juge que par un policier. Sans doute, pourrait-on imaginer de tourner la règle : le procureur ouvrirait l'information contre X et le juge d'instruction délivrerait une commission rogatoire à l'effet de faire procéder à toutes auditions par la police qui, ainsi, pourrait entendre le suspect. Mais le stratagème est rendu impossible par la disposition de l'article 105 du Code de procédure pénale selon lequel les officiers de police judiciaire agissant sur commission rogatoire ne peuvent entendre comme témoins des personnes contre lesquelles il existe des indices graves et concordants de culpabilité [2]. Dans un souci de parallélisme, l'article 152, al. 2, C.P.P., décide aussi que les policiers ne peuvent pas davantage entendre la partie civile, et le témoin assisté, le texte réservant toutefois l'hypothèse où ils le demanderaient expressément.

Les *autres actes d'information* (audition de témoin, perquisition, saisie, etc.) peuvent en revanche être délégués aussi bien aux officiers de police judiciaire qu'aux magistrats [3]. Parfois d'ailleurs, la délégation, loin de porter sur un acte précis, requiert le mandataire d'effectuer « tous actes d'information nécessaires » : le policier choisira alors les témoins à entendre, les lieux à perquisitionner, les objets à saisir. Après avoir hésité, la jurisprudence a admis une telle commission rogatoire pour des raisons pratiques [4] et le Code de 1959 a légalisé cette pratique (art. 81, al. 4) [5]. Mais si la commission

1. Crim., 4 octobre 1968, D., 1968.689, note Baurès, B.C., n° 245, un O.P.J. ayant reçu mission de « reconstituer l'itinéraire du prévenu sans l'interroger », le procès-verbal d'exécution de la commission rogatoire mentionnait que le prévenu avait apporté en cours de route des « précisions spontanées », d'où nullité car la chambre criminelle considéra qu'il y avait eu interrogatoire.

2. V. *infra*, n°s 706 et s.

3. Cependant, un juge d'instruction ne peut déléguer à un O.P.J. la désignation d'un expert (Crim., 2 septembre 1986, B.C., n° 251) ou la notification aux parties d'une expertise (Crim., 15 mai 1973, B.C., n° 221).

4. Crim., 22 janvier 1953, *aff. Isnard*, D., 1953.533, note C. Lapp, J.C.P., 1953.II.7456, rapport Brouchot.

5. Crim., 23 novembre 1999, B.C., n° 269, possibilité par le juge de prescrire tous actes utiles à la manifestation de la vérité, y compris l'enregistrement de conversations privées pourvu qu'il assure un contrôle et qu'il n'y ait pas atteinte aux droits de la défense.

rogatoire générale quant aux actes est parfaitement licite, il ne saurait en être de même de la commission rogatoire générale quant aux infractions.

b) La délégation suppose une infraction déterminée. L'interdiction des commissions rogatoires générales

686. — Afin de défendre les libertés individuelles, il est admis que le délégataire ne peut opérer que relativement à l'infraction ayant expressément fait l'objet de l'information. Le juge ne pourrait donc le saisir à l'effet de rechercher toutes infractions commises par la personne poursuivie, la commission ne pouvant, « à peine de nullité, revêtir la forme d'une délégation générale de pouvoirs visant de façon éventuelle toute une catégorie d'infractions » [1]. Le Code de 1959 a légalisé cette règle à l'article 151, alinéas 2 (« La commission rogatoire indique la nature de l'infraction ») et 3 (« Elle ne peut prescrire que des actes d'instruction se rattachant directement à la répression de l'infrac-tion visée aux poursuites »). De temps à autre, la jurisprudence rappelle la règle souvent pour constater qu'il n'y a pas délégation générale [2].

3. *L'exécution de la commission rogatoire*

a) Le rôle du juge délégant

687. — D'abord, *au cours de l'exécution de la commission rogatoire*, le juge peut se transporter sur les lieux pour diriger et contrôler les opérations. Il peut le faire sans être assisté de son greffier et sans avoir à dresser procès-verbal à la condition qu'il ne procède pas lui-même à des actes d'instruction. Les opérations du juge peuvent inclure la prolongation d'une garde à vue prononcée dans le cadre de la commission rogatoire (art. 152, al. 3, C.P.P.).

Ensuite, *après exécution de la commission rogatoire*, le juge en reçoit évidemment les procès-verbaux. Il doit alors en vérifier les éléments recueillis (art. 81, al. 5, C.P.P.), notamment en ce qui concerne la régularité des opérations accomplies, afin de recommencer lui-même ou de faire recommencer, le cas échéant, les actes irréguliers.

1. Crim., 22 janvier 1953, précité ; 21 mars 1957, D., 1957.482 ; 16 avril 1970, B.C., n° 134, D., 1970, Somm. 179 ; 28 septembre 2005, B.C., n° 246.

2. Par ex. en cas de poursuite du chef d'association de malfaiteurs, vols, la commission rogatoire peut prescrire aux O.P.J. de rechercher les autres méfaits qu'avaient pu commettre les individus impliqués et de déterminer s'il y a des receleurs, ces actes se rattachant au délit d'association de malfaiteurs, Crim., 11 juin 1970, D., 1971.321, note J.M.R. ; v. aussi Crim., 9 novembre 1976, B.C., n° 320 ; 14 juin 1978, B.C., n° 199.

N'est pas non plus irrégulière la commission rogatoire maladroitement appelée « générale » et qui, en réalité, ne prescrit que des actes se rattachant à la répression des infractions visées aux poursuites, Crim., 6 février 1996, B.C., n° 60.

Ne l'est pas davantage celle qui vise le réquisitoire introductif, lequel se réfère aux procès-verbaux de l'enquête et détermine ainsi clairement le cadre de la saisine de l'O.P.J., Crim., 9 juin 1998, B.C., n° 187 ; 8 juin 1999, B.C., n° 124.

b) Le rôle de l'autorité déléguée

688. — Un principe de fond domine : le délégué a les mêmes pouvoirs et les mêmes devoirs que le délégant (v. art. 152, al. 1, C.P.P., pour les pouvoirs). D'abord, il a les mêmes pouvoirs : il peut convoquer un témoin qui aura la triple obligation de comparaître, de prêter serment et de déposer [1] (sauf à observer que ces deux dernières obligations ne s'appliquent pas aux personnes gardées à vue, leur serment n'étant cependant pas une cause de nullité) (art. 153, C.P.P.) ; il peut aussi, en cas de découverte d'un fait nouveau, user des pouvoirs qu'il possède dans le cadre de l'enquête préliminaire ou de flagrance [2], ce qui est très proche de ce que fait le juge d'instruction. Ensuite, il a les mêmes devoirs : il doit par exemple, s'il est magistrat, interroger le mis en examen en respectant les formalités des articles 114 et suivants, C.P.P., comme le fait le juge d'instruction quand il agit lui-même [3] ; enquêteur, il doit user de la même correction que le juge lui-même [4].

Le principe d'identité entre les pouvoirs et devoirs du juge mandant et de l'autorité déléguée subit cependant trois exceptions :

— D'abord, le délégué, s'il est O.P.J., n'est pas tenu de se faire assister d'un greffier, alors que le juge d'instruction y est tenu, quel que soit l'acte d'instruction qu'il fait.

— Ensuite, l'O.P.J. qui entend sur commission rogatoire un témoin peut le placer en garde à vue, ce que ne peut jamais le juge d'instruction (art. 154, C.P.P.). Cette garde à vue est applicable aux personnes à l'encontre desquelles il y a des « raisons plausibles de soupçonner » la commission d'une infraction ; d'où la jurisprudence déduit que s'il y a à l'encontre de la personne des indices graves et concordants, la garde à vue est exclue [5], de sorte que seul le juge d'instruction pourra entendre la personne et encore en qualité de mise en examen. Dès le début de la garde à vue, l'O.P.J. en avertit le juge saisi des faits [6]. La mesure ne peut en principe dépasser 24 heures et, si une prolongation s'avère nécessaire, l'O.P.J. doit présenter l'intéressé au juge mandant (ou à celui du lieu de la garde à

1. En cas de refus de comparaître, l'enquêteur en informe le juge mandant qui peut contraindre le témoin rétif à comparaître et si le témoin ne comparaît encore pas, il encourt l'amende prévue par l'article 434-15-1, C.P.

2. Crim., 17 mai 1994, B.C., n° 186 ; 13 décembre 2000, B.C., n° 377 ; Ass. plén., 22 novembre 2002, B.C., 2002 ; 26 mars 2003, B.C., n° 80. En cas de découverte d'un fait nouveau l'enquêteur avise le juge mandant, mais la procédure n'est pas irrégulière s'il avise le parquet au lieu d'aviser le juge. Crim., 12 janvier 2005, D., 2005.1917, note P. Hennion-Jacquet.

3. Toutefois, le juge délégué chargé de mettre en examen une personne et qui estime qu'il n'y a pas à son encontre d'indices graves et concordants ne procèdera pas à la mise en examen et il informe la personne qu'elle bénéficie des droits du témoin assisté, art. 154-2, C.P.P.

4. Crim., 12 juin 1952, *aff. Imbert*, S., 1954.I.69, note A. Légal, pour une ruse montée par des policiers ; Caen, Ch. acc., 28 février 1990, D., 1990, Somm., 378, obs. J. Pradel.

5. Crim., 14 janvier 2003, B.C., n° 6 ; 14 mai 2002, B.C., n° 111.

6. Crim., 29 février 2000, B.C., n° 92, Dr. pénal, 2000, comm. 80, obs. A. Maron, un délai de 5 heures avant l'information du juge méconnaît la règle de l'art. 154, al. 1, C.P.P.

vue si celle-ci ne se déroule pas dans le ressort du juge mandant) [1] et c'est le juge qui seul pourra accorder une prolongation de 24 heures. À cette garde à vue sur commission rogatoire, s'appliquent les règles de la garde à vue effectuée dans le cadre d'une enquête et notamment le juge d'instruction doit être avisé dès le début de la mesure [2].

— Enfin, l'autorité déléguée — magistrat ou O.P.J. — doit adresser les procès-verbaux au juge mandant dans les huit jours de la fin des opérations (art. 151, *in fine*, C.P.P.) [3].

Reste la question délicate de savoir si les enquêteurs peuvent entendre un témoin assisté sur commission rogatoire. L'article 152, al. 2, C.P.P. indique que ceux-ci ne peuvent entendre un témoin assisté « qu'à sa demande » (il en va de même de la partie civile). Ce texte reste vague car il convient de distinguer entre deux situations.

— Si la personne n'a pas encore acquis la qualité de témoin assisté par l'effet d'une audition par le juge d'instruction (en application de l'article 113-4 C.P.P.), si elle est en somme un témoin assisté virtuel, elle peut être entendue par les enquêteurs comme un témoin ordinaire [4] voire être mise en garde à vue.

— Si la personne a déjà acquis la qualité de témoin assisté, elle ne peut être entendue par les enquêteurs qu'à sa demande.

§ 2. — Les mandats

Bibliographie. — R. Bernardini, V° *Mandats*, Répertoire pénal ; J. Dumont, *id.*, Jurisclasseur proc. pén., art. 122 à 136 ; M. Le Gall, *Mandat d'arrêt et mandat d'amener*, G.P., 1985.I, Doctr. 117.

689. — *La notion de mandat. Règles communes et distinctions.* Les mandats sont des ordres écrits par lesquels le juge d'instruction porte atteinte à la liberté d'une personne soupçonnée en décidant sa comparution ou son incarcération (art. 122 à 136, C.P.P.).

1. La présentation peut ne pas avoir lieu « à titre exceptionnel » indique l'art. 154, al. 2, *in fine*, C.P.P. ; v. Crim. 27 juin 2000, B.C., n° 246 (éloignement géographique) ; 12 décembre 2000, B.C., n° 370 (nécessités des recherches).

2. La sanction est l'irrégularité de la garde à vue sauf circonstances insurmontables, Crim., 29 février 2000, B.C., n° 92 (juge averti avec 5 heures de retard) ; 2 février 2005, B.C., n° 41 (juge averti le lendemain). Crim., 23 mars 2004, B.C., n° 76, R.S.C. 2004, 672, obs. A. Giudicelli.

3. Quand le juge fixe la date pour l'accomplissement de la commission rogatoire, le dépassement du délai par le délégué est sans incidence sur la validité des actes accomplis, Crim., 15 février 2006, B.C., n° 44.

4. Crim., 23 mars 2004, B.C., n° 76, R.S.C., 2004.672, obs. A. Giudicelli.

Tout mandat obéit à certaines règles. Il ne peut être décerné que contre une personne à l'égard de laquelle existent au moins des soupçons (art. 122, C.P.P.), jamais contre un témoin [1]. Il est exécutoire sur toute l'étendue du territoire national (art. 124, C.P.P.). Il doit préciser l'identité de la personne qui en fait l'objet, être daté, signé par le juge et revêtu de son sceau (art. 123, al. 1, C.P.P.) ; la violation de ces exigences peut donner lieu à des sanctions disciplinaires contre le juge d'instruction, le juge des libertés et de la détention et le procureur de la République (art. 136, al. 1, C.P.P.). En outre, elle peut entraîner la nullité du mandat si l'irrégularité a porté atteinte aux intérêts de l'intéressé, ou si la recherche de la vérité s'est trouvée viciée fondamentalement [2].

On distingue cinq sortes de mandats : le mandat de recherche qui tend à localiser l'intéressé, les mandats de comparution et d'amener qui assurent la comparution de l'intéressé, les mandats de dépôt et d'arrêt qui seuls permettent l'incarcération. Selon l'article 122, al. 1, C.P.P., « le juge d'instruc-tion peut, selon les cas, décerner mandat de recherche de comparution, d'amener ou d'arrêt. Le juge des libertés et de la détention peut décerner mandat de dépôt ».

A — Les mandats de comparution, d'amener et de recherche

690. — Ces trois mandats émis par le juge d'instruction tendent donc à assurer la venue à son cabinet d'une personne mise en examen ou susceptible de l'être. Ils constituent des actes d'instruction tendant à la recherche des preuves puisqu'ils tendent à permettre l'interrogatoire de l'intéressé.

1. *Le mandat de recherche*

691. — Souvent réclamé par les praticiens, ce mandat a été créé par la loi du 9 mars 2004 [3]. Il est « l'ordre donné à la force publique de rechercher la personne à l'encontre de laquelle il est décerné et de la placer en garde à vue » (art. 122, al. 2, *in fine*, C.P.P.). Souvent en effet, les juges d'instruction ne savent pas où se trouve une personne qu'ils doivent interroger, sans savoir pour autant si elle est en fuite.

Le *domaine* de ce mandat est bien délimité : l'article 122, al. 2, C.P.P., indique qu'il peut être décerné à l'égard d'une personne à l'encontre de laquelle il existe une ou plusieurs raisons plausibles de soupçonner qu'elle a commis ou tenté de commettre une infraction. Il ne peut être décerné à l'égard d'une personne ayant fait l'objet d'un réquisitoire nominatif, d'un

1. V. la lettre de l'article 122, C.P.P.
2. Crim., 8 novembre 1988, B.C., n° 383, D., 1989, Somm. 176, obs. J. Pradel.
3. Ce mandat apparait un peu comme la légalisation de la note de recherche qui avait le double défaut de ne pas être prévue par la loi et de ne pas autoriser la mise en garde à vue de la personne recherchée.

témoin assisté, ou d'une personne mise en examen ». D'où l'on peut déduire que dans ces cas, c'est le mandat d'arrêt ou le mandat d'amener qui, selon les hypothèses, peut être utilisé.

La *mise en œuvre* du mandat de recherche est décrite pour l'essentiel dans trois articles. Selon l'article 123, C.P.P., ce mandat mentionne la nature des faits imputés et leur qualification juridique, il est notifié et exécuté par un O.P.J. ou par un A.P.J., il peut être diffusé par tous moyens en cas d'urgence. L'article 134, C.P.P., dispose que l'agent chargé de l'exécution ne peut s'in-troduire au domicile d'un citoyen avant 6 heures et après 21 heures. Enfin, précise l'article 135-1, C.P.P., la personne découverte est placée en garde à vue, le juge d'instruction est avisé aussitôt et l'O.P.J. peut entendre la personne. Évidemment, il faut admettre que le juge pourra au cours ou à l'issue de la garde à vue émettre un mandat d'amener pour que la personne lui soit présentée à son cabinet.

2. *Le mandat de comparution*

692. — Il a pour objet de mettre la personne qu'il vise « en demeure... de se présenter devant le juge à la date et à l'heure » qu'il indique (art. 122, al. 4, C.P.P.). Ce mandat est signifiée à l'intéressé par huissier ou lui est notifié par un O.P.J. ou A.P.J. (art. 123, al. 3, C.P.P.). Règle importante, le mandat de comparution ne comporte aucune mesure de contrainte, l'intéressé se présentant librement et s'il comparaît, le juge l'interroge immédiatement (art. 125, al. 1, C.P.P.).

3. *Le mandat d'amener*

693. — Le mandat d'amener, dont le juge d'instruction fait usage lorsque l'intéressé n'a pas déféré à sa convocation ou lorsqu'il était à craindre qu'il n'y défère pas, est au contraire exécutoire par la force publique. C'est en effet un ordre donné à la force publique de conduire, même de vive force, la personne mise en examen devant le juge d'instruction (art. 122, al. 5, C.P.P.). Et c'est parce que ce mandat implique la contrainte que son exécution est confiée aux représentants de la force publique, non aux huissiers (art. 123, al. 4, C.P.P.) ; cependant, l'article 134, C.P.P., s'applique.

Le mandat d'amener n'autorise cependant qu'une détention de brève durée et implique un interrogatoire rapide. De là, la distinction suivante établie par la loi du 8 décembre 1897, reprise par le Code de 1959.

• Si la personne est arrêtée à moins de 200 kilomètres de la ville où siège le juge d'instruction, elle doit être immédiatement conduite auprès de celui-ci qui l'interroge. Mais au cas où l'interrogatoire ne peut avoir lieu immédiatement (par exemple si le juge n'est pas disponible), la personne peut être retenue par les services de police ou de gendarmerie, c'est-à-dire placée en garde à vue, pendant une durée de vingt-quatre heures au maximum. Si, dans ce délai, elle n'a pu être présentée au juge d'instruction, ou à défaut au président du tribunal, elle est d'office mise en liberté. La détention qui se prolongerait serait arbitraire et exposerait les magistrats ou fonctionnaires à des sanctions pénales (art. 125 et 126, C.P.P.).

• Si la personne est arrêtée à plus de 200 kilomètres du siège du juge d'instruction et s'il n'est pas possible de la conduire dans les vingt-quatre heures devant ce magistrat, elle est conduite devant le procureur du lieu de l'arrestation (art. 127, C.P.P.).

Le procureur l'interroge sur son identité, reçoit ses déclarations après lui avoir indiqué qu'elle est libre de ne pas en faire et lui demande si elle consent à être transférée devant le juge d'instruction. Dans l'affirmative, elle est transférée et l'on est ramené au cas précédent de l'article 125. Dans la négative, c'est le juge d'instruction qui décidera le transfert ou ordonnera la mainlevée du mandat (art. 128 et 129, C.P.P.). De toute façon, la personne mise en examen doit comparaître devant le juge dans les quatre jours de la notification du mandat par le service capteur, délai porté à six jours en cas de transfèrement d'un département d'outre-mer vers un autre département ou de la France métropolitaine vers un département d'outre-mer, l'intéressé étant libéré sur ordre du juge en cas de retard « sauf circonstances insurmontables » (art. 130 et 130-1, C.P.P., l. du 9 juillet 1984) [1].

B — Les mandats de dépôt et d'arrêt

694. — *Vue générale.* Ces deux mandats tendent à placer la personne mise en examen en détention provisoire. Ils ne peuvent donc intervenir que si celle-ci est possible, c'est-à-dire que si une peine d'emprisonnement ou une peine plus grave est encourue (art. 131, C.P.P.). On peut voir dans ces mandats des actes de juridiction car ils indiquent chez le juge une appréciation sur la nécessité d'une incarcération, un « parti pris » qui caractérise l'acte juridictionnel [2].

1. *Le mandat de dépôt*

695. — Le mandat de dépôt, qui émane du juge des libertés et de la détention, est l'injonction donnée aux agents de la force publique de conduire la personne mise en examen à la maison d'arrêt et au chef de cet établissement de l'y recevoir (art. 122, al. 8, C.P.P.) [3]. L'emploi de ce mandat suppose donc que la personne mise en examen soit déjà à la

1. Le délai de 4 jours concerne uniquement le transfert des inculpés trouvés à plus de 200 kilomètres du siège du juge mandant, Crim., 19 janvier 1987, B.C., n° 24.

2. V. *infra*, n° 700.

3. Ce mandat permet aussi de rechercher ou de transférer la personne lorsqu'il lui a été précédemment notifié (art. 122, *in fine*, C.P.P.). Le mot « rechercher » correspond à l'idée que la personne s'est enfui après avoir été mise sous mandat de dépôt.

disposition du juge. Or, il en est ainsi dans les cas où l'intéressé : 1° Est détenu pour autre cause ; 2° A déféré à un mandat de comparution ou a fait l'objet d'un mandat d'amener, les mêmes agents procédant alors successivement à l'arrestation et au transfert de l'intéressé à la maison d'arrêt ; 3° Est « présenté » au juge par les policiers ayant agi en enquête préliminaire ou de flagrance, le procureur ayant décidé d'ouvrir une information.

Parce qu'il est un acte grave, le mandat de dépôt ne peut intervenir qu'après interrogatoire (art. 145, C.P.P.), et doit, en matière correctionnelle et même criminelle, être précédé d'une ordonnance spécialement motivée de mise en détention (art. 137-3, C.P.P.). De plus, lors de l'interrogatoire, le juge doit aviser la personne mise en examen de son droit à l'assistance d'un avocat avec lequel elle peut communiquer librement et qui peut consulter le dossier sur-le-champ en cas d'impossibilité. Le juge peut la faire écrouer, mais à charge de respecter les formalités prévues par l'article 145, al. 6 et s., C.P.P. [1].

2. *Le mandat d'arrêt*

a) Règles générales

696. — Le mandat d'arrêt, qui émane du juge d'instruction, est l'ordre donné à la force publique, d'une part, de rechercher et arrêter la personne mise en examen, d'autre part, de la conduire à la maison d'arrêt indiquée sur le mandat (art. 122, al. 6, C.P.P.). Cet acte cumule donc les avantages des deux précédents : il permet, comme le mandat de dépôt, sa détention prolongée. Il permet en outre, et c'est l'une de ses caractéristiques majeures, de rechercher une personne en fuite [2] ou à l'étranger (art. 131, C.P.P.).

Le mandat d'arrêt ne confère pas à la personne qui en est l'objet la qualité de mise en examen puisqu'il a pour fin de rechercher une personne en vue de permettre son interrogatoire [3].

Mandat aux effets particulièrement énergiques, le mandat d'arrêt donne lieu à une stricte réglementation. Il doit être précédé de réquisitions (conformes ou non) du procureur (art. 131, C.P.P.) [4]. Et l'interrogatoire devant être mené rapidement après l'arrestation, la loi a prévu des formalités qui sont voisines de celles admises pour le mandat d'amener et qui devraient être les mêmes. L'article 133 distingue selon que la personne est arrêtée à moins ou à plus de 200 km du siège du juge d'instruction. Dans le premier

1. V. *infra*, n° 743.

2. Crim., 25 janvier 1961, 1re espèce, D., 1961.252, note J.M.R., nullité d'un mandat d'arrêt décerné contre un inculpé déjà détenu, le juge et le procureur le sachant.

3. Crim., 17 décembre 2002, B.C., n° 230, avant son arrestation, la personne visée au mandat ne peut agir en nullité, faute d'être partie.

4. Crim., 7 avril 1987, B.C., n° 159, nécessité de réquisitions nominatives. *Add.* Douai, Ch. acc., 3 mars 1993, D., 1994, Somm. 189, obs. J. Pradel, la mention « tout mandat utile » figurant au réquisitoire introductif établi contre X ne constitue pas l'avis exigé par l'art. 131, C.P.P.

cas, elle est conduite devant le juge d'instruction qui doit l'interroger et statuer le cas échéant sur son placement en détention, à défaut de quoi la personne est libérée. Dans le deuxième cas, l'intéressé est conduit sans délai devant le procureur du lieu d'arrestation qui procède comme en cas de mandat d'amener de sorte que s'applique le délai de quatre ou six jours précité (art. 133, al. 4, C.P.P., qui renvoie à l'article 130, C.P.P.).

Tout comme dans le cadre d'un mandat de recherche ou d'amener, l'agent chargé de l'exécution d'un mandat d'arrêt ne peut s'introduire dans le domicile d'un citoyen avant 6 heures et après 21 heures (art. 134, C.P.P.).

Enfin, si l'intéressé ne peut être saisi, un procès-verbal de recherches infructueuses est établi et adressé au juge mandant. La personne est alors mise en examen pour l'application des règles gouvernant la clôture de l'instruction (art. 134, al. 3, C.P.P.). Il ne faut pas en effet que par sa fuite ou son séjour à l'étranger, l'intéressé puisse éviter son renvoi en jugement.

b) Cas particulier : la découverte de l'intéressé après clôture de l'instruction

697. — Cette question a été renouvelée par la loi du 9 mars 2004 (art. 135-2, C.P.P.). Comme le juge d'instruction ne peut plus intervenir puisqu'il est dessaisi, c'est le procureur de la République qui assure la réponse procédurale. Dès arrestation de la personne, suivie de sa rétention, le procureur du lieu de l'arrestation est avisé. Les règles sur la garde à vue, des articles 63-2 et 63-3, C.P.P., s'appliquent, sauf à noter que la rétention ne peut dépasser vingt-quatre heures.

Dans les vingt-quatre heures de son arrestation, la personne est conduite devant le procureur dans le ressort duquel siège la juridiction de jugement. Ce magistrat, après interrogatoire d'identité, présente la personne devant le juge des libertés et de la détention. Ce dernier peut placer la personne sous contrôle judiciaire ou ordonner sa détention provisoire par ordonnance motivée et à l'issue d'un débat contradictoire. La mesure dure jusqu'à la comparution de la personne devant la juridiction de jugement. La décision du juge des libertés et de la détention peut faire l'objet d'un recours, dans les dix jours de sa notification, devant la chambre des appels correctionnels si elle est renvoyée devant le tribunal correctionnel et devant la chambre de l'instruction si elle est renvoyée devant la cour d'assises.

Si la personne est arrêtée à plus de 200 kilomètres du siège de la juridiction de jugement et qu'il n'est pas possible de la conduire devant le procureur de la juridiction de jugement, elle est conduite devant le procureur de son lieu d'arrestation qui lui notifie le mandat. Puis il fait conduire la personne à la maison d'arrêt de son siège et avertit le procureur de la juridiction de jugement. Ce dernier ordonne le transfèrement de la personne qui doit comparaître dans les quatre ou six jours en application de l'article 130, C.P.P., sur le mandat d'amener. Ensuite, la procédure se déroule comme il a été dit, avec notamment l'intervention du juge des libertés et de la détention.

§ 3. — Les ordonnances

698. — *La notion d'ordonnance, variétés et distinction.* Les ordonnances sont des décisions, manifestées par écrit, du juge d'instruction [1]. Tout au long de son information, le juge est amené à prendre de très nombreuses décisions. Certaines se situent à l'ouverture de l'information : ordonnances de refus d'informer, d'incompétence, d'irrecevabilité d'une constitution de partie civile… D'autres interviennent en cours d'information : ordonnances de désignation d'un expert ou refusant une expertise, de transport sur les lieux, relatives à la détention, de soit-communiqué par laquelle le juge sollicite des réquisitions du parquet sur un point déterminé… Quelques-unes enfin sont prises à la clôture de l'information : ordonnances de soit-communiqué, de non-lieu, de renvoi, éventuellement de maintien de l'intéressé en détention.

À cette énumération, non limitative, on devine déjà que toutes ces ordonnances n'ont pas la même nature. Au vrai, elles sont de deux types. Les unes, correspondant au rôle d'instruction du juge, sont *administratives* (par ex., ordonnance de transport sur les lieux par laquelle le juge décide d'office de se déplacer). Les autres, correspondant à sa fonction de juge, sont *juridictionnelles* (par ex., ordonnance d'irrecevabilité d'une constitution de partie civile). En dépit des apparences, le critère de distinction entre ces deux sortes d'ordon-nances est cependant malaisé à déterminer, alors que les intérêts sont réels.

A — Les intérêts de la distinction des ordonnances administratives et des ordonnances juridictionnelles

699. — D'une part, seules les ordonnances juridictionnelles doivent être communiquées aux avocats des parties privées et aux parties elles-mêmes. L'article 10 de la loi du 8 décembre 1897 décidait qu'il devait être donné au conseil de l'inculpé (et, depuis 1921, à celui de la partie civile) « connaissance de toute ordonnance du juge ». Mais la jurisprudence estima que cette disposition ne s'appliquait qu'aux ordonnances juridictionnelles [2]. C'est ce que consacra le Code de 1959 en posant que « les conseils de la personne mise en examen et de la partie civile sont avisés… de toute ordonnance juridictionnelle… » (art. 183, al. 1). Certes, l'expression « ordonnances juridictionnelles » a, depuis la loi du 30 décembre 1985, disparu de l'article 183, C.P.P. (qui désormais énumère les ordonnances à notifier aux parties et à leurs avocats). Mais le concept subsiste. Aujourd'hui, ces ordonnances sont notifiées à la fois aux parties et à leur avocat [3] selon les modalités suivantes :

1. Et signées de lui sous peine d'être considérées comme inexistantes, Crim., 6 octobre 1986, B.C., n° 270.
2. Crim., 24 juin 1898, B.C., n° 238.
3. Aux avocats, la notification se fait soit par lettre recommandée, soit par téléphone, soit encore par courriel, une trace écrite devant être conserver, art. 803-1, C.P.P.

— sont notifiées les ordonnances de règlement à la personne mise en examen et au témoin assisté, ainsi que les ordonnances de renvoi ou de mise en accusation à la partie civile (art. 183, al. 1, C.P.P.) ;

— sont notifiées les ordonnances susceptibles de recours (art. 183, al. 2) ;

— sont notifiées à l'avocat simultanément les ordonnances visées précédemment (art. 183, al. 4).

D'autre part, seules les ordonnances juridictionnelles sont susceptibles d'un appel devant la chambre de l'instruction, d'ailleurs inégalement selon les parties (v. art. 185 et 186, C.P.P.) [1]. Certes, un arrêt avait décidé que le parquet avait « le droit absolu d'interjeter appel de toutes les ordonnances du juge d'instruction... sans distinguer selon qu'elles présentent ou non le caractère juridictionnel » [2]. Cependant, l'affirmation générale contenue dans cet arrêt — d'ailleurs antérieur au Code de 1959 qui use d'une formule plus neutre, « toute ordonnance » — était inutile puisqu'en l'espèce le juge s'était refusé à incarcérer un inculpé malgré les réquisitions du parquet, ce qui conférait à sa décision un caractère évidemment juridictionnel. Mais c'est déjà évoquer le critère de la distinction.

B — Le critère de la distinction des ordonnances administratives et des ordonnances juridictionnelles

1. *La détermination du critère*

700. — La détermination du critère est rendue malaisée par le silence du législateur et par l'attitude des auteurs qui, pendant longtemps, ont énuméré les ordonnances juridictionnelles au lieu d'en établir une définition [3]. On admettra les points suivants.

En premier lieu, est juridictionnelle l'ordonnance par laquelle le juge choisit entre diverses prétentions émises ou solutions proposées par les parties ou par la loi. La proposition peut émaner des parties : par exemple, si l'ordonnance désignant un expert psychiatre est administrative puisqu'elle tend seulement à faire progresser l'instruction, celle qui refuse d'en désigner un malgré une demande d'une partie est juridictionnelle puisque le juge prend le parti de ne pas faire examiner l'intéressé. Elle peut aussi émaner de la loi : ainsi est juridictionnelle l'ordonnance de non-lieu puisque, son information terminée, le juge doit choisir entre les divers partis que lui offre la loi. Ce critère du choix entre plusieurs solutions offertes entraîne une conséquence. Dans l'ordonnance administrative, le juge décide quelque chose alors qu'il aurait aussi bien pu ne rien décider du tout, n'étant pas saisi d'une prétention : l'ordonnance prescrivant un transport sur les lieux est administrative puisque le juge pouvait également ne pas prendre l'initiative

1. V. *infra*, nos 790 et s.
2. Crim., 25 mars 1954, J.C.P., 1954.II.8133, note P. Chambon.
3. V. cependant J.-A. ROUX, II, p. 321, note 2.

de se transporter et alors ne pas rendre d'ordonnance. Au contraire, dans l'ordonnance juridictionnelle, il exprime un choix qu'il ne peut éluder puisqu'il doit répondre à une prétention : l'ordonnance refusant une mise en liberté est juridictionnelle puisque le juge, libre évidemment de sa décision, ne peut pas ne pas en prendre une et doit donc rendre une ordonnance [1].

En second lieu, ne cesse pas d'être juridictionnelle l'ordonnance qui statue sur une prétention simplement implicite des parties. Ainsi, la victime, en se portant partie civile, soutient implicitement la recevabilité de sa constitution, de sorte que l'ordonnance d'irrecevabilité est juridictionnelle.

Finalement, est juridictionnelle l'ordonnance par laquelle *le juge choisit entre diverses solutions que lui proposent la loi ou les parties, ces dernières agissant expressément ou implicitement.*

2. *L'application du critère*

701. — Le critère permet de distinguer deux sortes d'ordonnances juridictionnelles.

Il existe d'abord des ordonnances qui sont toujours juridictionnelles car elles impliquent nécessairement un choix entre divers partis : on peut parler d'*ordonnances juridictionnelles par nature.* Ce sont les ordonnances sur la compétence [2] portant refus d'informer [3], statuant sur la recevabilité des actions publique et civile, opérant dessaisissement [4]. Il en est de même de celles qui statuent sur la liberté de l'intéressé ou par lesquelles le juge refuse de procéder à un acte d'instruction réclamé par une partie [5]. Enfin, sont juridictionnelles les ordonnances de clôture. Inversement, n'est pas juridictionnelle l'ordonnance de soit-communiqué par laquelle le juge se borne à informer le parquet de la découverte, au cours de l'information, d'infractions nouvelles, en vue d'obtenir, le cas échéant, un réquisitoire supplétif [6] ni, depuis la loi du 4 janvier 1993, l'ordonnance de soit-communiqué préludant au règlement [7].

À côté de ces ordonnances toujours juridictionnelles, il en est d'autres qui ne le sont qu'occasionnellement, selon la tournure de la procédure : ce sont des *ordonnances juridictionnelles selon les circonstances.* Voici une ordonnance prescrivant une mesure d'instruction (transport sur les lieux, expertise...). Si

1. En ce sens, C. Lombois, *Cours de droit pénal et de sociologie criminelle*, II, Les cours de droit, 1973-1974, p. 143.
2. Crim., 5 janvier 1950, B.C., n° 4.
3. Crim., 25 novembre 1954, J.C.P., 1955.II.8497.
4. Crim., 16 décembre 1971, B.C., n° 357.
5. Crim., 2 mai 1967, B.C., n° 143.
6. Crim., 9 janvier 1962, B.C., n° 18.
7. V. *supra*, n° 665.

le juge la prend d'office, l'ordonnance est administrative [1]. S'il la prend à la demande des parties, l'ordonnance est juridictionnelle.

SOUS-SECTION III

LA CONDITION DES PROTAGONISTES DE L'INSTRUCTION

702. — *Vue générale.* Longtemps, la situation fut assez simple. À côté du juge d'instruction, la procédure comportait trois personnages, l'inculpé (aujourd'hui mis en examen), le ministère public et la partie civile. Le premier était la personne poursuivie et les deux derniers étaient les organes poursuivants. Avec une loi du 15 juin 2000 — un quatrième protagoniste fait son entrée en scène : c'est le témoin assisté qui n'est pas une partie tout se rapprochant à certains égards du mis en examen. On est donc conduit à aborder tour à tour le statut du mis en examen, partie poursuivie, celui du témoin assisté, personnage n'ayant pas la qualité de partie, enfin celui du ministre public et de la partie civile, parties poursuivantes.

§ 1. — LE STATUT DU MIS EN EXAMEN, PARTIE POURSUIVIE

703. — *Un mot clair remplacé par une expression absconse.* Déjà en 1808, sinon même avant, la loi parlait d'inculpé, ce qui devait s'entendre non d'une personne reconnue en faute, mais d'une personne à laquelle le juge d'instruction notifiait qu'existait à son encontre des indices permettant de penser qu'elle avait pu commettre une faute, le mot inculpé venait du latin *culpa* qui veut dire faute.

Par un texte du 4 janvier 1993, le législateur eut la curieuse idée de remplacer ce mot simple par une périphrase absconse, celle de personne mise en examen. La raison du changement était sans doute médiatique puisque l'opinion considérait l'inculpé comme une personne déjà reconnue en faute [2]. Hélas, l'opinion ne tarda pas à assimiler le mis en examen à un inculpé et donc à y voir un quasi-condamné. C'était d'autant plus prévisible que le statut du nouveau mis en examen était exactement celui de l'ancien inculpé.

Faut-il ajouter qu'à l'étranger, le législateur utilise toujours les mots *incolpato* (Italie), *inculpado* (Espagne et Amérique latine), *charged* (Angleterre), ou tout simplement *inculpé* (Suisse, Belgique, Liban, Québec, pays d'Afrique francophones).

1. Crim., 31 janvier 1952, D., 1952.215, pour un transport; 1er mars 1951, B.C., n° 66, pour une expertise.
2. Comp., LE CALVEZ, *L'inculpation et la présomption d'innocence*, G.P. 1988.II, doc. 681.

A — Le moment de la mise en examen

704. — *Position du problème.* À quel stade dans la suite des actes procéduraux, le magistrat instructeur doit-il procéder à la mise en examen ? On enseigne parfois que le magistrat doit y procéder dès sa saisine, donc dans l'histoire du dossier juste après le réquisitoire introductif et l'ordonnance de désignation. Ce n'est pas forcément faux. Mais souvent cependant, le juge procédera à une mise en examen après réception des pièces d'une commission rogatoire ou d'un rapport d'expertise.

À vrai dire, la règle d'or dépend de l'intensité des indices et elle est celle-ci : le juge doit mettre en examen ni trop tôt, ni trop tard. Pas trop tôt, pour ne pas nuire à la réputation de la personne sans nécessité, d'où la prohibition des mises en examen hâtives qui interviendraient avant indices suffisants. Pas trop tard non plus quand les indices sont déjà suffisants, afin de ne pas exclure à un moment crucial les droits de la défense (droit à l'avocat, notamment), d'où la prohibition des mises en examen tardives. En somme, le moment de la mise en examen n'est pas d'ordre chronologique, mais d'ordre intellectuel puisque les conditions de la mise en examen dépendent de la force des indices.

1. *Première règle : le juge ne doit pas mettre en examen trop tôt (pas de mise en examen hâtive)*

Bibliographie. — P. Chambon, notes au J.C.P., 1969.II.16120 et au D., 1982.219 ; C. Guéry, *Du témoin assisté à la partie virtuelle*, Dr. pénal, 1997, chron. 24 ; J. Le Calvez, *L'article 80-1, al. 1, C.P.P. et la nullité de la mise en examen*, D., 2002, chron. 2277 ; R. Merle, *L'inculpation*, Mélanges Hugueney, Sirey, 1964.111 ; J. Michaud, *Deux textes protecteurs, les articles 104 et 105*, C.P.P., R.S.C., 1971.763 ; J. Pradel, *Les personnes suspectes ou poursuivies après la loi du 15 juin 2000. Évolution ou révolution ? D., 2001, chron., p. 1039 et s., 1114 et s.*

705. — De longue date, la jurisprudence rappelait — déjà sous l'empire du C.I.C. qui était muet sur la question — que le magistrat instructeur ne devait inculper une personne « qu'après s'être éclairé sur le point de savoir si celle-ci avait pris part à l'acte incriminé dans des conditions de nature à engager sa responsabilité pénale » [1]. Juges et O.P.J. devaient ainsi rechercher des indices avant qu'il puisse être procédé à l'inculpation et ce devoir

1. Crim., 8 décembre 1899, D., 1903.I.457, note G. Le Poittevin ; 22 juillet 1954, J.C.P., 1954.II.8351, note R. Vouin ; 18 juin 1998, B.C., n° 290, *Dr. pénal*, 1999, comm. 28 et 30, obs. A. Maron ; 23 mars 1999, B.C., n° 51 ; 8 juin 1999, B.C., n° 124 ; 26 janvier 2000, B.C., n° 44.

d'investigation « loin de porter atteintes aux intérêts de la personne en cause avait pour objet de garantir un procès équitable » [1].

Or la loi du 15 juin 2000 sans changer fondamentalement les choses, a élevé le seuil minimal de déclenchement de la mise en examen. De simples indices de culpabilité ne suffisent plus. Deux dispositions du Code le montrent :

— Celle de l'article 80-1, al. 1, selon laquelle « À peine de nullité, le juge d'instruction ne peut mettre en examen que les personnes à l'encontre desquelles il existe des indices graves ou concordants rendant vraisemblable qu'elles aient pu participer, comme auteur ou comme complice, à la commission des infractions dont il est saisi » ;

— Celle de l'article 80-1, al 3, selon laquelle « Le juge d'instruction ne peut procéder à la mise en examen que s'il estime ne pas pouvoir recourir à la procédure de témoin assisté ».

Le droit commun est donc celui du statut de témoin assisté et ce n'est que si apparaissent des « indices graves ou concordants » que la mise en examen est possible et, doit-on ajouter pas obligatoire [2] (sauf si le juge entend appliquer le contrôle judiciaire ou solliciter du juge des libertés et de la détention une mise en détention provisoire). Là où naguère de simples indices de culpabilité autorisaient l'inculpation, ces débuts de preuve n'autorisent plus que l'application de la qualification de témoin assisté. Si le juge met en examen sur la base de tels indices, il réalise une mise en examen hâtive.

Le nouveau système appelle trois remarques.

1° Pour assurer le respect de l'élévation du seuil minimal de mise en examen, la loi prévoit deux mesures. D'abord une sanction, la nullité de la mise en examen (art. 80-1, al. 1) et, ajoute le texte, la personne dont la mise en examen est annulée est réputée témoin assisté à compter de son interrogatoire de première comparution (art. 174-1), qui est celui au cours duquel elle avait acquis le statut de mise en examen [3].

Une seconde mesure a été instituée par une loi du 5 mars 2007 (art. 80-1-1, C.P.P.). Elle consiste dans le droit pour la personne mise en examen de demander au juge d'instruction de revenir sur sa décision et de

1. Crim., 13 novembre 1995, B.C., n° 100 ; 1er décembre 1998, B.C., n° 323, Dr. pénal, 1999, com. 46 et 49, obs. A. Maron. *Add.* Crim., 26 janvier 2000, B.C., n° 44, le juge doit s'éclairer par voie d'audition, sur le rôle du témoin avant de le mettre en examen.

2. D'où la conséquence que le juge peut choisir entre les deux voies et même mettre en examen une personne déjà témoin assisté sans que soit nécessaire l'apparition de nouveaux indices avant mise en examen, Crim., 14 mai 2002, B.C., n° 111.

3. L'appel à la technique de la requête en nullité n'est pas très éloigné de celle de l'appel : en effet le mis en examen, contestant sa qualité, en sollicite l'abrogation en saisissant la chambre de l'instruction. Deux critiques peuvent être faites à ce système, outre sa complexité : 1° si la cour n'annule pas la mise en examen, il y a renforcement des soupçons et donc affaiblissement de la présomption d'innocence ; 2° si la cour annule la mise en examen, le demandeur rétrograde certes au statut de témoin assisté, mais le procès-verbal ayant constaté la mise en examen reste au dossier, ce qui est contraire à l'article 174, al. 3, C.P.P. qui veut que les actes nuls aient retirés du dossier J. Pradel, D., 2001, chron. p. 1116, 1re colonne.

lui octroyer le statut de témoin assisté, en raison de l'évolution du dossier et notamment de l'affaiblissement des indices. La demande est faite par déclaration au greffe et, pour les détenus, par déclaration auprès du chef de l'établissement pénitentiaire. La demande est formulée à l'issue d'un délai de six mois après la mise en examen et tous les six mois suivants ; elle peut aussi être faite dans les dix jours qui suivent la notification d'une expertise ou un interrogatoire au cours duquel la personne est entendue sur les résultats d'une commission rogatoire ou sur la déclaration de la partie civile, d'un témoin, d'un témoin assisté ou d'une autre mise en examen. Si le juge fait droit à la demande, la personne devient témoin assisté et sort de détention si elle s'y trouvait. Si le juge considère que les indices justifient toujours la mise en examen, il le dit par une ordonnance motivée, contre laquelle la personne peut faire appel, l'affaire étant traitée directement par la chambre de l'instruction sans que joue le filtre de son président. L'article 80-1-1, C.P.P., instaure un système assez lourd, mais parfaitement légitime.

2° Comment entendre l'expression « indices graves ou concordants » ? La circulaire du 20 décembre 2000, prise en application de la loi du 15 juin 2000, donne quelques illustrations. La mise en examen suppose, dit-elle, « soit l'existence de plusieurs indices même légers dès lors qu'ils sont concordants, « soit l'existence d'un seul indice, à condition qu'il soit grave ». Par exemple le témoignage d'une seule personne, légèrement incertain, n'est pas considéré comme grave. Mais si à cet indice s'en ajoutent d'autres, la mise en examen est possible car il existe alors des indices concordants.

3° Cette nécessité d'indices graves ou concordants pour que la mise en examen soit possible comporte une exception, relative à la volonté de la personne. Si celle-ci est déjà témoin assisté, elle peut demander au juge de le mettre en examen, en fait afin de solliciter des demandes d'actes d'investigation. Et selon l'article 113-6, al. 1, C.P.P., sa demande fait d'elle automatiquement une mise en examen. Contrairement au cas visé à l'article 80-1, al. 1, C.P.P., le juge d'instruction ne dispose ici d'aucun pouvoir d'appréciation. La personne est d'ailleurs mise en examen dès sa demande, donc déjà avant son interrogatoire par le juge.

2. *Seconde règle : le juge ne doit pas mettre en examen trop tard (pas de mise en examen tardive)*

Bibliographie. — L. LAMBERT, *L'inculpation tardive*, G.P., 1973.II, Doct. 583 ; R. MERLE, *L'inculpation*, Mélanges Hugueney, Sirey, 1964.111 ; J. MICHAUD, *Deux textes protecteurs, Les articles 104 et 105 du C.P.P.*, R.S.C., 1971.763 ; P.A. PAGEAUD, *Inculpations tardives et contrôle de la Cour de cassation*, Mélanges Patin, Cujas, 1965.437 ; P. SPITERI, *Le problème des inculpations tardives*, J.C.P., 1966.I.2014 ; R. VOUIN, *Le malheureux article 105*, D., 1974, chron. 1.

706. — *Principe.* Voici une information contre X. Le juge pourrait avoir la tentation d'entendre (ou de faire entendre par la police judiciaire sur commission rogatoire) comme témoin une personne déjà suspecte et de ne la mettre en examen qu'une fois qu'elle aurait tant parlé que l'organisation d'un système de défense serait devenue impossible. Les garanties de la défense seraient éludées alors qu'elles doivent jouer dès que pèsent sur une personne des indices graves et concordants. À partir de ce moment, la personne bénéficie d'un droit à la mise en examen. C'est pour assurer le respect de cette idée que l'article 105, C.P.P. — très souvent modifié du reste — dispose depuis la loi du 24 août 1993 : « Les personnes à l'encontre desquelles il existe des indices graves et concordants d'avoir participé aux faits dont le juge d'instruction est saisi ne peuvent être entendues comme témoins ». Dès lors, si les indices graves ou concordants sont le seuil minimal de la mise en examen, les indices graves et concordants en sont le seuil maximal : le juge en présence de tels indices, doit mettre la personne en examen et sans aucun prétexte, l'entendre comme témoin [1]. En l'affirmant, l'article 105 pose cependant des problèmes.

a) Domaine du texte

707. — L'article 105, C.P.P., s'applique pleinement à l'instruction sans qu'il y ait lieu de distinguer selon que le juge procède lui-même ou délègue la police judiciaire. En revanche, l'article 105 ne s'applique pas à l'enquête au cours de laquelle l'O.P.J. peut valablement entendre le suspect après ses aveux [2]. En faveur de cette conception, il y a un argument classique, tiré de la place de l'article, qui est dans un chapitre sur l'instruction [3]. On peut ajouter, avec la réforme de 1993, un second argument : le texte suppose qu'il s'agisse de faits « dont le juge d'instruction est saisi ».

b) Conditions d'application du texte

708. — La *condition positive* d'application de l'article 105 est relative aux indices de culpabilité. Ce texte suppose que ces indices soient « graves et concordants » et s'il en est ainsi, la personne doit obligatoirement passer du statut de témoin (ou de témoin assisté) à celui de mis en examen [4].

La matière est casuistique et subtile. Faut-il considérer par exemple que l'aveu constitue nécessairement ces indices « graves et concordants » dont

1. Cependant à appliquer littéralement l'article 105, rien n'interdit au juge après survenance de ces indices, d'entendre la personne comme témoin assisté s'il ne décide aucune mesure de contrainte.

2. Crim., 17 juillet 1964, J.C.P., 1965.II.14038, note P.C. ; 27 juillet 1964, J.C.P., 1964.II.13941, note Le Clère ; 20 août 1986, B.C., n° 247.

3. V. note R. Merle au D., 1963.156, sous Toulouse, 18 décembre 1962.

4. Sauf faut-il le rappeler, le pouvoir du juge d'entendre la personne comme témoin assisté s'il n'entend appliquer aucune mesure de contrainte.

parle l'article 105 ? Oui, dit la jurisprudence s'il est corroboré par des vérifications ultérieures de sorte qu'après celles-ci une nouvelle audition comme témoin n'est plus possible car il y a alors *des* indices et non *un* indice [1]. Non, si l'aveu reste vague ou si, précis, il a donné lieu à un simple procès-verbal de renseignement établi unilatéralement par les enquêteurs, l'intéressé ayant refusé de le signer [2]. Que décider d'autre part dans le cas où après des aveux nets et notification de l'article 105, l'intéressé désire continuer à s'expliquer ? La jurisprudence décide que la continuation de l'audition est possible [3]. Enfin, l'article 105 ne s'applique pas si les indices ne sont pas concordants [4] ou pas très graves [5].

Une autre condition avait naguère été retenue, qui a disparu aujourd'hui en sorte que l'on pourrait parler désormais d'une *condition négative*. Sous l'empire du C.I.C. de 1808, muet sur la question, la jurisprudence avait décidé d'abord que la nullité ne pouvait être retenue que si l'inculpation (terme utilisé alors) avait eu pour but et pour résultat de violer les droits de la défense [6]. Comme il s'avérait impossible de prouver la volonté du juge de frauder la loi, la chambre criminelle se mit à ne plus exiger qu'une atteinte objective aux droits de la défense : seul le résultat était désormais pris en compte [7]. Cette jurisprudence fut légalisée en 1959 avec l'article 105 visant l'audition « qui aurait pour résultat d'éluder les garanties de la défense ». Mais une ordonnance du 13 février 1960 en revint à la condition que l'enquêteur ait eu « le dessin de faire échec aux droits de la défense ». L'annulation n'était quasiment plus jamais prononcée [8]. Enfin (pour l'instant), une loi du 24 août 1993 supprima la condition du dessein de nuire à la défense. Mais même depuis 1993, les annulations sont rarissimes, la chambre criminelle continuant à valider la procédure.

En conclusion, il faut donc des indices très lourds pour que les enquêteurs et le juge d'instruction abandonnent la voie de l'audition. La continuation de l'audition rendrait la mise en examen tardive car dès que de tels indices ont apparu, le juge est tenu de mettre en examen la personne.

1. Crim., 16 juin 1981, B.C., n° 207 ; R.S.C., 1983.97, obs. J. Robert.
2. Crim., 23 avril 1981, B.C., n° 117.
3. Crim., 4 janvier 1977, B.C., n° 5 ; 28 avril 1981, B.C., n° 130 ; *add.* J. PRADEL et A. VARINARD, n° 30.
4. Crim., 9 juin 1998, B.C., n° 187 ; 28 avril 2004, B.C., n° 102, D., 2005, Pan. 688, obs. J. Pradel.
5. Crim., 28 avril 2004, B.C., n° 103, où il y avait des indices faisant présumer la commission de l'infraction, mais pas des indices graves et concordants.
6. Crim., 11 décembre 1908, B.C., n° 495 ; 22 juillet 1954, *affaire Dominici*, J.C.P., 1954.II.8351, note R. Vouin.
7. Crim., 16 juin 1955, *aff. Fesch et Blot*, J.C.P., 1955.II.8851, note R. Vouin.
8. Crim., 16 mai 1969, J.C.P., 1969.II.16120, note P. Chambon ; 24 avril 1975, J.C.P., 1977.II.18727, note A. Mayer-Jack ; 14 juin 1984, B.C., n° 219.

c) Sanction du texte

709. — Quelle est la *sanction* d'une mise en examen survenue trop tard ? La nullité était expressément prévue dans le texte primitif de l'article 105, C.P.P. Elle ne l'est plus depuis la réforme du 13 février 1960 et la dernière retouche, due à une loi du 24 août 1993 n'a rien changé. Il faut donc appliquer l'article 171, C.P.P., qui décide qu'il y a nullité en cas de méconnaissance d'une formalité substantielle si cette méconnaissance « a porté atteinte aux intérêts de la partie qu'elle concerne ». En somme, la nullité suppose que la continuation de l'audition de la personne en qualité de témoin a nui à sa défense. Les cas d'application sont rarissimes.

B — La procédure de mise en examen

710. — La matière est relativement complexe. Elle est traitée à l'article 116 et subsidiairement à l'article 80-2, C.P.P. La mise en examen se glisse dans un interrogatoire de première comparution de la personne auquel procède le juge d'instruction, dès lors que cette personne n'a pas déjà été entendue comme témoin assisté [1]. Cette première comparution est évidemment précédée de la venue de la personne au cabinet du magistrat.

1. *Venue de la personne au cabinet du juge d'instruction*

711. — La personne peut d'abord être « présentée » au magistrat à la suite d'une garde à vue. Cette mesure étant terminée, la personne est conduite auprès du procureur qui décidant de saisir un juge d'instruction, la lui fait présenter. Des gendarmes ou policiers accompagnant la personne, celle-ci n'est donc pas libre.

La personne peut aussi se présenter librement au cabinet du juge, à la suite d'une convocation [2]. Cette convocation peut s'effectuer selon deux modalités (art. 80-2, C.P.P.).

— D'abord le magistrat peut adresser à la personne une lettre recommandée qui la convoque dans un délai compris entre dix jours et deux mois aux fins de première comparution. La lettre indique la date et l'heure de la convocation. Elle énonce les faits pour lesquels le juge envisage la mise en examen — la lettre ne vaut pas mise en examen — en précisant leur qualification juridique. Elle fait encore connaître à l'intéressé qu'il peut choisir un avocat ou demander qu'il lui en soit désigné un d'office. Elle précise enfin que la mise en examen ne pourra intervenir qu'à l'issue de la première comparution devant le juge.

1. La notification à la personne de sa qualité de témoin assisté donne lieu à une procédure proche de celle prévue pour la mise en examen, art. 113-4, C.P.P. Il n'y a donc pas lieu de prévoir une seconde première comparution à l'égard du témoin assisté qui va être mis en examen.
2. Si elle ne se présente pas, le juge peut décerner un mandat d'amener à son encontre.

— Ensuite, second procédé, le juge peut faire notifier la convocation par O.P.J. Cette notification comporte les mentions indiquées à l'instant. Elle est constatée par un procès-verbal signé de l'intéressé qui en reçoit copie.

La personne qui se présente libre peut donc se faire assister par un avocat qui pourra consulter le dossier quatre jours ouvrable avant la première comparution et être présent lors de celle-ci.

2. *Interrogatoire de première comparution*

a) Les préliminaires

712. — La première comparution est un acte formaliste que décrit l'article 116, C.P.P.

Dans un *premier temps*, le juge constate l'identité de la personne et lui fait connaître chacun des faits dont il est saisi et pour lesquels il envisage la mise en examen ; en même temps, le juge précise la qualification juridique de ces faits. De tout cela, il est fait mention au procès-verbal (art. 116, al. 2).

Le *second temps* est celui de l'interrogatoire de la personne. Cela dit, tout dépend du point de savoir si la personne est assistée d'un avocat.

Ou bien, la personne est assistée d'un avocat, le juge procède alors à son interrogatoire, l'avocat pouvant présenter des observations (art. 116, al. 3).

Ou bien, elle n'est pas assistée d'un avocat, soit qu'elle ait négligé de s'en procurer un, soit qu'elle comparaisse sur mandat d'amener ou d'arrêt. Le juge l'avise alors de son droit d'en choisir un ou de son droit de s'en faire désigner un d'office par le bâtonnier. L'avocat choisi ou désigné est informé par tout moyen et sans délai. Si la personne avait opté pour le choix d'un avocat et si celui-ci ne peut être touché ou ne peut venir, elle est informée de son droit à un avocat d'office pour l'assister au cours de la première comparution. L'avocat peut consulter sur-le-champ le dossier et communiquer avec la personne. Cela fait, le juge avertit la personne qu'elle peut, à son choix, se taire, faire des déclarations [1] ou être interrogée. Mention de cet avertissement est faite au procès-verbal de première comparution. L'accord pour être interrogé ne peut être donné qu'en présence d'un avocat (art. 116, al. 4).

Il est essentiel de noter que, de toute façon, la mise en examen ne peut survenir qu'après « interrogatoire » ou « déclarations » (art. 116, al. 4). L'article 80-1 dit à peu près la même chose quand il décide que le juge « ne peut procéder à cette mise en examen qu'après avoir préalablement entendu

1. Auquel cas le juge ne peut poser de questions à peine de nullité, selon une vieille jurisprudence établie sous l'empire de laquelle la règle existait déjà et qui vaut donc toujours, Crim., 15 mars 1973, B.C., n° 134, D., 1973.338, note P.F., J.C.P., 1975.II.18044, note Mayer-Juck ; 28 février 1974, B.C., n° 88. Il en résulte que le juge devra procéder ultérieurement à un second interrogatoire, dit interrogatoire au fond. Toutefois, selon l'art. 117, C.P.P., non modifié en 2000, le juge peut interroger immédiatement la personne en cas de témoin en danger de mort, d'indices sur le point de disparaître et de flagrance.

les observations de la personne ou l'avoir mise en mesure de les faire, en étant assistée de son avocat », soit dans les conditions de l'article 116, soit en tant que témoin assisté selon les articles 113-1 à 113-8, avec notamment l'assistance d'un avocat ayant accès au dossier [1].

b) Décision sur la mise en examen

713. — Une fois qu'il a pu se faire un avis sur les indices de culpabilité, le magistrat instructeur va prendre sa décision.

— Ou bien le juge décide de ne pas mettre en examen la personne, il en informe celle-ci qui aura alors la qualité de témoin assisté (art. 116, al. 5, C.P.P.).

— Ou bien — et cette seconde branche de l'alternative doit être la plus fréquente — le juge décide de mettre la personne en examen [2]. Il est alors et aussitôt astreint à diverses formalités.

Premièrement, il doit porter sa décision à la connaissance de la personne en précisant les faits et la qualification juridique de ces faits au cas où ils différeraient de ceux déjà notifiés selon l'article 80-2, C.P.P.

Deuxièmement, il doit informer le mis en examen de son droit de formuler des demandes d'actes ou des requêtes en annulation durant le cours de l'information ou au plus tard le vingtième jour suivant l'avis de fin d'information, sous réserve des dispositions de l'article 173-1 (selon lequel les nullités antérieures ou concomitantes à la première comparution et aux interrogatoires ultérieurs doivent être soulevées dans les six mois de la mise en examen).

Troisièmement, il doit indiquer au mis en examen le délai prévisible d'achèvement de la procédure d'instruction s'il estime que ce délai prévisible est inférieur à un an en matière correctionnelle et à dix-huit mois en matière criminelle ; en même temps, il avise le mis en examen qu'à l'expiration du délai qu'il a indiqué il pourra demander la clôture de la procédure en application de l'article 175-1. S'il est en revanche incapable de lui notifier un délai prévisible, il se borne à indiquer au mis en examen qu'il pourra demander, en application du même article 175-1, la clôture de la procédure à l'expiration d'un délai d'un an en matière correctionnelle ou de dix-huit mois en matière criminelle. Allusion évidente au principe du délai raisonnable rappelé à l'article 6 § 1, Conv. E.D.H., et à l'article préliminaire, C.P.P.

1. D'où la conséquence que la délivrance d'un mandat d'amener ou d'arrêt ne vaut plus mise en examen, sauf à l'issue de la procédure d'instruction, en cas de procès-verbal de vaines recherches, ce qui autorise à renvoyer en jugement une personne en fuite, art. 134, al. 3, C.P.P.

2. V. l'art. 115, C.P.P., relatif à la désignation de l'avocat : les intéressés peuvent à tout moment de l'information faire connaître au juge d'instruction le nom de leur avocat et s'ils en désignent plusieurs, ils doivent faire connaître celui d'entre eux auquel seront adressées convocations et notifications (al. 1) ; le choix de la désignation de l'avocat doit faire l'objet d'une déclaration au greffier du juge d'instruction (al. 2) ; si le mis en examen est détenu, le choix effectué par lui peut également résulter d'une déclaration auprès du chef de l'établissement pénitentitaire (al. 3) ou d'un courrier désignant un avocat, celui-ci en adressant copie au greffier (al. 4).

Quatrièmement, le juge doit demander à la personne son adresse personnelle, cette dernière pouvant d'ailleurs lui substituer l'adresse d'un tiers chargé de recevoir les actes. En outre, il doit aviser la personne qu'elle devra lui signaler, jusqu'au règlement de l'information, tout changement d'adresse déclarée et que toute notification ou signification faite à la dernière adresse déclarée sera réputée faite à sa personne.

C — Les effets de la mise en examen

714. — La mise en examen d'une personne est génératrice en sa faveur de droits importants. Mais elle peut aussi (pas nécessairement d'ailleurs) lui imposer des contraintes, essentiellement des atteintes à la liberté.

1. *Les droits de la personne mise en examen*

Bibliographie. — M. ALLÉHAUT, *Les droits de la défense*, Mélanges Patin, Cujas, 1965.453 ; P. CHAMBON, *L'instruction contradictoire et la jurisprudence*, Ed. techniques, 1953 ; J.P. DOUCET, *Les droits de la défense, faits justificatifs méconnus*, G.P., 26 octobre 1972 ; M. GARÇON, *Rapport sur la protection des droits de la défense devant la Société générale des Prisons*, R.P.D.P., 1928.135 ; C. GUÉRY, v° *Instruction préparatoire*, Répertoire pénal Dalloz ; L. HUGUENEY, Les droits de la défense devant le juge d'instruction, R.S.C., 1952.195 ; G. LEVASSEUR, *Vers une procédure d'instruction contradictoire*, R.S.C., 1959.297 ; J. MICHAUD, *Le juge d'instruction et l'avocat*, R.S.C., 1976.1043 ; J. PRADEL, *L'instruction préparatoire*, Cujas, 1990 ; du même, *La montée des droits du délinquant au cours de son procès. Essai d'un bilan*, Mélanges J. Larguier, Presses universitaires de Grenoble, 1993.223 ; P.M. SIFNÉOS, *L'organisation de l'instruction et les garanties du prévenu*.
Droits étrangers et comparé : R. MERLE, *Le rôle de la défense en procédure pénale comparée*, R.S.C., 1970.1 ; J. PRADEL, *Droit pénal comparé*, Dalloz, 2e éd., 2002, *passim*, not. nos 140, 335 et s., 371 et s. ; *Procédures pénales d'Europe*, sous la direction de M. Delmas-Marty, P.U.F., 1995, not. pp. 463 et s. ; *Criminal procedure systems in the european community*, sous la direction de C. Van Den Wyngaert, Butterworths, 1993 ; *Sistemas procesales penales comparados*, sous la direction de E. Hendler, *Ad hoc*, Buenos Aires, 1999, *passim.*

715. — *Les droits de la défense.* Pour exprimer les droits du mis en examen, on parle de *droits de la défense*. Cette expression est très souvent utilisée et pour l'instruction elle comprend deux prérogatives : le droit à l'assistance d'un avocat [1] et le droit de participer à l'instruction.

Historiquement, l'évolution des droits de la défense est celle d'une lente conquête. En 1808, les rédacteurs du C.I.C. n'avaient quasiment pas imaginé l'existence de ces droits et, pendant presque tout le XIXe siècle, l'avocat n'apparut qu'à l'audience de

1. A. ESMEIN, *Histoire de la procédure criminelle en France*, 1882.

jugement. La première grande réforme est opérée par la loi du 8 décembre 1897, dite loi Constans : un avocat assiste l'inculpé au cours de ses interrogatoires et il peut même consulter le dossier vingt-quatre heures avant l'interrogatoire [1]. Les dispositions de la loi Constans sont reprises en 1959 dans le C.P.P. aux articles 114 et suivants. Ces articles seront modifiés plusieurs fois et notamment par les lois des 4 janvier et 24 août 1993 qui développeront encore les droits de la défense [2].

a) Le droit à l'assistance d'un avocat

Ce droit se dédouble.

— Le droit pour l'avocat d'assister aux interrogatoires

716. — Ce droit entraîne l'obligation pour le juge de le convoquer par lettre recommandée avec demande d'avis de réception, télécopié avec récépissé ou verbalement avec émargement au dossier de la procédure au plus tard cinq jours ouvrables avant l'interrogatoire (art. 114, al. 2, C.P.P.). Mais l'avocat peut s'abstenir de venir car c'est sa convocation seule qui est requise [3]. La convocation du conseil de l'intéressé à une ancienne adresse est irrégulière, même s'il est établi que du courrier envoyé à cette ancienne adresse est parvenu effectivement au conseil [4].

Si la convocation au conseil est adressée moins de cinq jours ouvrables avant l'interrogatoire, la procédure ne sera nulle que s'il en est résulté une atteinte aux intérêts de l'inculpé [5].

La preuve de la convocation de l'avocat résulte des mentions du procès-verbal de l'effecticité de cette formalité, la mention valant jusqu'à inscription de faux [6].

— Le devoir pour le juge d'informer l'avocat

Ce devoir entraîne trois règles.

717. — *Permis de communiquer à l'avocat.* Tout d'abord, si l'intéressé est détenu, le juge doit accorder à son conseil, aussitôt après la première comparution, un permis de communiquer. Et ce permis ne comporte aucune

1. J. Pradel, *La montée des droits du délinquant au cours de son procès. Essai d'un bilan*, Mélanges Larguier, 1993, pp. 223 et s.
2. Crim., 30 septembre 1908, B.C., n° 543.
3. Crim., 16 mai 1974, J.C.P., 1975.II.18190, note A. Mayer-Jack, solution qui ne serait peut-être plus reprise aujourd'hui à cause de l'art. 802, C.P.P.
4. Crim., 2 septembre 1986, D., 1987, Somm. 82, obs. J. Pradel ; 15 mars 1988, D., 1988, Somm. 359, obs. J. Pradel.
5. La personne qui n'a pas d'avocat n'a donc aucun accès au dossier, Crim., 12 juin 1996, B.C., n° 248.
6. Crim., 6 décembre 2005, B.C., n° 318.

restriction car l'interdiction pour l'intéressé de communiquer avec quiconque ne peut jamais s'appliquer aux rapports de ce dernier avec son conseil.

718. — *Communication de la procédure à l'avocat. Principe.* Cette communication présente deux formes. En premier lieu le dossier est mis à la disposition de l'avocat (au Palais de Justice, au cabinet du juge), quatre jours ouvrables au plus tard avant chaque interrogatoire de la personne mise en examen (art. 114, al. 3, C.P.P.). Après la première comparution de la personne mise en examen, la procédure est également mise à la disposition des avocats durant les jours ouvrables. En somme, le juge ne peut cacher le dossier aux avocats que jusqu'au quatrième jour précédant le premier interrogatoire ou audition de leur client. Avant l'entrée en vigueur de ce principe — avant la loi du 24 août 1993 —, la communication n'était due à l'avocat que deux jours ouvrables avant chaque interrogatoire.

Toutefois, le législateur a prévu la possibilité pour le juge d'exclure la communication du dossier dans des cas très particuliers, tel l'accomplissement d'un acte urgent [1]. Le Conseil constitutionnel n'a pas censuré cette exception, mais a utilisé la méthode de la réserve d'interprétation par l'effet de laquelle le refus ne sera légitime que « s'il est assorti de précisions suffisantes tenant à des délais ou à des conditions objectives » et que, dès lors, il n'y a pas d'entrave aux droits de la défense [2].

Cela dit, la communication dans le principe se justifie parce que l'avocat ne peut utilement remplir son rôle que s'il connaît réellement la procédure, sauf à remarquer que la recherche de la vérité peut s'avérer plus difficile puisque l'intéressé, averti par l'avocat du contenu du dossier, pourra prévoir les « attaques » du juge [3].

En second lieu, l'avocat, après la première comparution, peut se faire délivrer à ses frais copie des pièces du dossier. Cette délivrance doit intervenir dans le mois qui suit la demande [4]. Elle peut se faire par télécopie ou sous forme numérisée, conformément à l'article 803-1, C.P.P.

719. — *Application.* Dans l'application, on notera les précisions suivantes :

1° Selon la jurisprudence, cette communication, comme la règle qui permet à l'avocat d'être présent, ne s'impose que pour les interrogatoires et confrontations véritables, consistant en un échange de questions et de réponses, non pour les confrontations simples où l'intéressé se borne à

1. L'art. 114, al. 3, vise la mise à la disposition de l'avocat du dossier « sous réserve des exigences du bon fonctionnement du cabinet d'instruction », v. Circ. d'application du 24 août 1993, *J.O.*, 25 août, p. 12004.

2. Cons. const., 11 août 1993, *J.O.*, 15 août, p. 11600.

3. P. Mimin, D., 1956, chron. 142, col. 1.

4. En le décidant, l'article 114, al. 4, C.P.P., ne prévoit pas la sanction de la nullité. La sanction concrète est le report de l'interrogatoire.

s'expliquer sur les déclarations des témoins avec lesquels il est mis en présence [1], ni pour les perquisitions-saisies et reconstitutions si l'intéressé reste muet ou se limite à des déclarations spontanées [2] ni à plus forte raison pour une simple présentation de l'intéressé à des témoins derrière une vitre sans tain [3].

2° À qui profite la communication du dossier ? Naguère, seul l'avocat avait accès au dossier, pas la personne mise en examen. Cette règle découlait notamment de l'article 114, al. 4, C.P.P., qui décidait que « les avocats des parties peuvent se faire délivrer, à leurs frais, copie de tout ou partie des pièces et actes du dossier *pour leur usage exclusif et sans pouvoir en établir de reproduction* ». Le législateur redoutait surtout que la personne mise en examen, en contact avec le dossier, exerce des pressions sur les témoins. Et la jurisprudence était conforme : point de communication au client de l'avocat [4]. La jurisprudence européenne était d'ailleurs à l'unisson : le fait, disait-elle, de réserver à la défense le droit de consulter le dossier « ne se heurte pas en soi au droit garanti à la défense par l'article 6-3 de la Convention » [5] et « il n'est pas incompatible avec les droits de la défense de réserver à l'avocat d'un accusé l'accès au dossier » [6].

Pourtant, ce système restrictif présentait deux défauts majeurs. D'abord, il était hypocrite car, en pratique, les avocats montraient le dossier à leur client et souvent ils le compulsaient même ensemble. Ensuite, dans les affaires très techniques (en matière médicale, par exemple), la personne mise en examen en savait beaucoup plus que l'avocat, véritable profane qui pourtant avait seul le droit de détenir des rapports d'expertise. Il était donc normal de permettre à la personne mise en examen d'avoir en main des copies du dossier, fût-ce en prévoyant des garanties comme l'accord du juge [7].

C'est ce qui a décidé le législateur du 30 décembre 1996 (art. 114, al. 4 à 10 nouveaux, C.P.P., art. 114-1, C.P.P.) [8]. Le principe directeur de cette réforme est qu'après la première comparution du mis en examen, ses avocats peuvent se faire délivrer copie des pièces de la procédure (disparaît le membre de phrase « pour leur usage exclusif ») et que ces avocats « peuvent transmettre une reproduction des copies ainsi obtenues à leur client »

1. Crim., 17 mars 1899, S., 1901.I.473, note J.A. Roux ; J. PRADEL et A. VARINARD, n° 29 ; 8 juillet 1959, B.C., n° 347 ; 21 octobre 1975, B.C., n° 221 ; 22 février 1977, B.C., n° 72.

2. Crim., 30 novembre 1961, D., 1962.225.

3. Crim., 24 octobre 1991, D., 1992, Somm. 323, obs. J. Pradel.

4. Crim., 9 février 1978, B.C., n° 52 ; 11 juillet 1994, B.C., n° 274 ; Aix-en-Provence, 24 février 1995, G.P., 26-28 mars 1995 ; Cass. Ass. Plén., 30 juin 1995, J.C.P., 1995.II.22.479, note P. Chambon, D., 1995.417, note J. Pradel, *Justices*, 1996, n° 3.414, obs. D. Rebut ; *Procédures*, 1995, comm. 36, obs. J. Buisson ; Crim., 26 juin 1995, B.C., n° 235.

5. C.E.D.H., 19 décembre 1989, *aff. Kamasinski.*

6. C.E.D.H., 21 septembre 1993, *aff. Kremzow.*

7. En ce sens, note Pradel au D., 1995.417.

8. C. ARRIGHI, R.S.C., 1998.692 et s. ; J. HAMELIN et A. DAMIEN, v° *Défense*, Rép. pénal, Dalloz.

(art. 114, al. 5). À partir de ce principe, le législateur prévoit deux séries de dispositions complémentaires. L'une est libérale : les copies des rapports d'expertise (mais seulement celles-ci) peuvent être communiquées par l'avocat ou son client à un tiers « pour les besoins de la défense » (art. 114, al. 6). Les autres sont moins libérales car frappées au coin de la méfiance. Lorsqu'un avocat souhaite remettre à son client des pièces ou actes en copie, il doit en avertir le juge d'instruction en lui indiquant la liste de ces parties de la procédure. Le juge dispose d'un délai de cinq jours ouvrables à compter de la réception de la demande pour s'y opposer, en tout ou en partie ; et s'il s'oppose, il rend une ordonnance « spécialement motivée au regard des risques de pression sur les victimes, les personnes mises en examen, leurs avocats, les témoins, les enquêteurs, les experts ou toute autre personne concourant à la procédure » (art. 114, al. 8). Cette décision est notifiée sans délai à l'avocat et, à défaut de réponse dans le délai de cinq jours, l'avocat est en droit de communiquer à son client les pièces et actes dont il avait fourni la liste au juge. Si le juge s'est opposé à la remise, l'avocat peut, dans les deux jours de la notification de l'ordonnance, déférer celle-ci au président de la chambre de l'instruction ; ce magistrat statue dans un délai de cinq jours ouvrables par une décision écrite et motivée insusceptible de recours ; à défaut de réponse dans ce délai, l'avocat peut librement communiquer à son client la reproduction des pièces et actes mentionnés dans la liste (art. 114, al. 9). Enfin, si une partie diffuse auprès de tiers des reproductions d'actes ou actes — sauf les rapports d'expertise — elle commet un délit pénal puni de 3 750 €d'amende ; en somme, il ne faut pas que l'exercice des droits de la défense facilite la violation du secret de l'instruction (art. 114-1).

Enfin, détail important, une personne mise en examen ne peut avoir communication d'une copie du dossier que par l'entremise d'un avocat (v. art. 114, al. 5, C.P.P., « les avocats peuvent transmettre une reproduction des copies ainsi obtenues à leur client »). Donc, le mis en examen dépourvu d'avocat n'aura pas d'accès au dossier.

3° La communication porte sur un dossier complet [1], de sorte que si entre la date de communication du dossier et celle de l'interrogatoire, de nouvelles pièces arrivaient au dossier, le juge ne pourrait pas en tenir compte lors de son interrogatoire, sous peine de nullité de celui-ci, sauf acceptation de l'intéressé [2], ou sauf à en donner connaissance à l'intéressé et à son conseil [3] ;

4° La preuve de l'accomplissement de la mise à la disposition du dossier à l'avocat résulte, comme celle de la convocation, d'une mention portée par le greffier sur le procès-verbal d'interrogatoire et ne résulte que d'elle [4].

1. Crim., 9 février 1982, D., 1982.544, note J. Pradel, R.S.C., 1983.281, obs. J. Robert.
2. Crim., 28 juillet 1958, B.C., n° 589.
3. Crim., 5 juin 1975, B.C., n° 146, J. Pradel et A. Varinard, n° 29.
4. Crim., 22 juillet 1954, J.C.P., 1954.II.8351, note R. Vouin.

Voilà donc une jurisprudence considérable qui assure bien le respect des droits de la défense. Toutefois, en cas de violation des règles légales, la chambre criminelle se refuse à annuler la procédure quand elle considère qu'il n'y a pas atteinte aux intérêts de la partie, en faisant application des articles 171 et 802, C.P.P. Et pour admettre ce tempérament, elle s'appuie volontiers sur le fait que l'interrogatoire a eu lieu en présence de l'avocat qui n'a émis aucune réserve [1].

720. — *Information des ordonnances juridictionnelles.* Enfin, le juge avise (par l'intermédiaire de son greffier) dans les délais les plus brefs le conseil de toutes ordonnances juridictionnelles, l'avis étant fait par lettre recommandée ou verbalement avec émargement au dossier de la procédure (art. 183, al. 4, C.P.P.).

Une copie de l'acte doit être remise à l'avocat, comme d'ailleurs à la partie elle-même [2]. L'omission de notification n'entraîne pas la nullité de l'ordonnance et a pour seul effet d'empêcher le délai de courir [3].

721. — *Questions annexes.* En marge de la description technique des droits et obligations du juge et de l'avocat, trois questions se posent.

Quel est d'abord l'objet de l'interrogatoire ? Ce mode d'investigation porte le plus souvent sur les faits (on parle d'interrogatoire « au fond »). Cependant, dans les affaires criminelles, l'usage est souvent que le juge procède aussi à un interrogatoire de *curriculum vitae*. Et la jurisprudence décide que la notion d'interrogatoire s'étend même à la reconstitution sur les lieux, le juge étant par conséquent tenu d'aviser le conseil [4].

Lorsque l'affaire n'est pas criminelle et lorsqu'elle est simple, le juge est-il tenu de procéder à un interrogatoire « au fond » ? C'est la seconde question. Le principe admis en jurisprudence est que le magistrat n'y est pas tenu si l'intéressé s'est suffisamment expliqué lors de sa première (et alors dernière) comparution [5]. Cette règle prétorienne prend une nouvelle force aujourd'hui puisque l'interrogatoire de première comparution peut être un interrogatoire au fond (art. 116, C.P.P.).

Enfin en matière criminelle, certains juges d'instruction achèvent leur procédure par un interrogatoire dit définitif ou récapitulatif (très utile au substitut régleur et au président de la juridiction de jugement).

b) Le droit de participer à l'instruction

722. — *Esprit général.* Si le législateur a voulu que le mis en examen connaisse les éléments du dossier, soit par l'intermédiaire de son conseil, soit directement (puisqu'il se voit communiquer les conclusions de l'expertise,

1. V. en dernier lieu, Crim., 23 mars 1999, B.C., n° 51.
2. Crim., 7 mars 1989, B.C., n° 110 ; 6 février 1996, *Procédures*, 1996, comm. 193, obs. J. Buisson ; 22 octobre 1996, B.C., n° 368.
3. Crim., 7 mars 1989, précité ; Versailles, 27 mars 1990, D., 1990, Somm. 221.
4. Crim., 15 février 1990, D., 1990, Somm., 379, obs. J. Pradel.
5. Crim., 6 novembre 1979, B.C., n° 306.

assiste aux perquisitions effectuées à son domicile et évidemment... aux confrontations et puisque, depuis une loi du 30 décembre 1996, il peut avoir communication des pièces sous certaines réserves), c'est pour lui permettre de participer à l'instruction, celle-ci devenant largement contradictoire. Mais il faut bien s'entendre. Le droit de participer n'est pas celui de conduire la procédure puisque c'est le juge qui mène l'instruction [1]. Ce droit est simplement celui de proposer, de suggérer.

Tout d'abord l'intéressé peut toujours, de lui-même, présenter des observations, soit par voie de conclusions écrites, soit oralement au cours d'un acte d'instruction. Il peut le faire à tout moment, même après l'ordonnance de soit-communiqué préludant à la clôture, car il doit pouvoir encore à cet instant « présenter les observations qui lui paraissent nécessaires » [2]. Mais il doit le faire par l'intermédiaire d'un avocat : ainsi, au cours des interrogatoires, c'est le conseil qui prend la parole pour poser des questions ; et encore, le juge peut mettre un terme aux interventions, s'il s'estime suffisamment informé, tout comme il peut s'opposer aux questions « de nature à nuire au bon déroulement de l'information ou à la dignité de la personne » (art. 120, C.P.P.). La loi cependant a prévu des prérogatives plus précises.

723. — *Prérogatives particulières.* Elles sont au nombre de trois.

• En premier lieu, dans certaines hypothèses, le mis en examen est indirectement invité à faire des observations puisque le juge lui notifie certains actes. Ainsi quand le magistrat décide de saisir un ou des experts et lorsqu'il reçoit leur rapport, il doit donner connaissance des conclusions de ce rapport aux « parties » et donc notamment au mis en examen, et il leur fixe « un délai pour présenter des observations ou formuler une demande, notamment aux fins de complément d'expertise ou de contre-expertise » (art. 167, al. 3, C.P.P.).

• En second lieu, la loi du 4 janvier 1993 a permis aux personnes mises en examen de réclamer au juge certaines investigations. Elles peuvent lui réclamer « un examen médical, un examen psychologique ou toutes mesures utiles » (art. 81, al. 8 et 9, C.P.P.). Elles peuvent aussi lui réclamer « leur audition, leur interrogatoire, l'audition d'un témoin, une confrontation, un transport sur les lieux... ou la production... d'une pièce utile à l'information ou à ce qu'il soit procédé à tous autres actes qui leur paraissent nécessaires à la manifestation de la vérité » (art. 82-1, al. 1, C.P.P.). En ajoutant ce dernier membre de phrase à l'article 82-1 (« tous actes... »), la loi du 15 juin 2000 a voulu établir une totale égalité entre partie poursuivie et partie poursuivante [3] car auparavant le texte ne visait que les auditions, interrogatoires,

1. Sauf droit pour les parties de communiquer les copies des rapports d'expertise à un tiers pour les besoins de la défense (art. 114, al. 7, C.P.P.).

2. Crim., 11 février 1898, S., 1900.I.425 ; 23 avril 1958, B.C., n° 336.

3. En application du principe de « l'équilibre des droits des parties » (art. préliminaire, C.P.P.).

confrontations, transports sur les lieux et production de pièces utiles [1]. La demande d'avoir un interprète entre dans la catégorie des mesures pouvant être sollicitées au titre de l'article 82-1 CPP [2].

La demande doit être écrite et motivée. Mais comme l'application a vite fait apparaître des abus, la loi du 24 août 1993 a prévu un mécanisme correcteur inspiré de celui prévu à l'article 148-6, C.P.P., en matière de demande de mise en liberté ou de mainlevée du contrôle judiciaire : très exactement, le mis en examen fait à peine de nullité une déclaration au greffier du juge d'instruction, signée par lui (ou par son avocat) et par le greffier, étant noté que s'il ne demeure pas dans le ressort du magistrat, il peut adresser au greffier une lettre recommandée avec demande d'avis de réception, et que s'il est en détention, il fait une déclaration auprès du chef de l'établissement. Ces dispositions font l'objet d'un alinéa 10 à l'article 81 et d'une allusion à l'alinéa 1 de l'article 82-1, C.P.P. [3]. Et avec une loi du 15 juin 2000, la demande doit porter sur des actes déterminés, et lorsque c'est une audition qui est demandée, le mis en examen doit préciser l'identité de la personne dont l'audition est demandée (art. 82-1, al. 1, *in fine*, C.P.P.). De plus, le législateur en a profité pour étendre ce système aux demandes d'expertise (art. 156, al. 2, C.P.P.). Bien entendu, dans ces trois cas, le juge peut refuser d'accéder à la demande, mais il doit rendre une ordonnance motivée dans le délai d'un mois, qui est susceptible d'appel [4].

Enfin, avec la loi du 15 juin 2000, le mis en examen qui sollicite un transport sur les lieux ou l'audition d'un témoin ou d'un autre mis en examen peut demander que cet acte soit effectué en présence de son avocat. Si le juge s'y refuse, il rend une ordonnance motivée dont le demandeur peut faire appel devant la chambre de l'instruction (art. 82-2 et 82-1, al. 2, C.P.P.). Le droit de réclamer la présence de l'avocat peut s'avérer dangereux si le juge accepte : en effet, on peut imaginer le cas d'un proxénète qui appelle en témoignage une personne impressionnable qui pourra changer d'attitude devant le regard appuyé de l'avocat [5].

• En troisième lieu, si la personne mise en examen n'a pas comparu devant le juge depuis plus de quatre mois, elle peut exiger du juge d'être entendue dans les trente jours de la réception de la demande. Celle-ci doit

1. Crim., 25 mars 1997, B.C., n° 118, irrecevabilité d'une demande d'une partie tendant à faire remettre une pièce par un témoin alors que le texte ne vise que les parties.

2. Crim., 25 mai 2005, B.C., n° 157.

3. Crim., 30 avril 1996, B.C., n° 179, *Procédures*, 1996, comm. 266, obs. J. Buisson, irrégularité de l'envoi d'une lettre au président de la juridiction ; 10 juin 1997, B.C., n° 230, irrégularité de l'envoi d'une lettre par chronopost.

4. Crim., 25 mars 1997, B.C., n° 118, les juridictions d'instruction apprécient souverainement les motifs pour lesquels elles rejettent une demande et la Cour de cassation n'exerce pas son contrôle.

5. Cette disposition avait d'ailleurs été abrogée selon le projet de loi n° 362 d'orientation et de programmation pour la justice, Sénat, 17 juillet 2002, au motif que la présence de l'avocat « était largement vécue par les témoins ou les victimes comme ajoutant encore aux difficultés inhérentes à ces actes ». Mais le législateur n'a pas suivi.

être formulée de la même façon (déclaration au greffier) et, cette fois, le juge ne saurait rendre une ordonnance de refus (art. 82-1, al. 3, C.P.P.).

De façon voisine, et selon une loi du 30 décembre 1996, lorsqu'un délai de quatre mois s'est écoulé depuis la date du dernier acte d'instruction, le mis en examen peut saisir la chambre de l'instruction, ce délai étant ramené à deux mois s'il est détenu. Le président de la chambre peut certes refuser de saisir sa juridiction, par ordonnance motivée et insusceptible de recours [1]. Mais s'il décide de la saisir, la chambre pourra soit évoquer, soit renvoyer le dossier au juge ou à tel autre. Si la cour décide malgré tout de faire confiance au juge initialement saisi et si celui-ci persiste à être inactif pendant deux mois, le mis en examen peut saisir à nouveau la chambre et il peut même le faire au bout d'un mois s'il est détenu ; la chambre évoquera ou désignera un autre juge d'instruction (art. 221-2).

• En quatrième lieu enfin, une « partie » peut soulever la prescription de l'action publique. Le juge d'instruction s'il conteste cette demande doit rendre une ordonnance motivée dans le délai d'un mois (art. 82-3, C.P.P.) [2]. En parlant de « partie », le texte vise en fait le mis en examen, pas le témoin assisté qui n'est pas pleinement une partie, ni la partie civile qui n'a pas intérêt à soulever un pareil moyen de défense.

Ainsi l'instruction est plus contradictoire que par le passé du fait d'une évidente prise en considération de la volonté de la personne poursuivie. La loi y tient d'ailleurs tellement que lors de sa première comparution, l'intéressé est avisé par le juge de son droit de former une requête sur le fondement des articles 81, 82-1 et 156, C.P.P. (art. 116, *in fine*).

2. *Les contraintes de la personne mise en examen : contrôle judiciaire et détention provisoire*

Bibliographie. — R. MERLE, *La liberté et la détention au cours de l'instruction dans la loi du 17 juillet 1970*, R.S.C., 1971.567 ; J. PRADEL, *La réforme de la détention préventive. Commentaire de la loi du 17 juillet 1970*, G.P., 1972.I, Doct. 1 ; J. ROBERT, *Premières réflexions sur la détention provisoire*, J.C.P., 1971.I.2370 ; R. VOUIN, *La détention provisoire*, D., 1970, chron. 191 ; *Les atteintes à la liberté de l'inculpé, détention provisoire et contrôle judiciaire*, Travaux du 7e Congrès de l'Association française de droit pénal tenu à Bordeaux, les 8-10 novembre 1984, rapports de J.P. Delmas Saint-Hilaire, R. Legeais, G. Guyon, G. Levasseur, Ph. Robert, A. du Cheyron du Pavillon, J.P. Atthenont, J. Faget et M. Puech, Cahiers du droit, 1985.

1. Crim. (ord. prés.), 24 décembre 1997, B.C., n° 436, il appartient au président de la chambre criminelle de constater la non-admission du pouvoir contre l'ordonnance d'un président de chambre d'accusation.

2. Faute par le juge de l'avoir fait, la partie peut saisir la chambre de l'instruction qui statuera, art. 82-3, *in fine*, et 81, *in fine*, C.P.P.

Droits comparé et étrangers : J. Pradel (sous la direction de), *Les atteintes à la liberté avant jugement en droit pénal comparé*, Travaux de l'Institut de sciences criminelles de Poitiers, Cujas, 1992, vol. 11 ; *La phase préparatoire du procès pénal en droit comparé*, actes du séminaire international organisé par l'Institut supérieur international de sciences criminelles de Syracuse (Italie) en septembre 1982, R.I.D.P., vol. 56, n°s 1-2, 1985.

724. — *Définition, esprit et application du contrôle judiciaire et de la détention provisoire.* Si le mis en examen possède des droits, il ne faut pas non plus oublier qu'il peut chercher à se soustraire à la justice ou à corrompre des témoins. C'est pourquoi le législateur a accordé au juge le pouvoir de l'incarcérer dans une maison d'arrêt pendant tout ou partie de l'instruction préparatoire : c'est la *détention provisoire*, dite préventive jusqu'à la loi du 17 juillet 1970 qui a fortement réformé cette institution.

La détention provisoire doit être soigneusement distinguée : 1° de la *rétention passagère* qui suit une arrestation et précède un mandat de dépôt ou qui, depuis une loi du 10 juin 1983, apparaît dans le cadre d'une vérification d'identité (art. 78-3, C.P.P.) ; 2° de la *garde à vue*, décidée par les O.P.J. agissant en enquête ou sur commission rogatoire ; 3° de l'*internement administratif* qui, supprimé aujourd'hui, a existé à certaines périodes troublées de notre histoire (1939, 1942, 1944, 1956, 1958).

Nécessaire, la détention n'en est pas moins une mesure extrême qui contraint le juge à pratiquer le tout ou rien : incarcération ou liberté. Aussi la loi du 17 juillet 1970 (très légèrement modifiée par celle du 6 août 1975) a-t-elle créé une institution intermédiaire, partiellement imitée des droits italien (art. 247, C.P.P. de 1931) et allemand (art. 116-1, l. du 19 décembre 1964) : c'est le *contrôle judiciaire*. Celui-ci, « sans priver l'intéressé de sa liberté, le soumet à des mesures de surveillance »[1] visant à éviter à la fois les risques de fuite et les dangers de l'incarcération. Il le soumet en outre à certaines mesures d'assistance qui apparaissent « comme un prétraitement auquel fera suite vraisemblablement, après le jugement, le régime du sursis avec mise à l'épreuve »[2]. De fait, la parenté est certaine entre le contrôle judiciaire et le *sursis probatoire*, sauf à remarquer que le premier est décidé en principe par le juge d'instruction et le second par la juridiction de jugement. La ressemblance existe également entre le contrôle judiciaire et la *liberté surveillée d'observation*, toutes deux étant prononcées par la juridiction d'instruction, mais la seconde ne comportant pas de surveillance policière. On peut enfin rapprocher le contrôle judiciaire de certaines injonctions que peut faire le juge d'instruction comme la cessation d'une publicité fausse ou de nature à induire en erreur (art. L. 121-3, C. cons.).

1. Exposé des motifs de la loi de 1970, p. 6.
2. M. Pleven, ministre de la Justice, intervention lors des travaux préparatoires.

Dans quel esprit ont été conçues, en 1970, nos deux institutions ? Assurément, dans un esprit libéral, par réaction à la situation antérieure. D'une part, la détention et le contrôle judiciaire doivent être d'un emploi restrictif : le premier article de la section qui leur est consacrée dans le Code (art. 137 à 150) dispose qu'ils ne peuvent être ordonnés qu'à raison « des nécessités de l'instruction ou à titre de mesure de sûreté ». D'autre part, le contrôle judiciaire est préféré à la détention dont la mise en œuvre est soumise à des conditions plus nombreuses. Substitut de la détention, le contrôle judiciaire est appelé à la remplacer toutes les fois que l'on pourra atteindre par son application le même résultat que celui qu'aurait donné l'incarcération. Ainsi, parmi les institutions entravant la liberté, le contrôle judiciaire apparaît comme la technique de droit commun, la détention faisant figure de mesure exceptionnelle. Cette idée est d'ailleurs exprimée par l'article 137, C.P.P. (réécrit par la l. du 9 juillet 1984 et celle du 15 juin 2000) : « La personne mise en examen, présumée innocente, reste libre. Toutefois, en raison des nécessités de l'instruction ou à titre de mesure de sûreté, elle peut être astreinte à une ou plusieurs obligations du contrôle judiciaire. Lorsque celles-ci se révèlent insuffisantes au regard de ces objectifs, elle peut, à titre exceptionnel, être placée en détention provisoire. » Et l'article préliminaire du C.P.P. (L. 15 juin 2000) rappelle que « les mesures de contrainte... doivent être strictement limitées aux nécessités de la procédure, proportionnelles à la gravité de l'infraction reprochée et ne pas porter atteinte à la dignité de la personne ».

Dans l'application, le contrôle judiciaire a été long à prendre son envol. Mais peu à peu, les chiffres des deux mesures se rapprochent : en 1988, les juges d'instruction ont utilisé le contrôle judiciaire 23 700 fois et la détention provisoire 37 634 fois [1] ; en 2006, les chiffres respectivement sont de 31 363 et 20 205 [2]. Désormais, le contrôle l'emporte sur la détention. L'explication réside en partie dans l'activité des associations de contrôle judiciaire [3]. Il est vrai d'un autre côté que la durée moyenne des détentions s'accroît au fil des années.

a) Le contrôle judiciaire

Bibliographie. — E. Bloch, *Le contrôle judiciaire*, G.P., 1970.II, Doct. 231 ; P. Couvrat, *Le contrôle judiciaire*, Annales Fac. droit de Poitiers, 1971.105 ; J.P. Dintilhac, *Le contrôle de la Cour de cassation sur les obligations du contrôle judiciaire*, R.P.D.P., 1995.254 ; J. Faget, *Contrôle judiciaire et travail social*, R.S.C., 1985.319 ; *Majorité du contrôle judiciaire*, Colloque national du Comité de liaison du contrôle judiciaire, novembre 1989 à l'E.N.M., Bulletin du Comité de liaison, n° 21, 1990 ; J. Michat, *Le contrôle judiciaire et ses applications pratiques*, R.P.D.P.,

1. *Les chiffres-clés de la justice*, octobre 1989, p. 19.
2. *Id.*, octobre 2007, p. 16.
3. Qui sont souvent départementales.

1975.163 ; H. PÉRINET-MARQUET, *Le cautionnement pénal, un échec remédiable*, D., 1981, chron. 149 ; J. PRADEL, *Le contrôle judiciaire, Journées franco-belgo-luxembourgeoise de droit pénal*, Poitiers, décembre 1970, R.D.P.C., 1970-1971, 377 ; P. SAVEY-CASARD, *Le contrôle judiciaire* (loi du 17 juillet 1970), R.P.D.P., 1971.299 ; I. SOULEAU, *Neuf années de contrôle judiciaire*, R.S.C., 1980.41 ; C. VOURCH, *Le contrôle judiciaire, première exploration*, A.P.C., 1975, n° 1, 63.

725. — Le contrôle judiciaire est traité aux articles 138 à 143, C.P.P., auxquels il faut ajouter les articles R 16 à R 25 du même code [1]. Décidé normalement par le juge d'instruction, il peut l'être par le juge des libertés et de la détention lorsque ce magistrat saisi aux fins de mise en détention se contente d'une mise sous contrôle judiciaire (art. 137-2, C.P.P.).

— *Le mécanisme du contrôle judiciaire*

Trois stades doivent être considérés.

726. — *Le placement sous contrôle judiciaire.* Outre une condition de forme — la nécessité de réquisition du Ministère public [2] — la mise sous contrôle judiciaire suppose trois conditions. D'abord, l'intéressé doit encourir une peine d'emprisonnement correctionnel ou une peine plus grave (art. 138, al. 1, C.P.P.). Ensuite, le contrôle ne peut être ordonné « qu'à raison des nécessités de l'instruction ou à titre de mesure de sûreté » (art. 137, al. 1, C.P.P.). Par nécessités de l'instruction, on doit entendre les risques de voir l'individu prendre la fuite ou détruire des preuves. En prévoyant le contrôle à titre de mesure de sûreté, le législateur a entendu que son application serve à la neutralisation de l'état dangereux du délinquant : avec l'apparition du concept de mesure de sûreté, les barrières entre instruction et jugement, et entre mineurs et majeurs tendent à se réduire. Enfin, troisième condition, il faut, suite aux réquisitions du parquet [3], une ordonnance du juge d'instruction (art. 137-2, C.P.P.), qui peut être prise au début, au cours (souvent après remise en liberté) ou à la clôture de l'instruction (art. 139, al. 1, et 179, al. 3, C.P.P.) [4]. Cette ordonnance, qui énumère les obligations imposées à l'intéressé, doit être motivée [5]. Elle est également susceptible

1. Circulaire d'application du 28 décembre 1970, J.C.P., 1971.III.37408.

2. Art. 137-2, al. 1, C.P.P. Selon la jurisprudence, l'absence de ces réquisitions entraîne la nullité de l'ordonnance de placement sous contrôle judiciaire, Crim., 22 janvier 2002, B.C., n° 7.

3. Crim., 22 janvier 2002, B.C., n° 7, nullité de l'ordonnance du juge d'instruction non précédée du réquisitoire du parquet.

4. Cette ordonnance peut aussi être prise par le juge des libertés et de la détention lorsqu'il est saisi, art. 137-2, al. 2, C.P.P.

5. Crim., 8 août 1995, B.C., n° 264, D., 1996, Somm., 261, obs. J. Pradel, le juge doit préciser les circonstances qui, à raison des nécessités de l'instruction ou à titre de mesure de sûreté, justifient l'application du contrôle judiciaire. Mais le juge n'est pas tenu de motiver chacune des

d'appel (art. 139, al. 1, et 186, al. 1, C.P.P. combinés). Enfin, le contrôle judiciaire s'applique, en matière politique comme en droit commun, aux mineurs (art. 8, al. 3, ord. du 2 février 1945 modifiée) comme aux majeurs.

Une personne morale peut être placée sous contrôle judiciaire aussi bien qu'un individu [1].

727. — *La modification du contrôle judiciaire.* Elle est possible. Il peut en effet correspondre aux besoins d'un moment précis et cesser ensuite d'être adapté aux circonstances. Aussi, le juge « peut à tout moment imposer à l'intéressé placé sous contrôle judiciaire une ou plusieurs obligations nouvelles, supprimer tout ou partie des obligations comprises dans le contrôle, modifier une ou plusieurs de ces obligations ou accorder une dispense occasionnelle ou temporaire d'observer certaines d'entre elles » (art. 139, al. 2, C.P.P.) [2]. Le régime de l'ordonnance modificative est identique à celui de l'ordonnance de placement. L'initiative de la modification appartient au juge, mais l'intéressé par requête et le parquet par réquisitions peuvent la lui suggérer (en ce sens, art. 82, al. 1, C.P.P.).

728. — *La cessation du contrôle judiciaire.* Elle peut intervenir pour deux raisons.

En premier lieu, la mesure, devenue inutile, peut disparaître par mainlevée. Au cours de l'instruction, le juge peut l'ordonner, soit d'office, soit à la requête du Ministère public, soit sur la demande de l'intéressé après avis du parquet. Dans ce dernier cas, le juge doit statuer dans un délai de cinq jours ; à défaut, l'intéressé peut saisir la chambre de l'instruction qui se prononcera dans les vingt jours ; à défaut, la mainlevée a lieu de plein droit (art. 140, C.P.P.). L'ordonnance est motivée. Elle est portée à la connaissance de toutes les parties : parquet sous forme d'avis, du moins quand le juge n'a pas suivi ses réquisitions (art. 183, al. 5, C.P.P.) ; mis en examen sous forme de signification ou notification (art. 183, al. 2, C.P.P.) et même les conseils de l'intéressé et de la partie civile en sont informés, soit par lettre recommandée, soit par notification écrite avec émargement au dossier de la procédure (art. 183, al. 4, C.P.P.) car l'ordonnance est juridictionnelle. Elle est donc susceptible d'appel de la part du Ministère public et de l'intéressé (art. 186, al. 1, C.P.P.). À la clôture de l'instruction, le contrôle judiciaire disparaît nécessairement en cas de non-lieu (art. 177, C.P.P.) ou de renvoi en police (arg. art. 138, al. 1, C.P.P.), en principe seulement en cas de renvoi en police correctionnelle (art. 179, al. 2 et 3, C.P.P.), jamais en cas

modalités du contrôle judiciaire, à l'exception de l'interdiction professionnelle : Crim., 14 octobre 1998, B.C., n° 261 ; 26 juillet 2000, D., 2001, Somm. 514, obs. J. Pradel.

1. Crim., 19 mars 2002, B.C., n° 64, cautionnement imposé à une société dont l'un de ses navires avait provoqué la pollution de la mer.

2. Crim., 11 mars 1986, B.C., n° 99, en plaçant un individu sous contrôle judiciaire, une juridiction d'instruction ne peut décider par avance, sans nouvel examen, qu'une obligation se substituera à une autre au cas où ledit individu ne satisferait pas à l'obligation initiale.

d'ordonnance de mise en accusation devant la cour d'assises (art. 181, al. 5, C.P.P.).

En second lieu, si l'intéressé se soustrait volontairement à ses obligations pendant le cours de l'instruction, diverses conséquences sont prévues par l'article 141-2, al. 1, C.P.P. D'abord le juge d'instruction peut décerner à l'encontre du mis en examen mandat d'arrêt ou mandat d'amener. Ensuite, il peut saisir le juge des libertés et de la détention afin que celui-ci place l'intéressé en détention provisoire ; il le saisit par ordonnance motivée en joignant à son ordonnance le dossier et les réquisitions du parquet. Et le juge des libertés peut ordonner le placement en détention quelle que soit la peine d'emprisonnement encourue, sauf à observer que la durée de la détention est plafonnée par l'article 141-3, C.P.P. [1].

Si le mauvais vouloir de l'intéressé se manifeste après clôture de l'instruction, c'est le procureur qui peut saisir le juge des libertés et de la détention aux fins d'émission d'un mandat d'arrêt ou d'amener, ou en vue d'un placement en détention provisoire (art. 141-2, al. 2, C.P.P.).

— *Les modalités du contrôle judiciaire*

729. — *Grande variété.* Le contrôle judiciaire comporte des modalités extrêmement différentes. Le législateur de 1970 y a même inclus le cautionnement. Au vrai, le cautionnement devrait être distinct du contrôle judiciaire, puisqu'il ne constitue pas un contrôle, mais une garantie de sorte que des auteurs ont opposé le contrôle judiciaire proprement dit au cautionnement [2]. Cependant, depuis 1970, des lois des 6 août 1975 et 8 juillet 1983 ont ajouté des modalités nouvelles — elles sont aujourd'hui au nombre de 16 — en sorte que le contrôle judiciaire, plus nettement encore qu'en 1970, devient la vraie bonne à tout faire de la procédure pénale : il sert à la fois à éviter la fuite ou la rechute de l'intéressé, à protéger l'intéressé dans sa santé ou dans sa condition sociale, à assurer les intérêts de la victime. Toutes ces finalités sont assurées par les diverses modalités qu'énumère l'article 138, alinéa 2, C.P.P., et que l'on peut classer en deux catégories, étant noté que le bien-fondé de leur application relève de l'appréciation souveraine des juges du fond [3].

1. Crim., 13 octobre 1998, B.C., n° 258, il n'est pas nécessaire que le juge vise l'un des cas de l'article 144, C.P.P., et il suffit qu'il constate l'existence d'un manquement aux obligations du contrôle judiciaire ; 2 décembre 2003, B.C., n° 229, pour le calcul de la période fixée à 4 mois (en matière correctionnelle) et à 12 mois (en matière criminelle), à l'issue de laquelle une prolongation est nécessaire, il n'est pas tenu compte du temps de détention antérieure à la révocation du contrôle judiciaire.

2. R. Vouin, *La détention provisoire*, D., 1970, chron. 191.

3. Crim., 16 février 2000, B.C., n° 71.

730. — *Les modalités à finalité unique.* Elles sont au nombre de quatre, étant noté que les obligations sont déterminées par le juge d'instruction ou par le juge des libertés et de la détention.

• Un premier groupe de mesures correspondant à la *nécessité d'éviter la fuite.* Ce sont les mesures de surveillance, qui sont les suivantes : 1° ne pas sortir des limites déterminées par le juge d'instruction (art. 138, al. 2-1°) ; 2° ne s'absenter de son domicile qu'aux conditions et pour les motifs déterminés par le juge (*ibid.*, 2°), cette obligation pouvant s'exécuter avec l'accord de l'intéressé recueilli en présence de son avocat sous le régime du placement sous surveillance électronique, sous le contrôle du juge d'instruction (art. 138, *in fine*, l. du 9 septembre 2002) ; 3° informer le juge de tout déplacement au-delà des limites déterminées (*ibid.*, 4°) ; 4° se présenter périodiquement aux services, associations habilitées ou autorités désignés par le juge (*ibid.*, 5°) ; 5° répondre aux convocations de toute autorité, de toute association ou de toute personne qualifiée, désignée par le juge (*ibid.*, 6°) ; 6° remettre au greffe ou à la police des documents d'identité et notamment le passeport (*ibid.*, 7°) ; 7° constituer, dans un délai, pour une période et un montant déterminés des sûretés personnelles ou réelles » (*ibid.*, 15°).

• D'autres mesures tendent à *éviter la rechute* et correspondent donc à l'idée de prévention. En application d'observations criminologiques élémentaires, le législateur interdit à la personne mise en examen certaines fréquentations ou certaines activités qui pourraient être criminogènes. Plus précisément, le magistrat instructeur peut astreindre cette personne à :

1° ne pas se rendre en certains lieux ou à ne se rendre que dans des lieux déterminés (art. 138, al. 2-3°) [1] ;

2° s'abstenir de conduire tous les véhicules ou certains véhicules et, le cas échéant, remettre au greffe son permis de conduire (*ibid.*, 8°), l'intéressé pouvant toutefois se voir reconnaître le droit de conduire pour l'exercice de son activité professionnelle ;

3° s'abstenir de recevoir ou de rencontrer certaines personnes spécialement désignées par le juge [2], cette mesure pouvant aussi subsidiairement servir à éviter la concertation entre personnes mises en examen dans un dessein de corruption des preuves (*ibid.*, 9°) [3] ;

4° s'abstenir de demeurer au domicile ou résidence familial en cas d'infraction commise contre le conjoint ou concubine ou contre les enfants, ce qui vise évidemment les violences intrafamiliales (*ibid.*, 17°) ;

1. Crim., 10 mai 1972, D., 1972, Somm. 185, le juge peut astreindre l'individu à ne pas se rendre à des réunions de toutes natures.
2. Crim., 25 juillet 1995, B.C., n° 259.
3. Crim., 9 janvier 1997, B.C., n° 7, l'interdiction de rencontrer certaines personnes, en raison de leur qualité, s'applique de plein droit à celles qui figurent dans la procédure à la date de la décision de sorte que le juge n'a pas à désigner nominativement les intéressés.

Quand la personne que le mis en examen doit cesser de recevoir ou rencontrer est la victime, le juge d'instruction ou le juge des libertés et de la détention doit en informer cette dernière ; si la victime est partie civile, son avocat est également informé (art. 138-1, C.P.P.).

5° ne pas se livrer à certaines activités professionnelles ou sociales, à l'exclusion des mandats électifs ou des responsabilités syndicales, lorsque l'infraction a été commise à l'occasion de la profession [1].

La loi du 15 juin 2000 a modifié l'article 138-12°, C.P.P., en ce qui concerne les avocats. Auparavant, le juge d'instruction pouvait interdire l'exercice de sa profession à un avocat [2], quitte à devoir saisir le Conseil de l'ordre qui pouvait, à son tour, le suspendre provisoirement de ses fonctions (art. 23, L. 31 décembre 1971 portant réforme de certaines professions judiciaires et juridiques). Aujourd'hui, le juge d'instruction perd ce pouvoir. S'il estime l'interdiction justifiée pour éviter la commission d'une nouvelle infraction, le juge d'instruction ou le juge des libertés et de la détention doit saisir le Conseil de l'ordre qui statuera dans les quinze jours de sa saisine en tant qu'organe disciplinaire et à charge d'appel en application des articles 23 et 24 de la loi du 31 décembre 1971 ; on rappellera que l'appel est porté devant la cour d'appel qui est saisie par l'avocat ou le procureur général. Concrètement, le juge d'instruction devra saisir le Conseil de l'ordre par une ordonnance sollicitant le placement de l'avocat sous contrôle judiciaire et visant le 12° de l'article 138 et c'est donc le Conseil de l'ordre qui, seul, pourra prononcer la suspension [3]. Le juge d'instruction pourra adresser une copie de l'ordonnance au procureur général pour lui permettre de faire connaître ses réquisitions devant le Conseil, voire d'interjeter appel ;

6° ne pas émettre de chèques, sauf à titre de retrait de fonds (*ibid.*, 13°) ;
7° ne pas détenir ou porter une arme et, le cas échéant, remettre au greffe les armes dont il est détenteur (*ibid.*, 14°).

1. Jurisprudence importante. *D'abord*, la notion du mandat électif est strictement entendue : Crim., 17 mai 1995, B.C., n° 178, D., 1996, Somm. 255, obs. J. Pradel (la fonction de président d'un conseil d'administration d'un office d'H.L.M. n'est pas un mandat électif) ; 25 juillet 1995, B.C., n° 259, R.S.C., 1996.137, obs. Dintilhac, et 3 décembre 1997, B.C., n° 409 (la fonction d'administration d'un établissement public n'est pas un mandat électif) ; 7 avril 1998, B.C., n° 134, *Dr. pénal*, 1998, comm. 149, obs. A. Maron (la fonction de conseiller prud'homme n'est pas un mandat électif) ; 3 février 1998, B.C., n° 39 (le mandat électif s'entend des seules fonctions électives publiques, non des activités de nature sociale, fussent-elles exercées par le titulaire d'un mandat électif).

Ensuite, la juridiction qui interdit au mis en examen l'exercice d'une activité professionnelle doit constater à la fois le lien entre l'activité et l'infraction et aussi l'existence d'un risque de commission d'une autre infraction, Crim., 22 février 1995, B.C., n° 78 ; 13 octobre 1998, B.C., n° 257.

2. Crim., 7 avril 1998, B.C., n° 135 ; 22 octobre 1997, B.C., n° 346, *Procédures*, 1998, comm. 48, obs. J. Buisson.

3. Lors des travaux préparatoires, Mme Guigou, garde des Sceaux, a regretté la dépossession du juge d'instruction par le Conseil de l'ordre car il y a atteinte au principe d'égalité et tentation pour les autorités judiciaires de placer l'avocat en détention provisoire, rapport Ch. JOLIBOIS au nom de la commission sénatoriale des lois, 22 mars 2000, n° 283, p. 63.

• Quelques mesures visent à protéger l'intéressé lui-même et présententun *caractère socio-éducatif ou médical* (idée d'assistance). Il s'agit :

1° de l'obligation de se soumettre à des mesures de contrôle sur les activités professionnelles ou sur l'aptitude à l'enseignement de l'intéressé et se soumettre aux mesures socio-éducatives destinées à favoriser son insertion sociale et à prévenir le renouvellement de l'infraction, ce qui consacre le concept de contrôle judiciaire socio-éducatif (art. 138, al. 2-6°) ;

2° de l'obligation de se soumettre à des mesures d'examen, de traitement ou de soins, même avec l'hospitalisation, notamment aux fins de désintoxication, mesure qui peut aussi subsidiairement être à finalité anticriminogène (*ibid.*, 10°). Cette obligation aux soins est remarquable, surtout au stade de l'instruction. La loi vise ici l'alcoolique, non le toxicomane pour lequel existe un autre texte, très proche (art. L. 3424-1, C.S.P.). L'alcoolique peut choisir son médecin et l'établissement où il sera soigné (art. R. 17-5, al. 1, C.P.P.) [1].

• Enfin, des mesures tendent à *protéger la victime*, dont les intérêts sont de mieux en mieux assurés au fil des dernières années. Ainsi le juge d'instruction peut obliger l'intéressé à justifier qu'il contribue aux charges familiales ou verse la pension alimentaire à laquelle il a été condamné, façon indirecte de le contraindre à le faire (art. 138, al. 2-16°).

731. — *La modalité à finalité multiple : le cautionnement.* Le cautionnement, qui est appliqué par le juge d'instruction ou par le juge des libertés et de la détention, tend à la fois à réduire le risque de fuite de l'intéressé, à mieux protéger la victime et à garantir les intérêts du Trésor public. Il peut être défini comme la consignation par la personne mise en examen, entre les mains du greffier, d'une partie de sa fortune consistant en espèces, valeurs de caisse ou chèques certifiés établis au nom du greffier [2]. La caution personnelle est donc exclue. Dans le système actuel, le cautionnement peut être appliqué soit à un individu laissé en liberté, mais astreint au contrôle judiciaire, soit à un individu détenu préalablement à une décision d'élargissement, voire à une personne morale (art. 706-45, C.P.P.).

1° S'agissant des critères de fixation du montant du cautionnement, le principal est celui de la *situation économique de l'intéressé* : le juge tient compte « notamment des ressources et des charges... » (art. 138, al. 2, 11°, C.P.P.) car le cautionnement vise avant tout à éviter la fuite comme le rappelle la Cour européenne (C.E.D.H., 27 juin 1968, *aff. Neumeister*). C'est ainsi qu'un cautionnement de 1 000 000 francs (aujourd'hui 150 000 €) a pu être imposé à un individu [3]. Le législateur a heureusement prévu que le juge peut prescrire des versements fractionnés (art. 138, al. 2, 11°, C.P.P.), ce qui

1. Circ., 4 août 1982, B.O.M.J., n° 7, p. 71, et 28 avril 1983, *ibid.*, n° 10, p. 101.

2. Sur les modalités de versement, v. art. R. 19 et s., C.P.P., circ. du 28 décembre 1970, n° 19.

3. Crim., 19 avril 1995, B.C., n° 158, D., 1996, Somm. 255, obs. J. Pradel.

permet d'appliquer le cautionnement même à des personnes qui n'ont pas les moyens de réaliser immédiatement une somme considérable.

Un second critère est parfois retenu par la jurisprudence, c'est celui du *dommage causé par l'infraction* et dont l'indemnisation doit être garantie [1].

De toute façon, quelque soit le critère retenu, montant et délais doivent être compatibles avec l'étendue du patrimoine de l'intéressé [2]. Et c'est pourquoi l'état de liquidation de biens n'exclut pas nécessairement l'application du cautionnement [3].

2° D'autre part, si le mis en examen est astreint à fournir un cautionnement ou à constituer des sûretés [4], ce cautionnement ou ces sûretés garantissent : 1° La représentation de l'intéressé à tous les actes de la procédure et à l'exécution de la condamnation, ainsi que le respect des obligations du contrôle judiciaire ; 2° Le paiement des frais avancés par la partie civile — dommages-intérêts qui lui sont dus, restitutions, dette alimentaire en cas d'abandon de famille — puis des amendes [5]. La décision du juge détermine les sommes affectées à chacune des deux parties du cautionnement ou des sûretés [6] ; le juge peut toutefois décider que les sûretés garantiront dans leur totalité le paiement des sommes prévues au 2° ou l'une ou l'autre de ces sommes.

La première partie du cautionnement est restituée ou la première partie des sûretés est levée si l'intéressé s'est présenté à tous les actes de la procédure, a satisfait aux obligations du contrôle judiciaire et s'est soumis à l'exé-cution du jugement. Dans le cas contraire, sauf motif légitime d'excuse ou décision de non-lieu, de relaxe ou d'acquittement, la première partie du cautionnement est acquise à l'État ou il est procédé au recouvrement de la créance garantie par la première partie des sûretés (art. 142-2, *in fine*, C.P.P.).

La seconde partie du cautionnement peut être versée à la victime ou au créancier alimentaire à titre de provision (art. 142-1, C.P.P.). Disposition

1. Crim., 23 août 1994, B.C., n° 292, R.S.C., 1995.122, obs. J.P. Dintilhac ; 19 avril 1995, précité.

2. Crim., 16 janvier 1975, B.C., n° 21 ; 5 septembre 1981, B.C., n° 250. Cela dit, les ressources de l'intéressé s'entendent non seulement des gains, revenus et salaires, mais encore de tous les fonds dont il dispose, quelle qu'en soit l'origine, Crim., 28 septembre 1994, B.C., n° 307, D., 1995, Somm. 146, obs. J. Pradel.

3. Crim., 19 novembre 1987, D., 1988, Somm. 190, obs. J. Pradel.

4. Le concept de sûretés a été introduit par la loi du 15 juin 2000 « en vue d'inciter le juge d'instruction à utiliser plus fréquemment la possibilité d'exiger du mis en examen la constitution de sûretés, de préférence à la fourniture d'un cautionnement, qui peut avoir des conséquences beaucoup plus dramatiques », rapport de la commission sénatoriale des lois, par C. Jolibois, n° 283, 22 mars 2000, p. 72.

5. Pour assurer le paiement des amendes, une loi du 15 novembre 2001 a créé un autre mécanisme, applicable aux seules affaires de terrorisme : le juge des libertés et de la détention peut, sur requête du procureur de la République, ordonner des mesures conservatoires sur les biens de la personne mise en examen « afin de garantir le paiement des amendes encourues ainsi que l'exécution de la confiscation prévue à l'article 422-6 du Code pénal ». En cas de condamnation, les saisies conservatoires sont validées et en cas de non-lieu, relaxe ou acquittement, il y a mainlevée des mesures ordonnées (art. 706-24-2, C.P.P.).

6. Crim., 13 octobre 1998, B.C., n° 257, obligation pour le juge de déterminer les sommes affectées à chaque partie du cautionnement.

avantageuse pour la victime qui n'aura pas à attendre le jour, peut-être éloigné, du jugement pour toucher son dû. Mais disposition assez complexe puisque la loi distingue deux situations :

Ou bien l'intéressé donne son accord au versement, la victime va alors sans difficulté le percevoir « par provision » (art. 142-1, al. 1) [1]. L'application de cette disposition suppose des charges très fortes, pratiquement l'aveu car, en cas de non-lieu ultérieur, la répétition de la somme — juridiquement possible sur le fondement de la répétition de l'indû — est en fait malaisée à mettre en œuvre.

Ou bien l'intéressé refuse de donner son accord. La victime n'est pas pour autant désarmée depuis la loi du 8 juillet 1983 (art. 142-1, al. 2). Elle peut saisir le juge des référés qui pourra lui accorder une provision par voie d'ordonnance, sur la base de laquelle elle sollicitera du juge d'instruction le versement à elle-même du montant du cautionnement à due concurrence de la somme retenue par le juge des référés. Le référé permet donc de briser le refus de l'intéressé. Indiquons par ailleurs que, même si le juge n'a pas ordonné de cautionnement, la victime peut néanmoins saisir le juge des référés (art. 5-1, C.P.P., dû à la l. du 8 juillet 1983).

Si aucun versement n'a été effectué, la seconde partie du cautionnement suit le sort suivant : elle est soit restituée à l'intéressé en cas de non-lieu, d'exemption de peine ou d'acquittement, soit versée aux personnes visées à l'article 142-2 en cas de condamnation (art. 142-3, al. 1 et 2, C.P.P.). Et la deuxième partie des sûretés est levée ou il est procédé au recouvrement des créances que cette partie garantit selon les distinctions prévues à l'article 142-3, al. 1 et 2 (art. 142-3, al. 3, C.P.P.).

3° Si une personne mise en examen et astreinte à verser cautionnement se trouve être l'objet d'une procédure collective, la somme doit être versée entre les mains de l'administration ou du liquidateur judiciaire [2].

b) La détention provisoire

Bibliographie. — Elle est considérable.

1) Généralités : M. AYDALOT, *La liberté et la détention provisoire dans la jurisprudence de la Cour de cassation*, Mélanges Ancel, 1975.II.271 ; J. CARBONNIER, *Instruction criminelle et liberté individuelle*, Paris, 1937 ; R. CHARLES, *Liberté et détention. Commentaire de la loi du 17 juillet 1970*, Mélanges Constant, 1971 ; J.P. DOUCET, *La détention préventive, mesure exceptionnelle*, G.P., 1969.II, Doct. 133 ; GOLLÉTY, *La détention préventive dans le nouveau C.P.P.*, R.S.C., 1959.895 ; C. GUÉRY, *Détention provisoire*, Dalloz, 2001 ; W. JEANDIDIER, *Détention provisoire, Conv. E.D.H. et C.P.P. ou valse hésitation de la chambre criminelle*,

1. Crim., 5 décembre 1991, B.C., n° 462, si l'inculpé consent au versement à la partie civile, à titre de provision d'une partie de la somme affectée à la garantie de ces droits, le juge doit accueillir la demande de la partie civile.

2. Crim., 29 avril 1996, B.C., n° 171.

R.S.C., 1986.711 ; J. LAROQUE, *Le contrôle juridictionnel de la détention proventive*, Pub. Fac. droit de Poitiers, 1971, et R.D.P.C., 1970-1971, 390 ; M. LESCURE et E. ROBERT, *La détention provisoire*, Rec. dr. pénal, 1973.22 ; Ph. POUGET, *L'inculpé détenu en droit français et la Conv. E.D.H.*, thèse dactyl., Bordeaux, 1987 ; J. PRADEL, *L'instruction préparatoire*, Cujas, 1990, n°s 566 et s. ; du même, *La détention provisoire selon le droit français contemporain*, R.D.P.C., 1987.271 ; du même, *L'arrestation et la détention provisoire sous l'angle notamment de la Conv. E.D.H.*, in *Droits fondamentaux et détention pénale* ; 7e Colloque de la Fondation internationale pénale et pénitentiaire tenu à Neuchâtel (Suisse) en octobre 1992, Publ. de la Fondation, 1993.101 ; M.L. RASSAT, *Détention provisoire, 17 et la suite*, Mélanges Vitu, 1990, Cujas, 419 ; M.H. RENAUT, *Innovation pour les droits de la défense ou retour partiel au Code Napoléon ? La détention provisoire et le juge de la détention*, Dr. pénal, novembre 1999, chron. 26 ; VERNET (R.P.), *À propos de la détention préventive*, R.P.D.P., 1971.315.

2) Mise en détention provisoire : B. BOULOC, *Le silence de la personne mise en examen peut-il justifier sa mise en détention ?*, D., 1995, chron. 315 ; DE MONREDON et MAMAN, *Dans quel délai le juge d'instruction doit-il rendre l'ordonnance refusant de faire droit aux réquisitions à fin de placement en détention provisoire contenues dans le réquisitoire introductif*, J.C.P., 1989.I.3375 ; J. PRADEL, *La loi du 9 juillet 1984 sur le recul de la détention provisoire : un pas en avant utile ?*, D., 1985, chron. 7 ; M. ROMNICEANU, *Détention provisoire et ordre public*, J.C.P., 1975.I.2744 ; C. SAMET, *La mise en détention provisoire*, R.P.D.P., 1999, n° 4.

3) Durée de la détention provisoire : H. LEHMAN, *Détention durable et réformes provisoires*, G.P., 1988.II, chron. 590 ; V. LESCLOUS et C. MARSAT, *Des difficultés d'application de l'art. 5, § 3, Conv. E.D.H.*, *Dr. pénal*, mai 1999, chron. 14 ; Ph. POUGET, *Les délais en matière de rétention, garde à vue et détention provisoire*, R.S.C., 1989.78.

4) Indemnisation pour détention provisoire non fondée : G. AZIBERT, *La commission nationale d'indemnisation en matière de détention provisoire*, R.S.C., 1985.517 ; C. BRYON, *Des dispositions de la loi du 17 juillet 1970 tendant à accorder une indemnisation en cas de non-lieu ou d'acquittement en raison d'une détention provisoire*, R.S.C., 1971.577 ; A. TOUFFAIT, *Des principes applicables à l'allocation de l'indemnité réclamée à raison d'une détention provisoire*, D., 1971, chron. 189 ; A. TOUFFAIT et L. AVERSENG, *Détention provisoire et responsabilité de l'État*, D., 1974, chron. 261.

5) Droits comparé et étrangers : J. GRAVEN, *Les conditions d'une réglementation satisfaisante de la détention préventive*, R.I.D.P., 1950.189 ; du même, *Dangers et abus de la détention préventive*, R.I.C.P.T., 1968.85 ; H. JESCHECK, *La réforme de la détention préventive en Allemagne et en France*, Mélanges Ancel, 1975.II.387 ; R. LEGEAIS, *La limitation et le contrôle des atteintes à la liberté de l'inculpté en droit anglais ou les ambiguïtés de l'*Habeas Corpus, in Actes du *7e Congrès de la section française de l'Association internationale de droit pénal*, tenu à Bordeaux en octobre 1984, Les Cahiers du droit, 1985.31 ; *Droits fondamentaux et détention pénale*, Human rights and penal detention, *Actes du 7e Colloque international de la Fondation internationale pénale et pénitentiaire*, Neuchatel (Suisse), octobre 1992, Publications de la Fondation, 1993 ; *Les conditions d'application et l'exécution de la détention préventive à la lumière des droits fondamentaux*, Journées de la Fondation internationale pénale et pénitentiaire, Macao, octobre 1994, Publications de la Fondation, 1995 ; J. PRADEL, *Droit pénal comparé*, 3e éd., 2008, Dalloz, n°s 351 et s.

732. — *Avantages et inconvénients de la détention avant jugement. Évolution de la législation.* D'un côté, la détention provisoire répond à une nécessité si impérieuse que toutes les législations la connaissent. On peut redouter en effet que le délinquant ne prenne la fuite, continue son activité criminelle, fasse pression sur des témoins, détruise les indices de son acte, les obligations du contrôle judiciaire s'avérant impuissantes à exclure de tels risques. En outre, la détention peut utilement protéger le délinquant contre certaines réactions de vengeance et même faciliter, dans une politique de défense sociale, son observation, voire l'application d'un traitement médical.

Mais, d'un autre côté, la détention est une mesure très grave. Elle est d'abord, de toute façon, pleine d'inconvénients pour l'intéressé, à la fois sur le plan psychologique et social, d'une part, et sur le plan juridique, d'autre part. À cet égard, elle fait peser sur l'individu une véritable présomption de culpabilité entraînant parfois un risque de plus forte condamnation en conduisant les juges à « couvrir » la détention, c'est-à-dire à prononcer un emprisonnement de durée au moins égale au temps de la détention provisoire. Cette mesure peut ensuite être contraire aux principes généraux de notre procédure pénale. On sait que la décision au fond n'appartient qu'à la juridiction de jugement. Or devant la lenteur du procès, le juge d'instruction et le juge des libertés et de la détention vont sortir de leur fonction propre et juger (ou préjuger) au fond pour assurer tant bien que mal dans l'immédiat une fonction trop longtemps défaillante ; c'est la loi sociologique du « dédoublement fonctionnel » dégagée par G. SCELLE dans le domaine international, mais applicable dans tout ordre juridique en cas de carence d'une institution [1].

Ainsi peut-on hésiter entre deux attitudes en matière de détention. Le Code de 1808 s'était montré favorable à l'institution, estimant que ses avantages l'emportaient nettement sur ses inconvénients : la détention avant jugement était la règle et la liberté l'exception. Mais, depuis 1959, notre législation n'a pas été modifiée moins de quinze fois, oscillant entre la conception répressive de 1808 et une conception libérale. Une grande réforme, due à la loi du 17 juillet 1970, très légèrement modifiée par la loi du 6 août 1975 (art. 144 à 149-2, C.P.P.) [2], est manifestement d'inspiration libérale. Le législateur ne se borne plus à poser que « la détention préventive est une mesure exceptionnelle » (ancien art. 137, C.P.P. de 1959). Il en modifie très profondément le régime afin qu'elle le devienne réellement. Et pour marquer le changement, il modifie aussi la terminologie : la détention préventive devient provisoire et la liberté provisoire devient la liberté. De nouvelles réformes ont été opérées par la loi du 9 juillet 1984 « tendant à renforcer les droits des personnes en matière de placement en détention » et par une loi du 6 juillet 1989, enfin par celles des 15 juin 2000, 4 mars 2002, 9 septembre 2002 et 5 mars 2007... pour l'instant !

1. J. VÉRIN, *La détention préventive et la criminologie*, R.S.C., 1969.707.
2. *Add.* Circ. d'application du 1er décembre 1970, J.C.P., 1970.III.37296.

— *La juridiction compétente pour la détention provisoire*

733. — *Qui place en détention provisoire une personne mise en examen et qui, ensuite, gère le contentieux de la détention (prolongation de la mesure et demandes d'élargissement) ?* Notre droit n'a cessé d'hésiter entre juge d'instruction et autorité autre.

734. — *L'histoire.* Selon le C.I.C. primitif, c'était la chambre du conseil (composée de trois juges dont le juge d'instruction) qui était compétente. Réforme en 1856 à cause de la prééminence du juge d'instruction sur ses collègues ignorant le contenu du dossier : désormais, la détention était décidée par le juge d'instruction, qui en outre statuait sur le contentieux ultérieur (prolongation, refus d'élargissement) (v. *supra*, n° 10). Retour à la case départ avec une loi du 30 décembre 1985 (qui ne devait entrer en application que le 1er mars 1988) qui créait une chambre d'instruction composée de trois juges dont le juge d'instruction. On fait valoir après le vote de la loi de 1985, que le système retenu serait onéreux, contraignant à recruter des juges supplémentaires. Aussi depuis le début de 1987, fut-il question d'abroger la loi de 1985, qui n'était pas encore entrée en vigueur, et de créer un « référé de la liberté » : le juge resterait maître de la décision, mais l'intéressé pourrait saisir dans les 24 heures la chambre du conseil du tribunal à laquelle, du reste, le juge ne serait pas associé. Mais le législateur du 30 décembre 1987 créa une chambre des mises en détention, composée de trois juges, le juge d'instruction exclu ; ce dernier restait compétent pour gérer le suivi de la détention après qu'elle eût été décidée. Mais cette loi de 1987 fut elle-même abrogée par une loi du 10 juillet 1989 qui en revint... au juge d'instruction [1]. Une loi du 4 janvier 1993 instaurait le juge de la détention que supprimait une autre du 24 août 1993 !...

735. — *Le présent. État du droit.* Aujourd'hui, le système vient encore de changer, dépossédant le juge d'instruction au profit d'un *juge des libertés et de la détention* [2] (art. 137-1, C.P.P., loi du 15 juin 2000). Désigné par le président du tribunal de grande instance, ce juge a rang de président, de premier vice-président ou de vice-président, ce qui lui confère une certaine expérience. Il intervient en matière de détention provisoire dans quatre cas :

— il ordonne le placement en détention, à la suite d'un débat contradictoire ;

1. J. PRADEL, *L'instruction préparatoire*, nos 566 et s.

2. Le législateur a beaucoup hésité quant au nom de ce juge : juge de la détention provisoire, juge de la liberté, pour retenir finalement l'expression lourde, mais exacte, de juge des libertés et de la détention puisque ce magistrat ne se borne pas à mettre en détention, ni même à statuer sur la détention, mais remplit aussi des fonctions extérieures à la détention, v. les art. 56-1 et 77-2, C.P.P., notamment, v. rapport de la commission sénatoriale des lois, par C. JOLIBOIS, n° 283, 22 mars 2000, pp. 65 et 66. *Add.* C. GUÉRY, D., 2004, chron. 538.

— il ordonne la prolongation de la détention à l'expiration des délais prévus par la loi ;

— il statue sur les demandes de mise en liberté formées par le détenu ;

— enfin, en cas de violation des obligations du contrôle judiciaire (prescrit par le juge d'instruction), il peut ordonner la révocation de ce contrôle et placer le mis en examen en détention.

Dans toutes ces hypothèses, le juge des libertés et de la détention est saisi par ordonnance motivée du juge d'instruction qui lui transmet le dossier accompagné des réquisitions du parquet (art. 137-1, al. 4, C.P.P.). Ce n'est donc que lorsque le juge d'instruction estime nécessaire le recours à la détention qu'il saisira le juge de la détention [1]. Et ce n'est donc pas le parquet qui saisit le juge des libertés et de la détention. En outre et dans le même esprit, c'est le juge d'instruction qui reçoit les demandes de mise en liberté et ce n'est que s'il refuse d'y faire droit qu'elles seront soumises au juge de la détention (art. 148, al. 3, C.P.P.). En somme, il suffit d'un magistrat pour remettre en liberté, mais il en faut deux pour décider ou maintenir une incarcération (système du « double regard »).

Des difficultés peuvent survenir quand le juge d'instruction est dessaisi au profit d'un autre après avoir saisi le juge de la détention n'ayant pas encore statué sur la demande du premier juge d'instruction. La chambre criminelle considère que le juge de la détention demeure compétent pour statuer sur la demande qui lui avait été adressée par le premier juge, malgré un arrêt intervenu postérieurement à sa saisine et dessaisissant le juge d'instruction [2]. Cette solution est logique compte tenu de la séparation des fonctions du juge d'instruction et du juge de la détention et aussi du fait de « la validité des actes de procédure régulièrement effectués avant l'arrêt de la Cour de cassation ordonnant le renvoi d'un tribunal à un autre » [3]. La règle que le juge de la détention saisi par le premier magistrat instructeur reste compétent trouve cependant sa limite dans le fait pour le second juge d'instruction de transmettre au juge de la détention de son propre ressort la demande sur laquelle il n'a pas encore été statué [4].

1. Car le juge d'instruction peut considérer, malgré demande du parquet, qu'il n'y a pas lieu de faire incarcérer le mis en examen. Mais alors le juge d'instruction, qui ne suit pas le parquet, « est tenu de statuer sans délai par ordonnance motivée, qui est immédiatement portée à la connaissance du procureur de la République » (art. 137-4, C.P.P., modifié par L. 9 septembre 2002). La loi du 9 mars 2004 (art. 137-4, al. 2, C.P.P.) a prévu que pour les délits punis de dix ans d'emprisonnement et les crimes, le procureur puisse saisir directement le juge des libertés et de la détention en déférant sans délai devant lui le mis en examen, ce qui entraînera le cas échéant la caducité de l'ordonnance du juge d'instruction qui aurait appliqué le contrôle judiciaire.

2. Crim., 5 novembre 2002, B.C., n° 199 ; 17 février 2004, B.C., n° 44, R.S.C., 2004.374, obs. D. Commaret.

3. Crim., 26 mars 1985, B.C., n° 128.

4. Crim., 17 février 2004, précité.

736. — *Appréciation.* Que penser du nouveau système qui a pour effet d'ôter au juge d'instruction l'une de ses prérogatives essentielles, la mise et le maintien en détention ? L'argument essentiel invoqué en sa faveur est qu'il faut déjouer le calcul de juges d'instruction utilisant la détention pour obtenir plus aisément des aveux et que seul un « double regard » réduira ce risque. Au vrai, cet argument est faible : les mis en examen, notamment en matière financière ou de terrorisme n'avouent de toutes façons pas. Il faut bien dire aussi que le nouveau système est très lourd et que la plupart des juges des libertés et de la détention connaissant mal le dossier au moment où ils sont saisis sont naturellement conduits à suivre la demande du juge d'instruction, dès lors qu'elle se coule dans une ordonnance bien motivée, à moins que... quelques-uns veuillent se singulariser [1]. Enfin, ce système, qui fait intervenir deux juges pour statuer sur la détention, porte une atteinte (de fait) à la présomption d'innocence.

Un rapprochement peut être fait avec la chambre du conseil de 1808 qui, on le sait, décidait la détention. Au sein de celle-ci, le juge d'instruction proposait une mise en détention de l'inculpé à ses deux collègues (qui n'étaient pas juges d'instruction) et qui, presque systématiquement opinaient dans son sens (d'où la suppression de la chambre du conseil en 1856). Aujourd'hui, notre juge d'instruction joue le même rôle que celui de 1808 et le juge des libertés et de la détention ressemble aux deux juges de 1808. Plus les choses changent... plus elles se répètent. Quand supprimera-t-on le juge des libertés et de la détention ? Certainement pas dans un avenir proche.

— *Les conditions de fond de la détention provisoire*

737. — *Conditions relatives à la durée de la peine encourue.* La question est traitée à l'article 143-1, C.P.P. Exclue en matière contraventionnelle (où l'emprisonnement n'est jamais prévu), toujours possible en matière criminelle, la détention préalable n'est prévue en matière correctionnelle que pour les délits relativement graves : il faut que le mis en examen encoure une peine d'emprisonnement d'au moins trois ans, compte tenu, le cas échéant, de l'aggravation de la peine encourue en cas de récidive.

Les lois des 15 juin 2000 et 4 mars 2002 avaient rehaussé en principe le seuil à cinq ans pour les délits contre les biens. Mais le système était très complexe (art. 143-1, al. 3, C.P.P.) [2]. C'est pourquoi la loi du 9 septembre 2002 a abrogé l'alinéa 3 de l'article 143-1 et décidé en conséquence la règle que le seuil est toujours de trois ans, quelle que soit la nature de l'infraction.

738. — *Conditions relatives aux cas d'incarcération. Droit français.* Avant la réforme de 1970, le législateur s'en tenait à un système d'opportunité : si la détention n'était certes jamais obligatoire, elle était en principe toujours possible dès lors que le juge l'estimait nécessaire. Le nouvel article 144, C.P.P.,

1. J. PRADEL, *La procédure pénale française à l'aube du troisième millénaire*, D., 2000, chron. 1.
2. Rapport J. Drai du 19 décembre 2001, cité par J. Pradel, La loi n° 2002-307 du 4 mars 2002, *Un placebo pour guérir certains maux de la réforme du 15 juin 2000 sur la présomption d'innocence*, D., 2002, chron. pp. 1693 et s.

issu de la réforme de 1970, et souvent réformé depuis, consacre le système de la légalité, la loi décidant elle-même des cas ou motifs de détention. Cette conception avait été préconisée par la doctrine [1]. Elle est souvent consacrée à l'étranger [2]. La légalité permet de faire respecter l'idée que « seul l'état de nécessité justifie le sacrifice de la liberté personnelle à un intérêt supérieur » [3].

Aujourd'hui, l'article 144, C.P.P., qui énumère les cas de détention provisoire, se lit ainsi, à la suite de la réforme opérée par une loi du 5 mars 2007 :

« La détention provisoire ne peut être ordonnée ou prolongée que s'il est démontré au regard des éléments précis et circonstanciés résultant de la procédure, qu'elle constitue l'unique moyen de parvenir à l'un ou plusieurs des objectifs suivants et que ceux-ci ne sauraient être atteints en cas de placement sous contrôle judiciaire :

1° Conserver les preuves ou les indices matériels qui sont nécessaires à la manifestation de la vérité ;

2° Empêcher une pression sur les témoins ou les victimes ainsi que sur leur famille ;

3° Empêcher une concertation frauduleuse entre la personne mise en examen et ses coauteurs ou complices ,

4° Protéger la personne mise en examen ;

5° Garantir le maintien de la personne mise en examen à la disposition de la justice ;

6° Mettre fin à l'infraction ou prévenir son renouvellement ;

7° Mettre fin au trouble exceptionnel et persistant à l'ordre public provoqué par la gravité de l'infraction, les circonstances de sa commission ou l'importance du préjudice qu'elle a causé. Ce trouble ne peut résulter du seul retentissement médiatique de l'affaire. Toutefois le présent alinéa n'est pas applicable en matière correctionnelle » [4].

Ce texte appelle trois remarques [5]. Premièrement, les sept cas de détention sont la reprise des cas qui figuraient dans l'article 144 en sa version due à la loi du 15 juin 2000, à ceci près que le regroupement alors en trois catégories éclate désormais en sept cas. Même si la réforme parait purement rédactionnelle, elle vise à obliger les juges à motiver leur décision de façon plus précise en étant tenus de viser tel ou tel cas.

1. R. VOUIN, R.S.C., 1965.823 et s. ; J.P. DOUCET, G.P., 1966.I, Doct. 130.

2. J. PRADEL, *Droit pénal comparé*, 2002, n° 401.

3. F. CLERC, R.S.C., 1975.64.

4. Sans oublier la détention motivée par la violation de ses obligations par le mis en examen placé sous contrôle judiciaire : art. 143-1, *in fine*, C.P.P.

5. V. commentaires B. BOULOC à la R.S.C., 2007, p. 575, et M. GIACOPELLI à la R.P.D.P., 2007, p. 745 ; *add*, J. PRADEL, *Les suites législatives de l'affaire dite d'Outreau — À propos de la loi n° 2007-291 du 5 mars 2007*, J.C.P., 2007-I-138, n° 5 à 9.

Deuxièmement, la détention provisoire est encore un peu plus étranglée si l'on relit le chapeau. On notera par exemple le caractère subsidiaire de la détention provisoire par rapport au contrôle judiciaire [1].

Troisièmement enfin — et c'est peut-être la réforme la plus importante — le critère de l'ordre public est encore un peu plus restreint. Deux nouveautés résultait de la réforme de 2007. D'abord, le critère tiré de l'ordre public ne vaut plus en matière correctionnelle. Ensuite, le texte nouveau précise que le trouble à l'ordre public « ne peut résulter du seul retentissement médiatique de l'affaire » d'où l'on peut déduire *a contrario* que ce trouble résulte avant tout de l'émotion de l'opinion et du fait que celle-ci ne comprendrait pas que l'auteur présumé des faits graves par hypothèse, n'aille pas en prison. Hors de France, l'admission de l'ordre public comme cas de détention est rarissime : on peut citer la loi belge du 20 juillet 1990 qui parle « d'absolue nécessité pour la sécurité publique » et, du bout des lèvres, la jurisprudence de la CEDH [2]. Ajoutons enfin que le juge doit apprécier l'existence éventuelle du trouble à l'ordre public au moment où il prend sa décision, pas au moment des faits [3].

739. — *Suite. Droit européen.* Le débat sur l'article 144, C.P.P., doit être complété par celui concernant l'article 5, § 1 c, Conv. E.D.H., selon lequel « nul ne peut être privé de sa liberté sauf dans les cas suivants et selon les voies légales...) lorsqu'il a été arrêté et détenu en vue d'être conduit devant l'autorité judiciaire compétente lorsqu'il y a des raisons plausibles de soupçonner qu'il a commis une infraction ou qu'il y a des motifs raisonnables de croire à la nécessité de l'empêcher de commettre une infraction ou de s'enfuir après l'accomplissement de celle-ci ».

Des individus incarcérés sur le fondement des nécessités de l'ordre public et auxquels les juges d'instruction et chambres d'accusation avaient refusé l'élargissement, ont eu l'idée d'invoquer dans leur pourvoi que ce motif de détention n'est point visé par l'article 5, et qu'en conséquence leur élargissement s'impose, la Convention ayant une valeur supérieure à la loi. La chambre criminelle a répondu que « contrairement à ce qui est allégué au moyen, les dispositions du C.P.P. qui définissent limitativement les cas dans lesquels le placement ou le maintien en détention peut être ordonné par le juge, loin d'être incompatibles avec les dispositions de la Convention, instituent au contraire en faveur des inculpés des garanties supplémentaires destinées à éviter toute détention injustifiée » [4]. C'était certes reconnaître le

1. Déjà affirmé il est vrai par l'article 137, 3e phrase, C.P.P., et par Crim., 16 juillet 1997, B.C., n° 273, D., 1998, Somm. 170, obs. J. Pradel.

2. C.E.D.H., 27 août 1992, *Tomasi c/ France*, §§ 90 et 91, l'ordre public peut fonder une détention provisoire, mais pas très longtemps, R.S.C., 1993.33, obs. F. Sudre, où la détention avait dépassé cinq ans !

3. Crim., 6 mars 1986, 1re espèce, B.C., n° 94.

4. Crim., 6 mars 1986, B.C., n° 94, D., 1986.315, note D. Mayer, D., 1986, I.R., 305, obs. J. Pradel, R.S.C., 1986.643, obs. A. Braunschweig.

principe que l'article 5 de la Convention s'applique bien à la détention provisoire, ce qui avait été nié peu avant [1], mais ce qui sera confirmé peu après [2]. Mais c'était aussi montrer le peu d'intérêt de la Convention pour les demandeurs à la liberté puisque l'article 144, C.P.P., est, aux yeux de la Cour de cassation, plus précis que l'article 5 de la Convention, et donc plus protecteur de l'individu [3]. Et il est vrai que la loi française est plus précise que la Conv. E.D.H., plus protectrice de la liberté puisque notamment notre Code de procédure pénale exige une motivation spéciale par des considérations de droit et de fait tirées des circonstances de l'espèce [4].

D'un autre côté, cependant, la *jurisprudence de la Cour européenne* est manifestement favorable à la liberté. D'abord, au lieu de rechercher une conciliation entre intérêt général et intérêt de l'accusé, la Cour affirme que le principe est la liberté, toute dérogation à ce principe étant exceptionnelle et devant être justifiée par le juge [5]. Ensuite, et de façon voisine, la Cour répète inlassablement que « la poursuite de l'incarcération ne se justifie... que si des indices concrets révèlent une véritable exigence d'intérêt public prévalant, nonobstant la présomption d'innocence sur la règle du respect de la liberté individuelle » [6], tout en admettant aussi que la détention provisoire peut se fonder sur l'ordre public « lorsque l'élargissement du détenu troublerait réellement l'ordre public » [7].

— *La procédure de mise en détention provisoire*

740. — *Principe.* Avant tout, on doit rappeler que le juge d'instruction qui envisage de placer ou mis en examen en détention provisoire doit solliciter le service pénitentiaire d'insertion et de probation (S.P.I.P.) pour vérifier sa situation matérielle, familiale et sociale, du moins s'il a moins de 21 ans et s'il encourt une peine ne dépassant pas cinq ans de privation de liberté [8]. Cela dit, la détention résulte d'un débat contradictoire entre accusation et défense devant le juge des libertés et de la détention (J.L.D.), qui est assisté d'un greffier (art. 137-1, al. 2, C.P.P.).

L'origine de ce principe se trouve dans une loi du 6 août 1975 (art. 135-1, C.P.P.) selon laquelle l'individu présenté devant un juge d'instruction en exécution

1. Crim., 3 janvier 1986, D., 1986.137, note R. Koering-Joulin.
2. Crim., 21 août 1986, D., 1987, Somm. 81, obs. J. Pradel.
3. W. Jeandidier, R.S.C., 1986.711 et s., not. n°s 12 à 16.
4. P. Culié, *L'application des normes constitutionnelles et des normes internationales et européennes : concurrence ou complémentarité*, in *La Cour de cassation et la Constitution de la République*, Presses Universitaires d'Aix-Marseille, 1994.247.
5. C.E.D.H., 20 juin 1991, *Letellier c/ France*, § 35.
6. C.E.D.H., 26 janvier 1993, *W. c/ Suisse*, § 30.
7. C.E.D.H., 26 juin 1991, *Letellier c/ France*, précité, § 51 ; J. Pradel et G. Corstens, *Droit pénal européen*, 2e éd., 2002, Dalloz, n° 312, p. 355.
8. Crim., 23 janvier 2007, B.C., n° 12, non prise en compte de l'état de récidive pour déterminer cette peine.

d'un mandat d'arrêt ou d'amener avait droit à l'assistance d'un conseil, lequel pouvait même consulter de suite le dossier. Si l'inculpé ne pouvait être immédiatement assisté, le juge d'instruction pouvait le mettre en détention, mais à charge de le faire comparaître à nouveau dans les cinq jours, le conseil ayant été convoqué. L'idée était que la détention, acte grave, ne pouvait être décidée qu'en présence d'un avocat [1]. Il s'avéra cependant à l'usage que le bénéfice de la loi de 1975 était assez réduit, notamment car l'avocat pouvait être absent et parce que le second interrogatoire pouvait ne pas avoir lieu en cas de renonciation par l'inculpé [2].

Aussi la loi du 9 juillet 1984 réforma-t-elle la matière en abrogeant l'article 135-1, C.P.P., et en refondant l'article 145, C.P.P., où sont désormais réunis tous les problèmes intéressant la mise en détention et où notamment est prévu en toute matière un débat plus contradictoire [3]. De légères retouches ont été apportées par une loi du 5 mars 2007. Plusieurs stades se succèdent.

741. — *Premier stade. Saisine du J.L.D. (art. 137-4 et 145, al. 1, C.P.P.).* Deux cas peuvent se présenter.

• Le plus souvent, le procureur de la République saisit le juge d'instruction de réquisitions aux fins de détention provisoire du mis en examen. En général, le juge suit le parquet et saisit en conséquence le juge des libertés et de la détention par une ordonnance aux fins de placement du mis en examen en liberté ; il le lui présente alors aussitôt. Cependant, le juge peut estimer que la détention n'est pas justifiée. Dès lors, il ne saisit pas le juge des libertés et de la détention et il rend une ordonnance motivée qui est immédiatement portée à la connaissance du procureur. Ce dernier peut évidemment faire appel. Mais il peut aussi — depuis la loi du 9 mars 2004 — saisir directement le juge des libertés et de la détention en lui déférant sans délai la personne mise en examen en vue de sa mise en détention ; ce procédé rapide ne peut toutefois s'appliquer qu'en matière criminelle et pour les délits punis de dix ans d'emprisonnement (art. 137-4, C.P.P.).

• Plus rarement, le juge d'instruction décide de lui-même que la détention est justifiée. C'est alors lui qui saisit le juge des libertés et de la détention par une ordonnance aux fins de mise en détention (art. 145, al. 1, C.P.P.).

742. — *Deuxième stade. Première décision du J.L.D. (art. 145, al. 2 à 5 et 7 à 9, C.P.P.).* Après avoir pris connaissance du dossier et après avoir, s'il l'estime utile, recueilli les observations de l'intéressé assisté de son avocat [4], le juge des

1. V. P. Couvrat, D., 1976, chron. 43 ; J. Robert, J.C.P., 1975.I.2729.
2. Crim., 8 mars 1984, 2e arrêt, B.C., n° 97.
3. P. Chambon, J.C.P., 1985.I.3174 ; J. Pradel, D., 1985, chron. 7.
4. Depuis une loi du 5 mars 2007, la présence de l'avocat est obligatoire. Selon l'article 145, al. 5, C.P.P., si la personne n'est pas déjà assistée d'un avocat, le juge l'avise qu'elle doit en avoir un, qu'elle le choisisse elle-même ou qu'il lui en soit désigné un d'office. Le juge contacte alors le bâtonnier de l'ordre des avocats à cette fin. (Crim., 4 décembre 2007, B.C., n° 297, A.J. pénal 2008, 95, obs. Lavric, l'absence de convocation de l'avocat au débat porte nécessairement atteinte aux droits de mis en examen.) Mais si l'avocat n'est pas présent, le juge doit pouvoir

libertés et de la détention fait connaître au mis en examen s'il envisage de le placer en détention (ce que par hypothèse le juge d'instruction a demandé). De deux choses l'une :

— Ou bien le juge n'envisage pas la détention (ce qui, en pratique, sera fort rare), il peut appliquer le cas échéant le contrôle judiciaire et de toutes manières invite le mis en examen à lui indiquer son adresse permanente (ou celle d'un tiers chargé de recevoir les actes, s'il est d'accord et à lui signaler tout changement d'adresse) (art. 145, al. 3, et 116, *in fine*, C.P.P.) ;

— Ou bien le juge envisage d'ordonner la détention de la presonne. Il l'informe alors que cette décision ne pourra intervenir qu'à l'issue d'un débat contradictoire. Ce débat a lieu immédiatement sauf à être reculé à une date postérieure et ne pouvant dépasser quatre jours ouvrables dans deux cas : 1° Pour permettre à la personne de préparer sa défense, le juge devant l'informer de ce droit ; 2° Pour permettre au juge d'instruction de procéder à des vérifications relatives à la situation personnelle du mis en examen ou aux faits qui lui sont reprochés [1]. Dans les deux cas, le juge peut prescrire par ordonnance motivée l'incarcération provisoire du mis en examen. Dans le premier cas, l'ordonnance est insusceptible d'appel alors qu'elle l'est dans le second (art. 145, al. 9, *in fin* et 187-1, C.P.P., procédure de référé-liberté).

743. — *Troisième stade. Débat contradictoire devant le J.L.D. (art. 145, al. 6, C.P.P.)*. Que ce débat soit immédiat ou différé, il se déroule selon les mêmes règles.

1° Le débat se réalise dans le cabinet du juge, au Palais de Justice. Cependant les circonstances peuvent imposer un autre lieu [2].

2° L'audience est soumise au principe de publicité. Certes, longtemps, l'audience avait lieu en principe en secret, sauf droit pour le mis en examen majeur de demander la publicité et le juge statuait par ordonnance. Mais la loi du 5 mars 2007 a renversé le principe : désormais le débat a lieu en audience publique lorsque la personne est majeure, sauf opposition du ministère public ou du mis en examen si l'enquête porte sur une affaire de criminalité organisée ou si la publicité est de nature à entraver les

passer outre et conduire sa procédure car l'article 145 ne dispose pas que le débat doit impérativement avoir lieu « en présence » d'un avocat, contrairement à ce que prévoit par exemple l'article 347, pour permettre le jugement du prévenu le jour même, en cas de comparution immédiate. Circ., 22 juin 2007, n° 1-2-1.

1. Ce deuxième cas peut jouer même en l'absence de demande du mis en examen d'un débat différé. Le but de cette disposition est de favoriser les chances pour la personne d'éviter la détention provisoire, Circ., précitée, n° 1-2-3.

Add., art. 145-5, C.P.P., selon lequel la personne exerçant l'autorité parentale sur un mineur de 16 ans vivant chez elle ne peut être placée en détention — sauf en cas de crime — qu'après enquête sociale visant à sauvegarder l'intérêt de l'enfant et fondée sur l'art. 81, al. 7.

2. Crim., 1er octobre 1985, B.C., n° 288 ; 14 mars 1988, B.C., n° 124, R.S.C., 1988.824, obs. A. Braunschweig ; 15 mars 2005, B.C., n° 87, débat contradictoire à l'intérieur d'une maison d'arrêt.

investigations, à porter attente à la présomption d'innocence ou à la sérénité des débats, à nuire à la dignité de la personne ou aux intérêts d'un tiers. Le juge statue sur cette opposition par ordonnance motivée après avoir recueilli les observations du ministère public, du mis en examen ou de son avocat.

En droit, le périmètre des fenêtres de publicité est élargi. Mais en fait, il n'est pas certain que la situation change tellement. En outre, s'agissant des mineurs, la non-publicité reste la règle absolue [1].

3° Le déroulement du débat appelle peu de remarques. L'article 145, al. 6, C.P.P., indique sobrement qu'au cours du débat le juge « entend le ministère public qui développe ses réquisitions prises conformément au troisième alinéa de l'article 82 » (qui parle de réquisitions écrites et motivées par référence aux seules dispositions de l'article 144). Puis il entend « les observations de la personne mise en examen et, le cas échéant, celles de son avocat. » Le juge peut évidemment poser des questions. La victime n'est pas présente (elle n'a pas sa place) et la partie poursuivie a la parole en dernier [2].

Le débat terminé, le juge rend sa décision. S'il estime ne pas devoir placer l'intéressé en détention, contrairement à ce qu'il avait envisagé initialement, il rend une ordonnance qui est immédiatement notifiée au procureur, lequel peut faire un « référé-détention » (art. 148-1, C.P.P.) : pendant les quatre heures de la notification, l'intéressé ne peut être libéré, ce qui permet au procureur de lancer cette procédure, sauf si ce magistrat préfère se rallier à la décision du juge des libertés bien qu'il ait pris auparavant des réquisitions aux fins de détention [3]. Si, au contraire, il décide comme le juge d'instruction, qu'il y a lieu à mise en détention, il rend, selon l'article 137-3, al. 1, C.P.P., une ordonnance [4] spécialement motivée qui « doit comporter l'énoncé des considérations de droit et de fait sur le caractère insuffisant des obligations du contrôle judiciaire [5] et le motif de détention par référence aux dispositions des articles 143-1 et 144, C.P.P. », lesquels, doit-on le rappeler, énoncent les conditions de la détention quant à la peine encourue et les cas de détention. L'ordonnance est aussitôt notifiée verbalement à l'intéressé qui en reçoit copie intégrale contre émargement au dossier de la procédure (art. 137-3, al. 2, C.P.P.).

Outre l'ordonnance, le juge doit établir un mandat de dépôt qui constitue le titre de détention, obligeant le chef de l'établissement pénitentiaire à recevoir l'intéressé.

1. J. Pradel, précité, n° 14-15 ; Circ., précitée, n° 1-2-2 à 1-2-2-4.

2. Règle générale dictée par le respect des droits de la défense. V. dans le même sens pour la procédure devant la chambre d'accusation. Crim., 28 septembre 1983, D., 1984.156, note J. Pradel.

3. Sur le déroulement de la procédure devant la cour d'appel, v. *infra*, n° 795.

4. Si le juge des libertés et de la détention ne rend pas d'ordonnance dans les 10 jours à compter de sa saisine, le procureur de la République peut dans les 10 jours suivants, saisir la chambre de l'instruction, art. 82, *in fine*, C.P.P.

5. Le juge doit indiquer en quoi le contrôle judiciaire est insuffisant, Crim. 16 juillet 1997, B.C., n° 273, D. 1998, Somm. 170, obs. J. Pradel ; 26 février 2008, n° 07-88.336, D. 2008, A.J., 853, quel que soit le contexte, le maintien en détention provisoire doit être expressément motivé en indiquant pour quelles raisons le contrôle judiciaire n'est pas suffisant.

744. — *Jurisprudence sur l'ordonnance de détention.* Puisque la loi n'autorise la mise en détention qu'à certaines conditions, il faut bien que l'ordonnance qui la décide soit motivée : à l'exigence de motifs dans la loi, s'ajoute donc la nécessité d'une motivation par le juge.

Rappelons qu'avant 1970, la chambre criminelle ne contrôlait nullement les décisions de mise en détention, ni quant à leur opportunité car il s'agissait d'une question de fait [1] ni quant à leur légalité à raison du silence de la loi. Désormais, la chambre criminelle a le pouvoir de contrôler, sinon l'opportunité de l'incarcération, du moins sa légalité.

Les considérations de droit s'entendent, par exemple, du quantum de la peine encourue en matière correctionnelle. Les considérations de fait s'entendent des éléments concrets du dossier par référence aux critères de l'article 144, C.P.P. L'application de ces critères donne lieu à un sévère contrôle de la Cour de cassation. La haute juridiction casse les arrêts qui se bornent à reproduire les formules de l'article 144 prises comme des clauses de style ou qui relèvent un fait et le juxtaposent à un cas abstrait visé à l'article 144 sans faire apparaître un lien entre les deux [2]. Elle rejette les pourvois dans le cas contraire [3]. On notera une difficulté relative au 1° de l'article 144 susceptible de deux interprétations : en effet, les éléments peuvent être conçus soit objectivement (le risque de disparition des preuves découlant de circonstances extérieures à l'attitude de l'intéressé lors de son procès : cadre de vie, nature de l'infraction), soit subjectivement (si on apprécie le comportement de l'intéressé à l'occasion de l'affaire : faits permettant d'induire l'intention de faire disparaître les preuves) [4].

La jurisprudence décide que l'énoncé des considérations de droit et de fait est une exigence qui ne souffre aucune exception. Ainsi cette exigence s'applique même dans le cas où le juge décide la mise en liberté en la subordonnant au versement d'un cautionnement et où, devant l'abstention de l'intéressé, il prolonge la détention. On aurait pu penser que le débat sur la détention était sans intérêt puisque la détention ne se prolongeait que du fait de l'intéressé. Mais la chambre criminelle raisonne autrement, en estimant

1. Crim., 25 juin 1959, J.C.P., 1959.II.11288, concl. Gerthoffer et note R. Vouin ; 13 juin 1968, B.C., n° 194.

2. Crim., 24 juin 1971, D., 1971.546, note J. Pradel ; 7 août 1971, D., 1972.318, note M. Lescure et E. Robert ; 28 novembre 1972, B.C., n° 359, R.S.C., 1972.127, obs. J. Robert ; 23 septembre 1974, B.C., n° 271 ; 30 septembre 1976, B.C., n° 275 ; 23 novembre 1977, B.C., n° 364 ; 19 février 1980, B.C., n° 60 ; 1er février 1983, B.C., n° 43.

3. Crim., 22 juin 1971, D., 1971.546, note J. Pradel ; 21 août 1971, J.C.P., 1971.II.16945, note E. Robert ; 17 février 1972, J.C.P., 1973.II.17347 ; 15 septembre 1973, G.P., 1973.II, somm. 286 ; 21 mars 1978, D., 1979, I.R., 41, obs. M. Puech ; 16 décembre 1997, B.C., n° 296, *Dr. pénal*, 1997, comm. 160, 3e arrêt, et chron. 26 par A. Maron ; 18 septembre 1997, B.C., n° 303, *Dr. pénal*, 1997, comm. 160, 1er arrêt, et chron. 26 par A. Maron ; 18 septembre 1997, B.C., n° 304.

4. Note au D., 1971.547, sous Crim., 22 et 24 juin 1971.

que les juges doivent toujours s'expliquer sur les considérations de droit et de fait fondant la détention [1].

Il faut aussi que le juge se prononce sur le caractère insuffisant du contrôle judiciaire [2].

L'attitude de la chambre criminelle montre bien l'influence de la loi de 1970, et des textes postérieurs d'autant plus qu'elle consacre implicitement la recevabilité immédiate des pouvoirs contre les arrêts de refus de remise en liberté, sans attendre l'arrêt définitif [3]. Il apparaît que les juges d'instruction et chambres de l'instruction procèdent en général à une motivation aussi serrée que possible. Le plus souvent, les éléments invoqués sont les suivants — parallèlement à la présence d'indices sérieux de culpabilité qui est une sorte de condition préalable à la détention — le risque de fuite (par ex., fondé sur l'existence d'un mandat d'arrêt, de l'absence de domicile ou de profession), les mensonges de l'intéressé, la possibilité de pressions sur les témoins et la victime (par ex., s'il en a déjà été exercé sur cette dernière pour qu'elle retire sa plainte) et les nécessités de l'ordre public (par ex., en raison de l'émotion causée par le caractère atroce de l'infraction ou en raison du fait qu'elle a été commise dans une petite localité, le trouble devant de toute façon être durable) [4].

— *La durée de la détention provisoire*

745. — *Les divers délais de la détention.* Longtemps, le législateur n'a connu qu'un système de délais chiffrés, que ce soit en matière criminelle ou en matière correctionnelle. Avec une loi du 30 décembre 1996 (art. 144-1, C.P.P.), il ajoute le principe général d'un délai non chiffré, fondé sur le caractère un peu flou de la raisonnabilité.

746. — *Le délai non chiffré applicable en toute matière.* Selon l'article 144-1, « la détention provisoire ne peut excéder une durée raisonnable, au regard de la gravité des faits reprochés à la personne mise en examen et de la complexité des investigations nécessaires à la manifestation de la vérité. Le juge d'instruction ou, s'il est saisi, le juge des libertés et de la détention, doit ordonner la mise en liberté immédiate de la personne placée en détention provisoire... dès lors que les conditions prévues à l'article 144 et au présent article ne sont plus remplies ».

1. Crim., 20 janvier 1993, B.C., n° 32. Cependant, au cas de mise en détention fondée sur la violation de ses obligations par le mis en examen qui avait été placé sous contrôle judiciaire, le juge n'a pas besoin de viser l'article 144, étant suffisant qu'il indique l'existence d'un manquement aux obligations, Crim., 13 octobre 1998, B.C., n° 258.

2. Crim., 16 juillet 1997, B.C., n° 273, D., 1998, Somm. 170, obs. J. Pradel ; 25 mars 1998, *Procédures*, 1998, comm. 203, obs. J. Buisson.

3. Crim. ord. prés., 11 janvier 1967, B.C., n° 18.

4. V. pour un bel exemple de motivation qui a pleinement satisfait la chambre criminelle, Crim., 15 mars 2005, B.C., n° 87.

Voilà un texte qui est indéniablement inspiré par l'article 5, § 3, Conv. E.D.H., et par la jurisprudence de la C.E.D.H. [1]. L'intérêt de ce texte est qu'il impose l'élargissement du mis en examen dès que sa détention n'est plus nécessaire, *alors même que celui-ci se trouve encore à l'intérieur d'un délai chiffré*. Ce qui signifie que les délais que l'on va examiner ne sont que des maxima, le souhait du législateur étant finalement que la remise en liberté intervienne avant expiration des délais toutes les fois que la chose sera possible.

Dans l'application, la chambre criminelle considère que l'article 144-1 pose une question de fait qui échappe à son contrôle [2]. Encore faut-il que la chambre de l'instruction réponde aux articulations du mémoire [3].

747. — *Les délais chiffrés applicables en matière criminelle.* L'article 145-2, C.P.P., décide que dans le principe, la détention ne saurait dépasser un an. Toutefois, un dépassement est possible pour une durée de six mois, laquelle durée est renouvelable selon des ordonnances rendues après débat contradictoire et indiquant le délai prévisible d'achèvement de la procédure [4]. Enfin, règle importante, les prolongations sont plafonnées en ce sens que la détention ne saurait dépasser deux ans lorsque la peine encourue est inférieure à vingt ans de réclusion criminelle ou de détention criminelle et trois ans dans les autres cas [5], voire quatre ans lorsque les faits ont été commis hors du territoire national et aussi lorsque la personne est poursuivie pour plusieurs crimes mentionnés aux livres II du Code pénal (crimes contre les personnes) et IV du même Code (crimes contre l'État et la nation), ou pour certaines infractions spécifiées (trafic de stupéfiants, terrorisme, proxénétisme, extorsion de fonds, crime commis en bande organisée).

1. La jurisprudence de Strasbourg sur la durée raisonnable de la détention est considérable. Les critères qu'elle adopte sont les suivants : 1° motifs de la détention, étant noté que ces motifs, notamment les risques de fuite et de collusion avec des témoins, perdent de leur pertinence au bout d'un certain temps (C.E.D.H., 26 juin 1991, *Letellier c/ France* ; 27 novembre 1991, *Kemmache c/ France* ; 9 novembre 1999, *Debboub c/ France*) ; 2° complexité de l'affaire comme la pluralité d'auteurs et la difficulté de certaines investigations, notamment si elles doivent être conduites à l'étranger ; 3° comportement du requérant qui est parfois à l'origine du ralentissement de l'affaire, encore qu'il ait le droit d'exercer des recours et réclamer des investigations ; comportement des autorités compétentes, encore que le droit de l'accusé à la célérité ne doit pas nuire aux efforts des magistrats pour accomplir leurs tâches avec le soin voulu » (C.E.D.H., 27 juin 1968, *Wemhoff c/ R.F.A.* ; 9 novembre 1999, précité). C'est pourquoi dans l'affaire *W. c/ Suisse* du 26 janvier 1993, il a été jugé qu'une détention de plus de quatre ans n'était pas déraisonnable. Sur l'ensemble, J. PRADEL et G. CORSTENS, *Droit pénal européen*, 2e éd., 2002, nos 321-322.

2. Crim., 12 juin 1997, B.C., n° 233 ; 14 mars 2006.

3. Crim., 22 juillet 1997, B.C., n° 277, 1er arrêt, D., 1998, Somm. 171, obs. J. Pradel, J.C.P., 1998.I.105, chron. A. Maron.

4. Crim., 22 septembre 1999, B.C., n° 192, cassation de l'arrêt d'une chambre d'accusation qui rejette la demande de mise en liberté d'individu détenu depuis plus d'un an, sans indiquer le délai prévisible d'actionnement de la procédure.

5. Est ainsi consacrée par la loi du 15 juin 2000 la notion de « délai butoir ».

En résumé, la détention peut durer un an, deux ans, trois ans ou quatre ans.

Cependant, la loi du 9 septembre 2002 a prévu une possibilité exceptionnelle d'allongement de la détention une fois que les plafonds précités ont été atteints. Mais pour dépasser ces plafonds, le législateur a ajouté un alinéa à l'article 145-2, C.P.P. Selon cet alinéa, la prorogation de délai a lieu « à titre exceptionnel » et suppose que « les investigations du juge d'instruction doivent être poursuivies et que la mise en liberté de la personne mise en examen causerait pour la sécurité des personnes et des biens un risque d'une particulière gravité ». Quand le juge d'instruction estime ces conditions réalisées, il en informe le juge des libertés et de la détention qui, à son tour, saisit la chambre de l'instruction aux fins de prolongation. Devant cette juridiction, la comparution de l'intéressé est de droit. La chambre peut prolonger la détention une première fois pour quatre mois et même une seconde fois pour encore quatre mois. Le législateur a entendu éviter la remise en liberté de criminels dangereux. Cette disposition ne saurait être considérée comme un appel. Il s'agit simplement d'une demande faite par deux juges (d'instruction et des libertés) à la juridiction supérieure.

Enfin l'article 145-2 C.P.P. limitant la durée de la détention n'est applicable que jusqu'à l'ordonnance de règlement [1].

748. — *Les délais chiffrés applicables en matière correctionnelle.* Le siège de la matière se trouve à l'article 145-1, C.P.P., qui a été profondément remanié par la loi du 15 juin 2000. Il existe un régime de faveur et un régime de rigueur.

— Le *régime de faveur* (al. 1) concerne les mis en examen qui n'ont pas déjà été condamnés pour crime ou délit de droit commun, soit à une peine criminelle, soit à une peine d'emprisonnement sans sursis de plus d'un an, et qui encourent une peine maximale de cinq ans, ces deux conditions étant cumulatives. La détention ne peut alors dépasser quatre mois. Le législateur a considéré que pour des affaires simples et concernant de « petits » délinquants au passé pénal peu chargé, le « délai butoir » de quatre mois est suffisant. Au bout de ce délai, le juge (ici le juge d'instruction) n'a d'autres recours que de faire appel au contrôle judiciaire. Évidemment, le mis en examen qui violerait les obligations du contrôle judiciaire pourrait être réincarcéré, mais au titre de l'article 143-1, *in fine*, C.P.P. [2].

1. Crim., 27 septembre 2005, B.C., n° 236.

2. Crim., 22 janvier 1981, D., 1981.561, note J. Pradel ; J. PRADEL et A. VARINARD, n° 32. Un arrêt avait décidé sous l'empire des anciens textes que la détention ne pouvait dépasser six mois (Crim., 20 décembre 1983, B.C., n° 349). Aujourd'hui, la détention au titre de la violation des obligations du contrôle judiciaire est très réglementée dans sa durée ; selon l'art. 141-3, C.P.P. (L. 15 juin 2000), la durée cumulée des deux détentions (la première au titre de l'art. 143-1, al. 1, et la seconde au titre de l'art. 143-1, al. 2, pour violation du contrôle judiciaire) ne peut excéder de plus de 4 mois la durée maximale de la détention prévue respectivement aux art. 145-1 (affaires correctionnelles) et 145-2 (affaires criminelles). Et pour les

— Le *régime de rigueur* (al. 2 et 3) s'applique « dans les autres cas » et donc lorsque le mis en examen a déjà été condamné lourdement [1] et encourt une peine de plus de cinq ans. À vrai dire, la rigueur est plus ou moins intense.

Petite rigueur pour les individus ayant agi en France ou n'ayant pas commis une infraction grave (trafic de stupéfiants, terrorisme, association de malfaiteurs, proxénétisme, extorsion de fonds ou infraction commise en bande organisée, la peine encourue étant de dix ans d'emprisonnement). La détention peut être prolongée de quatre mois en quatre mois avec un « délai butoir » d'une année. Le juge des libertés et de la détention décide ces prolongations en organisant chaque fois un débat contradictoire, l'avocat ayant été convoqué ; enfin, il rend une ordonnance motivée [2].

Grande rigueur, en revanche, pour les individus ayant agi à l'étranger ou lorsqu'ils sont poursuivis pour trafic de stupéfiants, terrorisme, association de malfaiteurs, proxénétisme, extorsion de fonds ou pour une infraction commise en bande organisée et encourant une peine égale à dix ans d'emprisonnement. Alors, le « délai butoir » est de deux ans. Dans le silence du texte, on admettra que le juge des libertés et de la détention doit, là encore, organiser un débat contradictoire tous les quatre mois. Enfin, la loi du 9 septembre 2002 a ajouté à l'article 145-1, C.P.P., un alinéa permettant à titre exceptionnel un ultime allongement de quatre mois sur le mode de ce qui est décidé parallèlement en matière criminelle (v. *supra*, n° 749) : ce qui consacre en matière de haute criminalité correctionnelle un délai maximum de deux ans et quatre mois.

En résumé, la détention peut durer quatre mois, un an ou deux ans et quatre mois.

749. — *Les délais chiffrés. Règles applicables en toute matière.*

— Quel est d'abord le point de départ du délai de détention initiale ? L'hésitation apparaît lorsque le mandat de dépôt a été précédé d'un mandat d'amener. La jurisprudence décidait jadis que c'était le mandat de dépôt qui fixait le point de départ, le mandat d'amener n'étant pas un titre de détention [3]. Mais la loi du 9 juillet 1984, en décidant que la privation de liberté subie en exécution d'un mandat d'amener s'impute sur la durée de la peine (art. 24, al. 2, A.C.P., aujourd'hui art. 716-4, al. 2, C.P.P.), implique que la détention provisoire part à compter de l'exécution du mandat d'amener et

mineurs, la durée cumulée des détentions ne peut excéder de plus d'un mois la durée maximale de la détention prévue à l'article 11, Ord. 2 février 1945 (art. 11-1).

1. Crim., 18 juin 2003, B.C., n° 126, D., 2004, Somm. 670, obs. J. Pradel, quoique prescrite, une condamnation peut servir de fondement à une prolongation.

2. Pour le droit antérieur à la loi du 15 juin 2000, Crim., 26 octobre 1999, B.C., n° 231, cassation de l'arrêt d'une chambre d'accusation qui prolonge une détention au-delà de 8 mois sans indiquer les raisons justifiant le maintien en détention et sans préciser le délai prévisible d'achèvement.

3. Crim., 25 juillet 1979, B.C., n° 251, R.S.C., 1980.455, obs. J. Robert.

que le point de départ de la prolongation est donc le jour de cette exécution. Second exemple : le mis en examen fait l'objet d'un mandat d'arrêt national ou international. L'article 716-4, al. 2, C.P.P., décide pour ces deux mandats d'arrêt comme pour le mandat d'amener.

— Il faut ensuite savoir quand le délai de détention initiale ou de prolongation se termine, car c'est quand on l'aura déterminé que l'on saura à quel moment doit être effectuée la prolongation. Selon la jurisprudence, le délai se compte de quantième à quantième, soit de date à date de chacun des mois considérés. Ainsi, en matière correctionnelle, un mandat de dépôt signé le 20 mars 1980 cesse d'avoir effet le 19 juillet suivant [1]. Si donc l'ordonnance de prolongation intervient après le 19 juillet 1980, elle est tardive, le titre de détention est inexistant [2] et l'intéressé doit être remis en liberté.

— Par ailleurs, une nouvelle exigence a été prévue par une loi du 30 décembre 1996 (art. 145-3, C.P.P.) : lorsque la durée de la détention provisoire excède un an en matière criminelle ou huit mois en matière correctionnelle, l'ordonnance de prolongation (ou de rejet d'une demande d'élargissement) doit « comporter les indications particulières qui justifient en l'espèce la poursuite de l'information et le délai prévisible d'achèvement de la procédure » [3]. Il n'est toutefois pas nécessaire que l'ordonnance de prolongation indique la nature des investigations auxquelles le juge d'instruction a l'intention de procéder lorsqu'il pourrait en résulter une entrave à l'accomplissement des investigations (art. 145-3, al. 2, C.P.P.).

— Toute prolongation concernant un individu qui exerce l'autorité parentale sur un enfant de moins de 16 ans et ayant chez lui sa résidence habituelle doit être précédée d'une enquête sociale rapide, tout comme le placement en détention (art. 145-5, C.P.P.).

— Une fois rendue, l'ordonnance de prolongation doit être signifiée ou notifiée à l'intéressé (art. 183, al. 2, C.P.P.). La notification est effectuée par le surveillant-chef de la maison d'arrêt qui remet une copie à l'intéressé. L'ordonnance est également notifiée à l'avocat.

— Si le juge n'a pas l'intention de prolonger la détention, on admet qu'il n'est pas tenu de rendre une ordonnance de soit-communiqué.

— Pour calculer la durée de la peine encourue, en vue d'une éventuelle prolongation de la détention, il n'est pas tenu compte de l'état de récidive [4].

1. Crim., 4 janvier 1983, D., 1983.562, note M. Roger, J.C.P., 1984.II.20203, note P. Chambon.

2. Crim., 4 janvier 1983, précité.

3. Formalités exigées à peine de nullité par la chambre criminelle, Crim., 6 août 1997, B.C., n° 281, D., 1998, Somm. 171, obs. J. Pradel ; 28 octobre 1997, B.C., n° 355 ; 18 novembre 1997, B.C., n° 389 ; 10 février 1999, B.C., n° 16 ; cependant, en cas de nouvelle décision, le juge n'est pas obligé d'y indiquer les raisons pour lesquelles le délai d'achèvement prévu dans une précédente décision n'a pu être tenu, Crim., 3 juin 2003, B.C., n° 111, D., 2004, Somm. 669, obs. J. Pradel.

4. Crim., 19 février 2002, B.C., n° 31 ; 25 mai 2005, B.C., n° 160. La solution est la même pour la comparution immédiate, v. arrêt du même jour, B.C., n° 33.

— Il faut enfin se demander si le juge doit accomplir les formalités de l'article 145-1, al. 3, C.P.P., si, au moment où il devait envisager la prolongation, il rend une ordonnance de refus de mise en liberté. Il semble qu'il faille répondre par l'affirmative car les deux situations sont juridiquement distinctes. La prolongation ne peut résulter que des formalités prévues par l'article 145-1, C.P.P. Si elles n'ont pas été observées, l'intéressé doit donc être élargi à l'issue du délai de quatre mois, même si quelques jours auparavant le juge avait rejeté une demande de mise en liberté.

750. — *La fin de la détention.* Deux cas sont à considérer.

1° En premier lieu, la détention peut cesser au *cours de l'instruction.*

• D'abord, la mise en liberté peut être décidée sans demande du mis en examen par le juge d'instruction ou par le juge des libertés et de la détention. Par le juge d'instruction d'office, le parquet ayant dû donner ses réquisitions (art. 147, al. 1, C.P.P.). Par le juge des libertés et de la détention : le parquet prend des réquisitions aux fins d'élargissement qu'il adresse au juge d'instruction qui, s'il refuse de les suivre, doit, dans les cinq jours, communiquer le dossier — avec les réquisitions du parquet et son avis motivé — au juge des libertés qui statuera dans le délai de trois jours ouvrables (art. 147, al. 2, C.P.P.) [1].

• Le plus souvent, cependant, c'est l'intéressé lui-même (ou son avocat) qui sollicite l'élargissement. Celui-ci peut intervenir selon deux modalités.

La première est décrite par l'article 148, al. 2, C.P.P. L'intéressé adresse sa demande au juge d'instruction qui communique immédiatement le dossier au procureur de la République aux fins de réquisitions [2]. Le parquet donne son avis et fait retour du dossier au juge d'instruction. Ce dernier doit, dans les cinq jours suivant la communication au parquet, prendre sa décision. Ou bien, il donne une suite favorable à la demande, l'intéressé est alors élargi. Ou bien il se refuse à envisager la libération du mis en examen, il transmet alors le dossier, avec son avis motivé, au juge des libertés et de la détention. C'est ce dernier qui va donc statuer. Il va le faire dans les trois jours ouvrables [3] et par une ordonnance « comportant l'énoncé des

1. Il faut rappeler un autre cas, assez rare dans l'application : lorsque la qualification criminelle ne peut plus être retenue, le juge d'instruction peut, après avoir communiqué le dossier au parquet aux fins de réquisitions, prescrire la mise en liberté du mis en examen (avec ou non contrôle judiciaire) à moins qu'il n'estime nécessaire le maintien en détention, ce qui l'oblige alors à saisir par ordonnance motivée le juge des libertés et de la détention qui statue dans les trois jours à compter de la date de sa saisine par le juge d'instruction (art. 146, C.P.P.).

2. La jurisprudence avait décidé naguère que le délai « est laissé à la conscience du juge » : Crim., 25 mars 1985, B.C., n° 122 ; comp. Colmar, Ch. acc., 21 novembre 1985, D., 1987, Somm. 80, obs. J. Pradel, et Paris, Ch. acc., 20 juin 1990, D., 1991, Somm. 212, obs. J. Pradel.

3. Selon l'art. 148, *in fine*, C.P.P., si le juge des libertés et de la détention laisse passer le délai sans réagir, l'intéressé peut saisir directement la chambre de l'instruction qui devra statuer dans les 20 jours de sa saisine faute de quoi la personne est d'office mise en liberté, sauf si des vérifications concernant sa demande ont été ordonnées.

considérations de droit et de fait qui constituent le fondement de cette décision par référence aux dispositions de l'article 144 »[1-2]. Toutefois, comme il advient que certaines personnes multiplient les demandes, sans même attendre la réponse des autorités judiciaires à une première demande, l'article 148, al. 3, *in fine*, décide que « les délais précités ne commencent à courir qu'à compter de la décision rendue par la juridiction compétente » et « il peut être répondu à ces différentes demandes par une décision unique ».

La seconde modalité, introduite par la loi du 6 août 1975, consiste dans la possibilité pour l'intéressé qui n'a pas été interrogé par le juge d'instruction depuis plus de quatre mois de réclamer sa mise en liberté à la chambre de l'instruction (art. 148-4 nouveau, C.P.P.) ; celle-ci statue comme dans le cas de l'article 148, alinéa 6. Cette disposition répond à une préoccupation d'ordre psychologique : le fait qu'un juge d'instruction n'ait pas entendu depuis plus de quatre mois le mis en examen « est souvent ressenti par celui-ci comme un désintérêt de la justice à son égard »[3].

Quelle que soit la modalité utilisée, l'intéressé fait sa demande selon un formalisme précis (déclaration au greffier de la juridiction d'instruction ou au gardien-chef de la maison d'arrêt, art. 148-6 à 148-8, C.P.P). Ce formalisme est d'ordre public[4]. La mise en liberté est précédée d'une déclaration d'adresse faite auprès du juge d'instruction ou du chef de l'établissement pénitentiaire (art. 148-3, C.P.P.). De plus, elle est toujours subordonnée à l'engagement de l'intéressé de se présenter à tous les actes de la procédure et à celui de tenir le juge informé de tous ses déplacements (art. 147, al. 1, C.P.P.). En outre, elle peut être assortie du contrôle judiciaire. Si la modalité retenue est le cautionnement, l'intéressé ne peut sortir de prison avant de l'avoir versé[5].

Que la mise en liberté ait été ordonnée d'office par le juge ou par demande du mis en examen, mais si elle est susceptible de faire courir un risque à la victime, le juge place le mis en examen sous contrôle judiciaire en le soumettant à l'interdiction de recevoir ou rencontrer la victime (art. 144-2, C.P.P.).

Après son élargissement, l'intéressé peut être à nouveau incarcéré par le juge à raison des mêmes faits et dans la même information, mais seulement s'il y a des

1. Le juge doit viser l'art. 144 (sur les cas de détention), mais pas l'article 145 en ce qu'il invoque « le caractère insuffisant des obligations du contrôle judiciaire », l'article 148 ne faisant pas référence à l'article 145, Crim., 22 juillet 1997, B.C., n° 276, D., 1998, Somm. 171, obs. J. Pradel ; 2 septembre 1997, B.C., n° 291, *Dr. pénal*, 1997, comm. 161 et chron. 26, par A. Maron.

2. Crim., 30 octobre 1990, D., 1991.292, note Mayer, et Somm. 212, obs. J. Pradel, si le juge décide l'élargissement, il n'est pas tenu de constater l'absence des conditions de la détention.

3. Exposé des motifs, p. 3.

4. Crim., 22 juillet 1986, B.C., n° 239, D., 1987, Somm. 79, obs. J. Pradel.

5. Crim., 28 novembre 1972, J.C.P., 1973.II.17326, 2e espèce, note Desmonts ; 12 février 1997, B.C., n° 58.

circonstances nouvelles entrant dans les prévisions des articles 144 et 145, C.P.P., et justifiant une nouvelle incarcération [1].

2° En second lieu, le sort de la détention, à la *clôture de l'instruction*, varie selon les cas. En matière correctionnelle, elle prend fin de droit [2], sauf possibilité pour le juge d'en décider le maintien par une ordonnance distincte de l'ordonnance de règlement et spécialement motivée au regard des dispositions de l'article 144, alinéas 1, 2 et 3 (art. 179, al. 3, C.P.P.). Cette ordonnance cesse de produire effet à l'expiration d'un délai de deux mois après l'ordonnance de renvoi si le tribunal correctionnel n'a pas commencé l'examen au fond de l'affaire, encore que si l'audience sur le fond ne peut se tenir dans ce délai, le tribunal puisse, à titre exceptionnel, ordonner la prolongation de la détention par décision mentionnant les raisons de fait ou de droit faisant obstacle au jugement dans les deux mois, la prolongation valant pour deux mois ; cette décision peut elle-même être renouvelée pour deux mois encore, ce qui peut faire six mois en tout. Après quoi, l'élargissement est de droit si le tribunal n'a pas commencé l'examen de l'affaire (art. 179, al. 5, C.P.P.).

En matière criminelle, si la personne poursuivie était placée en détention provisoire, le mandat de dépôt conserve sa force exécutoire [3] de sorte qu'elle reste détenue jusqu'à son jugement par la cour d'assises. À ce principe sont cependant apportées deux exceptions :

— l'accusé peut solliciter sa mise en liberté en application de l'article 148-1, C.P.P. ;

— l'accusé n'ayant pas comparu devant la cour d'assises à l'expiration d'un délai d'un an à compter de la date à laquelle la décision de mise en accusation est devenue définitive est immédiatement remis en liberté. Mais, comme en matière correctionnelle, cette rigueur n'est qu'apparente. Si l'audience sur le fond n'a pu commencer avant l'expiration de ce délai, la chambre de l'instruction peut, à titre exceptionnel, rendre une décision de prolongation de la détention. Cette décision est rendue conformément à l'article 144, C.P.P. ; elle mentionne les raisons de fait ou de droit s'opposant au jugement de l'affaire et elle prolonge la détention pour six mois. Une seconde prolongation de six mois est possible dans les mêmes formes (ce qui peut faire en tout deux ans entre l'ordonnance de mise en accusation et le jugement). Si l'accusé n'a pas comparu à l'issue de la seconde prolongation, il est immédiatement remis en liberté (art. 181, al. 7 à 9, C.P.P.) [4].

1. Crim., 15 février 1995, B.C., n° 71.

2. Si le mandat de dépôt cesse d'avoir effet, tout comme les mandats d'amener et de recherche, le mandat d'arrêt conserve sa force exécutoire (art. 179, al. 2, C.P.P.).

3. Cette règle, issue de l'article 181, al. 7 (L. 9 mars 2004), supprime l'ordonnance de prise de corps qui faisait suite à la décision de renvoi aux assises, le mandat de dépôt disparaissant alors au moment de cette décision. Les choses sont aujourd'hui plus simples.

4. Il y a comparution même si la cour d'assises s'est borné à ordonner le renvoi à une audience ultérieure, Crim., 29 janvier 2003.

Évidemment, le mndat d'arrêt conserve sa force exécutoire, mais pas les mandats d'amener et de recherche, sauf pouvoir pour le juge d'instruction de délivrer mandat d'arrêt contre l'accusé (art. 181, al. 7, C.P.P.).

— *Les effets de la détention provisoire*

751. — *Les effets de la détention pendant l'instruction préparatoire.* Le régime de la détention est décrit par les articles 116, 714 à 716 et D. 53 à D. 69, C.P.P.

La détention s'effectue dans une maison d'arrêt, exactement dans un quartier spécial de celle-ci. L'idéal serait de créer des établissements spéciaux pour détenus provisoires dont le statut, à raison de la présomption d'innocence, devrait être différent de celui des condamnés.

Notre droit ne méconnaît d'ailleurs pas totalement cette idée puisque le régime normal d'exécution de la détention provisoire est plus libéral que celui de la peine privative de liberté. L'individu détenu bénéficie d'un emprisonnement individuel de jour et de nuit et il ne peut être dérogé à ce principe qu'à sa demande ou s'il est autorisé à travailler en raison des nécessités d'organisation du travail (art. 716, C.P.P., disposition qui ne s'appliquera que le 16 juin 2003, compte tenu de l'état actuel de nos prisons). Il peut écrire et recevoir sans limitation du courrier, sauf à remarquer que l'administration lit les lettres [1]. Il peut même, sur permis du juge d'instruction, recevoir des visites.

Cependant, à titre d'aggravation, le juge d'instruction peut durcir ce régime en décidant la mise au secret de l'individu : dès lors, celui-ci ne peut plus communiquer avec quiconque, sauf avec son avocat. Mais cet isolement doit être justifié par les nécessités de l'instruction et il ne peut durer plus de dix jours, avec renouvellement éventuel une seule fois (art. 145-4, C.P.P.) [2].

752. — *Les effets de la détention après l'instruction préparatoire. L'imputation de la détention provisoire sur la durée de la peine privative de liberté.* En cas de condamnation à une peine privative de liberté, il y a une *imputation* obligatoire du temps passé en détention provisoire sur la durée totale de la peine prononcée (art. 716-4, al. 1, C.P.P.), sauf si la détention ne concerne pas les faits ayant entraîné la condamnation ; cette imputation joue aussi pour une détention provisoire ordonnée dans le cadre d'une procédure suivie pour les

1. Toutefois, en application de l'art. D. 69, C.P.P., les lettres adressées par le mis en examen sous pli fermé à son avocat ainsi que celles que lui envoie ce dernier ne sont pas contrôlées. Pour un cas de fraude, Crim., 12 mai 1992, J.C.P., 1992.IV.300.

2. La loi du 15 juin 2000 (art. 144-2, C.P.P.) avait malencontreusement prévu la possibilité d'une détention provisoire effectuée sous le régime de la surveillance électronique. La loi du 9 septembre 2002 a abrogé l'article 144-2, C.P.P., et transféré l'idée à l'article 138, C.P.P., sur le contrôle judiciaire : l'obligation de ne pas quitter son domicile peut ainsi s'exécuter sous ce régime (v. *supra*, n° 730).

mêmes faits que ceux ayant donné lieu à condamnation, si cette procédure a été ultérieurement annulée (art. 716-4, al. 1, *in fine*, C.P.P.). Avant 1970, la juridiction de jugement pouvait décider par décision spéciale et motivée qu'il en irait autrement [1]. La solution nouvelle, plus libérale, est imitée de certains droits étrangers (par ex., art. 30, C.P. belge). L'imputation s'applique à toute forme de détention provisoire, y compris à la privation de liberté comprise entre arrestation sur mandat d'amener ou d'arrêt et présentation devant le juge et même à l'incarcération provisoire de l'article 145, C.P.P. (art. 716-4, al. 2, C.P.P.) [2].

753. — *Suite. La réparation après échec de la poursuite.* En cas de non-lieu, de relaxe ou d'acquittement, l'intéressé peut bénéficier d'une *réparation* en compensation du préjudice que lui a causé sa détention. On doit cette règle au législateur de 1970 (art. 149 à 150, C.P.P.) qui paraît avoir été influencé par la doctrine [3]. Sans doute, ont dû jouer également l'exemple de quelques décisions ayant admis le principe de la recevabilité de la demande [4] et de certains droits étrangers (par ex., Suisse et Belgique), sans oublier bien sûr le problème nettement posé par l'*affaire Deveaux* [5]. Notre système a été ultérieurement retouché par les lois des 15 juin et 30 décembre 2000 et 9 mars 2004.

Quant à ses *conditions de fond*, l'obtention d'une réparation suppose : 1° Une détention provisoire et/ou une incarcération provisoire (le placement sous contrôle judiciaire ne suffisant pas) ; 2° Un non-lieu, une relaxe ou un acquittement ; 3° Un préjudice. La loi de 1970 avait entendu restrictivement le préjudice qui devait être « manifestement anormal et d'une particulière gravité ». Mais la loi du 15 juin 2000 a beaucoup assoupli la condition du préjudice puisque l'article 149, C.P.P., parle désormais d'un « préjudice moral et matériel » causé par la détention : il peut donc s'agir de n'importe quel préjudice à la seule condition que le demandeur en démontre l'existence ; ce dernier peut d'ailleurs demander une évaluation de ce préjudice par voie d'expertise contradictoire. Ce qui facilite encore l'action du demandeur, c'est qu'il n'a à prouver ni son innocence (comp. art. 626, C.P.P., sur le recours en révision) ni une faute grave du juge (comp. art. 505, ancien

1. Crim., 9 novembre 1965, G.P., 1966.I.150.

2. Pour une application, Crim., 24 octobre 1995, G.P., 1996.II.48, pas d'imputation du temps d'incarcération qui pourrait avoir été subie en vertu d'une condamnation prononcée par des autorités judiciaires étrangères.

3. J. LÉAUTÉ, *Pour une responsabilité de la puissance publique en cas de détention préventive abusive*, D., 1966, chron. 61 ; G. DURRY, obs. R.T.D.C., 1969.575.

4. Trib. gr. inst., Paris, 15 octobre 1969, J.C.P., 1970.II.16153, concl. Jéol et note Batigne ; Trib. gr. inst., Paris, 9 mars 1970, J.C.P., 1971.II.16840, note Mlle Burdeau.

5. Crim., 30 avril 1969, D., 1969.449, rapport F. Chapar, J.C.P., 1970.II.16448, note Boyer, acquittement accordé en 1969 après cassation d'une condamnation prononcée en 1963 pour un crime commis en 1961.

C. proc. civ., sur la prise à partie en cas de lourde faute personnelle du juge). Si ces conditions sont réalisées, l'indemnité est accordée [1].

Seules limites selon l'article 149 : aucune réparation n'est due quand la décision de non-lieu, de relaxe ou d'acquittement se fonde sur l'état mental de l'intéressé, sur une amnistie postérieure à sa mise en détention provisoire (« l'amnistie lave mal » décidément), sur la prescription de l'action publique intervenue après la libération de la personne lorsque celle-ci était dans le même temps détenue pour autre cause, enfin sur le fait que la détention concernait le demandeur qui s'était librement et volontairement accusé à tort en vue de faire échapper l'auteur de faits aux poursuites [2].

Au point de vue *procédural*, au moment de la notification du non-lieu, de la relaxe ou de l'acquittement, la personne est avisée de son droit de demander une réparation. L'indemnité est allouée par décision du premier président de la cour d'appel dans le ressort de laquelle a été prononcée la décision (art. 149-1, C.P.P.). Ce magistrat, saisi par requête dans les six mois de la décision statue par décision motivée. La décision du premier président peut, dans les dix jours de sa notification, faire l'objet d'un recours devant une commission nationale de réparation des détentions provisoires. Cette commission est composée du premier président de la Cour de cassation (ou de son représentant) et de deux magistrats du siège de cette Cour désignés annuellement par le bureau de ladite Cour. La commission comporte aussi un Ministère public, pris au sein des membres du parquet général de la même juridiction. La procédure est régie par l'article 149-2 du Code de procédure pénale : qu'elle se déroule devant le premier président ou devant la commission, les débats ont lieu en audience publique, sauf opposition du requérant ; celui-ci peut demander à être entendu personnellement ou par l'intermédiaire de son avocat. Les décisions de la commission ne sont susceptibles d'aucun recours et elles sont motivées [3].

Deux observations complémentaires doivent être faites.

1° Sur le *plan statique*, la Commission nationale de réparation des détentions est saisie de plus en plus souvent : environ 100 fois par an dans les années 1970, 205 fois en 1998, 491 fois en 2004 [4].

2° Sur le plan des *conditions d'obtention de la réparation*, la Commission nationale a créé une véritable jurisprudence fondée sur une application fidèle de l'article 149, C.P.P., et de son principe dominant de la réparation intégrale. On évoquera

1. L'article 149, C.P.P. (L. 15 juin 2000) indique que la personne « a droit, à sa demande, à réparation intégrale... ». Cet article, dans sa rédaction primitive, décidait qu'une « indemnité peut être accordée... ». Le principe nouveau est donc bien celui d'une réparation systématique.

2. Commission nationale de réparation des détentions, 10 janvier 2006, B.C., n° 1, rejet de la demande même si l'intéressé après s'être accusé faussement s'est rétracté.

3. Avant la réforme du 15 juin 2000, seule la Commission nationale existait et elle ne motivait pas ses décisions (ancien art. 149-2, C.P.P.).

4. Commission de suivi de la détention provisoire, rapport 2005, p. 44.

rapidement cette jurisprudence en s'en tenant aux décisions postérieures à la loi du 15 juin 2000 qui a réécrit (et élargi) l'article 149 [1].

Négativement, certaines données de nature à exclure la réparation ne sont plus pris en compte comme l'existence d'un dysfonctionnement de la justice [2] ou le mauvais comportement du demandeur pendant la procédure (aveux rétractés [3], violation des obligations du contrôle judiciaire [4]) : auparavant, la Commission en tenait compte, mais elle ne le peut plus puisque ces facteurs ne figurent pas expressément dans l'article 149.

Positivement, tout préjudice — s'il est prouvé et s'il est en rapport direct avec la détention — donne lieu à réparation. Il peut s'agir du préjudice matériel (ou économique) comme la perte de revenus pendant la détention ou la suspension des allocations de remplacement [5], ou encore le licenciement [6] ; même si le demandeur n'avait aucun revenu lors de son incarcération, il peut recevoir une indemnité au titre de la perte de chance de retrouver un emploi. Il peut s'agir aussi du préjudice moral et l'on citera le choc carcéral, des violences subies de la part d'un codétenu, l'éloignement familial, l'apparition d'une maladie causée par la détention comme le psoriasis, etc. Une expertise psychiatrique ou médicale est parfois ordonnée.

Le montant des indemnités accordées pour un jour de détention provisoire oscille en 2004 entre 10 et 454 € [7].

La loi du 15 juin 2000, en son article 72, a institué une commission de suivi de la détention provisoire [8]. Placée auprès du ministre de la Justice, elle est composée de deux parlementaires, d'un magistrat de la Cour de cassation, d'un membre du Conseil d'État, d'un professeur de droit, d'un avocat et d'un représentant d'un organisme de recherche judiciaire. Elle publie un rapport annuel.

§ 2. — Le statut du témoin assisté, personnage non partie

754. — *Origines du concept de témoin assisté.* Le témoin assisté a pour origine la suggestion d'un magistrat qui en 1973 avait imaginé que face à des indices fragiles, le suspect soit seulement mis en cause avec le droit à l'assistance d'un avocat et sans que puisse être prise une décision de mise en

1. *Aperçu de la jurisprudence de la Commission nationale de réparation des détentions*, par D. Karsenty, Bulletin d'information, Cour de cassation, 1er mai 2003, pp. 29 et s.
2. Commission nationale, 24 janvier 2002.
3. *Id.*, 27 mai 2002.
4. *Id.*, 27 mai 2002.
5. Selon l'article R. 311-3-3, C. travail, les allocations ASSEDIC sont suspendues au-delà de 15 jours de détention. Dès lors, la Commission calcule la réparation due en prenant comme base la somme journalière allouée à ce titre, multipliée par le nombre de jours de détention, avec soustraction d'une durée de 15 jours au bout desquels l'allocation est suspendue.
6. Commission nationale, 19 septembre 2002, B.C. (C.N.R.D.) n° 6, il n'y a pas à rechercher, pour réduire la somme si l'employeur devait une indemnité pour cause de rupture.
7. Rapport 2005 précité, p. 43.
8. Pour les détails, v. déc. n° 2001-709 du 31 juillet 2001.

détention [1]. Puis une loi du 30 décembre 1987 (art. 104 C.P.P.) créa le témoin assisté dans le cadre très particulier des constitutions initiales de partie civile faites devant le juge d'instruction et visant nommément une personne : celle-ci pouvait demander au juge de l'entendre comme témoin assisté au lieu de l'inculper, ce qui était une façon de dire que la plainte pouvait s'appuyer sur bien peu et être l'expression d'une vengeance plus ou moins rentrée ; ce qui était aussi un moyen aux yeux du législateur d'éviter l'opprobe d'une inculpation aussitôt diffusée par la presse. Ensuite une loi du 24 août 1993 (art. 105, al. 3, C.P.P.) vint permettre au juge d'instruction de considérer comme témoin assisté la personne visée dans un réquisitoire introductif quand les indices de culpabilité ne lui paraissent pas suffisants pour qu'il puisse être procédé à une mise en examen. La commission Truche considéra qu'il convenait de généraliser l'application du système du témoin assisté [2].

C'est un peu cette proposition que consacra la loi du 15 juin 2000. Consacrant largement le témoin assisté, elle créa au sein de la Section intitulée « Des auditions de témoins » (art. 101 et s., C.P.P.) une sous-section ayant pour appellation « Du témoin assisté » (art. 113-1 à 113-8, C.P.P.). D'ultimes retouches, assez modestes, furent opérées par une loi du 9 mars 2004. Presque toute la matière se trouve traitée aux articles 113-1 et suivants.

A — L'acquisition du statut du témoin assisté

1. *Les cas d'acquisition de la qualité de témoin assisté*

755. — L'idée générale est que la qualité du témoin assistée doit être conférée en principe à des suspects pour lesquels les indices sont plus minces que ceux qui sont nécessaires à une mise en examen. Cela dit, le législateur est précis et il énonce divers cas dans lesquels une personne est témoin assisté.

Il y a d'abord deux situations dans lesquelles la qualité de témoin assisté est automatique quelle que soit l'attitude du juge d'instruction et avant même qu'il ait procédé à l'audition de l'intéressé en qualité de témoin assisté. Il en est d'abord ainsi dans le cas de la personne visée dans un réquisitoire introductif ou supplétif et qui n'est pas mise en examen (art. 113-1, al. 1, C.P.P.) [3]. Ce premier cas vise à la fois la situation de la personne que le juge avait envisagé de mettre en examen pour finalement ne pas le faire

1. J. JONQUÈRES, *Inculpation et mise en cause*, G.P., 1973.II, Doct. 461.
2. Rapport de la commission de réflexion sur la justice, présidée par P. TRUCHE, La documentation française, 1997, p. 60 et s.
3. Ce qui est la reprise du cas visé à l'article 105, al. 3, C.P.P., abrogé par la loi du 15 juin 2000. V. pour une application, Crim., 19 novembre 1998, B.C., n° 309, Procédures, 1999, comm. 136, obs. J. Buisson.

(art. 116, al. 5, 1er cas, C.P.P.) et la situation de celle que le juge n'avait jamais envisagé de mettre en examen. Le second cas automatique est celui de la personne mise en examen et qui, sur requête, a obtenu l'annulation de cette mise en examen de la chambre de l'instruction : cette personne rétrograde alors au stade du témoin assisté (art. 174-1, C.P.P.) [1].

Il est une seconde situation dans laquelle l'acquisition du statut de témoin assisté, loin d'être cette fois automatique, dépend de la volonté de la personne : celle-ci, visée nommément par une plainte ou mise en cause par une victime est nécessairement entendue comme témoin assisté si elle en fait la demande ; et dans le cas de plainte avec constitution de partie civile, le juge doit même l'informer de ce droit (art. 113-2, al. 1, C.P.P.).

Il existe une ultime situation où c'est le juge qui décide d'attribuer à la personne la qualité de témoin assisté. Selon l'article 113-2, al. 2, C.P.P., « toute personne mise en cause par un témoin » (et non plus par une victime) « ou contre laquelle il existe des indices rendant vraisemblable qu'elle ait pu participer à la commission des infractions dont le juge est saisi, peut être entendue comme témoin assisté ». Le « peut être entendue » traduit bien la liberté d'appréciation du juge [2].

Ainsi le témoin assisté apparaît comme un suspect un peu moins compromis que le mis en examen, un « mini-suspect » [3].

2. *Le mécanisme procédural d'acquisition de la qualité de témoin assisté*

756. — Sauf dans le cas particulier de l'article 174-1, C.P.P., la personne acquiert la qualité de témoin assisté par l'effet d'un acte du juge d'instruction : c'est la « première audition » visée et décrite à l'article 113-4, C.P.P. Le régime de cet acte est proche de celui de la première comparution du mis en examen. Le juge constate l'identité de la personne, lui donne connaissance du réquisitoire, de la plainte ou de la dénonciation, l'informe qu'elle doit l'aviser de son adresse et des changements de celle-ci, lui indique enfin ses droits, c'est-à-dire son statut.

B — Le contenu du statut de témoin assisté

757. — C'est un statut bâtard qui par certains égards est celui du mis en examen et qui par d'autres s'en éloigne pour se rapprocher de celui du

1. Pour une application, Crim. d'octobre 2003, B.C., n° 177, D., 2004, Somm. 672, obs. J. Pradel.
2. F. DEFFERRARD, *Le suspect dans le procès pénal*, L.G.D.J., 2005, p. 26.
3. Rappelons que rien n'interdit au juge d'instruction d'entendre comme témoin assisté une personne contre laquelle il y a des indices graves *et* concordants, à condition qu'il n'entende appliquer à son encontre aucune mesure de contrainte.

simple témoin. En réalité, le témoin assisté a presque tous les avantages accordés au mis en examen sans en avoir les inconvénients.

Comme le mis en examen, le témoin assisté a droit à l'assistance d'un avocat — qui est préalablement avisé des auditions et a accès au dossier ; cet avocat est choisi par le témoin assisté ou s'il en fait la demande, par le bâtonnier (art. 113-3, al. 1, C.P.P.). Il peut aussi demander à être confronté avec toute personne le mettant en cause — et il peut soulever des nullités (art. 113-3, al. 2, C.P.P.) [1] tout comme le mis en examen. De même, à l'instar de ce dernier, il ne prête pas serment (art. 113-7, C.P.P.).

Mais à l'inverse du mis en examen, il ne peut pas être placé sous contrôle judiciaire ou mis en détention provisoire, ni renvoyé en jugement (art. 113-5, C.P.P.). Il ne peut pas non plus solliciter des actes d'investigation, à l'exception des confrontations comme il vient d'être dit. Enfin, le juge peut certes lui notifier les conclusions des expertises le concernant, mais sans y être obligé (art. 167, *in fine*, C.P.P.).

Dès lors, le témoin assisté n'est pas une partie et il est au mieux une partie croupion, un personnage ayant certains droits de partie, sans l'être vraiment. Ainsi l'article 170, C.P.P. parle des « parties ou du témoin assisté ». La jurisprudence, de son côté, affirme avec une grande netteté que le témoin assisté n'est pas une partie [2].

C — Appréciation sur le statut de témoin assisté

758. — La raison ayant conduit le législateur à créer cette figure procédurale a été de réduire le nombre de mis en examen — le droit commun demeurant le statut de témoin assisté (art. 80-1, C.P.P.) — et par-delà de mieux protéger la réputation des personnes qui auraient pu être mises en examen. L'ombre de la presse et de ses méfaits est ici importante d'autant que ce sont près de 10 % des mis en examen qui bénéficient d'un non-lieu, souvent longtemps après ; le non-lieu répare mal l'atteinte à la réputation faite par la publicité de la mise en examen.

À l'expérience cependant, le statut de témoin assisté s'avère riche d'inconvénients [3].

— Le système est très complexe. Dans un même dossier, le juge peut avoir affaire pour une même infraction à un mis en examen et à un témoin assisté et s'il y a plusieurs infractions la qualité des participants n'est pas forcément la même.

1. Depuis une loi du 9 mars 2004. Avec cette conséquence que le témoin assisté peut former un pourvoi en cassation contre l'arrêt ayant rejeté sa requête en annulation, Crim., 21 juin 2005, B.C., n° 181, D., 2006, Pan. 623, obs. J. Pradel.

2. Crim., 13 février 2002, pourvoi n° 01-83-529 ; 21 juin 2005, précité ; 28 mars 2006, D., 2006, 1189.

3. J. Pradel, Les personnes suspectes ou poursuivies après la loi du 15 juin 2000. Évolution ou révolution ? D., 2001, chron. p. 1118, 1re et 2e colonnes.

— Il peut s'avérer délicat pour le juge de distinguer entre les « indices graves et concordants » permettant la mise en examen et les « indices rendant vraisemblable » la participation à l'infraction qui peuvent conduire au statut de témoin assisté. Souvent, ce sera la nécessité d'une mesure coercitive qui déterminera le choix, ce qui est peu logique.

— L'opprobre risque fort d'atteindre le témoin assisté car si « le poids du soupçon s'est accru contre la personne mise en examen, il pèse désormais aussi sur le témoin assisté » [1].

— Il se murmure, non sans vraisemblance, que le statut de témoin assisté a été créé en faveur de certains notables comme les parlementaires.

— On ne peut taire non plus certaines difficultés ou contradictions comme le rallongement de la procédure en cas de mise en examen d'un témoin en fin d'instruction (art. 113-8, C.P.P.), comme l'impossibilité pratique pour le témoin assisté qui ne se sent pas poursuivi de soulever une nullité, après un délai de six mois, ou encore comme la possibilité d'utiliser les mandats de comparution et d'arrêt générateurs de garde à vue alors que la détention provisoire est inapplicable.

Ne créons pas de « houles inutiles » [2]. Fallait-il vraiment créer le témoin assisté ? Il ne le semble pas et d'ailleurs les praticiens appliquent très peu cette institution, ce qui démontre que le but du législateur n'a pas été atteint.

§ 3. — Le statut du ministère public et de la partie civile

Les droits du ministère public, en fait du procureur de la République sont bien plus considérables que ceux de la partie civile.

A — Les prérogatives du procureur de la République

759. — Certes, le procureur général dispose d'un droit de surveillance, facilité par l'obligation du procureur de la République de lui adresser périodiquement un état des affaires de son ressort (art. 35, al. 3, C.P.P.) et d'un droit de critique matérialisé par une possibilité d'appel contre toutes les ordonnances juridictionnelles du juge d'instruction et du juge des libertés et de la détention (art. 185, al. 4, C.P.P.). Néanmoins, les prérogatives les plus importantes appartiennent au procureur de la République qui a le droit de

1. H. Leclerc, La loi du 15 juin 2000, renforçant la présomption d'innocence et les droits des victimes, G.P., 29-30 septembre 2000.

2. C. Guery et R.P. Rolland, *Les houles inutiles. Propos sur le nouveau statut du témoin assisté*, G.P., 4-5 octobre 2000.

critiquer l'instruction par le biais de l'appel [1], d'être tenu informé de son déroulement et de participer à son cours.

L'apparition des pôles d'instruction depuis le 1er mars 2008 [2] pose problème quand l'information a été ouverte par le procureur d'un tribunal sans pôle qui s'est dessaisi au profit d'un pôle situé dans un tribunal avec pôle. Selon l'article 80.II, C.P.P., c'est le procureur puis le tribunal avec pôle qui est seul compétent pour suivre le déroulement des injonctions jusqu'à leur réglement inclus.

1. *Le droit d'être tenu informé*

760. — Le droit de savoir est, pour le procureur de la République, un droit presque général.

D'une part, le procureur est informé de *ce qui va être fait*. Le juge doit l'aviser de l'accomplissement prochain d'un transport sur les lieux ou d'une perquisition, soit dans son propre ressort, soit dans celui d'un tribunal autre (art. 92, al. 1, et 93, C.P.P.) [3]. Si le procureur a manifesté son intention d'y assister, le juge doit l'avertir de tout interrogatoire, audition et confrontation du mis en examen, de la partie civile et du témoin assisté ; le greffier ayant dû l'en informer par simple note au plus tard l'avant-veille de l'interrogatoire (art. 119, C.P.P.). Enfin, le procureur est informé des ordonnances juridictionnelles qui vont être rendues puisque le juge doit lui communiquer la procédure avant de recueillir son avis.

D'autre part, le procureur est informé de *ce qui a été fait*. Il peut d'abord s'informer à tout moment en se faisant communiquer le dossier à charge de le restituer dans les vingt-quatre heures (art. 82, al. 2, C.P.P.) [4]. Il doit ensuite être informé, le jour même où elle est rendue, de toute ordonnance non conforme à ses réquisitions (art. 183, al. 5, C.P.P.).

La Cour de cassation, de son côté, admet dans un cas précis que le parquet soit tenu au courant de *ce qui est en train de se faire*. Elle admet en effet qu'il n'est pas interdit au parquet d'assister à l'audition d'un témoin dès lors qu'il n'est pas intervenu et n'a pas fait poser de questions. Cette règle se fonde, ajoute-t-elle, sur l'article 102, C.P.P. qui n'exclut pas expressément la présence du Ministère public lors de l'audition d'un témoin par le juge d'instruction [5].

1. V. *infra*, nos 790 et s.
2. V. *supra*, n° 33.
3. L'avis donné au procureur peut se matérialiser par tout moyen, Crim., 11 décembre 1984, B.C., n° 397.
4. Quand le procureur réclame le dossier, le juge ne peut s'y refuser de sorte qu'est nulle une ordonnance de refus, Crim., 5 février 1970, B.C., n° 53.
5. Crim., 19 juin 1990, D., 1991.15, note F.L. Coste.

2. *Le droit de participer*

761. — La place prééminente du Ministère public ne lui donne cependant pas le droit de conduire l'instruction avec le juge. Comme la personne mise en examen et la partie civile, le procureur ne peut que proposer, suggérer. Toutefois, le procureur dispose souvent de prérogatives plus importantes que les parties privées.

Sur un point certes, il y a égalité entre parquet et parties privées : le premier peut requérir du juge tous actes utiles à la manifestation de la vérité (art. 82, al. 1, C.P.P.) et les secondes aussi (art. 82-1, C.P.P.). On notera quelques petites différences procédurales, en faveur du parquet : ce dernier n'a pas à motiver sa demande, contrairement aux parties privées et si le juge refuse de faire l'acte réclamé, il doit répondre par ordonnance motivée dans les cinq jours si la demande venait du parquet, mais dans les trente jours si elle venait d'une partie privée.

Sur deux autres points, en revanche, le parquet est nettement mieux placé que les parties privées.

Premièrement, lui et lui seul doit donner son « avis » ou ses « réquisitions » sur tous les actes importants que le juge va faire comme le lancement d'un mandat d'arrêt (art. 131, C.P.P.), l'incarcération et la remise en liberté de la personne mise en examen (art. 145, 147 et 148, C.P.P.), la mainlevée du contrôle judiciaire (art. 140, C.P.P.), le changement d'une qualification criminelle en qualification correctionnelle (art. 146, C.P.P.), les actes consécutifs à une constitution initiale de partie civile (art. 86, C.P.P.)... Et le juge ne peut statuer ou agir avant d'avoir obtenu les « réquisitions » ou « avis » du parquet, quitte à devoir rendre une ordonnance motivée s'il veut passer outre [1].

Deuxièmement, le procureur de la République a le droit d'assister à certains actes d'instruction. Il peut assister à l'accomplissement des actes qu'il requiert (art. 82, al. 1, C.P.P.). Mais à l'instar des parties privées, il est soumis à la décision du juge : c'est en effet le juge qui détermine l'ordre des interventions et peut y mettre un terme quand il s'estime assez informé (art. 120, al. 2, C.P.P.).

B — Les prérogatives de la partie civile

762. — *Devoirs du juge d'instruction et distinction.* Alors qu'elle n'est pas encore constituée partie civile, la victime doit être avertie dès le début de l'information par le juge d'instruction de son droit de se porter partie civile. Si la victime est mineure, cet avis est donné par le juge à ses représentants

1. Crim., 20 juin 1988, D., 1989.62, note critique D. Mayer, D., 1989, Somm. 175, note approbative J. Pradel.

légaux. L'avis indique à la victime qu'elle peut être assisté d'un avocat (art. 80-3, C.P.P.).

Si la victime se constitue effectivement partie civile, le juge doit avertir celle-ci tous les six mois de l'état d'avancement de l'information (art. 90-1, C.P.P.) [1]. En outre, la partie civile peut demander à être informée tous les quatre mois de l'évolution de la procédure et elle est alors convoquée et entendue à cette fin par le juge d'instruction (art. 96-1, al. 4, C.P.P.)

De plus, la constitution de partie civile peut être contestée, en fait par le mis en examen. D'où la nécessité de distinguer entre deux cas.

1. *Les prérogatives de la partie civile au cas où la recevabilité de sa demande n'est pas contestée*

763. — La loi du 22 mars 1921 a accordé à la partie civile ce que celle du 8 décembre 1897 avait donné à la personne mise en examen : le *droit à l'assistance d'un avocat* dont la désignation obéit aux règles de l'article 115, al. 1, C.P.P. Cette conquête a évidemment été maintenue en 1959. En conséquence, la partie civile : 1° Peut, dès sa première audition, se faire assister de son conseil (art. 114, al. 1, C.P.P.) ; 2° Ne peut être entendue ou confrontée qu'en présence de son conseil, sauf renonciation expresse à son conseil ou lui dûment appelé (art. 114, al. 1).

En outre, l'avocat de la partie civile est convoqué au plus tard cinq jours avant l'audition de son client et la procédure est *mise à sa disposition* au plus tard quatre jours avant chaque audition ; après la première audition, la procédure est à la disposition du conseil à tout moment « sous réserve des exigences du bon fonctionnement du cabinet d'instruction » (art. 114, al. 3, C.P.P.). Le conseil de la partie civile peut aussi se faire délivrer, à ses frais, copie des pièces du dossier ; il peut même les transmettre à la partie civile selon les mêmes modalités que lorsqu'il s'agit de la personne mise en examen (art. 114, al. 4 et s., C.P.P.). On ajoutera que le conseil de la partie civile se voit notifier toutes les ordonnances juridictionnelles du juge d'instruction (art. 183, al. 1) [2].

À côté du droit de savoir ce qu'il y a dans le dossier, la partie civile bénéficie d'un *droit de savoir combien de temps va durer l'instruction*. Lors de sa première audition, le juge dispose d'un choix analogue à ce qu'il doit faire pour le mis en examen (art. 116, al. 8, C.P.P.) :

— ou bien, il considère que le délai prévisible d'achèvement de l'information est inférieur à un an en matière correctionnelle ou à dix-huit mois en

1. Cet avis est cependant limité aux affaires criminelles et, si elles consistent en une atteinte à la personne, aux affaires correctionnelles.

2. Mais si la partie civile n'a pas d'avocat, elle ne saura rien du dossier d'instruction, Crim., 12 juin 1996, B.C., n° 248 ; C.E.D.H., 14 juin 2005, *Menet c/ France* ; R.P.D.P., 2005.969, obs. E. Vergès, arrêt invoquant la nécessité de protéger le secret de l'instruction et ajoutant que cette situation n'apporte pas une atteinte excessive au droit pour la partie civile de bénéficier d'un procès équitable (§ 52).

matière criminelle, il en informe la partie civile et lui indique qu'à l'expiration de ce délai, elle pourra demander la clôture de la procédure en application de l'article 175-1, C.P.P. ;

— ou bien, il considère que le délai prévisible sera plus long, il indique alors à la partie civile qu'elle pourra demander en application de l'article 175-1, C.P.P., la clôture de la procédure à l'expiration d'un délai d'un an en matière correctionnelle ou de dix-huit mois en matière criminelle (art. 89-1, C.P.P., dû à la loi du 15 juin 2000) (sur l'article 175-1, C.P.P.).

Dans le même esprit, « le juge d'instruction informe tous les six mois la partie civile de l'avancement de l'instruction ». En formulant cette exigence, l'article 175-3, C.P.P., alourdit encore la tâche du magistrat et laisse une zone d'ombre sur ce que doit faire exactement ce magistrat : doit-il indiquer un délai prévisible d'achèvement ?

D'un autre côté, la partie civile se voit reconnaître le *droit de participer à l'instruction*. En premier lieu, elle peut d'elle-même présenter des observations. En outre, le juge doit recueillir ses observations quand il va statuer sur une demande de restitution (art. 99, al. 2), enfin quand il lui communique les conclusions d'une expertise (art. 167). En troisième lieu, la partie civile peut, exactement comme la personne mise en examen, saisir le juge d'instruction d'une demande motivée tenant à ce qu'il soit procédé à un acte d'instruction (art. 82-1, C.P.P.) [1]. D'ailleurs, lors de sa première audition, la partie civile est avisée de son droit de présenter une demande d'investigation (art. 89-1, C.P.P.). Enfin, en cas d'inactivité du juge, la partie civile peut s'en plaindre auprès de la chambre de l'instruction comme le mis en examen (art. 221-2, C.P.P., dû à une loi du 30 décembre 1996).

Les droits de la partie civile sont donc calqués sur ceux de la personne mise en examen. Mais il est un problème propre à la partie civile.

2. *Les prérogatives de la partie civile au cas où la recevabilité de sa demande est contestée*

764. — Si la constitution de partie civile est possible à tout moment au cours de l'instruction, elle peut toujours être contestée soit par le procureur de la République, soit par la ou les personnes mises en examen, soit même par une autre partie civile. Le juge peut aussi d'office considérer que la constitution est irrecevable. Dans tous ces cas, le juge statue, après communication du dossier au parquet, par une ordonnance motivée dont l'intéressé peut faire appel (art. 87, C.P.P.).

Se pose alors le problème de savoir ce qui se passe si, après l'ordonnance du juge, l'intéressé fait appel : tant que la question de recevabilité n'est pas résolue par le juge supérieur, la victime bénéficie-t-elle des garanties

1. À notre avis, rien n'interdit à la partie civile de solliciter la mise en examen d'une personne, s'agissant d'un acte d'instruction.

instituées par les articles 114 et s., C.P.P. ? Ce problème ne se pose pratiquement qu'au cas d'intervention de la partie civile, non d'action, puisque alors l'instruction ne commence pas vraiment.

La jurisprudence décide que la partie civile conserve sa qualité et donc ses droits si elle fait appel de l'ordonnance d'irrecevabilité ou si elle s'est pourvue en cassation contre l'arrêt confirmatif[1]. La solution est dangereuse en ce qu'elle autorise des tiers, peut-être sans qualité, à s'immiscer dans une procédure. Cependant, l'effet suspensif des voies de recours paraît imposer cette solution.

Sur un point cependant, la condition de la partie civile n'est pas très bonne. Par dérogation à ce qui existe en faveur du mis en examen et de la partie civile dont la présence n'est pas contestée, la partie civile dont la recevabilité est contestée ne peut avoir accès aux copies d'actes et pièces sans l'autorisation préalable du juge d'instruction. Cette partie civile n'a donc pas à demander au juge d'avoir accès aux parties du dossier. C'est au juge à refuser, le cas échéant, à cette partie civile d'avoir copie des pièces et actes, son silence valant refus tacite. Si le juge refuse cette communication, l'avocat peut saisir le président de la chambre de l'instruction qui statue dans un délai de cinq jours ouvrables, par une décision écrite et motivée non susceptible de recours ; si le président ne donne pas son autorisation, l'avocat ne peut transmettre aucune pièce ou acte à son client (art. 114, al. 11, C.P.P., dû à une l. du 30 décembre 1996).

Ces parties civiles dont la recevabilité fait l'objet d'une contestation ont été appelées, lors des travaux parlementaires, des « coucous procéduriers » puisqu'elles entendent faire leur nid dans un dossier qui leur est étranger pour pouvoir ensuite en révéler le contenu à la presse.

SECTION II

LE CONTRÔLE DE L'INSTRUCTION PAR LE JUGE SUPÉRIEUR

765. — Homme seul et le plus souvent homme jeune, le juge d'instruction peut être amené à commettre des erreurs. Les conséquences en sont d'autant plus graves que ses pouvoirs sont considérables, notamment en matière de liberté. C'est pourquoi la loi a prévu des contrôles de l'activité du juge d'instruction. Deux autorités judiciaires contrôlent ce magistrat, le président de la chambre de l'instruction — titulaire de pouvoirs personnels — et surtout la chambre de l'instruction dont il assure la présidence.

1. Crim., 28 mai 1968, D., 1969.3, note Faivre, R.S.C., 1969.162, obs. J. Robert ; J. Pradel et A. Varinard, n° 35.

§ 1. — Le rôle du président de la chambre de l'instruction

Bibliographie. — H. Angevin, *La pratique de la chambre de l'instruction*, Litec, 2e éd., 2005 ; Cl. Arrighi, *L'extension des pouvoirs propres du président de la chambre d'accusation par la loi du 4 janvier 1993 et celle du 24 août 1993*, R.S.C., 1995.271 ; du même, *Les pouvoirs du président de la chambre d'accusation après la loi du 30 décembre 1996*, R.S.C., 1998.687.

766. — *Vers une montée des pouvoirs du président.* Les rédacteurs du Code d'instruction criminelle de 1808 avaient conçu ce magistrat comme assurant la présidence d'une chambre alors appelée chambre des mises en accusation. Les auteurs du Code de procédure pénale de 1959, ayant retiré au juge d'instruction la qualité d'O.P.J. afin de le soustraire à l'autorité du parquet, imaginèrent de le soumettre à la « tutelle » du président de la chambre d'accusation afin qu'il ne soit pas trop seul. C'est ainsi que les articles 219 à 223, C.P.P., accordèrent au président des « pouvoirs propres », qualifiés de grande innovation par la doctrine [1]. Par la suite, divers autres pouvoirs furent conférés à ce haut magistrat, que l'on est tenté d'appeler, faute de mieux des pouvoirs personnels, pour les distinguer de ceux de la première génération. Ces pouvoirs personnels ont été créés par des lois du 17 juillet 1970 (art. 141-2, al. 2, C.P.P.), du 29 décembre 1972 (art. 186, al. 6 et 186-1, C.P.P.), du 6 juillet 1989 (art. 148-8, al. 2, C.P.P.), du 4 janvier 1993 (art. 145-3, al. 4 et 173, al. 5, C.P.P.), du 24 août 1993 (art. 187 et 187-1, C.P.P.) et 30 décembre 1996 (art. 220, C.P.P.). Ces divers textes touchent à des domaines très variés qu'il est cependant possible de classer en deux catégories, la régulation de la procédure et la protection de la liberté.

Deux points communs existent entre ces deux pouvoirs. D'une part, la loi du 30 décembre 1996 oblige le président, chaque fois qu'il le juge nécessaire et au moins une fois par an, à faire un rapport écrit qu'il transmet au premier président de la cour d'appel, au procureur général près ladite cour ainsi qu'au président du tribunal de grande instance concerné et au procureur de la République près ledit tribunal (art. 220, C.P.P.). D'autre part, le président peut déléguer tout ou partie de ses pouvoirs à un magistrat du siège de la chambre de l'instruction (art. 219, al. 3, C.P.P.).

A — Les pouvoirs de régulation des procédures

767. — *Deux séries de pouvoirs.* En 1959, le législateur a accordé au président des « pouvoirs propres » qui lui permettent de contrôler *a posteriori* l'activité du juge d'instruction. Ultérieurement, il a été doté de pouvoirs

1. J. Brouchot, *La chambre d'accusation*, J.C.P., 1959.I.1485, nos 4 et 19.

supplémentaires, lui permettant de filtrer certaines demandes adressées à sa chambre ou d'arbitrer un conflit entre défense et juge d'instruction.

1. *Le contrôle* a priori *du juge d'instruction*

768. — De façon assez vague, l'article 220, C.P.P., dispose : « Le président... s'assure du bon fonctionnement des cabinets d'instruction du ressort de la cour d'appel. Il vérifie notamment les conditions d'application des alinéas 4 et 5 de l'article 81 » (sur les commissions rogatoires) « et de l'article 144 » (sur la détention provisoire) « et s'emploie à ce que les procédures ne subissent aucun retard injustifié ». En somme, le président procède à une surveillance administrative sur le juge d'instruction en exerçant sur lui une sorte de tutelle avec la double signification de contrôle et de soutien qu'exprime le mot tutelle [1]. Il ne peut s'immiscer dans les procédures elles-mêmes en ordonnant certaines mesures : celles-ci ne peuvent être décidées que par le juge ou la chambre [2]. En pratique cependant, le président exerce un véritable pouvoir de tutelle qui est d'autant plus vaste que l'article 220 n'en énumère pas limitativement les aspects (v. l'adverbe « notamment »). Néanmoins, les deux priorités du président sont bien celles qu'indique l'article 220. La surveillance de l'usage de l'article 144 et des commissions rogatoires conduira le président à vérifier si le juge n'abuse pas de la détention ou ne signe pas des délégations générales. D'un autre côté, le président s'assurera de la diligence du juge, faisant la « chasse aux temps morts ».

Le président s'informera en rendant visite au juge, mais aussi par l'envoi que ce dernier doit lui faire semestriellement d'un état des affaires à son cabinet : c'est la fameuse « notice semestrielle » évoquée à l'article 221, C.P.P., qui se présente matériellement comme un ensemble de feuilles reliées entre elles, chacune étant propre à une affaire déterminée et comportant tous les éléments utiles (qualification de l'infraction, date du réquisitoire introductif, nature et date de chaque acte d'instruction et de juridiction).

Le contrôle du président peut aboutir à une solution extrême, *le dessaisissement du juge* dont il existe deux modalités :

— d'abord, selon l'article 221-1, C.P.P. (loi du 30 décembre 1987), lorsque quatre mois se sont écoulés depuis la date du dernier acte d'instruction, le président peut, par requête, saisir sa chambre, laquelle peut « dans l'intérêt d'une bonne administration de la justice » (ce qui veut dire ici dans un but de célérité) soit évoquer (c'est-à-dire continuer elle-même l'instruction),

1. R. Vouin et J. Léauté, p. 398.

2. Crim., 5 novembre 1969, D., 1970.116. Le président peut toutefois « en cas d'urgence » décerner mandat d'amener, d'arrêt ou de recherche et même ordonner l'incarcération provisoire pendant un temps de 4 jours ouvrables au maximum, jusqu'à la réunion de la chambre : art. 201, al. 2, C.P.P.

soit renvoyer l'affaire à un autre juge du ressort, soit enfin renvoyer l'affaire au même juge [1] ;

— ensuite, selon l'article 221-2, C.P.P. (loi du 30 décembre 1996), au bout de quatre mois après le dernier acte d'instruction ou au bout de deux mois en cas de détention provisoire, les « parties » (ce qui vise le mis en examen et la partie civile) peuvent saisir la chambre de l'instruction. Dans les huit jours de la réception du dossier au greffe, le président peut décider, par ordonnance insusceptible de recours, qu'il n'y a pas lieu de saisir la chambre. S'il décide au contraire de la saisir — considérant que le juge a fait peuve de trop de lenteur — la chambre agit comme dans le cas de l'article 221-1. Si la chambre fait encore confiance au juge en lui laissant le dossier et si deux mois se passent après l'arrêt qu'elle a rendu sans que le juge ait fait quelque chose — la loi parle « d'actes d'instruction » — les parties peuvent la ressaisir ; le délai est d'ailleurs ramené à un mois en cas de détention provisoire. Et cette fois, la chambre ne pourra que soit évoquer, soit saisir un autre juge d'instruction de son ressort.

Manifestement, ces deux dispositions qui permettent le dessaisissement d'un juge inactif sont des consécrations de la notion de délai raisonnable au sens des articles 6, § 1 et 5, § 3, Conv. E.D.H. [2].

2. *Le filtrage des demandes adressées à la chambre de l'instruction*

769. — Le président assure le filtrage de certaines demandes adressées par les parties à la chambre de l'instruction. Il s'agit d'éviter les manœuvres dilatoires du mis en examen et de la partie civile, et donc — là encore — de gagner du temps. L'idée de célérité est vraiment l'obsession du législateur contemporain.

• Ce filtrage intéresse d'abord les *appels contre certaines ordonnances du juge d'instruction*. Comme l'article 186, C.P.P., énumère les ordonnances susceptibles d'appel par les parties privées, une loi du 29 décembre 1972 lui a ajouté un ultime alinéa ainsi conçu : « si le président... constate qu'il a été fait appel d'une ordonnance non visée au... présent article, il rend d'office une ordonnance de non-admission de l'appel qui n'est pas susceptible de voies de recours ». Le président apparaît ici comme une sentinelle destinée à défendre le principe de l'interprétation stricte. Si le président rend une telle ordonnance et si un pourvoi est formé contre elle — malgré la lettre de l'article 186, *in fine*, le président de la chambre criminelle de la Cour de cassation rendra une ordonnance de non-admission de pourvoi [3], sauf pour ce dernier à reconnaître un excès de pouvoirs et à saisir alors la chambre

1. V. pour une application, Versailles, Ch. acc., 31 mars 1989, D., 1990.22, note J. Monteils.
2. C. Arrighi, R.S.C., 1998.691.
3. Art. 567-1, C.P.P., ord. pres. 6 juin 1996, B.C., n° 241.

criminelle[1]. Une loi du 5 mars 2007 a supprimé le pouvoir du président pour les ordonnances portant refus d'une contre-expertise (art. 186-1, C.P.P.).

• Le filtrage concerne ensuite les *requêtes en nullité d'actes d'instruction*. Les parties privées s'étant vu reconnaître, en 1993, le droit de saisir la chambre de l'instruction aux fins d'annulation d'actes, le législateur a prévu des « verrous » afin de prévenir certains excès. Et c'est ainsi que le président se voit reconnaître le pouvoir de rejeter les requêtes aux fins d'annulation dans cinq cas :

— la requête n'est pas motivée ;

— le demandeur n'a pas fait de déclaration au greffe de la chambre de l'instruction ;

— la requête tend à l'annulation d'un acte pouvant faire, par ailleurs, l'objet d'un appel ;

— le demandeur a déposé une requête en annulation plus de six mois après son dernier interrogatoire ;

— le demandeur n'a pas proposé un moyen de nullité à la chambre de l'instruction alors qu'elle était saisie sur le fondement de l'article 173 (requête en nullité) ;

— le parquet a déjà adressé au juge d'instruction ses réquisitions de règlement (art. 173, al. 5, C.P.P.).

Dans ces cas, le président peut, dans les huit jours de la réception du dossier, et par ordonnance insusceptible de recours, rejeter la requête (art. 173, al. 5, C. proc. pén.)[2]. C'est un contrôle purement formel auquel procède le président, qui ne peut en aucun cas se prononcer sur le bien-fondé des moyens de nullité exposés dans la requête[3]. En outre, la saisine de la chambre n'est pas subordonnée à la décision préalable de son président[4]. Bien que le texte ne le dise pas, il semble que l'ordonnance doive être motivée.

3. *L'arbitrage d'un conflit entre défense et juge*

770. — En troisième lieu, le président est seul compétent (sa cour ne le sera jamais puisqu'il ne s'agit ni d'un appel, ni d'une requête en nullité) pour arbitrer un conflit très particulier entre la défense et le juge d'instruction. La loi du 30 décembre 1996 ayant permis à la personne mise en examen et à la partie civile d'avoir accès elles-mêmes aux copies de la

1. Crim., 6 avril 1996, B.C., n° 147 ; 17 novembre 1999, B.C., n° 264.

2. Le recours est cependant possible en cas de risque d'excès de pouvoir, Crim., 26 novembre 1993, B.C., n° 360, *Dr. pénal*, 1994, comm. 48, obs. A. Maron ; 12 décembre 1994, B.C., n° 402 ; 17 décembre 1996, B.C., n° 468 ; 17 décembre 2002, B.C., n° 228.

3. Crim., 13 décembre 1994, B.C., n° 403.

4. Crim., 9 novembre 1999, B.C., n° 251.

procédure sous réserve de l'accord du juge (art. 114, al. 8, C.P.P.), le refus de celui-ci ouvre à l'avocat le droit de saisir le président de la chambre de l'instruction « qui statue dans un délai de cinq jours ouvrables par une décision écrite et motivée, non susceptible de recours » (art. 114, al. 9, C.P.P.). D'autre part, s'agissant des parties civiles dont la recevabilité est contestée, la transmission de pièces par l'avocat à celles-ci suppose une autorisation du juge ; et en cas de refus, l'avocat peut saisir le même président qui répondra selon les mêmes modalités (art. 114, al. 11, C.P.P.).

B — Les pouvoirs de protection de la liberté

Le président se voit nanti d'un double pouvoir.

1. *Pouvoir concernant la mise en détention. Le référé-liberté*

771. — La loi du 24 août 1993 — modifiée par celle du 30 décembre 1996, la première ayant connu un échec relatif — a instauré la procédure dite du « référé-liberté » (art. 187-1, C.P.P.). De cette procédure, le président de la chambre de l'instruction est le pivot [1].

Le principe est qu'en faisant appel d'une ordonnance prescrivant sa mise en détention, la personne peut joindre à cet appel (qui saisit la chambre de l'instruction) une demande d'examen immédiat de cet appel (demande qui saisit le président de la chambre). L'idée, c'est que le président statuant plus rapidement que la chambre, une erreur du juge des libertés et de la détention sera presque aussitôt corrigée.

La demande d'effet suspensif doit, à peine d'irrecevabilité, être présentée en même temps que l'appel, ce dernier devant être interjeté au plus tard le jour suivant la décision de placement en détention. À l'appui de la demande, l'intéressé et le procureur peuvent joindre toutes observations écrites ; en outre, l'avocat de la personne mise en examen peut, s'il le désire, présenter oralement devant le président des observations, au cours d'une audience de cabinet, et si le représentant du parquet peut lui aussi prendre des réquisitions, l'avocat aura la parole le dernier. Le président statue au plus tard le troisième jour ouvrable suivant la demande, et ce par une ordonnance non motivée et insusceptible de recours. Le président se prononce sans comparution de l'intéressé. De deux choses l'une. Ou bien le président, s'il estime que les conditions de l'article 144 ne sont pas remplies, infirme l'ordonnance

1. E. Allain, *Le référé-liberté, genèse et mise en œuvre de la loi du 24 août 1993*, C.E.S.D.I.P., 1996, n° 73 ; V. Brault-Jamin, *La réforme de la procédure dite du « référé-liberté »*, R.P.D.P., 1997.159 ; C. Arrighi, *Les pouvoirs du président de la chambre d'accusation après la loi du 30 décembre 1996*, R.S.C., 1998.687.

du juge des libertés et de la détention. Il ordonne alors la remise en liberté de l'intéressé et la chambre de l'instruction ne sera pas saisie, ce qui évitera une éventuelle contrariété entre lui et sa chambre. En ordonnant la remise en liberté de l'intéressé, il peut tout de même le placer sous contrôle judiciaire. Ou bien, seconde branche de l'option, il confirme l'ordonnance. Il renvoie alors l'examen de l'affaire à la chambre de l'instruction et la décision qu'il a prise est portée à la connaissance du procureur général et notifiée à la personne mise en examen par le greffe de la maison d'arrêt qui peut, le cas échéant, recevoir le désistement d'appel de cette dernière.

Par rapport au système primitif de 1993, la loi de 1996 a apporté trois améliorations : l'avocat et le représentant du parquet peuvent prendre la parole au cours d'une audience de cabinet organisée par le président ; celui-ci peut, en infirmant l'ordonnance, placer l'intéressé sous contrôle judiciaire ; enfin, s'il infirme cette ordonnance, sa chambre n'est pas saisie. Ces trois améliorations seront-elles suffisantes pour donner au référé-liberté cette vie que la loi de 1993 n'avait pu lui donner ?

Enfin, la loi du 15 juin 2000 s'est efforcée d'améliorer encore l'institution sur la base de l'idée qu'elle est peu utilisée. En conséquence, la personne qui met en œuvre l'article 187-1 peut demander à ce que son recours soit directement examiné par la chambre de l'instruction, celle-ci devant alors statuer au plus tard, au vu du dossier, le 5e jour ouvrable suivant la demande. Il aurait été plus simple de supprimer carrément le référé-liberté et de prévoir un appel à bref délai devant la chambre de l'instruction [1]. C'est un peu ce qu'a d'ailleurs fait la loi du 15 juin 2000 en décidant qu'en matière de détention provisoire, la chambre de l'instruction doit statuer non plus dans les 15 jours de l'appel, mais dans les 10 ou 15 jours selon les cas (art. 194, al. 3, C.P.P.).

2. *Pouvoirs concernant le suivi de la détention*

772. — Dans sa mission de *contrôle du maintien en détention*, le président assure d'abord une surveillance administrative des personnes mises en examen et détenues « pour apprécier la légitimité de leur incarcération » [2]. À cet effet, le président s'assure du respect de l'article 144 sur les cas de détention provisoire (art. 220, C.P.P.), reçoit du juge chaque semestre un « état spécial » sur lequel figurent les personnes provisoirement détenues, cet état accompagnant l'état semestriel déjà évoqué (art. 221, al. 2, C.P.P.). En outre, le président « chaque fois qu'il l'estime nécessaire et au moins une fois par trimestre, visite les maisons d'arrêt du ressort de la cour d'appel et vérifie

1. En ce sens, rapport C. JOLIBOIS au nom de la commission sénatoriale des lois, n° 283, 22 mars 2000, p. 86.
2. J. BROUCHOT, *La chambre d'accusation*, J.C.P., 1959.I.1485, n° 21.

la situation des personnes mises en examen en état de détention provisoire » (art. 222, C.P.P.) ; à cet effet, il peut converser avec les détenus hors la présence de surveillants (art. D. 259, al. 2, C.P.P.) et, le cas échéant, dans leur cellule (art. D. 232, al. 2, C.P.P.). Si le président constate une irrégularité, il peut saisir la chambre de l'instruction (art. 223, C.P.P.) [1]. Ainsi, le président d'une juridiction peut saisir sa juridiction alors qu'habituellement la saisine d'une juridiction provient d'un tiers (comp. art. 201, C.P.P., qui permet à la chambre de se saisir d'office à propos d'une détention qu'elle estime injustifiée et de prononcer l'élargissement de la personne).

En outre, le président assure le règlement de dysfonctionnements du premier degré de l'instruction. Deux hypothèses d'intervention sont prévues. Premièrement, on sait que le mis en examen peut saisir directement la chambre de l'instruction lorsque, sur sa demande de mainlevée de contrôle judiciaire ou d'élargissement, le juge ne statue pas dans les cinq jours de la demande ou de la communication au parquet (art. 140, al. 3, et 148, *in fine*, C.P.P.). Or, le président, constatant cette saisine directe de sa chambre sur le fondement des articles 140 et 148, peut décider par une ordonnance motivée et insusceptible de recours qu'il n'y a pas lieu de statuer sur cette demande (art. 148-8, al. 2, C.P.P.). On doit y voir un simple contrôle de recevabilité, le président vérifiant si les demandes entrent bien dans les prévisions de l'article 148-8, C.P.P. Deuxièmement, le juge d'instruction peut prescrire l'interdiction de communiquer à toute personne qu'il place en détention, mais seulement pendant 20 jours car au-delà il ne le peut plus. Or si le juge prend une telle décision, l'intéressé peut la déférer au président qui statuera dans les cinq jours par décision écrite, motivée et insusceptible de recours (art. 145-4, al. 4, C.P.P.).

§ 2. — LE RÔLE DE LA CHAMBRE DE L'INSTRUCTION

Bibliographie. — H. ANGEVIN, *La pratique de la chambre d'accusation*, Litec, 2e éd., 2005 ; C. ARRIGHI, *De la chambre d'accusation à la chambre de l'instruction*, R.P.D.P., 2001.123 ; R. BERLEMONT, *De la chambre des mises en accusation, juridiction d'instruction*, thèse, Caen, 1937 ; J. BROUCHOT, *La chambre d'accusation*, J.C.P., 1959.I.1985 ; du même, *La chambre d'accusation*, R.S.C., 1959.527 ; P. CHAMBON, *La chambre d'accusation*, Dalloz, 1978 ; M. GAGNE, *La chambre d'accusation*, Mélanges Patin, Cujas, 1965.525 ; M. GAGNE et P. ESCANDE, V° *Chambre d'accusation*, Répertoire pénal ; W. JEANDIDIER, *La juridiction d'instruction du second degré*, Cujas, 1983 ; J. GUYÉNOT, *Le pouvoir de révision et le droit*

1. Mais le président ne dispose d'aucun pouvoir propre pour ordonner un supplément d'information, Crim., 5 novembre 1969, D., 1970.116 ; 20 mai 1980, D., 1980.493, note P. Chambon, R.S.C., 1981.404, obs. J. Robert.

d'évocation de la chambre d'accusation, R.S.C., 1964.559 ; J. MICHAUD, *Prestige de la chambre d'accusation*, R.S.C., 1952.685 ; P. MIMIN, *Pitié pour la chambre d'accusation*, J.C.P., 1956.I.1324 ; J. PRADEL, *L'instruction préparatoire*, Cujas, 1990 ; du même, *Le second degré de l'instruction pénale, Justices*, Revue générale de droit processuel, n° 4, 1996.73 ; R. VOUIN, *Prière pour la chambre d'accusation*, J.C.P., 1955.I.1221 ; du même, *Justice pour la chambre d'accusation*, J.C.P., 1956.I.1327.

773. — *Vue générale.* La chambre reste plus importante malgré tout que son président car étant une juridiction, elle possède la double prérogative de donner des ordres (*imperium*) et de dire le droit (*jurisdictio*).

Un contrôle par la chambre de l'instruction avait déjà été organisé en 1808. Mais la procédure était trop inquisitoire, empêchant en fait les parties de se faire entendre. En outre, les magistrats la composant marquèrent peu d'empressement à exercer les pouvoirs d'évocation et de révision que leur accordait la loi (art. 231 et 235, C.I.C.). Le contrôle par la chambre de l'instruction était en réalité largement illusoire [1].

Aussi, le législateur de 1959 devait-il modifier profondément la matière, donnant à la chambre de l'instruction une existence propre (v. *supra*, n° 28), lui accordant des *pouvoirs* plus considérables et réformant, notamment sur le plan de la procédure, la matière de ses *décisions*.

A — Les pouvoirs de la chambre de l'instruction

Les pouvoirs de la chambre de l'instruction se manifestent par son pouvoir de contrôle des actes d'instruction et des actes de juridiction du juge d'instruction.

1. *Le contrôle des actes d'instruction*

774. — Déjà le Code d'instruction criminelle entendait que la chambre de l'instruction puisse apprécier les actes d'instruction tant dans leur *opportunité* (d'où la reconnaissance d'un pouvoir de *révision* des procédures) que dans leur *régularité* (d'où l'admission d'un pouvoir d'*annulation* de certains actes). Le nouveau Code a conservé et clarifié ce double contrôle des actes d'instruction.

1. J. BROUCHOT, *La chambre d'accusation*, R.S.C., 1959.328.

a) Le contrôle de l'opportunité des actes de l'instruction. Étude du pouvoir de révision des procédures d'instruction

775. — *Principe.* Pour traduire la puissance de la chambre, on a écrit que son pouvoir est « le contrôle général de la procédure préalable nécessaire à la décision définitive de clôture de l'information » [1]. De manière plus précise, on a écrit que la révision est « le droit qu'a la chambre d'accusation de réparer les omissions commises par le juge d'instruction, de redresser les qualifications données aux faits délictueux, de statuer sur tous les chefs de crimes, de délits ou de contraventions résultant du dossier de la procédure, d'inculper des personnes qui n'ont pas été renvoyées devant elle et, à la fin de son examen, de renvoyer les individus poursuivis devant la juridiction de jugement compétente » [2]. La chambre d'accusation apparaît comme le professeur qui corrige l'élève [3]. Par ces pouvoirs considérables, la chambre apparaît à la fois comme un juge de l'instruction puisque ses initiatives ont pour effet indirect de faire apparaître les erreurs ou omissions du magistrat instructeur, et comme une juridiction d'instruction puisqu'elle va conduire celle-ci, sauf à noter qu'elle ne procède pas elle-même aux actes d'instruction comme on le verra. Le pouvoir de révision fait l'objet des articles 201, 202 et 204 à 207, C.P.P.

— *Les conditions d'exercice du pouvoir de révision*

Pour que la cour puisse réviser, il faut qu'elle soit saisie de l'entier dossier. Sinon, elle ne peut réviser que si elle a au préalable exercé son droit d'évocation, ce qu'elle ne peut pas faire toujours.

776. — *La chambre de l'instruction est saisie de l'affaire entière.* Elle met alors directement en œuvre son pouvoir de révision. Il en est ainsi dans quatre cas.

Le premier, et pratiquement le plus fréquent, est celui de l'article 186-2 : les faits paraissant constituer un crime, le juge d'instruction a rendu une ordonnance de mise en accusation dont le mis en examen a contesté le principe en faisant appel, ce qui entraîne la saisine de la chambre de l'instruction.

Le second est prévu par l'article 195. Après une ordonnance de renvoi devant le tribunal correctionnel ou de police, il apparaît au procureur général que les faits méritent la qualification criminelle. Ce magistrat peut alors, tant que les débats ne sont pas ouverts, saisir la chambre de

1. W. Jeandidier, *La juridiction d'instruction du second degré*, 1982, n° 200.
2. R. Merle et A. Vitu, II, 5e éd., 2001, n° 569.
3. J. Guyénot, *Le pouvoir de révision et le droit d'évocation de la chambre d'accusation*, R.S.C., 1964.561.

l'instruction pour qu'elle redresse la qualification et donne à l'affaire son exacte orientation.

Le troisième est visé à l'article 196. Ce texte suppose qu'après arrêt de non-lieu rendu par la chambre de l'instruction, l'information est réouverte sur réquisitions du procureur général. C'est alors nécessairement devant la chambre de l'instruction que la procédure reprend.

La loi du 30 décembre 1987 (art. 221-1, C.P.P.) a créé un quatrième cas, lié à l'idée de célérité. Lorsque le juge d'instruction n'a pas fait d'actes depuis quatre mois, le président de la chambre de l'instruction peut saisir par requête sa chambre pour qu'elle poursuive l'information. Ce mécanisme d'accélération rappelle celui qu'avait consacré l'éphémère loi du 2 février 1981 [1]. Mais il est peu appliqué [2]. La loi du 30 décembre 1996 a développé à l'article 221-2, C.P.P., ce mécanisme [3].

Dans toutes ces hypothèses, la chambre de l'instruction est libre d'exercer ou non son pouvoir de révision (art. 201, 202, 204, C.P.P.).

777. — *La chambre de l'instruction est saisie d'une partie de l'affaire seulement (et l'exercice éventuel de son pouvoir d'évocation).* Il en est ainsi, par exemple, en cas d'appel interjeté par la personne mise en examen contre une ordonnance ayant rejeté sa demande de mise en liberté, ou en cas de demande présentée par le procureur de la République, par le juge d'instruction ou par une partie privée aux fins d'annulation d'un acte irrégulier. Elle ne peut alors exercer son pouvoir de révision qu'en élargissant sa saisine, c'est-à-dire en *évoquant* l'affaire. Mais l'évocation n'est pas toujours possible, car elle touche à la question très sensible des rapports entre juge d'instruction et chambre de l'instruction, et, par voie de conséquence, présente un aspect sanctionnateur [4]. Aussi les articles 206 et 207 distinguent-ils plusieurs situations.

• Si la chambre de l'instruction est saisie par requête émanant du procureur de la République, du juge d'instruction ou d'une partie privée en vue de l'annulation d'un acte irrégulier, on doit sous-distinguer. Ou bien elle prononce la nullité et peut à son choix évoquer (et donc réviser) ou renvoyer le dossier soit au juge d'instruction initialement saisi, soit à tel autre, en vue de la continuation de l'information (art. 206, al. 3). Ou bien elle ne prononce pas la nullité et ne peut alors que renvoyer la procédure au magistrat initialement saisi. Mais, de toute façon, la cour ne peut pas évoquer si la requête est irrecevable ou irrégulière (par ex., si le juge n'a pas pris l'avis du parquet).

• Si la chambre est saisie d'un appel formé contre une ordonnance relative à la détention provisoire, elle ne peut jamais évoquer, même si elle

1. Ancien art. 196-1, C.P.P., chronique au D., 1981.101 et s.
2. V. cependant Versailles, Ch. acc., 31 mars 1989, D., 1990.22, note Monteils.
3. V. *supra*, n° 768.
4. W. Jeandidier, précité, n° 202.

infirme la décision du juge (art. 207, al. 1, C.P.P.) [1]. La règle s'explique : 1° par la fréquence des recours et la surcharge qui pourrait en résulter pour la cour ; 2° par le fait que la détention provisoire ne correspond pas strictement au fond de l'affaire. Pourtant, la jurisprudence a créé une sorte d'évocation partielle : la chambre de l'instruction peut se réserver pour l'avenir le contentieux de la liberté sous certaines conditions [2].

• Si enfin la cour est saisie d'un appel formé contre une ordonnance portant sur toute autre matière que de détention provisoire, il faut encore sous-distinguer. Si elle déclare l'appel recevable et infirme l'ordonnance, elle peut soit évoquer, soit renvoyer le dossier au juge initialement saisi ou à tel autre en vue de la poursuite de l'instruction (art. 207, al. 2, C.P.P.) ; toutefois la jurisprudence déduit de l'article 207, al. 2, C.P.P., que si la chambre infirme une ordonnance du juge ou que si elle est saisie directement d'une demande d'acte, faute par le juge d'instruction d'avoir statué dans le délai légal et que si dans ces deux cas, elle ordonne un supplément d'informations, elle évoque nécessairement toute l'affaire [3]. Si elle déclare l'appel irrecevable ou si elle confirme l'ordonnance, l'évocation est impossible (art. 207, al. 3, C.P.P.).

On ajoutera que si la chambre de l'instruction infirme l'ordonnance, sans pour autant évoquer, elle ne peut donner d'injonction quant à la conduite de l'information au juge d'instruction qu'elle désigne [4].

— *Les modalités de l'exercice du pouvoir de révision*

778. — *Le supplément d'information.* Il faut avant tout régler une querelle de mots. Du fait que l'article 205, C.P.P., parle de « supplément d'information » alors que l'article 201, C.P.P., évoque « l'acte d'information complémentaire », certains auteurs ont entendu distinguer : le complément d'information viserait un ou quelques actes restreints alors que le supplément d'information constituerait une véritable nouvelle instruction devant être confiée, contrairement au complément d'information, à un magistrat, la cour ne pouvant pas en connaître elle-même. Mais la distinction n'a en réalité aucun fondement puisque l'article 201 ne dispose nullement que la chambre de l'instruction doive procéder elle-même. On tiendra donc les deux expressions comme synonymes. Cela étant, deux questions se posent :

• La *décision* de recourir à un supplément d'information est prise par la cour tout entière, son président ne disposant d'aucun pouvoir propre [5]. La cour agit d'office ou à la demande d'une partie [6]. Si elle refuse de suivre la

1. Crim., 2 novembre 1960 et 6 janvier 1961, D., 1961.581, note M.R.M.P. ; 7 août 1971, B.C., n° 247.
2. V. *infra*, n° 797.
3. Crim., 6 janvier 2004, B.C., n°s 1 et 2, R.P.D.P., 2004.409, obs. C. Ambroise-Castérot.
4. Crim., 25 juin 1996, B.C., n° 272, D., 1997.62, note J. Pradel.
5. Crim., 20 mai 1980, D., 1980.493, note P. Chambon, R.S.C., 1981.404, obs. J. Robert.
6. Crim., 25 septembre 1979, J.C.P., 1980.II.19353, note P. Chambon.

demande d'une partie, son arrêt de refus doit être motivé [1]. Elle apprécie souverainement l'utilité de cette mesure [2], sauf à devoir l'ordonner dans le cas particulier où l'individu mis en examen, jamais entendu par le juge d'instruction, a été arrêté sur mandat d'arrêt postérieurement au dessaisissement du juge d'instruction [3].

La décision peut avoir un objet variable : audition nouvelle, expertise médicale tendant à savoir si l'état de santé de l'intéressé est compatible avec son maintien en détention, série d'actes relatifs à un aspect du dossier...

Enfin la décision désigne le magistrat qui procédera à la mesure (car la cour, en raison de sa formation collégiale, ne peut guère procéder à des investigations) : un membre de la cour ou un juge d'instruction, soit celui qui a déjà commencé l'instruction, soit tel autre de la cour d'appel au mépris des règles de compétence de l'article 52, C.P.P. [4]. Les règles des articles 83 et suivants, C.P.P., sur la désignation du juge par le président sont inapplicables [5].

• La *réalisation* du supplément d'information est toute dominée par une distinction.

D'un côté, le magistrat désigné procède aux actes d'investigation. Il agit exactement comme agirait un juge d'instruction. Il peut donc interroger la personne mise en examen, entendre des témoins, procéder à des perquisitions et saisies, délivrer des commissions rogatoires et des mandats, nommer des experts. Il doit évidemment respecter les formalités des articles 114 et suivants sur le droit à l'assistance d'un avocat (art. 205, al. 1, C.P.P.) [6]. Et le procureur général peut à tout moment requérir la communication de la procédure, à charge de rendre les pièces dans les vingt-quatre heures (art. 205, al. 2, C.P.P.).

D'un autre côté, la chambre de l'instruction reste seule compétente pour faire œuvre de juridiction (argument *a contrario* de l'art. 201, al. 1 : « La chambre de l'instruction peut... ordonner tout acte d'information complémentaire qu'elle juge utile »). Par conséquent, le magistrat délégué ne peut statuer sur une demande de mise en liberté puisque c'est la chambre elle-même qui prononce d'office cet élargissement (art. 201, al. 2, C.P.P.). C'est également elle qui peut placer le mis en examen en détention provisoire ou sous contrôle judiciaire, encore que, s'il y a urgence, son président puisse décerner mandat d'amener, d'arrêt ou de recherche, et même décider l'incarcération provisoire pour quatre jours ouvrables jusqu'à réunion de la

1. Crim., 19 février 1976, B.C., n° 66.
2. Crim., 27 février 1978, J.C.P., 1979.II.19113, note P. Chambon ; 6 juin 2000, B.C., n° 212.
3. Crim., 12 octobre 1972, D., 1973.170, note J. Pradel.
4. Crim., 11 avril 1964, B.C., n° 110.
5. Crim., 26 mai 1983, B.C., n° 155 ; 24 juin 1998, B.C., n° 204, *Procédures*, 1999, comm. 13, obs. J. Buisson.
6. L'article 205, al. 1, reprend une loi du 28 octobre 1955 qui avait brisé une jurisprudence contraire, Crim., 9 mars 1916, B.C., n° 58.

chambre (art. 201, al. 3, C.P.P.). C'est enfin elle qui peut clore l'instruction complémentaire : en effet, ses diligences terminées, le magistrat délégué remet le dossier à la chambre qui rendra un arrêt de règlement, et ce magistrat ne pourrait même pas rendre une ordonnance de soit-communiqué au procureur général [1].

779. — *L'extension de l'information.* C'est d'une double manière que la chambre de l'instruction peut déborder le cadre de l'information dont elle est saisie.

• En premier lieu, elle peut passer outre aux limites de sa saisine *in rem* en étendant les poursuites à toutes les infractions résultant du dossier. Ce pouvoir ne présente évidemment d'intérêt que si le juge d'instruction avait omis de statuer sur certains faits délictueux dont il était saisi, ou bien si le parquet n'avait pas voulu le saisir de tous ceux qui apparaissaient dans la procédure de police. La chambre de l'instruction peut alors « ordonner qu'il soit informé à l'égard des personnes mises en examen ou prévenus renvoyés devant elle sur tous les chefs de crimes, de délits, de contraventions, principaux ou connexes, résultant du dossier... » (art. 202, al. 1, C.P.P.). Et ce pouvoir s'applique, soit que les faits n'aient pas été visés par l'ordonnance du juge d'instruction, soit même qu'ils aient été distraits en cours ou en fin de procédure par une ordonnance portant non-lieu partiel ou disjonction ou renvoi [2]. Mais si les faits que la chambre de l'instruction entend poursuivre n'ont pas donné lieu à mise en examen, elle doit ordonner un supplément d'information : l'individu mis en examen pourra ainsi faire valoir ses moyens de défense [3].

• En second lieu, la chambre de l'instruction peut dépasser les limites de sa saisine *in personam* en étendant les poursuites à des personnes qui n'ont pas été renvoyées devant elle, c'est-à-dire qui n'avaient pas été mises en examen par le juge d'instruction (art. 204, al. 1, C.P.P.). Mais l'extension des poursuites implique un supplément d'information, dans l'intérêt des droits de la défense [4].

Cependant, dans les deux cas, la chambre ne peut rien faire si les personnes et les faits ont été l'objet d'un non-lieu définitif quand elle a été saisie [5]. Ceci traduit une restriction importante aux pouvoirs de la chambre.

1. Crim., 20 juin 1985, B.C., n° 235, D., 1986, I.R., 119, obs. J. Pradel.

2. Crim., 1er décembre 1960, B.C., n° 566 ; 15 octobre 1969, J.C.P., 1970.II.16278, note Desmonts ; 23 décembre 1969, D., 1970.282, note J. Robert.

3. Crim., 23 février 1971, D., 1971.592, note J.M. Robert ; 31 mai 1994, B.C., n° 211 ; 12 avril 2005, B.C., n° 126.

4. Crim., 13 février 1984, D., 1984, I.R., 350, B.C., n° 50 ; 25 juin 1996, B.C., n° 272, D., 1997.62, note J. Pradel, *Procédures*, 1996, comm. 303, obs. J. Buisson, la chambre doit ordonner un supplément d'information et ne peut enjoindre au juge d'instruction de mettre en examen la personne.

5. Crim., 29 mai 2002, B.C., n° 122 et 25 mai 1976, J.C.P., 1978.II.18772, note W. Jeandidier, R.S.C., 1977.113 et obs. J. Robert.

b) Le contrôle de régularité des actes d'instruction. Théorie des nullités de l'instruction préparatoire

Bibliographie. — B. Bouloc, *Observations sur les nullités en matière de procédure pénale*, Mélanges P. Couvrat, P.U.F., 2001.417 ; J. Brouillaud, *Les nullités de procédure : des procédures pénales et civiles comparées*, D., 1996, chron. 98 ; P. Chambon, *Les nullités substantielles ont-elles leur place dans l'instruction préparatoire ?*, J.C.P., 1954.I.1170 ; G. Clément, *De la règle « pas de nullité sans grief » en droit judiciaire privé et en procédure pénale*, R.S.C., 1984.433 ; P. Couvrat, *Les méandres de la procédure pénale (commentaire de la loi n° 75-701 du 6 août 1975)*, D., 1976, chron. 43 ; du même, v° *Nullités de procédure, Répertoire pénal* ; J. Dumont, *Nullités de l'information*, Jurisclasseur proc. pén., art. 170 à 174 ; C. Goyet, *À propos des nullités de l'instruction préparatoire : quelques remarques sur la distinction des nullités textuelles et des nullités substantielles*, R.S.C., 1976.899 ; G. di Marino, *Les nullités de l'instruction préparatoire*, thèse dactyl., Aix, 1977 ; P. Hennion-Jacquet, *Les nullités de l'enquête et de l'instruction. Un exemple du déclin de la légalité criminelle*, R.P.D.P., 2003.7 ; G. Levasseur, *Les nullités de l'instruction préparatoire*, Mélanges Patin, Cujas, 1965.469 ; A. Maron, *De quelques difficultés résultant des réformes de procédure pénale*, J.C.P., 1994.I.3738 ; A. Maurice-Hersant, *Réflexions sur l'article 802*, C.P.P., D., 1976, chron. 115 ; J.M. Robert, *Nullités de procédure pénale et bonne administration de la justice*, D., 1971, chron. 85.

780. — *Position du problème.* Le contrôle de régularité des actes d'instruction pose d'emblée une double question.

1° Que faut-il entendre par acte d'instruction ? Les articles 170 et s., C.P.P., parlent de « l'acte » ou d'un « acte » de l'information sans en donner de définition. Mais la jurisprudence apporte l'éclairage nécessaire, à propos de la nullité éventuelle de ces actes [1]. Négativement, ne constituent pas des actes d'instruction (ou de l'information) les décisions juridictionnelles qui sont contrôlées par l'exercice d'une voie de recours [2]. Positivement, les actes d'instruction sont tous les actes de recherche des preuves accomplis par le juge d'instruction et tous ceux qui ont été accomplis au cours de l'enquête de police en ce qu'ils font partie de la procédure d'instruction [3].

2° Si un acte d'instruction est irrégulier (perquisition commencée après 21 heures, interrogatoire conduit sans convocation de l'avocat...), quelles sanctions peuvent appliquer les organes de contrôle puisqu'il faut bien organiser un contrôle ?

Il y a d'abord des sanctions *disciplinaires*, prises par l'autorité dont relève le juge, policier ou greffier fautif (art. 136, C.P.P.), *pénales*, mises en œuvre en cas d'arrestation ou de détention illégale (art. 432-4, C.P. ; v. aussi art. 126, al. 2, C.P.P) et en cas de perquisition illégale constituant une

1. Crim., 30 juin 1987, B.C., n° 276, D., 1988, Somm. 193, obs. J. Pradel.
2. Crim., 21 août 1986, B.C., n° 250.
3. Crim., 30 juin 1987, précité.

violation de domicile (art. 432-8, C.P.), voire *civiles*, sous forme de dommages-intérêts obtenus par la prise à partie (art. 505 et s., ancien C. proc. civ.).

Mais la sanction la plus efficace est *procédurale :* c'est la *nullité* de l'acte irrégulier. Face au problème des nullités, considérées dans leurs cas, dans leur mise en œuvre et dans leurs effets, on peut hésiter entre deux attitudes : soit les admettre largement dans le double intérêt de la défense et du respect dû à la loi dont les dispositions ne doivent pas être méconnues, ce qui conduit à étendre la portée du contrôle de régularité [1], soit les restreindre afin d'éviter toute chicane et perte de temps, ce qui entraîne l'effet inverse (doctrine qui, face au développement de la criminalité, monte aujourd'hui et qui va dans le sens de l'exemplarité de la peine comme les procédures rapides). Dans l'ensemble, c'est cette deuxième conception qu'adopte notre droit légal et jurisprudentiel, en partie à la suite des efforts du président Patin qui fut président de la chambre criminelle de la Cour de cassation de 1955 à 1962 et qui voyait dans les nullités la marque d'un pointillisme pernicieux à tous égards.

Cette politique restrictive apparaît de trois manières.

— *Les cas de nullités*

781. — *Les cas de nullités au point de vue théorique.* Rationnellement, deux systèmes sont concevables : celui des nullités *textuelles* en vertu duquel la loi qui prévoit une formalité indique qu'elle est requise à peine de nullité ; celui des nullités *substantielles* (ou virtuelles) selon lequel la nullité peut être encourue, même si la loi est muette, à la condition que l'irrégularité soit grave ou ait nui à la défense. Le premier système présente l'avantage que l'on sait à l'avance ce que la loi considère comme essentiel, il exclut toute interprétation du juge et donc tout arbitraire de sa part. Mais le second a pour lui l'avantage à la fois de pallier les lacunes éventuelles d'une liste légale des nullités indispensables et surtout d'apporter une grande souplesse en une matière où, très souvent, il n'y aurait que des inconvénients à annuler des actes porteurs d'irrégularités n'ayant fait grief à personne.

782. — *Les cas de nullités en droit positif. Existence de deux séries de nullités.* Notre droit connaît à la fois des nullités textuelles et des nullités substantielles.

• En premier lieu, le Code a institué des nullités *textuelles*, d'une part pour les perquisitions, fouilles corporelles et saisies (art. 56, 56-1, 57, 59, 76, 95 et 96, C.P.P. combinés reprenant les dispositions des l. des 7 février 1933 et 25 mars 1935), d'autre part, pour les vérifications d'identité (art. 78-3, C.P.P.), enfin pour les écoutes téléphoniques portant sur la ligne d'un avocat sans que le bâtonnier en ait été informé (art. 100-7, C.P.P.).

1. Doctrine très en vogue naguère, v. J.-A. Roux, note au S., 1906.I.201.

• En second lieu, le Code consacre la notion de nullités *substantielles*. Comme la précédente, cette notion existait avant 1959. La jurisprudence se fondait sur l'article 408, alinéa 2, du Code d'instruction criminelle qui autorisait, sous certaines conditions, l'annulation d'actes appartenant à la procédure d'audience « bien que la peine de la nullité ne fût pas textuellement attachée à l'absence de la formalité » [1].

Le C.P.P. consacre quant à lui une section particulière aux « nullités de l'information » incluse dans le chapitre sur le juge d'instruction. Cette section (art. 170 et s.) a été souvent remaniée. Primitivement, elle distinguait entre nullités textuelles, celles sur les interrogatoires (art. 170) et nullités substantielles « notamment en cas de violation des droits de la défense » (art. 172). Aujourd'hui, à la suite de la loi du 24 août 1993, la matière est contenue dans le nouvel article 171 ainsi rédigé : « Il y a nullité lorsque la méconnaissance d'une formalité substantielle prévue par une disposition du présent code ou toute autre disposition de procédure pénale a porté atteinte aux intérêts de la partie qu'elle concerne » [2].

Sur la base de l'ancienne jurisprudence et de ces textes, on distingue aujourd'hui deux sortes de nullités substantielles : 1° celles qui tiennent à la méconnaissance des principes touchant à l'ordre public et qui doivent être relevées même s'il n'y a pas atteinte aux droits de la défense ; 2° celles qui portent atteinte aux droits de la défense. Le nouvel article 171 ne paraît rien changer sur ce plan.

Sont donc substantielles d'abord les formes qui *touchent à l'ordre public*. Il faut entendre par là « les dispositions générales de la législation » (FAUSTIN-HÉLIE) ou mieux « les formes qui sont indispensables pour que l'acte puisse remplir sa fonction » (R. GARRAUD), c'est-à-dire celles qui ne sont pas seulement protectrices des intérêts des parties, mais qui sont relatives aux intérêts supérieurs de notre organisation judiciaire : incompétence territoriale ou matérielle du juge d'instruction [3], absence de date [4] ou de signature d'un acte du juge d'instruction [5], non-signature de l'ordonnance de désignation du juge d'instruction [6], et bien sûr, comme il a déjà été dit, absence de serment de l'expert, serment prêté par l'inculpé, absence de tout interrogatoire de

1. Crim., 27 novembre 1828, B.C., n° 311, pour l'absence de serment préalable de l'expert ; 12 février 1835, S., 1835.I.459, pour l'absence de tout interrogatoire de l'inculpé ; 6 janvier 1923, S., 1923.I.185, note J.A. Roux, pour un inculpé entendu sous serment ; 12 juin 1952, J.C.P., 1952.II.7241, note J. Brouchot, pour un aveu frauduleusement obtenu par un O.P.J. sur commission rogatoire ; 4 décembre 1952, J.C.P., 1953.II.7625, note P. Chambon, pour un réquisitoire introductif non signé ; 22 janvier 1953, D., 1953.533, note C. Lapp, sur une commission rogatoire générale quant aux infractions ; 22 juillet 1954, J.C.P., 1954.II.8351, note R. Vouin, pour une inculpation tardive.
2. Texte qui déborde le cadre de l'instruction et même le cadre du code.
3. Crim., 11 avril 1959, B.C., n° 213.
4. Crim., 23 avril 1971, B.C., n° 115.
5. Crim, 13 novembre 1968, B.C., n° 294.
6. Crim., 13 mai 1971, D., 1971.499, note J. Pradel.

celui-ci au cours de l'instruction [1], absence de notification de la prolongation d'une mesure de garde à vue [2].

Sont également substantielles les formes dont l'omission porterait *atteinte aux droits de la défense*. Mais ici, la chambre criminelle estime que la nullité ne peut être prononcée que s'il a été effectivement porté préjudice aux intérêts de la défense, ce qui implique une appréciation cas par cas [3]. Afin d'éviter tout arbitraire et une incertitude d'autant plus grave qu'il faudra souvent être devant la Cour de cassation pour être fixé sur le sort d'un acte, la chambre criminelle aurait sans doute mieux fait d'établir une fois pour toutes une liste des formalités dont la violation présumée grave entraînerait automatiquement la nullité.

783. — *Suite. Les nullités et la condition d'un grief.* Ce système assez nuancé a été réformé en 1975. Le gouvernement, estimant que toutes ces précautions n'empêchaient pas l'utilisation des articles 170 et suivants à des fins dilatoires avait saisi le Parlement d'un projet de loi restreignant encore les cas d'annulation. Ce projet est devenu la loi du 6 août 1975 qui ajoute un article 802 du Code, ultérieurement modifié par une loi du 24 août 1993, et ainsi conçu : « en cas de violation des formes prescrites par la loi à peine de nullité ou d'inobservation des formalités substantielles, toute juridiction, y compris la Cour de cassation, qui est saisie d'une demande d'annulation ou qui révèle d'office une telle irrégularité ne peut prononcer la nullité que lorsque celle-ci a eu pour effet de porter atteinte aux intérêts de la partie qu'elle concerne ». On a vu que le nouvel article 171, C.P.P., a repris la condition du grief pour les nullités substantielles. Cela dit, l'article 802 appelle trois observations.

• Tout d'abord, il s'applique indéniablement à la phase préparatoire du procès aussi bien qu'à la phase de jugement (v. la place de l'art. 802 dans un appendice au C.P.P. intitulé « Dispositions générales »).

• Ensuite, le texte s'applique à la fois aux nullités textuelles et aux nullités substantielles (et réaffirme ainsi une distinction esquissée par l'art. 172 avant sa réforme en 1993). Mais s'applique-t-il à toutes les nullités substantielles ? On peut s'interroger dans le silence du texte sur celles qui sont relatives aux nullités d'ordre public. En faveur de l'application de l'article 802 à ces nullités, on invoquera le silence du texte qui ne distingue pas ainsi que la difficulté de discriminer les nullités d'ordre public des autres. Mais la solution inverse a pour elle l'intention du législateur : alors que le projet de loi avait

1. *Add.* Crim., 12 octobre 1972, D., 1973.170.

2. Crim., 30 janvier 2001, B.C., n° 26.

3. Pour des cas de refus d'annulation : Crim., 3 mars, 24 novembre et 27 décembre 1960, D., 1961.167, note M.R.M.P. ; 23 février 1961, D., 1961.287, note M.R.M.P. ; 15 juillet 1964, B.C., n° 233. Pour des cas d'annulation : Crim., 18 janvier 1962, B.C., n° 48 ; 27 février 1963, B.C., n° 96 ; 27 février 1996, B.C., n° 93 ; 16 décembre 1997, B.C., n° 427, D., 1998.354, note J. Pradel, *Procédures*, 1998, comm. 98, obs. J. Buisson, *Rev. gén. proc.*, 1998, chron. 327, par D. Rebut.

expressément placé les nullités d'ordre public à côté des nullités textuelles et substantielles, le Parlement les a retranchées du texte, de sorte qu'elles devront être retenues par le juge, même en l'absence d'un grief [1].

De la sorte, la loi de 1975 a eu un effet important : à l'ancienne distinction des nullités textuelles et des nullités substantielles, elle a substitué la distinction entre nullités d'intérêt privé (art. 802 applicable) et nullités d'ordre public (art. 802 non applicable).

• Enfin, l'annulation implique la preuve d'un grief [2]. En exigeant un grief, l'article 802 reprend la règle « pas de nullité sans grief » admise déjà en procédure civile (art. 114, al. 2, nouveau C. proc. civ.) et même en procédure pénale à propos des exploits d'huissiers (art. 565, C.P.P.). Dans l'application, ce grief est apprécié *in concreto*, espèce par espèce [3] : ce qui compte, ce n'est pas la gravité de l'irrégularité, mais l'importance du préjudice. Grâce à cela, la Cour de cassation utilise massivement l'article 802, estimant qu'il n'y a pas en l'espèce de préjudice pour le demandeur [4]. Cependant, il y a grief et donc non-application de l'article 802 dans le fait pour le juge d'instruction de ne pas mettre à la disposition de l'avocat, lors de l'interrogatoire de première comparution un rapport d'expertise qui a déterminé la mise en examen : en ce cas, il y a « nécessairement atteinte aux droits de la défense » [5], en somme présomption absolue de grief.

On s'est demandé si une personne mise en examen peut invoquer l'irrégularité d'un acte concernant un autre mis en examen. La jurisprudence répond par l'affirmative à condition que l'irrégularité ait également porté atteinte à ses intérêts [6].

En conclusion, on peut dire que l'article 802, outre qu'il est mal rédigé, fait de la Cour de cassation un juge du fait, un troisième degré de juridiction. Il est vrai qu'à propos des nullités substantielles, la Cour suprême s'était déjà arrogée ce rôle, qui n'est pas le sien. Il est sûr aussi que l'article 802, C.P.P., est un facteur de célérité en sauvant des procédures qui ne méritent pas toujours d'être anéanties.

1. En ce sens, Crim., 10 novembre 1977, D., 1978.621, note W. Jeandidier ; J. Pradel et A. Varinard, n° 23 ; *add.* Crim., 20 octobre 1986, B.C., n° 295 ; 4 novembre 1997, B.C., n° 365 ; 27 octobre 1997, B.C., n° 351.

2. Et en la personne du demandeur, Crim., 14 décembre 1999, B.C., n° 304, irrecevabilité du demandeur invoquant une irrégularité concernant un autre prévenu, dans une procédure de flagrant délit.

3. J.-M. Robert, D., 1976.548.

4. Crim., 18 mars 1976, D., 1976.548, note J.-M. Robert ; J. Pradel et A. Varinard, n° 21 ; 14 juin 1978, B.C., n° 199 ; 2 septembre 1986, D., 1987, Somm. 82, obs. J. Pradel ; 8 février 1990, D., 1990, Somm. 224, obs. J. Pradel ; 11 octobre 1994, B.C., n° 322, *Dr. pénal*, 1994, comm. 269, obs. A. Maron, D., 1995, Somm. 142, obs. J. Pradel ; 25 janvier 1996, B.C., n° 51, D., 1996, Somm. 258, obs. J. Pradel ; 1er février 2000, B.C., n° 49.

5. Crim., 29 janvier 2003, B.C., n° 22.

6. Crim., 6 septembre 2006, B.C., n° 208, D., 2007, Panorama, 976, obs. J. Pradel ; 31 mai 2007, B.C., n° 146.

— *La mise en œuvre des nullités*

784. — *Le rôle infime des juridictions autres que la chambre de l'instruction.* Cette proposition comporte deux aspects :

1) C'est d'abord l'exclusion totale du *juge d'instruction* en application du principe que l'auteur d'un acte irrégulier ne peut se censurer lui-même et le refaire [1]. D'où l'obligation pour le juge de rejeter la demande d'une partie l'invitant à refaire lui-même un acte irrégulier. Toutefois, la jurisprudence admet que le juge puisse recommencer un acte accompli avant l'ouverture de l'instruction ou, depuis son ouverture, sur commission rogatoire [2] ; mais cette limite découle du principe lui-même puisque le juge, par hypothèse, n'est pas l'auteur de l'acte vicié.

En outre, la loi a prévu deux remèdes à l'exclusion du juge :

En premier lieu, le juge peut faire renoncer une partie privée à une irrégularité qui va être commise. Il faut supposer que la loi a prévu pour certains actes des formes particulières dans l'intérêt de la défense et que ces formes sont insusceptibles d'être remplies par le juge. Au lieu de reporter dans le futur l'exécution de l'acte, il agit de suite s'il peut obtenir de l'intéressé la renonciation expresse à se prévaloir un jour de l'irrégularité [3].

En second lieu, le juge peut faire renoncer l'intéressé à une nullité qui a été commise. La renonciation doit être expresse. Elle est valable pour les nullités textuelles et pour celle des nullités substantielles qui sont d'intérêt privé (art. 172, C.P.P.). Cette possibilité, souvent appliquée, est très utile pour sauver des procédures.

2) Ensuite, les *juridictions de jugement* n'ont qu'un rôle très modeste, plus modeste encore depuis les lois des 4 janvier et 24 août 1993. Avant ces lois, et très schématiquement, la juridiction de jugement ne pouvait connaître que de certaines nullités et encore à la condition qu'elle ait été saisie par ordonnance du juge d'instruction, non par arrêt de la chambre d'accusation. Cette tendance restrictive est aujourd'hui accentuée sur la base de l'idée qu'il ne faut pas retarder le cours de la justice et que les parties privées se voient invitées par le juge d'instruction à soulever des nullités, et ce lors de la première comparution du mis en examen (art. 116, al. 4, C.P.P.) ainsi que lors de la première audition de la partie civile (art. 89-1, C.P.P.).

Plus précisément, une fois que l'instruction lui paraît achevée, le juge d'instruction en informe les parties. S'ouvre alors un délai de vingt jours, ultime délai offert aux parties pour leur permettre de soulever des nullités puisqu'à l'expiration de ce délai ; elles ne sont plus recevables à formuler

1. Crim., 8 décembre 1899, S., 1901.I.153, note J.A. Roux, D., 1901.I.3 ; 3 novembre 1965, D., 1966.86.

2. Crim., 28 juillet 1899, S., 1902.I.60.

3. Crim., 14 juin 1978, B.C., n° 199, l'absence de renonciation écrite constitue une nullité substantielle, mais passible de nullité seulement s'il y a atteinte aux intérêts de l'inculpé ; 9 avril 1986, B.C., n° 121, la renonciation de l'inculpé à la présence de l'avocat et à sa convocation doit être expresse et préalable à l'acte d'instruction.

une requête en nullité (art. 175, al. 2, C.P.P.). L'article 175, al. 2, est le texte général, complété par deux autres relatifs à des cas particuliers. Le premier est l'article 181, al. 4, C.P.P., selon lequel, en matière criminelle, l'ordonnance de mise en accusation devenue insusceptible de recours « couvre, s'il en existe, les vices de la procédure ». Le second texte est l'article 179, al. 6, C.P.P., qui suppose un renvoi en correctionnelle et la volonté du juge d'instruction de maintenir les effets de la détention provisoire ; l'ordonnance qu'il rend à cet effet, une fois devenue insusceptible de recours « couvre, s'il en existe, les vices de la procédure ».

En somme, que le règlement de l'instruction ait lieu en matière criminelle, correctionnelle ou de police, les nullités se trouvent purgées par le dernier acte d'instruction. Elles ne pourront donc plus être invoquées lors de la phase de jugement. On sait qu'avant 1993, les parties privées ne pouvaient au cours de l'instruction soulever des nullités, mais elles pouvaient le faire — restrictivement d'ailleurs —, lors du jugement. Aujourd'hui, pouvant soulever des nullités, au cours de l'instruction, elles sont logiquement privées du droit de le faire devant le tribunal. C'est pourquoi l'article 385, C.P.P., réformé en 1993 décide que le tribunal correctionnel ne peut plus constater les nullités lorsqu'il est saisi par le juge d'instruction ou par la chambre de l'instruction, sauf dans des cas exceptionnels (décision de renvois non régulièrement portée à la connaissance des parties ou rendue en violation des articles 175 et 184) [1].

Une question demeure toutefois pour les matières correctionnelle et contraventionnelle : est-ce que malgré la purge prévue à l'article 175, les parties pourraient invoquer devant le tribunal une nullité d'ordre public comme une nullité sur la compétence ? On sait que la Cour de cassation s'autorise à relever d'office une nullité d'ordre public [2]. On n'ignore pas non plus que la jurisprudence retranche du domaine de l'article 802 les nullités d'ordre public. Un arrêt décide que l'article 385, al. 1, C.P.P., interdisant à la juridiction de jugement de statuer sur les nullités de procédure en cas de renvoi par le juge d'instruction, « s'applique à toutes les nullités même substantielles, touchant à l'ordre public, sauf celles affectant la compétence juridictionnelle » [3].

785. — *Le rôle important de la chambre de l'instruction.* Comme juge supérieur de l'instruction, la chambre de l'instruction est le juge naturel des irrégularités commises par le juge d'instruction. Comme l'indique l'article 206, al. 1, C.P.P., « ... La chambre de l'instruction examine la régularité des procédures qui lui sont soumises » et il ajoute que « si elle découvre une cause de nullité, elle prononce la nullité de l'acte... ». Cela dit, la chambre

1. C. Guéry, *Le tribunal correctionnel et les nullités de l'instruction*, Dr. pénal, 2004, chron. 6.
2. Crim., 1 et 9 décembre 1971, B.C., n°s 331 et 348 ; 22 novembre 2005, B.C., n° 302.
3. Crim., 7 juin 2000, B.C., n° 219, D., 2001, Somm. 518, obs. J. Pradel, incompétence territoriale du tribunal correctionnel.

d'accusation peut être amenée à sanctionner ces irrégularités selon deux procédés très différents qui correspondent à deux cas de saisine :

786. — *Premier cas. Saisine par requête aux fins d'annulation.* La cour peut d'abord être saisie par voie de *requête* émanant du *juge d'instruction* (après avis du parquet) ou du *parquet* (art. 173, C.P.P.). Une telle requête est en pratique adressée à la chambre de l'instruction lorsque la nullité est d'ordre public ou lorsque étant d'intérêt privé, la partie qu'elle concerne refuse de la couvrir.

En outre, depuis les lois des 4 janvier et 24 août 1993, ici capitales, les *parties privées* se voient également accorder le droit d'agir [1]. Auparavant, ce droit leur était refusé, dans le silence du Code : elles ne pouvaient pas agir directement [2], ni par exemple par le biais d'un appel [3] ou d'une requête fondée sur l'article 148-4 [4] ; elles pouvaient tout au plus suggérer au juge de saisir la chambre. Désormais, les articles 170 et 173, C.P.P., indiquent expressément que la chambre de l'instruction peut être saisie par « les parties ou le témoin assisté ». D'ailleurs, l'admission du droit d'agir pour les parties privées et le témoin assisté est facilité par le fait que le juge d'instruction les en informe lors de la première comparution pour le mis en examen (art. 116, al. 4, C.P.P.) et lors de la première audition pour la partie civile (art. 89-1, C.P.P.) ainsi que pour le témoin assisté (art. 113-3 et 113-4, C.P.P.). Toutefois, pour éviter des abus, trois séries de précautions ont été prises par notre droit.

• *En premier lieu,* trois verrous concernant le demandeur en nullité ont été posés par la loi, comme si elle se méfiait de lui :

— d'abord, la partie demanderesse doit saisir la chambre de l'instruction par une « requête motivée dont elle adresse copie au juge d'instruction qui transmet le dossier de la procédure au président de la chambre » (art. 173, al. 3, C.P.P.) ; selon la jurisprudence, l'absence de motivation rend la requête irrecevable et ce défaut ne peut être suppléé par le dépôt d'un mémoire précisant les nullités qui existeraient [5] ; la requête doit, à peine d'irrecevabilité, faire l'objet d'une déclaration au greffe de la chambre de l'instruction, ce qui permet d'assurer la saisine de la chambre [6] ;

1. C'est une excellente réforme qui fait gagner du temps et allège la charge du tribunal car auparavant les parties ne pouvaient soulever que devant le tribunal une nullité qui avait peut-être été commise au début de la procédure.

2. Crim., 21 octobre 1986, B.C., n° 231.

3. Crim., 6 janvier 1961, D., 1961.581, note M.R.M.P.

4. Crim., 4 décembre 1985, D., 1986, I.R., 304 et obs. J. Pradel.

5. Crim., 1er février 1994, B.C., n° 45.

6. D'où la pratique des présidents de chambre de l'instruction, exercant leur droit de filtrage (art. 173 *in fine*) de déclarer irrecevable une requête sans déclaration au greffe. Cependant le C.E.D.H. a condamné la France dans une espèce où la requête n'avait pas fait l'objet de déclaration au greffe, ce qui à ses yeux supprimait pour l'auteur de la requête le droit au juge, arrêt du 26 juillet 2007, *Walchli c/ France*, D., 2007, 2304, note M. Léna. Solution peu convaincante compte tenu de la lettre de l'article 173, al. 3, du but de la loi et du fait que pour pouvoir

— ensuite, cette requête doit « à peine d'irrecevabilité faire l'objet d'une déclaration au greffe de la chambre de l'instruction. Elle est constatée et datée par le greffier qui la signe ainsi que le demandeur ou son avocat... » (art. 173, al. 3, *in fine*, C.P.P.) [1] ;

— enfin, la demande en nullité ne peut pas être exercée lorsque les vices de procédure peuvent faire l'objet d'un appel (art. 173, al. 4, C.P.P.), ce qui permet d'éviter une double saisine de la chambre de l'instruction [2].

• *En second lieu*, en aval de ces trois verrous, la loi du 4 janvier 1993 a posé deux autres règles restreignant encore les prérogatives des parties privées.

— La première est prévue par l'article 174, al. 1, C.P.P. : lorsqu'elles saisissent la chambre de l'instruction pour faire constater une nullité, elles doivent soulever toutes les nullités susceptibles d'être retenues par la chambre en l'état de l'information, à défaut de quoi elles seraient irrecevables à le faire ultérieurement. Sauf au cas où elles n'auraient pu les connaître (sorte de force majeure procédurale) [3]. Sans cette règle, les parties privées pourraient multiplier les saisines de la chambre de l'instruction, ce qui retarderait la procédure puisque dès la purge d'une nullité par elles soulevée, elles pourraient en invoquer une autre, puis après la purge de cette seconde, en invoquer une troisième, etc. [4].

De l'article 174, al. 1, C.P.P., la jurisprudence tire deux conséquences. Premièrement, elle exclut l'effet relatif des nullités : de façon plus précise, le dépôt d'une requête en nullité par l'une des parties a pour effet de réouvrir, au profit des autres parties, la possibilité de solliciter l'annulation d'actes, de sorte qu'une partie négligente peut bénéficier d'une « seconde chance » en se « raccrochant » à une autre, plus diligente qu'elle, puisque par hypothèse, toutes les parties se voient notifier la date d'audience en application de l'article 197, C.P.P. [5]. Deuxièmement, et c'est la conséquence de la conséquence, la partie qui n'a pas été avisée de cette date reste recevable par la suite à soulever d'éventuelles nullités, le délai de forclusion de l'article 175 ne pouvant lui être opposé [6].

accéder au juge, le demandeur en nullité n'avait qu'à refaire établir la déclaration par le greffier. Il est vrai que le greffier aurait dû y penser lui-même !

1. Crim., 13 octobre 1998, B.C., n° 253, *Procédures*, 1999, comm. 43, obs. J. Buisson, la déclaration au greffe est faite par le demandeur ou son avocat ; lequel n'étant pas tenu d'être muni d'un pouvoir spécial peut se faire substituer par un autre avocat.

2. Crim., 19 juillet 1993, B.C., n° 247, la chambre de l'instruction ne peut statuer sur la validité d'un mandat de dépôt qui fait corps avec l'ordonnance de placement en détention, laquelle ne peut faire l'objet que d'un appel ; 13 décembre 1993, B.C., n° 385, même solution pour l'ordonnance de prolongation de la détention.

3. Crim., 14 mai 2002, B.C., n° 111.

4. Crim., 30 mai 1996, B.C., n° 226 ; 30 mai 1997, *Procédures*, 1997, comm. 275, obs. J. Buisson.

5. Crim., 19 juillet 1994, B.C., n° 282, *Dr. pénal*, octobre 1994, comm. 222, obs A. Maron.

6. Crim., 30 novembre 1995, B.C., n° 365.

— La seconde règle consiste dans le pouvoir de blocage du président de la chambre de l'instruction. Saisi d'une requête en nullité déposée par une partie privée, le juge d'instruction communique à ce magistrat le dossier et ce dernier peut le renvoyer au juge sans saisir la chambre s'il constate que les règles de forme de l'article 173, al. 3 (comme la motivation) ne sont respectées ou si le délai de l'article 173-1, C.P.P., pour agir est expiré, ou encore si la règle de l'article 174, al. 1, n'est pas respectée (art. 173, al. 5, C.P.P.) [1]. Le président statue par une ordonnance insusceptible de recours.

Un problème se pose, commun aux cas où la requête émane d'un magistrat ou d'une partie privée : la chambre de l'instruction saisie à propos d'un acte déterminé peut-elle annuler aussi d'office d'autres actes ? Naguère, la question était discutée, l'article 206, al. 2, C.P.P., accordant les plus longs pouvoirs à la chambre (« elle examine la régularité des procédures qui lui sont soumises ») et la Cour de cassation limitant le pouvoir de cette juridiction à l'objet de la requête [2]. Aujourd'hui, l'article 174, al. 1, C.P.P. (l. du 4 janvier 1993) vient renforcer l'article 206 puisqu'il reconnaît à la chambre de l'instruction le droit de « relever d'office » des nullités, sans préjudice de celles qui lui sont proposées par les parties privées. Elle peut même relever des nullités contenues dans une procédure distincte de celle dont elle est saisie et qui a été jointe à cette dernière [3].

• *En troisième lieu :* la loi du 15 juin 2000 a opportunément créé une déchéance du droit d'agir en nullité au bout d'un certain délai. Exactement, l'article 173-1, C.P.P., décide que sous peine d'irrecevabilité, le mis en examen doit soulever la nullité d'un acte accompli avant la première comparution ou de cette première comparution elle-même dans les six mois de la notification de sa mise en examen, à moins qu'il n'ait pu connaître ces nullités [4]. Ce système rappelle un peu celui de l'article 305-1, C.P.P., propre aux affaires criminelles [5]. Ce système, excellent, fut même étendu par la loi du 4 mars 2002 à la partie civile et par la loi du 9 mars 2004 au témoin assisté (art. 173-1, al. 2 et 3, C.P.P.) : ainsi les parties privées et le témoin assisté doivent désormais invoquer les nullités dans les six mois suivant chaque interrogatoire ou audition.

Toutefois, la chambre de l'instruction conserve le pouvoir d'annuler des actes d'instruction s'il lui apparaît qu'ils ont été réalisées par un juge manifestement incompétent [6].

1. V. *supra*, n° 769.
2. Crim., 27 juin 1991, D., 1992, Somm., 98, obs. J. Pradel.
3. Crim., 7 décembre 2005, B.C., n° 327 ; 31 janvier 2006, B.C., n° 30, Dr. pénal, juin 2006, comm. 93, obs. A. Maron. V. dans le même sens C.E.D.H., 29 mars 2005, *Matheron c/ France*, D., 2005, 1755, note J. Pradel.
4. Crim., 4 avril 2002, B.C., n° 80, le délai de forclusion prévu par l'art. 173-1 s'applique indistinctement aux moyens de nullité présentés par requête ou par mémoire, par toute personne mise en examen ; 22 août 2005, B.C., n° 209.
5. V. *infra*, n° 898.
6. Crim., 24 octobre 2007, B.C., n° 253.

787. — *Deuxième cas. Saisine autrement que par requête aux fins d'annulation.* En ce cas, une distinction doit être faite, qui a été imaginée par le président Patin, président de la chambre criminelle dans les années 1960 et dont l'hostilité aux nullités est bien connue.

Lorsque la cour est saisie de l'entier dossier (en cas d'appel d'une ordonnance de règlement), elle peut et doit statuer sur la régularité des actes [1] ; on notera toutefois que l'appel contre une ordonnance de renvoi en police correctionnelle étant irrecevable, la chambre de l'instruction ne peut pas examiner la régularité du dossier [2]. Si, au contraire, elle est saisie par un appel limité, portant sur un objet autre que le règlement de la procédure, elle ne peut annuler, même à la demande expresse de l'appelant car elle est saisie d'un unique objet, celui de l'appel [3]. C'est la jurisprudence dite de « l'unique objet ».

Cette interprétation restrictive a pour elle le principe de l'effet dévolutif de l'appel [4] et le fait que l'irrégularité d'un acte n'est pas un cas d'appel. Elle encourt cependant un double reproche. D'abord, elle méconnaît l'esprit de l'article 206 qui veut que la chambre de l'instruction puisse contrôler les procédures *dès qu'elles* lui sont soumises (« qui lui sont soumises », dit ce texte), et non *dans la mesure* où elles lui sont soumises, ce qui introduit dans la loi une distinction qui ne s'y trouve pas. Ensuite, il est vraisemblable que le législateur entendait que l'appel fût l'occasion de transmettre à la juridiction supérieure toute la procédure d'instruction (arg. art. 81, al. 3, *in fine*, C.P.P.) [5].

— *Les effets de la nullité*

788. — *Étendue de la nullité.* La nullité va-t-elle être limitée à l'acte irrégulier ou bien s'étendre à la procédure ultérieure au motif que les actes constituent un tout et que l'irrégularité de l'un d'eux vicie par contagion tous ceux qui suivent (théorie de la jurisprudence américaine des fruits de l'arbre empoisonné).

La réponse est apportée par deux textes très proches. D'abord, l'article 174, al. 2, C.P.P. (l. du 4 janvier 1993) selon lequel « la chambre de l'instruction décide si l'annulation doit être limitée à tout ou partie des actes ou pièces de la procédure viciée ou s'étendre à tout ou partie de la procédure

1. Crim., 6 mai 2003, B.C., n° 92, la chambre doit relever les nullités malgré la forclusion de l'article 175, C.P.P.

2. Crim., 17 juin 1975, J.C.P., 1978.II.18772, note W. Jeandidier.

3. Crim., 16 novembre 1950, J.C.P., 1951.II.6033, note J. Brouchot ; 5 mai et 2 novembre 1960 et 6 janvier 1961, D., 1961.581, note M.R.M.P. ; 11 avril 1967, B.C., n° 112 ; 10 mai 1972, B.C., n° 166 ; 4 juin 1973, B.C., n° 253, R.S.C., 1974.609, obs. J. Robert ; 21 juin 1973, B.C., n° 293 ; 8 décembre 1993, B.C., n° 380 ; 13 décembre 1995, B.C., n° 380 ; 10 décembre 1996, B.C., n° 458.

4. V. *infra*, n° 796.

5. A. BESSON, P.ARPAILLANGE et R. VOUIN, *C.P.P. annoté*, I, art. 206 ; J. GUYÉNOT, *Le pouvoir de révision et le droit d'évocation de la chambre d'accusation*, R.S.C., 1964, note pp. 588 à 590.

ultérieure… ». Ensuite, l'article 206, C.P.P., selon lequel la chambre « prononce la nullité de l'acte qui en est entaché et, s'il échet, de tout ou partie de la procédure ultérieure ». Ainsi, la chambre de l'instruction dispose d'une grande liberté : elle peut en effet annuler soit uniquement une partie de l'acte irrégulier (la partie irrégulière de cet acte), soit uniquement tout l'acte irrégulier, soit l'acte irrégulier et une partie de la procédure ultérieure, soit enfin l'acte irrégulier et toute la procédure ultérieure.

Pour se déterminer, les juges adoptent, sans le dire toujours expressément, un critère tiré du lien de causalité entre l'acte vicié et les actes ou pièces ultérieurs. Déjà, avant la loi de 1993, la Cour de cassation décidait que « la chambre d'accusation doit rechercher tous les actes de la procédure ayant un lien de causalité avec les opérations litigieuses et prononcer l'annulation de tous les actes dérivant des actes entachés de nullité » [1]. À partir de là, on notait deux séries d'arrêts (sauf en matière d'irrégularité dans les interrogatoires où toute la procédure ultérieure devait être annulée, l. du 8 décembre 1897, puis art. 170, al. 1, C.P.P., primitif) : d'un côté, l'aveu consécutif à une perquisition irrégulière était lui-même annulé [2] ; de l'autre, l'annulation d'un acte ne s'étendait ni à une expertise subséquente dès lors que l'expert ne s'était référé à aucun des actes annulés [3], ni aux actes postérieurs à une écoute téléphonique irrégulière, mais dont le contenu n'était évoqué dans aucun de ces actes [4].

Depuis la réforme de 1993, la situation ici reste la même. La jurisprudence se refuse par exemple à annuler des actes postérieurs à une perquisition irrégulière dès lors que cette dernière « n'est pas de nature à affecter par voie de contagion quelque autre pièce de la procédure » [5]. Inversement, sont nuls les actes qui procèdent d'actes eux-mêmes annulés [6].

789. — *Sort des actes annulés.* Deux séries de règles s'appliquent :

• D'une part, le Code de 1959, s'opposant au silence de celui de 1808, décide que les actes annulés sont retirés du dossier et classés au greffe de la cour d'appel ; il ajoute qu'il est interdit, à peine de poursuites disciplinaires pour les magistrats et pour les avocats, d'y puiser aucun renseignement contre les parties au débat (art. 174, al. 3, C.P.P.). La jurisprudence antérieure était plus souple qui autorisait le président de la cour d'assises, en

1. Crim., 4 juin 1969, B.C., n° 186.
2. Crim., 22 janvier 1953, J.C.P., 1955.II.7456, note J. Brouchot.
3. Crim., 13 juillet 1971, B.C., n° 230.
4. Crim., 15 avril 1991, B.C., n° 179, J.C.P., 1992.II.21795, note W. Jeandidier.
5. Crim., 4 octobre 1994, B.C., n° 313, D., 1995, Somm. 145, obs. J. Pradel, l'annulation d'un acte de l'enquête préliminaire n'entraîne pas celle du réquisitoire introductif dès lors que celui-ci est fondé sur d'autres pièces de la procédure ; 23 juin 1999, B.C., n° 149, les actes subséquents aux actes nuls « ne peuvent être annulés que s'ils trouvent leur support nécessaire dans les actes viciés » ; 26 janvier 2000, B.C., n° 46, avec une formule proche ; 19 mars 2002, B.C., n° 63, cancellation partielle d'un réquisitoire supplétif qui n'était pas « le fondement exclusif et nécessaire des pièces » subséquentes ; *add.* Crim., 28 mars 2000, B.C., n° 137.
6. Crim., 4 juin 1997, B.C., n° 221, *Procédures*, 1997, comm. 296, obs. J. Buisson.

vertu de son pouvoir discrétionnaire, à faire état de ces actes à titre de renseignement en indiquant aux jurés les raisons qui avaient entraîné leur annulation : par ce biais, on évitait que la déposition d'un témoin, décédé depuis l'instruction préparatoire, ne fut définitivement écartée parce que irrégulière.

À côté de l'enlèvement matériel des pièces nulles, peut-on admettre un autre procédé : celui de la « cancellation » qui consiste à biffer ou raturer les actes ou parties d'actes nuls pour les rendre illisibles ? La jurisprudence hésitait [1]. Le nouvel article 174, al. 3, C.P.P., admet expressément la cancellation lorsque l'acte est partiellement annulé.

• D'autre part, après annulation de la chambre de l'instruction, les actes nuls sont refaits. Selon l'article 206, alinéa 3, C.P.P., la chambre de l'instruction peut, soit évoquer, soit saisir un autre juge d'instruction, soit saisir celui qui avait fait les actes nuls [2].

Mais la réfection des actes nuls doit se faire régulièrement. Ainsi, après annulation d'une saisie, le juge peut en opérer une nouvelle, mais le procureur de la République ne saurait procéder dans son cabinet à l'audition du policier qui avait fait la saisie pour la reproduire intellectuellement : en effet, « l'interdiction prévu à l'article 173 (aujourd'hui art. 174) doit s'étendre à tout procédé ou artifice qui serait de nature à reconstituer, au mépris de ce texte, la substance des actes annulés » [3].

2. *Le contrôle des actes de juridiction*

De manière générale, que l'on soit en matière criminelle, correctionnelle ou de police, la loi a prévu un contrôle des actes de juridiction (émanant du juge d'instruction ou du juge des libertés et de la détention). Ce contrôle est effectué au moyen d'une voie de recours, l'appel dirigé contre l'ordonnance rendue et saisissant la chambre de l'instruction. En outre, quand le juge d'instruction a retenu au terme de sa procédure une qualification criminelle, la loi a organisé des modalités particulières de contrôle de sa décision. Enfin une loi du 5 mars 2007 a institué un contrôle des décisions prescrivant la détention provisoire.

1. Crim., 18 mars 1976, D., 1976.548, note J. M. Robert, J.C.P., 1976.II.18478, note P. Chambon, reconnaissant que ce procédé n'est pas conforme à l'article 173, mais refusant de le sanctionner, en se fondant sur l'article 802 ; 29 octobre 1985, B.C., n° 330, D., 1986, I.R., 118, obs. J. Pradel, refusant au contraire de procéder à la « cancellation ».

2. Crim., 23 mars 1977, B.C., n° 109, dans une espèce où le juge d'instruction a refait une saisie qu'il avait faite irrégulièrement, une restitution ayant eu lieu entre les deux saisies.

3. Crim., 30 juin 1981, B.C., n° 224 ; 23 janvier 1990, B.C., n° 42.

a) Le contrôle des ordonnances autres que celles de clôture visant une qualification criminelle. Étude de l'appel des ordonnances du juge d'instruction

790. — C'est donc grâce à l'appel que la chambre de l'instruction peut contrôler en fait et en droit les ordonnances juridictionnelles du juge d'instruction et les ordonnances du juge des libertés et de la détention.

— *Conditions de l'appel*

791. — *Conditions de fond. L'appel formé par le Ministère public.* L'appel du Ministère public est général et l'est à trois égards.

D'une part, le parquet peut interjeter appel de toutes les ordonnances juridictionnelles, mais de celles-là seules, rendues par le juge d'instruction et le juge des libertés et de la détention (art. 185, al. 1 et 3, C.P.P.).

D'autre part, il peut faire appel même si l'ordonnance a été rendue conformément à ses réquisitions [1]. Car il ne doit jamais être lié par une prise de position qui, ultérieurement, pourrait lui sembler peu conforme à l'inté-rêt général. En pratique cependant, le parquet n'interjette appel que des ordonnances contraires à ses réquisitions.

Enfin, l'appel peut être formé à la fois par le procureur de la République (représentant le Ministère public auprès du juge d'instruction et du juge des libertés et de la détention) et par le procureur général (représentant le Ministère public auprès de la chambre de l'instruction).

L'administration des douanes qui exerce l'action pour l'application des sanctions fiscales (art. 343, C. douanes) disposant en vérité d'une sorte d'action publique, il en résulte que son délai pour agir est celui du procureur de la République [2].

792. — *L'appel formé par les parties privées.* Sous réserve de distinctions, l'appel des parties privées est admis moins largement que celui du parquet (art. 186 et 186-1, C.P.P.).

• En premier lieu, la *personne mise en examen* seule peut faire appel des ordonnances concernant une constitution de partie civile, des ordonnances la plaçant sous contrôle judiciaire ou modifiant celui-ci ou encore portant refus de mainlevée de celui-ci, des ordonnances relatives à sa détention provisoire (mise en détention, prolongation de la détention, refus d'élargissement après requête, maintien de la détention lors de la clôture de l'instruction) (art. 186, al. 1, C.P.P.).

En revanche — la liste des articles 186 et 186-1, C.P.P. étant limitative —, l'appel est exclu contre les ordonnances de renvoi [3] ; cette règle

1. Crim., 15 novembre 1956, B.C., n° 753 ; 14 octobre 1997, B.C., n° 332.
2. Crim., 4 juillet 1973, B.C., n° 310.
3. Crim., 12 octobre 1961, D., 1962.367 ; 12 janvier 1971, B.C., n° 8.

s'explique car si la chambre de l'instruction les confirmait, le prévenu se présenterait devant le tribunal avec un préjugé trop défavorable [1] ; toutefois, l'appel est possible : 1° contre les ordonnances de mise en accusation ; 2° contre les ordonnances de renvoi qui sont complexes, c'est-à-dire qui opèrent renvoi sans statuer sur un point qui avait été soulevé par une partie au cours de l'instruction et qui n'avait jamais donné lieu à réponse de la part du juge, alors que celui-ci aurait dû statuer, ce qui aurait permis à la partie de faire appel en son temps [2].

L'appel est également exclu contre les ordonnances de non-lieu, qu'elles soient en faveur du mis en examen ou d'un autre mis en examen [3]. Point d'appel enfin contre les ordonnances de soit-communiqué, simples actes d'administration judiciaire [4].

• En second lieu, *la partie civile seule* peut former appel contre les ordonnances de non-informer, de non-lieu et plus généralement contre toutes celles « faisant grief à ses intérêts civils » (art. 186, al. 2) [5]. Elle ne peut donc critiquer les ordonnances de renvoi devant la juridiction de jugement puisqu'elle garde le droit de porter son action devant le tribunal saisi [6]. De manière plus générale, la jurisprudence interprète restrictivement la formule « ordonnances faisant grief à ses intérêts civils » puisqu'elle rappelle souvent que « la disposition finale de l'article 186, alinéa 2, ne vise que les ordonnances portant un préjudice direct aux intérêts de la partie civile » [7]. Il est évident cependant que l'ordonnance déclarant irrecevable une constitution de partie civile est susceptible d'appel puisque faisant grief [8]. Il en est de même de l'ordonnance de renvoi qui a omis de statuer sur un des chefs d'inculpation visé par les réquisitions du parquet, ce qui est un cas d'ordonnance complexe [9]. De même encore, l'appel est possible par la partie civile à l'encontre d'une ordonnance prévoyant le versement par elle d'une consignation destinée à garantir le paiement de l'amende civile susceptible d'être prononcée et qui, ne l'oublions pas, doit être proportionnée à ses ressources [10].

1. Obs. J. Brouchot, R.S.C., 1957.107.
2. Crim., 13 juin 1972, B.C., n° 197 ; Ass. plén., 24 mai 1996, D., 1996.345, note J. Pradel ; Crim., 4 novembre 1999, B.C., n° 243 ; 4 janvier 2005, B.C., n° 4.
3. Crim., 15 juillet 1965, G.P., 1965.II.331.
4. Crim., 29 avril 1996, B.C., n° 168.
5. Crim., 9 novembre 1998, B.C., n° 291, *Procédures*, 1999, comm. 102, obs. J. Buisson, appel possible dès lors que la partie civile ayant manifesté sa volonté et ayant versé la consignation fixée par le juge a qualité pour agir ; 22 février 2000, B.C., n° 74, la partie civile peut interjeter appel d'une ordonnance relative à des faits autres que ceux qu'elle avait dénoncés et qui résultaient de réquisitions supplétives.
6. Crim., 1er décembre 1964, D., 1965.83 ; 26 novembre 2003, B.C., n° 225 ; 6 avril 2004, B.C., n° 87, R.S.C., 2004.905, obs. D.N. Commaret, pas d'incompatibilité du rejet de l'appel avec le principe du procès équitable.
7. Crim., 23 décembre 1969, D., 1970.282, note J.M.R. ; 9 janvier 1973, B.C., n° 9.
8. Crim., 6 avril 1993, B.C., n° 147.
9. Crim., 23 novembre 1993, B.C., n° 349 ; 13 juin 1995, B.C., n° 215.
10. Crim., 19 juillet 1994, B.C., n° 283.

• En troisième lieu, la *personne mise en examen* et la *partie civile* peuvent attaquer les ordonnances sur la compétence (art. 186, al. 3, C.P.), les ordonnances portant refus d'examens médical ou psychologique, portant refus de conduire une mesure d'instruction (audition-interrogatoire...) et portant refus d'ordonner une expertise, un complément d'expertise ou une contre-expertise (art. 186-1, al. 1, C.P.P.). On peut y ajouter l'ordonnance par laquelle le juge d'instruction rejette la demande d'une partie ayant invoqué la prescription de l'action publique (art. 82-3 et 186-1, C.P.P.), encore que cette hypothèse paraît n'intéresser que le mis en examen. Enfin, le mis en examen et la partie civile peuvent interjeter appel des ordonnances de renvoi en police correctionnelle dans le cas où ils estiment que les faits sont criminels (art. 186-3, C.P.P.) : cette possibilité, ouverte par la loi du 9 mars 2004, tend à exclure le dépôt de conclusion aux fins d'incompétence par le prévenu et la partie civile, le tribunal correctionnel ne pouvant plus se déclarer incompétent en principe, comme il a déjà été dit [1].

Deux règles complémentaires doivent être rappelées, qui confirment le caractère exceptionnel de l'appel par les parties privées.

Premièrement, la jurisprudence veille à ce que les parties ne profitent pas d'un appel régulier pour soumettre à la chambre de l'instruction une autre question pour laquelle l'appel est exclu : en effet, l'appel « est un droit exceptionnel qui ne comporte aucune extension et dont les parties ne sauraient s'autoriser pour faire juger à l'occasion de ces procédures spéciales, des questions étrangères à leur unique objet ». C'est la fameuse jurisprudence dite de « l'unique objet » [2].

Deuxièmement, on rappellera succinctement que le président de la chambre de l'instruction peut bloquer un appel d'une partie privée dans deux cas. Il est tenu de rendre une ordonnance de non-admission d'appel insusceptible de recours, s'il constate qu'il a été fait appel dans un cas non prévu par l'article 186, al. 1 à 3, C.P.P., ou si le délai d'appel était expiré lors de l'appel (art. 186, *in fine*, C.P.P.).

793. — *Conditions de forme. Les délais d'appel.* Les délais sont variables selon les parties (art. 185 et 186, C.P.P.). Le procureur de la République doit agir dans les cinq jours qui suivent la notification de la décision et le procureur général dans les dix jours. Les parties privées ont un délai de dix jours à compter de la date de la notification de l'ordonnance [3]. L'administration des douanes exerçant non une action civile, mais une action publique d'une nature spéciale doit agir dans le même délai que le procureur de la République [4].

1. V. *supra*, n° 121.
2. Crim., 6 janvier 1961, B.C., n° 6, D., 1967.581, note M.R.M.P., arrêt de principe. V. aussi *infra*, n° 803.
3. Crim., 6 mai 1996, B.C., n° 186.
4. Crim., 4 juillet 1974, B.C., n° 316.

En matière de restitution d'objets saisis, le délai est de dix jours pour toutes les parties, à compter de la notification de l'ordonnance (art. 99, al. 5, et 186, al. 4, C.P.P., combinés).

794. — *Suite. Les formes de l'appel.* L'appel se fait normalement par une déclaration au greffe du tribunal [1]. Toutefois, l'individu détenu forme son appel soit ainsi (art. 146-6, C.P.P.) soit au moyen d'une déclaration auprès du chef de la prison ; cette déclaration est signée par ce dernier et par l'appelant, puis elle est adressée sans délai au greffe de la juridiction ayant rendu la décision attaquée (art. 148-7, C.P.P.) ; il s'agit là de formalités d'ordre public [2].

— *Effets de l'appel*

L'appel a un double effet suspensif et dévolutif.

795. — *L'effet suspensif.* En vertu de cet effet, l'exécution de l'ordonnance est impossible pendant le délai d'appel (sauf celui du procureur général) et, une fois l'appel interjeté, jusqu'à la décision de la chambre de l'instruction. À partir de là, deux séries de remarques peuvent être faites.

1° L'effet suspensif comporte une belle *application* créée par la loi du 9 septembre 2002 et relative aux ordonnances de mise en liberté rendues malgré réquisitions contraires du procureur : il s'agit du *référé-détention* [3]. Anéantissant une solution traditionnelle, la loi du 9 juillet 1984 avait abrogé l'article 186, al. 6, C.P.P., qui consacrait l'effet suspensif. C'est cet effet que restaure la loi du 9 septembre 2002 pour éviter que des criminels chevronnés ne prennent la fuite dès leur élargissement. Plus précisément, les articles 148-1-1 et 187-3 nouveaux, C.P.P., créent le système suivant. L'ordonnance de mise en liberté est immédiatement notifiée au procureur. Si ce magistrat s'oppose à la libération immédiate, il doit faire appel devant le greffier du juge des libertés ou du juge d'instruction et — à peine d'irrecevabilité — saisir dans le même temps le président de la cour d'appel (ou le magistrat qui le remplace) d'un référé-détention pour déclarer cet appel suspensif. Le procureur dispose d'un délai de quatre heures pour procéder à ces deux formalités : de la sorte, faute pour lui d'avoir formé le référé-détention dans ce délai, le détenu est automatiquement libéré.

1. L'appel peut être reçu par une personne ayant reçu délégation à cette fin du greffier en chef du tribunal, Crim., 25 mars 1997, B.C., n° 119.

2. Crim., 17 novembre 1987, D., 1988, Somm. 191, obs. J. Pradel.

3. J. Buisson, *Le référé-détention du procureur de la République issu de la loi n° 2002-1138 du 9 septembre 2002, Procédures* 2002, chron. n° 13.

Devant le premier président, le mis en examen et son avocat peuvent faire des observations écrites (en faveur de l'élargissement) tandis que le procureur peut en faire aussi (en faveur du maintien en détention). Le haut magistrat statue au plus tard le deuxième jour ouvrable suivant la demande, les effets de l'ordonnance de mise en liberté étant suspendus et la personne restant donc en détention pendant ce délai. Ce magistrat rend une décision sous la forme d'une ordonnance motivée et insusceptible de recours [1]. Et alors de deux choses l'une : ou bien, le premier président ou son remplaçant ordonne l'élargissement de l'intéressé ; ou bien le magistrat estime que la rétention doit se maintenir et ordonne en conséquence la suspension des effets de l'ordonnance de mise en liberté jusqu'à décision de la chambre de l'instruction, l'intéressé devant comparaître personnellement devant elle et la chambre devant se prononcer au plus tard dans les dix jours de l'appel.

Que penser du référé-détention ? Dans le principe, l'institution mérite l'approbation, les praticiens ayant remarqué que par l'effet de la loi du 9 juillet 1984, des criminels profitaient de leur libération pour s'enfuir. D'autre part, il faut reconnaître que le législateur a multiplié les précautions dans l'intérêt du mis en examen et par exemple, l'avocat de celui-ci peut demander au premier président de lui présenter des observations orales et, de son côté, le premier président désireux de maintenir l'intéressé en détention doit retenir dans son ordonnance au moins deux des critères prévus à l'article 144, C.P.P. (art. 187-3, al. 3 et 4). Mais il faut reconnaître que le système est bien lourd ! Le législateur aurait pu soit supprimer le juge des libertés et de la détention, soit ne le laisser que dans le cas où le parquet conteste la décision libérale du juge d'instruction, le premier président disparaissant.

D'un autre côté, le référé-détention, machine au service du parquet apparaît un peu comme le pendant du référé-liberté, au service du mis en examen [2]. On serait tenté d'y voir une manifestation de l'égalité des armes, à ceci près pourtant que le référé-liberté n'a pas d'effet suspensif, contrairement au référé-détention.

2° Parmi les *exceptions* à l'effet suspensif, il faut signaler d'abord que l'ordonnance de mise en détention s'exécute de suite malgré appel et demande d'effet suspensif (art. 187-1, C.P.P.). En cas d'appel de l'ordonnance de non-lieu par la partie civile, la personne mise en examen détenue est immédiatement élargie. Et, sauf en cas de décision contraire du président de la chambre de l'instruction ou sauf s'il s'agit d'une ordonnance de règlement, l'instruction continue (art. 187), grâce à la confection du dossier en double exemplaire.

796. — *L'effet dévolutif.* En vertu de son effet dévolutif, l'appel ne saisit la chambre de l'instruction que de la question déférée à celle-ci par l'appelant ; bien que le dossier lui soit communiqué en entier, la juridiction supérieure ne se voit donc pas soumettre toute l'affaire. Par conséquent, les parties

1. Art. 187-3, al. 3, C.P.P., Crim., 9 décembre 2003, B.C., n° 235.
2. Sur le référé-liberté, v. *supra*, n° 771.

privées, dont on sait que leur droit d'appel est limité, ne peuvent utiliser le moyen d'un appel pour faire statuer sur des questions qui ne sont pas légalement exposées à leur critique, pas même en présentant la question interdite comme liée à la question autorisée. C'est la jurisprudence de l'unique objet : ainsi un individu mis en examen ne saurait profiter de l'appel d'une ordonnance de refus de mise en liberté (appel recevable) pour alléguer la nullité d'un acte d'instruction (appel irrecevable), en soutenant que l'acte nul est à l'origine de son incarcération [1] ; il est vrai que depuis 1993, il peut agir directement en nullité [2]. Néanmoins, la jurisprudence continue à maintenir la théorie de l'unique objet [3].

Toutefois, l'appel de la partie civile contre l'ordonnance de non-lieu saisit la chambre de l'instruction de l'ensemble du dossier, y compris de l'action publique, même si le parquet est demeuré passif [4].

Il est un autre cas où la théorie de l'unique objet ne devrait pas être admise : c'est celui de l'appel contre une ordonnance de mise ou maintien en détention provisoire. Les chambres de l'instruction ne prennent en considération que les cas de détention évoqués à l'article 144, C.P.P., sans s'attacher aux charges. L'examen des charges devrait être systématiquement abordé par les chambres de l'instruction.

— *Jugement de l'appel*

797. — Saisie par un appel, la chambre de l'instruction — après avoir entendu le Ministère public et les parties [5] — va d'abord vérifier si celui-ci est *recevable*. Comme on l'a vu, en effet, l'appel est soumis à des conditions de fond et de forme. Et le fait que le président de la chambre de l'instruction n'ait pas rendu une ordonnance de non-admission d'appel (art. 186, *in fine*) ne lie en rien la cour qui garde toute liberté d'appréciation quant à la recevabilité.

Si elle estime l'appel recevable, la chambre de l'instruction va en examiner le *bien-fondé*. La matière est traitée par l'article 207, C.P.P., qui distingue entre deux situations :

— Si la chambre de l'instruction est saisie d'une matière autre que la détention provisoire, de deux choses l'une. Ou bien, elle confirme l'ordonnance du juge d'instruction, celle-ci sort renforcée et deviendra irrévocable

1. Crim., 17 février et 10 mai 1972, B.C., n°s 66 et 166 ; 4 juin 1973, B.C., n° 254, R.S.C., 1974.609, obs. J. Robert ; 2 octobre 1984, B.C., n° 279 ; 20 octobre 1987, D., 1988, Somm. 191, obs. J. Pradel.

2. V. *supra*, n° 786.

3. Crim., 10 décembre 1996, B.C., n° 458.

4. Crim., 29 mars 1878, D., 1879.I.92 ; 12 juillet 1972, D., 1973.65, note P. Chambon.

5. Si l'appel concerne une ordonnance relative au contrôle judiciaire ou à la détention provisoire, la personne non détenue et son avocat sont convoqués au moins 48 heures avant la date de l'audience.Toutefois, si la personne a déjà comparu devant la chambre de l'instruction moins de quatre mois auparavant, le président peut, en cas de demande de mise en liberté, refuser la comparution personnelle (art. 148-2, al. 1, C.P.P.).

sauf pourvoi en cassation ; le dossier est restitué au juge d'instruction. Ou bien, elle infirme l'ordonnance, elle peut soit évoquer (totalement ou en partie en ne procédant qu'à certains actes), soit renvoyer au juge d'instruction, soit en saisir un autre (art. 207, al. 2).

— Si la chambre de l'instruction est saisie en matière de détention (donc d'une ordonnance rendue par le juge des libertés et de la détention ou par le juge d'instruction), elle fait sans délai retour du dossier au juste d'instruction, qu'elle ait infirmé ou confirmé l'ordonnance du juge des libertés et de la détention (art. 207, al. 1). Évidemment, si la chambre confirme, l'ordonnance, là encore, sort renforcée (art. 207, al. 3).

Des difficultés peuvent apparaître lorsque la chambre de l'instruction infirme la décision du juge d'instruction ou du juge des libertés et de la détention. Laquelle des deux juridictions aura la maîtrise du contentieux ultérieur de la détention [1] ? En premier lieu, si la juridiction d'appel infirme l'ordonnance par laquelle le juge des libertés et de la détention refuse de placer l'intéressé en détention ou infirme une décision refusant la prolongation de la détention, c'est elle qui devra décerner le mandat de dépôt ou d'arrêt [2]. En second lieu, s'agissant des décisions ultérieures à prendre (prolongation ou cessation de la détention), la jurisprudence était hésitante, ayant cependant tendance le plus souvent à décider que c'était le juge qui était compétent à moins que la chambre se soit expressément réservée le contrôle de ce contentieux ultérieur [3]. C'est cette solution que consacre la loi du 9 mars 2004 avec l'article 207, al. 1, *in fine*, C.P.P. : « Lorsque la chambre de l'instruction décerne mandat de dépôt ou qu'elle infirme une ordonnance de mise en liberté ou de refus de prolongation de détention provisoire, les décisions en matière de détention provisoire continuent de relever de la compétence du juge d'instruction et du juge des libertés et de la détention sauf mention expresse de la part de la chambre de l'instruction disant qu'elle est seule compétente pour statuer sur les demandes de mise en liberté et prolonger, le cas échéant, la détention provisoire. Il en est de même lorsque la chambre de l'instruction ordonne un contrôle judiciaire ou en modifie les modalités. »

Cette solution législative a l'avantage de la netteté en ce qu'elle évitera les hésitations de la jurisprudence. Elle a aussi l'avantage — si la chambre se réserve le contentieux — d'éviter en cas d'opposition réitéré entre elle et le juge que l'intéressé passe son temps à sortir de prison (du fait de la disparition de l'effet suspensif) et à y revenir.

Cette position encourt cependant la critique en ce qu'elle conduit les chambres à trier entre les juges ceux auxquels elle confisquera ce contentieux et ceux auxquels elle le laissera. Mieux vaudrait décider que la chambre de l'instruction s'approprie le contentieux dans tous les cas [4], même si avec l'article 187-3, C.P.P., la décision de

1. L. REMPLON, *La maîtrise du contentieux de la détention en cas d'opposition entre chambre d'accusation et juge d'instruction*, J.C.P., 1978.I.2887 et J.C.P., 1988.I.3334 ; J. PRADEL et A. VARINARD, n° 37.

2. Crim., 22 décembre 1959, D., 1961.I, concl. A. Besson ; 22 février 1977, J.C.P., 1978.II.18781, 2e espèce, note P. Chambon.

3. V. not. Crim., 2 juillet 1985, B.C., n° 252, D., 1986, I.R., 119, obs. J. Pradel ; 5 février 2002, B.C., n° 18 ; 19 février 2002, B.C., n° 30.

4. En ce sens, A. BRAUNSCHWEIG, R.S.C., 1988.333.

mise en liberté peut ne pas s'appliquer, le parquet pouvant neutraliser l'effet suspensif.

b) Le contrôle des ordonnances de clôture visant une qualification criminelle

798. — *Position du problème.* Quand les faits paraissaient être de nature criminelle, le Code de procédure pénale prévoyait un contrôle renforcé, qui était assuré par la chambre d'accusation. La loi voulait en effet qu'en une matière aussi grave, la comparution de l'individu n'ait lieu qu'après un examen par les deux degrés de la juridiction d'instruction, la chambre d'accusation pouvant seule prononcer la « mise en accusation » de l'intéressé et le renvoyer devant la cour d'assises (d'où le nom de chambre des mises en accusation ou d'accusation).

Or, on le sait, la loi du 15 juin 2000 a opportunément changé le système. La chambre d'accusation disparaît en tant que second degré de l'instruction avec le pouvoir de renvoyer une personne devant la cour d'assises et c'est pourquoi le législateur parle désormais de chambre de l'instruction. C'est le juge d'instruction qui renvoie lui-même le mis en examen devant la cour d'assises, en rendant une ordonnance de mise en accusation (art. 181, C.P.P.). Toutefois — et ceci est essentiel — le rôle de la nouvelle chambre de l'instruction en matière criminelle n'a pas disparu : en effet, quand le juge d'instruction rend une ordonnance de mise en accusation, la personne ainsi renvoyée peut saisir la chambre par la voie de l'appel (art. 186-2, C.P.P.). Dès lors se posent toujours deux questions qu'il faut aborder immédiatement.

Ce système nouveau avait fait l'objet d'un projet de M. Jacques TOUBON, alors garde des Sceaux, en 1996 [1]. Examiné en première lecture par les deux chambres, il n'avait pu être adopté définitivement du fait de la dissolution de l'Assemblée nationale en mai 1997. À l'occasion du vote de la loi du 15 juin 2000, le Sénat déposa un amendement pour reprendre le projet J. Toubon, qui devait aboutir [2].

— *Les diligences effectuées par la chambre de l'instruction*

799. — Pour décider si la qualification criminelle est la bonne, la chambre est évidemment conduite à réexaminer tout le dossier. Si elle s'estime suffisamment éclairée par les éléments réunis au cours de l'instruction, elle a seulement à délibérer sur les charges. Si, au contraire, elle juge l'information incomplète, elle ordonne un supplément d'information [3]. Mais dans tous les cas, si l'intéressé était en fuite et a été arrêté postérieurement

1. *Quelle participation des citoyens au jugement des crimes ? À propos de la réforme de la cour d'assises*, Travaux de l'Institut de sciences criminelles de Poitiers, vol. 17, 1997, éd. Cujas.
2. Rapport de la commission sénatoriale des lois par C. JOLIBOIS, n° 419, 10 juin 1999, p. 19.
3. V. *supra*, n° 778.

au dessaisissement du juge d'instruction, la chambre est tenue de l'entendre [1] : il faut respecter la liberté de la défense.

— *La solution donnée par la chambre de l'instruction*

800. — Trois éventualités peuvent se présenter.

Si elle estime qu'il n'y a pas de charges suffisantes, elle rend un arrêt de non-lieu qui termine le procès et remet en liberté la personne mise en examen provisoirement détenu (art. 212, C.P.P.).

Si les faits lui paraissent constituer un délit ou une contravention, elle rend un arrêt de renvoi devant le tribunal correctionnel ou de police (art. 213, C.P.P.).

Si elle estime que les faits constituent un crime, elle prononce la mise en accusation devant la cour d'assises (art. 214, C.P.P.). La chambre peut modifier les qualifications retenues par le juge, même en les aggravant [2]. L'arrêt de mise en accusation doit contenir, à peine de nullité, l'exposé et la qualification légale des faits, objet de l'accusation et il précise l'identité de l'accusé ainsi que, s'il y a lieu, le fait que l'accusé bénéficie des dispositions de l'article 132-78, C.P., sur les exemptions et réductions de peine (art. 215, al. 1, C.P.P.). L'arrêt peut être cassé non seulement s'il ne contient aucun exposé des faits [3], mais aussi lorsque cet exposé est trop sommaire [4] : il faut en effet que la Cour suprême soit en mesure de pouvoir exercer son contrôle. Cet arrêt emporte deux conséquences qui sont les mêmes que celles de l'ordonnance de mise en accusation décrite à l'article 181, C.P.P. D'une part, il transforme la personne mise en examen en accusé.

D'autre part, l'arrêt, une fois irrévocable — car il est susceptible d'un pourvoi en cassation [5] — purge les vices de l'instruction préparatoire. Les causes de nullité ne peuvent donc plus être invoquées ni devant la cour d'assises ni à l'appui d'un pourvoi en cassation formé contre l'arrêt de celle-ci [6].

D'un autre côté, l'arrêt de mise en accusation devenu irrévocable est attributif de compétence. Toute question sur la compétence, de quelque ordre qu'elle soit, ne pourrait être formulée que par la voie d'un pourvoi en cassation contre cet arrêt, avant qu'il ne soit devenu irrévocable. Ce principe est lié à celui de la plénitude de juridiction de la cour d'assises (art. 231, C.P.P.) en vertu duquel elle reste compétente quand elle disqualifie les faits dont elle est saisie, étant observé cependant que cette juridiction ne peut connaître

1. Crim., 12 octobre 1972, D., 1973.170, note J. Pradel.
2. Crim., 6 août 2003, B.C., n° 143, D., 2004, Somm. 668, obs. J. Pradel. V. aussi Crim., 10 juillet 2002, B.C., n° 149.
3. Crim., 8 décembre 1976, B.C., n° 353.
4. Crim., 8 mars 1951, B.C., n° 76.
5. V. *infra*, n°s 809 et s.
6. Crim., 11 mai 1960, B.C., n° 250 ; 4 juin 1982, B.C., n° 147.

d'aucune autre accusation que celle qui résulte de l'arrêt de mise en accusation [1].

En marge de la question de fond, la cour peut être saisie d'une demande de mise en liberté par la personne mise en examen. Elle doit alors statuer dans les vingt jours de la réception de cette demande, en application de l'article 148-2, C.P.P. [2].

c) Le contrôle des ordonnances prescrivant la détention provisoire

801. — À la suite de la déplorable affaire dite d'Outreau où une quinzaine de personnes avaient été placés en détention provisoire pendant plus de deux ans pour bénéficier finalement presque toutes d'un acquittement, la loi du 5 mars 2007 sur l'équilibre de la procédure pénale imagina un système de contrôle des détentions avant jugement. Le nouveau dispositif est décrit à l'article 221-3, nouveau C.P.P. On le résumera [3].

Quand un délai de trois mois s'est écoulé depuis le placement en détention provisoire du mis en examen et que cette détention est toujours en cours sans que le processus du règlement soit commencé, le président de la chambre de l'instruction peut — d'office ou sur demande du parquet ou encore du mis en examen — décider de saisir sa chambre pour que celle-ci « examine l'ensemble de la procédure ». Il s'agit de conférer à la chambre de pouvoir de contrôler la légalité du maintien en détention.

C'est pourquoi la chambre peut procéder à une véritable instruction dans l'instruction. Elle tient une audience au cours de laquelle les avocats de toutes les parties et des témoins assistés sont convoqués. Elle peut aussi ordonner d'office à la demande d'une partie, la comparution du mis en examen et du témoin assistés. L'article 221-3 ne dit pas expressément si le président ou la chambre peut convoquer des témoins ; mais on peut l'admettre car en son § II, cet article précise que la chambre peut évoquer et procéder selon les articles 201, 202, 204 et 205, c'est-à-dire ordonner un supplément d'injonction au cours duquel des témoins peuvent être entendus.

Deux jours ouvrables avant la date de l'audience, les parties peuvent déposer des mémoires consistant notamment en demandes de mise en liberté.

Les débats se déroulent et l'arrêt est rendu en audience publique. Cependant le président peut ordonner que les débats se dérouleront en chambre du conseil.

La chambre, éventuellement après avoir statué sur des demandes, peut notamment :

1. Crim., 21 février 1996, B.C., n° 82.
2. Crim., 22 novembre 1983, B.C., n° 309.
3. J. PRADEL, *Les suites législatives de l'affaire dite d'Outreau*, À propos de la loi n° 2007-291 du 5 mars 2007, J.C.P., 2007.I.138, n° 11 à 13.

— ordonner l'élargissement d'un mis en examen, avec ou sans contrôle judiciaire, même en l'absence de demande de sa part ; ce qui fait contrepoids à l'article 201, al. 3, qui permet à la chambre d'ordonner d'office la mise en détention ;

— prononcer la nullité d'un ou plusieurs actes ;

— évoquer en totalité ou partiellement ;

— désigner un ou plusieurs juges d'instruction pour suivre la procédure avec le ou les juges déjà saisis ;

— dessaisir le juge ;

— ordonner le réglement, notamment en prononçant des non-lieux.

On le voit, l'examen de la légitimité de la détention provisoire est un prétexte qui permet à la chambre d'exercer de plus larges pouvoirs.

L'arrêt contenant les diverses modalités ci-dessus listées doit être rendu dans les trois mois suivant la saisine de la chambre par son président. En cas de dépassement, les personnes sont automatiquement libérés.

Enfin six mois après l'arrêt de la chambre et si la détention est toujours en cours, le président peut à nouveau saisir sa chambre aux mêmes fins.

Que penser de tout cela ? Le système est original car traditionnellement la chambre ne pouvait statuer que sur recours. Il est excellent de donner ces pouvoirs à la chambre, mais il faut reconnaître que le système est très lourd et que le président peut toujours s'abstenir de saisir sa chambre (le président « *peut* » saisir sa chambre, dit l'article 221-3, al. 1, C.P.P.).

B — Les décisions de la chambre de l'instruction

1. *Les préalables des décisions*

Quelle que soit la manière dont la chambre est saisie et quelle que soit la décision qu'elle rendra, la procédure se déroule en deux temps.

a) Les formalités préparatoires

802. — Il est d'abord procédé à *deux formalités préparatoires*. D'une part, dans un délai bref à compter de la réception des pièces (quarante-huit heures en matière de détention et dix jours en toute autre matière : art. 194, al. 1, C.P.P.), le procureur général met l'affaire en état. Notamment, il s'assure que le dossier (original ou double) est complet et il établit un réquisitoire où il expose son point de vue. D'autre part, ce même magistrat notifie aux parties et à leur conseil la date de l'audience (à l'intéressé détenu, notification par les soins du chef de la prison ; à l'intéressé non détenu et à toute autre personne comme la partie civile, notification par lettre recommandée à la dernière adresse déclarée) (art. 197, al. 1, C.P.P.) [1] ; la notification est faite également en cas d'appel d'une ordonnance de non-lieu au témoin assisté (art. 197-1, C.P.P.). Un délai minimum de quarante-huit heures en matière de détention et de cinq jours en toute autre matière doit être observé entre la date de la notification et celle de l'audience. Pendant ce délai, le dossier est déposé au greffe et tenu à la disposition des avocats (art. 197, al. 3, et 209, C.P.P.) [2], mais non à celle des parties elles-mêmes [3]. Le dossier ainsi communiqué est un dossier intégral [4], sauf à observer que si des copies en sont remises à l'avocat, celles-ci peuvent ne porter que sur une partie du dossier [5] et sauf à ajouter que les scellés ne font pas partie du dossier [6]. Les parties et leurs défenseurs peuvent déposer des mémoires qui seront communiqués au Ministère public et aux autres parties (art. 198, C.P.P.).

Sur le mémoire, notre droit se montre formaliste (à juste titre). Il doit à peine d'irrecevabilité comporter la signature de la partie intéressée ou de son conseil [7]. Il doit, également à peine d'irrecevabilité, être produit au plus tard la veille de l'audience [8]. La jurisprudence a admis qu'un mémoire pouvait être envoyé par voie de télécopie, à condition que figure la signature de la partie intéressée ou de son avocat [9] ; et pour apprécier s'il avait été déposé dans le délai légal, elle s'attachait au visa du greffier (idem). L'article 198, al. 3, C.P.P. (l. du 4 janvier 1993) a légalisé cette possibilité, mais seulement pour les avocats n'exerçant pas dans la ville où siège la chambre de l'instruction. Enfin, l'arrêt de la chambre de l'instruction doit viser le mémoire à défaut de quoi il est impossible de savoir si le mémoire a été soumis à l'examen des juges [10].

Ces formalités traduisent une certaine contradiction dans l'instruction et constituent des formalités substantielles, touchant aux droits de la défense [11].

1. Crim., 27 juin 2007, B.C., n° 178, caractère essentiel de la notification, sanctionnée à peine de nullité.
2. Mais la violation des dispositions sur le délai n'entraîne pas la nullité de la procédure si aucune atteinte n'a été portée aux intérêts de la partie concernée, Crim., 17 février 2004, B.C., n° 42.
3. Crim., 16 mai 1973, G.P., 1973.II, Somm., 233.
4. Crim., 14 février 1984, D., 1984.507, note J. Pradel.
5. Crim., 11 juillet 1994, B.C., n° 274.
6. Crim., 9 janvier 1996, B.C., n° 7, solution justifiée au regard de l'article 181, al. l, C.P.P., qui parle du « dossier de la procédure et de l'état des pièces à conviction ».
7. Crim., 15 novembre 1993, B.C., n° 335, avec cette conséquence que les juges ne sont pas saisis des moyens qui y sont contenus.
8. Crim., 20 janvier 1993, B.C., n° 29 ; 30 mars 2006, B.C., n° 104, mémoire déposé le jour même de l'audience et donc irrecevable.
9. Crim., 11 décembre 1990, B.C., n° 424.
10. Crim., 25 avril 1984, B.C., n° 143 ; 3 janvier 1980, B.C., n° 4.
11. Crim., 24 mai 1971, B.C., n° 171 ; 23 juillet 1973, GP., 1973.II.962 ; 9 décembre 1980, B.C., n° 339.

D'où cassation de l'arrêt dont les mentions ne font pas apparaître que les parties ont été avisées de la date de l'audience [1].

Toutefois, cette contradiction a ses limites. D'une part, depuis une loi du 30 décembre 1985 (art. 197, C.P.P.), les réquisitions du parquet n'ont plus à figurer au dossier. Selon la circulaire d'application du 26 janvier 1986, cette modification « tend à simplifier et à accélérer la mise en état du dossier dans la perspective de la réduction des délais ». On peut le regretter dans l'intérêt de la défense. D'autre part, la notification et l'accès au dossier ne concernent pas le témoin assisté qui n'est pas partie à la procédure [2].

b) Les débats

— Le droit commun

803. — Les *débats* sont depuis 1959 en partie oraux et contradictoires, mais dans le principe restent secrets [3], sauf si, sur demande du mis en examen majeur, la cour accepte la publicité [4]. L'un des membres de la chambre de l'instruction présente un rapport sur l'affaire [5] ; mais la forme de ce rapport n'ayant pas été déterminée par la loi, rien ne s'oppose à ce que le conseiller y donne son avis [6]. Puis le procureur général et les conseils des parties présentent des « observations sommaires » qui, dans l'esprit du législateur, ne sauraient être de véritables plaidoiries. La juridiction peut en outre ordonner la comparution personnelle des parties [7] ainsi que l'apport de pièces à conviction, notamment en vue de l'exercice de son pouvoir de révision. L'individu mis en examen, s'il est présent, ou son conseil doivent avoir la parole les derniers [8]. En revanche, le témoin assisté n'étant pas une partie à la procédure, son conseil ne peut être entendu [9] sauf en cas d'appel d'une

1. Crim., 16 octobre 1984, BC., n° 302.

2. Crim., 30 octobre 1990, D., 1991, Somm. 213, obs. J. Pradel.

3. Art. 199, C.P.P. ; Crim., 11 octobre 1994, D., 1995, Somm. 142, obs. J. Pradel, R.S.C., 1995.121, obs. Dintilhac, pas de nullité de la procédure en cas de présence de quatre avocats étrangers à la cause.

4. Car elle peut refuser en considérant que la publicité nuirait aux investigations à la dignité de la personne ou aux intérêts d'un tiers, art. 199, al. 1, C.P.P.

5. Crim., 13 janvier 1965, B.C., n° 11 ; 3 mai 1978, B.C., n° 135, arrêts affirmant son caractère obligatoire. L'omission du rapport oral ne peut être couverte par l'art. 802 et entraîne l'annulation si l'arrêt ne mentionne pas l'accomplissement du rapport, Crim., 27 octobre 1997, B.C., n° 351. Pas de rapport cependant en cas de demande de publicité de l'audience : Crim., 16 février 2001, D., 2002, Somm. 1459, obs. J. Pradel.

6. Crim., 20 décembre 1983, B.C., n° 350.

7. Crim., 17 décembre 1996, B.C., n° 469, *Procédures*, 1997, comm. 127, obs. J. Buisson, *Dr. pénal*, 1997, comm. 85, obs. A. Maron.

8. Crim., 28 septembre 1983, D., 1984.156, note J. Pradel, et I.R., 88, obs. J.M. Robert ; 28 mai 2002, B.C., n° 119 ; 7 juillet 2005, B.C., n° 202, D., 2006, Pan. 624, obs. J. Pradel ; R.S.C., 2005.869, obs. D. Commaret.

9. Crim., 25 janvier 1993, B.C., n° 38. Sauf à noter qu'en cas d'appel d'une ordonnance de non-lieu, le témoin assisté peut, par l'intermédiaire de son avocat, faire valoir ses observations devant la chambre de l'instruction (art. 197-1, C.P.P.).

ordonnance de non-lieu (art. 197-1, C.P.P.) [1]. Les débats terminés, la chambre de l'instruction délibère hors la présence des parties, puis elle rend son arrêt en chambre du conseil et ce, en présence de l'ensemble des trois magistrats du siège ayant instruit la cause et délibéré [2]. Si la décision n'est pas rendue immédiatement, le président n'est pas tenu d'aviser les parties de la date à laquelle elle sera prononcée [3].

— *Les régimes particuliers*

804. — Il existe cependant deux régimes particuliers et assez voisins l'un de l'autre.

• En matière de détention provisoire, la procédure devient assez nettement accusatoire depuis une loi du 6 juillet 1989 (art. 199, al. 4, C.P.P.). L'intéressé peut exiger sa comparution personnelle, à condition de l'avoir demandé en même temps qu'il a fait sa déclaration d'appel ou sa demande d'élargissement (art. 199, al. 4, C.P.P.). De plus, l'intéressé peut demander que les débats se déroulent et que l'arrêt soit rendu en audience publique, cette disposition n'étant pas applicable aux mineurs et la cour pouvant s'y opposer si elle estime que sont en cause le déroulement de l'information, la dignité de la personne ou les intérêts d'un tiers ; la chambre de l'instruction, après avoir recueilli les observations du procureur général et, le cas échéant, des avocats des autres parties, rend alors un arrêt qui n'est susceptible de pourvoi qu'en même temps que l'arrêt « principal » (art. 199, al. 1, C.P.P.) ; la jurisprudence décide que la chambre de l'instruction apprécie souverainement la demande de publicité [4].

• Un second régime particulier apparaît avec les non-lieux rendus pour absence de discernement (art. 122-1, al. 1, C.P.). En cas d'appel contre cette ordonnance, la partie civile peut exiger de la chambre de l'instruction la comparution personnelle de la personne mise en examen, si l'état de santé de cette dernière le permet [5] ; toutefois, la partie civile désireuse de voir le mis en examen comparaître en personne doit, à peine d'irrecevabilité, le demander en même temps qu'elle fait appel. En outre, la partie civile peut, à condition de le demander dès l'ouverture des débats, solliciter la publicité des débats et de la lecture de l'arrêt. Cette double publicité est de droit, à moins que la chambre de l'instruction considère qu'elle est de nature à nuire à l'ordre public ou aux bonnes mœurs (art. 199-1, C.P.P., dû à une l. du 8 février 1995). On a le sentiment que le législateur s'est méfié de non-lieux de circonstances, fondés sur un prétendu trouble mental ayant aboli le discernement (à rapprocher de l'art. 167-1, C.P.P.).

1. Crim., 25 juin 2002, B.C., n° 143.
2. Crim., 8 février 1988, B.C., n° 60.
3. Crim., 3 novembre 1977, B.C., n° 327.
4. Crim., 30 mai 1995, B.C., n° 195 ; 9 janvier 1996, B.C., n° 7 ; Versailles, Ch. acc., 9 janvier 1990, D., 1990, Somm., 224, obs. J. Pradel.
5. Crim., 18 février 1998, B.C., n° 66, *Procédures*, 1998, comm. 154, obs. J. Buisson.

2. *Le temps des décisions*

805. — Existe-t-il un délai dans lequel la chambre de l'instruction doit rendre son arrêt ?

Naguère, le principe général était que la chambre n'était tenue par aucun délai. Il en va encore ainsi en matière de contrôle judiciaire [1]. Mais pour le reste, ce principe ancien est aujourd'hui abandonné pour des raisons de célérité.

• Dans le cas particulier de la *détention provisoire*, où les considérations de liberté et de présomption d'innocence sont particulièrement présentes, la rapidité est de mise.

D'une part, lorsque la cour est saisie sur appel émané de la personne mise en examen, elle est tenue de statuer dans les dix jours de cet appel lorsqu'il s'agit d'une ordonnance de placement en détention et dans les quinze jours dans les autres cas, à défaut de quoi cette personne est remise en liberté sauf si des vérifications concernant sa demande ont été ordonnées ou si le jugement dans ce délai est rendu impossible à raison de « circonstances imprévisibles et insurmontables », ce qui correspond à la force majeure (art. 194, al. 3, C.P.P.) [2]. Le délai part, non pas de la date d'établissement de la déclaration d'appel au lieu de détention, mais du lendemain du jour où cette déclaration a été transcrite sur le registre prévu par la loi [3]. On notera encore que si la personne mise en examen a comparu devant la chambre de l'instruction, le délai est porté à vingt jours (art. 199, al. 7, C.P.P.).

D'autre part, lorsque la cour est saisie dans le cadre d'un référé-détention, c'est-à-dire à la demande du procureur de la République, elle « doit se prononcer dans les plus brefs délais et au plus tard dans les dix jours de l'appel » (art. 187-3, al. 3, C.P.P.).

Enfin, si la cour est saisie, suite à un pourvoi par la Cour de cassation, aucun délai n'est certes prévu par la loi. Mais les juges utilisent l'article 5-4, Conv. E.D.H., qui entend que le recours formé sur la légalité d'une détention provisoire soit examiné dans un « bref délai » et elle précise que ce délai doit être apprécié indépendamment de la progression de l'instruction [4]. Ce qui souligne l'intérêt de la Conv. E.D.H.

• Dans cet autre cas particulier qu'est l'appel formé contre une *ordonnance de mise en accusation*, la chambre de l'instruction doit statuer dans les quatre mois de cette ordonnance, faute de quoi la personne, si elle est détenue, est mise d'office en liberté (art. 186-2, C.P.P.).

1. Crim., 23 juillet 1984, B.C., n° 263.
2. Pour des exemples, Crim., 22 avril 1985, B.C., n° 149 ; 24 septembre 1987, B.C., n° 312.
3. Crim., 8 février 1996, B.C., n° 69.
4. Ch. acc., Paris, 29 septembre 1988, D., 1989.43, note Henne, et Somm., 172, obs. J. Pradel, R.S.C., 1989.143, obs. A. Braunschweig, remise en liberté d'un individu dans un cas où deux mois et vingt-quatre jours s'étaient écoulés entre l'arrêt de cassation et l'audiencement de l'affaire devant la chambre d'accusation, le délai ne pouvant « excéder le temps matériel strictement nécessaire pour soumettre le recours à la juridiction compétente ».

• Enfin, dans une série de cas particuliers, comme une *demande d'annulation d'actes de procédure* (art. 173) ou un *appel contre une ordonnance de refus d'examen médical ou d'investigations* réclamées par une partie privée (art. 186-1, al. 1), ou quand la chambre est saisie *directement* du fait de l'absence de réponse du juge à une demande d'investigation (art. 81, al. 9, 82-1, al. 2, 156, al. 2, et 167, al. 4), la chambre doit statuer dans les deux mois à compter de la transmission du dossier au procureur général par le président de la chambre de l'instruction (art. 194, al. 2).

3. *Le contenu des décisions*

a) Le fond des décisions

806. — Les arrêts de la chambre de l'instruction sont traditionnellement répartis en trois catégories.

La cour peut d'abord rendre des *arrêts vidant l'appel*, en se contentant de statuer sur le point précis qui lui a été déféré par l'appel formé contre l'ordonnance du juge d'instruction. Elle confirme cette ordonnance ou l'infirme en lui substituant alors sa propre décision. Cependant, elle ne peut annuler les actes d'instruction irréguliers. À cette première catégorie, on peut rattacher les arrêts rendus sur la requête du juge d'instruction ou du procureur de la République ou encore d'une partie privée en vue de faire annuler un acte irrégulier (art. 173, C.P.P.).

La seconde catégorie de décisions est constituée par *les arrêts de plus ample informé.* Saisie d'une instruction qu'elle estime incomplète, la cour peut, sous certaines conditions [1], décider un supplément d'information par un arrêt de plus ample informé (art. 201, C.P.P.). Elle confie ces diligences complémentaires à l'un de ses membres ou à un juge d'instruction spécialement délégué.

Elle peut enfin rendre des *arrêts de clôture :* soit de non-lieu si elle estime les charges insuffisantes ou si l'auteur de l'infraction demeure inconnu (art. 212, C.P.P.), soit de renvoi devant le tribunal de police ou correctionnel selon que le fait retenu constitue une contravention ou un délit (art. 213, C.P.P.), soit de mise en accusation si le fait constitue un crime (art. 214, al. 1, C.P.P.). En cas de non-lieu, l'arrêt peut contenir — sur la demande de la personne concernée, ou avec son accord, ou encore à la demande du parquet, voire d'office — une disposition ordonnant sa publication ou celle d'un communiqué (art. 212-1, C.P.P.) : il s'agit de permettre une sorte de réhabilitation par la presse d'une personne qui avait été présentée injustement comme coupable (v. art. 177-1, C.P.P., qui prévoit la même disposition pour le juge d'instruction). C'est pourquoi si la chambre de l'instruction ne fait pas droit à la demande de la personne concernée, elle

1. V. *supra*, n°s 778 et s.

doit rendre une décision motivée (art. 212-1, al. 3, C.P.P.). La décision de non-lieu peut aussi condamner la partie civile, qui s'est montrée abusive ou dilatoire à une amende civile de 15 000 € au plus (art. 212-2, C.P.P.).

b) La forme des décisions

807. — Conformément à un principe général, les arrêts de la chambre de l'instruction doivent être motivés (art. 593, C.P.P.), de façon à permettre le contrôle de la Cour de cassation. Et ils doivent avoir répondu aux mémoires des parties et aux réquisitoires du Ministère public [1].

L'article 216 exige en outre que ces arrêts soient signés par le président ainsi que par le greffier. Et il entend qu'il y soit fait mention du nom des conseillers, du dépôt des pièces et des mémoires, de la lecture du rapport, des réquisitions du procureur général et, le cas échéant, de l'audition des parties ou de leurs conseils. Ce texte dispose encore que ces arrêts condamnent l'auteur de l'infraction à payer à la partie civile la somme déterminée par les juges, au titre des frais non payés par l'État et exposés par celle-ci. La chambre statue selon « l'équité ou… la situation économique de la partie condamnée », pouvant aller jusqu'à dire qu'il n'y a pas condamnation (art. 216, al. 2, C.P.P.).

4. ***La communication des décisions***

808. — Enfin, les arrêts sont portés à la connaissance des parties et de leurs conseils selon diverses modalités (art. 217, C.P.P.).

D'une part, les arrêts, sauf en cas de réouverture de l'information, sont notifiés par lettre recommandée dans les trois jours aux conseils des parties privées. Et dans les mêmes formes et délais, les arrêts de non-lieu sont portés à la connaissance des personnes mises en examen et les arrêts de renvoi devant les tribunaux correctionnels et de police sont portés à la connaissance des personnes mises en examen et parties civiles.

D'autre part, les arrêts contre lesquels les parties privées peuvent former un pourvoi en cassation, à l'exception des arrêts de mise en accusation, leur sont signifiés par voie d'huissier à la requête du procureur général dans les trois jours, sauf à observer que la signification est remplacée par une notification par lettre recommandée, tant que le juge d'instruction n'a pas clôturé son information ; ils peuvent aussi être notifiés à l'intéressé détenu par les soins du chef de l'établissement pénitentiaire qui adresse sans délai au procureur général l'original ou la copie du récépissé signé par l'intéressé.

1. Crim., 10 mai 1973, D., 1973, I.R., 146 ; 22 mars 1983, B.C., n° 86. En revanche, peu importe que l'arrêt ne mentionne pas la présence du Ministère public à l'audience du prononcé de l'arrêt, cette mention n'étant pas exigée par l'art. 216, Crim., 6 mars 1996, B.C., n° 104, R.S.C., 1996.1883, obs. J.P. Dintilhac.

Enfin, l'arrêt de mise en accusation est signifié et notifié à l'accusé par lettre recommandée ou par les soins du chef de l'établissement pénitentiaire (art. 217, C.P.P.).

C — La critique de la chambre de l'instruction. Le pourvoi en cassation contre ses arrêts

Bibliographie. — M. BLOHNORM, *Les pourvois en cassation contre les arrêts des chambres d'accusation*, thèse dactyl., Paris, 1974 ; R. DENNERY, *Du pourvoi en cassation contre les arrêts de la chambre des mises en accusation*, R.S.C., 1937.444 ; F. DERRIDA, *Des voies de recours ouvertes à la partie civile contre les décisions des juridictions d'instruction*, R.S.C., 1949.309 ; R. MEURISSE, *Le pourvoi en cassation contre les arrêts de la chambre des mises en accusation*, J.C.P., 1956.I.1313.

1. *Conditions du pourvoi*

a) Conditions de fond

809. — *Principe.* Formé contre un arrêt de la chambre de l'instruction, le pourvoi en cassation pose des difficultés. Il faut en effet concilier le principe d'une certaine rapidité de la procédure — qui tend à exclure le pourvoi susceptible d'apparaître comme un moyen dilatoire — avec celui d'un contrôle accordé à la Cour suprême pour toutes les décisions juridictionnelles. C'est pourquoi le Code de procédure pénale (art. 574 et 575) pratique une politique assez restrictive, distinguant à la fois selon la nature des décisions et la qualité du demandeur [1], étant observé que le président de la chambre criminelle rend une ordonnance de non-admission de pourvoi, insusceptible de recours, lorsque le pourvoi a été formé contre une décision qui n'en était pas susceptible (art. 567-1, C.P.P. ; v., dans le même sens, art. 186, al. 8, C.P.P.). Cela étant, trois sortes d'arrêts sont susceptibles de pourvoi.

— *Les arrêts de clôture*

810. — Le *procureur général* a le droit de se pourvoir contre tous les arrêts, à l'exception évidemment de ceux qui ne touchent qu'aux intérêts civils des parties. En matière douanière, l'administration des douanes, qui exerce à titre principal l'action publique, peut se pourvoir en cassation, même en cas d'inaction du procureur général, dès lors que l'arrêt peut préjudicier à ses intérêts [2].

La *personne mise en examen* a un droit plus réduit. D'une part, elle peut attaquer l'arrêt qui la renvoie en cours d'assises en application du principe

1. Pour ce qui concerne les cas d'ouverture du pourvoi, v. *infra*, n°s 981 et s.
2. Crim., 28 juin 1983, B.C., n° 201.

général formulé à l'article 567 : il faut, en effet, lui accorder le droit de critiquer une décision attributive de compétence et sur laquelle il ne sera plus possible de revenir ultérieurement. Mais, d'autre part, elle ne peut se pourvoir contre les arrêts de renvoi devant les tribunaux correctionnels et de police que si ceux-ci statuent sur la compétence ou présentent des dispositions définitives que le tribunal saisi de la prévention n'a pas le pouvoir de modifier (art. 574, C.P.P.) : on peut en effet ici restreindre le droit de critique puisque l'arrêt de renvoi est seulement indicatif de compétence, le prévenu gardant le droit de soulever l'incompétence devant la juridiction de jugement. Enfin, la personne mise en examen ne peut se pourvoir contre les arrêts de non-lieu rendus en sa faveur, faute d'intérêt et elle ne le peut pas non plus en ce qui concerne les arrêts admettant recevable une constitution de partie civile, décision non définitive [1].

La *partie civile* enfin possède un droit de critique encore plus réduit. Le principe est en effet qu'elle ne peut se pourvoir que si le Ministère public l'a déjà fait lui-même (art. 575, al. 1, C.P.P.) [2]. Cette règle comporte, il est vrai, de nombreuses exceptions énumérées à l'alinéa 2 de l'article 575 : 1° arrêts de refus d'informer [3] ; 2° d'irrecevabilité de l'action civile [4] ; 3° admettant une exception mettant fin à l'action publique [5] ; 4° décidant l'incompétence de la juridiction saisie [6] ; 5° ayant omis de statuer sur un chef d'inculpation [7] ; 6° ne satisfaisant pas aux exigences essentielles de forme [8] ; 7° enfin statuant en matière d'atteintes à la liberté individuelle [9]. La jurisprudence rappelle que l'article 575, alinéa 2, est d'interprétation étroite : la partie civile ne peut se pourvoir que dans les seuls cas énumérés par ce texte [10].

1. Crim., 20 janvier 1998, B.C., n° 22.

2. Pas de pourvoi possible contre un arrêt de non-lieu lorsque la partie civile agit seule, Crim., 30 octobre 1996, D., 1997, Somm. 141, obs. J. Pradel.

3. Crim., 23 avril 1971, B.C., n° 115.

4. Crim., 11 janvier 1972, B.C., n° 10.

5. Crim., 8 juillet 1970, B.C., n° 229, pour la prescription ; 14 novembre 1963, D., 1964.265, note Ch. D. pour l'amnistie ; 4 décembre 1974, B.C., n° 361, pour l'immunité familiale de l'art. 380, A.C.P., aujourd'hui art. 311-12, C.P. ; v. aussi sur ce point note W. Jeandidier au D., 1977.277, sous Crim., 13 mai 1976.

6. Crim., 5 janvier 1967, B.C., n° 7.

7. Crim., 9 mars et 22 juin 1971, B.C., n°s 78 et 198 ; 20 juin 1983, B.C., n° 188 ; 23 octobre 2007, B.C., n° 249.

8. Crim., 20 décembre 1955, B.C., n° 576, pour un arrêt ayant omis de viser les pièces de la procédure ; 26 juin 1996, B.C., n° 276, D., 1997, Somm. 144, obs. J. Pradel, pour un arrêt s'étant borné à reproduire intégralement le réquisitoire du procureur général et ne pouvant donc être considéré comme ayant répondu aux conclusions de la partie civile déposés après ce réquisitoire et sollicitant notamment un supplément d'information.

9. Crim., 6 juin 1978, B.C., n° 180.

10. Crim., 9 mars 1971, B.C., n° 78 ; 24 avril 1975, B.C., n° 108 ; 19 juin 1994, B.C., n° 281.

La C.E.D.H. considère que ce rejet de principe de la partie civile ne viole pas le principe du procès équitable (art. 6 § 1, Conv. E.D.H.) car il lui reste la possibilité de saisir le juge civil pour obtenir réparation de son préjudice [1].

— *Les autres décisions*

811. — Elles sont de trois sortes.

• Il y a d'abord les *arrêts relatifs à la liberté de l'individu.*

Ministère public et personne mise en examen peuvent former un pourvoi contre de telles décisions [2]. En revanche, la partie civile, qui n'a pas le droit d'interjeter appel, ne peut pas davantage se pourvoir en cassation [3].

• Il y a ensuite les *arrêts « préparatoires, interlocutoires ou d'instruction »*. Sous cette expression utilisée par l'article 571, al. 7, il faut entendre tous les autres arrêts, par exemple ceux qui ordonnent un supplément d'information, statuent sur une irrégularité de procédure [4] ou sur l'appel d'une ordonnance rejetant une demande d'expertise. À de telles décisions, la loi étend les règles des articles 570 et 571 écrites pour les décisions sur incidents rendues par les juridictions de jugement (v. *infra*, n° 953). Contre les arrêts « préparatoires, interlocutoires ou d'instruction », le pourvoi n'est donc ouvert qu'après la décision rendue sur le fond par la chambre de l'instruction et en même temps que le pourvoi formé contre cette décision ; un pourvoi immédiat est toutefois possible si la décision met fin à la procédure ou si son examen immédiat s'impose dans l'intérêt de l'ordre public ou d'une bonne administration de la justice. Ces principes, dégagés par la Cour de cassation [5], ont été consacrés par une ordonnance du 4 juin 1960 qui a ajouté un alinéa à l'article 571. Cependant, la partie civile ne peut agir [6].

Quand le président de la chambre criminelle déclare immédiatement recevable le pourvoi formé contre un arrêt de la chambre de l'instruction saisie en application de l'article 173, C.P.P. (demande d'annulation d'acte), il peut ordonner au juge d'instruction de suspendre son information, à l'exception des actes urgents (art. 571, *in fine*, C.P.P.).

• Qu'en est-il enfin des *ordonnances du président de la chambre de l'instruction bloquant la procédure*. Selon la loi, ces ordonnances sont toutes insusceptibles de recours, qu'il s'agisse de celles relatives à une requête en nullité (art. 173, *in fine*) ou de celles relatives à l'appel contre une ordonnance (art. 186, *in fine*, et 186-1, al. 3). Malgré les termes de la loi, la chambre

1. C.E.D.H., 3 décembre 2002, *Berger c/ France.*

2. Crim., 25 juin 1959, J.C.P., 1959.II.11288, concl. Gerthoffer et note R. Vouin ; 11 janvier 1961, D., 1961.196, note J.M.R.

3. Crim., 25 novembre 1991, B.C., n° 430. Même jurisprudence pour le contrôle judiciaire, Crim., 14 juin 1995, B.C., n° 220.

4. Crim., 26 mai 1977, B.C., n° 194.

5. Crim., 16 juillet 1959, D., 1959.449, note M.R.M.P.

6. Crim., 10 mai 1993, J.C.P., 1993.IV.2039 ; 30 mai 1996, B.C., n° 226, *Dr. pénal*, 1996, comm. 176, obs. A. Maron.

criminelle reçoit le pourvoi, mais seulement si l'examen de l'ordonnance fait apparaître un risque d'excès de pouvoir [1].

b) Conditions de forme

812. — Le pourvoi en cassation contre un arrêt de la chambre de l'instruction est soumis à des conditions très simples, qui sont celles du droit commun. Ce principe vaut à la fois pour la manière dont le pourvoi doit être formé (art. 576 et s., C.P.P.) et pour le délai à respecter : celui-ci est de cinq jours francs (art. 568, al. 1, C.P.P.) et part de l'arrêt lui-même pour le parquet, mais de la signification qui en est faite en application de l'article 217, alinéa 3, pour les parties privées.

2. ***Effets du pourvoi***

813. — Les effets du pourvoi sont les mêmes que lorsque le pourvoi est dirigé contre une décision d'une juridiction de jugement (v. *infra*, n°s 995 et s.). Une particularité doit toutefois être signalée ici, résultant de l'article 609-1, C.P.P. (l. du 24 août 1993). Le texte opère une distinction :

— si l'arrêt de la chambre de l'instruction statuait sur appel d'une ordonnance de règlement, la chambre de l'instruction désignée comme juridiction de renvoi par la chambre criminelle devient compétente « pour la poursuite de l'ensemble de la procédure » ;

— si l'arrêt de la chambre de l'instruction statuait sur un appel ayant un autre objet que le règlement, la compétence de la chambre de l'instruction de renvoi est, sauf décision contraire de la chambre criminelle, limitée au point ayant fait l'objet du pourvoi ; en conséquence, une fois que la chambre de l'instruction de renvoi a statué, il est fait retour du dossier à la chambre de l'instruction primitivement saisie.

SECTION III

LES FORMES EXCEPTIONNELLES D'INSTRUCTION

814. — *Principe.* Dans certaines hypothèses, les règles de l'instruction, telles que nous venons de les décrire, apparaissent comme inadaptées : la procédure serait trop complexe, trop lente ou incomplète. À un droit commun de l'instruction doit donc parfois se substituer un droit d'exception.

1. Jurisprudence abondante sur le terrain de l'art. 173, ord. du pres., Crim., 26 novembre 1993, B.C., n° 360 ; Crim., 24 janvier 1994, B.C., n° 33 ; 12 décembre 1994, B.C., n° 402 ; 17 décembre 1996, B.C., n° 465, *Procédures*, 1997, comm. 93, obs. J. Buisson ; ord. du pres., 5 mai 1997, B.C., n° 160, *Procédures*, 1997, comm. 272, obs. J. Buisson ; Crim., 17 février 1998, B.C., n° 61, *Procédures*, 1998, comm. 227, obs. J. Buisson ; 6 mai 1998, B.C., n° 152.

La législation d'exception est parfois *circonstantielle.* À certains moments de notre histoire, les nécessités politiques ont conduit le législateur à instituer, à titre provisoire, des règles particulières d'instruction, souvent peu protectrices des droits de la défense. Les événements d'Algérie en ont donné de nombreux exemples. On en indiquera deux. Pendant la rébellion, un décret du 12 février 1960 — qui constituait pourtant un progrès — institua en matière d'atteintes à la sûreté de l'État une procédure conduite par des « procureurs militaires », magistrats civils, conduisant l'instruction en un mois en principe et sans la présence d'un avocat. Après la rébellion, une ordonnance du 1er septembre 1962 créa une procédure d'instruction particulièrement rapide pour un certain nombre d'infractions liées aux séquelles de la subversion [1].

D'autres fois, la législation d'exception est *permanente.* Il peut s'agir de la chambre de l'instruction pour le cas particulier des délinquants atteints d'un trouble mental. Il peut s'agir aussi de juridiction particulière comme les juridictions pour mineurs.

§ 1. — L'INSTRUCTION PAR LA CHAMBRE DE L'INSTRUCTION DANS LE CAS PARTICULIER DES PERSONNES ATTEINTES D'UN TROUBLE MENTAL (LOI DU 25 FÉVRIER 2008)

815. — *Origines de la loi de 2008.* Traditionnellement, lorsqu'une pesonne susceptible d'avoir commis une infraction était atteinte d'un trouble mental, le parquet classait l'affaire sans suite ou le juge d'instruction, s'il avait été saisi, rendait une ordonnance de non-lieu au titre de l'article 122-1, al. 1, C.P. et sans que la victime en soit toujours avertie. Le non-lieu pouvait être clandestin.

Ce système était mauvais pour la victime qui pouvait avoir l'impression d'un « étouffement » de l'affaire et dont la situation n'était pas vraiment prise en compte lors de la procédure. Certes au fil des années, quelques retouches avaient été apportées. Par exemple, en cas d'appel d'une ordonnance de non-lieu fondée sur le trouble mental, la chambre de l'instruction devait ordonner à la demande de la partie civile la comparution personnelle du mis en examen (art. 199-1, C.P.P., L. 8 février 1995). Une loi du 9 mars 2004 avait décidé que l'ordonnance de non-lieu fondée sur le trouble mental devait préciser « s'il existe des charges suffisantes établissant que l'intéressé a commis les faits qui lui sont reprochés » (art. 177, al. 2, C.P.P.), ce qui permettait de répondre en partie à la demande des victimes d'une affirmation de l'imputabilité matérielle des faits à la personne mise en examen.

C'était insuffisant. D'où une loi du 25 février 2008 qui développe la reconnaissance de la douleur de la victime par la tenue d'une audience

1. A. VITU, *Un texte inquiétant : l'ordonnance du 1er septembre 1962 sur la procédure pénale,* R.S.C., 1963.9.

spécialement devant la chambre de l'instruction et qui, en outre, prévoit l'imposition de diverses mesures de prévention (art. 706-119 à 706-140 nouveaux C.P.P.) [1]. Le texte était précédé de divers travaux qui ont inspiré le législateur [2]. Il sera suivi d'un décret d'application du 16 avril 2008 [3].

A — L'audience devant la chambre de l'instruction

1. *Les préliminaires de l'audience*

816. — Le juge d'instruction, au terme de sa procédure, en avise le Ministère public et les parties (art. 175, C.P.P.). C'est l'application du droit commun, avec cependant cette précision que dans son ordonnance de soit communiqué, « il est susceptible d'appliquer le premier alinéa de l'article 122-1 C.P. relatif à l'irresponsabilité pénale d'une personne en raison d'un trouble mental ».

Le procureur et les parties dans leurs observations, indiquent s'ils demandent la saisine de la chambre de l'instruction pour qu'elle statue sur l'application de l'article 122-1, al. 1, C.P.

Puis le juge d'instruction rend une ordonnance par laquelle il ordonne que le dossier soit transmis par le procureur de la République au procureur général aux fins de saisine de la chambre de l'instruction. Un débat public aura donc lieu sans qu'il soit nécessaire qu'une ordonnance de non-lieu ait été rendue. Tout cela suppose cependant : 1° qu'il y ait contre la personne mise en examen des charges suffisantes de commission des faits reprochés ; 2° qu'il y ait des raisons plausibles d'appliquer l'article 122-1, al. 1 C.P.

Avec l'ordonnance de transmission des pièces, la détention provisoire subsiste, sauf obligation pour la chambre de l'instruction de statuer dans les six mois en matière criminelle et dans les quatre mois en matière correctionnelle (art. 706-119 à 706-121, C.P.P.).

2. *L'audience elle-même*

817. — L'audience est d'abord publique (art. 706-122, al. 2, C.P.P.). Bien sûr les juges peuvent ordonner un huis-clos partiel, par exemple pour

1. J. PRADEL, Une double révolution en droit pénal français avec la loi du 25 février 2008 sur les criminels dangereux. D., 2008, chron. 1000 ; v. aussi avant la promulgation du texte. A. GIUDICELLI, *L'irresponsabilité pénale des malades mentaux face à l'hypothèse du droit pénal post-moderne*, R.P.D.P., 2007, 773 ; H. Matsopoulou, *Le développement des mesures de sûreté justifiées par la « dangerosité » et l'inutile dispositif applicable aux malades mentaux*, Dr. pénal, avril 2008, p. 7 et s.

2. On citera le groupe de travail ayant siégé à la chancellerie en 2004 et le rapport de la commission Santé-Justice présidé par J.F. BURGELIN, 2005. *Add* les deux rapports parlementaire de J.R. LECERF au nom de la commission sénatoriale des lois, n° 174, 23 janvier 2008, et de G. FENECH, au nom de la Commission des lois de l'Assemblée nationale, n° 497, 12 décembre 2007.

3. Art. D. 47-27 à D. 47-32, D. 117-4 et D. 527-1.

l'audition de la victime ou s'ils constatent qu'un témoin ne peut s'exprimer correctement que hors la présence du public.

L'audience est ensuite contradictoire (art. 706-122, C.P.P.). Sont entendues toutes les personnes ayant joué un rôle dans la procédure avec le double objectif de déterminer si le mis en examen est atteint d'un trouble mental et s'il existe à son encontre des charges de commission des faits :

— C'est d'abord le mis en examen qui doit être interrogé, que sa comparution ait été décidée d'office par le président ou qu'elle ait été sollicitée par le parquet ou la partie civile, sauf si son état ne le permet pas ;

— Ce sont ensuite les experts ayant examiné le mis en examen qui sont et même doivent être entendus (art. 706-122, al. 4, C.P.P.) ;

— Ce sont enfin les témoins qui peuvent être entendus, mais seulement si cela est nécessaire pour établir l'existence de charges suffisantes et pour déterminer l'état mental du mis en examen.

Bien sûr, peuvent poser des questions non seulement le président, mais aussi le parquet et les parties.

L'instruction terminée, l'avocat de la partie civile puis le parquet prennent la parole. Enfin le mis en examen et son avocat ont la parole en dernier (art. 706-122, *in fine*, C.P.P.).

B — La décision de la chambre de l'instruction

818. — Le plus souvent, la chambre va reconnaître l'existence de charges, déclarer l'irresponsabilité pénale et condamner le mis en examen à des mesures de sûreté.

1° La chambre si elle est convaincue « déclare qu'il existe des charges suffisantes contre la personne d'avoir commis les faits qui lui sont reprochés » (art. 706-125, C.P.P.). Cet arrêt remplace l'ancien non-lieu. La formule traduit bien la dissociation entre l'imputabilité matérielle et l'imputabilité psychologique qui suppose l'absence de trouble mental.

2° La chambre fait en outre une déclaration « d'irresponsabilité pénale en raison d'un trouble psychique ou neuropsychique ayant aboli le discernement (de la personne) ou le contrôle de ses actes » (art. 706-125, 2°, C.P.P., reprenant la formule de l'article 122-1, al. 1, C.P.).

3° La chambre peut enfin prononcer des mesures de sûreté, ce qui constitue une importante nouveauté. D'abord, elle peut rendre une décision d'hospitalisation d'office (art. 706-135, C.P.P.) alors qu'avant la loi du 25 février 2008, seule l'autorité administrative avait ce pouvoir (art. L. 3213-1, C.P.P.). Ainsi la législation répond-t-il au fait que l'opinion n'appréciait pas toujours le desaisissement de l'autorité judiciaire au profit de l'autorité préfectorale. D'ailleurs à l'étranger, le juge pénal est souvent compétent pour prononcer l'hospitalisation.

Ensuite, le nouvel article 706-136 du C.P.P. énumère une longue liste de mesures de sûreté que peut prendre la chambre de l'instruction :

— Interdiction d'entrer en relation avec la victime de l'infraction ou telles personnes spécialement désignées ;
— Interdiction de paraître dans tout lieu spécialement désigné ;
— Interdiction de détenir ou porter une arme ;
— Interdiction d'exercer une activité professionnelle ou bénévole spécialement désignée dans le cadre de laquelle l'infraction a été commise ou impliquant un contact habituel avec des mineurs ;
— Suspension du permis de conduire ;
— Annulation du permis de conduire avec interdiction de solliciter la délivrance d'un nouveau permis.

La durée de ces mesures ne saurait dépasser vingt ans en matière criminelle et dix ans en matière correctionnelle, sauf à noter que pour les délits les plus graves (punis de dix ans) la durée des mesures peut atteindre vingt ans. La personne peut saisir le juge des libertés et de la détention aux fins de raccourcissement de cette durée, ce magistrat statuant après conclusions du Ministère public et audition du demandeur ou de son avocat et pouvant en outre entendre la victime ; la levée des mesures n'est possible qu'au vu d'une expertise psychiatrique. Enfin la méconnaissance de ses obligations par la personne est sanctionnée de deux ans d'emprisonnement et de 30 000 € d'amende (art. 706-137, C.P.P.) ; ce texte ne peut évidemment s'appliquer que si après achèvement de la procédure, l'état de santé de l'intéressé s'est amélioré au point qu'il n'est plus justiciable de l'article 122-1, al. 1, C.P.

§ 2. — L'INSTRUCTION PAR DES JURIDICTIONS PARTICULIÈRES

A — L'instruction par les juridictions pour mineurs

Bibliographie. — F. CASORLA, *Instruction préparatoire et minorité pénale*, in *Enfance et délinquance*, XIe Journées de l'Association française de droit pénal, Rennes, novembre 1991, Economica, 1993.89 ; M. HUYETTE, *Assistance éducative et prévention de la délinquance*, id., p. 50 ; A. GIUDICELLI, *Présentation des dispositions procédurales de la loi du 1er juillet 1996 modifiant l'ordonnance du 2 février 1945 relative à l'enfance délinquante*, R.S.C., 1997.29 ; J.F. RENUCCI, *Droit pénal des mineurs*, 1994, pp. 171 à 207, Masson ; Ph. ROBERT, *Traité de droit des mineurs*, 1969, pp. 397 et s., Cujas ; Ph. ROBERT et R. ZAUBERMAN, *La détention provisoire des mineurs de 16 ans : des textes et des pratiques*, R.S.C., 1982.83 ; D. THOMAS, *La détention des mineurs*, R.S.C., 1990.416 ; A. VITU, *Réflexions sur les juridictions pour mineurs délinquants*, Mélanges Hugueney, 1964, p. 252, Sirey.

819. — *Vue générale*. Si la saisine des juridictions pour mineurs obéit aux règles habituelles — le procureur de la République et la victime (art. 6, ord. du 2 février 1945) pouvant également agir — des aménagements assez considérables sont apportés au rôle du magistrat instructeur. On rappellera d'abord que l'instruction peut être confiée au juge des enfants aussi bien qu'au juge d'instruction en matière délictuelle (mais pas en matière criminelle, il est vrai, où seul le juge d'instruction est compétent). En outre, la procédure suivie devant ces magistrats est tantôt alourdie, tantôt allégée par rapport au droit commun et, de plus, elle n'est pas toujours la même selon le juge saisi. L'examen de la conduite et du règlement de l'instruction va nous le montrer.

1. *La conduite de l'instruction*

a) Particularités concernant seulement le juge des enfants

820. — C'est d'une double façon que l'instruction par le juge des enfants déroge au droit commun (art. 8, al. 2, ord. du 2 février 1945).

D'une part, ce magistrat peut méconnaître une exigence procédurale, celle qui veut que l'avocat soit convoqué cinq jours ouvrables au plus tard avant l'interrogatoire (art. 114, al. 2, C.P.P.). Cependant, cette possibilité offerte au juge des enfants est de droit étroit : elle implique qu'il y ait urgence et elle ne joue que lorsque ce magistrat entend le mineur sur sa situation familiale ou personnelle (art. 8, al. 2, *in fine*, ord. du 2 février 1945, modifiée par l. du 4 janvier 1993). Cette souplesse consentie par le législateur permet de gagner du temps.

D'autre part, le juge des enfants peut même écarter complètement la procédure d'instruction proprement dite et procéder selon la voie plus souple et plus discrète de l'enquête préliminaire (« officieuse », dit l'article 8).

b) Particularités concernant le juge des enfants et le juge d'instruction

— Obligation d'avertir les représentants légaux de l'existence des poursuites

821. — Selon l'article 10, alinéa 1, de l'ordonnance de 1945, le juge des enfants et le juge d'instruction doivent aviser les parents, le tuteur ou le gardien (personne ou service) du mineur des poursuites entreprises. Si l'enfant est adopté comme pupille de la Nation, ou s'il a droit à une telle adoption aux termes de la législation en vigueur, ils aviseront immédiatement le président de la section permanente de l'Office départemental des Pupilles de la Nation.

Cet avis est fait verbalement avec émargement au dossier ou par lettre recommandée. Il mentionne les faits reprochés au mineur et leur qualification juridique. Il précise enfin que le mineur a droit à un avocat.

— *Nécessité pour le mineur d'être assisté d'un défenseur*

822. — L'assistance d'un avocat est prévue par deux articles. C'est d'abord l'article 4-1 de l'ordonnance de 1945 (l. du 4 janvier 1993) qui dispose de façon générale que « le mineur poursuivi doit être assisté d'un avocat ». C'est ensuite l'article 10, alinéa 3, de la même ordonnance (l. du 4 janvier 1993) qui rappelle à propos de l'instruction que lors de la première comparution, si le mineur n'a pas d'avocat, « le juge des enfants ou le juge d'instruction saisi fait désigner sur-le-champ par le bâtonnier un avocat d'office ». Il faut bien comprendre que ce principe de la présence automatique et immédiate d'un avocat ne fait pas obstacle au droit pour le juge des enfants d'éluder les dispositions de l'article 114, alinéa 2, C.P.P.

— *Caractère* « humaniste » *de la procédure*

823. — Ce caractère se manifeste de trois façons : par un étranglement du contrôle judiciaire et de la détention provisoire et par l'existence d'une aide ou réparation au profit de la victime.

1° Le *contrôle judiciaire* est applicable aux mineurs, mais selon des conditions restrictives énumérées à l'article 10-1 de l'Ordonnance du 2 juin 1945 (l. du 9 septembre 2002). *Premièrement*, pas de contrôle judiciaire possible avant treize ans. *Deuxièmement*, le contrôle judiciaire est décidé par ordonnance motivée du juge des enfants, du juge d'instruction ou du juge des libertés et de la détention : ce magistrat organise un débat contradictoire en présence de l'avocat et des représentants légaux du mineur ; puis il indique au mineur les obligations qu'il lui impose en lui indiquant qu'en cas de violation, il pourrait être placé en détention provisoire. Les modalités du contrôle judiciaire sont non seulement celles de l'article 138, C.P.P., mais aussi l'obligation de se soumettre à des mesures de protection, d'assistance, de surveillance et d'assistance confiée à un service de la protection judiciaire de la jeunesse et encore l'obligation de subir un placement dans un centre éducatif, notamment dans un centre éducatif fermé prévu à l'article 33 de l'Ordonnance de 1945 modifiée (une grande innovation de la loi du 9 septembre 2002) [1]. Toutefois, le placement en centre éducatif ne peut être ordonné que pour une durée de six mois renouvelable une seule fois. Une loi du 5 mars 2007 a ajouté encore l'accomplissement d'un stage de formation professionnelle jusqu'à la majorité. *Troisièmement*, enfin, en matière correctionnelle, des particularités ont été créées : pour les mineurs de moins de seize ans, le contrôle judiciaire n'est possible que dans deux cas : 1° si la peine d'emprisonnement encouru est au moins égale à cinq ans et si le mineur a déjà faite l'objet de mesures éducatives prononcées en application des articles 8-10-15-16 et 16 *bis* ou d'une

1. Crim. 10 octobre 2007, B.C., n° 243, l'appel contre l'ordonnance prescrivant le placement d'un mineur dans un centre éducatif fermé est porté devant la chambre de l'instruction, non devant la chambre spéciale des mineurs : il s'agit en effet d'une modalité du contrôle judiciaire.

condamnation d'une sanction éducative ou d'une peine ; 2° si la peine d'emprisonnement encourue est au moins égale à sept ans (art. 10-2, II, ord. 2 février 1945).

2° Traditionnellement exceptionnelle pour les majeurs, la *détention provisoire* l'est davantage encore pour les mineurs, surtout depuis la loi du 6 juillet 1989 (art. 11, ord. du 2 février 1945). Toutefois, devant le développement dramatique de la délinquance juvénile, la loi du 9 septembre 2002 a réécrit en partie l'article 11 dans le sens d'une plus grande sévérité, même si cet article commence par la proclamation de principe que la détention provisoire ne doit jouer « que si elle est indispensable ou que s'il est impossible de prendre toute autre disposition et à la condition que les obligations du contrôle judiciaire prévues par l'article 10-2 sont insuffisantes ». La loi de 2002 crée aussi un article 11-2. Aujourd'hui, la question traitée aux articles 11, 11-1 et 11-2 se présente ainsi [1].

S'agissant en premier lieu des *cas de détention*, cette mesure est totalement exclue à l'égard des mineurs de moins de treize ans. Les mineurs dont l'âge est compris entre treize et seize ans ne peuvent être placés en détention que dans deux cas : s'ils encourent une peine criminelle et s'ils se sont volontairement soustrait aux obligations du contrôle judiciaire au sens de l'article 10-2-III (respect des conditions d'un placement dans un centre éducatif fermé) [2]. Enfin, les mineurs âgés de plus de seize ans ne peuvent être placés en détention que dans les deux cas précédents et en outre dans le cas où ils encourent une peine correctionnelle au moins égale à trois ans. Ces règles ne sont pas tellement éloignées de celles applicables aux majeurs.

Cette détention s'effectue soit dans un quartier spécial de maison d'arrêt, soit dans un établissement pénitentiaire spécialisé pour mineurs. Et en cas de remise en liberté en cours de procédure, le mineur fait l'objet, dès sa libération, de mesures éducatives ou de liberté surveillée qui sont déterminées par le juge des enfants, le juge d'instruction ou le juge des libertés et de la détention ; si le magistrat estime qu'aucune mesure n'est nécessaire, il le dit par décision motivée.

S'agissant en second lieu de la *durée de la détention*, les règles sont plus éloignées de celles qui s'appliquent aux majeurs. On doit distinguer selon la nature de l'infraction imputée au mineur et selon son âge.

En *matière correctionnelle*, à l'égard des mineurs de treize à seize ans, la détention n'est possible que si le délit est passible de dix ans d'emprisonnement et seulement pour un mois renouvelable une fois. À l'égard des mineurs de seize à

1. Pour une première appréciation, v. J.P. ROSENCZVEIG, *La loi d'orientation et de programmation sur la justice. Une promesse tenue ? Pas évident*, D., 2002, Point de vue, p. 2339.

2. C'est une nouveauté introduite par la loi du 9 septembre 2002 car auparavant — exactement depuis une loi du 30 décembre 1987 — la détention était systématiquement exclue pour les mineurs de 16 ans. Cette nouveauté n'a pas été censurée par le Conseil constitutionnel qui a considéré « qu'il est loisible au législateur de modifier les dispositions antérieures sous réserve de ne pas priver le justiciable des exigences de valeur constitutionnelle » alors qu'en l'espèce ces garanties existent, C. const., Décision n° 2002-461, D.C., 29 août 2002, J.O., 10 septembre.

dix-huit ans, l'article 11 décide ainsi : ou bien la peine encourue ne dépasse pas sept ans, la détention ne peut alors dépasser un mois, sauf à pouvoir à titre exceptionnel être prolongée d'un mois une seule fois [1] ; ou bien la peine encourue dépasse sept ans, on applique alors l'article 145-1, al. 1, C.P.P. (renouvellement par périodes de quatre mois). La diminution de peine pour cause de minorité n'est pas prise en compte pour la détermination de la peine encourue [2].

En *matière criminelle*, il faut également distinguer. Pour les mineurs de 13 à 16 ans, la détention ne peut dépasser six mois, sauf à pouvoir être prolongée à titre exceptionnel une seule fois pour six mois. Enfin, les mineurs de 16 à 18 ans peuvent être détenus pour un an, sauf là encore prolongation à titre exceptionnel, pour une seule période d'un an.

De plus, en *toute matière* et s'agissant d'un mineur de treize à seize ans, quand la détention est ordonnée en conséquence de la révocation du contrôle judiciaire (violation des conditions d'un placement), la détention ne peut excéder quinze jours, renouvelable une fois (art. 11-2).

Dans tous les cas, les magistrats avant toute réquisition ou décisions de placement en détention doivent saisir le service éducatif auprès du tribunal (S.E.A.T.) qui fera un rapport écrit (art. 12, ord. du 2 février 1945). Cette formalité est le pendant de l'enquête rapide des majeurs [3].

3° En outre, la loi du 4 janvier 1993 a créé une procédure d'*aide ou de réparation au profit de la victime*. Selon le nouvel article 12-1 de l'ordonnance de 1945, la juridiction chargée de l'instruction peut proposer au mineur une telle mesure, si elle l'envisage comme possible. Le mineur doit donner son accord ainsi du reste que les titulaires de l'exercice de l'autorité parentale. Le juge établit un procès-verbal constatant cet accord. Il s'agit d'une forme de médiation.

L'exécution est confiée au secteur public de la protection judiciaire de la jeunesse, à une personne physique ou à une personne morale habilitée à cet effet. Un délai est fixé par le juge à l'issue duquel l'exécutant lui adresse un rapport.

2. *Le règlement de l'instruction*

a) Le règlement de l'information par le juge d'instruction

824. — Les règles applicables sont relativement proches de celles du droit commun.

Cinq possibilités s'offrent à ce magistrat (art. 9, al. 2, ord. 1945).

Si les charges apparaissent insuffisantes, il rendra une ordonnance de non-lieu.

1. Crim., 13 octobre 1992, B.C., n° 319, la durée de 2 mois ne vaut que jusqu'à l'ordonnance de renvoi, les dispositions ordinaires de l'article 179, C.P.P., s'appliquant au-delà.

2. Crim., 17 juin 1987, B.C., n° 256, les causes de diminution ne doivent être prises en compte que lors du prononcé de la peine par la juridiction de jugement.

3. V. *supra*, n° 742.

Si le fait poursuivi constitue une contravention de l'une des quatre premières classes, il rendra une ordonnance de renvoi devant le tribunal de police.

Si l'infraction est une contravention de la cinquième classe ou un délit, il rendra une ordonnance de renvoi devant le juge des enfants ou devant le tribunal pour enfants [1].

En cas de crime imputable à un mineur de moins de 16 ans lors des faits, il rendra une ordonnance de renvoi devant le tribunal pour enfants et si le crime est imputable à un mineur de plus de 16 ans, il rendra une ordonnance de mise en accusation devant la cour d'assises des mineurs.

Enfin, si le fait paraît constituer un crime dont l'un au moins des auteurs ou complices est un mineur âgé de 16 à 18 ans, il rendra une ordonnance de mise en accusation devant la cour d'assises des mineurs pour le mineur de plus de 16 ans et il renverra les mineurs de moins de 16 ans devant le tribunal pour enfants, procédant ainsi à une disjonction. Quant aux majeurs, ils seront renvoyés soit devant la cour d'assises des mineurs, soit devant la cour d'assises de droit commun (art. 9, ord. 1945).

b) Le règlement de l'information par le juge des enfants

825. — Les règles applicables s'écartent franchement de celles du droit commun (art. 8, ord. du 2 février 1945, modifié par la l. du 8 février 1995).

En premier lieu, le juge des enfants, avant de clôturer son dossier, peut ordonner à l'égard du mineur mis en examen une mesure de liberté surveillée à titre provisoire. Cette décision est rendue par le juge pour lui permettre de statuer après une ou plusieurs périodes d'épreuves dont il fixera la durée (art. 8, al. 7).

En second lieu, ce magistrat, lors de la clôture, dispose des plus larges pouvoirs (art. 8, al. 8 et 9). Il peut en effet :

— décider le non-lieu,à la manière d'un juge d'instruction ;

— décider le renvoi du mineur devant le tribunal pour enfants ou devant le juge d'instruction, mieux placé que lui pour rechercher les preuves si l'affaire est complexe ;

— statuer lui-même au fond en retenant l'une des six mesures suivantes : relaxe ; dispense de peine ; admonestation, remise aux parents, au tuteur, au gardien ou personne digne de confiance ; mise sous protection judiciaire pour une durée maximale de cinq ans ; placement dans un établissement spécialisé au sens des articles 15 et 16 de l'ordonnance de 1945. Il peut en outre ordonner la liberté surveillée jusqu'à la majorité de l'intéressé.

1. Crim., 4 juin 2003, B.C., n° 116, pas d'appel possible devant la chambre de l'instruction, comme d'ailleurs en droit commun.

B — L'instruction par les juridictions militaires

Bibliographie. — *Armée, guerre et droit pénal,* Travaux de l'Institut de sciences criminelles de Poitiers, vol. 5, 1986, Cujas ; J.P. DOLL, *Analyse et commentaire du Code de justice militaire*, 1966.

826. — Le particularisme du droit pénal militaire a été fortement atténué par la loi du 21 juillet 1982 : non seulement le nombre de juridictions militaires — et donc d'organes d'instruction militaires — est réduit (v. *supra*, n° 30), mais encore la procédure applicable devant eux, y compris celle de la phase de l'instruction, se rapproche beaucoup de celle du droit commun [1]. Ce courant était déjà perceptible auparavant à travers certains textes [2]. Cependant, cet alignement de l'instruction devant les juridictions militaires sur celle qui se pratique devant les juridictions du droit commun a ses limites. Réduites en temps de paix, ces limites se font plus fortes en temps de guerre.

1. *L'instruction en temps de paix*

827. — Si l'instruction a lieu *auprès de juridictions d'instruction de droit commun* (quoique spécialisées : art. 697, al. 1, C.P.P.), ce sont les règles du droit commun qui s'appliquent, sauf exceptions (art. 698, al. 1, C.P.P.). Voici les principales de ces exceptions : impossibilité pour la victime de mettre en mouvement l'action publique (art. 698-2, C.P.P.) [3] et obligation pour le procureur de la République qui la met en mouvement d'aviser l'autorité militaire (art. 698-1, al. 1, C.P.P.), nécessité pour le juge d'instruction qui se transporte dans un local militaire d'adresser à l'autorité militaire une réquisition tendant à obtenir l'entrée dans celui-ci (art. 698-3, C.P.P.), exclusion du contrôle judiciaire (art. 698-5, C.P.P., et L. 211-22, C.J.M. combinés), détention provisoire de l'intéressé dans un local séparé (art. 698-5, C.P.P.), obligation pour les supérieurs hiérarchiques de satisfaire à la demande des officiers de police judiciaire visant à mettre à leur disposition un militaire pour l'exécution d'un mandat ou d'une commission rogatoire (art. 698-4, C.P.P.).

Si l'instruction s'effectue *auprès d'une juridiction d'instruction attachée à une juridiction militaire*, le rapprochement avec le droit commun est presque aussi fort, qu'il s'agisse de la procédure devant le juge d'instruction ou devant la chambre d'accusation. Les dérogations au droit commun sont indiquées au Code de justice militaire.

1. Rapprochement encore accentué avec la loi du 10 novembre 1999.
2. W. JEANDIDIER, *La juridiction d'instruction du second degré*, Cujas, 1982, n°s 230 et s.
3. Toutefois, la loi du 10 novembre 1999 réformant le C.J.M. décide qu'à partir du 1er janvier 2002, l'action publique pourra être mise en mouvement par la partie lésée dans les conditions du droit commun.

a) L'instruction devant le juge d'instruction

828. — Au cours de l'instruction, ce sont en principe les règles du droit commun qui s'appliquent (art. L. 211-15, C.J.M.). Cependant, le contrôle judiciaire n'est pas applicable. En outre, la détention provisoire s'exécute dans des locaux spéciaux (quartier spécial d'une maison d'arrêt ou prison prévôtale, art. L. 211-21, C.J.M.).

b) L'instruction devant la chambre de l'instruction

829. — Là encore le rapprochement est évident avec la chambre, l'article L. 211-23, C.J.M., indiquant que « les règles relatives à la chambre de l'instruction sont celles prévues par le Code de procédure pénale ».

On signalera toutefois une particularité : selon l'article L. 211-24, C.J.M., lorsque le juge d'instruction ou la chambre de l'instruction a rendu une décision de non-lieu, il appartient au ministre de la Défense ou aux autorités militaires désignées par ce ministre de dénoncer au procureur de la République près le tribunal aux armées les charges nouvelles au sens de l'article 189, C.P.P. Si ce dernier décide la réouverture de l'instruction, il lui appartient de recueillir l'avis de l'autorité mentionnée ci-dessus. La dénonciation ou l'avis est classé au dossier de la procédure.

2. *L'instruction en temps de guerre*

830. — Devant le *juge d'instruction*, le principe est celui de l'application des règles prévues pour le temps de paix, là où elles dérogent au droit commun, sauf dispositions particulières au temps de guerre (art. 187 et 195, C.J.M.).

L'instruction ne peut être ouverte que par le ministre de la Défense, non par la victime (art. L. 212-35). La victime peut exercer l'action civile si elle a personnellement souffert du dommage directement causé par l'infraction ; mais elle ne peut pas mettre en mouvement l'action publique (art. L. 212-34, C.J.M.).

Au cours de l'instruction, quelques particularités sont à noter : assistance obligatoire d'un conseil, obligation pour le juge de dénoncer les faits nouveaux qu'il découvre non pas seulement au commissaire du gouvernement, comme en temps de paix, mais aussi « par l'intermédiaire du commissaire du gouvernement à l'autorité militaire qui exerce les pouvoirs judiciaires », celle-ci appréciant l'opportunité « d'un nouvel ordre de poursuite » (art. L. 212-50, C.J.M.)...

Au terme de son instruction, le juge d'instruction agissant en matière criminelle et estimant qu'il y a lieu de poursuivre, saisit directement la juridiction militaire de jugement (art. L. 212-139, C.J.M.). Point de mise en accusation par une chambre de contrôle donc. La règle s'explique par les nécessités de la célérité. Il ne faudrait pourtant pas en déduire que cette chambre n'existe pas.

— Devant la *chambre de l'instruction*, ce sont encore les règles du temps de paix qui s'appliquent, sauf dérogations particulières (art. L. 212-177 et s., C.J.M.). Rares sont ces dérogations. On peut en indiquer une. Lorsque la chambre découvre que l'intéressé peut aussi être poursuivi pour des faits autres que ceux qui sont visés dans l'ordre de poursuite, elle en fait la dénonciation par l'intermédiaire du commissaire du gouvernement à l'autorité militaire qui exerce les pouvoirs judiciaires (art. L. 212-189, C.J.M.).

C — L'instruction par les juridictions politiques

Bibliographie. — H. ANGEVIN, *Cour de justice de la République*, Jurisclasseur proc. pén. app., art. 1 à 803, fasc. 2 ; L. GONDRE, *De la Haute Cour à la Cour de Justice de la République*, R.P.D.P., 2000, pp. 74 et s. ; B. MATHIEU, *Commentaire de la loi organique, n° 93-1252 du 23 novembre 1993 sur la Cour de justice de la République*, A.L.D., 1994.69 ; J. PRADEL, *La procédure de jugement applicable devant la Cour de justice de la République, Un mode d'emploi à préciser*, D., 1996, chron. 1.

831. — Auprès de la *Haute Cour de justice*, fonctionne une *commission d'instruction*. Sa saisine est très originale. Une proposition de résolution émanant du gouvernement ou de parlementaires est présentée au Parlement. Celui-ci, après débats, procède à un vote et peut prendre ainsi une résolution de mise en accusation qui saisit la commission. Celle-ci est saisie à la fois *in rem* et *in personam*. Tant que la commission ne s'est pas réunie, son président dispose de tous pouvoirs d'instruction et de juridiction. La commission dispose des mêmes pouvoirs que son président. Les droits de la défense s'appliquent. Mais il n'y a aucun recours contre les actes de la commission car elle statue elle-même, jouant donc le rôle de juge d'instruction et de chambre de l'instruction. Ses opérations terminées, la commission d'instruction rend un non-lieu ou un renvoi devant la Haute Cour de justice (ord. n° 59-1 du 2 janvier 1959 sur la Haute Cour).

La commission d'instruction près la Cour de justice de la République n'est pas sans parenté. Elle est saisie par le procureur général de la Cour de cassation, sur avis conforme de la commission des requêtes, ce qui témoigne d'une judiciairisation de la procédure par rapport à la juridiction précédente. Le déroulement de l'instruction obéit en principe au droit commun : la commission peut requalifier les faits (contrairement à la commission près la Haute Cour). Mais (à l'instar de cette dernière), elle est saisie *in rem* et *in personam* et elle opère collectivement : c'est la commission au complet qui doit procéder aux auditions et interrogatoires, et qui doit rendre les décisions juridictionnelles. Lorsque les investigations sont terminées, la commission communique le dossier au procureur général près la Cour de cassation qui prend ses réquisitions. Les ministres mis en examen disposent, comme en droit commun, de vingt jours pour demander à la commission de statuer sur d'éventuelles nullités [1]. Puis la commission décide soit le non-lieu, soit le renvoi devant la Cour de justice. Il n'y a pas de chambre de l'instruction (l. du 23 novembre 1993, art. 18 à 25).

Avant que la commission d'instruction n'intervienne, la commission des requêtes a pu déjà procéder à des « investigations utiles » (art.15, l. de 1993). Mais la loi ne prévoit pas que la commission des requêtes invite la personne visée dans la plainte à fournir un rapport en défense. En pratique, cela ne se fait pas. Pourtant l'expression « investigations utiles » est si large que la chose pourrait se concevoir.

1. Ass. plén., 6 juin 2003, n° 2 – n° 01-87-092 et 03-80-734, avis de M. de GOUTTES, premier avocat général, in *Bulletin d'information, Cour de cassation*, août 2003, pp. 17 et s. ; pas d'atteinte au principe d'impartialité de l'article 6 § 1, Conv. E.D.H., puisque la commission statue sous le contrôle de l'Assemblée plénière de la Cour de cassation comme le dit l'article 24 de la loi de 1993.

TITRE II

LA PHASE DÉCISOIRE DU PROCÈS

832. — La phase décisoire, qui intéresse les juridictions de jugement, est le point d'aboutissement du processus pénal. Elle a en effet pour objet deux questions : celle de la culpabilité et celle de l'application de la peine [1]. C'est dire son importance, parfois négligée d'ailleurs par certains esprits qui sont impressionnés par le poids de l'enquête et de l'instruction préparatoire — parfois une année d'instruction et une demi-heure d'audience — et aussi par le fait que la décision de renvoi apparaît comme une pré-condamnation. Pourtant les débats de l'audience révèlent parfois des surprises et, en droit, la présomption d'innocence subsiste. Il ne faut donc pas considérer la phase décisoire du procès comme le parent pauvre du processus pénal.

Cette phase décisoire comporte trois séries de questions : celle de *la saisine de la juridiction de jugement* (Sous-Titre premier) ; celle de *la procédure devant la juridiction de jugement* (Sous-Titre II) ; celle, enfin, de *la sentence de la juridiction de jugement* (Sous-Titre III).

1. Si la question de culpabilité est une question de fait, celle de la peine est une question de droit, le juge devant s'appuyer sur un texte.

SOUS-TITRE I

LA SAISINE DES JURIDICTIONS DE JUGEMENT

833. — La saisine d'une juridiction, quelle qu'elle soit, pose toujours deux questions : quels actes attribuent à la juridiction la connaissance d'une affaire (c'est la question des modes de saisine) et de quels pouvoirs dispose alors la juridiction (c'est la question de l'étendue de la saisine). Même si ces deux questions se retrouvent à propos des juridictions de jugement, elles se présentent différemment selon le type de juridiction. Il nous faut en effet distinguer entre les *juridictions correctionnelles et de police*, d'une part (Chapitre I) et la *juridiction criminelle ou Cour d'assises*, d'autre part (Chapitre II).

CHAPITRE PREMIER

LA SAISINE DES JURIDICTIONS CORRECTIONNELLES ET DE POLICE

834. — La question de l'*étendue de la saisine* pose peu de difficultés. On rappelle traditionnellement que les juridictions correctionnelles et de police sont saisies *in rem* et *in personam*.

— *In personam*, c'est-à-dire que les juridictions correctionnelles et de police ne connaissent que des personnes renvoyées devant elles [1]. Mais bien entendu, elles doivent statuer sur toutes ces personnes.

— *In rem*, c'est-à-dire que les juridictions de jugement doivent statuer certes sur tous les faits visés dans l'acte de saisine, mais ne peuvent le faire que sur ces faits. Que doit alors faire le tribunal si des faits autres lui apparaissent ? La question peut se poser notamment dans deux cas.

Le premier, fort rare, est celui dans lequel le juge d'instruction n'a pas visé dans son ordonnance de renvoi tous les faits dont il était saisi [2]. Selon la dernière jurisprudence, la juridiction de jugement ne peut annuler la décision de renvoi pour cause d'omission de certains faits et « a la faculté de renvoyer l'examen de l'affaire à une audience ultérieure et de transmettre le dossier de la procédure au Ministère public, habilité à saisir le juge d'instruction » afin qu'il statue sur les faits oubliés [3]. Le magistrat instructeur « revoit sa copie ». Mais si cette position est logique, elle est présentée par la chambre criminelle comme une « faculté ». C'est dire que le tribunal peut se borner à statuer sur les faits qui lui ont été déférés par la décision de renvoi.

1. Alors que le juge d'instruction peut instruire à l'égard de toutes les personnes qui s'avéreraient avoir participé aux faits, même si elles n'ont pas été visées au réquisitoire introductif, v. *supra*, n° 660.
2. Alors qu'il a pourtant l'obligation de le faire, Crim., 16 novembre 1999, B.C., n° 259.
3. Crim., 4 mars 2004, B.C., n° 57, A.J. pénal, mai 2004.207 et obs. J. Leblois-Happe.

Quant aux faits omis, rien ne semble s'opposer à ce que le parquet ou la partie civile en ressaisisse le juge d'instruction ou un autre [1]... Sinon les faits tomberont dans l'oubli.

Seconde situation : au cours des débats, des faits nouveaux apparaissent. Le tribunal peut alors inviter le prévenu à accepter d'être jugé aussi sur ces faits. Mais il faut que soient remplies les conditions de la comparution volontaire [2].

Si la question de l'étendue de la saisine pose peu de difficultés, celle des *modes de saisine* est plus délicate. Certes, elle était simple en 1808 puisqu'une juridiction non criminelle ne pouvait être saisie que par citation directe ou décision d'une juridiction d'instruction (chambre du conseil du tribunal et chambre des mises en accusation). En raison de l'encombrement grandissant des juridictions et de la nécessité d'aller vite, le législateur inventa peu à peu d'autres modes de saisine, moins formalistes et pas forcément communs à toutes les juridictions non criminelles.

SECTION I

MODES DE SAISINE COMMUNS AUX TRIBUNAUX CORRECTIONNELS ET DE POLICE

§ 1. — Modes formalistes

835. — Le premier mode est la *décision de renvoi d'une juridiction d'instruction* (ordonnance d'un juge d'instruction et arrêt d'une chambre de l'instruction). Dès qu'elle est devenue irrévocable, cette décision doit être notifiée aux intéressés par les soins du parquet (art. 183 et 217, C.P.P.) et c'est ce dernier qui fait citer le prévenu devant le tribunal compétent. Il faut bien noter cependant que c'est la décision de renvoi qui fixe la saisine du tribunal [3], la citation émanant du parquet n'ayant valeur que de convocation pour fixer le jour et l'heure où l'affaire passera à l'audience [4]. Cependant, la citation est indispensable de sorte que le tribunal ne peut statuer si elle n'existe pas [5].

1. Il résulte des articles 385, al. 2, et 184, C.P.P., que si l'ordonnance de clôture n'est pas conforme à l'article 184, le tribunal *renvoie* (donc doit renvoyer) la procédure au parquet. Mais l'article 184 ne vise pas l'oubli de certains faits.

2. V. *infra*, n° 839.

3. Ass. plén., 24 octobre 2003, B.C., n° 3, qui rappelle que le tribunal correctionnel est saisi par l'ordonnance de renvoi du juge d'instruction, laquelle fixe l'étendue de sa saisine et qui ajoute — c'est plus original — que le juge du fond peut se référer au réquisitoire définitif dont l'ordonnance de renvoi adopte entièrement les motifs.

4. Crim., 11 janvier 1977, B.C., n° 13.

5. Trib. corr. Evry, 4 novembre 1985, D., 1986, I.R. 306, obs. J. Pradel.

Quant à la *citation directe*, elle consiste en un exploit d'huissier délivré à la requête soit du parquet, soit de la partie civile, soit plus rarement de certaines administrations.

Ces deux modes obéissent à un véritable rituel [1] que l'on ne retrouve pas dans d'autres modes de création plus récente.

§ 2. — Modes non formalistes

Trois modes existent, à savoir deux impliquant une audience publique et un l'excluant en principe.

A — Modes non formalistes impliquant une audience

1. *La saisine d'office au cas d'infraction d'audience*

836. — Des infractions peuvent être commises pendant les débats ainsi que pendant les réquisitions et plaidoiries. Ce sont les infractions d'audience qui peuvent prendre les magistrats au dépourvu alors qu'une action immédiate s'impose. Les articles 675 à 678, C.P.P., règlent la matière par une série de distinctions, avec un point commun cependant : la juridiction se saisit elle-même en application du vieux principe « tout juge est procureur général », mais ne peut rendre son jugement sans avoir entendu l'intéressé [2].

En cas de contravention commise devant le tribunal de police ou correctionnel ou devant une cour, le président en dresse procès-verbal, entend le prévenu, les témoins, le parquet, éventuellement le défenseur, et une condamnation est prononcée sur-le-champ (art. 676, C.P.P.).

En cas de délit, il faut sous-distinguer. Si le délit est commis à l'audience du tribunal correctionnel, il est procédé comme précédemment, un mandat de dépôt à l'audience pouvant même être décerné si la peine prononcée dépasse un mois. Si le délit est commis à l'audience du tribunal de police, le président se contente d'en dresser procès-verbal et de transmettre celui-ci au parquet : en effet, le président n'est pas compétent pour juger un délit, fût-il commis à l'audience. Il peut seulement, si la peine encourue dépasse six mois, faire arrêter l'auteur et le faire conduire au parquet, en fait en vue d'une comparution immédiate devant le tribunal correctionnel (art. 677, al. 2, C.P.P.). Cependant, dans les deux hypothèses, si le délit est un outrage à magistrats, le président se borne à dresser procès-verbal et les juges ayant participé à l'audience ne pourront juger ce fait (art. 677, al. 3,

1. V. *supra*, n°s 665 et s., pour la décision d'une juridiction d'instruction et n° 605 pour la citation directe.

2. Crim., 14 septembre 1988, B.C., n° 322, G.P., 7 marts 1989, note J.P. Doucet.

C.P.P.) [1] : ainsi le prévenu qui arrache la barre des témoins sera jugé par la juridiction elle-même, mais celui qui traite son président « d'incapable » sera jugé par une autre !

Enfin, en cas de crime, le tribunal fait arrêter le délinquant, l'interroge, établit un procès-verbal qu'il adresse au parquet. Le procureur ouvre aussitôt une information et la juridiction compétente sera la cour d'assises. Une telle affaire excède en effet la compétence d'un tribunal.

On réservera le cas particulier du faux témoignage. Infraction particulièrement délicate, elle fait l'objet d'un sort particulier : le président fait dresser un procès-verbal des faits d'où peut résulter le faux témoignage et ordonne la conduite de l'intéressé devant le procureur de la République qui ouvre une information pour faux témoignage (art. 457, C.P.P.).

2. *L'avertissement suivi de comparution volontaire*

837. — Par l'effet de la simple comparution volontaire du prévenu, le tribunal peut être saisi valablement : on évite ainsi la délivrance d'une citation, ce qui supprime des frais et accélère la procédure.

838. — *Domaine de la comparution volontaire.* Ce mode de saisine a un triple domaine.

D'une part, la comparution volontaire précédée d'un simple avertissement vaut saisine. Admise par le Code de 1808 en matière de police seulement, cette règle avait été étendue au tribunal correctionnel par la jurisprudence [2]. Aujourd'hui, le Code de 1959 prévoit ce mode à la fois devant le tribunal correctionnel (art. 389) et devant le tribunal de police (art. 532). Cependant, ce procédé n'est utilisable que par le parquet, les textes parlant d'un « avertissement délivré par le Ministère public ». Cet avertissement doit mentionner le délit poursuivi et viser les textes applicables.

D'autre part, la comparution volontaire permet d'étendre la saisine à des faits nouveaux découverts à l'audience ou à des tiers non poursuivis [3]. Il suffit seulement : 1° Que le procureur de la République demande à l'intéressé s'il consent à être jugé ; 2° Que celui-ci accepte ; 3° Que l'ouverture d'une information ne soit pas nécessaire.

Enfin, la comparution volontaire du prévenu couvre la nullité d'une citation irrégulière [4].

1. Disposition destinée à assurer l'impartialité des juges que l'on peut fonder sur l'article 6 § 1, Conv. E.D.H. ou sur le concept proche de la récusation, d'une récusation d'office et que l'on doit appliquer automatiquement du fait d'une présomption absolue de partialité. V. C.E.D.H., grande chambre, 15 décembre 2005, *Kyprianou c/ Chypre*, impossibilité pour les juges de sanctionner eux-mêmes un outrage à magistrat commis par un avocat.

2. Crim., 18 juin 1925, S., 1926.I.384.

3. Crim., 16 juillet 1958, B.C., n° 550. Même règle pour des faits non visés dans l'acte de poursuite.

4. Crim., 26 mars 1931, B.C., n° 88.

Sans doute, les articles 388 et 389, relatifs au tribunal correctionnel, ne reprennent-ils pas expressément ces deux dernières solutions puisqu'ils n'évoquent que l'avertissement. Mais l'article 531, concernant le tribunal de police, parle de comparution volontaire sans plus de précision, ce qui permet d'inclure nos trois hypothèses, et la loi a établi une similitude entre les procédures correctionnelles et de police. C'est pourquoi on admet qu'une comparution volontaire vaille saisine du tribunal aussi bien en matière correctionnelle qu'en matière de police [1].

839. — *Notion de comparution volontaire.* Il faut d'abord que le prévenu ait comparu *physiquement* ou du moins qu'il ait été représenté par un mandataire lorsque cela est possible. Si le prévenu ne comparaît pas, le tribunal irrégulièrement saisi ne peut statuer même par défaut, et le parquet doit procéder à une citation régulière par exploit d'huissier [2].

Il importe ensuite que le prévenu ait comparu *spontanément.* La preuve de son accord s'établit selon la distinction suivante. S'il se présente libre, sa simple présence fait présumer son acceptation d'être jugé, sauf refus exprès ou implicite. S'il se présente détenu, sa présence sans citation et sur simple ordre d'extraction signé du parquet n'est considérée comme volontaire que s'il accepte expressément d'être jugé et que si le tribunal le constate dans sa décision [3]. Dans tous les cas, le tribunal n'est pas saisi si le parquet ne prend pas de réquisitions, même si le prévenu se présente volontairement à l'audience [4].

B — Mode non formaliste impliquant une absence d'audience : l'ordonnance pénale

840. — Initialement, selon la loi du 3 janvier 1972, l'ordonnance pénale n'était applicable qu'en matière de contravention. Avec la loi du 9 septembre 2002, elle peut s'appliquer aussi aux délits routiers. Mais dans les deux cas, le mode de saisine est le même : le parquetier, « qui choisit la procédure simplifiée, communique » la procédure au juge de police ou au président du tribunal, selon le cas, « et ses réquisitions » (art. 525, al. 1 et 495-1, al. 1, C.P.P.). On peut donc affirmer que la juridiction est saisie par les réquisitions du parquet.

1. Crim., 22 juin 1971, B.C., n° 201.
2. Crim., 26 avril 1967, G.P., 1967.I.344, R.S.C., 1967.880, obs. J. Robert ; 27 avril 1981, B.C., n° 125.
3. Art. 389, al. 3, C.P.P. ; Crim., 31 mai 1958, J.C.P., 1958.II.10737, note P. Chambon.
4. Crim., 7 juin 2000, *Procédures*, 2000, comm. 221, obs. J. Buisson.

SECTION II

MODES DE SAISINE PROPRES AUX TRIBUNAUX CORRECTIONNELS

Le législateur a imaginé deux modes rapides qui impliquent toujours une audience publique.

§ 1. — LA CONVOCATION PAR PROCÈS-VERBAL ET LA COMPARUTION IMMÉDIATE

841. — Avec la *convocation par procès-verbal*, le magistrat du parquet notifie à la personne qui lui est présentée les faits retenus à son encontre ainsi que le lieu, la date et l'heure de l'audience. Cette notification se coule dans un procès-verbal dont copie est remise sur-le-champ au prévenu et elle vaut citation à personne (art. 394, al. 1, C.P.P.). On peut donc considérer que c'est le procès-verbal de notification qui saisit le tribunal correctionnel.

Souvent, d'ailleurs, la personne ne comparaît pas devant le parquetier. Concrètement, en fin de garde à vue, les enquêteurs téléphonent au parquetier (de service) et celui-ci leur indique le lieu, la date et l'heure de l'audience. Les enquêteurs vont notifier ces éléments à l'intéressé par procès-verbal et ils lui en remettent une copie. Cette notification de la convocation vaut citation à personne (art. 390-1, C.P.P.). Le tribunal est donc saisi par le procès-verbal de notification [1].

Si le magistrat du parquet utilise la *comparution immédiate*, le tribunal est saisi par un procès-verbal d'audition de la personne (qui pratiquement sort des locaux de garde à vue), ce document indiquant les faits reprochés (art. 3, al. 3, C.P.P.). Cependant, si la personne ne peut être présentée de suite au tribunal, le procureur peut la traduire devant le juge des libertés et de la détention qui pourra la placer en détention provisoire dans l'attente de sa comparution. C'est alors l'ordonnance de ce juge qui, énonçant les faits retenus, saisit le tribunal (art. 396, C.P.P.) [2].

§ 2. — LE PLAIDOYER DE CULPABILITÉ

842. — L'acte saisissant le tribunal (le président du tribunal, indique la loi) est la *requête en homologation* établie par le magistrat du parquet, dès lors que la personne accepte d'être jugée selon la procédure de comparution sur reconnaissance préalable de culpabilité (art. 495-9, al. 1, C.P.P.) [3].

1. V. *supra*, n° 613.
2. V. *supra*, n° 614.
3. V. *supra*, n° 616.

CHAPITRE II

LA SAISINE DE LA COUR D'ASSISES

843. — S'agissant de son *mode de saisine*, il faut rappeler que la cour d'assises est saisie par l'ordonnance de renvoi ou de mise en accusation rendue par le juge d'instruction ou, en cas d'appel de cette ordonnance, par l'arrêt de renvoi ou de mise en accusation rendu par la chambre de l'instruction [1]. En aucun cas, la citation directe ou la comparution volontaire ne sont ici utilisables.

S'agissant de l'*étendue de la saisine*, la juridiction criminelle est saisie à la fois *in rem* et *in personam :* elle ne peut statuer qu'à l'égard des personnes expressément renvoyées devant elle et que pour les faits qui ont motivé ce renvoi (art. 231, al. 2, C.P.P.). Si donc au cours des débats, des faits nouveaux apparaissent à la charge de l'accusé, la cour ne pourrait s'en saisir (sauf s'il s'agissait d'un délit ou d'une contravention d'audience : art. 676 et 677) et le procureur devrait ouvrir une information sur ces faits. Toutefois, la cour d'assises est saisie, en même temps que du fait, de toutes les circonstances qui en modifient la qualification, de sorte que, par le jeu des questions subsidiaires [2], elle pourra statuer sur les diverses expressions pénales que le même fait peut revêtir (par ex., question subsidiaire d'homicide involontaire dans une poursuite pour meurtre).

Entre le moment où la cour d'assises est saisie (jour de la décision de mise en accusation) et le moment où commence l'audience, il n'y a pas de délai maximum fixé par la loi. Cependant, une décision a considéré qu'un délai de seize mois n'est pas raisonnable au sens de l'article 5, § 3, Conv. E.D.H., selon lequel « toute

1. V. *supra*, n° 670, pour l'ordonnance de mise en accusation et n° 806 pour l'arrêt de mise en accusation.
2. V. *infra*, n° 907.

personne arrêtée ou détenue... a le droit d'être jugée dans un délai raisonnable... »[1]. En outre, si l'accusé était en détention provisoire pendant l'instruction, il reste détenu (art. 181, al. 7, C.P.P.).

1. Versailles, Ch. acc., 13 juillet 1989, D., 1989, Somm. 391, obs. J. Pradel.

SOUS-TITRE II

LA PROCÉDURE DEVANT LES JURIDICTIONS DE JUGEMENT

844. — La procédure tendant à la prise d'une décision, il faut bien que les juges soient informés des éléments de fait et de droit de chaque affaire. Et cette information obéit toujours aux mêmes règles. Ainsi la théorie de la preuve pénale apparaît-elle comme une constante de la procédure. En revanche, le déroulement procédural n'est pas le même devant toutes les juridictions, le jury imprimant en matière criminelle, là où il est présent, des particularités. De la sorte, à côté d'une constante concernant la preuve pénale (Chapitre I), il existe des variables liées au type de juridiction (Chapitre II).

CHAPITRE PREMIER

UNE CONSTANTE : LA PREUVE PÉNALE

845. — On retrouve évidemment lors de la phase décisoire la théorie de la preuve déjà abordée dans le cadre de la phase préparatoire. Toutefois, deux différences majeures apparaissent : d'une part, la recherche de la preuve obéit à des caractères différents dans une certaine mesure et, d'autre part, une nouvelle question apparaît, absolument propre à la phase décisoire, qui est l'appréciation de la preuve.

SECTION I

LA RECHERCHE DE LA PREUVE

846. — *Vue générale.* Avant tout, il faut rappeler que cette recherche (ou administration) se situe chronologiquement dans le cours de l'*instruction définitive*, dite aussi instruction à l'audience, période s'étirant de la fin de l'interrogatoire d'identité de l'accusé ou prévenu par le président au début de la plaidoirie de la partie civile s'il y en a une ou des réquisitions du parquet s'il n'y en a pas (art. 346 et 460, C.P.P.). Au cours de cette instruction définitive sont interrogées les personnes poursuivies et entendus experts et témoins.

À certains égards, cette recherche obéit aux mêmes règles que celle qui se fait lors de l'instruction préparatoire : ainsi en est-il des suppléments d'information ordonnés par la juridiction de jugement (art. 283, 397-2, 463 et 538, C.P.P.) ou de l'audition des témoins, parties civiles et experts par les moyens de télécommunications (art. 706-71, al. 2, C.P.P.). Mais à d'autres égards, ce sont des règles différentes qui s'appliquent : tantôt ces règles sont propres à telle ou telle juridiction (cas de l'audition des témoins) de sorte qu'elles seront examinées plus tard, en même temps que la procédure devant cette juridiction, tantôt ces règles, certes différentes encore de celles de l'instruction préparatoire, sont les mêmes devant toutes les juridictions du fond : il s'agit de l'oralité, de la publicité et de la contradiction (certes déjà largement consacrée aujourd'hui dans la procédure préparatoire) de l'instruction définitive. Il convient d'examiner plus en détail ces trois caractères qui sont la marque d'une procédure traditionnellement qualifiée d'accusatoire.

§ 1. — Recherche orale de la preuve

847. — L'oralité découle de l'intime conviction selon laquelle comme on le verra [1] la valeur des preuves est appréciée librement par le juge : en vertu de l'oralité, le juge ne doit pouvoir se décider que sur des preuves qui ont été directement et immédiatement soumises aux débats, donc devant lui. L'oralité conduit donc à limiter la possibilité d'utiliser directement comme preuves les actes réalisés au cours de l'enquête et de l'instruction préparatoire. C'est pourquoi le principe d'oralité est vraiment proche du principe appelé à l'étranger principe d'immédiateté [2]. À l'extrême, le principe d'oralité implique que si le témoin a varié au cours de la procédure, ce qu'il dit à l'audience doit être préféré à ce qu'il a exprimé lors de la phase préparatoire dans le procès-verbal de son audition. L'oralité, c'est pour le juge l'équivalent du cours magistral donné à l'étudiant : une garantie de meilleure compréhension.

Dans l'application, le principe d'oralité donne lieu à bien des conséquences. Prévenu ou accusé sont entendus, tout comme les experts et les témoins. En exécution de cette première conséquence, il a été jugé que le président des assises ne peut donner lecture d'une déposition faite à l'instruction avant que le témoin ait achevé sa déposition orale [3] et à plus forte raison lorsque celui-ci n'a pas encore été entendu [4]. Seconde conséquence, les débats terminés, la cour d'assises n'emporte pas dans la salle des délibérations le dossier de l'affaire, sauf son droit exceptionnel de l'apporter, en

1. V. *infra*, n° 851.

2. Selon P. Hünerfeld, avec l'immédiateté, le tribunal « d'une part, doit se baser sur ses propres observations et, d'autre part, ne doit pas faire usage de preuves médiates pour remplacer les preuves immédiates », R.I.D.P., 1986, vol. 57, 437. Et selon F. Bueno Arus, avec l'immédiateté, « les preuves doivent être pratiquées en présence du tribunal », *id.*, 521. Or il est bien certain que la plupart du temps, la connaissance directe et immédiate du tribunal s'obtient par l'oralité.

3. Crim., 8 novembre 1934, D.H., 1935.7 ; 2 novembre 1949, D., 1950.75.

4. Crim., 14 juin 1989, D., 1990, Somm. 221, obs. J. Pradel. Le président ne peut pas non plus donner lecture de documents écrits se référant au témoignage d'un déposant (Crim., 26 février 1992, B.C., n° 90) ou procéder à la projection d'un film dont une séquence évoque ses déclarations (Crim., 24 juin 1998, B.C., n° 205, *Dr. pénal*, 1999, comm. 11 et 12, obs. A. Maron).

présence du Ministère public et des parties si elle l'estime nécessaire (art. 347, C.P.P.).

La règle de l'oralité subit, il est vrai, des limites.

— Les unes sont prévues par la loi. Devant les tribunaux correctionnels et de police, le président peut autoriser exceptionnellement un témoin à s'aider de documents (art. 452 et 536, C.P.P.). Si les experts font leur rapport oralement, ils peuvent cependant consulter des notes, la mémoire pouvant fléchir plus légitiment pour des détails techniques que pour des observations ordinaires et présumées faciles à retenir (art. 168, C.P.P.) [1] ; ce qui leur était interdit avant 1959 car, alors, ils étaient assimilés à des témoins [2]. Enfin, le greffier tient note des débats : de manière très complète en matière correctionnelle et de police (art. 453 et 536, C.P.P.), de manière plus sommaire en matière criminelle, sauf décision contraire du président (art. 333 et 379, C.P.P.).

— D'autres limites sont imposées par la pratique. Une vieille jurisprudence, dictée par des considérations de simplification procédurale, validait l'usage en matière correctionnelle et de police de lire les procès-verbaux afin de ne pas déranger les témoins [3]. Et aujourd'hui, quand le témoin est défaillant, le président peut lire sa déposition ; ce qui contribue à donner du poids au dossier de la phase préparatoire.

§ 2. — Recherche publique de la preuve

Bibliographie. — R. Lindon, *La télévision à l'audience*, D., 1985, chron. 81 ; R. Merle et A. Vitu, II, n°s 728 et s. ; J. Pradel, *Les techniques audiovisuelles, la justice et l'histoire*, D., 1986, chron. 113 ; J. Vérin, *Téléviser les débats judiciaires*, R.S.C., 1985.811 ; A. Vitu, *Le principe de publicité dans la procédure pénale*, rapport au 6e Colloque des Instituts d'études judiciaires, Toulouse, 1968, *Annales Fac. droit Toulouse*, 1968.293.

848. — Ce deuxième principe constitue l'une des plus importantes garanties pour le prévenu ou accusé, assuré ainsi que la vérité ne sera pas étouffée, et pour la justice elle-même dont l'autorité sort grandie. Cette publicité porte sur le jugement, qui, sauf en cas d'ordonnance pénale, doit être prononcé publiquement et qui peut être publié [4]. Elle porte aussi et

1. L'article 168, al. 1, C.P.P., autorisant l'expert à consulter son « rapport » et « ses annexes », la jurisprudence y assimile les notes prises à l'occasion de l'exécution de sa mission, Crim., 17 janvier 1990, B.C., n° 31 ; 11 décembre 1996, B.C., n° 456, *Procédures*, 1997, comm. 95, obs. J. Buisson.

2. Crim., 15 décembre 1892, D., 1894.I.254.

3. Crim., 18 juillet 1884, S., 1885.I.326. Aujourd'hui encore, devant la chambre des appels correctionnels, les témoins sont rarement réentendus, ce qu'autorise d'ailleurs la jurisprudence, Crim., 13 janvier 1916, D., 1921.I.63.

4. V. *infra*, n°s 876 et 914.

surtout sur les débats que le public est admis à suivre et dont un compte rendu peut être reproduit par la presse.

• L'*admission du public à l'audience* est affirmée à la fois par le Code de procédure pénale (art. 306, 400, 512 et 535), par la chambre criminelle [1], et par le Conseil d'État [2] et par le Conseil constitutionnel [3]. Toutefois, certaines dérogations sont prévues.

D'abord, le président de toute juridiction peut interdire l'accès à la salle d'audience aux mineurs ou à certains d'entre eux (art. 306, 400, 512 et 535). Ensuite, le tribunal ou la cour peut ordonner le huis clos. Quant à sa cause, cette mesure peut être décidée s'il est à craindre « que la publicité ne soit dangereuse pour l'ordre, la sérénité des débats, la dignité de la personne ou les intérêts d'un tiers » selon l'article 400. Mais la jurisprudence a vidé ces textes de leur substance : il suffit aux magistrats de justifier formellement le huis clos en arguant du danger pour l'ordre ou les mœurs, sans avoir à invoquer un fait précis puisque « la loi laisse » — le mot est révélateur — « à la conscience des juges le soin d'apprécier les faits et circonstances nécessitant le huis clos » [4]. Quant à son domaine, le huis clos peut s'étendre selon la volonté du président à toutes personnes ou admettre la présence de certaines [5], s'appliquer à toute l'audience ou à une partie seulement de celle-ci. De plus, mais en matière criminelle seulement et lorsque les poursuites sont fondées sur une accusation de viol ou de tortures et actes de barbarie accompagnés d'agressions sexuelles, le huis clos est de droit si la (ou l'une des) victime partie civile le réclame et sinon, il ne peut être ordonné que si la victime partie civile ne s'y oppose pas (art. 306, al. 3, C.P.P., l. du 23 décembre 1980) ; selon la jurisprudence, la faculté de réclamer ou de s'opposer n'appartient qu'à des personnes ayant la double qualité de victime et de partie civile [6]. Aux victimes parties civiles, la jurisprudence assimile l'avocat les représentant : celui-ci peut donc demander le huis-clos en

1. Crim., 6 juillet 1974, B.C., n° 253, la publicité étant « un principe essentiel de la procédure pénale » ; 9 novembre 2005, Dr. pénal, mai 2006, comm. 78, obs. A. Maron, la publicité des débats judiciaires « est une règle d'ordre public », de sorte que le huis clos ne peut être ordonné que si la juridiction constate que la publicité est dangereuse pour l'ordre, la sérénité des débats, la dignité de la personne ou les intérêts d'un tiers.

2. C.E., 4 octobre 1974, *dame David*, J.C.P., 1975.II.1967, « la publicité des débats est un principe général du droit ».

3. Décision n° 2004-492, D.C. du 2 mars 2004, Cons. 117 et s., J.O. du 10 mars, p. 4637 et s., l'audience relative à l'homologation de la proposition sur le plaider coupable est publique.

4. Crim., 11 décembre 1968, D., 1969.264, note J.M.R., J.C.P., 1969.II.15898, note M.-L. Rassat ; 22 juin 1977, B.C., n° 231.

5. Crim., 11 décembre 1968, précité : présence des jurés de la session et des journalistes.

6. Crim., 30 octobre 1985, B.C., n° 337, J.C.P., 1987.II.20727, note P. Conte. La notion de victime et de partie civile est étendue à la mère de la victime du viol lorsqu'elle agit au nom de cette dernière, mineure (Crim., 22 mars 1989, B.C., n° 145) et au directeur départemental de la protection judiciaire de la jeunesse, régulièrement constitué partiecivile, comme tuteur *ad hoc* de la victime (Crim., 30 octobre 1989, B.C., n° 384, D., 1990, Somm., 221, obs. J. Pradel, R.S.C., 1990.367, obs. A. Braunschweig).

l'absence de ses clients [1]. Après réouverture d'une audience qui s'était déroulée à huis clos, cette mesure subsiste [2].

Enfin, le président de la juridiction peut faire expulser les personnes qui troublent l'ordre d'une audience (art. 321, 404, 512 et 535, C.P.P.). L'expulsion vaut pour toute la durée de l'audience, sauf volonté contraire du président [3].

• *La reproduction des débats par la presse* est indirectement rendue licite par l'article 41, alinéa 3, de la loi du 29 juillet 1881 qui soustrait à l'action en diffamation, injure ou outrage, « le compte rendu fidèle fait de bonne foi des débats judiciaires ». Deux sortes de restrictions sont cependant prévues.

Les unes sont propres à certaines hypothèses. D'un côté, ne peuvent donner lieu à reproduction les débats concernant les diffamations et injures (art. 39, al. 1, l. du 29 juillet 1881). De l'autre, le juge peut interdire le compte rendu des affaires relatives à des infractions militaires (art. 219, C.J.M.). Enfin est interdite la publication de l'identité des policiers, gendarmes et douaniers appartenant à des services désignés par arrêté ministériel et dont les missions exigent le respect de l'anonymat (art. 39 *sexies*, l. du 29 juillet 1881, modifiée par l. du 21 janvier 1995).

Les autres restrictions ont une portée plus générale. Il est interdit de publier les débats des tribunaux pour mineurs (art. 14 et 20, ord. du 2 février 1945), les actes d'une procédure criminelle ou correctionnelle non encore lus en audience publique (art. 38, I, du 29 juillet 1881), les comptes rendus des délibérations intérieures des jurys, cours et tribunaux (art. 39, I, du 29 juillet 1881). Enfin, une loi du 6 décembre 1954, complétant l'article 39 de la loi de 1881 et reprise aux articles 308, 403, 512 et 535 du Code de procédure pénale, interdit l'emploi aux audiences de tous les tribunaux des appareils d'enregistrement sonore, des caméras de télévision ou de cinéma et des appareils photographiques [4]. Toutefois, une loi du 11 juillet 1985 autorise la présence de la télévision à l'audience lorsque l'enregistrement des débats « présente un intérêt pour la constitution d'archives historiques de la justice », comme ce fut le cas pour le procès Barbie, en mai 1987 [5].

1. Crim., 15 mai 2002, B.C., n° 115.

2. Crim., 13 novembre 1996, B.C., n° 403, *Dr. pénal*, 1997, comm. 53, obs. A. Maron, pour une espèce où le huis clos avait été ordonné à la demande de la victime constituée partie civile.

3. Crim., 10 juillet 1974, B.C., n° 253.

4. Crim., 12 octobre 1972, B.C., n° 285, l'infraction à cette règle n'invalide pas les débats.

5. L'enregistrement peut concerner toutes les juridictions, pénales, civiles ou administratives. La décision est prise, pour les juridictions pénales par le premier président de la Cour de cassation ou par le premier président de la cour d'appel selon que l'audience se déroule devant la chambre criminelle ou devant une juridiction du fond. Pendant les 20 ans suivant la fin du procès, la consultation des enregistrements est possible, mais seulement à des fins historiques ou scientifiques et sur autorisation du garde des Sceaux et du ministre de la Culture. Au-delà, la consultation est libre. V. chron. au D., 1986.113.

Une question reste posée : lorsque le huis clos est prononcé, les journalistes conservent-ils néanmoins le droit de publier un compte rendu de l'audience dans la mesure où ils en auront eu des précisions par des participants, tels le prévenu ou les témoins ? La Cour de cassation n'a jamais statué sur ce point. En faveur de la liberté de la presse après clôture des débats, on peut faire valoir que la jurisprudence a toujours précisé que le huis clos n'avait pour but que de préserver l'ordre des débats. Mais c'est peut-être oublier que le huis clos est destiné non seulement à préserver l'ordre dans les prétoires, mais aussi à empêcher la divulgation de faits propres à troubler l'ordre ou les mœurs [1]. On ne voit cependant guère quelle sanction appliquer aux journalistes.

§ 3. — RECHERCHE CONTRADICTOIRE DE LA PREUVE

A — Principes

849. — Cet ultime caractère – les droits de la défense – a déjà été évoqué comme principe directeur du procès pénal et plus précisément comme norme s'appliquant à toutes ses phases [2]. Il sera considéré ici dans ses aspects concernant la seule phase décisoire. Il consiste dans la présence des parties et se trouve garanti par l'assistance d'un défenseur [3].

• La *présence des parties*, spécialement de la personne poursuivie, est en principe nécessaire et ce, à peine de nullité [4] : libre, le délinquant doit déférer à la convocation ; détenu, il est extrait de la maison d'arrêt et conduit aux débats. Cependant, la présence du prévenu ou accusé n'est pas strictement indispensable. S'il est libre, il peut être jugé par défaut que l'on soit en matière correctionnelle ou criminelle. S'il est détenu et refuse de comparaître malgré la sommation par huissier qui doit alors lui être faite (art. 319, C.P.P.), le président peut, soit le faire amener par la force, soit

Pour une application, Crim., 26 avril 1989, B.C., n° 171. *Add.* Crim., 16 mars 1994, B.C., n° 105, J.C.P., 1995.II.22547, note Ravanas, l'atteinte aux droits de la personnalité résultant de la diffusion des enregistrements est justifiée puisque, selon la loi du 11 juillet 1985, l'enregistrement est autorisé.

1. V. sur la question de l'effet criminogène de la publicité, J. LÉAUTÉ, *Criminologie et science pénitentiaire*, P.U.F., 1971.384 et s.

2. V. *supra*, n° 398.

3. P. NICOLOPOULOS, *La procédure devant les juridictions répressives et le principe de contradictoire*, R.S.C., 1989.1.

4. Crim., 22 juin 1988, B.C., n° 286, R.S.C., 1988.826, obs. A. Braunschweig, l'accusé doit en règle générale être présent à toutes les parties du débat oral.

Toutefois, cette présence physique n'implique pas pour le prévenu ou accusé l'obligation de parler, celui-ci bénéficiant d'un droit au silence qui n'est cependant pas absolu selon la jurisprudence européenne ; en effet, lorsque les charges contre l'accusé sont écrasantes, le juge peut, sans porter atteinte au caractère équitable du procès et sans violer la présomption d'innocence, tirer de son silence des conclusions défavorables, C.E.D.H., 8 février 1996, *Murray c/ Royaume-Uni*, Rev. droit pén. et crim., 1996.949, note J. Wattier. Cette considération est propre à la phase décisoire.

ordonner que, malgré son absence, il soit passé outre aux débats. En ce dernier cas, la loi réintroduit cependant une sorte de contradiction sous la forme d'une lecture du procès-verbal des débats par le greffier après chaque audience (art. 320, C.P.P.) ; et il en est de même si l'accusé est expulsé pour avoir troublé l'ordre (art. 322, C.P.P.).

• L'*assistance d'un défenseur* est consacrée d'une double façon. D'une part, toute partie privée peut se faire assister d'un conseil [1] ; le délinquant et la partie civile indigents peuvent demander, le premier, la désignation d'un avocat d'office par le bâtonnier [2], la seconde, la nomination d'un avocat au titre de l'aide judiciaire. D'autre part, la présence d'un conseil est obligatoire devant la cour d'assises (art. 317, C.P.P.) [3], les tribunaux pour mineurs (art. 13, al. 1, ord. du 2 février 1945), les tribunaux militaires (art. 222, C.J.M.) ou bien lorsque le prévenu est atteint d'une infirmité de nature à compromettre sa défense (art. 417, al. 4, C.P.P.) [4] ou plus généralement lorsque la personne poursuivie est un majeur protégé (art. 706-116, C.P.P., enfin dans le cadre du plaider coupable (art. 495-9, C.P.P.).

Sur la présence de l'avocat au cours de l'audience, la jurisprudence a cependant dû répondre aux manœuvres de certains accusés qui, dès l'ouverture des débats, récusent leur conseil, en en demandant un autre et, en conséquence, sollicitent le renvoi de l'affaire puisque le nouvel avocat, choisi par eux ou désigné d'office par le bâtonnier, ne connaît pas le dossier. C'est pourquoi la jurisprudence décide : 1° que le président peut désigner l'avocat, d'office, pour assurer la défense de son client [5] ; 2° que cependant le principe de continuité des débats s'oppose à ce que l'absence du défenseur choisi entraîne nécessairement le renvoi de l'affaire [6] ; 3° que l'accusé peut se

1. Crim., 22 septembre 1999, B.C., n° 196, cassation de l'arrêt qui pour rejeter la demande du prévenu sollicitant la désignation d'un avocat énonce que ce dernier avait eu tout loisir d'en choisir un, alors que l'art. 417, C.P.P., impose au président de commettre un défenseur d'office au prévenu qui en fait la demande.

Selon la C.E.D.H., « le droit de tout accusé à être effectivement défendu par un avocat figure parmi les éléments fondamentaux du procès équitable. Un accusé n'en perd pas le bénéfice du seul fait de son absence aux débats », 13 février 2001, *Krombach c/ France*, § 89, *Karatas et Sari c/ France*, 16 mai 2002, § 58.

2. C.E.D.H., 24 mai 1991, *Quaranta c/ Suisse*, condamnation de la Suisse dans une affaire où un étranger, poursuivi pour des faits assez complexes et graves avait été condamné sans avoir bénéficié de l'assistance d'un avocat alors que l'article 6, § 3*c*, Conv. E.D.H., prévoit une telle assistance pour tout prévenu n'ayant pas les moyens d'en rémunérer un.

3. Avec la règle complémentaire de l'art. 317, al. 2, que si le défenseur, choisi ou désigné, ne se présente pas, le président en commet un d'office.

4. Crim., 7 novembre 1968, B.C., n° 289, une connaissance insuffisante de la langue française n'est pas une infirmité au sens de l'article 417 ; 9 mai 1972, D., 1972.621, note J. Pradel, J.C.P., 1973.II.17444, note P. Chambon, l'art. 417, al. 4, édicte une formalité substantielle.

5. Crim., 19 février 1986, B.C., n° 68 ; 23 novembre 1994, B.C., n° 374, D., 1995, Somm., 321, obs. J. Pradel.

6. Pour la Cour d'assises où la présence du défenseur est obligatoire : Crim., 5 décembre 1990, B.C., n° 419 ; 31 mars 2005, B.C., n° 114. Pour le tribunal correctionnel où cette présence est facultative : Crim., 17 janvier 1996, B.C., n° 29, *Procédures*, Com. 192, obs. J. Buisson. En réalité, il faut concilier célérité et droit de la défense.

défendre lui-même [1], sauf devant la cour d'assises et les juridictions pour mineurs, avons-nous dit. Cette jurisprudence mérite l'approbation.

B — Conséquences

850. — Pour que soit assurée une pleine contradiction et donc une bonne défense, la présence des parties, spécialement de la personne poursuivie, et l'assistance d'un défenseur impliquent deux corrolaires : une possibilité de savoir et une possibilité d'agir, toutes deux reconnues par notre droit.

• Une possibilité de savoir : le conseil peut communiquer librement avec la personne poursuivie et prendre connaissance de toutes les pièces (art. 278, C.P.P.). La personne elle-même, du moins en matière criminelle, peut accéder au dossier (art. 279, C.P.P.) et, en toute matière, elle a le droit de savoir exactement « la nature et la cause de la prévention dont elle est l'objet » pour être « mise en mesure de se défendre » [2], règle affirmée aussi à l'article 6-3*a*, Conv. E.D.H.). Et plus généralement, la chambre criminelle, renversant sa jurisprudence [3] admet aujourd'hui que le prévenu ou accusé est en droit d'obtenir certes « non pas la communication directe des pièces de la procédure, mais la délivrance à ses frais... de la copie des pièces du dossier soumis à la juridiction devant laquelle elle est appelée à comparaître » [4]. On pourrait invoquer aussi l'article 6-3*b* de la Conv. E.D.H. qui donne à l'accusé « le droit de disposer du temps et des facilités nécessaires à la préparation de sa défense ». Cette jurisprudence devrait s'appliquer aussi à la partie civile.

• Une possibilité d'agir (de se défendre) : la personne poursuivie a le droit « d'interroger ou faire interroger les témoins à charge et obtenir la convocation et l'interrogation des témoins à décharge dans les mêmes conditions que les témoins à charge » (art. 6-3*d*, Conv. E.D.H.). Et l'article 444, C.P.P., affirme de manière voisine que « peuvent... avec l'autorisation du tribunal, être admises à témoigner les personnes proposées par les parties, qui sont présentes à l'ouverture des débats sans avoir été régulièrement citées », toute partie pouvant par ailleurs citer des témoins (art. 329, 397-5 et 435, C.P.P.). Or le droit pour l'accusé de faire citer des témoins favorables pour pouvoir les faire interroger ensuite a été renforcé par la jurisprudence : les juges d'audience sont en principe tenus de procéder à une audition réclamée

1. Crim., 20 octobre 1993, B.C., n° 301, dans une espèce où l'avocat désigné par le bâtonnier avait déclaré qu'il ne pouvait assurer une « défense effective ».

2. Crim., 5 décembre 1978, *aff. Baroum*, B.C., n° 346, D., 1979.50, note Kehrig, J. Pradel et A. Varinard, *Les grands arrêts du droit pénal général*, n° 5.

3. Crim., 9 février 1978, B.C., n° 52.

4. Crim., 12 juin 1996, 2 arrêts, B.C., n° 248, *Dr. pénal*, 1996, comm., 23.

par le prévenu [1] et ils ne peuvent s'affranchir de ce devoir qu'en motivant très soigneusement leur refus par une impossibilité ou par de graves difficultés suscitées par un risque de pressions ou représailles qu'il s'agisse d'une procédure correctionnelle [2] ou d'une procédure devant la cour d'assises [3]. Plus nettement encore la chambre criminelle décide que l'article 444, C.P.P., confère au prévenu « des prérogatives... organisant devant les juridictions françaises l'application du même principe que celui énoncé à l'article 6 § 3, Conv. E.D.H. » [4]. Sont donc à l'unisson, dans le sens d'une obligation presque absolue d'accepter l'audition des témoins réclamés par la personne poursuivie, notre C.P.P., notre jurisprudence, la Conv. E.D.H. et, faut-il ajouter la jurisprudence de Strasbourg [5].

Le prévenu peut aussi remettre des pièces à la juridiction et à la partie civile fût-ce quelques instants avant l'audience [6].

Supposons encore que l'acte saisissant la juridiction de jugement ne mentionne pas (en fait par oubli de son rédacteur) la circonstance aggravante de récidive. Les juges peuvent-ils cependant en tenir compte dans leur décision ? La jurisprudence répondait par l'affirmative à la condition que le défendeur ait accepté d'être jugé sur

1. À la condition toutefois, que le prévenu ait respecté le formalisme de l'article 459, C.P.P. (conclusions déposées et visées par le président et le greffier), Ass. plén. 2 décembre 2005, B.C., décembre 2005, n° 3.

2. Crim., 12 janvier 1989, B.C., n° 13, D., 1989, Somm., 174, obs. J. Pradel ; 22 mars 1989, B.C., n° 144 ; 8 février 1990, B.C., n° 70 ; 21 janvier 1991, D., 1991, Somm., 213, obs. J. Pradel ; 4 juin 1998, B.C., n° 184, *Dr. pénal*, 1999, chron. 6 par C. Marsat, D., 1999, Somm., 324, obs. J. Pradel. L'accusé peut même appeler un historien en qualité de témoin. Ass. plén., 11 juin 2004, B.C., n° 1, A.J. pénal, 2004, 325 et 327, obs. Remillieux, D., 2005, Pan. 690, obs. J. Pradel.

3. Crim., 6 mars 1991, D., 1992, Somm., 96, obs. J. Pradel.

4. Crim., 15 mars 1990, *Droit pénal*, 1991, comm. 68.

5. C.E.D.H., 24 novembre 1986, *Unterpertinger c/ Autriche* ; 7 juillet 1989, *Bricmont c/ Belgique* ; 19 décembre 1990, *Delta c/ France*, D., 1991, Somm., 213, obs. J. Pradel ; 20 septembre 1993, *Saïdi c/ France*, J.C.P., 1994.II.22215, note P. Chambon, D., 1995, Somm., 104, obs. J.F. Renucci ; 20 décembre 2001, *P.S. c/ Allemagne* ; 13 novembre 2003, *Rachdad c/ France*, A.J. pénal, 2004.76, l'absence d'interrogatoire du témoin à charge par la défense n'est justifiée que « dans les limites suivantes : premièrement, lorsque le défaut de confrontation est due à l'impossibilité de localiser le témoin, il doit être établi que les autorités compétentes ont activement recherché celui-ci aux fins de permettre cette confrontation ; deuxièmement, le témoignage litigieux ne peut en tout état de cause constituer le seul élément sur lequel repose la condamnation » ; v. toutefois C.E.D.H., 12 février 2004, *Morel c/ France*, droit pour le tribunal de convoquer un témoin supplémentaire même si le requérant ne démontre pas que son audition aurait pu apporter des éléments nouveaux et pertinents ; J.F. RENUCCI, *Les témoins anonymes et la Conv. E.D.H.*, R.P.D.P., 1998.3 ; J. PRADEL et G. CORSTENS, *Droit pénal européen*, 2e éd., 2002, n° 269.

6. Crim., 10 novembre 2004, B.C., n° 285, D., 2005, Pan. 689, obs. J. Pradel ; R.P.D.P., 2005.413, obs. C. Ambroise-Castérot, *Procédures*, 2005, com. 21, obs. J. Buisson, l'arrêt se fonde à juste titre sur le fait que l'article 427, C.P.P., n'exige pas que les pièces soient communiquées avant l'audience.

ce point [1] ou qu'il ait pu s'expliquer là-dessus [2]. Le contradictoire était donc sauvegardé. Et la loi du 12 décembre 2005 sur la récidive a légalisé ce point de vue en créant un article 132-16-5, C.P., selon lequel « l'état de récidive légale peut être relevé d'office par la juridiction de jugement même lorsqu'il n'est pas mentionné dans l'acte de poursuites, dès lors qu'au cours de l'audience la personne poursuivie en a été informé et qu'elle a été mise en mesure d'être assistée d'un avocat et de faire valoir ses observations ».

Enfin, une bonne défense suppose que l'accusé et son avocat ne se trouvent pas dans un état de fatigue excessif, d'où le rejet d'audiences qui s'enfoncent trop dans la nuit [3]. Mais il faut savoir que les magistrats sont surchargés et travaillent souvent dans des conditions difficiles.

SECTION II

L'APPRÉCIATION DE LA PREUVE

Bibliographie. — R. MERLE et A. VITU, II, n° 166 ; P. PONCELA, *L'intime conviction dans le jugement pénal*, Revue interdisciplinaire d'études juridiques, 1983.103 ; A. RACHED, *De l'intime conviction du juge*, thèse, Paris, 1942 ; C. SZEKERES, *La psychologie judiciaire et l'intime conviction du juge*, R.I.D.P., 1975.156 ; J. ZOLLINGER, *L'intime conviction du juge*, in *L'innocence*, Travaux de l'Institut de criminologie de Paris, 1977.33.

851. — Déjà au cours de la phase préparatoire, les magistrats procèdent à une appréciation du matériel probatoire : il faut des indices pour mettre en examen une personne, à plus forte raison pour la placer en détention ; il faut des charges pour décider son renvoi devant la juridiction de jugement. Mais on ne dira jamais trop que les indices et mêmes les charges, celles-ci plus fortes que ceux-là, ne sont pas des preuves. Ce qui le montre bien, c'est que des personnes mises en examen (et parfois détenues) ne sont pas renvoyées finalement en jugement et que des personnes renvoyées en jugement se trouvent finalement relaxées ou acquittées. En somme, alors que la juridiction d'instruction affirme seulement des « chances » de voir la culpabilité reconnue, la juridiction de jugement peut seule proclamer cette culpabilité après avoir apprécié les preuves.

1. Crim., 26 octobre 1987, G.P., 1988.I.230.
2. Crim., 2 juillet 1991, B.C., n° 290 ; 20 septembre et 21 novembre 2000, *Dr. pénal*, 2001, chron. 14, obs. C. Marsat.
3. C.E.D.H., 19 octobre 2004, *Makhfi c/ France*, D., 2005.472, note D. Roets, condamnation de la France dans une affaire où l'avocat avait dû plaider à cinq heures du matin après plus de quinze heures de débats, ce qui méconnaissait le principe du procès équitable et notamment les droits de la défense.

C'est ici qu'apparaît notre problème. Comment les juridictions de jugement vont-elles pouvoir se faire une opinion sur la pertinence, sur la force persuasive des preuves ? Deux systèmes sont concevables.

Selon le système des *preuves légales*, la force probante d'une preuve est strictement tarifée de sorte que, si elle est rapportée, le juge est tenu de condamner, sa conviction serait-elle contraire. Le juge est comme un clavier qui répond nécessairement toujours de la même façon lorsqu'on frappe certaines touches. Née au Bas-Empire romain, la preuve légale s'affirme sous l'ancien droit où l'on distingue entre : 1° Les preuves pleines entraînant condamnation (deux témoignages concordants, aveu judiciaire) ; 2° Les preuves semi-pleines ne pouvant entraîner condamnation à une peine ordinaire, mais autorisant l'application de la question ou le prononcé d'une peine réduite (un seul témoignage, aveu extra-judiciaire) ; 3° Les preuves imparfaites résultant de simples soupçons et n'autorisant pas la condamnation, mais retirant sa valeur à un acquittement. Ce système s'expliquait en un temps où la procédure étant inquisitoire, il servait de contrepoids à l'arbitraire et aux pouvoirs considérables du juge [1]. Il supprimait cependant tout pouvoir d'appréciation du juge, contraint, par exemple, de condamner en cas d'aveu obtenu par la torture, et à la limite détruisant la notion même de délibération.

C'est pourquoi le droit révolutionnaire, en même temps qu'il en revenait à la procédure accusatoire, abolissait ce système pour le remplacer par celui de *l'intime conviction* ou preuve morale, en vertu duquel le juge apprécie en toute liberté la preuve qui lui est soumise. Le principe de l'intime conviction est aujourd'hui formulé dans l'avertissement solennel de l'article 353 du Code de procédure pénale que lit aux jurés le président de la cour d'assises [2] : « La loi ne demande pas compte aux juges des moyens par lesquels ils se sont convaincus, elle ne leur prescrit pas de règles desquelles ils doivent faire particulièrement dépendre la plénitude et la suffisance d'une preuve ; elle leur prescrit de s'interroger eux-mêmes, dans le silence et le recueillement et de chercher, dans la sincérité de leur conscience, quelle impression ont faite, sur leur raison, les preuves rapportées contre l'accusé, et les moyens de sa défense. La loi ne leur fait que cette seule question, qui renferme toute la mesure de leurs devoirs : « Avez-vous une intime conviction ? » Il est également fait mention du principe en matière correctionnelle (art. 427, C.P.P.) et contraventionnelle (art. 536, C.P.P.). Enfin, la jurisprudence le rappelle souvent [3].

On ajoutera que la règle de l'intime conviction ne saurait autoriser le juge à se dispenser d'un effort d'analyse des éléments qui lui sont soumis : le principe n'est point synonyme d'arbitraire.

1. A. Esmein, *Histoire de la procédure criminelle*, 1882.
2. V. *infra*, n° 909.
3. Crim., 22 mai 1964, B.C., n° 168 ; 21 octobre 1965, B.C., n° 168 ; 21 octobre 1965, B.C., n° 206 ; 28 octobre 1975, B.C., n° 228 ; 3 janvier 1978 (2 arrêts), B.C., n° 1.

Et l'on doit répéter que l'intime conviction ne vaut que pour les juridictions de jugement (v. la place des art. 353, 427 et 536) car les magistrats instructeurs ne statuent que sur la pertinence des charges et non sur la culpabilité.

§ 1. — Application du principe de l'intime conviction

852. — Le juge n'est tenu par aucune preuve [1]. Les faits relèvent « de son pouvoir souverain d'appréciation » [2] et « sa conviction... relève exclusivement de sa conscience, échappant de ce fait au contrôle de la Cour de cassation » [3].

D'abord, et c'est le corollaire essentiel, il n'est pas lié par l'*aveu* qui « comme tout élément de preuve est laissé à (sa) libre appréciation » (art. 428, C.P.P.). Le juge peut donc écarter un aveu suspect ou ne pas tenir compte de sa rétraction [4]. Il peut aussi se passer de l'aveu et se contenter des déclarations des coprévenus lorsqu'elles sont corroborées par d'autres éléments comme les indices [5]. L'aveu est évidemment divisible, c'est-à-dire qu'il peut n'être retenu que partiellement [6]. Et la révision d'une condamnation prononcée contre un prévenu qui avait avoué est possible [7]. Cette confiance toute relative dans l'aveu s'explique aisément. Loin d'être la « reine des preuves » comme on le croyait dans l'ancien droit, l'aveu n'est pas toujours sincère : il peut être un acte de défi, ou destiné à protéger le vrai coupable ou encore émaner d'une personne intimidable. Pour être juste cependant, l'aveu est souvent considéré par les praticiens comme une bonne preuve, comme un moyen sécurisant et il correspond le plus souvent à la vérité [8].

Ensuite, le juge peut apprécier la valeur des témoignages et choisir, s'ils sont contradictoires, ceux qui lui semblent les plus sincères [9]. Comme l'aveu, le témoignage est en effet une preuve dangereuse. De là une réglementation de l'administration du témoignage [10] et une liberté d'appréciation pour le juge.

1. Crim., 24 janvier 1973, B.C., n°s 33 et 34.
2. Crim., 3 janvier 1978, arrêt n° 1, précité.
3. Crim., 3 janvier 1978, arrêt n° 2, précité.
4. Crim., 21 octobre 1965, B.C., n° 206 ; 3 octobre 1967, B.C., n° 238 ; 18 décembre 1969, B.C., n° 352 ; 4 janvier 1985, B.C., n° 11.
5. Crim., 9 février 1955, D., 1955.274 ; 9 mars 1971, B.C., n° 80.
6. Crim., 3 février 1934, S., 1935.I.145 ; 27 avril 1968, B.C., n° 127 ; 20 mars 1974, B.C., n° 123.
7. Crim., 1er mars 1929, S., 1930.I.73, note J.-A. Roux.
8. V. l'affaire *Poudrailles* racontée par A. France, dans *L'orme du mail*, 1897.
9. Crim., 27 mars 1931, B.C., n° 93 ; 13 janvier 1960, B.C., n° 17.
10. V. *supra*, nos 454 et s.

Enfin, le juge n'est nullement lié par les conclusions du rapport d'expertise, qui n'est qu'un élément de conviction parmi d'autres [1]. En pratique cependant, l'expertise pèse d'un poids considérable.

§ 2. — LIMITES DU PRINCIPE DE L'INTIME CONVICTION

853. — Il existe trois séries de limites.

• D'une part, le juge est tenu de motiver (et de bien motiver) sa décision, la motivation le contraignant à réfléchir avant de trancher et permettant le contrôle par le juge supérieur. En conséquence, la Cour suprême casserait une sentence de relaxe qui aurait énuméré des preuves qualifiées de décisives [2]. On rappellera cependant que les décisions de la cour d'assises ne sont pas motivées : elles ont la forme de réponses, données par « oui » ou par « non », au moyen d'un vote à bulletins secrets aux questions figurant sur la « feuille de questions » établie par le président.

• D'autre part, le juge ne saurait tirer des conséquences défavorables du silence opposé par l'accusé lors de la phase préparatoire et/ou lors de l'audience de jugement [3].

• Enfin, les preuves doivent avoir été recueillies en application du respect des droits de la défense [4]. En conséquence, les preuves doivent avoir été légalement obtenues — de là, l'exclusion des actes de procédure annulés — et avoir été « régulièrement versées aux débats et soumises à la libre discussion des parties » [5]. Cette formule jurisprudentielle signifie l'interdiction pour le juge de faire état de sa connaissance personnelle des faits [6], de se fonder sur des documents qui lui ont été remis par une partie, mais qui n'ont pas été communiqués à l'adversaire [7], ou encore de s'appuyer sur une procédure antérieure qui n'aurait pas fait à nouveau l'objet d'une discussion à

1. Crim., 11 mars 1964, B.C., n° 89 ; 8 novembre 1973, B.C., n° 412 ; *add.* M. ROLLAND et M. LAROCQUE, *Les rapports du juge pénal et du médecin expert*, R.S.C., 1963.756.

2. Crim., 23 janvier 1963, B.C., n° 39.

3. Même si en pratique le silence face à des charges très importantes peut inciter le juge à la condamnation, v. en ce sens C.E.D.H., 8 février 1996, *John Murray c/ Royaume-Uni* ; J. PRADEL et G. CORSTENS, *Droit pénal européen*, 2e éd., Dalloz, 2001, n° 358.

4. Crim., 19 juin 1989, B.C., n° 261. Toutefois, les juges ne peuvent rejeter un moyen de preuve produit par les parties au motif qu'il aurait été obtenu illicitement ou déloyalement ; ils doivent seulement en apprécier la valeur probante, Crim., 15 juin 1999, D., 1994.613, note Marsalat ; 6 avril 1994, B.C., n° 136.

5. Crim., 6 août 1925, D.H., 1925.533 ; 9 février 1955, D., 1955.274 ; 14 juin 1961, B.C., n° 297 ; 29 juin 1967, J.C.P., 1968.II.15377 ; 24 novembre et 15 décembre 1970, B.C., nos 312 et 388 ; 19 décembre 1973, B.C., n° 480 ; 22 juin 1977, B.C., n° 234 ; 20 mai 1980, B.C., n° 153 ; *add.* V. Lesclous et C. Marsat, *Dr. pénal*, 1996, chron. 14.

6. Crim., 9 février 1955, précité ; 29 mars 1977, B.C., n° 116 ; 3 avril 1984, B.C., n° 130, la connaissance venant en l'espèce d'une autre procédure.

7. Crim., 13 janvier 1972, B.C., n° 21 ; 6 mars 1973, B.C., n° 112.

l'audience [1]. C'est encore le respect des droits de la défense qui interdit dans le principe à la juridiction de jugement de se fonder uniquement sur des témoignages anonymes (en ce sens, art. 706-62, C.P.P., selon lequel « aucune condamnation ne peut être prononcée sur le seul fondement des déclarations recueillies dans les conditions prévues par les articles 706-58 et 706-61 du C.P.P., relatifs aux témoins anonymes »). Une condamnation appuyée sur de telles preuves contrevient d'ailleurs non seulement au principe général des droits de la défense au sens du droit français, mais aussi à la Convention européenne dont l'article 6-3*d* accorde à l'accusé le droit de faire interroger des témoins, comme il a déjà été dit.

§ 3. — EXCEPTIONS AU PRINCIPE DE L'INTIME CONVICTION

854. — Le principe de l'intime conviction supporte quelques rares exceptions, tout comme celui de la liberté de la preuve [2].

Tout d'abord, les présomptions favorables à l'accusation, si elles déplacent le fardeau de la preuve, constituent aussi des exceptions à l'intime conviction puisqu'elles s'imposent au juge lorsqu'elles ne sont pas renversées.

En outre, il faut tenir compte de la valeur particulière des procès-verbaux. Sans doute en principe, les procès-verbaux valent-ils à titre de simples renseignements (art. 430, C.P.P.) [3] de sorte que le juge peut les écarter si telle est sa conviction. Cependant, il est deux exceptions.

Certains procès-verbaux valent *jusqu'à preuve contraire*. Il en est ainsi de ceux qui constatent une contravention (art. 537, al. 2, C.P.P.) [4] ou des délits spéciaux relevés par des fonctionnaires déterminés, en matière de chasse (art. L. 428-21, al. 2, C. environnement), de réglementation du travail (art. L. 611-10, C.T.) [5], de chemins de fer, de fraudes alimentaires, de contributions indirectes, de pêche maritime ou d'urbanisme [6]. Le juge est ici astreint à tenir pour vraies leurs énonciations tant qu'elles ne sont pas détruites par des écrits ou des témoignages contraires, les dénégations du prévenu ou de simples présomptions étant inopérantes (art. 431 et 537, al. 3, C.P.P.) [7].

1. Crim., 25 novembre 1970, B.C., n° 312 ; 19 décembre 1973, B.C., n° 480.
2. V. *supra*, n° 407.
3. Crim., 21 juillet 1977, B.C., n° 271.
4. Crim., 23 mai 1984, B.C., n° 189 ; 25 mars 1992, B.C., n° 127, pour des contraventions au stationnement relevées à partir d'indications fournies par des « parcmètres ».
5. Crim., 28 avril 1975, B.C., n° 111, les procès-verbaux n'ont de valeur probante que dans la mesure où leur auteur rapporte ce qu'il a vu ou constaté personnellement.
6. Crim., 11 février 1971, B.C., n° 52.
7. Crim., 28 mai 1991, B.C., n° 227, pas de relaxe possible d'un prévenu sur ses seules dénégations, dans le cas de poursuites en vertu d'un procès-verbal établi par un inspecteur du

D'autres procès-verbaux valent *jusqu'à inscription de faux*, si le procès-verbal est rédigé par deux agents, par exemple en matière douanière (art. 336, C. douanes) ou de pêche fluviale (art. L. 437-4, C. environnement) [1]. Ces procès-verbaux ne peuvent être attaqués que par la voie d'une procédure très formaliste, dite de l'inscription de faux, visant à établir que le rédacteur est un faussaire (art. 433, C.P.P.) : des écrits ou témoins sont donc insuffisants. La force probante accordée à ces deux catégories de procès-verbaux s'explique à raison de grandes difficultés de prouver des infractions qui, souvent, ne laissent pas de trace. Cependant, la force particulière attachée à ces procès-verbaux ne vaut que pour les constatations matérielles faites par le rédacteur [2]. Par conséquent, le contenu d'un aveu (mais non le fait même de l'aveu), les déductions et interprétations faites par le rédacteur ou par la commission de la concurrence pourront être discutés par le prévenu à l'audience [3].

Enfin, il est des preuves qui, quoique recevables, suscitent la perplexité du juge. C'est ainsi que le juge ne peut prononcer une condamnation sur le seul fondement de déclarations émanant d'un témoin anonyme (art. 706-62, C.P.P.), d'un témoin infiltré déposant sous une identité d'emprunt (art. 706-87, C.P.P.) et d'un repenti (art. 132-78, C.P.P.). La loi consacre ainsi la théorie de la corroboration qui veut que la condamnation se fonde sur plus d'une preuve quand l'une de celles-ci est peu convaincante [4].

travail ; Crim., 7 février 2001, B.C., n° 39 ; 25 avril 2001, B.C., n° 100 ; 18 juin 2003, R.S.C., 2004.428, obs. J. Buisson, indifférence de simples attestations.

1. À condition, dit le texte, que le procès-verbal ait été établi « par deux fonctionnaires ou agents ».

2. Crim., 18 juin 1969, B.C., n° 205.

3. Crim., 19 juillet 1978, B.C., n° 240 ; 27 avril 1981, B.C., n° 126.

4. Mais que décider en cas de témoignage d'un agent infiltré et d'un repenti ou de deux repentis, ou d'un repenti et d'un témoin anonyme ?, v. J. PRADEL, J.C.P., 2004.I.134, n° 40, *in fine*. À notre avis, la preuve n'est pas faite en ce cas.

CHAPITRE II

LES VARIABLES LIÉES AU TYPE DE JURIDICTION

Selon qu'il y a un jury ou pas, ou ce qui est un peu différent, selon que l'on se trouve en matière correctionnelle de police d'une part, en matière criminelle d'autre part, la procédure est différente dans une large mesure. Il faut donc distinguer la procédure devant les juridictions correctionnelles et de police et la procédure devant la cour d'assises.

SECTION I

LA PROCÉDURE DEVANT LES JURIDICTIONS CORRECTIONNELLES ET DE POLICE

À côté de la procédure ordinaire, il existe aujourd'hui des procédures rapides de sorte que l'on ne doit plus parler *de* l'audience correctionnelle et de police, mais *des* audiences correctionnelles et de police.

§ 1. — La procédure ordinaire

A — Les parties présentes aux débats. Le problème de la comparution du prévenu

Bibliographie. — M. Aydalot, *La comparution du prévenu devant la juridiction correctionnelle*, Rec. dr. pén., 1965.145 ; G. Brière de l'Isle, *La représentation des parties devant les tribunaux répressifs*, D., 1961, chron. 85 ; J. Chaplet, *Assistance et représentation des parties devant le tribunal correctionnel*, Rec. gén. des lois, 1960.265 ; G. di Marino, *Le prévenu ou l'accusé absent*, R.P.D.P., 2003, pp. 677 et s. ; G. Hivert, *La non-comparution du prévenu devant la juridiction de jugement*, thèse dactyl., Montpellier, 2000 ; J.Y. Lassale, *La comparution du prévenu*, R.S.C., 1981.542 ; D. Poncet, *Le jugement par défaut devant les juridictions pénales*, R.S.C., 1979.1 ; J. Pradel, *L'audience principale en l'absence de l'accusé*, rapport français au Xe Congrès international de droit comparé, Budapest, août 1978, *Arch. pol. crim.*, IV, 1980.129.

855. — *Les diverses parties.* Ministère public, prévenu, partie civile et civilement responsable doivent-ils être effectivement présents au débat ?

Le Ministère public est toujours présent.

Partie civile et civilement responsable peuvent à leur choix se présenter ou se faire représenter par un avocat (art. 414, 415 et 424, C.P.P.) ; et la partie civile qui, régulièrement citée, ne comparaît pas, est considérée comme s'étant désistée de son action (art. 425, C.P.P.).

Reste le cas délicat du prévenu. Faut-il exiger sa présence au motif que seul un débat contradictoire garantit les droits de la défense et permet une bonne connaissance du délinquant ? Peut-on, au contraire, ne pas exiger cette présence pour des raisons de commodité ? Notre droit positif a évolué sous l'influence de la C.E.D.H. et la jurisprudence qui en a résulté a été consacrée largement par la loi du 9 mars 2004. Les règles sont aujourd'hui les suivantes :

— devant le tribunal de police et lorsque la contravention n'est passible que d'une amende, le prévenu peut être absent et se faire représenter par un avocat (art. 544, al. 2, C.P.P.) ;

— devant le tribunal correctionnel et lorsque l'amende n'est pas la seule peine encourue, devant le tribunal de police, ce sont les articles 410 à 415, C.P.P., qui s'appliquent (art. 544, al. 1, C.P.P.). Or lesdits articles 410 à 415 distinguent entre deux situations.

856. — *Le cas du prévenu régulièrement cité à personne ou ayant eu connaissance de la citation régulière le concernant.* Ce cas est le plus fréquent. Si la citation à personne prouve à l'évidence que le prévenu connaissait la date de l'audience, la connaissance par le prévenu de la citation peut poser difficultés : il a été justement admis que le fait par le prévenu non comparant d'avoir fait citer plusieurs témoins pour la date, le lieu et l'heure de l'audience à laquelle il était lui-même invité à comparaître établit la connaissance qu'il avait de la citation le concernant et dont le contrôle échappe à la Cour de cassation [1].

Dans ces deux cas, l'état du droit tient en deux propositions.

• *D'une part, le prévenu peut demander à être jugé en son absence et ce selon trois modalités.*

Il peut d'abord fournir « une excuse reconnue valable par la juridiction devant laquelle il est appelé (art. 410, al. 1, C.P.P.). L'appréciation de la juridiction sur la pertinence de l'excuse est appréciée souverainement par la juridiction [2]. L'excuse est ordinairement présentée avant les débats ou lors de leur ouverture. Mais elle est peut-être présentée aussi postérieurement à l'audience, mais avant le prononcé de la décision, les juges devant là encore se prononcer sur la recevabilité de l'excuse [3]. Si l'excuse est admise, le jugement sera « contradictoire à signifier » (art. 410, al. 2, C.P.P.) (ou « réputé contradictoire, ou encore « contradictoire absent » comme disent les praticiens). Enfin, évidemment, si un avocat se présente à la barre au nom du prévenu, il doit être entendu s'il en fait la demande (art. 410, al. 3, C.P.P.) [4].

Le prévenu peut ensuite ne pas comparaître et ne pas fournir d'excuse, son avocat étant cependant présent à la barre et mandaté à l'effet d'assurer sa défense. Longtemps, la jurisprudence a dénié à l'avocat le droit de s'exprimer, comme si elle entendait sanctionner la désinvolture du prévenu [5]. Mais la C.E.D.H., dans plusieurs décisions a posé en termes généraux la règle que « le droit de tout accusé à être effectivement défendu par un avocat figure parmi les éléments fondamentaux du procès équitable ; dès lors, un accusé n'en perd pas le bénéfice du seul fait de son absence aux débats » [6]. Cette jurisprudence européenne a influencé celle de notre Cour de cassation pour laquelle « l'avocat du prévenu, cité à personne régulièrement qui n'a pas fourni d'excuse valable, doit être entendu à l'audience s'il est présent pour assurer la défense de son client et a été mandaté en ce sens » [7]. Encore faut-il qu'il résulte des pièces du dossier que l'avocat du

1. Crim., 26 mai 1998, B.C., n° 174, J.C.P., 1999.II.10055, note W. Jeandidier.

2. Crim., 22 février 1961, B.C., n° 223 ; 16 janvier 1989, B.C., n° 16 ; 19 mars 1998, B.C., n° 106, *Dr. pénal*, 1998, comm. 148 et 151, obs. A. Maron.

3. Crim., 1er février 1995, B.C., n° 46, *Dr. pénal*, 1995, comm. 162, obs. A. Maron ; 27 février 1996, B.C., n° 94 ; 16 janvier 1997, *Procédures*, 1997, comm. 162, obs. A. Maron.

4. Crim., 23 octobre 2007, B.C., n° 251, l'avocat est entendu même si le prévenu cité en personne et absent n'est pas excusé et n'a pas donné de mandat de représentation audit avocat.

5. Crim., 9 janvier 1995, B.C., n° 7 ; 6 mai 1997, B.C., n° 176.

6. C.E.D.H., 23 mai 2000, *Van Pelt c/ France*, D., 2001, Somm. 1061, obs. J.F. Renucci ; v. déjà C.E.D.H., 23 novembre 1993, *Poitrimol c/ France*, D., 1994, Somm. 187, obs. J. Pradel, *Dr. pénal*, 1994, comm. 96, obs. A. Maron, où il est dit que le droit à l'avocat « figure parmi les éléments fondamentaux du procès équitable ».

7. Ass. plén., 2 mars 2001, B.C., n° 56, D., 2001.1899, obs. J. Pradel, *Dr. pénal*, 2001, comm. 94, obs. A. Maron, *Procédures*, 2001, comm. 134, obs. J. Buisson, J.C.P., 2001.II.10611, note C. Lièvremont ; v. aussi Crim., 16 mai 2001, B.C., n° 127 ; 5 juin 2002,

prévenu défaillant était présent le jour de l'audience des plaidoiries et qu'il ait justifié d'un mandat exprès du prévenu [1]. Dans cette seconde modalité, le prévenu sera jugé par jugement réputé contradictoire.

Enfin, le prévenu peut, quelle que soit la peine encourue, adresser au président du tribunal une lettre dans laquelle il demande à être jugé en son absence tout en étant représenté au cours de l'audience par un avocat. La lettre est jointe au dossier. L'avocat pourra évidemment intervenir au cours de débats et le prévenu sera jugé par décision contradictoire (art. 411, al. 1 et 2, C.P.P.) [2]. Les dispositions de l'article 411, C.P.P., s'applique aussi dans le cas où le prévenu n'a pas été cité à personne et où il n'est pas établi qu'il a eu connaissance de la citation.

Ainsi, l'accent est mis sur la liberté d'action du prévenu et sur la présence de l'avocat. Tout cela est légitime. Mais il ne faudrait pas que les prévenus s'abstiennent systématiquement de se présenter devant le tribunal et payent un avocat pour les représenter pendant qu'ils vaquent à leurs occupations ordinaires ou aillent jouer au tennis. Les juges peuvent avoir besoin de la présence du prévenu pour pouvoir l'entendre, d'où leur pouvoir d'exiger sa comparution à l'audience.

• *D'autre part, le tribunal peut exiger la présence du prévenu à l'audience.* Deux textes l'affirment de façon directe. C'est d'abord l'article 410-1, C.P.P., qui concerne le prévenu absent, cité à personne et encourant une peine égale ou supérieure à deux ans d'emprisonnement. Le tribunal peut ordonner le renvoi de l'affaire et même décerner mandat d'amener ou d'arrêt. Si le prévenu est arrêté, il est présenté au juge des libertés et de la détention qui peut le placer en détention provisoire ; il doit alors comparaître devant le tribunal au plus tard dans le délai d'un mois, faute de quoi il est remis en liberté.

Le second texte est celui de l'article 411, C.P.P., et selon lequel quelle que soit la peine encourue, si le tribunal estime nécessaire la comparution du prévenu, il renvoie l'affaire à une audience ultérieure en ordonnant cette comparution. Le parquet recite le prévenu. Si à la nouvelle audience, le prévenu est encore absent, il peut être jugé contradictoirement si son avocat est présent. Sauf le pouvoir du tribunal d'appliquer l'article 410-1, C.P.P., c'est-à-dire de lancer un mandat d'amener ou d'arrêt. Si à la nouvelle audience, l'avocat est absent, le prévenu — sauf renvoi — est jugé par jugement contradictoire à signifier.

R.S.C., 2003.129, obs. A. Giudicelli ; 19 février 2003, B.C., n° 45 ; J. PRADEL et A. VARINARD, n° 38.

1. Crim., 11 juillet 2001, B.C., n° 167, D., 2002, Somm. 1458, obs. J. Pradel. Il a été proposé en doctrine d'instituer une présomption de représentation du prévenu absent par l'avocat qui se présente à l'audience, v. D. COMMARET, R.S.C., 2003.812.

2. Par décision contradictoire et non par décision réputée contradictoire puisque le prévenu s'est manifesté expressément pour être jugé en son absence et avec la présence d'un avocat. Pas besoin donc d'une signification de la décision par huissier. Sur le caractère contradictoire de la décision, Crim., 16 mai 2001, B.C., n° 127 ; 7 avril 2004, B.C., n° 92.

À titre indirect, on doit citer l'article 416, C.P.P., qui est propre au tribunal correctionnel et qui concerne le prévenu qui ne peut en raison de son état de santé comparaître à l'audience. Le tribunal ordonne alors que le prévenu, assisté de son avocat, sera entendu à son domicile. Le prévenu est jugé contradictoirement.

857. — *Le cas du prévenu non cité à personne et à l'égard duquel il n'est pas établi qu'il ait eu connaissance de la citation.* En cas de non-comparution, la décision est rendue par défaut sauf si le tribunal renvoie l'affaire en estimant nécessaire la comparution du prévenu et le cas échéant en lançant mandat d'amener ou d'arrêt.

Si un avocat se présente, il est entendu s'il en fait la demande. Le jugement est alors réputé contradictoire (art. 412, C.P.P.).

B — Le déroulement des débats

Bibliographie. — D. COUJARD, *Instruction à l'audience*, Répertoire pénal, Dalloz ; R. GASSIN, *L'audience de jugement. Bilan des réformes depuis 1993*, A.L.D., 1995, pp. 103 et s. ; M. JANSON, *L'instruction à l'audience correctionnelle*, R.D.P.C., 1950-1951, 792 ; G. LEVASSEUR, *La juridiction correctionnelle depuis l'application du C.P.P.*, R.S.C., 1959, pp. 577 et s. ; H. PELLETIER, *Tribunal correctionnel, administration de la preuve*, Jurisclasseur proc. pén., art. 427 à 457, fasc. 10 ; M. ROLLAND, *Les phases du procès pénal*, R.S.C., 1973, pp. 335 et s.

858. — Les débats sont décrits aux articles 406 à 461, C.P.P., pour le tribunal correctionnel, et par les articles 536 à 538, C.P.P., pour le tribunal de police. Assez peu formalistes, ils sont dirigés d'un bout à l'autre par le président et ils peuvent s'étendre sur plusieurs audiences (séparées les unes des autres par l'examen d'autres affaires, le cas échéant) : en effet, si les débats ne peuvent être terminés au cours de la même audience, le tribunal fixe, par jugement, le jour où ils seront continués (art. 461, C.P.P.).

1. *La procédure normale*

Les débats se déroulent normalement en trois phases.

859. — *Les formalités préliminaires.* La première phase est celle des formalités préliminaires : appel de l'affaire, des parties, des témoins, des experts. Le président vérifie l'identité du prévenu et lui donne connaissance de l'acte ayant saisi le tribunal (art. 406, C.P.P.). Il lui désigne, le cas échéant, un interprète. Celui-ci prête serment « d'apporter son concours à la justice en son honneur et en sa conscience » (art. 407, al. 1, C.P.P.). Cette obligation de prêter serment est une formalité substantielle dont l'omission vicie toute la procédure de jugement [1] et qui peut être invoquée comme moyen de cassation, non seulement par le prévenu, mais aussi par l'accusation, le serment étant prévu dans l'intérêt supérieur de la justice [2]. Enfin, le président invite les témoins et experts à se retirer dans la pièce qui leur est destinée.

Dans le cadre de la procédure de comparution immédiate, la comparution du prévenu peut ne constituer qu'une formalité préliminaire. Il peut advenir en effet que d'emblée l'affaire ne soit pas en état d'être jugée ou que le prévenu, désireux de bien préparer sa défense, ne consente pas à être jugé séance tenante. Alors le tribunal, après avoir recueilli les observations des parties, renvoie l'affaire à une prochaine audience dont la date est comprise entre deux et six semaines (art. 397-1, C.P.P.).

Cette hypothèse de renvoi n'est pas la seule. Il en existe d'autres, le renvoi étant imposé soit en droit (la procédure n'est pas en état, par exemple, parce qu'un civilement responsable n'a pas été mis en cause ; le tribunal a été saisi de façon irrégulière et, le prévenu ne comparaissant pas, ne peut « couvrir » l'irrégularité...), soit en fait (état de santé du prévenu, indisponibilité de l'avocat...). En ordonnant le renvoi, le tribunal doit ne pas perdre de vue trois points : 1° Il doit, avant de statuer, provoquer les réquisitions du parquet et les observations de toutes les parties présentes ; 2° Il doit, le cas échéant, confirmer le mandat de dépôt ou la mesure de contrôle judiciaire dont le prévenu fait l'objet (art. 464-1, C.P.P.) ; 3° Si c'est le prévenu qui sollicite le renvoi, il doit être représenté par un avocat, quelque soit le quantum de la peine encourue, cette présence ayant l'avantage de rendre contradictoire la décision de renvoi et inutile la délivrance d'une nouvelle citation.

860. — *L'administration de la preuve (ou instruction définitive, ou d'audience). Le schéma ordinaire.* C'est la deuxième phase. Le président « a la police de l'audience et la direction des débats » (art. 401, C.P.P.), ce qui traduit le rejet de la conception anglo-saxonne d'un juge neutre et simple arbitre. En conséquence, c'est lui qui donne avant tout lecture de l'acte de saisine du tribunal sauf possibilité en cas de citation très longue d'en faire un résumé très clair (cas de petits vols multiples). Ensuite, il présente le récit synthétique des faits. Trois stades vont alors se dérouler.

• En premier lieu, le prévenu est interrogé par le président (art. 442, C.P.P.) [3]. Cet interrogatoire porte d'abord sur l'identité du prévenu, puis sur sa personnalité (avec lecture du Bulletin n° 1 du casier judiciaire), enfin sur les faits. Après quoi, le Ministère public, la partie civile et la défense peuvent

1. Crim., 16 juin 1970, B.C., n° 205.
2. Crim., 17 décembre 1970, J.C.P., 1971.II.16830, note Y. Gaudemet.
3. Le prévenu qui parle français ne peut s'exprimer à l'audience dans une autre langue, fût-elle sa « langue maternelle », Poitiers, 8 janvier 1993, Bull. inf. C. cass., 1993.361, pour un prévenu qui voulait s'exprimer en langue basque avec l'assistance d'une interprète. Rappr. Crim., 30 juin 1981, B.C., n° 225 ; 13 mars 1989, B.C., n° 118.

poser au prévenu les questions qui leur sembleraient utiles (art. 442-1, C.P.P.).

• En second lieu, le tribunal entend successivement et séparément les témoins qui, serment prêté (art. 446, C.P.P.) [1], parlent librement et peuvent, à titre exceptionnel, s'aider de notes sur autorisation du président (art. 452, C.P.P.). On notera que les enfants au-dessous de l'âge de 16 ans, les parents et alliés, dont on peut suspecter la partialité, ne peuvent être entendus sous serment sauf à pouvoir l'être si aucune partie ne s'oppose à leur audition sous serment (art. 447 à 449, C.P.P.). La déposition terminée, le président peut poser au témoin des questions, et le Ministère public ainsi que les parties ont le même droit (art. 454, al. 1, C.P.P.). La victime ne peut être entendue comme témoin que si elle ne s'est pas constituée partie civile (art. 422, C.P.P.). L'interprète ne peut jamais être entendu comme témoin (art. 407, al. 3, C.P.P.). Les témoins peuvent être confrontés entre eux ou bien avec le prévenu ou la partie civile ; c'est pourquoi ils ne doivent pas s'éloigner, sauf autorisation du président, avant la clôture des débats (art. 454, C.P.P.).

• En troisième lieu, le tribunal entend les experts auxquels le président peut ensuite poser des questions, notamment à la demande du parquet ou des parties privées (art. 168 et 169, C.P.P.). En outre, le tribunal écoute s'il y a lieu la lecture de procès-verbaux par le greffier et examine les pièces à conviction.

861. — *Les schémas exceptionnels.* On en citera deux.

• Dans de très rares juridictions, notamment à Paris (23e chambre correctionnelle, chargée des comparutions immédiates), a été, à partir de 1983, expérimentée sans texte une procédure partiellement accusatoire : le prévenu était d'abord interrogé directement par le parquet et la défense, avant de l'être éventuellement par le président. Il s'agissait d'éviter que ce dernier, par son interrogatoire, laisse transparaître un jugement sur la culpabilité. Cependant, magistrats et avocats se lassèrent de cette procédure qui tomba en désuétude au bout d'une année.

• À l'issue des débats, le tribunal peut s'estimer insuffisamment éclairé. Or il ne peut relaxer le prévenu. Il doit donc ajourner les débats, c'est-à-dire décider un renvoi, et ordonner de nouvelles mesures d'instruction [2]. Par exemple, le tribunal citera un témoin pour une audience ultérieure ou ordonnera une expertise. Il pourra même décider un supplément d'information, c'est-à-dire un ensemble d'opérations complexes pouvant comprendre au besoin de nombreuses auditions, des perquisitions, des constatations hors du ressort du tribunal… (art. 463, C.P.P.). Le tribunal confiera une telle mesure à l'un de ses membres, ainsi investi de pouvoirs analogues à ceux d'un juge d'instruction et tenu comme celui-ci au respect des droits de la défense au sens des articles 114, 119, 120 et 121 ; toutefois, il semble que la mise sous

1. L'inobservation de la formalité du serment n'entraîne cependant la nullité que si elle a eu pour effet de porter atteinte aux intérêts du prévenu, Crim., 3 janvier 1996, B.C., n° 2 ; 17 décembre 1997, B.C., n° 433 ; 4 février 1998, *Dr. pénal*, 1998, comm. 93, obs. A. Maron.

2. Crim., 23 novembre 1971, G.P., 1972.I.93 ; 19 mars 1975, G.P., 1-2 août 1975.

contrôle judiciaire ou détention provisoire ne puisse être ordonnée que par la juridiction tout entière et il est certain qu'il n'y a pas d'ordonnance de clôture.

862. — *La discussion par les parties.* L'instruction définitive terminée, s'ouvre la troisième phase : celle de la discussion par les parties. D'une part, toutes les parties peuvent déposer des conclusions écrites tendant à ce que soit prise une décision sur un point précis — le tribunal devra alors se prononcer par décision motivée — ou à ce que leur soit donné acte de tel fait, par exemple un propos tenu sur un incident survenu (art. 458 et 459, C.P.P.). D'autre part et surtout, la parole est donnée successivement à la partie civile, au Ministère public, au prévenu et au civilement responsable (art. 460, al. 1, C.P.P.). Des répliques sont permises, mais la défense doit avoir la parole la dernière, si du moins elle le demande [1]. Les plaidoiries sont d'importance inégale. Parfois, elles se réduisent à peu de chose s'il n'y a pas de partie civile et si le Ministère public se borne à requérir « l'application de la loi ». D'autres fois, elles durent si longtemps que la loi autorise le président à les interrompre s'il estime la cause suffisamment éclairée.

2. *Les incidents de procédure*

863. — Au cours des débats, des incidents peuvent apparaître. Le prévenu peut réclamer la mainlevée de son contrôle ou sa mise en liberté (art. 141-1 et 148-1, C.P.P.). Ou bien une partie soulève l'incompétence du tribunal (art. 469, al. 1, C.P.P.), la nullité d'un acte (nullité qui ne peut être soulevée que si le tribunal est saisi autrement que par le juge d'instruction, art. 385, C.P.P.), une exception préjudicielle, une fin de non-recevoir (amnistie, prescription, chose jugée). Ou encore, elle sollicite un supplément d'information. Le régime appliqué est restrictif car ces incidents retardent la solution du procès.

Quand le prévenu doit-il agir ? Il doit le faire « avant toute défense au fond » (art. 385, *in fine*, C.P.P.), c'est-à-dire avant le début de l'instruction définitive : en clair, un incident qui serait soulevé lors de l'interrogatoire du prévenu sur les faits serait tardif car à ce moment-là, le prévenu s'est déjà engagé dans la défense au fond [2]. Tout incident soulevé tardivement ne saurait être recevable [3].

1. Crim., 15 novembre 1956, D., 1957.54 ; 7 mai 1979, B.C., n° 163 ; 5 mars 1984, B.C., n° 86 ; 20 mai 1992, B.C., n° 199 ; 5 mai 1997, B.C., n° 166, *Procédures*, 1997, comm. 295, obs. J. Buisson, *Dr. pénal*, 1998, chron. 3, par V. Lesclous et C. Marsat. Une précision complémentaire : la plaidoirie du conseil ne dispense pas les juges de donner la parole au prévenu s'il la demande, à peine de violation des droits de la défense, Crim., 11 décembre 1998, B.C., n° 425.

2. Crim., 29 mars 1995, B.C., n° 137. À plus forte raison, l'incident ne peut être soulevé pour la première fois devant la Cour d'appel, après un débat au fond devant le tribunal, Crim., 14 mai 2008, 07-88.013, D., 2008, AJ, 1626.

3. Crim., 19 septembre 1994, B.C., n° 298. Pas d'irrecevabilité en revanche si les conclusions du prévenu, déposées avant l'audience et visées par le greffier n'ont pas été développées oralement avant les réquisitions du parquet, Crim., 26 mars 1997, B.C., n° 121, *Procédures*, 1997, comm. 189, obs. J. Buisson.

Il en va ainsi des exceptions tirées de la nullité soit de la citation, soit de la procédure antérieure [1] et la règle s'applique à la partie civile comme au prévenu [2] ; cependant les irrégularités relatives à la procédure de règlement de l'infraction (art. 175 C.P.P.) peuvent être soulevées par le prévenu (art. 385 al. 3, C.P.P.) à moins, précise la jurisprudence, que l'intéressé ait pris la fuite pendant l'instruction, car il n'a plus alors la qualité de partie au sens dudit article 175 [3]. En outre, ces nullités doivent être soulevées, c'est-à-dire que le tribunal ne saurait les relever d'office [4]. Sauf s'il s'agit d'un problème de compétence [5]. Les exceptions préjudicielles doivent être également présentées avant toute défense au fond (art. 386, C.P.P.). Aucune exigence de cet ordre n'existe pour les autres demandes.

Nullités et exceptions préjudicielles ne pourraient plus être soulevées pour la première fois devant la cour d'appel [6] ou devant la Cour de cassation [7]. Il y a là un principe d'ordre public.

C — La suite des débats : le délibéré

Bibliographie. — G. GIUDICELLI-DELAGE, *La motivation des décisions de justice*, thèse dactyl., Poitiers, 1979 ; R. JAMBU-MERLIN, *Le rôle du tribunal dans la détermination et l'application de la peine*, R.P.D.P., 1968.434 ; A.M. LARGUIER, *L'exécution provisoire en matière pénale*, R.S.C., 1980.587 ; P. ORTSCHEIDT, *Le juge pénal et la procédure du sursis à statuer*, R.S.C., 1981.303 ; M. ROLLAND, *La scission du procès en deux phase*, in *L'individualisation des mesures prises à l'égard des délinquants*, Cujas, 1954.135 ; G. ROUJOU DE BOUBÉE, *L'ajournement et la dispense de peine, Réflexions sur la dissociation de la déclaration de culpabilisation et du prononcé de la sanction*, Mélanges Marty, 1978.955 ; A. TOUFFAIT et A. TUNC, *Pour une motivation plus explicite des décisions de justice, notamment celles de la Cour de cassation*, R.I.D.C., 1974.487 ; S.C. VERSELE, *Le* sentencing *ou élaboration de la sentence pénale*, R.S.C., 1968.823 ; R. VIENNE, *Le choix de la sanction pénale par la juridiction de jugement*, R.P.D.P., 1966.595 ; A. VITU, *La division du procès pénal en deux phases*, R.P.D.P., 1969.485 ; R. VOUIN, *La division du procès pénal en deux phases*, in *L'individualisation des mesures prises à l'égard du délinquant*, Cujas, 1954.169.

1. Crim., 19 janvier, 1971, B.C., n° 17, pour la nullité de la citation ; 23 novembre 1971, G.P., 1972.I.196, pour la nullité d'un supplément d'information.
2. Crim., 20 décembre 1973, B.C., n° 482.
3. Crim. 3 avril 2007, B.C., n° 103, étude J. Leblois-Happe, qui fuit n'est plus partie, A.J. pénal, 2007, 428.
4. Crim., 15 juin 1987, B.C., n° 251 ; 21 mars 1989, B.C., n° 138, D., 1989, somm. 394, obs. J. Pradel ; 17 novembre 1992, *Dr. pénal*, 1993, comm. 54 et obs. A. Maron ; 20 mars 1997, *Procédures*, 1997, comm. 216, obs. J. Buisson.
5. Crim., 25 février 1991, B.C., n° 94 ; 14 octobre 1991, B.C., n° 341, *Dr. pénal*, 1994, chron. 3, par V. Lesclous et C. Marsat ; 13 novembre 1996, B.C., n° 405.
6. Crim., 2 février 1987, D., 1987, Somm., 407, obs. J. Pradel ; 7 août 1996, B.C., n° 298, pour les nullités de l'article 385.
7. Crim., 18 janvier 1993, 2 arrêts, B.C., n° 22 ; 17 février 1993, B.C., n° 79, pour des exceptions préjudicielles de l'article 386.

Une fois que les plaidoiries sont achevées, le tribunal va délibérer avant de rendre sa sentence [1].

864. — *Objets et règles générales.* La délibération a plusieurs objets : questions préliminaires ou incidents de procédure, culpabilité, sanction, intérêts civils.

Quel que soit l'objet de la délibération, trois règles s'appliquent toujours. Tout d'abord, la délibération est secrète, se déroulant hors la présence de toute personne étrangère y compris du Ministère public (qui est partie et non juge) et le greffier ; il en résulte que le secret professionnel s'impose de façon absolue à tous les magistrats. Il existe toutefois deux atteintes au secret : les auditeurs de justice sont admis, dans l'intérêt de leur formation, à assister au délibéré (art. 20, ord. n° 58-1270 du 22 décembre 1958), et le public ainsi que le parquet sont présents en cas de délibéré immédiat. Seconde règle, pendant le délibéré, les parties peuvent encore faire parvenir des notes au tribunal puisque les débats ne seront clos qu'avec la lecture du jugement [2] ; mais ces notes doivent être communiquées aux autres parties en application du principe du débat contradictoire [3]. Dernière règle enfin : pendant le cours du délibéré, les juges conservent avec eux le dossier, qu'ils peuvent donc consulter à leur guise.

Considérons maintenant les règles propres à chacun des quatre objets du délibéré :

1. *Le délibéré sur les incidents de procédure*

865. — On a dit sur quoi peuvent porter ces incidents et à quel moment ils peuvent être soulevés [4]. Le problème est maintenant de savoir si ces incidents vont donner lieu à un délibéré et à une décision distincts ou non du délibéré et de la décision sur le fond.

En principe, le tribunal « doit joindre au fond les incidents et exceptions dont il est saisi, et y statuer par un seul et même jugement en se prononçant en premier lieu sur l'exception et ensuite sur le fond » (art. 459, al. 3, C.P.P.) [5] ; et ce texte relatif au tribunal correctionnel est étendu au tribunal de police par l'article 536. Cette jonction aboutit parfois à des résultats étonnants : ainsi la partie civile déclarée irrecevable seulement en fin d'instance aura pu apparaître pendant toute l'instance et même plaider.

Il en va cependant différemment « au cas d'impossibilité absolue, ou encore lorsqu'une décision immédiate sur l'incident ou sur l'exception est

1. L'étude de la sentence sera faite, *infra*, n°s 930 et s.
2. Crim., 10 mars 1970, B.C., n° 96.
3. Crim., 21 janvier 1975, B.C., n° 26.
4. V. *supra*, n° 863.
5. Crim., 22 juin 1994, B.C., n° 247, la jonction au fond des incidents est une mesure d'administration judiciaire qui n'est pas soumise au contrôle de la Cour de cassation ; *add.* Crim., 13 mars 1995, B.C., n° 101, la décision de jonction n'a pas à être motivée.

commandée par une disposition qui touche à l'ordre public » (art. 459, al. 4, et 536, C.P.P.). Cette formule inclut, par exemple, les exceptions préjudicielles, les immunités ou l'incompétence et, bien sûr, les demandes de mise en liberté qui font l'objet de dispositions particulières.

On sait que les juges correctionnels, avant ou pendant examen au fond, peuvent être saisis par les prévenus détenus d'une demande de mise en liberté (le problème ne se posant pas devant le tribunal de police où l'individu n'est jamais détenu). Selon les articles 148-1 et 148-2, les parties et leurs conseils doivent être convoqués et la décision est prise après audition du Ministère public et des parties privées, y compris la partie civile. La décision accordant la remise peut être assortie du contrôle judiciaire. Cette décision est rendue dans les dix jours de la réception de la demande (art. 148-2, C.P.P.).

2. *Le délibéré sur la culpabilité et sur la qualification*

866. — *Règles générales. Vote.* Lorsque la juridiction ne comporte qu'un seul magistrat (tribunal correctionnel dans les cas visés à l'article 398-1, C.P.P., tribunal de police dans tous les cas), le délibéré n'appelle aucune observation particulière.

Quand la juridiction est collégiale, les magistrats se déterminent à la majorité des voix (deux contre une). Un vieux texte (art. 35, déc. du 30 mars 1808), commun aux procédures civile et pénale, avait décidé que le moins ancien des assesseurs donnait le premier son avis, suivi de l'autre, puis du président. Ce texte est abrogé (dispositions combinées des art. 123, déc. n° 72-684 du 20 juillet 1972, et 34, déc. n° 75-1122 du 5 décembre 1975). Il semble donc que l'on puisse appliquer aujourd'hui l'article 449 du Nouveau Code de procédure civile (de 1975) selon lequel « la décision est rendue à la majorité des voix », les dispositions de procédure civile constituant le droit commun procédural dans le silence du Code de procédure pénale [1]. Dans la pratique, en tout cas, c'est le juge le plus jeune qui opine le premier.

867. — *Cas particulier où le tribunal considère que la qualification doit être changée.* Une difficulté apparaît lorsque, dans leur délibéré, les juges considèrent qu'il convient de changer la qualification retenue dans l'acte saisissant leur juridiction.

• Si le tribunal entend conserver une qualification correctionnelle, le changement est possible, mais sous réserve de certaines conditions. Naguère, on insistait sur le fait que les juges ne devaient pas englober dans la nouvelle qualification des faits nouveaux, dont ils n'étaient pas saisis. Aujourd'hui, on

1. C'est cependant moins vrai depuis qu'avec la Constitution de 1958 la procédure pénale est une matière législative (art. 34), la procédure civile étant du domaine réglementaire (art. 37).

invoque aussi et surtout le respect du contradictoire. Un arrêt remarqué de la C.E.D.H. a rappelé d'ailleurs que les juges doivent informer le prévenu de l'éventuel changement de qualification pour qu'il puisse s'expliquer [1]. Notre jurisprudence nationale, riche d'arrêts récents, peut ainsi être résumée :

— *Première situation :* les faits apparus à l'audience sont exactement ceux inclus dans l'acte de saisine, sauf que la qualification doit être changée. Les juges peuvent et même doivent le faire, en invitant le prévenu à s'expliquer sur le changement projeté [2], ce qui est conforme à la jurisprudence de Strasbourg.

— *Deuxième situation :* les faits apparus à l'audience sont encore les mêmes à ceci près que le débat d'audience a fait apparaître une circonstance nouvelle. Les juges peuvent encore disqualifier, mais à la condition que « le prévenu ait été en mesure et ait accepté de s'expliquer sur cet élément nouveau » [3].

— *Troisième situation :* les faits sont distincts par rapport à ceux inclus dans l'acte de saisine. La simple invitation faite au prévenu de s'expliquer alors ne suffit plus toujours [4] et les juges parfois utilisent la procédure de comparution volontaire qui permet de saisir les juges d'éléments nouveaux [5] : le tribunal, sur requête du Ministère public, demande au prévenu s'il accepte d'être jugé sur les faits nouveaux et il faut que le prévenu l'accepte expressément [6]. Et si le prévenu refuse de comparaître volontairement, le tribunal renverra l'affaire au Ministère public qui, peut-être après de nouvelles investigations, établira un nouvel acte de saisine, portant la bonne (et nouvelle) qualification. Comme c'est compliqué et risqué, des juges se contentent de « mettre le prévenu en mesure de présenter sa défense sur la nouvelle qualification envisagée ».

Comme dans tous les cas, le prévenu doit être invité à s'expliquer, il en résulte qu'une requalification d'office est impossible quand les juges statuent par défaut [7].

1. C.E.D.H., 25 mars 1999, *Pélissier c/ France*, D., 2000.357, note D. Roets, il faut que « le droit de défense s'exerce de manière concrète et effective », § 62.

2. Crim., 23 janvier 2001, B.C., n° 18, D., 2002, Somm., 1131, obs. S. Durrande, pour des faits d'abord poursuivis pour contrefaçon de dessins et modèles, requalifiés ensuite en contrefaçon d'une œuvre de l'esprit ; 16 mai 2001, B.C., n° 128, D., 2002.31, note B. Lapérou-Scheneider, *Dr. pén.*, 2001, comm. 109, obs. A. Maron, faits d'abord qualifiés de banqueroute, puis d'abus de biens sociaux ; 4 novembre 2003, B.C., n° 208, D., 2004, Somm. 673, obs. J. Pradel, faits d'abord qualifiés de conduite sous l'empire d'un état alcoolique et ensuite de conduite en ivresse.

3. Crim., 1er octobre 1985, B.C., n° 325. *Add.* de façon proche, Crim., 21 février 1985, B.C., n° 84 ; Crim., 16 mai 2007, B.C., n° 129.

4. Encore qu'elle reste nécessaire, Crim., 28 janvier 2004, B.C., n° 22 ; 3 mars 2004, B.C., n° 56 ; 13 février 2008, D., 2008, 1805, note J.-L. Lennon.

5. V. art. 388, C.P.P., et *supra*, n° 836.

6. Crim., 4 mai 1987, B.C., n° 175 ; 13 février 1997, B.C., n° 63 ; 22 mars 2000, B.C., n° 133 ; 27 avril 2000, B.C., n° 171 ; 23 janvier 2001, B.C., n° 20 ; 12 septembre 2001, D., 2002, Somm. 1460, obs. J. Pradel.

7. Crim., 5 janvier 2005, B.C., n° 9.

• Si le tribunal estime que le fait est de nature criminelle, il ne peut statuer et doit « renvoyer le Ministère public à se pourvoir ainsi qu'il avisera » (art. 469, al. 1, C.P.P.). Mais cette règle est atténuée dans l'intérêt de la partie civile : pas de renvoi possible si la victime était partie civile et assistée d'un avocat au moment de la décision de renvoi de la juridiction d'instruction, sauf possibilité pour le tribunal saisi pour un délit non intentionnel d'ordonner le renvoi s'il résulte des débats que les faits sont criminels car commis intentionnellement (art. 469, al. 4, C.P.P.). L'idée est que la victime doit être indemnisée aussi vite que possible alors qu'un renvoi lui fait perdre du temps.

3. *Le délibéré sur la sanction*

868. — *Principe.* Si la culpabilité a été reconnue, la délibération sur la sanction va s'ouvrir. Un premier point est certain : le choix et la mesure de la sanction sont aujourd'hui déterminés autant par la personnalité de l'auteur que par la gravité de l'infraction [1]. C'est dire que les méthodes d'élaboration des sentences pénales, le *sentencing* des criminalistes anglais, revêtent une importance considérable [2].

Cette montée de la considération de la personne face à celle de l'acte [3] a suscité un problème, celui du moment de la délibération sur la sanction par rapport à celle sur la culpabilité. Mais elle ne doit faire oublier ni le problème de la forme de la délibération, ni celui de ses résultats.

869. — *Le moment de la délibération sur la sanction. La question de la césure du procès en deux phases.* La césure est le principe en *common law* où, après la décision sur la culpabilité, intervient — au moins pour les grosses affaires — un examen de personnalité qui débouchera sur une seconde décision, sur la peine (sentence) [4]. En pays de *common law*, l'origine de la césure se trouve certainement dans l'institution du jury, les jurés statuant sur la culpabilité et ensuite le juge décidant de la peine [5]. Chez nous, la césure est rejetée à titre

1. M. Ancel et autres, *Quelques problèmes relatifs à la détermination de la sanction pénale*, R.S.C., 1965.936 et s., 1966.37 et s. ; R. Jambu-Merlin, *Le rôle du tribunal dans la détermination et l'application de la peine*, R.P.D.P., 1968.434 ; L. Hulsmann, *Le choix de la sanction pénale*, R.S.C., 1970.497.

2. J. Chazal, *À propos du* sentencing, R.S.C., 1967.937 ; S.C. Versele, *Le* sentencing *ou élaboration de la sentence pénale*, R.S.C., 1968.823.

3. Il ne faut pas exagérer l'importance de la considération de la personne, facteur de risque d'arbitraire.

4. J.R. Spencer, *La procédure pénale anglaise*, P.U.F., Que sais-je ?, 1998.88 et s. ; J. Cédras, *La justice pénale aux États-Unis*, Economica-Presses Universitaires d'Aix-Marseille, 1990.281 ; P. Béliveau et M. Vauclair, *Traité général de preuve et de procédure pénales*, Thémis, Montréal, 6e éd., 1999, nos 1670 et s.

5. M. van de Kerchove, *Quand dire, c'est punir. Essai sur le jugement pénal*, Bruxelles, 2005, p. 166.

de principe, sauf à être admise à titre exceptionnel dans le cas où l'ordre public est en voie d'être rétabli.

870. — *Le principe de l'absence de césure.* Puisque à l'unique peine classique, le droit moderne ajoute une gamme variée de mesures dont le choix suppose une bonne connaissance de la personnalité de l'individu, on a suggéré l'éventualité d'une *scission* ou *césure* du procès pénal en deux phases. Le juge s'attacherait d'abord à la matérialité et à la culpabilité (procès de l'acte) et, en cas de déclaration de culpabilité, ordonnerait des mesures d'observation au résultat desquelles il prononcerait, éventuellement assisté de médecins et criminologues, la mesure la mieux adaptée. Mais notre droit positif rejette ce système qui pose d'ailleurs de graves difficultés.

Il faut nettement l'affirmer : le principe d'unité des deux délibérations est solide. Déjà, le Code de 1808 décidait que le jugement sera prononcé de suite après la déclaration de culpabilité (art. 160) et la jurisprudence interdisait d'ajourner l'application de la peine après déclaration de culpabilité [1]. Aujourd'hui, la solution est réaffirmée à la fois par le Code de 1959 (art. 464, al. 1, et 539, al. 1) et par la jurisprudence [2].

Il y a pourtant un problème de la césure en législation. La césure entre culpabilité et sanction correspondrait à une triple opportunité. Logique, puisqu'il faut bien d'abord considérer la culpabilité avant la sanction. Juridique, car il est délicat de soumettre un innocent à un examen de personnalité — acceptera-t-il de livrer à un enquêteur social les détails de sa vie personnelle ? — et surtout car les résultats du dossier de personnalité et notamment le bulletin n° 1 du casier judiciaire risquent, en fait, de peser sur la reconnaissance de la culpabilité. Criminologique enfin, car une recherche de personnalité est plus aisée à conduire une fois que la culpabilité a été établie de manière définitive.

Au vrai, de ces trois arguments, seul le dernier compte réellement [3]. En outre, la césure se heurte à trois obstacles majeurs.

Elle risque d'abord d'entraîner un allongement de la procédure et, par conséquent, de laisser plus longtemps le prévenu dans l'incertitude. En menant simultanément les dossiers de matérialité et de personnalité, le système actuel évite cet écueil.

La scission conduit en outre à retirer aux jurés le droit de décider eux-mêmes de la sanction applicable à l'accusé qu'ils ont reconnu coupable et cette conséquence est difficilement admissible dans la mesure où l'on admet le système du jury « à la française » (échevinage).

Enfin et surtout, la scission n'est guère compatible avec la théorie des voies de recours. Ou bien en effet, on décide que les deux phases ne constituent qu'une seule décision, il est alors impossible d'interjeter appel sur la culpabilité avant le prononcé de la peine, car la juridiction n'était pas encore dessaisie par sa décision de

1. Crim., 10 janvier 1947, B.C., n° 13 ; 6 janvier 1949, B.C., n° 2, S., 1949.I.101, note J. Brouchot ; *add.* Trib. corr., Seine, 6 mars 1956, J.C.P., 1956.II.9338, note G. Levasseur.

2. Crim., 21 novembre 1968, B.C., n° 310 ; 13 décembre 1972, B.C., n° 388 ; 15 avril 1985, B.C., n° 132.

3. A. Vitu, *La division du procès pénal en deux phases,* R.I.D.P., 1969.485.

culpabilité ; mais alors en cas de relaxe sur la culpabilité par la cour d'appel, on aura perdu du temps à édifier inutilement un dossier de personnalité. Ou bien, au contraire, si on admet que les deux phases constituent chacune une décision, que va-t-on décider si la cour d'appel relaxe le prévenu sur la culpabilité au cas où il aurait été condamné entre-temps à une mesure par le juge de la deuxième phase ? Le seul moyen est de retarder l'appel après la sentence de la seconde phase : ce qui allonge la procédure [1].

871. — *Confirmation du principe. Cas où le dommage n'est pas encore fixé au jour de la décision de culpabilité.* Supposons que la victime d'une infraction se porte partie civile et que le juge pénal désireux d'appliquer le sursis avec mise à l'épreuve avec obligation d'indemniser les dommages causés (art. 132-45-5°, C.P.) ne soit cependant pas en mesure de fixer de suite le montant du préjudice. Le juge peut-il statuer immédiatement sur la culpabilité, en retenant le principe du sursis probatoire, et renvoyer à une date ultérieure la décision qui fixera la somme due par la personne poursuivie à la partie civile ? La jurisprudence répond par la négative [2]. Comme dans le cas précédent, le principe est l'indivisibilité de la sentence, et il est fondé sur les mêmes textes (art. 464, al. 1, et 539, al. 1, C.P.P.).

Ce qui importe, c'est que l'action publique ne donne lieu qu'à une seule décision, même si celle-ci contient un aspect indemnitaire. La conséquence est que si le juge pénal entend appliquer le sursis probatoire sans connaître encore le montant des sommes auxquelles les victimes peuvent prétendre, il ne peut utiliser l'article 132-45-5°, C.P.

Toute autre est l'hypothèse dans laquelle les dommages-intérêts réclamés par la victime s'intègrent à l'action civile. Alors le juge pénal pourra statuer ultérieurement sur l'action civile [3].

872. — *Exception au principe. La césure dans le cas où l'ordre public est en voie d'être rétabli.* Le principe, adopté en *common law*, consiste, on le sait, pour le juge pénal à reconnaître la culpabilité et à décider en même temps que la décision sur la sanction sera rendue ultérieurement. Il en est ainsi par exemple lorsqu'il pense que les conséquences de l'infraction sont en train de s'estomper. Un tel sursis à statuer permettra, en fonction du comportement du prévenu, de ne prononcer qu'une sanction très légère, voire une dispense de peine. Le prévenu reconnu coupable est donc incité à tenir compte du délai séparant jugement de culpabilité et jugement sur la sanction, pour bien se conduire, pour effacer les dernières conséquences de l'infraction et permettre au juge de prononcer *in fine* une peine de principe. Il y a donc

1. *L'individualisation des mesures prises à l'égard des délinquants*, 1954, rapports J. Chazal, M. Rolland et R. Vouin ; M. Rolland, *Les phases du procès pénal*, R.S.C., 1973.335.
2. Crim., 15 décembre 1987, B.C., n° 466, R.S.C., 1989.95, obs. A. Vitu.
3. V. *infra*, n° 875.

dissociation, dans le temps, de la déclaration de culpabilité et de la décision sur la peine.

Notre droit fut longtemps indifférent à cette idée. Mais progressivement il s'y est ouvert, du moins pour les infractions pas trop graves. Ainsi s'est développé peu à peu ce qu'on appelle, notamment en législation, *l'ajournement du prononcé de la peine*.

• Initialement, notre droit a connu deux formes d'ajournement, l'une légale et l'autre prétorienne.

Légalement, l'ajournement a été imaginé par les articles 19, al. 2, de l'ordonnance du 2 février 1945 sur l'enfance délinquante, prévoyant la liberté surveillée d'épreuve [1], et L. 3424-2, C.S.P., intéressant les personnes poursuivies pour usage de stupéfiants. La bonne conduite du mineur pendant le délai d'épreuve dans le premier cas, l'acceptation par le drogué de se faire désintoxiquer dans le second, conduisent souvent le juge à une extrême mansuétude.

L'ajournement a été aussi imaginé sans texte par le juge dans des hypothèses où la répression lui semblait inopportune : ainsi en matière d'émission de chèque sans provision ou d'abandon de famille, on a vu des juges renvoyer l'affaire à un mois (en prétextant une irrégularité dans la citation) dans l'espoir qu'entre-temps le prévenu aurait régularisé sa situation, ce qui permettrait de le sanctionner symboliquement.

• Si les textes précités s'appliquent toujours, la pratique prétorienne a disparu en tant que telle puisqu'elle a été consacrée par une loi du 11 juillet 1975 (art. 469-1 et 3, C.P.P., pour le tribunal correctionnel, 539-1, C.P.P., pour le tribunal de police). Selon l'article 469-3, C.P.P., « le tribunal peut ajourner le prononcé de la peine lorsqu'il apparaît que le reclassement du prévenu est en voie d'être acquis, que le dommage causé est en voie d'être réparé, compte tenu des ressources du prévenu, et que le trouble résultant de l'infraction va cesser » (aujourd'hui art. 132-60, C.P.).

Les règles suivantes s'appliquent. L'ajournement ne peut être prononcé par le tribunal qu'en présence du prévenu et cette disposition est d'ordre public [2]. Le tribunal doit fixer dans son jugement de culpabilité la date à laquelle il statuera sur la peine. À l'audience de renvoi, le tribunal pourra soit prononcer une peine, soit prononcer une dispense de peine, soit enfin ajourner une seconde fois sauf à remarquer que la décision sur la peine doit intervenir un an au plus tard après la première décision d'ajournement [3].

1. *Add.*, art. 20-7, ord. 2 février 1945, crée par une loi du 5 mars 2007, selon lequel « lorsque l'ajournement du prononcé de la mesure éducative ou de la peine est ordonné, le tribunal pour enfants peut ordonner au mineur d'accomplir une mesure d'activité de jour, dans les conditions définies à l'article 16 *ter* ».

2. Crim., 22 mai 1986, B.C., n° 166, D., 1987, Somm., 80, obs. J. Pradel ; 25 février 1992, B.C., n° 84.

3. J. Robert, J.C.P., 1975.I.2729, n°s 28 à 33 ; J. Pradel, D., 1976, chron. 63 et s., n°s 33 à 41.

• Cet ajournement est un ajournement simple, sans obligations précises imposées au prévenu (comme le sursis simple). Or l'idée commence à se développer que le juge peut profiter de l'ajournement pour imposer au prévenu une sorte de mise à l'épreuve, avec obligations précises (comme le sursis probatoire ou le contrôle judiciaire ordonné dans le cadre du « rendez-vous judiciaire »[1]).

Ainsi la loi du 5 janvier 1988 (aujourd'hui art. L. 421-3, al. 1, C. cons.) sur le droit d'action des associations de consommateurs prévoit que le tribunal peut, s'il a été saisi par une telle association, ajourner le prononcé de la peine en enjoignant au prévenu éventuellement sous astreinte, de se conformer dans un délai qu'il détermine, à des conditions qu'il énumère et dont l'objet est de faire cesser l'agissement illicite qui a été à l'origine de la poursuite. On peut citer un autre exemple, celui de l'article L. 322-9-1, C. forestier, prévoyant un ajournement sous astreinte de débroussailler en cas de poursuite pour manquement à l'obligation de débroussailler.

De façon plus générale, une loi du 6 juillet 1989, reprise par le nouveau Code pénal de 1994 a créé, à côté de l'ajournement qu'on peut désormais appeler simple, un ajournement avec mise à l'épreuve (art. 132-63 et s., C.P.). Les conditions sont les mêmes et, par exemple, la décision sur la peine doit intervenir au plus tard un an après la première décision d'ajournement. Le prévenu est placé sous le contrôle du juge de l'application des peines du lieu de sa résidence. Il est soumis de plein droit aux mesures de surveillance et d'assistance prévues aux articles 132-43 et s., C.P. Si le prévenu ne se soumet pas aux obligations qui lui incombent, le juge de l'application des peines saisit le tribunal qui statue sur la peine avant l'expiration du délai d'épreuve. Le législateur de 1989 a entendu à la fois limiter le recours aux courtes peines d'emprisonnement et éviter, dans les cas où une prise en charge en milieu ouvert s'avérait inutile ou inadaptée, le prononcé d'une condamnation à l'emprisonnement assorti d'un sursis avec mise à l'épreuve[2].

Enfin, le tribunal peut prononcer l'ajournement avec injonction lorsqu'un texte réprime le manquement à une obligation déterminée. Le tribunal peut prévoir une astreinte. La décision sur la peine intervient un an au plus tard après la décision d'ajournement (art. 132-66, al. 1, C.P.)

873. — *La forme de la délibération sur les sanctions.* Devant les juridictions correctionnelles et de police, la délibération se fait de manière simple et l'on applique les mêmes règles qu'en matière de culpabilité[3].

874. — *Le résultat de la délibération sur la sanction.* La délibération aboutit à une décision au fond : relaxe, laquelle depuis une loi du 25 février 2008

1. V. *supra*, n° 611.
2. Circ. d'application de la loi du 6 juillet 1989 en date du 28 juillet 1989, p. 18.
3. V. *supra*, n° 868.

n'empêche pas si elle est fondé sur l'irresponsabilité pénale pour trouble mental l'imposition des mesures de sûreté [1], exemption de peine, dispense de peine (art. 469-1, C.P.P.), condamnation à l'emprisonnement avec ou sans sursis ou à des peines autres que l'emprisonnement (amende, privation de droits sans oublier que le juge peut en exclure l'application en en relevant le condamné, art. 132-21, al. 2, C.P.). On rappellera que l'emprisonnement ne peut être prononcé par le juge de police.

À l'égard des prévenus auteurs de délits graves et présentant une certaine dangerosité, des règles spéciales sont prévues :

— Si le prévenu, quoique non en récidive légale, est condamné à au moins une année d'emprisonnement ferme, le tribunal peut « par décision spéciale et motivée, lorsque les éléments de l'espèce justifient une mesure particulière de sûreté décerner mandat de dépôt ou d'arrêt... » (art. 465, al. 1, C.P.P.). Le prévenu libre et présent à l'audience est alors immédiatement arrêté. Contrairement à ce qui se passe au cours de l'instruction, la détention ici peut se fonder sur les nécessités de l'ordre public.

— Si le prévenu est en état de récidive légale« ordinaire » — c'est-à-dire hormis les cas des articles 132-16-1, C.P. (délits d'agression et d'atteintes sexuelles) et 132-16-4, C.P. (délits de violence et commis avec violences) — le tribunal peut, par décision spéciale et motivée décerner mandat de dépôt ou d'arrêt « quelle que soit la durée de la peine d'emprisonnement prononcée » (art. 465-1, al. 1, C.P.P.).

— Si enfin le prévenu se trouve en récidive légale au sens des articles 132-16-1 et 132-16-4, C.P., le tribunal est tenu de décerner mandat de dépôt à l'audience « quel que soit le quantum de la peine prononcée, sauf s'il en décide autrement par une décision spécialement motivée » (art. 465-1, al. 2, C.P.P.) [2].

Ainsi par une sorte de crescendo, le législateur (du 12 décembre 2005) énonce des normes répressives en combinant gravité des faits et passé judiciaire du prévenu.

4. *Le délibéré sur les intérêts civils*

875. — En cas de relaxe, le juge peut condamner la partie civile à verser au prévenu des dommages-intérêts (art. 472, C.P.P.) ; toutefois, depuis une loi du 8 juillet 1983, il peut aussi condamner ce dernier à verser à la partie civile des dommages-intérêts sous certaines conditions indiquées à l'article 470-1, C.P.P. [3] et également en application de l'article 706-133, al. 3, C.P.P., supposant pour son application au prévenu ait été reconnu

1. Les mêmes par la cour d'assises et la chambre de l'instruction. V. *supra*, n° 818.

2. À moins que le juge d'instruction ait déjà lancé un mandat d'arrêt, celui-ci restant automatiquement exécutoire après clôture de l'information tant qu'il n'a pas été remplacé ou anéanti par un acte exprès de l'autorité judiciaire, Crim., 29 septembre 1992, B.C., n° 290.

3. V. *infra*, n° 1051.

irrecevable pénalement pour cause de trouble mental. En cas de condamnation ou d'exemption de peine, le juge peut condamner la partie poursuivie à indemniser la partie civile (art. 468, C.P.P.). Deux problèmes se posent.

• Quel est le *moment* du délibéré sur l'action civile par rapport au délibéré sur l'action publique ? Devant les juridictions correctionnelles et de police, le délibéré sur l'action civile fait suite immédiatement à celui qui concerne l'action publique (art. 464, al. 2, et 539, C.P.P.) ; mais il y a deux exceptions à cette règle.

— Tout d'abord, le tribunal, dans l'ignorance du préjudice exact, ne peut que fixer une provision et ordonner une expertise, ce qui provoquera un second délibéré après dépôt du rapport d'expertise. Il y a ainsi sursis à statuer. Mais la Cour de cassation entend que le premier jugement, accordant le sursis, fixe une date [1] et une date pas trop lointaine [2].

— La loi du 15 juin 2000 a créé un second cas de sursis à statuer : pour permettre à la partie civile d'apporter les justificatifs de sa demande, le tribunal peut — d'office ou à la demande du parquet ou des parties — renvoyer l'affaire à une date ultérieure pour statuer sur l'action civile, même s'il n'ordonne pas de mesure d'instruction. Le renvoi est même de droit s'il est réclamé par les parties civiles. Le tribunal doit fixer une date à laquelle il sera statué sur l'action civile et à cette audience civile, le parquet peut ne pas être présent. À l'audience de renvoi, le tribunal est composé du seul président siégeant à juge unique (art. 464, al. 4, C.P.P.).

• Quels sont les *résultats* du délibéré sur l'action civile ? Outre les dommagesintérêts [3], le juge condamne aux frais et aux restitutions. Par restitutions, il faut d'abord entendre la remise au propriétaire des pièces qui avaient été saisies par le juge pour les besoins de ses investigations et des objets sur lesquels portait l'infraction (par ex., meuble volé), une telle restitution ne pouvant concerner que les choses mêmes obtenues frauduleusement et non celles qui auraient été acquises ensuite par le délinquant avec le prix des choses volées ou détournées [4]. Mais pour la jurisprudence, la notion de restitution inclut aussi l'ensemble des mesures destinées à faire cesser la situation de fait née de l'infraction (survivance de la *restitutio in integrum* du droit romain) : suppression d'un acte déclaré faux, fermeture d'un établissement ouvert ou exploité illégalement [5]. Quant aux frais, l'article 475-1, C.P.P., dispose que « le tribunal condamne l'auteur de l'infraction à payer à la partie

1. Crim., 25 janvier 1973, D., 1973, somm. 42 ; 14 février 1973, D., 1973, somm. 42 ; 9 novembre 1976, B.C., n° 319 ; 7 novembre 1977, D., 1978, I.R., 319 ; 7 février 1991, B.C., n° 62.

2. Crim., 19 mars 1975, B.C., n° 85, délai de 7 ans.

3. Pour lesquels les juges du fond ont un pouvoir souverain d'appréciation, Crim., 28 juin 1966, B.C., n° 177.

4. Crim., 19 mars 1941, G.P., 1941.I.388, R.S.C., 1941.189, obs. L. Hugueney.

5. Crim., 13 décembre 1883, S., 1885.I.508 ; 3 décembre 1936, G.P., 1937.I.114, R.S.C., 1937.286, obs. J. Magnol.

civile la somme qu'il détermine au titre des frais non payés par l'État et exposés par celle-ci ». Détail important, le tribunal statue en « équité », en tenant compte « de la situation économique de la partie condamnée », pouvant même aller jusqu'à dire qu'il n'y a pas lieu à condamnation.

La juridiction peut aussi statuer sur les restitutions, sur demande d'une partie ou d'un tiers. Mais si la demande est formulée après décision définitive, c'est en principe le parquet qui est compétent.

En cas de pluralité de prévenus condamnés pour un même délit, l'article 480-1, al 1, C.P.P., dispose qu'ils sont tenus solidairement des restitutions et des dommages-intérêts. Le législateur a entendu créer une garantie par les victimes qui pourront être plus facilement indemnisées dès lorsqu'elles pourront choisir parmi les coauteurs et complices celui qui est le plus solvable. La jurisprudence ajoute, en se fondant sur l'article 464, C.P.P. qui ne traite pas des recours des parties civiles entre elles, qu'il n'appartient pas au tribunal de procéder à une répartition des responsabilités entre coauteurs [1]. Toutefois, la solidarité ne s'étend pas aux dommages-intérêts résultant de faits connexes quand ceux-ci n'ont donné lieu à aucune condamnation [2].

5. *Le prononcé de la décision*

876. — Tout jugement est prononcé en public, même si les débats avaient eu lieu à huis clos. C'est le président qui lit la décision. Mais lorsque le tribunal correctionnel statue à trois membres, la lecture peut être faite par l'un des juges, même en l'absence du président (art. 485, al 4, C.P.P.), ce qui fait gagner du temps. Dans tous les cas, la présence du Ministère public s'impose [3].

§ 2. — LES PROCÉDURES RAPIDES

Ces procédures concernent à la fois des délits et des contraventions. Elles comportent des audiences qui sont tantôt automatiquement publiques, lorsque les faits sont relativement graves, tantôt publiques exceptionnellement lorsque les faits sont bénins.

A — Les procédures rapides avec audience publique automatique

877. — Elles concernent seulement des délits, mais pas tous les délits car il existe des délits considérés comme bénins et qui peuvent être traités selon des procédures plus rapides encore, sans audience publique.

Il existe deux types de procédures rapides avec audience publique.

1. Crim., 16 octobre 2007, B.C., n° 244.
2. Crim., 18 janvier 2005, B.C., n° 21, A.J. pénal 2005, 203, obs. C.S.E.
3. Crim., 23 juin 1992, B.C., n° 250. Il est cependant fait exception en cas de C.R.P.C., v. *infra*, n° 879.

1. *La convocation par procès-verbal et la comparution immédiate*

878. — Les règles de la procédure ordinaire sont mises en échec sur de nombreux points [1]. Tout d'abord, règle commune à la convocation et à la comparution, les témoins « peuvent être cités sans délai et par tout moyen » (art. 397-5, C.P.P.), ce qui à nouveau souligne la volonté législative d'une grande célérité. Pour le reste, des règles propres à chaque procédure doivent être rappelées.

L'audience sur *convocation par procès-verbal* ne fait à vrai dire pas l'objet de dispositions spéciales à l'exception de celle de l'article 397-3, al. 1, C.P.P., qui permet au tribunal de placer ou maintenir le prévenu sous contrôle judiciaire. Ainsi, à ceci près, l'audience se déroule comme elle se déroule quand le tribunal est saisi par citation directe ou par une juridiction d'instruction.

L'audience sur *comparution immédiate* fait en revanche l'objet de dispositions particulières assez nombreuses (art. 397 et s., C.P.P.) : il s'agit en effet de concilier recherche de la vérité et droits de la défense (règles générales) et rapidité (règle propre aux procédures rapides). L'idée générale est donc celle d'une célérité tempérée par les nécessités de la défense et de la recherche de la vérité. De là, les règles suivantes :

— Le principe est celui de l'audience au fond et du jugement immédiats (« le jour même », dit l'article 397, C.P.P.) ;

— Mais l'audience et le jugement seront reportés dans le futur dans deux cas. Le premier intéresse la volonté du prévenu. Le président avertit en effet le prévenu, après avoir constaté son identité, qu'il ne peut être jugé le jour même qu'avec son accord, ledit accord ne pouvant être recueilli qu'en présence de son avocat. Si le prévenu ne consent pas à un jugement immédiat, l'affaire est renvoyée à un délai qui ne peut être inférieur à deux semaines (sauf renonciation expresse du prévenu) ni supérieur à six semaines (art. 397-1, al. 1, C.P.P.) [2]. Et si la peine encourue est supérieure à sept ans d'emprisonnement, le prévenu peut demander à être jugé dans un délai compris entre deux et quatre mois (art. 397-1, al. 2, C.P.P.) [3]. La loi entend ainsi que la défense puisse être pleinement assurée.

Le second cas est relatif à la recherche de la vérité. Bien que la comparution immédiate doive s'appliquer à des affaires « en état d'être jugées » (art. 395, al. 1, C.P.P.), il peut arriver que le dossier soit incomplet. Aussi le tribunal ordonne d'office ou à la demande du prévenu un supplément d'informations (art. 397-1, *in fine*, C.P.P.) en commettant l'un de ses

1. Pour la bibliographie, v. *supra*, n° 608.

2. Crim., 28 avril 1998, B.C., n° 141, ces dispositions sont impératives.

3. L'alinéa 2 de l'article 397-1 ne reprenant pas la disposition de l'alinéa 1 qui permet au prévenu de renoncer au délai minimum, on doit considérer que, dans le cas des délits punis légalement de plus de sept ans d'emprisonnement, le prévenu ne saurait accepter d'être jugé avant deux mois.

membres ou un juge d'instruction [1], voire renvoyer l'affaire au procureur de la République, c'est-à-dire en fait refuser de juger en l'état (art. 397-2, C.P.P.) [2].

Dans les deux cas de renvoi, le tribunal peut placer ou maintenir le prévenu en détention provisoire par décision spécialement motivée et exécutoire immédiatement. Et le jugement au fond doit être rendu dans les deux mois qui suivent la première comparution du prévenu devant le tribunal, la sanction de cette règle étant l'élargissement d'office (art. 397-3, C.P.P.).

— Qu'il y ait jugement immédiat ou jugement différé, le tribunal, s'il prononce l'emprisonnement sans sursis, peut ordonner le placement ou le maintien en détention, et ce quelle que soit la durée de la peine prononcée (art. 397-4, C.P.P.) [3].

2. *Le plaidoyer de culpabilité (ou C.R.P.C.)*

a) Le schéma simple

879. — Le prévenu ayant reconnu les faits et accepté la procédure du plaider coupable est présenté au président du tribunal de grande instance (ou à un juge délégué) [4]. Le magistrat du siège est saisi par le parquet d'une requête en homologation. L'audience tenu par le juge a donc pour objet la production d'une ordonnance sur la requête. Trois remarques complémentaires s'imposent.

— L'audience est publique. Sans doute la loi votée avait-elle prévu que la procédure se déroulerait « en chambre du conseil » (art. 495-9, al. 2, C.P.P.). Mais le Conseil constitutionnel, dans sa décision du 2 mars 2004, a supprimé ces quatre mots compte tenu de l'importance de l'enjeu car une peine privative de liberté peut être prononcée. Quoique les Neuf Sages ne l'aient pas dit, on peut invoquer aussi l'article 6 § 1, Conv. E.D.H., sur le procès équitable, qui pose le principe de la publicité de l'audience.

— À l'audience participent évidemment le juge, le prévenu et son avocat dont la présence est heureusement obligatoire (art. 495-9, al. 2, C.P.P.). Mais le représentant du parquet doit-il aussi ou peut-il aussi être là ? La loi du 9 mars 2004 était muette et la pratique s'était instaurée que le parquet n'était pas présent. Mais un avis de la Cour de cassation (18 avril 2005) et une ordonnance de référé du Conseil d'État (11 mai 2005) entendaient que

1. Le tribunal statue alors sur le maintien du prévenu en détention provisoire jusqu'à sa comparution devant le juge d'instruction et la comparution devant celui-ci doit intervenir le jour même, art. 397-2, al. 3, C.P.P.

2. Toutefois si les faits relèvent de la compétence d'un pôle de l'instruction et s'il n'y en a pas au sein du tribunal de grande instance, le prévenu doit comparaître devant le juge d'instruction du pôle dans les trois jours ouvrables à défaut de quoi il est remis en liberté d'office (art. 397-2 *in fine*, C.P.P.).

3. Pour la bibliographie, v. *supra*, n° 613.

4. Qui opère sans greffier, Circulaire du 2 septembre 2004, n°s 2.3.2.4.

le parquet soit présent en raison de l'article 32, C.P.P. La raison était peu convaincante car le C.R.P.C. déroge au droit commun représenté par cet article et aussi car le parquetier a déjà tout dit au prévenu lors de l'audience de cabinet [1]. Aussi une loi du 26 juillet 2005 est-elle venue préciser que la présence du parquet n'était pas obligatoire à l'audience (art. 459-9 *in fine* C.P.P.) [2].

— Comment enfin se déroule l'audience ? Tout d'abord la présence de témoins n'est pas prévue puisque les faits sont reconnus et que l'on veut agir vite. Cela dit, l'office du juge est important car on aurait tort de croire que la loi du 9 mars 2004, qui a institué cette nouvelle procédure, a conféré au parquet un rôle exhorbitant au préjudice d'un siège réduit à la portion congrue.

Le juge entend d'abord le prévenu et son avocat. À cette occasion, « il vérifie la réalité des faits et leur qualification juridique » (art. 495-9, al. 2, C.P.P.). C'est qu'en effet il n'est pas tenu d'homologuer la requête du parquet. S'assurer de la réalité des faits conduit le juge à interroger le prévenu sur les circonstances de l'infraction et à vérifier que ce dernier a bien reconnu les faits, ce qui est l'une des conditions essentielles du plaider coupable. S'assurer de la qualification juridique oblige le juge à vérifier que l'infraction n'est pas punie de plus de cinq ans d'emprisonnement. Le juge doit encore s'assurer du maintien de l'acceptation du plaider coupable par le prévenu. L'avocat peut prendre la parole et le représentant du parquet aussi s'il est présent.

Les débats terminés, le juge rend une ordonnance. Il n'est pas tenu d'homologuer la requête (« Il peut décider d'homologuer les peines proposées par le procureur... », rappelle l'article 495-9, al. 2, C.P.P.) : en effet, il peut estimer que la reconnaissance des faits n'est pas nette ou que la qualification véritable emporte une peine supérieure à cinq ans. S'il homologue, plusieurs règles s'appliquent alors.

Premièrement, le juge ne peut modifier la peine proposée par le parquet, en la trouvant excessive par exemple. Ce n'est pas un *plea bargaining* à l'anglo-saxonne car il y a *plea* sans *bargaining*. La solution est la même que pour la composition pénale.

Deuxièmement, l'ordonnance d'homologation est motivée « au regard des circonstances de l'infraction et de la personnalité de son auteur » (art. 495-11, al. 1, C.P.P.). On rappellera que dans la composition pénale, le juge valide la proposition du parquet alors qu'ici il l'homologue, ce qui lui confère un rôle plus important : en effet, l'homologation implique la motivation, « un contrôle de légalité et souvent un contrôle d'opportunité » [3].

1. Cour de cassation, avis du 18 avril 2005, D., 2005.1201, note J. Pradel.

2. V. cependant postérieurement à la loi du 26 juillet 2005, C.E., 26 avril 2006, D., 2006, 1333, illégalité de la circulaire du ministre de la Justice du 19 avril 2005 qui indiquait que la présence du Ministère public n'était juridiquement exigée qu'au cours de la lecture publique. Mais la décision du C.E. perd de son intérêt avec la loi de 2005.

3. G. Cornu, *Vocabulaire juridique*, v° *Homologation*, P.U.F., 2002, 3e éd. La circulaire précitée du 2 septembre 2004 indique que le juge vérifie la culpabilité, la qualification juridique, la légalité et la proportionnalité des peines proposées, n° 2.3.3.1.

Dès que l'ordonnance a été rendue, un procès-verbal est établi pour mémoriser les formalités accomplies jusqu'à l'audience, et ce à peine de nullité (art. 495-14, C.P.P.). Ce procès-verbal doit mentionner notamment les aveux du prévenu et son acceptation de la peine proposée. En cas de non acceptation de la peine proposée par le parquet ou en cas de refus d'homologation, le procès-verbal ne sera transmis ni au juge d'instruction ni à la juridiction de jugement et personne ne pourra en faire état (art. 495-14, al. 2, C.P.P.). De la sorte, le prévenu, poursuivi dans le cadre d'une autre procédure, ne sera pas entravé dans sa défense et par exemple, il pourra nier les faits.

Troisièmement, l'ordonnance rendue a les effets d'un jugement de condamnation. Elle est immédiatement exécutoire. Si l'homologation a pour objet une peine d'emprisonnement, la personne est soit immédiatement incarcérée, soit convoquée devant le juge de l'application des peines auquel l'ordonnance est immédiatement transmise sans délai. C'est le procureur qui décide laquelle de ces deux modalités s'applique (art. 495-11, al. 2 et 495-8, al. 2, C.P.P.).

b) Les complications provoquées par l'existence d'une victime

880. — Dans son souci de rapidité, le législateur n'a pas oublié la victime comme le montre l'article 495-13, C.P.P.

D'abord, si la victime est identifiée, elle est informée aussi vite que possible, par tout moyen, du choix du parquet en faveur du plaidoyer de culpabilité. Elle est invitée à comparaître — le cas échéant avec son avocat [1] — devant le juge (où elle va donc se trouver en face de l'auteur des faits). Là, elle peut se constituer partie civile et le juge statuera alors à la fois sur l'action publique et sur l'action civile. Il statue d'ailleurs également sur l'action civile même si finalement la victime partie civile n'a pas comparu à l'audience, en application de l'article 420-1, C.P.P.

Ensuite, si la victime n'a pu exercer l'action civile — par exemple parce qu'elle n'a pu être avertie du choix du parquet en faveur du plaidoyer de culpabilité — le procureur est tenu de l'avertir de son droit de lui demander de citer l'auteur des faits à une audience du tribunal correctionnel, et ce en application de l'article 464, al. 4, C.P.P. Évidemment, le tribunal ne statuera que sur les seuls intérêts civils. Il y a donc dissociation de l'action publique (qui aura été traitée dans l'ordonnance du juge) et de l'action civile (qui sera traitée après et par le tribunal correctionnel).

Une ultime complication résulte de l'existence de la victime. Celle-ci peut étouffer dans l'œuf la procédure du plaider coupable. Il lui suffit de se constituer partie civile devant le juge d'instruction ou de citer directement l'auteur des faits devant le tribunal correctionnel. Car le plaider coupable ne

1. L'emploi de l'expression « le cas échéant » par l'article 495-13, al. 1, C.P.P., prouve que la victime, à l'inverse du prévenu, peut ne pas être assistée d'un avocat.

Composition pénale et plaider coupable (C.R.P.C.)
Tableau comparatif

	Domaine		Phase préparatoire	Phase décisoire	Sanctions applicables	Conséquences pénales	Victime
Composition pénale (art. 41-2 et s., C.P.P.) Alternative à la poursuite	Délits passibles d'amende ou d'emprisonnement jusqu'à 5 ans et contraventions	Exclusion : mineurs de 18 ans, délits de presse et politiques, homicides involontaires	Proposition par le P.R. à l'auteur (avec avocat) de l'une des obligations visées à 41-2, C.P.P. : – Si refus, poursuite ; – Si acceptation, requête au juge pour validation de l'accord	Audition possible par le juge de l'auteur et de la victime (avec avocats le cas échéant) Ordonnance éventuelle de validation Audience non publique	Obligations proposées par le P.R.	– Si exécution, extinction de l'action publique et inscription au B1 pour 3 ans. Ne compte pas pour la récidive – Si pas exécution, poursuite	Peut être indemnisée suite à demande du P.R. lors de la phase préparatoire. Sinon, peut citer directement l'auteur devant T. corr. (1 juge)
C.R.P.C. (art. 495-7 et s., C.P.P.) Modalité de la poursuite	Délits passibles d'amende ou d'emprisonnement jusqu'à 5 ans + reconnaissance des faits		P.R. reçoit, avocat présent, l'auteur (sur convocation ou déferement), lui propose une peine éventuellement avec sursis (emprisonnement ou amende), et lui offre un délai de 10 jours pour répondre : – Si hésitation, J.L.D. peut être saisi pour dél. prov. ou cont. jud. ; – Si refus, poursuite ordinaire ; – Si acceptation, présentation devant juge	Audition obligatoire de l'auteur, avocat présent, par le juge qui, en outre a vérifié les faits et la qualification. Ordonnance éventuelle d'homologation (motivée). Audience publique	Peine proposée par le P.R.	Condamnation : – exécutée immédiatement, – inscrite au B1 sans limitation de temps, – compte pour la récidive, – susceptible d'appel	Convoquée à l'audience d'homologation. Peut se porter partie civile. Sinon, peut citer directement l'auteur devant T. corr. (1 juge)

saurait priver la victime de son droit d'agir devant une juridiction pénale en exerçant l'action civile.

Appréciation d'ensemble sur la C.R.P.C. Lors de l'introduction de cette procédure — elle allait s'appliquer à compter du 1er octobre 2004 — quelques grincements se firent entendre du côté des avocats et de quelques auteurs. Mais ces réserves furent vite étouffées par le développement rapide de la nouvelle institution. Son succès est aujourd'hui évident et ce sont à peine une vingtaine de tribunaux sur 175 qui la boudent encore. Les avocats s'y sont ralliés, invitant même parfois leurs clients à proposer au parquet le bénéfice de la C.R.P.C. De plus en plus, l'emprisonnement est prononcé, signe probable que cette procédure « mord » de plus en plus sur des affaires relativement graves. Enfin le taux des homologations dépasse 85 % des requêtes [1].

Ce succès ne doit pas surprendre. La C.R.P.C. respecte nos principes fondamentaux en matière procédurale [2]. Elle allège la charge des audiences correctionnelles en permettant de dégager des temps utiles sur l'ensemble des audiences correctionnelles, notamment en termes de diminution du nombre des audiences à juge unique [3]. La condamnation est mieux comprise par l'auteur des faits, ce qui traduit d'ailleurs un glissement de la justice vers plus d'individualisation et de consensualisme. En outre, le C.R.P.C. évite l'opprobe d'une comparution en correctionnelle car même si l'audience est publique, elle est si brève que la stigmatisation du prévenu est réduite.

On rappellera que la C.R.P.C. tend aux mêmes fins que la composition pénale avec laquelle elle n'est pas sans parenté [4].

B — Les procédures rapides avec audience publique exceptionnelle

Il s'agit de l'ordonnance pénale (pour les délits routiers et les contraventions) et l'amende forfaitaire (pour les contraventions).

1. *L'ordonnance pénale*

a) La voie simplifiée (sans audience publique)

881. — Une fois que le procureur de la République a adressé une requête aux fins d'ordonnance pénale soit au président du tribunal de grande instance (délits routiers), soit au juge de police (contravention), le magistrat du siège peut évidemment, en chambre du conseil, rendre une ordonnance pénale. Ce magistrat « statue sans débat préalable par une ordonnance pénale portant relaxe ou condamnation à une amende ainsi que le cas échéant à une ou plusieurs des peines complémentaires encourues

1. J.L. Warsmann, Le « plaider coupable est-il condamné ? », Annonces de la Seine, 28 juillet 2005 ; F. Zocchetto, *Plaider coupable : mode d'emploi*, *id.*, 3 novembre 2005.
2. J. Pradel, *Défense du plaidoyer de culpabilité*, J.C.P., 2004, n° 5, act. 58.
3. Selon les premières évaluations, circulaire du 3 mars 2006.
4. V. *supra*, n° 596.

(art. 495-1, al. 2, C.P.P., pour les délits routiers ; art. 525, al. 2, C.P.P., pour les contraventions). L'ordonnance n'est pas rendue en public.

La voie simplifiée est évidemment souhaitée par le législateur. Mais celui-ci a dû prévoir que certains acteurs de la procédure peuvent contester ce schéma. C'est alors la voie ordinaire, avec audience publique, qui va se dérouler.

b) La voie ordinaire (avec audience publique)

882. — La procédure simplifiée, avant ou une fois que l'ordonnance a été rendue, peut être récusée par tous les participants à l'instance.

Premièrement, le *juge* peut contester le choix du parquet en faveur de l'ordonnance pénale. S'il estime qu'un débat contradictoire est utile et, en matière de délit, s'il estime qu'une peine d'emprisonnement devrait être prononcée, il renvoie le dossier au parquet (art. 495-1 et 525, C.P.P.) qui n'aura alors d'autre possibilité que de reprendre la poursuite selon le mode ordinaire, avec audience publique et contradictoire, et devant le même juge.

Deuxièmement, le *procureur* peut contester la décision rendue sur ordonnance pénale, en faisant opposition dans les dix jours à compter de la signature de cette ordonnance (art. 495-3, al. 1 et 527, al. 1, C.P.P.) [1]. Là encore l'affaire revient devant le même juge, mais en audience publique et contradictoire.

Troisièmement, le *prévenu* peut aussi contester la décision. Si dans le délai précité de dix jours, le parquet n'a pas fait opposition, il poursuit l'exécution de cette décision en la portant à la connaissance du prévenu par lettre recommandée avec demande d'avis de réception [2]. Le prévenu dispose alors d'un délai pour faire opposition, ce délai étant de quarante-cinq jours en matière de délit et de trente jours en matière de contravention. L'ordonnance est alors mise à néant et le juge sera, là encore saisi selon le mode ordinaire.

Bien sûr, le prévenu peut aussi ne pas faire opposition et payer l'amende dans les quarante-cinq ou trente jours selon les cas. Il peut encore ni payer ni faire opposition : son inaction vaut acceptation de l'ordonnance qui sera mise à exécution (art. 495-3 et 527, C.P.P.).

Reste quatrièmement le cas de la *victime* qui se voit offrir la possibilité d'un débat public et contradictoire en fonction du moment de son intervention. Distinguons.

Si la victime éprouve un préjudice né d'une contravention, trois cas sont prévus par la loi :

1. Tant que le délai d'opposition n'est pas écoulé, le parquet peut renoncer à la procédure d'ordonnance pénale et recourir à la procédure ordinaire, de droit commun, la première étant subsidiaire et facultative, Crim., 3 février 1998, B.C., n° 41, Dr. pénal, 1998, chron. 14, par Lesclous et Marsat.

2. Art. 495-3, al. 2, C.P.P.

— Si la victime cite le prévenu à l'audience ordinaire avant qu'ait été rendue l'ordonnance pénale, la procédure simplifiée est exclue et l'on en revient donc à la procédure ordinaire (art. 524, *in fine*, C.P.P.) ;

— Si la victime cite le prévenu après signature de l'ordonnance, mais avant expiration des délais d'opposition du prévenu et du parquet, le tribunal de police statue en audience ordinaire à la fois sur l'action publique et sur l'action civile (art. 528-2, al. 3, C.P.P.) ;

— Enfin, si la victime agit après expiration de ces délais ou si le prévenu a renoncé à son opposition ou à son droit d'opposition, ou encore s'il a payé volontairement l'amende, le tribunal de police statue en audience ordinaire, mais seulement sur l'action civile (art. 578-2, al. 4, C.P.P.) et sans être lié par le contenu de l'ordonnance pénale (art. 528-1, al. 2, C.P.P.) [1].

Si la victime éprouve un préjudice né d'un délit routier, les règles, plus simples à première vue, sont décrites à l'article 495-6, C.P.P., qui décide ainsi : « Les dispositions de la présente section » (sur l'ordonnance pénale correctionnelle) « ne font pas échec aux droits de la partie lésée de citer l'auteur des faits devant le tribunal correctionnel » (al. 1). « Le tribunal statue uniquement sur les intérêts civils si l'ordonnance pénale a acquis la force de chose jugée » (al. 2). D'où l'on peut déduire deux règles :

— Avant que l'ordonnance ait acquis l'autorité de la chose jugée, on peut considérer que l'action de la victime devant le tribunal correctionnel entraîne l'exclusion de la procédure simplifiée et donc conduise ce tribunal à statuer à la fois sur l'action publique et sur l'action civile (argument *a contrario* de l'alinéa 2 qui veut qu'après acquisition de la chose jugée, le tribunal ne statue que sur l'action civile).

— Une fois que l'ordonnance a acquis l'autorité de chose jugée, le tribunal statue uniquement sur les intérêts civils [2]. On doit considérer que le tribunal est lié par l'ordonnance pénale puisque l'expression de l'article 528-1, al. 2, C.P.P., sur l'ordonnance pénale contraventionnelle (l'ordonnance « n'a pas l'autorité de la chose jugée à l'égard de l'action civile… ») n'est pas reproduite à l'article 495-6, al. 2, C.P.P.

2. *L'amende forfaitaire*

883. — *Rappel.* Si le contrevenant entend contester la contravention dont il a été l'objet, il peut saisir le service indiqué dans l'avis de contravention et ce service transmet la réclamation au procureur de la République. Ce magistrat, à son tour, peut classer sans suite l'affaire ou en saisir un juge aux fins de décision. Et la décision sera rendue selon la voie de l'ordonnance pénale ou selon la voie ordinaire [3].

1. Crim., 3 février 1998, B.C., n° 41.
2. Le tribunal est alors composé du seul président siégeant à juge unique, art. 495-6, al. 2, *in fine*, C.P.P.
3. V. *supra*, n°s 881 et 882.

SECTION II

LA PROCÉDURE DEVANT LES JURIDICTIONS CRIMINELLES (COURS D'ASSISES)

884. — *Généralités.* Divers traits doivent d'emblée être soulignés. D'abord, la procédure devant la cour d'assises est particulièrement formaliste, tant est important l'enjeu. Ensuite, les recours se présentent sous un jour assez particulier, s'agissant de ce que la loi dénomme un appel sans que le recours en soit vraiment un. Troisième trait, enfin, il existe deux procédures d'assises : celle où l'accusé est présent *(procédure ordinaire)* et celle où il n'est pas présent *(procédure par défaut)* [1].

§ 1. — La procédure ordinaire

Bibliographie. — ***Études générales :*** H. Angevin, *La pratique de la cour d'assises*, Litec, 4e éd., 2005 ; A. Besson, *De quelques aspects essentiels de la nouvelle procédure criminelle*, D., 1959, chron., 95 ; J. Brouchot, *La cour d'assises sous le régime du C.P.P.*, J.C.P., 1959.I.1479 ; F. Chapar, *Les modifications apportées au fonctionnement de la cour d'assises*, D., 1959, chron., 35 ; du même, *Manuel de la cour d'assises*, Dalloz, 4e éd., 1987 ; R. Merle, *Cour d'assises*, Répertoire pénal Dalloz ; A. Vitu, *La cour d'assises dans le nouveau C.P.P.*, R.S.C., 1959.539 ; R. Vouin, *La cour d'assises française de 1808 à 1958*, Mélanges Hugueney, Sirey, 1964.225.

Études particulières : P. Bilger, *La cour d'assises aujourd'hui*, R.P.D.P., 2007, 867 ; J. Brouchot, *L'interrogatoire préalable de l'accusé par le président de la cour d'assises*, J.C.P., 1963.I.1748 ; F. Chapar, *De quelques difficultés pratiques du jugement par la cour d'assises des individus renvoyés devant elle pour les délits connexes à des crimes*, D., 1965, chron., 105 ; P. Faivre, *Le donné acte devant la cour d'assises*, Mélanges Patin, Cujas, 1966.553 ; J. Granier, *Le réquisitoire en cour d'assises*, R.S.C., 1956.709 ; P. Leser, *Le président des assises*, R.S.C., 1948.837 ; P. Mimin, *Prépotence du jury*, D., 1958, chron. 1 ; J.L. Nadal, *Le Ministère public face à certains impératifs*, R.S.C., 1973.492 ; G. Pierron, *À propos de la manifestation prématurée d'opinion de la part du juré*, J.C.P., 1947.I.649 ; R. Vouin, *L'interrogatoire de l'accusé par le président de la cour d'assises*, R.S.C., 1955.43.

885. — *Caractères et phases de la procédure ordinaire.* La procédure est formaliste et longue.

Le *formalisme* de la procédure apparaît à travers sa minutie et son aspect presque théâtral. De là l'existence de nombreuses nullités qui, non prévues par la loi, ont été dégagées par la jurisprudence. Ces nullités pèsent sur la conduite des débats et sur la sentence, et elles seront volontiers invoquées

1. Remplaçant la procédure par contumace, selon la loi du 9 mars 2004.

par le condamné désireux de faire casser l'arrêt pour en obtenir un nouveau moins sévère.

La *longueur* de la procédure est perceptible à la multiplicité des actes qu'elle comporte et au fait que ceux-ci se répartissent en plusieurs phases. On peut, en effet, distinguer la procédure antérieure à l'audience, la procédure d'audience qui s'achève au moment où la cour et le jury se retirent pour délibérer, enfin la procédure postérieure à l'audience qui aboutit à un arrêt.

A — La procédure antérieure à l'audience

886. — La cour d'assises saisie [1], il faut mettre l'affaire en état d'être jugée : de là, certaines formalités de poursuite et d'instruction (art. 268 à 287, C.P.P.).

1. *Les formalités de poursuite*

a) Significations faites à l'accusé

887. — Faites à l'accusé par huissier, elles sont au nombre de trois au minimum.

• La première porte sur l'ordonnance ou l'arrêt de mise en accusation [2] qui lui est signifié [3] (art. 268, C.P.P.). Cette diligence a pour objet de faire connaître à l'accusé les charges et les chefs d'accusation retenus à son encontre. Elle fait courir, selon les cas, le délai d'appel ou de pourvoi en cassation. L'omission ou l'irrégularité de cette signification constitue une nullité substantielle viciant la procédure ultérieure [4].

La seconde concerne la liste des témoins et des experts [5] qui seront entendus à l'audience. On notera que la partie civile a la même obligation à l'égard de l'accusé et que l'accusé lui-même doit aussi signifier ses témoins au Ministère public et à la partie civile (art. 281, C.P.P.). La signification a lieu au plus tard vingt-quatre heures avant l'ouverture des débats. Le défaut

1. V. *supra*, n° 843.

2. Une traduction est certes possible en faveur des accusés ne comprenant pas le français. Cependant, selon la chambre criminelle, l'accusé ne peut invoquer pour la première fois devant la Cour de cassation l'absence de traduction de l'arrêt de renvoi, Crim., 8 novembre 1993, B.C., n° 327.

3. Si l'accusé est en fuite et dès lors sans domicile connu, la signification de l'arrêt est faite au parquet en application des articles 268, al. 4, et 559, C.P.P., et elle fait courir le délai de pourvoi, Crim., 12 février 1975, B.C., n° 477 ; 6 juillet 1977, D., 1977, I.R., 392, B.C., n° 256 ; 2 septembre 1997, B.C., n° 290.

4. Crim., 10 octobre 1957, D., 1957.694, R.S.C., 1958.417, obs. M. Patin ; 6 juillet 1965, B.C., n° 170.

5. Aucun texte n'exige que tous les experts commis au cours de l'instruction comparaissent devant la cour d'assises, Crim., 6 août 1996, B.C., n° 303.

ou l'irrégularité de cette formalité n'entraîne pas la nullité de la procédure, mais permet à l'accusé de s'opposer à l'audition des témoins [1].

La troisième est relative à la liste des jurés de session. Comme il importe que l'accusé puisse exercer utilement son droit de récusation, la loi décide que l'huissier doit signifier cette liste au plus tard l'avant-veille de l'ouverture des débats (art. 282, C.P.P.) et la jurisprudence ajoute qu'une copie doit en être remise à l'accusé [2] et que les omissions ou irrégularités provoquent la nullité de la procédure ultérieure [3], sans que l'accusé puisse renoncer à se prévaloir de celle-ci [4].

Enfin, dans le cas où l'accusé est en fuite, la date de l'audience à laquelle il doit être jugé par défaut doit lui être signifiée à son dernier domicile connu ou à la mairie de ce domicile ou au parquet du tribunal où siège la cour d'assises, au moins dix jours avant le début de l'audience (art. 270, C.P.P.).

b) Délivrance d'une copie du dossier à l'accusé et aux parties civiles

888. — Selon l'article 279, le procureur général fait délivrer à l'accusé et aux parties civiles « une copie gratuite des procès verbaux constatant l'infraction, des déclarations des témoins et des rapports d'expertise ». Mais la jurisprudence applique restrictivement cette disposition en décidant : 1° Que ses termes sont limitatifs [5] ; 2° Que sa méconnaissance n'entraîne pas la nullité de la procédure ultérieure et autorise seulement l'accusé à demander le renvoi à un autre jour de la session ou à une session ultérieure si sa défense s'en est trouvée gênée [6].

c) Translation de l'accusé, du dossier et des pièces à conviction au siège de la cour d'assises

889. — Cette troisième formalité, prévue par les articles 269 et 271, n'a évidemment d'utilité que si la juridiction siège ailleurs qu'au lieu de l'instruction préparatoire et de l'établissement de détention de l'accusé. Plus précisément, dès que la décision de mise en accusation est définitive, l'accusé, s'il est détenu, est transféré dans la maison d'arrêt du lieu où se tiennent les assises.

1. Crim., 8 décembre 1955, B.C., n° 551.
2. Crim., 23 janvier 1963, B.C., n° 41.
3. Crim., 25 mai 1972, B.C., n° 170.
4. Crim., 30 janvier 1892, D., 1892.I.459.
5. Crim., 10 mai 1961, B.C., n° 250, exclusion des rapports de police de synthèse de la liste des pièces à communiquer. Même solution pour une note de renseignements, Crim., 4 mars 1970, B.C., n° 91.
6. Crim., 24 mars 1971, B.C., n° 106 ; 29 juin 1983, B.C., n° 206 ; *add.* Crim., 5 juin 1996, B.C., n° 233, l'accusé ne saurait tirer argument d'une situation qu'il a délibérément provoquée, en l'espèce son placement en quartier d'isolement, pour prétendu qu'il a été privé du droit d'accéder au dossier et tenter d'entraver le cours de la justice en demandant plusieurs fois le renvoi de l'affaire.

2. *Les formalités d'instruction*

890. — Tandis que les formalités de poursuite sont l'œuvre du procureur général, c'est au président de la cour d'assises qu'incombent les formalités d'instruction. Et celles-ci sont soit obligatoires, soit facultatives.

a) L'interrogatoire de l'accusé avant l'audience, acte obligatoire

891. — Obligatoire, cet acte est aussi l'acte le plus important de la phase antérieure à l'audience (art. 272 à 277, C.P.P.) [1]. Aussi la jurisprudence y voit-elle une formalité substantielle dont l'omission ou les irrégularités vicient toute la procédure ultérieure [2].

• Quant à sa *date*, cet interrogatoire doit avoir lieu dans les plus brefs délais après l'arrivée de l'accusé à la maison d'arrêt (art. 272) et il ne peut être fait moins de cinq jours avant l'audience afin que l'accusé ait le temps de préparer sa défense (art. 277) [3], sauf renonciation expresse de celui-ci [4].

• Quant à son *objet*, l'interrogatoire est un acte d'administration et non d'investigation. Par cet acte, le magistrat interroge l'accusé sur son identité, lui demande s'il a reçu notification de la décision de mise en accusation et s'il est assisté d'un conseil, une réponse négative obligeant le juge à lui en désigner un d'office (art. 273 et 274). Mais le magistrat ne peut interroger l'accusé sur le fond [5]. S'il estimait devoir poser des questions sur le fond, il devrait ordonner un supplément d'information.

• Quant à ses *conditions*, cet acte est mené par le président ou par l'un de ses assesseurs désigné par lui (art. 272, al. 1 et 3) [6]. L'assistance d'un avocat n'est pas prévue, seule la présence de l'interprète est évoquée (art. 272, al. 4). L'interrogatoire terminé, le magistrat dresse un procès-verbal qui doit être signé par lui, le greffier, l'interprète et l'accusé [7]. Ce procès-verbal permettra à la Cour de cassation d'exercer son contrôle.

Si l'accusé est en liberté et si convoqué par la voie administrative au greffe de la cour d'assises, il ne se présente pas au jour fixé pour être interrogé par le président et ne fournit pas de motif légitime d'excuse, ce magistrat peut,

1. J. Brouchot, *L'interrogatoire préalable de l'accusé par le président de la cour d'assises*, J.C.P., 1963.I.1748.
2. Crim., 1er juillet 1892, D., 1892.V.364 ; 29 juillet 1948, B.C., n° 214.
3. Crim., 5 mars 1968, B.C., n° 73, R.S.C., 1968.873, obs. J. Robert ; 26 novembre 1980, B.C., n° 320.
4. Crim., 21 octobre 1964, B.C., n° 272 ; 27 octobre 1965, B.C., n° 214.
5. Crim., 22 décembre 1970, B.C., n° 350 ; 24 mars 1971, G.P., 1971.I.361 ; 5 mai 1982, B.C., n° 114. Toutefois, le président peut recueillir au cours de l'interrogatoire les déclarations que l'accusé estimerait devoir lui faire, Crim., 14 janvier 1960, D., 1960.156.
6. V. cependant Crim., 2 février 1961, B.C., n° 72 et 16 septembre 1961, B.C., n° 369, l'accusé peut être interrogé par un magistrat autre que le président ou l'un de ses assesseurs.
7. Crim., 23 juin 1971, B.C., n° 204, caractère indispensable de la signature du juge et du greffier ; 7 mars 1961, D., 1961.512 et 24 novembre 1971, B.C., n° 322, caractère non indispensable de la signature de l'accusé.

par décision motivée, décerner mandat d'arrêt contre lui (art. 272-1, C.P.P.). En cas d'arrestation, le juge des libertés et de la détention est seul compétent pour placer l'accusé en détention provisoire, en application de l'article 135-2, al. 4, C.P.P. [1].

b) Les mesures complémentaires facultatives

892. — En premier lieu, le président peut ordonner la *jonction* de certaines procédures connexes et indivisibles, ou des *disjonctions* (art. 285 et 286, C.P.P.). Il s'agit là de mesures prises dans l'intérêt d'une bonne administration de la justice et dont l'accusé ne peut se plaindre dès lors qu'elles ne lui ont porté aucun préjudice [2]. L'ordonnance qui décide de telles mesures n'a pas à être signifiée aux accusées ou à leurs conseils ou à être portée à leur connaissance [3]. Une fois que l'audience est ouverte, seule la cour peut prononcer la disjonction [4].

En second lieu, le président peut ordonner un *supplément d'information*, si l'instruction lui paraît incomplète ou si des éléments nouveaux sont apparus depuis la décision de renvoi (art. 283, C.P.P.). La mesure est alors indispensable puisque les débats d'assises, une fois ouverts, ne peuvent être interrompus pour qu'il soit procédé à de nouvelles investigations.

Le supplément d'information est conduit par le président lui-même, par l'un de ses assesseurs ou par un juge d'instruction. Il obéit aux règles de l'instruction préparatoire, par exemple aux articles 114 et suivants, ainsi qu'en a décidé une loi du 28 octobre 1935 qui a brisé une jurisprudence contraire (art. 283, al. 2, C.P.P.). Des procès-verbaux sont établis et déposés au greffe (art. 284, C.P.P.). Toutefois, le juge d'instruction n'a pas à rendre une nouvelle décision de renvoi au résultat de ces investigations complémentaires. Si l'accusé prétend que le supplément d'information a comporté des irrégularités, il doit les invoquer devant la cour d'assises et ne saurait le faire pour la première fois devant la Cour de cassation [5].

Le supplément d'information doit être distingué à la fois du pouvoir discrétionnaire appartenant au président durant l'audience (art. 310, C.P.P.) [6] et des actes d'ordre purement administratif qu'il peut, d'ores et déjà, être amené à accomplir en vue des débats futurs. Ces actes échappent aux formalités prévues aux articles 283 et 284, notamment à la rédaction d'un procès-verbal ou à la présence de l'avocat. Sont considérés comme des actes d'ordre administratif la soumission de l'accusé à un examen médical en vue de savoir s'il peut se présenter à l'audience [7], ou encore un transport sur les lieux du

1. Crim., 16 mars 2005, B.C., n° 96.
2. Crim., 18 août 1903, B.C., n° 302.
3. Crim., 23 janvier 1963, D., 1963, Somm., 75.
4. Crim., 5 juillet 1978, B.C., n° 222.
5. Crim., 10 juillet 1978, B.C., n° 223.
6. V. *infra*, n° 893.
7. Crim., 10 avril 1962, B.C., n° 176 ; 15 février 1966, B.C., n° 45.

crime destiné à une meilleure connaissance des circonstances de l'infraction [1]. Mais il y a supplément d'information si, au lieu de se rendre seul sur les lieux, le président se fait accompagner par le commissaire de police qui avait mené l'enquête et qui devait donc témoigner à l'audience ; les déclarations de ce témoin devaient donner lieu à procès-verbal [2].

En troisième lieu, si le président estime au vu des mesures ordonnées, que l'affaire n'est pas encore en état d'être jugée, il peut décider, sur les réquisitions du Ministère public ou d'office, le *renvoi à une session ultérieure* (art. 287). Mais l'accusé n'a pas qualité pour présenter une requête à cette fin [3].

B — La procédure d'audience

1. *Les fonctions respectives du président, de la Cour, des jurés et des parties au cours de l'audience*

a) Les fonctions du président

893. — Le président de la cour d'assises est investi d'un triple pouvoir.

• Il possède d'abord un *pouvoir de police* de l'audience (art. 309, al. 1) qui lui permet de maintenir l'ordre dans la salle, voire interdire l'accès de celle-ci aux mineurs (art. 306, al. 2).

• Il assure ensuite la *direction des débats*, ce qui l'amène notamment à régler l'ordre de production des preuves [4], à diriger les jurés dans l'exercice de leurs fonctions et à rejeter des débats « tout ce qui tendrait à compromettre leur dignité ou à les prolonger sans donner lieu d'espérer plus de certitude dans les résultats » (art. 309, al. 2) [5].

• Il est enfin investi d'un *pouvoir discrétionnaire* par l'effet duquel il peut, en son honneur et en sa conscience, prendre toutes mesures qu'il croit utiles pour découvrir la vérité (art. 310, al. 1). Ce pouvoir n'est accordé qu'aux présidents des cours d'assises et des juridictions d'exception. Ce pouvoir s'explique par le principe de la continuité des débats qui exclut toute interruption de ceux-ci pour recourir à des mesures d'instruction.

1. Crim., 17 octobre 1968, *1re aff. Deveaux*, J.C.P., 1969.II.15780, note A. Vitu.
2. Crim., 30 avril 1969, B.C., n° 149, D., 1969.449, rapport F. Chapar ; J.C.P., 1969.II.16448, note Boyer.
3. Crim., 19 avril 1972, B.C., n° 132.
4. Il appartient en effet au président de déterminer l'ordre des débats, aucun texte ne prévoyant d'ordre obligatoire à suivre entre les interrogatoires, les auditions d'experts et les dépositions des témoins, Crim., 28 janvier 1978, B.C., n° 216 ; 25 février 1987, B.C., n° 100.
5. Crim., 26 juillet 1993, B.C., n° 251, le président peut refuser qu'une question soit posée à l'accusé par la défense, celle-ci devant saisir la cour si elle estime que le président a excédé ses pouvoirs.

Quant à son *domaine*, le pouvoir discrétionnaire s'étend de la constitution du jury (art. 305) à la clôture des débats (art. 347) et il autorise le président à ordonner tous actes nécessaires à la recherche de la vérité :

— audition de toute personne, même reprochable [1], et qu'il peut inviter même avant l'ouverture des débats à comparaître [2], audition du juge d'instruction [3] ;

— expertise [4] ;

— transport sur les lieux ;

— apport de documents [5] ;

— lecture de la déposition d'un témoin absent [6] ou même de toutes pièces de la procédure [7] ;

— communication aux jurés et aux assesseurs de photographies contenus dans le dossier de l'information [8] ;

— audition d'un médecin n'ayant pas la qualité d'expert [9] ;

— vérification par la police d'un point contesté...

Toutefois, la décision d'amener par la force publique un témoin cité et défaillant ne peut être prise que par la cour (art. 326, C.P.P.) [10].

Quant à ses *caractères*, le pouvoir discrétionnaire est d'abord non formaliste : les témoins ne prêtent pas serment et leurs déclarations ne valent qu'à titre de simples renseignements (art. 310, al. 3), ce qui du reste présente peu d'intérêt dans un système fondé sur l'intime conviction. Il est ensuite limité : 1° Par la loi, ce qui, par exemple, interdit au président de faire état d'un acte d'instruction irrégulier et dont l'article 174 interdit d'ailleurs de tirer le moindre renseignement [11] ; 2° Par les principes fondamentaux de notre procédure, tel celui d'oralité, ce qui empêche le président de communiquer aux

1. Crim., 14 novembre 1968, B.C., n° 300.

2. Crim., 4 juin 1984, B.C., n° 201 ; 22 mars 2000, D., 2000, I.R., 170.

3. Crim., 2 décembre 1987, B.C., n° 443, D., 1988, Somm., 355, obs. J. Pradel.

4. Crim., 29 mars 1962, D., 1962.567, note F. Chapar ; 30 novembre 1988, B.C., n° 406, D., 1989, Somm., 171, obs. J. Pradel, expertise psychologique d'un témoin pour apprécier la crédibilité de son témoignage. Toutefois les règles de l'expertise (des art. 156 et s., C.P.P.) ne s'appliquent pas ici, Crim., 20 octobre 1999, B.C., n° 227.

5. Crim., 1er décembre 1971, B.C., n° 333.

6. Crim., 9 novembre 1971, B.C., n° 303 ; 27 avril 1977, B.C., n° 140 ; 18 mai 1977, B.C., n° 180 ; 14 juin 1984, B.C., n° 221. Rappelons que si le témoin est présent, il doit d'abord être entendu en application des principes d'oralité et de contradiction.

7. Crim., 5 janvier 1978, B.C., n° 7.

8. Crim., 5 avril 1995, D., 1995, Somm., 320, obs. J. Pradel ; 20 août 1997, B.C., n° 287, D., 1998, Somm. 175, obs. J. Pradel ; 1er octobre 1997, B.C., n° 321, D., 1998, Somm. 175, obs. J. Pradel. Ces arrêts insistent sur l'idée que l'avocat avait pu prendre connaissance des photos en application de l'art. 278, C.P.P. (Crim., 20 août 1997) et que la validité de ces documents n'avait pas été contestée (Crim., 1er octobre 1997).

9. Crim., 17 mai 2000, B.C., n° 193.

10. Crim., 22 février 1984, B.C., n° 69.

11. Crim., 28 août 1926, S., 1928.I.217, note J.A. Roux, arrêt rendu avant le C.P.P. ; 30 juin 1981, B.C., n° 224 et 23 janvier 1990, B.C., n° 42, arrêts rendus sous l'empire du C.P.P.

assesseurs des pièces du dossier avant ou après l'audition des témoins [1], ou tel encore celui du respect des droits de la défense, ce qui interdit au président de communiquer des pièces au jury sans offrir de les communiquer à l'accusé et à son conseil. Enfin, depuis la loi du 29 décembre 1972, le pouvoir discrétionnaire est communicable : quoique la cour ne saurait le contraindre à l'exercer, le président peut, s'il l'estime opportun, saisir la cour qui statuera dans les conditions prévues à l'article 316 et pourra donc décider elle-même une mesure ressortissant du pouvoir discrétionnaire.

Règle essentielle, dans l'exercice de ses diverses fonctions, le président a « le devoir de ne pas manifester son opinion sur la culpabilité » (art. 328, al. 2, C.P.P.). La loi affirme ainsi un devoir d'impartialité sur lequel la chambre criminelle a eu plusieurs fois à statuer.

Deux séries d'arrêts ont été rendus. D'un côté, l'article 328 est méconnu dans le cas du président qui avant l'interrogatoire s'exclame « quel que soit le mobile, l'accusé a commis deux crimes odieux et abominables » [2] ou du président qui à la fin de l'interrogatoire déclare à l'accusé qui niait sa culpabilité : « ne pensez-vous pas que vous niez l'évidence ? » [3]. On cite aussi le cas du président qui, dès l'ouverture des débats, remet aux assesseurs et aux jurés copie d'une feuille de questions préétablie portant à la suite du texte des questions qui leur seraient posées, mention de la décision de condamnation de l'accusé [4].

Mais, d'un autre côté, il n'y a pas manifestation d'opinion dans le fait par le président de communiquer à la cour et aux jurés une brochure tirée du dossier [5], de verser aux débats des documents relatifs aux antécédents judiciaires de l'accusé [6] et même de dire, suite à une opinion apportée par l'accusé, « c'est horrible ça », ce qui n'implique pas en soi la manifestation d'une opinion préconçue [7].

On pourrait donner beaucoup d'autres exemples [8].

b) Les fonctions de la cour

894. — La cour s'entend du président et des deux assesseurs, à l'exclusion du jury. Après clôture des débats, la cour est compétente pour statuer sur le règlement des intérêts civils [9]. Au cours de ceux-ci, elle intervient de trois façons.

1. Crim., 9 avril 1986, D., 1986, I.R., 305, obs. J. Pradel.
2. Crim., 14 juin 1956, B.C., n° 476, D., 1956.733, note R. Vouin.
3. Crim., 14 juin 1989, B.C., n° 259, D., 1989, Somm. 390, obs. J. Pradel, R.S.C., 1990.368, obs. A. Braunschweig.
4. Crim., 9 janvier 1991, B.C., n° 16, D., 1991, Somm., 210, obs. J. Pradel, R.S.C., 1991.787, obs. A. Braunschweig. Rappr. Crim., 20 août 1997, B.C., n° 288, D., 1998, Somm. 177, obs. J. Pradel.
5. Crim., 3 juin 1988, B.C., n° 246.
6. Crim., 5 janvier 1994, D., 1995, Somm. 145, obs. J. Pradel.
7. Crim., 28 mai 1997, B.C., n° 209, D., 1998, Somm. 177, obs. J. Pradel, *Dr. pénal*, 1997, comm. 134, obs. A. Maron.
8. Pour d'autres exemples, v. H. ANGEVIN, *La pratique de la cour d'assises*, Litec, 2e éd., 1999, nos 86 et s.
9. V. *infra*, n° 915.

• D'abord, la cour exerce concuremment avec le président, la police de l'audience et la direction de l'instruction. Elle peut ordonner le huis clos (art. 306, al. 1), une expertise ou un transport sur les lieux. Elle peut aussi renvoyer l'affaire à une autre session [1] ; la cour n'étant pas alors composée de la même façon, il faudra reprendre les débats dès le début. Elle peut encore lancer un mandat d'amener contre un témoin qui n'a pas comparu quoique cité [2].

Les pouvoirs d'instruction étant concuremment attribués au président agissant discrétionnairement et à la cour agissant comme toute juridiction pénale, la jurisprudence a été amenée à préciser que la cour ne peut empiéter sur les pouvoirs du président. Si par exemple le président, agissant sur la base de l'article 310, C.P.P., a ordonné une expertise, la cour est incompétente pour statuer ultérieurement sur des conclusions tendant à réformer cette décision, même s'il s'agit d'une mesure que la cour aurait eu, comme le président, le pouvoir de prendre [3].

• En outre, elle possède un pouvoir juridictionnel en vertu duquel elle résout, par arrêt motivé, les demandes de mise en liberté présentées par les accusés au cours des débats et les incidents apparus soit entre les parties, soit entre le président et les parties (art. 316) et matérialisés par des conclusions écrites ou orales tendant à l'obtention d'une décision, c'est-à-dire présentant le caractère contentieux [4]. C'est elle qui statue sur l'existence des questions préjudicielles, sur la position des questions soumises à la cour et au jury réunis (art. 352) [5], sur des réquisitions du Ministère public prises pendant les débats (art. 313), sur l'opposition d'une partie à l'audition d'un témoin dont le nom ne lui aurait pas été signifié ou l'aurait été irrégulièrement (art. 330), sur les restitutions d'objets saisis (art. 373). Lorsque la cour d'assises examine l'affaire en premier ressort, les arrêts rendus sur ces incidents ne peuvent pas faire l'objet d'un recours et si la cour d'assises examine l'affaire en appel, ces arrêts ne pourront être attaqués que par la voie du recours en cassation, en même temps que l'arrêt sur le fond (art. 316, al. 3, C.P.P.).

• La cour est encore appelée à prononcer certaines condamnations, par exemple contre l'auteur d'un délit ou d'une contravention d'audience (art. 675 et s.), ou contre un témoin qui ne comparaît pas ou qui refuse soit de prêter serment soit de déposer (art. 326), ou encore contre un juré défaillant (art. 288).

1. Crim., 23 mai 1967, B.C., n° 159, R.S.C., 1967.879, obs. J. Robert.

2. Crim., 13 décembre 1989, B.C., n° 479, R.S.C., 1990.368, obs. A. Braunschweig.

3. Art. 326, C.P.P. Toutefois, n'est pas irrégulier le mandat d'amener qui est délivré par le président : Crim., 29 mai 2002, B.C., n° 125.

4. Mais ces arrêts ne sauraient préjuger du fond, art. 316, al. 2, C.P.P. Avec la sanction de l'annulation de l'arrêt incident selon la jurisprudence, Crim., 5 mars 1986, B.C., n° 91 ; 31 janvier 1990, B.C., n° 52.

5. Crim., 17 décembre 1997, B.C., n° 431.

• Enfin, la cour peut décerner mandat de dépôt ou d'arrêt si l'accusé — par hypothèse en liberté — se soustrait aux obligations du contrôle judiciaire ou s'il apparaît que la détention est l'unique moyen d'assurer sa présence lors des débats ou d'empêcher des pressions sur les victimes ou les témoins. La cour a d'ailleurs la faculté, dès le début des débats, d'ordonner le placement de l'accusé sous contrôle judiciaire pour assurer sa présence, ou empêcher des pressions sur les victimes et les témoins. Dans tous les cas, la cour statue après réquisitions du Ministère public (art. 272-1, al. 2, C.P.P.).

c) Les fonctions des jurés

895. — En décidant que les jurés sont placés « aux côtés de la cour, si la disposition des lieux le permet » (art. 303), le législateur marque son souci de voir régner une étroite collaboration entre la cour et eux. Cependant, au cours des débats, les jurés n'interviennent pas activement. Il leur est seulement demandé d'être attentifs, de ne point manifester prématurément leur opinion (art. 311, al. 2) [1] et de ne communiquer avec personne (art. 304, al. 1) sauf à réserver leur droit de demander au président l'autorisation de poser une question à un témoin. La violation de l'une de ces obligations entraînerait le remplacement du juré fautif par un juré supplémentaire, ou le renvoi de l'affaire soit à un autre jour de la session, soit à une autre session.

d) Les fonctions des parties

896. — Le Ministère public, l'accusé et la partie civile ainsi que leurs conseils peuvent d'abord poser directement ou par l'intermédiaire du président des questions à l'accusé (art. 312, al. 1) et aux témoins (art. 332). Ils peuvent aussi réclamer des mesures complémentaires d'instruction, l'acceptation de celles-ci par la cour impliquant le renvoi de l'affaire à une autre session.

Par ailleurs, les parties peuvent demander qu'il leur soit donné acte de faits ou d'incidents survenus pendant l'audience ou encore du non-accomplissement d'une formalité (art. 313 et 315). La demande de donner acte est recevable jusqu'à la levée de la dernière audience [2].

1. G. PIERRON, *À propos de la manifestation prématurée d'opinion*, J.C.P., 1947.I.649. *Add.* Crim., 20 décembre 1967, B.C., n° 337, R.S.C., 1968.653, obs. J. Robert ; 6 mai 1975, B.C., n° 115 ; 2 juillet 1985, B.C., n° 253. Tous ces arrêts posent la règle que le fait pour un juré de poser une question pour obtenir un éclaircissement qu'il juge nécessaire ne constitue pas la manifestation prématurée d'opinion. Rappr. Crim., 28 janvier 1998, B.C., n° 34, *Dr. pénal*, 1998, comm. 57, obs. A. Maron, possibilité pour un assesseur (même position que le juré) de poser une question à un expert psychiatre qui avait parlé de « coup de couteau sournois ».

2. Crim., 22 avril 1977, B.C., n° 130, D., 1978.28, note F. Chapar ; 21 janvier 1987, D., 1987.185, note F. Chapar, la faculté de solliciter un « donné-acte » doit être exercée immédiatement.

2. *Le déroulement de l'audience*

897. — La procédure est dominée par le principe de la *continuité des débats* (art. 307) [1] — ou de concentration comme on dit dans certains droits étrangers — en vertu duquel l'affaire doit être examinée jusqu'au jugement, sans suspensions autres que celles qui sont imposées par les nécessités du repos des juges, de l'accusé et de la partie civile. Le président fixe discrétionnairement le moment et la durée des suspensions nécessaires [2].

Une question délicate est celle de l'enregistrement des paroles par caméra ou télévision, traitée à l'article 308, C.P.P. Dans le principe, l'emploi de tout appareil est interdit sous peine d'une amende de 18 000 €. Cependant, certains enregistrements peuvent être utiles, par exemple au stade de la cour d'assises d'appel. Aussi le président de la cour d'assises peut ordonner que les débats feront en tout ou partie l'objet d'un enregistrement sonore et il peut également, à la demande de la victime ou de la partie civile, ordonner que l'audition de celle-ci fera l'objet d'un enregistrement audiovisuel [3].

L'audience peut être divisée en trois phases d'importance inégale.

a) Les premières formalités

898. — La cour, le Ministère public et le greffier font leur *entrée* dans la salle d'audience. C'est ensuite la comparution de l'*accusé*, qui se présente encadré de gendarmes, mais non enchaîné (art. 318, C.P.P.) [4]. Aussitôt, le président lui demande ses nom, prénoms, date et lieu de naissance, profession et résidence (art. 294, C.P.P.) : c'est *l'interrogatoire d'identité*. Il lui nomme éventuellement un interprète (art. 344, C.P.P.).

Ensuite, il est procédé à la constitution du *jury de jugement* (de la liste de jugement). Le greffier fait l'appel des jurés de session qui ont été convoqués (art. 267, C.P.P.) et qui sont normalement au nombre de 40 [5]. Une carte portant leur nom est déposée dans une urne. Aussitôt après, la cour doit, par arrêt, ordonner qu'il soit tiré indépendamment des neuf jurés titulaires un ou plusieurs jurés supplémentaires qui assisteront aux débats et qui

1. Crim., 20 octobre 1993, B.C., n° 301, le respect du principe de continuité et de celui du jugement dans un délai raisonnable justifient que, malgré l'absence du défenseur choisi par l'accusé, le renvoi de l'affaire ne soit pas ordonné.

2. Crim., 14 décembre 1977, B.C., n° 397.

3. Crim., 3 février 2004, B.C., n° 26, rapport Menotti, conseiller rapporteur, Bulletin d'information de la Cour de cassation, 15 avril 2004, en cas de huis-clos admis par une Cour d'assises, est sans objet le recours formé par l'accusé contre l'ordonnance du premier président ayant rejeté sa demande d'enregistrement du procès.

4. Crim., 15 mai 1985, B.C., n° 188, possibilité de placer l'accusé dans un enclos de verre pendant l'audience, dans lequel il sera libre de ses mouvements et pourra communiquer librement et secrètement avec son conseil.

5. Tout juré qui sans motif légitime n'a pas déféré à la convocation peut être condamné par la cour à une amende de 3 750 €. Ce juré peut cependant, dans les 10 jours de la signification de cette condamnation faire opposition devant le tribunal correctionnel (art. 288, C.P.P.).

remplaceront les jurés titulaires en cas de besoin (art. 296, C.P.P., modifié par la l. du 10 juin 1983). Les jurés supplémentaires, bien qu'ils ne participent pas à la délibération, ont selon la jurisprudence, le même statut que les autres et ils peuvent donc, par exemple, poser des questions aux témoins en demandant la parole au président [1]. Les opérations de tirage au sort peuvent se trouver compliquées par un droit de récusation accordé au Ministère public et à l'accusé ; l'accusé ne peut récuser plus de cinq jurés et le Ministère public plus de quatre (art. 298, C.P.P.). Contrairement à la récusation d'un magistrat qui est soumise à de strictes conditions (art. 668 et s., C.P.P.) [2], celle d'un juré est absolument libre de la part des parties qui n'ont pas à motiver leur décision et qui ne sont soumises à aucun contrôle. Le jury de jugement est formé lorsqu'ont été tirés au sort les noms des 9 jurés titulaires et de jurés suppléants non récusés. Toutes ces formalités ont lieu en audience publique, selon l'article 293, C.P.P., disposition qui est d'ordre public [3].

Une fois désignés, les jurés sont invités à *prendre place*, soit aux côtés de la cour, si la disposition des lieux le permet, soit sur des sièges séparés du public, face à l'accusé (art. 303, C.P.P.).

Intervient alors le *serment des jurés*. Le président adresse aux jurés, debout et découverts, le discours dont le texte est indiqué par l'article 304, et qui résume leurs devoirs en leur imposant « de ne trahir ni les intérêts de l'accusé, ni ceux de la société qui l'accuse, ni ceux de la victime, de ne communiquer avec personne jusqu'à leur déclaration, de n'écouter ni la haine ou la méchanceté, ni la crainte ou l'affection, de se rappeler que l'accusé est présumé innocent et que le doute doit lui profiter, de se décider d'après les charges et les moyens de défense suivant leur conscience et leur intime conviction avec l'impartialité et la fermeté qui conviennent à un homme probe et libre et de conserver le secret des délibérations, même après la cessation de leurs fonctions » [4]. Chaque juré, à l'appel de son nom, répond en levant la main, « Je le jure », à peine de nullité [5]. Cette formalité est substantielle et doit être accomplie, sous peine de nullité, avant l'ouverture des débats [6].

Le jury de jugement est maintenant définitivement constitué. Or ce moment est important car la défense ne pourra plus soulever de nullités d'actes accomplis entre la décision de renvoi et ce moment qui précède

1. Crim., 27 juin 1984, B.C., n° 246.
2. V. *supra*, n° 25.
3. Crim., 4 mai 1977, B.C., n° 154.
4. L'obligation au secret qui s'impose aux jurés est générale et absolue, Crim., 25 janvier 1968, B.C., n° 25, D., 1968.153, rapport Costa ; R.S.C., 1968.344, obs. G. Levasseur, arrêt ayant rejeté le pourvoi contre Paris, 9 novembre 1966, J.C.P., 1968.II.15368, note R. de Lestang. *Add.* dans le même sens, Trib. corr., Paris, 31 mars 1989, J.C.P., 1989.II.21356, note Dubreuil.
5. F. CHAPAR, *Le serment des jurés de la cour d'assises*, D., 1962, chron. 62.
6. Crim., 1er juin 1983, B.C., n° 167.

immédiatement les débats. La défense doit donc soulever une nullité, dans l'instant qui suit la constitution du jury [1]. Selon l'article 305-1, C.P.P., « l'exception tirée d'une nullité autre que celles purgées par « la décision de renvoi devenue définitive » et entachant la procédure qui précède l'ouverture des débats doit, à peine de forclusion, être soulevée dès que le jury de jugement est définitivement constitué ». Le législateur a entendu réduire le nombre des cassations d'autant plus que les occasions d'irrégularités sont nombreuses dans cette partie de la procédure. Conformément à l'intention du législateur, la jurisprudence entend largement l'article 305-1. D'une part, elle applique le texte aux opérations de formation du jury [2], ainsi qu'à divers actes de procédure parallèles à ces opérations [3].

D'autre part, elle l'applique aussi aux cours d'assises sans jury [4]. Enfin, elle l'applique aux actes relatifs à la désignation des magistrats professionnels, qu'il s'agisse du président ou des assesseurs [5].

Après constitution du jury et dépôt éventuel de conclusions aux fins de nullité d'actes, le président *avertit le défenseur*, si celui-ci n'est pas un avocat, « qu'il ne peut rien dire contre sa conscience ou le respect dû aux lois et qu'il doit s'exprimer avec décence et modération » (art. 323, C.P.P.).

L'huissier procède ensuite, sur l'ordre du président, à la *lecture de la liste des témoins* cités par les parties, dont les noms ont été régulièrement signifiés. L'appel achevé, le président donne l'ordre aux témoins de se retirer dans une salle spéciale d'où chacun d'eux ne sortira que pour déposer (art. 324 et 325, C.P.P.) [6].

Enfin, le président invite l'accusé et les jurés à écouter avec attention la *lecture de la décision de renvoi* ; il invite le greffier à procéder à cette lecture (art. 327, C.P.P.) [7].

C'est alors que vont commencer les débats proprement dits.

1. Après il serait trop tard, Crim., 8 octobre 1986, D., 1986.605, note H. Angevin. Le président n'est pas tenu de rappeler aux parties les dispositions de l'article 305-1, Crim., 20 août 1997, B.C., n° 287, *Procédures*, 1998, comm. 68, obs. J. Buisson ; 1er décembre 1987, B.C., n° 453 ; 20 août 1987, B.C., n° 287.

2. Crim., 8 octobre 1986, B.C., n° 277 ; 9 décembre 1987, B.C., n° 453 ; 20 août 1997, B.C., n° 287.

3. Pour l'interrogatoire préalable de l'accusé par le président, Crim., 1er décembre 1999, B.C., n° 287 ; 2 septembre 2005, B.C., n° 216. Pour la désignation de l'avocat, Crim., 26 mai 1999, B.C., n° 104, etc.

4. Crim., 11 février 1987, B.C., n° 69, D., 1987.215, note H. Angevin ; J. Pradel et A. Varinard, n° 38.

5. Crim., 25 septembre 2002, B.C., nos 176 et 177.

6. Crim., 23 février 2000, B.C., n° 81, le respect de l'art. 325 ne s'impose pas à peine de nullité.

7. La lecture de l'arrêt est indispensable pour que les parties et la cour aient connaissance de l'accusation, Crim., 6 janvier 1982, B.C., n° 8 ; 20 janvier 1999, B.C., n° 12 ; 11 septembre 2002, B.C., n° 161 ; 25 septembre 2002, B.C., n° 176.

b) Les débats proprement dits

899. — Consacrés à la recherche et à la discussion des preuves, les débats se déroulent suivant un ordre qui n'est pas impératif [1], mais qui d'ordinaire est le suivant.

900. — *L'interrogatoire de l'accusé.* Prévu par l'article 328, C.P.P., cet acte est en fait le premier acte d'instruction auquel il est procédé au cours de l'audience.

Cet interrogatoire se traduit par une série de questions, d'abord sur la personnalité, ensuite sur les faits.

Qui doit y procéder ? Dans le système anglo-saxon, ce sont les parties qui posent les questions à l'accusé : d'abord l'accusation et ensuite la défense [2], le président étant un arbitre pouvant tout au plus poser à la fin quelques questions nécessaires à l'intelligence de l'affaire. Dans notre droit, c'est le président qui a la direction des débats (art. 309, C.P.P.) et qui, en conséquence, mène l'interrogatoire [3]. Mais rien n'interdit aux parties de poser également et directement des questions à l'accusé, à moins qu'elles ne préfèrent poser leurs questions par l'intermédiaire du président (art. 312, C.P.P.). Le système est le même qu'en matière de délit.

Si l'accusé n'est pas en détention provisoire et s'il ne veut pas comparaître à l'audience, le président peut ordonner qu'il soit amené devant la cour d'assises par la force publique (art. 320-1, C.P.P.). L'interrogatoire est alors rendu possible.

901. — *L'audition des témoins.* Il est ensuite procédé à l'*audition des témoins* dont l'intervention est minutieusement décrite par la loi (art. 329 à 344). Toutes les personnes susceptibles d'apporter quelques lumières sur l'affaire peuvent être témoin, même un policier ou un juge d'instruction ayant connu l'affaire [4] ; la loi exclut cependant l'interprète (art. 344, al. 3, C.P.P.), le juré (art. 257, *in fine*) et, bien sûr, toutes les personnes composant la cour d'assises.

Les témoins sont appelés l'un après l'autre de la salle où ils se sont retirés dès le début de l'audience, la pratique voulant que les témoins de l'accusation soient entendus les premiers. Chaque témoin, sur la demande du président, décline son identité et précise s'il connaissait l'accusé avant les faits. Puis il prête serment « de parler sans haine et sans crainte, de dire toute la vérité, rien que la vérité » (art. 331, al. 3, C.P.P.) ; cette formule est

1. Crim., 5 octobre 1972, B.C., n° 269 ; 26 février 1992, B.C., n° 89, D., 1993, Somm., 205, obs. J. Pradel ; 23 février 2000, B.C., n° 81.

2. On parle de *cross-examination*.

3. L'interrogatoire terminé, le président peut donner lecture des déclarations faites par l'accusé au cours de l'enquête et de l'instruction, Crim., 26 janvier 2000, B.C., n° 43.

4. En prenant soin de ne pas manifester son opinion.

sacramentelle et ne peut comporter ni retranchement ni modification [1]. Cependant, les mineurs de 16 ans, la partie civile [2], les parents et alliés ne prêtent pas serment en principe (art. 335 et 336, C.P.P.), toutes ces incapacités étant de droit étroit [3].

Le témoin dépose ensuite oralement et sans être interrompu, à moins qu'il ne s'égare sur un terrain étranger aux faits ou à la personnalité de l'accusé [4] (art. 331, al. 4, C.P.P.). C'est ainsi que si la déposition est interrompue par une suspension d'audience, la cassation est encourue [5]. Des questions peuvent lui être posées après son audition par le président agissant de lui-même ou à la demande d'une partie. Le président peut autoriser le témoin à s'aider de documents au cours de son audition (art. 331, al. 3, C.P.P.) [6]. Après sa déposition, le témoin demeure dans la salle d'audience à la disposition de la cour jusqu'à la clôture des débats, sauf si le président l'autorise à se retirer. Lorsqu'un témoin paraît mentir, le président dispose de pouvoirs particuliers : il fait d'abord dresser un procès-verbal des variations entre la déposition du témoin à l'audience et ses précédentes affirmations ; il peut ensuite ordonner au témoin de demeurer dans la salle d'audience jusqu'au verdict ; après celui-ci, il décide enfin la conduite immédiate et par la force publique du témoin devant le procureur de la République qui est tenu de faire ouvrir une information (art. 342, C.P.P.).

902. — *L'audition des experts.* Après quoi, le président procède à l'*audition des experts*. Les experts prêtent serment d'apporter leur concours à la justice en leur honneur et en leur conscience (art. 168, C.P.P. ; comp. le serment des témoins, art. 331, al. 3, C.P.P.). Ils exposent le résultat de leurs opinions, en s'aidant au besoin de notes. Si un témoin contredit les conclusions d'un expert, le président demande à ce dernier, ainsi qu'à toutes les parties de présenter leurs observations ; après quoi, la Cour, par décision motivée, décide soit qu'il sera passé outre aux débats, soit que l'affaire sera renvoyée à une date ultérieure, une nouvelle expertise pouvant alors être prescrite (art. 169, C.P.P.). Cette procédure est destinée à parer aux difficultés nées des batailles entre experts officiels et officieux qui, dans le passé, ont été nombreuses en cour d'assises. Puis le président fait *présenter les pièces*

1. Crim., 6 août 1887, D., 1888.I.43, pour un O.P.J. ; 25 septembre 1902, S., 1906.I.535 ; 2 décembre 1987, D., 1988, Somm., 355, obs. J. Pradel, pour un juge d'instruction ; 17 mai 2000, B.C., n° 195, le serment s'applique à peine de nullité même si le témoin a été cité sous une identité erronée.

2. Crim., 4 novembre 1983, B.C., n° 283.

3. Crim., 1er décembre 1999, B.C., n° 286, prêtent donc serment l'oncle et le cousin de l'accusé.

4. Crim., 28 avril 1978, B.C., n° 131, l'épouse du frère du mari de l'accusée prête serment ; 12 novembre 1987, D., 1988, Somm., 189, obs. J. Pradel, même solution pour la nièce de l'accusé ; 31 janvier 1996, B.C., n° 56, id. pour l'accusé ayant bénéficié d'un acquittement antérieur et cité comme témoin au procès d'un coaccusé.

5. Crim., 12 février 2003, B.C., n° 35.

6. Crim., 7 novembre 2007, B.C., n° 267, cassation de l'arrêt si le témoin s'était aidé de documents sans y avoir été autorisé par le président.

à conviction (qui ont déjà pu être montrées à l'accusé et aux témoins, art. 341) et, si nécessaire, ordonne toutes *mesures d'instruction* en vertu de son pouvoir discrétionnaire. Une fois que le président a donné lecture de pièces utiles, en vertu de son pouvoir discrétionnaire, il n'est pas tenu de donner la parole à l'accusé et à son conseil ; il appartient à ceux-ci de réclamer la parole s'ils le désirent [1].

Quand l'accusé ou un témoin ne parle pas français, il est fait appel à un interprète qui prête serment « d'apporter son concours à la justice en son honneur et en sa conscience » (art. 344, al. 1, C.P.P.). Mais cette formule, contrairement à celle du témoin, n'est pas sacramentelle [2].

903. — *Le réquisitoire et les plaidoiries.* Interviennent enfin le *réquisitoire* et les *plaidoiries* dont l'ordre est fixé par l'article 346 : plaidoirie de l'avocat de la partie civile, réquisitoire du Ministère public, plaidoirie de l'avocat de l'accusé. Des répliques sont permises à la partie civile et au Ministère public, mais l'accusé et son conseil doivent toujours avoir la parole les derniers : cette règle est qualifiée de « fondamentale » par la jurisprudence, d'où l'annulation de l'arrêt en cas de violation [3], et son application non seulement à l'instruction d'audience, mais aussi à tout incident contentieux intéressant la défense et réglé par un arrêt [4].

c) Les dernières formalités

Les preuves produites et discutées, quatre ultimes formalités vont intervenir (art. 347 à 354).

— *La clôture des débats*

904. — Le président déclare expressément que les débats sont terminés (art. 347, al. 1). Jadis, il devait ensuite résumer l'affaire à l'intention des jurés, en leur indiquant les principales preuves à charge et à décharge. Parfois tendancieux, ce résumé a été supprimé par la loi du 19 juillet 1881 et cette interdiction figure aujourd'hui à l'article 347, alinéa 2. Rien n'empêche cependant le président, au cours du délibéré, d'exercer en fait une influence sur les jurés.

Le moment de la clôture des débats entraîne un effet : la discussion des preuves est terminée ; aucun argument ne peut plus être proposé par les parties qui sont irrecevables à faire parvenir à la cour et aux jurés des notes pendant le délibéré.

1. Crim., 9 janvier 1974, B.C., n° 9.
2. Crim., 9 novembre 1983, B.C., n° 296.
3. Crim., 20 février 1913, D., 1916.I.181 ; 5 janvier 1984, D., 1984, I.R., 145, obs. J.M.R. ; 25 novembre 1998, B.C., n° 316.
4. Crim., 17 février 1983, B.C., n° 62.

Cependant, après clôture des débats, le président peut annoncer qu'il va poser une question spéciale [1] : en effet, l'accusé peut, en ce cas, obtenir la réouverture des débats et ainsi se défendre sur les éléments relatifs à cette question [2].

— *Le dépôt du dossier entre les mains du greffier*

905. — Le président ordonne que le dossier soit déposé entre les mains du greffier de la cour d'assises, sauf la décision de mise en accusation qu'il conserve par devers lui en vue de la délibération (art. 347, al. 3). Cette dernière formalité n'est pas substantielle [3].

— *L'établissement et la lecture de la feuille des questions*

906. — En sa qualité de directeur des débats, le président donne lecture des questions, ou points à résoudre, dont il a établi la liste et auxquels la cour et les jurés auront à répondre. Il faut en effet que les parties puissent exercer un contrôle sur leur rédaction. Elles peuvent proposer une modification. Si le président s'y refuse, la partie intéressée peut déposer des conclusions et la cour tranchera le différent en vertu de son pouvoir juridictionnel.

Toutefois, la lecture n'est pas obligatoire lorsque les questions sont posées dans les termes de la décision de mise en accusation ou bien si l'accusé ou son conseil y renonce (art. 348). Et il suffit, selon la jurisprudence, que la première de ces deux conditions soit réalisée [4].

En établissant la feuille des questions, le président doit rectifier les erreurs matérielles contenues dans l'arrêt de renvoi, mais à la condition de ne pas changer la substance de l'accusation [5].

907. — *L'objet des questions.* Il est déterminé en fonction de l'arrêt de renvoi et subsidiairement des résultats des débats.

S'agissant d'abord des infractions (fait principal), circonstances aggravantes et causes d'exemption visées dans la décision de renvoi, chacune d'elles doit faire l'objet d'une *question principale* (art. 349, al. 1 à 4) : on dit qu'il faut purger l'accusation [6]. La loi du 15 juin 2000 (art. 349-1, C.P.P.) a

1. V. *infra*, n° 907.
2. Crim., 23 février 1983, B.C., n° 66.
3. Crim., 7 mars 1973, G.P., 1973.I, Somm., 149. De plus, juges et jurés peuvent conserver des notes prises durant l'audience ou des documents qui leur auraient été remis, Crim., 21 avril 1982, B.C., n° 97.
4. Crim., 10 décembre 1952, S., 1953.I.43.
5. Comme exemples d'erreurs matérielles, on citera l'évaluation des objets volés (Crim., 18 mars 1981, B.C., n° 99 ; 7 octobre 1981, B.C., n° 262) ou la date d'un vol avec arme (Crim., 12 novembre 1997, B.C., n° 381, *Procédures*, 1998, comm. 69, obs. J. Buisson).
6. D'où la cassation de l'arrêt d'assises en cas de rédaction d'une question unique englobant à la fois le fait principal et une circonstance aggravante, Crim., 10 janvier 1979, B.C., n° 17 ; 10 janvier 1990, B.C., n° 19.

précisé les choses en décidant ceci. Lorsque la défense invoque une cause d'irresponsabilité au sens des articles 122-1 et suivants, C.P. (trouble mental, etc.), chaque chef de poursuite doit faire l'objet de deux questions : « 1° L'accusé a-t-il commis tel fait ? ; 2° L'accusé bénéficie-t-il pour ce fait de la cause d'irresponsabilité pénale prévue par l'article ..., C.P., selon lequel n'est pas responsable la personne qui... ? » Toutefois, avec l'accord des parties, le président peut ne poser qu'une seule question concernant la cause d'irresponsabilité pour l'ensemble des faits reprochés à l'accusé.

S'agissant ensuite d'éléments non visés dans la décision de renvoi et apparus au cours des débats, une distinction s'impose. Pour les faits entièrement nouveaux, aucune question n'est possible même si l'accusé est d'accord car la cour d'assises est saisie *in rem*. Au contraire, une question peut être posée au sujet des circonstances aggravantes, ainsi que lorsque les débats font apparaître que la qualification doit être modifiée : *question spéciale* au cas de nouvelle circonstance aggravante (art. 350), *question subsidiaire* au cas de changement de qualification imposé par les débats (art. 351). Le procédé de la question subsidiaire, très important en pratique, traduit le pouvoir de la cour d'assises de considérer le fait sous toutes ses qualifications et donc de procéder à une correctionnalisation ; ainsi, sur une question principale pour meurtre, le président pourra poser, si le doute quant à l'intention est apparu au cours des débats, une question subsidiaire sur les coups et blessures ayant entraîné la mort sans intention de la donner, voire sur l'homicide par imprudence [1]. Le président doit donner lecture de la question subsidiaire, sauf si l'accusé y renonce [2]. De même, la question principale peut être remplacée par une question subsidiaire sur la tentative ou le vol par recel [3]. À défaut de question subsidiaire, il faudrait acquitter, sans que la poursuite puisse être reprise [4].

908. — *La forme des questions*. Le libellé des questions doit permettre à la cour et au jury de fournir une réponse exempte de toute ambiguïté. De là, les deux règles suivantes.

Les questions doivent d'abord être rédigées *en fait* et non en droit. Selon l'article 349, chaque question principale comporte la mention : « L'accusé est-il coupable d'avoir commis tel fait ? » Les jurés ne sont pas des juristes et il faut éviter de désigner les infractions par leur nom technique : au lieu de leur demander si l'accusé est coupable de vol, on leur demandera s'il est coupable d'avoir soustrait tel objet. Le président serait cependant obligé de poser les questions en droit quand l'infraction n'est pas définie par la loi [5].

Les questions doivent ensuite être *simples* et non complexes, afin que la cour et les jurés puissent répondre par oui ou par non (art. 349, C.P.P.). En

1. Crim., 20 novembre 1952, B.C., n° 269.
2. Crim., 13 février 2008, n° 07-84.341.
3. Crim., 12 mai 1970, D., 1970.515, rapport F. Chapar.
4. V. *infra*, n°s 1032 et s.
5. Crim., 18 mai 1977, B.C., n° 179, affirmant que la question « L'accusé s'est-il rendu coupable d'un viol sur la personne de... ? » est régulière avant que la loi vînt définir le viol.

d'autres termes, une question déterminée ne doit pas englober deux ou plusieurs éléments différents. Mais cette notion de pluralité d'éléments est susceptible de deux sens : l'un extrême selon lequel le président doit poser autant de questions qu'il y a de conditions d'existence de l'infraction (matérialité, imputabilité, caractère injuste) et l'autre plus modéré selon lequel seules sont interdites les questions qui groupent plusieurs infractions distinctes ou plusieurs accusés, ou encore un fait principal associé à une ou plusieurs circonstances aggravantes ou à une ou plusieurs causes légales d'exemption (système des questions cumulatives). Que décide la jurisprudence ?

1° En principe, elle ne retient pas le premier sens, son application entraînant lourdeur et perte de temps : il n'est pas nécessaire de décomposer l'incrimination en autant de questions qu'elle a d'éléments constitutifs de sorte que le président peut réunir en une seule question de culpabilité la matérialité, l'imputabilité et le caractère injuste [1]. On trouve cependant quelques rares décisions admettant le système de la décomposition et décidant « qu'aucun texte n'empêche de diviser la question sur les éléments constitutifs d'un crime, dès lors qu'il n'en résulte ni substitution, ni addition au fait retenu par l'arrêt de renvoi » [2].

2° En revanche, la chambre criminelle adopte le second système, dit des questions non cumulatives. Poser plusieurs questions dans une seule serait d'ailleurs inapplicable puisque la réponse pourrait être différente selon les parties de la question. En effet, « la seule complexité prohibée est celle qui consiste à comprendre dans une question unique plusieurs faits ou circonstances pouvant donner lieu à des réponses distinctes et qui, diversement appréciées, peuvent conduire à des conséquences différentes » [3].

Dans l'application, cette règle du non-cumul donne lieu à une jurisprudence que l'on peut résumer en trois propositions.

Premièrement, en cas de présence d'un fait principal et d'une circonstance aggravante, avec un seul accusé, le président doit poser une question sur le fait et une autre sur la circonstance. Sinon, il y aurait vice de complexité [4]. La solution est imposée par l'article 349, al. 2, C.P.P. (« chaque circonstance aggravante fait l'objet d'une question distincte »). On veut que juges et jurés n'aient à résoudre qu'un problème à la fois [5], à moins que les faits soient répétés et portent sur une même victime [6].

1. Crim., 27 avril 1976, B.C., n° 129, la démence étant incluse dans la question de culpabilité.

2. Crim., 19 novembre 1986, B.C., n° 350.

3. Crim., 4 août 1984, B.C., n° 268, D., 1985, I.R., 89, obs. J. Pradel.

4. Crim., 10 janvier 1979, B.C., n° 17 ; 6 mars 1985, B.C., n° 106 ; 10 juin 1987, B.C., n° 273 ; 21 février 1996, B.C, n° 82.

5. Avec la conséquence que par exemple dans une poursuite en abus de confiance qualifié commis par un officier ministériel, le président a dû poser... 535 questions, compte tenu du nombre de victimes et des dates des détournements, Crim., 31 octobre 1984, B.C., n° 331 ; v., aussi, Crim., 27 mai 1988, B.C., n° 231, D., 1989, Somm. 172, obs. J. Pradel.

6. Crim., 20 décembre 1978, B.C., n° 362 et 19 novembre 1982, B.C., n° 262, crimes sexuels répétés sur la même victime (même processus et même victime).

Deuxièmement, en cas de présence d'un fait principal et de deux (ou plus) circonstances aggravantes, le tout imputable à un seul accusé, la solution est très proche, fondée sur l'article 349, al. 2, C.P.P. : le président posera, outre la question sur le fait principal, une question par circonstance aggravante [1].

Troisièmement enfin, reste le cas plus complexe où il y a pluralité d'accusés, une sous-distinction devant alors être faite selon la nature des questions.

Si la circonstance aggravante est matérielle, objective, le président peut ne poser qu'une seule question, commune à tous les accusés d'un même crime [2].

Si, au contraire, la circonstance est morale, personnelle, c'est-à-dire propre à chaque accusé, le président doit poser la question à propos de chaque accusé, bref autant de questions sur la circonstance personnelle qu'il y a d'accusés [3].

— *La lecture de l'instruction aux jurés et la suspension de l'audience*

909. — Le président donne lecture aux jurés de l'admirable instruction contenue dans l'article 353 relative à leurs devoirs durant le délibéré et qui, notamment, invite les jurés à se poser la question « Avez-vous une intime conviction ? ». Puis il fait retirer l'accusé de la salle d'audience, lui enjoignant s'il est libre de ne pas quitter le palais de justice pendant la durée du délibéré, et il invite le chef du service d'ordre à faire garder les issues de la chambre des délibérations afin que nul ne puisse y pénétrer pour quelque cause que ce soit, sans autorisation du président [4]. Enfin, il déclare l'audience suspendue (art. 354) [5]. Magistrats et jurés se retirent dans la chambre des délibérations (art. 355, C.P.P.).

C — La procédure postérieure à l'audience

1. *Délibéré sur l'action publique*

910. — Dès que les membres de la cour d'assises ont gagné la salle de délibération, le délibéré va commencer aussitôt. Ce délibéré porte sur la culpabilité et sur la sanction, mais non sur les incidents de procédure qui, intégrés à la procédure d'audience, ont déjà donné lieu à une décision [6]. Quand on parle de culpabilité et de sanction, on veut dire avec l'article 356,

1. Crim., 21 février 1996, B.C., n° 82.
2. Crim., 10 octobre 1984, B.C., n° 297, pour un viol collectif sur une personne particulièrement vulnérable ; 14 avril 1999, B.C., n° 81, D., 1999, Somm. 323, obs. J. Pradel.
3. Crim., 5 mars 1981, B.C., n° 83, R.S.C., 1982.629, obs. J. Robert ; 14 avril 1999, précité, circonstance aggravante de préméditation dans une tentative d'homicide volontaire.
4. Disposition non prescrite à peine de nullité, Crim., 17 décembre 1942, D.A., 1943.26.
5. Disposition non prescrite à peine de nullité, Crim., 30 mars 1943, D.A., 1943.41.
6. V. *supra*, n° 898.

C.P.P., que cour et jury votent successivement « sur le fait principal d'abord et, s'il y a lieu, sur chacune des circonstances aggravantes, sur les questions subsidiaires, et sur chacun des faits constituant une cause légale d'exemption ou de diminution de la peine ».

a) Règles communes aux deux objets de la délibération

911. — En premier lieu, la délibération est secrète. Elle se déroule hors la présence de toute personne étrangère, y compris le Ministère public et le greffier. Toutefois, les auditeurs de justice sont admis et la procédure demeure valable à condition qu'ils n'aient pas participé à la délibération [1]. Les votes ont lieu par bulletins écrits.

En second lieu, magistrats et jurés délibèrent absolument seuls. Cette proposition signifie d'abord que les parties ne peuvent plus leur faire parvenir de notes puisque les débats sont clos [2]. Elle signifie ensuite que les magistrats et jurés ne peuvent plus consulter le dossier (art. 347, al. 3, C.P.P.) [3]. Sagement cependant, la loi a prévu que « si la cour d'assises estime nécessaire l'examen d'une ou plusieurs pièces de la procédure, le président ordonne le transport dans la salle des délibérations du dossier qui, à ces fins, sera rouvert en présence du Ministère public et des conseils de l'accusé et de la partie civile » (art. 347, al. 4, C.P.P.). Il faut voir dans cette disposition un simple moyen de vérifier un point de fait et non une reprise de l'audience (« au cours de la délibération », dit l'art. 347) ; par conséquent, les jurés pourront librement faire valoir leur opinion sans que l'avocat puisse s'en faire donner acte. Toutefois, magistrats et jurés peuvent conserver pardevers eux des notes qu'ils auraient prises pendant l'audience [4].

b) Règles propres à chaque objet de la délibération

— Le délibéré sur la culpabilité

912. — Des règles très strictes ont été prévues, qui s'expliquent par la gravité de l'enjeu et par la présence d'un fort élément populaire au sein de la juridiction. De là tout d'abord, le rôle particulier du président qui, au cours de la discussion, a notamment pour mission d'exposer aux jurés les conséquences des opinions. De là ensuite, des dispositions particulières concernant le vote sur la culpabilité. Magistrats et jurés votent par bulletins écrits et par scrutins secrets et séparés sur chacune des questions mentionnées sur la feuille des questions dont on a déjà parlé [5]. Chaque membre de la cour

1. Crim., 31 mai 1978, B.C., n° 176 ; 30 janvier 1985, B.C., n° 52.
2. V. *supra*, n° 904.
3. V. *supra*, n° 905.
4. Crim., 21 avril 1982, B.C., n° 97.
5. V. *supra*, n° 906.

d'assises reçoit un bulletin imprimé portant la formule : « Sur mon honneur et en ma conscience, ma réponse est... ». Il ajoute à la main le mot « oui » ou « non » et il dépose le bulletin, après l'avoir fermé, dans une urne. Le président dépouille chaque scrutin et constate immédiatement le résultat du vote, les bulletins blancs ou déclarés nuls par la majorité étant considérés comme favorables à l'accusé. Après le dépouillement de chaque scrutin, les documents sont aussitôt brûlés (art. 358, C.P.P.).

Dans le cas particulier où le président a dû appliquer l'article 349-1, C.P.P., la défense ayant soulevée un moyen de défense tiré d'une cause d'irresponsabilité [1], la loi du 15 juin 2000 (art. 361-1, C.P.P.) pose les règles suivantes : si la cour d'assises a répondu positivement à la première question (l'accusé a-t-il commis tel fait ?) et négativement à la seconde (sur la cause d'irresponsabilité), elle déclare l'accusé coupable : si elle a répondu négativement à la première question ou positivement à la seconde, elle le déclare non coupable.

Quelle majorité est requise pour que soit acquise la réponse à la question posée ? Toute déclaration défavorable à l'accusé (reconnaissance de la culpabilité ou d'une circonstance aggravante) [2] requiert une majorité de 8 voix au moins sur les 12 personnes (art. 359, C.P.P.). Il y a donc acquittement s'il y a 7 voix pour la condamnation et 5 bulletins nuls. Ce système, dit de la « majorité renforcée » ou de la « minorité de faveur », traduit la volonté du législateur de voir dans le nombre des voix requises pour la condamnation au moins celles de 5 jurés, soit la majorité absolue de ceux-ci, dans le cas où la cour d'assises statue en premier ressort.

Le président porte sur la feuille des questions le résultat du scrutin. Mais il se borne à mentionner soit « oui » (ou « non ») à la majorité de 8 voix au moins « si la réponse est défavorable à l'accusé, soit simplement « oui » ou « non » si la réponse lui est favorable. Il ne peut, à peine de nullité, indiquer le nombre exact des voix ou faire état de l'unanimité (art. 360, C.P.P.) [3].

Si l'accusé est déclaré non coupable (ou bien si le fait ne peut pas ou ne peut plus être poursuivi), la cour et le jury n'ont évidemment pas à délibérer sur la peine. Si, en revanche, l'accusé est déclaré coupable, il est procédé à la délibération sur la sanction.

— *Le délibéré sur la sanction*

913. — L'article 362, C.P.P., fortement remanié par la loi du 16 décembre 1992, décrit comme suit la procédure.

1. V. *supra*, n° 907.
2. Crim., 13 février 1991, B.C., n° 71, R.S.C., 1991.788, obs. A. Braunschweig, la réponse affirmative à l'application à un mineur d'une condamnation pénale est une décision défavorable à l'accusé.
3. Crim., 10 mars 1943, D.A., 1943, Somm., 11 ; 24 octobre 1924, B.C., n° 336.

En premier lieu, le président donne lecture aux jurés des articles 132-18 et 132-24, C.P. Le premier de ces textes prévoit que si la réclusion ou la détention criminelle à perpétuité est encourue, il est possible de descendre jusqu'à deux ans d'emprisonnement, et que si la réclusion ou détention à temps est encourue, il est possible de descendre jusqu'à un an. Le second de ces textes pose le principe de la personnalisation de la peine (circonstances de l'infraction et personnalité de son auteur). Ce sont là d'utiles formalités pédagogiques.

En second lieu et aussitôt, « sans désemparer », dit l'article 362, C.P.P., il est procédé au délibéré sur la peine. Le législateur a voulu en effet que, dès la décision sur la culpabilité, s'instaure le débat sur la peine : les décisions sur la culpabilité et sur la peine sont ainsi indivisibles et ne sauraient être scindées [1]. Cette délibération sur la peine se forme, non plus à la majorité renforcée, mais à la majorité « simple » ou « absolue des votants », dit l'article 362, al. 2, C.P.P. Cependant, l'idée de majorité renforcée — 8 voix comme on vient de le voir [2] — est consacrée pour le cas où la cour d'assises voudrait prononcer le maximum de la peine privative de liberté [3]. Si le maximum de la peine encourue n'a pas été atteint par cette majorité, il ne peut être prononcé une peine supérieure à trente ans quand la peine encourue est la peine perpétuelle et une peine supérieure à vingt ans quand la peine encourue est de trente ans. Si, après deux tours de scrutin, aucune peine n'a réuni la majorité des suffrages, il est procédé à un troisième tour au cours duquel la plus forte peine proposée au tour précédent est écartée. Si, à ce troisième tour, aucune peine n'a encore obtenu la majorité des voix, il est procédé à un quatrième tour et ainsi de suite, en continuant à écarter la peine la plus forte jusqu'à ce qu'une peine soit prononcée. Une fois cette peine retenue et si elle a la nature correctionnelle, la cour d'assises peut ordonner le sursis (simple ou d'épreuve).

En troisième lieu, la cour d'assises délibère sur les peines secondaires [4] et, si elle prononce l'une des peines prévues aux articles 131-6 à 131-11, C.P. (alternatives à l'emprisonnement, travail d'intérêt général, peines

1. Crim., 18 octobre 1962, B.C., n° 279 ; 6 février 1964, B.C., n° 44 ; 6 février 1969, B.C., n° 44.

2. V. *supra*, n° 912.

3. La règle de la majorité renforcée s'applique au cas où le maximum de la peine est prononcé même s'il s'agit d'une peine correctionnelle, Crim., 29 octobre 1997, B.C., n° 360, D., 1998, Somm. 172, obs. J. Pradel. En revanche, elle ne s'applique pas à la mesure de sûreté qui ne concerne que l'exécution de la peine, Crim., 10 décembre 1980, B.C., n° 344 ; 16 janvier 1985, B.C., n° 29 ; 8 juillet 1992, B.C., n° 269 ; 5 juillet 1993, B.C., n° 237 ; 8 février 1995, B.C., n° 57, D., 1996, Somm. 262, obs. J. Pradel.

4. Ainsi sur la confiscation (Crim., 8 juin 1977, B.C., n° 210, D., 1977, I.R., 425, obs. M. Puech ; 10 janvier 1996, B.C., n° 11), sur l'interdiction des droits de la peine complémentaire d'interdiction temporaire des droits énumérés à l'art. 131-26, C.P. (Crim., 8 février 1995, B.C., n° 58, R.S.C., 1995.606, obs. J.P. Dintilhac). La règle de la majorité qualifiée ne s'applique pas à ces sanctions secondaires, Crim., 1er février 1995, B.C., n° 42, R.S.C., 1995.606, obs. J.P. Dintilhac, à propos de la peine de l'art. 131-26, C.P.

complémentaires), elle peut la déclarer exécutoire par provision (art. 367, al. 4, C.P.P.).

Enfin dans le cas (rare) où la cour d'assises fait une déclaration d'irresponsabilité pénale pour cause de trouble mental au sens de l'article 122-1, al. 1, C.P., elle peut prononcer l'hospitalisation d'office de l'accusé et diverses interdictions (art. 706-135 à 706-140, C.P.P.) [1].

2. *Prononcé de la décision sur l'action publique*

914. — La délibération et les votes terminés, l'arrêt établi, la cour et le jury regagnent la salle d'audience où le public est nécessairement admis, sauf dans le cas de l'article 306, al. 3, C.P.P. Le président fait comparaître l'accusé ; le Ministère public et le greffier sont présents.

Il donne d'abord lecture des réponses, en se bornant à indiquer pour chacune d'elles si elle est affirmative ou négative.

Puis il prononce l'arrêt, qu'il porte condamnation, exemption de peine ou acquittement. Et il doit donner lecture des textes appliqués (art. 366, C.P.P.) ; mais la défense peut le dispenser de cette lecture qui n'est d'ailleurs pas prescrite à peine de nullité [2]. En cas d'acquittement ou d'exemption de peine, ou s'il est condamné à une peine ferme privative de liberté couverte par la détention provisoire, l'accusé est aussitôt libéré, s'il n'est pas détenu pour une autre cause (art. 367, al. 1, C.P.P.) et la cour d'assises pourra lui accorder une indemnité qui sera à la charge de l'État ou de la partie civile si la poursuite a été déclenchée par elle (art. 800-2, C.P.P., disposition dont l'application est toutefois soumise à la publication d'un décret en Conseil d'État, qui sont les articles R. 249-2 et 1, C.P.P.). En cas de condamnation, le président l'avertit qu'il peut interjeter appel (art. 370, C.P.P.). Et au cas où la peine privative de liberté est supérieure à la détention provisoire, tant que l'arrêt n'est pas définitif, le mandat de dépôt délivré contre l'accusé continue de produire ses effets ou la cour décerne mandat de dépôt contre l'accusé. Le mandat vaut jusqu'à ce que la détention provisoire et la peine coïncident sans préjudice pour l'accusé de son droit de demander sa mise en liberté (art. 367, al. 2, C.P.P.). La cour peut aussi décerner mandat de dépôt contre les personnes renvoyées pour délit connexe (art. 367, al. 3, C.P.P.).

3. *La décision sur l'action civile*

915. — La décision sur l'action publique rendue, le rôle du jury est terminé. Mais celui de la cour proprement dite ne l'est pas au cas où la victime

1. Ces mesures sont les mêmes que celles que peut appliquer la chambre de l'instruction quand elle fait pareillement une déclaration de l'irresponsabilité pénale, v. *supra*, n° 818.

2. Crim., 25 septembre 1946, D., 1947.4 ; 5 juin 1947, D., 1947.355 ; 8 février 1989, B.C., n° 58.

s'est constituée partie civile ou si l'accusé acquitté réclame des dommages-intérêts à la partie civile (art. 371, C.P.P.). Trois observations peuvent être faites :

1) La cour dispose de larges pouvoirs pour lui permettre de statuer en toute connaissance de cause. Elle peut commettre l'un de ses membres pour faire un rapport à l'audience. Les parties peuvent y présenter des observations et le Ministère public est entendu. Il a même été jugé que si un incident est soulevé à l'audience civile, qui se rattache à l'audience criminelle terminée par hypothèse, la cour demeure compétente pour le trancher car « saisie à la fois des deux actions, elle n'épuise sa compétence que lorsqu'elle a rendu sa décision sur la seconde », c'est-à-dire sur l'action civile [1].

2) Dans l'intérêt encore d'une meilleure justice, trois règles complémentaires sont posées par la jurisprudence. D'une part, la cour peut statuer, non immédiatement, mais à un autre jour de la session, voire à un jour postérieur à la fin de la session et même au cours d'une session ultérieure [2]. D'autre part, la cour peut être composée autrement qu'elle l'avait été quand elle a statué sur l'action publique, sauf à reprendre les débats [3]. Enfin, la cour peut se fonder sur les faits tels qu'ils résultent des débats [4].

3) Après le délibéré, un arrêt est rédigé. Il l'est comme un arrêt rendu en matière correctionnelle ou de police, puisqu'il n'y a plus de jurés. L'arrêt est lu en audience publique. Il est signé du président et du greffier, et il est déposé au greffe (art. 377, al. 1, et 380, C.P.P.). On verra plus bas les règles de fond à respecter par la cour pour que des dommages-intérêts puissent être alloués [5].

En outre, on doit préciser que la cour condamne l'auteur de l'infraction à payer à la partie civile la somme qu'elle détermine au titre des frais non payés par l'État et exposés par elle. À cet effet, la cour « tient compte de l'équité ou de la situation économique de la partie condamnée », pouvant aller jusqu'à ne pas condamner (art. 375, C.P.P.).

4. *Le procès-verbal des débats*

916. — *Le contenu du procès-verbal.* Selon l'article 378, al. 1, C.P.P., « le greffier dresse, à l'effet de constater l'accomplissement des formalités prescrites, un procès-verbal qui est signé par le président et par ledit greffier ». Ce document constate l'accomplissement de toutes les règles et formalités imposées par la loi pendant le déroulement des débats et le jugement sur l'action publique : composition de la cour d'assises avec le nom de ses membres, présence du Ministère public, de l'accusé et de son défenseur,

1. Crim., 28 novembre 1979, B.C., n° 340.
2. Crim., 25 mai 1849, D., 1850.I.76 ; 16 février 1874, B.C., n° 46 ; 23 janvier 1890, D., 1890.I.332 ; 15 novembre 1907, B.C., n° 465.
3. Crim., 6 octobre 1853, D., 1853. V.11.
4. Crim., 11 juin 1980, B.C., n° 186.
5. V. *infra*, n° 1050.

assistance du greffier, lecture de l'arrêt de renvoi, interrogatoire de l'accusé et audition des témoins et experts, suspension d'audience, retour à l'audience pour la lecture des réponses aux questions, prononcé de l'arrêt et avertissement fait à l'accusé de son droit de se pourvoir en cassation dans les cinq jours (art. 378, al. 1, C.P.P.).

S'il est donc un compte rendu fidèle du formalisme de la cour d'assises, le procès-verbal n'est cependant pas un acte d'information. Il n'a pas, en effet, à faire mention des résultats de l'instruction orale, comme les réponses des accusés et témoins, sauf si le président en ordonne autrement d'office ou à la demande d'une partie et sauf en cas de changement dans les déclarations des témoins (art. 379, C.P.P.) [1]. L'article 379, disposition d'ordre public, s'applique à toutes déclarations relatives à la culpabilité de l'accusé [2]. Il s'explique par le principe de l'oralité des débats : au cas de reprise de ceux-ci, après cassation ou supplément d'information, il ne faudrait pas que les juges soient influencés par la relation des premières déclarations.

Le procès-verbal ayant pour objet de permettre de vérifier le respect des formalités, son silence sur l'une d'elles impliquerait que celle-ci n'a pas été observée et il ne pourrait être suppléé à cette omission par la production d'un document extérieur ; mais d'un autre côté, la mention des formalités fait présumer leur accomplissement [3]. À plus forte raison, l'absence du procès-verbal entraîne l'annulation des débats et de l'arrêt [4].

917. — *La date et la signature du procès-verbal.* L'article 378, al. 2, C.P.P., dispose que « le procès-verbal est dressé et signé dans le délai de trois jours au plus tard du prononcé de l'arrêt ». Comment la jurisprudence entend-elle cette disposition ?

S'agissant en premier lieu de la *tardiveté de la date* (le procès-verbal n'a pas été établi dans les trois jours), longtemps, la jurisprudence estima que le délai prescrit n'était pas prévu à peine de nullité et rejeta les pourvois fondés sur la violation de cette règle [5]. Mais les arrêts les plus récents sont plus nuancés : en effet, ils considèrent que le délai de trois jours n'est pas prescrit à peine de nullité lorsqu'il n'est pas établi que cette inobservation a

1. Crim., 1er juin 1983, D., 1983.637, note F. Chapar ; 23 novembre 1983, B.C., n° 311, la décision du président entre dans l'exercice d'un « droit personnel et exclusif » du président, la cour ne pouvant intervenir. La décision n'a pas à prendre la forme d'une ordonnance, Crim., 7 févier 1996, B.C., n° 64 ; 19 avril 2005, B.C., n° 130.

2. Crim., 19 novembre 1964, B.C., n° 308 ; 11 décembre 1968, D., 1969.197, note J.M.R. ; 11 janvier 1977, B.C., n° 12. À titre d'exemple, il en est ainsi de la réponse d'un témoin entendu à titre de simple renseignement, en relation avec la culpabilité de l'accusé, Crim., 7 décembre 1994, B.C., n° 398, D., 1995, Somm. 322, obs. J. Pradel.

3. Crim., 1er décembre 1936, D.H., 1936.331 ; 4 septembre 1971, B.C., n° 250.

4. Crim., 9 janvier 1963, D., 1963, Somm. 39.

5. Crim., 24 février 1965, B.C., n° 60 ; 10 juillet 1969, B.C., n° 225.

nui à l'accusé, notamment en ce qui concerne l'exercice d'un pourvoi en cassation [1]. Cette position nouvelle est plus souple et plus juste.

Quant à l'*absence de date* — ce qui implique une plus grave étourderie encore de la part du greffier et du président — elle avait donné lieu en 1975 à un arrêt célèbre qui avait cassé un arrêt d'assises parce qu'il n'était pas possible de suppléer à l'ommission de la date par les énonciations du procès-verbal ou par d'autres pièces du dossier [2], ce qui semblait ne pas consacrer la thèse de la nullité automatique du procès-verbal. Par la suite, la chambre criminelle devait rendre deux sortes d'arrêts. Les uns se montrent intransigeants en décidant la cassation de l'arrêt d'assises au motif que l'omission de la date du procès-verbal « est essentielle à la validité de cet acte » [3]. Les autres, au contraire, considèrent « qu'aucune nullité n'est encourue dès lors qu'il n'est pas établi que l'absence de date ait eu pour effet de porter atteinte aux intérêts de l'accusé » [4]. Cette dernière jurisprudence rappelle celle sur la tardiveté de la date et elle mérite l'approbation à la fois par fidélité à l'article 802, C.P.P. (qui subordonne la nullité à la preuve d'un grief, du moins pour les nullités qui ne sont pas d'ordre public) et dans un intérêt pratique.

En outre, le procès-verbal doit être signé du président et du greffier. Selon la jurisprudence, la signature du greffier peut manquer, mais seulement pour cas de force majeure [5].

§ 2. — LA PROCÉDURE PAR DÉFAUT

Bibliographie. — H. ANGEVIN, *La pratique de la cour d'assises*, 2e éd., 1999, Litec, pp. 453 et s. ; P. BOUZAT, *Contumace*, Répertoire pénal Dalloz ; F. CHAPAR, *La cour d'assises*, 4e éd., 1987, Dalloz, pp. 243 et s. ; L. TOPOR, *Les difficultés de qualification suscitées par la confiscation générale des biens en cas de représentation du contumax*, R.S.C., 1973.819.

1. Crim., 13 novembre 1996, B.C., n° 403, *Dr. pénal*, 1997, comm. 53, obs. A. Maron ; 15 décembre 1999, B.C., n° 310.
2. Crim., 20 novembre 1975, *affaire Goldman*, J.C.P., 1975.II.18188 *bis*, note R.C. ; J. PRADEL et A. VARINARD, n° 39.
3. Crim., 10 janvier 1996, D., 1996, Somm. 260, obs. J. Pradel, *Dr. pénal*, 1996, comm. 120, obs. A. Maron ; 17 mars 1999, B.C., n° 46.
4. Crim., 10 décembre 2003, B.C., n° 239.
5. Crim., 12 septembre 2007, B.C., n° 202, cassation d'un arrêt, le président ayant seul signé et ajouté la mention qu'en raison d'un congé maladie et de son état invalidant le greffier ne pouvait signer, ce qui est insuffisant pour la chambre criminelle.

A — Origines de la procédure par défaut

918. — La procédure que l'on vient d'étudier concerne l'accusé présent aux débats et peu importe qu'il s'en soit fait expulser ou qu'il ait refusé d'y assister. Mais l'accusé peut être absent, ayant échappé à la justice dès le début des poursuites, ou, incarcéré, s'étant évadé, ou encore ayant omis de se constituer prisonnier en exécution de la décision de renvoi en cour d'assises.

Naguère, l'accusé, ainsi absent, faisait l'objet d'une procédure très dure et remontant à l'ordonnance de 1670, dite procédure de contumace. Le président de la cour d'assises rendait une ordonnance de contumace, appelée encore « ordonnance de se représenter » sommant l'accusé de se présenter dans un délai de dix jours à défaut de quoi il serait déclaré « rebelle à la loi ». Suspendu de ses droits civiques et ses biens étant séquestrés (art. 627-21, C.P.P.). Cette ordonnance était publiée dans la presse et affichée au domicile de l'accusé, à la mairie de sa commune et aux portes de la cour d'assises (art. 628, C.P.P.). À l'expiration d'un nouveau délai de dix jours, la cour d'assises pouvait juger le « contumax » et la procédure se déroulait sans avocat (art. 630, C.P.P.) et sans jurés (art. 632, al. 4, C.P.P.). En cas de condamnation, le séquestre des biens du condamné est maintenu, sauf s'ils sont confisqués (art. 633, C.P.P.). L'arrêt de contumace substitue le délai de prescription de la peine à celui de l'action publique et il deviendra irrévocable, en cas de décès du contumax ou acquisition de la prescription de la peine (20 ans en matière criminelle). Si l'accusé est arrêté ou se constitue prisonnier avant prescription, l'arrêt est anéanti de plein droit et l'accusé est jugé dans les formes ordinaires (art. 639, C.P.P.).

La procédure de contumace, telle que résumée à l'instant, présente deux séries de défauts [1]. D'un côté, elle est archaïque, notamment avec la mise sous séquestre et la confiscation des biens de l'accusé, également avec la privation automatique de ses droits civiques. D'un autre côté, elle n'est pas conforme à la jurisprudence strasbourgeoise qui entend que l'accusé, même absent, puisse être défendu par un avocat [2].

Dès lors, deux voies s'offraient au législateur : réformer la contumace, notamment en introduisant la présence de l'avocat [3] ou supprimer la contumace en la remplaçant par un système proche de celui qui prévaut en

1. V. l'étude très complète de Ginestet, *Procédure de contumace et procès équitable*, Dr. pénal, novembre 2001.

2. C.E.D.H., 13 février 2001, *Krombach c/ France*, R.P.D.P., 2001.755, obs. X. Samuel, R.S.C., 2001.441, obs. F. Massias, l'interdiction de toute défense est inconcevable aussi bien sur l'accusation pénale que sur les réparations civiles. Cette jurisprudence est à rapprocher de celle de la C.E.D.H. en matière correctionnelle (23 novembre 1993, *Poitrimol c/ France*, R.S.C., 1994.362, obs. R. Kœring-Joulin, R.U.D.H., 1993.377, obs. F. Sudre) et, à titre général, de la C.J.C.E. (28 mars 2000, *Krombch c/ France*, R.P.D.P., 2000.133, obs. B. Pereira).

3. Seul point positif dans l'ancienne procédure, qui n'a pas été assez souligné, c'est que la condamnation n'était pas exécutoire, l'arrestation de l'intéressé le faisant tomber automatiquement (à l'inverse de ce qui se produit en matière correctionnelle où la condamnation ne tombe qu'en cas d'opposition de l'intéressé.

matière correctionnelle. C'est cette seconde voie que retint le législateur du 9 mars 2004.

B — Régime de la procédure par défaut

919. — Au sein du Titre I du Livre II du Code de procédure pénale, il est rétabli un chapitre VIII intitulé « Du défaut en matière criminelle » (art. 379-2 à 379-6) [1].

1. *Domaine d'application du défaut criminel*

920. — Positivement, la procédure de défaut s'applique à l'accusé qui est absent, et sans avoir fourni d'excuse valable, à l'ouverture de l'audience. Elle s'applique aussi à l'accusé dont l'absence est constatée au cours des débats alors qu'il n'est pas possible de les suspendre jusqu'à son retour (art. 379-2, al. 1, C.P.P.).

Négativement, pas de défaut criminel applicable à l'accusé qui n'obtempère pas à la sommation à comparaître délivrée par le président des assises (art. 320, C.P.P.) ainsi qu'à l'accusé qui a été expulsé de la salle d'audience par le président pour trouble à l'ordre public (art. 322, C.P.P.) (art. 379-2, al. 3, C.P.P.).

2. *Office de la juridiction criminelle*

921. — Observons d'abord que la juridiction statue sans l'assistance du jury sauf si sont présents d'autres accusés jugés dans la même affaire et sauf si l'absence de l'accusé survient pendant le cours des débats (art. 379-3, al. 1, C.P.P.).

Cela dit, la juridiction peut décider de renvoyer l'affaire à une session ultérieure, après avoir décerné mandat d'arrêt contre l'accusé, si un tel mandat n'a pas déjà été décerné. Elle peut décider en effet qu'elle ne peut rendre une décision équitable qu'après avoir entendu l'accusé : en en décidant ainsi, l'article 379-2, al. 2, C.P.P., rappelle les articles 410-1, al. 1, et 412, al. 3, C.P.P., sur le tribunal correctionnel (art. 379-2, al. 2, C.P.P.).

Si la juridiction décide au contraire de retenir l'affaire, elle entend l'avocat de l'accusé et la procédure se déroule selon le mode ordinaire (à l'exception évidemment des dispositions relatives à l'interrogatoire ou à la présence de l'accusé). Si l'avocat de l'accusé n'est pas présent, la cour statue néanmoins et elle le fait après avoir enendu la partie civile et le Ministère public [2]. Dans

1. Et corrélativement disparaît le titre I *bis* du Livre IV sur la contumace.

2. Lors des travaux préparatoires, il avait été envisagé d'exclure toute condamnation d'un accusé non représenté par un avocat, compte tenu de la gravité des peines encourues, ce qui aurait différencié les procédures criminelles et correctionnelles, rapport J.L. Warsmann au nom de la commission des lois de l'Assemblée nationale, 14 mai 2003, p. 325. Ce point de vue, heu-

les deux cas, si une peine ferme de privation de liberté est prononcée, la cour décerne mandat d'arrêt contre l'accusé, sauf si un tel mandat a déjà été décerné (art. 379-3, C.P.P.).

S'il y a des personnes renvoyées pour délits connexes, la cour peut à son choix les retenir ou, sur réquisitions du parquet et observations des parties, ordonner une disjonction, ces personnes étant alors jugées par le tribunal correctionnel (art. 379-6, C.P.P.).

3. *Suites de la condamnation criminelle*

922. — Si le condamné se constitue prisonnier ou est arrêté, deux effets se produisent. D'abord, il est placé en détention provisoire — le mandat d'arrêt décerné contre lui avant l'arrêt de condamnation ou lors de cet arrêt valant mandat de dépôt — et il demeurera détenu jusqu'à sa comparution devant la cour d'assises, qui doit intervenir dans le délai prévu par l'article 181, C.P.P. (un an en principe), faute de quoi il est immédiatement remis en liberté. Second effet (traditionnel celui-là), l'arrêt de la cour d'assises est « non avenu dans toutes ses dispositions » et un second procès s'ouvre, sur le mode du droit commun cette fois (art. 379-4, al. 1, C.P.P.) [1].

D'autre part, la personne condamnée par défaut ne peut faire appel (art. 379-5, C.P.P.). Le seul moyen pour elle de manifester son mécontentement est donc de se constituer prisonnier pour être jugée en sa présence et alors, en cas de mécontentement réitéré, elle pourra faire appel. Elle peut aussi, sans se constituer prisonnier, faire un pourvoi en cassation [2], encore que les effets ne seront pas les mêmes puisque le pourvoi ne concerne que le droit et pas la culpabilité.

SECTION III

LA PROCÉDURE DEVANT LES JURIDICTIONS D'EXCEPTION

923. — On dira quelques mots de la procédure suivie devant les juridictions pour mineurs et les juridictions militaires et politiques, en ne considérant évidemment que les particularités de celles-ci.

reusement, n'a pas prospéré car il aurait privé la victime et l'opinion d'une décision de condamnation.

1. Même les dispositions civiles tombent.

2. Qu'elle ne pouvait pas former naguère, l'article 636, ancien C.P.P., l'excluant formellement et qu'elle peut former aujourd'hui puisque l'article 636 n'est pas repris.

§ 1. — LA PROCÉDURE DEVANT LES JURIDICTIONS POUR MINEURS

924. — Il ne faudrait pas croire que le procès des mineurs est fondamentalement différent de celui des majeurs. Ce sont en principe les règles du droit commun qui s'appliquent devant la cour d'assises des mineurs (art. 20, al. 10, ord. du 2 février 1945) et devant le tribunal de police pour les quatre premières classes de contraventions (art. 20-1, ord. du 2 février 1945). Deux séries de différences sont toutefois à signaler.

A — Restrictions à la publicité des débats

1. *L'étendue de la restriction*

925. — La réduction de la publicité des débats est plus ou moins importante selon les juridictions.

Devant le juge des enfants, le jugement est « rendu en chambre du conseil » (art. 8, al. 10, ord. du 2 février 1945), ce qui, dans une interprétation unanime, exclut la présence de toutes autres personnes que les parents, le tuteur ou gardien, le défenseur et le représentant du Ministère public [1].

Devant les autres juridictions (cours d'assises, tribunaux pour enfants et de police), la publicité est à peine plus large puisque « seuls seront admis à assister aux débats les témoins de l'affaire, les proches parents, le tuteur ou le représentant légal du mineur, les membres du barreau, les représentants des sociétés de patronage et des services ou institutions s'occupant des enfants, les délégués à la liberté surveillée » (art. 14, al. 2, 20, al. 8 et 21, al. 1er, ord. 1945). D'où la règle que chaque affaire doit être jugée séparément en l'absence de tous les autres prévenus (art. 14, al. 1er). Toutefois, la règle ne concerne pas les parties [2] et, devant la cour d'assises des mineurs, la publicité restreinte ne s'applique qu'aux débats eux-mêmes, non à la lecture des questions qui doit avoir lieu en audience publique [3].

La Cour de cassation est très stricte en la matière. Elle n'hésite pas à casser des décisions qui ne constatent pas cette publicité réduite ou qui la méconnaissent [4]. Et elle décide que ces règles doivent recevoir application

1. J.F. RENUCCI, *Droit pénal des mineurs*, Masson, 1994.196 et s.

2. En cas d'appel contre une décision du juge des enfants sans que la règle ait été respectée, la cour d'appel doit l'annuler, Crim., 9 février 1960, B.C., n° 76 ; 19 décembre 1995, B.C., n° 389.

3. Comme la partie civile, Crim., 22 novembre 1995, G.P., 27-28 mars 1996. Même solution pour le juge d'instruction et les experts, Crim., 22 juin 1976, B.C., n° 230 ; 22 juin 1994, B.C., n° 252.

4. Crim., 22 avril 1977, B.C., n° 128.

devant la cour d'assises même pour l'audience civile qui suit l'audience criminelle [1]. C'est que la publicité réduite se fonde sur d'impérieuses raisons.

2. *La raison de la restriction*

926. — Tout s'explique par la considération de l'intérêt du mineur. S'il est vrai que parfois un rappel solennel des exigences sociales peut être de nature à intimider le mineur, il est plus fréquent qu'il provoque en lui un choc psychologique et aggrave son inadaptation. Cette raison est si forte que la restriction à la publicité se double d'une interdiction de rendre compte des débats des tribunaux pour enfants (art. 14, al. 4). On ajoutera que cette disposition est prévue non seulement dans l'intérêt du mineur mais aussi, selon la jurisprudence dans celui des parents [2].

B — Aménagements à la procédure de jugement

927. — D'une part, qu'il s'agisse du tribunal pour enfants ou de la cour d'assises des mineurs, le président peut à tout moment ordonner que le mineur se retire pendant tout ou partie des débats, sauf à remarquer que l'interrogatoire est nécessaire dans le deuxième cas (art. 14, al. 3, et 20, al. 9). Les déclarations des psychiatres et enquêteurs de personnalité peuvent être préjudiciables à l'enfant.

D'autre part, le président du tribunal pour enfants peut dispenser le mineur de comparaître à l'audience (art. 13, al. 2).

Enfin, le président de la cour d'assises doit poser à la cour et au jury, outre les questions habituelles [3], les deux questions prévues à l'article 20 de l'ordonnance de 1945 : « Y a-t-il lieu d'appliquer à l'accusé une condamnation pénale ? » et « Y a-t-il lieu d'exclure l'accusé du bénéfice de la diminution de peine prévue à l'article 20-2 ? »

1. Crim., 8 novembre 1967, D., 1968.195, note Ph. Robert; 19 mars 1969, B.C., n° 125, D., 1969.384, J.C.P., 1970.II.16327, note P. Robert; 3 juillet 1974, B.C., n° 248; 11 mai 1988, B.C., n° 210 ; 1er février 1989, B.C., n° 44 ; 24 juin 1998, G.P., 1998.II, chron. 167, par J.P. Doucet. Certains arrêts décident même que la règle de la publicité restreinte est d'ordre public, Crim., 6 janvier 1993, B.C., n° 10 ; 24 juin 1998, précité.

2. Crim., 15 décembre 1965, D., 1966.413, note F. Chapar; 23 juin 1982, B.C., n° 172. C'est pourquoi l'interdiction joue aussi dans le cas où le mineur délinquant est décédé, Crim., 24 septembre 2002, B.C., n° 175, qui rappelle que « l'interdiction est générale et absolue ».

3. V. *supra*, n° 907.

§ 2. — La procédure devant les juridictions militaires

Bibliographie. — L. Aulagnon, *Les pouvoirs du président du tribunal militaire, son pouvoir discrétionnaire*, R.S.C., 1936.397 ; L. Barc, *Les tribunaux permanents des forces armées*, Mélanges Patin, 1966.583 ; R. Colas, *Le nouveau Code de justice militaire*, R.S.C., 1965.909 ; P.J. Doll, *Analyse et commentaire du Code de justice militaire*, 1966, n°s 266 et s. ; Y. Jaffré, *Les tribunaux d'exception (1940-1962)*, 1963 ; Ph. Lafarge et J. Clavière, *Commentaire* au D., 1966.I.29 ; J.L. Ropers, *Le nouveau Code de justice militaire*, J.C.P., 1966.I.1982.

928. — Voyons d'abord ce qu'il en est en *temps de paix*.

Nous ne parlerons pas de la procédure applicable devant les juridictions de droit commun spécialisées (cour d'assises spéciale et tribunal correctionnel spécialisé) : ce sont les règles du C.P.P., qui s'appliquent et, par exemple, la victime peut se constituer partie civile (art. 698-2, C.P.P.).

Qu'en est-il devant les juridictions militaires ? Le principe est la soumission au droit commun en *temps de paix*. En matière criminelle, les tribunaux aux armées utilisent une procédure très proche de celle de la cour d'assises.

Quelques dérogations doivent cependant être signalées. Les débats ont lieu en matière correctionnelle sous la forme prévue pour les crimes. Le tribunal aux armées se prononce à la majorité simple, ce qui exclut en matière criminelle la minorité de faveur (art. L. 221-4, C.J.M.)...

En *temps de guerre*, les dispositions applicables devant la juridiction des forces armées sont encore en principe celles qui sont prévues en droit commun pour la cour d'assises. Quelques particularités sont néanmoins à mentionner : droit pour le prévenu, sans formalité ni citation préalable, de faire entendre tout témoin à décharge en le désignant au commissaire du gouvernement avant l'ouverture de l'audience (art. L. 222-4, al. 3, C.J.M.), possibilité pour le tribunal lorsque apparaît à l'audience un autre fait délictueux de renvoyer la poursuite de celui-ci à une audience ultérieure (art. L. 222-75, C.J.M.), nécessité pour le jugement sur le fond de contenir les décisions motivées relatives aux moyens d'incompétence, aux incidents et aux conclusions de la partie civile sur sa demande d'indemnité (art. L. 222-76, C.J.M.) ; pas d'appel et seulement un pouvoir en cassation (art. L. 231-2, C.J.M.).

§ 3. — La procédure devant les juridictions politiques

Bibliographie. — B. Mathieu, *Commentaire de la loi n° 93-1252 du 23 novembre 1993 sur la Cour de justice de la République*, A.L.D., 1994.74 ; J. Pradel, *La procédure de jugement applicable devant la Cour de justice de la République*, D., 1996, chron. 1.

929. — Qu'il s'agisse de la Haute Cour ou de la Cour de justice de la République, la procédure est en principe celle suivie devant les juridictions correctionnelles puisqu'il n'y a pas de jury. Cependant, l'ordonnance du 2 janvier 1959 (pour la Haute Cour) et la loi du 23 novembre 1993 (sur la Cour de justice), après avoir posé ce principe y apportent des exceptions et posent une difficulté :

D'abord, le délibéré, dans les deux juridictions, est proche de celui prévu pour la cour d'assises : vote à bulletin secret et à la majorité absolue sur chaque chef d'accusation pour chaque accusé ; si l'accusé est déclaré coupable, vote sur l'application de la peine, et si après deux votes, aucune peine n'obtient la majorité des voix, la peine la plus forte est écartée par le vote suivant, et ainsi de suite jusqu'à ce qu'une peine soit prononcée à la majorité absolue des votants. En outre, aucune constitution de partie civile n'est recevable devant ces deux juridictions.

SOUS-TITRE III

LA SENTENCE RENDUE PAR LA JURIDICTION DE JUGEMENT

930. — De la sentence, il a déjà été dit quelques mots dans le cadre de la procédure de jugement. Mais il reste à l'étudier en elle-même, c'est-à-dire à en décrire le contenu. En outre, cette décision, une fois rendue, peut être critiquée par la mise en œuvre de voies de recours. Enfin, devenue définitive, la décision emporte certains effets. On examinera donc le contenu de la décision (Chapitre I), la critique de la décision (Chapitre II), et enfin les effets de la décision (Chapitre III).

CHAPITRE PREMIER

LE CONTENU DE LA DÉCISION

931. — On l'indiquera d'emblée : toute décision ou sentence, même la plus simple est datée, indique le nom des parties et de leurs avocats, ainsi que la qualification pénale des faits poursuivis, et enfin porte la signature du président et du greffier [1].

Cet aspect formel rappelé, la décision comporte souvent des motifs et toujours un dispositif.

SECTION I

LES MOTIFS DE LA DÉCISION

932. — *Les motifs.* Ce sont les raisons retenues par le juge à l'appui de sa décision. La motivation est ainsi une nécessité essentielle car elle oblige le juge à penser sa décision et elle permet aux justiciables de la mieux comprendre. Et pourtant, la motivation n'est pas une exigence absolue.

§ 1. — Les décisions comportant une motivation

933. — Ce sont essentiellement les *jugements rendus par les tribunaux correctionnels et de police.* Selon l'article 485, C.P.P., « tout jugement doit contenir des motifs. Les motifs constituent la base de la décision ».

1. S'agissant de l'original dit minute.

La chambre criminelle exerce un contrôle tâtillon sur la motivation des décisions. Le juge du fond doit constater les éléments du délit et préciser les circonstances de fait dans lesquelles il a été commis [1]. En outre, le juge ne peut se contenter de réfuter les allégations du prévenu [2] ou de les déclarer établies sans les énoncer et sans préciser l'existence des circonstances exigées par la loi pour que ces faits soient punissables [3].

Le juge peut-il motiver une décision par voie de référence, c'est-à-dire en reprenant les motifs d'une autre décision ? La chambre criminelle a répondu à cette question par l'affirmative dans des cas où le second juge statuait sur l'opposition du prévenu à une première décision : le second juge justifiait ainsi sa condamnation en reprenant une précédente condamnation ayant caractérisé le délit reproché [4].

Une bonne motivation présente aussi un avantage lorsque le dispositif est incomplet : il peut alors être éclairé par les motifs si ceux-ci sont complets [5].

Sont également motivées les *ordonnances rendues par le président du tribunal sur requête aux fins d'homologation* dans le cadre de la procédure de comparution sur reconnaissance préalable de culpabilité. L'article 495-9, al. 2, *in fine*, C.P.P., décide en effet que le président « statue par ordonnance motivée ». Encore que manque le recul pour apprécier le fonctionnement de cette institution, entrée en vigueur le 1er octobre 2004, on peut présumer que la motivation sera assez légère puisque par hypothèse le parquet et le prévenu sont d'accord sur la culpabilité et sur la peine.

Sont encore motivées les *ordonnances pénales rendues en matière de délits routiers*. Selon l'article 495-2, al. 2, C.P.P., « l'ordonnance pénale doit être motivée, au regard notamment des dispositions du dernier alinéa de l'article 495 », ce texte indiquant que le parquet ne peut recourir à la procédure simplifiée « que si les faits reprochés au prévenu sont établis et que les renseignements concernant la personnalité de celui-ci, et notamment ses charges et ses ressources, sont suffisants pour permettre la détermination de la peine ». La motivation porte donc sur les faits et sur la personne tout à la fois. Mais il arrive souvent que le juge, dans son ordonnance, se contente d'une formule stéréotypée [6]. Et encore il ne s'agit que des ordonnances

1. Crim., 30 octobre 1924, D.H., 1924.653 ; 2 novembre 1950, D., 1950.757 ; 15 mars 1955, D., 1955.420 ; 31 octobre 1957, D., 1958, Somm. 27. Sur la « description du délit » par le juge, on lira la note de P. Mimin au D., 1937.I.53.

2. Crim., 22 septembre 1999, B.C., n° 195.

3. Crim., 6 mars 1996, B.C., n° 105.

4. Crim., 16 octobre 1941, B.C., n° 42 ; 28 mars 1962, B.C., n° 150 ; 23 juin 1971, B.C., n° 205 ; 26 février 1997, B.C., n° 79. Dans toutes ces espèces, on se trouvait en présence d'une même procédure formant un tout. Au contraire, si deux procédures sont distinctes, la motivation par référence n'est plus possible, Crim., 18 juin 2003, B.C., n° 128, R.P.D.P., 2004.190, obs. G. Di Marino.

5. Crim., 22 octobre 2003, B.C., n° 199, 2e arrêt.

6. Logiquement pourtant, la motivation pourrait être plus forte que dans le cas du plaidoyer de culpabilité où le juge ne peut que homologuer ou refuser d'homologuer la requête du parquet qui contient le montant « prédéterminé » de la peine.

pénales rendues en matière de délit car celles rendues en matière de contravention ne sont pas motivées.

On a pu se demander enfin si les décisions de la Cour de justice de la République doivent être motivées car l'exigence d'une motivation se concile mal avec la présence de juges parlementaires, qui ne sont pas des techniciens. On admet cependant que ces décisions sont motivées : 1° l'article 26 de la loi de 1993, en renvoyant à la procédure correctionnelles, renvoi nécessairement, entre autres articles, à l'article 485 C.P.P. qui prescrit la motivation [1] ; 2° aucune disposition de la loi de 1993 n'exclut la motivation. Dans la pratique d'ailleurs, ces décisions sont motivées. L'intérêt de la question est que les arrêts de cette Cour peuvent faire l'objet d'un pourvoi en cassation.

§ 2. — LES DÉCISIONS NE COMPORTANT PAS DE MOTIVATION

934. — Ce sont donc d'abord les *ordonnances pénales en matière contraventionnelle*. Selon l'article 526, al. 2, C.P.P., « le juge n'est pas tenu de motiver l'ordonnance pénale ». La règle s'explique par la modicité présumée de l'affaire.

Ce sont ensuite *les décisions des cours d'assises*. Ces décisions sont matérialisées par deux documents : la feuille de questions à laquelle il a déjà été fait allusion [2] et l'arrêt dont il faut dire quelques mots. L'arrêt se présente sous une forme plus simple que dans le cas des affaires correctionnelles et de police : il n'y a quasiment point de motivation car celle-ci est réduite à la constatation qu'à partir des faits affirmés dans la feuille des questions, il y a lieu de retenir telle infraction réprimée par tel texte, ou de retenir telle cause d'exemption ou telle sanction. Il faut seulement que les mentions de la feuille des questions et celles de l'arrêt soient concordantes [3].

Pourquoi les décisions d'assises ne sont-elles pas motivées ? La raison profonde est qu'il est malaisé de faire s'accorder sur la motivation douze personnes alors surtout que parmi ces douze personnes, il en est neuf qui sont des jurés et qui, par conséquent, sont des personnes de culture pas forcément homogène, surtout depuis que les jurés sont tirés au sort. C'est pourquoi la loi décide que juges et jurés votent en secret et que « la loi ne leur demande pas compte... des moyens par lesquels ils se sont convaincus » (art. 353, al. 2, C.P.P.). On peut aussi invoquer l'article 357, C.P.P., selon lequel chaque juge ou juré établit un bulletin écrit où figurent les mots « sur mon honneur et en ma conscience, ma déclaration est oui, ou non », et il n'y

1. Tel a d'ailleurs été le sentiment du Conseil constitutionnel dans sa décision du 19 novembre 1993, J.O., 23 novembre 1993, p. 16-141.

2. Sur la discussion, v. B. MATHIEU, commentaire de la loi, n° 93-1253 du 23 novembre 1993 sur la cour de justice de la République.

3. Crim., 13 octobre 1982, B.C., n° 217 ; 16 novembre 1983, B.C., n° 301 ; 20 octobre 1999, B.C., n° 225.

a rien d'autre sur le bulletin. On ne s'étonnera donc pas que les décisions d'assises que le président avait motivées ont été cassées comme verre [1].

S'agissant enfin des décisions des *juridictions politiques*, il est certain que celles de la Haute Cour ne sont pas motivées. La composition de cette juridiction — uniquement des parlementaires et en grand nombre (24 juges) — empêche pratiquement le jeu de la motivation.

SECTION II

LE DISPOSITIF DE LA DÉCISION

935. — Du dispositif, il a déjà été dit quelques mots à l'occasion de l'étude des décisions des diverses juridictions. Il faut maintenant, d'un point de vue plus général, classer les dispositifs. Ils peuvent être rangés en deux catégories.

Il y a d'abord les *jugements étrangers au fond de l'affaire* qui sont eux-mêmes de deux ordres. Ce sont d'abord les jugements d'avant dire droit qui ne dessaisissent pas la juridiction et qui se bornent, avant de dire le droit (avant de statuer au fond), à statuer sur une question préliminaire : on citera les décisions statuant sur une demande de mise en liberté, sur une exception d'incompétence (en la rejetant) ou sur une demande en nullité d'un acte, ou les décisions ordonnant un supplément d'information, etc. Ce sont ensuite les jugements décidant l'incompétence de la juridiction [2], qui, eux au contraire, la dessaisissent.

Il existe ensuite les *jugements sur le fond de l'affaire* qui également se subdivisent. Il y a d'abord nécessairement les décisions sur l'action publique qui retiennent la culpabilité ou prononcent au contraire la relaxe (concernant toutes les juridictions autres que la cour d'assises) ou l'acquittement (concernant la cour d'assises). Il peut y avoir ensuite les décisions sur l'action civile [3].

1. Crim., 15 décembre 1999, B.C., n°s 307 et 308, *Dr. pénal*, 2000, comm. 93, obs. A. Maron. *Add.*, Crim., 29 avril 1997, B.C., n° 155, inapplicabilité à la cour d'assises de l'article 132-19 C.P., exigeant en matière correctionnelle une motivation spéciale en cas de prononcé de la peine d'emprisonnement.

2. Toute juridiction doit, même d'office, apprécier sa compétence, à l'exception de la cour d'assises dont la compétence est fixée irrévocablement par la décision de renvoi.

3. On sait cependant que la cour d'assises ne statue que sur l'action publique, l'action civile étant du ressort de la cour seule, qui statue une fois que la cour d'assises a rendu son arrêt sur l'action publique.

CHAPITRE II

LA CRITIQUE DE LA DÉCISION ÉTUDE DES VOIES DE RECOURS

Bibliographie. — J. DERRUPPÉ, *La notion particulière de décision définitive*, in *Quelques aspects de l'autonomie du droit pénal*, 1964, Dalloz, pp. 117 et s. ; G. LEVASSEUR, *De quelques singularités des voies de recours en matière répressive*, Mélanges Vincent, 1981, pp. 219 et s. ; A. VITU, *Les délais des voies de recours en matière pénale*, Mélanges Chavanne, 1990, pp. 179 et s.

936. — *Notion et nécessité des voies de recours.* Les voies de recours sont des procédures permettant de critiquer ou attaquer une décision rendue afin de lui en substituer une nouvelle, présumée meilleure.

Si les voies de recours apportent un certain retard dans la solution du procès, leur utilité reste évidente. Quelle que soit la science et la conscience des magistrats, la décision peut contenir des erreurs de fait ou de droit. Les voies de recours permettent de corriger les dysfonctionnement de la justice [1] et apparaissent alors comme conformes à l'intérêt général et à celui des justiciables pour lesquels elles constituent un aspect des droits de la défense [2]. L'histoire législative le montre bien : si les périodes de crises où l'on sacrifie quelque peu les droits de la défense, correspondent à un certain étranglement des voies de recours, les périodes normales voient au contraire leur plein épanouissement.

1. Comp. l'obligation de motiver, la collégialité et la contradiction qui tendent à prévenir ces dysfonctionnement, F. BUSSY, *L'erreur judiciaire*, D., 2005, chron. p. 2552 et s., not. p. 2562 et s.

2. Pour le Conseil constitutionnel, les droits de la défense incluent le droit de recours, décision 12-13 août 1993.325, D.C., § 63, *in* L. FAVOREU et L. PHILIP, *Les grandes décisions du Conseil constitutionnel*, 12ᵉ éd., 2003, Dalloz, n° 46.

Faisant partie des droits de la défense, les voies de recours sont aussi une pièce de la théorie des droits de l'homme. Selon l'article 2 § 1 du Protocole n° 7 additionnel à la Conv. E.D.H., « toute personne déclarée coupable d'une infraction pénale par un tribunal, le droit de faire examiner par une juridiction supérieure la déclaration de culpabilité ou la condamnation ». L'emploi du mot « droit » est révélateur, même si l'article 2 § 2 admet que « ce droit peut faire l'objet d'exceptions pour des infractions mineures ». Enfin, la loi du 15 juin 2000 a inséré en tête du C.P.P. un article préliminaire affirmant notamment que « toute personne condamnée a le droit de faire examiner sa condamnation par une autre juridiction ».

Les décisions des cours d'assises ont pourtant longtemps échappé à la possibilité d'un appel (mais pas à celle d'un pourvoi en cassation). À l'encontre d'un appel, on invoquait : 1° L'existence d'un second degré d'instruction à titre obligatoire ; 2° Le fait que le jury ne se trompe pas *(vox populi, vox dei)*. Mais l'expérience a révélé que les chambres d'accusation n'apportaient guère de plue-value aux dossiers et que le peuple pouvait se tromper. En outre, on arrivait à cette étrangeté que le petit malfrat condamné à 2 000 F d'amende pour vol pouvait faire appel, mais pas l'accusé condamné à la réclusion perpétuelle pour assassinat ! Aussi le Gouvernement déposa-t-il en 1995 un projet de loi consacrant l'appel en matière criminelle [1]. Le projet fut certes enterré dans l'immédiat. Mais l'idée fut reprise par la loi du 15 juin 2000, sous une forme un peu différente d'ailleurs (art. 380-1 à 380-15, C.P.P.) [2].

937. — *Principes gouvernant les voies de recours*. Trois principes sont à mentionner qui, tous, traduisent un souci de conciliation entre l'exigence d'une justice rapide et la nécessité d'une bonne justice.

En premier lieu, toute décision rendue par un tribunal correctionnel ou de police peut être en principe l'objet d'une voie de recours. Même si la loi ne le prévoit pas, un recours reste possible [3]. Un recours n'est exclu que lorsqu'un texte le décide expressément, ce qui est fort rare comme on le verra.

En second lieu, les voies de recours sont d'ordre public. Ce principe appelle d'ailleurs certaines précisions. Le Ministère public, qui n'est pas propriétaire de l'action publique, ne peut ni acquiescer à un jugement [4], ni se

1. V. le colloque organisé par l'Institut de sciences criminelles de Poitiers en mai 1997, sur le thème *Quelle participation des citoyens au jugement des crimes ?* À propos de la réforme de la cour d'assises, *Travaux de l'Institut de sciences criminelles de Poitiers*, éd. Cujas, n° 17, 1997, sous la direction de J. PRADEL.

2. Il ne s'agit pas techniquement d'un appel, mais d'un nouvel examen à la demande d'une partie par une autre cour d'assises non supérieure hiérarchiquement (« appel circulaire » ou « tournant »). Il aurait été meilleur de créer au premier degré une juridiction criminelle composée seulement de magistrats et au second degré une cour composée de magistrats et de jurés en sorte que le peuple aurait eu le dernier mot.

3. Crim., 13 mars 1951, B.C., n° 84.

4. Crim., 11 février 1970, S., 1871.I.170.

désister d'une voie de recours déjà intentée [1], sauf à remarquer la paralysie de son droit d'exercer une voie de recours en cas de retrait de plainte par la victime dans le cas où son dépôt est la condition des poursuites (art. 6, al. 3, C.P.P.). Pour le prévenu, on doit distinguer : tandis que l'acquiescement est possible pour les dommages-intérêts [2], il est impossible pour la condamnation pénale en raison de la présomption d'innocence [3], le désistement est toujours possible [4]. Enfin, la partie civile peut acquiescer ou se désister, car seuls des intérêts privés sont en cause.

En troisième lieu, les voies de recours exercées contre une décision qui n'a pas acquis l'autorité de la chose jugée ont un effet suspensif : la décision ne peut être exécutée ni pendant le délai d'exercice des voies de recours, ni à plus forte raison après leur exercice, tant que n'est pas intervenue la nouvelle décision. À cette règle, sont pourtant apportées des exceptions dans l'intérêt du prévenu, de la société et de la partie civile.

938. — *Les différentes voies de recours et leurs classifications (Théorie générale)*. On sait que les voies de recours admises par la loi en matière répressive sont l'appel, l'opposition, les pourvois en cassation et en révision. Mais on n'oubliera pas que la jurisprudence, dans un cas très particulier, a créé indirectement une voie de recours supplémentaire : le succès d'une plainte pour escroquerie au jugement aboutit en effet à l'annulation d'une décision rendue par des magistrats dont la religion avait été trompée par les manœuvres frauduleuses d'un plaideur [5].

Cela étant, plusieurs classifications des voies de recours sont possibles.

Une première distinction oppose les voies de recours *ordinaires* aux voies de recours *extraordinaires*. Les premières, admises sans limitation de cas d'ouverture, ont pour objet de faire examiner à nouveau l'affaire dans tous ses éléments de fait et de droit : il s'agit de l'opposition et de l'appel. Les secondes supposent que les premières ne soient plus accessibles, ne sont ouvertes que dans les cas énumérés par la loi et tendent seulement à contrôler la régularité de la décision déjà rendue : ce sont le pourvoi en cassation sous ses diverses modalités (pour les erreurs de droit) et le pourvoi en révision (pour les erreurs de fait).

Une autre classification est propre aux voies de recours ordinaires. On distingue entre les voies de *rétractation* et les voies de *réformation*. Dans le premier cas, l'affaire est portée devant la juridiction même qui avait rendu la décision critiquée : c'est l'opposition qui suppose une décision rendue par

1. Crim., 21 juillet 1950, B.C., n° 214.
2. Crim., 11 août 1853, D., 1853.I.528.
3. Crim., 22 novembre 1884, D., 1885.I.428.
4. Crim., 17 novembre 1905, S., 1908.I.153 ; *add.* note J. Magnol au J.C.P., 1942.II.2072.
5. Sur l'escroquerie « au jugement », v. M.L. Rassat, *Droit pénal spécial*, 4e éd., Dalloz, 2004, n° 135.

défaut[1]. Dans le second cas, l'affaire est déférée à la juridiction hiérarchiquement supérieure à celle qui avait rendu la première décision : c'est l'appel. L'opposition existe à la fois en matière correctionnelle (et de police) et en matière criminelle. Il y a cependant une différence essentielle. En matière correctionnelle et de police, le prévenu a le « droit » de faire défaut et en faisant opposition, ce qui suppose l'accomplissement d'une formalité, il exerce réellement un recours. En matière criminelle, l'accusé condamné par défaut est frappé d'une condamnation conditionnelle. La réalisation de cette condition résulte de la représentation volontaire ou forcée, qui ne peut pas être assimilée à une voie de recours.

Enfin, on peut distinguer entre les voies de recours selon les rapports qu'elles entretiennent avec *l'autorité de la chose jugée*. Certaines d'entre elles empêchent la décision critiquée d'acquérir cette autorité et ne peuvent plus être exercées lorsqu'elle est passée en force de chose jugée (appel, opposition, pourvoi en cassation dans l'intérêt des parties). D'autres, plus exceptionnelles, s'en prennent à une décision qui avait déjà acquis cette autorité : elles sont toujours des voies de recours extraordinaires (pourvoi en cassation dans l'intérêt de la loi, pourvoi en révision), mais ne sont pas les seules voies de recours extraordinaires.

On en revient donc à la distinction des voies de recours ordinaires et extraordinaires. Elle présente d'ailleurs de réels intérêts : seules les voies de recours ordinaires n'exigent aucun « cas d'ouverture » et seules les voies de recours extraordinaires relèvent toutes de la même juridiction, la Cour de cassation.

Cette distinction des voies de recours ordinaires et des voies de recours extraordinaires sera la nôtre.

SECTION I

LES VOIES DE RECOURS ORDINAIRES

Il s'agit de l'*opposition* (art. 489 à 495, 544 à 545, C.P.P.), et de l'*appel* (art. 496 à 520, 546 à 549, C.P.P.).

1. En revanche, la procédure pénale ignore la tierce-opposition ouverte en procédure civile à la personne qui a été condamnée sans avoir été partie, art. 582 et s., N.C.P.Civ., Crim., 25 octobre 1928, D., 1930-I-36.

§ 1. — L'OPPOSITION

Bibliographie. — A. BLANCHOT, *Tribunal correctionnel, Opposition, Itératif défaut*, Jurisclasseur proc. pén., art. 489 à 495 ; J. BUISSON, *Tribunal de police, Du défaut, de l'opposition et de l'appel*, id., art. 544 à 549 ; J. GOULESQUE, *Les effets de l'opposition avant son jugement*, R.S.C., 1969.720 ; G. HIVERT, *La non-comparution du prévenu devant la juridiction de jugement*, thèse dactyl., Montpellier, 2000 ; Ch. LAPP, *La divisibilité du jugement et son effet sur le droit d'opposition*, R.S.C., 1951.149 ; P. LEMERCIER, *Observations sur la mise en œuvre de deux institutions communes à la procédure civile et à la procédure pénale (le défaut et l'appel)*, J.C.P., 1965.I.1909 ; G. LEVASSEUR, *La juridiction correctionnelle depuis l'application du C.P.P.*, R.S.C., 1959.577 ; L. VINCENT, *Jugement par défaut*, Répertoire pénal Dalloz ; A. VITU, *La réglementation de l'appel et de l'opposition*, J.C.P., 1959.I.1486.

939. — *Définition.* L'opposition est une voie de recours ordinaire et de rétractation contre les jugements ou arrêts rendus par défaut en matière correctionnelle et de police, et empêchant ceux-ci d'acquérir l'autorité de chose jugée. Cette procédure se justifie par l'idée que nul ne peut être condamné et astreint à exécuter une peine sans avoir été entendu alors que la juridiction aurait peut-être rendu une décision autre si le prévenu avait été présent.

En revanche, il n'y a pas d'opposition en matière criminelle alors qu'il existe cependant un défaut. Les articles 379-2 à 379-6, C.P.P. sur le « défaut en matière criminelle » ne parlent pas du tout de l'opposition. En effet, le rejugement de l'affaire ne dérive pas d'une opposition qui suppose une manifestation de volonté, mais de l'arrestation du condamné ou du fait qu'il se constitue prisonnier (art. 379-4, C.P.P.).

À l'étranger, l'opposition n'existe pas partout car beaucoup de législations ignorent le défaut, exigeant la présence physique du prévenu à l'audience, au moins pour les affaires importantes et à la première audience. C'est ainsi que l'opposition n'existe pas en Allemagne, Italie, Espagne, Angleterre, États-Unis... En revanche, elle existe par exemple en Belgique [1].

Il est pourtant nécessaire de maintenir le défaut : c'est le seul moyen d'obtenir un jugement contenant un mandat d'arrêt qui permettra de rechercher et arrêter un malfaiteur. Le droit européen n'est d'ailleurs pas hostile au défaut [2]. On ajoutera qu'avec le traitement des affaires en temp réel, le pourcentage des défauts baisse.

1. J. PRADEL, *Droit pénal comparé*, 2e éd., 2002, Dalloz, n° 484.
2. C.E.D.H., 12 février 1985, *Colozza c/ Italie*, série A, n° 89.

A — Conditions de l'opposition

1. *Conditions de fond*

a) Les décisions susceptibles d'opposition

940. — *Principe.* L'opposition peut être formée contre les jugements des tribunaux de police et correctionnels (art. 487, 544 et 545, C.P.P.), contre les arrêts des chambres des appels correctionnels (art. 525, al. 2, C.P.P.) et contre les ordonnances pénales (art. 495-3 et 527, C.P.P.). Cependant, notre droit redoutant les ardeurs dilatoires de certains individus restreint triplement la faculté de faire opposition contre ces décisions.

941. — *Première limite. L'opposition suppose que la décision ait été rendue par défaut.* Dans la langue courante, le défaut est souvent assimilé à l'absence physique, voire au silence d'une personne présente. Mais la loi entend plus restrictivement le défaut afin d'exclure le plus souvent possible l'opposition.

Il n'existe en effet qu'un cas de défaut : celui où le prévenu cité autrement qu'à personne et dont il n'est pas prouvé qu'il a eu connaissance de la citation ne se présente pas (art. 412, C.P.P.).

Dès lors et *a contrario*, il n'y a pas jugement par défaut, mais jugement réputé contradictoire (et donc opposition non recevable) dans les cas suivants où pourtant le prévenu (ou la partie civile et le civilement responsable) ne se présente pas : 1° le prévenu cité à personne ou quoique non cité à personne mais ayant eu connaissance de la citation ne comparaît pas et ne justifie d'aucune excuse valable (art. 410, al. 2, C.P.P.) ; 2° le prévenu cité pour une infraction passible d'une peine quelconque a demandé à être jugé en son absence, le tribunal n'estimant pas nécessaire sa comparution (art. 411, C.P.P.). De même, le jugement est contradictoire si : 1° le prévenu présent au début de l'audience et qui, ensuite, quitte volontairement la salle d'audience (art. 413, C.P.P.) ; 2° le prévenu qui ne peut se présenter en raison de son état de santé a été entendu par un juge commis à cet effet (art. 416, C.P.P.).

942. — *Seconde limite. L'opposition suppose que la décision ait porté atteinte aux intérêts du défaillant.* Selon une jurisprudence classique antérieure à 1959, il était admis que faute d'intérêt le prévenu ne pouvait jamais former opposition contre une décision de relaxe, que celle-ci soit fondée sur l'extinction de l'action publique, sur une excuse absolutoire ou sur l'insuffisance des charges [1]. Le Code de 1959 paraît confirmer cette solution puisque son article 489 décide que le jugement par défaut est non avenu « si le prévenu forme opposition à son exécution » ; or on ne peut exécuter une décision de relaxe.

1. Crim., 14 août 1884, B.C., n° 264 ; 8 novembre 1955, B.C., n° 461.

943. — *Troisième limite. L'opposition suppose que la décision n'ait pas été déjà frappée d'appel.* Il est admis qu'un jugement par défaut est susceptible d'appel aussi bien que d'opposition [1]. Cependant, si la partie défaillante « a opté pour l'appel, elle se ferme par son propre fait et sans retour la voie de l'opposition » [2].

b) Les personnes pouvant faire opposition

944. — Toute partie, à l'exclusion du Ministère public qui est nécessairement présent, peut faire opposition : le prévenu, le civilement responsable et la partie civile (art. 487 et 493, C.P.P.). Toutefois, comme l'article 425 décide que la partie civile régulièrement citée et non comparante ou non représentée à l'audience est considérée comme s'étant désistée, la jurisprudence en a déduit qu'elle ne pouvait faire opposition que si le prévenu n'avait pas demandé acte de ce désistement tacite [3].

En outre, le prévenu peut faire faire opposition par un avocat muni d'un pouvoir spécial et même par tout mandataire muni d'un tel pouvoir [4].

2. *Conditions de délai*

945. — Il existe deux délais en matière correctionnelle et de police, sauf à admettre des règles particulières en cas d'ordonnance pénale.

Le *délai normal* est de dix jours si le prévenu réside en France métropolitaine et d'un mois dans le cas contraire (art. 491 et 492, al. 2, C.P.P.). Le point de départ du délai est variable. Au cas où la décision est signifiée à la personne du condamné, il est fixé au jour de cette signification. Au cas de signification faite à domicile, à mairie ou à parquet, il est fixé au jour où il en a eu connaissance effective par un acte d'exécution (par ex., arrestation) ou par lettre recommandée avec accusé de réception. Les mêmes durées sont applicables à la partie civile et au civilement responsable, le point de départ étant toujours fixé au jour de la signification de la décision (art. 493, C.P.P.).

Le *délai exceptionnel* ne concerne que le prévenu et ne joue que si l'on ne peut prouver qu'il a eu connaissance effective de la signification de la décision. L'article 492, alinéa 2, l'autorise alors à former opposition tant que la peine n'est pas prescrite (deux ans pour les peines de police et cinq ans pour les peines correctionnelles).

En cas d'ordonnance pénale, des délais particuliers sont prévus (art. 495-3 et 527, C.P.P.).

1. V. *infra*, n° 954.
2. Crim., 11 juin 1963, B.C., n° 207 ; 7 février 1984, B.C., n° 44.
3. Crim., 29 décembre 1964, G.P., 1965.I.257.
4. Crim., 11 septembre 2007, B.C., n° 197, 30 octobre 2002, B.C., n° 198.

3. *Conditions de forme*

946. — La matière a été réformée par une loi du 30 décembre 1985 (art. 490 et 490-1, C.P.P.). Deux cas sont à envisager désormais.

— Si l'opposant *n'est pas détenu*, « l'opposition est portée à la connaissance du Ministère public, à charge par lui d'en aviser la partie civile par lettre recommandée avec demande d'avis de réception » (art. 490). Pour informer le parquet, l'opposant peut se contenter d'une simple déclaration, même verbale, qu'il lui adresse directement ou qu'il adresse à toute autorité qualifiée pour en dresser procès-verbal et rendre compte : cette règle, naguère dégagée par la jurisprudence [1], est toujours valable. Toutefois, l'opposant doit indiquer son domicile et avertir le parquet de tout changement [2].

— Si l'opposant *est détenu*, « l'opposition peut être faite au moyen d'une déclaration auprès du chef de l'établissement pénitentiaire » (art. 490-1, al. 1). Le texte ajoute que cette déclaration est signée par ce fonctionnaire et par le demandeur, et qu'elle est adressée sans délai au parquet près la juridiction ayant rendu la décision attaquée.

B — Effets de l'opposition

1. *Effets immédiats de l'opposition*

947. — *Effets du délai d'opposition.* Le délai a en lui-même un *effet suspensif* La décision est privée de toute force exécutoire, aussi bien après la signification qu'avant. Il y a toutefois deux exceptions à ce principe.

En premier lieu, et c'est là une exception commune à l'opposition et à l'appel, le mandat d'arrêt délivré contre le défaillant conserve son effet (art. 465, C.P.P.). La C.E.D.H. a apporté une utile précision au cas où le prévenu fait l'objet d'un mandat d'arrêt du tribunal. Elle décide que pour faire opposition, l'intéressé doit d'abord se constituer prisonnier. Les juges européens n'y voient pas une entrave au droit d'accéder à un tribunal et l'on ne peut que les approuver car la solution inverse priverait de tout intérêt le mandat d'arrêt, ce qui prouve bien qu'il a effet [3]. L'annulation ou la suspension du permis de conduire et les mesures prononcées contre les mineurs s'appliquent immédiatement si elles ont été déclarées exécutoires. Les provisions allouées à la partie civile peuvent enfin être assorties de l'exécution provisoire.

En second lieu, et c'est là une exception propre à l'opposition, le délai cesse d'être suspensif lorsqu'il ne commence jamais à courir, faute de la preuve d'une connaissance personnelle par le condamné de la signification

1. Crim., 19 janvier 1961, D., 1961.255, R.S.C., 1962.346, obs. J.-M. Robert, pas besoin de recourir à un huissier.
2. Crim, 6 mai 1970, B.C., n° 156.
3. C.E.D.H., 16 mai 2002, *Karatas et Sari c/ France*, § 50.

du jugement. On sait qu'en ce cas, l'opposition est recevable pendant toute la durée de la prescription de la peine. Si pendant ce temps l'effet suspensif s'appliquait, le jugement ne pourrait jamais être exécuté : d'abord à raison de l'effet suspensif, ensuite à raison de la prescription acquise. C'est pourquoi dans ce cas, l'effet suspensif n'est attaché qu'à l'opposition elle-même. En conséquence, le condamné pourra avoir connaissance du jugement par les actes d'exécution auxquels il donnera lieu : il pourra alors faire opposition (par ex. au moment de son arrestation) et cette opposition provoquera la suspension de l'exécution.

948. — *Effets de l'opposition elle-même.* D'un côté, l'opposition produit un *effet extinctif.* Le jugement est anéanti, « non avenu dans toutes ses dispositions » (art. 489, al. 1, C.P.P.), sauf à remarquer, d'une part, les exceptions évoquées à l'instant relatives au mandat d'arrêt, à la provision et à certaines mesures [1] et d'autre part, la limitation possible de l'opposition aux dispositions pénales seules ou aux dispositions civiles seules (art. 489, al. 2, C.P.P.). Et l'opposition ne saurait anéantir les chefs de la décision sur lesquels il y a eu relaxe [2].

D'un autre côté, l'opposition entraîne une *nouvelle saisine* de la juridiction qui avait déjà statué une première fois. Cette règle a été jugée non contraire à l'article 6-1, Conv. E.D.H., qui veut que le juge soit indépendant et impartial [3]. Il n'y a pas en effet de raison de prendre des juges nouveaux puisque l'opposition est une voie de rétractation rendant non avenu le jugement attaqué.

2. *Jugement de l'opposition*

949. — Deux problèmes se posent :

1) Comment est fixée la date à laquelle la juridiction va statuer sur opposition ? En règle générale, il faut appliquer l'article 494, alinéa 1, C.P.P., qui prévoit deux procédés. Parfois, la date est fixée à l'opposant par une notification verbale qui lui est faite au moment où il vient de faire opposition : en pratique, le policier consigne l'opposition du prévenu, puis téléphone au parquet qui indique la date d'audience, enfin communique cette date au prévenu et dresse procès-verbal du tout. Le plus souvent cependant, le parquet procède à une nouvelle citation ; cette voie est d'ailleurs particulièrement nécessaire lorsqu'il y a une partie civile ou un civilement responsable qui ne peuvent être concernés par une notification verbale.

1. V. *supra*, n° 947.

2. Paris, 17 février 1964, J.C.P., 1964.II.13657.

3. Crim., 25 juillet 1989, B.C., n° 296, D., 1990, Somm., 226, obs. J. Pradel. En outre, le tribunal statuant sur opposition peut être composé de la même façon que celui qui avait statué la première fois, Crim., 23 octobre 1996, B.C., n° 370, règle non contraire au principe d'impartialité de l'art. 6, § 1, Conv. E.D.H.

Cependant, des règles particulières existent lorsque l'intéressé a été appréhendé sur un mandat d'arrêt. En effet alors, « l'affaire doit venir devant le tribunal à la première audience ou au plus tard dans la huitaine du jour de l'opposition, faute de quoi le prévenu doit être remis en liberté d'office » (art. 465, al. 6, C.P.P.). Le texte ajoute que, si le tribunal renvoie l'affaire à plus tard, il doit statuer d'office par une décision motivée sur la détention.

2) Quel est l'office de la juridiction de jugement ? Deux situations peuvent se présenter.

Ou bien, l'opposant *ne comparaît pas*, faisant défaut une seconde fois : il y a itératif défaut. Il est certain que le deuxième jugement ne sera plus susceptible d'une opposition : « Opposition sur opposition ne vaut », dit-on. Mais, et c'est un problème, le défaut sur opposition redonne-t-il toute sa force au premier jugement ? Traditionnellement, il fallait répondre par l'affirmative : le tribunal ou la cour rendait une décision de débouté d'opposition, qui restituait toute sa forme à la première décision en la rendant exécutoire. Mais une loi du 29 décembre 1972 a assoupli le principe. Sans doute, la règle que l'itératif défaut donne sa force au premier jugement subsiste-t-elle s'il ne comportait pas condamnation à une peine d'emprisonnement sans sursis.

Mais au cas de condamnation sans sursis, le tribunal peut ordonner le renvoi de l'affaire à une date qu'il fixe et donner l'ordre qu'entre-temps le défaillant soit recherché pour être conduit de force à l'audience ou mis en demeure de s'y présenter. Et c'est seulement si les recherches ordonnées sont demeurées vaines ou si l'opposant régulièrement mis en demeure ne comparaît pas que le tribunal déclare l'opposition non avenue sans nouveau renvoi (art. 494, C.P.P.) : le premier jugement reprend alors toute sa force, sauf le droit pour le tribunal de modifier la décision, mais sans aggraver la peine, par décision spécialement motivée et si des circonstances particulières le justifient (art. 494-1, C.P.P.).

Ou bien l'opposant *comparaît*. La juridiction procède à un nouvel examen de l'affaire et peut soit maintenir la première décision [1], soit la modifier dans le sens de l'adoucissement, soit même l'aggraver puisque l'interdiction de l'aggravation *(reformatio in pejus)* ne s'applique qu'à l'appel, non à l'opposition [2]. On notera que le mandat d'arrêt délivré dans les conditions de l'article 456 continue à produire effet, même si le tribunal, sur opposition, réduit la peine à moins d'un an d'emprisonnement (art. 465, al. 2, C.P.P.).

1. Crim., 23 juin 1971, B.C., n° 205, exigeant une motivation.
2. Crim., 7 novembre 1941, D.C., 1942.9, rapport M. Nast.

§ 2. — L'APPEL

Bibliographie. — J. BANCAL, *L'automatisme des appels* a minima *consécutifs à des appels limités aux intérêts civils*, J.C.P., 1965.I.1883 ; Ch. BÉQUIGNON, *Une création de la jurisprudence, le droit d'évocation en matière répressive*, Études criminologiques, 1928.187 ; F. BILLY, *Le délai et les formalités de l'appel en matière correctionnelle et de police*, Le pouvoir judiciaire, octobre-novembre 1971.11 ; J. BROUCHOT, *Les voies de recours contre les décisions pénales distinctes des décisions sur le fond*, J.C.P., 1964.I.1828 ; F. CHAPAR, *L'appel incident des jugements rendus par défaut et les jugements réputés contradictoires*, D., 1963, chron. 127 ; G. CLÉMENT, *L'appel, voie de nullité en procédure pénale*, R.S.C., 1990.260 ; J. COULON, *Appel*, Répertoire pénal, Dalloz ; F. EHRHARD, *L'interdiction de la* reformatio in pejus, R.S.C., 1939.469 ; D. GUIRIMAND, *Cour d'appel en matière correctionnelle, Conditions de l'appel*, Jurisclasseur proc. pén., art. 496 à 520, fasc. 10 ; L. MEISS, *Le point de départ des délais d'appel en matière correctionnelle*, R.S.C., 1939.263 ; R. MEURISSE, *Effet dévolutif et évocation*, D., 1954, chron., 127 ; du même, *L'évocation et le C.P.P.*, R.S.C., 1964.545 ; du même, *Le déclin de l'évocation en matière criminelle*, J.C.P., 1954.I.1230 ; du même, *Réflexions nouvelles sur l'effet dévolutif de l'appel et l'évocation*, G.P., 1964.II, Doct. 102 ; du même, *L'appel des jugements incidents en matière correctionnelle et de police*, J.C.P., 1967.I.2066 ; du même, *L'évocation en procédure pénale depuis ces 20 dernières années*, R.S.C., 1969.853 ; J.M. ROBERT, *L'évocation en matière pénale*, rapport aux Journées d'études de procédure, Fac. Lille, mai 1958.

950. — *Définition.* L'appel est une voie de recours ordinaire contre les décisions en premier ressort, rendues contradictoirement ou par défaut en matière correctionnelle ou de police et, depuis une loi du 15 juin 2000, en matière criminelle. Si l'opposition s'explique par le caractère contradictoire de la procédure, l'appel consacre le principe du double degré de juridiction. L'appel est en effet une voie de réformation qui saisit une nouvelle juridiction, cette nouvelle juridiction étant la chambre des appels correctionnels en matière correctionnelle et de police (principe hiérarchique) ou étant une nouvelle cour d'assises en matière criminelle (principe de l'appel « tournant »).

A — Conditions de l'appel

951. — *Existence de deux sortes d'appel : l'appel principal et l'appel incident.* Presque toute la matière des conditions de l'appel est dominée par cette distinction. Mais que faut-il entendre par appel principal et appel incident ? Le premier ne peut se définir que par rapport au second. L'appel incident, admis de tout temps en procédure civile et imaginé en procédure pénale par une loi du 25 avril 1925, est un appel provoqué par l'appel d'une autre partie ; ce dernier est dit appel principal. L'appel incident est donc un appel formé par l'intimé, souvent *in extremis*, en réponse à l'appel principal que son adversaire a fait contre lui. Selon GARRAUD, c'est la réplique d'une partie qui avait cru mettre fin à la procédure en n'usant pas de son droit d'appel et que l'initiative de son adversaire contraint à sortir de sa passivité. L'appel incident permet d'élargir la saisine de la juridiction supérieure que l'appel principal avait peut-être limitée aux seuls points sur lesquels l'appelant avait été condamné : par exemple, le parquet qui n'envisageait pas d'interjeter appel de la condamnation relèvera appel incident si le prévenu a lui-même fait appel principal.

1. *Conditions communes aux deux sortes d'appels : les conditions de forme*

952. — *En principe*, l'appel se forme par une déclaration au greffe de la juridiction qui a statué. Cette déclaration est d'abord signée par l'appelant ou son mandataire qui, en général, est son avocat. Ce mandataire doit être spécialement habilité par l'appelant lui-même : à défaut d'un pouvoir spécial, la femme ne peut faire appel à la place de son mari empêché [1], ni l'avocat qui agirait sur les seules instructions d'une compagnie d'assurances et non pas sur celles du prévenu [2]. La déclaration est également signée par le greffier, puis inscrite sur un registre et toute personne peut en obtenir copie (art. 502, C.P.P.). Tout autre moyen que la déclaration au greffe (lettre, télégramme, exploit d'huissier...) est interdit, sauf cas de force majeure [3]. Rien n'interdit au prévenu sous le coup d'un mandat d'arrêt de se faire représenter pour faire appel [4].

Le prévenu, s'il est libre, doit donner son adresse personnelle, sauf son droit de lui substituer l'adresse d'un tiers si celui-ci le veut bien (art. 503-1, C.P.P.) ; c'est le système de l'adresse déclarée de sorte que si l'intéressé est absent le jour de l'audience, il sera jugé par arrêt contradictoire à signifier [5].

À titre exceptionnel, deux autres formes sont prévues. D'une part, le condamné détenu peut faire connaître sa volonté d'interjeter appel au moyen d'une déclaration auprès du chef de l'établissement pénitentiaire ; cette déclaration est signée par ce dernier et par l'appelant, puis adressée sans délai au greffe de la juridiction qui a rendu la décision attaquée, enfin transcrite sur le registre d'appel (art. 503, C.P.P.). D'autre part, l'appel du procureur général résulte d'une signification adressée soit au prévenu — à parquet s'il demeure à l'étranger — soit au civilement responsable (art. 505) [6].

953. — *Conditions propres à chaque sorte d'appel : les conditions de fond et de délai.* Les conditions de fond et de délai varient le plus souvent selon la

1. Crim., 9 mars 1972, D., 1972.657.
2. Crim., 28 mars 1968, J.C.P., 1968.II.15553, note J.A., R.S.C., 1968.873, obs. J. Robert.
3. Ch. réun., 10 février 1909, D., 1911.I.217 ; Crim., 14 décembre 1965, G.P., 1966.I.186 ; 6 mai 2008, n° 07-86.304, D. 2008, A.J., 1485, irrecevabilité d'un appel formé au moyen d'un courrier envoyé par télécopie par l'avocat du prévénu.
4. Crim., 24 novembre 1999, B.C., n° 273 ; même solution que pour le pourvoi, v. *infra*, n° 927.
5. Crim., 25 avril 2006, D., 2006.1565, en cas d'adresse déclarée, la citation est réputée faite à personne.
6. Crim., 30 janvier 1969, D., 1969.559, note J.M.R., qui exige une signification par huissier.

catégorie d'appel considérée. On doit donc distinguer celles qui sont propres à l'appel principal et celles qui sont propres à l'appel incident.

2. *Conditions propres à l'appel principal*

a) Conditions de fond

— *Décisions susceptibles d'appel*

Sont susceptibles d'appel la plupart des décisions sur le fond et certaines décisions sur incidents.

954. — *Décisions sur le fond susceptibles d'appel.* L'appel est recevable contre les jugements des tribunaux correctionnels et de police.

S'agissant des *arrêts de condamnation* rendus par la cour d'assises, ils peuvent faire l'objet d'un appel (art. 380-1, al. 1, C.P.P.).

S'agissant des *jugements correctionnels*, l'appel est très général (art. 496, al. 1er, C.P.P.). Il importe peu que le tribunal ait prononcé la relaxe ou la condamnation, qu'il ait statué contradictoirement ou par défaut — de sorte qu'un jugement par défaut est susceptible de deux voies de recours [1], qu'il ait été saisi d'un délit ou d'une contravention par erreur qualifiée délit, qu'il ait été saisi d'un délit seul ou d'une contravention connexe à un délit (art. 467, C.P.P.). Même les ordonnances rendues sur plaidoyer de culpabilité sont susceptibles d'appel (art. 495-11, C.P.P.).

S'agissant des *jugements de police*, l'appel n'est recevable que sous certaines conditions. L'appel est possible si le juge prononce des réparations civiles (art. 546, al. 2, C.P.P.), ou bien si la peine encourue excède le montant de l'amende prévue pour les contraventions de la quatrième classe, soit 750 € (art. 546, al. 1) [2]. Si le prévenu est poursuivi en même temps pour plusieurs contraventions passibles chacune d'une amende inférieure au plancher de l'appel possible, la jurisprudence décide que l'on doit totaliser les amendes encourues pour savoir si l'appel est recevable [3]. Toutefois, pour les contraventions forestières, l'appel est toujours possible (art. 546, al. 4).

955. — *Décisions sur incidents susceptibles d'appel.* Des difficultés sont survenues à propos des jugements sur incidents, dits aussi avant dire droit, aujourd'hui appelés par la loi « jugements distincts des jugements sur le fond » et depuis longtemps par les praticiens « jugements séparés ». À la suite d'une évolution législative assez tourmentée, la situation est maintenant la suivante

1. R. Merle et A. Vitu, t. II, p. 962, n° 824, note 2.

2. L'exclusion de l'appel pour les contraventions des trois premières classes n'est pas contraire au Protocole additionnel n° 7 qui décide que l'appel peut être supprimé pour les infractions mineures, Crim., 6 février 2002, B.C., n° 23.

3. Crim., 5 mai 1949, D., 1949.421, note R. Vouin ; 5 juillet 1976, B.C., n° 245 ; 20 mars 1984, B.C., n° 115 ; 29 octobre 1986, B.C., n° 312 ; 30 avril 2002, B.C., n° 90.

(art. 507 et 508, C.P.P.). Alors que l'appel contre un jugement sur le fond doit être formé immédiatement et sera examiné aussitôt, l'appel contre un jugement sur incident obéit à des règles propres et qui obligent à distinguer.

S'il s'agit d'un jugement séparé qui « met fin à la procédure » (art. 507, al. 1), tel un jugement d'incompétence ou accueillant une fin de non-recevoir (prescription, amnistie...), l'appel est immédiatement recevable [1].

S'il s'agit d'un *jugement ne mettant pas fin à la procédure*, par exemple ordonnant une mesure d'instruction [2] ou rejetant une fin de non-recevoir [3] ou encore annulant une procédure [4], l'appel n'est pas immédiatement recevable quoique durant le délai d'appel, le tribunal ne puisse statuer au fond (art. 507, al. 2, C.P.P.). En effet, la partie qui entend faire appel du jugement ne mettant pas fin à la procédure peut le faire, à charge pour elle de joindre à son appel une requête qu'elle adresse au président de la chambre des appels correctionnels tendant à faire déclarer son appel immédiatement recevable (art. 507, al. 4, C.P.P.). Cette requête a pour effet immédiat de rendre le jugement non exécutoire et d'interdire au tribunal de statuer au fond tant qu'il n'aura pas été statué sur elle (art. 508, al. 1, C.P.P.). Le greffier fait parvenir au président de la chambre des appels correctionnels l'acte d'appel, la requête et une expédition du jugement avant dire droit.

Intervient alors le président. Il doit statuer sur cette requête dans les huit jours de la réception du dossier par une ordonnance non motivée (art. 502, al. 3, C.P.P.). Et de deux choses l'une. Ou bien le président fait droit à la requête aux fins d'examen immédiat de l'appel, il fixe alors la date à laquelle cet appel sera jugé (art. 508, al. 5, C.P.P.), la cour devant statuer dans le mois et l'exécution du jugement étant suspendue jusqu'à survenance de l'arrêt. Ou bien le président rejette la requête, le jugement sur incident devient aussitôt exécutoire et le tribunal peut statuer au fond ; et l'appel contre le jugement avant dire droit sera examiné en même temps que l'appel contre le jugement sur le fond (art. 508, al. 6, C.P.P).

Trois observations complémentaires doivent être faites sur la procédure relative aux jugements ne clôturant pas le procès. D'abord l'ordonnance du président est insusceptible de recours, pour des raisons de rapidité. Ensuite, le président se détermine en fonction de « l'intérêt de l'ordre public ou d'une bonne administration de la justice » (art. 508, al. 5, C.P.P.), n'admettant l'appel immédiat que si cet intérêt est en jeu. Enfin l'appel contre les décisions relatives à la liberté est immédiatement recevable [5] : le système des articles 507 et 508, C.P.P., ne s'applique donc pas et la cour est même tenue de statuer

1. Appel également recevable immédiatement dans le cas du jugement accordant un sursis à statuer indéfini et illimité, Crim., 22 octobre 1984, B.C., n° 311 ; 14 janvier 1992, B.C., n° 11, D., 1992, Somm., 319, obs. J. Pradel. Même position encore pour le jugement ordonnant le renvoi de l'affaire sans fixer de date, Crim., 20 juillet 1993, B.C., n° 249.

2. Douai, 15 avril 1964, D., 1964.316.

3. Crim., 6 janvier 1970, B.C., n° 9, pour la prescription.

4. Crim., 25 janvier 1982, B.C., n° 27.

5. Paris, 14 septembre 1967, J.C.P., 1968.II.15691, note P. Chambon.

dans les vingt jours de l'appel faute de quoi le prévenu est remis en liberté (art. 148-2, al. 3, C.P.P.).

— *Personnes pouvant interjeter appel*

956. — En *matière criminelle*, l'article 380-2, C.P.P., indique que la faculté d'appeler appartient à l'accusé, au Ministère public, au civilement responsable quant à ses intérêts civils, à la partie civile quant à ses intérêts civils [1], en outre, mais seulement en cas d'appel du Ministère public, aux administrations publiques lorsqu'elles peuvent exercer l'action publique, et enfin au procureur général en cas d'acquittement.

Une remarque doit être faite concernant le parquet. D'abord dans le système primitif (de la loi du 15 juin 2000), il ne pouvait faire appel qu'en cas de condamnation, ce qui consacrait l'idée que l'acquittement était définitif. Le système était illogique, d'autant plus qu'en matière correctionnelle ou de police, le parquet a toujours pu faire appel en cas de relaxe. D'où l'adjonction par la loi du 4 mars 2002 d'un 6° à l'article 380-2 autorisant le procureur général à agir en cas d'acquittement.

Ensuite, l'appel du parquet est indispensable en pratique : dans un procès comportant plusieurs accusés et si certains seulement font appel, il est bon que le parquet puisse faire appel afin que l'ensemble de l'affaire puisse être réexaminée.

En *matière correctionnelle*, le droit de faire appel est accordé à toutes les parties, là encore : prévenu (quant à l'action publique et quant à l'action civile), civilement responsable et partie civile (quant à leurs intérêts civils seulement), procureur de la République, administrations poursuivantes et procureur général (art. 497, C.P.P.) [2].

En *matière contraventionnelle*, la faculté d'appel appartient au prévenu, au civilement responsable, au procureur de la République, au procureur général et à l'officier du Ministère public lorsque :

— l'amende encourue est celle prévue pour les contraventions de la 5e classe (1 500 €) ;

— a été prononcée la peine de la suspension du permis de conduire pour trois mois au plus (art. 131-16, 1°, C.P.) ;

— la peine d'amende prononcée est supérieure au maximum de l'amende encourue pour les contraventions de la 2e classe (150 €) (art. 546, al. 1, C.P.P.) [3].

1. Crim., 18 juin 2003, B.C., n° 125, la victime non constituée partie civile en première instance ne peut faire appel ; *add.* Crim., 14 mai 2003, B.C., n° 97, pour le principe général.

2. Crim., 29 février 2000, B.C., n° 86, l'ouverture du droit d'appel non seulement à toutes les parties à l'instance, mais aussi au procureur général n'est pas contraire à l'art. 6, Conv. E.D.H., sur le procès équitable.

3. Naguère, l'art. 546, C.P.P., comportait un ultime alinéa qui prévoyait que le procureur général pouvait agir à l'égard de « tous les jugements rendus en matière de police ». Cette disposition a été considérée comme incompatible avec l'art. 6, Conv. E.D.H., consacrant le principe

S'agissant des dommages-intérêts, peuvent interjeter appel, la partie civile, le prévenu et le civilement responsable (art. 546, al. 2 et 3, C.P.P.). En outre, malgré le silence de l'article 546, l'administration des douanes dispose du même droit d'appel que le Ministère public, puisqu'en vertu de l'article 343-2 du Code des douanes elle exerce à titre principal l'action publique pour l'application des sanctions fiscales [1].

La jurisprudence a tendance à ouvrir largement le droit d'appel.

Un arrêt a décidé que le Ministère public peut interjeter appel contre un jugement pourtant conforme à ses réquisitions de relaxe [2]. Le parquet apprécie donc en toute liberté l'intérêt de la société.

Un autre admet l'appel d'une personne condamnée en première instance quoique non partie à ce stade de la procédure. En l'espèce, il s'agissait d'un assureur qui avait été condamné *in solidum* avec le prévenu à payer des dommages-intérêts à la partie civile. Pour justifier l'appel, la chambre criminelle se fonde sur l'article 6-1, Conv. E.D.H et sur l'article préliminaire du C.P.P. indiquant que « toute personne condamnée a le droit de faire examiner sa condamnation par une autre juridiction » [3]. La solution est remarquable car la règle est bien que celui qui n'a pas été partie en première instance ne peut faire appel [4].

b) Conditions de délai

957. — *La durée du délai.* Le délai est en principe de dix jours (art. 489, al. 1 et art. 380-9, C.P.P.). Ce délai est strictement entendu : l'appel ne peut être reçu au-delà du dixième jour que si l'appelant justifie d'un cas de force majeure [5] ; et ne constituent un tel événement, ni la fermeture du greffe lorsqu'on s'y présente trop tard [6], ni une grève postale [7]. Toutefois, si le délai expire normalement un samedi, un dimanche, ou un jour férié ou chômé, il est prorogé jusqu'au premier jour ouvrable suivant (art. 801, nouveau C.P.P. modifié par l. du 6 août 1975).

Le délai est réduit à vingt-quatre heures en cas d'appel contre un jugement statuant sur une demande de mise en liberté ou concernant le contrôle judiciaire (art. 501).

de l'égalité des armes puisque les droits des parties privées étaient inférieurs à ceux du procureur général, Crim., 6 mai 1997, B.C., n° 170, D., 1998.223, note A. Cerf, R.S.C., 1997.858, obs. Dintilhac, J.C.P., 1998.II.10056, note Lassalle ; 21 mai 1997, B.C., n° 191, *Revue générale des procédures*, 1998, chron. 106, note D. Rebut ; 17 juin 1998, B.C., n° 196. Aussi une loi du 23 juin 1999 a-t-elle abrogé l'ultime alinéa de l'art. 546.

1. Crim., 6 novembre 1973, B.C., n° 401.

2. Crim., 17 janvier 1991, D., 1992, Somm., 95, obs. J. Pradel ; 24 janvier 2007, B.C., n° 15.

3. Crim., 7 octobre 2003, B.C., n° 181, R.S.C., 2004, 131, obs. A. Giudicelli. On sait que la tierce-opposition ne s'applique pas en procédure pénale, v. *supra*, n° 941. Mais le fondement tiré de l'article 6-1, Conv. E.D.H., aurait suffi puisqu'il consacre le droit au juge.

4. Crim., 14 mai 2003, B.C., n° 97.

5. Crim., 18 janvier 1962, B.C., n° 46, pour une hospitalisation.

6. Crim., 15 juin 1973, B.C., n° 267.

7. Crim., 24 juillet 1967, J.C.P., 1967.II.15266 *bis*.

Enfin, le délai se trouve porté à deux mois en faveur du procureur général (art. 505). Et ce délai n'est pas contraire à l'exigence d'un procès équitable [1].

Un appel fait hors délai conduit le président de la chambre des appels correctionnels à rendre d'office une ordonnance de non-admission de l'appel qui est insusceptible de recours (art. 505-1, C.P.P.).

958. — *Le point de départ du délai.* Si la décision est contradictoire, le délai court à compter du prononcé du jugement (art. 498, al. 1). Si elle est rendue par défaut ou par itératif défaut, il ne court qu'à partir de la signification, que celle-ci ait eu lieu à personne, à domicile, à mairie ou à parquet (art. 499). Le point de départ est également reculé au jour de la signification, quel qu'en soit le mode, lorsque le jugement, bien que réputé contradictoire, a été rendu : 1° Contre une partie qui n'était pas présente ou représentée à l'audience où le jugement a été rendu, si du moins elle n'avait pas été informée du jour de cette audience ; 2° Contre un prévenu qui a été jugé en son absence, mais après audition d'un avocat qui s'est présenté pour assurer sa défense, sans avoir cependant de mandat de représentation signé du prévenu ; 3° Contre un prévenu qui n'a pas comparu sur seconde convocation au sens de l'article 411, al. 5, C.P.P., l'avocat n'étant pas présent.

Il a été jugé que l'huissier n'est pas tenu de faire figurer dans l'acte de signification l'indication des modalités du droit d'appel [2] : cette règle découle du silence des textes (sauf dans le cas particulier de l'article 558, al. 3, C.P.P.) mais peut en fait entraver l'exercice du droit d'appel.

3. *Conditions propres à l'appel incident*

a) Conditions de fond

959. — La première condition, logique, est qu'un appel principal ait été effectivement formé et soit juridiquement recevable. Cet appel principal doit donc répondre aux conditions de fond ci-dessus indiquées. Il doit aussi répondre aux conditions de délai précitées, c'est-à-dire avoir été formé dans les dix jours du prononcé ou de la signification du jugement selon les cas (« en cas d'appel — sous-entendu principal — d'une des parties pendant les délais ci-dessus », dit l'article 500).

La seconde condition est propre à l'appel incident et porte sur le point de savoir qui peut interjeter un tel appel. En matière criminelle et correctionnelle, toutes les parties au procès de première instance peuvent interjeter un appel incident sur l'appel principal d'une autre ; et la généralité des termes des articles 500 et 380-10 (« les autres parties ») autorise même un coprévenu à faire un appel incident si un autre coprévenu a fait un appel

1. Crim., 27 juin 2000, B.C., n° 243, D., 2001, Somm. 514, obs. J. Pradel.
2. Crim., 15 novembre 1982, B.C., n° 253.

principal [1] ; seul le procureur général ne peut faire un appel incident puisqu'il n'est pas partie en première instance. En matière contraventionnelle, on aurait pu penser que l'appel incident est interdit aux personnes auxquelles l'appel principal est lui-même interdit ; mais on estime que, là encore, la généralité des termes de l'article 500 plaide en faveur de la reconnaissance du droit de faire appel incident à toute personne. Ainsi, on peut affirmer que le droit d'appel incident est ouvert à toute personne qui aurait été admise à interjeter appel principal dans les mêmes conditions [2]. Enfin en toute matière sur appel du procureur général (deux mois), le prévenu et toute partie privée peuvent former un appel incident dans les cinq jours de l'appel de ce magistrat (art. 500-1, C.P.P.).

Dans un souci de célérité de la procédure, l'article 500-1 dispose que le désistement dans le mois de son appel principal par le prévenu et la partie civile, s'il intervient dans les formes prévues pour la déclaration d'appel, entraîne la caducité de tous les appels incidents, même de celui du Ministère public [3]. Cependant la caducité des appels incidents suppose que le désistement d'appel se fasse dans le délai d'un mois à compter de l'appel [4]. Le désistement d'appel est constaté par ordonnance du président de la chambre des appels correctionnels.

960. — *Conditions de délai.* Pour faire appel incident, la loi accorde un délai supplémentaire, s'ajoutant au délai de dix jours (art. 380-10 et 500).

La *durée* du délai pour faire appel incident est de cinq jours. Et ce délai ne comporte pas d'augmentation à raison de l'appel incident déjà formé par une autre partie [5].

Le *point de départ* du délai d'appel incident varie. Si le jugement est contradictoire, il part, non du jour de l'appel effectif au principal, mais du jour où expire le délai d'appel principal : les parties qui n'ont pas fait appel au principal ont donc « un délai global de quinze jours après celui où le jugement entrepris a été rendu » [6]. Si le jugement est réputé contradictoire ou par défaut, le délai d'appel incident part du jour de l'appel effectif au principal [7].

Un appel fait hors délai conduit le président de la chambre des appels correctionnels à rendre d'office une ordonnance de non-admission de l'appel qui est insusceptible de voies de recours (art. 505-1, C.P.P.).

1. Crim., 14 janvier 1970, B.C., n° 24, R.S.C., 1970.664, obs. J. Robert.
2. Crim., 2 novembre 1967, B.C., n° 276.
3. D'où cassation de l'arrêt qui après avoir pris acte du désistement du prévenu statue cependant sur l'appel du parquet, qui était un appel incident, Crim., 23 mars 2004, B.C., n° 73, Dr. pénal 2004, comm. 120, obs. A. Maron
4. Crim., 16 mars 2005, B.C., n° 92.
5. Crim., 16 mars 1964, G.P., 1964.II.59.
6. Crim., 23 novembre 1965, B.C., n° 245 ; 22 décembre 1970, B.C., n° 348.
7. Crim., 2 novembre 1967, D., 1968.378, note J.M.R.

B — Effets de l'appel

1. *Effets immédiats de l'appel*

L'appel a un effet suspensif et un effet dévolutif.

a) L'effet suspensif

961. — En vertu de cet effet, la décision attaquée ne peut pas être ramenée à exécution tant que la décision sur l'appel n'a pas été rendue. L'effet suspensif vaut à la fois pour l'action publique et pour l'action civile et il s'attache même au simple délai : il serait inutile de commencer la mise à exécution d'une décision dont l'effet serait aussitôt suspendu par l'exercice de l'appel (art. 380-4 et 506, C.P.P.).

À ce principe, il est cependant apporté certaines exceptions. En matière criminelle, le mandat de dépôt continue à produire effet si l'accusé a été condamné à une peine privative de liberté (art. 380-4, al. 2, C.P.P.). Malgré appel interjeté, le prévenu détenu doit être immédiatement libéré en cas de jugement portant relaxe, exemption de peine ou condamnation, soit à l'amende, soit à l'emprisonnement avec sursis (art. 471, C.P.P.), ou bien en cas de condamnation à une peine d'emprisonnement déjà couverte par la détention provisoire [1]. De même le mandat de dépôt ou d'arrêt délivré par le tribunal contre un prévenu condamné à un an au moins d'emprisonnement continue à avoir effet malgré appel (art. 465, C.P.P.). L'exécution provisoire peut encore être ordonnée pour les mesures concernant les mineurs (art. 22, ord. du 2 février 1945) ou portant suspension ou annulation du permis de conduire (art. L. 224-13, C.R.) et, depuis une loi du 10 juin 1983, pour les alternatives à l'emprisonnement des articles 131-6 à 131-11, C.P. (art. 471, al. 4, C.P.P.). Enfin, les condamnations civiles peuvent être exécutoires par provision (art. 374 et 464, al. 2, C.P.P.) ; cependant, l'exécution provisoire « peut être arrêtée, en cause d'appel, par le premier président statuant en référé si elle risque d'entraîner des conséquences manifestement excessives » (art. 380-8 et 515-1, C.P.P.) ; et l'ordonnance du premier président de la cour d'appel est insusceptible de pourvoi en cassation [2].

b) L'effet dévolutif

962. — *Principe.* En vertu de l'effet dévolutif, l'affaire se trouve déférée au juge d'appel — chambre des appels correctionnels, qu'il s'agisse d'un jugement correctionnel ou de police ou autre cour d'assises en matière criminelle — avec toutes les questions de fait et de droit qu'elle comporte

1. Lyon, 25 novembre 1971, J.C.P., 1972.II.17121, note A. Decocq, D., 1972.505, note J. Pradel.
2. Crim., 13 avril 1983, B.C., n° 101.

(comp. art. 561, nouveau Code de procédure civile : « L'appel remet la chose jugée en question devant la juridiction d'appel pour qu'il soit à nouveau statué en fait et en droit »). Mais dans quelle mesure l'affaire est-elle ainsi transmise au juge supérieur ? Quels sont, en d'autres termes, les pouvoirs du juge d'appel ? La réponse est délicate, car l'étendue de l'effet dévolutif varie selon les circonstances. Sans évoquer pour l'instant l'extension de l'effet dévolutif par le biais de l'évocation [1], technique liée à la décision du juge d'appel et non aux effets immédiats de l'appel.

On considérera ici les trois limitations à l'effet dévolutif : elles tiennent à l'objet du jugement, aux termes de l'appel et à la qualité de l'appelant.

— *Première limitation, relative à l'objet du jugement*

963. — La cour d'appel ne peut statuer que sur des demandes déférées au premier juge et résolues par celui-ci. Elle ne peut étendre la prévention à d'autres qui n'auraient pas été soumises au premier juge, sous peine de priver le prévenu d'un degré de juridiction. C'est le principe de l'*interdiction des demandes nouvelles en appel* (inscrit aux articles 380-6 et 515, alinéa 3, C.P.P., à propos de la partie civile). Ce principe est considéré comme général par la jurisprudence puisqu'il découle de la règle essentielle du double degré de juridiction [2], règle affirmée par exemple par le Pacte international de New York sur les droits civils et politiques (art. 14-5). Une cour d'appel ne peut donc, par exemple, condamner également pour vol un individu qui n'a été poursuivi que pour filouterie, même si la preuve du vol résulte de l'instruction menée à l'audience d'appel. De même, la victime ne peut se constituer partie civile pour la première fois en appel [3], sauf à remarquer une dérogation établie en faveur du Fonds de garantie automobile par une ordonnance du 23 décembre 1958 et en faveur de l'assureur par une loi du 8 juillet 1983 (art. 388-1, al. 2, C.P.P.) [4].

Cependant, la cour d'appel peut toujours modifier la qualification initialement retenue [5]. Elle peut aussi examiner des moyens nouveaux, présentés par les parties à l'appui de leurs prétentions [6]. Le caractère illimité des moyens présentés par les parties contraste donc avec la délimitation impérative de la matière soumise au juge d'appel. Toutefois, en exigeant que les exceptions préjudicielles et celles tirées de la nullité de la citation ou de la procédure antérieure soient présentées devant le premier juge et avant toute défense au fond, *in limine litis*, les articles 385 et 386 du Code de procédure

1. V. *infra*, n° 975.
2. Crim., 15 juillet 1899, S., 1901.I.303 ; 19 mai 1971, B.C., n° 166.
3. Crim., 14 mai 2003, B.C., n° 97.
4. Crim., 24 juin 1992, B.C., n° 254 ; 7 octobre 1992, B.C., n° 309.
5. Crim., 6 mai 1964, J.C.P., 1964.IV.85. Sous réserve évidemment de ne pas englober des faits nouveaux.
6. Crim., 20 octobre 1986, B.C., n° 291, possibilité pour la partie civile d'invoquer pour la première fois en appel l'article 470-1, C.P.P.

pénale limitent considérablement la liberté pour les parties d'invoquer un moyen nouveau [1].

La partie qui entend soulever le moyen tiré de l'article 515, alinéa 3, doit le faire devant la cour d'appel [2]. Elle ne pourrait le faire pour la première fois devant la Cour de cassation [3].

— *Seconde limitation, relative aux termes de l'appel*

964. — Si le domaine de l'effet dévolutif comporte au maximum toute la matière du jugement de par la volonté de la loi, il peut se trouver réduit à une partie seulement de cette matière par la volonté des appelants. Ceux-ci peuvent en effet restreindre leur appel à certains chefs du jugement et le juge d'appel ne pourra statuer que sur ces chefs. On exprime cette règle par l'adage *Tantum devolutum quantum appelatum* (art. 509, C.P.P. : « L'affaire est dévolue à la cour d'appel dans la limite fixée par l'acte d'appel... »). Bref, la cour ne peut statuer *ultra petita* [4].

Ainsi, le prévenu condamné à la fois à deux peines peut ne faire appel que pour l'une de ces deux peines seulement [5]. Il peut aussi n'interjeter appel que des dispositions civiles du jugement. Mais il ne peut alors se voir décharger par le juge d'appel de toute responsabilité, la partie du jugement sur l'action publique ne pouvant plus être contredite, puisque devenue irrévocable [6] ; il peut tout au plus obtenir une modification du partage de responsabilité entre la victime et lui-même alors que le premier juge avait retenu son entière responsabilité [7]. De même encore, la cour d'appel, saisie du seul appel de l'administration des douanes limité aux dispositions civiles d'un jugement, ne peut statuer sur l'action pour l'application de sanctions fiscales, cette action n'étant pas une action civile [8].

On notera que l'appelant doit expressément indiquer — soit dans l'acte d'appel, mais non dans des actes ultérieurs s'il s'agit du Ministère public [9], soit dans l'acte d'appel ou dans ses conclusions postérieures s'il s'agit des parties privées [10] — les limitations de son appel. La cour d'appel doit donc interpréter

1. R. Merle et A. Vitu, II, n° 836.

2. Elle doit le faire elle-même car l'interdiction des demandes nouvelles n'étant pas en règle d'ordre public, le juge d'appel ne peut agir d'office, Crim., 20 juillet 1976, B.C., n° 259 ; 7 février 1984, B.C., n° 42 ; 18 septembre 1996, B.C., n° 318.

3. Crim., 3 mars 1977, B.C., n° 86 ; 18 octobre 1988, B.C., n° 349.

4. Crim., 5 février 1963, B.C., n° 64.

5. Crim., 17 avril 1947, B.C., n° 104, condamnation à l'emprisonnement et à l'amende, appel limité à l'emprisonnement.

6. Crim., 5 juillet 1967, B.C., n° 203 ; 27 octobre 1976, B.C., n° 302.

7. Crim., 15 mai 1968, B.C., n° 158, R.S.C., 1969.161, obs. J. Robert.

8. Crim., 8 janvier 1998, B.C., n° 8. En revanche, sur le seul appel de l'administration des douanes contre une décision de relaxe pour infraction douanière, est remise en cause devant la cour d'appel la culpabilité des prévenus pour l'application des pénalités fiscales, Crim., 20 août 1996, B.C., n° 307, *Dr. pénal*, 1996, comm. 270, obs. J.H. Robert.

9. Crim., 3 novembre 1964, J.C.P., 1964.II.13966.

10. Crim., 27 octobre 1961, B.C., n° 284.

l'acte d'appel et la Cour de cassation exerce même son contrôle sur cette interprétation [1]. Le principe est en effet que l'appel porte sur l'ensemble du jugement [2], sauf à remarquer certaines limites résultant de la qualité de l'appelant.

En matière criminelle cependant, l'appel n'est pas limité pour l'accusé : la jurisprudence décide, en combinant les articles 380-1, al. 2 et 380-14, al. 3, C.P.P., que l'appel ne saurait être cantonné à la peine [3].

— *Troisième limitation, relative à la qualité de l'appelant*

965. — La qualité de l'appelant limite l'effet dévolutif de l'appel (art. 380-3 et 515, al. 2, C.P.P.), et par conséquent les pouvoirs de la cour d'appel, à la mesure de l'intérêt de son auteur. C'est le principe de la prohibition de la *reformatio in pejus*. Jadis affirmé par le Conseil d'État dans un avis du 12 novembre 1806, ce principe est aujourd'hui consacré par l'article 515. Le principe ne concerne cependant pleinement que les parties privées, pas le Ministère public ou pas de la même façon.

966. — *Le cas des parties privées*. Pour elles, l'article 515, alinéa 2 (l. du 8 juillet 1983) décide que « la cour ne peut, sur le seul appel du prévenu, du civilement responsable, de la partie civile ou de l'assureur de l'une de ces personnes, aggraver le sort de l'appelant ». Dans l'application, cette règle conduit aux conséquences suivantes lorsque l'appel n'émane que de l'une des parties privées.

Si c'est le *prévenu* qui fait appel, la cour est doublement limitée. Elle l'est d'abord quant à l'action publique puisqu'elle ne peut prononcer une peine plus sévère et par exemple permuter la qualification initialement retenue avec une nouvelle plus grave [4], ajouter une amende même en réduisant l'emprisonnement [5] ou écarter la confusion initialement admise [6]. Dans certains cas, l'hésitation est permise tant est délicate la comparaison entre les deux décisions au point de vue de leur mansuétude respective. Sans doute, le principe est-il que la règle de l'article 515 interdit seulement une aggravation juridique, non une aggravation réelle [7]. Dans l'application cependant, on arrive parfois à des solutions où l'hésitation était permise : ainsi sur le point de savoir si l'élévation de la peine d'emprisonnement, mais avec application du sursis, est une décision plus ou moins sévère que la première, la Cour de cassation a décidé finalement que l'élévation de la peine ferme associée à un sursis probatoire est une

1. Crim., 18 mars 1980, B.C., n° 93 ; 14 mai 1992, B.C., n° 192, D., 1993, Somm., 83, obs. J. Pannier.
2. Crim., 27 octobre 1971, B.C., n° 284.
3. Crim., 2 février 2005, B.C., n° 39.
4. Crim., 19 juillet 1966, B.C., n° 203.
5. Crim., 5 juin 1962, B.C., n° 217.
6. Crim., 8 mars 1917, B.C., n° 71.
7. R. Merle et A. Vitu, II, n° 838.

aggravation car le sursis n'est qu'une modalité d'exécution de la peine [1] ; à l'inverse, le juge d'appel qui, sans modifier la durée de l'emprisonnement, substitue au sursis simple un sursis avec mise à l'épreuve ne viole pas l'article 515, al. 2 [2].

La cour est limitée également sur le terrain de l'action civile : elle ne peut augmenter les dommages-intérêts, sauf à remarquer son droit d'ajouter la réparation du préjudice souffert par la victime depuis le jugement en cas de demande de celle-ci (art. 515, al. 3, C.P.P.). Les intérêts du prévenu sont également préservés lorsque le Fonds de garantie automobile fait seul appel pour obtenir une réduction de l'indemnité à laquelle il a été condamné envers la partie civile : seuls les rapports entre le Fonds et la partie civile peuvent être remis en cause, et la cour ne peut que maintenir ou diminuer la condamnation civile infligée au prévenu en première instance [3].

Si c'est la *partie civile* qui fait appel — elle le peut, sur ses intérêts civils seulement (art. 497-3) —, la cour n'est saisie que de l'action civile, l'action publique se trouvant éteinte. Elle peut alors maintenir ou augmenter les dommages-intérêts, mais pas les réduire. Elle doit d'ailleurs statuer sur l'action civile même s'il y a eu relaxe : celle-ci faute d'appel par hypothèse est définitive et la cour ne pourra pas prononcer de condamnation pénale ; cependant elle va devoir rechercher si l'infraction existe puisqu'elle ne peut accorder d'indemnité que sur la base de la reconnaissance d'une infraction [4].

Réciproquement, si la partie civile ne fait pas appel, elle ne peut plus apparaître devant la chambre des appels correctionnels, que le prévenu en première instance ait été condamné [5] ou relaxé [6]. Et même si le tribunal avait omis de statuer sur la demande de la partie civile, les juges d'appel, saisis des seuls appels du prévenu et du parquet ne peuvent annuler le jugement, évoquer et statuer sur l'action civile [7].

La question se pose de savoir si sur le seul appel de la partie civile, l'ex-prévenu, relaxé en première instance peut réclamer au titre de l'article 472, C.P.P., des dommages-intérêts pour constitution abusive. La jurisprudence avait d'abord rejeté la demande de l'ex-prévenu en se fondant sur l'article 515, al. 2, C.P.P., qui exclut, on le sait, l'aggravation du sort de l'appelant [8]. Elle admet cependant aujourd'hui l'allocation de tels dommages-intérêts à

1. Crim., 31 mars 1993, B.C., n° 137 ; comp. R.S.C., 1948.540, obs. M. Patin ; *add.* dans un sens très voisin, Crim., 5 mai 1998, B.C., n° 148, en cas d'appel contre un jugement qui avait ordonné la révocation d'un sursis afférent à une condamnation, la cour d'appel peut décider de révoquer un sursis afférant à une autre condamnation dès lors que loin d'aggraver le sort de l'appelant, l'arrêt d'appel lui est favorable.

2. Crim., 4 avril 2002, B.C., n° 78.

3. Crim., 24 octobre 1972, B.C., n° 301 ; 8 et 15 octobre 1975, B.C., n°s 210 et 216.

4. Crim., 6 février 1962, B.C,. n° 77 ; 11 mars 1964, B.C., n° 87 ; 18 janvier, B.C,. n° 18, la décision de relaxe n'ayant aucune autorité quant aux intérêts civils.

5. Crim., 19 janvier 2005, B.C., n° 26.

6. Crim., 9 mars 2005, B.C., n° 86, Dr. pénal 2005, comm., 99, obs. A. Maron.

7. Crim., 6 décembre 2005, B.C., n° 314.

8. Crim., 2 février 1998, B.C., n° 50 ; 8 octobre 2003, B.C., n° 183.

l'ex-prévenu [1]. Cette solution nouvelle est la meilleure. Techniquement, l'ex-prévenu n'a pas fait appel, se bornant à faire une « demande » en dommages-intérêts. En outre, l'article 515, al. 2 interdit l'aggravation du sort de la partie civile en ce qui concerne les réparations qui lui sont accordées et non celles qui sont allouées à l'ex-prévenu. Ces raisons sont si fortes que la chambre criminelle accueille la demande de ce dernier même s'il n'a pas sollicité devant les premiers juges l'application de l'article 472, C.P.P.

Si l'appel émane du *civilement responsable* (ou de l'*assureur* de celui-ci), la cour peut uniquement régler la question de savoir si cette partie doit être engagée civilement, le montant de l'indemnité mise à sa charge ne pouvant par ailleurs pas être augmenté. Toutefois, là encore le juge d'appel doit apprécier la culpabilité et s'il estime qu'elle n'existe pas, il devra donner raison au civilement responsable en le déchargeant [2]. Il y a en effet un parallélisme, entre la partie civile et le civilement responsable. De même, le juge d'appel peut être amené à apprécier, par exemple à la demande de l'assureur, la qualification retenue par le premier juge [3].

Un problème particulier est posé, qui intéresse les rapports entre prévenu et assureur : plus précisément, quels sont les effets de l'appel de l'un des deux sur la situation de l'autre ? Si c'est l'assureur qui fait appel, son appel produit effet à l'égard de l'assuré en ce qui concerne l'action civile (art. 509, al. 2, C.P.P.), ce qui fait exception au principe général de l'effet limité de l'appel (art. 509, al. 1, C.P.P.). Cette exception se comprend car souvent c'est l'assureur qui prend la direction de la procédure dont l'assuré se désintéresse plus ou moins, surtout lorsque ne sont plus en cause que les intérêts civils. Deuxième situation : c'est le prévenu qui fait appel. La jurisprudence applique alors le principe général qui veut, en l'espèce, que l'appel du prévenu soit sans effet pour son assureur [4].

967. — *Le cas du Ministère public.* Pour lui, l'article 515, alinéa 1, C.P.P., rappelle que « la cour peut sur l'appel du Ministère public, soit confirmer le jugement, soit l'infirmer en tout ou en partie dans un sens favorable ou défavorable au prévenu ». La cour dispose ainsi des pouvoirs les plus étendus sur l'action publique (elle ne peut évidemment pas toucher au jugement en ce qui concerne les intérêts civils). Si, après avoir apprécié sa compétence, elle s'estime compétente, elle peut donc à sa guise aggraver les pénalités ou au contraire faire preuve de plus de mansuétude que les premiers juges. Deux règles complémentaires manifestent la grande liberté de la cour : 1° même si

1. Crim., 27 mai 2004, B.C., n° 140, D., 2005, Pan., 690, obs. J. Pradel, R.S.C., 2005, 104, obs. A. Giudicelli.

2. Crim., 15 mai 1968, B.C., n° 158.

3. Crim., 26 mars 1992, B.C., n° 128, où dans une poursuite pour blessures involontaires, l'assureur du prévenu soulevait en première instance une exception de non-garantie fondée sur le caractère volontaire de l'acte commis par son assuré, la chambre criminelle admettant l'appel contre la décision de première instance qui avait retenu un délit involontaire.

4. Crim., 19 juin 1996, B.C., n° 202, *Dr. pénal*, janvier 1997, com. 13, obs. A. Maron.

elle relaxe le prévenu sur l'un des chefs de la poursuite contrairement aux premiers juges, elle peut maintenir la peine prononcée par ces derniers [1] ; 2° même si dans sa requête d'appel, le procureur de la République conclut à la confirmation de la condamnation, la cour peut augmenter la peine [2].

2. *La procédure devant la Cour d'appel*

a) La cour d'appel d'assises

968. — Le principe est celui d'une identité de procédure devant la première et devant la seconde cour d'assises. Mais il y a tout de même quelques adaptations et différences.

Des adaptations : ainsi dès que la désignation de la cour d'assises d'appel a été faite (on rappellera que cette désignation est faite par la chambre criminelle, art. 380-14 et 380-15, C.P.P.), l'accusé s'il est détenu est transféré dans la maison d'arrêt du lieu où vont se tenir les deuxièmes assises (art. 269, C.P.P.). Ainsi également, dès que l'accusé après appel a reçu la signification de l'arrêt portant désignation de la seconde cour d'appel, le président de cette dernière procède à l'interrogatoire des articles 272 et 273, C.P.P. [3] ; ainsi, encore, l'accusé ne peut récuser plus de six jurés (cinq en première instance) et le Ministère public plus de cinq (quatre en première instance) (art. 298, C.P.P.) ; ainsi enfin, le président avant le commencement des débats, donne lecture non seulement de la décision de renvoi en cour d'assises, mais aussi des réponses faites aux questions lors de la première procédure et encore de la décision de condamnation (art. 327, al. 1, C.P.P.) [4].

Des différences dont voici les principales. D'abord, l'arrêt rendu sur un incident contentieux par la première cour d'assises ne peut pas faire l'objet d'un recours et, en cas d'appel de l'arrêt sur le fond devant une seconde cour d'assises, il n'a pas devant cette dernière autorité de chose jugée (art. 316, al. 3, *in fine*, C.P.P.) ; en outre, un tel arrêt incident rendu par la cour d'assises d'appel ne pourra être attaqué que par la voie du recours en cassation et seulement en même temps que l'arrêt sur le fond (art. 316, al. 3, *in limine*, C.P.P.). La seconde différence est relative au recours susceptible d'être formé contre l'arrêt d'assises : alors que le premier arrêt était susceptible d'appel, le second est susceptible d'un pourvoi en cassation (art. 370, C.P.P.). Une dernière différence intéresse les majorités lors du délibéré : pour ce qui est du délibéré sur la culpabilité, toute décision défavorable à l'accusé doit être, en appel, rendue

1. Crim., 14 janvier 1971, J.C.P., 1972.II.17022, note H. Blin.

2. Crim., 3 novembre 1964, D., 1965.63, J.C.P., 1964.II.13966, note R. Combaldieu ; *add.*, Crim., 11 juillet 1978, D., 1979, I.R., 68, affirmant la même solution lorsque le désir du parquet de voir la condamnation confirmée avait été exprimé à l'audience de la cour.

3. V. *supra*, n° 894.

4. Crim., 31 mars 2004, B.C., n° 82, R.P.D.P., 2004.401, obs. C. Ambroise-Castérot, cassation de l'arrêt s'il ne résulte pas du procès-verbal des débats qu'il a été donné lecture des questions posées à la première cour d'assises ; 25 mai 2005, B.C., n° 159.

par dix voix sur les quinze (art. 359, C.P.P., pour le cas de la cour d'assises statuant en première instance) ; quant au délibéré sur la sanction, il faut encore dix voix au cas où la cour d'assises voudrait prononcer le maximum alors que huit voix sont suffisantes si elle ne prononce pas le maximum.

b) La chambre des appels correctionnels

969. — Identique pour les jugements correctionnels et de police (art. 547, al. 3, C.P.P.), la procédure suivie devant la chambre des appels correctionnels est la même que devant le tribunal correctionnel (art. 512, C.P. P.), sauf à remarquer certaines particularités énumérées à l'article 513.

• La première est le *rapport oral* que fait l'un des membres de la cour au début de l'audience. Cette formalité visant à faire connaître aux magistrats de la cour les éléments de l'affaire, la jurisprudence la considère comme substantielle [1]. Cependant, la Cour de cassation apporte à l'exigence du rapport une double limite fondée sur l'article 802, C.P.P. (qui, rappelons-le, subordonne l'annulation à la preuve d'un préjudice éprouvé par le demandeur en nullité) : le rapport peut être très succinct [2] et même tardif, à la condition qu'il intervienne avant décision [3]. En outre, le rapport n'est pas nécessaire si la décision consiste seulement en une remise des débats à une audience ultérieure [4].

• Seconde particularité : la cour n'est *pas obligée d'entendre à nouveau les témoins cités par le prévenu* qui ont déjà déposé devant le juge inférieur. Cette règle est renforcée par l'article 513, al. 2, C.P.P., qui décide que le Ministère public peut s'opposer à leur audition, la cour tranchant la question avant tout débat au fond. Mais elle est atténuée par la chambre criminelle qui, sous l'influence de la C.E.D.H., impose aux juges une stricte motivation [5]. La cour peut aussi faire procéder à un supplément d'information, qu'elle confie alors nécessairement à l'un de ses membres.

• Enfin, l'article 513 fixe l'*ordre d'audition des parties en cause* en renvoyant à l'article 460, C.P.P. : d'abord les appelants, puis la partie civile, le Ministère public, le prévenu, le civilement responsable ; la partie civile et le Ministère

1. Crim., 7 mars 1963, B.C., n° 111 ; 15 décembre 1976, B.C., n° 366 ; 10 novembre 1984, B.C., n° 334. D'où la cassation de l'arrêt d'une cour d'appel qui ne porte aucune mention du rapport ni le nom du rapporteur, Crim., 12 juin 1989, B.C., n° 249.

2. Crim., 9 janvier 1978, B.C., n° 10.

3. Crim., 28 novembre 1977, B.C., n° 372.

4. Crim., 17 novembre 1964 et 12 janvier 1965, G.P., 1965.I.321.

5. Toutefois, sauf impossibilité dont il leur appartient de préciser les causes, les juges d'appel sont tenus d'ordonner, à la demande des parties, l'audition contradictoire des témoins à charge qui n'ont à aucun stade de la procédure, été confrontés avec le prévenu, Crim., 12 janvier 1989, B.C., n° 13 ; 13 juin 1991, J.C.P., 1992.II.21920, note Lassalle, R.S.C., 1991.789, obs. A. Braunschweig ; 21 janvier 1991, B.C., n° 32, D., 1991, Somm., 213, obs. J. Pradel ; 6 mars 1991, B.C., n° 115, D., 1992, Somm., 96, obs. J. Pradel. À rapprocher de Crim., 25 juin 1996, B.C., n° 273, D., 1997.100, note J.F. Renucci, le prévenu ne peut exiger l'audition de témoins s'il n'a pas usé en première instance de son droit de les convoquer, en application des art. 437 et 444.

public peuvent répliquer, mais le prévenu ou son avocat auront toujours la parole les derniers. La jurisprudence entend ainsi cette dernière règle : la parole ne peut leur être refusée s'ils la demandent, mais le fait qu'ils s'abstiennent de la demander n'est pas une cause de nullité [1]. Et l'arrêt est nul s'il porte que le Ministère public a été entendu le dernier [2]. Mais la règle que le prévenu aura la parole le dernier ne vaut plus quand l'appel porte seulement sur l'action civile [3], ni quand, du fait de l'amnistie, les juges ne sont plus saisis que des intérêts civils [4].

3. *La décision de la Cour d'appel*

970. — Logiquement, la cour doit trancher la question même qui lui a été soumise : elle doit, dit-on, « vider l'appel ». Mais parfois, elle n'abordera pas la question faisant l'objet de l'appel et d'autres fois, elle ira au-delà de la question qui lui est soumise.

a) Cas où la cour d'appel n'aborde pas la question faisant l'objet de l'appel

971. — Avant tout, la cour doit apprécier la recevabilité de l'appel et sa propre compétence, voire le bien-fondé d'une demande relative à la liberté.

Elle est d'abord juge de la *recevabilité de l'appel*, qu'elle apprécie, soit d'office, soit à la demande d'une partie. Si elle considère l'appel comme tardif, elle le déclare irrecevable (art. 514, al. 1, C.P.P.). Sinon, elle en examine le bien-fondé.

Elle est également juge de sa *propre compétence*. Le problème se pose en pratique, non pour sa compétence territoriale, mais pour sa compétence d'attribution. Si elle estime d'office que l'infraction qui lui est déférée est un crime (se refusant donc à admettre la correctionnalisation), elle doit se déclarer incompétente et renvoyer le Ministère public à se pourvoir ainsi qu'il avisera ; et par la même décision elle peut, le Ministère public entendu, décerner mandat de dépôt ou d'arrêt contre le prévenu (art. 519, C.P.P.) [5].

Elle peut encore être saisie d'une demande de mainlevée du contrôle judiciaire ou d'élargissement. Elle doit alors, après avoir entendu le Ministère public et le prévenu, rendre sa décision dans les vingt jours de la réception de la demande (art. 148-2, C.P.P.).

Enfin, le législateur a prévu la possibilité d'*un désistement*. En matière criminelle, l'article 380-11, C.P.P., prévoit que l'accusé peut se désister de son appel jusqu'à son interrogatoire par le président en application de l'article 272,

1. Crim., 27 novembre 1973, J.C.P., 1974.IV.14.
2. Crim., 25 juillet et 11 octobre 1978, B.C., n°s 245 et 269 ; 14 décembre 1989, B.C., n° 482.
3. Crim., 19 juillet 1970, B.C., n° 243.
4. Crim., 13 décembre 1983, B.C., n° 341.
5. Crim., 3 septembre 1985, 1re espèce, B.C., n° 281, l'audition du Ministère public est prescrite à peine de nullité.

C.P.P. Ce désistement fait tomber les appels incidents formés par le Ministère public et les autres parties. Il est constaté par ordonnance du président de la Cour d'assises. Au désistement, acte formel, est assimilée la fuite de l'accusé avant l'ouverture de l'audience d'appel ou au cours de son déroulement. En matière correctionnelle, le désistement est prévu par l'article 500-1, C.P.P., qui rappelle aussi la règle sur la caducité des appels incidents [1].

b) Cas où la cour d'appel se prononce sur la question faisant l'objet de l'appel

972. — *L'appel porte sur le fond de la prévention. Le cas général.* La cour peut confirmer le jugement, en reprenant ou modifiant la motivation. Elle peut aussi substituer au jugement sa propre décision, procédant alors à une infirmation.

973. — *Le cas particulier de l'ajournement du prononcé de la peine.* La technique de l'ajournement pose des difficultés en cas d'appel du prévenu. Que doit faire la cour ?

• Supposons d'abord que le prévenu fasse appel du jugement contenant déclaration de culpabilité. Après avoir statué sur cette question, la cour doit-elle renvoyer le dossier au premier juge pour qu'il statue sur la peine ou doit-elle au contraire dessaisir le premier juge et statuer elle-même sur la peine ? Selon une jurisprudence nette, la cour doit statuer sur la peine [2]. Cette solution s'explique parce que le renvoi devant le tribunal pourrait conduire à un sursis à statuer indéterminé quand le délai fixé par les premiers juges est expiré au moment où ils auraient à nouveau le dossier.

Une question subsiste cependant : à quel moment la cour, si elle confirme la culpabilité, devra statuer sur la peine ? De deux choses l'une. Ou bien le délai d'ajournement n'est pas expiré quand la cour statue sur la culpabilité, elle doit alors attendre l'expiration de ce délai, ce qui permet au prévenu d'espérer une dispense de peine [3]. Ou bien le délai est déjà expiré, la cour doit alors statuer de suite [4] ; cette solution est approuvée par certains auteurs [5] et critiquée par d'autres pour lesquels le délai d'un an est impératif [6].

• Supposons ensuite que le prévenu ait fait appel de la décision sur la peine. La cour peut-elle réexaminer le principe de la culpabilité ? Non car un tel examen serait contraire à l'autorité de la chose jugée et à la saisine de la cour. La cour ne peut donc connaître que de la décision sur la peine [7].

1. Pour une application, Crim., 23 mars 2004, B.C., n° 73.
2. Crim., 12 avril 1988, B.C., n° 147, D., 1988, Somm., 357, obs. J. Pradel.
3. Crim., 12 avril 1988, précité.
4. Crim., 3 octobre 1984, B.C., n° 286, l'expiration du délai n'empêche pas le prononcé d'une peine.
5. R.S.C., 1985, p. 567, obs. A. Vitu, p. 621, obs. P. Couvrat.
6. R.S.C., 1985.122, obs. J. Robert, D., 1983.250, note J. Pradel, sous Trib. gr. inst., Aix-en-Provence, 24 juin 1982.
7. Crim., 15 mai 1984, B.C., n° 175.

974. — *L'appel porte sur un problème distinct du fond de la prévention.* On raisonnera sur le cas dans lequel l'appel porte sur la question de *compétence*, pratiquement de compétence d'attribution.

Si l'appel se fonde sur le fait que l'infraction jugée au premier degré est un crime, la cour est tenue de se déclarer incompétente comme elle l'aurait fait si elle avait agi d'office (art. 519, C.P.P.).

Si l'appel se fonde sur le fait qu'un délit a été qualifié contravention ou *vice versa*, on doit sous-distinguer.

La première hypothèse est celle où le juge inférieur se reconnaît compétent, le tribunal de police ayant jugé un délit ou bien le tribunal correctionnel ayant jugé une contravention. Quoique l'appel ne porte ici que sur la question de compétence, la cour ne se bornera pas à statuer sur ce point et elle jugera au fond. Mais en le faisant, la cour ne déborde pas de la question qui lui est soumise ; elle se contente de redresser une qualification erronée. Or, il n'y a pas atteinte au double degré de juridiction puisque l'affaire aura bien finalement été jugée deux fois.

Seconde hypothèse : le juge inférieur ne s'est pas reconnu compétent. On devrait alors logiquement décider que la cour, saisie de la seule question de compétence, ne devrait juger qu'elle et laisser, soit le Ministère public saisir la bonne juridiction (si le tribunal était bien incompétent), soit la juridiction inférieure reprendre l'affaire (si elle était bien compétente). Mais le droit positif est le plus souvent autre. Si la décision d'incompétence du premier juge est reconnue fondée, le recommencement du procès devant la bonne juridiction n'existe qu'en cas de contravention déférée à tort au tribunal correctionnel (et encore à la condition que l'incompétence soit apparue d'emblée puisque la disqualification du prétendu délit en contravention à la suite des débats oblige le tribunal correctionnel à juger la contravention : art. 466, C.P.P.). Mais si c'est le tribunal de police qui se déclare à juste titre incompétent, la cour, en confirmant l'incompétence, a l'obligation de statuer au fond, c'est-à-dire de prononcer la peine et de statuer le cas échéant sur les dommages-intérêts (art. 549, al. 2, C.P.P.) : cette règle vise à simplifier la procédure, mais fait déjà apparaître une hypothèse où la cour peut déborder la question qui lui est soumise.

c) Cas où la cour d'appel déborde la question faisant l'objet de l'appel. L'évocation

975. — *La notion d'évocation.* L'évocation s'exerce lorsque le jugement est critiqué pour « violation ou omission non réparée de formes prescrites par la loi à peine de nullité » (art. 520, C.P.P.) et que cette critique est reconnue fondée par la cour. Au lieu de se borner à constater la nullité, ce qui entraînerait le renvoi de l'affaire au premier juge pour qu'il recommence la procédure depuis le dernier acte nul et constituerait une source de lenteurs, la cour évoque, c'est-à-dire juge elle-même au fond. L'évocation constitue à la fois : 1° Une extension de l'effet dévolutif puisque la cour n'était saisie que de la question de nullité ; 2° Une exception au principe du double degré de juridiction puisque le justiciable ne sera jugé sur le fond qu'une fois.

976. — *Le domaine de l'évocation.* Le domaine de l'évocation est considérable puisque, selon la jurisprudence, la formule de l'article 520 n'est pas limitative [1]. L'évocation peut s'appliquer à la fois aux jugements statuant sur le fond et qui sont annulés parce que la cour constate une irrégularité dans l'instruction définitive, et aux jugements statuant sur un incident, tels ceux qui affirment à tort l'incompétence de la juridiction saisie [2] ou l'accomplissement de la prescription de l'action publique [3], qui rejettent à tort une opposition [4], ou même qui annulent une enquête de police, ce qui affecte l'acte ayant saisi le tribunal [5].

Cependant, l'évocation est impossible quand le jugement est annulé pour avoir à tort affirmé sa compétence territoriale [6] : en décidant que le juge inférieur est incompétent, le juge d'appel affirme lui-même son incompétence.

Enfin, en cas d'irrégularité de la citation directe, la jurisprudence distingue : si l'acte de saisine est radicalement nul, l'évocation n'est pas possible [7] ; mais si le vice affectant cet acte ne le rend pas fondamentalement nul, l'évocation est obligatoire [8].

977. — *Les effets de l'évocation.* L'évocation produit des effets souvent importants. D'une part, elle est obligatoire pour la cour (v. art. 520 : « ... La cour évoque et statue au fond ») ; si l'affaire n'est pas en état d'être jugée, il appartiendra à la cour de procéder aux mesures d'instruction nécessaires. D'autre part, les pouvoirs de la cour varient selon la nature du jugement annulé. S'il s'agit d'un jugement sur incident, la cour, en prenant la place des premiers juges, est affranchie de l'interdiction de réformer la décision dans un sens défavorable à l'appelant, dont elle peut aggraver la situation, ainsi que celle des autres parties, même si l'une d'elles seulement a fait appel [9]. S'il s'agit, au contraire, d'un jugement au fond, l'interdiction de porter préjudice aux intérêts de l'appelant subsiste [10]. Enfin, malgré son devoir d'évoquer, la cour ne peut pas se prononcer à l'égard d'une partie qui ne se trouvait pas en cause en première instance [11].

1. Crim., 16 février 1972, B.C., n° 60.
2. Crim., 6 décembre 1951, S., 1952.122 ; 26 avril 1972, B.C., n° 144.
3. Crim., 24 janvier 1962, B.C., n° 60.
4. Crim., 3 novembre 1999, B.C., n° 240.
5. Crim., 21 novembre 2000, B.C., n° 344.
6. Crim., 6 décembre 1951, précité ; 10 août 1963, B.C., n° 269.
7. Crim., 20 décembre 1950, S., 1951.I.333, note M.R.M.P. ; 13 décembre 1982, B.C., n° 282.
8. Crim., 10 novembre 1976, D., 1977.467, rapport E. Robert ; 12 avril 2005, B.C., n° 120.
9. Crim., 8 juillet 1964, B.C., n° 226, R.S.C., 1965.149, obs. J. Robert.
10. Crim., 25 octobre 1912, D., 1914.I.145, note M. Nast.
11. Crim., 8 novembre 1983, B.C., n° 292.

SECTION II

LES VOIES DE RECOURS EXTRAORDINAIRES

978. — Une fois que la décision a été rendue par la juridiction du fond, un pourvoi peut encore être exercé devant la Cour de cassation. Il s'agit du *pourvoi en cassation* (pour raison de droit) et, plus rarement, du *pourvoi en révision* (pour raison de fait).

SOUS-SECTION I

LE POURVOI EN CASSATION

Bibliographie. — ***Théorie générale :*** J. et L. BORÉ, *La cassation en matière pénale*, 2e éd., Dalloz, 2004 ; O. BOUILLANE DE LACOSTE, P. ESCANDE, V. LAMANDA, Y. MONNET, H. PELLETIER, *Pourvoi en cassation*, Jurisclasseur proc. pén., art. 567 à 621.

Questions particulières : J. AUDIER, *Le « biais » de la peine justifiée*, R.S.C., 1978.553 ; J. BROUCHOT, *Des voies de recours contre les décisions pénales distinctes des décisions sur le fond*, J.C.P., 1964.I.1828 ; C. FALQUE, *La cassation sans renvoi de l'art. 429, C.I.C.*, R.S.C., 1937.39 ; H. FENAUX, *La théorie de la peine justifiée*, thèse, Paris, ronéo, 1965 ; R. HOUIN, *Les pouvoirs de la juridiction de renvoi après cassation*, R.S.C., 1941.120 ; Y. LOBIN, *Les réformes de la Cour de cassation*, Mélanges Audinet, 171 ; W. JEANDIDIER, *Un texte sibyllin, l'art. 574*, J.C.P., 1978.II.18772 ; R. LINDON, *La motivation des arrêts de la Cour de cassation*, J.C.P., 1975.I.2681 ; M. LOISEL, *Du pourvoi en cassation pour contrariété de jugements*, J.C.P., 1945.I.846 ; G. MARTY, *La distinction du fait et du droit*, thèse, Toulouse, 1929 ; J. NORMAND, *Les nullités de la procédure de jugement en matière pénale*, Cahiers Fac. droit Nancy, 1967.53 ; M. PATIN, *La peine justifiée*, thèse, Paris, 1936 ; J. ROBERT, *La peine justifiée*, Mélanges Patin, 1966.567 ; J. SCHMIDT, *La cassation sans renvoi en matière pénale, essai d'une justification*, R.S.C., 1955.653.

Droits étrangers : J. GRAVEN, *L'influence du droit français sur l'organisation et la juridiction de la Cour de cassation genevoise*, Mélanges Patin, 1966.605 ; P.E. TROUSSE, *Le moyen d'office dans la jurisprudence de la chambre criminelle des Cours de cassation de France et de Belgique*, Mélanges Patin, 1966.653 ; F. RIGAUX, *La nature du contrôle de la Cour de cassation* (en droit belge), Bruylant, Bruxelles, 1966.

979. — *Notions générales.* Le pourvoi en cassation est une voie de recours extraordinaire qui appelle la Cour de cassation à statuer sur la légalité des décisions judiciaires en vue d'assurer l'unité et la justesse de la jurisprudence dans l'interprétation de la loi. La Cour de cassation ne constitue donc pas un troisième degré de juridiction. Elle juge les arrêts qu'elle peut annuler pour erreur de fond ou vice de forme. Elle ne redresse pas les erreurs de fait car le fait (circonstances de l'infraction, responsabilité, sanction) est tenu pour définitivement établi [1].

Le pourvoi en cassation est une institution fondamentale. Le Conseil constitutionnel, dans sa décision 214, D.C. du 3 septembre 1986, voit dans l'existence d'un recours en cassation l'un des éléments permettant de dire si la disposition en cause est conforme aux droits de la défense [2]. D'un autre côté, les articles 2 du protocole n° 7 de la Conv. E.D.H. et 14 du Pacte *international*, relatif aux droits civils et politiques, affirment le droit à un examen par une juridiction supérieure et il est admis que c'est le pourvoi en cassation qui est visé [3].

On a déjà rencontré le pourvoi en cassation à propos des arrêts de la chambre de l'instruction [4]. On considérera ici le pourvoi contre les arrêts de jugement, en observant qu'il se présente sous deux formes. Tantôt, le pourvoi, tout comme les voies de recours ordinaires, empêche ou retarde l'acquisition par la décision critiquée de l'autorité de chose jugée : c'est le pourvoi ordinaire, de droit commun, *dans l'intérêt des parties.* Tantôt le pourvoi s'attaque à une décision ayant déjà acquis l'autorité de chose jugée : il s'agit des pourvois dits « réservés », *dans l'intérêt de la loi.*

Dès maintenant, il convient de signaler la tendance inflationniste du nombre des pourvois, surtout depuis quelques années, et plus encore en matière pénale qu'en matière civile. Les plaideurs semblent oublier que la Cour de cassation n'est pas un troisième degré de juridiction. Il en résulte un engorgement, et donc un retard, qui gêne à la fois les plaideurs de bonne foi et les praticiens. D'où les palliatifs partiels imaginés notamment par une loi du 25 juin 2001 sur la non-admission des pourvois (art. L. 131-6, C. org. jud.) [5].

§ 1. — LE POURVOI EN CASSATION DANS L'INTÉRÊT DES PARTIES

A — Conditions du pourvoi en cassation

1. *Conditions de fond*

980. — Voie de recours extraordinaire, le pourvoi en cassation suppose des cas d'ouverture. Mais le fait pour le demandeur de pouvoir invoquer l'un de

1. Sous réserve du pourvoi en révision, v. *infra*, n° 962.
2. Obs. L. FAVOREU, *Rev. dr. public*, 1989.399.
3. J.F. FLAUSS, *Conv. E.D.H. et justice parlementaire*, Petites Affiches, 1993, n° 42, p. 20 ; G. COHEN-JONATHAN, *Haute Cour et C.E.S.D.H.*, in *La révision de la constitution*, Association française des constitutionnalistes, PUAM-Economica, 1993, p. 253.
4. V. *supra*, n°s 809 et s.
5. V. *supra*, n° 68.

ces cas n'assure pas forcément la cassation de la décision critiquée : il faut, en effet, tenir compte de plusieurs autres conditions.

a) Les cas d'ouverture du pourvoi

981. — Le pourvoi n'est possible que dans certains *cas d'ouverture*, que le demandeur fait valoir sous forme de *moyens* de cassation, ceux-ci étant l'application concrète d'un cas. Ces cas se ramènent tous à une violation de la loi (art. 591, C.P.P.) et ils sont au nombre de quatre.

982. — *Premier cas : La constitution irrégulière de la juridiction qui a statué* (art. 7, l. du 20 avril 1810 et 592, C.P.P.). Par exemple, la décision n'a pas été rendue par le nombre de juges prescrit : il en est ainsi pratiquement quand l'arrêt omet de mentionner le nom de certains magistrats, cette omission étant assimilée à une absence [1]. Ou bien la décision a été rendue par des juges qui n'avaient pas assisté à toutes les audiences de l'affaire [2]. Ou encore la décision a été rendue sans que le Ministère public ait été entendu comme le veut l'article 592, al. 2 [3].

983. — *Deuxième cas : L'incompétence et l'excès de pouvoir de la juridiction qui a statué.* Ces deux causes sont voisines. Il y a incompétence quand une juridiction statue sur une affaire qu'elle n'avait pas le droit de juger (par ex., crime jugé par la juridiction correctionnelle) ; toutefois, l'incompétence de la cour d'assises ne peut être invoquée à raison de la plénitude de juridiction affirmée à l'article 231 [4] et il n'est plus possible d'invoquer comme moyen de cassation l'incompétence de la juridiction de première instance, sauf quand la cour d'appel, saisie par l'appel du parquet, a rejeté l'exception d'incompé-tence (art. 599). Il y a excès de pouvoir lorsqu'une juridiction, même compétente, a procédé à des actes qu'elle n'avait pas le pouvoir de faire, tels un blâme adressé à une autorité administrative [5] ou la prise d'une décision relative à des personnes ou des actes non déférés devant elle [6], ou encore le fait de rendre une décision à caractère général [7].

1. Crim., 12 juin 1956, B.C., n° 457.
2. V. cependant, Crim., 30 novembre 1972, B.C., n° 374, R.S.C., 1973.915, obs. J. Robert, pas d'irrégularité dans une affaire ayant donné lieu à deux audiences, où la cour était différemment composée et où un témoin important n'avait été entendu qu'à la première.
3. Dès lors que le Ministère public a été entendu en ses réquisitions, il est présumé avoir assisté à toutes les audiences de la cause car les articles 32, 486 et 510, C.P.P., exigent sa présence à chaque audience, Crim., 26 mars 1996, B.C., n° 134 ; 4 septembre 1996, B.C., n° 313, *Procédures*, 1997, comm. 16, obs. J. Buisson.
4. Crim., 21 janvier 1998, B.C., n° 26, R.S.C., 1998.581, obs. J.P. Dintilhac, la cour d'assises est compétente même à l'égard des faits qui ont été correctionnalisés après l'arrêt de renvoi par l'effet d'une loi nouvelle.
5. Crim., 17 août 1916, B.C., n° 193.
6. Crim., 24 mai 1960, B.C., n° 280.
7. Art. 5, C. civ.., prohibant les arrêts de règlement, Crim., 25 mai 1971, B.C., n° 175.

984. — *Troisième cas : L'inobservation des formes prescrites à peine de nullité* par la loi (par ex., défaut de publicité : art. 592, al. 3) ou par la jurisprudence au titre des nullités substantielles (par ex., droits de la défense). Ce cas ne peut viser que les irrégularités commises pendant l'instruction définitive puisque celles qui auraient été commises au cours de l'instruction préparatoire sont purgées par la décision de renvoi. Le législateur manifeste cependant à trois égards une vigoureuse hostilité à l'admission des nullités et, par conséquent, à l'admission de ce troisième cas de cassation. Tout d'abord, les irrégularités commises entre l'arrêt du renvoi aux assises et l'ouverture des débats, et non soulevée dès constitutions du jury de jugement ne peuvent être prises en compte (art. 305-1 et 599, al. 2, C.P.P.). En outre, il est impossible, en matière correctionnelle, de présenter comme moyen de cassation les nullités commises en première instance qui n'auraient pas déjà été invoquées en appel (art. 599). Enfin et surtout, l'article 802, C.P.P., subordonne l'annulation à la condition que la violation de la forme prescrite ait « eu pour effet de porter atteinte aux intérêts de la partie qu'elle concerne ». Cette règle générale (v. la place du texte dans le C.P.P.) conduit à restreindre les nullités et donc à rejeter des pourvois. On a vu que la Cour de cassation applique très souvent l'article 802 pour éviter d'annuler un acte irrégulier établi au cours de la phase préparatoire du procès [1]. Or il en est de même pour les irrégularités commises au cours de la phase décisoire. Le nombre des pourvois impitoyablement rejetés est impressionnant depuis le 1er janvier 1976, date d'entrée en application de l'article 802 [2]. Très rares sont les pourvois accueillis. Ils concernent pratiquement des nullités d'ordre public, ou plus précisément des nullités touchant à l'organisation judiciaire [3], ou à certaines règles essentielles de procédure [4] ; ce qui ne signifie du reste pas que toute nullité d'ordre public entraîne nécessairement la cassation [5]. Toute cette jurisprudence, finalement, suggère deux observations : l'article 802 devrait être modifié afin que l'on sache exactement si les nullités d'ordre public entrent dans son champ d'application, et la Cour de cassation se conduit ici en juge du fait puisqu'elle exerce son contrôle sur le préjudice allégué par le demandeur au pourvoi.

On peut assimiler à l'inobservation des formes prescrites l'omission ou le refus de statuer sur des chefs d'inculpation, sur des réquisitions du Ministère public ou sur des demandes des parties privées (art. 593, al. 2). On peut

1. V. *supra*, n° 783.

2. V. par ex., et sur les points les plus divers : Crim., 30 novembre 1976, B.C., n° 345 ; 16 décembre 1976, D., 1978.28, note F. Chapar ; 25 octobre 1977, B.C., n° 318 ; 8 novembre 1977, B.C., n° 338 ; 21 novembre 1977, B.C., n° 358 ; 28 novembre 1977, B.C., n° 371 ; 8 janvier 1978, B.C., n° 10 ; 9 mai 1978, B.C., n° 144 ; 17 septembre 1996, B.C., n° 316, D., 1997, Somm., 144, obs. J. Pradel, R.S.C., 1997.150, obs. J.P. Dintilhac ; 19 juin 1999, D., 1999.689, note D. Mayer et J.F. Chassaing.

3. Crim., 23 novembre 1976, B.C., n° 334 ; 2 février 1977, B.C., n° 42.

4. Crim., 27 octobre 1997, B.C., n° 351 ; 4 novembre 1997, B.C., n° 365.

5. V. pour un exemple de rejet fondé expressément sur l'art. 802, C.P.P., dans une espèce où le Ministère public n'avait pas été entendu, règle touchant à l'organisation judiciaire : Crim., 8 novembre 1977, B.C., n° 338.

encore y rattacher l'absence, l'insuffisance ou la contradiction, voire l'incertitude, des motifs d'une décision (art. 593, al. 1, C.P.P.) [1], exception faite des verdicts des cours d'assises statuant sur l'action publique, car ils ne sont pas motivés. Il en va de même, enfin, de la contrariété entre les motifs et le dispositif d'une décision ou entre deux décisions.

985. — *Quatrième cas. La violation de la loi pénale de fond* (art. 591). Il en est d'abord ainsi lorsque les faits retenus par le juge du fond ne peuvent être qualifiés comme ils l'ont été : par exemple, le juge a qualifié vol ce qui est abus de confiance ou bien a vu un commencement d'exécution dans ce qui n'est qu'un acte préparatoire. Il en est de même lorsque la peine prononcée n'est pas celle prévue par la loi ou lorsqu'il a été fait une fausse application du sursis ou de la récidive.

b) Les autres conditions du pourvoi

— *Les décisions susceptibles de pourvoi*

986. — Admis contre certaines décisions des juridictions d'instruction comme l'arrêt de mise en accusation [2], le pourvoi l'est aussi contre certaines décisions des juridictions de jugement.

987. — *Décisions sur le fond.* Le pourvoi est possible si elles sont juridictionnelles et en dernier ressort. L'exigence d'une décision juridictionnelle exclut le pourvoi contre les actes judiciaires à caractère administratif, tel l'arrêt statuant sur l'excuse d'un juré [3] ou l'ordonnance du président de la chambre des appels correctionnels statuant sur la recevabilité immédiate de l'appel d'un jugement sur incident. L'exigence d'une décision en dernier ressort exclut le pourvoi contre les décisions qui étaient susceptibles d'une voie de recours ordinaire, même si cette voie n'a pas été exercée et que le délai en soit maintenant expiré : la régularité d'une décision ne peut, en effet, être appréciée qu'une fois qu'ont été épuisées toutes les possibilités de la réformer. Toutefois, bien que rendues en dernier ressort, certaines décisions sont insusceptibles de pourvoi : ce sont les arrêts de la Haute Cour de justice (art. 35, ord. du 2 janvier 1959) et, lorsqu'ils portent acquittement, ceux de la cour d'assises (art. 572, C.P.P.) ;

1. Crim., 19 mars et 7 mai 1986, D., 1987, Somm., 85, obs. J. Pradel, où, par une décision collective, le juge du fond avait réuni plusieurs procédures de sorte que la motivation était standard ; 9 mai 1992, B.C., n° 415, jugement rédigé sur un imprimé ne portant aucune référence au procès-verbal de constatation des faits. On sait que, selon l'art. 132-19, C.P., l'application de la peine d'emprisonnement doit être motivée, v. pour des applications, Crim., 6 février 1995, B.C., n° 48, 27 novembre 1996, B.C., n° 433.
2. V. *supra*, n° 810.
3. Crim., 3 février 1949, B.C., n° 47.

en revanche, les arrêts de la Cour de justice de la République sont susceptibles de pourvoi (art. 33 et 34, l. du 23 novembre 1993).

988. — *Décisions sur un incident.* La loi a institué aux articles 570 et 571 un système symétrique de celui qu'elle a prévu pour l'appel [1]. Si la décision met fin à la procédure, le pourvoi est immédiatement recevable, sans autre formalité (art. 570, al. 1). Si la décision ne met pas fin à la procédure, elle peut être frappée d'un pourvoi immédiat, mais celui-ci ne sera jugé qu'en même temps que le pourvoi relatif à la décision sur le fond ; toutefois, le pourvoi contre la décision sur incident peut exceptionnellement être examiné de suite par la Cour de cassation s'il y va de l'intérêt de l'ordre public ou d'une bonne administration de justice.

Mais comment vérifier si la décision met fin ou non à la procédure ou bien, et c'est la difficulté majeure, si elle concerne les intérêts supérieurs de la justice ? Le contrôle est exercé par le président de la chambre criminelle dont les attributions diffèrent un peu de celles du président de la chambre des appels correctionnels. Le président de la chambre criminelle examine tous les pourvois et deux cas sont à distinguer.

Dans le premier, le pourvoi est dirigé contre une décision qu'on affirme avoir mis fin à la procédure. Le président vérifie l'exactitude de cette assertion. S'il l'estime fondée, il transmet le dossier à la chambre criminelle, qui statuera sur le pourvoi. S'il estime au contraire que la décision ne met pas fin à la procédure, il peut soit déclarer le pourvoi irrecevable et rendre une ordonnance de non-admission, soit déclarer le pourvoi recevable immédiatement s'il y va de l'intérêt de l'ordre public ou de la bonne marche de la justice.

Second cas : le pourvoi est dirigé contre une décision ne mettant pas fin à la procédure. Théoriquement, le pourvoi ne devrait pas être accueilli, afin d'éviter des recours dilatoires. Pour des raisons tenant aux nécessités supérieures de la justice, la loi déroge pourtant à ce principe. Mais elle y déroge à des conditions restrictives. En intentant son pourvoi dans le délai habituel [2], le demandeur doit déposer dans le même délai, au greffe de la juridiction inférieure, une requête avec une expédition de la décision qu'il conteste, le tout étant transmis au président de la chambre criminelle. En considérant les nécessités de l'ordre public, et l'intérêt de la justice, ce magistrat répond à la requête, soit qu'il la rejette (d'où renvoi du dossier à la juridiction inférieure), soit qu'il l'accueille (d'où transmission du dossier à la chambre criminelle). Sa décision, insusceptible de recours, est rendue dans les huit jours de la réception du dossier. Comme pour l'appel, et pour permettre à l'auteur du pourvoi de présenter une éventuelle requête, la décision ne mettant pas fin à la procédure ne peut être exécutée pendant le délai de pourvoi ; au cas de dépôt de

1. V. *supra*, n° 955.

2. De 5 jours, art. 568, al. 1, C.P.P. Ce délai n'est pas suspendu jusqu'au jour de la décision sur le fond et il est fixé à 5 jours à partir du prononcé de la décision attaquée, Crim., 4 avril 1991, B.C., n° 158 ; 29 avril 1996, B.C., n° 169.

cette requête, l'impossibilité d'exécution se poursuit jusqu'à la décision du président, lequel doit statuer dans les deux mois.

Sont des décisions sur le fond celles qui, bien que ne terminant pas un procès, statuent sur le principe de la culpabilité [1]. Le pourvoi en cassation est donc immédiatement recevable.

— *Les personnes admises à agir. La condition d'intérêt*

989. — *Principes.* Deux principes existent. Le demandeur au pourvoi doit d'abord avoir toujours été partie au procès [2]. Un avocat ne peut former un pourvoi que s'il a un mandat exprès de la partie [3].

Si le demandeur au pourvoi est en fuite, la question est plus complexe. Deux cas sont à distinguer :

— Le demandeur peut former lui-même son pourvoi et cela n'a jamais été discuté [4].

— En revanche, le point de savoir s'il peut solliciter un mandataire pour former le pourvoi a donné lieu à un revirement de jurisprudence. Pendant plus d'un siècle, la chambre criminelle s'est opposée à la recevabilité [5] : aux yeux des magistrats, il était contradictoire de s'adresser à la justice tout en la fuyant. Le fondement paraissait si fort que la règle s'appliquait aussi à l'appel [6] et à l'opposition [7] et même au dépôt d'une requête sur le fondement de l'article 710, C.P.P. [8]. Cependant, la C.E.D.H. condamna la France sur ce point par arrêt du 23 novembre 1993 [9]. La chambre criminelle résista un certain temps [10]. Mais la C.E.D.H. confirma son point de vue dans des arrêts ultérieurs, en indiquant que l'irrecevabilité du pourvoi impose aux intéressés « une

1. Crim., 7 avril 1976, B.C., n° 106 : renvoi à une audience ultérieure pour qu'il soit statué sur l'action civile ; 8 février 1977, B.C., n° 46, ajournement du prononcé de la peine en application de l'art. 469-3, C.P.P., aujourd'hui art. 132-60, C.P.

2. Crim., 4 novembre 1969, J.C.P., 1970.II.16288, note P. Chambon, excluant le pourvoi d'une personne qui n'a jamais été partie à un moment donné de l'instance, en l'espèce qui n'a pas fait appel.

3. Crim., 22 février 1977, B.C., n° 68.

4. Crim., 15 février 1994, B.C., n° 66.

5. « À moins que le demandeur au pourvoi ne justifie de circonstances l'ayant mis dans l'impossibilité absolue de se soumettre en temps utile à l'action de la justice ». Crim., 19 septembre 1895, B.C., n° 243 ; 1er décembre 1966, D., 1967.23, rapport Costa ; 10 décembre 1986, D., 1987.165, note D. Mayer ; 8 mars 1995, B.C., n° 94, D., 1996, Somm., 256, obs. J. Pradel ; 18 novembre 1997, B.C., n° 388.

6. Crim., 5 juin 1989, B.C., n° 232, *Dr. pénal*, 1990, comm. 78, obs. A. Maron.

7. Crim., 13 mai 1985, B.C., n° 180.

8. Crim., 14 avril 1992, B.C., n° 16, J.C.P., 1993.II.22099, note J.Y. Lassalle.

9. C.E.D.H., 23 novembre 1993, *Poitrimol c/ France*, D., 1994, Somm., 187, obs. J. Pradel, rapport P. Culié au colloque La Cour de cassation et la Constitution de la République, décembre 1994, Presses Universitaires d'Aix-Marseille, 1995.253. Ces deux auteurs étaient hostiles à l'arrêt Poitrimol, *contra* D. Mayer, D., 1987.165, à propos de la jurisprudence nationale.

10. Crim., 19 janvier 1994, B.C., n° 27, *Dr. pénal*, 1994, chron. 37, concl. Perfetti, 18 novembre 1997, précité.

charge disproportionnée », rompant le juste équilibre qui doit exister entre, d'une part, le souci légitime d'assurer les décisions de justice et, d'autre part, le droit d'accès au juge de la cassation et l'exercice des droits de la défense ». C'est pourquoi notre chambre criminelle finit par changer sa jurisprudence : dans un arrêt important du 30 juin 1999, elle décide « qu'en l'absence de dispositions expresses de la loi dérogeant, en cas de délivrance d'un mandat de justice, à l'application des conditions de forme prévues par l'article 576, C.P.P., le pourvoi formé par le mandataire d'un condamné en fuite est recevable »[1]. On l'aura noté : le juge national ne vise pas, comme le juge européen, la « charge disproportionnée », mais l'absence de texte s'opposant à la recevabilité. Il est hautement probable que la chambre criminelle ne modifiera plus sa jurisprudence. On peut le regretter d'abord car elle n'était pas d'une raideur absolue[2], ensuite car il est inadmissible que, dans le même temps un individu se dérobe à l'exécution d'un mandat de justice[3] et fasse appel à la justice !

Le demandeur doit avoir ensuite un *intérêt*, ce qui suppose que la décision qu'il attaque lui ait fait grief (art. 567, C.P.P.). Or cette nécessité d'un intérêt donne lieu à deux séries d'application : les unes sont communes au pourvoi en cassation et à l'appel ; une autre est propre au pourvoi.

990. — *Applications communes au pourvoi et à l'appel.* Le Ministère public ne peut se pourvoir que sur l'action publique (et encore il ne le peut pas pour les arrêts d'acquittement des cours d'assises : art. 572, C.P.P.).

La partie civile ne peut agir que quant à ses intérêts civils : soit contre les décisions de condamnation ou de relaxe des juridictions correctionnelles ou de police (art. 567), soit contre les arrêts d'assises portant condamnation et même acquittement ou exemption de peine (art. 573).

Dès lors, la partie civile n'est pas recevable à soulever devant la Cour de cassation l'incompétence du juge pénal, du moins si ni le prévenu ni le Ministère public n'invoquent cette incompétence devant cette haute instance[4].

Le civilement responsable ne peut se pourvoir que contre les décisions qui ont retenu sa responsabilité civile (art. 567).

1. Crim., 30 juin 1999, B.C., n° 167, *Dr. pénal*, comm. 156, obs. A. Maron, R.S.C., 1999.839, obs. D.N. Commaret.

2. Doit-on rappeler que le demandeur pouvait agir lui-même en invoquant des circonstances exceptionnelles l'ayant mis dans l'impossibilité de se constituer (Crim., 21 mai 1981, B.C., n° 168, par ex.) et même se contenter d'indiquer son adresse dans sa déclaration de recours (Crim., 13 mai 1985, B.C., n° 180) !

3. Cette dérobade porte atteinte à « l'effectivité de l'autorité judiciaire », principe fondamental reconnu par le Conseil constitutionnel, décision n° 83-164 du 21 décembre 1983, Rec. p. 73, selon laquelle « l'intervention de l'autorité judiciaire doit être prévue pour conserver à celle-ci toute la responsabilité et tout le pouvoir de contrôle qui lui reviennent ».

4. Crim., 22 juin 1994, affaire dite « du sang contaminé », B.C., n° 248, D., 1995.85, note Prothais, D., 1995, somm. 141, obs. J. Pradel, J.C.P., 1994.II.22310, note M.-L. Rassat ; G.P., 11 septembre 1994, note J.P. Delmas Saint-Hilaire, dans une espèce où la partie civile avait prétendu dans son pourvoi que les faits qualifiés de tromperie par les juges du fond constituaient en réalité le crime d'empoisonnement.

Seul le condamné peut se pourvoir à la fois sur les actions publique et civile ; et encore, il ne le peut que dans la mesure de son intérêt, ce qui exclut et le pourvoi sur l'action publique contre les arrêts d'acquittement ou d'exemption de peine rendus par la cour d'assises et le pourvoi contre les arrêts ou jugements de relaxe en matière correctionnelle ou de police.

991. — *Application propre au pourvoi. La théorie de la peine « justifiée »*. La théorie de la peine justifiée est un procédé permettant de rejeter le pourvoi formé contre une décision contenant une erreur de droit, lorsque la peine prononcée est la même que celle qui aurait dû l'être si l'erreur n'avait pas été commise. La Cour de cassation redresse l'erreur commise, mais ne casse pas la décision puisque la peine se trouve « justifiée ». En somme, l'erreur est sans conséquences et la cassation est inutile, faute d'intérêt pour le demandeur. Cette théorie, consacrée par la loi de manière étroite, a fait l'objet d'une jurisprudence complexe et surtout extensive.

992. — *La peine justifiée en législation*. La *loi* est étroite : en effet, l'article 598, C.P.P. (reprenant l'article 411, C.I.C.), décide que, « lorsque la peine prononcée est la même que celle portée par la loi qui s'applique à l'infraction, nul ne peut demander l'annulation de l'arrêt sous le prétexte qu'il y aurait erreur dans la citation du texte de loi ». Par exemple, le juge saisi du chef d'émission de chèque sans provision (art. 66, déc.-l. du 30 octobre 1935, disposition aujourd'hui abrogée) a visé l'article 405, A.C.P., sur l'escroquerie (aujourd'hui art. 313-1, C.P.), commettant ainsi une erreur matérielle. La peine est justifiée car les deux textes conduisent à des résultats identiques, la peine étant la même [1]. Ici, l'application de la théorie n'est nullement critiquable : elle se fonde sur un texte et la cassation ne présenterait d'intérêt pour personne.

993. — *La peine justifiée en jurisprudence*. La chambre criminelle n'a pas hésité à dépasser le cadre étroit de la loi. Cette conception extensive apparaît à partir de 1830 environ pour atteindre son apogée au début du XXe siècle, la théorie s'appliquant même à l'erreur de qualification [2]. Sans doute un coup d'arrêt est-il donné par un arrêt de 1927 selon lequel, lorsque le texte choisi par le juge prévoit des peines plus sévères que celui qui aurait dû être appliqué, la théorie ne saurait être utilisée, même si le juge n'a pas dépassé le maximum du texte qui était seul applicable [3].

Toutefois, au lendemain de la promulgation du Code de procédure pénale, la vieille tendance extensive allait reprendre son empire, la célérité du procès l'emportant à nouveau sur la considération du demandeur au pourvoi. Et

1. V. pour des applications : Crim., 30 octobre 1925, D.H., 1926.6 ; 7 novembre 1931, D.H., 1931.559 ; 21 janvier 1981, B.C., n° 32 ; 28 janvier 1981, J.C.P., 1981.IV.118.
2. V. note J.-A. Roux au S., 1906.I.201, sous Crim., 11 mars 1904.
3. Crim., 8 avril 1927, B.C., n° 100.

aujourd'hui cette tendance à la dilatation de l'article 598, C.P.P., comporte trois aspects.

La théorie s'applique en premier lieu à l'*erreur dans la qualification de l'infraction :* alors que le juge du fond aurait dû retenir la contravention de blessures par imprudence (aujourd'hui art. R. 625-2, C.P.), il avait retenu le délit de blessures par imprudence (aujourd'hui art. 222-19, C.P.) ; la peine prononcée étant cependant inférieure ou égale à celle que prévoit l'article R. 625-2, C.P., la peine se trouve justifiée [1]. Déjà sous l'empire du C.I.C, un arrêt avait justifié une condamnation pour abus de confiance en visant le mandat alors qu'il s'agissait en réalité de dépôt, les deux contrats étant mis sur le même plan par l'article 408, A.C.P., aujourd'hui par l'article 314-1, C.P. [2]. À plus forte raison, la théorie s'applique si le juge du fond a retenu le délit lui-même au lieu de sa tentative [3].

En second lieu, la théorie est utilisée en cas d'*erreur sur le nombre d'infractions susceptibles d'être retenues.* Un individu est poursuivi pour deux infractions et condamné à une peine qui ne dépasse pas celle qui est prévue pour la plus grave. Cassant la condamnation sur le chef mineur, la chambre criminelle maintient cependant la peine qui est justifiée puisqu'elle ne dépasse pas celle que la loi a prévue pour l'infraction la plus grave [4].

Enfin, en troisième lieu, la Cour suprême utilise la théorie à propos de l'*erreur sur la qualification du participant :* le fait de qualifier complice un véritable coauteur ou, au contraire, coauteur un simple complice n'autorise pas la cassation puisque l'article 59, C.P., aujourd'hui l'article 121-6, C.P. (de façon générale) assimile les deux qualités quant à la peine encourue [5]. Bref, dans ces trois séries d'hypothèses, la peine prononcée est justifiée puisqu'elle n'excède pas celle qui aurait dû être prononcée si la loi avait été correctement appliquée.

Cette jurisprudence a certes pour elle une réduction du temps du procès. Elle est pourtant bien « hardie » [6] et même critiquable. Outre qu'il n'y a plus de texte, on ne peut invoquer qu'un argument discutable. L'argument est celui-ci : le pourvoi n'étant recevable que de la part d'une partie qui y a intérêt, le condamné n'a pas intérêt à voir restituer aux faits leur exacte qualification, puisque, de toute façon, le résultat serait le même. Mais, le plus souvent, l'argument est spécieux pour deux raisons. D'une part, le condamné a bien intérêt à se voir reprocher une infraction et non deux — la sévérité de la peine prononcée étant d'ailleurs souvent fonction du nombre des infractions — ou à se voir condamner sous une qualification moins humiliante que celle qui a été retenue.

1. Crim., 28 mai 1959, D., 1959.277, note M.R.M.P. ; *add.*, Crim., 18 janvier 1961, B.C., n° 33 ; 8 janvier 1977, B.C., n° 18 ; 1er octobre 1984, B.C., n° 277 et D., 1985.380, note H. Fenaux ; 20 octobre 1986, B.C., n° 293 ; 14 juin 1995, B.C., n° 218.

2. Crim., 19 janvier 1901, S., 1905.I.55.

3. Crim., 9 mars 1983, B.C., n° 76. La peine encourue est en effet la même.

4. Crim., 17 décembre 1964, B.C., n° 431 ; v. déjà avant 1959, Crim., 12 mai 1944, B.C., n° 123.

5. Crim., 21 décembre 1960, J.C.P., 1961.II.13415, note P. Level ; 30 janvier 1979, B.C., n° 44, D., 1979, I.R., 301 ; 16 décembre 1991, B.C., n° 477.

6. Note M.R.M.P. au D., 1959.277.

D'autre part, même entre infractions qui exposent à une peine principale identique, il n'y a pas d'équivalents à d'autres points de vue, comme ceux de la récidive ou des incapacités attachées à la condamnation. C'est pourquoi la théorie de la peine justifiée ne s'applique pas en cas de récidive. Même si la condamnation prononcée à l'égard d'un individu qualifié par erreur de récidiviste n'outrepasse pas le plafond de la peine prévue pour les non-récidivistes, la condamnation prononcée est cassée [1]. La restriction doit être approuvée car, en croyant le prévenu récidiviste les juges du fond ont pu être amenés à élever la peine. Mais ce palliatif reste insuffisant.

On ajoutera que la doctrine, à de rares exceptions près [2], est défavorable à la théorie de la peine justifiée. Un auteur y voit un « biais » contestable [3], d'autres, un procédé qui aboutit à donner l'autorité de chose jugée à une décision contenant une erreur de droit [4]. Plus net encore, un dernier qualifie la théorie de « mauvaise panacée qui ne guérit rien et menace tout... entraînant la disparition de la légalité au profit de l'opportunité » [5].

On peut enfin se demander si la conception jurisprudentielle de la peine justifiée n'est pas condamnée par la C.E.D.H. qui entend que les parties soient informées de tout changement de qualification, car elles ont le droit de discuter la qualification devant leur être appliquée [6]. Or la Cour de cassation se refuse à ouvrir le débat en entérinant une qualification sans doute mauvaise.

— *Le rejet des moyens nouveaux*

994. — La chambre criminelle refuse d'accueillir les moyens nouveaux, c'est-à-dire ceux qui auraient pu être invoqués utilement dans une phase antérieure de la procédure. Il en est ainsi : 1° Des nullités de la citation correctionnelle ou de la procédure antérieure, qui devaient être soulevées avant toute défense au fond (art. 385, C.P.P.) ; 2° Des nullités commises en première instance et qui n'ont pas été invoquées devant la cour d'appel, y compris devant la cour d'assises statuant en appel (art. 599, C.P.P.). Toutefois, les moyens nouveaux sont recevables s'ils touchent à l'ordre public, comme la prescription de l'action publique [7] ou l'incompétence [8].

Est également un moyen nouveau, et donc irrecevable, celui qui est fondé sur des pièces qui n'avaient pas été soumises à l'examen des premiers juges [9].

1. Crim., 6 décembre 1961, B.C., n° 507 ; 10 janvier 1962, B.C., n° 27 ; 5 janvier 1965, B.C., n° 3 ; 23 mars 1982, B.C., n° 84 ; v. déjà avant 1959, Crim., 25 mars 1909, B.C., n° 188.
2. Gélin, thèse, Lyon, 1922.
3. J. Audier, *Le « biais » de la peine justifiée*, R.S.C., 1978.553.
4. R. Garraud, v. 367 ; R. Merle et A. Vitu, II, n° 860.
5. H. Fenaux, *La théorie de la peine justifiée*, thèse, Paris, 1965, ronéo.
6. C.E.D.H., 25 mars 1999, *Pélissier et Sassi c/ France*, D., 2000.357, note D. Roets, R.T.D.H., 2000.281, obs. G. Flécheux et Th. Massis.
7. Crim., 17 juin 1926, D.H., 1926.518 ; 10 novembre 1937, D.H., 1938.56 ; 6 juillet 1939, D.H., 1939.480 ; 21 janvier 1982, B.C., n° 22.
8. Crim., 22 novembre 1934, D.H., 1935.21 ; 28 octobre 1981, B.C., n° 287 ; 2 mai 1983, B.C., n° 121 ; 26 septembre 1989, B.C., n° 328 ; 22 mai 1996, B.C., n° 212.
9. Crim., 30 avril 1996, B.C., n° 180.

2. *Conditions de délai*

995. — Le délai est de cinq jours francs (art. 568, al. 1, C.P.P.), c'est-à-dire que le pourvoi peut être formé le jour où la décision a été rendue *(dies a quo)*, pendant les cinq jours qui suivent et même le lendemain du cinquième jour *(dies ad quem)*, sauf à respecter l'article 801 du Code de procédure pénale.

Le point de départ est fixé comme suit : 1° Pour les décisions contradictoires, au jour du prononcé de la décision (art. 568, al. 1) sauf pour les personnes absentes le jour du prononcé de l'arrêt et non représentées par un avocat [1] ; 2° Dans une liste de cas indiqués à l'article 568, alinéa 2 (par ex., prévenu ayant été jugé en son absence mais après audition d'un avocat qui s'est présenté pour assurer sa défense, sans cependant être titulaire d'un mandat de représentation signé du prévenu), au jour de la signification ; 3° Pour les décisions rendues par défaut, à l'expiration du délai d'opposition dans le cas du prévenu, à l'expiration du délai de dix jours qui suit la signification dans le cas du Ministère public et de la partie civile (art. 568, al. 3).

Un pourvoi peut être formé après expiration du délai si le demandeur s'est trouvé, en cas de force majeure, dans l'impossibilité de s'y conformer [2].

3. *Conditions de forme*

996. — Le demandeur ou son mandataire spécial doit d'abord *former une déclaration au greffe* du tribunal ou de la cour qui a rendu la décision (art. 576, C.P.P.). S'il est détenu, le pourvoi peut être formé au moyen d'une déclaration auprès du chef de l'établissement pénitentiaire, adressée par ce dernier au greffe de la juridiction qui a rendu la décision attaquée (art. 577, C.P.P., rappelant l'art. 503, C.P.P., sur l'appel).

Le demandeur doit aussi *notifier* son pourvoi au Ministère public et aux autres parties dans un délai de trois jours, par lettre recommandée avec avis de réception. La méconnaissance de cette obligation n'entraîne pas l'irrecevabilité du pourvoi, mais seulement le droit pour le Ministère public et les parties de former opposition à l'arrêt rendu (art. 578 et 579, C.P.P).

En outre, l'article 583, C.P.P., disposait que serait déchu de son pourvoi le condamné à une peine privative de liberté de plus d'un an qui ne se serait pas « mis en état » au plus tard au moment où l'affaire est appelée devant la chambre criminelle (en fait, la veille). Se mettre en état voulait dire se constituer prisonnier. Cette règle était destinée à assurer l'exécution effective de la condamnation en cas de rejet du pourvoi [3]. Il y avait certes atteinte à l'effet suspensif du pourvoi. On aura compris que cette formalité était cousine germaine de la règle prétorienne de la recevabilité du pourvoi formé

1. Crim., 7 février 2007, B.C., n° 36, le délai court à compter de la signification de l'arrêt.
2. Crim., 28 mars 1977, B.C., n° 113 ; 14 février 2007, B.C., n° 48, greffe fermé.
3. En cas d'admission du pourvoi, l'intéressé était aussitôt libéré. Par ailleurs, il pouvait solliciter de la juridiction de condamnation une dispense — avec ou sans caution — de la juridiction de condamnation.

par le mandataire du condamné en fuite [1]. Cependant, par arrêt du 14 décembre 1999, la C.E.D.H. a condamné la France car, a-t-elle dit, « le respect de la présomption d'innocence, combiné avec l'effet suspensif du pourvoi, s'oppose à l'obligation pour un accusé libre de se constituer prisonnier, quelle que soit la durée, même brève de son incarcération » [2]. C'est pourquoi à partir de janvier 2000, la mise en état a cessé d'être appliquée [3] et c'est pourquoi la loi du 15 juin 2000 a abrogé les articles 583 et 583-1, C.P.P., relatifs à la mise en état. La réforme, inspirée par le droit européen présente un inconvénient certain : c'est qu'en cas de rejet du pourvoi du condamné, la justice n'a plus de certitude de l'exécution puisque le condamné peut prendre la fuite.

Enfin, l'auteur du pourvoi peut toujours se désister de son pourvoi, ce que constate par ordonnance le président de la chambre criminelle (art. 571-1, C.P.P.) [4]. Même le Ministère public peut se désister de son pourvoi [5].

B — Effet du pourvoi en cassation

1. *Effets immédiats du pourvoi en cassation*

Comme l'appel, le pourvoi a un effet suspensif et un effet dévolutif.

a) L'effet suspensif

997. — Il est attaché au pourvoi comme au délai du pourvoi (art. 569, al. 1, C.P.P.). Cet effet s'applique également, on l'a vu, au délai pendant lequel s'examine la recevabilité du pourvoi sur incident. Des exceptions sont cependant prévues, concernant la décision au fond.

D'une part, *certaines dispositions pénales* de la décision sont exécutoires immédiatement. Sont exécutoires de droit les mesures prises par les juridictions pour mineurs (art. 24, al. 5, ord. du 2 février 1945). Peuvent l'être, si le juge du fond l'avait voulu, d'abord la délivrance par la juridiction correctionnelle du mandat de dépôt ou d'arrêt en cas de condamnation à l'emprisonnement d'au moins un an pour délit de droit commun (art. 569, al. 1), ensuite la suspension ou l'annulation du permis de conduire (art. L. 22413, C.R.) ; et l'article 569, alinéas 2 et 3, étend au pourvoi les dispositions favorables au prévenu édictées en cas d'appel par l'article 471.

1. V. *supra*, n° 989.
2. C.E.D.H., 14 décembre 1999, *Khalfaoui c/ France*, D., 2000, Somm., 180, obs. J.F. Renucci, *Procédures*, février 2000, n° 41, obs. J. Buisson. *Add.* dans le même sens, C.E.D.H., 16 mai 2002, *Goth c/ France*.
3. *Le Monde*, 6 janvier 2000.
4. Avec rétractation possible du désistement si le demandeur produit des moyens de cassation après son désistement, mais avant qu'il lui en ait été donné acte, Crim., ord. prés., 7 mars 1994, B.C., n° 88.
5. Crim., 2 mai 2002, B.C., n° 96. *Contra*, 11 avril 1991, B.C., n° 174. L'arrêt de 2002 traduit une certaine privatisation de l'action publique en ce que le Ministère public peut se comporter comme une partie privée.

D'autre part, *toutes les dispositions civiles* de la décision sont l'objet d'une exécution immédiate, dans l'intérêt de la victime (art. 569, al. 1).

b) L'effet dévolutif

998. — Le pourvoi saisit la chambre criminelle de la Cour de cassation (art. 567, al. 2). Mais à la différence de l'appel qui saisit le juge supérieur à la fois des éléments de fait et de droit de la décision, le pourvoi ne saisit la Cour suprême que des seuls éléments de droit. Cela étant, on retrouve, comme pour l'appel, des limites tenant aux termes du pourvoi et à la qualité du demandeur.

Quant aux *termes du pourvoi*, la Cour de cassation ne sera saisie que des chefs de droit sur lesquels le demandeur a fait porter son pourvoi : le pourvoi peut n'être que partiel. Est donc irrecevable tout moyen de cassation présenté à la chambre criminelle, portant sur des parties de la décision que le demandeur avait initialement exclues de son pourvoi [1]. Toutefois, lorsque dans ce cadre réduit du pourvoi, apparaissent des irrégularités affectant l'ordre public (par ex., la composition ou la compétence de la juridiction), la chambre criminelle se reconnaît le pouvoir de soulever d'office un moyen qui ne lui avait pas été proposé : ce sont les moyens d'office.

La *qualité du demandeur au pourvoi* limite aussi l'effet dévolutif, même si le pourvoi est total. Sur pourvoi formé par la partie civile ou le civilement responsable, la chambre criminelle ne peut statuer que sur les intérêts civils. Sur pourvoi du Ministère public, elle ne connaît que de l'action publique. Seul le pourvoi du prévenu lui permet de statuer à la fois sur l'action publique et sur l'action civile ; toutefois, elle ne peut aggraver la situation du prévenu en relevant un moyen contraire à son intérêt, l'interdiction de la *reformatio in pejus* ayant été étendue au pourvoi par la jurisprudence [2].

2. *La procédure de cassation*

999. — Après sa déclaration de pourvoi, le demandeur peut déposer un *mémoire* contenant ses moyens de cassation et visant les textes de loi dont la violation est invoquée (art. 590). Le demandeur dépose ce document soit au greffe de la juridiction du fond s'il agit dans les dix jours de son pourvoi, soit au greffe de la Cour de cassation s'il agit après (art. 584 et 585) [3] ; mais dans ce dernier cas, le mémoire doit être déposé dans le mois de réception du dossier par la Cour de cassation (art. 567-2, al. 2, C.P.P.). Le ministère d'un avocat spécialisé, dit avocat au Conseil d'État et à la Cour de cassation

1. Crim., 14 décembre 1965, B.C., n° 274.
2. Crim., 28 mai 1887, S., 1888.I.185 ; 27 octobre 1971, B.C., n° 284.
3. Sur les mémoires et conclusions, v. A. Maron, *Dr. pénal*, décembre 1993.1 et janvier 1994.1.

n'est obligatoire que pour la partie civile (art. 585). Le mémoire est transmis à la chambre criminelle.

La chambre criminelle entend le *rapport* d'un conseiller-rapporteur, les *observations* des parties (dans le cas où celles-ci sont représentées par un avocat au Conseil d'État et à la Cour de cassation) et les *conclusions* du Ministère public.

Une grave difficulté a été soulevée par la jurisprudence de la C.E.D.H. à propos du rôle de l'avocat général. Traditionnellement, ce magistrat recevait du conseiller raporteur le dossier contenant une note de ce dernier, avec son avis sur le bien-fondé du pourvoi ; puis l'avocat général assistait aux conférences préparatoires aux audiences (où il y avait le président, le doyen et lui-même) ; enfin, après l'audience, il assistait au délibéré, en restant évidemment silencieux. Or, au nom du procès équitable, la C.E.D.H. devait condamner cette triple pratique, l'égalité des armes étant à ses yeux rompue entre parquet et demandeur au pourvoi [1]. À la suite de cette jurisprudence européenne, une nouvelle pratique s'instaura à la Cour de cassation à partir de janvier 2002 : désormais, l'avocat général reçoit du conseiller un dossier amputé de l'avis de ce dernier, n'assiste plus ni à la conférence ni au délibéré [2]. C'est en réalité une mauvaise chose car l'avocat général n'aura plus matériellement le temps de donner son avis, de faire valoir l'intérêt général. Faut-il rappeler en effet que devant la Cour de cassation, le parquet n'est plus vraiment une partie qui poursuit, mais bien davantage le technicien du droit qui donne un avis objectif et qui a besoin d'un autre avis pour mieux remplir sa mission [3].

Dans quel *délai* la haute juridiction rend-elle sa décision ? Elle peut en principe statuer à l'expiration d'un délai de dix jours à compter de la réception du dossier. Mais aucun délai maximum ne lui est imposé ; toutefois, l'article 604, alinéa 2, lui impartit de statuer « d'urgence et par priorité et en tout cas, avant l'expiration d'un délai de trois mois à compter de la réception du dossier », quand le pourvoi est formé contre un arrêt de renvoi en cour d'assises ; la règle est la même pour les arrêts de la chambre de l'instruction rendus en matière de détention provisoire (art. 567-2, C.P.P.) [4].

3. *La décision de la Cour de cassation*

a) Les hypothèses de non-cassation

1000. — Tantôt, la chambre criminelle n'examine pas les moyens qui lui sont présentés. Dans de tels cas, elle rendra soit un arrêt de *non-lieu à statuer*

1. C.E.D.H., 30 octobre 1991, *Borgers c/ Belgique*, R.T.D.H., 1992.204 ; 31 mars 1998, *Reinhardt et Slimane Kaïd c/ France*, J.C.P., 1999.II.10074, note S. Soler ; 7 juin 2001, *Kress c/ France*, J.C.P., 2001.II.10578, note F. Sudre, D., 2001.2624, note R. Drago, R.F.D.A., 2001.991, obs. B. Genevois ; 27 novembre 2003, *Slimane Kaïd c/ France*.

2. Y. CHARTIER, *Le rapport de la cour de cassation pour l'année 2001*, J.C.P., 2002.I.156, § 13 et 14.

3. V. obs. très critiques de D. Commaret à la R.S.C, 2003.361 ; *add. supra*, n° 116.

4. Crim., 19 novembre 1997, B.C., n° 392, règle ne s'appliquant pas au contrôle judiciaire.

si le pourvoi est devenu sans objet (extinction de l'action publique pour cause d'amnistie ou de décès du prévenu, désistement du prévenu), soit un arrêt de *déchéance* si le demandeur n'a pas consigné l'amende, soit un arrêt *d'irrecevabilité*, si la décision n'était pas susceptible de pourvoi (par ex., défaut de qualité du demandeur pour agir, présentation de moyens nouveaux).

Tantôt, la chambre criminelle examine les moyens qui lui sont soumis ou en soulève d'office. Ou bien, elle rend un arrêt de *rejet*, lorsque aucune violation de la loi n'a été relevée (ou lorsqu'il y a lieu d'appliquer la théorie de la peine justifiée) : la décision attaquée acquiert alors l'autorité de chose jugée et devient exécutoire. Ou bien elle rend un arrêt de *cassation* si la décision était viciée par une erreur de droit.

b) L'hypothèse de cassation

1001. — C'est ici qu'apparaissent les plus grandes difficultés. Observons d'emblée que si en principe la décision de la Cour de cassation n'a d'effet qu'à l'égard des parties s'étant pourvues, l'article 612-1, C.P.P. (l. du 24 août 1993) dispose que la Haute Juridiction peut décider que sa décision aura aussi effet à l'égard des parties étrangères au pourvoi « lorsque l'intérêt de l'ordre public ou d'une bonne administration de la justice le commande » [1].

Cependant, l'application de l'article 612-1 ne saurait conduire à aggraver la peine prononcée contre un condamné qui ne s'est pas pourvu [2].

— *La cassation peut être partielle ou totale*

1002. — Parfois, la cassation est *partielle*. Il en est ainsi quand le vice motivant la mise à néant de la décision n'entache qu'une partie de celle-ci. Il en va de même quand le demandeur a limité son pourvoi à un point particulier de la décision : ainsi, le pourvoi formé par la partie civile entraîne l'annulation des seules dispositions civiles de la décision.

Le plus souvent, la cassation est *totale*. C'est le cas lorsque le prévenu condamné a formé un pourvoi général, lorsque le vice relevé entache la décision dans son ensemble ou lorsqu'il existe une indivisibilité entre les différentes parties au procès ou entre la question tranchée par le juge du fond et d'autres points non attaqués. Cette notion d'indivisibilité est difficile à

1. Crim., 20 juin 1996, B.C., n° 270, *Dr. pénal*, 1996, comm. 278, obs. A. Maron, la partie qui ne s'est pas pourvue en cassation ne peut déposer un mémoire demandant l'extension de la cassation à son profit. Par ailleurs, l'intérêt d'une bonne administration de la justice peut commander l'extension d'une cassation ne concernant que les intérêts civils à une partie qui ne s'est pas pourvue, Crim., 12 février 1997, B.C., n° 57, *Dr pénal*, 1997, comm. 117, obs. A. Maron.

2. Crim., 29 février 2000, B.C., n° 90, *Dr. pénal*, 2000, comm. 107, obs. A. Maron, Solution confirmée par la loi du 9 mars 2004, art. 612-1, al. 2, C.P.P.

définir et la chambre criminelle se laisse guider par l'intérêt d'une bonne administration de la justice [1].

— *La cassation s'effectuant avec renvoi*

1003. — *Notion de cassation avec renvoi.* Juge du droit et non du fait, la chambre criminelle ne peut substituer sa propre décision à la décision annulée. Elle doit donc renvoyer l'affaire à une juridiction, qu'elle désigne par décision spéciale (art. 613) : c'est la cassation avec renvoi. La juridiction désignée est en principe du même degré que celle qui avait rendu la décision mise à néant, sauf à remarquer certaines exceptions tenant à la nature du moyen de cassation (incompétence d'attribution de la juridiction qui avait statué, art. 612, al. 1) ou à des raisons particulières (l'arrêt d'assises ayant statué sur les seuls intérêts civils, l'affaire sera renvoyée à une cour d'appel autre que celle dans le ressort de laquelle siège la cour d'assises qui avait rendu l'arrêt, art. 610, *in fine*).

1004. — *Pouvoirs de la juridiction de renvoi.* La juridiction de renvoi n'est saisie que dans les limites de la cassation intervenue (laquelle, on le sait, n'intervient que dans les limites du pourvoi). La juridiction de renvoi ne peut donc statuer que sur les points dont elle est saisie par le renvoi, sauf si celui-ci est total [2]. Mais dans ces limites, la juridiction de renvoi a tous les pouvoirs qu'avait la première juridiction du fond puisqu'elle se substitue à elle par l'effet de la cassation intervenue. Cette liberté d'appréciation apparaît à deux égards.

D'une part, la juridiction de renvoi est indépendante vis-à-vis de la juridiction dont la décision a été cassée. Elle peut apprécier les faits comme les premiers juges ou différemment, modifier les qualifications, acquitter ou condamner. Elle peut même fonder sa conviction sur des témoignages recueillis au cours des précédents débats, sauf si ces débats avaient eux-mêmes été frappés d'annulation [3].

Des difficultés apparaissent cependant avec la règle de l'interdiction de la *reformatio in pejus*. La jurisprudence distingue. Si la première décision émanait d'une juridiction ayant statué en premier et dernier ressort, il n'y a pas d'interdiction d'aggraver : la règle de l'interdiction suppose en effet une comparaison entre deux décisions alors qu'ici la première n'existe plus [4]. Si la décision cassée émanait d'une cour d'appel, la juridiction de renvoi, possédant les mêmes pouvoirs que ceux de la première cour, est tenue comme

1. Crim., 3 décembre 1942, D.C., 1943.24, note P. Mimin, J.C.P., 1943.II.2159, note J. Brouchot, une erreur sur l'application de la peine entraîne cassation totale.
2. Crim., 24 mars 1971, B.C., n° 107.
3. Crim., 8 février 2000, B.C., n° 58.
4. Crim., 27 mai 1870, D., 1871.I.180.

celle-ci par la règle, sauf si l'appel du parquet avait déjà permis l'aggravation [1].

D'autre part, la juridiction de renvoi est totalement indépendante vis-à-vis de la Cour de cassation pour les questions de droit. Elle peut statuer comme les premiers juges dont la décision a été cassée, et en usant des mêmes motifs qu'eux, donc en résistant à la thèse de la chambre criminelle. Un second pourvoi est alors possible, qui sera soumis soit à la chambre criminelle, s'il est fondé sur des moyens différents du premier, soit à l'assemblée plénière de la Cour de cassation (autrefois les chambres réunies), s'il est fondé sur les mêmes moyens que le premier et s'il émane des mêmes parties agissant en la même qualité (art. 619, C.P.P.).

1005. — *L'arrêt de l'assemblée plénière.* L'assemblée plénière [2] statue dans les conditions fixées par l'article L. 131-2, al. 4, C. org. jud. Deux solutions sont concevables.

L'assemblée plénière peut d'abord suivre la juridiction de renvoi et donc désavouer la chambre criminelle. Elle rejette alors le pourvoi et la décision devient exécutoire.

L'assemblée plénière peut aussi se refuser à suivre la juridiction de renvoi et estimer qu'il faut s'en tenir à l'arrêt de la chambre criminelle. Elle rend donc un arrêt de cassation. Et l'on doit alors sous-distinguer. Ou bien elle ordonne le renvoi devant une autre juridiction (qui sera tenue de se conformer à la décision de l'assemblée plénière, mais seulement si les motifs de celle-ci reprennent ceux de la chambre criminelle, ce qui assure l'unité de la jurisprudence). Ou bien, elle casse sans renvoi.

— *La cassation s'effectuant sans renvoi*

1006. — Outre le cas indiqué à l'instant, il y a trois sortes de cas où la cassation s'effectue sans renvoi.

Il en est d'abord ainsi quand la cassation de la décision ne laisse rien à juger sur le fond de l'affaire : par exemple, les faits ne sont pas délictueux.

Il en est de même quand la Cour de cassation se borne à casser par voie de retranchement une disposition illégale : par exemple, les juges ont, en plus d'une peine principale, prononcé irrégulièrement une peine complémentaire non prévue. Il suffit de supprimer ce qui n'aurait pas dû être prononcé.

Enfin, depuis une loi du 3 janvier 1979, la Cour de cassation peut, « en cassant sans renvoi, mettre fin au litige lorsque les faits, tels qu'ils ont été souverainement constatés et appréciés par les juges de fond, lui permettent d'appliquer la règle de droit appropriée ». Cette règle vaut quelle que soit la formation de la Cour de cassation (art. L. 131-5, C. org. jud.).

1. Crim., 2 avril 1914, D., 1919.I.84.
2. V. *supra*, n° 68.

§ 2. — Les pourvois en cassation dans l'intérêt de la loi

1007. — *Principe.* Contrairement au pourvoi dans l'intérêt des parties, les pourvois dans l'intérêt de la loi — dits aussi « réservés » car leur exercice est réservé au procureur général près la Cour de cassation — sont dirigés contre les décisions ayant déjà acquis l'autorité de la chose jugée, soit parce qu'elles n'ont pas été frappées d'un pourvoi dans les délais légaux, soit parce qu'elles étaient insusceptibles de pourvoi (arrêt d'acquittement des cours d'assises). Ces pourvois tendent à empêcher que des erreurs de droit se perpétuent par imitation de la part d'autres juges du fond et ils assurent ainsi l'unité de la jurisprudence.

Les pourvois réservés ont un effet dévolutif puisqu'ils saisissent la chambre criminelle dans les limites des réquisitions du procureur général. Mais ils n'ont pas, sauf exception, d'effet suspensif.

On distingue deux sortes de pourvois réservés (art. 620 et 621, C.P.P.).

A — Le pourvoi en cassation dans l'intérêt de la loi proprement dit

1008. — Prévue par l'article 621, cette voie de recours n'est possible qu'à l'égard d'une décision en dernier ressort « sujette à cassation » et qui, n'ayant pas fait l'objet d'un pourvoi ordinaire dans les délais légaux, contient cependant une erreur de droit. Comme il y a un intérêt de principe à faire connaître celle-ci, la loi accorde au procureur général près la Cour de cassation, le pouvoir de porter la décision devant la juridiction suprême [1]. Et parce que cet intérêt est de principe, ce pouvoir n'est enfermé dans aucun délai.

La chambre criminelle rendra un arrêt d'irrecevabilité, de rejet ou de cassation. Mais la cassation est purement *théorique* [2]. Elle a lieu sans renvoi et la décision mise à néant n'en continue pas moins à produire effet. L'arrêt de cassation est seulement transcrit sur les registres du greffe de la juridiction qui a rendu la décision cassée.

Une réglementation particulière s'applique à l'arrêt d'acquittement prononcé par la cour d'assises. On sait qu'il est insusceptible d'un pourvoi de la part des parties (art. 572), sauf la partie civile dans le cas de l'article 573. Mais le pourvoi dans l'intérêt de la loi peut être formé par le représentant du parquet près la Cour qui a prononcé l'acquittement aussi bien que par le procureur général près la Cour de cassation.

1. Crim., 20 novembre 1985, B.C., n° 366, seul le procureur général près la Cour de cassation peut agir.
2. Crim., 14 mars 1940, D.H., 1940.132, les parties ne peuvent intervenir dans le débat car ce recours en cassation ne peut ni leur nuire, ni leur profiter.

B — Le pourvoi en annulation sur l'ordre du garde des Sceaux

1009. — Ce pourvoi, prévu par l'article 620, est ainsi appelé parce qu'il est intenté par le procureur général sur l'ordre écrit exprès du garde des Sceaux, véritable demandeur. Le pourvoi de l'article 620 a un domaine plus large et des effets plus puissants que celui de l'article 621.

S'agissant de son *domaine*, le pourvoi de l'article 620 peut être formé à toute hauteur de la procédure, sans qu'il y ait à attendre que la décision ait acquis l'autorité de chose jugée. Il peut concerner soit des décisions judiciaires, soit des actes d'administration judiciaire comme les décisions statuant sur l'excuse d'un juré ou sur la recevabilité immédiate d'une voie de recours contre un jugement ou arrêt incident. Il peut même frapper un motif d'une décision, pris isolément du dispositif [1].

C'est aussi par ses *effets* que le pourvoi de l'article 620 se sépare du précédent. L'annulation prononcée à la demande du garde des Sceaux peut produire des effets positifs, profiter au condamné. Mais on doit distinguer. Si la décision cassée était d'acquittement, l'annulation reste théorique comme dans le cas de l'article 621. Si la décision était de condamnation, l'annulation a lieu « dans l'intérêt de la loi et du condamné » selon la formule de la Cour de cassation ; un renvoi est donc possible, et la juridiction de renvoi, saisie seulement dans l'intérêt du condamné, ne pourra pas aggraver la situation de celui-ci [2]. De toute façon, ce pourvoi ne peut préjudicier ni à la partie civile [3] ni au condamné [4].

SOUS-SECTION II

LE POURVOI EN RÉVISION

1010. — Au classique pourvoi fondé sur une erreur de fait ayant entraîné une injuste condamnation, la loi du 15 juin 2000 a ajouté le réexamen d'une condamnation pénale elle-même critiquée par un arrêt de la C.E.D.H.

1. Crim., 28 novembre 1903, B.C., n° 396.
2. Crim., 8 août 1850, S., 1850.I.623.
3. Crim., 18 janvier 1913, D., 1916.I.180 ; 30 octobre 1962, B.C., n° 296 ; 28 octobre 1975, B.C., n° 225 ; 1er octobre 1980, B.C., n° 238 ; 23 février 1988, B.C., n° 88.
4. Crim., 28 juillet 1950, D., 1950.646 ; 12 juin 1976, B.C., n° 208 ; 14 décembre 1994, B.C., n° 413.

§ 1. — LE POURVOI EN RÉVISION PROPREMENT DIT

Bibliographie. — H. ANGEVIN, *Demandes en révision*, Jurisclasseur proc. pén., art. 622 à 626 ; du même, *La réforme de la révision des condamnations pénales*, J.C.P., 1989.I.3416 ; P. COUVRAT, *La loi du 23 juin 1989 relative à la révision des condamnations pénales*, R.S.C., 1989.782 ; C. GARCIN, *Commentaire de la loi n° 89-431 du 23 juin 1989 relative à la révision des condamnations pénales*, G.P., 1991.I, Doct. 36 ; M. GENDREL, *id.*, A.L.D., 1990.79 ; E. GARÇON, *Des effets de la révision des procès criminels*, Journal des Parquets, 1903.I.5 ; P. LEMERCIER, *Les mesures de grâce et de révision des condamnations dans la législation récente*, R.S.C., 1947.41 ; A. LE POITTEVIN, *Rapport à la Société Générale des Prisons*, R.P.D.P., 1895.957 et s., et 1239 et s., 1896.3 et s. ; Y. MAUNOIR, *La révision pénale*, thèse, Genève, 1949 ; P. MONGIBEAUX, *Des solutions apportées en droit pénal au problème de l'erreur judiciaire*, thèse, Poitiers, 1906 ; J. PINATEL, *Le fait nouveau en matière de révision*, thèse, Paris, 1935 ; J.A. ROMERIO, *La révision comme facteur d'ennoblissement de la justice*, R.S.C., 1970.623.

Affaires célèbres : J.D. BREDIN, *L'Affaire*, Fayard, 1998 ; G. DELAYEN, *Le Courrier de Lyon*, 1935 ; H. HAMELIN, *La réhabilitation judiciaire de Baudelaire*, D., 1949, chron. 187 ; G. OLIVIER, *L'affaire du Courrier de Lyon*, 1966 ; A. ZÉVAÈS, *Pierre Vaux, Instituteur et forçat*, 1930 ; *De la justice dans l'affaire Dreyfus*, ouvrage collectif, Fayard, 2006.

Droits étrangers : La révision pour erreur judiciaire (droits français, belge, italien, allemand, espagnol, anglais, canadien et japonais), R.P.D.P., 2001.667 et s.

1011. — *Principe*. Malgré l'instruction et malgré le double degré de juridiction en matière de délit, le procès peut aboutir à une erreur de fait dont la réalité n'apparaît que lorsque la décision est devenue irrévocable. L'histoire en offre des exemples célèbres : affaires Lesurques, dite du Courrier de Lyon, Pierre Vaux, Dreyfus, Durand… Va-t-on alors conserver sa valeur à une décision erronée ou au contraire en permettre la révision ? Pour répondre, il faut distinguer.

Si l'erreur a entraîné l'acquittement d'un coupable, la révision « en défaveur » est impossible en France.

Si l'erreur a entraîné la condamnation d'un innocent, la révision en sa faveur existe en revanche dans notre droit depuis le XVIe siècle. Il y a aujourd'hui deux sortes de dispositions. Il existe d'abord le *pourvoi spécial* des gens de lettres, institué par une loi du 25 septembre 1946 visant à faire disparaître les condamnations prononcées contre les écrivains pour outrages aux bonnes mœurs commis par la voie du livre [1], mais il s'agit moins d'une erreur des juges de 1857 que d'un changement dans les idées et les mœurs. Il y a ensuite et surtout le *pourvoi de droit commun*, réglementé aux articles 622 à 626 du C.P.P. modifiés sensiblement par une loi du 23 juin 1989. On s'attachera à ce dernier en notant dès maintenant que, si ses effets

1. V. à propos des *Fleurs du mal*, Crim., 31 mai 1949, D., 1949.348, rapport Falco, concl. Dupuich.

sont puissants (à cause de l'impératif d'équité), ses conditions sont strictes (à cause de l'autorité dont il convient d'entourer les décisions irrévocables).

Deux séries d'observations complémentaires peuvent être faites.

• D'abord, statistiquement, le pourvoi en révision est exceptionnel en France. De 1983 à 1988, il n'a été prononcé que onze annulations pour dix-neuf saisines de la Cour de cassation [1]. La revue du Bulletin criminel permet de recenser seulement 1 arrêt en 1985, 0 en 1986, 1 en 1987, 3 en 1988, 5 en 1989, 0 en 1990, 4 en 1991, 0 en 1992, 1 en 1993, 5 en 1994, 1 en 1995, 5 en 1996, 7 en 1997, 3 en 1998, 0 en 1999, 6 en 2000, 3 en 2001, 3 en 2002, 2 en 2003... Et encore souvent le pourvoi est rejeté.

• Ensuite, en droit comparé, trois systèmes existent. Certains pays ignorent la révision, ne connaissant que l'appel ou la grâce pour effacer les conséquences de l'erreur (certains États des U.S.A., Mexique). D'autres connaissent au contraire une révision très large *in defavorem* aussi bien qu'*in favorem* (Allemagne, Autriche, Norvège, certains cantons suisses). Enfin, un grand nombre de législations n'autorisent la révision qu'à l'avantage du condamné : c'est le cas du Canada, de l'Espagne, de l'Italie et de la France [2].

A — Les conditions du pourvoi en révision

1. *Décisions susceptibles de révision*

1012. — Selon l'article 622, alinéa 1, C.P.P., « la révision d'une décision pénale définitive peut être demandée, au bénéfice de toute personne reconnue coupable d'un crime ou d'un délit ». Commentons cette formule.

« *D'une décision pénale définitive* » : la révision n'est ouverte que si la décision porte sur le fond (la culpabilité) et il faut ajouter que cette décision doit être irrévocable, c'est-à-dire qu'il n'existe aucun autre moyen de faire disparaître l'erreur judiciaire, comme l'opposition [3], l'appel ou une action en rectification du casier judiciaire [4]. Bref, le pourvoi en révision doit être l'ultime recours. Mais il n'y a pas de révision des arrêts de la chambre criminelle [5].

« *Toute personne* » : Le recours est ouvert non seulement en faveur des majeurs mais aussi au profit des mineurs (et même s'il s'agit de mesures éducatives).

« *Reconnue coupable* » : Cette formule signifie que la révision suppose une affirmation de culpabilité. D'où trois conséquences : 1° L'exclusion de la révision en cas d'acquittement ou de relaxe ; 2° Son admission en cas

1. Rapport Ph. Marchand devant la Commission des lois de l'Assemblée nationale 19881989, n° 404.

2. J. Pradel, *Droit pénal comparé*, n°s 497 et s., 2e éd., 2002, Dalloz ; La révision pour erreur judiciaire (en droit comparé), R.P.D.P., 2001, pp. 667 et s.

3. Crim., 8 avril 1967, G.P., 1967.II.40.

4. Crim., 21 juillet 1966, B.C., n° 209, R.S.C., 1967.190, obs. J. Robert.

5. Crim., 5 mai 1994, B.C., n° 171, de tels arrêts n'entrent pas dans les précisions de l'art. 622, C.P.P.

d'absolution [1] et même d'amnistie, car moralement ce n'est pas la même chose de n'être pas coupable d'un fait précis ou d'être coupable d'un fait qui, par la générosité du législateur, perd sa coloration pénale (v., par ex., art. 17, al. 2, l. du 6 août 2002) [2] ; 3° Son admission en cas de condamnation par une juridiction pénale à des dommages-intérêts malgré absence de condamnation pénale, l'allocation des dommages-intérêts faisant que le prévenu a été reconnu auteur d'un délit [3].

« *D'un crime ou d'un délit* » : Le pourvoi est donc exclu contre les sentences de police. Si elle est fâcheuse, l'injuste condamnation pour contravention n'est pas déshonorante [4]. La révision d'une condamnation contraventionnelle est donc exclue, à moins d'indivisibilité avec un crime ou un délit [5].

2. *Cas de révision*

1013. — Ces cas d'ouverture sont énumérés par l'article 622 : à côté de trois cas déterminés, existe un cas indéterminé.

La loi énumère d'abord *trois cas déterminés :* 1° Après condamnation pour homicide, on découvre des pièces qui permettent de supposer que la prétendue victime de cet homicide est encore vivante ; 2° Contrariété de jugements lorsque pour la même infraction ont été rendues, contre deux individus, deux condamnations différentes revêtues toutes deux de l'autorité de chose jugée et inconciliables entre elles ; 3° Après prononcé de la condamnation, un témoin est condamné pour faux témoignage [6]. L'étroitesse de ces cas n'a pas permis la révision de la condamnation prononcée contre LESURQUES dans l'affaire du Courrier de Lyon [7]. D'où la création d'un cas plus large.

La loi prévoit en effet *un cas indéterminé* : le fait nouveau réalisé quand « après une condamnation, un fait vient à se produire ou à se révéler un fait nouveau ou un élément inconnu de la juridiction au jour du procès, de nature à faire naître un doute sur la culpabilité du condamné ». Alors que les trois cas précédents sont reconnus depuis 1808, celui-ci a été ajouté par une loi du 8 juin 1895 (modifiée par une autre du 23 juin 1989), motivée par l'affaire Borras. Il devait jouer peu après d'abord en faveur de Pierre VAUX [8], ensuite au profit du capitaine DREYFUS [9]. Le fait nouveau fait en jurisprudence l'objet d'une interprétation extensive à deux égards.

1. Crim., 23 novembre 1876, D., 1877.I.284.
2. Beaucoup de lois d'amnistie précédentes décidaient la même chose.
3. Crim., 27 avril 1989, B.C., n° 172.
4. Crim., 5 mai 1899, S., 1901.I.297, note J.-A. Roux ; 5 mai 1994, B.C., n° 172.
5. Crim., 5 novembre 1987, B.C., n° 392, R.S.C, 1988.550, obs. A. Braunschweig.
6. Pour des applications de révision par suite de condamnation pour faux témoignage, v. Crim., 16 mai 1952, B.C., n° 127 ; 13 novembre 1968, D., 1969.219 ; 27 avril 1989, B.C., n° 172. Mais aucune révision ne peut être envisagée quand les poursuites pour faux témoignage ont abouti à une décision de relaxe, Crim., 26 février 1994, B.C., n° 37.
7. Crim., 17 décembre 1868, D., 1869.I.41, rapport Faustin-Hélie et concl. Delangle.
8. Crim., 16 décembre 1897, D., 1898.I.338.
9. Ch. réun., 12 juillet 1906, D., 1908.I.553, note X et S., 1907.I.49, note J.A. Roux.

D'un côté, la *notion* de fait nouveau est encore conçue largement. Il peut s'agir de la révélation d'une personne : aveu d'un tiers [1] ou déclaration d'un témoin qui ne peut plus être poursuivi en raison de la prescription de l'action publique [2], voire de la rétractation d'un témoin après condamnation et dont les dires avaient fondé cette condamnation [3]. On peut retenir aussi la disparition d'une condition de la responsabilité ou d'un élément constitutif de l'infraction : découverte, après la condamnation, de la démence du condamné au moment des faits [4] ou nullité du contrat d'engagement militaire après condamnation pour désertion [5]. Il peut s'agir encore d'un jugement postérieur à la condamnation et sanctionnant la subornation d'un coaccusé [6], ou d'une condamnation pour viol postérieure à la dénonciation des faits par un individu qui avait été aussitôt condamné pour dénonciation calomnieuse [7]. Il peut même s'agir de l'interprétation nouvelle d'un fait déjà connu [8]. Toutefois, l'interprétation nouvelle d'une notion juridique n'est pas un fait nouveau [9], et de toutes façons, il faut un fait de nature à faire naître un doute réel sur la culpabilité [10].

De l'autre, la *portée* du fait nouveau est entendue libéralement. Bien que la loi de 1895 ait exigé que le fait établisse l'innocence, la jurisprudence se contentait d'éléments qui rendent celle-ci probable, voire possible [11]. Cette jurisprudence a été consacrée par la réforme de 1989 qui parle de « doute sur

1. Crim., 15 juin 1899, S., 1901.I.541 ; 24 février 1982, B.C., n° 56.
2. Crim., 15 mars 1900, S., 1902.I.476.
3. Crim., 16 mars 1993, B.C., n° 116.
4. Crim., 3 mai 1994, B.C., n° 163, D., 1995, Somm. 144, obs. J. Pradel ; 27 mai 1997, B.C., n° 205.
5. Crim., 19 octobre 1950, J.C.P., 1950.II.5895, note J. Brouchot ; 15 juin 1960, B.C., n° 328.
6. Crim., 29 mars 1984, B.C., n° 133.
7. Crim., 16 septembre 2003, B.C., n° 163.
8. Crim., 28 décembre 1923, *aff. Danval*, D., 1924.I.66, où après condamnation du pharmacien Danval pour empoisonnement à l'arsenic, il fut prouvé qu'une insuffisance surrénale aiguë pouvait entraîner des symptômes ressemblant à ceux de l'empoisonnement.
9. Crim., 5 août 1915, D., 1916.I.123, pas de révision de la condamnation d'un prêtre qui avait exhorté, dans un sermon, les fidèles à contrevenir à un arrêté municipal interdisant les processions, bien que cet arrêté ait été ultérieurement annulé ; 4 juin 1970, B.C., n° 186, n'est pas un fait nouveau l'interprétation nouvelle donnée par le juge administratif à des circonstances matérielles ; 28 avril 1997, B.C., n° 150, G.P., 1998.II.330, note S. Petit, n'est pas un fait nouveau l'annulation d'un arrêté d'expulsion par le juge administratif, qui était exécutoire ; 28 avril 1997, B.C., n° 151, n'est pas un fait nouveau la décision déclarative de la qualité de réfugié postérieure à une condamnation pour séjour irrégulier. Toutes ces décisions s'expliquent aussi par le principe (de droit pénal de fond) que la qualification est déterminée en fonction des éléments acquis au temps de l'action, v. J. PRADEL, *Droit pénal général*, 15e éd., éd. Cujas, 2004, n° 296.
10. Crim., 20 novembre 2002, B.C., n° 209, *affaire Omar*, rejet de la demande en révision avec une forte motivation factuelle.
11. Crim., 9 novembre 1955, B.C., n° 474 ; 27 février 1957, B.C., n° 206 ; *add.* déjà auparavant, rapport Ballot-Beaupré sous Ch. réun., 3 juin 1899, S., 1900.I.297, et note J.-A. Roux sous Ch. réun., 1er mai 1925, S., 1926.I.89.

la culpabilité du condamné »[1]. Toutefois, de simples allégations suspectes ou contradictoires ou encore des éléments nullement établis ne constituent pas le fait nouveau[2]. Cette règle posée avant 1989 doit être considérée comme encore valable[3].

Ce quatrième cas de révision se confond en partie avec les trois premiers.

3. *Personnes pouvant demander la révision*

1014. — Selon l'article 623, C.P.P., la révision peut — quelque soit le cas de révision — être demandée : 1) par le ministre de la Justice ; 2) par le condamné ou en cas d'incapacité, par son représentant légal ; 3) après la mort ou l'absence déclarée du condamné, par son conjoint, ses enfants[4], ses parents, ses légataires universels ou à titre universel ou par ceux qui en ont reçu de lui la mission expresse.

Avant 1989, le quatrième cas obéissait à un régime spécial : seul le garde des Sceaux pouvait agir car le législateur craignait des abus.

On mesure combien la révision est élargie aujourd'hui puisque la loi non seulement se contente d'un doute sur la culpabilité, mais encore ouvre le recours même au condamné.

B — La mise en œuvre du pourvoi en révision

1. *Procédure*

1015. — Elle est décrite aux articles 623, 624, 625 et 625-1, C.P.P., tels qu'ils ont été réformés par une loi du 23 juin 1989. Elle se déroule en un, deux ou trois temps, selon les cas.

a) Premier temps : la procédure devant une commission près la Cour de cassation (art. 623 et 624, C.P.P.)

1016. — La demande en révision est adressée (par l'une des personnes indiquées ci-dessus)[5] à une commission composée de cinq magistrats de la

1. Pour des applications, Crim., 3 avril 2001, B.C., n° 92 ; 24 septembre 2001, B.C., n° 187.
2. Ch. réun., 15 janvier 1902, D., 1903.I.113, concl. Baudouin ; Crim., 21 octobre 1976, J.C.P., 1977.II.18563.
3. Crim., 26 janvier 2000, B.C., n° 47, rejet d'une demande fondée uniquement sur les nouvelles déclarations, particulièrement tardives, de la partie civile ; 29 février 2000, B.C., n° 96, pour un élément certes inconnu de la juridiction lors du procès, mais qui ne fait pas naître de doute sur la culpabilité ; Com. révision, 19 mars 2007, B.C., n° 1, ne sauraient constituer un élément nouveau les allégations d'une « possible sinon certaine culpabilité » d'une tierce personne décédée depuis plus de 30 ans, qui ne reposent que sur de simples rumeurs et qui ne sont étayées d'aucune preuve matérielle ni d'aucun mobile.
4. Mais pas ses petits-enfants, Crim., 24 mars 1994, B.C., n° 115.
5. V. *supra*, n° 1014.

Cour de cassation. Ceux-ci sont désignés par l'assemblée générale de la Cour et l'un d'eux, choisi parmi les membres de la chambre criminelle, en assure la présidence. En outre, cinq magistrats suppléants sont désignés selon les mêmes formes. Les fonctions du Ministère public sont exercées par le parquet général de la Cour de cassation.

La commission procède aussitôt à une véritable instruction nouvelle, procédant directement ou par commission rogatoire à toutes recherches, auditions, confrontations et vérifications utiles. Elle recueille les observations écrites ou orales du requérant ou de son conseil, ainsi que celles du Ministère public [1]. Dans le silence de la loi, on doit, semble-t-il, appliquer les règles de l'instruction préparatoire et, par exemple, les articles 114 et s., C.P.P., sur les droits de la défense (comp. art. 463, C.P.P., qui prévoit cette solution pour les suppléments d'information ordonnés par le tribunal correctionnel). À tout moment, la commission peut ordonner la suspension de l'exécution de la condamnation attaquée.

À l'issue de ses investigations, la commission rend une décision. En la forme, cette décision est motivée, insusceptible de recours et, en cas de demande du requérant ou de son conseil, elle est rendue en audience publique. Au fond, de deux choses l'une : ou bien la demande ne paraît pas pouvoir être admise, la commission « classe » l'affaire ; ou bien elle paraît pouvoir l'être, la commission saisit la chambre criminelle, qui statue comme cour de révision et c'est alors le deuxième temps qui s'ouvre.

b) Deuxième temps : la procédure devant la chambre criminelle de la Cour de cassation (art. 625 et 625-1, C.P.P.)

1017. — La chambre criminelle peut d'abord considérer que l'instruction est incomplète, elle procède alors aux ultimes investigations. Quand l'affaire est en état, elle l'examine au fond et rend une décision. Il s'agit d'un arrêt qui est rendu à l'issue d'une audience publique au cours de laquelle ont été entendus le requérant ou son conseil, le Ministère public et, le cas échéant, la partie civile. Cet arrêt est motivé et insusceptible de recours. Et là encore de deux choses l'une : ou bien, la chambre criminelle considère la demande mal fondée en sorte qu'elle rend un arrêt de rejet ; ou bien, elle la considère bien-fondée en sorte qu'elle rend un arrêt portant annulation de la décision de condamnation. Et il existe deux sortes d'arrêts d'annulation : ceux qui sont rendus dans le cas où il est impossible de procéder à de nouveaux débats contradictoires (par ex., en cas d'amnistie, de décès, de démence, de contumace ou de défaut, d'irresponsabilité ou d'exemption de peine, de prescription de l'action ou de la peine) et pour lesquels la cour de révision statue elle-même au fond, pouvant, le cas échéant, décharger la

1. Ce qui confère à cette commission un caractère juridictionnel puisqu'un véritable débat contradictoire s'instaure devant elle, A. GIUDICELLI, *L'indemnisation des personnes injustement détenues ou condamnées*, R.S.C., 1998.16.

mémoire des morts (on parle d'annulation sans renvoi) (art. 625, al. 3) ; ceux qui sont rendus lorsqu'il est possible de procéder à de nouveaux débats contradictoires et c'est alors le troisième temps qui s'ouvre.

c) Troisième temps : la procédure devant la juridiction du fond désignée par la Cour de cassation (art. 625, al. 2, in fine, *C.P.P.)*

1018. — Si de nouveaux débats apparaissent possibles, la chambre criminelle renvoie les accusés ou prévenus devant une juridiction de même ordre et de même degré, mais autre que celle qui avait rendu la décision annulée. Devant cette juridiction de renvoi, les débats se déroulent selon le droit commun et les juges conservent évidemment toute leur liberté d'appréciation.

2. ***Effets***

1019. — Deux séries d'effets existent.

• D'un côté, la condamnation révisée est *rétroactivement effacée.* La fiche du casier judiciaire est supprimée. La peine, si elle n'a pas déjà été exécutée ne peut plus l'être. L'amende, les frais et les dommages-intérêts sont restitués [1]. Toutefois, la rétroactivité cède devant les droits acquis par les tiers : par exemple, est maintenu le divorce prononcé à la suite de la condamnation à une peine.

• De l'autre, la loi a organisé une *réparation des dommages subis* [2], et cette réparation est double. Il est d'abord prévu une indemnité à raison du préjudice causé par la condamnation (sauf s'il est prouvé que la non-représentation de la pièce nouvelle ou la non-révélation de l'élément inconnu en temps utile est imputable à l'intéressé). Cette indemnité est allouée, non par la Cour de révision ou par la juridiction de renvoi, mais par la Commission d'indemnisation compétente en matière de détention provisoire (art. 626, al. 3, et 149-1 et 2, C.P.P., combinés). Les membres de la famille de l'ex-condamné justifiant d'un préjudice né de la condamnation peuvent aussi demander des dommages-intérêts. Il est ensuite prévu une réparation morale si le demandeur le requiert : la décision de révision d'où résulte l'innocence est affichée dans la ville où a été prononcée la condamnation, dans la commune du lieu de commission de l'infraction, dans la commune du domicile du requérant, enfin dans les communes de son lieu de naissance et de son dernier domicile si la victime de l'erreur judiciaire est décédée ;

1. Civ. 2, 1er juillet 1954, D., 1955.45, concl. Lemoine, J.C.P., 1954.II.8274.

2. En écho au principe général inscrit à l'art. L. 781-1, C.O.J., selon lequel « l'État est tenu de réparer le dommage causé par le fonctionnement défectueux du service de la justice », v. aussi de façon plus précise le Protocole additionnel n° 7 à la Conv. E.D.H., art. 3, décidant qu'en cas d'annulation d'une condamnation pénale définitive pour cause notamment de survenance d'un fait nouveau, la personne qui a subi une peine est indemnisée, à moins qu'il ne soit prouvé que la non-révélation en temps utile du fait inconnu lui est imputable.

enfin, il est prévu une insertion au *Journal Officiel* et une publication par extraits dans cinq journaux au choix de la juridiction qui a prononcé la décision et aux frais du Trésor [1].

§ 2. — LE RÉEXAMEN D'UNE DÉCISION PÉNALE À LA SUITE D'UN ARRÊT DE LA C.E.D.H.

BIBLIOGRAPHIE. — R. KOERING-JOULIN, *À propos du réexamen, en France, d'une décision pénale, consécutif au prononcé d'un arrêt de la C.E.D.H.*, in *Festshrift für Stefan Trechsel zum 65 Geburtstag, Schulthen*, 2000, pp. 705 et s. ; J.F. RENUCCI, *Le réexamen d'une décision définitive dans l'intérêt des droits de l'homme*, D., 2000, chron., p. 655.

A — Principe

1020. — Depuis longtemps, la France tirait les conséquences de sa condamnation dans certaines affaires par la Cour de Strasbourg ayant considéré qu'une des prescriptions de la Conv. E.D.H. avait été violée : elle accordait au demandeur la compensation pécuniaire (« satisfaction équitable » de l'article 41, Conv. E.D.H.) qu'avait déterminé la C.E.D.H. et, à titre plus général, elle n'hésitait pas à modifier sa législation [2]. Cette double réaction parut cependant insuffisante à beaucoup, ne fût-ce que parce que la « satisfaction équitable » ne suffisait pas toujours à réparer le dommage issu d'une méconnaissance de la Conv. E.D.H.

C'est pourquoi l'idée naquit d'instituer au profit des personnes condamnées un recours en révision lorsque la Cour de Strasbourg avait condamné la France pour violation d'une disposition de la Conv. E.D.H. ou de l'un de ses Protocoles. Certaines législations étrangères consacrèrent cette règle [3]. Et dans une recommandation du 19 janvier 2000, le comité des ministres du Conseil de l'Europe encouragea les États membres « à examiner leurs systèmes juridiques nationaux en vue d'assurer qu'il existe des possibilités appropriées pour le réexamen d'une affaire, y compris la réouverture d'une procédure, dans les cas où la Cour a constaté une violation de la Convention, en particulier lorsque :

1° la partie lésée continue de souffrir des conséquences négatives très graves à la suite de la décision nationale, conséquences qui ne peuvent être

1. Pour une réflexion plus générale, v. G. GIUDICELLI-DELAGE, *La responsabilité des magistrats et de l'État en matière pénale*, Justices, n° 5, 1997.25 et s.

2. J. PRADEL, *Vers des principes directeurs communs aux diverses procédures pénales européennes*, *Mélanges Levasseur*, Gazette du Palais-Litec, 1992, pp. 459 et s.

3. Comme la Norvège, l'Autriche, la Suisse, le Luxembourg, la Belgique, la Pologne, l'Allemagne…

effacées par la satisfaction équitable et qui ne peuvent être modifiées que par le réexamen ou la réouverture, et

2° il résulte de l'arrêt de la Cour que :

— la décision interne attaquée est contraire sur le fond à la Convention ou

— la violation constatée est causée par des erreurs ou des défaillances de procédure d'une gravité telle qu'un doute sérieux est jeté sur le résultat de la procédure interne attaquée [1]. Il faut noter enfin que la doctrine depuis peu se montrait favorable à la création d'un tel recours [2].

Tout cela fait que le législateur français finit par consacrer l'existence de ce recours. À l'occasion du vote de la loi du 15 juin 2000, un amendement parlementaire [3] le proposa. Aujourd'hui, notre Code de procédure pénale s'enrichit au sein du livre IV d'un nouveau développement, un titre III intitulé « Du réexamen d'une décision pénale consécutif au prononcé d'un arrêt de la Cour européenne des droits de l'homme » (art. 626-1 à 626-7).

Avant d'en examiner le régime, il convient de faire deux remarques d'ordre général :

— Il ne s'agit pas exactement d'un nouveau cas de révision, mais du « réexamen d'une décision pénale » après arrêt de la C.E.D.H. Ce qui est reproché au juge français, ce n'est pas d'avoir commis une erreur de fait génératrice d'une condamnation infondée, c'est d'avoir agi en contrariété avec les exigences de la Conv. E.D.H. (ou de ses Protocoles). C'est pourquoi les articles 626-1 et suivants ne parlent pas de « révision », mais de « réexamen ». On resta cependant très près de la révision pour erreur judiciaire : le réexamen a lieu une fois que les voies de recours internes sont épuisées et ce réexamen peut conduire à une reconnaissance d'innocence génératrice des mêmes conséquences que la révision proprement dite (art. 626-7, C.P.P.) [4] ;

— Le nouveau recours aura des conséquences importantes : allongement des procédures, affaiblissement de la Cour de cassation en tant que juridiction suprême de la France, enfin montée (encore) de la C.E.D.H. et consécutivement plus nette harmonisation des droits des États faisant partie du Conseil de l'Europe.

1. Rapport de la Commission sénatoriale des lois par C. Jolibois, n° 283, 22 mars 2000, p. 115.

2. G. Roujou de Boubée et B. de Lamy, *À propos de la création en procédure pénale d'un pourvoi dans l'intérêt des droits de l'homme*, D., 2000, *Point de vue*, n° 10 ; J. Pradel et G. Corstens, *Droit pénal européen*, 2e éd., 2002, n° 256.

3. Du député M. Jack Lang.

4. V. *supra*, n° 1019.

B — Régime

1021. — Quelles sont les conditions de la demande en réexamen ? Qui peut former une demande en ce sens et quelle est la procédure suivie ?

• Les *conditions* sont indiquées à l'article 626-1, C.P.P. La demande en réexamen suppose :

— qu'une décision pénale de condamnation a été rendue par une juridiction française et qu'elle ne soit plus susceptible de recours interne ;

— que la C.E.D.H. a condamné la France pour violation d'une disposition conventionnelle à l'occasion de la procédure ayant abouti à cette condamnation [1] ;

— qu'il en résulte pour le condamné un dommage auquel la « satisfaction équitable » de l'article 41, Conv. E.D.H., ne peut mettre un terme du fait de la nature et de la gravité de la violation. Cette condition évoque la recommandation européenne de 2000 et tend à restreindre le champ du réexamen : en effet, la recevabilité de la demande en réexamen suppose notamment une gravité de la violation, telle que tout le préjudice éprouvé par le demandeur ne peut être réparé ou n'a pas été réparé par l'allocation de la « satisfaction équitable » [2]. Il en résulte que le juge du réexamen devra procéder à une appréciation, ce qui limite en pratique la portée du réexamen.

• La liste des *personnes admises à agir* est donnée par l'article 626-2 : il s'agit du ministre de la Justice, du procureur général près la Cour de cassation, du condamné ou en cas d'incapacité, son représentant légal, enfin des ayants droit du condamné en cas de décès de ce dernier. La liste rappelle étrangement celle de l'article 623, C.P.P., concernant la révision pour erreur judiciaire.

• Plus délicate est la *procédure*, suivie à partir de la demande de réexamen. Cette demande doit être formée dans un délai d'un an à compter de la décision de la C.E.D.H. et elle est adressée à une commission composée de sept magistrats de la Cour de cassation (un par chambre, mais deux pour la chambre criminelle) désignés par l'assemblée générale de celle-ci, un magistrat du parquet de la Cour de cassation exerçant les fonctions de Ministère public.

La commission procède à une audience publique, recueillant les observations orales ou écrites du requérant ou de son avocat ainsi que celles du

1. Pas de recevabilité de la demande si la C.E.D.H. n'a pas prononcé de condamnation, Com. reex. 4 octobre 2001, B.C., n°s 200, 201 et 202.

2. La commission de réexamen consécutif à un arrêt de la C.E.D.H. a déjà rendu quelques décisions consacrant l'insuffisance de la « satisfaction équitable » : 24 janvier 2002, B.C., n° 1 (privation du droit à l'assistance d'un défenseur) ; 14 mars 2002, B.C., n° 2 (entrave au droit d'accès à un tribunal) ; 30 mai 2002, B.C., n° 3 (communication au seul avocat général de l'intégralité du rapport du conseiller rapporteur, et pas de communication au condamné des conclusions de l'avocat général).

Ministère public [1]. Elle rend ensuite une décision insusceptible de recours. Elle peut estimer la décision non « justifiée » au motif que les conditions de la demande ne sont pas remplies. Si, au contraire, elle déclare la demande « justifiée », recevable, elle procède comme suit (art. 626-4, C.P.P.) :

— si le réexamen du pourvoi du condamné (acte par hypothèse antérieur à l'arrêt de la C.E.D.H.) peut permettre de remédier à la violation constatée par la C.E.D.H., la commission renvoie l'affaire devant l'assemblée plénière de la Cour de cassation ;

— si, au contraire, ce réexamen n'est pas suffisant pour y remédier, la commission renvoie l'affaire devant une juridiction de même ordre et de même degré que celle qui avait rendu la décision contestée. Et cette juridiction va rendre une décision qui — malgré le silence de l'article 626-4, C.P.P., peut être frappée des voies de recours internes, voire d'un nouveau recours devant la C.E.D.H. et même... d'un nouveau réexamen au sens des articles 626-1 et suivants, C.P.P. !

La commission et la Cour de cassation peuvent à tout moment de la procédure de réexamen ordonner la suspension de l'exécution (art. 626-5, C.P.P.), ce qui peut conduire à la libération du condamné qui purgeait une peine privative de liberté [2]. Toutefois, une application stricte du texte conduit à refuser ce droit à la juridiction de renvoi visée à l'article 626-4, C.P.P. En outre, si la commission, estimant justifiée la demande procède en application de l'article 624-4, la personne qui exécutait une peine privative de liberté demeure détenue, sans que cette détention puisse dépasser la durée de la peine prononcée jusqu'à décision de la Cour de cassation (statuant en assemblée plénière) ou de la juridiction de fond ; ladite décision doit intervenir dans l'année de la décision de la commission et pendant ce délai, le condamné peut solliciter sa mise en liberté (art. 626-5, al. 2, C.P.P.).

Enfin, si à l'issue de la procédure, le condamné est reconnu innocent, s'appliquent les dispositions de l'article 626, C.P.P. (art. 626-7, C.P.P.), le condamné peut donc obtenir une réparation des dommages subis. Cette réparation s'ajoute à la « satisfaction équitable » de l'article 41, Conv. E.D.H. Évidemment, il faut admettre que la condamnation disparaît du casier judiciaire.

On peut penser que la commission de la Cour de cassation sera saisie assez souvent [3].

1. On peut considérer qu'en application des principes généraux, le demandeur s'exprimera le dernier, du moins lorsqu'il s'agit d'observations orales.

2. Par l'effet de la demande de réexamen reconnue recevable, les arrêts de la C.E.D.H. peuvent ainsi devenir exécutoires alors que le principe reste qu'ils sont purement déclaratoires sauf en ce qui concerne la « satisfaction équitable », J. PRADEL et G. CORSTENS, *Droit pénal européen, précité*, n° 256.

3. D'autant plus que l'art. 89-II de la loi du 15 juin 2000 dispose à titre transitoire que la procédure de réexamen pourra s'appliquer à des affaires ayant donné lieu à un arrêt de la C.E.D.H. avant le 15 juin 2000, à la condition que le réexamen soit demandé avant le 16 juin 2001.

RÉPARTITION DU CONTENTIEUX PÉNAL EN 2001 PAR CATÉGORIES D'AFFAIRES

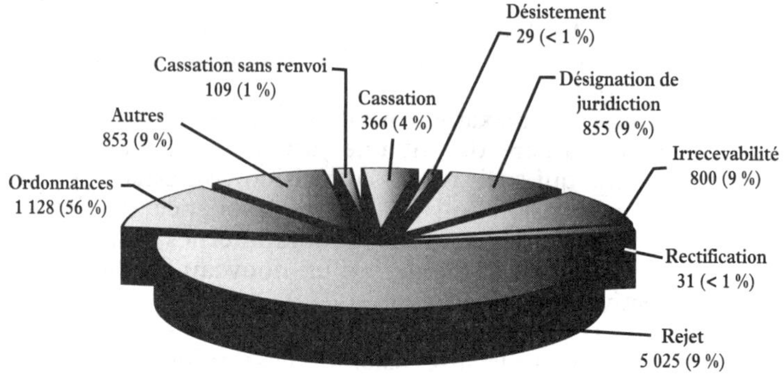

La chambre criminelle a reçu, en 2001, 9 023 affaires

RÉPARTITION DU CONTENTIEUX PÉNAL EN 2001 PAR CATÉGORIES D'AFFAIRES

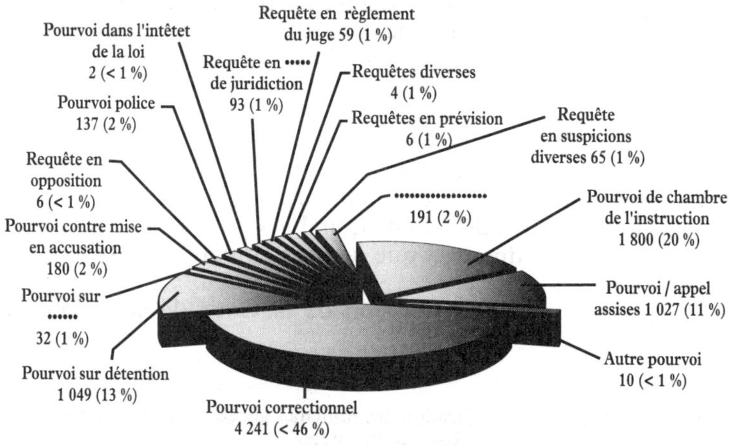

Le nombre des affaires terminé est passé de 8 714 en 2000 9 275 en 2001

Source rapport annuel de la Cour de cassation

CHAPITRE III

LES EFFETS DE LA DÉCISION

1022. — Quand la décision sur le fond (c'est-à-dire *définitive*) est devenue insusceptible de voies de recours, que celles-ci aient été ou non exercées (c'est-à-dire *irrévocable*) [1], elle va produire un certain nombre d'effets. Mais comment classer ceux-ci ?

On pourrait d'abord être tenté de le faire en se fondant sur le sens de la décision. Mais réserve faite du casier judiciaire (qui ne concerne que les décisions de condamnation et d'exemption) et de l'exécution (qui concerne essentiellement les décisions de condamnation), tous les autres effets sont communs à toutes les décisions, qu'elles soient de condamnation, d'acquittement ou relaxe, ou d'exemption.

Aussi, semble-t-il meilleur de classer les effets de la décision en fonction de leur importance au double point de vue théorique et pratique. Un effet alors se détache : l'autorité de la chose jugée éclipsant les autres.

SECTION I

L'EFFET PRINCIPAL DE LA DÉCISION : L'AUTORITÉ DE LA CHOSE JUGÉE

1023. — *La notion et les divers aspects de l'autorité de la chose jugée.* En droit pénal comme en droit civil, la décision irrévocable est tenue pour l'expression de la vérité par l'effet d'une présomption irréfragable de la loi (art. 1350, C.C.) : *res judicata pro veritate habetur* [2]. On dit qu'elle acquiert l'autorité de la chose jugée. De là, plusieurs applications.

1. Sur le concept, on lira C. BOUTY, *L'irrévocabilité de la chose jugée en droit privé*, Presses universitaires d'Aix-Marseille, 2008, l'auteur se situant sur le plan processuel.

2. Selon Pothier, l'autorité de chose jugée fait présumer vrai et équitable tout ce qui est contenu dans le jugement « Obligations n° 886 », rapporté par P.Y. Gauthier, D., 2005, chron. 2775.

La première est interne au contentieux répressif. L'action publique, déjà engagée une première fois, ne saurait l'être une seconde contre la même personne à l'occasion des mêmes faits : *non bis in idem* [1]. Elle est éteinte (art. 6, al. 1, C.P.P.). C'est l'aspect négatif de la chose jugée, matérialisé par le principe de *l'autorité de la chose jugée au criminel sur le criminel.*

La seconde est externe au contentieux répressif et elle se présente sous deux aspects.

En premier lieu, on peut considérer les rapports entre le contentieux répressif et le contentieux administratif. Le principe est que la décision pénale s'impose au juge administratif et à l'administration, mais seulement en ce qui concerne les constatations de fait matérielles et les déclarations de culpabilité [2]. C'est le premier aspect positif de la chose jugée au pénal.

En second lieu, on peut étudier les rapports entre le contentieux répressif et le contentieux civil. Il est certain d'un côté que la décision de la juridiction civile ne lie pas le juge répressif. Ce principe est incontesté et affirmé par une jurisprudence séculaire [3]. On rappellera toutefois que la chose jugée au civil s'impose au juge pénal dans le cas des questions préjudicielles ou matières qu'il ne peut trancher lui-même : propriété immobilière, nationalité, brevets d'invention et, ajoute la jurisprudence, questions de Sécurité sociale [4]. Mais d'un autre côté, la décision du juge pénal lie le juge civil : c'est le second aspect positif de la chose jugée au pénal, matérialisée par le principe de l'*autorité de la chose jugée au criminel sur le civil.*

§ 1. — L'AUTORITÉ DE LA CHOSE JUGÉE AU CRIMINEL SUR LE CRIMINEL

Bibliographie. — P. BOUZAT, *Observations sur l'article de M. Gassin*, R.S.C., 1964.359 ; R. GASSIN, *Les destinées du principe de l'autorité de la chose jugée au criminel sur le criminel dans le droit pénal contemporain*, R.S.C., 1963.239 ; C. GAVALDA, *Aspects actuels du problème de l'autorité de la chose jugée au criminel sur le criminel*, J.C.P., 1957.I.1373 ; J. LELIEUR-FISCHER, *La règle* ne bis in idem. *Du principe de l'autorité de la chose jugée au principe d'unité d'action répressive. Étude à la lumière des droits français, allemand et européens*, thèse dactyl., Paris I, 2005 ; M. MORET, *La règle* non bis in idem *en droit pénal français*, thèse dactyl., Rennes, 1971 ; K. NAJARIAN, *L'autorité de la chose jugée au criminel sur le criminel*, L.G.D.J., 1973.

1. Au sens large, l'adage est susceptible de trois sens : pas de nouvelles poursuites pour les mêmes faits, mais aussi pas de nouvelles poursuites sur de nouvelles qualifications pénales pour les mêmes faits et enfin, après poursuites pénales, pas de nouvelle poursuite administrative (cumul de sanctions).

2. C.E., 12 juin 1929, *Vésin*, Rec. Cons. d'État, p. 740, concl. Latournerie, D., 1930.III.2, note M. Waline ; v. aussi C.E., 13 octobre 1954, *Letourneur*, J.C.P., 1955.II.8890, note P. Durand ; 22 mai 1981, D., 1982, I.R., 27, obs. Toulemonde.

3. Crim., 6 mars 1857, D., 1857.I.180 ; 5 juillet 1967, B.C., n° 206 ; 23 janvier 1978, B.C., n° 24.

4. Crim., 15 octobre 1959, J.C.P., 1959.II.11336, note Pépy.

A — Justification du principe

1024. — Le principe que l'individu ayant fait l'objet d'une décision répressive irrévocable ne peut plus être à nouveau poursuivi à raison des mêmes faits, même si le jugement semble erroné, a pour fondement un impérieux besoin de *sécurité devant la justice*. Et ce besoin présente un double aspect.

Il correspond d'abord à l'intérêt général. En effet, il est indispensable pour le bon ordre social, pour la célérité de la justice et plus généralement pour son image même que les décisions soient irrévocables une fois que toutes les garanties de procédure sont épuisées. Car « l'autorité des jugements… cette sauvegarde de tous les droits et de tous les intérêts de la société civile n'existe que parce qu'ils sont inattaquables ; toute leur souveraineté réside dans leur fixité » [1].

Il est en outre conforme à l'intérêt du prévenu : celui-ci est en droit de savoir à quoi s'en tenir et l'on ne pourrait admettre qu'après sa relaxe ou sa condamnation avec sursis, il puisse à nouveau être poursuivi au motif que des charges nouvelles se seraient révélées. Au vrai, le principe de l'autorité de chose jugée apparaît ici comme une manifestation de celui des droits de la défense (après procès, et non plus au cours de celui-ci, domaine habituel de cette théorie). Et c'est pourquoi seule une instance en révision qui tend à proclamer l'innocence d'un individu injustement condamné est admissible.

La force de ces raisons explique d'abord la permanence du principe au cours de l'histoire. Après avoir été consacré dans l'ancien droit, le principe est affirmé par les constitutions de 1791 et de l'an III, et rappelé par les Codes de 1791, du 3 brumaire an IV, de 1808 (art. 246 et 360 devenu 359 par la l. du 25 novembre 1941) et de 1959 (art. 368 pour la cour d'assises et 6 pour le principe général) [2]. Elle explique ensuite les règles relatives à l'application du principe.

B — Contenu du principe

1025. — *Vue générale.* D'un côté, l'impératif de sécurité devant la justice est si fort qu'il donne au principe un *caractère d'ordre public* [3]. En cas de nouvelles poursuites, la fin de non-recevoir tirée de la chose jugée [4] doit donc être soulevée d'office par le juge ou le parquet [5], peut l'être même devant la Cour de cassation pour la première fois et joue devant toutes les juridictions [6].

1. FAUSTIN-HÉLIE, II, n° 983.
2. Le principe est également affirmé à l'article 4 du Protocole n° 7 additionnel à la Conv. E.D.H., et à l'article 14, § 7, du Pacte international sur les droits civils.
3. Crim., 18 décembre 1989, B.C., n° 483.
4. Que la jurisprudence appelle « exception péremptoire », Crim., 26 juillet 1971, J.C.P., 1971.IV.203.
5. Crim., 20 février 1931, G.P., 1931.I.699.
6. Paris, 16 mars 1948, D., 1948.363, note H. Donnedieu de Vabres, Crim., 1er avril 1998, B.C., n° 123, *Dr. pénal*, 1998, comm. 158, obs. A. Maron, D., 1999, Somm., 326, obs. J. Pradel.

Mais d'un autre côté, cet impératif de sécurité *n'a pas à s'appliquer avec la même force à toutes les décisions* qui sont rendues tout au long du procès. On sait que certaines décisions sont prises au cours de l'instruction préparatoire et définitive avant que ne soit rendue la décision au fond. Or, ces décisions qui préparent la solution du procès, mais sans juger celui-ci, ne sont pas aussi décisives que la décision au fond. De là une distinction essentielle entre, d'une part les décisions antérieures à la décision au fond (dont l'autorité est loin d'être toujours absolue) et, d'autre part, la décision au fond (dont l'autorité est absolue, du moins à certaines conditions).

1. *L'autorité des décisions antérieures à la décision au fond*

1026. — Il est évident qu'aucune autorité ne s'attache aux décisions ordonnant une mesure d'instruction, soit au cours de l'instruction préparatoire [1], soit au cours de l'instruction définitive [2]. Le problème est plus délicat dans l'hypothèse des décisions clôturant l'instruction préparatoire.

a) Décisions de non-lieu

1027. — Si l'ordonnance ou arrêt de non-lieu est *motivé en droit* (fait justificatif, amnistie, prescription...), de nouvelles poursuites sont en principe impossibles. Il en va cependant autrement si des circonstances nouvelles permettent une qualification nouvelle. Ainsi après un non-lieu pour prescription, on découvre une charge nouvelle qui change la nature de l'infraction, par exemple une circonstance aggravante qui fait du vol simple (prescription de 3 ans) un vol qualifié (prescription de 10 ans) ; la réouverture de l'information est alors possible dans les limites de la prescription criminelle [3].

Si l'ordonnance ou arrêt de non-lieu est *motivé en fait* (insuffisance des charges actuelles), son autorité n'est que provisoire. La survenance d'éléments nouveaux permet en effet au Ministère public (mais pas à la partie civile : art. 190, C.P.P.) de requérir la réouverture de l'information [4].

b) Décisions de renvoi

1028. — Les ordonnances et arrêts de renvoi n'ont pas autorité de chose jugée car, s'ils obligent la juridiction de jugement à statuer, ils la laissent libre de statuer à sa guise. Cette liberté d'appréciation se comprend parfaitement puisque les juridictions d'instruction apprécient des *charges*, c'est-à-dire le bien-fondé apparent d'une mise en examen, alors que les juridictions de jugement statuent sur la *culpabilité* Les juridictions de

1. Crim., 5 mai 1964, B.C., n° 145.
2. Crim., 23 mai 1966, B.C., n° 156 ; 19 novembre 1970, D., 1970, Somm., 98.
3. Crim., 16 juillet 1932, S., 1934.I.194.
4. V. *supra*, n°s 674 et s.

jugement peuvent donc contredire — est-ce même vraiment une contradiction ? — les décisions d'instruction en affirmant que l'action publique est irrecevable ou éteinte, ou encore en modifiant la qualification, en écartant des circonstances aggravantes ou causes d'exemption ou de réduction de peine, en se déclarant incompétentes (sauf la cour d'assises, art. 594, C.P.P.).

2. *L'autorité des décisions statuant au fond*

1029. — Les décisions au fond ont l'autorité de la chose jugée et l'on ne peut donc poursuivre à nouveau, à raison des mêmes faits, la personne qui a fait l'objet d'une décision d'acquittement ou de condamnation devenue irrévocable. Si néanmoins de nouvelles poursuites avaient lieu, la chose jugée pourrait et même devrait être invoquée. Le succès de cette fin de non-recevoir suppose toutefois entre les deux poursuites une triple identité d'*objet*, de *parties* et de *cause*. La jurisprudence pénale a en effet ici transposé les dispositions de l'article 1351 du Code civil sur l'autorité de la chose jugée en matière civile.

a) L'identité d'objet

1030. — L'objet d'une action, c'est ce qui est demandé. En matière pénale, c'est toujours « l'application d'une peine » (art. 1, C.P.P.), disons d'une sanction pénale [1]. D'où la question suivante : si une sanction non pénale (administrative, fiscale, douanière...) a déjà été prononcée, une sanction pénale peut-elle ensuite être cependant prononcée et, parallèlement, si une sanction pénale a déjà été infligée, est-il possible ultérieurement, d'infliger une sanction non pénale ?

Le *droit européen* n'est pas favorable à une seconde poursuite, même si l'objet n'est pas exactement le même. En effet, l'article 4 du Protocole 7 additionnel à la Conv. E.D.H. décide que « nul ne peut être poursuivi ou puni pénalement par les juridictions du même État en raison d'une infraction pour laquelle elle a déjà été acquittée ou condamnée par un jugement définitif conformément à la loi et à la procédure pénale de cet État ». De son côté, l'article 54 de la Convention d'application de l'accord de Schengen (1990) décide : « Une personne qui a été définitivement jugée par une partie contractante ne peut, pour les mêmes faits, être poursuivis par une autre partie contractante, à condition qu'en cas de condamnation, la sanction ait été subie ou soit actuellement en cours d'exécution ou ne puisse plus être exécutée selon les lois de la partie contractante de condamnation [2]. »

1. Comp. la règle qu'en cas d'ajournement du prononcé de la peine, le juge ne peut plus se prononcer à nouveau sur la culpabilité, Crim., 17 mai 1988, B.C., n° 216 ; 17 décembre 1989, B.C., n° 473.

2. C.J.C.E., 11 février 2003, Gözütok et Brügge, Rec. 2003, p. I-1345, après transaction aux Pays-Bas pour trafic de drogue, impossibilité d'une poursuite nouvelle en Allemagne.

Le *droit français* au contraire autorise de nouvelles poursuites, la France ayant fait des réserves en marge du Protocole précité. Dans une affaire fiscale, la chambre criminelle précise que « la règle *non bis in idem*, consacrée par l'article 4 du Protocole n° VII additionnel à la Conv. E.D.H. ne trouve à s'appliquer, selon les réserves faites par la France en marge de ce Protocole, que pour les infractions relevant en droit français de la compétence des tribunaux statuant en matière pénale et n'interdit pas le prononcé de sanctions fiscales parallèles aux sanctions infligées par le juge répressif » [1]. Il faut seulement que le montant total des amendes ne dépasse pas le maximum prévu pour celle qui est la plus forte [2].

La position française est souvent critiquée. Elle a pourtant pour elle non seulement les réserves de la France, mais aussi l'idée que l'amende pénale et l'amende fiscale ou douanière n'ont pas le même objet : la première est punitive, répressive alors que la seconde est mi-répressive, mi-réparatrice, selon une opinion dominante [3].

b) L'identité de parties

1031. — Il faut également que dans les deux procès, la partie poursuivante et la partie poursuivie soient exactement les mêmes.

L'identité de *partie poursuivante* est toujours réalisée puisque le Ministère public est nécessairement partie principale, même si les poursuites ont été lancées par la partie civile.

L'identité de *partie poursuivie*, en revanche, donne lieu à des difficultés. La chose jugée n'existe que si le même individu est poursuivi successivement en la même qualité, soit d'auteur ou complice, soit de civilement responsable. De là, deux conséquences.

D'abord, une personne initialement poursuivie comme auteur ou complice peut faire l'objet d'une seconde poursuite pour le même fait comme civilement responsable ou inversement [4]. De même la personne poursuivie une première fois comme représentant légal d'une personne morale et prise en son nom personnel, et relaxée, peut être à nouveau citée en tant que représentant de la personne morale poursuivie elle-même [5].

Ensuite, rien n'empêche de poursuivre pour le même fait un autre individu que celui qui a déjà été acquitté ou condamné pour ce fait. Par exemple celui

1. Crim., 20 juin 1996, B.C., n° 268, D., 1997.249, note Tixier et Lamulle ; 27 mars 1997, B.C., n° 128 ; 7 septembre 2004, B.C., n° 200. Voir aussi Crim., 6 novembre 1997, J.C.P., 1998.II.10087, note Cliquennois, et pourtant la France n'a pas émis de réserves à propos de l'article 14 du Pacte sur les droits civils, proche de l'article 4 précité.

2. J Pradel, Droit pénal général, 16e éd., 2006, n° 549, *in fine*.

3. C'est pour cette raison aussi que le juge pénal peut condamner dans le même jugement le prévenu à la fois à une amende douanière (partiellement pénale) et au paiement de droits dus sur les produits, objets de la fraude, Crim., 4 septembre 2002, B.C., n° 157, arrêt usant d'une formule proche de celle de Crim., 20 juin 1996.

4. Crim., 15 novembre 1962, B.C., n° 326, R.S.C., 1963.361, obs. J. Robert.

5. Crim., 30 mai 2000, B.C., n° 206.

qui est ensuite poursuivi comme complice d'un auteur relaxé à l'issue d'une première poursuite ne peut se prévaloir de la chose jugée en faveur de ce dernier, selon la jurisprudence [1]. De même l'acquittement d'un complice d'une infraction n'empêche pas la poursuite ultérieure d'un autre complice du même fait [2]. Étonnante à première vue, ces solutions se justifient car : 1° On ne peut imposer au second juge une limitation de sa liberté d'appréciation ; 2° L'individu poursuivi en second ne saurait se voir opposer des affirmations qu'il n'a pu discuter lors du premier procès auquel il était par hypothèse absent. En revanche, il est bien évident que si auteur et complice font l'objet d'une même poursuite, ce qui a été jugé pour le premier doit s'imposer pour le second, la relaxe de l'un et la condamnation de l'autre étant inconciliables.

c) L'identité de cause

1032. — L'identité de cause, c'est l'identité du fait délictueux qui a motivé les deux poursuites. Le même individu ne saurait être poursuivi deux fois pour le même fait (art. 360, puis 359, C.I.C. et 368, C.P.P.). Mais que faut-il entendre par même fait ? Deux hypothèses doivent être distinguées.

1033. — *Première hypothèse : les faits ont été déférés à une cour d'assises.* Cette situation a suscité les controverses les plus vives.

La *doctrine* s'est toujours montrée hostile à de nouvelles poursuites du même fait, fût-ce sous le couvert d'une qualification différente [3].

En revanche, le *droit positif* a beaucoup hésité avant de rallier la solution doctrinale.

1° Pendant plus d'un siècle, pour la Cour de cassation, l'expression « même fait » (art. 360, C.I.C : « Toute personne acquittée légalement ne pourra plus être requise ou accusée à raison du *même fait* ») devait s'entendre du même fait juridique, de la qualification. Seule une identité de qualification interdisait de nouvelles poursuites et, par conséquent, le même fait matériel pouvait être à nouveau poursuivi sous une qualification différente. (Sauf si le fait avait été déféré d'abord à la cour d'assises et si son auteur en avait été déclaré coupable.) Acquitté par la cour d'assises, l'individu pouvait être repris par le tribunal correctionnel : c'était admettre une sorte de correctionnalisation *a posteriori* [4].

1. Crim., 25 juillet 1912, S., 1914.I.116 ; J. PRADEL et A. VARINARD, n° 33 ; 28 février 1952, S., 1953.I.141, note A. Légal ; 9 février 1956, D., 1956.501, note M.R.M.P., J.C.P., 1956.II.9574, note J. Larguier ; 13 novembre 1973, B.C., n° 414.

2. Crim., 15 janvier 2008, n° 07-86.077.

3. E. VILLEY, note au S., 1877.I.41 ; B. PERREAU, *De la qualification en matière criminelle*, 1926.60 et s., 364 ; J.-M. VERDIER et L. HUGUENEY, notes précitées ; A. LÉGAL, note au S., 1939.I.193 ; J. GRANIER, note au J.C.P., 1954.II.8385 ; *contra*, R. GARRAUD, VI, n° 2286.

4. Ch. réun., 25 novembre 1841, S., 1842.I.93, avec les concl. contraires proc. gén. Dupin et nombreux arrêts cités, in R. GARRAUD, précité.

Relaxé ou condamné par le tribunal correctionnel ou de simple police, il pouvait également faire l'objet d'une seconde poursuite [1].

La possibilité de poursuites nouvelles se justifiait en fait par le désir de « corriger » une indulgence excessive des premiers juges, voire de revenir sur une « erreur judiciaire », notamment à la suite d'un verdict de la cour d'assises. Elle était très critiquable en droit puisque toutes les juridictions pénales sont saisies *in rem*. Dans le cas particulier où les premières poursuites avaient eu lieu devant la cour d'assises, la jurisprudence invoquait un argument de texte : l'obligation pour le président de la cour d'assises de poser une question subsidiaire sur toutes les qualifications possibles avait été admise par le législateur révolutionnaire, mais n'avait pas été reproduite par celui de 1808, de sorte qu'un acquittement ne prouvait pas qu'on avait épuisé toutes les qualifications possibles. Cet argument assez spécieux allait tomber avec la réforme de 1941.

2° La loi du 25 novembre 1941, sur la cour d'assises, apporte en effet deux éléments de poids en faveur de l'impossibilité d'une seconde poursuite. D'abord, l'article 339 nouveau du Code d'instruction criminelle oblige le président de la cour d'assises à poser les questions subsidiaires résultant des débats. Ensuite, son nouvel article 359 (remplaçant l'article 360) interdit de nouvelles poursuites à raison *des mêmes faits :* la substitution du pluriel au singulier montre bien qu'il s'agit de l'affaire dans son ensemble, notamment dans tous ses aspects matériels. S'ajoutant à l'argument général de la saisine *in rem*, les deux arguments de texte propres à la cour d'assises allaient entraîner un spectaculaire revirement de la jurisprudence, d'abord des cours d'appel [2] et bientôt de la Cour de cassation elle-même [3]. Aujourd'hui, la situation libérale ne fait plus le moindre doute : à l'article 351 du Code de 1959 (qui reprend l'article 339 issu de la réforme de 1941) s'ajoute un article 368 selon lequel : « Aucune personne acquittée légalement ne peut plus être reprise ou accusée à *raison des mêmes faits, même sous une qualification différente* » [4]. La doctrine a donc finalement triomphé.

1034. — *Seconde hypothèse : les faits ont été déférés à une juridiction correctionnelle ou de police.* Une nouvelle poursuite est-elle là encore exclue ? La difficulté vient de ce que les articles 351 (sur la question subsidiaire) et 368 (excluant toute nouvelle poursuite) sont propres à la cour d'assises, sans équivalent en ce qui concerne les autres juridictions. Dès lors, la réponse ne peut être donnée que sous le bénéfice d'une sous-distinction, selon que les faits sont exactement les mêmes ou partiellement les mêmes.

1. Ch. réun., 10 janvier 1876, S., 1877.I.41 ; Crim., 30 janvier 1937, S., 1939.I.193, note A. Légal ; Crim., 27 janvier 1949, D., 1949.514, note H. Donnedieu de Vabres.

2. Amiens, 12 juillet 1954, J.C.P., 1954.II.8385, note J. Granier.

3. Crim., 20 mars 1956, *aff. Chevalot*, D., 1957.33, note L. Hugueney, un acquittement pour meurtre ne permet pas une nouvelle poursuite pour homicide par imprudence.

4. Pour une application, Crim., 1er avril 1998, B.C., n° 123, D., 1999, Somm. 326, obs. J. Pradel, Dr. pénal, 1998, comm. 158, obs. A. Maron.

1035. — *Les faits fondant une seconde poursuite sont exactement les mêmes.* Aucune poursuite nouvelle, même sous le couvert d'une qualification autre, n'est possible. Saisie *in rem*, la juridiction avait le droit (et le devoir), de l'apprécier sous toutes ses qualifications possibles et celle qu'elle a retenu — qui n'est pas forcément celle qui figurait dans l'acte la saisissant — est censée être la meilleure. Dès lors, une nouvelle poursuite est exclue, que la première ait abouti à une relaxe ou à une condamnation [1].

1036. — *Les faits fondant une seconde poursuite ne sont pas exactement les mêmes.* Une nouvelle poursuite, après une première condamnation, est indéniablement possible et cette nouvelle poursuite ne porte pas atteinte à l'autorité de la chose jugée. L'article 4 du Protocole n° 7, déjà cité, n'est pas méconnu puisqu'il ne peut s'appliquer que si la deuxième poursuite porte sur « une infraction pour laquelle il (l'individu) a déjà été acquitté ou condamné par un jugement définitif ».

Après décision au fond, une nouvelle poursuite est possible dans trois cas.

1) L'activité délictueuse réprimée une première fois se continue cependant. Une deuxième poursuite est évidemment possible [2]. En cas d'infraction d'habitude, une seconde poursuite est également possible, si au moins deux faits nouveaux apparaissent après la première condamnation (puisque, selon la jurisprudence, deux faits sont nécessaires pour qu'il y ait délit d'habitude).

2) On se trouve en face d'un ensemble infractionnel qui a cessé de se poursuivre après la première poursuite mais dont seulement une partie a été englobée dans cette poursuite. Rien n'interdit d'en lancer une seconde pour saisir le reste de l'ensemble délictueux. Ainsi, après condamnation pour escroquerie commise au moyen d'un faux, une deuxième poursuite est possible pour faux : en effet, c'était la fabrication de faux qui avait d'abord été sanctionnée, et non l'usage de faux qui est un acte matériellement différent [3]. De même, après relaxe du chef d'abus de confiance, une seconde poursuite pour abus de biens sociaux est recevable [4].

3) Après condamnation, il n'y a pas persistance de l'activité délictueuse (ce qui nous ramène au cas précédent), mais il y a découverte d'une circonstance nouvelle qui colore autrement le fait délictueux en le faisant

1. Crim, 8 octobre 1959, J.C.P., 1959.II.11324, poursuites pour blessures involontaires, puis pour homicide involontaire ; 13 décembre 1990, B.C., n° 433, revente d'héroïne et trafic de stupéfiant ; Paris, 26 mai 1965, J.C.P., 1966.II.14725, note P. Bouzat ; Crim., 19 janvier 2005, B.C., n° 25, D., 2006, Pan 622, obs. J. Pradel , pas de nouvelles poursuites possibles pour agression sexuelle après relaxe pour harcèlement sexuel.

2. Crim., 5 octobre 1972, D., 1974.113, note J.-M. Robert, ouverture illicite d'un débit de boissons.

3. Crim., 20 février 1931, S., 1932.I.273, note L. Hugueney.

4. Crim., 2 avril 1990, D., 1990, Somm., 375, obs. J. Pradel.

correspondre à une qualification plus grave (ce qui nous en sépare). Ainsi un individu avait d'abord été condamné pour homicide involontaire sur la personne de sa femme qu'il avait brûlée en approchant de son lit une lampe qui avait explosé. Il apparut par la suite qu'il avait agi intentionnellement en répandant sur son lit, alors qu'elle était endormie, du pétrole auquel il avait mis le feu : il fut alors condamné pour assassinat et la chambre criminelle approuva [1]. Comme l'exprime la Cour de cassation, « le crime d'homicide qui se commet par la détermination de la volonté et le délit d'imprudence qui l'exclut sont deux infractions distinctes en leurs éléments de fait aussi bien qu'en leurs éléments de droit » [2].

Que penser de cette jurisprudence apparue en 1954 ? À son encontre, on a invoqué que la différence faite entre faute volontaire et faute d'imprudence concerne non l'élément matériel, mais seulement l'élément moral qui n'est qu'un « facteur interne de qualification » et qui ne peut donc, s'il change, servir de base à une nouvelle poursuite [3]. On a ajouté qu'il ne faut pas « autoriser par un détour inadmissible un recours en révision que le législateur français n'admet qu'à l'encontre des jugements et arrêts de condamnation » [4]. Ces deux arguments ne paraissent pourtant pas déterminants : l'élément moral est trop minoré surtout à une époque qui met l'accent sur les données psychologiques, et la jurisprudence *Thibaud* ne saurait être techniquement assimilée à une révision qui, elle, ne suppose pas un changement de qualification. En outre, il est deux arguments en faveur de la possibilité d'une seconde poursuite. Techniquement d'abord, les faits ne sont pas les mêmes de sorte que l'article 368, C.P.P., qui, après acquittement, interdit de nouvelles poursuites même sous une qualification différente ne peut s'appliquer ; certes une difficulté peut apparaître à propos de la quantité de nouveauté nécessaire à la possibilité d'une nouvelle poursuite, mais, en l'espèce, la nouveauté était certainement suffisante. Moralement ensuite, la possibilité d'un deuxième procès est satisfaisante : il ne faut pas que le manque de « chance » des policiers et du juge d'instruction profite au délinquant [5].

1. Crim., 25 mars 1954, *aff. Thibaud, S.*, 1955.I.89, note J. Brouchot, J.C.P., 1954.II.8272, note J.M. Verdier.

2. V. la même motivation dans une autre affaire, très proche, Crim., 19 mai 1983, *aff. Laurent*, B.C., n° 149, D., 1984.51, note F. Chapar, J.C.P., 1985.II.20385, note W. Jeandidier, G.P., 3 décembre 1983, note J.-P. Doucet, après condamnation pour homicide par imprudence de son épouse, le condamné est à nouveau poursuivi et condamné pour assassinat de la même personne. *Add.* Crim., 22 juin 1994, B.C., n° 248, *aff. « du sang contaminé »*, où sur un moyen relevé d'office la chambre criminelle considère que la prévention de tromperie (qui a été appliquée) est différente de celle d'empoisonnement (qui pourrait être envisagée).

3. L. HUGUENEY, note au D., 1955.318.

4. R. VOUIN, *Manuel de droit criminel*, 1949, n° 437.

5. J. PRADEL et A. VARINARD, n° 45.

§ 2. — L'AUTORITÉ DE LA CHOSE JUGÉE AU CRIMINEL SUR LE CIVIL

Bibliographie. — ***Sur le principe lui-même :*** A. CHAVANNE, *Les effets du procès pénal sur le procès engagé devant le tribunal civil*, R.S.C., 1954.239 ; V. COHEN DONSIMONI, *De l'autorité de la chose jugée au pénal sur le contentieux de la légitimité du licenciement : fidélité ou résistance de la cour d'appel d'Aix à la chambre sociale de la Cour de cassation*, Bulletin d'Aix, *Contribution du centre de droit social*, 1993-1994, 2 ; P. COURTEAUD, *Évolution dans la jurisprudence récente du principe de l'autorité au civil de la chose jugée au criminel*, thèse, Grenoble, 1938 ; A. GIUDICELLI, *Principe de l'autorité de la chose jugée au pénal sur le civil*, R.S.C., 2003, chron. 125 ; R. GUILLION, *L'acte juridictionnel et l'autorité de la chose jugée*, thèse, Bordeaux, 1931 ; P. HÉBRAUD, *L'autorité de la chose jugée au criminel sur le civil*, thèse, Toulouse, 1929 ; Ph. LE TOURNEAU et L. CADIET, *Droit de la responsabilité*, Dalloz, 1998, n°s 164 à 180 ; G. STÉFANI, *Les effets du procès pénal sur le procès engagé devant le tribunal civil*, R.I.D.P., 1955.473 ; N. VALTICOS, *L'autorité de la chose jugée au criminel sur le civil*, Sirey, 1953 ; G. VINEY, Conclusion à un colloque sur la nouvelle définition des délits non intentionnels par la loi du 10 juillet 2000, R.S.C., 2001.764.

Sur le sursis à statuer : M. CACHIA, *La règle « le criminel tient le civil en état dans la jurisprudence »*, J.C.P., 1955.I.1245 ; B. HÉNO, *De la règle « Le criminel tient le civil en état »*, thèse, Rennes, 1971 ; M. PRALUS, *Observations sur la règle « le criminel tient le civil en état »*, R.S.C., 1972.31.

1037. — *Vue générale*. Parallèlement au principe de l'autorité de la chose jugée au criminel sur le criminel, il existe un autre principe, dit de l'autorité de la chose jugée au criminel sur le civil : les décisions des juridictions pénales ont autorité de la chose jugée au civil, ce qui veut dire que le juge civil doit prendre en compte ce qui a été jugé par le juge pénal. Plus précisément, la condamnation par le juge pénal interdit au juge civil de nier la faute civile et donc de ne pas réparer : « Le criminel emporte le civil », ou « Le criminel tient le civil en état » dit-on. De même, la relaxe ou l'acquittement par le juge répressif interdit au juge civil d'accorder une réparation, encore que cette règle ait été anéantie, en ce qui concerne la faute non intentionnelle, par une loi du 10 juillet 2000 comme on le verra.

Le principe de l'autorité du criminel sur le civil n'a jamais été exprimé formellement par le législateur. C'est la jurisprudence qui l'a dégagé dès le milieu du XIXe siècle [1]. Et depuis lors, il a donné lieu à un nombre incroyable de discussions et de distinctions [2].

1. Civ., 7 mars 1855, *Quertier*, D., 1855.I.81, S., 1855.I.49 ; Civ. 2, 23 mars 1953, J.C.P., 1953.II.7637, note R. Savatier ; Civ. 1, 28 octobre 1968, J.C.P., 1969.II.15840, note de Juglart et E. du Pontavice ; Soc., 12 mars 1991, B. soc., n° 122 ; Crim., 24 mars 1999, B.C., n° 54.

2. Peu de principes ont autant nourri la réflexion des juristes comme le remarquait déjà en plein XIXe siècle un auteur anonyme, S., 1860.I.193.

A — Fondement du principe

1. *Fragilité*

1038. — En l'absence d'une disposition légale expresse, la doctrine s'est efforcée de trouver un fondement au principe. Si c'est le juge pénal qui statue sur l'action civile, la règle est naturelle et il suffit d'invoquer en sa faveur l'interdiction de la contradiction de motifs. Mais si c'est le juge civil qui statue, les difficultés sont bien plus grandes.

Au XIXe siècle, on tenta de découvrir le fondement du principe dans *certains textes*. On invoqua d'abord les articles 198 et 231, C. civ., selon lesquels la condamnation pénale peut établir la preuve de la célébration d'un mariage et constituer une cause péremptoire de divorce. Mais on allégua surtout les articles 3, C.I.C. (aujourd'hui art. 4, al. 2, C.P.P.) et 1351 du C. civ. L'article 3, C.I.C., en obligeant le juge civil à statuer seulement après que le juge pénal ait lui-même rendu sa décision, implique l'autorité « du pénal » sur « le civil », ce qui confère au principe prétorien une base légale minimale. Infiniment moins convaincant est l'argument tiré de l'article 1351, C. civ., sur l'autorité au civil de la chose jugée au civil. Au vrai, ce texte dont l'application suppose une triple identité d'objet, de cause et de partie, n'a pas à s'appliquer ici puisque d'un contentieux à l'autre cette identité ne se retrouve jamais [1].

C'est pourquoi la doctrine moderne fonde sur un *argument d'opportunité* la primauté des juridictions répressives sur les juridictions civiles. Primauté des juridictions répressives, tout d'abord, par l'objet qu'elles poursuivent : elles sont gardiennes de l'ordre public et décident de la vie, de l'honneur et de la liberté des citoyens, alors que les tribunaux civils ne statuent que sur des intérêts privés et le plus souvent patrimoniaux. Primauté des juridictions répressives ensuite, par les moyens de preuve dont elles usent : le juge pénal dispose de moyens d'investigation supérieurs à ceux du juge civil et se trouve donc mieux placé pour obtenir la vérité, ce qui explique le versement du dossier pénal à l'instance civile [2]. Cet argument d'opportunité n'est pas non plus pleinement convaincant car la primauté du pénal n'est ni toujours justifiée (erreurs judiciaires), ni toujours respectée (appel interjeté contre un jugement sur les seuls intérêts civils [3] ; décision civile rendue avant lancement de l'action publique).

Au vrai, on doute à l'heure actuelle du bien-fondé du principe. Non seulement ces arguments de texte et d'opportunité en faveur du principe

1. Très différents en effet sont les deux aspects de l'autorité de la chose jugée au criminel : s'agissant de l'autorité sur le criminel (ou du civil sur le civil), il permet d'éviter la répétition de procès à l'intérieur de l'ordre criminel (ou civil) et c'est ce que veut empêcher l'article 1351, C. civ. ; s'agissant de l'autorité sur le civil, on entend marquer le respect du principe que « le criminel tient le civil en état » et de son corrolaire, le sursis à statuer.

2. V. *infra*, n° 1069.

3. V. *supra*, n° 966.

n'emportent pas la conviction totalement, mais il est en outre deux arguments présentés par la doctrine [1], qui vont directement à l'encontre du principe si on l'entend strictement. Premier argument. Supposons qu'un individu ait blessé imprudemment un tiers. Le juge pénal ne devra condamner que si l'imprudence a été grave et socialement dangereuse, ce qui risque de priver la victime de toute indemnité [2]. Aussi, le juge va-t-il prononcer une condamnation avec sursis pour permettre à la victime de percevoir une indemnité, ce qui conduit à une prééminence du civil sur le pénal ! Second argument : si lors du procès pénal, la victime ne s'est pas constituée, on va lui opposer ensuite un jugement fondé sur des preuves qu'elle n'aura pas pu discuter, ce qui est une méconnaissance du contradictoire, et des droits de la défense.

Tout cela explique que le principe soit contesté à juste titre par une partie de la doctrine [3], parfois méconnu à l'étranger (par ex., droits anglo-saxons, allemand, grec et portugais) [4] et appliqué restrictivement par notre jurisprudence.

À notre avis, le principe que « le criminel tient le civil en état » devrait disparaître : il n'est pas logique et il est d'une application très complexe comme on va le voir.

2. *Conséquences*

1039. — Comme le fondement du principe est assez fragile, la jurisprudence donne des solutions étonnantes, sinon contradictoires sur les caractères du principe.

1° Tout d'abord, l'autorité de la chose jugée au criminel sur le civil présente un *caractère absolu* : le juge civil ne peut méconnaître ce qui a été jugé par son collègue pénal présumé « infaillible » car il ne faut pas que le peuple, au nom duquel la justice est rendue, puisse douter de la justice [5].

Et cependant — ce qui est un peu contradictoire — le principe est *d'intérêt privé*. À la différence de l'exception de chose jugée au criminel sur le criminel, l'exception de chose jugée au criminel sur le civil ne peut pas être invoquée par le Ministère public ni soulevée d'office par le juge si les parties

1. A. CHAVANNE, *Les effets du procès pénal sur le procès engagé devant le tribunal civil*, R.S.C., 1954.239.

2. Argument affaibli aujourd'hui avec une loi du 10 juillet 2000 qui permet au juge civil malgré relaxe, d'accorder à certaines conditions une réparation sur le fondement de la faute d'imprudence au sens de l'article 1383, C. civ., art. 4-1, C.P.P., v. *infra*, n° 1051.

3. V. not. A. CHAVANNE, *précité* ; N. VALTICOS, *L'autorité de la chose jugée au criminel sur le civil*, 1953 ; B. BOULOC, n° 978. *Contra*, P. CONTE et P. MAISTRE DU CHAMBON, n° 669.

4. J. PRADEL, *Droit pénal comparé*, 2e éd., Dalloz, 2002, n° 506.

5. Civ., 7 mars 1855, précité ; Civ. 2, 17 décembre 1998, B. civ., n° 305.

ne le font pas elles-mêmes ; en outre, cette exception ne peut pas être invoquée pour la première fois devant la Cour de cassation [1].

2° Reste la question la plus discutée : le principe a-t-il un effet *erga omnes ?* En d'autres termes, s'impose-t-il même à l'égard des personnes qui n'étaient pas parties à l'instance pénale ?

Dans un premier temps, la jurisprudence a consacré l'effet, « les décisions rendues au criminel ayant envers et contre tous l'autorité de la chose jugée » [2]. Mais, ultérieurement, elle se partagea, certains arrêts consacrant l'effet absolu [3], tandis que d'autres, sans doute plus nombreux, adoptent une conception relative [4]. Cette conception relativiste a été très bien explicitée dans un arrêt de la cour de Grenoble de 1929, selon lequel la partie de la décision pénale se rapportent à un tiers que le tribunal avait mis en cause sans qu'il ait été appelé comme prévenu ne saurait avoir autorité sur le civil : « admettre le contraire, serait se heurter à une autre raison d'ordre public non moins puissante, à savoir qu'on ne peut valablement statuer au pénal sur la participation à une infraction d'une personne qui, n'ayant pas été régulièrement inculpée, n'a eu ni la possibilité de se défendre, ni le moyen d'attaquer par une voie de recours la décision attaquée » [5]. Ultérieurement, plusieurs arrêts, d'esprit relativiste, viendront affirmer que l'autorité de la chose jugée au pénal « est limitée à la seule partie du jugement qui vise le prévenu et ne s'étend pas à un tiers étranger au débat » [6]. Et pourtant la dernière jurisprudence est absolutiste : le principe s'applique même à des personnes qui n'ont pas été parties au procès pénal [7].

Au vrai, c'est la thèse relativiste qui est la bonne. Car la portée *erga omnes* du principe entraîne des risques d'atteinte aux droits de la défense. Il n'est pas raisonnable que le juge civil se fonde sur une décision pénale rendue sans qu'une personne, qui va être concernée par la décision civile, ait été entendue dans l'instance pénale. Il faut poser le principe que le contradictoire doit être toujours respecté, comme l'exige d'ailleurs la jurisprudence européenne rendue sur l'article 6, Conv. E.D.H. [8].

1. Req. 2 février 1910, D., 1910.I.141 ; Crim., 7 juillet 1954, B.C., n° 202 ; Civ., 20 janvier 1971, J.C.P., 1971.II.16712 ; Civ. 2, 15 décembre 1980, J.C.P., 1981.IV.85.

2. Civ., 7 mars 1855, précité.

3. Civ., 12 mars 1947, D., 1947.296, 22 juillet 1952, D., 1952.746 ; Soc., 21 novembre 1990, B. civ. V, n° 573.

4. Le premier arrêt est de Civ., 9 mai 1898, *aff. Sainglas*, D., 1898.I.505.

5. Grenoble, 22 mars 1929, D., 1930.II.33, note G. Holleaux.

6. Civ., 26 janvier 1932, D.H., 1932.147 ; Req., 18 février 1935, D.H., 1935.164 ; Civ. 2, 11 juillet 1956, B. civ., n° 447, « la décision pénale ne peut ni nuire ni profiter aux personnes qui n'ont pas été présentes ou représentées à l'instance pénale » ; Civ. 2, 4 mars 1982, J.C.P., 1984.II.20153, note F.C., « la chose jugée n'est pas opposable à des personnes qui n'ont pas été parties à l'instance ».

7. Civ., 2°, 9 juin 1993, B. civ., n° 209, pour un individu qui était civilement responsable.

8. En faveur du rejet de la portée *erga omnes*, M.A. FRISON-ROCHE, *Généralités sur le principe du contradictoire*, thèse dactyl., Paris II, 1988.169.

B — Application du principe

1. *Les décisions pénales ayant autorité*

1040. — Ce ne sont pas toutes les décisions pénales qui ont autorité, loin de là : en effet, la jurisprudence a créé des critères de sélection très stricts.

a) Nature des décisions pénales ayant l'autorité de la chose jugée

1041. — Trois séries de restrictions sont prévues par la jurisprudence.

En premier lieu, seules les décisions émanant des juridictions *françaises* ont l'autorité. On refuse toute autorité aux décisions des juridictions étrangères [1].

En second lieu, l'autorité s'attache uniquement aux décisions des juridictions de *jugement*. D'où l'exclusion de toute autorité aux décisions des juridictions d'instruction qui ne mettent pas fin au procès et qui n'ont donc qu'un caractère provisoire : il importe peu que la décision soit une décision de renvoi ou de non-lieu, qu'elle soit motivée en droit ou en fait, que la victime se soit ou non constituée partie civile [2]. Mais l'autorité s'applique à toutes les décisions des juridictions de jugement, que la juridiction soit de droit commun ou d'exception, qu'elle motive ou non sa sentence [3] ; seules font exception les ordonnances pénales car la procédure est non contradictoire, qu'elles soient rendues par le juge de police (art. 528-1, al. 2, C.P.P.) ou par le président du tribunal correctionnel (art. 495-1, C.P.P.).

En troisième lieu, seules ont autorité les décisions *définitives* et *irrévocables*. La première exigence vise les décisions statuant sur le fond du litige (culpabilité et sanction) et exclut donc les jugements avant dire droit. La seconde exclut ceux qui sont encore susceptibles de voies de recours, fût-ce le pourvoi en cassation [4].

b) Parties des décisions pénales ayant l'autorité de la chose jugée

1042. — Ce ne sont pas toutes les décisions pénales de jugement, définitives et irrévocables, et émanant d'une juridiction française qui ont autorité. Deux séries de restrictions ont en effet été dégagées par la jurisprudence.

1. Crim., 26 janvier 1966, B.C., n° 23.

2. Civ., 23 juillet 1930, S., 1932.I.161, note L. Hugueney ; Civ. 1, 16 mai 1964, J.C.P., 1964.IV.85 ; 11 février 1970, J.C.P., 1970.IV.86 ; 2 juillet 1980, B. civ. II, n° 165 ; Civ. 2, 19 novembre 1998, B. civ., n° 275.

3. V. pour les arrêts des cours d'assises les critiques de P. Mimin au D., 1937.I.84 et de R. Savatier au D., 1930.I.41 et au D., 1936.I.101.

4. Civ., 14 décembre 1903, 2 arrêts, S., 1905.I.215 ; Civ. 2, 6 janvier 2000, B. civ., n° 1.

1043. — *L'autorité ne s'applique pas aux dispositions civiles des décisions pénales.* La partie de la décision pénale qui statue sur les dommages-intérêts réclamés par la victime, ou sur la demande reconventionnelle en indemnité émanant du prévenu, ou encore sur la qualité du tiers civilement responsable, constitue une disposition civile. Les solutions apportées à ces questions n'ont en conséquence que l'autorité relative de la chose jugée au sens de l'article 1351 du Code civil et elles ne lient le juge civil ultérieurement saisi que si les conditions de ce texte — la triple identité d'objet, de cause et de partie — sont réalisées [1]. On reconnaît cependant une nature pénale aux questions civiles qui forment l'une des conditions de l'infraction jugée : ainsi, la nature du contrat retenu pour caractériser l'abus de confiance s'impose au juge civil [2] ; plus récemment et dans le même esprit, il a été jugé que s'impose la qualification d'un licenciement dans une poursuite pour délit en matière de droit du travail [3].

1044. — *L'autorité ne s'applique qu'à certaines dispositions pénales des décisions pénales.* La jurisprudence décide en effet que l'autorité se limite « à ce qui a été nécessairement et certainement décidé par le juge criminel, soit quant à l'existence du fait qui forme la base commune de l'action pénale et de l'action civile, soit quant à la qualification légale, soit quant à la participation du prévenu au même fait » [4]. Suivant la formule de L. Hugueney, l'autorité n'appartient « qu'aux points sur lesquels la juridiction répressive s'est en fait prononcée et sur lesquels elle était tenue de se prononcer » [5].

L'autorité ne s'applique tout d'abord qu'aux constatations *certaines.* Ne sont donc pas retenues les formules vagues ou dubitatives. L'emploi des mots « semble » ou « paraît » exclut l'autorité [6]. Mais une affirmation telle que « le lien de causalité n'est pas établi » est considérée comme certaine [7]. L'exégèse peut s'avérer délicate. En tout cas, les acquittements au bénéfice du doute ont autorité au civil : il y a certitude sur le doute [8].

1. Civ., 11 décembre 1928, S., 1931.I.201, note L. Hugueney ; Ass. plén., 3 juin 1994, J.C.P., 1994.II.22309, note X. Lagarde ; Civ., 2e, 10 mars 1993, D., 1993, I.R., 86 ; Civ., 2e, mai 2006, D., 2006, Actual. jurisp. 1400. Add. D. Rebat, Vers la fin du caractère absolu de l'autorité de la chose jugée au pénal sur le civil ?, note sous Ch. mixte 3 juin 1998, D., 1998, 575.

2. Civ., 15 janvier 1913, D., 1913.I.320 ; Com., 5 novembre 1991, B. com., n° 330.

3. Soc., 13 juillet 1988, B. soc., n° 448.

4. Civ., 5 mai 1920, D., 1920.I.5 ; 1er décembre 1930, S., 1931.I.109 ; 23 mars 1953, J.C.P., 1953.II.7637 ; Civ. 2, 19 mars 1969, B. civ. II, 85. Les juridictions du fond ajoutent à cette formule en parlant de dépositions « certaines, indubitables, formelles et explicites » afin d'accroître encore la liberté du juge, Paris, 29 avril 1997, G.P., 15-17 février 1998.8, note G. Decocq.

5. Note au S., 1931.I.393.

6. Req., 16 juillet 1928, D., 1929.I.33, note R. Savatier ; Civ., 17 juin 1933, S., 1933.I.181.

7. Soc., 2 mars 1961, D., 1961.371 et R.T.D.C., 1961.507, obs. A. Tunc.

8. Civ. 1, 3 février 1976, D., 1976.441, note M. Contamine-Raynaud ; J. Pradel et A. Varinard, n° 45 ; Civ. 1, 24 mars 1981, D., 1981.545, note J. Penneau ; Paris, 1er décembre

L'autorité ne s'applique ensuite qu'aux constatations *nécessaires*, c'est-à-dire aux motifs qui constituent le « soutien indispensable » de la décision. Tel est le cas des constatations relatives à l'existence ou l'inexistence du fait matériel constitutif de l'infraction, à la participation ou à la non-participation du prévenu à ce fait. De même est une constatation nécessaire s'imposant au juge civil, celle qui porte sur la qualification des faits : le juge civil ne peut considérer comme vol, pour l'application de l'article 2279, al. 2, du Code civil, un fait qualifié escroquerie ou abus de confiance par le juge pénal [1]. De même encore est nécessaire la constatation d'une circonstance aggravante, puisqu'elle influe sur la qualification [2]. Il en est de même de la déclaration de culpabilité ou de non-culpabilité, car elle fixe la faute [3]. Enfin, est considérée comme nécessaire l'affirmation sur le lien de causalité entre la chose dont le prévenu était gardien et le dommage : si par conséquent le juge pénal a relaxé parce que le lien de causalité n'existait pas, cette absence s'impose au juge civil [4].

En revanche, n'ont pas autorité les constatations surabondantes, c'est-à-dire celles que le juge pénal n'était pas tenu de faire pour justifier sa décision. La jurisprudence pose en principe que « toute déclaration autre que celle qui est relative à l'absence de faute du prévenu échappe au caractère de la chose nécessairement jugée par la juridiction pénale » [5]. En application de cette règle, deux séries d'affirmation du juge pénal n'ont pas d'autorité au civil :

— Ce sont d'abord des affirmations de nature pénale comme par exemple ce qui a trait au prononcé de la peine, aux causes d'indulgence [6] (à l'inverse des circonstances aggravantes qui touchent à la qualification puisque, de façon fréquente, l'infraction peut devenir criminelle), à la détermination de la victime (sauf si la personnalité de celle-ci constitue une circonstance aggravante), à l'étendue du préjudice découlant de l'infraction [7] (sauf si celui-ci est un élément constitutif de l'infraction ou une circonstance aggravante).

— Ce sont ensuite toutes les affirmations de nature civile. Ainsi en est-il des constatations relatives à la cause étrangère (faute de la victime, fait d'un tiers, force majeure) qui sont surabondantes [8] ; toutefois, ont autorité les

1954, D., 1956.85, note P. Chauveau ; Montpellier, 21 novembre 1974, G.P., 23-25 mars 1975, note P.J. Doll.

1. Civ., 22 décembre 1863, S., 1865.I.187.

2. Civ., 5 janvier 1956, J.C.P., 1956.II.9140, note P.A. Pageaud.

3. Civ., 6 février 1928, G.P., 1928.I.673 ; Civ. 2, 10 mars 1993, B. civ., n° 89 ; Civ. 2, 17 décembre 1998, B. civ., n° 305.

4. Civ. 2, 12 juin 1975, B. civ. II, n° 176, R.T.D.C., 1977.334, obs. G. Durry.

5. Civ. 2, 3 mai 1979, B. civ. II, n° 127 ; 21 janvier 1981, B. civ. II, n° 10.

6. Crim., 30 juin 1982, D., 1983.6, note D. Mayer, le refus des circonstances atténuantes n'implique pas l'absence de faute de la victime.

7. Par ex., art. 221-6, C.P., sur l'homicide involontaire, art. 222-7 et s., C.P., sur les violences.

8. Civ., 26 janvier 1932, S., 1933.I.57, note P. Esmein ; 1er mars 1961, S., 1961.I.455 ; Civ. 2, 3 mai 1979, B. civ. II, n° 127, où le juge pénal avait affirmé que l'accident était en partie

constatations relatives à l'intervention d'une chose dans les réalisations d'un dommage car elles sont nécessaires [1].

Enfin, en marge de la décision pénale, le juge civil peut accorder des dommages-intérêts en se fondant sur un dommage apparu après décision du juge pénal. Quand le juge pénal a été saisi d'un préjudice inférieur à celui qui invoque ensuite la victime devant le juge civil, celui-ci peut tenir compte de ce surcroît de préjudice [2].

2. *Les décisions civiles soumises à l'autorité*

1045. — Certaines décisions du juge civil doivent ne pas contredire la décision pénale, reconnaître son autorité, mais il faut distinguer car cette autorité n'est pas absolue.

a) Les décisions civiles ayant pour objet l'action civile proprement dite

1046. — On rappellera que l'action civile proprement dite est celle qui, au sens de l'article 2, C.P.P., tend à réparer un préjudice découlant directement d'une infraction et ayant atteint personnellement le demandeur.

Le juge civil doit-il s'aligner toujours sur ce qui a été jugé « au pénal » ? Il faut distinguer.

— Le juge pénal a prononcé la condamnation

1047. — L'affirmation de la faute s'impose au juge civil (qu'il s'agisse du juge pénal statuant sur l'action civile ou du juge civil proprement dit). Celui-ci ne peut donc refuser des dommages-intérêts au prétexte, par exemple, que l'infraction n'existe pas [3] ou que le condamné n'est pas coupable [4]. Si l'excuse de provocation a été admise par le juge pénal, le juge civil est tenu de partager la responsabilité [5]. La seule part de liberté restant au juge civil est de considérer qu'il n'y a pas de préjudice.

imputable à une cause étrangère. Inversement, la faute de la victime, non relevée par le juge pénal, peut être relevée par le juge civil pour partager la responsabilité, Ch. mixte, 28 janvier 1972, J.C.P., 1972.II.17050, concl. R. Lindon, R.T.D.C., 1972.406, obs. G. Durry, R.S.C., 1973.119, obs. G. Levasseur.

1. Civ., 20 février 1946, D., 1947.221, note Théry ; Civ. 2, 5 janvier 1978, D., 1978, I.R., 201, obs. Larroumet, en cas de relaxe pour homicide ou blessures involontaires à raison de la non-participation de la chose à la réalisation du dommage, le juge civil ne saurait accorder une réparation, même sur le terrain de l'art. 1384, al. 1, C. civ., ce texte supposant que la chose ait été la cause du préjudice.

2. Civ. 2, 13 mars 1953, B. civ. II, n° 82.

3. Civ. 2, 17 décembre 1998, B. civ., n° 305.

4. Soc., 10 décembre 1991, B. soc., n° 562 (effet d'une condamnation pour vol d'un salarié licencié) ; 27 mars 2001, *id.*, n° 105.

5. Crim., 8 mai 1967, G.P., 1967.II.16 ; Civ. 2, 18 novembre 1981, B. civ., n° 200.

Ainsi, en cas de condamnation pénale pour délit d'imprudence, il y a à la fois faute pénale et faute civile, ce qui laisse ici subsister la règle de l'unité des fautes [1]. Car les deux fautes sont appréciées identiquement et par conséquent la faute pénale inclut nécessairement la faute civile.

— *Le juge pénal a prononcé l'exemption de peine*

1048. — Si le juge répressif a reconnu une cause d'exemption de peine (art. 363, al. 2, C.P.P.), le juge civil doit accorder des dommages-intérêts (art. 372 et 468, C.P.P.). L'excuse implique en effet la culpabilité, donc l'affirmation d'une faute par le juge pénal.

— *Le juge pénal a prononcé l'acquittement ou la relaxe*

1049. — Si le juge pénal a prononcé l'*acquittement* (cour d'assises) ou la *relaxe* (tribunal correctionnel ou de police), le juge civil tenu en principe de ne pas contredire la chose jugée au criminel, peut cependant accorder des dommages-intérêts selon les cas : d'abord si le prévenu ou accusé n'est pas imputable [2], ensuite en fonction d'une distinction qui est celle-ci.

1050. — En cas d'*acquittement prononcé par la cour d'assises*, une difficulté apparaît en raison de l'absence de motivation des verdicts. Si l'acquittement se fonde sur la négation des faits (par décomposition de la question unique de culpabilité englobant tous les éléments de l'infraction en questions multiples), ni la cour d'assises, ni le juge civil ne peuvent accorder réparation [3]. Si au contraire l'acquittement résulte d'une réponse négative à la question unique de culpabilité englobant tous les éléments de l'infraction, on peut douter du motif de la non-condamnation. D'où la possibilité pour le juge civil d'accorder des dommages-intérêts, à la condition de ne pas contredire l'arrêt d'assises, c'est-à-dire en se fondant sur une faute civile distincte de la faute pénale (art. 372, C.P.P.) : il suffit à la cour d'affirmer l'existence d'une imprudence qui, insuffisante à caractériser le crime, intentionnel par hypothèse, est suffisante pour constituer un quasi-délit civil, et asseoir des dommages-intérêts [4].

1051. — En cas de *relaxe prononcée par le tribunal correctionnel ou de police*, les choses se présentent ainsi. D'abord, le juge civil ne peut allouer de réparation à la victime si cette relaxe se fonde sur la non-participation du

1. Civ., 18 décembre 1912, *affaire Brochet*, S., 1914.I.249, note Morel.
2. Selon l'article 489-2, C. civ., le dément est civilement responsable. Pour *l'infans*, la jurisprudence a posé la même règle, Ass. plén., 9 mai 1984, 1re espèce, D., 1984.525, concl. Cabannes, note Chabas.
3. Crim., 7 mai 1864, *aff. Armand*, S., 1864.I.508, rapport Faustin-Hélie, note Labbé.
4. Crim., 7 avril 1951, D., 1951.363 ; 11 mars 1987, B.C., n° 121 ; 7 octobre 1987, D., 1988.104, note D. Mayer ; 14 décembre 1994, J.C.P., 1995.IV.1137.

prévenu au fait, sur un doute sur sa participation au fait ou sur le défaut d'existence du fait délictueux [1] ; la situation est donc la même qu'en cas d'acquittement. Pour le reste, la situation est différente en raison de l'absence de jury et à cause de la présence de textes particuliers, et il convient alors de sous-distinguer.

— En cas de relaxe motivée par l'absence d'intention, si la juridiction civile vise la faute civile d'imprudence ou de négligence [2], voire une faute intentionnelle autre [3], elle peut accorder des dommages-intérêts.

— En cas de relaxe sur une poursuite pour infraction d'imprudence (homicide et blessures par imprudence), une réparation fondée sur cette faute civile d'imprudence était traditionnellement impossible à raison du principe de l'identité des fautes civile et pénale [4], mais le demandeur pouvait invoquer les articles 1384, alinéa 1, 1385 et 1386 du Code civil qui n'exigent pas la preuve d'une faute [5]. Cependant une loi du 10 juillet 2000 sur la définition des délits non intentionnels a changé les choses, et il faut désormais distinguer selon que le lien entre faute et dommage est direct ou indirect.

• Si le lien est *indirect*, on sait que la faute n'est pénale que si elle est délibérée ou caractérisée (art. 121-3, al. 4, C.P.). Tel n'est pas le cas ici puisqu'il y a relaxe par hypothèse. Or une réparation peut tout de même être accordée à la victime : il n'y a plus identité des fautes civile et pénale et pas davantage d'autorité du « pénal » sur le « civil » — sauf en ce qui concerne, répétons-le, les circonstances de fait qui avaient été relevées par le juge pénal — puisque le juge civil peut accorder réparation sur la base de la faute civile de l'article 1383, C. civ., distincte de la faute pénale.

C'est d'abord le juge civil « pur » qui peut réparer le préjudice. Selon l'article 4-1, C.P.P., « l'absence de faute pénale non intentionnelle au sens de l'article 121-3 du Code pénal ne fait pas obstacle à l'exercice d'une action devant les juridictions civiles afin d'obtenir la réparation d'un dommage sur le fondement de l'article 1383 du Code civil si l'existence de la faute civile, prévue par cet article est établie ou, en application de l'article L. 452-1 du Code de la Sécurité sociale, si l'existence de la faute inexcusable prévue par cet article est établie » [6].

1. Com., 16 janv. 1980, B. com., n° 25 ; 21 novembre 1990, B. com., n° 573 ; 19 et 20 mars 1997, *id.*, n°s 117 et 120 ; Civ. 2, 3 décembre 1997, B. civ., n° 292.

2. Civ. 2, 14 janvier 1987, B. civ., n° 13.

3. De rares arrêts admettent en effet que, malgré négation de l'intention au sens pénal, le juge civil peut retenir une intention de nature civile, différente de celle qui appartient au délit pénal, Civ. 2, 13 février 1991, B. civ., n° 51 (la relaxe du chef de diffamation n'empêche pas une condamnation ultérieure par le juge civil pour dénigrement).

4. Civ., 18 décembre 1912, précité ; *add.* J. Pradel et A. Varinard, *Les grands arrêts du droit pénal général*, 4e éd., 2002, n° 40.

5. Jurisprudence abondante et ferme, par ex., Civ., 24 avril 1929, D., 1930.I.41, note R. Savatier ; Civ. 2, 15 février 1967, B. civ. II, n° 70 ; Civ. 1, 28 janvier 1971, B. civ. II, n° 34.

6. Pour des applications, Civ. 1, 30 janvier 2001, B. civ., n° 19, R.T.D.C., 2001.376, obs. P. Jourdain (art. 1383, C. civ.) ; Soc., 12 juillet 2001, D., 2001.3390, note Y. Saint-Jours (art. L. 452-1, C. séc. soc.).

Quant à la juridiction pénale statuant au « civil », elle ne pouvait autrefois accorder de dommages-intérêts. Toutefois, depuis les lois du 8 juillet 1983 et du 10 juin 2000 (art. 470-1, C.P.P., sur poursuite des chefs d'homicide ou blessures involontaires correctionnels, art. 541, C.P.P., pour les blessures involontaires contraventionnelles), la juridiction correctionnelle ou de police peut malgré relaxe accorder réparation à la victime sur la base des articles 1383 et suivants [1]. Cette prorogation de compétence va dans le sens des intérêts de la victime qui pourra éviter de lancer un second procès et qui sera indemnisée plus rapidement. Techniquement, elle appelle trois observations.

D'abord, le juge pénal ne peut accorder de dommages-intérêts qu'à trois conditions : 1° il doit avoir été saisi « à l'initiative du Ministère public ou sur renvoi d'une juridiction d'instruction », ce qui exclut la citation directe émanée de la victime ; 2° il doit avoir été saisi du chef d'homicide ou blessures par imprudence [2], la jurisprudence précisant que la victime atteinte dans son corps peut obtenir aussi réparation de son dommage matériel [3] ; 3° la victime doit déposer sa demande avant la clôture des débats [4]. Ensuite, le juge pénal peut ordonner des mesures d'instruction (qui seront soumises aux règles de l'article 10, al. 2, C.P.P.). Enfin, si des tiers responsables doivent être mis en cause, le juge pénal renvoie l'affaire à son collègue civil qui l'examinera d'urgence (art. 470-1, al. 2, C.P.P.).

Le juge pénal, après relaxe du prévenu du chef de blessures ou homicide involontaire, peut aussi retenir à sa charge une faute contractuelle en rapport de causalité avec le dommage consécutif aux blessures ou au décès [5].

• Si le lien est *direct* (et s'il y a relaxe, rappelons-le), on ne voit pas comment le juge civil pourrait refuser la réparation réclamée par la victime : en effet selon l'article 4-1, C.P.P. (L. 10 juillet 2000), l'absence de faute pénale non intentionnelle ne fait pas obstacle à l'action civile devant le juge civil. Cependant, pour l'heure, il ne semble pas y avoir de décision d'une juridiction pénale écartant la responsabilité pénale et aussitôt admette l'existence d'une faute civile fondée sur l'article 1383 C. civ.

b) Les décisions civiles ayant pour objet une action voisine de l'action civile proprement dite

1052. — L'autorité de la chose jugée par la juridiction répressive s'étend à ces actions voisines. Ainsi en est-il de l'action exercée contre l'auteur de l'infraction par le tiers qui avait été reconnu civilement responsable. Ainsi en est-il surtout des actions « à fins civiles », qui, consécutives à une infraction, n'ont pas

1. Pour une application particulière, Crim., 4 juin 2002, B.C., n° 127, R.S.C., 2003.127, obs. A. Giudicelli.

2. Et seulement de ce chef, Crim., 22 mars 1990, B.C., n° 127 ; 24 janvier 1996, *Dr. pénal*, 1996, comm. 147, obs. A. Maron, B.C., n° 38.

3. Crim., 17 septembre 2002, B.C., n° 165.

4. Crim., 29 juin 1999, B.C., n° 161.

5. V. obs. P. Jourdain à la R.T.D. civ., 2001.379. Add. crim., 3 mars 1993, B.C., n° 97 ; 20 mars 1996, B.C., n° 119 ; 28 septembre 1999, B.C., n° 198.

pour objet la réparation du préjudice qui en est découlé. Donnons quelques exemples de ces actions. On citait naguère l'action en divorce pour cause d'adultère avant la loi du 11 juillet 1975 qui a décriminalisé ce comportement. On peut citer encore l'action exercée suite à un licenciement [1] ou celle exercée par le donateur pour ingratitude du donataire, reconnue par une condamnation pénale de ce dernier (art. 955, C. civ.) : le juge civil ne peut nier ni la faute de la victime du licenciement ni la faute du donataire dès lors que ces fautes ont été reconnues par le juge pénal.

1053. — *Conclusion sur l'application du principe.* Ainsi, le principe de l'autorité de la chose jugée au criminel sur le civil est criblé d'exceptions, dictées par des considérations pratiques et notamment par l'intérêt des victimes. Pourtant, cette jurisprudence s'explique à la lumière d'un principe sousjacent : c'est celui de *l'inconciliabilité entre décision pénale et décision civile.* Dès qu'il y a une possibilité de contradiction entre les deux décisions, intervient le principe de l'autorité. Ce principe contribue donc à assurer une certaine unité des deux justices, la justice pénale et la justice civile [2]. Et c'est parce que le législateur — sans l'avoir exprimé directement — tient à cette autorité du juge pénal qu'il a instauré la règle du sursis à statuer.

C — Le moyen d'assurer le respect du principe : le sursis à statuer

1054. — *Vue générale.* Selon l'article 4, alinéa 2, du C.P.P., « il est sursis au jugement de cette action (l'action civile) exercée devant la juridiction civile tant qu'il n'a pas été prononcé définitivement sur l'action publique lorsque celle-ci a été mise en mouvement ». La juridiction civile, saisie de l'action civile pendant ou après l'exercice de l'action publique, doit donc attendre pour statuer sur cette action civile que la juridiction répressive ait elle-même statué sur l'action publique : « Le criminel tient le civil en état. » Telle est du moins en principe la règle

Cette règle est bien un moyen d'assurer l'autorité de la chose jugée. Il ne s'agit pas d'empêcher la décision civile d'exercer une influence de fait sur la décision pénale, comme on l'a soutenu. En vérité, la règle de l'article 4 sert d'instrument à la primauté du pénal sur le civil : comme il faut éviter une contradiction entre la chose jugée au criminel et au civil, il importe de paralyser l'une des deux instances jusqu'à conclusion de l'autre et c'est l'instance civile qui est sacrifiée à raison de son objet moins important et de ses moyens de preuves présumés moins puissants.

Que vaut la règle du sursis à statuer ? Elle paraît très discutable. Elle l'est d'abord car elle s'adosse au principe de l'autorité de la chose jugée au criminel sur le civil, lui-même contestable comme il a été dit. Elle l'est ensuite car dans la pratique, il apparaît que nombre de plaideurs la détourne de sa finalité à des

1. Soc., 13 juillet 1988, B. soc., 448 ; 10 décembre 1991, *id.*, n° 562 ; 20 mars 1997, *id.*, n° 120 ; 17 novembre 1998, *id.*, n° 492.

2. Mais est-ce vraiment indispensable ?

fins personnelles. Voici un débiteur actionné devant un tribunal civil ou de commerce qui, pour retarder l'heure du payement va se constituer partie civile devant un juge d'instruction du chef d'escroquerie ou faux et qui ensuite s'efforcera de faire durer le procès pénal. Voici un époux en instance de divorce qui, pour en retarder ou dévier l'issue, va se porter partie civile du chef de faux témoignage suite à une enquête civile liée à la procédure de divorce. On peut encore imaginer la contestation de son licenciement par un employé, agissant aux prud'hommes, qui va être bloquée par une plainte avec constitution de partie civile pour vol déposée par l'employeur devant le juge d'instruction, etc.

Il conviendrait de supprimer l'article 4, al. 2, C.P.P. [1]. Mais pour l'heure déjà la mise en œuvre de la règle est soumise à des restrictions de plus en plus importantes [2].

1. *Les limites de la règle du sursis à statuer*

1055. — On en signalera deux.

D'abord, la loi autorise la victime, même constituée partie civile, à agir en référé devant le juge civil compétent « pour ordonner toutes mesures provisoires relatives aux faits qui sont l'objet des poursuites lorsque l'existence de l'obligation n'est pas sérieusement contestable ». Voilà ce que décide l'art. 5-1, C.P.P., dû à une l. du 8 juillet 1983 [3]. En effet, la décision du juge des référés est une décision rendue pendant le cours de l'instance pénale, provisoire (art. 484, Nouveau C. proc. civ.) et qui n'a pas l'autorité de la chose jugée (art. 488 *id.*). Le juge pénal qui statuera au fond après le juge civil garde donc toute sa liberté, estime le législateur qui pense avoir sauvegardé le principe de l'autorité de la chose jugée au criminel sur le civil. Il faut bien convenir cependant qu'en pratique la décision du juge des référés pèsera sur la décision pénale et malmène donc en fait le sursis à statuer, et, par voie de conséquence, la primauté du pénal. Ceci ne suffit pourtant pas à condamner l'article 5-1, C.P.P. La victime en effet peut très rapidement obtenir une provision (référé-provision), la désignation d'un expert ou une remise en état (nomination d'un administrateur, saisie d'un écrit diffamatoire, restitution d'un objet, etc.). Ces raisons sont si fortes que, dès avant 1983, la jurisprudence avait admis la compétence du juge des référés [4].

1. En ce sens, proposition du rapport J.C. MAGENDIE, *Célérité et qualité de la justice. La gestion du temps dans le procès*, rapport au garde des Sceaux, 15 juin 2004. Si cette proposition devenait droit positif, devrait tomber le principe de l'autorité de la chose jugée au criminel sur le civil.

2. Voir en dernier lieu la loi du 5 mars 2007 sur l'équilibre de la procédure pénale inspirée du rapport MAGENDIE et que l'on va évoquer.

3. BERTIN, G.P., 1985.I, Doct. 226 ; LACABARATS, *Justices*, 1998, n° 10, p. 151 ; J. PRADEL, chron. précitée au D., 1983.

4. Req., 23 novembre 1927, D., 1928.I.151, note Henry ; comp. Crim., 4 octobre 1983, B.C., n° 237, l'assignation en référé laisse subsister l'option de la victime qui peut donc ultérieurement saisir le juge pénal.

Sur l'article 5-1, C.P.P., la jurisprudence est peu fournie. Elle admet qu'au sens des « mesures provisoires » figure la possibilité de rechercher et d'inventorier les éléments du patrimoine immobilier et mobilier des auteurs de l'infraction et éventuellement d'en assurer la conservation et la gestion afin de garantir aux victimes leurs chances de réparation [1]. De même, le juge des référés peut être saisi pour qu'il ordonne des mesures de remise en état qui s'imposent pour prévenir un dommage imminent ou pour faire cesser un trouble manifestement illicite [2]. Ce juge peut également être saisi aux fins d'évaluation du préjudice par voie d'expertise [3] qu'il ordonnera, ce qui, ajoute la jurisprudence, autorisera le juge pénal à surseoir à statuer [4]. Il peut encore ordonner le versement d'une provision à valoir sur le montant des dommages-intérêts [5].

La seconde limite intéresse la matière disciplinaire. S'il est vrai que ce qui a été jugé au pénal s'impose au disciplinaire, en ce qui concerne les constatations de fait comme on l'a dit, il est certain aussi que le juge disciplinaire n'est pas tenu par l'article 4, al. 2, C.P.P. : selon le Conseil d'État, « aucune disposition législative ou réglementaire ni aucun principe général du droit n'interdisent à l'autorité administrative de se prononcer sur l'instance disciplinaire avant qu'il n'ait été statué par la juridiction répressive » [6]. De même, le Conseil supérieur de la magistrature décide « qu'il n'y a pas lieu de surseoir à statuer jusqu'à décision définitive sur les poursuites pénales » [7]. Le juge disciplinaire a donc tendance à s'affranchir au maximum du juge répressif [8].

2. *Les conditions de la règle du sursis à statuer*

1056. — Le sursis n'est pas subordonné à l'identité des parties entre les deux instances : le juge doit donc surseoir à statuer même si l'action portée devant lui est dirigée, non contre le délinquant, mais contre le civilement responsable [9]. La raison est que la contradiction entre les deux décisions est également à craindre dans ce cas.

En revanche, deux conditions sont nécessaires.

1. Civ., 2e, 19 février 1992, B. civ., I, n° 61, Dr. pénal, 1992, comm. n°160, obs. A. Maron, mise de certains biens sous séquestre.
2. Crim., 4 octobre 1983, B.C., n° 237.
3. Paris, 2 mars 1989, G.P., 1990.I.4, note M. Renard.
4. Crim., 11 avril 1991, B.C., n° 173.
5. Civ., 2e, 16 mai 1990, B. civ., II, n° 106, Dr. pénal, comm. n° 279, obs. A. Maron.
6. C.E., 27 janvier 1993, *Ivars* ; 11 juillet 1958, *Tordo.*
7. C.S.M., 29 avril 1993, M.
8. Réponse du berger à la bergère, la chambre criminelle juge que le juge pénal peut trancher lui-même la question de la légalité d'un acte administratif sans attendre la décision du juge administratif saisi d'un recours pour excès de pouvoir dirigé contre le même acte, Crim., 10 novembre 1937, D.H., 1938.118. De même, le juge correctionnel saisi de dissimulation en matière de contribution n'est pas tenu d'attendre que le juge administratif compétent ait déterminé l'assiette et l'étendue des impôts dûs, Crim., 27 février 1985, B.C., n° 98.
9. Com., 4 mars 1953, S., 1954.I.121, note Lescot ; Civ. 3, 6 février 1991, B. civ. III, n° 50 ; Civ. 1, 6 janvier 1993, B. civ. I, n° 1.

a) Condition relative à l'action publique : la nécessité de sa mise en mouvement

1057. — L'action publique doit avoir été mise en mouvement devant la juridiction compétente et avant l'engagement du procès civil ou au cours de celui-ci. Cette mise en mouvement résulte d'une citation ou d'un réquisitoire introductif du parquet ou d'une citation ou constitution de partie civile devant le juge d'instruction à la requête de la partie civile. La jurisprudence estime même que la constitution de partie civile contre X et l'ouverture d'une information contre X à la suite d'une plainte insuffisamment motivée (art. 86, al. 3, C.P.P.) valent mise mouvement de l'action publique [1]. Encore faut-il que la plainte avec constitution de partie civile n'apparaisse pas comme manœuvre dilatoire du plaideur [2].

Inversement, une dénonciation ou une plainte simple ne constitue pas la mise en mouvement de l'action publique [3]. On y assimile la plainte avec constitution de partie civile et sans consignation subséquente [4].

b) Conditions relatives aux actions exercées devant le juge civil (ou commercial)

1058. — *Le sursis à statuer s'impose pour l'action civile en réparation du dommage causé par une infraction.* Selon l'article 4, al. 1, C.P.P., tel que réformé par une loi du 5 mars, « l'action civile en réparation du dommage causé par l'infraction prévue par l'article 2 peut être exercée devant une juridiction civile, séparément de l'action publique ». Et l'alinéa 2 du même article précise : « Toutefois il est sursis au jugement de cette action tant qu'il n'a pas été prononcé définitivement sur l'action publique lorsque celle-ci a été mise en mouvement. » Le sursis à statuer s'impose donc au juge civil au motif implicite qu'il faut éviter une contrariété entre la décision pénale et la décision civile puisque le juge civil sera tenu de ne pas contredire ce qui a été décidé par son collègue pénal.

1059. — *Le sursis à statuer ne s'impose pas pour les autres actions exercées devant le juge civil.* De cette seconde règle, il existe deux illustrations.

1° La plus importante résulte de la loi du 5 mars 2007. Celle-ci a en effet ajouté à l'article 4 un alinéa 3 selon lequel « la mise en mouvement de l'action publique n'impose pas la suspension du jugement des autres actions exercées devant la juridiction civile de quelque nature qu'elles soient, même

1. Civ., 22 novembre 1967, J.C.P., 1958.II.10439, note B. Boccara ; Civ. 2, 2 février 1960, D., 1961.233, note P. Bouzat ; Civ. 1, 11 mars 1964, G.P., 1964.I.439 ; Com., 8 novembre 1973, J.C.P., 1973.IV.411.

2. Civ., 16 février 1967, G.P., 1967.I.314.

3. Crim., 29 juillet 1912, D., 1915.II.46 ; Civ. 2, 30 avril 1970, D., 1970, Somm., 189 ; Com., 8 février 1984, B. com. IV, n° 60.

4. Civ. 2, 6 décembre 1991, B. civ. II, n° 332.

si la décision d'intervenir au pénal est susceptible d'exercer directement ou indirectement une influence sur la solution du procès civil ». Il importe donc peu qu'il y ait une contradiction entre les deux décisions.

La loi de 2007 est novatrice car elle brise une jurisprudence contraire qui avait une nette tendance à étendre le sursis à statuer à toute action portée devant le juge civil. Ainsi en était-il des actions « à fins civiles » qui sont fondées certes sur l'infraction, mais qui ne tendent pas à la réparation [1]. Et dans une formule générale, la Cour de cassation imposait le sursis « dès que la décision à intervenir sur l'action publique est susceptible d'influer sur celle de la juridiction civile », soit dès qu'une contradiction entre les deux décisions est à craindre : ainsi une poursuite pour faux témoignage exercée contre un témoin entendu au cours d'une enquête civile empêchait le juge civil de trancher de suite le procès auquel cette enquête appartenait [2].

Désormais le juge civil peut donc statuer immédiatement. Il en sera ainsi par exemple dans les exemples cités plus haut [3]. Il faut observer toutefois que le juge civil n'est pas obligé de statuer de suite (« la mise en mouvement de l'action publique *n'impose pas* la suspension du jugement » civil). Le juge civil dispose d'un certain pouvoir d'appréciation et il y a des cas où le sursis sera opportun dans l'intérêt d'une bonne administration de la justice. Comme il a été remarqué on voit mal un juge commercial condamner une personne à payer une lettre de change qu'elle n'a pas signée alors que le juge pénal constatera plus tard le faux car entre les deux décisions, celui qui aura reçu le paiement aura disparu [4]. D'ailleurs déjà avant la loi du 5 mars 2007, certains juges civils, malgré le devoir général de surseoir faisait preuve d'une certaine indépendance en statuant ou non de suite en fonction des circonstances.

Les dispositions nouvelles peuvent faire apparaître la possibilité d'un recours en révision au cas où la décision pénale interviendrait après la décision civile passée en force de chose jugée, et où apparaîtrait l'existence d'un cas de révision selon l'article 595, N.C.P.C. (fraude, rétention des pièces décisives, faux en écriture, faux témoignagne et faux serment) [5].

2° Le juge civil peut à plus forte raison statuer immédiatement lorsque le risque d'une contradiction entre les deux décisions est exclu, par exemple par appel à une qualification appropriée : ainsi les relations injurieuses d'un

1. Civ., 11 février 1970, J.C.P., 1970.IV.88 ; 24 juin 1998, B. civ., n° 220 ; Bordeaux, 28 juillet 1902, S., 1903.II.231.

2. Civ., 26 octobre 1961, J.C.P., 1962.II.12566, note P. Chambon.

3. V. *supra*, n° 1054, *in fine*.

4. Exemple donné par B. Bouloc, R.S.C., 2007, p. 574.

5. Circ. du 22 juin 2007 en application de la loi du 5 mars 2007 sur l'équilibre de la procédure pénale. Crim., 07-10-E8-22-06-07, n° 3-1.

époux avec un tiers peuvent permettre le divorce sans attendre l'issue de la poursuite pénale pour adultère [1].

Il en est de même quand l'action civile exercée devant le juge civil se fonde sur l'article 1384, al. 1, C. civ. [2]. Mais si l'action au civil est fondée à la fois sur les articles 1382-1383 et 1384, le juge civil doit sursoir [3] et il en est de même dans le cas où l'intervention de la chose est nécessaire pour que la faute du prévenu puisse être punie [4].

3. *Mise en œuvre de la règle du sursis à statuer*

1060. — La *durée* du sursis est variable : il doit se prolonger aussi longtemps « qu'il n'a pas été prononcé définitivement sur l'action publique » (art. 4, al. 2, C.P.P.). Toutefois, pour ne pas faire durer le sursis jusqu'à expiration du délai de prescription de l'action publique, la jurisprudence décide que sont « définitives » dès qu'une voie de recours ne peut plus être exercée, les ordonnances de non-lieu [5], ainsi que les condamnations par contumace [6] ou par défaut [7]. Inversement, ne sont pas « définitives » les décisions ayant fait l'objet d'une voie de recours [8].

Quant à son *caractère*, le sursis à statuer est d'ordre public [9] puisque, selon la jurisprudence, il est institué, non pas dans un intérêt privé, mais en vue d'assurer la primauté des juridictions pénales sur les juridictions civiles. Aussi la procédure serait-elle nulle si le juge civil passait outre. Aussi, le sursis peut-il être invoqué d'office par le juge ou par le plaideur, et cela en tout état de cause [10]. C'est pourquoi on voit des plaideurs engagés dans un mauvais procès mettre en mouvement l'action publique, par exemple en se constituant partie civile devant le juge d'instruction.

1. Req., 28 avril 1947, D., 1947, Somm. 17, avant la loi du 11 juillet 1975 ayant supprimé l'incrimination adultère. *Add.*, Ass. plén., 13 mai 1966, D., 1966 à 689 : « le juge civil n'est pas tenu de surseoir à statuer jusqu'à la solution sur l'action publique... l'action dont il était saisi étant indépendante des poursuites pénales ».

2. Civ., 24 avril 1958, G.P., 1958.I.417 ; 15 janvier 1964, B. civ. I, n° 23 ; 14 janvier 1976, B. civ. II, n° 1, D., 1976, I.R. 99.

3. Civ. 2, 21 juin 1957, J.C.P. 1958-II-10598, note M. Cacchia.

4. Civ. 2, 28 avril 1980, B. civ. II, n° 96, car l'autorité de la chose jugée au pénal sur le civil existe en ce qui concerne le lien de causalité.

5. Civ., 26 octobre 1961, J.C.P., 1962.II.12566.

6. Civ. 2, 27 novembre 1952, B. civ. II, n° 15.

7. Bordeaux, 9 février 1931, G.T., 1931.II.2173.

8. Civ. 1, 7 juillet 1976, B. civ. I, n° 253, ordonnance de non-lieu frappée d'appel ; Civ. 2, 11 juillet 1970, B. civ. II, n° 49, arrêt de refus d'informer frappé de pourvoi.

9. Ce qui s'accorde mal avec la règle que l'autorité du criminel sur le civil est d'intérêt privé, v. *supra*, n° 1039.

10. Civ., 16 juin 1936, S., 1936.I.311 ; 18 février 1967, G.P., 1967.I.314.

SECTION II

LES AUTRES EFFETS DE LA DÉCISION

1061. — On éliminera l'inscription de la condamnation au casier judiciaire, déjà étudiée avec la récidive [1]. Restent alors le dessaisissement du juge, l'exécution de la sentence et, conséquence indirecte, la communication de la décision pénale dans une instance extra-pénale.

§ 1. — LE DESSAISISSEMENT DU JUGE PÉNAL

1062. — Une fois que le juge a rendu sa décision au fond, il se trouve *dessaisi* de l'affaire. Il ne peut plus reprendre le procès et modifier sa décision, même avec l'accord des parties et même si la décision n'était pas encore irrévocable. Il a en effet rempli sa mission. C'est pourquoi le dessaisissement ne concerne que les décisions au fond, non les décisions distinctes des décisions sur le fond qui ne mettent pas fin au procès (sauf exceptions comme les décisions d'incompétence). Le principe du dessaisissement après décision définitive comporte cependant deux séries d'exceptions.

1) Certaines exceptions sont commandées par les *nécessités de l'exécution de la décision*. Le juge peut interpréter les dispositions obscures ou ambiguës de sa sentence, ou bien modifier les erreurs matérielles qu'elle peut contenir (art. 710, al. 1, C.P.P., qui parle de « rectification ») [2].

À cette fin, une requête est adressée au juge qui avait rendu la sentence, sauf à remarquer la compétence de la chambre de l'instruction si la décision émanait de la cour d'assises (art. 710, al. 2, C.P.P.) et du tribunal civil si elle portait sur l'action civile [3]. La requête est adressée par le Ministère public ou les parties intéressées, non par un tiers [4]. La juridiction ainsi saisie doit statuer en chambre du conseil et après audition des parties (art. 711, al. 1,

1. V. J. PRADEL, *Manuel de droit pénal général*, 17e éd., 2008, n°s 667 et s.

2. Sur les erreurs matérielles, v. J. BUISSON, *Procédures*, 1998, chron. 7. La lecture des arrêts fournit des exemples de telles erreurs : droit pour le juge de déterminer les extraits de sa décision dont l'affichage est ordonné (Crim., 3 avril 1996, B.C., n° 152 ; 3 décembre 1997, B.C., n° 412) ; de fixer les caractères typographiques de l'affichage de son arrêt en application de l'art. L. 216-3, C. cons. (Crim., 3 novembre 1993, B.C., n° 323) ; de fixer le point de départ du délai prévu pour l'exécution de la mesure de démolition d'un ouvrage irrégulièrement édifié (Crim., 13 mars 1996, B.C., n° 113).

3. Crim., 4 avril 1957, D., 1957. 477, note Pochon ; 21 décembre 1970, B.C., n° 345.

4. Crim., 20 janvier 1960, J.C.P., 1960.II.11774, note R. Legeais et D., 1960.221, note J.M.R., refusant à un tiers le droit de présenter requête au Tribunal pour faire réduire la portée d'une décision de fermeture d'établissement ayant frappé un individu poursuivi pour proxénétisme.

C.P.P.) [1]. Serait donc frappée de nullité la décision qui aurait été rendue en audience publique [2].

Les pouvoirs du juge sont évidemment très limités. Il ne peut revenir sur la chose jugée soit en aménageant la décision, soit en y ajoutant des dispositions nouvelles [3], soit encore en admettant une exception tirée d'une prétendue immunité diplomatique qui n'avait pâs été soulevée auparavant et qui ne relève pas du contentieux de l'éxécution [4].

2) D'autres modifications sont commandées par les *nécessités du traitement du délinquant.* Ainsi, les mesures de rééducation des mineurs délinquants pourront être modifiées ultérieurement par le juge qui avait prononcé la mesure originaire (art. 27 et s., ord. du 2 février 1945). De même le tribunal qui a prononcé la condamnation peut ultérieurement relever le condamné de certaines sanctions accessoires (art. 132-21, C.P., et 703, C.P.P.) ; en revanche, en matière de sursis probatoire et de réhabilitation, il n'y a pas exactement exception au principe du dessaisissement du juge puisque la décision est prise par la juridiction de la résidence actuelle de l'intéressé (art. 744 et 790).

§ 2. — L'EXÉCUTION DE LA DÉCISION

La décision comporte d'une part, des dispositions portant sur l'action publique et sur l'action civile, qu'on peut appeler *principales*, d'autre part, des dispositions sur les *frais de justice.*

A — L'exécution des dispositions principales de la décision

1063. — L'article 707, alinéa 1, du Code de procédure pénale pose un principe simple : « Le Ministère public et les parties poursuivent l'exécution de la sentence chacun en ce qui le concerne. »

1. Crim., 20 juillet 1977, B.C., n° 266, à propos d'une demande de confusion de peines.
2. Crim., 16 janvier 1978, B.C., n° 17.
3. Crim., 14 mars 1961, D., 1961.303 ; 16 mars 1964, J.C.P., 1964.II.13685, note J. Larguier ; 23 octobre 1969, D., 1970.5, note J.M.R., interdisant une rectification du taux de la peine même à l'aide des notes d'audience, car la minute fait foi jusqu'à inscription de faux ; 21 juin 1977, B.C., n° 228 ; 26 juin 1984, B.C., n° 242, interdisant d'ajouter de nouveaux motifs ; 8 octobre 1984, B.C., n° 289 visant « l'erreur de plume manifeste » ; 22 juillet 1986, B.C., n° 240, cassation d'un arrêt « rectificatif » où les juges avaient substitué une peine plus forte à celle qui avait été prononcée fût-ce par erreur ; 7 février 1996, B.C., n° 66, interdiction d'ajouter à une décision ayant ordonné une mesure de démolition un délai sous astreinte qu'elle ne prévoyait pas, 12 juin 2007, B.C., n° 154 ; 20 novembre 2007, B.C., n° 286.
4. Crim., 22 juin 2005, B.C., n° 191.

1. *L'exécution des dispositions concernant l'action publique*

1064. — Deux règles sont *communes à toutes les sanctions.* Tout d'abord, c'est le Ministère public qui est chargé de l'exécution des peines [1] (que l'on se gardera de confondre avec l'application des peines, qui incombe au juge de l'application des peines et à certaines juridictions d'appel, et qui fait l'objet d'une discipline autonome : la science pénitentiaire dont l'objet est le traitement du condamné). Ensuite, l'exécution a lieu dès que la décision est irrévocable, sauf à remarquer que le délai d'appel de deux mois du procureur général ne fait pas obstacle à l'exécution (art. 708, C.P.P.). Quelques règles sont *propres à la peine d'emprisonnement.* Le condamné doit purger sa peine en une seule fois : c'est le principe dit de la continuité ou unité de l'exécution. Si l'individu est déjà en détention provisoire lors de sa condamnation, il passe au régime des condamnés. Sinon, il est invité à purger sa peine et sera au besoin arrêté par les agents de la force publique porteurs d'un extrait de la décision. Toutefois, la loi du 11 juillet 1975 a apporté une exception au principe de continuité, reprise aujourd'hui par le nouveau Code pénal de 1994. Selon le nouvel article 132-27, C.P., « en matière correctionnelle, la juridiction peut, pour motif grave d'ordre médical, familial, professionnel ou social, décider que l'emprisonnement prononcé pour une durée d'un an ou plus sera, pendant une période n'excédant pas trois ans, exécuté par fractions, aucune d'entre elles ne pouvant être inférieure à deux jours ».

Il existe enfin des règles *propres à la peine d'amende.* Le condamné peut, depuis la loi du 11 juillet 1975, s'acquitter de sa dette en une ou plusieurs fois. Aujourd'hui, l'article 132-28 du Code pénal de 1994 dispose qu'en matière correctionnelle ou contraventionnelle, la juridiction peut « pour des motifs graves d'ordre médical, familial, professionnel ou social, décider le fractionnement du paiement de l'amende, pendant une période n'excé-dant pas trois ans » (comp., art. 138, al. 2-11°, C.P.P., selon lequel le juge d'instruction fixe les délais de versement du cautionnement en une ou plusieurs fois). Le recouvrement de l'amende est assuré par le percepteur. En cas de non-paiement, diverses voies de droit peuvent être mises en œuvre, dont la contrainte judiciaire (art. 749 et s., C.P.P.) [2]. Enfin, la solidarité entre les coauteurs et complices d'un même crime ou délit, admise automatiquement et sans restriction par l'ancien article 55 du Code pénal, n'est maintenue par la loi du 11 juillet 1975 reprise aujourd'hui par celle du 16 décembre 1992 (art. 375-2, al. 2, et 480-1, al. 2, C.P.P.) que dans le cas où le juge le décide par « décision spéciale et motivée » et que si « le prévenu s'est entouré de coauteurs ou complices insolvables » [3]. Si le fractionnement n'a pas été

1. Selon l'art. 707, C.P.P., « le Ministère public et les parties poursuivent l'exécution de la sentence chacun en ce qui le concerne ».
2. J. Pradel, *Droit pénal général,* précité, n° 754.
3. J.C.P., commentaire au J.C.P., 1975.I.2729, n°s 17 à 19.

décidé par le juge dans sa décision de condamnation, il peut l'être ultérieurement soit par le Ministère public, soit par le juge (art. 708 nouveau, C.P.P.).

2. *L'exécution des dispositions concernant l'action civile*

1065. — Les dispositions concernant l'action civile sont ramenées à exécution par la victime. Mais de quels moyens dispose celle-ci ? Elle peut évidemment user des voies d'exécution du droit commun. Elle peut aussi profiter de certaines institutions pénales. C'est d'abord la solidarité lorsque plusieurs individus sont condamnés pour un même crime ou délit (art. 375-2 et 480-1, C.P.P.). C'est ensuite la menace d'une révocation du sursis probatoire au cas où celui-ci a été prononcé et comporte l'obligation de réparer les dommages causés par l'infraction (art. 132-45, 5°, et 132-47, al. 2, C.P.) : on peut y voir un succédané de la contrainte par corps dont la victime ne peut plus user depuis le Code de procédure pénale de 1959, mais un succédané sans doute insuffisant [1].

B — Le paiement des frais de justice

Bibliographie. — J. BAILLY, *Frais de justice*, Jurisclasseur proc. pén., art. 800 et 800-1 ; H. BLUM, *Traité pratique formulaire des frais de justice criminelle*, R.S.C., 1936.510 ; RENAUT, *G.P.*, 1998.II, Doct. 1105.

1066. — *Différentes catégories de frais de justice.* Tout procès pénal est l'occasion de frais et ceux-ci sont de deux sortes.

Les uns, engagés par les autorités judiciaires, sont nécessaires à l'établissement du dossier : ce sont les *frais de poursuite.* Ils se subdivisent en trois catégories : 1° dépenses ordinaires énumérées à l'article R. 92, C.P.P., telles que les frais de translation des prévenus et accusés, frais de transport des procédures et pièces à conviction, frais d'extradition, honoraires et indemnités des experts et interprètes, indemnités des témoins et jurés, émoluments des huissiers de justice, frais de capture et de communications postales, indemnités versées aux victimes de dommages corporels... ; 2° dépenses assimilées et énumérées à l'article R. 93, C.P.P., comme les frais engagés dans le cadre des procédures relatives à l'enfance en danger, les indemnités de transport des magistrats et greffiers... ; 3° dépenses extraordinaires comme les frais d'expertise en comptabilité, en écriture, la sténographie des débats... Sauf ceux de la troisième catégorie, ces frais sont tarifés de manière automatique (art. 800, C.P.P., et R. 94 et s., C.P.P.).

1. H. PETIT, *Faut-il rétablir la contrainte par corps au profit des parties civiles ?* D., 1964, chron. 47.

Les autres frais sont engagés par une partie privée (délinquant, partie civile, civilement responsable, compagnie d'assurance) : ce sont les *frais de défense*. Ils ne sont pas tarifés par le législateur.

Les uns et les autres obéissent à un régime très différent.

1067. — *Les frais de poursuite.* Naguère, ces frais étaient avancés selon une procédure assez complexe par l'État. Or la loi du 4 janvier 1993 a renversé ce principe en créant un article 800-1, C.P.P., ainsi libellé : « Nonobstant toutes dispositions contraires, les frais de justice criminelle, correctionnelle et de police sont à la charge de l'État et sans recours envers les condamnés ». L'État ne se contente donc plus d'avancer les frais, il les assume définitivement.

Comment s'explique cette modification du droit positif ? Les raisons sont multiples. On peut invoquer un certain sentiment de pitié à l'égard des condamnés, le fait qu'en pratique le recouvrement s'effectuait très mal alors que des moyens importants étaient pourtant mis en œuvre, voire la jurisprudence de la Cour européenne qui avait admis le 28 novembre 1978 dans l'affaire *Luedicke, Bel Kacem et Koc* que le droit d'être assisté d'un interprète était gratuit [1], enfin peut-être l'exemple des droits étrangers qui sont nombreux à prôner l'absence de recours contre le condamné.

Toutefois, le législateur de 1993 a laissé subsister le traditionnel droit fixe de procédure et en a même profité pour l'augmenter, afin de compenser en quelque sorte un peu la disparition du recours. Selon l'article 141 de la loi du 4 janvier 1993, l'article 1018-A du C.G.I. relatif à ce droit fixe de procédure dû par chaque condamné, détermine les nouveaux taux comme suit :

— 22 € pour les ordonnances pénales ;

— 22 € pour les autres décisions des tribunaux de police et celles des juridictions qui ne statuent pas sur le fond ;

— 90 € pour les décisions des tribunaux correctionnels ;

— 120 € pour les décisions des cours d'appel statuant en matière correctionnelle ou de police ;

— 375 € pour les décisions des cours d'assises ;

— 150 € pour les décisions de la Cour de cassation statuant en matière criminelle ou de police.

Seuls les condamnés mineurs échappent au paiement de ce droit.

Ce droit est également recouvré en cas de non-lieu ou de relaxe sur la partie civile lorsque l'action publique avait été mise en mouvement par elle.

Il est recouvré comme en matière d'amende. Les individus condamnés pour un même crime ou un même délit sont tenus solidairement au payement des droits fixes. Le recouvrement est garanti par le privilège général sur les meubles et par l'hypothèque légale.

1. J. PRADEL et G. CORSTENS, *Droit pénal européen*, Dalloz, 2e éd., 2001, n° 360.

En outre, il est certaines sommes qui, non considérées comme frais de justice, échappent à l'application de l'article 800-1, C.P.P. [1].

1068. — *Les frais engagés par les parties privées.* Les sommes versées aux avocats par les personnes poursuivies (délinquant, civilement responsable) et par les personnes poursuivantes (partie civile) restent à leur charge. En effet, ces sommes ne sont pas comprises dans les frais de justice au sens strict, le recours à l'avocat n'étant pas en principe obligatoire. Cela dit, deux règles sont applicables spécialement à la partie civile.

Une règle défavorable d'abord. La victime qui, devant le juge d'instruction, met en mouvement l'action civile, doit effectuer une consignation (art. 88 et 88-1, C.P.P.). Car si son action est ultérieurement reconnue « abusive ou dilatoire », elle pourra être condamnée — par le juge d'instruction lorsqu'il rend une ordonnance de non-lieu — à une amende civile allant jusqu'à 15 000 € (art. 172-2, C.P.P.) : la consignation est la garantie de paiement de cette somme [2]. La règle est la même pour la citation directe devant le tribunal (art. 392-1, C.P.P.).

Une règle favorable ensuite. Les frais occasionnés par la partie civile partie principale lui seront remboursés en cas de condamnation. Cette règle remonte à une loi du 2 février 1981, qui l'avait emprunté à l'article 700 du Nouveau Code de procédure civile [3]. Légèrement modifiée, la règle a été reprise par la loi du 4 janvier 1993. Cependant, le juge tient compte de « l'équité ou de la situation économique de la partie condamnée » et il peut même aller jusqu'à exclure toute condamnation. Voilà une belle illustration du pouvoir modérateur du juge (art. 216 pour la chambre de l'instruction ; art. 375 pour la cour d'assises ; art. 475-1 pour le tribunal correctionnel ; art. 543 pour le tribunal de police).

§ 3. — LA PRODUCTION DU DOSSIER PÉNAL DANS UNE INSTANCE EXTRA-PÉNALE

Bibliographie. — C. BORNOT, *La communication des procédures pénales depuis le décret du 28 décembre 1935*, R.S.C., 1937.352 ; G. CALBAIRAC, *De la communication dans un débat civil d'une procédure d'information en cours ou terminée par un non-lieu*, G.P., 1938.I, Doct. 24 ; P. GARRAUD, *L'utilisation à titre de preuve dans un procès civil de pièces et documents tirés d'une information pénale*, J.C.P., 1943.I.317 ; J. GOULESQUE, *La communication des pièces des dossiers répressifs*, R.S.C., 1969.215, et 1970.159 ; M. GIRAUD, *La preuve civile par pièces de procédure pénale*, thèse, Alger, 1941.

1. Comme les frais de publication et d'affichage des jugements qui ne sont pas des frais de justice au sens des art. 800, R. 91 et R. 92, C.P.P., Crim., 12 octobre 1995, B.C., n° 306.

2. A. GIUDICELLI, *Constitution de partie civile abusive ou dilatoire*, R.S.C., 2002.623.

3. J. PRADEL, *La loi du 2 février 1981, dite « Sécurité et Liberté » et ses dispositions de procédure pénale*, D., 1981, chron. 115, 2e colonne.

1069. — *Vue générale.* À l'occasion de certaines instances extrapénales, les parties ou le juge peuvent éprouver le besoin de connaître la sentence du juge répressif et les pièces qui la précèdent. C'est pourquoi des textes prévoient qu'elles pourront leur être communiquées. Pour être exact, cette communication peut concerner non seulement la décision au fond et le dossier qui la précède, mais aussi les seules pièces d'enquête et d'instruction lorsque la procédure n'a pas dépassé la phase préparatoire. Mais comme le plus souvent dans les affaires donnant lieu à un contentieux extra-répressif, la phase préparatoire débouche sur la phase décisoire, le juge extra-pénal est conduit à avoir connaissance des pièces de toute l'instance pénale, y compris de la décision.

La communication du dossier pénal est possible dans plusieurs hypothèses. Elle l'est d'abord en matière d'accident du travail consécutif à une faute intentionnelle ou inexcusable de l'employeur : en effet, l'article L. 455-2 du Code de la Sécurité sociale dispose que « si des poursuites pénales sont exercées dans les cas prévus aux articles L. 452-1 à 452-5, L. 453-1 et L. 454-1 (qui sont relatifs notamment à la faute intentionnelle ou inexcusable de l'employeur et de la victime), les pièces de procédure sont communiquées à la victime ou à ses ayants droit. Le même droit appartient à l'employeur et à la caisse ».

La communication est également possible au profit du juge civil et au profit de cette juridiction de nature civile qu'est la commission d'indemnisation de certaines victimes d'infractions, instituée par la loi du 3 janvier 1977. Cette dernière hypothèse ayant déjà été examinée (v. *supra*, n°s 249 et s.), il reste à voir la communication du dossier pénal au juge civil. Et celle-ci pose deux problèmes.

A — Cas de communication

1070. — À l'occasion d'un procès civil, les parties ou des tiers (par ex., assureur) peuvent avoir besoin du dossier pénal. Ainsi dans un procès en dommages-intérêts fondé sur l'article 1384, alinéa 1, du Code civil, le demandeur peut avoir le plus grand intérêt à connaître et à produire le dossier pénal ouvert du chef d'homicide ou blessures par imprudence (art. 221-6, 222-19 et R. 625-2, C.P.). Il arrive même que des demandeurs se constituent partie civile par voie d'action afin d'obtenir de la justice pénale des éléments qui leur serviront ensuite dans l'instance civile : ainsi, en cas d'homicide involontaire survenu à l'occasion d'une intervention chirurgicale, il advient que le conjoint ou les parents se constituent partie civile par voie initiale devant le juge d'instruction.

B — Régime de la communication

1071. — Une fois que la décision pénale est rendue — qu'il s'agisse de la décision de la juridiction de jugement, d'instruction en cas de non-lieu, voire du procureur de la République en cas de classement sans suite — les articles R. 155 et 156 du Code de procédure pénale admettent la communication du dossier pénal aux fins de versement à une instance civile, l'article R. 155 visant la communication aux parties et l'article R. 156 visant la communication aux tiers. Possible en matière criminelle, correctionnelle et de police, une telle communication est cependant soumise à certaines conditions tenant à la qualité du demandeur et à l'objet de la demande.

Les expéditions des *décisions pénales* peuvent être obtenues sur simple demande émanant soit des parties (qui peuvent obtenir expédition des plaintes, dénonciations, ordonnances, jugements et arrêts : art. R. 155-1°), soit de tiers (qui peuvent obtenir expédition seulement des ordonnances, arrêts et jugements : art. R. 156, al. 1).

Les expéditions des *actes autres que les décisions pénales*, telles les enquêtes classées sans suite, peuvent être obtenues par les parties ou les tiers, uniquement sur autorisation, soit du procureur général (pour les pièces déposées au greffe de la cour ou faisant partie d'une procédure close par un non-lieu ou jugée à huis clos), soit du procureur de la République (dans les autres cas et notamment dans celui des enquêtes classées sans suite) (art. R. 155-2° et 156) [1]. Le magistrat du parquet peut accorder l'autorisation en totalité ou en partie. S'il la refuse complètement, il notifie sa décision en la forme administrative en faisant connaître les motifs de son refus (art. R. 156, al. 3). En aucun cas, l'accord de l'adversaire n'est nécessaire car il ne saurait dépendre d'un particulier que l'établissement de la vérité soit entravé [2]. En outre, la jurisprudence réduit quelque peu la liberté de décision du magistrat du parquet quand elle décide que les dispositions de l'article R. 155-2° ne sauraient faire obstacle aux droits de la défense [3].

1. D'où l'on peut déduire qu'avant non-lieu, c'est-à-dire si la procédure d'instruction est en cours, ni le procureur de la République, ni le procureur général ne peuvent ordonner la communication. Il faut ajouter que pendant l'instruction les parties ou leurs avocats ne peuvent pas non plus communiquer à des tiers des copies de pièces, sauf des expertises, précise l'article 114, al. 6, C.P.P., Crim., 11 janvier 2001, B.C., n° 5.

2. Crim., 6 mars 1945, deux arrêts, D., 1945.218, R.T.D.C., 1945.215, obs. P. Raynaud ; Civ., 15 mai 1945, R.T.D.C., 1945.295, obs. P. Raynaud.

3. Crim., 2 octobre 1996, B.C., n° 343, Dr. pénal, 1977, chron. 1, note Ferrari et com. 15, obs. Maron.

Annexe IV

Organisation de la direction des affaires criminelles et des grâces (ministère de la Justice)

Directeur

- Chef de cabinet du directeur.

Sous-direction de la législation criminelle

- Sous-directeur ;
- Bureau de la législation pénale générale (élabore les projets de loi et de décret) ;
- Bureau de la législation pénale financière, économique, fiscale et sociale (élabore les projets de loi et de décret) ;
- Bureau des études (réalise toutes études en matière de droit pénal, de procédure pénale, de droit pénal comparé, de politique criminelle et de criminologie).

Sous-direction de la justice criminelle

- Sous-directeur ;
- Bureau de la police judiciaire (détermine les orientations générales sur le rôle de la justice en matière de police judiciaire et assure le suivi de l'application des textes sur la police judiciaire) ;
- Bureau de l'action publique pour les affaires générales (anime la mise en mouvement de l'action publique et son exercice pour les affaires autres que celles à caractère économique ou financières ou concernant la corruption et la criminalité organisée) ;
- Bureau de la protection des victimes et de la prévention (participe à l'élaboration des projets de loi et de décret sur les droits des victimes, concourt à la mise en place des associations de victimes, connaît des questions relatives à la médiation pénale, traite des requêtes adressées au Ministère de la Justice par les victimes d'infractions) ;
- Bureau des grâces et de l'application des peines (procède à l'instruction des recours en grâce, établit les projets de décret de grâce, prépare l'application des mesures de grâces collectives et d'amnistie individuelle, procède en liaison avec l'administration pénitentiaire à l'instruction des dossiers de libération conditionnelle et soumet ces dossiers au comité consultatif de libération conditionnelle et, après avis de ce comité, met en forme les décisions à soumettre au ministre).

Sous-direction des affaires économiques et financières et de la lutte contre la criminalité organisée

• Sous-directeur ;

• Bureau de la lutte contre la criminalité organisée, le trafic de stupéfiants et le blanchiment (anime l'action publique en ces matières) ;

• Bureau de la lutte contre la fraude économique et financière (anime l'action publique en ces matières, notamment pour les affaires fiscales, douanières, boursières, de concurrence et de corruption) ;

• Bureau de la politique criminelle en matière économique et financière (définit les orientations générales de politique criminelle en cette matière) ;

• Bureau de la santé publique, du droit social et de l'environnement (anime l'action publique en ces matières, y compris en ce qui concerne le travail clandestin, la sécurité du travail, l'acoolisme et le tabagisme).

NB : Cette organisation résulte d'un arrêté du 27 juillet 1994 (J.O., 30 juillet 1994, p. 11070, D., 1994, L., 463).

Annexe V

Organisation du parquet (service pénal) près le Tribunal de Grande Instance de Paris

Procureur de la République, à la tête de 3 divisions :

1re Division : Action publique sectorisée. Traitement en temps réel.

Un procureur adjoint, à la tête de 4 services :

Secteur ouest (1er au 4e, 7e au 9e, 14e au 17e arrondisements).

Secteur est (5e, 6e, 10e au 13e, 18e au 20e arrondissements).

Chacun de ces 2 secteurs est dirigé par un vice-procureur. Leur compétence matérielle est identique : homicides et violences volontaires, homicides et blessures involontaires, recherche des causes de la mort, vols, escroqueries, destructions et dégradations, incendies, infractions à la législation sur les étrangers et sur les armes, stupéfiants (usage, injonction thérapeutique, trafic local), faux, association de malfaiteurs, délits de circulation...

Mineurs, service dirigé par un vice-procureur. Compétence matérielle : mineurs auteurs et victimes d'infraction (sauf circulation), recherche des causes de la mort, abandon de famille, non-représentation d'enfants, protection de l'enfance.

Unité de traitement en temps réel, dirigée par un vice-procureur.
La 1re Division comporte 36 magistrats en tout.

2e Division : Pôle financier

Un procureur adjoint, à la tête de 2 services :

Affaires financières, service dirigé par un vice-procureur. Compétence matérielle : faux, contrefaçon de sceaux, fausse monnaie, escroqueries, usurpation de titres ou fonctions, abus de confiance, fraude informatique, exercice illégal du métier de banquier et de la profession d'avocat, faux témoignage... Ajouter la compétence régionale étendue en matière de grande délinquance financière.

Cellule commerciale, service dirigé par un vice-procureur. Compétence matérielle : infractions en matière d'assurances, banqueroute, blanchiment de capitaux, trafic d'or et de devises, infractions en matière de sociétés, corruption, infractions en matière de banque (loi du 24 janvier 1984)...
La 2e Division comprend 18 magistrats en tout.

3e Division : Administration générale et presse

Un procureur adjoint à la tête de 3 services :

Bureau d'ordre et audiencement, service dirigé par un vice-procureur.

Exécution des peines et entraide répressive internationale, service dirigé par un vice-procureur. Compétence matérielle : pièces d'exécution, requêtes post-sententielles, entraide internationale, infractions commises à la maison d'arrêt de la Santé, grâces et réhabilitation : frais de justice, copie de pièces, permis de visite et de communiquer.

Presse et protection des libertés, service dirigé par un vice-procureur. Compétence matérielle : infractions au droit de la presse et de l'audiovisuel, infractions commises par magistrats, O.P.J. et A.P.J. dans l'exercice de leurs fonctions, violation du secret professionnel, fraudes électorales, corruption et trafic d'influence, crimes contre l'humanité, lutte contre le racisme et la xénophobie, atteinte à l'intimité de la vie privée...
La 3e Division comprend 20 magistrats en tout.

4e Division : Pôle de lutte contre le terrorisme, les atteintes à la sûreté de l'État et la criminalité organisée

Un procureur adjoint à la tête de 2 services :

Terrorisme et atteinte à la sûreté de l'État, service dirigé par un vice-procureur.

Lutte contre la criminalité organisée non financière, service dirigé par un vice-procureur. Compétence matérielle : infractions énumérées aux articles 706-73 et 706-74, C.P.P. Ajouter la compétence régionale étendue en matière de criminalité organisée.
La 4e Division comprend 16 magistrats en tout.

5e Division : Pôle santé publique. Lutte contre la délinquance économique et sociale

Un procureur adjoint à la tête de 2 services :

Affaires de santé, économiques et sociales, service dirigé par un vice-procureur. Compétences matérielles : infractions énumérées à l'article 706-2, C.P.P.

Fraudes et moyens de paiement, service dirigé par un vice-procureur.
La 5e Division comprend [illegible] magistrats en tout.

Organigramme à jour au 31 août 2004.

TABLE ALPHABÉTIQUE DES MATIÈRES

Les chiffres renvoient aux numéros (en caractères gras) de l'ouvrage

TABLE ANALYTIQUE DES MATIÈRES[1]

PREMIÈRE PARTIE
LES ÉLÉMENTS DU PROCÈS PÉNAL

TITRE PREMIER
LES ORGANES CONNAISSANT DE L'INFRACTION

SOUS-TITRE I
LES ORGANES JUDICIAIRES

1. Les chiffres renvoient aux numéros (en caractères gras) de l'ouvrage.

SOUS-TITRE II

LES ORGANES AUXILIAIRES

DEUXIÈME PARTIE
LE DÉROULEMENT DU PROCÈS PÉNAL

TITRE PREMIER
LA PHASE PRÉPARATOIRE DU PROCÈS

Sous-titre I
LES OBJETS ESSENTIELS DE LA PHASE PRÉPARATOIRE

SOUS-TITRE II

LES CARACTÈRES GÉNÉRAUX DE LA PHASE PRÉPARATOIRE

SOUS-TITRE III

LES STADES SUCCESSIFS DE LA PHASE PRÉPARATOIRE

TITRE II

LA PHASE DÉCISOIRE DU PROCÈS

SOUS-TITRE I

LA SAISINE DE LA JURIDICTION DE JUGEMENT

Tirage effectué par
l'imprimerie France Quercy à Mercuès
pour le compte des Éditions CUJAS

Imprimé en France
Dépôt légal : août 2008
N° d'impression : 81704/b